新曲綫 New Curves | 用心雕刻每一本......
http://site.douban.com/110283/
http://weibo.com/nccpub

用心字里行间　雕刻名著经典

PSYCHOLOGY

NINTH EDITION

David G. Myers
Hope College
Holland, Michigan

Translators
Xiting Huang et al.,
Southwest University

心理学

第9版

[美] 戴维·迈尔斯 著　　黄希庭 等译

人民邮电出版社
北 京

本书的翻译工作由中国心理学会心理学教学工作委员会组织国内心理学领域的18位教授通力合作完成，各章的译者依序分别为（按章节顺序排列）

前言、引言	（黄希庭教授，西南大学）
第1章	（郑　涌教授，西南大学）
第2章	（张志杰教授，河北师范大学）
第3章	（苏彦捷教授，北京大学）
第4章	（杨炳钧教授，西南大学）
第5章	（苏彦捷教授，北京大学）
第6章	（吴艳红教授，北京大学） （丁锦红教授，首都师范大学）
第7章	（刘电芝教授，苏州大学）
第8章	（郭秀艳教授，华东师范大学）
第9章	（尹德谟教授，西华大学）
第10章	（李宏翰教授，广西师范大学）
第11章	（刘邦惠教授，中国政法大学）
第12章	（杨　波教授，中国政法大学） （张　明教授，苏州大学）
第13章	（许　燕教授，北京师范大学）
第14章	（郭永玉教授，华中师范大学）
第15章	（李　媛教授，电子科技大学）
第16章	（秦启文教授，西南大学）

图书在版编目（CIP）数据

心理学：第 9 版 /（美）迈尔斯 著；黄希庭 等译 .
- 北京：人民邮电出版社，2013.12（2021.11 重印）
ISBN 978-7-115-33891-4

Ⅰ . ①心… Ⅱ . ①迈… ②黄… Ⅲ . ①心理学 Ⅳ . ① B84
中国版本图书馆 CIP 数据核字（2013）第 287391 号

David G. Myers
Psychology, 9th Edition
ISBN 978-1-4292-1597-8

心理学（第 9 版）

◆ 著 ［美］戴维·迈尔斯
译 者 黄希庭 等
策 划 刘 力 陆 瑜
责任编辑 常玉轩 王伟平 刘冰云 刘丽丽 赵延芹
装帧设计 陶建胜
◆ 人民邮电出版社出版发行 北京市丰台区成寿寺路 11 号邮电出版大厦
邮编 100164 电子邮件 315@ptpress.com.cn
网址 http://www.ptpress.com.cn
电话 （编辑部）010-84931398 （市场部）010-84937152
三河市少明印务有限公司印刷
新华书店经销
◆ 开本：889 × 1194 1/16
印张：48.75 彩插：12
字数：1173 千字 2013 年 12 月第 1 版 2021 年 11 月第 13 次印刷
著作权合同登记号 图字：01-2011-6238 号

定价：128.00 元

本书如有印装质量问题，请与本社联系 电话：(010) 84937152

➤ 图 2.6
激动剂和拮抗剂
（见正文 p.54）

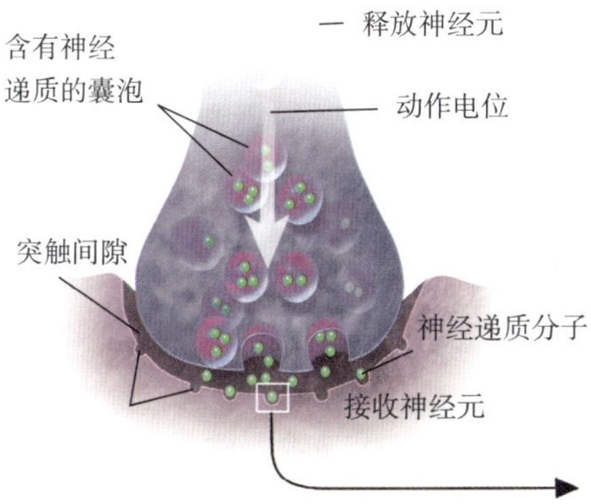

神经递质携带信息从释放神经元跨过突触间隙到达接收神经元的受体位置。

神经递质分子具有的分子结构与接收神经元上的受体位置十分吻合，就像一把钥匙对一把锁一样。

激动剂分子引起兴奋。在分子结构上类似于神经递质，可以模仿接收神经元上神经递质的作用。例如，吗啡，通过刺激大脑区域中涉及情绪和疼痛感的受体来模仿内啡肽的活动。

拮抗剂分子产生抑制作用。其在分子结构上与神经递质及其相似，以至于可以占据其受体位置，并阻碍神经递质的活动，但这种相似性却不足以激活受体。箭毒通过阻断涉及肌肉运动的 ACh 受体来麻痹受害者。

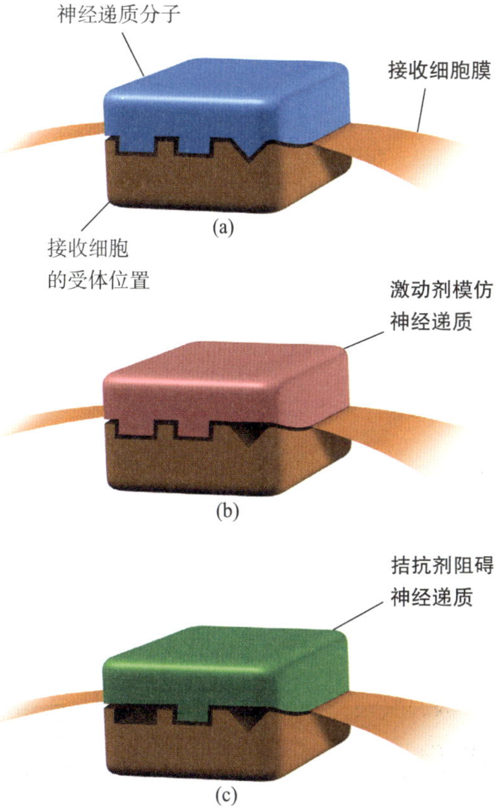

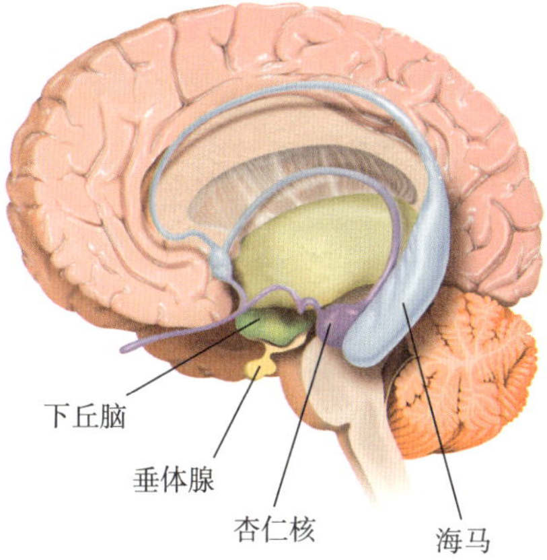

➤ 图 2.17
边缘系统（见正文 p.64）
边缘结构是由旧脑和大脑半球之间的环状神经系统所组成。尽管垂体是荷尔蒙（内分泌）系统而不是脑系统的一部分，它却受到位于它上方的属于边缘系统的下丘脑的控制。

Courtesy of V. P. Clark, K. Keill, J. Ma. Maisog, S. Courtney, L. G. Ungerleider, and J. V. Haxby, National Institute of Mental Health

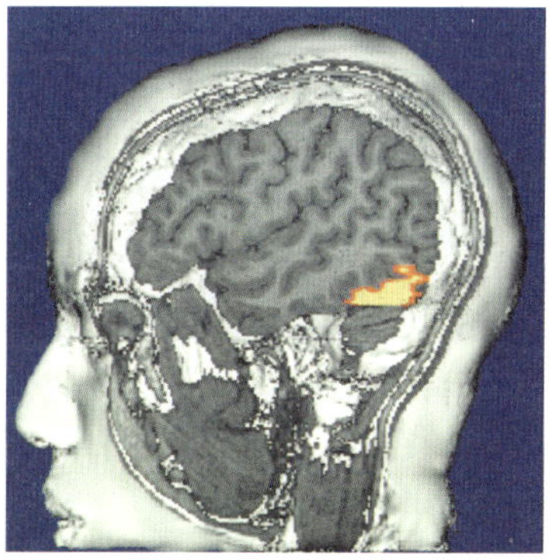

➤ 图 2.25
新技术显示活动中的脑
（见正文 p.69）
fMRI 扫描显示，当参与者观看面部图片时，视觉皮层——枕叶——很活跃（颜色代表血流量增加）。如果停止观看，这个区域马上会平静下来。

Both photos from Daniel Weinberger, M.D., CBDB, NIMH

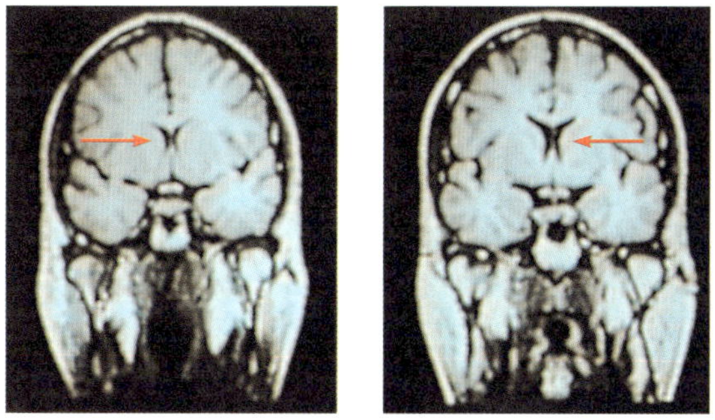

➤ 图 2.14
利用 MRI 对健康个体（左）和患有精神分裂症个体（右）的脑部进行扫描。箭头所指处显示充满液体的脑区有所增大。（见正文 p.61）

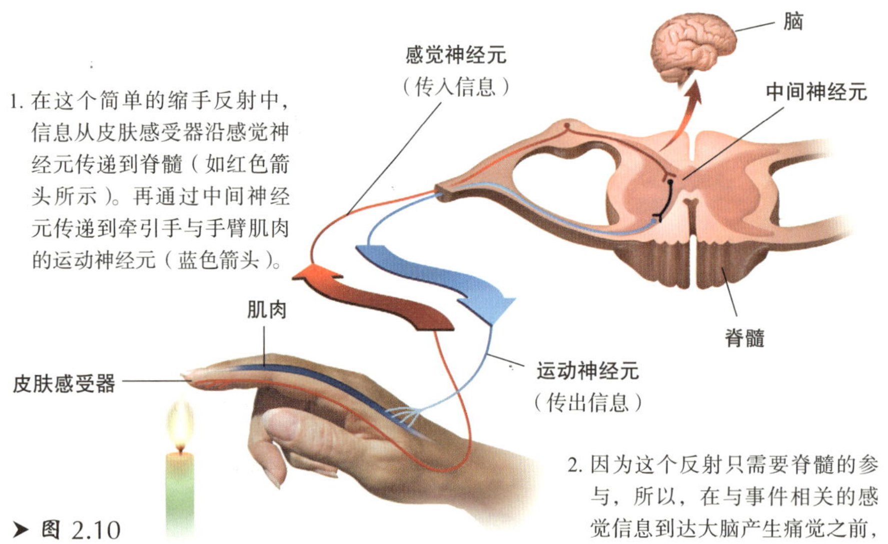

➤ **图 2.10**
简单反射（见正文 p.57）

➤ **图 2.26**
视觉皮层和听觉皮层（见正文 p.69）
位于大脑后部的枕叶接收来自眼睛的信息输入。位于颞叶的听觉中枢则接收来自双耳的信息。

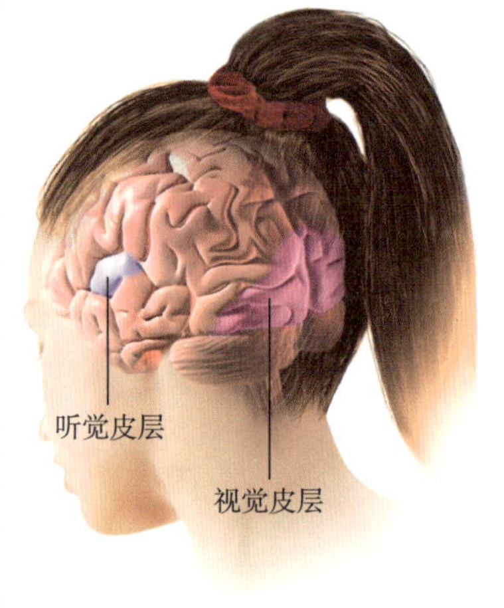

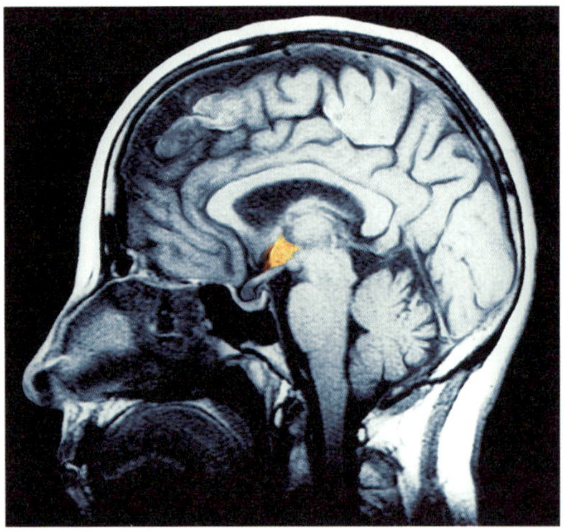
ISM/Phototake

➤ **图 2.19**
下丘脑（见正文 p.65）
在这幅 MRI 扫描的图片上标示为橘黄色的这个小而重要的结构，帮助保持身体内环境处在稳定状态。

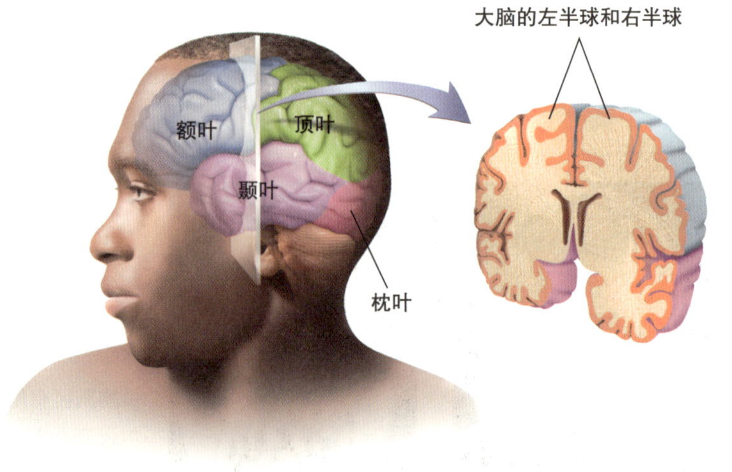

➤ **图 2.23**
大脑的基本分区（见正文 p.67）

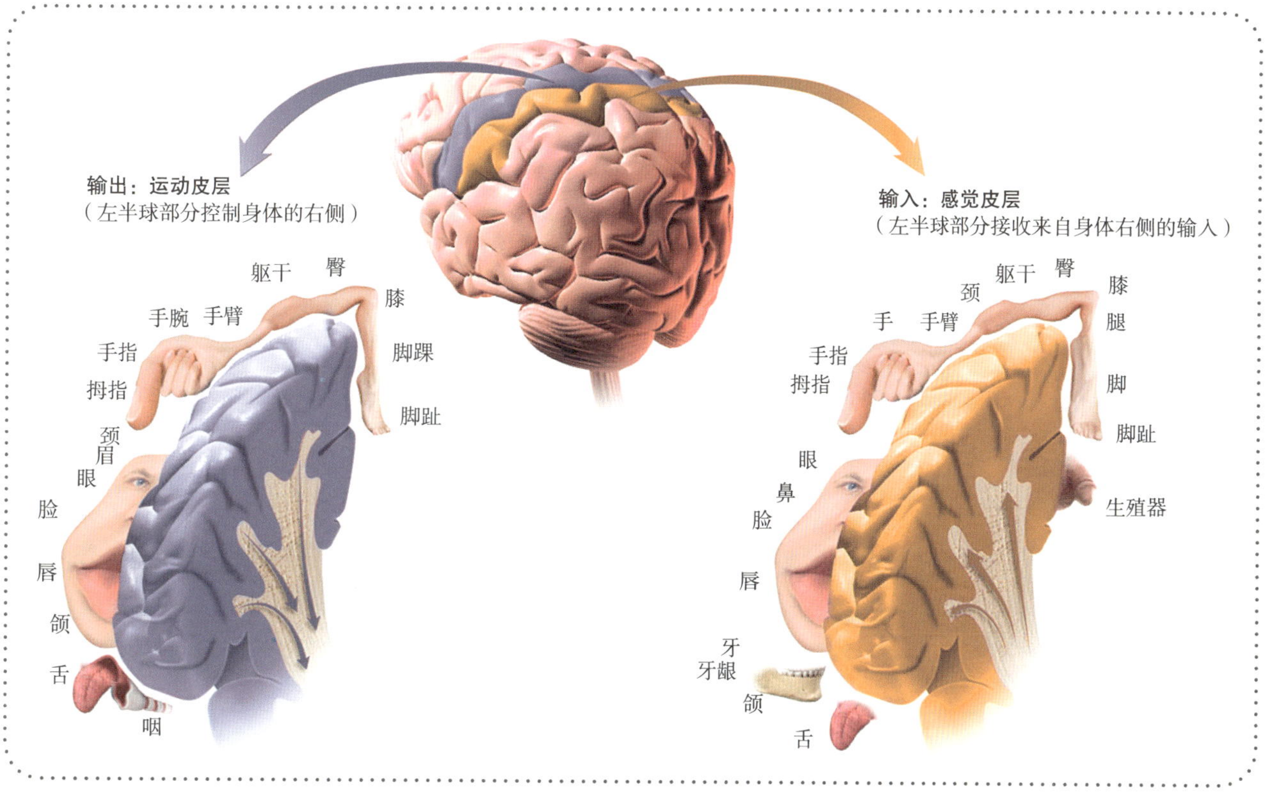

➤ 图 2.24

运动皮层与感觉皮层中与身体各部分对应的左半球组织（见正文 p.68）

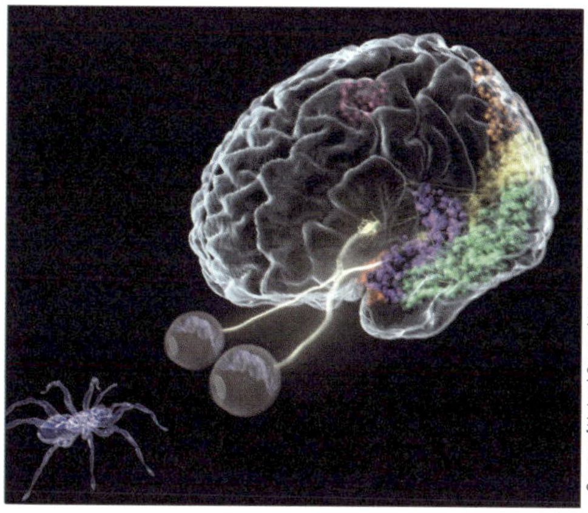

Courtesy of National Geographic Magazine and Laboratory of Neuro Imaging (LONI) at UCLA. Art and brain modeling by Amanda Hammond, Jacopo Annese, and Arthur Toga, LONI; spider art by Joon-Hyuck Kim.

➤ 图 12.16

杏仁核——恐惧习得的神经中枢（见正文 p.473）

➤ 图 2.31

从眼到脑的信息通路（见正文 p.73）

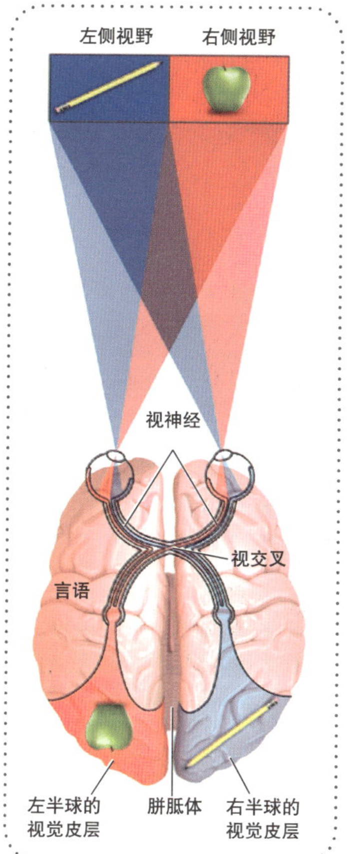

➤ 图 6.15

视觉后效（见正文 p.225）

请注视彩旗中央一分钟，然后把你的视线转移到旁边空白部分的黑点上。你看到了什么？（在你那对黑色、绿色和黄色反应的神经元疲劳后，你会看到它们的互补色。）再请注视一堵白墙并注意彩旗的大小是如何随投影距离增大的！

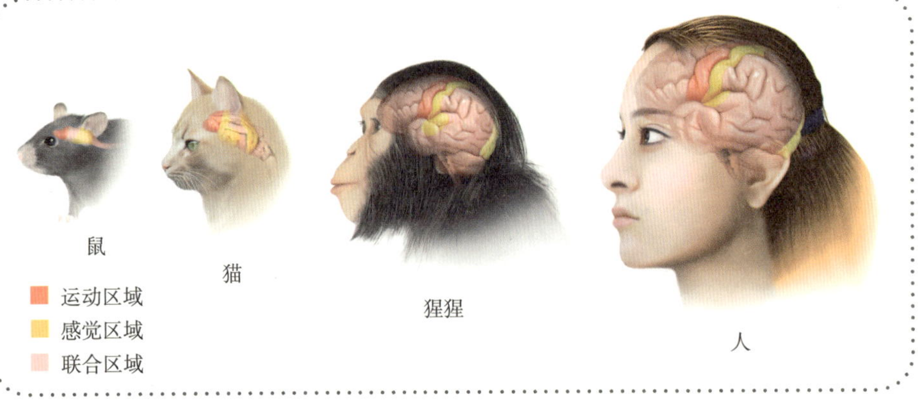

➤ 图 2.27
四种哺乳动物的皮层区域（见正文 p.70）

智能越高的动物，它的“未明确用途”或联合皮层的区域也就越大。脑的这些大面积区域负责对感觉区域接收和加工过的信息进行整合和反应。

➤ 图 4.5
受过训练的大脑（见正文 p.142）

一个受过良好训练的手指敲击任务会激发更多的运动皮质神经元（右图橙色区域），而受训前（左图）同一区域活动的神经元较少。（Karni et al.，1998）

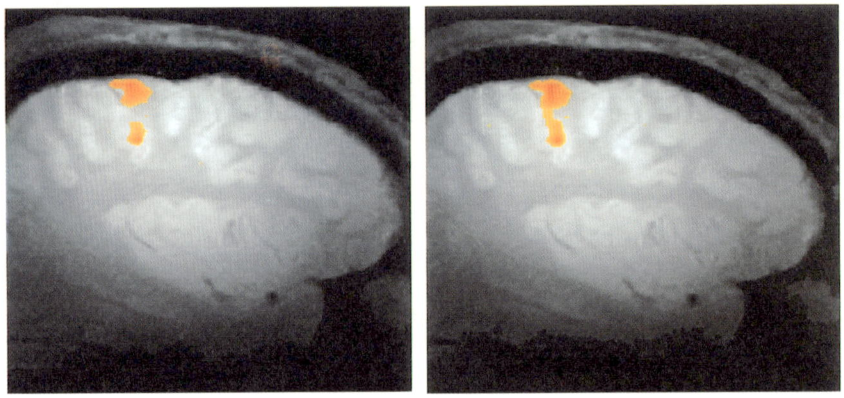

Both photos courtesy of Avi Karni and Leslie Ungerleider, National Institute of Mental Health

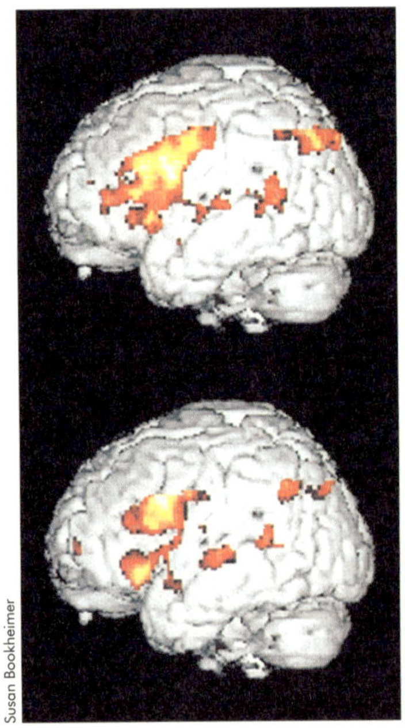

Susan Bookheimer

➤ 图 5.28
对阿尔兹海默氏症的预测（见正文 p.195）

在一个记忆测验中，对可能会患阿尔兹海默氏症个体的大脑进行 MRI 扫描（上图），发现其脑区相对于正常个体的大脑（下图）有更强烈的活动（黄色区域，其次是橘色和红色区域）。既然大脑扫描和基因测试可以帮我们辨认出哪些个体可能会患阿尔兹海默氏症，那么你想试一试吗？会在什么年龄测试？

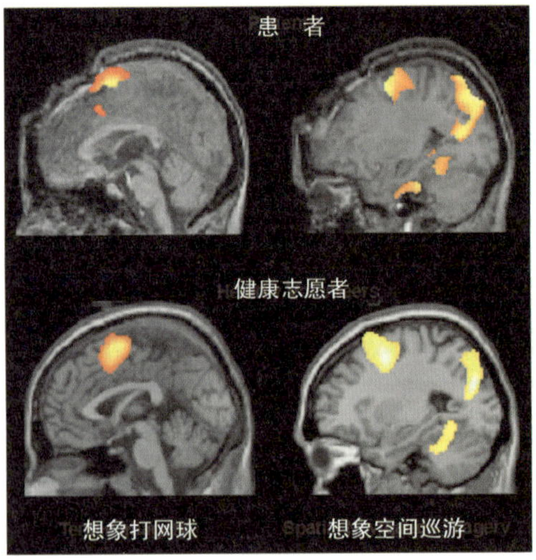

Courtesy: Adrian M. Owen, MRC Cognition and Brain Sciences Unit, University of Cambridge

➤ 图 3.2
意识的证据？（见正文 p.83）

当让一个植物人患者想象打网球或在家周围散步时，她的大脑（上）表现出与健康人大脑（下）相似的活动。尽管这可能只是个例，但研究者还是想知道，是否可以使用 fMRI 来与无法交流的患者进行“交谈”，例如对一个问题回答“是”就想象打网球，回答“否”就想象在家周围散步。

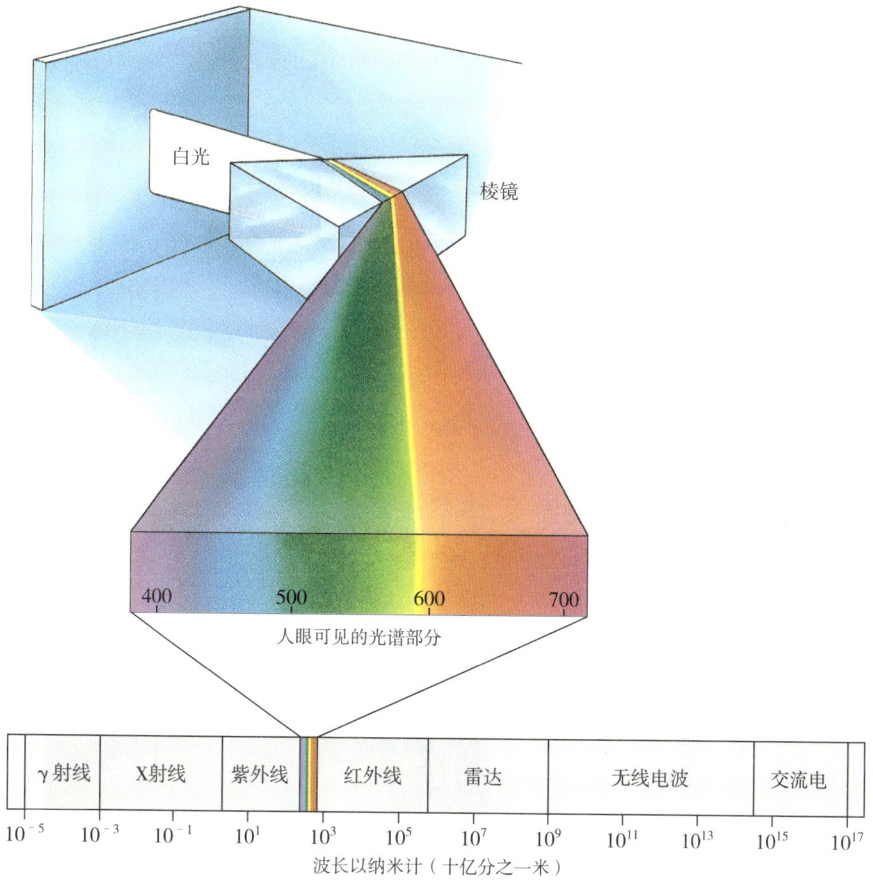

➤ 图 6.5

电磁光谱（见正文 p.218）

这个光谱范围从波长只有原子直径那么短的 γ 射线到超过一英里长的无线电波。人眼可见的狭窄波段（放大显示的部分）是从波长较短的蓝紫光到波长较长的红光。

➤ 图 7.8

罗曼蒂克红（见正文 p.273）

在控制各种其他因素（如光线等）的一系列实验中，男子（不包括女性）均认为红色相框中的照片更性感、更具吸引力（Elliot & Niesta，2008）。

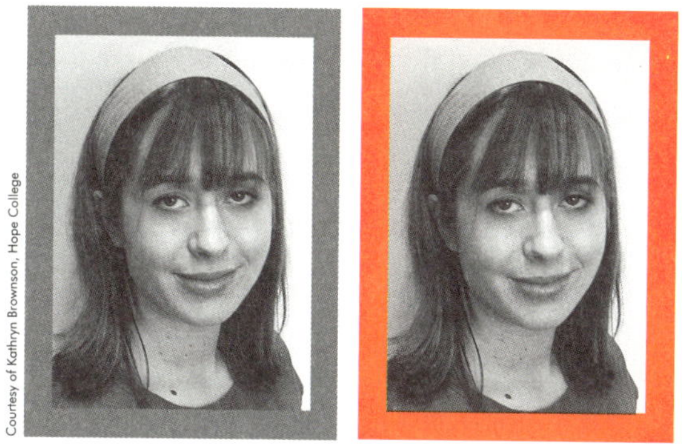

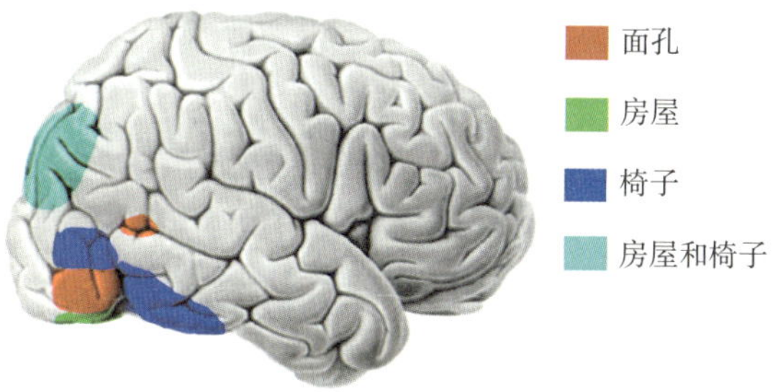

➤ 图 6.11

泄密的大脑（见正文 p.222）

看到面孔、房屋和椅子激活不同的脑区。

➤ 图 14.11

杀人犯的心理（见正文 p.573）

PET 扫描结果表明，杀人犯大脑额叶区的活动减少，而这一脑区有助于阻止冲动和攻击性行为。（From Raine，1999.）

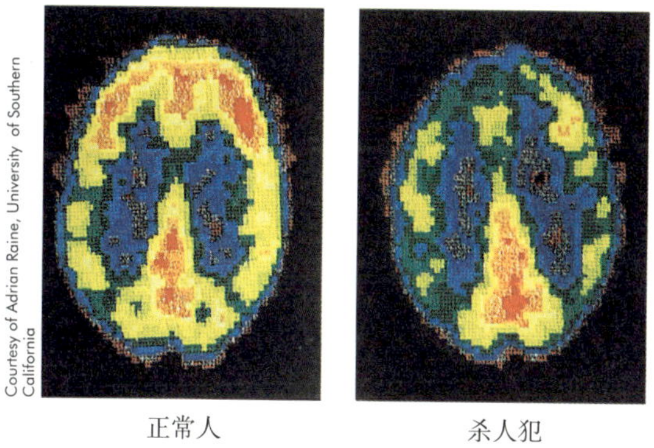

➤ 图 12.4

情绪的大脑捷径（见正文 p.462）

在双通道的大脑里，感觉刺激可以通过（a）直接将感觉刺激发送到杏仁核（经由下丘脑），以便作出紧急的情绪反应，或者经由（b）传递至大脑皮层进行分析。

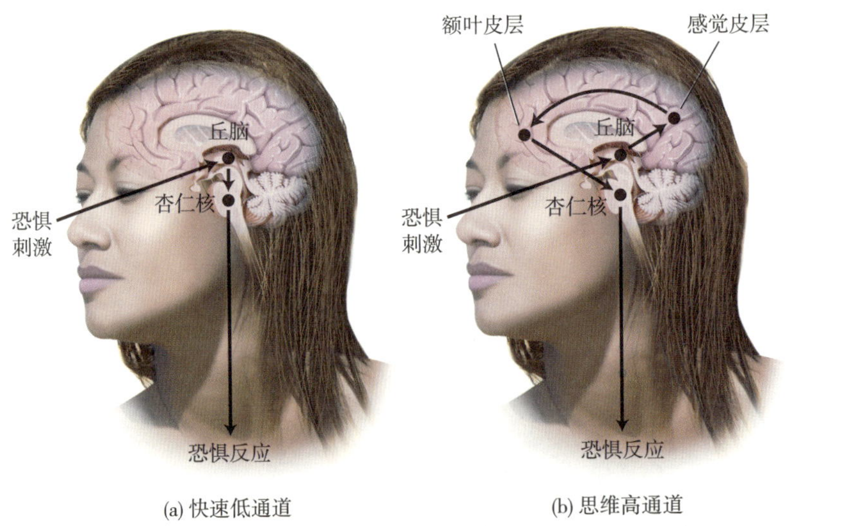

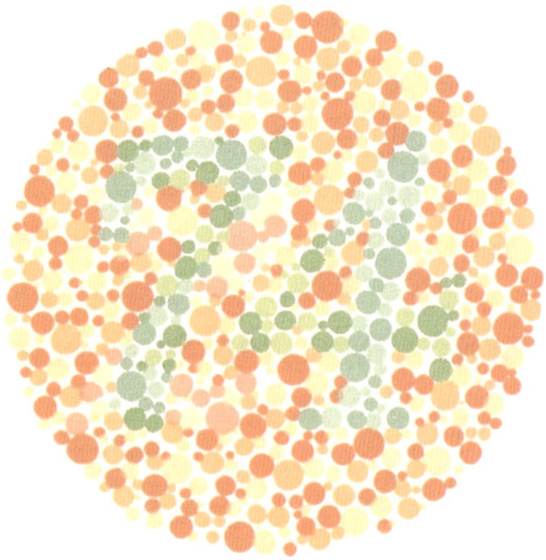

➤ 图 6.14

颜色视觉缺陷（见正文 p.225）

有红—绿视觉缺陷的人很难知觉图形中的数字。

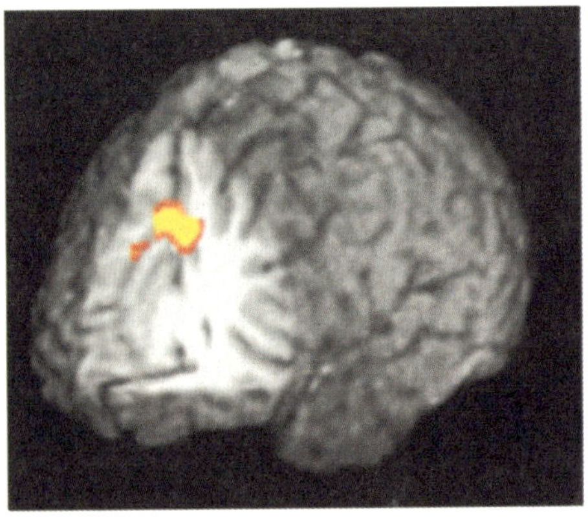

S. Ursu, V. A. Stenger, M. K. Shear, M. R. Jones, & C. S. Carter (2003). Overactive action monitoring in obsessive-compulsive disorder. Psychological Science, 14, 347–353.

➤ 图 14.3

强迫症患者的大脑（见正文 p.557）

神经科学家乌尔苏及其同事使用功能性磁共振成像技术比较了强迫症患者和正常人在完成挑战性认知任务时的大脑。结果显示，强迫症患者的前扣带回尤其活跃。

➤ 图 14.6

双相障碍的变化（见正文 p.562）

PET 扫描显示，个体大脑能量的消耗随着个体情绪的变化而升高或降低。红色区域是大脑能量快速消耗的区域。

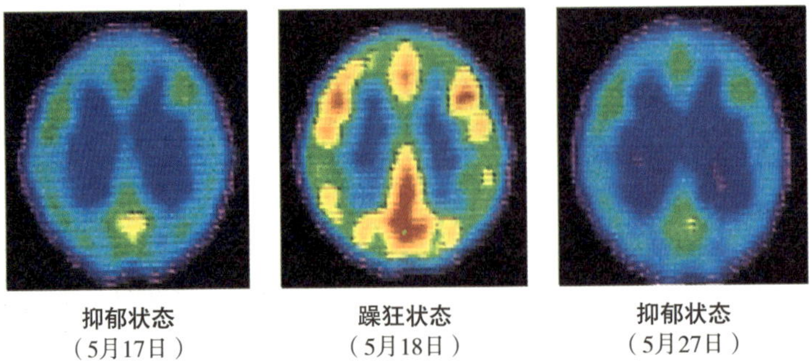

Courtesy of Lewis Baxter and Michael E. Phelps, UCLA School of Medicine

内容提要

戴维·迈尔斯的《心理学》是美国众多大专院校心理学教学所采用的教材，自出版以来深受广大师生和心理学爱好者的喜爱，并被翻译成多种语言，有着广泛的影响力。本书译自第9版。

全书包括引言共分17章，涵盖了普通心理学的主要内容，包括心理学的故事，对心理科学的批判性思考，心理的生物基础，意识与心理的双通道，天性、教养与人类的多样性，人的发展，感觉与知觉，学习，记忆，思维与语言，动机与工作，情绪、应激与健康，人格，心理障碍，心理治疗和社会心理学等。这些内容系统地阐述了心理学的基本概念，基本原理和理论，批判性地思考了各种心理学的科学发现，反映了最新的心理学研究成果和发展趋势。

戴维·迈尔斯充分发挥了其在心理学写作方面无与伦比的才能，将科学的严谨性和人文的宽泛性巧妙地结合，兼具感性和理性，能让读者在愉快的阅读过程中轻松掌握心理学知识。第9版尤其注重批判性思考和学习方法。每章在每个主要部分一开始就有针对性地提出了问题，启发读者思考。在每个小节结束部分还提出了自问和自测的试题，便于读者检查学习效果，并且能将学到的心理学知识运用到日常生活实践之中。本书适合心理学专业的广大师生，同时也适合对心理学感兴趣的普通读者。

To Tom Kling, Bill Davis,

Rory Baruth, and Greg Fallath,

with gratitude for your supportive friendship across all nine editions.

译者序

在高等学校的教学改革中，教材建设改革是一个重要环节。过去我国高校的大多数课程都是一门课程使用一种教材。现在许多高校基础课的教学大多实行一门课程使用多种教材和教学参考书的模式。为了进一步推进我国心理学专业基础课的教学改革，引进国外的一些优秀心理学教材是有必要的。美国密歇根州霍兰市希望学院戴维·迈尔斯（David G. Myers）所著的《心理学》（第9版）是一本颇受读者欢迎的心理学专业基础课教材，也是我们讲授普通心理学的优良教学参考书。综观全书，我认为戴维·迈尔斯《心理学》（第9版）具有以下特点：

从内容上看，该书既包含传统的主题同时又与时俱进。作为教科书，其内容是相对稳定的。这本教科书包括引言，共有17章，其内容依次为心理学的故事，对心理科学的批判性思考，心理的生物基础，意识与心理的双通道，天性、教养与人类的多样性，人的发展，感觉与知觉，学习，记忆，思维与语言，动机与工作，情绪、应激与健康，人格，心理障碍，心理治疗和社会心理学。它不仅系统地阐述了心理学的基本概念、基本原理和基本理论，而且还展现了大量的心理学应用的内容；不仅囊括了普通心理学的传统主题，而且还介绍了大量的最新研究成果，指出了这些传统主题新的发展趋势。与第8版相比较，本书的每个章节都有新的变化，特别是新增了进化心理学、神经科学和跨文化心理学的研究成果。书中引用自2005~2009年新增的参考文献有1300条之多！

从结构上看，该书便于学生自主学习。本书各章的结构安排，都遵循从“章节标题→目录→每节启发问题→主体内容→本节回顾→本章复习”，各章最后都有“术语和概念→进一步学习的网络资源”。作者力求以这种结构把每章的内容连成一条线，形成主题或次主题，使读者在阅读每一章时都能形成清晰的整体印象。具体而言，（1）标题下的开篇目录勾勒了整章的内容纲要，每一节主题前提出的问题对该主题内容启发读者思考，这些都有助于读者阅读时把握每一节的内容；（2）文中的黑体词既表明是专业术语也表明需要读者重点把握的内容；（3）文中的插图、表格、名家名言等便于读者加深对课文内容的理解；（4）“特写”是补充阅读材料，有助于读者拓展对该主题的理解和应用；（5）每节最后的“本节回顾”是对本节重点的概括，通过“自问”、“自测”等问题再次引导读者主动地复习、思考与应用。并且在“本章复习”部分给出了每节启发问题的答案，便于读者检查学习效果，查漏补缺，过度学习。每章最后都提示读者要记住的概念和术语，如果读者要进一步学习，每章最后作者都提醒读者，可登陆本书的网页 www.worthpublishers.com/myers，以拓展这一章的知识范围；（6）在全书最后的附录部分给出了自测题的答案，把理论和实践相结合，在检验你对知识掌握程度的同时，培养你的批判精神和锻炼你的动手能力。

从教学理念上看，该书既注重心理学的基本概念、基本原理和基本理论的教学，又强调批判性思维的训练。心理学是一门实证科学。这本教科书对心理学的基本概念、原理和理论的阐述引用了大量的实证研究为佐证，并采用各种增强理解和强化记忆等方法使学生切实掌握学习内容。与此同时，作者又十分强调学生应批判地去学习心理学。所谓批判性思维，其实就是指要独立思考，不要盲从。本书在批判性思维训练方面采取了不少有力的措施：不仅把阐述心理学任务和方法的第一章主题改为“对心理科学的批判性思考”，而且在全书其他各章还设置了许多“批判性思考……”的专栏；不仅阐述了心理学中的传统研究取向（如生物学研究取向、行为研究取向、认知研究取向、精神分析研究取向、人本研究取向），还阐述了最新出现的研究取向（如进化论研究取向、文化研究取向、积极心理学取向），对于所有研究取向的成果，只要有理有据，即使观点截然不同，都加以介绍；不仅介绍研究结果，而且还介绍研究过程，促使读者把自己想象成为经典实验的参与者，鼓励读者去思考这些实验可能会发生的错误，多想一想可能错在哪里，直到能解答自己的疑问为止。这种鼓励独立思考，鼓励质疑式学习，对于培养学生的创新能力，学会做学问是十分重要的。这也就是李政道所倡导的“做学问，需学问，只学答，非学问”的教学理念。

从语言风格上看，该书深入浅出、生动活泼并且充满激情。戴维 · 迈尔斯说，他是为了展现心理学的光彩而写作的。

因此，我认为戴维・迈尔斯的《心理学》（第 9 版）确实是一本优秀的心理学教材，尤其在教学方法的安排上独具特色，始终让师生带着问题学习，带着批判性思维兼容并蓄。另外值得一提的是，《心理学》第 9 版的版式设计美观大方，将插图、图表、图文、引言等统一放在舒朗的页边区域，在给读者带来愉快的阅读体验的同时，也便于读者及时把自己的心得体会记录下来。我相信这本书会得到广大读者的喜欢，同时也希望读者批判地加以学习。我更希望有更多的优秀心理学教科书面世。

本书由中国心理学会心理学教学工作委员会邀请有关专家参加翻译。各章的译者是：前言、引言（西南大学黄希庭教授）；第 1 章（西南大学郑涌教授）；第 2 章（河北师范大学张志杰教授）；第 3 章（北京大学苏彦捷教授）；第 4 章（西南大学杨炳钧教授）；第 5 章（北京大学苏彦捷教授）；第 6 章（北京大学吴艳红教授；首都师范大学丁锦红教授）；第 7 章（苏州大学刘电芝教授）；第 8 章（华东师范大学郭秀艳教授）；第 9 章（西华大学尹德谟教授）；第 10 章（广西师范大学李宏翰教授）；第 11 章（中国政法大学刘邦惠教授）；第 12 章（中国政法大学杨波教授；苏州大学张明教授）；第 13 章（北京师范大学许燕教授）；第 14 章（华中师范大学郭永玉教授）；第 15 章（成都电子科技大学李媛教授）；第 16 章（西南大学秦启文教授）。全书由我审校，彭杜宏同志协助我的工作。为翻译这本书，我们花了不少精力。但由于教务繁忙，时间和水平有限，不当之处乃至错误在所难免，敬祈读者批评指正。

黄希庭谨识

2013 年 11 月 18 日于

西南师范大学窥渊斋

前言

每次着手修订《心理学》出新版，我都发现自己踏上了一段熟悉的旅程。经过数月紧张而繁重的工作之后，新版本一问世，我便感到轻松而兴奋，可以确定我已尽力做到最好。但不久之后，随着新研究对某些概念的重新阐述，随着善思的师生写信提出改进意见，随着委托评审和调查结果的出现，我对现行版本的完美印象开始动摇了。随着我逐章收集的新材料越来越多，我对下一版本的热望也在不断增强。到新版本即将与大家见面之际，回想起曾给人推荐使用老版本的《心理学》，内心真是五味杂陈，可它在当时看来的确是相当完美！

新的第 9 版《心理学》也不例外——在以前工作的基础上改进了许多！我很高兴看到以下变化：

- 大约 1300 篇新的研究文献，代表了心理学领域最令人兴奋和最重要的新发现；
- 结构变化，感觉和知觉整合成一章，情绪和压力与健康整合成一章；
- 更精细的写作调整，在概念陈述上做了无数或大或小的改进，这得益于无数的师生提出的意见和创造性的思考，也得益于与我长期合作的出版社编辑；
- 更赏心悦目的版式设计以及新的教学法，便于教师高效地教学；
- 继续改进文化和性别等多样性的主题；
- 应读者要求压缩章节，从 18 章精简为 16 章；
- 总页数精减了 50 页。

今天的心理学令我更着迷，它研究我们情绪和记忆的神经科学机制，它触及我们适应性的无意识，以及社会和文化背景的塑造力。心理科学正越来越认可天性和教养的相对作用，性别和文化的多样性，意识和无意识的信息加工，以及我们行为背后的生物基础。

我很高兴有幸能在这么多国家，通过这么多种不同的语言，帮助这么多的学生，学习这门令人兴奋的学科。蒙大家抬爱，能与你一起辨识心理学的真知灼见，交流心理学的重要观点和重大发现，既是巨大的荣耀也是重大的责任。

全世界数百万师生在研读这本书，他们对本书的发展做出了重大贡献。很多人都是自发地写信或者与我谈话，提出他们的建议。这一版我也正式邀请了 300 多位研究者和兼负教学工作的心理学家，还有很多学生，努力搜集心理学领域最新的精准信息，以及师生教学所需的补充材料和教学法。在我们努力谋划将来版本的过程中，我们希望能继续得到大家反馈，从而制作出更好的版本和教学补充材料。

老风格与新特色

在《心理学》9 个版本的写作中，我编撰本书的理念从未动摇：把科学的严谨和人文的形象结合起来，兼具理性和感性。为切合学生的需求和兴趣，我力图创造一种最先进、完美的方式来介绍心理学。我渴望帮助学生理解和欣赏生命的神奇和美妙。我还想把心理学家做研究时的那种大胆假设、小心求证的精神传授给他们。我相信，对心理学的学习能提升我们的能力，使我们多一些理性思维，少一些直觉判断；多一些同情，少一些武断；多一些理解，少一些误会。

我认同美国作家和哲学家梭罗（Thoreau）所说的一句话："任何具有生命力的事物，都能以通俗浅显的语言轻松而自然地表达出来。"所以，我力求以明快的叙述和生动的故事来讲授心理学的重要理论和学术成就。由于本书是我一人完成的，我期望以一种热情而富有个性的方式来讲述心理学，而不仅是正统严谨的学究式写作。我热衷于反映心理学和其他领域的联系，比如文学、哲学、历史、体育、宗教、政治以及流行文化。我喜欢启发读者思考，琢磨文字，会意而笑。

8 个指导原则

尽管新添内容令人兴奋，这一新版本仍保留了之前版本的主要特色，以及大部分内容和基本结构。还保留了原来的目标（即指导原则），正是这些目标推动着之前 8 个版本的写作：

1. **示范探究过程** 我努力向学生呈现的不仅是研究结果，而且还有研究过程是如何起作用的。全书都力图激发读者的好奇心。鼓励读者把自己想象为经典实验的参与者。有几章介绍研究的故事，就像是一个线索接着另一个线索依次进行并逐渐展开的谜语一样。（例如，大脑语言加工的研究历史，第 345~351 页。）
2. **传授批判性思维** 我力求以探究、分析心理定势为例，把研究作为智力探测工作来加以表现。无论学生在学习发展、认知，还是统计，他们都会牵涉到批判性推理，并能从批判性推理中得到回报。进而，他们会发现，实证研究会怎样帮助他们去评价被广为宣扬的种种相对立的观点和主张——从阈下说服、超感知觉、替代疗法，到占星术、催眠术以及被压抑的记忆和被恢复的记忆等方方面面。
3. **列举事实以理解概念** 我并不打算用实例来塞满学生的智力档案库，而是揭示心理学的主要概念——教会学生怎样思维，并提供值得思考的心理学观点。在每一章里，我都希望学生在完成本课程之后能较长时间地保持那些概念。我也总是力求遵循爱因斯坦的格言："凡事尽量从简，但不可过简。"
4. **尽可能与时俱进** 几乎没有什么东西会像让学生读陈旧信息那样使他们很快失去兴趣。在保留心理学的经典研究和概念的同时，我还提供了该学科最前沿、最重要的发展。本书引用自 2007 年和 2008 年的参考文献有 600 条之多。
5. **理论和实践相结合** 通过奇闻逸事、个案史和提供的假设情景，我把基本研究的发现及其运用和含义联系起来。在心理学能阐明人类亟待解决的问题的地方——不论是种族主义和男性至上主义、健康和幸福或是暴力与战争——我毫不犹豫地展现了心理学的光彩。
6. **增强连贯性以便理解** 在本书的许多章中都有重要的问题或主题，把次主题联系在一起，从而形成了将一章内容串起来的一条线索。"学习"这一章中传达的观点是，大胆的思想者可以成为知识先驱。"思维和语言"这一章中提出了人的理性与非理性问题。"心理障碍"这一章中向读者传递的是以同理心和理解来对待遇到问题的人。爱德华·吉本（Edward Gibbon）评论说，"作品的一致性表明一位艺术家的独立创作。”由于本书的作者只有我一个人，全书中虽然交织贯穿着其他线索，如行为遗传学和文化多样性，但学生们仍可以听到连贯一致的声音。

7. **每一步都强化学习** 日常事例和反诘句鼓励学生主动处理材料。较早给出的概念经常被运用于后面的章节之中，从而得到强化。例如，在第 5 章中，学生学习后知道我们大多数信息加工都发生于我们的意识觉知之外。这一概念在后续的章节中得到了强化。每章最后列出的关键术语有助于学生掌握重要的专业术语。主要的各节以预览开头，以复习和思考结束，复习和思考突出了教材内容的组织形式及重点的概念。每章结尾还包含评估学生对这一部分知识点掌握情况的“自我检测”题，以及鼓励学生使材料更具个人意义，因而更便于记忆。
8. **表达对人类团结和多样性的尊重** 读者会反复看到人类亲缘关系方面的证据——人们在生物传承、观察和学习的机制、饥饿和情感、爱和恨等方面的共性。读者还能更好地了解到人们的多样性维度，即我们在发展和能力、气质和人格、疾病和健康上的个体多样性，以及我们在态度和表达方式、养育孩子和赡养老人以及生命至上等方面的文化多样性。

继续充实文化和性别多样性的内容

本版更全面地表现了心理学研究的跨文化视角，反映在研究成果、文本案例和照片上。女性和男性心理学的内容全部整合在一起。此外，为便于世界范围的学生阅读，本版和后续版本将采用来自世界各地的材料。故而我不断地从世界各地搜索研究报告、文本和图片素材，心中总记挂着我的读者可能在墨尔本、谢菲尔德、温哥华、内罗毕或者北京。北美和欧洲的材料得之较易，因为我的家在美国，我和加拿大的许多朋友以及同事保持着联系，订阅了多家欧洲心理学期刊，偶尔还会客居伦敦。例如，本版就有 61 个加拿大、151 个英国和 72 个澳大利亚和新西兰的例子。随着移民的增加和世界经济的交融，我们都是地球村的居民。所以，美国学生也能从来自别国的信息和例子中获益，形成国际化意识。而如果心理学要解释人的行为（不仅仅是美国人、加拿大人或澳洲人的行为），那么研究涉及的范围越广泛，我们对这个世界上人类行为的描述就越精确。我就是要让学生接触到超越自己国家之外更广阔的世界。因而，我将一如既往地欢迎所有读者的反馈和建议。

从本书第一章第一页就开始讨论文化和性别多样化的关联，这一主题贯穿全书。第 4 章“天性、教养和人类多样性”，集中讨论了这一主题，并鼓励学生重视文化和性别差异以及它们的共同之处，思考天性与教养的相互作用。

强调生物 - 心理 - 社会 / 文化层面的分析方法

《心理学》第 9 版考察了生物的、心理的和社会 - 文化因素对我们行为的影响。在引言部分突出介绍了分析层面的取径，为后续章节奠定基础，各章彰显的分析层面有利于学生在生物心理背景下理解心理学的概念。

增加对临床视角的敏感性

临床心理学的同事们给我提供了有益的指导，对心理学的许多概念我都变得更关注临床视角，使我对人格、心理障碍和心理治疗等章节变得更为敏感，修改得更完善。比如，在情绪、压力与健康以及智力这两章，我讲述了以问题为中心和以情绪为中心的应对策略，描述了心理学家在临床背景下使用智力测验的过程。

大量的批判性思维内容

整本书我都致力于给学生介绍批判性思维。在每一节主要内容之前新增的学习引导问题和每节最后的自我检测问题，都能鼓励学生批判性阅读，从而更好地理解重要的概念。第 9 版还给学生提供以下学习或练习批判性思维技巧的机会。

- 第 1 章批判性地思考心理科学，向学生介绍了心理学的研究方法，重点突出了我们日常生活中的直觉和常识中的谬误，以此说明心理科学的必要性。批判性思维是本章要介绍的重要概念。对统计推论的讨论则鼓励学生“注重将简单的统计原理用于日常推理从而更敏捷地思考”。
- “批判性思考……”专栏贯穿全书，为学生提供了批判地思考心理学中一些重要问题的模式。例如，新增专栏“批判性思考——我们害怕正确的事情吗？”
- 侦探故事风格遍及所有叙事，以鼓励学生批判地思考心理学的重要研究问题。
- 书中的问题和“试一试”活动鼓励学生运用心理学的结论，并将这些结论与他们自己的生活相联系。这种交互式叙述促使学生积极投入到每一章节的学习之中。
- 在批判地思考日常话题时，批判地考察流行心理学可激发兴趣，提供重要的教训。

海量的教学资料

本书补充材料和媒体数据包的高质量、连贯性和丰富性一直为人称道。《心理学》第 9 版补充材料在 PsychPortal 的基础上更上一层楼，包括一本互动的电子书、一整套互动组件、非常实用的在线学习中心、学生视频系列以及《科学美国人》的新闻推送。

APA 学习目标和主修心理学的达标要求

2002 年 3 月，美国心理学会（APA）特别小组制定了一系列的学习目标和 4 年制心理学专业毕业生的达标要求（www.apa.org/ed/pcue/）。

自此许多学校的心理学系使用这些目标和达标要求，来帮助他们建立自己的基本考核标准。

有些教师急于知道这本导论课程是否能帮助学生在达成这些目标的过程中开

个好头。《心理学》第 9 版非常有益于你帮学生开始这段达标之旅。请访问 www.worthpublishers.com/myers 查看《心理学》第 9 版切合 APA 学习目标和达标要求的详细指导内容。

彻底地更新

尽管保持延续性很重要，但几乎每页都有变化。更新内容随处可见，新增了大约 1300 篇新文献——几乎占参考书目的 30%！心理学作为一门科学在不断发展，这一新版反映了许多令人兴奋的新进展。

16 章更合理的安排

教学一线的同事们反复要求我减少章节，使本书的篇幅更合理，更适合教学。我重新安排了本书的章节，将感觉和知觉合并在一起，将压力与健康和情绪合并在一起，将全书调整为 16 章。我还审慎地减少篇幅，移除一些重复的科研实例（有时这样做很困难，因为它们都很优秀！）重写了一些句子使之更加简洁明了。结果全书精减了 50 页。

意识状态和双通道心理

这一章经过大幅度修改后，包含了额外的认知神经科学和双加工过程等内容，更为坚决地确立了两者在心理学领域的重要地位。为帮助学生更好地联系神经科学（第 2 章），这一章现在调整为第 3 章。这一章预览了我们自动化的、看不见的信息加工过程的重要新证据，包括内隐记忆和态度。

考虑周全的教学法修改

这一版包括以下新的学习辅助内容：

- 计数问题确立了每段重要文本的学习目标（每章大约 10~15 个问题），引导学生阅读。
- 本节回顾部分，位于每个重要文本部分的最后，包括自问的问题和自测的问题。自问能鼓励学生在日常生活中运用学到的新概念，自测（答案在附录）能评价学生掌握的程度并鼓励全方位思考。
- 本章回顾部分重复了计数问题并进行了总结解答，并附上了要记忆的术语和概念。

致 谢

“见贤思齐”，专家及同行给我的所有智慧和建议让我也变得更加聪明。近二十年得益于一千多位顾问和评审人的帮助，这本书当比我一人闭门造车更加完善更加精确了。编辑和我一直在告诫自己：三个臭皮匠始终要胜过一个诸葛亮。

感谢前八版给予我诸多帮助的师长学者；感谢无数的研究者愿意贡献他们的时间和智慧，帮助我精确地报告他们的研究；感谢 191 位教师腾出时间回复我之前的信息调查。还要感谢纽芬兰大学的三位学生：Charles Collier，Alex Penney 和 Megan Freake，他们完成了具体录入工作。

还要向提出批评、更正和创造性想法的同行们致谢，他们的付出改善了这一新版的内容、格式和教学法以及补充的学习包。由于他们的专业才能和无私鼓励，以及他们讲授心理学的心得体会，特向以下顾问和评审人致谢。

Richard Alexander,
Muskegon Community College

Carol Anderson,
Bellevue Community College

Aaron Ashly,
Weber State University

John Baker,
University of Wisconsin, Stephens Point

Dave Baskind,
Delta College

Beth Lanes Battinelli,
Union County College

Alan Beauchamp,
Northern Michigan University

Brooke Bennett,
Florida State University

Sylvia Beyer,
University of Wisconsin, Parkside

Patricia Bishop,
Cleveland State Community College

Lorelei Carvajal,
Triton College

Sarah Caverly,
George Mason University

Clara Cheng,
American University

Jennifer Cina,
Barnard College

Virgil Davis,
Ashland Community and Technical College

Joyce C. Day,
Naugatuck Valley Community College

Dawn Delaney,
Madison Area Technical College

G. William Domhoff,
University of California, Santa Cruz

Darlene Earley-Hereford,
Southern Union State Community College, Opelika

Kimberly Fairchild,
Rutgers University, Livingston

Pam Fergus,
Inver Hills Community College

Christopher J. Ferguson,
Texas A&M International University

James Bodle,
College of Mount Saint Joseph

Linda Bradford,
Community College of Aurora

Steve Brasel,
Moody Bible Institute

June Breninger,
Cascade College

Tom Brothen,
University of Minnesota

Eric L. Bruns,
Campbellsville University

David Campell,
Humboldt State University

LeeAnn Cardaciotto,
La Salle University

Jill Carlivati,
George Washington University

Kenneth Carter,
Oxford College

Herman Huber,
College of Saint Elizabeth

Linda Jackson,
Michigan State University

Andrew Johnson,
Park University

Deanna Julka,
University of Portland

Regina Kakhnovets,
Alfred University

Paul Kasenow,
Henderson Community College

Teresa King,
Bridgewater State College

Kristina Klassen,
North Idaho College

Chris Koch,
George Fox University

Daniel Kretchman,
University of Rhode Island, Providence

Jean Kubek,
New York City College of Technology, CUNY

Priya Lalvani,
William Patterson University

Faith Florer,
New York University

Jocelyn Folk,
Kent State University

Patricia Foster,
Austin Community College, Northridge

Lauren Fowler,
Weber State University

Daniel J. Fox,
Sam Houston State University

Ron Friedman,
Rochester University

Stan Friedman,
Southwest Texas State University

Sandra Geer,
Northeastern University

Sandra Gibbs,
Muskegon Community College

Bryan Gibson,
Central Michigan University

Carl Granrud,
University of Northern Colorado

Laura Gruntmeir,
Redlands Community College

R. Mark Hamilton,
Chippewa Valley Technical College

Lora Harpster,
Salt Lake Community College

Susan Harris-Mitchell,
College of DuPage

Lesley Hathorn,
University of Nevada, Las Vegas

Paul Hillock,
Algonquin College

Andrew Peck,
Penn State University

Tom Peterson,
Grand View College

Brady Phelps,
South Dakota State University

Michelle Pilati,
Rio Hondo College

Ron Ponsford,
North Nazarene University

Diane Quartarolo,
Sierra College

Sharon Rief,
Logan View High School, and Northeast Community College

Alan Roberts,
Indiana University, Bloomington

June Rosenberg,
Lyndon State College

Nicole Rossi,
Augusta State University

Wade Rowatt,
Baylor University

Claudia Lampman,
University of Alaska, Anchorage

Deb LeBlanc,
Bay Mills Community College

Don Lucas,
Northwest Vista College

Angelina MacKewn,
University of Tennessee, Martin

Marion Mason,
Bloomsburg University of Pennsylvania

Sal Massa,
Marist College

Christopher May,
Carroll College

Paul Mazeroff,
McDaniel College

Donna McEwen,
Friends University

Brian Meier,
Gettysburg College

Michelle Merwin,
University of Tennessee, Martin

Dinah Meyer,
Muskingum College

Antoinette Miller,
Clayton State University

Robin Morgan,
Indiana University, Southeast

Jeffrey Nicholas,
Bridgewater State College

Dan Patanella,
John Jay College of Criminal Justice, CUNY

Shirley Pavone,
Sacred Heart University

Jeff Skowronek,
University of Tampa

Todd Smith,
Lake Superior State University

Bettina Spencer,
Saint Mary's College

O'Ann Steere,
College of DuPage

Barry Stennett,
Gainesville State College

Bruce Stevenson,
North Island College

Colleen Stevenson,
Muskingum College

Jaine Strauss,
Macalester College

Cynthia Symons,
Houghton College

Rachelle Tannenbaum,
Anne Arundel Community College

Sarah Ting,
Cerritos College

Barbara Van Horn,

Michelle Ryder,
Ashland University
Patrick Saxe,
SUNY, New Paltz
Sherry Schnake,
Saint Mary-of-the-Woods College
Cindy Selby,
California State University, Chico
Dennis Shaffer,
Ohio State University
Mark Sibicky,
Marietta College
Randy Simonson,
College of Southern Idaho
David B. Simpson,
Valparaiso College
David D. Simpson,
Carroll College
Indian River Community College
Michael Verro,
Champlain College
Craig Vickio,
Bowling Green State University
Denise Vinograde,
LaGuardia Community College, CUNY
Joan Warmbold,
Oakton Community College
Eric Weiser,
Curry College
Diane Wille,
Indiana University Southeast
Paul Young,
Houghton College

Worth Publishers 公司的许多人在制作《心理学》第 9 版的过程中发挥了非常重要的作用。

虽然信息搜集永无止境，但是，正式的计划则始于 2007 年 6 月由著者与出版商汇聚一起的两天会议之后。这次愉快而富有创造性会议的与会者有：来自著作方团队的 John Brink，Martin Bolt，Thomas Ludwig，Richard Straub 和我自己，还有我的助手 Kathryn Brownson 和 Sara Neevel。后来加入的有 Worth Publishers 公司的高管 Tom Scotty，Elizabeth Widdicombe 和 Catherine Woods；编辑 Christine Brune，Kevin Feyen，Nancy Fleming，Tracey Kuehn，Betty Probert 和 Peter Twickler；艺术指导 Babs Reingold；销售和营销同事 Kate Nurre，Tom Kling，Guy Geraghty，Sandy Manly，Amy Shefferd，Rich Rosenlof 和 Brendan Baruth。与会者提供的信息和头脑风暴使得新版得以改进，比如本版新的教学法，彻底修正过的第 3 章“意识和双通道心理”。

Christine Brune 是前面 8 个版本的首席编辑，工作杰出。她鼓舞士气，温和劝诫，注重细节，追求卓越。作为本书作者的我，已别无他求。

责任编辑 Nancy Fleming 是不可多得的天才编辑，她能同时兼顾手稿的“大处”和“细处”。她这种统筹兼顾能力，表现得非常细致而优雅。

特约资深心理学编辑 Kevin Feyen 已成为宝贵的团队领导，谢谢他的奉献、创造和细心。出版人 Catherine Woods 帮助组织和执行此一新版本及其补充材料的计划，在我们面临重大决策时积极献计献策。Peter Twickler 组织协调了这一版本海量补充包的制作。Betty Proert 高效地编辑和制作了印刷版的补充材料，期间还精细地调整了全书。在 Greg Bennetts 的帮助下，Lorraine Klimowich 提供了非常宝贵的支持，发出和整理了大量的评论意见，给教授们邮递信息，并且处理了与本书开发和制作有关的大量日常杂务。Lee Mahler-Mckevitt 在每页的安排上非常出色。Bianca Moscatelli 和 Donna Ranieri 一起合作确定了各种图片的准确位置。

助理管理编辑 Tracey Kuehn 不知疲倦、不屈不挠、忠于职守、善于组织，带领着 Worth 公司天才般的艺术制作团队，在整个制作过程中协调编辑工作。生产经理 Sarah Segal 严格地控制着生产进度，确保了出版计划的实施。Babs Reingold 娴熟地指导着新版图书的内文设计和艺术格调。生产经理 Stacey Alexander 与补充材料制作编辑 Jenny Chiu 一道制作了许多补充材料。

为了实现我们支持心理学教学的目标，教学数据包不应只是写作、复审、编辑和出版，而且还应适合于心理学教师的使用。Worth Publishers 的专职营销队伍在工作过程中特别成功，我们的作者队伍非常感谢他们。我们特别感谢市场营销执行经理 Kate Nurre 和营销经理 Amy Shefferd，以及美国心理学和经济学顾问 Tom Kling，由于他们付出不知疲倦的努力，已告知我们的教学同行们，我们为辅助教学作出了努力。与他们合作使我们感到快乐。

在希望学院，给予这一版本支持的团队成员有 Kathryn Brownson，她对无数的细节信息进行了仔细推敲，勘校了数百页书稿。她已经成为一位见多识广、敏感细腻的智者。还有 Sara Neevel，她已经成为我们高科技手稿的开发程序员，非常卓越。Laura Myers 更新了资料，包括页码的引用，以及所有交叉引用的表格。

我还要感谢我的写作指导，诗人 Jack Ridl 的影响和帮助，他的影响可见诸字里行间的表达语气。是他培养了我与语言共舞的乐趣，教会我把写作当成一门艺术来对待，这一点谁也比不上他。

无数人称赞这本书的补充材料把他们的教学提升到新水平，听了这些话，我十分庆幸能成为本书出版团队的一员，这个团队中的每个人都能及时完成最高专业水平的作品。我要感谢 Martin Bolt，John Brink，Thomas Ludwig 和 Richard Straub，感谢他们杰出才华，长期奉献和友谊。

最后，我还要感谢那些提供过建议或仅仅说过一句鼓励话语的学生和教师。正是因为他们与那些即将学习心理学的人们，才使我竭尽全能来介绍我所深深热爱的心理学。

本书付梓之际也是我开始为第 10 版收集信息和观点之时。你的宝贵意见将一如既往地促进本书未来更加完善，所以，请不吝分享你的思想。

戴维·迈尔斯

美国密歇根州霍兰市希望学院

简要目录

译者序 iii

前　言 v

引言　心理学的故事 1

第 1 章　对心理科学的批判性思考 15

第 2 章　心理的生物基础 47

第 3 章　意识与心理的双通道 81

第 4 章　天性、教养与人类的多样性 125

第 5 章　人的发展 161

第 6 章　感觉与知觉 211

第 7 章　学　习 265

第 8 章　记　忆 297

第 9 章　思维与语言 341

第 10 章　智　力 377

第 11 章　动机与工作 411

第 12 章　情绪、应激与健康 455

第 13 章　人　格 509

第 14 章　心理障碍 545

第 15 章　心理治疗 581

第 16 章　社会心理学 613

附录　自测题答案 660

参考文献 671

目录

前 言 v

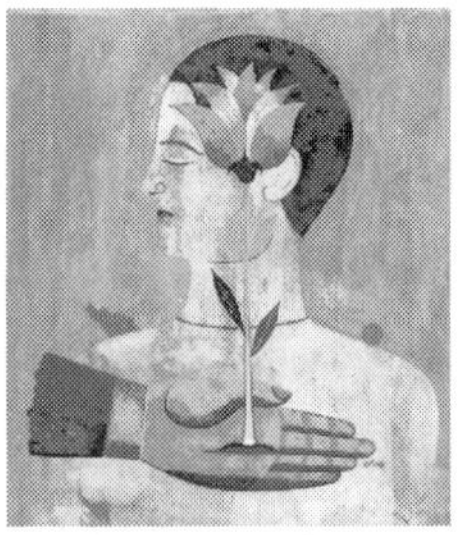

引言

心理学的故事 1

什么是心理学 2
心理学的起源 2
心理科学的发展 5
当代心理学 6
心理学的重大问题 7
心理学三大分析层面 8
心理学的分支 10
特写：学习心理学小贴士 12
本章复习：心理学的故事 13
术语与概念 13

第 1 章

对心理科学的批判性思考 15

心理科学的重要性 15
我们早就知道吗？后见之明偏差 16
过度自信 17
科学态度 18
批判性思维 20
心理学家如何提问和作答 20
心理学的科学方法 21
描 述 22
相 关 25
实 验 30
日常生活中的统计推理 33

描述数据 33
做出推论 35
心理学的常见问题 38
本章复习：对心理科学的批判性思考 43
术语与概念 44

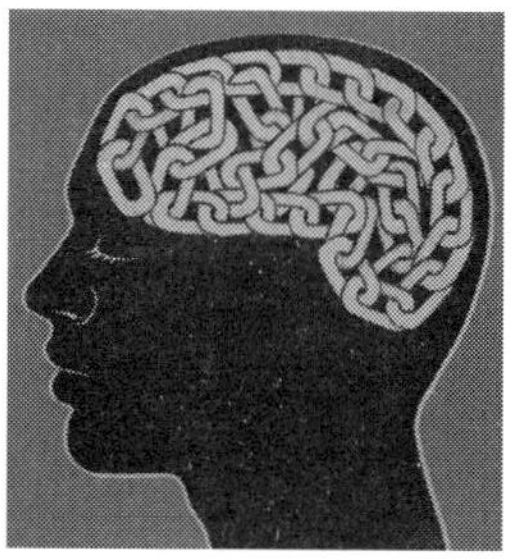

第 2 章
心理的生物基础 47

神经网络 48
神经元 49
神经元之间的信息交换 51
神经递质如何影响我们 51
神经系统 55
外周神经系统 55
中枢神经系统 56
内分泌系统 58
脑 60
探索工具 60
低水平的脑结构 62
大脑皮层 66
大脑两半球 72
完整大脑的半球差异 75
本章复习：心理的生物基础 78
术语与概念 79

第 3 章
意识与心理的双通道 81

脑与意识 82
认知神经科学 82
双重加工 83
睡眠与梦 87
生物节律与睡眠 87
人为什么要睡觉 92
睡眠障碍 95
梦 97
催 眠 101
事实与谬误 102
催眠状态的解释 104
药物与意识 107
依赖与成瘾 107
精神性药物 108
药物使用的影响因素 116
濒死体验 119
本章复习：意识与心理的双通道 121
术语与概念 123

第 4 章
天性、教养与人类的多样性 125

行为遗传学：预测个体差异 125
基因：我们的生物蓝图 126
双生子研究和收养研究 127
气质与遗传 131
遗传力 131
基因—环境的相互作用 133
新的前沿学科：分子遗传学 134
进化心理学：理解人类的天性 135
自然选择与适应 135
进化的成功有助于解释相似性 136
关于人类性行为的进化论解释 137
父母与同伴 141
父母与早期经验 141

同伴影响 143
文化影响 145
文化间的差异 145
文化的历时变化 146
文化与自我 146
文化与儿童养育 148
不同群体间发展的相似性 149
性别的发展 150
性别的天性 150
性别的教养 151
关于天性与教养的思考 153
本章复习：天性、教养与人类的多样性 157
术语与概念 158

第 5 章

人的发展 161

胎儿期的发展和新生儿 161
孕 育 161
胎儿发育 162
反应能力很强的新生儿 163
婴儿期和儿童期 165
生理发展 165
认知发展 167
社会性发展 174
青春期 182
生理发展 183
认知发展 184
社会性发展 187
成人初显期 190
成年期 191
生理发展 191
认知发展 196
社会性发展 199
对两大发展主题的反思 205
连续性和阶段性 205
稳定性和变化性 205
本章复习：人的发展 207
术语与概念 209

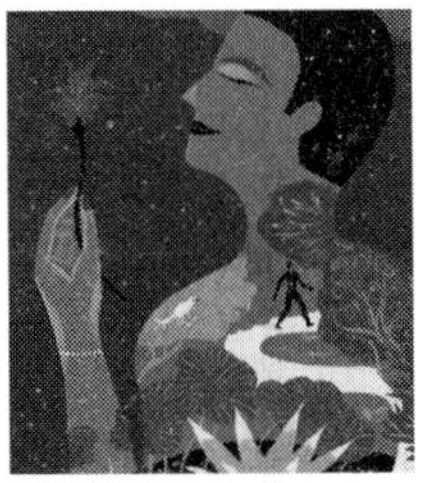

第 6 章

感觉与知觉 211

感觉世界：基本原理 212
阈 限 213
感觉适应 216
视 觉 218
刺激输入：光能 218
眼 睛 218
视觉信息加工 221
颜色视觉 224
听 觉 226
刺激输入：声波 226
耳 朵 227
失聪与聋人文化 230
特写：生活在无声世界中 231
其他感觉 232
触 觉 232
痛 觉 233
味 觉 236
嗅 觉 237
知觉组织 240
形状知觉 240
深度知觉 241
运动知觉 244
知觉恒常性 244
知觉解释 247
感觉剥夺和视觉恢复 247
知觉适应 249
知觉定势 250

知觉与人类因素工程 252
是否存在超感知觉 255
超感知觉的观点 255
是前兆还是借口 256
用实验来检验超感知觉 257
本章复习：感觉与知觉 260
术语与概念 262

第 7 章

学 习 265

我们如何学习 265
经典性条件反射作用 267
巴甫洛夫的实验研究 267
对巴甫洛夫概念的延伸和扩展 272
巴甫洛夫给后人留下的文化遗产 275
特写：经典性条件作用导致的创伤 276
操作性条件反射作用 277
斯金纳的实验研究 277
强化程式 280
对斯金纳概念的延伸和扩展 283
斯金纳给后人留下的文化遗产 285
经典性条件作用与操作性条件作用 288
观察学习 288
班杜拉的实验研究 290
观察学习的运用 290
本章复习：学习 294
术语与概念 295

第 8 章

记 忆 297

记忆现象 297
研究记忆：信息加工模型 298
编码：信息的输入 300
我们怎样编码 300
编码的内容 303
贮存：信息的保持 308
感觉记忆 308
工作记忆 / 短时记忆 309
长时记忆 309
信息在大脑中的贮存 310
提取：信息的获取 316
提取线索 316
遗 忘 319
编码失败 320
贮存消退 321
提取失败 322
记忆建构 325
错误信息和想象效应 326
源头遗忘症 328
辨别真实记忆与错误记忆 329
儿童目击证人的回忆 331
受虐记忆的压抑或建构 332
改善记忆 336
本章复习：记忆 338
术语与概念 339

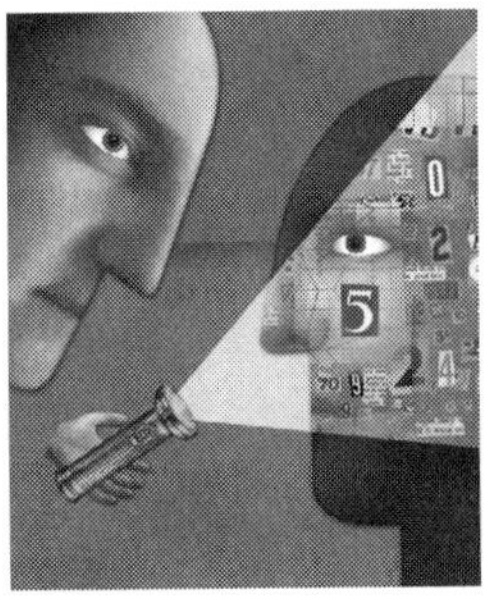

第 9 章

思维与语言 341

思 维 341
概 念 342
问题解决 342
决策与判断 346
批判性思考：风险——我们害怕正确的事物吗？ 350
信念偏差 352
语 言 355
语言结构 355
语言发展 357
我们什么时候学会语言 357
思维与语言 363
语言影响思维 363
无语言的思维 366
动物的思维与语言 368
动物有思维吗 368
动物有语言吗 369
本章复习：思维与语言 374
术语与概念 375

第 10 章

智 力 377

智力是什么 377
智力是单一的能力还是几种特殊能力的综合 378
智力与创造性 381
情绪智力 383
智力在神经学上是可测量的吗 384
智力评估 386
智力测验的起源 387
现代心理能力测验 389
测验编制原理 390
智力的动态性 394
稳定还是变化 394
智力的极端情况 396
遗传和环境对智力的影响 398
遗传影响 398
环境影响 400
智力测验分数的群体差异 402
偏差问题 406
本章复习：智力 408
术语与概念 409

第 11 章

动机与工作 411

动机的概念 412
本能与演化心理学 412
驱力与诱因 413
最佳唤醒 413
动机的层次 414
饥 饿 415
饥饿生理学 416
饥饿心理学 419
性动机 423
性生理学 423
性心理学 425
青少年的性 427
性取向 429
性与人类价值观 436

归属需要 437
工作动机 439
特写：工作中的工业组织心理学 441
人事心理学 441
特写：发现你的优势 442
组织心理学：激发成就动机 446
特写：营利又行善："伟大的实验" 447
本章复习：动机与工作 452
术语与概念 453

第 12 章
情绪、应激与健康 455

情绪理论 455
情绪的具体表现 457
情绪与自主神经系统 458
特定情绪的生理共性 459
特定情绪的生理差异 459
认知与情绪 460
情绪的表达 463
觉察情绪 463
批判性思考：测谎 464
性别、情绪与非言语行为 466
文化与情绪表达 468
面部表情的功能 470
情绪的体验 471
恐 惧 471
愤 怒 474
快 乐 476
两种心理现象：适应与比较 480
特写：怎样才能更快乐 481
快乐的预测因子 482
压力与健康 483
压力与疾病 484
生活中的压力事件 486
压力与心脏 488
压力与疾病的易感性 489
促进健康 493
压力应对 494
特写：宠物也是人类的朋友 497
压力管理 498
批判性思考：补充与替代医疗 501
特写：放松反应 502
本章复习：情绪、应激与健康 505
术语与概念 507

第 13 章
人 格 509

精神分析观 510
探索潜意识 510
新弗洛伊德派和心理分析理论家 514
测量潜意识 515
对精神分析观的评价 516
人本主义观 520
马斯洛的自我实现者 520
罗杰斯以人为中心的观点 521
评价自我 522
对人本主义观的评价 522
特质观 524
探索特质 524
测量特质 526
大五因素 527
批判性思考：如何成为一名"成功的"占星家或看相大师 528
对特质观的评价 529
社会认知观 531
交互影响 531
个人控制 533
特写：走向更为积极的心理学 535

测量情境中的行为 536
对社会认知观的评价 536
探索自我 537
自尊的益处 538
自利偏差 538
本章复习：人格 541
术语与概念 543

第 14 章

心理障碍 545

心理障碍概述 546
心理障碍的定义 546
对心理障碍的理解 547
心理障碍的分类 548
特写：“unDSM”：个人优势评定手册 549
心理障碍的标定 549
批判性思考：精神病与责任心 551
焦虑障碍 552
广泛性焦虑障碍 552
惊恐障碍 552
恐惧症 553
强迫障碍 553
创伤后应激障碍 554
对焦虑障碍的解释 555
心境障碍 557
重度抑郁障碍 558
双相障碍 558
对心境障碍的解释 559
特写：自杀 561
精神分裂症 566
精神分裂症的症状 566
精神分裂症的出现和发展 567
对精神分裂症的理解 568
人格障碍 572
反社会型人格障碍 572
对反社会型人格障碍的理解 572
心理障碍的发生率 574
本章复习：心理障碍 577
术语与概念 579

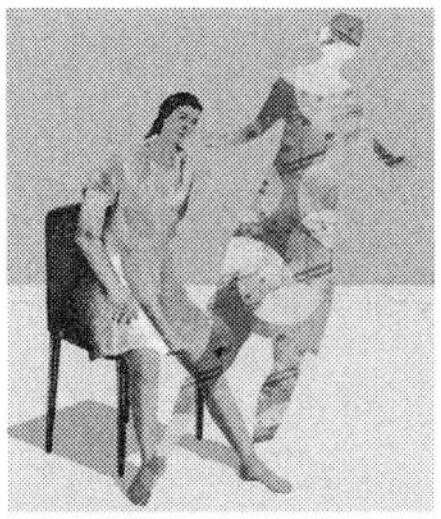

第 15 章

心理治疗 581

心理治疗 581
精神分析 582
人本主义疗法 584
行为疗法 586
认知疗法 589
团体与家庭治疗 591
评估心理治疗 593
心理治疗有效吗 593
批判性思考：从不正常“回归”到正常 595
不同治疗的相对有效性 596
评价替代疗法 597
各种心理治疗的共同点 598
特写：心理治疗的消费者指南 600
心理治疗的文化和价值观 600
生物医学治疗 601
药物疗法 601
脑刺激 604
精神外科疗法 606
生活方式的改变 607
心理障碍的预防 608
本章复习：心理治疗 609
术语与概念 611

第 16 章
社会心理学 613

社会思维 613
把行为归因于个人或情境 614
态度与行为 616
特写：阿布格莱布监狱："滋生暴行的情境"？ 618
社会影响 619
从众与服从 620
群体影响 626
个体的力量 630
社会关系 631
偏 见 631
攻 击 636
特写：吸烟与媒体暴力影响的比较 642
吸 引 643
特写：在线配对与快速约会 644
利他主义 649
冲突与调停 651
本章复习：社会心理学 657
术语与概念 659

附录 自测题答案 660

参考文献 671

引 言

心理学的故事

什么是心理学

心理学的起源

心理科学的发展

当代心理学

心理学的重大问题

心理学三大分析层面

心理学的分支

特写：学习心理学小贴士

哈佛大学天文学及科学史名誉教授金格里奇（Gingerich，2006）报告，宇宙中存在一千多亿个星系。相比之下，我们居住的银河系只不过是沧海一粟，却拥有大约两千多亿颗恒星。许多恒星就像我们的太阳一样，围绕着不少行星。站在外部空间的规模来看，我们都是大千世界中的一粒尘埃，生命也像白驹过隙般短暂。

然而，没有任何事物能比得上我们自己的内心世界那般令人振奋、引人入胜和令人敬畏。金格里奇还说：“迄今为止，人类的大脑还是整个宇宙中已知的最为复杂的客体”（p.29）。我们的意识（从物质中莫名其妙衍生的心理）仍旧是大自然的奥秘。我们的思维、情感和行为（以及与他人的思维、情感和行为的交互作用）使我们着迷。外部世界因其浩瀚无边令我们惊愕不已，而内部世界则因其缤纷多彩令我们心驰神往。请迈入心理科学之门。

> 并非为了奚落，为了悲叹，也并非为了嘲笑人类的活动，我做出不懈的努力是为了理解它们。
>
> ——斯宾诺莎，《神学政治论》，1677

大多数人对心理学的接触来自大众书籍、杂志、电视和互联网，他们心目中的心理学家所做的工作无外乎分析人格、提供咨询意见以及给出教养子女的建议。心理学家的确如此吗？是的，但远不止这些。考虑一下心理学家提出的以下问题，或许这些问题也时常困扰着你：

- 你是否发现自己对某些事情的反应和父母一样——或许你发誓再不会以这种方式反应了——所以你想知道个性有多少来自父母的遗传？人格的个体差异在多大程度预先受到基因的影响？又在多大程度上受到后天家庭和居住环境的影响？
- 当和不同文化、种族、性别的人们相处时，你是否有所顾虑？作为人类大家

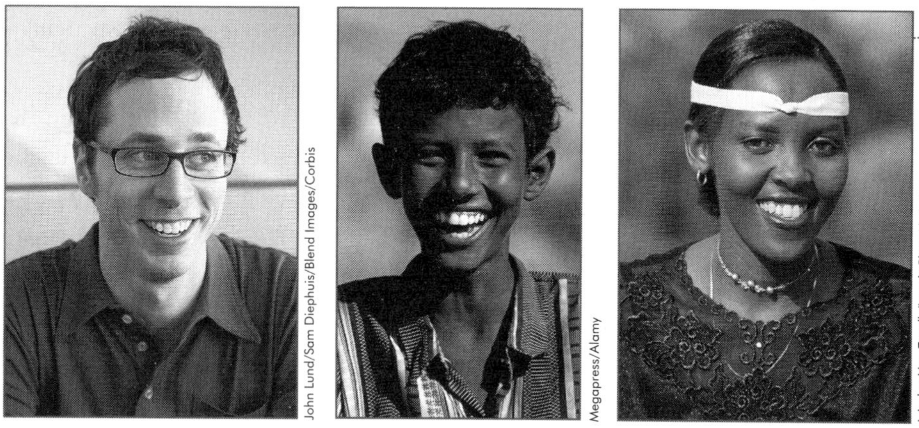

John Lund/Sam Diephuis/Blend Images/Corbis

Megapress/Alamy

Ariadne Van Zandb/Lonely Planet Images

全世界通用的表情——微笑 在全书你不仅会看到文化和性别多样性的例子，而且会看到人性共通的例子。不同文化的人在微笑的时间或者频次上有差别，但在世界任何地方，自然的开心笑容表示的意思都一样。

庭的一分子，我们的共性有多少？差异有多大？

- 你是否曾经从噩梦中惊醒？醒后松了一口气，想知道为什么自己会做如此荒唐的梦？为什么我们会做梦？我们做梦的频率有多高？
- 你有没有和 6 个月的婴儿玩过躲躲猫（peekaboo，一种将脸一隐一现以逗小孩儿的游戏）？有没有想过婴儿为什么如此乐此不疲？当你暂时躲在门后面时，婴儿的反应就像你真的消失了；而当你再次出现时，婴儿会觉得你凭空突然冒出来。实际上，婴儿又是如何感知和思考的呢？
- 你是否想过，学业和事业成功的原因是什么？是因为某些人天生就聪颖过人吗？单凭智力就能解释为什么某些人变得更富有，更能创造性思考，更善于处好人际关系？
- 你是否曾经感到沮丧或焦虑，并期待变得“正常”？是什么原因让我们的情绪感觉良好，抑或一团糟糕呢？

所有这些都是心理学着重研究的领域，因为心理学的目的就是要解答我们自身的各种问题：我们怎样思考，如何感受，又如何行动。

什么是心理学

心理学的起源

很久以前，宇宙中的一颗行星上出现了人类。很快，这种生物就对自身以及相互之间的关系产生了浓厚的兴趣。他们想知道：“我们是谁？我们的思想、感受和行为从何而来？我们又是如何理解和应对身边的人？”

心理科学的诞生

▸▸ 为帮助你更好地学习本书，我将不断给出每个部分的学习目标。全部以问题的方式提出，随着阅读的深入你可以作答。

1. 心理科学始于何时，如何诞生？

人始为人，就对自我和外部世界充满好奇。故而心理学的肇始可以追溯到世界早期产生文字记录的时代。公元前 300 年之前，古希腊博物学家和哲学家亚里士多德就对学习和记忆、动机和情感以及知觉和人格进行了理论概括。对于他的一些理论猜想，今天人们会一笑置之，比如他认为人之所以在饭后昏昏欲睡，是因为饭菜的香气和温热包围着产生人格的器官——心脏。但我们仍然赞赏亚里士多德所提的问题击中了要害。

哲学家们对思维的思考一直持续到心理学的诞生。1879 年 12 月的一天，在德国莱比锡大学一幢破旧楼房三楼的一间小屋里，两个年轻人正帮助冯特（Wilhelm Wundt）教授设计和制作实验仪器。冯特教授时值中年，脸庞瘦削，表情严肃。他们的仪器可测量人们从听到小球撞击声到作出按键反应的时间间隔（Hunt, 1993）。有趣的是，当要求响声一出现就立即按键时，人们用了约 1/10 秒作出反应；但当要求他们一感觉到声音就立即按键时，人们却用了约 1/5 秒。（要觉察到个体的意识状况用时稍长。）冯特试图测量“心理元素”——最快速最简单的心理过程。于是，以冯特及第一批心理学学生为主力，他们开始了公认的第一个心理学实验，建立了第一个心理学实验室。

不久以后，这门新兴的心理科学就发展成许多不同的分支，或者说不同的学派，每一个学派都有先驱者在极力推动着该学派。这些早期的学派包括这里所叙述的构造主义和机能主义，以及后面的章节中所要描述的格式塔心理学（第 6 章）、行为主义（第 7 章）和精神分析（第 13 章）。

威廉・冯特（左一）
于德国莱比锡大学建立了第一个心理学实验室。

▸▸ 信息来源的引用放在正文括号里，表明姓名和年代。每条引用都能在书后的参考文献部分找到，引文格式完全参照美国心理学会标准。

▸▸ 全书重要的概念都以粗体标示，并且收录在书后的词汇表里。

对心理结构的思考

冯特的学生铁钦纳（Edward Bradford Titchener）在 1892 年获得博士学位后不久，就进入了美国的康奈尔大学，并向那里引入他的**构造主义**（structuralism）思想。像物理学家、化学家要发现物质的结构一样，铁钦纳的目标是要发现组成心理的基本元素。他的方法是让人们进行指向自我的内省（注意内心），训练他们在观察一朵玫瑰花，听一段拍子，闻某种气味或品尝某种物质时报告经验中的基本成分。他们即刻的感觉是什么？他们头脑中有什么意象？有什么样的感受？所有的这些又是如何联系在一起的？铁钦纳与英国散文家刘易斯（C. S. Lewis，《纳尼亚》系列作品作者，1960，pp. 18-19）都认为"在整个宇宙中有且只有一种事物，我们对它的了解比从外部观察所获得的要多得多。"刘易斯说，这种事物就是我们自己。"可以说，我们拥有内在的信息。"

爱德华・布拉德福德・铁钦纳
利用内省法寻找组成心理结构的元素。

不过，内省法要求研究者聪明且语言表达能力强。由于研究结果因人而异，经验也各有差异，所以这种方法就不怎么可靠。而且，我们通常并不完全知道为何有此种感受、此种行为。最近的研究表明，人们的回忆经常会发生错误。他们的自我报告也一样会出错，比如回忆什么因素促使他们帮助或伤害他人（Myers，2002）。随着内省法的衰退，构造主义也销声匿迹了。

对心理机能的思考

与那些想要通过简单的元素来探讨心理结构的人不同——那就像试图通过拆卸下来的零部件来了解一部汽车一样——哲学家、心理学家詹姆士（William James）认为，考察我们的思想和感觉的进化机能可能更有意义。嗅觉是鼻子的功能，思考是大脑的功能。但是为什么鼻子和大脑能执行这些功能呢？受达尔文的进化论思想的影响，詹姆士认为，思考、嗅觉等机能之所以会发展起来是因为其本身的适应性——它们对人类祖先的生存做出了重大贡献。意识担负着某种功能，那就是使人们能够思考过去，适应当前环境并规划未来。作为**机能主义者**（functionalist），他还鼓励人们研究现实的情感、记忆、意志、习惯以及不断涌现

"你并不了解你的内心。"
——乔纳森・斯威夫特，《礼貌对话》，1738

威廉·詹姆士和玛丽·惠顿·卡尔金斯 詹姆士，一位传奇的教师和作家，曾指导过卡尔金斯，卡尔金斯是记忆研究的先驱，曾任美国心理学会主席。

玛格丽特·弗鲁伊·沃什伯恩 第一位获得心理学博士学位的女性，她对动物行为的研究成果都综合到了《动物心理》一书中。

的意识流。

然而，詹姆士的巨大遗产主要来自他在哈佛大学的教学及其著作中，而非来自实验室。在没有受到病痛折磨或情绪沮丧时，他就像一个顽童，外向而快乐。他曾经回忆说："我听的第一堂心理学课就是我自己讲的第一次课。"在他一次令人耳目一新的讲课中，一个学生打断他的话并要求他严肃一点（Hunt，1993）。据报道，他是最早在课程结束时向学生索要教学评估表的美国教授之一。他爱他的学生、他的家庭以及思维世界，但对诸如校稿等颇为费神的琐事深感疲惫。"不要把校稿寄给我！"他曾经对一位编辑说，"我会把稿子原封不动地退回去，永远不再跟你说话"（Hunt，1993，p. 145）。

1890 年詹姆士再一次展示了他的勇气，他不顾哈佛校长的反对，招收玛丽·卡尔金斯作为自己的研究生（Scarborough & Furumoto，1987）。（在那个年代妇女甚至没有选举权。）卡尔金斯一入学，其他的学生就都退学了。于是詹姆士就单独指导她。后来卡尔金斯完成了所有的课程，达到了哈佛大学博士学位的所有要求，而且其资格考试的成绩超过了所有的男同学。但是，哈佛拒绝授予她博士学位，而是授予了她一个专为女性开办的本科姊妹学校拉德克利夫学院的学位。卡尔金斯反对这种不平等待遇并拒绝了该学位。一个多世纪后，心理学家和心理系学生游说哈佛大学追授卡尔金斯博士学位（《女权心理学者》，2002）。尽管当时没能获得学位，但卡尔金斯却成了一名杰出的记忆研究者，并于 1905 年成为担任美国心理学会（American Psychological Association，APA）主席的第一位女性。

在哈佛拒绝授予卡尔金斯心理学博士之后，第一个心理学女博士的荣誉就留给了玛格丽特·弗鲁伊·沃什伯恩（Margaret Floy Washburn），她写的《动物心理》一书颇有影响，并于 1921 年成为美国心理学会第二位女主席。尽管沃什伯恩的论文是在冯特所办的杂志上发表的第一项德国国外的研究，但由于身为女性，她被挡在了由其指导老师铁钦纳创立的"实验心理学者组织"的大门外（Johnson，1997）。（而刚刚过去的 1996 年到 2009 年间情况却大不相同，在新授予的心理学博士学位中，女性占了三分之二甚至更多。在以科学为导向的美国心理协会（American Psychological Society，APS）中，13 位当选的主席当中有 6 位是女性。加拿大和欧洲的情况也差不多，近年来绝大多数心理学博士学位都为女性获得。）

詹姆士发表了许多受世人欢迎的文章，他的影响因此更加深远。这也使得出版商亨利·霍尔特（Henry Holt）为之心动，并与詹姆士签订了出版一门新兴的心理科学教科书的协议。詹姆士于 1878 年开始这项工作。他答应要在两年内完成这本书的写作。但这项工作完全出乎他的意料，非常繁冗，实际上他花了整整 12 年时间才完成了这本书。（为什么我并不觉得奇怪？）一个多世纪过去了，今天的人们依旧在阅读这本《心理学原理》，仍然惊叹于詹姆士把心理学介绍给学生时所展现出的卓越才智和自然典雅。

心理科学的发展

2. 从1920年代至今心理学持续发展的状况如何？

心理学诞生不久，就从更成熟的学科比如哲学和生物学汲取营养。冯特自己既是哲学家又是生理学家。詹姆士是美国哲学家。学习过程研究的先驱者巴甫洛夫是俄国生理学家。著名的人格理论家西格蒙德·弗洛伊德是奥地利内科医生。20 世纪最有影响力的儿童观察家让·皮亚杰是瑞士生物学家。莫顿·亨特把这些心理学的先驱们称为“探索心灵奥秘的麦哲伦”（麦哲伦，葡萄牙著名航海家和探险家——译者注）——这也表明心理学兴起于多个国家，多种学科。

心理学历史的其他方面（亦是本书的主题）在多个层面发展。心理学的研究对象从神经细胞的活动到国际冲突研究，几乎无所不包，所以对心理学不好下定义。

在心理学的早期，冯特和铁钦纳强调内部的感觉、表象和情感。詹姆士也注重对意识流和情绪的内省。弗洛伊德强调人们对儿童期经验的情绪反应以及无意识过程对行为的影响。因此，直到 20 世纪 20 年代，心理学仍旧被界定为“关于精神生活的科学”。

从 20 世纪 20 年代到 60 年代，美国的心理学者先在劲头十足且富有批判精神的华生，后在同样具有批判精神的斯金纳的带领下抛弃了内省法，而把心理学定义为“外显行为的科学”。毕竟**行为主义者**（behaviorists）认为，科学起源于观察。感觉、情感或思维无法直接观察，但你可以观察并记录人们对不同情境作出反应时的外显行为。（对这些心理学家更多介绍见第 7 章。）

西格蒙德·弗洛伊德 著名的人格理论学家和心理治疗师，其充满争议的思想影响了人们对人性的理解。

人本主义心理学（humanistic psychology）背叛了弗洛伊德心理学和行为主义。先驱者罗杰斯和马斯洛认为，行为主义关注的习得行为太过机械。人本主义心理学家与精神分析师不同，并不关注早期童年记忆的意义，而是强调当前环境对我们成长潜能的重要作用，以及满足爱和接纳需要的重要性。（更多介绍见第 13 章。）

20 世纪 60 年代，随着心理学开始重新对心理过程感兴趣，另一场运动开始兴起。这一认知革命支持了早期心理学家提出的思想，比如心理加工和存储信息方式的重要性。但认知心理学和更近期的**认知神经科学**（cognitive neuroscience，研究与心理活动有关的大脑活动）已经详细阐述了这些思想，从而科学地探索我们感知、加工和记忆信

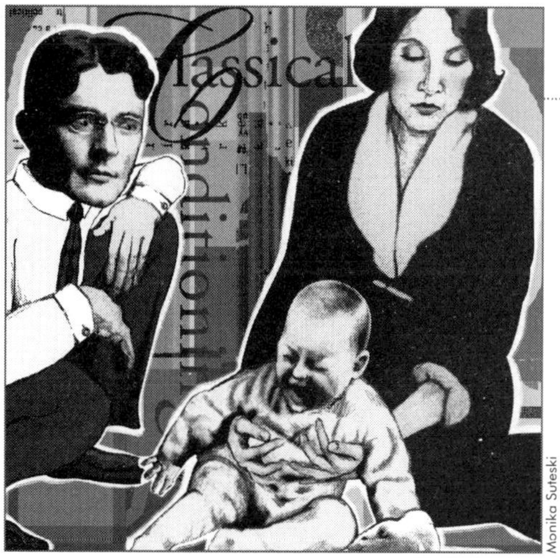

约翰·华生和罗萨莉·雷纳 华生与雷纳合作，首先倡导心理学是行为的科学，并在“小阿尔伯特”身上验证了条件反射作用。

斯金纳 一位行为主义的领袖，他反对内省，致力于研究行为的结果如何塑造行为。

息的方法。这一研究取径尤其有利于发现理解和治疗心理疾病（如抑郁）的新方法（详见第 14、15 章）。

为把外显行为和内隐的思维、情感纳入心理学的研究，今天我们把**心理学**（psychology）定义为研究行为和心理过程的科学。

稍解析一下此定义。行为是有机体发出的任何反应，即我们能观察、记录的任何活动。叫喊、微笑、眨眼、流汗、说话以及做问卷等等都是可观察到的外显行为。心理过程是我们从行为推断出的内部主观体验——感觉、知觉、梦境、思维、信念和情感等等。

这一心理学定义中的核心词是科学。在整本书中我会一直强调：心理学不仅是一系列的科学发现，更是提出问题、解答问题的科学方法。故而，我写作本书的目的不仅要报告各种研究成果，更要展示心理学怎样开展研究工作。你将看到研究者怎样评价相互冲突的观点和思想。而且，你还会了解到，不管是科学家还是普通的好奇之人，我们在描述并解释生活中的事件时如何更明智地思考。

▸▸ “本节回顾”专栏出现在正文每个主要部分的最后。自问问题可以让学习材料变得对你的生活更有意义（因而记得更牢）。如果你能回答自测问题，那你的确可以进入下一部分的学习材料！自测问题回顾了上一部分的主要观点。你可以在书后的附录核查自测问题的答案。

本节回顾

➤ 自问

随着更多西方国家之外的人投入心理学，为这一领域奉献聪明才智，你认为心理学会有怎样的变化？

➤ 自测 1

什么事件标志着科学心理学的创立？

自测问题的答案见书后的附录。

当代心理学

今天的心理学者与先驱者们一样，也来自许多不同的国家。从阿尔巴尼亚到津巴布韦，国际心理学联合会一共有 69 个成员国。几乎每一个地方心理学会的会员都在迅速增加——美国心理学会的会员人数从 1945 年的 4 183 名增长到了今天的近 15 万名，英国的增长速度也差不多（从 1 100 名增加到 45 000 名）。在中国，第一个心理学系创建于 1978 年，而 2008 年已经达到了 200 所（Tversky，2008）。在全世界范围内，约 50 万人接受了培训成为心理学工作者，其中 13 万人属于欧洲的心理学组织（Tikkanen，2001）。不仅如此，由于国际出版物的发行，合作会议的召开，以及互联网的影响，跨国的协作和交流比以往任何时候都多。罗伯特·比约克（Robert Bjork，2000）说：“我们正在迅速地迈入心理科学的统一世界。”心理学正在迅猛发展并逐渐全球化。

全世界的心理学家们仍然在争论一些永恒的话题，并以不同视角来看待行为。他们在很多心理学分支学科从事教学、研究和实践。

心理学的重大问题

3. 心理学历史上的重大问题是什么？

在心理学短暂的历史中，学者们总是在某些问题上争论不休，本书中也会重复出现这些问题。最重大最持久的争论（第 4 章详述）则是集中在生物和经验的相对影响作用上。正如我们所知道的那样，这场**天性与教养之争**（nature-nurture issue）的源头可谓相当古老。人类的特质是从经验发展而来还是生来就有？古希腊哲学家柏拉图（公元前 428 至公元前 348）认为性格和智力在很大程度上都是遗传的，而且某些观念也是生来就有的；亚里士多德（公元前 384 至公元前 322）却争辩说，任何事物无一例外都是通过感觉从外部世界进入到我们的头脑之中。17 世纪初的哲学家们也对此争论不休。洛克反对观念天生的说法，相反，他提出头脑就像一块白板，经验可以在白板上书写的观点。但笛卡儿却不同意这种观点，他认为有些观念是天生的。

两个世纪以后，笛卡儿的观点得到了一个好奇心极强的自然学家的支持。1831 年，一个普普通通，但对收集甲虫、软体动物、贝壳极有兴趣的学生开始了一次历史性的环球旅行。这位 22 岁的旅行者就是查尔斯·达尔文。之后一段时间里，他开始沉思自己所遇到的那些让人难以置信的物种变化，比如同一个区域的不同的小岛上的乌龟都不一样。1859 年达尔文的《物种起源》一书问世，本书以进化过程解释了这种生命变异。他认为，对于有机体的变异机会而言，自然选择会青睐那些在特定的环境中最适合生存和繁衍的种群。达尔文的这一伟大观点——“惟一的一个最伟大的观点，”哲学家邓尼特（Dennett，1996）说，“就是**自然选择**（natural selection）。”尽管已经几乎过去了 150 年，自然选择仍旧是生物界的一个基本组织原则。进化也是 21 世纪心理学的重要原则。这势必会让达尔文非常高兴，因为他相信自己的理论不仅可以解释动物的结构特征（如北极熊的毛为什么是白色的），还可以解释动物的行为（比如与欲望或愤怒相联系的情绪表达）。

查尔斯·达尔文 他认为自然选择不仅塑造身体也影响行为。

遗传与环境之争从远古时期一直持续到现在。当今的心理学者通过以下问题仍在继续探讨这一主题：

- 人类到底有多大的相似性（由于有共同的生物性基础）？又有多大的差异性（由于所处的环境不同）？
- 性别差异是生物学上预先设定的还是社会建构的？
- 孩子的语法主要是天生的还是从经验中习得的？
- 智力及人格的差异是如何受遗传或环境影响的？
- 性行为主要受人体内部生物机制“推动”还是由外部环境刺激“拉动”？
- 我们应该把心理障碍（如抑郁）视为大脑或思维的疾病，抑或两者兼而有之？

这种争论还在继续。但我们一次又一次地看到，天性和教养不再那么紧张对

Mitch Diamond/Alamy

Gary Parker/Photo Researchers Inc.

天然的天性－教养实验 因为同卵双生子具有一样的基因，所以他们是研究遗传和环境对智力、人格和其他特质影响的理想参与者。对同卵和异卵双生子的研究得到了丰富的结果（后面章节详述），突出了天性和教养两者都很重要。

立了：先天打下基础，后天在其上发挥作用。生物学上人类就具有卓越的学习和适应能力。而且每个心理（思维、情感等）事件同时也是生物事件。所以，抑郁症既是思维疾病也是大脑疾病。

心理学三大分析层面

4. 心理学的分析层面及相关视角是什么？

我们每个人都是复杂的系统，同时自身又是更大的社会系统的组成部分。然而每个人又是由更小的系统组成，比如我们的神经系统和身体器官，这些又由再小的系统（细胞、分子和原子）组成。

这些分层的系统表明存在不同的**分析层面**（levels of analysis），从而能提供相互补充的观点。正如解释灰熊为什么会冬眠一样，是因为冬眠增强了灰熊祖先的生存和繁殖能力，还是由内部的生理机制所驱动？抑或是因为冬天寒冷的环境不利于觅食？这些视角是相互补充的，因为“事物是普遍联系的”（Brewer，1996）。结合在一起，不同的分析水平就构成了整合的**生物－心理－社会取径**（biopsychosocial approach），兼顾了生物的、心理的和社会－文化因素的影响（图 1）。

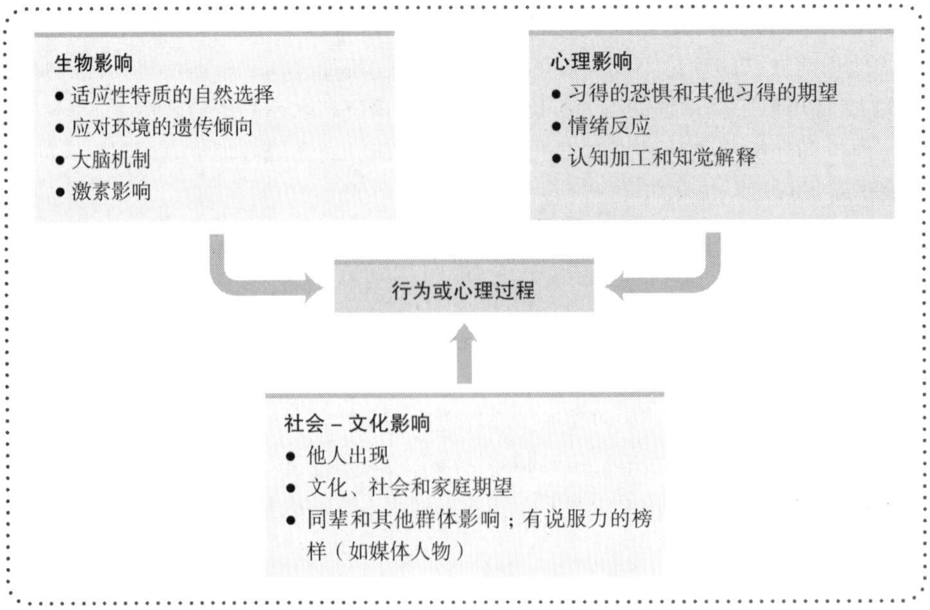

➤ 图 1

生物－心理－社会取径

这一整合的视角纳入了不同的分析水平，针对任何既定的行为或心理过程给出更为全面的图像。

每个层面都能为审视行为提供宝贵的切入点，然而每个层面自身又是不完全的。正如不同的学科一样，心理学不同的视角可以回答不同的问题，也有各自的局限性。一种视角可能比另一种视角更强调生物的、心理的或社会 - 文化的层面，但不同的视角（如**表 1** 所示）能相互补充。例如，请思考学者会怎样从不同视角阐述愤怒：

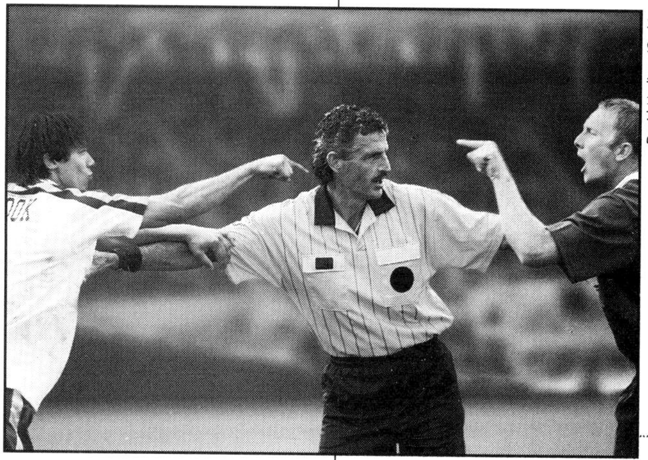

David Madison/Corbis

观察愤怒的视角 各种心理学分析层面会如何解释此情此景?

- 有人可能从神经科学的角度研究致使我们“脸红脖子粗”的大脑回路。
- 有人可能从进化的角度分析愤怒对我们祖先基因延续的促进作用。
- 有人可能从行为遗传学的角度研究遗传和经验对个体气质差异的影响。
- 有人可能从心理动力学的角度把愤怒的爆发视做无意识敌意的宣泄。
- 有人可能从行为主义角度研究愤怒所伴随的面部表情和身体姿势，或者探究何种外部刺激引起了愤怒反应和攻击行为。
- 有人可能从认知的角度研究大脑怎样诠释情境从而引发愤怒，愤怒又如何影响人的思维。
- 有人可能从社会文化的角度考察不同文化愤怒表达的差异。

牢记的要点：正如站在二维的角度看三维的物体，每种心理学的视角都有助于我们理解心理现象。但每种视角并不能单独揭示事物的全貌。

所以请记住心理学的局限性。不要指望心理学能回答终极问题，像俄国小说家列夫·托尔斯泰（Tolstoy，1904）提出的那些问题：“为什么我要活着？为什么我要做事？是否有什么样的人生目的让我逃脱死亡，让生命永恒？”心理学回答不了这些终极问题，但心理学可以帮助你理解为什么人们要这样或那样思考、感受和行动。那时你会发现学习心理学多么令人着迷，多么有用了。

表 1 当前心理学的视角

视 角	关注的焦点	问题举例
神经科学	身体和大脑如何产生情绪、记忆以及各种感官体验	信息在身体内是如何传递的？血液中的化学物质如何与情绪和动机相联系？
进化论	特质的自然选择如何促使基因永存？	进化如何影响行为倾向？
行为遗传学	遗传和环境对个体差异的影响有多大？	智力、人格、性取向、易于抑郁等心理特质在多大程度上归因于基因？又在多大程度上归因于环境？
心理动力学	行为如何从无意识的驱力和冲突中爆发？	人格特质和人格障碍如何通过性驱力和攻击性驱力加以解释，或解释为受未被满足的愿望和童年创伤的潜在影响？
行为主义	人们如何从观察到的反应中进行学习？	人如何学会对特定物体或情境产生恐惧？改变行为最有效的方式是什么，比如减肥或戒烟？
认知角度	人们如何对信息进行编码、加工、储存和检索？	人们如何在记忆、思考和解决问题中使用信息？
社会文化角度	行为和思维在不同的文化和环境中有何不同？	非洲人、亚洲人、澳洲人或北美人，这些不同地区的人作为人类大家庭中的成员有何相像之处？作为不同环境的“产物”，人们之间又有何不同？

"迈克，我是一个社会科学学家，也就是说，我不能解释电流之类的东西，但你要是想了解他人，我恰恰是你想要的人。"

心理学的分支

5. 心理学的主要分支有哪些？

想象一下忙碌工作的化学家，他可能身着白大褂，周围摆满了各种瓶瓶罐罐和高科技仪器。但如果想象一下忙碌的心理学家，可能会出现以下一些场景：

- 身着白大褂的科学家正把微电极探针插入老鼠的头部。
- 智力研究者正在测量婴儿注视图片的时间，当婴儿对图片熟悉而厌烦时会把脸转开。
- 公司主管正倡议为员工实施"健康生活方式"的培训项目。
- 他正在电脑前分析数据，考察领养孩童的气质与养父母还是与亲生父母更相似。
- 心理治疗师正在仔细聆听抑郁患者的倾诉。
- 他深入到另一种文化搜集人类价值观和行为方面差异的资料。
- 教师或者作者正与他人分享心理学的快乐。

这些分支结合在一起，我们称为心理学，因此与许多其他科学相比缺少统一性。但这也有好处：心理学成了各种学科的汇聚点。美国心理科学协会（APS）主席卡乔波（Cacioppo，2007）指出："心理学是不同学科交汇的中心。"因此，心理学吸引了许多兴趣广泛的人士加入。心理学虽然有各种不同的实践活动，从生物实验到跨文化比较，但心理学家有一个共同的目标：描述并解释行为以及行为背后的心理过程。正是这个共同目标将心理学的各种分支联系在一起。

一部分心理学者从事构筑心理学知识根基的**基础研究**（basic research）。在后面的章节里我们会提到很多这样的研究者，包括：

- 生理心理学家考察大脑和心理之间的关系；
- 发展心理学家研究个体从受孕到死亡过程中能力的变化规律；
- 认知心理学家进行实验研究，揭秘人们感知、思维和解决问题的过程；
- 人格心理学家探索人们稳定的人格特质；
- 社会心理学家考察人们怎样评价和影响彼此。

我看到了你！生物心理学家可能将这个小孩的快乐反应视为大脑成熟的证据。认知心理学家则可能视为孩子对环境认知日益增强的明证。而对于跨文化心理学家，则对不同社会祖母的角色问题感兴趣。通读全书你会发现，诸如此类的视角能相互补充，共同描绘人类行为的完整画面。

Mitch Diamond/Alamy

另一部分心理学家从事解决实际问题的**应用研究**（applied research）。如工业/组织心理学家对工作环境下人的行为进行研究并提出实用建议。他们运用心理学的基本理论（概念和方法等），帮助一些机构和公司更有效地选拔和培训员工，鼓舞士气，提高效率，设计产品，以及制订生产计划。

尽管大部分心理学教科书的重点内容都是心理学的研究方法和基本理论，但心理学还具有很强的实用性，致力于解决许多实际问题：如何使婚姻幸福、如何克服焦虑和抑郁，以及如何教养子女等等。心理学作为一门科学，这些干预措施必须建立在实证效果的基础之上。**咨询心理学家**（counseling psychology）帮助人们应对挑战和危机（包括学业、职业和婚姻问题），促进他们自身和社交的机能。**临床心理学家**（clinical psychologists）评估并治疗心理、情绪和行为障碍（APA，2003）。咨询和临床心理学家都能设计和评估测验，提供咨询和治疗，有时还进行基础和应用研究。相形之下，**精神病学家**（psychiatrists）

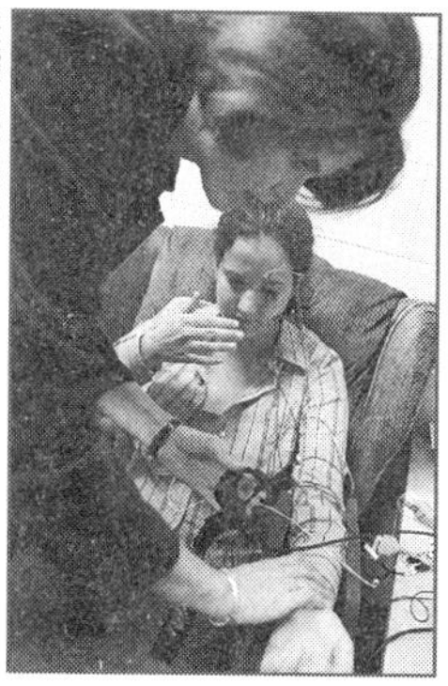

Michael Newman/Photo Edit ©2007 John Kish IV Scott J. Ferrell/Congressional Quarterly/Getty Images

心理学：既是科学又是职业

心理学工作者要观察、检测、治疗行为，还要做行为实验。这里我们看到心理学工作者在检测儿童的能力，测量与情绪有关的生理机能，进行面对面的治疗。

也常进行心理治疗，但他们拥有医师资格并具有处方权，此外还能治疗心理障碍的生理病因。（一些临床心理学工作者正在为争取治疗精神疾病药物的处方权而四处游说，2002 年和 2004 年，新墨西哥州和路易斯安拉州已经同意将这项权利授予受过专门训练并获得职业资格证书的心理学工作者。）

从生物学到社会学的不同视角，从实验室到诊所不同的工作地点，心理学和许多领域紧密相联，从数学到生物学到社会学再到哲学。而且，心理学的方法和发现还越来越促进了其他学科的发展。心理学工作者们在医学院校、法律学校、神学院进行教育活动，他们还在医院、工厂以及社团办公室担任职务。他们还参与一些跨学科的研究，比如心理历史学（对历史人物的心理分析），心理语言学（对语言和思维的研究），怪异行为心理学（对怪异人物的心理研究）。[说实话，这个句子的最后一部分是我在愚人节那天写下来的。]

心理学也影响着现代文化。知识改造着人们。学习太阳系和疾病的细菌理论知识可以改变人们的思考和行为方式。学习心理学同样改变了人们：人们很少认为心理障碍是一种道德的沦丧，并对其进行惩罚和排斥；不再将女人视做男人的精神附属来对待；不再将孩子视做需要驯服的无知任性的动物来对待和抚养。“在每一个事件中，”亨特 · 莫顿（1990，p. 206）说，“是知识改变了态度，并通过态度改变了行为。”一旦了解心理学中那些被深入研究的观点，你的很多想法肯定就不同了。比如，躯体与心理如何相互联系，孩子的心理如何成长，人们如何构造自己的感知，人们怎样记住（或者忘记）经验，以及世界各地的人们又各有什么不同之处（或者又有什么相同之处）？

> 心理一旦扩展至更宏观的思想，便永远回不到最初的规模。
>
> ——奥利弗 · 温德尔 · 霍姆斯

本节回顾

➤ 自问

你准备学习这门课程时，认为心理学会讲些什么内容？

➤ 自测 2

心理学的主要分析层面有哪些？

自测问题的答案见书后的附录。

特写

学习心理学小贴士

6. 怎样利用心理学的原理帮助你学习？

学习心理学这门课程会丰富你的生活，增长你的见识。尽管心理学难以对生活中许多重要的问题做出解释，但另一些相当重要的问题却可能在第一次上心理学课时就说过了。经过不懈的研究，心理学家们已经对大脑与心理、抑郁与快乐、梦与记忆等有了一定的了解。即使是那些还未形成定论的问题也让我们受益匪浅，使我们对那些“非常神奇”以至于无法理解的奇妙事物有了新的感悟。此外，学习心理学还可教会你如何提出并回答一些重要的问题——在评价某些相互对立的观点或主张时应该如何批判性地思考。

要让生活变得丰富，要让视野变得开阔（同时还要得到好的分数），就必须进行有效地学习。在第 8 章你将会了解到，要想掌握知识，就得对信息进行积极的加工。你的头脑并不像你的胃，可以被动地填入某些东西。但它却像肌肉，只会在锻炼中变得强壮。无数的实验证实，只有当人们用自己的语言去复述、复习、再复述材料时，他们才会学得最好，记得最牢。

SQ3R 学习法纳入了这些原则（Robinson，1970）。SQ3R 是 5 个步骤首字母的缩写：Survey（浏览）、Question（发问）、Read（阅读）、Rehearse（复述）和 Review（复习）。

要学习《心理学》的一章，首先请浏览全章内容，就像在飞机上鸟瞰大地一样。扫一眼大标题，注意章节的结构。

当你阅读每个小节时，利用它的标题或学习目标提出问题，读完后必须作答。比如对于这个特写小节，你可以提问：“我怎样才能最快速、最有效地掌握这本书的内容？”

然后阅读小节内容，积极寻找问题的答案。每个学习环节都要在不感到疲倦的情况下阅读尽可能多的章节（通常都为一个主要小节）内容。阅读时请保持积极主动和批判思维。提出问题，做好笔记。思考书中内容带给你的启发：所读内容与你自己的生活有何关系？是否支持或质疑了你原来的想法？证据是否让人信服？

读完小节后，用你自己的话复述已读过的内容。努力回答你提出的问题以自测，复述你能记住的内容，然后快速浏览你忘记的内容。

最后，复习：仔细阅读你做过的任何笔记，再次留意章节的结构，迅速复习全章内容。

浏览、发问、阅读、复述、复习。我特意对本书的章节进行了安排，便于你运用 SQ3R 学习系统。每一章一开始就给出了章节概要，帮助你浏览。标题和学习目标给出的问题提示你在阅读过程中应该思考的问题和概念。全书的结构都安排成长度适合阅读的各个小节。每个小节最后都有“本节回顾”的专栏，其中包含“自问”和“自测”的问题，可以帮助你复述学过的内容。“本章复习”部分给出了学习目标问题的答案，关键术语列表可以帮助你检查重要概念的掌握程度。这就是 SQ3R 与本书的结合。

以下 5 条补充的学习贴士会进一步促进你的学习。

分配好学习时间。心理学中有一个古老的发现，那就是分散练习比集中练习会有更好的保持效果。如果能够将时间分成若干个学习阶段——可能是每天一个小时，每周六天——而不是长时间闪电战般地去突击，你就可以将学习的内容记得更牢。比如，不要试图在一个时间段看完整整一章，你可以读完一个重要小节后做其他事情。

要将学习活动分散开，你需要方法上的训练，以便管理好时间。[理查德·斯特劳布（Richard O. Straub）在本书配套的《学习指南》中解释了时间管理。]

学会批判性思考。不论你是在阅读还是在听课，请注意他人的设想和价值观。某个论断背后的视角或偏见是什么？考量证据。证据是道听途说的？相关的？实验的？评价结论。是否有替代的解释？

课堂上积极听讲。在授课中要认真听取那些主要和次要的观点，把它们都记下来。课上、课后都要提问。在课堂上，要像你自学一样，积极地加工信息，然后才能理解，更好地记忆。正如一个世纪之前心理学家威廉·詹姆士所说的那样，“没有反应就没有接收，没有表达就没有印象。”

过度学习。心理学告诉我们过度学习有利于信息的保持。学生们往往会高估自己对所学内容的掌握程度。你可能在阅读某一章时就已理解了它，但是如果抽出额外的学习时间检测自己，复习你认为已掌握的内容，才能将新知识保持得更长久。

聪明应试。如果一个测验既包括多项选择题又包括论述题，那么首先回答论述题。仔细阅读问题，弄清老师到底问什么。在一页纸的背面，用铅笔记下你认为需要回答的要点，然后将它们组织起来。在写之前，暂时把论述题放到一边，先来做多项选择题。（在你做这些的时候，同时还得思考刚才的题目，有时候一些客观题也会给你带来适当的想法。）做完之后再来看论述题，想想你的回答，然后再开始写。完成之后，先校对你的回答，以消除那些让你看起来缺乏基本能力的拼写和语法错误。在阅读多项选择题的时候，不要把自己弄糊涂了，不要以为每一条都是正确答案。试着像做填空题一样去回答这些问题。首先盖住选项，在头脑里组织句子，回忆你所知道的内容使句子完整。接下来再阅读测验所列出的答案，找出与你的回答中最为匹配的一项。

阅读心理学知识让你学到的不仅仅是一些有效的学习方法，还有更多其他的东西。它加深了我们对人类如何感知、思考、感受并行动的理解。通过这些，它的确能丰富我们的生命，拓宽我们的视野。通过这本书，我希望能指引你实现这一目标。正如一个世纪前教育家查尔斯·埃利奥特（Charles Eliot）所说的那样，“书籍是最安静、最忠诚的朋友，也是最有耐心的老师。”

本章复习：心理学的故事

心理学是什么？

1. 心理科学始于何时，如何诞生？

现代心理科学始于德国哲学家和心理学家冯特于 1879 创立第一间心理学实验室，以及随后来自不同学科、不同国家的学者们的研究。

2. 从 1920 年代至今心理学持续发展的状况如何？

在成为一门“精神生活的科学”之后，心理学于 20 世纪 20 年代发展成一门“可观察行为的科学”。而在 1960 年代重新认识了大脑之后，当代心理学则成为一门“研究行为和心理过程的科学”。

当代心理学

3. 心理学历史上的重大问题是什么？

心理学最重大、最持久的问题涉及天性（基因）与教养（从受孕到出生除基因外的所有因素）两者影响的相对贡献和相互作用。今天，科学界强调特定环境下基因和经验的相互作用。

4. 心理学的分析层面及相关视角是什么？

生物 – 心理 – 社会取径整合了来自生物的、心理的和社会 - 文化分析层面的信息。心理学家从许多不同的视角（包括神经科学、演化学、行为遗传学、心理动力学、行为主义、认知和社会 - 文化视角）研究人类行为和心理过程。

5. 心理学的主要分支有哪些？

心理学的分支包括基础研究（通常由生物、发展、认知、人格和社会心理学家实施）和应用研究（有时由工业 / 组织心理学家实施）及临床科学和实际应用（咨询心理学家和临床心理学家的工作）。临床心理学家研究、评估和治疗心理障碍患者。精神病学家也研究、评估和治疗心理障碍患者，但拥有处方权，在心理治疗之外还可以给病人开药。

6. 怎样利用心理学的原理帮助你学习？

研究表明积极学习有助于理解和记忆。SQ3R 学习法（浏览、发问、阅读、复述、复习）即运用了这一研究中获得的原理。

术语与概念

结构主义
机能主义
行为主义
人本主义心理学
认知神经科学
心理学
天性与教养之争
自然选择
分析层面
生物 – 心理 – 社会取径
基础研究
应用研究
咨询心理学
临床心理学
精神病学
SQ3R

网站

自测的多项选择题和其他习题请访问：www.worthpublisher.com/myers

第1章

对心理科学的批判性思考

心理科学的重要性
我们早就知道吗?
后见之明偏差
过度自信
科学态度
批判性思维
心理学家如何提问和作答?
心理学的科学方法
描述
相关
实验
日常生活中的统计推理
描述数据
做出推断
心理学的常见问题

为了满足对人类的好奇心，也为了排解自己的苦恼，成千上万的人希望从“心理学”中找到答案。他们收听电台的脱口秀咨询节目，阅读报刊杂志中有关开发人类心灵力量的专栏文章，参加戒烟的催眠疗法研讨会，浏览各种自助类网站和解释梦境意义的图书，探寻浪漫爱情的秘密和人生幸福的根源。

也有人着迷于所谓的心理学真理，他们想知道：出生后的数小时内，母婴之间是否能建立亲密的心理联系？是否该相信成年人“恢复的”儿时遭受性虐待的回忆——从而控诉那些所谓的施虐者？家中长子是否有更大的成就驱力？心理治疗的确有效吗？

在讨论这些问题时，我们该怎样区分无知的观点与经过验证的结论呢？我们如何才能最有效地利用心理学来理解人们的思考、感受和行动呢？

心理科学的重要性

1. 为什么依据科学方法得出的答案比基于直觉和常识的答案更为可靠?

有人认为心理学只不过记录人们已知的事实，并用行话加以包装：“有什么了不得的新东西？——你拿着薪水，却用一些华而不实的方法来证明老太太都知道的玩意。”也有人笃信人类的本能。英国王子查尔斯（Prince Charles，2000）曾说：“我们每个人的内心深处都有一种天生的真实意识，它能给我们提供（如果我们允许）最可靠的指导。”乔治·布什（Bush，1999）在担任德克萨斯州长时曾公开扬言：“我知道没有证据表明死刑具有威慑效果，我只是凭直觉认为它肯定有作用。”在向伍德沃德（Woodward，2002）解释他发动伊拉克战争的决定时，这位前美国总统说：“我喜欢凭直觉行事，本能就是我的依据。”

查尔斯王子和前总统布什这样的人非常多。许多通俗心理学图书鼓励人们进行“直觉的管理”“直觉的商务”“直觉的治疗”等等。今天的心理科学的确证明了许多直觉式的心理现象。我们将会看到，思维、记忆和态度在意识和无意识两个层面上发挥作用。而且，更多的部分以自动化、幕后的形式起作用。就像大型喷气式客机，我们飞行主要依靠自动驾驶仪。

那么，我们是否要聪明地听取我们内在智慧的呼声，只要信任“内心的力量”？抑或要更经常地怀疑细查我们的本能直觉？

这似乎是肯定的。直觉很重要，但我们常低估了它的危险。我的地理直觉告诉我雷诺市在洛杉矶的东面，罗马在纽约的南面，亚特兰大市在底特律市的东面。

Chris Ryan/Ojo Images/Getty Images

直觉的局限 面试官往往过分相信自己对求职者的直觉。他们的自信部分源于对过去案例的记忆，他们的赞许票被证明是正确的；部分源于不知道被拒的求职者在其他地方取得了成功。

但这些直觉都是错误的。

后面的章节将会表明，实验发现人们会极大地高估他们觉察谎言的精确度、目击回忆、面试评价、风险预测和选择股票的才能。诺贝尔奖获得者、已故美国量子物理学家理查德·费曼 (Richard Feynman，1997) 指出："首要原则是你一定不要欺骗你自己——你就是那个最容易欺骗的人。"

的确，美国作家马德琳·英格（Madeleine L'Engle，1973）说过："赤裸裸的智力是极其不靠谱的玩意。" 有两种现象（后见之明偏差和判断的过度自信）可以说明为什么我们不能仅仅依靠直觉和常识。

> 心中自是的，便是愚昧人。
> ——《旧约·箴言》28 : 26

我们早就知道吗？后见之明偏差

箭射中靶子之后再来画靶心当然容易。2001 年 9 月 11 日在纽约世贸中心第一座大楼被撞之后，时事评论员就说第二座大楼里的人员本应该立即疏散。（显然只有事后才知道撞击并非偶然事故。）在美国占领伊拉克导致流血冲突，而非建立民主政权之后，时事评论员才明白内战不可避免。在入侵伊拉克之前，这些恶果一点也不明朗：大部分参议院都投票支持入侵伊拉克，根本预测不到可能发生的混乱，而这一切在事后看来却又顺理成章。事件发生的本身就是它不可避免的理由。心理学家把这种事后诸葛亮现象称为**后见之明偏差**（hindsight bias），也可以叫它"我早就知道了现象"。

> 只有向后看才能理解人生；但要生活好，则必须向前看。
> ——哲学家克尔凯郭尔（1813–1855）

一个小实验就能很好地说明这种现象。把参与者随机分成两组，分别告诉两组参与者相互矛盾的心理研究结果。假如你在第一组，你将听到"心理研究发现分离会削弱恋情"，所谓"离久情疏"。之后让你说明分离为什么会削弱爱情。第一组几乎所有的参与者都认为这很正常，没什么奇怪的。

但假如你在第二组，你将听到"心理研究发现分离会加深恋情"，所谓"小别胜新婚"。第二组的参与者也能找到很多理由解释此一虚构的研究结果，而且认为这是司空见惯的常识，不足为奇。两种相反的研究结果都被视为常识，显然这里有问题。

> 任何事情一经解释便觉得稀松平常。
> ——华生医生对大侦探福尔摩斯说

我们回忆和解释中的这类错误，表明心理学研究的重要性。仅仅询问人们感受或行动的过程和原因有时会误导人——并非因为常识一般都是错误的，而是因为常识可以很好地描述已经发生的事件，但预测将要发生的事件则并不准确。正如丹麦物理学家尼尔斯·玻尔（Neils Bohr）所言："预测非常困难，尤其是面向未来。"

后见之明偏差非常普遍。在不同国家针对儿童和成人的约 100 项研究中都发现了这一现象（Blank et al.，2007）。不过，祖母的直觉常常是对的。正如尤吉·贝拉（Yogi Berra，美国棒球扬基队捕手，传奇棒球人物）所说的："你能够从观察中发现很多东西。"（我们还要感谢贝拉为我们创造的其他经典名言，如"没有人来过这里——这儿太拥挤"，以及"如果你不想了解真相的话，没有人会来阻止你。"）因为我们所有人都是行为的观察者，所以如果心理学的许多发现没有被事先预见的话，那将是不可思议的。许多人相信爱心可以孕育幸福，他们是对的（我们都有第 11 章所说的“归属需要”）。的确，哈佛大学心理学家丹尼尔·吉尔伯特等人（Gilbert et al.，2003）指出：“心理学上的好创意通常有点怪异，却又好像熟识，我们遇见它们的那一刻就能断定，我们自己也曾非常接近，思考过同一事物，只不过没有诉诸文字。”好创意就如优秀的发明，一旦创造出来，就好像再明显不过了。（为什么滚轮行李箱和报事贴的发明花了这么长时间？）

AP Photo/The Roanoke Times, Matt Gentry

在 2007 年弗吉尼亚理工大学校园枪击案 32 人被枪杀后，看起来非常明显，校方在发现最先两个人遭枪杀时，就应该封锁学校（尽管该校师生人数相当于一个小城市）。有了后见之明偏差，一切事物看上去都一目了然。

但无数次的观察表明，祖母的直觉有时也会犯错。在后续章节将会看到许多研究结果已经推翻了一些流行观点——亲近生不敬，梦境预测未来，情绪反应与月经周期一致（参看表 1.1）。我们还将看到一些令人震惊的发现：大脑的神经化学递质控制着我们的情绪和记忆；动物的智力；应激对我们抗病能力的影响等。

过度自信

我们往往会过度自信。正如第 9 章的解释，我们往往会认为自己知道的很多，而实际情况并非如此。在问及对一些常识问题（如，波士顿在巴黎北边还是南边？）的答案有多大把握时，人们往往会表现出过度自信的倾向（波士顿在巴黎南边——译者注）。看一看下面这 3 个由字母颠倒顺序而构成的词（Goranson，1978）：

WREAT → WATER

ETRYN → ENTRY

GRABE → BARGE

请你快速作出反应：你认为自己把它们复原过来需要用多少秒的时间？

▸▸ 由 Wordsmith.org 网站提供的有趣乱序单词：

Elvis=lives

Dormitory=dirty room

Slot machines=cash lost in'em

表 1.1 对还是错?

后面章节介绍的心理研究可以证实或驳斥下面每个陈述（部分改编自Furnham et al.，2003）。你能预测这些流行观点哪个被证实，哪个遭驳斥吗？（在此表最下面核查你的回答。）
1. 如果你要培养他人持续的习惯，预期行为出现每次都要奖励，而不仅仅间歇地奖励（见第7章）。
2. 从大脑中部割裂大脑的病人会像术前一样生存和活动（见第2章）。
3. 创伤经历（如性虐待或在大灾难后幸存）通常会压抑在记忆之外（见第8章）。
4. 大部分遭受虐待的儿童长大后不会变成施虐者（见第5章）。
5. 大部分婴儿在满1岁时都能认出自己的镜像（见第5章）。
6. 收养的兄弟姐妹即使由同一父母抚养，通常也不会发展出类似的人格（见第4章）。
7. 对无害物体（如鲜花）的恐惧就如对危险物体（如毒蛇）的恐惧一样容易习得（见第12章）。
8. 谎言测试通常不可靠（见第12章）。
9. 大部分人只使用了大约10%的大脑（见第12章）。
10. 大脑在睡眠期间也保持活跃（见第13章）。
答案：1错，2对，3错，4对，5错，6对，7错，8对，9错，10对。

“我们不喜欢他们的音乐。这个乐队正在走下坡路。”
——1962 年 Decca Records 公司在拒绝与甲壳虫乐队签约时说过的话

“未来计算机的重量将不会超过 1.5 吨。”
——《大众机械》杂志，1949

“电话可能适合我们的美国亲戚，但在我们这里用不着，因为我们有足够的信使。”
——英国专家组这样评价电话的发明

“就是一头大象他们都不可能击中，这么远的距离……”
——1864 年，在南北战争的一次战斗中，John Sedgwick 将军的临终遗言

“科学家……必须能自由地提问任何问题，怀疑任何主张，寻找任何证据，纠正任何错误。”
——物理学家奥本海默，《生活》，1949.10.10

一旦知道了正确答案，事后聪明会让你觉得非常容易，以致非常自信。你或许认为 10 秒钟左右就能排列好，但实际上每个被试平均花了 3 分钟。先不告诉你答案，请你把打乱顺序的 OCHSA 排列成一个单词，看需要多长时间？（答案见下页页边的末端。）

那么我们在预测社会行为时是否会好一些呢？为了考察这个问题，罗伯特·瓦朗及其同事（Vallone et al.，1990）让学生在开学初预测自己是否会有课程不及格，是否会在一次即将举行的选举中投票，能否在一个月内给父母打两次以上的电话等等。结果发现，在做出这些自我预言时，学生们的平均自信度为 84%。但后来对其实际行动的检查表明，其中只有 71% 的预测是准确的。即便是他们有百分之百把握的自我预言，也有 15% 的预言是不准确的。

不仅大学生是这样。俄亥俄州立大学的心理学家菲利普·泰特洛克（Tetlock，1998，2005）收集了 27 000 多份专家对世界大事的预测。例如，南非的未来政局或者魁北克市是否会从加拿大独立。他的重复研究发现：那些觉得自己有 80% 把握的专家，其真正预测正确的还不到 40%。尽管如此，甚至那些犯错的专家仍保持着自信说他们“几乎就预测对了”，“魁北克分裂分子几乎就赢得了脱离联邦的全民公投”。

请牢记这点：后见之明和过度自信偏差让我们过高估计直觉的作用。而以怀疑主义和谦逊态度进行科学调研，能让我们明辨假象和现实。

科学态度

2. 科学态度的三个主要部分是什么？

构成所有科学之基础的首先是强烈的好奇心，一种不误导他人也不受人误导地去探索和理解事物的激情。有些问题（如死后还有生命吗？）已超出科学范畴。对这些问题无论怎样回答，都牵涉到人的信仰。而对于其他一些问题，比如是否有人具有超感知觉（ESP）能力，相关的证据还在探索中。不管一种观点看上去多么合理或者荒谬，实际的问题是它符合客观实践吗？对他进行检测时，其预期的结果能否得到证实？

这种科学验证方法由来已久。古代的摩西就曾使用了这一方法。怎样评价人们的预言呢？摩西的回答是：把预言拿去检验，如果它所预言的事情“没有发生或者不能证明为真，”那么这个预言就不可信（《圣经》18:22）。魔术师詹姆斯·兰迪就曾采用摩西的方法，来检验那些宣称能看到人体周围有光环的特异功能者：

兰迪：你能看到我头顶的光环吗？
特异功能者：我的确能看到。
兰迪：如果我拿着这本杂志遮住我的脸，你还能看到吗？
特异功能者：当然能。
兰迪：如果我站在一堵比我头稍高点的墙后面，你能根据我头顶的光环位置找到我，能吗？

兰迪告诉我，没有任何声称自己能看见光环的人同意参加这个简单的检验。

在接受这样的检验时，一些看似荒谬的观点却能够得到支持。18 世纪时，科学家曾经嘲笑过陨石来自于地球之外的观点。当两位耶鲁大学的科学家勇敢地对

传统观点提出怀疑时，托马斯·杰斐逊这样嘲笑他们，“先生们，我宁愿相信那两个北方佬在撒谎，也不会相信石头会从天上掉下来。”但有时候，科学调查会将嘲笑声转变为欢呼声。

Courtesy of the James Randi Education Foundation

令人惊奇的兰迪 魔术师詹姆斯·兰迪用例子证明了怀疑精神。他检验和揭穿了许多超自然现象。

更多时候，我们把那些未经验证看似荒谬的观点，归入到诸如永动机、医治癌症的神药、回到几百年前的灵魂旅行等等我们早已不以为意的一些说法。今天的“真理”有时在明天就会变成谬误。为甄别现实和假象，理性和荒谬，我们需要科学的态度：怀疑但不嘲笑，坦荡但不轻信。

波兰谚语有云：“要想确信，必先怀疑。”心理学家和自然科学家一样怀着好奇的怀疑精神研究人的行为，始终抓住两个问题：你的观点是什么？又是怎样得出的？

“怀疑论者是这样一种人，他们愿意质询任何真理宣言，追求定义的明确性，逻辑的一致性和证据的充分性。”

——哲学家保罗·库尔茨，《怀疑的探索者》，1994

观点冲突时，带着怀疑精神进行检验可以揭示哪个观点与现实最相符。父母的养育方式能否决定孩子的性取向？占星师能否根据你出生时的星座预测你的未来？我们将会看到，将这些主张付诸于检验，使得心理学家质疑它们的科学性。

把科学的态度运用于实践，不仅需要怀疑精神，更需要谦逊——意识到我们也容易犯错并对奇怪之事和新的视角保持开放态度。最后分析结果时，最重要的不是谁的观点对或错，而是问题所揭示出的事实真相是什么。如果人们的行为不符合预期，则观点就存在问题。心理学很早就有句格言：“老鼠总是对的”，其表达的正是科学研究的谦逊态度。

科学历史表明，正是好奇、怀疑和谦逊这三种态度使现代科学得以诞生。许多科学的先驱们（包括哥白尼和牛顿）信仰坚定，在大自然面前非常谦逊，而对人类权威持怀疑态度（Hooykaas，1972；Merton，1938）。今天有一些虔诚的宗教人士可能认为科学（包括心理科学）是种威胁。不过，社会学家斯塔克（Rodney Stark，2003a，b）指出，科学革命主要是由宗教虔诚的人士主导的，他们笃信“为了彰显上帝的仁慈和荣耀，有必要全面评价神创造的杰作。”

“我有一个坚定的信念，那就是，如果上帝确实存在的话，那么我们的好奇心和智慧就是他给我们的恩赐。而如果我们压抑了探索宇宙和自身的热情，那就证明我们不懂得感激这种恩赐。”

——卡尔·萨根，《布洛卡的脑》，1979

当然，科学家也和常人一样，可能非常自负、固执己见。我们都是戴着有色眼镜来看世界。然而，把心理学和其他科学结合在一起，才能对各种矛盾的观点进行怀疑而又谦逊的检验。学术界就如同社区，科学家们不断检测和验证彼此的研究结果和结论。

不合理的推论

▸▸ 前页中由字母颠倒顺序“OCHSA”构成的单词答案：CHAOS。

批判性思维

科学态度让我们更加明智地思考问题。明智的思维就是**批判性思维**（critical thinking），指的是检验假设、区分观点、评价证据以及鉴定结论等过程。无论读报还是谈话，批判性思维总让人不断提问题。就像科学家一样，具有批判性思维的人想知道：你是怎么知道的？别人的提案是什么？做出某个结论是基于奇闻逸事和本能直觉还是科学证据？数据能说明因果关系吗？还有其他的解释吗？

> 科学方法的真正目的是为了确保我们不会被客观世界所误导，错误地以为自己知道实际上并不知道的事物。
>
> ——波西格，《万里任禅游》，1974

心理学的批判性研究对于那些令人惊奇的发现持开放态度吗？答案显然是肯定的，后面的章节将详述。下面这些内容信不信由你……

- 在年幼时切除大量的脑组织可能对将来的发展影响甚微（见第 2 章）。
- 新生儿在出生几天内就能辨认出母亲的气味和声音（见第 5 章）。
- 脑损伤能让人学习新技能却意识不到学习过程（见第 8 章）。
- 不同群体的人（男人和女人、老人和青年、富人和工薪族、残疾人和正常人），报告出的主观幸福感大致相同（见第 12 章）。
- 电痉挛治疗（给大脑实施点击）一般是治疗重度抑郁症最有效的方法（见第 15 章）。

批判性研究也强有力地反驳了一些流行的观点吗？答案也是肯定的，后面的章节我们也会看到这点。有证据支持以下结论：

- 梦游的人并不像梦境所想的那样来行动（见第 3 章）。
- 过去的经验不会原原本本地全部保存在我们的大脑内；电刺激大脑或者催眠时，并不能像放磁带一样重新激活已经隐藏很久或者压抑了的记忆（见第 8 章）。
- 大多数人并不会受到不真实的低自尊的困扰，高自尊未必全是好处（见第 13 章）。
- 相异一般并不相吸（见第 16 章）。

在这些例子和更多的研究结果中，学到的知识并不是大众普遍认可的观点。

本节回顾

➤ 自问

怎样借助批判性思维帮助你评价别人对梦境的解释或者声称能与死人对话的主张？

➤ 自测 1

什么是科学的态度，为什么它对批判性思维非常重要？

自测问题的答案见书后的附录。

心理学家如何提问和作答

心理学家用科学的研究方法来武装他们的科学态度。心理科学要通过仔细观察和严谨分析来评价互相矛盾的观点。为了描述和解释人性，心理学欢迎人们提出直觉看法和看似正确的理论，并进行检验。如果理论有效（数据支持了该理论预测），该理论就暂时认定正确。如果预测失败，就要修正或抛弃该理论。

心理学的科学方法

3. 理论怎样推动心理科学的发展？

在日常观察中，我们使用理论一词时往往指的是“单纯的直觉”。在科学研究中，理论总是和观察联系在一起的。科学的**理论**（theory）是用一套整合的原理来组织观察结果和预测行为或事件。理论能够把孤立的事实整合在一起，从而简化对事物的理解。当今心理学家知悉许多行为事实，但并不需要把它们全部记住。科学家把各种观察结果联系起来，并结合成抽象的原理，就可以总结成实用的理论。当我们把观察到的各点连起来时，理论就呈现为一幅完整连贯的图画。

例如，一个抑郁症的理论能帮助我们把观察到的无数抑郁现象组织成一系列简短的原理。假如我们反复观察到抑郁的人总用消极的词语来描述自己的过去、现在和未来，那么我们就可以提出理论假设：在抑郁的中心潜藏着低自尊。到目前为止，这理论还管用：自尊原理简洁地概括了抑郁者的许多行为事实。

但不管一个理论看上去多么合理（如低自尊当然是对抑郁的合理解释），我们必须对它进行检验。一个完美的理论，不仅听起来有吸引力，而且必须包含可检验的预测，也就是所谓的**假设**（hypotheses）。预测使我们可以通过检验来拒绝或修正理论，预测能够指引研究的方向。假设在检验前就能够让我们明确什么样的结果可以支持理论，什么样的结果又会否定理论。为检验抑郁的自尊理论，我们可以测量人们的自尊水平。然后我们可以看到，是否像我们假设的那样自尊低的人确实在抑郁量表中得分更高（见下页**图 1.1**）。

在检验理论时，我们应该意识到理论可能会导致主观观察偏见。由于事先设想抑郁可能来自低自尊，我们可能会看到自己所期待的结果，可能把抑郁者的中性评价理解为自我贬低。想看到自己所期待结果出现的欲望是一种始终存在的诱惑，不论在实验室里还是在现实生活之中。根据美国两党参议院情报委员会（U.S. Senate Select Committee on Intelligence，2004）的报告，预先形成的期望（认为伊拉克拥有大规模杀伤性武器）导致情报分析人员错误地解释不明确的观察结果，确认了他们已持有的理论，这一理论驱动的结论随后导致美国先发制人，入侵伊拉克。

为防止此一偏见，心理学家在其研究报告中会对程序和概念给出精确的**操作性定义**（operational definition）。比如，饥饿可能定义为“数小时没有进食”，慷慨定义为“捐献金钱”。如此谨慎地用词，应该可以让人**重复**（replicate）得到原先的观察结果。

如果其他研究者用不同的参与者和材料重新研究，得到相似的结果，我们对这一结果的可靠性会信心大增。对后见之明偏差的首次研究引起了许多心理学家的兴趣。不同的研究者采用不同的参与者和问题，多次成功地重复验证后，我们才确信后见之明偏差现象的确存在。

最后，理论要发挥作用，必须满足两个条件：（1）能够有效地组织一系列自我报告和观察结果；（2）能够推导出明确的预测用以检验理论本身或应用于实践（如果我们增强人们的自尊感，其抑郁程度会降低吗？）。而最终，我们的研究可

➤图1.1
科学方法
提出问题与寻找答案的自我校正过程。

能会得出一个修正的理论（如第 14 章所述的理论），它可以更好地总结和预测抑郁现象。

▸▸ 优秀理论的两条标准：
1. 能将观察到的事实组织和联系在一起。
2. 可以提出假设，进行预测和验证，有时还能运用于实践。

下面我们即将看到，利用*描述性方法*（通常使用个案研究、调查或自然观察来描述行为）、*相关方法*（将不同的因素联系在一起）和*实验方法*（操纵各种因素以发现它们的效应）可以检验假设，修正理论。要想批判地思考当前流行的心理学主张，我们需要熟悉这些方法，并知晓这些方法能得出什么结论。

描　述

4. 心理学家怎样观察和描述行为？

任何科学都起始于描述。日常生活中，我们都在观察和描述他人，分析他们这样或那样行动的原因。专业的心理学家也是这样，只不过他们的观察和描述更加客观而系统。

个案研究

个案研究（case study）是最古老的研究方法。心理学家通过对单个或多个个体的深入的个案研究，期待能揭示适用于所有人的科学真相。兹举几例。心理学上最早对大脑功能的了解，来自于特定脑区受损后表现出特殊功能障碍的病人的个案研究。弗洛伊德从对临床精神病人大量的个案研究中，构建了精神分析的人格理论。发展心理学家皮亚杰通过仔细观察自己的三个小孩，提出了儿童思维发展的理论。对少数几个黑猩猩的研究揭示了动物的语言理解能力。持续深入的个案研究有时很能揭示问题。

尽管个案研究通常能提示未来的研究方向，向我们展示事物的真相。但单独的个案可能会误导我们：个体可能是非典型的。没有代表性的信息会导致错误的判断和结论。事实上，每当有研究者提出某个研究结果时（如，“吸烟者的寿命更短：活到 85 岁以上的人中 95% 都是不吸烟者”），肯定有人能提出反例（“我叔叔每天抽两包烟还不是也活到了 89 岁”）。戏剧性的故事、个人的经历（甚至心理学中的个案）都可能引起我们的注意，更容易记住。下列事件哪个你记得更牢？（1）对父母在子女被绑架后的 1 300 个梦境分析中发现，只有 5% 的梦正确地预见到子女死亡（Murray & Wheeler，1973）。（2）我认识一个人，他梦见姐姐出了车祸，两天后他姐姐确实在车祸中头部被撞而死亡！统计数字令人麻木，但一堆奇闻轶事并不等于证据。正如心理学家奥尔波特（Gordon Allport，1954，p,9）所言：“只要有极少量的（戏剧般的）事实，我们就会立即做出放大的概括。”

“亲爱的，”马普尔小姐说，“人性在所有地方都非常相似。当然，在小地方你可以有机会近距离地观察它。”
——阿加莎·克里斯蒂，《死亡之犬》，1933

请牢记这点：个案能得出有价值的观点。个体的某些情况有可能揭示出适合所有人的规律。但要找出个案中包含的普遍真理，还必须结合其他研究方法。

调 查

调查法（survey）同时对许多个案进行不太深入的研究。调查要求人们报告他们的行为或观点。面向公众的调查问题涵盖极广，从性行为到政治观点。哈里斯和盖洛普公司的民意调查显示：72% 的美国人认为电视节目中的暴力镜头太多，89% 的人赞成给同性恋者提供平等的工作机会，89% 的人说他们面临着很大的压力，96% 的人希望能改变自己的外貌。在英国，18 岁至 29 岁的人之中有十分之七的人支持同性婚姻；而超过 50 岁的人则有十分之七的人反对同性婚姻（许多西方国家都存在代沟）。但是提问并不容易，回答通常取决于问题的措辞方式和所选择的受访者。

措辞效果 问题顺序和措辞的微妙变化都会产生很大的影响。我们允许香烟广告或色情内容出现在电视上吗？人们很可能赞成“不允许”出现这些内容，而不是“禁止”或“审查”它们。最近的一项美国全国调查发现，只有27%的美国人赞成对媒体中的性和暴力内容进行“政府审查”，而有66%的人赞成“对电视内容进行更多的限制”（Lacayo，1995）。同样地，人们更愿意赞成“帮助穷人”而不是“提高福利”，更赞成“果断行动”而不是“歧视对待”，更赞成“增加国库收入”而不是“增加税收”。提问的措辞很微妙，所以具有批判性思维的研究者要考虑问题的表述方式对被调查者观点的影响。

随机取样 我们可以援引难忘的奇闻轶事和个人经历来描述人类经验。但要想准确地描述整个总体的经验和态度，只有一种游戏规则——选择有代表性的样本。

我们可以把这一观点应用到我们的日常思维中，就像我们根据观察样本的结果进行概括化一样，尤其是生动的个案。考虑到以下两种情况：（1）学生评价某位教授的统计总结，（2）两个怒气冲冲的学生对该教授作的生动的负面评价。学校管理层对这位教授的印象，受两个不悦学生的影响可能与统计总结中众多肯定的评价一样多。我们似乎很难排斥少数生动形象但却不具代表性的个案对概括化的影响。

This Modern World by Tom Tomorrow © 1991.

请牢记这点：进行概括化最好的样本基础并不是少数极端特

例，而是最有代表性的样本。

那么怎样才能获得有代表性的样本——比如能代表你所在学院或大学的样本？你如何选择样本使之足以能代表全体学生组成的**总体**（population），即你想研究和描述的整个人群？通常的做法是选择**随机样本**（random sample），随机样本的含义是总体中任何一个个体被抽到的可能性一样。这意味着你不必向每个学生发放问卷（那些认真返回问卷的人组成的并不是随机样本）。相反，你可以给学生总名单上的姓名编号，然后使用随机数字表从学生名单中选择参与者。有代表性的大样本比小样本好，但小样本即使只有 100 个成员，只要有代表性，也比没有代表性 500 个成员的样本好。

在美国总统大选时民意调查员就是以此种方式抽取样本。仅用 1 500 名从美国各地随机抽取的选民，他们就能提供全美民意非常精确的快照。不采用随机抽样，即使大样本（包括接听电话样本和电视或网站调查）也往往只能给出错误的结果。

请牢记这点：在相信调查结果之前，要批判性地思考：仔细考虑样本。不能以为只要简单地增加调查人数，就可以弥补样本代表性的不足。

▸▸ 如果样本非常大的话，估计值可以变得比较可靠。据估计，字母 “E” 在书面英语的字母数中占 12.7%。事实上，“E” 占据了梅尔维尔所著的《白鲸》一书中所有 925 141 个字母的 12.3%；在狄更斯《双城记》总计 586 747 个字母中占了 12.4%；在马克·吐温的 12 本著作共 3 901 021 个字母中占了 12.1%（Chance News，1997）。

自然观察

第三种描述研究方法**自然观察法**（naturalistic observation）是在自然状态下观察和记录有机体的行为。自然观察法包括在丛林中观察黑猩猩族群，以非介入的方式测量不同文化下的亲子互动现象，以及记录学生在餐厅就坐模式的种族差异。

你希望我怎样回答你的问题？我作为自己种族群体、教育阶层、收入群体抑或宗教团体中的一员？

自然观察和个案研究、问卷调查一样并不能解释行为，只是对行为进行描述。但描述能揭示问题。比如我们曾认为只有人类才会使用工具。然而自然观察发现，黑猩猩有时会把树棍插入白蚁窝内，然后抽出来吃掉上面的白蚁。黑猩猩研究专家珍妮·古德尔（Goodall，1998）指出，这些非介入的自然观察为以后对动物的思维、语言和情绪研究铺平了道路，能进一步扩展我们对同类动物的理解。“在动物的天然栖息地进行的观察已经表明，动物群居社会及其行为远比我们先前想象的要复杂得多。”例如，观察发现黑猩猩和狒狒也会使用欺骗手段。心理学家怀特和伯恩（Whiten & Byrne，1988）反复观察发现，一只年幼狒狒假装遭到了另一只狒狒的攻击，从而让它的妈妈把这只狒狒从它的食物边赶走。此外，灵长类的大脑越发达，就越有可能表现出欺骗行为（Byrne & Corp，2004）。

自然观察也能阐明人类的行为。这里有三个有趣的发现：

- 有趣的研究结果。在社会情境下我们人类笑的次数是独处情境下的 30 倍。（你注意过自己一个人独处时很少会笑吗？）在我们发笑时，有 17 块肌肉会牵动我们的嘴角以及眼睛，然后我们发出一系列持续 75 毫秒的类似元音音节的声音，这些声音之间的时间间隔为 0.2 秒（Provine，2001）。
- 监听学生的活动。学习心理学导论课程的学生在日常生活中究竟会说些什么，做些什么？心理学家梅尔和潘尼贝克（Mehl & Pennebaker，2003）给德克萨斯大学选修心理学课程的 52 位学生装备了腰带式录音机。连续 4 天，录音机每隔 12.5 分钟就自动记录学生清醒时周遭的声音 30 秒，故而研究结束时研究者已窃听了 10 000 多次的生活片段。你认为这些学生与人交谈的片段占多少百分比？学生在电脑键盘前记录的百分比又是多少？答案：28% 和 9%。（你清醒时花在这些活动上的百分比又是多少？）

- 文化、气候和生活节奏。莱维恩和罗仁扎颜（Levine & Norenzayan，1999）使用自然观察法比较了 31 个国家的生活节奏。（他们生活节奏的操作性定义包括步行的速度、邮递员完成简单工作任务的速度和公共场所时钟的准确性。）结果发现：日本和西欧国家的生活节奏最快；经济不太发达国家的生活节奏要慢一些。居住在寒冷气候下的人们生活节奏比较快（更容易死于心脏病）。

自然观察法能提供日常生活的有趣快照，但它的实施并没有控制可能影响行为的所有因素。在不同地方观察生活节奏是一回事，但要理解什么因素致使某些人步行更快则是另一回事。不过，自然观察法与调查法一样，都能为相关研究提供资料，我们接下来就学习相关。

相　关

5. 什么是正相关和负相关，为什么利用相关可以预测却不能进行因果解释？

描述行为是预测行为的第一步。如果调查和自然观察发现某种行为或特质伴随另一个出现时，我们就可以说两者**相关**（correlate）。**相关系数**（correlation coefficient）是对这种关系的统计描述量，它能揭示出两种事物怎样密切相联地发生变化，因而某个事物能有多准确地预测另一个事物。了解智力测验分数和学业成绩之间有多大相关，我们就能够知道智力分数在多大程度上可以预测学业成绩。

本书中我们常常会问到两种事物之间的相关程度如何。譬如：双胞胎之间的人格测验得分有多大的相关？智力测验分数可以在多大程度上预测个体未来的成就？压力与疾病的相关有多强？

图 1.2 包含了三张**散点图**（scatterplot），显示了相关从完全正相关到完全负相关可能变化的范围。（完全相关在“现实世界”中很少发生。）因为图中每一个点都标示着两个变量的值。如果两组分数（如身高和体重）倾向于一起增减，就是正相关。相关的“正”“负”并不是说它的优点或缺点。如果两组分数以相反的方向联系在一起，一组分数上升的同时另一组分数在下降，则为负相关。刷牙和蛀牙就存在负相关。随着刷牙次数从零上升，蛀牙则降低。弱相关表明两者之间很少相关或没有相关，相关系数接近零。

这里有 4 篇相关研究的新闻报道，有些来自于调查或自然观察。你能识别哪些报道是正相关，哪些是负相关吗？（答案见下页页边底部。）

1. 幼童观看电视节目的时间越多，阅读的时间就越少（Kaiser，2003）。

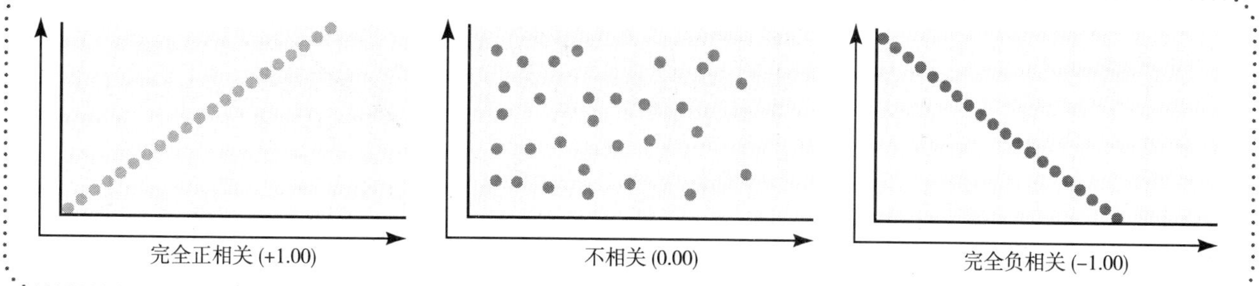

➤ **图 1.2**

散点图，表示相关的模式

相关程度的取值范围可以在 +1.00（某一测量分数随另一测量分数的增加而增加）到 −1.00（某一测量分数下降而另一分数却在增加）之间变化。

表1.2
20 个人的身高与气质得分

被试	身高（厘米）	气质得分
1	203	75
2	160	66
3	155	60
4	201	90
5	188	60
6	175	42
7	157	42
8	191	60
9	196	81
10	152	39
11	113	48
12	193	69
13	180	72
14	168	57
15	185	63
16	178	75
17	160	30
18	180	57
19	173	84
20	178	39

2. 青少年在电视上观看到的性内容越多，就越可能发生性行为（Collins et al.，2004）。
3. 儿童母乳喂养的时间越长，他们将来的学业成就就越大（Horwood & Fergusson，1998）。
4. 青少年越经常吃早餐，体重就越轻（Timlin et al.，2008）

统计学有时能帮助我们看到眼睛容易漏掉的事物。为了说明这一点，我们来假设一个研究。假定你想知道高个子的人是否更容易相处，并已经收集了两组分数：身高及其气质测验得分。你自己测量了 20 个人的身高，安排其他人评价他们的气质特点（从极度平静的零分到反应性极强的 100 分）。

相关的数据（**表 1.2**）现在就摆在你面前，你认为这些数据之间存在着什么样的相关：（1）身高与反应性气质之间存在着正相关，（2）相关很弱或没有相关，或（3）负相关？

比较表 1.2 里的两栏数据，大多数人都会认为身高与气质之间关系很弱。而事实上，这个假想的例子中的相关是呈中等正相关，+0.63，如果我们把数据以散点图来显示的话，就可以很清楚地看到这一点。在图 1.3 中，从左向右看，各数据点形成的向上走的椭圆形趋势，表明我们设想的这两组分数（身高与反应性）倾向于一起增长。

如果像表 1.2 这样系统呈现的数据我们都无法看出其中存在的相关关系，那么日常生活中我们更加不可能注意到这种关系了！要想从我们手头的数据中看出关系，我们有时需要统计学的解释说明。当给我们提供关于工作水平、资历、业绩、性别和薪水的统计概要信息时，我们很容易辨别性别歧视的证据。但如果这些信息是零星地逐条给我们呈现的话，我们往往发现不了其中的问题（Twiss et al.，1989）。

请牢记这点：相关系数能揭示两个事物关联的程度，可以帮助我们更清晰地审视世界。

➤ **图** 1.3
身高与气质得分的散点图
这 20 个人（一个数据点代表一个人）的假想数据显示出一种向上倾斜的趋势，这表明数据之间存在着正相关。而这些数据之间较大的分散程度表明这一相关远低于 +1.0。

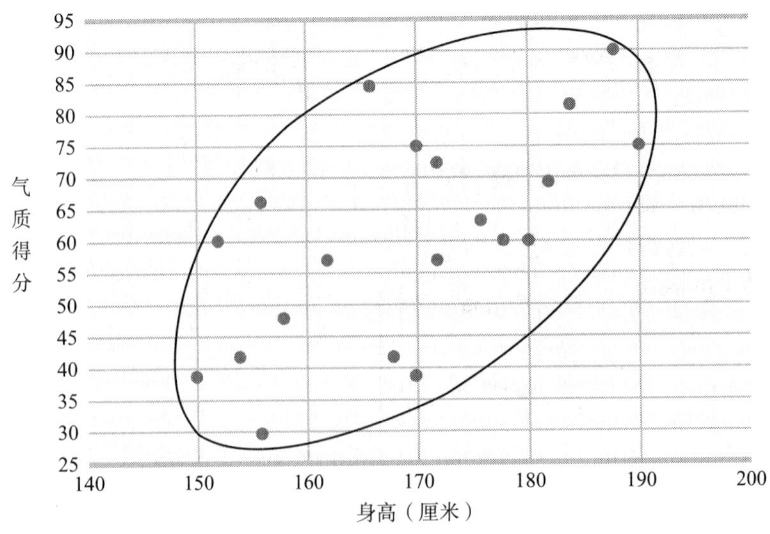

◀◀ 相关问题的答案：1. 负相关；2. 正相关，3. 正相关，4. 负相关。

相关与因果关系

相关能帮助我们预测事物。低自尊与抑郁相关，因而能预测抑郁。（这一相关可以用相关系数来表示，或者仅从自尊量表得分较低的一半人有着较高的抑郁发病率这一发现中也可看出。）那么，是否是低自尊引发抑郁？如果根据相关的证据你就认为的确如此，相信许多人与你有着同样的看法。一个几乎难以避免的思维错误就是，认为相关（有时以相关系数表示）能证明因果。但实际上无论这种相关有多强，它都不能证明因果关系！

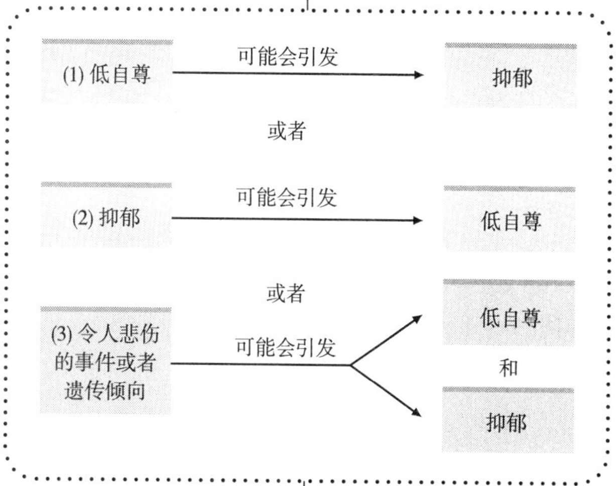

➤图1.4
三种可能的因果关系
低自尊的人比高自尊的人更可能报告有抑郁症状。对于这一负相关的一种可能性解释是，是消极的自我形象引发了抑郁。但是，如图所示，也可能存在着其他的因果关系。

如图 1.4 中的第 2 和 3 项所示，如果抑郁导致人们自我评价降低，或者存在第三种因素（如遗传或大脑化学机制）同时导致低自尊和抑郁，我们就会得到一样的负相关。比如，在成年男子中，婚龄与脱发存在正相关——因为两种都与第三个因素年龄有关联。

这一点非常重要——这是明智地学习心理学的基础——所以让我们再来看另外一个例子，一项对 12 000 多名青少年所做的调查发现：青少年越多地感受到父母对自己的爱，就越少表现出不健康的行为方式，比如过早发生性关系、吸烟、滥用酒精和毒品、暴力行为（Resnick et al.，1997）。“在中学阶段的这几年里，成年人对他们孩子的行为有很强的影响作用，”美联社报道这一研究结果时这样感叹说。但这种相关并不伴随着内在的因果关系。换一种说法（把音量开大），相关不能证明因果。[因为许多关联都表述为相关，因而著名的原理应表述为“相关不能证明因果”。这一点毋庸置疑，但被其他非实验的统计证实的关联也是正确的（Hatfield et al.，2006）] 因此，美联社其实应该这样说为好：“行为良好的青少年感受到了父母对自己的爱与支持；行为越轨的青少年则更可能会认为父母是唱反调的老古董。”

请牢记这点：相关表明可能存在因果关系，但不能证明因果关系。两件事情相关不必然表明因果关系的存在。记住这点会让你审慎地看待新闻和本书中的科学研究结果。

⏩《英国医学期刊》上的一篇研究报告发现，认同哥特亚文化的年轻人比其他年轻人更可能自残或自杀（Young et al.，2006）。你能否对此种关联提出几种可能的解释？

虚假相关

6. 什么是虚假相关？

相关研究让我们看到那些可能被忽视的关系。也能让我们避免那些实际上并不存在的相关。认识到并不存在的相关就是**虚假相关**（illusory correlation）。当我们认为两个事物间存在某种关联时，我们很可能会注意和回忆那些肯定我们看法的事例（Trolier & Hamilton，1986）。

因为我们对戏剧化或不寻常的事件特别敏感，所以我们尤其有可能注意和记住先后相继出现的两件事。如半夜 12 点预感

Big Cheese Photo LLC/Alamy

相关未必表示因果 男人的婚龄与脱发存在相关。这是否意味着婚姻导致男人掉发（或者秃顶使男人成为好丈夫）？在这个案例中（如同许多其他的案例），显然第三个因素可以解释两者的相关：金婚纪念和秃顶均是伴随着年龄增长而发生的。

➤图1.5

日常生活中的虚假相关

许多人认为不孕夫妇在收养小孩后会增加其怀孕的可能性。出现这种想法是因为他们很容易注意到这一类的例子，而很少去注意那些虽然已经收养了小孩但仍没有怀孕的夫妇，或虽然没有收养小孩但仍会怀孕的夫妇的例子。要想判断在收养小孩与怀孕之间是否真的存在相关，我们需要有该四格表中所有的数据（Gilovich，1991）。

	怀孕	没有怀孕
收养	证实性的证据	证伪的证据
没有收养	证伪的证据	证实性的证据

Michael Newman Jr./PhotoEdit

到不可能来电话了，却偏偏有人打来了电话，这次电话事件非常特别，易引起人的注意。假如在大白天，人们没有不可能来电话的预感，那么有人给我们打电话，并不会引起我们的注意并记住它。虚假相关有助于解释许多迷信观念，如收养了孩子的不孕夫妇更可能会怀孕（Gilovich，1991）。那些收养小孩后怀孕的例子很容易就会引起人们的注意，而我们却不大会注意那些虽然收养了孩子而从未怀孕的夫妇，或者那些没收养孩子却怀孕的夫妇的例子。换句话说，当我们太过依赖**图 1.5** 左上角单元中的证据而忽视了其他单元中同样重要的信息时，便容易出现虚假相关。

➧ 一位《纽约时报》的记者报道了一项大范围的调查，结果显示“那些父母亲吸烟的青少年比父母亲不吸烟的青少年发生过性行为的概率高 50%”。他总结道，该调查证明了这样一种因果关系——“要想降低儿童过早出现性行为的概率”，父母可能需要“戒烟”（你会赞成吗？）（O'Neil, 2002）。

这样的错误思考可以解释为什么这么多年以来人们一直相信（许多人仍然相信）：食用过多的糖会让儿童多动；受凉和湿身会引起感冒；天气变化引起关节炎疼痛等等。人们似乎擅于觉察规律，而不论它们正确与否，更别提去检验它们了。

请牢记这点：当我们观察到随机巧合事件，可能会忘记其随机性而认为它们之间存在相关。因而，我们可能用本不存在的相关关系而误导自己。

发现随机事件中的规律

虚假相关来自于我们理解世界的内在渴望。诗人华莱士·史蒂文斯称之为人类“渴望秩序”。即使是随机数据，我们也会寻找规律，从中发现有意义的模式。我们确实能找到规律，因为*随机数字看上去往往并不随机*。假定有人随机连续抛硬币，正面朝上（H）和反面朝上（T）的排列顺序更可能是哪种情况：HHHTTT；HTTHTH 或 HHHHHH？

卡尼曼和特韦尔斯基（Kahneman & Tversky，1972）发现，大多数人认为 HTTHTH 是最可能出现的随机次序。实际上，所有三种顺序出的可能性是一样的（或者不可能性也一样）。在玩桥牌或者扑克时，抓到 10 到 A 的同花顺好像很难得，但实际上和抓任何一手烂牌的可能性一样（图 1.6）。

➤图1.6

两种随机顺序

摸到这两手牌的概率是完全一样的：1/2598960。

在真正的随机次序中，看似有规律的模式或序列（如重复数字）似乎比人们预期的更经常出现。为了给自己演示一下这一现象（你也能这么做），我拿一枚硬币抛了 51 次，结果如下：

1. H	11. T	21. T	31. T	41. H	51. T
2. T	12. H	22. T	32. T	42. H	
3. T	13. H	23. H	33. T	43. H	
4. T	14. T	24. T	34. T	44. H	
5. H	15. T	25. T	35. T	45. T	
6. H	16. H	26. T	36. H	46. H	
7. H	17. T	27. H	37. T	47. H	
8. T	18. T	28. T	38. T	48. T	
9. T	19. H	29. H	39. H	49. T	
10. T	20. H	30. T	40. T	50. T	

仔细观察这些顺序，模式便会自然而然地跳出来了：第 10~22 次掷的模式近乎完美，先是成对的正面，然后是成对的反面。在投掷的第 30~38 次中出现了“冷手”，8 次当中只出现了一次正面。但后来运气马上转了过来，出现了“热手”——接下来的 9 次中出现了 7 次正面。大约如人们预期的那般频繁，类似的倾向会出现在随机序列上，比如投篮、（棒球）击球、共同基金选择股票（Gilovich et al.，1985；Malkiel，1989，1995；Myers，2002）。这些序列往往看上去并不随机，因而进行了过度解释（“如果你运气好，就是这么顺！”）。

© 1990 by Sidney Harris/American Scientist magazine.

可能看上去怪异。但这一随机数字出现的概率与任何其他数字序列相比实际上并不低。

我们应该如何解释这些模式呢？是我对硬币进行了超自然的控制？还是我突然改变了自己不想要的反面而使正面出现呢？我们要的并不是这样的解释，因为这类序列在任何随机数据中都可以找到。把每一次投掷的情况和接下来的那次进行比较，可以发现这 50 次比较中有 24 次正反面发生了变化——近似于我们所期望的一半对一半的硬币投掷结果。尽管这些数据中有些看起来似乎很有规律，但是，前一次投掷的结果对接下来的投掷结果没有任何影响。

▸▸ 1998 年 3 月 11 日，犹他州的厄尼和琳恩·凯里同时添了三个外孙，他们的三个女儿在同一天生下了孩子（Los Angeies Times，1998）。

然而，某些事情看起来如此异常，以至于我们很难接受那种稀松平常的概率解释（如我们掷硬币的情形）。对于这类事件，统计学家却认为一点也不神秘。当有人（Evelyn Marie Adams）两次得中新泽西彩票大奖时，报纸报道说这种手气的几率仅为 17 万亿分之一。很神奇吧？实际上 17 万亿分之一是这样一种几率：假使有人连续两次购买新泽西彩票，每次只买一张，而两次都中大奖的概率。但是统计学家（Samuels & McCabe，1989）报告说，由于有数百万人在购买美国政府发行的彩票，所以某人于某天在某地连中两次大奖“实际上是必然的事情”。确实有统计学家（Diaconis & Mosteller，1989）这样说道：“只要有足够大的样本，任何耸人听闻的事情都可能发生。”那些每天会发生在十亿人中某一个人身上的事件其实一天会出现 6 次，如此一来，一年共可以出现 2 000 次。

Jerry Telfer/San Francisco Chronicle

鉴于随机事件的数量众多，不可思议的事件肯定会发生 安杰洛和玛利亚·贾丽娜在同一天赢得了两注加利福尼亚彩票，他们是这种罕有事件的受益人。

> 真正不同寻常的一天是没有任何不寻常事件发生的一天。
> ——统计学家 Persi Diaconis（2002）

实 验

7. 基于随机分配的实验如何阐明因果关系？

罗马诗人弗吉尔说，幸福的人是那些“能觉察万物因果关系的人”。为了分离出原因和结果，心理学家有时会对其他因素进行统计学上的控制。例如，研究者发现，母乳喂养的婴儿长大后的智力测验得分比用牛奶喂养的婴儿要高（Angelsen et al.，2001；Mortensen et al.，2002；Quinn et al.，2001）。他们还发现，母乳喂养的英国婴儿比牛奶喂养的婴儿最终更有可能迈入更高的社会阶层（Martin et al.，2007）。但是，当研究者比较同一家庭母乳喂养和牛奶喂养的儿童时，“母乳最好”的智力效果减小了（Der et al.，2006）。

那么，这是否意味着聪明的母亲（这里所说的聪明指的是常用母乳喂小孩）会有聪明的小孩呢？或者，如某些研究者所认为的，母乳的营养真的有助于儿童大脑发育吗？为了回答这个问题，研究者对某些特定因素，如母亲怀孕的年龄、受教育程度和收入水平进行了“控制”（在统计学上排除由这方面原因造成的差异），结果发现在婴儿的营养上，母乳与儿童期的智力仍表现中度的正相关。

相关研究无法控制所有可能的因素。而研究者可以利用**实验**（experiment）分离原因和结构。通过（1）操纵所关注的变量，（2）控制其他无关变量（使之恒定），研究者能把注意力集中在某些变量所产生的影响上。一个英国研究小组决定对 424 名在医院出生的早产儿进行实验。在征得这些孩子的父母同意后，他们把婴儿进行了随机分配。其中一组婴儿用配方奶粉进行喂养，而另一组婴儿则进行母乳喂养（Lucas et al.，1992）。在这些儿童 8 岁时进行智力测验发现，母乳喂养长大的儿童智力得分显著高于那些用配方奶粉喂养的儿童。

随机分配

当然，任何单一的实验都不能获得终结性结论。但是通过**随机分配**（randomly assigning）把婴儿安排到不同的喂养组中去，研究者能使营养之外的所有因素保持恒定。这样做能消除替代解释，支持母乳的确最有利于智力发展（至少对学龄前婴儿如此）的结论。

如果我们变化实验操作的因素（如婴儿的营养）而行为（如测试成绩）跟着发生变化，就可以推论该因素有效应。请牢记这一点：实验和相关研究不同。相关研究是要揭示自然发生的事物之间的关系，而实验是要操纵某一变量以确定它的效应。

还请思考我们怎样才能评价治疗干预的效果。当身体不适或情绪低落时，我们都会有寻找新治疗方法的倾向，这会产生误导人的证据。如果感冒 3 天后服用维 C 片，发现感冒症状有所缓解，我们可能归功于药片而非感冒自然的消退。如果第一次考试差点没通过，我们听了一盘“巅峰学习”潜隐说服磁带，然后在第二次考试中提高了成绩，我们将此归功于这盘磁带，而不会认为我们的成绩只不过又恢复到平均水平。在 18 世纪，放血疗法被人们视为很有效的治病方法。有时病人接受这种治疗后确实有所好转；而没有好转时，医生会认为病情太严重了。（我们现在当然都知道放血是一种糟糕的治疗方法。）所以，无论一种疗法是否真的有效，热心的患者都可能支持它。而要考察它是否真有效，我们就必须进行实验。

这正是今天对新药和新的心理治疗方法的评价方法（第 15 章）。这些研究的参与者随机分配到各个组，通常不知道（未被告知）自己接受的是什么治疗。一组接受某种处理（如药物或其他治疗），另一组则接受假处理（一种无效的安慰剂，如不含有药物成分的药丸）。若研究采用**双盲程序**（double-blind procedure），即实验的参与者和收集数据的研究助手都不知道哪一组接受的是真正的治疗。这种程序能排除参与者对药物疗效的信念和实验人员对其潜能的热心，从而检查治疗的真实效应。病人只要知道自己正在接受某种治疗，就能振奋精神，放松身体，从而导致症状缓解。这种**安慰剂效应**（placebo effect）在减少疼痛、抑郁以及焦虑的研究中得到广泛的证明（Kirsch & Sapirstein, 1998）。而且，安慰剂越昂贵，我们看起来就越"真实"——价格两块五的假药比一毛钱的假药更有效（Waber et al., 2008）。研究者要想知道某种治疗的真正效果如何，就必须控制可能的安慰剂效应。

如果我认为治疗无效，它还会有疗效吗？

双盲程序把参与者人为地分为两组：接受处理的**实验组**（experimental condition）和不接受处理的**控制组**（control condition）。通过把实验参与者随机分配到这些条件中，这两组人应该基本相同。随机分配能够使两组参与者在年龄、态度和各种其他特征方面做到大致等同。借助于随机分配，正如母乳喂养实验一样，我们就能够判断实验组与控制组在后来出现的任何差异通常都是实验处理的结果。

自变量和因变量

举一个有说服力的例子。经过 21 项临床检测后，伟哥才被批准使用。其中一项实验，研究者把 329 名阳痿男子随机分配到实验组（使用伟哥）或控制组（使用安慰剂）。阳痿病人和分发药丸的人都不知道使用的是哪种药丸。结果发现，在服用大剂量的药物后，服用伟哥的实验组性交成功率为 69%，而服用安慰剂的对照组性交成功率只有 22%（Goldstein et al., 1998）。由此证明，伟哥确实有效。

这个简单的实验只操纵了一个药物因素。此实验因素称为**自变量**（independent variable），因为它能独立于其他因素（如年龄、体重和个性在随机分配中得以控制）而变化。实验考察的是一个或多个自变量对某些可测量行为的影响，他们被称为**因变量**（dependent variable），因为它会随实验条件的变化而变化。这两类变量都需要限定精确的操作性定义，从而使操纵自变量（此例中指精确的药物剂量和使用时间）和测量因变量（评价男子性反应的问题）的程序明确化。操作性定义准确地回答了"这是指什么？"这一问题，以便于其他研究者进行重复研究。（参看图 1.7 母乳喂养的实验设计。）

我们先暂停一下，利用一个简单的心理学实验来检查你对自变量和因变量的理解：为了检验认知到的种族身份对租房的影响，心理学家（Carpusor & Loges, 2006）给 1115 位洛杉矶地区的房东邮寄了相同内容的电子邮件。研究者变化了寄信人名字的种族含义，并记录了正面回应（邀请租户私下参观公寓）的百分比。"Patrick McDougall"，"Said Al-Rahman" 和 "Tyrell Jackson" 得到邀请的百分比分别是 89%，66% 和 56%。在这个实验里，自变量是什么？应变量是什么？*

实验也能用于评价社会项目。早期儿童教育方案能提高贫困儿童成功的机会

---

* 自变量是研究者操纵的变量，这里是与种族有关的姓名。因变量是研究者测量的变量，这里是正面回应率。

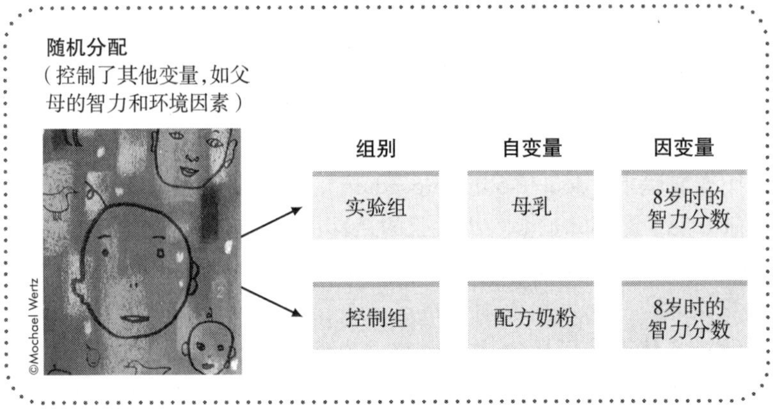

➤图1.7
实验法
为了分辨因果关系，心理学家会将一些参与者随机分配到实验组，而将另一些参与者分配到控制组。测量因变量（童年后期的智力分数）可以确定自变量（哺乳类型）的效应。

▸▸ 注意调查中的随机取样（前述调查法中已讨论）和实验中的随机分配（如图 1.7）之间的区别。随机取样能帮助我们概括到更大的总体。随机分配可以控制无关因素的影响，帮助我们推导因果关系。

吗？反对吸烟的各种运动会带来什么不同的效果？学校的性教育能减少怀孕少女的数量吗？要回答这些问题，我们可以进行实验：如果某种干预措施很受欢迎，但资源不足以普遍推广。我们可以用抽签来随机分配一些人（或地区）来实验这种新方案，而把另一些人归入控制组。如果后来两组人出现差异，那么干预效应就能得到证明（Passell，1993）。

我们来做一个简要的总结。变量可以是任何能够变化的因素（婴儿的营养、智力、头发的颜色等等——随便任何因素）。实验的目的在于操纵自变量，测量因变量，以及控制所有其他变量。一个实验至少要有两种不同的条件：一种比较条件或控制条件以及一种实验条件。在进行实验处理前，通过随机分配实验参与者来平衡这些条件。通过这种方式，实验就可以检验至少一个自变量（实验因素）对至少一个因变量（所测量的反应）的影响作用。表 1.3 比较了各种心理学研究方法的特点。

表1.3 比较各种不同的研究方法

研究方法	基本目的	怎样做	控制什么	不足之处
描 述	观察和记录行为	进行个案研究、调查或自然观察	无	样本没有代表性；观察时带有个人主观偏见
相 关	寻找自然出现的相关关系；评价一个变量可以在多大程度上预测另一个变量	计算统计相关，有时候是计算调查结果之间的相关	无	不能确定因果关系
实 验	考察因果关系	控制一个或多个因素；进行随机分配	自变量	有时不具有可行性；结果可能无法推广到其他环境中

本节回顾

➤ 自问

如果你是心理学研究者，利用心理实验你会探索什么问题？

➤ 自测 2

如果要测量一种控制血压的新药，给一群 1000 人的参与者中的一半服用是否比给所有 1000 名参与者服用更能了解其效用？为什么？

自测问题的答案见书后的附录。

日常生活中的统计推理

在描述、相关和实验研究中，统计是有力的工具，能帮助我们看清和解释肉眼可能忽视的内容。但理解统计不仅仅能让研究人员受益。当今时代，要成为有素养的人就要具备将简单的统计原理运用于日常推理的能力。你不必记忆复杂的公式也能对数据进行更清晰和批判性的思考。

仓促之下做出的估计常会扭曲现实，进而误导大众。有些人抛出较大的约整数，其他人则予以回应，不久以后这个约整数就变成了误导全民的错误信息。下面是几个例子：

“图表可能会误导我们——所以我谱写了一首歌，我认为它能够反映出本季度公司业绩的真实情况。”

- 10% 的美国人是女同性恋或男同性恋。根据各种全美调查（第 11 章），或者也可能是 2%~3%？
- 我们通常只利用了 10% 的大脑。或者利用率接近 100%（第 2 章）？
- 人类的大脑有一千亿个神经细胞。或者更可能是四百亿个，正如从样本计算推测的那样（第 2 章）？

请牢记这一点：要怀疑那些未获证实的较大约数。在日常推理中运用简单的统计学原理以更明智地思考，而不要盲目地接受仓促的估计值。

描述数据

8. 怎样利用集中趋势和差异的测量来描述数据？

一旦研究者收集了数据，就必须对数据进行有意义的整理。一种方式是把数据转换成简单的柱状图，如图 1.8，其中显示了不同品牌的卡车在使用十年后的性能状况。查看统计图（比如这张图）时要细心谨慎。很容易设计一幅图使其中的差异看起来很大（**图 1.8a**）或很小（**图 1.8b**）。秘诀在于你怎样标定垂直的比例（Y 轴）。

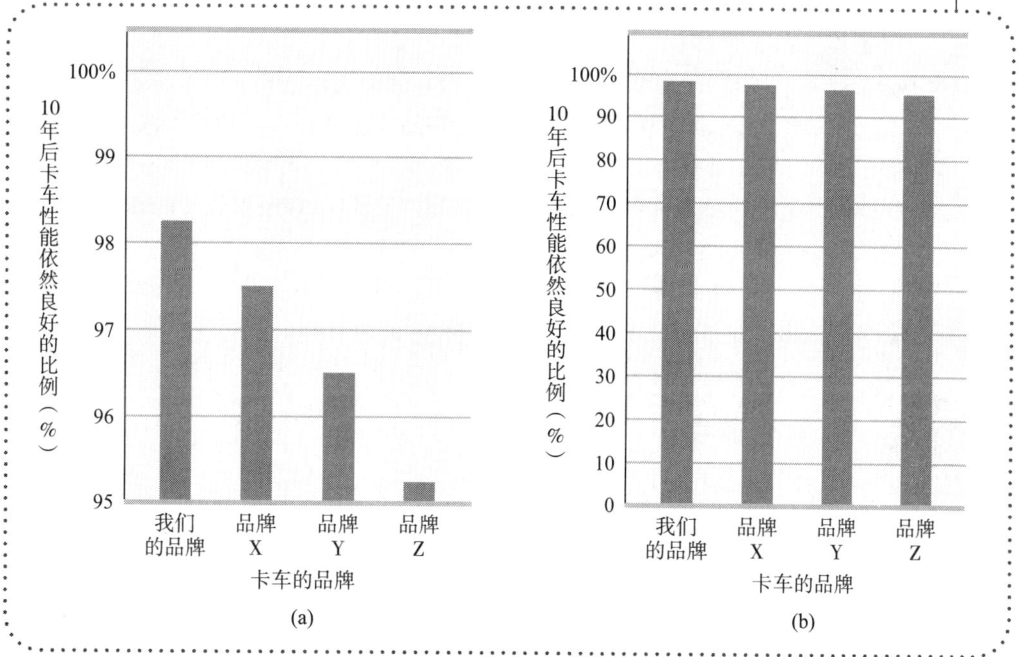

➤ **图 1.8**
解读图表的比例标签
一家美国卡车制造商提供了图（a）并带有真正的品牌名称，以说明他们所生产的卡车的耐用性。然而，要注意的是，当纵坐标的单位改变时图中的差异出现了明显的缩小（图 b）。

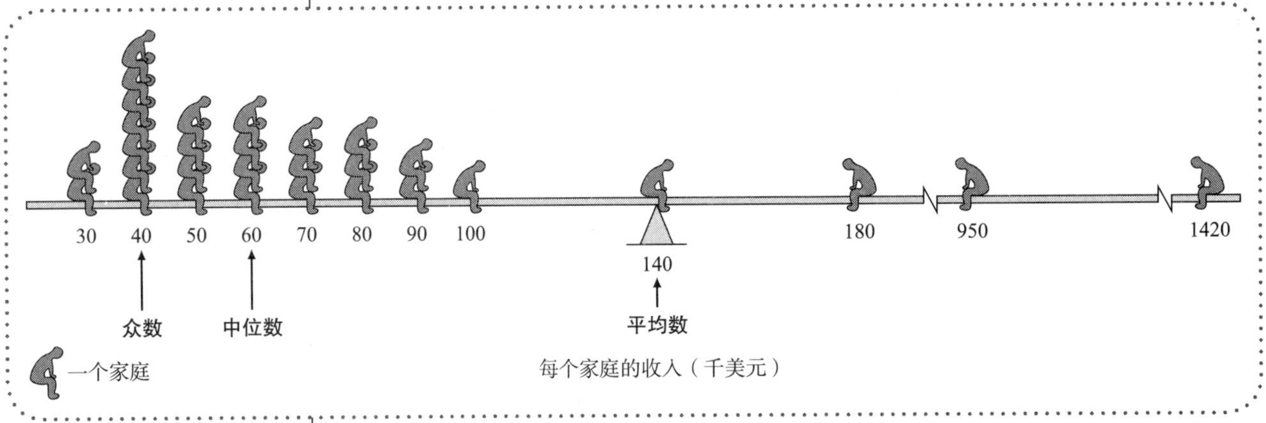

➤ 图 1.9
偏态分布
某个村庄家庭收入的分布图可以说明三类集中量数——众数、中位数和平均数。注意看少数高收入家庭是怎样使平均数——图中平衡高收入与低收入的支点——出现虚高现象的。

请牢记这一点：明智地思考。审视杂志或者电视上的图表时，请注意比例标签和全距。

集中趋势的测量

接下来要利用三种集中趋势的测量来总结数据，即用单一的分数来代表一整组分数。最简单的一种度量方式是**众数**（mode），指的是在数据中出现频率最高的分数。而最常被报告的度量是**平均数**（mean），或算术平均数——以全部数据的总和除以数据的个数得到的。在分行公路上，中线是最中间的那条线。对于数据来说也同样如此：**中位数**（median）是中间的那个分数——位于第 50 个百分位的那个数值；如果将数据从高到低排列的话，那么会有一半的数据落在中位数之上，而另一半则落在中位数之下。

用集中趋势进行度量可以很好地概括数据。但当一种分布是不对称或呈偏态时，平均数会发生什么变化呢？例如，在关于个人收入的数据中，众数、中位数、平均数常常代表非常不同的意义（图 1.9），这是因为平均数会受到少数极端数据的影响。如果微软公司的创始人比尔·盖茨光顾一家小咖啡店的话，那么这家小店的普通（平均）顾客立即就变成了亿万富翁。理解了这点后，你就会明白英国的报纸是怎样搞出“62% 人的收入低于平均水平”这一头版头条新闻的了（Waterhouse，1993），这是因为在构成收入底层的人群中有一半的英国人的收入仅占国民总收入的 1/4，像其他世界各地的多数人一样，大多数英国人的收入状况要低于平均水平。在美国，共和党人曾一度利用平均收入吹嘘自 2000 年以来经济的稳固增长；而民主党人则利用中位数收入哀叹经济的惨淡增长（Paulos，2006）。平均数和中位数述说着不一样的真实故事。

➤➤ 每个人平均有一个卵巢和一个睾丸。

穷人越来越穷，而富人越来越富，但长期来看财富是平均的。

请牢记这一点：始终要注意所报道的是哪一类集中量数。如果是平均数，还要考虑是否会受到少数特殊值的影响。

差异的测量

我们已经知道恰当的集中趋势的度量能够给我们提供很多信息，而了解这些数据之间的差异程度——这些数据如何相似或不同——也会给我们很多帮助。从差异程度较小的数据中得出的平均数要比从差异程度较大的数据中得出的平均数更可靠。考虑一下一个在某赛季前 10 场比

表 1.4 标准差比平均数包含的信息更为丰富

注意甲班和乙班的测试分数都有相同的平均数（80），但标准差却差别很大，这能告诉我们每个班学生相距多远的更多信息。

甲班分数			乙班分数		
得分	离均差	离均差平方	得分	离均差	离均差平方
72	−8	64	60	−20	400
74	−6	36	60	−20	400
77	−3	9	70	−10	100
79	−1	1	70	−10	100
82	+2	4	90	+10	100
84	+4	16	90	+10	100
85	+5	25	100	+20	400
87	+7	49	100	+20	400
合计 = 640		方差和 = 204	合计 = 640		方差和 = 2000
平均数 = 640 ÷ 8 = 80			平均数 = 640 ÷ 8 = 80		
标准差 = $\sqrt{\frac{方差和}{人数}}=\sqrt{\frac{204}{8}}=5.0$			标准差 = $\sqrt{\frac{方差和}{人数}}=\sqrt{\frac{2000}{8}}=15.8$		

赛中每场得分都在 13 分和 17 分之间的篮球运动员的例子。了解这一信息后，与假如她的得分介于 5 分到 25 分之间的情况相比，我们会更有把握认为她在下一场比赛中的得分会在 15 分左右。

分数的**全距**（range）——最高分与最低分之间的差距——只能提供一个关于数据差异程度的粗略估计。这是因为，即使一组数据中其他值都比较一致，而一两个极端值（如图 1.9 中的 9 5 万美元和 142 万美元的收入）也会产生欺骗性的大全距。

对于数据之间离散程度的一种更有用的度量方式是**标准差**（standard deviation）。由于标准差可以利用全部数据中的信息（它的计算过程包含了所有单个数值与平均数的差异），所以能更好地测量一组数据是集中在一起还是彼此分散的（**表 1.4**）。如果你所在的学院或大学招收的是具有某一特定能力水平的学生，那么其智力测验分数的标准差就会小于在校外社区更多样化人口中所测智力分数的标准差。

如果你能思考自然状态下分数通常的分布，就能理解标准差的含义。许多数据（身高、体重、学分、智力分数等，收入除外）通常会形成对称的钟形分布。大部分个案落在平均数附近，极少的个案落在两端的极端值附近。这种钟形分布如此典型，我们把它形成的曲线叫做**正态曲线**（normal curve）。

如**图 1.10** 所示，正态曲线的一种有用特性是，大约有 68% 的个案落在平均数左右一个标准差的范围之内。大约 95% 的个案落在两个标准差的范围之内。因此，第 10 章会谈到参加智力测验的人中有 68% 得分在 100 ± 15 分的范围之内。大约 95% 的人在 100 ± 30 分之内。

做出推论

9. 有什么原则可以指导我们从样本进行概括，以及判断差异是否显著？

数据是“有噪音的”。一组数据的平均分（母乳喂养的婴儿）之所以被认为与

图 1.10
正态曲线
能力测试的分数往往会形成正态，或钟形曲线。例如，韦氏成人智力量表规定平均分数是 100。

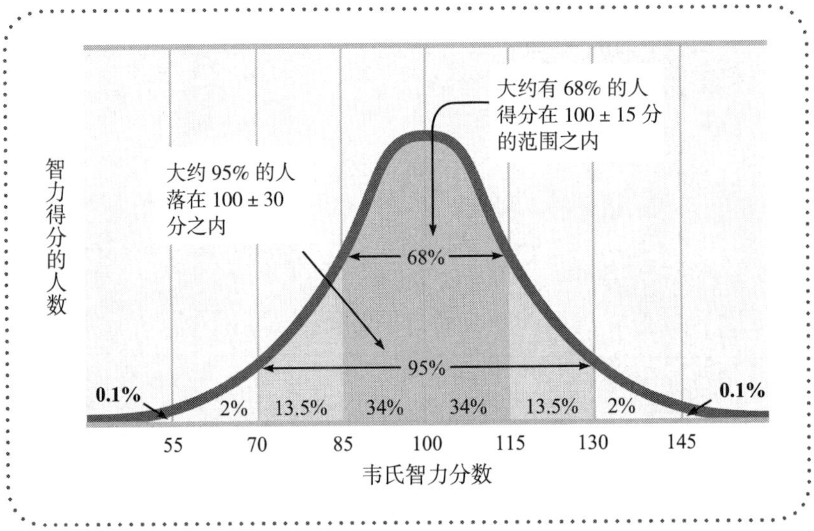

另一组的平均分（配方奶粉喂养的婴儿）有差异，可能并不是因为两者之间真的存在差异，而仅仅只是因为抽样群体的随机波动。那么，我们该如何有把握地推断说观察到的差异确实准确地反映了真实的差异呢？指导原则是，我们可以询问这些差异有多可靠和显著。

观察到的差异在何种情况下是可靠的？

在判断何种情况下能够稳妥地根据样本进行推广时，我们应记住三条原则。

1. **有代表性的样本比有偏的样本好。**我们已经注意到，进行推广的最好基础不是那些具有极端值的异常数据或令人印象深刻的数据，而是来自于有代表性样本中的数据。不过，任何一项研究都无法对全体人类这一总体进行有代表性的抽样。因此，在研究中应该明白自己是在从什么样的总体中进行抽样。
2. **变异性小的数据比变异性大的数据更可靠。**就像我们提到的那名得分比较稳定的篮球运动员的例子那样，一个来自于变异性较小的数据中的平均数更可靠。
3. **个案多一些要比少一些好。**一个急切地想读大学的学生参观了两所大学，每天参观一所。在参观第一所时，这个学生随意选听了两堂课并发现授课的两位老师既聪明又幽默。而在另一所学校里，两个被抽样的教师看起来乏味而没有鼓舞性。回去后，这个学生（无视在每所大学只有两位老师的小样本容量）便告诉朋友说第一所学校里有很多“伟大的老师”，而第二所学校里尽是一些“乏味而让人厌倦的”老师。因此，我们虽然明白但却又忽视了这一点：小样

本对平均水平的估计不如大样本可靠。换句话说，基于许多个案的平均值要比基于少数个案的平均值更可靠（变异性更小）。

请牢记这点：不要过于被少数奇闻轶事吸引。基于少数不具代表性的个案所做的概括并不可靠。

差异在何种情况下是显著的?

统计检验还能帮助我们确定差异是否具有意义。其背后的逻辑是：当两个样本的平均值可以分别反映各自总体的真实情况时（例如，它们都是由变异性较小的多次观察得到的数据），那么它们之间的*差异*（即使有时只是非常小的差异）可能是非常可靠的。（如果女性与男性的攻击行为得分的变异越小，那么我们就越有把握认为观察到的差异是可靠的。）当两个样本的平均数差异*很大*时，我们可以有更大的把握认为它们之间的差异反映了其总体的真实差异。

简而言之，当样本平均数非常可靠而它们之间的差异又比较大时，我们就说这种差异具有**统计显著性**（statistical significance）。这意味着我们所观察到的差异很可能不是缘于两个样本之间的偶然变异。

在判断统计显著性时，心理学家是比较保守的。他们就像法官一样，在罪行被证实之前需要作无罪推定。对于大多数心理学家而言，那些无法被证实的证据意味着我们不能根据它来得出什么结论，除非能够证明这一结果随机出现的概率不高于 5%（这是一个主观的标准）。

在阅读研究报告时，我们应记住，在面对数量足够大或足够同质的样本时，它们之间的差异可能会达到“统计显著性”，但这却几乎没有任何实际意义。例如，对数十万头胎出生与第二胎及以后出生的人在智力测验上的得分进行的比较表明，一个家庭里头胎子女的智力平均得分显著地高于后出生的子女（Kristenson & Bjerkedal，2007；Zajonc & Markus，1975）。但是，由于这些分数之间只有一分或两分的差异，所以这样的差异并没有实际意义。这些发现使得许多心理学家开始倡导使用其他显著性检验方法（Hunter，1997）。他们说，最好是用其他方法来表示研究结果的*效应量*——它的大小和可靠性。

请牢记这点：统计显著性只能表明某结果偶然发生的*可能性*有多大。但它并不能表明结果的*重要性*。

本节回顾

➤ 自问

请在一本通俗杂志的广告上找一张曲线图，看看广告商怎样利用（或滥用）统计知识阐明观点?

➤ 自测 3

请思考研究者（Jepson et al.，1983）向密歇根大学心理学导论课程学生提出的一个问题：

> 密歇根大学的教务处发现，在第一学期结束时，通常有大约 100 名学生取得艺术和科学学科的满分。然而，在毕业时只有 10~15 名学生获得满分。你认为在一个学期之后比毕业时有更多的满分，最有可能的解释是什么?

自测问题的答案见书后的附录。

心理学的常见问题

我们已经仔细考虑了科学方法如何限制偏差。我们已经知悉个案研究、调查法以及自然观察法能帮助我们描述行为。我们也认识到相关研究能够表明两个因素之间的关系，这说明了我们可以利用其中一个因素来预测另一因素。我们考察了实验背后的逻辑基础，即用控制条件和随机分配参与者的方法来分离自变量对因变量的作用效果。我们还思考了如何借助于统计工具帮助我们审视和解释身边的世界。

然而，即使学到现在，你对心理学仍会感到好奇和担忧。所以在系统学习心理学的内容之前，先来看一些心理学中常见的问题。

10. 实验室实验能阐释日常生活吗？

当你看到或听到心理学研究时，是否想过人在实验室表现出的行为能预测真实生活中的行为吗？例如，考察人们在暗室中探测微弱红光，能否应用到夜间飞机的驾驶？在一长串毫无关联的词表中，我们对最先和最后出现的词记得最牢固，这能否解释我们在晚会上记住的某些人名？在看完色情暴力电影后，性唤醒的男性更愿意去按键以对女参与者实施电击，这是否说明色情暴力电影会使男人更可能去虐待女性？

在回答这些问题之前，请想一下：实验者有意使实验室环境成为一个简化的现实——在其中可以模拟和控制日常生活的重要特征。正如风洞可以让工程师在控制条件下制造气流一样，实验室实验也能让心理学家在控制条件下重演心理因素的力量。

实验的目的不是要精确地重复出日常行为，而是要检验理论原理（Mook，1983）。在攻击研究中，决定是否按键实施电击与打人耳光或许并不一样，但背后的原理却相同。*正是研究所揭示的原理，而不是某些具体、个别的发现，有助于解释日常行为。*

当心理学家把关于攻击行为的实验室研究成果运用于真实情境中的暴力行为时，他们运用的是攻击行为的理论原理，这些原理是经过多次实验提炼出来的。类似地，运用到诸如夜间飞行等复杂行为的正是视觉系统的原理，这些原理也是从人工环境下进行实验总结出来的（例如在黑暗中看到红外线）。许多研究已表明，从实验室得出的原理通常的确可以推广到日常生活中去（Anderson et al.，1999）。

*请牢记这点：*心理学家很少关注特殊行为，而更注重能解释众多行为的一般原理。

11. 人的行为依赖于性别和文化吗？

特定时空下（如北美和欧洲白人）的心理学研究真的能推广到普通人吗？我们将一再看到，**文化**（culture）是代代相传的共同观念和行为，相当重要。我们的文化塑造了我们的行为。文化会影响我们对机敏和坦诚的评判标准，对婚前性行为和不同体型的态度，文化会决定我们表现出轻松随意或严肃认真的行为倾向，我们进行眼睛接触的意愿，我们谈话的距离等等，不一而足。正是因为这些文化上的差异，我们不能苛求其他人也会或必须像我们一样地思考或行动。鉴于当今文化的融合和冲突越来越多，所以我们迫切需要认识到文化差异对人思想和行为的影响。

然而人类共同的生理遗传把我们团结在人类的大家庭之中。同样的心理基础决定天各一方的人们的行为：

- 被诊断为阅读困难（一种阅读障碍）的人同样也会表现出脑功能紊乱，不管他是意大利人、法国人还是英国人（Paulesu et al.，2001）。
- 语言差异可能会妨碍跨文化交流，然而所有的语言的深层语法规则都是一样的，来自不同半球的人们彼此之间可以通过微笑或皱眉进行交流。
- 不同文化背景中的人们在孤独感方面确实会有差异，但在不同文化下，羞怯、低自尊和独身同样都会增强孤独感（Jones et al.，1985；Rokach et al.，2002）。

我们在某些方面也许和所有其他人一样，也许和一部分人一样，也许和谁也不一样。研究不同种族和文化下的个体，有助于识别我们的共同和差异之处，我们的一致性和多样性。

在本书中你还会看到性别也起着重要作用。研究发现，性别差异会影响做梦的内容，表达和觉察感情的方式，性别差异也会决定酗酒、抑郁以及饮食疾病的危险性。研究这些差异不仅有趣而且很有用。例如，许多研究者认为女性维持交谈更容易建立人际关系，而男性交谈主要为了传递信息和建议（Tannen，1990）。认识这种男女差异，有助于防止日常人际关系中的误解和冲突。

同样地，男性和女性无论在生理上和心理上都有更多的相似性。不论男女，都在相同的年龄开始蹒跚学步；对光和声的感受一样；对饥饿、渴望和恐惧也有同样的体验；在智力和健康方面也非常相似。

> 性相近，习相远。
>
> ——孔子，551~479BC

请牢记这点：尽管特定的态度和行为有文化或性别差异，实际情况往往如此，但其内在原理大体相同。

12. 心理学家为什么要研究动物，用动物来做实验是否道德？

> 老鼠与人类非常相似，除了它们不会愚蠢到去买彩票。
>
> ——戴夫·巴里，2002 年 7 月 2 日

许多心理学家之所以研究动物，是因为他们发现动物非常有趣。他们想了解不同种类的动物是怎样学习、思考和行动的。心理学家也通过研究动物来了解人类，因为有些实验只能在动物身上进行。因为人类的生理系统和许多其他动物非常相似。人类不仅与动物很类似，人类本来就是动物。动物实验已经帮助我们找到了治疗人类某些疾病的方法——如治疗糖尿病的胰岛素、预防脊髓灰质炎和狂犬病的疫苗，以及器官移植等等。

同样，人类视觉识别、表达情绪以及发胖的过程同样会出现在老鼠和猴子身上。为了更多地探索人类学习的基础，研究者甚至考察了海蛞蝓。要想了解内燃机的工作原理，研究割草机的引擎要比研究奔驰车的引擎简单有效得多。正如奔驰车一样，人类也是非常复杂的动物，但正是海蛞蝓神经系统的简单性对我们了解学习的神经机制很有启发。

如果我们与其他动物有很大的相似性，那么不应该尊重它们吗？乌尔里奇（Ulrich，1991）认为："我们不能先以动物和人类具有相似性来为动物实验辩护，然后又以动物不同于人类寻找道德上的慰藉。"动物保护组织一直抗议人们在心理学、生物学和医学研究中进行动物实验。但研究者提醒我们，每年全世界用于研究的动物仅占我们捕杀吃掉的数十亿只动物的 1%。相对于研究者每年实验用的每一只狗或猫，那些人道主义动物收容所却杀死了 50 倍之多的动物（Goodwin & Morrison，1999）。

> 我认为，阻止、破坏或没有必要地拖累那些能缓解动物和人类痛苦的研究是非常不人道、残忍和不道德的。
>
> ——心理学家
> 尼尔·米勒，1983

动物保护组织呼吁动物实验要符合伦理规范，提倡自然观察反对动物实验。然而，许多研究者说这不是道德对邪恶的问题，而只是一种同情（对动物）与另一种同情（对人类）之间的对比。有多少人会攻击巴斯德的狂犬病实验？这一动物实验虽然使很多狗遭受了痛苦，但却发现了狂犬病疫苗，并因此挽救了无数人和狗的生命。我们是否真的愿意被剥夺研究动物的权利，而无视它可能为我们提供训练心理障碍儿童的有效方法，帮助我们理解老化过程，减轻恐惧和抑郁？对这类问题的回答会有文化差异。据盖洛普在加拿大和美国进行的调查，约有 60% 的成年人认为在动物身上进行医学测试“在道德上可以接受”。而在英国只有 37%（Mason，2003）。

在这一激烈的争论中出现了两个问题。第一个基本的问题是，将人类的幸福凌驾于其他动物之上是否合理。在研究压力与癌症之间关系的实验中，让老鼠患上癌症以帮助人类寻找避免癌症的做法是否合理？为了寻找艾滋病疫苗就应该让猴子感染 HIV 之类的病毒吗？我们对其他动物的实验方式与那些肉食类的鹰、猫和鲸鱼的行为一样平常自然吗？（动物在食物链中肯定不会给比自己低级的其他动物赋予权利。）动物研究的辩护者提出，任何一个吃过汉堡、穿过皮鞋、容忍打猎和捕鱼或支持灭杀那些破坏庄稼或携带传染病菌的昆虫的人实际上已经认可这样一点，即为了人类的福利安康而牺牲动物的做法在有些时候是允许的。

> 请不要忘记我们人类中那些身患不治之症者或身有残疾障碍正盼着通过动物研究找到治疗方法的人们。
>
> ——心理学家
> 丹尼斯·菲尼，1987

普劳斯（Plous，1993）指出，就像我们对人的同情一样，我们对动物的同情也会因认识到它们与我们之间的相似程度而变化。正如第 16 章中将要讲到的，对于和我们自己相像的他人，我们会感到其更有吸引力，给予他更多的帮助，对他的攻击行为也更少。同样，我们也会根据动物与我们自己的亲近程度来看待它们。因此，灵长类动物和宠物会得到我们最优先的考虑。（西方人饲养和捕捉貂与狼是为了取其皮毛，养狗或猫却不是为了这个目的。）其他哺乳动物在这个优先序列中占据第二的位置，接下来是位居第三位的鸟类、鱼类和爬行类动物，昆虫位于最底层。在判定哪一种动物值得我们保护和同情时，我们每个人都会在动物王国里画出一条自己的分界线。

> 正义之士懂得动物的需求。
>
> ——《圣经·箴言》
> 12:10

如果我们把人类的生命放在最优先的位置上，第二个问题就是保证实验动物的健康了。我们应该采取什么措施来保护实验动物呢？今天，多数研究者认为他们在道义上有责任，要保护实验动物的健康，避免给它们造成不必要的伤害和痛苦。在一项对动物研究者的调查中，98% 或更多的人都支持政府关于保护灵长类动物、狗和猫的规定，74% 的人支持对家鼠和田鼠给予人道主义的关心（Plous & Herzog，2000）。许多专业学会和基金管理部门现在都有类似的指导方针。例如，英国心理学会的研究指导方针现在已经要求人们在恰当的自然环境中饲养动物，而且要让社会性动物有同伴相陪（Lea，2000）。美国心理学会（APA，2002）也有规定，要确保动物的“舒适、健康和人道待遇”，尽可能减少“感染、疾病和动物的主观痛苦”。对动物的人道主义关怀，也能让科学研究更为正确有效，这是因为痛苦和压力会扭曲动物在实验中的行为表现。

动物自身也能从实验研究中获益。俄亥俄州一个心理学研究小组每年都会从被送到动物收容所的数百万只狗中抽样测量它们的应激激素水平，并研究出一些安抚方法来缓解它们的压力和在被送到收养家庭中时出现的紧张反应（Tuber et al.，1999）。正是由于有关的动物行为研究，布朗克斯动物园里以前那些无所事事的动物们现在已经能够像它们的野生同类那样去寻找食物了，并摆脱了枯燥乏味的生活方式（Stewart，2002）。动物研究有助于提高对动物的护理和管理工作，不仅在实验室和动物园，甚至在自然栖息地。通过揭示人类和动物在行为上的相似性，以及动物所表现出的惊人智力，动物实验增加了我们对动物的同情心。最好的做法是，心理学家在关注人类时兼顾动物的利益，这将使双方受益。

一个民族的伟大与否可以通过他们对待动物的方式判断出来。

——圣雄甘地，1869~1948

13. 在人身上做实验道德吗？

如果动物或人类受到电击使你不安的话，那么大多数没有这种紧张刺激的研究会让你松一口气。闪烁的灯光、闪现的单词和愉快的社会互动是最常见的实验情境。

不过，研究者偶尔也会暂时对被试施加压力或欺骗他们，但研究者相信这样做有合适的理由，若要理解和控制暴力行为或研究情绪波动，如果参与者事先知道实验的一切内容，实验将无法进行。因为在这种情境下，要么实验程序无法进行下去，要么就是参与者想要帮助研究者故意证实实验预期。

美国心理学会（APA，1992）和英国心理学会（BPS，1993）以及国际心理学家（Pettifor，2004）制定的道德准则，要求研究者（1）实验前要获得参与者的书面同意；（2）保护参与者免受伤害和不适；（3）对参与者的个人信息保密；（4）实验后向参与者充分解释所进行的研究。而且，今天许多大学都通过道德委员会审查研究计划，以确保实验参与者的利益。

研究者的道德理想是保证参与者充分的知情权，确保参与者离开时至少与进入实验时感觉一样好。更好的情况是，他们能学到新知识，有所回报。如果能获得礼貌的对待，大多数参与者都会乐于或认可参与实验（Epley & Huff，1998；Kimmel，1998）。的确，心理学的辩护者认为，实施和反馈学业考试的教授比典型实验中的研究者会引起学生更多的焦虑。

不过，很多研究都是在大学的实验室外进行的，那里没有什么道德委员会。例如，零售店经常会对人们进行调查，拍摄他们的购物行为，追踪他们的购买模式，以及检验广告的有效性。有趣的是，这类研究所引起的注意比那些旨在增加人类知识的科学研究要少得多。

14. 心理学不受价值判断约束吗？

心理学研究肯定受到价值观的左右。价值观会影响我们的研究内容、研究方法和对研究结果的解释。研究者的价值观会影响其对研究课题的选择。是研究员工的生产效率还是士气；是考察性别歧视还是性别差异；是研究服从性还是独立性。如前所述，价值观甚至影响到“事实”。我们的成见会使我们的观察和解释出现偏差，有时我们看到的只是我们希望或期待的结果（图 1.11）。

➤ 图 1.11

你看到的是什么？

人们会将模棱两可的信息解释成与自己头脑中已有想法相一致的东西。在这幅图中你看到的是一只鸭子还是一只兔子呢？在给朋友看这幅图之前，先问他们是否能看到一只躺着的鸭子（或一只躲在草丛中的兔子）（Shepard，1990）。

甚至我们在描述现象所用到的词汇也会反映我们的价值观。是否会将我们不会采取的性行为方式称为“性错乱”或“性变态”？无论在心理学还是在日常生活中，标签既是描述也是评价。在日常语言中也存在这一现象，某人的“古板”是另一个所说的“坚定”，某人的“忠诚”在另一人眼里却是“狂热”。我们形容某人“执着”还是“顽固”，“认真仔细”还是“吹毛求疵”，“小心谨慎”还是“神神秘秘”，都反映了我们的感情。

在心理学广泛的应用领域也包含着隐藏的价值观。如果你听从那些关于如何生活，如何养育孩子，怎样自我实现，什么会影响性爱感受，以及怎样应对工作

心理学的声音 美国高等法院在 1954 年具有历史意义的废除学校种族隔离的裁定中，援引了专家证词和心理学家克拉克夫妇（Clark & Clark，1947）的研究。克拉克夫妇报告说，如果让儿童选择黑人和白人布娃娃，大多数美国黑人儿童会选择白人布娃娃，这貌似表明已经存在不利于黑人的内化种族歧视。

的所谓“专业”指导的话，你就在接受带有价值观的建议。行为和心理过程的科学能帮助我们实现自我目标，但心理学不能决定这些目标的内容。

如果有人认为心理学只是一些常识，而另一些人却有不同看法，担心心理学会越来越强大而具有威胁性。天文学是最古老的科学，而心理学却是最年轻的科学，这是巧合吗？对于某些人来说，探索外部宇宙远比探索我们自己的内心世界安全得多。他们问，心理学会用来控制人吗？

> 无疑，不带偏见地考察任何与人有关的问题是不可能的。
>
> ——西蒙·波伏娃，《第二性》，1953

知识与其他所有力量一样，既可行善亦可作恶。核能可以为城市提供照明，也能摧毁城市。说服的力量既可以用来教育人们，也能欺骗他们。改变心理的药物既可以助人恢复心智，也能毒害心灵。尽管运用心理学的知识能用来骗人，但它的目的却是启发心智。心理学家一直在探索提高学习、创造能力和丰富感情的方法。心理学也涉及全球性的重大问题，如战争、人口膨胀、偏见、家庭不和以及犯罪等，这些问题都和人的态度与行为有关。心理学还探讨人类最深的渴望——对食物、爱及幸福的追求。诚然，心理学不可能涵盖生活中所有的重大问题，但的确涉及了某些非常重要的问题。

本节回顾

➤ 自问

你经常问的问题是什么？对于心理学你有这样的问题或疑虑吗？

➤ 自测 4

如何保护参与研究的人类和动物被试？

自测问题的答案见书后的附录。

本章复习：对心理科学的批判性思考

心理科学的重要性

1. 为什么依据科学方法得出的答案比基于直觉和常识的答案更为可靠？

虽然常识通常有益于我们的生活，但我们也容易产生后见之明偏差（也叫“我早就知道了”现象），即在获悉某一事件的结果之后倾向于相信，我们本已预见了它的发生。我们还经常对自己的判断过于自信，部分原因在于我们总有寻找确证自己判断信息的偏差。虽然科学探索的问题有一定的范围，但科学研究却能帮助我们甄别假象和现实，抵制由本能直觉产生的偏差。

2. 科学态度的 3 个主要部分是什么？

科学态度的 3 个组成部分是：（1）强烈的好奇心；（2）以怀疑的精神审视针锋相对的观点；（3）在自然面前敞开胸襟，保持谦逊。这种态度运用到日常生活就是批判性思维：考察假设、分辨隐藏的价值观、评估证据和结果。将观点（甚至是耸人听闻的观点）付诸检验能帮助我们甄别真理和谬误。

心理学家如何提问和作答？

3. 理论怎样推动心理科学的发展？

心理学理论可以有机地组织观察结果并提示预测性的假设。研究者在提出程序精确的操作性定义之后，就能检验假设，验证和修正理论，有时还能提出实用建议。如果其他研究者能重复研究，得出类似的结果，我们对研究结论就会更有信心。

4. 心理学家怎样观察和描述行为？

心理学家利用个案研究、调查总体中的随机样本和自然观察来观察和描述行为。从观察结果进行概括时请牢记：有代表性的样本比生动的趣闻轶事更能说明现实问题。

5. 什么是正相关和负相关，为什么利用相关可以预测却不能进行因果解释？

散点图能帮助我们觉察相关。正相关（从 0 到 +1.0）表示两个因素一起上升的程度。而在负相关（从 0 到 −1.0）中，一个因素上升的同时另一个因素下降。关联（有时表述为相关系数）表示可能存在因果关系，但不能证明影响的方向，或者是否有潜在的第三个因素引起相关。

6. 什么是虚假相关？

虚假相关是我们注意到的随机事件，却错误地认为它们有关联。在随机数组里很自然地会表现出一定的模式或序列，但是我们往往会认为这些模式存在有意义的联系，这可能是为了方便地理解我们周围的世界。

7. 基于随机分配的实验如何阐明因果关系？

要发现因果关系，心理学家会进行实验，操纵某个或多个感兴趣的因素，同时控制其他因素。随机分配可以将实验组（接受处理）和控制组（给予安慰剂或其他不同的处理）已有的差异降到最小。自变量是你要操纵以研究其效应的因素。因变量是你要测量的因素，从而发现因应于这些操纵所发生的任何变化。研究可能使用双盲程序以避免安慰剂效应和研究者偏差。

日常生活中的统计推理

8. 怎样利用集中趋势和差异的测量来描述数据？

集中趋势的三种度量指标是中位数（一组数据中间点上的分数）、众数（出现最频繁的分数）和平均数（算术平均值）。差异的度量能告诉我们数据相似或不同的程度。全距指最高分和最低分之间的距离。更常用的度量是标准差，它能说明分数围绕平均数或平均分的程度。正态曲线是一种钟形曲线，可以描述很多不同类型数据的分布。

9. 有什么原则可以指导我们从样本进行概括，以及判断差异是否显著？

三个原则值得牢记：（1）有代表性的样本比有偏差的样本更好；（2）变化较小的观察结果比变化较大的观察结果更可信；（3）数量更多的个案比更少的个案更好。

如果两个样本的平均数都是对各自总体的可靠度量，并且两者的差别较大，我们就能认定结果具有统计上的显著性——即结果不会仅因为运气发生。

心理学的常见问题

10. 实验室实验能阐释日常生活吗？

研究者故意创造实验室中的有控制的人为环境，目的是为了检验理论原理。这些普遍原理有助于解释人们的日常行为。

11. 人的行为依赖于性别和文化吗？

态度和行为会有跨文化差异，但背后的原理差别并不大，因为我们都是人类大家庭的成员。虽然性别差异容易吸引我们的注意，但牢记我们有着更大的性别共同点更为重要。

12. 心理学家为什么要研究动物，用动物来做实验是否道德？

有些心理学家主要对动物行为感兴趣。另一些人研究动物是为了更好地理解人类的生理和心理过程。在伦理和法律规制下，实验用的动物很少会经历痛苦。尽管如此，动物权利团体提出了一个重要问题：即使动物研究有助于减轻人类的痛苦，那就有理由让这些动物受到伤害吗？

13. 在人身上做实验道德吗？

为了获得某些重要知识，研究者可能暂时会给参与者施加压力或者欺骗他们。职业道德标准为正确地对待人类参与者和动物被试提供了指导原则。

14. 心理学不受价值判断约束吗?

心理学家的价值观会影响他们研究主题的选择，他们得出的理论和观察结果，他们对行为给出的标签，以及他们给出的专业建议。心理学原理的应用主要是为了服务于人类。

术语与概念

后见之明偏差
批判性思维
理 论
假 设
操作性定义
重复研究
个案研究
调查法
总 体
随机样本
自然观察法
相关
相关系数
散点图
虚假相关
实 验
随机分配
双盲程序
安慰剂效应
实验组
控制组
自变量
因变量
众 数
平均数
中位数
全 距
标准差
正态曲线
统计显著性
文 化

网站

自测的多项选择题和其他习题请访问：www.worthpublisher.com/myers

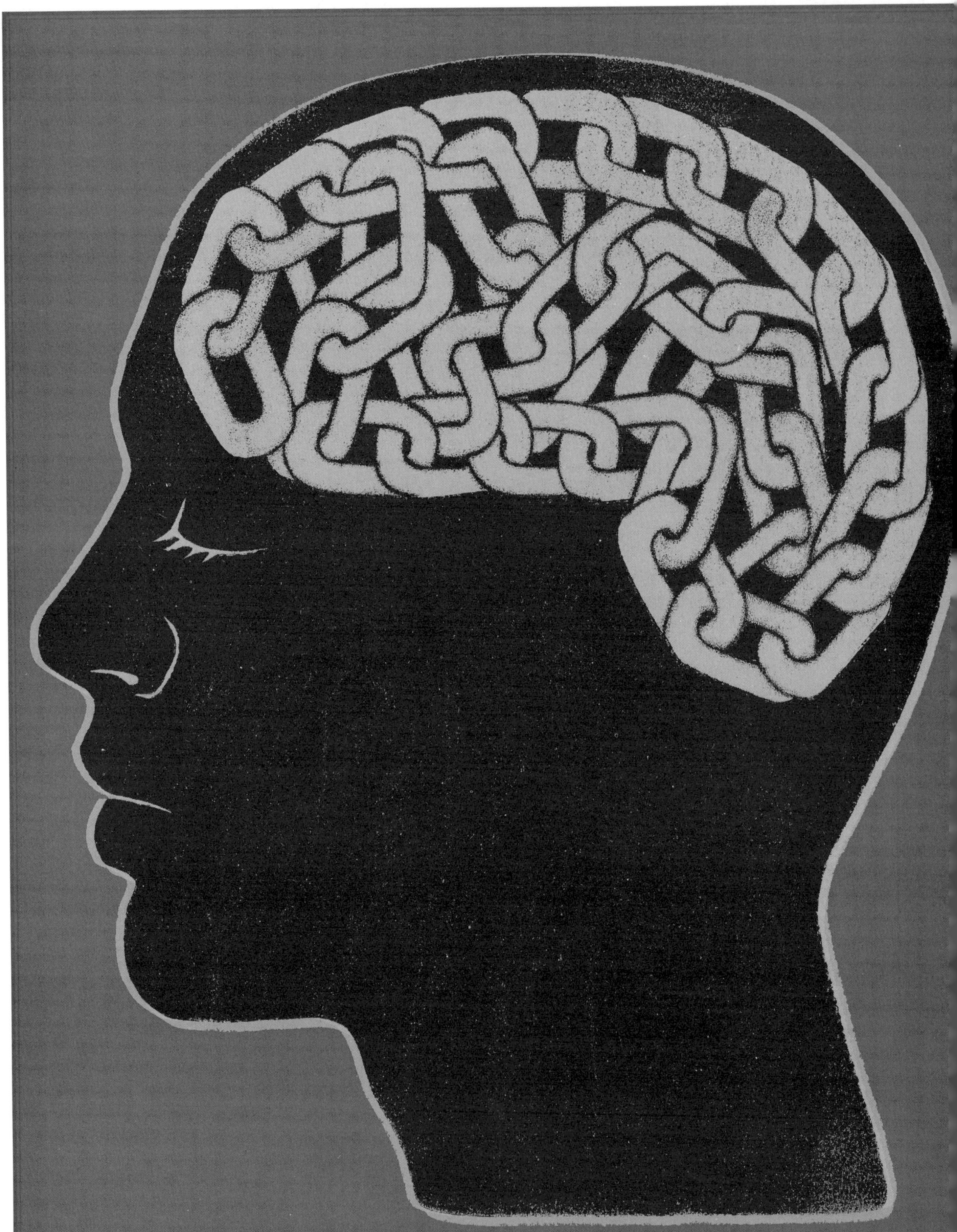

第2章

心理的生物基础

神经网络
神经元
神经元之间的信息交换
神经递质如何影响我们
神经系统
外周神经系统
中枢神经系统
脑
探索工具
低水平的脑结构
大脑皮层
大脑两半球
内分泌系统

在当代心理学以及这本书中，有一个原理比其他任何原理都重要，即：所有的心理现象同时也是生物现象。你所有的想法、心情、冲动都是生物过程。你用你的身体去爱，去笑，去哭泣。的确，没有身体——基因、大脑及外貌——你什么都不是。虽然我们发现，分别讨论生物因素和心理因素对行为的影响是比较容易的，但是我们需要记住：不用身体进行思考、感受或行动就如同跑步不用腿一样，都是不可能的。

今天的科学将目光集中于我们身体中最神奇的部分——我们的大脑、神经系统及其结构、基因蓝图。对人脑最大的挑战是什么？就是理解人脑本身。我们的大脑如何进行自我组织和信息交流？我们的遗传如何预设大脑？我们的经验又如何修改大脑？大脑如何加工我们投篮时所需的信息？我们如何从吉他演奏者的音符中体会到乐趣？我们如何记住我们的初吻？

大脑如何产生精神活动？我们对这个问题的理解经历了一个漫长的过程。古代哲学家柏拉图正确地把人的精神定位于球形的头部——他认为头部的形状是完美的。他的学生亚里士多德确信精神存在于心脏，心脏把热情和活力注入身体。心脏一直是爱的象征，但是科学在这个问题上远远超过了哲学。坠入爱河的是你的大脑而不是你的心脏。

我们的理解从19世纪早期开始，当时德国医生弗朗兹·高尔（Franz Gall）创造性地提出了颅相学，这一理论声称颅骨上的突起可以揭示我们的心理能力和性格特征（图2.1）。那时，英国有29个颅相学的社会团体，这些颅相学家还来到北美传播头颅的知识（Hunt, 1993）。幽默作家马克·吐温使用了一个假名，想亲自考考其中的一个著名颅相学家。“他发现了一个凹陷，并且告诉我这个凹陷代表我完全缺乏幽默感，这吓了我一跳！”三个月后，马克·吐温进行了第二次颅相术，这一次表明了自己的身份。现在“这个凹陷已经消失了，

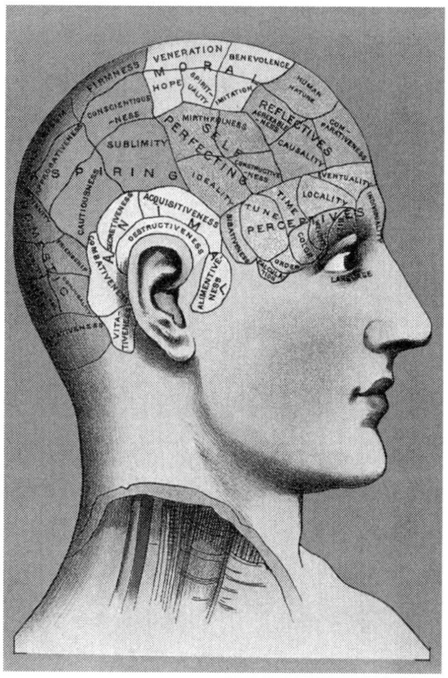

Bettman/Corbis

➤ 图 2.1
一个判断错误的理论
弗朗兹·高尔的推测最初得到接受，但颅骨上的隆起与大脑功能毫无关系。不过，高尔的一些假设仍然是正确的，大脑的不同部位控制行为的不同方面，这一点贯穿本章。

而原来的地方是他迄今为止见过最高的代表幽默的隆起！”（Lopez，2002）。但是，颅相学坚持这样的观点：不同的大脑区域都有其特定的功能。这无疑是正确的。

你我有幸生活在这样的时代，能看到关于生物和行为交互作用的新发现正以令人振奋的速度涌现。就在上个世纪，致力于理解心理的生物基础的研究者已经发现了：

- 身体是由细胞组成的。
- 其中的神经细胞能够导电，并能通过释放化学信息，使之穿越细胞间的微小间隙进行“交谈”。
- 特定的脑系统具有特定的功能（但不是高尔所假设的功能）。
- 从不同大脑系统的信息加工中，我们构建出各种经验，包括所见和所闻、意义和记忆、疼痛和激情。
- 我们的大脑具有适应性，受到经验的塑造。

通过研究生物活动和心理事件之间的关系，**生理心理学家**（biological psychologist）对睡眠和梦、抑郁和精神分裂症、饥饿和性、压力和疾病有了更好的理解。

我们已经认识到，我们中的每个人都是一个由许多不同的子系统构成的系统，而这些子系统又由更小的子系统构成。微小的细胞组织起来，形成诸如胃、心脏和脑等身体器官。这些器官又进一步构成消化、循环和信息加工等更大的系统。并且这些系统又是你，这个更大系统的一部分，而你又是家庭、社区和文化中的一部分。从这个意义上说，我们是一个生物—心理—社会系统。为了更深入地理解我们的行为，我们需要研究生物、心理和社会系统如何工作以及彼此如何交互作用。

在本书中，我们先从小处入手并以自下而上的方式来组织——本章从神经元开始，逐步讲到脑，后面的章节涉及环境和文化的影响以及与生物体的交互作用。同时，考虑到我们的思维和情绪对脑和健康的影响，我们也会采用自上而下的方式来组织。在任何层面，心理学家都会考察我们如何加工信息——我们如何接受信息；如何组织、解释和储存信息；以及如何使用信息。

这些任务都是由身体的信息加工系统完成的，而这个系统是建立在数十亿相互联系的细胞的基础之上，这些细胞称为神经元。为了理解我们的思想和行为、记忆和情绪，我们必须首先理解神经元是如何工作和交流的。

神经网络

人类和其他动物的信息加工系统的运作具有相似性，这对于科学家来说是件幸事——事实上，它们如此相似，你可能分辨不出一小块脑组织样本是来自人还是来自猴子。这种相似性使研究者可以通过研究相对简单的动物，例如乌贼和海蛞蝓等，来探索我们的神经系统是如何运作的，并且可以通过研究其他哺乳动物的大脑来了解我们自己的脑组织。虽然人脑更为复杂，但其结构和运作却遵循同样的原理，这些原理适用于整个动物世界。

神经元

1.什么是神经元，它们如何传递信息？

我们身体的神经信息系统的构成由简单到复杂。构成这个系统的单元是**神经元**（neuron），或称神经细胞。**感觉神经元** (sensory neuron) 接收来自身体组织和感觉器官的信息并将它们传送到脊髓和大脑，这些信息在脊髓和大脑中得到加工。这个过程涉及第二种神经元，中枢神经系统中进行内部联络的**中间神经元**（interneuron）。然后，中枢神经系统通过**运动神经元**（motor neuron）把指令传达给身体组织。不过，我们的复杂性主要表现在中间神经系统，我们的神经系统中有几百万个感觉神经元和几百万个运动神经元，但却有成百上千亿个中间神经元。神经元具有许多不同的类型，但是它们却具有相同的结构（图 2.2）。每个神经元由细胞体和分支纤维构成。浓密的**树突**（dendrite）纤维接收信息，并沿着**轴突**（axon）传递到其他的神经元、肌肉或腺体。

与短的树突不同，有的轴突非常长，从胞体延伸出 1 米左右。用来控制肌肉的“运动”神经元像是神经系统的巨杉。将命令传递到腿部的神经元具有的胞体和轴突，其比例大概相当于一个篮球系上一根 6.5 千米长的绳子。**髓鞘**（myelin sheath）是一层脂肪组织，包裹在某些神经元的轴突外，具有绝缘作用并提高冲动的传导速度。随着髓鞘在 25 岁前逐渐形成，神经系统的效率、判断和自我控制能力也逐步增长（Fields,2008）。髓鞘的重要性在多发性硬化症中可明显地表现出来，这是一种髓鞘功能退化的疾病。疾病会导致向肌肉传导信息的速度减慢，并最终失去对肌肉的控制。

根据不同的纤维类型，神经冲动的传导速度存在很大的差异，最缓慢的是每小时 3 公里，而在某些有髓鞘的纤维中，传导速度快得惊人，可以达到每小时 300 公里甚至更快。但是，即使是最快的速度，也只是电流在导线中的速度的 300 万分之一。我们以毫秒（千分之一秒）来测量脑的活动，用毫微秒（十亿分之一秒）来测量计算机的活动。这可以帮助我们解释，为什么我们对于诸如小孩从车前横穿马路这样的突发事件的反应不像高速计算机的瞬间反应那么迅速，而是需要四分之一秒或更多的时间。你的大脑远远比一台计算机复杂，但是在执行简单反应时却远没有计算机快。

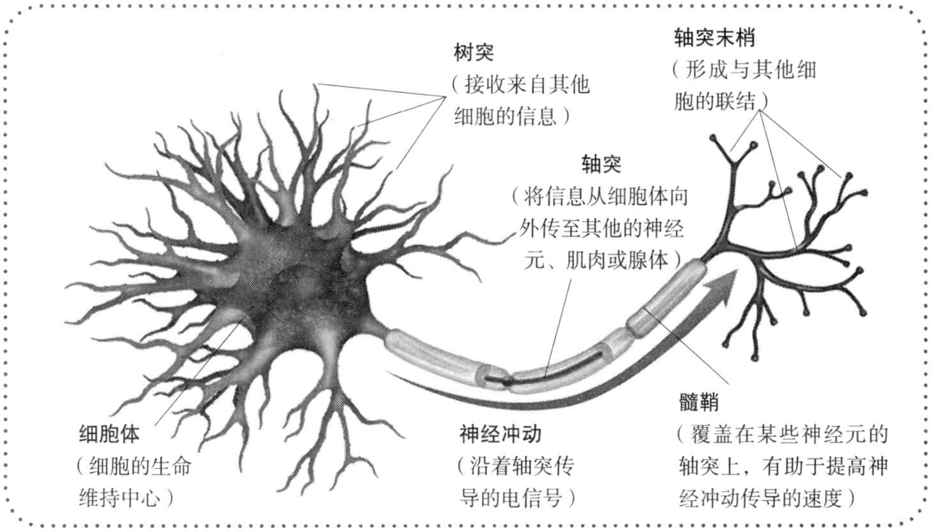

➤ **图** 2.2
运动神经元

“我歌唱带电的肉体。”
——沃尔特·惠特曼，
“Children of Adam”，1855

当感觉接收器受到压力、热或光的刺激，并将信号传递到某个神经元时，该神经元会释放冲动，或者，当某个神经元受到邻近神经元所释放的化学信息的刺激时也会释放冲动。这种冲动称为**动作电位**（action potential），是一种沿轴突传导的短暂的电荷变化。

像电池一样，神经元通过化学活动来产生电。化学—电过程牵涉到一种称为离子的带电原子的交换。静息轴突内部的液体含有过多的带负电的离子，而轴突膜外的液体中有较多的带正电的离子。这种内负外正的状态称为静息电位。轴突的表面就像一个坚固的防护装置，对于准许什么性质的离子通过具有很高的选择性。我们可以说轴突的表面是选择性通透。例如，静息的轴突有一个闸门，可以阻挡带正电的钠离子。

然而当神经元放电时，安全系数就会改变。首先，轴突前端的一小部分闸门会打开，就像弹开检修孔的盖子一样，带正电的钠离子通过膜通道涌入（图 2.3），从而使这部分轴突发生去极化，引起轴突下一个通道开放，然后再下一个通道的开放，就像倒下的多米诺骨牌一样，前一个会推倒后一个。在静息期间（不应期，就像给带有闪光设备的照相机充电一样），神经元把带正电的钠离子泵出膜外，这样神经元就可以再次放电。（在有髓鞘的神经元中，动作电位通过从一个髓磷脂“香肠”样的节传递到下一个节，来提高传导速度，如图 2.2 所示）。难以想象，在一秒钟内这样的电化学过程会重复 100 甚至 1 000 次。然而，令我们惊奇的许多事情还在后头呢。

“一个神经元所告诉另一个神经元的，就是它有多兴奋。”
——弗朗西斯·克里克，
《惊人的假设》，1994

神经元是一个微型的决策装置，它可以执行许多复杂的计算。神经元的树突和胞体接收成百上千个其他神经元传来的信号。有些是兴奋性信号，像推动神经元的加速器。有些是抑制性信号，像抑制神经元的刹车器。如果兴奋性信号减去抑制性信号超过了某一最小强度，那么，这个联合信号就会引发一个动作电位，

➤ **图** 2.3
动作电位

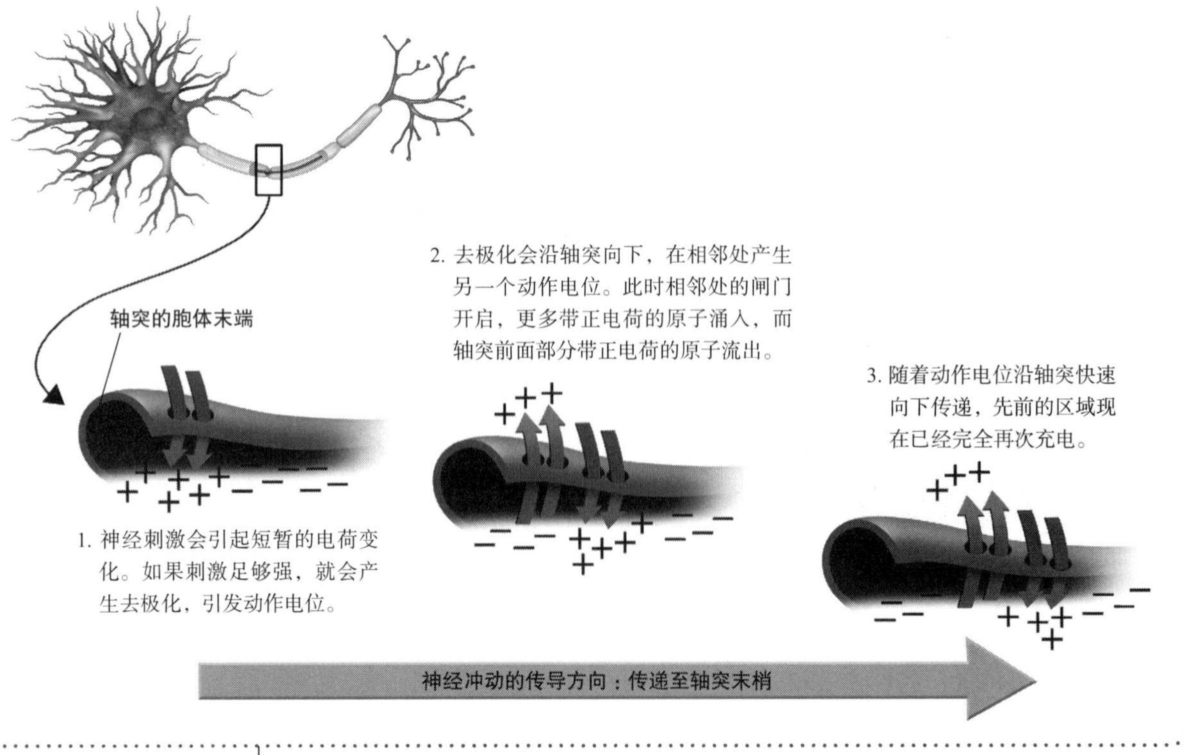

而这个最小强度被称为**阈限**（threshold）。（我们可以这样来思考：如果参加派对的人中，兴奋性的积极参与者的票数胜过抑制性的冷场人物，那么派对就会继续）。动作电位沿着轴突向下传导，轴突的分支与成百上千的其他神经元相连，并与肌肉和腺体形成联结。

然而，在阈限以上，增加刺激强度并不能增加动作电位的强度。神经元是按全或无进行反应。就像手枪一样，神经元或者放电或者不放电。刺激的强度并不影响动作电位的速度。那么我们如何检测刺激的强度呢？我们又如何区分轻柔的接触和深深的拥抱呢？强刺激并不能引发更强的或更快的神经元的冲动——就像用力地按压扳机并不能使子弹的速度更快一样。但是强刺激可以引发更多的神经元更多次地放电。

神经元之间的信息交换

2. 神经细胞之间如何进行信息交换？

众多的神经元彼此交织在一起，即使在显微镜下也很难看清楚神经元的起止点。科学家曾经认为细胞轴突的分枝与其他细胞的树突融合在一起，是一种不间断的结构。后来，英国生理学家查尔斯·谢林顿（Charles Sherrington，1857~1952）爵士注意到神经冲动在神经通路中的传递时间格外的长。他推测在传递中必然存在短暂的中断，谢灵顿将神经元之间的汇合点称为**突触**（synapse）。

我们现在知道，神经元轴突末梢与接收神经元之间存在突触间隙，宽度还不到百万分之一英寸。对于西班牙解剖学家圣地亚哥·拉蒙·卡加尔（Santiaga Ramon Cajal，1852-1934）来说，这种毗邻神经元的联合是自然界的另一种奇迹，他称之为“原生质之吻”。神经元是如何进行原生质之吻，即如何进行信息交换的呢？信息是如何通过这种细小的突触间隙的呢？事实证明，有关的答案是本世纪重要的科学发现之一。

“在大脑里加工的所有信息都涉及神经元在突触间隙彼此‘交谈’。”
——神经科学家
所罗门·斯奈德（1984）

当动作电位到达轴突的类似球状的末端时，就会引发一种称为**神经递质**（neurotransmitter）的化学信使的释放（图 2.4）。在万分之一秒的时间内，神经递质通过突触间隙并且依附在接收神经元的受体位置上——准确地说就像钥匙和锁的关系。神经递质会立刻打开位于受体位置上的细小通道。允许离子进入接收神经元，因此而引起兴奋或者抑制神经冲动的发放。过量的神经递质会由释放神经元吸收，这个过程被称为**再吸收**（reuptake）。许多药物通过阻碍这种再吸收过程来有选择地增加神经递质的有效性。

神经递质如何影响我们

3. 神经递质如何影响行为，药物和其他化学物质如何影响神经传递？

研究者已经发现了几十种不同的神经递质。这就提出了很多问题：是否特定的神经递质只出现在特定的位置？它们的作用是什么？我们是否能通过药物或食物来增加或减少这种作用？这种变化能够影响我们的情绪、记忆或心理能力吗？

在后面的章节中，我们将阐释神经递质在抑郁症与欣快症、饥饿与思维、成瘾与治疗中的作用。现在，先浏览一下神经递质如何影响我们的运动和情绪情感。

“当我们谈到大脑时，如果你想了解大脑的活动，跟随神经递质即可。”
——神经科学家
弗洛伊德·布卢姆（1993）

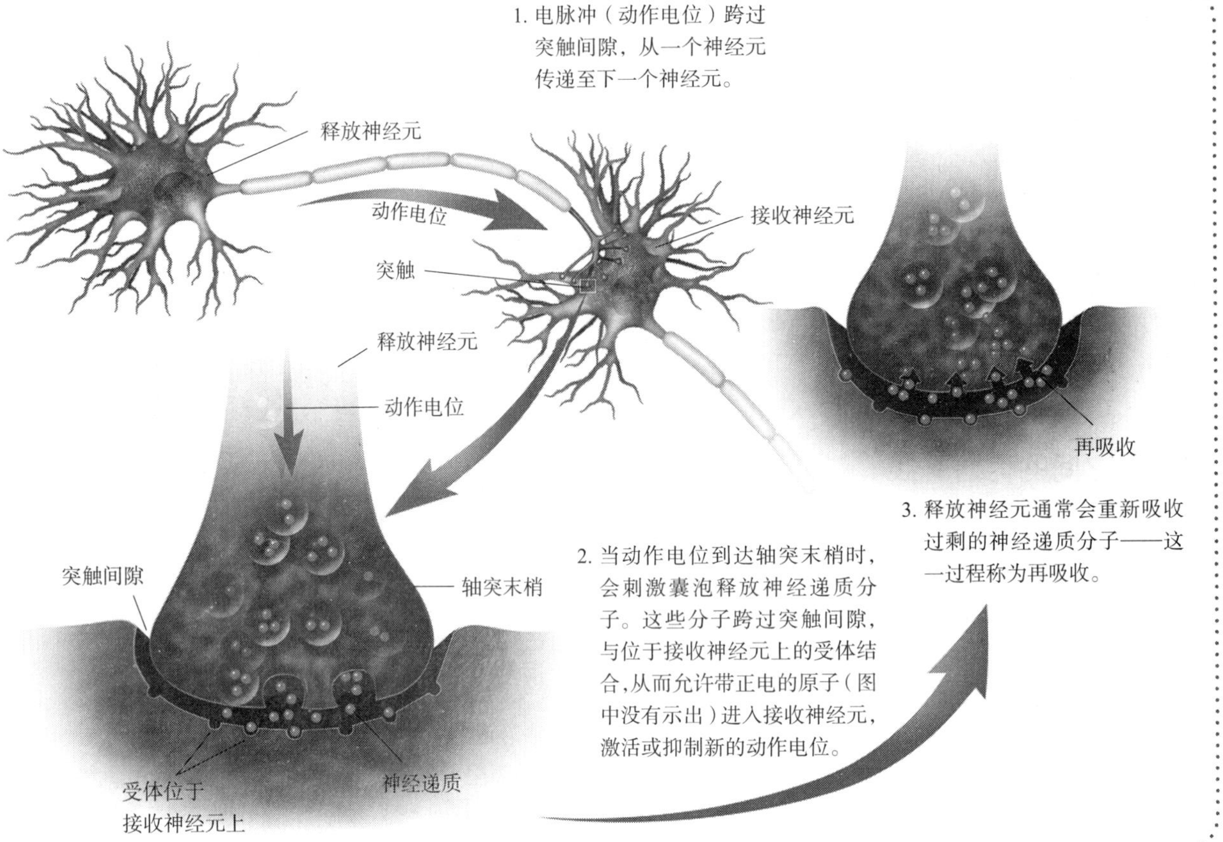

➤ 图 2.4
神经元如何进行信息交换

我们现在知道，在脑中特定的神经通路只使用一种或两种神经递质（图 2.5），并且特定的神经递质对行为和情绪具有特定的作用。表 2.1 提供的例子说明了大脑中流动的化学物质是如何影响思维和情绪的。乙酰胆碱（Acetylcholine，ACh）是我们了解得最多的神经递质之一。除了在学习和记忆中具有重要作用外，ACh 还是连接每个运动神经元和骨骼肌之间的信使。当 ACh 释放到肌肉细胞后，肌肉就会自动收缩。如果 ACh 的传递受阻，肌肉就不能收缩。

珀特和斯奈德（Pert & Snyder，1973）在吗啡上附着放射性示踪素，这一物

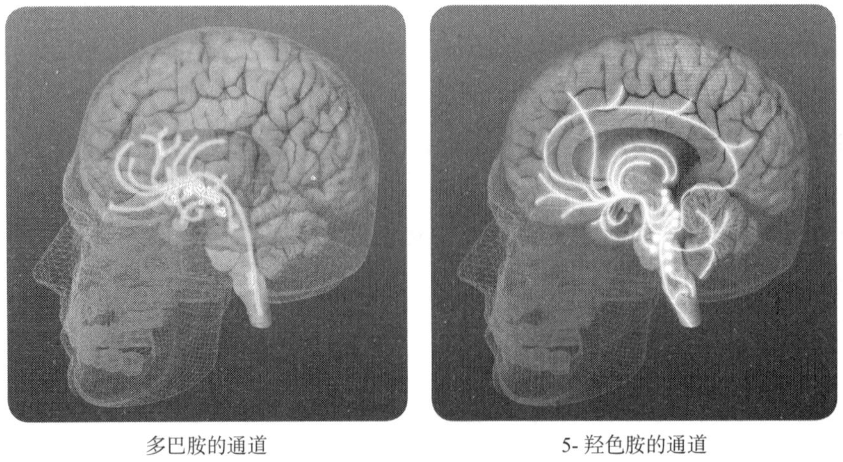

➤ 图 2.5
神经递质通道
大脑中不同的化学信使都有其特定的通道，如图所示多巴胺和 5- 羟色胺通道（Carter，1998）。

表 2.1 神经递质及其功能

神经递质	功　能	功能失调的表现
乙酰胆碱	促使肌肉运动，学习和记忆	缺乏，例如产生 ACh 的神经元的衰退，表现为阿尔茨海默氏症
多巴胺	影响运动、学习、注意和情绪	多巴胺受体的过度活动与精神分裂症有关；如果大脑缺乏多巴胺，会导致帕金森氏病的震颤和动作变缓
5- 羟色胺	影响情绪、饥饿、睡眠和唤醒	缺乏与抑郁有关；盐酸氟西汀 (Prozac) 和其他的抗抑郁药物可以提高 5- 羟色胺的水平
去甲肾上腺素	辅助控制警觉和唤醒	缺乏可产生抑郁情绪
γ- 氨基丁酸	一种主要的抑制性神经递质	缺乏与发作、震颤和失眠有关
谷氨酸	一种主要的兴奋性神经递质；参与记忆过程	过多会过度刺激大脑，导致偏头痛和抽搐发作（这就是为什么一些人避免食用味精和谷氨酸一钠）

质可以帮他们清楚地看到动物大脑中吗啡被吸收的准确位置，结果他们二人在实验过程中揭示了神经递质这一惊人发现。珀特和斯奈德发现：吗啡，这种可以使情绪振奋和减轻疼痛的鸦片，能够被与情绪和疼痛感有关的位置上的受体所吸收。但是大脑中为什么会具有这些“鸦片受体”？为什么大脑中具有化学锁，难道还有对应的钥匙？

研究者很快就确认了，在大脑中的确含有多种与吗啡相似的神经递质分子，叫做**内啡肽** (endorphin，*内源性吗啡的缩写*)。由于对疼痛和剧烈运动的反应，大脑会释放天然的鸦片，因此，我们可以解释各种良好的感觉，例如跑步者亢奋的情绪，针灸的止痛效果，以及某些严重受伤的个体对疼痛的麻木感。但是，新知识再次引发了新问题。

> “这里有了这个生物学上普遍性的怜悯宽恕行动。我无法对它做出解释，除非说：假如开天辟地之时，我是计划委员会的成员之一。”
>
> ——《最年轻的科学——观察医学的扎记》第 68 页，青岛出版社，1996 年出版

药物和其他化学物质如何改变神经递质

如果内啡肽的确能够减轻疼痛和改善情绪，那么，为什么不大量注入人造鸦片以增强大脑内的自我“良好感觉”的化学反应？问题在于，当注入大量的诸如海洛因和吗啡等鸦片类药物后，大脑本身就立刻停止产生天然鸦片。一旦撤掉药物，大脑可能就被剥夺了产生任何形式的鸦片的能力。对于药物成瘾者来说，停止用药的结果会带来持续的痛苦，直到大脑重新产生其天然鸦片或者获得更多的人工鸦片。我们会在后面的章节中看到，改变情绪的药物，从酒精到尼古丁到海洛因，都具有相同的效果：它们会给个体带来持续的不愉快的影响。而要迫使身体自身产生神经递质，则意味着个体要付出巨大的代价。

各种药物影响传递的位置在突触，通常是以兴奋或抑制神经元放电的方式产生影响。*激动剂*的药物分子与神经递质非常相似，以至于我们可以模仿其效果或者阻碍神经递质的再吸收（图 2.6b）。例如，某些鸦片类药物通过放大正常唤醒状态或愉快体验，产生暂时性的“兴奋”。黑寡妇蜘蛛释放的毒液可以引起突触释放过量 Ach，结果会怎样？过量的 Ach 会引起肌肉剧烈收缩、抽搐，甚至可能导致死亡。

*拮抗剂*可以起到抑制作用。肉毒杆菌毒素是一种可以在密封不当的食物中形成的有毒物质，它通过阻断 Ach 的释放导致肌肉瘫痪。（注射肉毒杆菌毒素 Botox

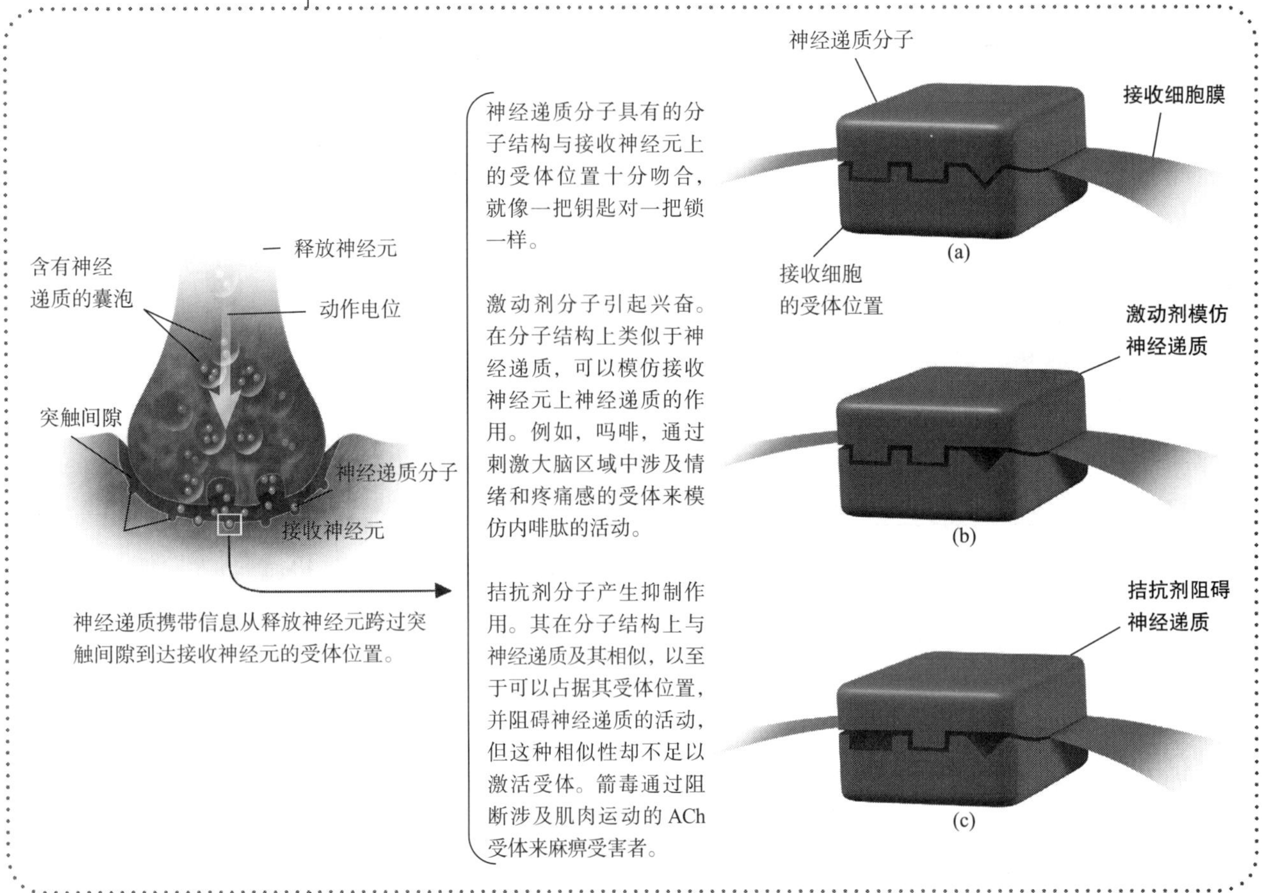

➤ 图 2.6
激动剂和拮抗剂（见彩插）

可以通过麻痹面部肌肉来消除皱纹）。拮抗剂的药物分子可以抑制神经递质的释放，或者极其类似自然的神经递质，以至于占用受体的位置或阻碍其效用，如图 2.6c 所示，但是其差别不足以刺激受体（非常像一种自动售货机的仿造硬币，大小也适合自动售货机，但却不能启动自动饮料机或糖果机）。箭毒是南美印第安人在猎镖头部涂抹的一种毒药，它能够占用并阻塞 Ach 受体的位置，致使神经递质不能影响肌肉。一旦被这种猎镖击中，动物就会瘫痪。

本节回顾

➤ 自问

你能回忆起什么时候内啡肽引发的反应让你不再感到剧烈的疼痛吗？

➤ 自测 1

神经元之间如何进行信息交换？

自测问题的答案见书后的附录。

神经系统

4. 神经系统主要分支的功能是什么？

生存就是从外部世界和身体组织中获取信息，进行决策，并将信息和命令反馈到身体组织的过程。神经元是神经系统的基本成分，是我们身体的一种快速的电化学信息系统。相互联络的神经元构成了我们身体的主要信息系统——**神经系统**（nervous system）（图 2.7）。脑和脊髓构成**中枢神经系统**（central nervous system，CNS）。**外周神经系统**（peripheral nervous system，PNS）连接中枢神经系统和身体感觉器官、肌肉和腺体。

神经元是神经系统的构建单元。携带 PNS 信息的感觉神经元和运动神经元的轴突捆绑在一起形成传导束，我们称之为**神经**（nerve）。例如，视觉神经捆绑数百万轴突纤维形成一个单一的束，并携带由眼发送到大脑的信息（Mason & Kandel，1991）。我们之前曾提到，神经系统中，信息通过感觉神经元、运动神经元和中间神经元进行传导。

外周神经系统

外周神经系统由躯体神经系统和自主神经系统两部分组成。**躯体神经系统**（somatic nervous system）控制骨骼肌的运动。当你阅读到本页的末尾时，躯体神经系统就会给你的大脑报告骨骼肌现在的状态，并携带指令返回，引发你的手去翻下一页。

自主神经系统（autonomic nervous system）控制身体内部器官的腺体和肌肉。它就像一台自动驾驶仪，有时会受到意识的影响，但是，通常情况下它都会按照自己的方式（自动地）运作并影响我们的内部功能，包括心跳、消化和腺体活动。

自主神经系统是一个双系统（图 2.8）。**交感神经系统**（sympathetic nervous system）负责唤醒我们的防御性行为。一旦受到惊吓或激怒，交感神经系统就会使

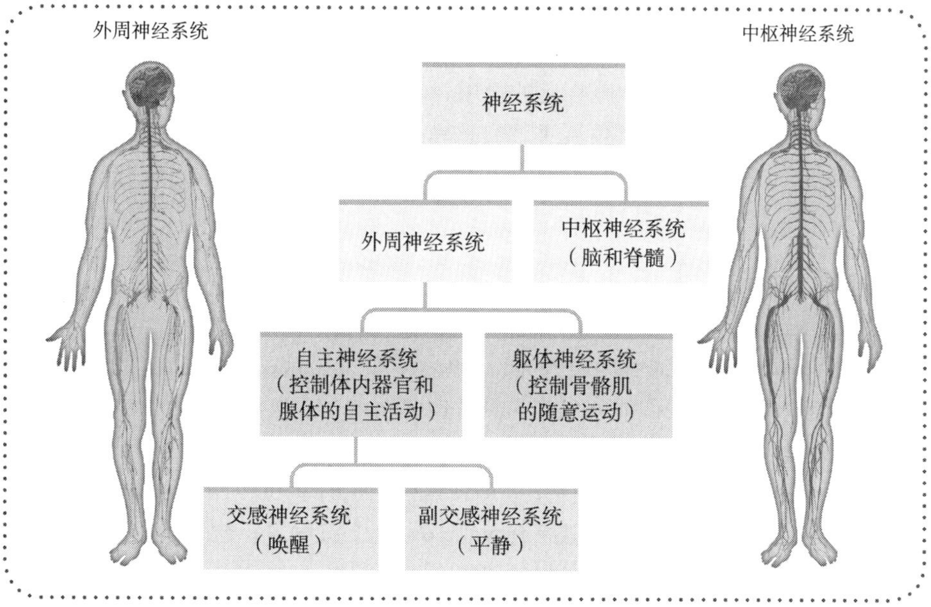

➤ **图** 2.7
神经系统的功能划分

➤ 图 2.8
自主神经系统的双重功能
自主神经系统控制体内的自主（或自我调节）功能。其中，交感神经系统能够唤起并消耗能量。副交感神经系统使人平静并储存能量，维持常规活动。例如，交感神经刺激会使心跳加速，而副交感刺激会使心跳减慢。

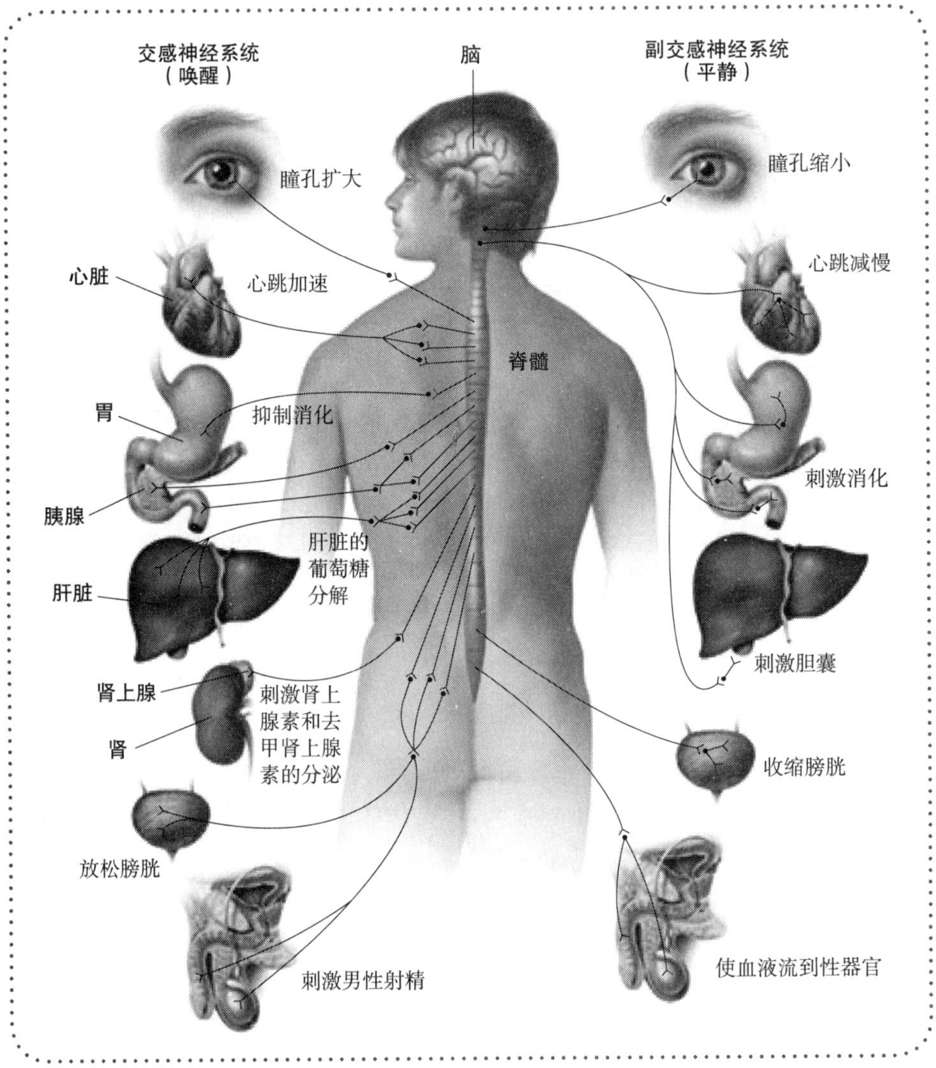

心跳加快、消化过程减慢、血糖升高、血管扩张，并可通过排汗而冷静下来，以使人处于警觉状态并做好行动准备。（测谎仪测量的就是这种应激反应，这种反应可能与是否说谎相关。）一旦压力降低，**副交感神经系统**（parasympathetic nervous system）就会产生与交感神经相反的作用。通过降低心率和血糖水平等使人平静下来，以保存能量。在日常情况下，交感和副交感神经系统协同工作以维持内部状态的稳定。

中枢神经系统

中枢神经系统的复杂性来自神经元之间的“交谈”这样的简单事件。

中枢神经系统让我们能够思维，具有情感和行为，从而使我们具备人性。中枢神经系统中具有上百亿的神经元，每个神经元都与上千个其他的神经元相联系，从而产生了时刻都在变化的电路图，即便是强大的计算机也相形见绌。400 多亿神经元中的每一个都与其他神经元有大约 10 000 个接触点，这样我们就有 400 万亿个突触——神经元在这里与它们的邻居会面和问候（de Courten-Myers，2005）。

“身体是由百十亿的碎屑构成的。”

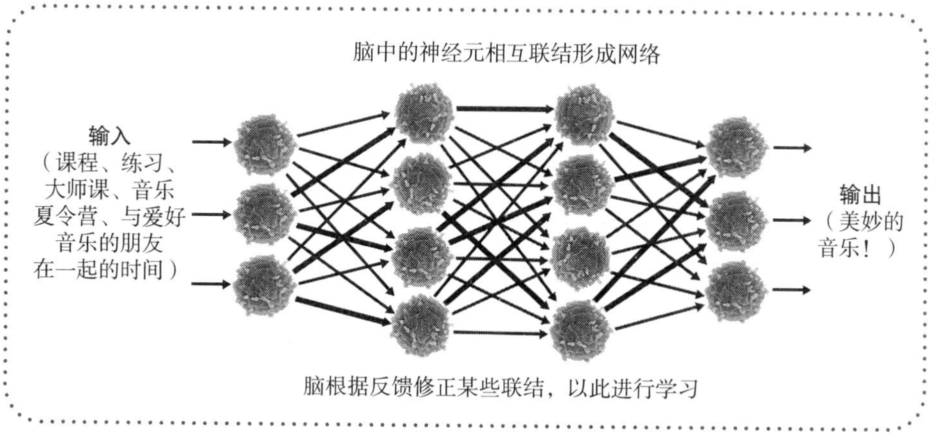

➤ 图 2.9
神经网络简化示意图
神经元与相邻的神经元形成网络。在这些网络内部相连的神经元中所编码的信息则构成了个体持久的同一性或身份感（如音乐家、运动员、忠诚的朋友等等）——长期自我感觉的那些东西。

在大脑中，一粒沙子大小的地方就有 100 000 个神经元和十亿个“交谈”的突触（Ramachandran & Blakeslee，1998）。

聚合在一起运作的神经元群称为神经网络。为了理解神经元为什么倾向于与邻近的神经元相联系，科斯里和凯尼格（Kosslyn & Koenig，1992，p.12）要求我们“思考城市为什么存在；为什么人们不均衡地分布在城市的周围”。就像人与人之间的联络一样，神经元与邻近神经元也会形成便捷、快速联结的网络。如图 2.9 所示，神经网络的每层细胞都与下一层的各个细胞相连。当反馈强化了可产生某种结果的联结时，学习就发生了。例如，练习弹钢琴会建立神经联结。

脊髓是连接外周神经系统和脑的信息高速公路。上行传导束上传感觉信息，而下行传导束传导运动—控制信息。我们对刺激的自动反应称为**反射**（reflex），控制反射的神经通路说明了脊髓的工作方式。简单的脊髓反射通路由单个感觉神经元和单个运动神经元构成。它们常常通过中间神经元来进行沟通。例如，膝跳反射就包含这样的一个简单通路；没有头的温热身体还可以完成膝跳反射。

另一种通路可以完成疼痛反射（图 2.10）。当你的手指接触到火焰时，热能所激活的神经活动通过感觉神经元传到脊髓中的中间神经元。这些中间神经元通过

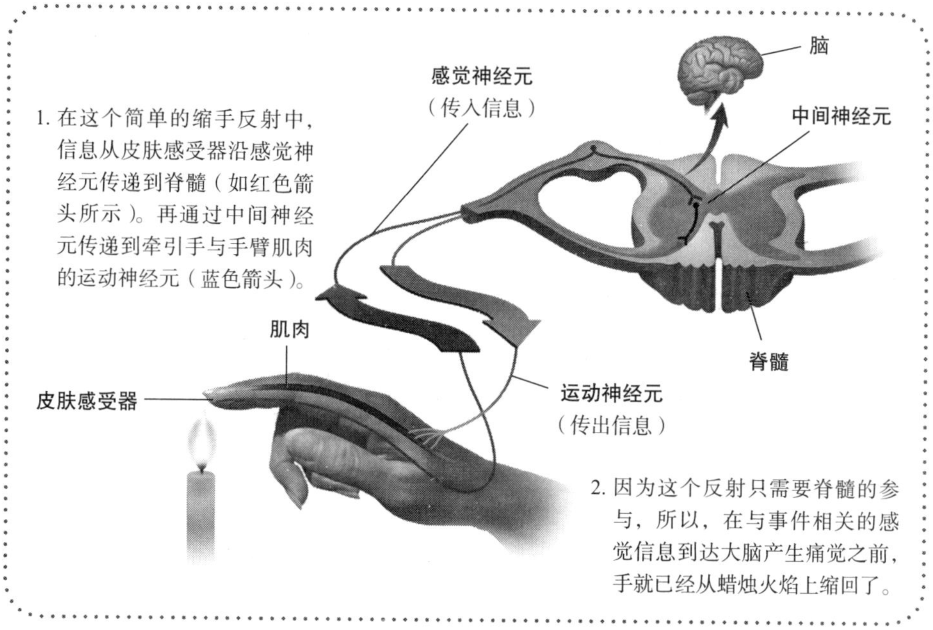

➤ 图 2.10
简单反射（见彩插）

> "如果脑和身体其他部分之间的神经系统被切断，那么我们就谈不上对其他部分的体验了。眼睛看不到，耳朵也听不到，手既没有感觉也不能运动。"
>
> ——威廉·詹姆士，《心理学原理》，1890

激活运动神经元，使手臂的肌肉做出反应。因为简单的疼痛反射通路穿过脊髓，所以在大脑接受并对引起疼痛感的信息做出反应之前，手指已经从蜡烛的火焰中缩回。这就是为什么你感到你的手好像是自动地缩回，而不是出于你的选择。

信息通过脊髓传入或传出大脑。如果切断脊髓的上部，就不会感觉到疼痛，也不会体验到愉快的情绪。从严格意义上讲，大脑已经和身体切断联系。在受伤点以下的与脊髓连接的感觉和运动神经元的身体区域，会失去所有的感觉和随意运动。虽然仍会出现膝跳反射，但却感觉不到轻敲。如果割断抑制阴茎勃起的脑中枢，在腰部以下瘫痪的人如果生殖器受到刺激，还是很容易勃起（一种简单的反射）（Goldstein，2000）。与此类似的是，女性的阴道也可以表现润滑。但是，基于脊髓切断的位置和程度，他们可能对色情图片完全没有性反应和性感受（Kennedy & Over，1990；Sipski et al.，1999）。要产生身体上的疼痛感或愉快感，感觉信息必须到达大脑。

本节回顾

➤ 自问

化学信使分子在无法感知的一瞬间穿过突触间隙，神经系统的这一设计是否让你感到惊讶？你会以不同的方式设计你自己吗？

➤ 自测 2

当你拾起餐勺时，信息是如何在你的神经系统中传递的？

自测问题的答案见书后的附录。

内分泌系统

5. 身体的慢速信息系统——内分泌系统是如何传递信息的？

除了本章已经集中讲到身体的快速电化学信息系统，还有一个传导系统，即由内分泌腺释放的荷尔蒙形成的身体慢速信息系统。与神经系统交互联系的是身体的第二个传导系统——**内分泌系统**（endocrine system）（图 2.11）。内分泌腺分泌出另一种形式的化学递质——**荷尔蒙**（hormone，也译作激素）。荷尔蒙在组织中产生，通过血液循环，影响包括大脑在内的其他组织。荷尔蒙作用于大脑时，将会影响我们对性、食物及攻击的兴趣。

一些荷尔蒙在化学成分上与神经递质相同（那些化学递质通过突触向外扩散，并且激活或者抑制一个邻近的神经元）。因此，内分泌系统与神经系统是类似的系统：它们都分泌可以激活其他感受器的分子。神经系统能够快速将信息在几分之一秒的时间内从眼睛传到脑再传至手，与此不同，内分泌系统传递信息则需要一路跋山涉水。如果把神经系统信息的传递比作电子邮件的发送，那么内分泌系统就如同普通邮件的递送。血液将荷尔蒙从一个分泌腺运达到它的目标组织，需要几秒甚至更长的时间。即使如此，内分泌信息的传递也值得等待，因为它们的作用通常比神经信息持久。内分泌系统的荷尔蒙影响我们生活的诸多方面——成长、繁衍、新陈代谢和情绪——当我们对压力、努力以及思想做出反应时，是荷尔蒙保持一切的平衡。例如在危险时刻，自主神经系统向**肾上腺**（adrenal gland）发出

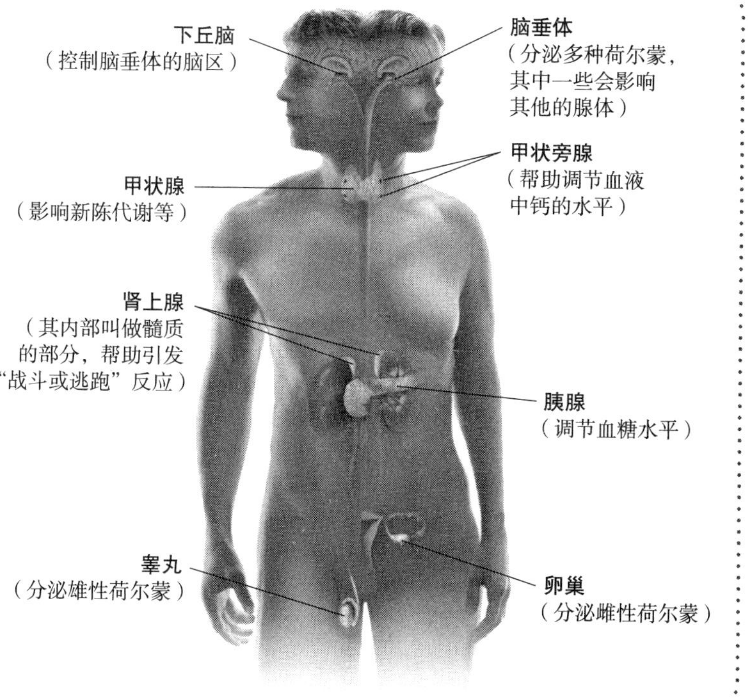

➤ 图 2.11
内分泌系统

指令，促使其释放肾上腺素和去甲肾上腺素。这些荷尔蒙使心律加快、血压和血糖上升，为我们提供急需的能量。紧急事件过去后，荷尔蒙和兴奋感还会持续一会儿。

最具影响的内分泌腺要数**垂体**（pituitary gland）了，它是位于脑基底的一个豌豆大小的结构，由毗邻的下丘脑控制。垂体释放的荷尔蒙影响生长，也影响其他内分泌腺荷尔蒙的释放。因此，垂体实际上是真正的主控腺体（它也受到下丘脑的控制）。例如，垂体在大脑影响下，激发性腺释放性荷尔蒙，而性激素又影响到大脑和行为。

这一反馈系统（脑→垂体→其他腺体→荷尔蒙→脑）揭示了神经系统与内分泌系统的密切联系。神经系统指挥内分泌系统，内分泌系统继而影响神经系统。而脑则是指挥和协调整个电化学管弦乐队的大师。

本节回顾

➤ 自问

你能想起在某些特殊的压力事件之后很长一段事件内感到不适吗？这些感受持续了多长时间？

➤ 自测 3

为什么垂体被称为“主控腺体”？

自测问题的答案见书后的附录。

“手术后你的确乏味了许多。”

脑

在康奈尔大学心理学系展示橱窗上的一个容器中，完好地保存着铁钦纳（Edward Bradford Titchener）的大脑，他是 19 世纪末 20 世纪初一位伟大的实验心理学家和主张意识研究的倡导者。想象你正盯着这个满是皱褶的灰色组织，你想知道在某种意义上，铁钦纳是否仍在那里。*

你可能会这样回答，如果没有电化学活动的话，在这个大脑中根本不存在铁钦纳。让我们考虑一个实验，那或许是好奇的铁钦纳在白日梦中做过的实验。想象就在他临死前的一刻，有人取出铁钦纳的大脑，并通过注入浓缩的血液使它存活，并将其保存在盛有颅内液体的容器中。现在铁钦纳仍在这里吗？把我们的幻想发挥到极致，如果有人把仍然存活的大脑移植到一个大脑严重受损的人的身体中。那么康复后的病人将回谁的家呢？

至此我们能够了解，这些问题表明了我们对我们就存在于自己的头脑中这一信念的确信程度（Fodor，1999）。我们有理由相信，大脑使我们能够看、听、记忆、思维、感觉、言语、做梦。

> “我就是一个大脑，沃森；其余的只是附属物。”
> ——福尔摩斯，见柯南·道尔爵士的《王冠宝石案》

此外，是大脑在以自我反省的方式分析自己。当我们思考自己的大脑时，我们用大脑来思考——几千万突触的放电和几百亿神经递质分子的释放。神经科学家说，*心理就是大脑的所作所为*。心理学家乔纳森·海特曾经说过，如果你的所有器官都被移植过了，你还是同一个人，除非移植的器官中包括脑。但是，心理的功能与大脑的具体什么区域相联系，又是怎样联系的？首先让我们看看科学家是如何探究这些问题的。

探索工具

6. 神经科学家如何研究脑与行为和心智之间的联系？

长久以来，我们并没有高技术的工具可以用来无创伤地探索活体的人类大脑。临床观察揭示了脑与心智之间的一些联系。例如，医生注意到，脑一侧的损伤经常会导致对侧身体的麻痹或瘫痪，这表明身体右侧受到左脑的支配，反之亦然。还有人注意到，脑后部的损伤会损坏视觉，而脑左前部的损伤会导致言语障碍。渐渐地，脑被一点点地描绘出来。

现在情况就不同了。不管是出于科学还是医学的兴趣，我们能够有选择地**损伤**（lesion）一小簇正常的或受损的脑细胞，而保证周围组织不受损伤。我们可以使用细微的电脉冲来刺探大脑。例如，损伤白鼠大脑的下丘脑的某个区域，会使饮食量减少，除非强迫白鼠进食，否则会活活饿死。损伤另一个区域则会导致饮食过度。

今天的科学家可以通过电的、化学的或者磁的方式来刺激脑的各个部分，并记录它们的反应。我们既可以窥探到单个神经元的信息，也可以了解上百亿神经元的总体活动。我们可以看到大脑皮质由于能量消耗活动的不同而产生的颜色差异。这些新的工具和技术引发了神经科学的革命，就如同显微镜之于生物学，望远镜之于天文学。接下来我们来看看其中一些技术以及神经科学家如何研究工作

* 卡尔·萨根（Carl Sagan）的《布罗卡的脑》（*Broca's Brain*，1979）一书引发了此问题。

中的大脑。

记录大脑的电活动

你的心理活动正释放出可探测到的电信号、新陈代谢产生的化学信号和磁信号，现在，神经科学家可以通过这些信号窃听到你的大脑。现代微电极的尖端非常小，甚至可以探测到单个神经元的电冲动，这就使我们有可能获得一些惊人的准确结果。例如，当我们触摸猫的胡须时，我们现在就可以探测到信息进入到猫的大脑的准确区域。

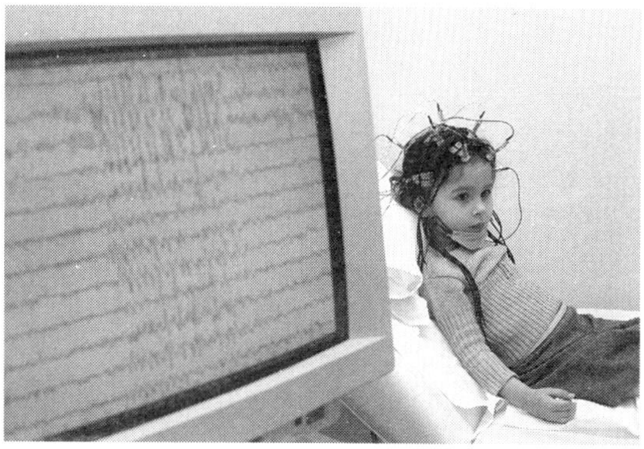

AJ Photo/Photo Researchers, Inc.

➤ 图 2.12
脑电图可以描记放大后的脑电活动波
这里显示的是一位患有癫痫症的四岁儿童的脑活动。

几十亿神经元的电活动以有规律的波传到大脑表面。**脑电图**（electroencephalogram，EEG）就是通过一种叫做脑电图仪的工具来放大这种波的痕迹。对于整个大脑总体活动的 EEG 的研究，就像通过听马达的轰鸣声来研究汽车引擎的活动一样。然而，通过反复地呈现刺激和利用计算机过滤掉与刺激无关的脑活动，人们可以识别出刺激所诱发出的脑波（图 2.12）。

神经成像技术

一些新的洞察大脑的方法赋予我们超人般的能力，即不损伤大脑就能看到其内部。例如，**正电子放射层扫描**（positron emission tomography scan，PET），它可以通过显示每个脑区域的化学燃料——葡萄糖的消耗来描述脑的活动（参见图 2.13）。活跃的神经元能够消耗大量的葡萄糖。如果给一个人注射带有短暂放射性的葡萄糖，PET 扫描可以定位和测量到这种放射性，因此可以探测到这种“思维食物”的去向。通过记录这些“亮点”，研究者可以看到当人们在做算术题、听音乐和做白日梦的时候，哪一部分脑区最活跃。

Courtesy of Brookhaven National Laboratories

➤ 图 2.13
PET 扫描
为了获得 PET 扫描图像，研究者给志愿者注射低剂量、无害的具有短暂放射性的葡萄糖。头部四周的探测器采集来自葡萄糖的 γ 射线，活跃脑区的葡萄糖浓度较高。计算机处理和转换这些信号，生成活动大脑的图像。

在核磁共振成像即 MRI（magnetic resonance imaging）扫描中，把头放入一个强磁场中，磁场中排列着自旋的原子。然后，一个短暂的无线电波脉冲可以使原子暂时地偏离原来的方向。当原子返回到它原来正常的自旋状态时，能够释放出一种可探测到的信号，这可以让计算机生成信号密集程度的图片。结果会得到大脑软组织的详细照片。（MRI 也可用于扫描其他身体部位。）MRI 扫描显示那些优秀的音乐家的左脑神经区域面积大于平均水平（Schlaug et al.，1995）。MRI 扫描还发现，在一些患有精神分裂症病人的大脑里，充满液体的脑区有所增大（图 2.14）。

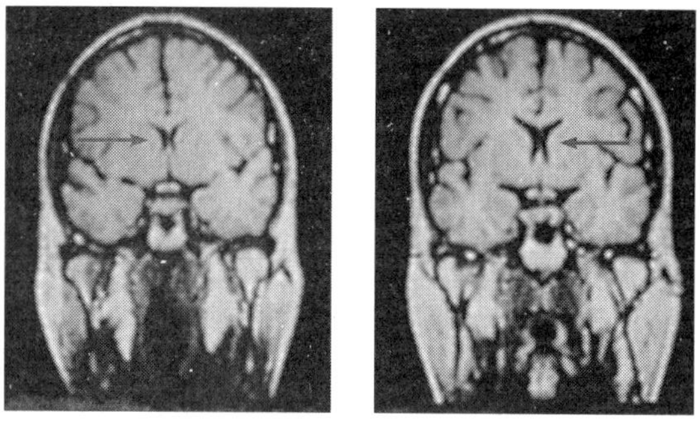

Both photos from Daniel Weinberger, M.D., CBDB, NIMH

➤ 图 2.14
利用 MRI 对健康个体（左）和患有精神分裂症个体（右）的脑部进行扫描。箭头所指处显示充满液体的脑区有所增大。（见彩插）

功能性核磁共振成像（fMRI，functional MRI）是

MRI 的一种特殊应用，不仅能揭示脑的结构，还能揭示脑的功能。大脑极其活跃的区域会有血液流动。当研究被试执行不同的心理功能时，如果利用 MRI 扫描进行间隔不到一秒的拍摄，MRI 扫描能够显示大脑的亮点区域（含氧血流的增加）。例如，当人们注视一个场景时，fMRI 可以检测到血流涌向脑的后部，这个部位加工视觉信息（参见图 2.25）。对大脑活动进行的快速成像为我们研究大脑如何分配其劳动提供了新的理解。

当今，探索大脑学习神经科学就像麦哲伦探索海洋学习世界地理一样。这是脑科学的黄金时代。

低水平的脑结构

7. 重要低水平脑结构的功能是什么？

如果你能打开颅骨并对其内部进行观察的话，你首先注意的是脑的大小。恐龙的大脑只有体重的 1/100 000；鲸鱼为 1/10 000；大象为 1/600；人类则达到 1/45。由此我们似乎可以总结出某种规律。但是，接着往下看。老鼠的大脑占体重的 1/40，美洲产的一种小型长尾猴高达 1/25。因此，脑和体重的比例不仅可以为我们提供物种智力的某种暗示，而且它还存在一定的例外。

对动物能力更有用的暗示来自大脑的结构。在原始的脊椎动物中，例如鲨鱼，大脑主要调节基本的生存功能：呼吸、休息和进食。在低等的哺乳动物中，例如啮齿动物，较复杂的大脑使动物具有情绪和较强的记忆。在高等哺乳动物中，例如人类，大脑能够加工复杂的信息，使我们能够深谋远虑。

生物学的历史并没有在很大程度上改变生存的基本机制。然而，正如英国神经学家约翰·休林斯·杰克逊（John Hughlings Jackson）在一个世纪前所认识到的，物种在原有旧脑基础上形成精细的新脑系统，就像地球上新的地形掩盖旧的地形一样。如果向下挖掘，就会发现古迹的化石残留物——脑干成分仍旧执行其在远古祖先身上所执行的功能。让我们从脑干开始，一路向上来探索大脑。

脑　干

大脑的底部——最古老最深处的区域——是**脑干**（brainstem）。脑干从脊髓进入头颅的地方开始并略有膨大，形成**延髓**（medulla），控制心跳和呼吸的中枢位于这里（图 2.15）。如果把猫的脑干与其上的脑组织切断，动物仍能呼吸和存活——甚至能跑、爬和梳理毛发（Klemm，1990）。但是，一旦切除脑的高级区域，个体断然不会出现为了获取某种东西而有目的地跑或爬了。

脑干也是一个交叉点，这里进出大脑两侧的大部分神经都与身体的对侧相联系。这个特定的神经交叉只是神奇的大脑给我们展现的冰山一角。

在脑干内部，两耳之间，存在**网状结构**（reticular formation），一种手指形状的神经元网络，从脊髓向上扩展到丘脑。当脊髓的感觉输入传导到丘脑时，有些通过网状结构进行传导，这种网状结构会过滤某些输入的刺激，并把重要的信息传送到脑的其他区域。此外，网状结构还帮助控制唤醒。

1949 年，莫鲁兹和马古恩（Moruzzi & Magoun）发现用电刺激正在酣睡中的猫几乎可以立即使它觉醒，并使其处于警戒状态。如果马古恩从脑的较高部位切

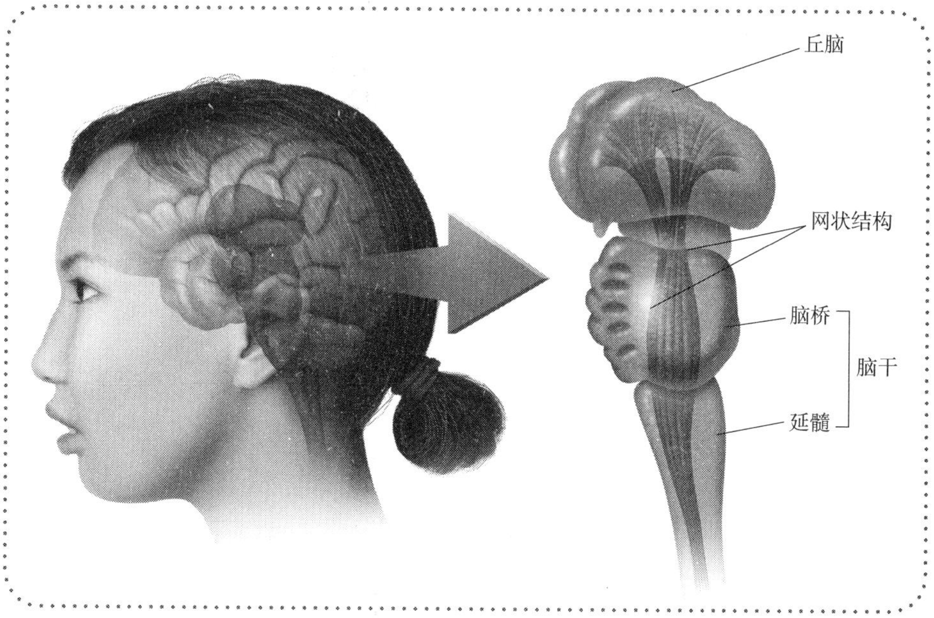

➤ **图 2.15**

脑干和丘脑

脑干，包括延髓在内，都是脊髓的延伸。丘脑在脑干的上部。网状结构则经过这两个结构。

断网状结构，而不损伤附近的感觉通路，那么又会出现什么结果呢？结果是猫会陷入永远不会觉醒的昏迷状态。由此表明网状结构与唤醒有关。

丘　脑

脑干的上部是感觉的交换平台，这对连在一起的卵圆形结构，称为**丘脑**（thalamus）（见图 2.15）。除了嗅觉外，丘脑接收所有的感觉信息，并将其传送到负责视觉、听觉、味觉和触觉的高级脑区域。丘脑和感觉输入的关系可以想象成伦敦和英国火车的关系：火车行驶途中所经过的一个四通八达的交通枢纽。丘脑也接收一些来自更高级大脑的回复，然后将其传达到小脑和延脑。

小　脑

从脑干后部扩展出来的是**小脑**（cerebellum），它看上去就像两个褶皱的半球（图 2.16）。在第 8 章中你将看到，小脑也能进行一种非言语的学习和记忆。

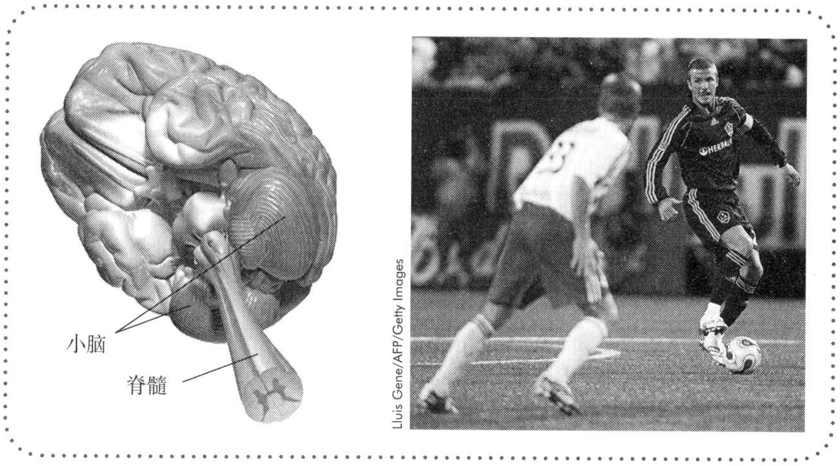

➤ **图 2.16**

脑的灵活性器官

位于脑的后方的小脑协调着我们的运动。

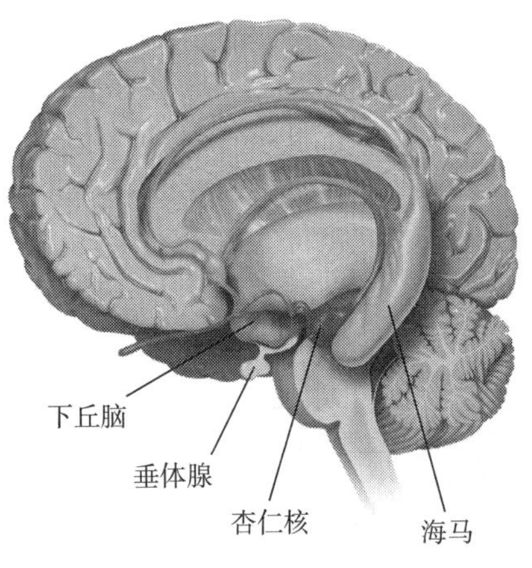

➤ 图 2.17
边缘系统（见彩插）
边缘结构是由旧脑和大脑半球之间的环状神经系统所组成。尽管垂体是荷尔蒙（内分泌）系统而不是脑系统的一部分，它却受到位于它上方的属于边缘系统的下丘脑的控制。

它帮助我们判断时间、调节情绪以及分辨声音和质地（Bower & Parsons，2003）。它最明显的功能是协调随意运动。当棒球明星塞梅·索萨挥动球棒计时精确地打出一个全垒打时，你就会相信小脑的作用。如果你的小脑受损，你可能会行走困难，无法保持平衡，或者无法与他人握手。你的运动会不连贯或非常夸张。

注意：执行这些低水平脑的功能都不需要意识努力。这证实了一个我们经常提到的主题：*在意识之外，我们的大脑能够加工大部分的信息*。我们知道大脑劳动的结果（比如，我们当前的视觉经验），但是觉察不到我们是如何构建视觉图像的。同样，无论我们是在睡眠状态还是清醒状态，我们的脑干都管理并维持着基本的生命功能，从而使大脑的高级区域解脱出来，可以做梦、思考、谈话或品味记忆。

边缘系统

在大脑较古老的部分和大脑半球交界处（边缘）有一种环状的神经系统，叫做**边缘系统**（limbic system）（图 2.17）。第 8 章中将会介绍边缘系统的一个结构——海马——如何加工记忆（如果动物或人通过手术或损伤的方式切除海马，那他们就不可能形成对事实或情节的新记忆。）现在，让我们看一下边缘系统与诸如害怕和愤怒等情绪的关系，以及与食物和性等基本动机的关系。我们也会在后面看到，边缘系统对情绪和动机的影响部分是通过对身体荷尔蒙的控制来进行的。

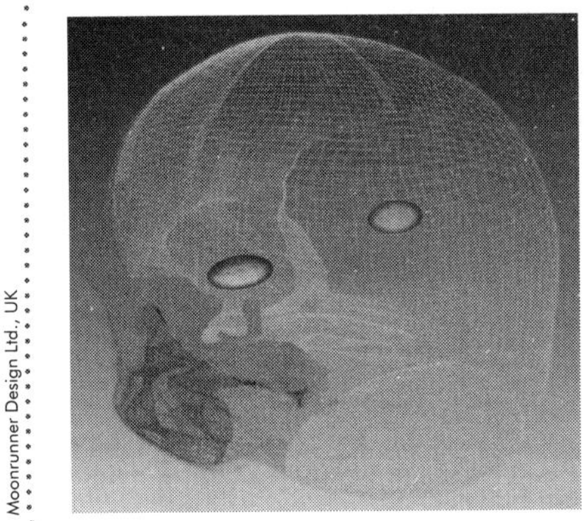

➤ 图 2.18
杏仁核

杏仁核 在边缘系统中，有两个杏仁状的神经核团，称为**杏仁核**（amygdala），影响着攻击和恐惧（图 2.18）。1939 年，心理学家克卢弗和神经外科学家布西（Klüver & Bucy）通过外科手术切除了恒河猴的包括杏仁核在内的部分大脑。结果发现一向脾气暴躁的猴子变成了最温顺的动物。尽管用针刺、掐，或对它做任何在通常情况下能引起凶猛反应的动作，但是它仍旧保持平静。随后对其他野生动物（如猞猁、貂熊和野鼠）的研究也都发现了同样的结果。那么，如果我们用电刺激平日温顺的家养动物如猫的杏仁核，会出现什么结果呢？刺激某些点，猫会做出攻击的准备，吱吱地叫并拱起背，瞳孔放大，毛发直立。如果在杏仁核中稍微移动一下电极，并把它与一个小老鼠关在同一个小笼子里，那猫马上会变得惊慌退缩。

这些实验均证实杏仁核在愤怒和恐惧中的作用，但是并没有提到对这些情绪的知觉对情绪记忆的加工（Anderson & Phelps，2000；Poremba & Gabriel，2001）。然而，我们必须谨慎，不能把杏仁核看做控制攻击和恐惧的中枢。大脑并不像我们对行为的分类结构那样有那么精细的组织。事实上，大脑各个水平上的神经活动都参与攻击行为和恐惧行为。即使在边缘系统，除了杏仁核，刺激其他的神经结构也能够唤起这种行为。如果你给已经放完电的电池充电，你仍然能够发动引擎。因此，电池仅仅是整个系统中的一个连接。

下丘脑 边缘系统另一个引人注目的结构，紧位于丘脑下面，因而称为**下丘脑**（hypothalamus）（图 2.19）。一些神经束影响饥饿感，还有一些调节渴感、体温和性行为。

下丘脑调控血液中的化学物质，还接收来自大脑其他区域的命令。例如，想到性就会刺激下丘脑分泌荷尔蒙。下丘脑通过这些荷尔蒙来控制毗邻的“主控腺体”——垂体（见图 2.17），垂体反过来又通过下丘脑调控的其他腺体来影响荷尔蒙的释放。（注意神经系统和内分泌系统的相互作用：大脑影响内分泌系统，内分泌系统反过来又影响大脑。）

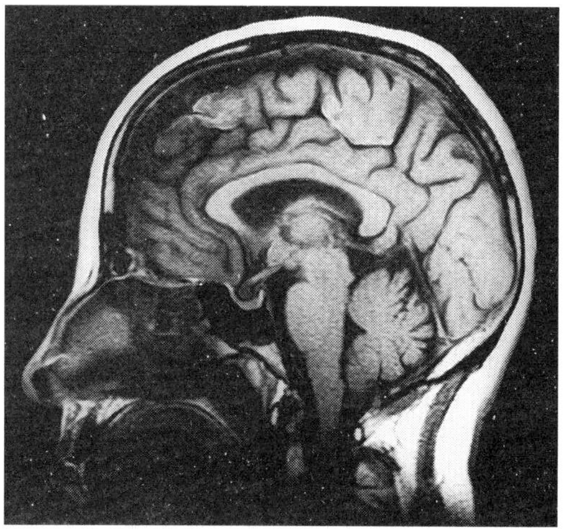

ISM/Phototake

➤ 图 2.19

下丘脑（见彩插）

在这幅 MRI 扫描的图片上标示为橘黄色的这个小而重要的结构，帮助保持身体内环境处在稳定状态。

下丘脑被发现的故事展示了科学研究进展通常发生的方式——充满好奇心、思想开放的研究者进行的意料之外的观察。麦吉尔大学的两位年轻神经心理学家奥尔兹和米尔纳（Olds & Milner，1954）试着将电极植入大鼠的大脑网状结构，但是他们犯了一个重大错误。在一只大鼠身上，他们将电极植入了错误的位置，这个位置便是后来发现的下丘脑区域（Olds，1975）。有趣的是，大鼠不断地跑回桌面笼子处，在那里它受到了误植入电极的刺激，大鼠似乎在寻求更多的刺激。在对他们所犯错误进行观察的基础上，他们敏锐地意识到，不经意间触及了大脑内提供快乐回报的中枢。

在一系列谨慎的实验中，奥尔兹（1958）继续对其他的“快乐中枢”（他这样称呼它们）进行定位。（大鼠所真实体验到的只有它们自己知道。它们不会说话。现在的科学家们并不愿意把人的情感等同于大鼠，因而，他们称之为“奖励中枢”，而不是“快乐中枢”。）当奥尔兹允许大鼠通过按压踏板引发自我刺激时，他发现，大鼠们有时会以疯狂的速度按压踏板，每小时多达 7 000 次，直到筋疲力尽时才停下。而且，它们为了获得刺激会做出任何事情，甚至踏过通电的地板，就算是饥饿的大鼠也不曾采取这样的行为来获取食物（图 2.20）。

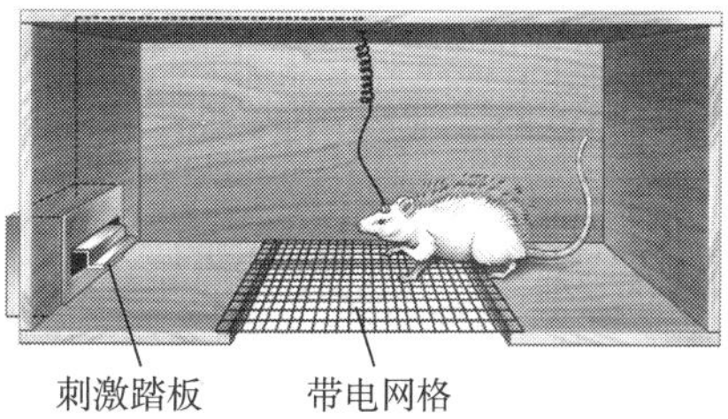

➤ 图 2.20

植入了电极的大鼠

在大鼠下丘脑的奖励中枢植入电极后，结果发现，大鼠愿意忍受电击疼痛，踏过电网去按压杠杆，产生电脉冲，不断地刺激“快乐中枢”。

后来，在许多其他物种中，包括金鱼、海豚和猴子，都在下丘脑内部或附近的位置发现了类似的奖励中枢。事实上，动物研究已经揭示机体存在一种引发神经递质多巴胺释放的一般的奖励系统，以及与吃、喝和性快感相联系的特定的奖励中枢。看来，动物生来就具有奖励与基本生存相关的内在系统。

最近，有更多的实验发现了可利用对动物边缘系统的刺激来控制行为的新方法。通过利用脑刺激来奖励白鼠向左转或向右转（电极刺激大脑区域，使它们觉得似乎左边或右边的胡须受到触动），塔尔瓦和他的同事（Talwar et al.，2002）能够训练从未接触

Sanjiv Talwar, SUNY Downstate

➤ 图 2.21

快乐游走的实验鼠

远程遥控可以操纵这只大鼠在野外游走，甚至爬上一棵树。

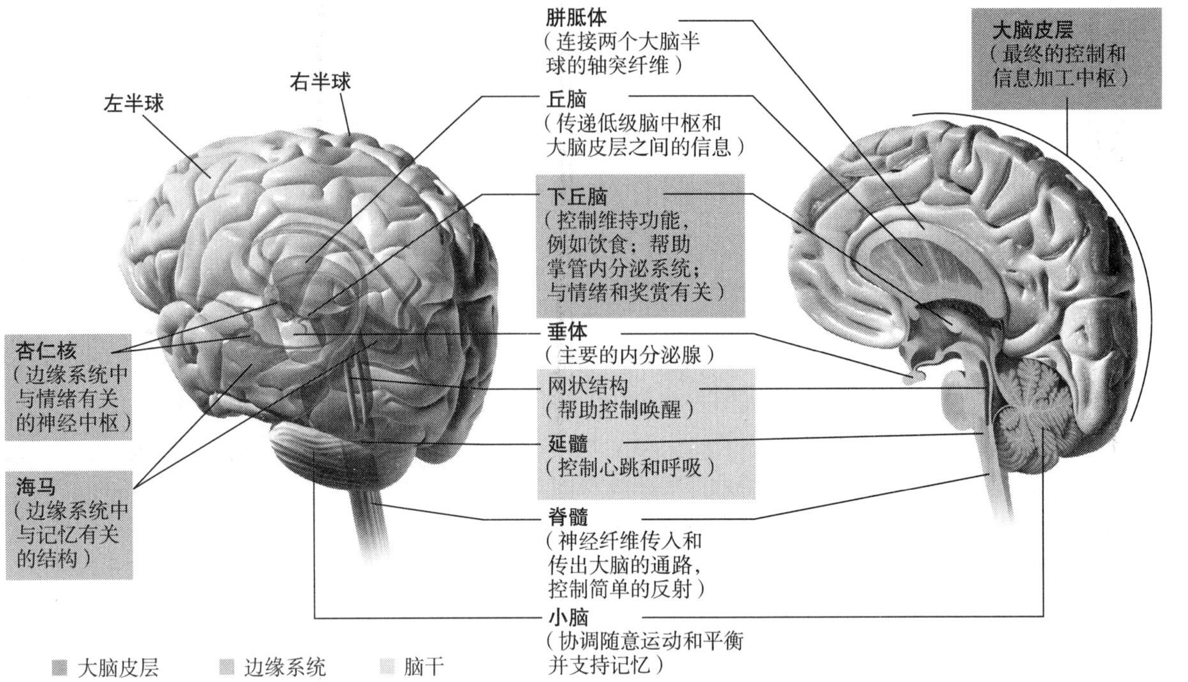

➤ 图 2.22
大脑结构及其功能

室外的老鼠对自然环境进行探索（图 2.21）。通过敲击笔记本电脑上的不同键，研究者能指挥那只背负着一个接收器、电源和微型摄像机的白鼠，转弯、爬树、沿着树干快速爬行，还能转身并回到地面，这就为未来搜救操作的应用提供了某种启示。

是否人类也有产生快乐的边缘中枢？我们的确有。一位神经外科医生已经采用电极来使狂躁的病人安静下来。受到电极刺激后的病人报告可以体验到轻度的快乐；但是，与奥尔兹的大鼠不一样，他们并没有在刺激驱使下发狂（Deutsch，1972；Hooper & Teresi，1986）。有研究者认为，一些成瘾症，如酗酒、药物滥用和暴饮暴食，可能源于奖励缺乏综合症——由遗传导致的大脑系统先天对快乐和幸福感的缺乏，导致人们追求任何可以弥补那种缺失的快乐的东西，或者降低负面感情（Blum et al.，1996）。

图 2.22 显示了本章讨论的脑区的位置，包括我们的下一主题——大脑皮层。

大脑皮层

⏩ 最早对大脑进行分区和标注的人们使用的是学究语言——拉丁语和希腊语。这种语言实际上是尝试利用图形进行描绘：例如，cortex 意思是“树皮”，cerebellum 是“小脑”，thalamus 是“内室”。

8. 大脑皮层的不同区域具有什么功能？

大脑皮层（cerebral cortex）是由相互联系的神经细胞构成的复杂交错的覆盖层，就像树干外面的树皮一样，在大脑半球表层形成薄薄的一层。它是身体最终的控制和信息加工中心。

由于大脑皮层的精细复杂功能，基因控制的强度得以放松，机体的适应性得以增强。青蛙和其他两栖类动物的大脑皮质很小，因而它们在更大范围内受到遗传指令的调控；哺乳类动物具有更大的皮质，这会令其学习和思考的能力增强，使它们具有更强的适应性。我们人类之所以显著与其他动物不同，恰恰是由于我们大脑之冠——大脑皮层的复杂功能。

大脑皮层的结构

如果揭开头盖骨，大脑瞬间就暴露于你的面前。你将看到一个褶皱的组织，形状有点像大核桃仁。左右脑半球占大脑重量的 80%，是大脑表层和大脑其他区域的轴突连接集中的地方。大脑半球的表层是大脑皮层，是厚约 1/8 英寸的细胞层，含有大约 200~230 亿个神经细胞和 300 万亿个轴突连接（de Courten-Myers，2005）。要成为人类需要大量的神经。

支撑这上百亿的神经细胞的是多达 9 倍的**神经胶质细胞**（glial cell）——引导神经联结的"胶合细胞"，提供营养物和隔离髓鞘，并且清理离子和神经递质。一些研究者认为，神经胶质细胞不只是神经的保姆，通过与神经细胞的"对话"，它们也可能参与信息的传递和记忆（Miller，2005）。

随着动物层级的提高，胶质细胞相对神经元的比例也在增加。近来一项对爱因斯坦大脑的解剖分析，并没有发现爱因斯坦大脑的神经元数量超出一般水平，而是发现胶质细胞的密度比一般人要大得多（Fields，2004）。

每个大脑半球被分为四个区域或四个脑叶，脑叶之间的分界线是明显的沟或回（图 2.23）。从大脑的前面开始并绕过头顶向后，分别是**额叶**（frontal lobes）（额头后面），**顶叶**（parietal lobes）（顶部到后面），**枕叶**（occipital lobes）（头部的后面），**颞叶**（temporal lobes）（耳朵的上面）。每一个脑叶执行多种功能，而许多功能则需要几个脑叶的相互配合。

大脑皮层的功能

一个多世纪以前，对部分瘫痪或失语症患者的尸体解剖发现了大脑皮层的损伤。但是这种比较粗糙的证据并不能使研究者相信特定的大脑皮层执行特定的功能。毕竟，对语言和运动的控制弥散地分布在大脑皮层中，大脑皮层任何区域的损伤都有可能产生同样的影响。就好比如果我们切断电视机的电源线，电视机就会关闭一样，但是，如果我们认为图片存放于电源线内，那我们是在自欺欺人。

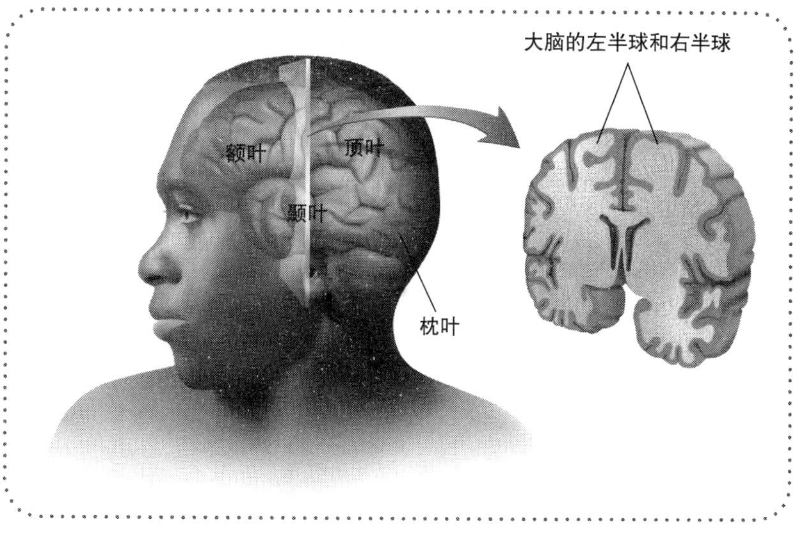

➤ 图 2.23
大脑的基本分区（见彩插）

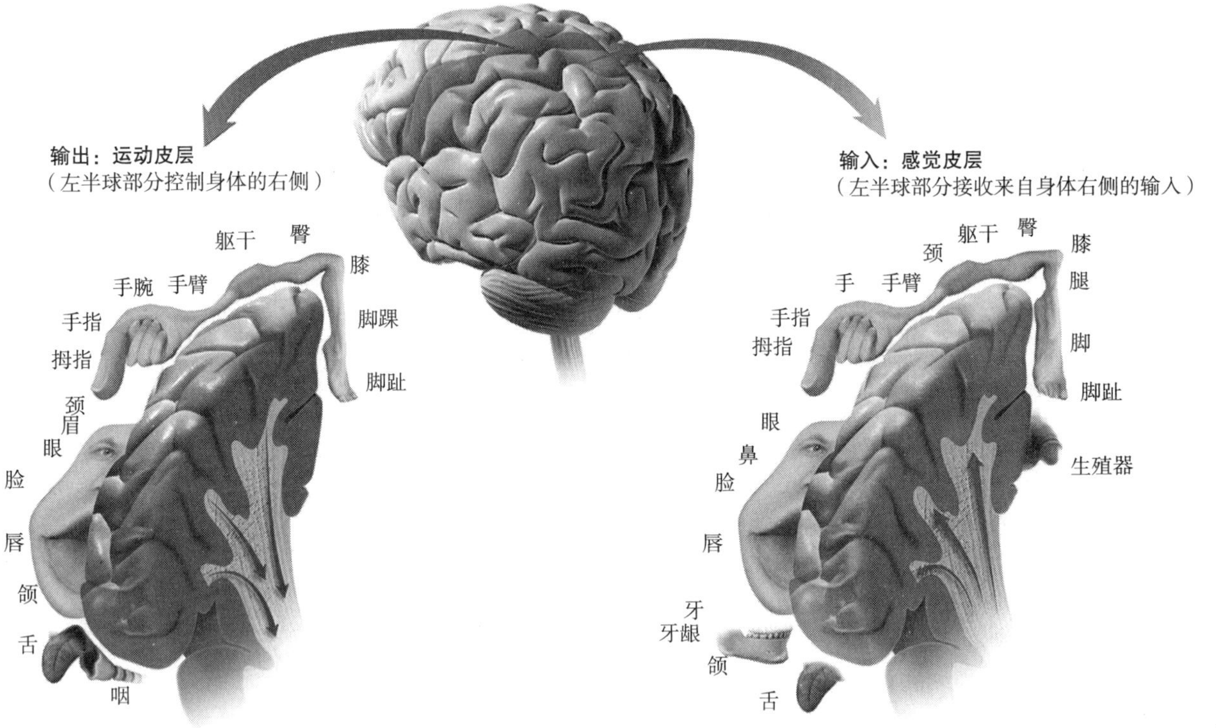

➤ 图 2.24
运动皮层与感觉皮层中与身体各部分对应的左半球组织（见彩插）

正如你在这幅经典但却不那么精确的图中看到的，皮质的大小与对应的肢体部分的大小不成比例。敏感区域与需要精细控制的区域对应更多的脑组织。如此一来，手指就比手臂的皮质代表区更大。而神经的分布是复杂的。单独的肌肉与多个神经束联系，这样就可能与其他的肌肉相连。

运动功能 科学家们已经定位出一些较为简单的大脑功能。1870 年，当德国物理学家弗里奇和希奇格（Fritsch & Hitzig）对狗的脑皮质施加适度的电刺激时，他们得到了一个重大的发现：他们通过电刺激能够让狗身体的不同区域运动。这种结果具有选择性：仅仅当刺激额叶背后的一个拱形区域时才会引起运动，这个拱形大致位于双耳间跨过大脑顶部的区域。而且，当这些研究者刺激大脑左侧或右侧这个区域的特定位置时，却发现它们能够引起对侧身体运动。现在我们把这个拱形叫做**运动皮层**（motor cortex）（图 2.24）。

运动皮层的定位 对于脑外科医生和他们的病人来说，幸运的是，大脑并没有感受器。正是知道了这一点，德国的神经外科医生弗斯特和加拿大的神经外科医生彭菲尔德（Foerster & Penfield）才得以对上千个清醒病人的大脑运动皮层进行定位。他们发现，像手指和嘴巴这些要求精确控制的身体区域占据的脑皮质区域最大。

西班牙神经科学家德尔加多（José Delgado）再次论证了运动行为的机制。他刺激了一个病人运动皮层左侧上的一个点，结果引发了其右手的一个握拳动作。在进行下一个刺激时，他要求被试松开手，虽然病人尽了最大的努力，但拳头仍然保持紧握状态。病人报告说，“医生，我觉得你的电刺激比我的意志要强大得多”（Delgado，1969，p.114）。

最近，通过连续地测量产生特定手臂运动的运动皮层的活动，科学家们已经能够在猴子运动前十分之一秒时就可预知它的手臂运动了（Gibbs，1996）。一些研究者认为，这些研究开创了修复术（人工身体部位替换）的新时代。

⏩ 演示：试试用你的右手做画圆圈动作，就像是在为桌面抛光一样。现在，让你的右脚与右手同步进行相同的动作。现在，脚进行反向画圈（手不变）。很难，是吧？但是，如果试着用右手对侧的左脚来画，就容易多了。四肢的左右侧是由对侧的大脑控制的。因此，它们相反的运动彼此干扰较小。

神经修复术 通过从大脑中窃取信息，我们可以让某些个体——如一个瘫痪的人使用机械肢或者是操纵光标来写电子邮件和网上冲浪吗？为了找到答案，布朗大

学的研究者们在三只猴子的运动皮层区域植入了 100 个极小的记录电极（Nicolelis & Chapin，2002；Serruya et al.，2002）。当猴子使用一根玩具棒移动光标去追随一个移动着的红色目标时（获得奖励），研究人员记录下其神经放电模式。然后他们让计算机来操纵玩具棒。当猴子刚想到要移动时，电脑就会以几乎和猴子一样的熟练程度来通过移动光标作出反应。在接下来的一个实验中，研究者训练两只猴子控制可以伸出并抓握食物的机械手（Velliste et al.，2008）。

研究中记录的信息不是来自直接控制猴子手臂的运动神经元，而是来自参与计划和动机的大脑皮层（Musallam et al.，2004）。当猴子等待信号告诉它们以获得果汁奖励，计算机程序记录了这个参与计划和动机的大脑皮层的活动。通过将大脑活动与猴子随后的指向进行匹配，研究者能够让转动臂根据猴子的想法来做出移动反应。

如果该技术能够运用于运动脑区，那么为什么不用它来记录一个人能够想到但无法说出（比如中风后）的词语呢？加州理工学院的神经科学家理查德·安德森（2004，2005）推测，研究者能够在言语区植入电极，"让患者想象不同的词语，然后观察细胞的发放方式有何不同。这样你可以建立数据库，当患者想到一个词语时，将信号与数据库进行比较，就能预测他们在想什么词语。然后获取输出并与言语合成器连接。这与运动控制的道理是一样的。"

2004 年，美国食品和药物管理局批准了将神经修复术运用于瘫痪者的第一个临床实验（Pollack, 2004, 2006）。第一个患者是 25 岁的瘫痪男性，他能够在心理上控制电视机，在电脑屏幕上画简单图形和玩视频游戏，所有这一切都归功于一个阿司匹林药片大小的芯片，这个芯片上的 100 个微电极记录了运动皮层的活动（Hochberg et al., 2006）。

感觉功能 如果运动皮层是把信息向外传送到身体，那么外周信息是在皮层的什么地方进行接收的呢？彭菲尔德确定了一个专门接收来自皮肤感觉和身体运动部分信息的脑皮层区域。这个区域位于运动皮层区域的后面，与其平行，在顶叶的前部。我们现在把它称做**感觉皮层**（sensory cortex）（图 2.24）。刺激这一区域顶部的一个点，参与者将会报告说有人触摸他的肩膀；刺激边上的某一点，参与者将会觉得面部有东西。

一个身体区域越敏感，它相应的感觉皮层所占的面积也就越大。你极度敏感的嘴唇所占的脑皮层比你十个脚趾所占的脑皮层面积要大得多（图 2.24）。这就是我们用嘴唇接吻而不是触摸脚趾的原因之一。与此相似，老鼠有很大一片的脑皮层专用于它们的触须感觉，猫头鹰有很大一片的脑皮层专用于它们的听觉，等等。

科学家们更进一步探索并确定了用于接收其他感觉的脑皮层区域。此刻位于你大脑后部的枕叶正在接收视觉信息（图 2.25 和图 2.26）。假如此处遭到重击，可能会导致失明。刺激那里，你会感觉到有闪烁的光

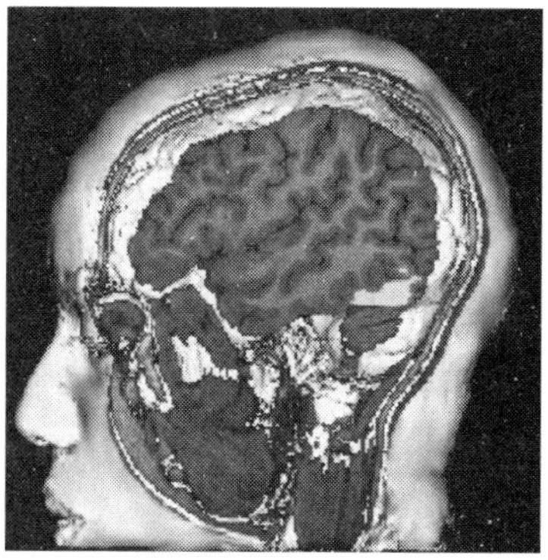

Courtesy of V. P. Clark, K. Keill, J. Ma. Maisog, S. Courtney, L. G. Ungerleider, and J. V. Haxby, National Institute of Mental Health

➤ 图 2.25
新技术显示活动中的脑（见彩插）
fMRI 扫描显示，当参与者观看面部图片时，视觉皮层——枕叶——很活跃（颜色代表血流量增加）。如果停止观看，这个区域马上会平静下来。

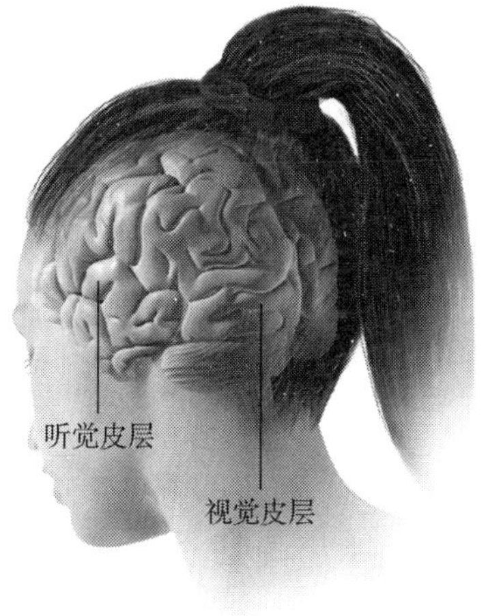

➤ 图 2.26
视觉皮层和听觉皮层（见彩插）
位于大脑后部的枕叶接收来自眼睛的信息输入。位于颞叶的听觉中枢则接收来自双耳的信息。

或者是看到少许颜色。在某种意义上说，我们的眼睛的确是长在我们的脑背后的。现在你接收的来自枕叶的视觉信息将会传达到其他执行特定任务的区域：如辨认词语，察觉情绪，识别脸部等等。

无论你现在听到什么声音，你位于颞叶的听觉区域都会对它进行加工（图 2.26）。大多数的听觉信息都会从一只耳迂回到达对侧耳上的听觉接收区域。假如刺激那里，你将会听到一个声音，而这一声音可能并不需要是真实存在的。对精神分裂症患者的 MRI 扫描揭示，在他们的幻听过程中，颞叶的听觉区域很活跃（Lennox et al.，1999）。当具有听觉缺陷的人在经历幻听铃响时，假如是其中一只耳朵听到的，那么与之相联系的却是大脑对侧颞叶的活动（Muhlnickel et al.，1998）。

联合区 迄今为止，我们已经明确了分布在大脑皮层的接收感觉信息和引导肌肉反应的脑皮层区域。对于人类来说，还剩下四分之三的大脑皮层对感觉和肌肉活动都不起作用。那么，这片巨大的脑区域将会进行什么样的活动呢？这些**联合区**（association area）（图 2.27 棕褐色部分）的神经细胞负责整合信息，它们将各种各样的感觉信息与储存的记忆相联系——这是思维的一个非常重要的部分。

用电刺激这个联合区不会引发任何可观察到的反应。所以，我们不能像对感觉和运动区域那样，对联合区的功能进行非常明确的定位。这片脑皮层的沉默似乎可以说明心理学中一个非常流行的假说：即我们通常只利用了我们大脑的十分之一。这种人为构想暗示了如果我们能够把我们的大脑全部激活，那么我们将远远比那些只使用大脑十分之一能量做苦工的人要聪明得多。然而，正如麦克伯尼（McBurney，1996，p.44）所写的那样，这种构想是“心理花园中最顽固的野草之一”。从通过外科手术毁损的动物和脑损伤的人进行的观察上来看，我们可以了解到，事实上联合区并非是处于睡眠状态的（大脑没有附属物——没有显著的无目的组织）。联合区负责对感觉区域加工的信息进行解释、整合，并根据这些信息进行反应。

所有四个脑叶中都发现了联合区。位于额叶的联合区使我们能够判断、计划和加工新的记忆。额叶损伤的人可能会有完整无缺的记忆，在智力测试中能够获得很高的分数，也能够烤面包，但是却不能为生日聚会烘烤蛋糕提前做计划（Huey et al.，2006）。

额叶损伤也会改变一个人的人格，解除个人对自己的各种抑制。让我们来看一下铁路工人菲尼亚斯·盖奇的经典案例。1848 的一个下午，25 岁的盖奇在用

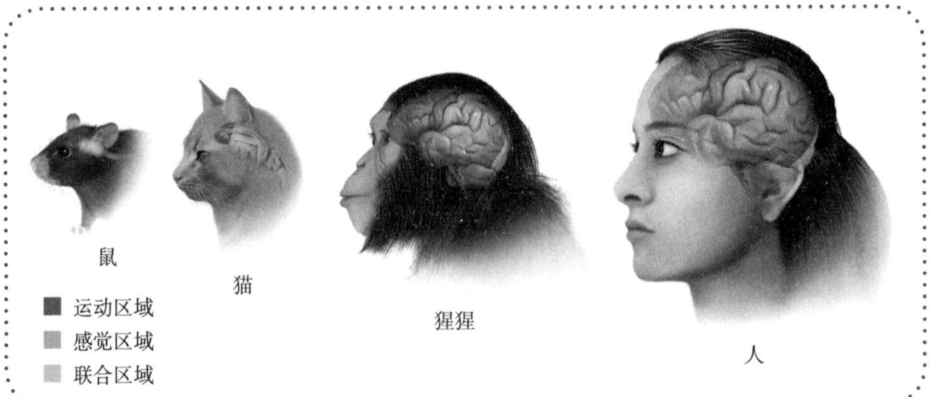

➤ **图 2.27**
四种哺乳动物的皮层区域（见彩插）
智能越高的动物，它的“未明确用途”或联合皮层的区域也就越大。脑的这些大面积区域负责对感觉区域接收和加工过的信息进行整合和反应。

一个烙铁填塞物把火枪塞入岩石中时，一个火花点燃了火药爆炸，一根铁棒从他的左颊射入，并从头骨顶部穿出，从而使得他的额叶大面积损伤（图 2.28）。令所有人惊奇的是，盖奇马上坐了起来并能够说话，伤愈之后他又回去上班。尽管他的智力和记忆仍然是完整的，但他的人格却变了。以前那个和蔼可亲、说话温柔的盖奇，现在变得易怒、粗俗、不诚实。他最终失去了工作，后来只能靠在游乐场所展览自己来维持生计。他的朋友们都说这个人“不再是盖奇了”。

由于额叶的破裂，盖奇的道德规范变得和他的行为极其不一致。最近，在两个和盖奇相似，也受到额叶损伤的年轻人身上同样发现了这种道德的丧失。他们两人虽然都康复了，但是他们也都表现出了道德的丧失——偷盗、撒谎、辱骂、忽略他们还未成年的孩子却没有任何自责心理。尽管有良好的家庭背景，但他们却似乎缺乏是非感。你会支持推下一个人挡住不受控制的火车以拯救另外五个人吗？大多数人不会，但这个脑区受损的人通常会（Koenigs et al.，2007）。

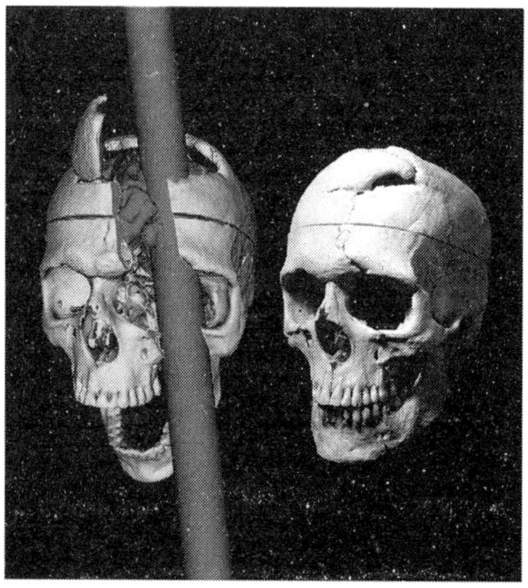

➤ **图** 2.28
对菲尼亚斯·盖奇的重新审视
通过对盖奇颅骨的测量和现代成像技术，研究者达迈西和她的同事（Damasio et al.，1994）重新构建出穿过盖奇大脑的铁棒位置。

其他脑叶的联合区也同样执行着心理功能。比如，爱因斯坦的大脑重量和平常人一样，但顶叶却很大并且形状与众不同，该区域主要负责数学和空间推理（Witelson et al.，1999）。右颞叶侧的一个区域能够使我们辨认面孔，如果由于重击或者脑外伤损伤了大脑的这个区域，你仍能够描述某人的面部特征，判断其大致年龄，但很奇怪的是，却不知道这个人是谁。比如，是否是纳尔逊·曼德拉或者你的隔壁邻居，甚至是你的祖母。

但是，我们应该警惕使用脑的“热点”图来把复杂的功能定位在精确的脑区上，这样就会臆造出一种新的颅相学（Uttal，2001）。复杂的心理功能，比如学习和记忆，并不位于某个单一的位置。老鼠很小的联合区皮层上，没有哪一点受到损害时能使它失去学习和记忆迷宫能力。记忆、语言和注意产生于不同脑区的同步活动（Knight，2007）。

⏩ 关于不同的神经网络如何相互协调以产生语言，见第 9 章。

脑的可塑性

9. 受损的脑在多大程度上自身可以重组？

我们的脑不仅受到基因的塑造，同时也受到经验的塑造。MRI 显示，训练有素的钢琴家编码钢琴声音的听觉皮层比常人更大（Bavelier et al.，2000; Pantev et al.，1998）。第 4 章将具体介绍经验如何塑造大脑，这里我们只介绍来自大脑**可塑性**（plasticity）研究的证据，可塑性就是大脑在受到某些类型的损伤后自我修复的能力。

与皮肤不同，切断的神经通常不能再生（如果脊髓切断了，很可能将永久瘫痪）。一些非常具体的脑功能似乎已经预先分配给了特定的脑区。双颞叶面孔识别区受损的婴儿，永远不能重新获得识别面孔的正常功能（Farah et al.，2000）。但庆幸的是，神经组织可以在受损后进行重组。大脑在小损伤之后修复自身，这发生在我们每个人身上。

幼儿的大脑最具可塑性（Kolb，1989；见图 2.29）。通过限制使用功能完好的肢体，强制使用“坏手”或不协调的腿，强制性使用疗法的目标是重塑大脑。这种疗法逐渐重新组织大脑，改善脑损伤儿童甚至是中风成人行动的灵活性（Taub，

➤ 图 2.29
脑的可塑性
如果外科手术或事故使儿童的一部分脑组织甚至是整个半球（以去除癫痫）损毁，如上图中的这个 6 岁儿童，那么大脑会调用其他多余的区域进行补偿。约翰 · 霍普金斯医学团队对做了大脑半球切除手术的 58 名儿童进行了研究，结果表明这些儿童在切除大脑任一半球后，其记忆、人格和情绪都惊人地保持完好（Vining et al.，1997）。儿童的年龄越小，余下半球越有可能接管手术移除半球的功能（Choi, 2008）。

2004）。一名 50 来岁的外科医生是中风患者，他被强制清理桌子，同时限制他完好的手和腿。慢慢地，坏手恢复了功能。随着受损的脑功能向其他大脑区域转移，他逐渐再次学会书写，甚至还会打网球（Doidge，2007）。

脑的可塑性对于盲人和聋人来说是福音。失明或失聪会使得未使用的脑区用于其他用途（Amedi et al.，2005）。如果盲人用手指阅读盲文，那么手指对应的脑区会扩展（Barinaga，1992a），因为触觉进入到了视觉对应的脑区。PET 也扫描到盲人阅读盲文时视觉皮层的活动（Sadato et al.，1996）。用信号语言交流的聋人，原本加工听觉信息的颞叶区域接收不到听觉刺激。最后，颞叶搜寻其他信号进行加工，如视觉系统的刺激。这有助于解释为什么一些研究发现聋人拥有更好的周边视觉（Bosworth & Dobkins，1999）。

可塑性在一些损伤之后尤为显著。如果左半球缓慢生长的肿瘤干扰了语言功能，右半球便会进行补偿（Thiel et al.，2006）。如果失去了一根手指，接收该手指输入的感觉皮层会开始从邻近的手指接收输入，而邻近的手指会变得更加敏感（Fox，1984）。失去手指还反映在另一个神秘现象中。如图 2.24 所示，在感觉皮层上，手区位于脸区和臂区之间。碰触手指被切除的人的脸时，患者除了有脸部的感觉，还会对他已不存在（幻觉）的手指产生感觉。同样，当碰触他胳膊的时候，感觉纤维会侵入到手腾出来的脑区。如果身体的一部分被切除，终止于邻近感觉皮层区域的感觉纤维可能会侵入那些没有了感觉输入的脑组织。

还应指出的是，脚趾区域和生殖器区域相邻。所以你可以猜想，一个下肢被切除的人在性交时会有怎样的体验？“我真的体验到来自脚上的高潮。这比以前范围大多了，因为它不只限于生殖器了”（Ramachandran & Blakeslee，1998，p.36）。

尽管脑的修复经常是通过重组的形式，但证据显示，与长期持有的观念相反，成年老鼠和人类也可以生成新的脑细胞（Jessberger et al.，2008）。此外，最近还发现猴子大脑每天能生成数千个新神经元，即**神经发生**（neurogenesis）。这些新生神经元最初位于大脑深处，而后转移到用于思维的额叶区域，并与邻近的神经元建立连接（Gould，2007）。这是大脑用于部分地补偿随着年龄增长而逐渐衰亡的神经元细胞的一种途径。研究者在胎儿大脑中发现了可以生成任何一种脑细胞的具有支配地位的“干细胞”。如果在实验室里大量培植这些脑细胞并将其注射到受损的大脑中，也许神经干细胞会用自身代替那些消亡的细胞？也许某一天我们能够像重新播种被破坏的草坪一样，重建受损大脑？这些都有待继续研究。今天的生物技术公司正努力使这些可能变为现实（Gage，2003）。与此同时，我们都可以利用自然的力量来促进神经发生，例如运动、睡眠，以及不产生压力但仍然具有刺激性的环境（Iso et al.，2007; Pereira et al.，2007; Stranahan et al.，2006）。

大脑两半球

10. 割裂的大脑揭示了大脑两半球的哪些功能？

一个多世纪以来，临床证据已经表明大脑两侧具有不同的功能。这种半球的专门化（或偏侧化）在脑损伤后更为显著。如果左半球遭受事故、打击或者生有肿瘤，通常就会损害阅读、写作、说话、算术推理和理解能力。而右半球如果遭受相同的损伤却几乎没有如此严重的后果。

直到 1960 年人们才普遍接受，左半球是“优势半球”或“主要半球”，而它的同伴右半球却默默无闻地充当“劣势半球”或“次要半球”。后来的研究者发现处于“次要”地位的右半球的功能并没有那么局限。这一发现在心理学历史上写下了光辉的一页。

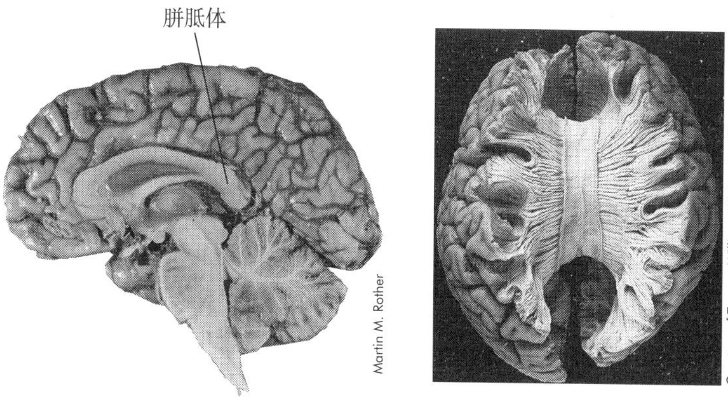

➤ 图 2.30
胼胝体
大的神经纤维束连接大脑两个半球。外科医生切开脑后部组织以暴露出胼胝体和进出的神经纤维束。

割裂脑

1961 年，洛杉矶的两个神经外科医生，沃格尔和博根（Vogel & Bogen）推断，大多数的癫痫发作是由于大脑两半球的异常活动过度造成的。因此，他们想要弄清楚是否可以在那些患有难以控制的癫痫病人身上，通过切除大脑两个半球之间的联系来减少发作次数。如果要这样做，沃格尔和博根认为必须切断**胼胝体**（corpus callosum），即连接大脑两半球并在其间传递信息的轴突纤维（图 2.30）。

外科医生有理由相信这个手术不会导致伤残。心理学家斯佩里、迈尔斯和加扎尼加（Sperry，Myers，& Gazzaniga）就用这种不会产生任何严重后果的方法分割了猫和猴子的脑。沃格尔和博根也进行了同样的手术。结果是，这些**割裂脑**（split brain）病人没有发生抽搐反应，相反，他们出奇地正常，人格和智力几乎没有受到任何影响。一位手术后醒来的病人甚至打趣说他体验了爆炸式的头痛（Gazzaniga，1967）。

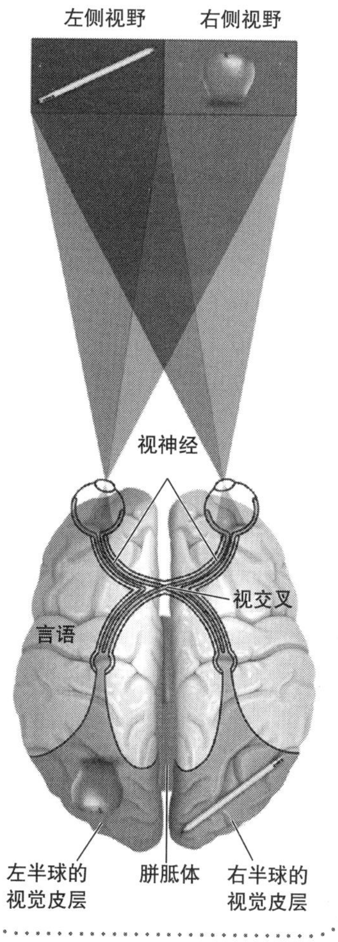

➤ 图 2.31
从眼到脑的信息通路（见彩插）
来自左侧视野的信息传到右半球，来自右侧视野的信息传到掌管语言功能的左半球。（注意，每只眼所接收的感觉信息既来自左侧视野也来自右侧视野。）每个半球所接收的数据通过胼胝体迅速地传递到对侧。在胼胝体被切断的病人身上，不会发生这种信息的共享。

斯佩里和加扎尼加关于裂脑人的研究，为我们提供了一把理解大脑两半球互补功能的钥匙。如图 2.31 所示，让病人注视一个点，然后在该点的左边或右边闪现一个刺激，由于视交叉的特性，就能够使研究者向病人的左脑或右脑输送信息（对你也可以这样实施，但是在你完好的大脑中，接收信息的信号半球会立即将其通过胼胝体到达另一半球。裂脑手术则切断了两半球之间的这一电话电缆，即胼胝体）。最后，研究者要分别对每个大脑半球进行检查。

在加扎尼加 1967 年的一个实验中，要求裂脑人在看到屏幕上闪现 HE · ART 的时候注视中间那个圆点（图 2.32）。这样，HE 就会出现在其左侧视野中（传递至右半球），而 ART 则出现在右侧视野（传递至左半球）。当向病人问起他们看到的东西时，病人报告看到了 ART，同时对自己的左手（受右脑控制）会指向 HE 表示吃惊。即使各半球都有机会来表达自己，它们也只能报告所看到的。而左手本能地知道自己所不能用语言进行报告的

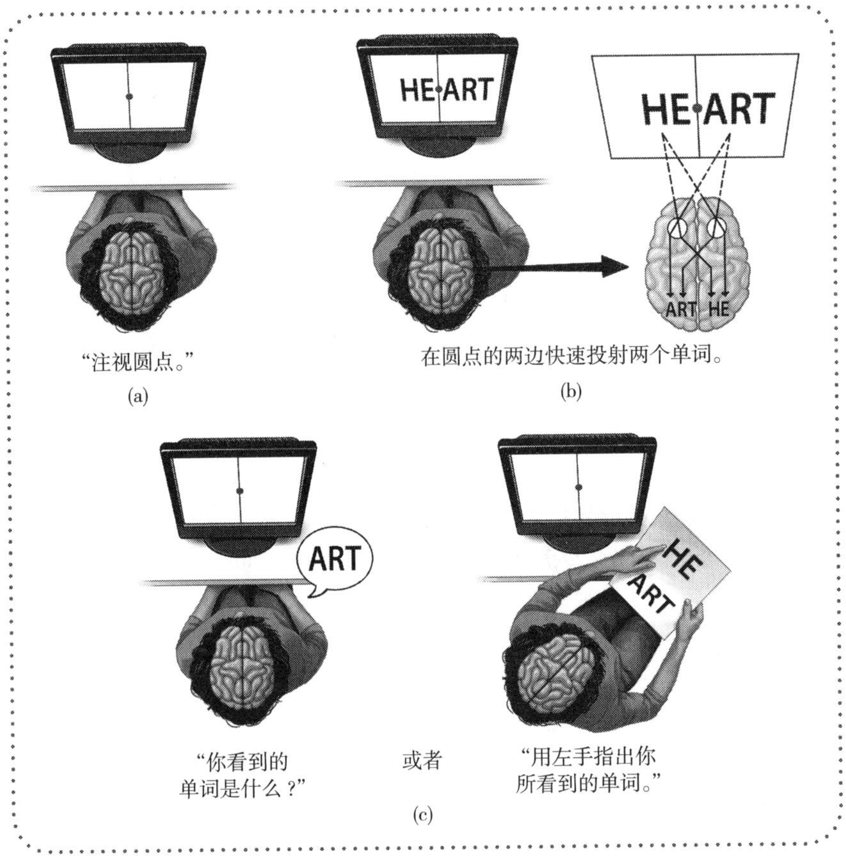

➤ 图 2.32
割裂脑测验
当一个实验者在视野中闪现一个单词“HEART”时，割裂脑病人报告自己所看到的是传递到左半球的单词部分。然而，如果要求她用左手指出她所看到的，她会指出传递到右半球的单词部分。（From Gazzaniga，1983）

内容。

类似地，将一把勺子的图片闪现给病人的右半球时，他们说不出看到了什么。但是当让他们用左手去触摸遮挡住的分好类的物体，并以此识别物体时，他们能够轻易地指出勺子。若实验者说“右边”，病人可能回答“什么？右边？我不知道看到了什么，怎么能指出右边的物体呢？”当然，在这里左半球是言语性的，被非言语的右半球所知的信息迷惑了。

一些做了裂脑手术的人一度受到困扰，即他们的左手具有随意的独立性，右手在扣纽扣的同时，左手可能会解开纽扣，或者右手将杂货品放进推车后，左手会将其放回货架，这就好像每个大脑半球在思考“我对今天要穿绿色（蓝色）衬衫已经有了一半的主意”那样。实际上，斯佩里（1964）说，裂脑手术可以使人有两种独立的想法。割裂脑的两个半球能够理解并遵循指示，同时用左手与右手描摹不同的图像（Franz et al.，2000；见图 2.33）。（读到这里，我可以想象一个裂脑人可以享受一个人玩“石头剪刀布”游戏的乐趣——用自己的左手和右手）。

➤ 图 2.33
试试看！
乔是一名裂脑患者，他可以同时用两只手画出不同的形状。

BBC

当“两种想法”发生冲突时，左脑似乎充当了大脑的发言人，运用思维活动将没被理解的反应合理化。如果病人遵照发送到右半球的一个指令（“走”）行事，那么解释性的左半球就会提供一个快速的解释（“我走进屋去拿杯可乐”）。加扎尼加（1988）由此得出结论，认为意识性的左脑是一个能够立即组织理论来解释行为的解释者。

这些实验揭示了当人们考虑做出决策时，左半球会更加活跃（Rogers，2003）。当理性的左脑活跃时，人们会更加不重视令人不悦的信息（Drake，1993）。右半球能理解简单的问题，并且可以比较容易地知觉物体。但是右半球在很多方面的能力强于左半球，如描图、识别面孔、知觉差别、觉察情绪以及通过更富于表现力的左脸表达情感等（图 2.34）。因此与社交行为相比，右半球损伤导致情绪加工障碍的程度更大（Tranel et al.，2002）。

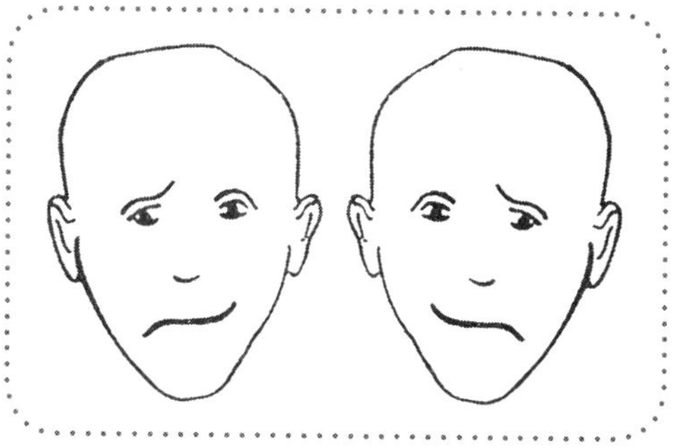

➤ 图 2.34
哪一个更快乐？
注视一个脸部图形的中心，然后转向另一个。有一个显得更快乐吗？大部分的人会说右边的那个。一些研究者认为，这主要是因为能够熟练进行情绪加工的右半球接收了来自每个脸部左侧半边的信息。（当你注视面部中心的时候）

大多成对的身体器官，如肾、肺和乳房，功能相同，如果一边无法起作用，那么另一边就相当于一个后备系统。但这一点不适用于大脑的两半球。它们具有生物不对等性，分别具有不同的功能，似乎每个半球都有独立的思想。

▸▸ 问题：如果给割裂脑病人的右半球闪现一个红色光点，左半球闪现一个绿色光点，那么每个半球能够看到呈现给各自的光点吗？病人能够意识到两个光点的颜色的不同吗？病人口头报告所看到的光点是什么？

答案：对，错，绿色

完整大脑的半球差异

生活中至少有 99.99% 像我们这样的人，大脑没被分割，那又是一种什么样的情况呢？科学家是否已经发现我们的大脑半球同样是专门化的呢？几项不同的研究证实了这一点。

例如，在执行一项知觉任务时，脑波、血流量以及葡萄糖消耗量都可以说明右半球的活动增多；而在说话或者计算时，左半球的活动增多。

有时，在短暂休眠一侧半球时，半球的特异性功能能够更明显地表现出来。医生可以通过向颈动脉注射镇静剂的方法在手术前检测语言点，颈动脉向其同侧的大脑半球供应血液。药物注射前，病人平躺，手臂上举，可自如交叉。你可以轻易判断出药物进入通向左半球的动脉时会发生什么：不出几秒，右臂会垂下变软，而且，如果是左半球控制语言的话，那么病人在药物耗完之前都不能说话。药物通过动脉进入右半球时，左臂会垂下，但是病人仍能讲话。

你认为哪个半球使手语在聋人之间成为可能？是具有视觉—空间优势的右半球，还是对语言加工有准备的左半球呢？研究发现，正如听觉正常的人是用左半球加工言语一样，聋人同样使用左半球理解手语（Corina et al.，1992；Hickok et al.，2001）。击打左半球，对聋人手语的影响与对正常人说话的扰乱程度一样。布罗卡区在口语和手语的产出中也有类似的情况（Corina，1998）。对脑而言，语言就是语言，不论是口语还是手语。（关于大脑处理语言的详细介绍，见第 9 章）

尽管左半球擅长对语言进行快速、书面的解释，但右半球在做精细推理时却略胜一筹（Beeman & Chiarello，1998；Beeman et al.，1994；Bowden & Beeman，1998）。如果启动词是“脚”，那么，左半球会极快速地识别出密切相关的词汇“脚后跟”。但是，如果启动词是“脚、哭和玻璃”，那么，右半球将更快地识别出与这三个词都相关的词（如“割伤”）。而且，如果给定一个类似顿悟的问题，即什么词与“高、地区和房子”搭配？右半球能够给出更好的回答（右半球比左半球更快地得出答案是“学校”）。正如一位右脑损伤病人的解释，“我理解词的含义，只是不知道细微的差异罢了。”

右脑还帮助我们调整言语，以使话语意义更加明确。例如，我们会问“What's that in the road ahead?”，而不是“What's that in the road，a head?”（Heller，1990）。

右脑似乎还有助于协调我们的自我感。如果损伤发生在右半球，部分瘫痪的人有时候会拒绝接受他们的缺陷，比如声称他们能够移动瘫痪的肢体（Berti et al.，2005）。一些右脑受损的病人无法感知他人与自己的关系，比如一名男性病人将护理人员当做家人（Feinberg & Keenan，2005）。还有一些人无法辨认镜中的自己，或者以为自己的肢体是别人的（“那是我丈夫的手臂”）。在一项实验中，大脑正常的人们观看从同事的面孔逐渐变成自己面孔的一系列图片，这时右脑的力量显现了。当人们认出自己时，右脑的部分区域表现出短暂的活跃。但是当磁刺激干扰他们正常的右脑活动时，他们无法认出变形照片中的自己（Uddin et al.，2005，2006）。

仅以肉眼观察两个大脑半球，谁会想到它们对大脑的整体和谐起着如此不同的作用呢？然而各种对裂脑人和正常人的观察结论惊人地一致：我们的大脑是由专门化部分组成的统一体，这一点毫无疑问。

脑的组织与用手习惯

11. 用手习惯与脑的组织有什么关系？

几乎 90% 的人都是右利手（Leask & Beaton，2007; Medland et al.，2004; Peters et al.，2006）。剩下的 10% 是左利手（可以说男性中左利手更多，或者说左利手更少见于女性）。几乎所有（96%）的右利手主要使用左脑进行语言加工，左脑略大于右脑（Hopkins，2006）。而左利手的情况则呈现多样性。有超过一半的左利手者与右利手者一样，也用左脑进行语言加工，大约有四分之一的左利手者用右脑进行语言加工，余下的四分之一则用两半球同时加工语言，两半球的使用大致相当。

▸▸ 质疑用手习惯的遗传解释的证据：用手习惯是同卵双生子不太可能共有的少数特性之一（Halpern & Coren，1990）。

用手习惯是遗传的吗？ 从洞穴绘画、工具以及史前人类的手骨及臂骨来判断，人类使用右手的偏向出现在我们物种发展过程的早期阶段（Corballis，1989; Steele，2000）。右利手充斥于所有的人类文化中，而且似乎还先于文化的影响。用超声波观察胎儿吮吸拇指的情况，发现超过90%的胎儿是吮吸右手拇指（Hepper et al.，1990）。这一右手习惯的偏向仅见于人类以及与我们最为相似的灵长类：黑猩猩和倭黑猩猩（Hopkins，2006）。其他灵长类在右利手和左利手之间更加平均。

通过对新生儿出生头两天的观察，乔治·米歇尔（Michel，1981）发现三分之二的婴儿喜欢保持头部转向右侧平躺着的姿势。当他在婴儿 5 个月大时对该婴儿样本再次研究时，几乎所有“头朝右侧”的婴儿在够东西时都使用右手，而几乎所有“头朝左侧”的婴儿都使用左手。这类发现与普遍存在的右利手现象相一致，这表明基因或者孕期因素影响用手习惯。

那么，左撇子没问题吗？ 在日常交谈中，我们认为习惯使用左手的人总有些不适宜。旁门左道或者对左利手的赞誉并不比“笨拙”或者“邪恶”好到哪儿去（这些词源自法语和拉丁语中的“左”）。相反，习惯用右手就没什么不对，像“正当的”（righteous）、“正直的人”（right-hand man）、“在他正义的心

中”（in his right mind）之类。

在有阅读障碍、过敏和偏头痛的人中，左利手的人更多（Geschwind & Behan，1984）。然而在音乐家、数学家、职业篮球或板球运动员、建筑学家和艺术家中，左利手者更为多见，如米开朗基罗、达·芬奇、毕加索［策略性的因素可以用来解释运动领域中为什么会出现高于正常比例的左利手（脚）者，例如，它可以帮助足球团队中的左利脚球员在球场的左侧发挥作用（Wood & Aggleton，1989）］。虽然左利手的人要忍受晚宴上肘部相撞、适于右利手的桌子以及难以使用的剪刀，但左利手的优势和劣势是大致相当的。

＊＊＊

我们已经洞察到本章最重要原则的真实性：一切心理的东西同时也是生物性的。本章着重讨论了既有专门化又有统一性的脑是如何引发我们的思考、感情和行为的。我们将进一步深入探讨心理学中生物进化的意义。

从 19 世纪的颅相学到今天的神经科学，我们已经走过了一段很长的路。然而，我们已知的与未知的相比仍少之又少。我们可以描述大脑，能了解大脑各部分的功能，我们也能够研究各部分之间的相互联系。但是精神是如何从躯体中产生的？我们脑中的电化学反应是如何让我们意气风发，如何有了创造性的想法，以及如何有了对祖母的记忆的呢？

气体与空气超过一定浓度就能变成燃料，与此类似，斯佩里相信，复杂的人脑也能产生一些与众不同的东西——意识。他认为，意识产生于脑内离子的活动，但却不能把意识还原成离子的运动。细胞不能完全由原子的活动来解释，同样，心理也不能完全用细胞的活动来解释。心理学源于生物学，生物学源于化学，而化学又源于物理学。但是心理学比应用物理学丰富多了。正如卡根（Kagan，1998）提醒我们的，葛底斯堡演说（Gettysburg Address，林肯在葛底斯堡的演说）的意义不可能还原为神经活动。性爱不仅仅是涌向生殖器的沸腾血液。斯佩里（1992）说，当我们将心理理解为一种“整体系统的产物”时，道德与责任也就变成了可能（图 2.35）。我们不是只会机械发音的机器人。

心理在已知与未知面前都在踌躇。从与世界领先的脑科学家的访谈中可以看出他们的诚惶诚恐。其他人则在沉思哲学迷题：物质的脑如何产生意识？物体能在何种程度上了解自身？寻求对脑的理解确实是终极的科学挑战之一。

➤ 图 2.33
作为一个整体系统的心理与脑
在斯佩里的观点中，大脑创造并控制着心理的出现，心理反过来又影响着大脑。（可以形象地想象你咬一口柠檬，就必定会分泌唾液）

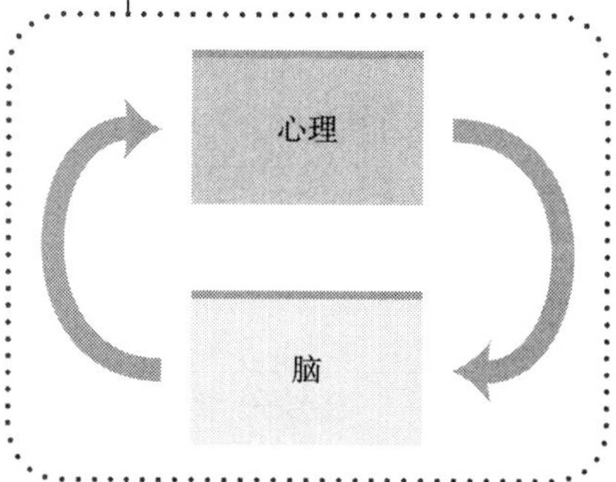

本节回顾

➤ 自问

如果大脑两半球割裂了，你会有何感受？两个半球都能控制你的思想和行为，但其中一个会主导你的意识和言语。作为一个不可分割的人，割裂脑会影响你的自我感吗？

➤ 自测 4

哪个脑区损伤最有可能破坏你跳绳的能力？你的味觉和听觉位于什么部位？哪个脑区损伤可能让你陷入昏迷？若是没有心跳和呼吸，那又是什么区域受损？

自测问题的答案见书后的附录。

本章复习：心理的生理基础

神经网络

1. **什么是神经元，它们如何传递信息？**
神经元是神经系统的基本组成部分，神经系统是身体的电化学信息系统。感觉神经元将来自感受器的信息传送至脑和脊髓，运动神经元将来自脑和脊髓的信息传送至肌肉和腺体。中间神经元在脑和脊髓内部以及感觉神经元和运动神经元之间传递信息。神经元从轴突发出信息，从树突接收信息。如果整合后的信号足够强，神经元就会发放，神经冲动（动作电位）通过电化学过程向轴突末端传递。神经元的反应是全或无过程。

2. **神经细胞之间如何进行信息交换？**
当产生的冲动到达轴突末端时，就会引发神经递质的释放。当通过微小的突触间隙后，这些分子又激活邻近神经元的受体部位。发出信息的神经元通常会吸收突触间隙中多余的神经递质分子，这个过程称为再吸收。如果来自该神经元及其他神经元的信息足够强，接收信息的神经元就会产生它自身的动作电位，并把信息传向其他细胞。

3. **神经递质如何影响行为，药物和其他化学物质如何影响神经传递？**
每种神经递质在大脑中都有特定的通路，对行为和情绪具有特定的影响。乙酰胆碱影响肌肉运动、学习和记忆。内啡肽是天然鸦片物质，在疼痛和运动时释放。药物和其他化学物质影响突触的信息传递。激动剂通过模拟特定的神经递质或阻断再吸收起到兴奋作用。拮抗剂抑制特定神经递质的释放或阻断其作用。

神经系统

4. **神经系统主要分支的功能是什么？**
神经系统的主要分支是中枢神经系统（CNS），即脑和脊髓。另外一个是外周神经系统（PNS），通过神经纤维连接 CNS 与其他身体部位。外周神经系统分为两个分支。躯体神经系统控制骨骼肌的随意运动。自主神经系统分为交感神经系统和副交感神经系统，控制肌肉和腺体的非随意运动。神经元聚集在一起形成工作网络。

内分泌系统

5. **身体的慢速信息系统——内分泌系统是如何传递信息的？**
内分泌系统是一组向血液中分泌激素的腺体，血流将激素送至全身，并影响其他组织包括脑。内分泌系统的主控腺体，即垂体，通过其他腺体影响激素的释放。在复杂的反馈系统中，大脑的下丘脑影响垂体，垂体影响其他腺体，这些腺体释放激素，激素再影响脑。

脑

6. **神经科学家如何研究脑与行为、心智之间的联系？**
临床观察和损伤揭示了脑损伤的主要影响。MRI 扫描显示脑结构，EEG、PET 和 fMRI 显示脑活动。

7. **重要低水平脑结构的功能是什么？**
脑干是脑最原始的部位，控制无意识的生存功能。它由延髓（控制心跳和呼吸）、脑桥（帮助协调运动）和网状结构（影响觉醒）组成。丘脑位于脑干上方，是脑的感觉中继站。小脑与脑干的后方相连，协调肌肉运动和帮助感觉信息的加工。

边缘系统与情绪、记忆和动机相关。它的神经中枢包括杏仁核（参与攻击和恐惧反应）、下丘脑（参与各种身体维持功能、快乐奖赏和激素系统的控制）。垂体（“主控腺体”)通过刺激下丘脑引发激素的释放来控制下丘脑。下丘脑加工记忆。

8. **大脑皮层的不同区域具有什么功能？**
每个半球的大脑皮层分为四个脑叶，即额叶、顶叶、颞叶和枕叶。每个脑叶具有许多功能，并与大脑皮层的其他区域相互影响。运动皮层控制随意运动。感觉皮层记录和加工身体的感觉。需要精确控制的身体部位或特别敏感的身体部位分别占据运动皮层和感觉皮层的最大区域。大部分皮层，即四个脑叶的主要部分是联合区，它整合参与学习、记忆、思考和其他高级功能的信息。

9. **受损的大脑在多大程度上自身可以重组？**
如果一个半球在生命早期受损，另一个半球可以接管它的许多功能。这种可塑性随着年龄的增大而减少。大脑的一些区域能够进行神经发生（形成新的神经元）。

10. **割裂的大脑揭示了大脑两半球的哪些功能？**
割裂脑研究（对切断胼胝体的人所进行的实验）证明，大多数人的左半球更擅长言语，右半球更擅长视觉感知和情绪认知。针对拥有完整大脑的健康人的研究证明，每一个大脑半球对于脑的整体功能具有独特的贡献。

11. **用手习惯与脑的组织有什么关系？**
大约 10% 的人是左利手。几乎所有右利手的人加工言语的半球是左半球，一半以上左利手的人也是如此。

术语与概念

生理心理学
神经元
感觉神经元
运动神经元
中间神经元
树　突
轴　突
髓　鞘
动作电位
阈　限
突　触
神经递质
再吸收
内啡肽
神经系统
中枢神经系统
外周神经系统
神　经
躯体神经系统
自主神经系统
交感神经系统
副交感神经系统
反　射
内分泌系统
激素（或荷尔蒙）
肾上腺
垂体
损　伤
脑电图
正电子放射层扫描（PET）
核磁共振成像（MRI）
功能性核磁共振成像（fMRI）
脑　干
延　髓
网状结构
丘　脑
小　脑
边缘系统
杏仁核
下丘脑
大脑皮层
胶质细胞
额　叶
顶　叶
枕　叶
颞　叶
运动皮层
感觉皮层
联合区
失语症
布罗卡区
威尼克区
可塑性
神经发生
胼胝体
割裂脑

网站

自测的多项选择题和其他习题请访问：www.worthpublisher.com/myers

第3章

意识与心理的双通道

脑与意识

认知神经科学

双重加工

睡眠与梦

生物节律与睡眠

人为什么要睡觉

睡眠障碍

梦

催眠

事实与谬误

催眠状态的解释

药物与意识

依赖与成瘾

精神性药物

药物使用的影响因素

濒死体验

意识是有趣的。从奇怪的梦境中醒来，为梦中的情绪所困扰，我们当中有谁不会为这种神秘的意识状态所困扰呢？我们的大脑是如何创造这种奇异多彩的意识世界的？在睡梦和意识清醒状态之间的虚幻境界中，我们甚至可能在某一瞬间怀疑哪一个才是真实的。而且，我们该如何解释另外一些被改变的意识状态，例如白日梦、催眠、吸毒产生的幻觉，以及濒临死亡所出现的幻影？

但是首先要提出的问题是：什么是意识？在任何一门学科中都有一些基本概念难以定义。生物学家知道生命体的某些特征，但却无法确切地说明什么是生命。而在物理学中，对物质和能量也无法用简单的定义描述清楚。对心理学家而言，意识就是这样一个没有确切定义的基本概念。

在最开始的阶段，心理学是指“对意识状态的描述和解释”（Ladd，1887）。但是，由于采用科学的方法研究意识有很大难度，所以20个世纪前半叶的很多心理学家将研究方向转向对行为的直接观察——一种新兴的心理学流派，称为行为主义（见第7章）。到20世纪60年代，对心理学的定义不再是仅仅关注对意识或者“精神生活”的研究，而是将其界定成一种行为科学。心理学几乎摒弃了意识。意识的地位被看做类似汽车内的里程表：“它无法使汽车前行，只能反映当前正在发生的事情”（Seligman，1991，p. 24）。

> “无论是（心理学家）史蒂夫·平克还是我，都无法解释人类的主观意识……我们还不理解它。”
>
> ——进化生物学家理查德·道金斯，1999

到1960年，精神这一概念再次进入到心理学领域。神经科学的发展把大脑活动和各种心理状态——清醒、睡眠和做梦紧密地联系在一起。研究者开始探讨经催眠和服药改变后的意识。心理学家坚信心理过程（认知）的重要性。心理学重新拾起了意识。

> “心理学必须摒弃所有与意识有关的东西。”
>
> ——行为主义者约翰·华生（1913）

现在的大多数心理学家认为，**意识**（consciousness）是我们对自己和环境的觉知。意识将不同的信息带到大脑表层，使我们能够做出反应并进行计划。当我们学习一个复杂的概念或行为（例如驾驶汽车）时，意识会帮我们将注意力集中到汽车和交通上。这种知觉随着我们焦点的改变而改变。随着不断练习，驾驶就慢慢变成一种自动化的行为，并且不再需要我们的全神贯注——这使我们的意识可以关注其他事情。在一天、一周、一月里，我们会经历各种意识状态，包括睡眠、觉醒以及其他不同状态（图3.1）。

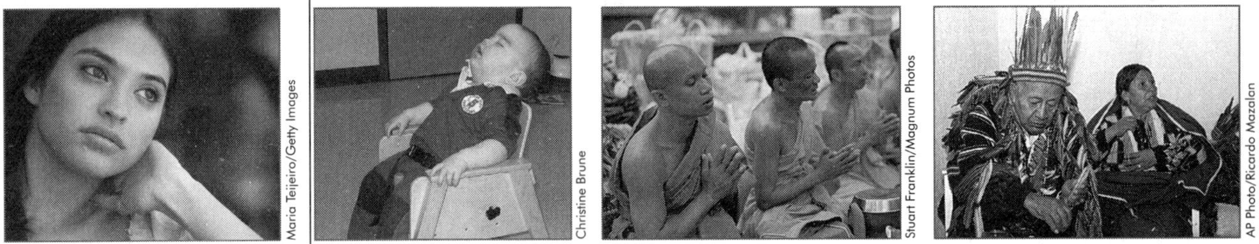

同时发生的状态	白日梦	打瞌睡	做梦
生理产生的状态	幻觉	性高潮	饥饿或窒息
心理产生的状态	感觉剥夺	催眠	冥想

➤ **图** 3.1
意识状态
除了典型的清醒意识，意识还有许多不同的变化状态，包括白日梦、睡眠、冥想和药物产生的幻觉。

脑与意识

1.认知神经科学所揭示的“双重加工”是什么?

在今天的科学中,最热门的研究领域之一是理解意识的生物学。进化心理学家推测,意识必须具有繁殖优势（Barash，2006）。也许意识帮助我们为长期利益行事（考虑结果），而不只是追求短期的愉悦和躲避疼痛。或者意识帮助我们预期别人的看法和读懂他们的心理。(“他看起来真的生气了！我最好跑开！”)。即便如此，这也依然没有解决所谓的“难题”：脑细胞如何彼此交流，以创造出我们对于炸玉米卷的味道、牙痛和恐惧感的意识。

认知神经科学

用神经科学家马文・明斯基（Minsky，1986，p.287）的话来说，科学家的假设是，“心理是脑的所作所为。”我们只是不知道脑如何工作。即使有了全世界的化学物质、计算机芯片和能量，我们仍然无法制造有意识的机器人。然而，今天的**认知神经科学**（cognitive neuroscience），也就是脑活动与心理过程的交叉学科研究，开启了将特定的大脑状态与意识体验联系起来的第一步，即使这只是小小的一步。比如，我们知道，脑干上部与意识有关，因为一些生下来没有大脑皮层的儿童只是表现出有意识的迹象（Merker，2007）。

另外一个对于意识状态的证明来自于一位无法与他人进行交流的患者的脑扫描，这个 23 岁的女性发生了一次车祸，之后便没有表现出意识觉知的外在迹象（Owen et al.，2006）。当研究者让她想象打网球或在家周围转转，fMRI 扫描显示出与健康志愿者相似的脑活动。例如，当她想象打网球时，控制手和腿的脑区变得活跃（图 3.2）。研究者推断，即使在静止的身体上，脑和意识依然也是活跃的。

大多数认知神经科学家正在探索和定位皮层的意识功能。根据你的皮层活动模式，他们能够以有限的方式阅读你的心理。例如，他们能够说出你正在观看 10

个熟悉物体（锤子、钻子，等等）中的哪一个（Shinkareva et al.，2008）。尽管已经取得这些进展，反对意见仍然存在。一个研究小组的理论认为，意识体验来自于特定神经元网络以特定的模式发放。另一个研究小组将意识体验视为整个大脑的同步活动（Koch & Greenfield，2007）。脑如何产生意识仍然是个未解之谜。

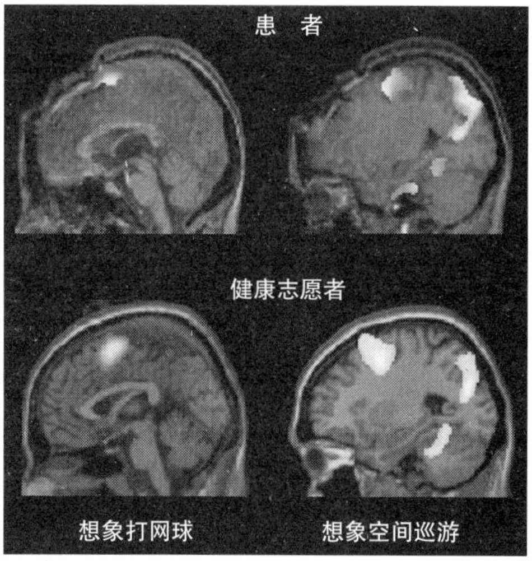

Courtesy: Adrian M. Owen, MRC Cognition and Brain Sciences Unit, University of Cambridge

➤ 图 3.2
意识的证据？（见彩插）
当让一个植物人患者想象打网球或在家周围散步时，她的大脑（上）表现出与健康人大脑（下）相似的活动。尽管这可能只是个例，但研究者还是想知道，是否可以使用 fMRI 来与无法交流的患者进行“交谈”，例如对一个问题回答“是”就想象打网球，回答“否”就想象在家周围散步。

双重加工

许多认知神经科学的发现告诉我们，一个特定的意识体验发生时，特定的脑区会变得活跃。诸如此类的发现激起了很多人的兴趣，但还不足以令人兴奋。（如果所有的心理过程同时也是生物过程，那么我们的意识、情绪和精神恐怕都必须肉体化。）而真正让很多人感到兴奋的是，越来越多的证据表明，存在着两种意识，每一种都有自身的神经架构。

在任何时刻，我们所觉知到的不过是意识屏幕上的东西。但是最近认知神经科学的一个大观念是，我们大脑的很多工作都发生在屏幕和视线之外。裂脑人的研究揭示出意识的“左脑”和偏于直觉的“右脑”，我们曾在第 2 章对此进行讨论。后面的章节将探索在一些研究中我们潜藏的意识，这些研究包括无意识的*启动*、有意识（外显）和无意识（*内隐*）的记忆、有意识偏见与自动偏见以及顿悟和创造性发生的加工过程。感觉、记忆、思维、语言和态度都在两个水平上进行加工：有意识、经过思考的“大路”和无意识、自动的“小路”。今天的研究者称之为**双重加工**（dual processing）。我们知道的比我们认为自己知道的要多。

心理的双通道

一个科学故事描述了心理的两个水平。有时候，辅助于科学的批判性思维巩固了某些得到广泛赞同的观念。但是也有一些时候，就像这个故事所描述的，科学比科幻还要奇特。

我在苏格兰大学逗留时，认识了认知神经科学家梅尔文·古德尔和大卫·米尔内（2004，2006）。有一位他们称为 D.F. 的当地妇女，在一天洗澡时发生二氧化碳中毒。脑损伤导致她无法通过视觉认出和分辨物体。但是她只是部分看不见，因为她的行为表明她仿佛是能看见的。她可以分毫不差地把明信片掷入垂直或水平方向的邮槽；虽然她不能报告前方木块的宽度，但是她能够以正确的指间距离抓起木块。

这是如何发生的？我们不就一个视觉系统吗？古德尔和米尔内从动物研究中得知，眼睛同时向几个不同的脑区发送信息，而不同脑区具有不同的任务。D.F. 的脑活动扫描显示，与取物和抓物有关的脑区活动正常，与有意识地识别物体有关的脑区是损伤的。

那么，反转的损伤会导致相反的症状吗？实际上，有一些这样的患者，他们能看见和识别物体，却不能指向物体或抓握物体。

古德尔和米尔内在他们的著作《视而不见》（*sight unseen*）一书中总结道，我们称做视觉的这个东西是如此错综复杂和奇特。我们可能认为视觉系统是控制行

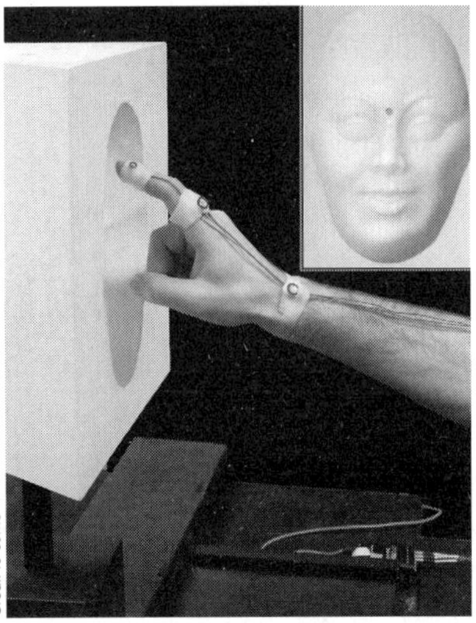

➤ 图 3.3
凹脸错觉
你看见的（从反转的面具想象凸出的脸，如右上角所示）与你做出的动作（触及面具内部脸上的斑点）可能不同。

为的一个系统，视觉来引导行为，但实际上它是一个双重加工系统。视觉感知通道使我们能够“创造精神内容，从而思考这个世界”，识别事物和计划未来的行动。视觉行为通道指导我们当下的行为。

在特殊的情况下，这两个通道会相互矛盾。在凹脸错觉中，人们会错误地将面具的内表面感知为凸出的脸（图 3.3）。然而他们会毫不犹豫地正确触及反转的面具，拂去脸上昆虫状的目标物。他们的手完成的动作是意识所不知道的。

纽约大学心理学家约翰·巴奇和塔尼亚·卡特兰德（1999）报告，这个大观念——我们日常的思考、感觉和行为都发生在意识觉知之外——“对人们来说很难接受”。可以理解，我们倾向于认为我们自身的意图和深思熟虑的选择主导了我们的生活。但在意识之下，还有很多很多是人类无法控制的。

因而，尽管意识让我们能够施加自主的控制，与他人交流我们的心理状态，但这只是信息加工冰山的顶端。在表面之下，无意识的信息加工同时在许多平行的通道发生。当我们看到鸟儿飞翔，我们能够在意识上觉知到认知加工的结果（“这是一只蜂鸟！”），但我们并不能意识到对于鸟的颜色、形状、运动、距离和种类的次加工过程。

今天的神经科学家正在探索先于意识的神经活动。在一些引发争论的实验中，本杰明·里贝特（Libet，1985，2004）观察到，当你有意地移动手腕时，你在实际动作的前 0.2 秒有意识地做出了移动的决定。这不让人惊讶。但是脑波在你有意识地感知到你的决定之前的 0.35 秒就发生了跳跃（图 3.4）！因此，在你得知之前，你的大脑似乎已经做出移动手腕的决定了。相似地，当你被要求按压指下的按键时，你可以在 1/10 秒中做出反应——这个时间比意识到你已经做出反应还要少（Wegner，2002）。在接下来的实验中，fMRI 脑扫描让研究者能够在最多 7 秒前预测参与者决定用左手指还是右手指按压按钮，精确度可以达到 60%（Soon et al.，2008）。结论是令人惊讶的：意识有时候会在决策派对上迟到。

➤ 图 3.4
大脑先于意识?
在这个研究中，志愿者观看一个电脑挂钟，每 2.56 秒指针旋转一周。他们记录决定移动手腕的时间。在做出决定的大约 1/3 秒之前，他们的脑波活动就发生了跳跃，表明这是移动的准备电位。观看慢动作回放时，研究者能够预测一个人将何时做出移动的决定（之后确实移动了手腕）（Libet, 1985, 2004）。

所有这些无意识的信息加工过程同时发生在平行的多重通道中。沿着熟悉的路线驾车回家时，你的手和脚在驾驶，而你的心里在预想接下来的一天要做的事情。自动化的驾驶让你的意识——心理的 CEO——监控整个系统和应对新的挑战，而助手们则自动地处理路线事宜。

序列的意识加工尽管比平行加工慢，但是更擅于处理新问题，这需要我们集中注意。试一试：如果你是右利手，你可以移动右脚以逆时针划出一个平滑的圆圈，你也可以用右手重复地写数字“3”，但是你不能同时完成这两件事。（如果你喜爱音乐，不妨试试更难的任务：左手均匀地轻拍三次，同时右手轻拍四次。）两个任务都需要意识注意，你在同一时间只能注意一个地方。如果大自然通过时间让所有的事情不能同时发生，那么大自然也通过意识让我们不能同时思考和从事所有的事情。

选择性注意

2. 我们同时能够有意识地注意多少信息？

通过**选择性注意**（selective attention），我们的意识就像闪光灯的光柱一样，只能集中于我们的体验的有限方面。有人曾经估计，我们的 5 种感觉每秒共可以接收 11 000 000 比特信息，而我们在意识状态下仅能加工 40 比特（Wilson，2002）。不过，我们仍然能够利用直觉对剩余的 10 999 960 比特的信息进行充分利用。在读到此处时，你可能并没有意识到鞋子对脚底的挤压或者鼻子正处于自己的视线之中。现在一旦你突然将自己的注意焦点转移到这些事情上，你就会觉得自己的脚被包裹着，鼻子顽固地耸立在你和书本之间。当你注意这几句话的时候，你可能已经将视野边缘的信息排除在意识之外了。但你可以改变这一切，你可以在注视下面的字母 X 时，同时注意一下书周围的东西（书本的边缘、书桌上的东西等）。

X

另一个选择性注意的例子是*鸡尾酒会效应*，它指的是人能够从众多的声音中选择性地注意其中一个声音。假如你通过耳机同时听两段对话，而每只耳朵只注意听其中一段对话。当左耳有声音信息时，要求你重复左耳的信息。而如果你注意左耳的对话内容时，你就会忽略右耳的对话内容。之后当询问你右耳听到的是何种语言时，你可能也一无所知（尽管你能够说出说话者的性别和说话声音的大小）。因此，在有意识状态下，无论你注意的内容有多少，你都无法将其准确分开。这就可以解释，在犹他大学的模拟驾驶实验中，为什么当学生使用手机时，他们对交通信号的觉察和反应都会减慢（Strayer & Johnston，2001）。

其他感觉也同样如此　当某一个视觉刺激物持续呈现在我们面前的时候，我们只会选择其中的一部分进行加工。内瑟等人（Neisser，1979；Becklen & Cervone，1983）用非常有趣的方法证明了这一点。他们让参与者看一段时间长度为一分钟的录像片，录像片是由三个穿黑色短袖的运动员投篮的图像和三个穿白色短袖的运动员投篮的图像重叠而成。实验要求被试在穿黑色短袖运动员传球时按键。在录像中，有一位拿着雨伞的年轻女子从镜头前闪过，绝大多数人都把精力集中在寻找穿黑色衣服的传球运动员，而没有注意到这位女子。当研究者重新播放这段录像时，被试才惊奇地发现这位女子的存在。由于他们的注意被引向了

受到分心物的影响　在一个模拟的驾驶实验中，用手机谈话聊天（而不是仅仅听收音机）的学生所错过的交通信号数量是未用手机聊天的学生两倍。

萨莉·福思

➤ 图 3.5
我们中间的大猩猩
当专注于某个任务（数三人传球的次数）时，大约一半的观看者没有察觉到明显可见的大猩猩经过，即表现出非注意盲视。

其他地方，他们表现出**非注意盲视**（inattentional blindness）（Mack & Rock，2000）。在最近的一个重复实验中，聪明的研究者丹尼尔·西蒙斯和克里斯托弗·查布里斯（1999）让一名助手装扮成大猩猩从运动员中间经过（图 3.5）。在大猩猩出现的 5~9 秒片段中，大猩猩停下来捶胸。专注于数传球次数的被试中有一半仍然没有看到这只大猩猩。

➤ 图 3.6
变化盲视
当这个人（戴眼镜者）在对建筑工人进行指导时，两个实验者抬着门板强行从他们俩中间穿过。在此期间建筑工人被另一个穿着不同颜色衣服的工人替换，大部分被试因专心讲解而没有注意到这种替换。

其他一些实验也证实了人们会对周围环境中的某些事情视而不见。在短暂的视觉干扰后，一个大可乐瓶子可能从场景中消失了，或出现了一个栏杆，或衣服的颜色有所变化等等，观察者很少会注意到这些变化（Resnick et al.，1997；Simons，1996；Simons & Levin，1998）。这种形式的非注意盲视被称为**变化盲视**（change blindness）。变化盲视甚至出现在对建筑工人进行指导的个体身上，当被指导的建筑工人被替换时，竟有 2/3 的指导者没有注意到这种变化（见图 3.6）。正是所谓眼不见，心不想。变化盲听也会发生。在一个实验中，40% 的人集中注意于复述一组比较难的单词，而没有注意到说话者的变化（Vitevitch, 2003）。

非注意盲视的一种同样惊人的形式是一个瑞典研究小组发现的选择盲视。佩特·约翰逊及其同事（2005）向 120 名志愿者呈现 2 张女性面孔，持续时间为 2~5 秒，询问他们哪张面孔更有吸引力。然后研究者将照片的面孔朝下，交给观看者他们选择的那张照片，邀请他们解释其选择。但是在 15 次中有 3 次，研究者利用手法变换了照片，向观看者展示他们并未选择的照片，人们不仅很少注意到欺骗（只注意到 13% 的变换），而且乐意解释为什么他们偏爱那张实际上否决了的面孔。“我选择她是因为她的微笑，”一个人说（在选择一张表情严肃的面孔之后）。之后当被问到是否会注意到一个“假想实验”中这样的交换时，84% 的被试坚持他们会注意到。他们表现出研究者称做的选择盲视。

➤ 图 3.7
“冒出”现象

然而，有些刺激是如此强大，如此与众不同，我们会经历所谓的“冒出”，如图 3.7 中那张惟一的笑脸。我们不是选择性地注意这些刺激；它们吸引我们的眼球并抓住我们的注意。

选择性注意甚至在我们睡觉时也在发生，此时我们忘却了大部分发生在我们周围的事情，但不是全部。我们可能感到对世界毫无知觉，但实际上并非如此。

本节回顾

➤ 自问

你能回忆起近期当你集中注意在某件事上，而忘却了其他的事物吗，比如疼痛，某个人走近，或者是背景音乐？

➤ 自测 1

什么是心理的双通道，正如“双重加工”研究所揭示的？

自测问题的答案见书后的附录。

睡眠与梦

睡眠——令人难以抗拒的诱惑。睡眠——人类思想的保护层。睡眠属于每个人，无论他是总统还是农夫。睡眠是甜蜜的，是一种神秘的修复过程。睡眠是数个世纪以来一直吸引着我们的古老秘密。

“我喜欢睡觉，你呢？睡觉不是很好吗？这实在是世界上最美妙的事情。你虽然仍有生命但却没有意识。”

——喜剧演员

丽塔·拉德纳，1993

现在，其中一些秘密已经被解开。在全世界的实验室里，有成千上万的个体头戴记录仪器进入睡眠状态，而研究者就在一旁观察他们。通过对睡眠者的脑电波和肌肉运动进行记录，通过一次又一次地观察和叫醒他们，研究者们发现了几千年来常识所无法告诉我们的事情。也许你可以预测到其中的一些研究结果。下面的哪些陈述是正确的？

1. 当人们梦到自己正在做一些动作的时候，其四肢通常与梦境中的运动相一致。
2. 老年人睡眠时间要长于年轻人。
3. 梦游者的行为是其梦境内容的反映。
4. 睡眠专家建议偶尔服用安眠药有助于改善失眠症状。
5. 有些人每天晚上都做梦，但是也有人几乎不做梦。

上面所有的陈述（摘自 Palladino & Carducci，1983）都是错误的，下面让我们来看看为什么。

生物节律与睡眠

3. 我们的生物节律如何影响我们日常的机能以及睡眠和做梦？

像大海一样，生命也有自己的潮汐节律。在不同的时间阶段内，我们的身心会一起协同运动。我们接下来详细了解两种生物节律——24 小时的生物钟和 90 分钟的睡眠周期。

▸▸ 在大概 20 岁时（女性稍早些），我们会开始从夜晚活跃的“猫头鹰型”变成喜欢早晨的“百灵鸟型（Roenneberg et al.，2004）。大多数 20 来岁的人是猫头鹰型，他们的表现在白天逐渐提高（May & Hasher，1998）。大多数老年人是百灵鸟型，他们白天的行为表现会越来越糟糕。半夜，退休之家早已一片安静；而在大学宿舍里，一天还远未结束。

昼夜节律

一天的周期是和生命周期相平行的——从新的一天我们醒来，到我们晚上回家进入莎士比亚所称的“死亡假象”状态（即睡眠）。我们的身体变化大概和日夜的 24 小时周期相一致，是通过**昼夜节律**［circadian rhythm，由拉丁文 *circa*（即大

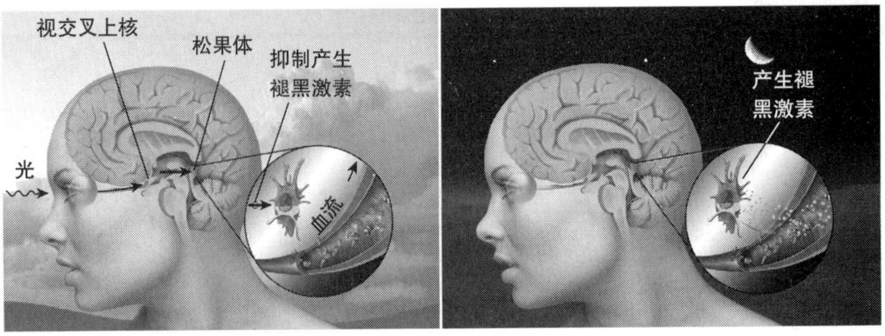

➤ 图 3.8
生物钟
亮光到达视网膜会引起下丘脑的神经中枢（视上交叉核）改变生物活性物质的分泌量，例如松果体分泌的褪黑激素（N-乙酰 -5- 甲氧基色胺）。

约）和 *dies*（即日）结合而来］的生物钟进行调节的。当早晨来临时，我们的体温随之升高，到中午达到最高值，在下午之前（很多人午睡时）会持续一段时间，随后在晚上睡觉之前开始降低。在凌晨四点醒来，拖着疲惫的身体，我们可能因过分担忧而烦恼：与恋人的争吵是否会导致分手？孩子的喜怒无常是否预示着接下来会有更多的麻烦？到了中午身体最有活力，我们的烦恼也最少。对通宵熬夜的人来说，清晨 4 点是其状态最差的时候，等到我们正常的起床时间以后就会恢复正常。

清晨耀眼的亮光可以帮助我们苏醒（并且防止抑郁）。而晚上的明亮灯光则会延迟睡眠（Oren & Terman，1998）。亮光可以改变生物钟是因为它能激活视网膜上的蛋白质，这种蛋白质会触发通向控制生物钟脑区的信号（Lavie，2001；Young，2000）。这个脑区之所以能够调节生物钟，部分原因是通过松果体分泌的促进睡眠的物质——褪黑激素（N- 乙酰 -5- 甲氧基色胺）——会在早晨减少并在晚上增加（图 3.8）。

我们还可以通过改变睡眠时间来调节生物钟。如果周末晚上睡得很晚并早上也起得很晚的话，就可能结束“周日夜里的失眠症”和“周一早上的抑郁症”。对那些周日睡到中午并且在仅仅 11 个小时后又要上床睡觉的人来说，由于忙于下周的准备工作，所以常常会感觉自己一下子困意全无。他们就像生物钟停留在加利福尼亚时间的纽约人，或者像刚刚从珀斯（澳大利亚西南部城市）飞到悉尼的人。

▸▸ 如果我们自然的昼夜节律被调整到每天 23 个小时，是不是我们就需要训练自己在晚上晚点儿睡觉并且早上多睡一会儿？更喜欢早睡早起的老人是不是比大学生的昼夜节律短呢？

我们假定祖先们的生物钟是与日升日落的 24 小时周期相协调的，很奇怪的是，现在的很多年轻人似乎适应了一种更像是每天 25 小时的生活，他们很晚都不睡觉，以至于都保证不了每晚 8 小时的睡眠时间。对此我们可能要感谢（或者责备）电灯的发明者托马斯·爱迪生。在光亮的照耀下，就算是在山洞里，也像是往西旅行了一个时区的距离——无形之中这又将我们的 24 小时生物钟推了回来（Czeisler et al.，1999；Dement，1999）。这可以帮助我们解释为什么倒班的工人和服务于 24/7 商店的店员能够更好地适应逐渐延后的而不是逐渐提前的倒班工作，以及为什么在进入老年期之前我们需要训练自己养成按时起床按时睡觉的生活习惯。同样，大多数动物如果生活在非自然的持续光亮的环境中，也会形成超过 24 小时的昼夜周期。人工的亮光可以延迟睡眠。

睡眠阶段

4. 睡眠的生物节律是什么?

在我们的睡眠期间同样存在一个生物节律。我们大概会在 90~100 分钟的时间内经历一个由 5 个不同阶段组成的周期。这一基本事实直到 1952 年的一个晚上 8

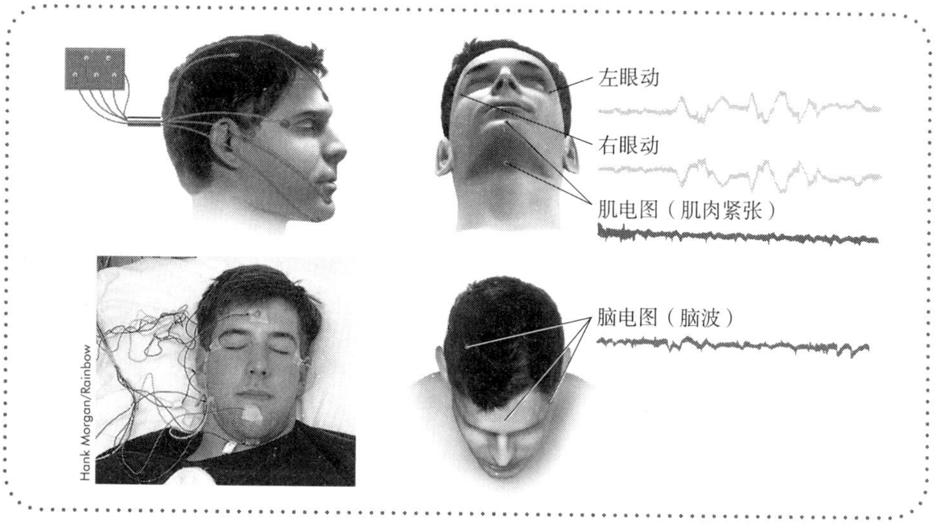

➤ 图 3.9
测量睡眠活动
睡眠研究者通过电极测量脑波活动、眼动和肌肉紧张度，这些电极能够收集来自大脑、眼睛和面部肌肉微弱的电信号。（From Dement，1978）

岁的阿蒙德·阿瑟里斯基上床睡觉时才被发现。他父亲尤金是芝加哥大学的研究生，恰好需要测试白天修好的脑电仪（Aserinsky，1988；Seligman & Yellen，1987）。他将电极放在阿蒙德的头上离眼睛很近的位置，记录当时认为睡眠中会出现的眼睛转动。不久，机器开始疯狂运转，并在打印纸上输出了非常深的折线。阿瑟里斯基想机器可能还未修好。但是第二天晚上，这个活动又周期性地出现了。他最后才意识到，快速的眼动伴随着丰富多彩的大脑活动。有一次，在这一阶段内，他叫醒了阿蒙德，这个小男孩报告说他正在做梦。阿瑟里斯基所发现的这一现象我们现在称做**快速眼动睡眠**（rapid eye movement sleep，REM sleep）。

为了探讨成人的睡眠过程中是否也会出现睡眠周期，克莱特曼（Kleitman，1960）和阿瑟里斯基设计了被现在成千上万志愿者使用的程序。为了描述他们的研究方法和结果，现在请想象你自己是一名参加实验的被试。随着时间的推移，大脑新陈代谢的速度在减慢，你开始感到困乏并且打哈欠。哈欠可以伸展你的颈部肌肉并且使心率增加，这可以增强你的警觉性（Moorcroft，2003）。当你马上要入睡时，研究者将电极贴在你的眼角旁（来探测眼动），头皮上（来探测脑电波）和下巴上（来探测肌肉紧张度）（图 3.9）。还有其他的仪器来记录你的心率、呼吸频率和生殖器的唤醒程度。

当你闭上眼睛躺在床上时，研究者在另外一个房间可以从脑电图上看到与清醒而放松状态相关缓慢出现的 **α 波**（alpha wave）（图 3.10）。当你适应了所有的仪器并且感觉到困倦的时候，开始进入**睡眠**（sleep）。睡眠是一种直到离开那种状态才知道自己曾经历过的状态。通常我们无法识别进入睡眠的那一瞬间，但常常以呼吸频率减慢和第一阶段不规则的脑波为标志（图 3.11）。

睡眠研究者德门特（Dement，1999）在 15 000 多人中观察到了一例在大脑和外部世界之间的知觉大门砰的一声关闭的瞬间。他要求这个被剥夺睡眠的年轻人躺下，睁开眼睛，并且每次眼前有亮光闪过的时候（平均每 6 秒左右出现一次）就按键进行反应。几分钟后这名被试错过了一次闪光。问他为什么，他说："因为没有光闪过。"但是当时确实有亮光——他错过亮光是因为他在那 2 秒里睡着了（根据他的脑波显示）。他没有意识到，所以不但错过了在他鼻子前方 6 英寸远的亮光，也错过了进入睡眠的那一瞬间。

睡眠的第一阶段大概会持续 5 分钟，你可能会体验到一种比较奇异的景象，类

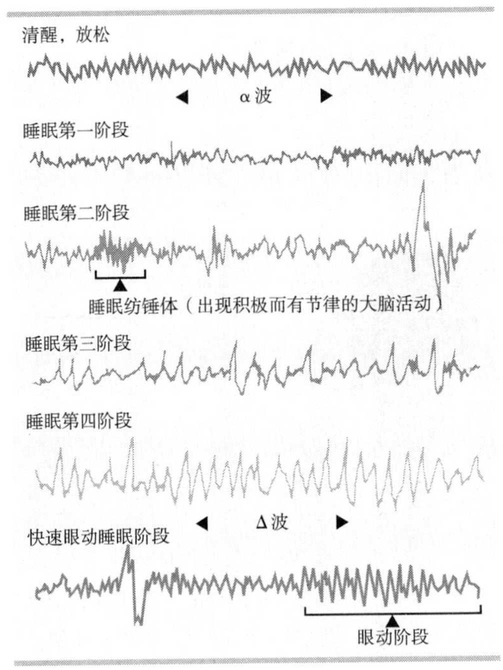

➤ 图 3.10
脑电波和睡眠阶段
在清醒放松状态出现的 α 波与第四阶段深度睡眠出现的 Δ 波有很大差别，后者速度更慢，波幅更大。虽然在快速眼动睡眠阶段的脑波类似于接近清醒状态的第一阶段睡眠波，但在快速眼动睡眠阶段，身体的唤醒程度要高于第一阶段的睡眠。（From Dement，1978）

似幻觉（hallucination）——感觉到了实际上并不存在的感觉刺激。你可能感受到身体正慢慢下落（当时你的身体可能突然抽搐了一下）或者漂浮起来。这种“睡前发生的”感觉一会儿可能就与记忆合并在一起了。那些声称被外星人绑架的人——经常是上床后不久——一般都会回忆出自己在床上漂浮的感觉。

随后，你会更进一步地放松并且开始进入到第二阶段睡眠，持续时间大约有 20 分钟，以阶段性地出现**睡眠纺锤体**——突然出现快速有节律的脑电波为标志。虽然在这个阶段你可以很容易被叫醒，但是你现在的确是真正地睡着了。经常是含混而无意义的梦话会出现在这个阶段或者其他睡眠阶段（Mahowald & Ettinger，1990）。

⏩ 你能回忆起昨天晚上你进入睡眠的那一瞬间吗？或者，最好是你清醒的最后那一个瞬间？

在随后的几分钟里，你将从第三阶段过渡到第四阶段的深度睡眠。首先在第三阶段，你的大脑会出现波幅很大的慢波——**Δ 波**（delta wave），并且在第四阶段这种波会增加。这两个阶段都被称做慢波睡眠，这段时间会持续大概 30 分钟，这期间你很难被叫醒。奇怪的是，就是在第四阶段的深度睡眠中儿童可能会尿床或者梦游。3~12 岁的儿童中大概有 20% 至少有过一次梦游经历，大概会持续 2~10 分钟；5% 左右的儿童会经常说梦话（Giles et al.，1994）。

快速眼动睡眠

在你入睡之后大概一个小时，奇怪的事情发生了。你从最初的深度睡眠中“上升”起来，而不是继续熟睡。先分别经过第三和第二阶段的睡眠（整个晚上你大概有一半的时间会在这两个阶段中），之后你会进入到一个有趣的阶段——快速眼动睡眠（图 3.12）。大概有 10 分钟的时间，你的脑电波出现的速度越来越快并且呈锯齿状，与第一阶段清醒睡眠的脑波非常相似。但是与第一阶段睡眠不同的是，在快速眼动睡眠中你的心率会增加，呼吸加快并且变得不规则，而且每隔半分钟左右你的眼睛会突然产生围绕眼睑的瞬间转动。所有对睡眠者眼睛做过观察的人都能够发现这些快速眼动，但是很奇怪的是，科学界直到 1952 年才注意到这种快速眼动睡眠。

➤ 图 3.11
进入睡眠的瞬间
我们似乎无法识别进入睡眠的那一瞬间，但是监视我们的脑电波却可以透露一些信息。（From Dement，1999）

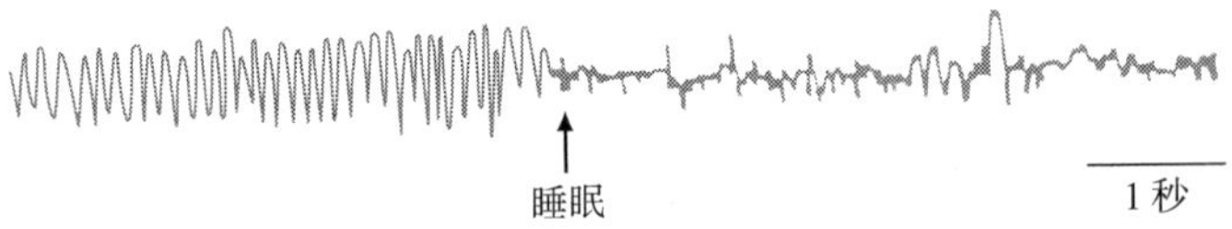

在快速眼动睡眠过程中，生殖器会处于唤醒状态，可能会产生勃起或者阴道分泌物增加而且阴蒂充血。例如，常见的“晨勃”就是由夜晚最后一个快速眼动阶段所引起的，而且通常刚好是在醒来之前出现。

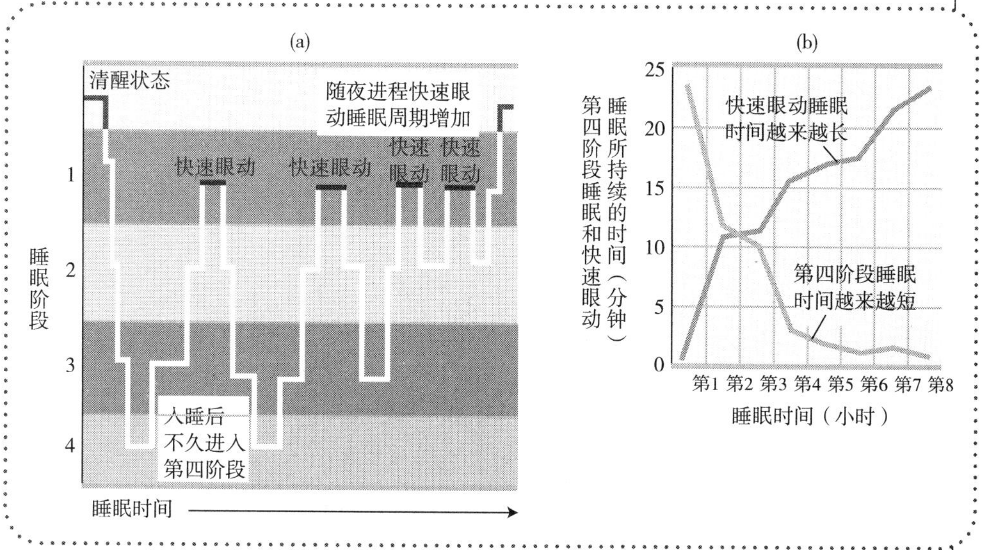

➤ **图 3.12**

夜晚睡眠的典型阶段

大多数人夜晚要经历数次这种 5 个阶段的睡眠周期，并且整个睡眠过程中第三和第四阶段睡眠的时间会越来越少，而快速眼动睡眠的时间会越来越多。第二幅图呈现的是 30 名年轻人的数据，表明了快速眼动睡眠的增加和深度睡眠的减少。

除非是晚上做噩梦，否则无论梦的内容是否涉及性，生殖器通常会处于唤醒状态（Karacan et al.，1966）。此方面的研究主要是针对男性，因为男性的这种生理反应比较容易测量和记录。在年轻男性中，睡眠中的勃起时间比快速眼动睡眠要长，平均而言会持续 30 至 45 分钟（Karacan et al.，1983；Schiavi & Schreiner-Engel，1988）。所以一个正常的 25 岁男性在晚上的睡眠过程中大概有一半时间处于勃起状态，而 65 岁的男性则大概只有四分之一。很多受“勃起障碍”（阳痿）所困扰的男性都会出现晨勃现象，这说明他们的问题可能不是器质性的。

虽然大脑的运动皮层在快速眼动睡眠过程中处于活跃状态，但是你的脑干会阻断它发出指令，这令你的肌肉完全放松——非常放松以至于偶尔除了手指、脚趾或者面部抽搐以外，你实际上类似处于瘫痪状态之中。并且，你不能被轻易叫醒。所以，快速眼动睡眠有时叫做矛盾的睡眠：身体内部处于唤醒状态而外部处于平静状态。

➧ 人在做梦时很少打鼾。快速眼动睡眠一开始时，人就会停止打鼾。

比快速眼动睡眠的矛盾本质更有趣的是，快速眼动可以揭示梦的开始。就算是那些声称自己从来没做过梦的人，如果在快速眼动睡眠阶段被叫醒的话，在 80% 以上的情况下能够回忆出自己的梦境。与第一阶段短暂的幻象不同，快速眼动睡眠阶段的梦经常是情绪化的并且像故事一样——但是从来没有实际行动，这要感谢快速眼动的保护性瘫痪。从快速眼动睡眠之外的其他阶段醒来时，人们也偶尔能够回忆出自己的梦，但是这些梦通常只包括一个想法（“我在思考今天的考试”）或者一个单纯的模糊图像（“我正在向某个人借什么东西”）。快速眼动睡眠阶段的梦具有更丰富的幻觉。

> 我和丈夫在一个朋友家里，但是我们的朋友却不在家。他们家的电视开着，却没有声音。我们逛了一会儿之后，他们家的狗终于注意到了我们并且开始大声地咆哮，并露出了牙齿。

睡眠周期大概每 90 分钟重复一次。随着夜晚的慢慢过去，第四阶段的深度睡眠时间会越来越短，随后消失。而快速眼动睡眠阶段则越来越长（见图 3.12b）。到早晨为止，平均而言，每晚的快速眼动睡眠要占整个睡眠过程的 20%~25%——大概 100 分钟。这说明那些声称“我很少做梦”的人实际上

“我的眼睛好累呀！整晚我都在快速眼动睡眠状态中。”

每年大概花600个小时去体验1 500个左右的梦境，或者说在人的一生中大概会有100 000多个梦——梦被夜晚吞噬了。

人为什么要睡觉

“每个人都需要8小时睡眠”的观点是不正确的。新生儿每天大约有2/3的时间都是在睡眠中度过，而大多数成人的睡眠却不超过1/3。不但睡眠的平均时间存在年龄差异，每个年龄阶段个体的睡眠量也是不同的。有些人每晚只需不到6小时的睡眠就可以，而另外一些人一般要睡9个小时或者更多。睡眠模式可能与遗传有关。韦伯和坎贝尔（Webb & Campbell，1983）考察了同卵和异卵双生子的睡眠模式和持续时间，发现只有同卵双生子之间非常相似。

睡眠模式也会受到文化的影响。例如，在美国和加拿大，成年人平均每晚睡觉时间刚好超过8个小时（Hurst，2008; Robinson & Marerage [NSF，2008]。）因为现代化的电灯、换班工作方式以及社会休闲娱乐的存在，所以工业化国家的人们比一个世纪以前睡得要少。那时人们晚上9点就要上床睡觉，而现在却可以一直熬到晚上11点。爱迪生（Edison，1948，pp.52，178）在这一点上的荣耀与贡献可谓当之无愧。对他来说，减少睡眠意味着可以有更多的时间和机会。

> 当我开着货车经过瑞士——这样我就可以在很小的乡镇和村子逗留——时，我注意到人工灯光对居民的影响。在水力和电灯已被应用的地方，人们似乎普遍都比较聪明。当这些先进的事物不存在时，居民和鸡同眠同醒，天天如此生活，他们的智力就会远远落后于其他地方的人。

科伦（Coren，1996）报告说，如果不被打扰，大多数人每晚至少睡9个小时。如果是那种睡眠状况的话，我们肯定不会昏昏沉沉。和那些睡得比较少的人相比，我们精力充沛地醒来，会有更好的心情，并且表现出更高效而准确的工作能力。但是，如果我们长时间持续每天仅仅睡5个小时的话，那我们所亏欠的绝不是一个10小时的睡眠能够补回来的——这可以解释为什么就算长时间睡眠后我们可能还是觉得困乏。德门特（Dement，1999，p.64）说：“大脑可以保持至少两周内的睡眠缺乏量。”如果被剥夺睡眠，感觉也是非常可怕的，因为我们的身体需要睡眠。虽然你会努力保持清醒，但是最终我们还是会失败。在和疲劳的战斗中，睡眠永远是赢家。

▸▸ 1989年，迈克尔·杜塞特被提名为“美国最安全的少年司机”。而在1990年的某一天，当他从学校开车回家时，在车上睡着了，并且与迎面而来的汽车相撞，他本人和那辆车的司机全都遇难。迈克尔的驾驶教练后来承认自己没有对他提到睡眠剥夺和疲劳驾驶的问题（Dement，1999）。

所以很显然，我们需要睡眠。睡眠占据了我们约三分之一的生命——平均起来差不多25年。为什么呢？这似乎是一个很容易回答的问题：只需要让人几天不睡觉，看看他的状态有多糟就可以了。如果你是这样一个实验的志愿者被试，你认为它会如何影响你的身体和心理？当然，你有时会变得非常困倦——特别是当你的生物钟提醒自己该睡觉时。但是缺少睡眠是否会损害你的身体健康呢？它是否会显著地改变你的生物化学成分或者体内的器官？你是否会产生情绪障碍，或者智力上的混沌迷乱？

剥夺睡眠效应

5. 为什么缺少睡眠会对我们产生影响？

缺少睡眠的主要影响不只是令人感觉困倦，而且还会感觉整个身体都不舒服

(Mikulincer et al., 1989)。现在的人们比以前更多地受到睡眠模式的困扰，这很难令他们产生一种精力充沛旺盛的健康感。十几岁的青少年需要 8 或者 9 个小时的睡眠，但是现在他们平均每晚比 80 年前的同龄人几乎少睡 2 个小时（Holden, 1993；Maas, 1999）。他们当中的很多人都会在第一节课以及午饭后的自修课打瞌睡以进行补偿。即使在清醒的状态下，他们也经常达不到顶点的状态。

在斯坦福大学，德门特（1997）报告说，80% 的学生"处在严重的睡眠剥夺状态。"这些个体"出现事故的可能性非常大……剥夺睡眠（导致）学习困难，创造力降低，容易犯错误，易怒和疲劳。"大量的睡眠缺失会"使你变得愚蠢"，德门特这样说（1999，p.231）。但是我们可以换个角度看这个问题：要想睡眠充足，可以做到自然醒来并得到很好的休息，就需要更强的警觉性、创造性、健康和幸福。而对青少年来说，说起来容易做起来难。被讨厌的闹钟叫醒，懒懒散散地起床，整个上午都在不停地打哈欠，白天的大多数时间感到沮丧无力，对这些人来说，可能晚上 11 点才开始真正感到自己精力充沛，却完全没有意识到这会造成第二天的睡眠缺失（Carskadon, 2002）。

"泰格·伍兹说过，他选择离开斯坦福而参加职业高尔夫巡回赛的最好回报就是可以得到充足的睡眠。"
——斯坦福的睡眠研究者德门特（1997）

实验中，美国海军和国家健康协会要求参加实验的志愿者在至少一周的时间内每天都睡 14 个小时。最开始的几天里，两个实验中的志愿者平均睡眠时间都达到 12 小时以上，这非常明显地缓解了其 25~30 小时的睡眠缺失。完成这些任务后，他们随后就回到了每晚睡 7.5~9 个小时的睡眠生活状态，由于没有了睡眠缺失，他们感到自己更有活力以及更快乐。"对我们有意义的是，"德门特指出（1999，p.72），"上百万的人都正在过着一种不太理想的生活并且以不太理想的状态工作，就是因为我们甚至可能没有意识到这种睡眠缺失。"

⏩ 在 2001 年的一项盖洛普调查中，61% 的女性说自己睡眠充足。

在睡眠被剥夺的代价的示例中，科伦巧妙地利用了大自然赋予的实验，这项实验可以控制睡眠时间——相对于正常的睡眠时间是"春天调快"以及"秋天调慢"。调查了数以百万计的数据记录后，他发现在加拿大和美国，在春天的时间变化中，睡眠减少之后马上出现的事故率有所增加。比如在加拿大，1991~1992 年在春天时间调整后的周一交通事故率较调整之前增加了 7%，而在秋天时间调整后，睡眠有所增加的那个周一的事故率降低了 7%（图 3.13）。

"睡意就是红色警报！"
——威廉·德门特，《睡眠的承诺》，1999

在美国的事故模式中也发现了类似的效应，但是秋天的事故减少没有这么明

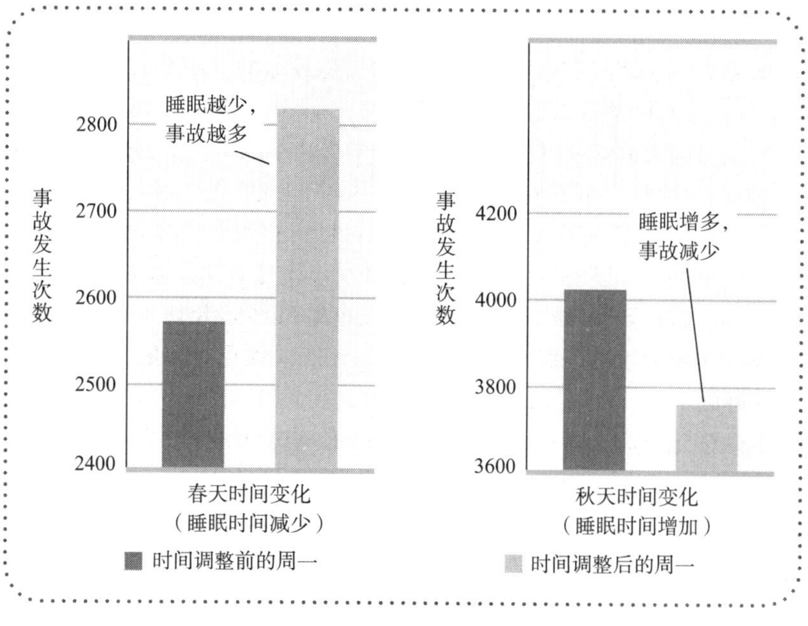

➤ **图 3.13**
1991 和 1992 年加拿大的交通事故
春天时间调整后的那个周一，人们缺少睡眠，事故率和前一个周一相比有所上升。在秋天，虽然因为大雪，冰冻和黑暗会使事故有所增加，但是时间调整后还是会降低。（Adapted from Coren, 1996）

表 3.1 你的睡眠被剥夺了吗？

康奈尔大学的心理学家詹姆斯·玛斯（James Maas）报告说多数大学生遭受着睡眠不足的痛苦折磨。请回答下面的问题，看看你是否也属于这个群体：

是	否	
____	____	1. 我需要闹钟在适当的时间把我叫醒。
____	____	2. 早上起床对我来说是一件很困难的事情。
____	____	3. 平日的早晨我几次关掉闹钟以便能多睡一会儿。
____	____	4. 整个星期内我都感到疲倦、易怒和压力。
____	____	5. 我很难集中精力和进行记忆。
____	____	6. 当进行批判性思考、问题解决和需要创造力时，我感到力不从心。
____	____	7. 我经常在看电视的时候睡着。
____	____	8. 我经常在无聊的会议或者讲座，或者温暖的房间内睡着。
____	____	9. 我经常在饱餐一顿或者少量饮酒后睡着。
____	____	10. 我经常在饭后休息时睡着。
____	____	11. 我经常在上床 5 分钟之内就睡着了。
____	____	12. 我经常在开车时候感到困倦。
____	____	13. 我经常在周末的早上多睡几个小时。
____	____	14. 我经常需要午休来支持我度过一天。
____	____	15. 我有黑眼圈。

如果你在 3 个或者更多的项目上回答“是”，就意味着你可能没有得到足够的睡眠。为了确定你的睡眠需要，玛斯建议你“在下周每天比平常提前 15 分钟上床——并且以后每周增加 15 分钟——一直到你可以不用闹钟就可以自然醒来并且整天都感到精力充沛。”（Quiz reprinted with permission from James B. Maas，Power sleep：The revolutionary program that prepares your mind and body for peak performance，[New York：HarperCollins，1999]）

▸▸ 表 3.1 可以测试你是否是睡眠剥夺的学生之一。

显。美国 1986~1995 年间周一的交通事故死亡率在春天时间调整之后增加了 17%，但是秋天调整回来后却只有 3% 的回落。1986~1988 年间，其他类型的事故死亡率在春天时间调整后也增加了 7%，而秋天的回落率却只有 2%。科伦（1996）推测说，我们在春天调整时间时缺失的睡眠要多于秋天调整时获得的睡眠。

睡眠剥夺对于驾驶和航空领域的影响也是致命的。在澳大利亚高速公路上，约 30% 的事故死亡率是由于司机在单调的长途驾驶中睡着所致（Maas，1999）。据估计，在美国疲劳驾驶也引起了约 20% 的交通事故率（Brody，2002）。“休息，我需要的就是休息。”东方航空的机长詹姆斯 · 里夫在 1974 年 9 月的早上对指挥塔台说——30 分钟后他驾驶的客机在低空坠毁，机组人员和 68 名乘客全部遇难（Moorcroft，1993）。还有一些例子，如 1989 年埃克森瓦尔兹石油泄漏，1984 年印度的 Union Carbide 灾难，以及 1979 年三里岛和 1986 年切尔诺贝利核事故——它们都是在半夜发生的，那时的工作人员最困乏。埃克森瓦尔兹船上掌舵的大副由于严重睡眠不足，所以没有及时对要求他们驶回航道的明确信号做出反应。

睡眠缺失还会对人的身体产生微妙的影响。其中一种影响是抑制对抗疾病的免疫系统（Beardsley，1996；Irwin et al.，1994）。剥夺睡眠会抑制免疫细胞的活动，而这些细胞是用来对抗病毒感染和癌症的，这也可以解释为什么每天睡 7~8 小时的人比长期被剥夺睡眠的人长寿（Dement，1999）。当身体被感染后，我们一般会睡得更多，以增加免疫细胞的活力。长期缺乏睡眠还会改变人体的新陈代谢和荷尔蒙功能，使人过早衰老，并导致肥胖、高血压和记忆受损等情况（Spiegel et al., 1999）。还有其他一些影响，比如易怒、动作迟缓，缺乏创造性，注意力不集中和沟通障碍（Harrison & Horne, 2000）。困倦的额叶在面对出乎意料的情境时，噩运通常是最可能出现的结果。

睡眠理论

6. 睡眠的功能是什么？

自然会让我们为睡眠缺失付出代价。但是我们为什么需要睡眠呢？对该问题的回答可以说是寥寥无几，但是睡眠可能是基于如下三个原因演化而来：首先，睡眠具有保护功能。当黑夜降临时，我们的祖先在此时外出打猎或者食物采集可能是非常危险的，而免受伤害的最好办法就是在山洞里睡觉。黑暗中在一个陌生的屋子里走动，你会撞到东西。请想象你遥远的祖先正试图在夜里攀附岩石和悬崖。毫无疑问，当然是那些不想采取如此冒险行为的人更有可能留下后代。我们睡觉是为了适应生存环境。大象和马每天睡 3~4 个小时，大猩猩睡 12 个小时，猫睡 14 个小时。对每天睡 20 个小时的蝙蝠和东部的花鼠来说，生活除了吃和睡以外就没有什么其他事情了（Moorcroft, 2003）。

“为了更快入睡，所以我们需要枕头。”

——意第绪语谚语

“灯芯绒枕头是最重要的。”

——轶名

第二，睡眠可以帮助我们恢复身体机能。它可以帮助我们修复身体组织，特别是脑组织。在清醒的状态下，活跃的大脑会分泌某种化学腺苷来抑制可以令我们感到困倦的特定神经元的活动。睡眠过程中，腺苷的浓度逐渐下降（Porkka-Heiskanen et al., 1997）。当我们睡眠时，大脑不再活跃，它会修护和重组自己并且巩固记忆。睡眠是大脑的一种食物。

睡眠在成长过程中也起很大作用。在深度睡眠中，垂体腺会释放生长激素。进入成年期后，随着年龄的增长，这种激素的分泌会越来越少，并且深度睡眠的时间也越来越少（Pekkanen, 1982）。这些生理发现是解开睡眠之谜的开始。

睡眠障碍

7. 睡眠障碍主要有哪些？

不论睡眠是一种多么正常而合理的需要，其中大概有 10%~15% 的成人抱怨自己患有**失眠症**（insomnia）——在入睡和维持睡眠方面长时间存在问题。真正的失眠不是紧张或者兴奋时我们偶尔会体验到的难以入睡。对任何一个紧张的个体来说，警觉是自然而然的心理状态并且具有一定的适应性。与很少体验到压力的人相比，那些自我报告经常体验到压力的美国人每晚平均少睡 1 个小时（Moore, 2002）。白天的人际冲突通常意味着那将又会是一个不眠之夜（Brisette & Cohen, 2002）。另外，从进入中年开始，睡眠就很少不被打断了。从睡眠中偶尔醒来是很正常的一件事情，所以你无需为此感到烦恼或者服用药物。

“狮子和羊羔应该是可以躺在一起的，但是羊羔一定不会感到困乏。”

——伍迪·艾伦，在电影《爱与死》中的对白，1975

有些人会在睡眠问题上自寻烦恼（Coren, 1996）。在实验室研究中，失眠症患者抱怨自己的睡眠比其他人的少，但是他们一般会高估——大概是两倍——自己进入睡眠所需要的时间。他们还会低估大约一半其真正睡眠的时间。即使只清醒了一个或者两个小时，他们也会认为自己睡的时间很短，因为人们往往只记得

压力会抢占睡眠时间 市区警员，特别是那些处在压力环境下的警员，自我报告睡眠的质量较差并且比正常人的睡眠少。（Neylan et al., 2002）

"1757 年，本杰明·富兰克林提出一个公理：'早睡早起可以使人身体健康，富有并且聪明。'而'有规律地睡觉，有规律地起床……'可能更准确。"

——詹姆斯·玛斯，《睡眠的力量》，1999

自己清醒的状态。

对失眠症最常见的解决办法是服用安眠药和饮酒，而这又会令失眠问题越来越恶化。二者都会减少快速眼动睡眠，并且使人第二天感觉非常疲乏。一旦形成对药物的依赖，人们往往会加大服药量以达到睡眠的作用。而停药后，失眠症却会更加恶化。科学家们正在寻找某一种睡眠时可以大量分泌的自然化学物质，希望这些物质能够合成一种睡眠辅助药物，而且没有副作用。同时，睡眠专家提供了一些不需要服药的自然选择方案：

- 睡前充分放松，使用可以调亮度的灯。
- 下午以后避免摄入咖啡因（包括巧克力），睡前不要吃过多的东西。牛奶有助于睡眠。（牛奶含有天然的物质，能够生成 5- 羟色胺，5- 羟色胺是加速睡眠的一种神经递质。）
- 按时睡觉（即使前一晚休息不好也应按时起床），不要打盹。一项实验要求亚里桑那的大学生在变化的或者不变的入睡时间条件下都保证晚上 7.5 小时的睡眠时间，结果发现按时睡觉还可以增强白天的警觉性（Manber et al., 1996）。
- 有规律性地进行身体锻炼，但是不要在夜晚进行（最好在下午以后）。
- 确保偶尔的睡眠缺失不会对你造成太大的影响，当然没有任何事情值得你牺牲睡眠时间。"睡眠就像爱情或者幸福那样，"韦伯（Webb, 1992, p. 170）说过，"如果你太过热烈地追求它，它就会离你而去。"
- 如果都不起作用，就努力减少睡眠，晚一点入睡或者早一点起床。

比失眠症少但是更棘手的睡眠障碍是发作性睡眠症、睡眠时的呼吸暂停、夜惊和梦游。

受到**发作性睡眠症**（narcolepsy，narco 意为麻痹，lepsy 意为占有，发作）折磨的人会体验到阶段性的、难以抗拒的睡意。这种感觉通常持续不到 5 分钟，但是有时会非常不合时宜地出现，可能正好在击打垒球后，或者大笑时，怒吼时，或者发生性行为时（Dement, 1978, 1999）。在严重的例子中，当事人可能直接进入到快速眼动睡眠，并且会伴随产生肌肉紧张的缺失。

那些患有发作性睡眠症的人——据斯坦福大学发作性睡眠症中心估计每 2 000 人中会有 1 个——必须在生活中非常小心。美国睡眠障碍协会认为："在导致交通事故的危险因素中，打盹紧排在饮酒之后"。所以那些患有发作性睡眠症的人是非常危险的（Aldrich, 1989）。上世纪末，研究者在狗的身上发现一种引起发作性睡眠症的基因（Lin et al., 1999）。内科医师也开始开一些新药以减轻发作性睡眠症患者的睡意。然后他们发现了发作性睡眠症更直接的病因——下丘脑一神经中枢的缺失，它可以产生神经递质下视丘分泌素（hypocretin）（Taheri et al., 2002；Thannickal et al., 2000）。现在我们已经清楚，发作性睡眠症是一种大脑疾病，并不只是"在思想里"。通过某种药物在狗身上模拟缺失的下视丘分泌素，使狗摆脱了发作性睡眠症的困扰，这给了人类极大的希望（Siegel, 2000）。

美国国家健康学会报告说每 20 人中就有 1 个人（几乎全是超重的男性）受到**睡眠窒息**（sleep apnea）——一种现代睡眠研究之前没有发现的障碍——的困扰。他们在睡觉时会间歇性地呼吸窒息。在窒息一分钟左右后，血氧降低会迫使睡眠者醒来并且用鼻子呼吸空气数秒钟。这个过程可以在一个晚上重复 400 多次，从而剥夺了患者的慢波睡眠。除了抱怨白天困倦和易怒之外——配偶对他们的鼾声大作非常不满——睡眠窒息患者通常意识不到他们的障碍。睡眠窒息会让数百万人在白天感到疲倦并且有些时候非常易怒，所以，就像那些患有发作性睡眠症的人一样，他们也面临很高的交通事故风险（Teran-Santos et al.，1999）。随着肥胖人口的增加，患睡眠窒息症的人数也在增加。任何一个晚上打鼾、白天感到疲倦无力以及高血压的人都应该进行睡眠窒息的检查（Dement，1999）。

还有一些睡眠者，大多数是儿童，会经历**夜惊**（night terror）。睡眠者可能坐起或者四处走动，间断性地说话，心跳和呼吸次数加倍，并且看起来非常恐惧（Hartmann，1981）。夜惊患者在这些情况下很少会完全醒来，并且在第二天早上几乎回忆不起任何东西——最多也就是一个快速闪过的恐怖画面。夜惊并不是梦魇（梦魇就像其他梦一样，一般发生在早晨之前的快速眼动睡眠时）。而夜惊就像梦游一样，经常发生在第四阶段开始的几个小时里。家人通常会努力叫醒并且安慰夜惊者。

*梦游和说梦话*有其家庭原因。对芬兰的双生子研究发现，如果异卵双生子中的一个有梦游问题的话，另外一个儿童出现梦游问题的概率大约为 1/3，而在同卵双生子中这个概率却高达 1/2。说梦话也是同样如此（Hublin et al.，1997，1998）。通常情况下梦游是没有伤害性的，并且在第二天早上无法回忆出来。也有极少数的梦游者会出现伤人或者杀人行为，而法院都判决肇事者无罪（Hobson & Silvestri，1999）。梦游者一般自己会回到床上，或者由熟悉的人带回到床上。第四阶段睡眠最深并且持续时间最长的年幼儿童最容易体验到夜惊和梦游。随着年龄的增长和第四阶段深度睡眠的减少，夜惊和梦游也会逐渐减少。40 岁以后，梦游就很少见了。

勃拉姆斯需要他自己谱写的催眠曲吗？约翰尼斯·勃拉姆斯（Johannes Brahms）脾气暴躁，体重超标，并且喜欢午睡，他所表现出的是睡眠窒息的典型症状。（Margolis，2000）

梦

8. 我们会梦到什么？

发现快速眼动睡眠和梦之间的联系为梦的研究揭开了新的一页。研究者无需再考察人们几小时或者几天后对梦的模糊回忆，而是在梦发生的当时能够直接捕捉到它们，可以在快速眼动睡眠阶段或者之后的 3 分钟以内叫醒他们，你就可以听到他们对梦的生动描述。

> “我不相信我在做梦，但我也无法证明我没做梦。”
>
> ——哲学家罗素
>
> （1872~1970）

我们梦到什么

快速眼动睡眠阶段的梦——“沉睡心灵的幻觉”——是生动的、充满情绪的，并且充满奇异色彩。一个晚上会有那么几次，你创作着超现实的心灵电影，这些事件经常以混乱的顺序出现，场景之间突然变换，有人出现又会消失，并且可能经常违背类似重力这样的物理定律。然而，**梦**（dream）是如此生动以至于我们可能会将其和现实混淆。一个从噩梦中惊醒的 4 岁孩子可能真的会认为房子里有一只大狗熊。

偶尔我们也会在梦中完全意识到自己是否正在做梦。当经历这些清晰的梦境时，有些人可以检验自己的意识状态。如果他们能做出一些奇怪的动作，例如在空中飘浮，那么他们就知道自己是在做梦。

▸▸ 你觉得那些天生的盲人会做梦吗？对法国、匈牙利、埃及和美国盲人的研究都发现他们会使用非视觉的感觉通道——听觉、触觉、嗅觉和味觉——来做梦（Buquet，1988；Taha，1972；Vekassy，1977）。

我们一生中会花费 6 年左右的时间做梦，其中很多梦境一点儿也不甜蜜。无论对男性还是女性来说，每 10 个梦中就有 8 个是以消极情绪为标志的（Domhoff，1999）。人们经常梦到自己在做某件事时会反复失败，受到攻击、追逐，或者被拒绝，或者经历不幸（Hall et al.，1982）。当从快速眼动睡眠中醒来时，人们报告的和性隐喻有关的梦比你想象的可能要少得多。在一项研究中，存在性暗示的梦只占年轻男性梦境的十分之一，年轻女性梦境的三十分之一（Domhoff，1996）。我们更经常会梦到自己在日常生活中所发生的事情，如工作会议、考试或家人和朋友。

在世界范围内，各种年龄阶段的人在梦的内容上都表现出一种有趣的性别差异。在女性的梦中，男性和女性出现的次数一样多，但是在男性的梦中，男性出现的次数占到 65%。没有人知道这是为什么。不管具有什么样的意义，梦的研究者霍尔（Hall，1984）认为，我们可以将这个事实加入到心理学上有关性别差异的内容中。我们梦的故事线索——弗洛伊德称之为**显性内容**（manifest content）——有时候可以追溯到前一天的经历和所关注的事情（De Koninck，2000）：

- 斯蒂戈尔德及其同事（Stickgold et al.，2000）让人们玩 7 个小时的电脑游戏“俄罗斯方块”，随后在他们入睡后的第一个小时内反复叫醒他们，结果发现有四分之三的人报告自己体验到游戏中下落方块的影像。
- 受到外伤之后，人们经常会出现梦魇。
- 生活在狩猎—采集社会的人们经常会梦到动物；而生活在城市中的日本人却很少做这样的梦（Mestel，1997）。

“日有所思，夜有所梦。”
——雅典戏剧家米南德
（342–292 B.C.），
Fragments

我们睡眠环境中的感官刺激也可能会进入梦境。特殊的气味或者电话铃声可能会立即被富有想象力地编织到梦里的故事情节中。在一项研究中，德门特和沃尔珀特（Dement & Wolpert，1958）将凉水轻轻地喷洒到做梦者的脸上。与没有受到凉水喷洒的做梦者相比，这些人更容易梦见水——关于瀑布、屋顶漏水，甚至是被人喷水。就算在更关注内部刺激的快速眼动睡眠中，我们仍然保持着对外部环境变化的觉知。

▸▸ 一个流行的有关梦的传说：如果你梦见自己正在下落并且掉到地上（或者如果你梦到死亡），你就会死亡。（不幸的是，能够证实这一说法的人现在大概已经离开了这个人世。但是确实有一些人曾经做过这样的梦，但是他们现在还活着，而且能够报告自己的梦。）

那么，我们能否通过在梦中听磁带而学习外语呢？只要可以实施，当然可以。睡眠过程中我们可以学习将一种声音和轻微的电击联系起来（并且根据声音做出反应）。但是入睡后我们记不住磁带中的信息（Eich，1990；Wyatt & Bootzin，1994）。实际上，我们睡前 5 分钟内所发生的任何事情通常都会从记忆中消失（Roth et al.，1988）。这可以解释为什么睡眠窒息症患者经常会因喘不过气而重复地醒来，随后又会很快地入睡，但是他们回忆不起这些事件。这还可以解释为什么那些会使我们突然惊醒的梦最可能在早上被忘记。要记住一个梦境，你需要起床并且保持几分钟的头脑清醒。

我们为什么做梦

9. 梦有什么功能？

弗洛伊德在他 1900 年出版的标志性著作《梦的解析》中写道：“这是我所有非常有幸获得的发现中最有价值的一个。”他认为梦可以通过实现愿望，卸下个体无法接受的情感，给人提供一种精神上的安全感。根据弗洛伊德的说法，梦的显性内容是其**隐性内容**（latent content）经过检查以后的符号化译本，隐性内容指的是：如果我们将其直接表现出来那可能会带来很大威胁性，例如无意识的驱力和愿望。虽然大多数的梦中没有明显的性幻想，弗洛伊德还是相信大多数成年人的梦境能够“通过对性渴望的分析进行追溯”。比如，在弗洛伊德看来，一把枪可能是对阴茎的掩饰性表征。

弗洛伊德将梦比作可以理解我们内部心理冲突的钥匙。但是，其批评者则认为弗洛伊德的理论本身实际上就是一个科学的噩梦，到了该从其梦论中觉醒的时候了。一些研究者主张，即使梦是一种符号，那也可以按照人的愿望对其进行解释。而另一些人认为梦并没有掩饰什么，关于枪的梦就是关于枪的梦。至于所产生的联想，就算是爱抽雪茄的弗洛伊德也曾经说“有时候，雪茄就是雪茄而已。”

“人们将（梦境）解释为有意义的，并且随后会兜售一些解释，这是骗子行径。”

——睡眠研究者

艾伦·霍伯森（1995）

弗洛伊德梦的愿望实现理论已经在很大程度让位于其他理论了。那些将梦看做信息加工的研究者认为，梦可以帮助我们将记忆中白天的经历进行筛选、分类和巩固。我们已经知道快速眼动睡眠有利于改善记忆（McGrath & Cohen，1978）。在实验中，要求人们在睡觉前听一些不常见的短语或者学习寻找一些隐蔽的视觉图像。如果每次都在其进入快速眼动睡眠时被叫醒，那么与在其他睡眠阶段被叫醒相比，他们在第二天早上记住的东西更少（Empson & Clarke，1970；Karni & Sagi，1994）。

最新研究证实，我们睡眠在一定程度上是为了记忆。大鼠学习走迷宫，或者人类学习完成一项视觉辨别任务时，工作的脑区在随后的快速眼动睡眠期间也会被激活（Louie & Wilson，2001；Maquet，2001）。这些激活模式是如此精确，以至于研究者可以指出如果大鼠正处于清醒状态下，它会站在迷宫的哪个位置上。而且，经过一晚上的巩固记忆之后，人们通常能够在第二天的任务成绩上有所提高，被剥夺慢波睡眠和快速眼动睡眠的人则没有刚学习完就睡的人做得好（就算经过两个晚上的睡眠恢复也于事无补）（Stickgold et al.，2000，2001）。看来一个晚上的巩固睡眠（和做梦）确实在我们的日常生活中占有很重要的位置。

▸▸ **问题：**假定（1）睡眠可以在很大程度上巩固记忆以及（2）2001 年一项盖洛普的研究结果显示，79% 的青少年希望有更多的睡眠时间，你认为就像其他国家例如英国的很多中学一样，美国的中学在上午 9 点左右开始上课效果会好些吗?

研究者斯蒂戈尔德（2000）认为，对青少年和大学生来说，从睡眠中获得对学习的益处的确是一个很重要的信息。很多学生都患有一种睡眠饥饿症，他们会在周末拼命补觉。但是斯蒂戈尔德谈道：“如果在学习新东西之后缺乏足够高质量睡眠的话，你还是无法把这些新知识有效地整合到记忆中去。”这也许可以帮助我们解释为什么高中生中成绩比较好的学生（平均是 A 或 B）比成绩为 C、D、F 的同班同学平均每晚多睡 25 分钟并且提早入睡 40 分钟（Wolfson & Carskadon，1998）。

▸▸ 快速眼动还可以搅动眼角膜后面的液体；这可以将新鲜的氧气输送到眼角膜细胞，以防止它们窒息。

对于我们为什么会做梦的另外一种解释是，梦可能还具有某种生理功能。也许梦——或者说是与快速眼动睡眠相关的大脑活动——可以给睡眠中的大脑提供周期性的刺激。就像我们在第 3 章所讲的一样，刺激体验能够发展和维持大脑中的神经通路。这种理论观点是从发展的角度来说明的。对那些神经网络正在迅速发展的婴儿来说，其快速眼动睡眠所占的时间比例非常大（图 3.14）。

其他的生理学理论认为，梦是源于从脑干弥散上行的神经活动而发生的（Antrobus，1991；Hobson，1988）。根据其中一种说法——激活整合理论——这种神经活动是随机的，而梦是大脑试图对这种神经活动赋予意义的表现。神经外科医生能够通过刺激病人大脑皮层的不同位置而让他们产生幻觉，所以从大脑内部自发产生的刺激也可以引起负责加工视觉图像的大脑区域（但并非那些接受眼睛传来的自然输入的视觉皮层区）的反应活动。就像弗洛伊德曾经预期的那样，在快速眼动睡眠期间，和情绪相关的边缘系统会变得活跃起来，而负责抑制和理性思维的额叶区域却没有任何活动（这可以解释为什么我们的梦会比生活中的我

Tom Prettyman/PhotoEdit, Inc.

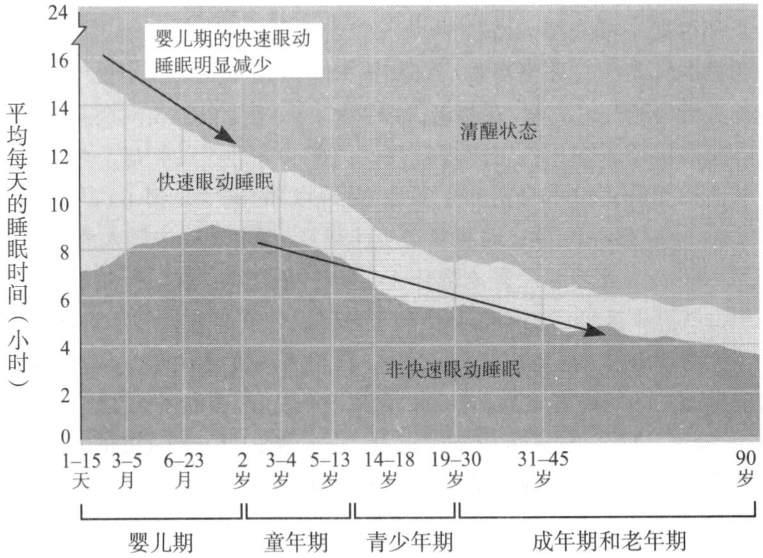

➤ 图 3.14

毕生的睡眠

随着年龄的增长，我们的睡眠模式也会改变。在最初的几个月里，我们的快速眼动睡眠时间越来越少。在前 20 年里，我们的睡眠时间也越来越少。（Adapted from Snyder & Scott，1972）

们更少抑制）。对处在睡眠中个体的 PET 扫描发现了某些大脑区域特别是杏仁核正处于激活状态（Maquet et al.，1996）。将边缘系统的情绪基调和大脑的视觉脉冲加在一起——瞧，我们做梦了。如果边缘系统或者是在梦中被激活的视觉中枢受损的话，那么做梦的这个过程可能就会受损（Domhoff，2003）。

总之，激活整合理论的意思就是认为梦来源于不懈地试图将无关的视觉脉冲赋予意义，并由边缘系统加入情绪基调。梦是大脑对自己活动的一种解释。

有关梦的功能的问题引起了十分激烈的争论。一些梦的研究者摒弃了弗洛伊德主义和激活整合理论，他们把梦看做是大脑成熟和认知发展的一部分。比如，在 9 岁以前，儿童做梦似乎更像是放映幻灯片，并且很少包含以做梦者为主角的生动故事（Domhoff，2003；Foulkes，1999）。而且，当脑干的激活程度最小的时候，有些梦的影像会在快速眼动睡眠以外出现。表 3.2 比较了主要的梦理论。

但是有一点是所有争论者都承认的：我们需要快速眼动睡眠。通过反复被叫醒而剥夺这种睡眠之后，人们在入睡后会越来越快地回到快速眼动睡眠。当最后允许他们不被打扰地睡眠时，他们的睡眠就像婴儿一样——快速眼动睡眠逐渐增加，这个现象被称做快速眼动反跳（REM rebound）。降低对快速眼动睡眠的压抑

表 3.2　梦的理论

理　论	解　释	批评意见
弗洛伊德的愿望满足理论	梦提供了一个“心理安全阀”——表达无法接受的情感，包含外显内容（记忆中的）和深层次的隐性内容——隐藏的含义。	缺乏科学证据；梦可以通过许多不同的方式来解释。
信息加工	梦帮助我们筛选白天的事件和巩固记忆。	但是为什么我们有时会梦到未曾经历过的事情？
生理功能	快速眼动睡眠提供周期性的刺激，有助于发展和维持神经通路。	这可能是真的，但是它不能解释为什么我们会做有意义的梦。
激活—整合	快速眼动睡眠引发的神经活动唤起随机的视觉记忆，并且由睡眠中的大脑编排成故事。	个体的大脑编排故事，但这仍然向我们透露了与做梦者有关的内容。
认知发展	梦的内容反映了做梦者的认知发展——他们的知识和理解力。	不能反映梦的神经科学。

的药物治疗也可以增加快速眼动睡眠，但是会伴随有梦魇。

大多数其他的哺乳动物也会经历快速眼动睡眠和快速眼动反跳。动物对快速眼动睡眠的需要提示我们这种原因和功能在很大程度上是生物性的。快速眼动睡眠会出现在哺乳动物而不是出现在行为较少受学习影响的动物（如鱼）身上，这符合梦的信息加工理论。所有这些再一次告诉我们一个基本经验：对行为的生物和心理解释是互补的，而不是竞争的关系。

但是，如果梦缺少弗洛伊德所提出的掩饰性意义，并且也没有某种生理功能，那么梦在心理学上是无意义的吗？这可不一定。每种在心理层面上的有意义的体验都会包括大脑活动。而且，对梦的反映说的支持者来说，梦也许更像抽象艺术，应该不止一种有意义的解释，要说清楚的话就需要仔细思考。

本节回顾

➤ 自问

在有些国家比如英国，青少年的上课时间是从上午 9 点到下午 4 点。而在其他国家，例如美国，青少年的上课时间是从上午 8 点到下午 2 : 30。严格说来，起床早并不能使儿童更聪明——反而却让他们非常困倦。从最佳觉醒状态和健康角度而言，青少年每晚至少需要 9 小时睡眠。所以，我们现在是否有理由让那些开课较早的学校推迟上课时间，即使需要购买更多的校车或者改变学校的上课时间？还是说这是不切实际的，而且可能对解决青少年的困倦问题没什么帮助作用？

➤ 自测 2

你的睡眠充足吗？要回答这个问题你会问自己什么？

自测问题的答案见书后的附录。

催 眠

10. 什么是催眠？催眠师对于被催眠的个体拥有什么力量？

想象你自己正在接受催眠。催眠师引导你进行放松休息，让你注视墙上的一个点，要求你全身处于放松状态。在一片静寂中，你的耳边响起了催眠师低沉的声音："你的眼睛越来越疲倦……眼皮也越来越沉重……现在更加沉重了……你的双眼正在开始合上……你变得越来越放松……现在你的呼吸越来越深入并且变得越来越有规律……你的肌肉也开始越来越放松。你的整个身体开始感觉像铅一样重。"

在这样的催眠引导几分钟后，你很可能已经闭上了双眼，并且也许已经进入了**催眠**（hyposis）状态——一种社会互动，在这种社会互动中，一个人（催眠师）向另外一个人（被催眠者）发出暗示，使被催眠者自然而然产生一种特定的知觉、感觉、想法或者行为。当催眠师暗示"你的眼皮闭得很紧，不管怎么努力都睁不开"时，你的眼皮可能真的会一直紧闭着并且似乎你自己无力控制它的睁开与否。当要求你忘掉数字 6 时，你可能会很奇怪自己为什么会有 11 个手指头。给你氨水却暗示你会闻到甜美的香味，你可能真的会欣喜地留连于它刺鼻的味道。催眠师要你描述一幅已经挂起来但实际上并不存在的图片时，你可能会描述得栩栩如生。当暗示你看不到某一特定的物体，比如一把椅子时，你可能真的报告说你没看到有椅子，但是在行走的时候你会避开它。

催眠状态真的是一种被改变的意识状态吗？我们首先讨论某些已经基本达成共识的观点。

事实与谬误

那些研究催眠的人认为，催眠的力量不在于催眠师而在于被催眠者对暗示的接受性（Bowers，1984）。催眠师没有这种神奇的控制心灵的力量，他们仅仅能够促使人的精力集中于某一特定的图像或者行为。但是这种对暗示的接受性具有什么样的力量呢？

每个人都能体验到催眠吗

在一定程度上，几乎每个人都是可以被暗示的。当直立者闭上眼睛，并告知他们正在来回旋转时，绝大多数人真的会旋转一点。实际上，*位置旋转*是斯坦福催眠易受性量表中的一个项目，这个量表是用来评估个体的催眠易受性。能够对催眠做出反应的人当缺乏催眠暗示时，他们也会做出相应的反应（Kirsch & Braffman，2001）。

在催眠过程中，催眠师会给予一个简短的催眠引导，随后呈现出一系列暗示后的体验，这些体验的变化范围从容易（伸出的手臂可以一起活动）到困难（睁开眼睛可以看到一个根本不存在的人）。那些催眠易受性高的人——例如，20% 能够接受暗示的人，闻不到鼻子前面的氨水，或者对此不做出任何反应——25 年后仍然具有很高的催眠易受性（Piccione et al.，1989）。这些具有高度催眠易受性的人经常被想象中的行为深深吸引（Lynn & Rhue，1986；Silva & Kirsch，1992）。一般来说，他们具有丰富的想象力，并且很容易被小说或者电影里面的想象事件所吸引。很多研究者把催眠“易受性”看做一种被催眠的*能力*，这是一个具有更多积极内涵的界定标签。很少人会关心自己是否对催眠“易感”，但是大多数人会非常高兴自己具有这种能力，即全神贯注于某一项任务，幻想被它吸引，并完全沉浸于想象中。

实际上，任何一个关注自己内心世界并具有想象能力的人都能够体验到某种程度上的催眠，因为那就是催眠之所在。而且事实上如果被引导期待催眠，那么每个人都能够体验到催眠反应。想象你被要求凝视高处的某一个点并且使眼睛处于紧张状态，随后暗示道：“你的眼睛开始觉得很疲劳……眼皮也越来越沉重。”在这样紧张的状况下，任何人的眼睛都会感到疲劳。（试着注视房顶 30 秒。）但是如果催眠师催眠成功的话，被催眠者会把眼皮的沉重疲劳感归因于催眠师的力量，随后会对接下来的暗示更容易接受。

> “催眠不是心理事实的来源，它恰恰是灾祸之源。”
>
> ——研究者
>
> 肯尼思·鲍尔斯（1987）

催眠能否促进对遗忘事件的回忆

催眠程序能让人重新体验以前的经历吗？回忆起幼儿园的同伴？重新提取被忘掉或者压抑的有关案件的细节？催眠状态下所提取的证词是否应该被法庭采纳？

大多数人错误地相信（第 8 章会给出解释），我们的经历都原封不动地“在那里”，就是说有关我们的所有事情都在大脑中进行了编码，只要突破我们自己的防御就一定能够回忆出所有的一切（Loftus，1980）。例如，大多数的大学生认为“在催眠状态下一个人[可以]很准确地回忆起童年的事件”（Furnham，1993）。可以用年龄回归来说明这一点，年龄回归是指认为人们可以重新体验到小时候的经历。在一项社区调查中，四分之三的人同意催眠可以使人“重新获得出生时的记忆”，而这是一种并不准确的说法（Johnson & Hauck，1999）。60 年的研究结果反驳了这种年龄回归的观点。年龄回归的个体通常会表现出自己心目中儿童的样子，但是他们的行为表现一般会比特定年龄的真正儿童要好，这就是一个漏洞（Silverman & Retzlaff，1986）。例如年龄回归的人可能感觉自己像个儿童并且可能表现出他们所知道的 6 岁儿童的样子，但是他们有时候做得太好，并且其成人的脑电波、反应和知觉上一般不会发生任何改变。

在极少的情况下，放松而集中的催眠状态使得目击者在犯罪调查中能够提供有价值的线索。问题就在于目击证人的记忆是经过“催眠更新过的”。研究者发现催眠中被更新的记忆是事实和虚构的混合体。所以，美国、澳大利亚和英国的法院越来越禁止被催眠的目击证人出庭作证（Druckman & Bjork，1994；Gibson，1995；McConkey，1995）。催眠可以创造记忆的最著名的例子来自成千上万的人从 1980 年以来至今频频报告自己被外星人绑架、在恶魔般的教派中受到虐待，或者过去生活的光辉历程。研究表明有关外星人的报告绝大多数来自于那些原先就相信有外星人存在、具有较高的催眠易受性，以及经历过催眠的人（Newman & Baumeister，1996；Nickell，1996）。

▸▸ 关于人们如何建构错误记忆的更进一步的讨论参见第 8 章。

催眠能让人们表现出和意愿相反的行为吗

研究者奥恩和伊文斯（Orne & Evans，1965）指出，被催眠的人可以被诱发表现出明显的危险行为。被试按要求将一只手迅速地放入“酸”中，随后将“酸”甩到了一名研究助手的脸上。当一天以后进行访谈时，他们对自己的行为没有任何记忆，并且极力否认自己曾经听从命令做出过这样的行为。

催眠是否赋予催眠师一种特殊的力量来控制被催眠者做出违反其意愿的行为？为了寻找答案，奥恩和伊文斯想到运用虚幻信念的对手——控制组：奥恩让一些人假装他们也被催眠了。实验室研究者没有意识到控制组的被试并没有被催眠，而是给予所有的被试相同的对待。结果如何呢？所有未被催眠的被试（也许认为实验室情境保证了安全性）做出了和催眠被试相同的行为。同样，大多数被催眠的被试会在暗示下做出撕毁宗教书籍的行为，其中一些人甚至还在考试中作弊或者贩卖违禁药物。而大多数被要求模拟被催眠的人也同样可能会做出相同的事情（Levitt，1986）。

这体现了第 16 章强调的一个原则：在合法情境下权威者能够诱导个体——被催眠者或未被催眠者——表现出一些不太可能的行为。催眠研究者斯帕诺斯（1982）表达得更为直接：“被催眠者的外显行为能够很好地控制在正常范围之内。”

“这并不是我希望发生的。但事实就是事实，如果已经证实了是错误的，那你就必须有耻辱感并且一切重新开始。”
——阿加莎·克里斯蒂作品中的马普尔小姐

催眠可以用作一种治疗手段吗

催眠治疗师做的事情并不神秘。他们只是试图帮助病人利用他们自身所具有的治疗力量（Baker，1987）。**催眠后暗示**（posthypnotic suggestion）已经帮助人们有效地缓解了头痛、哮喘、肿瘤以及与压力有关的皮肤问题。对一个已经忍受了20 多年全身疼痛的女性来说，我们要求她想象自己在闪闪发光、阳光照耀的透明液体中游泳，这可以洗净她的皮肤并且使她的皮肤变得光滑而无瑕疵。在 3 个月之内她的疼痛感消失了（Bowers，1984）。

对 18 项研究的数据分析发现，那些采用催眠治疗手段的来访者的好转情况要大于 70% 的接受其他治疗的来访者（Kirsch et al.，1995，1996）。催眠似乎对治疗肥胖特别有效。但是，吸毒者、酗酒者和吸烟成瘾者对催眠的反应并不好（Nash，2001）。在控制性研究中，催眠可以加速肿瘤的消失速度，但是非催眠状态下的相同的积极暗示具有同样的治疗作用（Spanos，1991，1996）。催眠和积极暗示似乎都有改变人们预期的力量。

催眠能够缓解疼痛吗

当然，催眠可以缓解疼痛（Druckman & Bjork，1994；Montgomery et al.，2000）。当未被催眠者将手臂放到结冰的容器里时，他们在 25 秒内能感觉到剧烈的疼痛。而易催眠者在接受暗示后做出上述行为时则不会感觉到疼痛，他们确实报告几乎感觉不到任何疼痛。就像一些牙医了解的那样，仅仅是轻微的催眠就可以缓解恐惧心理，并且减轻对疼痛的敏感性。有将近 10% 的人能够被深度催眠，甚至于不需要麻醉就可以实施大的外科手术。我们中有一半人可以通过催眠在一定的程度上缓解疼痛。

在外科实验中，催眠过的病人需要更少的药物，复原更快，比未催眠的控制组更早出院，这都是抑制疼痛相关的脑活动的结果（Askay & Patterson，2007; Spiegel，2007）。在欧洲，催眠在外科中的应用非常活跃，一个比利时的医疗团队通过结合使用催眠、局部麻醉和中效镇静剂完成了 5000 多例外科手术（Song，2006）。

催眠状态的解释

11. 催眠是正常状态的延伸，还是一种被改变的状态？

我们已经看到，催眠具有强烈的可暗示性。我们还可以看出催眠过程并不能赋予一个人特殊的力量。但是催眠有时却可以帮助个体回忆以往的真实（或者不真实）的事件，帮助克服心理疾障，并且能够帮助缓解疼痛。那么，到底什么是催眠呢？

催眠是一种社会现象

一些研究者认为，催眠现象反映了正常意识的工作过程（Lynn et al.，1990；Spanos & Coe，1992）。他们指出，我们的解释和注意对原初的知觉竟有如此之大的影响。

这意味着人们在有意识地假装体验催眠吗？相反，他们的表现和报告正是他们期望自己做的事情。就像那些被角色感染的演员一样，他们开始用催眠状态下人物角色的方式进行感觉和行为。他们越喜欢和相信催眠师，并且感觉自己愿意完成催眠行为，他们就越会表现出这样的行为（Gfeller et al.，1987）。如果要求被试当听到单词心理学时就抓一下自己的耳朵，被试只有在认为实验仍在继续进行时才会这么做。如果研究者消除了他们表现出被催眠的动机（告诉他们催眠只是其“易上当性”的一种表现），被试就会变得毫无反应。

根据这些结果，社会影响理论的拥护者主张催眠现象并不是催眠的惟一特殊表现。他们认为催眠现象——就像与其他假定的不同状态相联系的行为，例如分离同一性障碍（第 14 章）以及妖魔鬼怪附体——是日常社会行为的延伸，而并非催眠所独有（Spanos，1994，1996）。

催眠是一种分离的意识状态

大多数催眠研究者承认正常的社会和认知过程在催眠中起一定的作用，但是他们认为催眠不仅仅是富有想象力的表演。首先，催眠中的个体有时候会根据线索表现出暗示的行为，甚至在他们知道没人观察自己时也是如此（Perugini et al.，1998）。他们这样的行为可能不仅仅是出于努力成为“配合的好被试”。而且，很多实践研究者还是相信某些现象是催眠的独特表现，并伴随有特殊的脑活动（Kosslyn et al.，2000）。对类似缓解疼痛和强制性幻觉这样的催眠体验还有什么其他的解释吗（Bowers，1990）？怀疑论者对此的回答是催眠师的生计要依赖于这种维持神秘力量的光环（Coe，1989）。

著名的研究者希尔加德（Hilgard，2000）认为，催眠不仅仅包括社会影响，而且包括一种**分离**（dissociation）的特殊的意识状态。希尔加德将催眠分离看做是一种对日常心理分离的生动形式。将孩子放到床上，我们可能已经是在第 14 次重复讲《晚安，月亮》的故事，同时，心里在筹划第二天繁忙的工作安排。在麻醉剂的作用下我听到牙医让我把嘴巴“张大一点儿”。当我要有意识地考虑她的要求时，令我惊讶的是，我的嘴巴非常迅速地执行了这一要求。当她说：“把脸转过来，”我又会马上照办，就像被一种奇怪的力量所控制一样。

一种分离理论的观点强调这种行为和意识控制之间的分离（Woody & Bowers，1994）。就像你可以在听讲座的时候涂鸦或者在开始聊天的时候把手头上的一句话打完，再或者就像一个熟练的钢琴演奏家能够边弹曲子边和观众聊天一样，经过练习，你甚至能够在抄写词语的同时阅读并且理解一个简短的故事（Hirst et al.，1978）。催眠就像生活一样，我们的很多行为都是自动发生的。所以，当被催眠的人在谈论或者阅读一个话题的同时写出对另外一个话题的答案时，他们突出表现的就是认知和行为的正常分离形式。所以，基尔希和林恩（Kirsch & Lynn，1995，1998a，b）指出，现在的研究者在提到“催眠状态”时，他们仅仅是指对催眠的主观体验，而不是一种独特的恍惚状态。

希尔加德对催眠分离的发现是很有趣的。在一次有关催眠的课堂演示上，他诱导一个学生做出耳聋的行为反应，并且随后开始向全班同学展示这个人对问题、别人的嘲弄甚至突然发出的巨大声响都完全没有反应。一个学生问是不是这个人还是能听到一点声音的，希尔加德决定告诉大家答案是否定的。他轻轻告诉这个人如果他还能听到一点声音，就伸出右手的食指。令每个人吃惊的是——包括希尔加德和那名学生被试——食指抬起来了。当被试恢复听觉之后，他解释道：“仅仅坐在那里真的有一点儿无聊……我突然感觉到我的手指竖起来了；而这正是我希望你给我解释的。”

> “所有可能的意识也许被分割成不同的部分，它们同时存在但是彼此并不知道。”
>
> ——威廉·詹姆士，《心理学原理》，1890

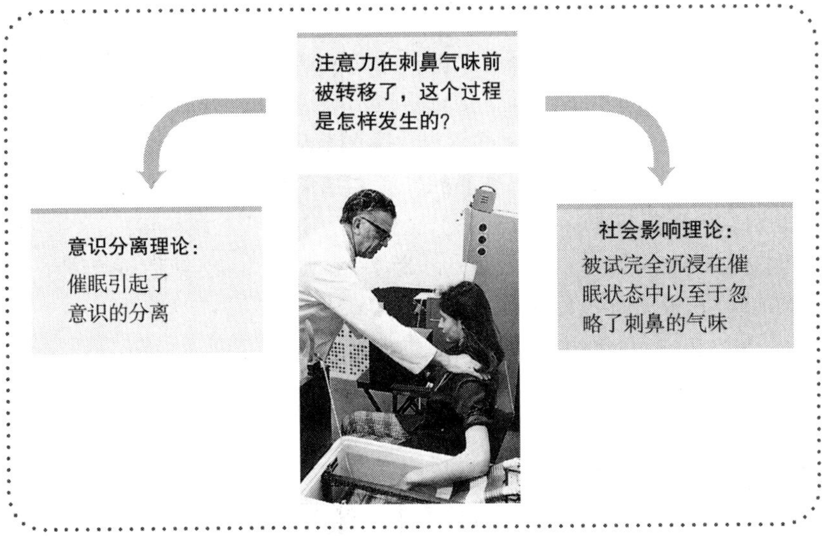

➤ 图 3.15
解释催眠
她怎么能表现出这种行为反应？这个被催眠的年轻人为什么会对氨水的刺鼻味道没有任何反应？意识分离理论以及社会影响理论可以为此提供可能的解释。

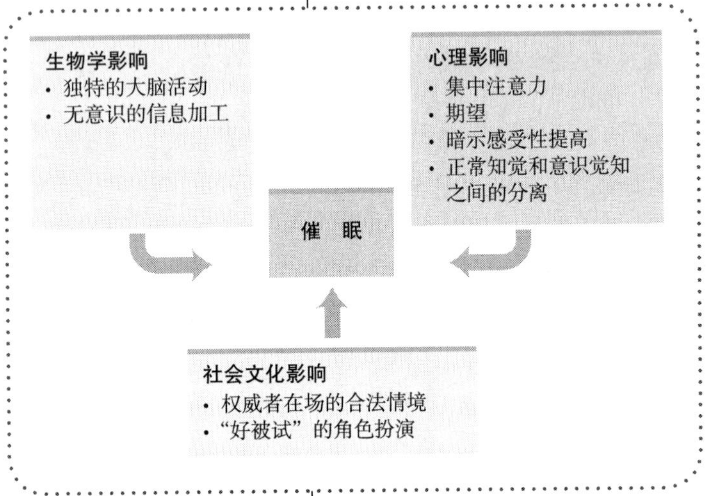

➤ 图 3.16
催眠的分析水平
研究者通过生物心理社会途径，从互补的角度探索催眠。

这个现象引发了研究者的进一步探讨。处于催眠状态中的个体，就像我们前面提到的那样，把手臂放在冰水中报告的疼痛感远远低于其他人。但是当告诉他们如果“某些部分”感觉到疼痛就按键时，他们无一例外地全都按键了（图 3.15）。对希尔加德来说，这表明一种分离的意识——**隐匿的观察者**（hidden observer）能以某种被动的方式对正在发生的事情进行知觉。

由于“隐匿的观察者”所报告的东西会随着研究者的预期而变化，这种催眠的意识分离理论引发了某些争议。但是，有一点却是非常清楚的：你和我在没有意识参与的情况下仍可以加工很多信息。我们在有关感觉和知觉的章节中看到了其他有关无意识信息加工的例子，并且我们在后面有关学习、记忆和思维的章节中还会看到。毫无疑问，还有很多思维和行为是超出我们的意识的。我们的信息加工，由选择性注意开始，同时进入意识和潜意识两个领域。

但是，对社会影响在催眠中所起的重要作用也有一些疑问。所以，这两种看法——社会影响和意识分离——有没有可能是互通的呢？研究者吉尔斯托姆和麦康基（Kihlstrom & McConkey, 1990）认为这两种理论并不矛盾，二者都致力于对“催眠的统一性解释”。他们提到，催眠同时是对社会影响的一般原理和意识知觉与自动化行为之间日常分离的一种延伸。催眠研究者正在超越“催眠是一种社会现象”与“催眠是一种分离的意识状态”之间的争论（Killen & Nash, 2003; Woody & McConkey, 2003）。相反，他们开始探索大脑活动、注意和社会影响之间的相互作用如何影响催眠现象（图 3.16）。

本节回顾

➤ 自问

关于意识分离的例子可以包括一边打字一边聊天，以及一边读有趣的故事一边思考其他的事情。你自己也曾经经历过类似这样的意识分离吗？

➤ 自测 3

什么时候使用催眠可能会给我们带来危害？而什么时候使用催眠可能使我们获得帮助？

自测问题的答案见书后的附录。

药物与意识

对于催眠是否以某种独特的方式改变个体的意识这个问题一直存在争论，但是对于药物能够改变意识则很少争议。**精神性药物**（psychoactive drug）是指那些能够通过作用于神经突触改变个体知觉和心境的化学物质（见第 2 章）。让我们想象一个合法的药物服用者一天的生活。早晨醒来，先来一杯 latté（一种咖啡，译者注）提提神。中午的几支香烟能够镇定疲惫的脑神经。早下班使得他有时间开怀畅饮，这可以作为其看牙医之前的放松和社交生活，而牙医会使用麻醉剂让原本疼痛的体验变得温和舒适。晚餐前的减肥药丸有助于降低食欲，而且其刺激效果正好可以被睡前饮料和两片 Tylenol PMs 所抵消。在进入快速眼动睡眠之前，我们想象中的药物服用者被电视里的一条“药物滥用泛滥”新闻搞得非常沮丧。

依赖与成瘾

12. 什么是耐受、依赖和成瘾，我们对于成瘾有哪些常识性的误解？

长时间持续服用精神性药物能够产生**耐受性**（tolerance）：服药者会体验到神经性适应（大脑对其正常功能遭到破坏的适应）。所以，服药者需要越来越大剂量的药物来体验药物效果。一个很少喝酒的人可能喝一罐啤酒就会醉，但是经常喝酒的人可能在喝掉 12 罐后还丝毫没有醉意（图 3.17）。具有讽刺意味的是，不管“耐受性”有多强，酗酒者的大脑、心脏以及生命都遭受到其过度服用的酒精的破坏。

停止服用精神性药物的个体可能会体验到**戒断**（withdrawal）那令人不快的副作用。随着身体对药物缺乏的强烈反应，服药者可能会感到身体疼痛难忍以及强烈的欲望，表现出对药物的**生理依赖**（physical dependence）。特别是对于那些缓解压力的药物，人们还会形成**心理依赖**（psychological dependence）。虽然这些药物可能不会在生理上成瘾，但是它们却成为服药者生活中一个十分重要的组成部分，并经常被用作排解消极情绪的方式。无论是形成生理依赖还是心理依赖，服药者主要关注的可能是获得和服用药物。

➤ 图 3.17

药物耐受性

经常服用精神性药物会使药效降低。为此，我们不得不服用更大的剂量来达到某种预期的效果。

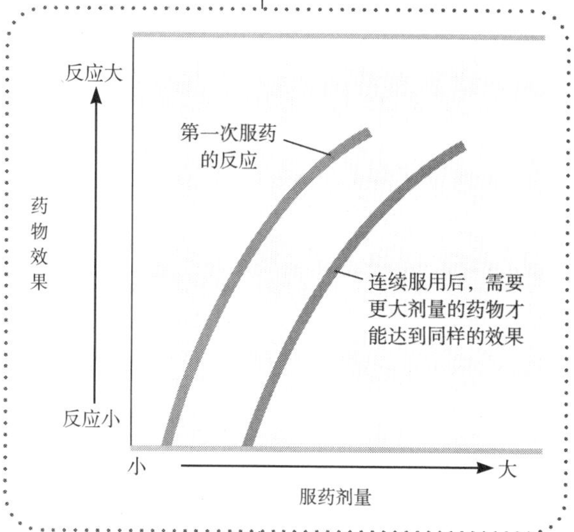

对成瘾的误解

成瘾（addiction）在传统意义上是指对某种物质的强烈欲望，并伴随有一系列的生理症状，例如疼痛、恶心和突然断瘾后的痛苦。在近来的通俗心理学中，成瘾所产生的无法抗拒的诱惑还包括很多以前被认为是坏习惯甚至罪恶的行为。这个概念是不是太宽泛了？成瘾真的如一般人想象的那样难以抗拒吗？很多药物研究者认为以下对于成瘾的说法是错误的：

▸▸ 在尝试几种药物后上瘾的可能性：
大麻：9%
酒精：15%
海洛因：23%
烟草：32%
来 源：National Academy of Science, Institute of Medicine（Brody, 2003）.

1. 药物成瘾恶化的速度很快；例如，用来缓解疼痛的吗啡是非常容易成瘾的，并且往往会导致海洛因滥用。在使用精神药物之后，有些人——大概 10%——确实需要很长一段艰苦的时间来减少服用或者停用。但是，更多人是有控制力的，偶尔服用酒精或者大麻的人并没有成为瘾君子（Gazzaniga，1988；Siegel，1990）。罗宾逊和贝里奇（Robinson & Berridge，2003）报告说，“就算是对于非常容易成瘾的药物，例如可卡因来说，也只有 15%~16% 的人在首次使用之后的 10 年内会成瘾。”而且，在医疗用药中人们一般不会成瘾。那些使用吗啡缓解疼痛的人很少会像那些将吗啡用作改变情绪药物的个体那样形成毒瘾（Melzack，1990）。

2. 毒瘾不会自发地消除；而是需要治疗。一些成瘾者确实已经从治疗过程中受益。例如酒精匿名协会已经帮助很多人战胜了酒精依赖。但是批评者说，治疗以及非治疗组的戒断成功率之间的差异比一般人想象的要小。治疗或者群体支持可能是有用的，但是人们经常能够通过自己的努力而恢复。

而且，将成瘾看做一种疾病——就像糖尿病一样——会削弱成瘾者的自信心并挫伤其意志，即如果没有治疗“自己将无法战胜药物成瘾”。批评者认为这种说法会令很多没有通过治疗而自愿停止使用药物的人丧失信心。寻求治疗的吸烟者中大概有 70% 随后又开始复吸，而美国有 4 100 万以前吸烟的人靠自己的力量戒掉了烟瘾。

> “大概 70% 的美国人曾经尝试过违禁药物，但是……只有很少一部分人在过去一个月内曾经这样做过。……35 岁以后，实际上就不再经常服用违禁药物了。”体验过了快感和后果后，“大多数人最终还是离开了。”
>
> ——神经心理学家迈克尔·加扎尼加（1997）

3. 我们可以将成瘾的概念扩展，使其不仅仅包括药物依赖，还包括所有的反复寻找快乐的行为。我们能够做到这一点并且已经这么做了，但是我们应该这样吗？人们建议把将成瘾视做疾病并且需要治疗的观点应用于大量的动机行为，包括狂食、购物、锻炼、性行为、赌博和工作。开始，我们可能以打比喻的方式使用这个短语（“我是一名科幻小说迷”），但是如果我们开始将这个比喻看做现实，成瘾就可以变成一种通用的借口。偷盗者是为了满足“赌瘾”，网上冲浪到后半夜的人是为了满足“网瘾”，而背叛和虐待的人是为了满足“性瘾”，这些人随后都可以将他们的行为解释为疾病。就像在华盛顿特区，当有人问梅厄·巴里（Mayor Marion Barry）为什么要谎称自己是“化学物质依赖者”，他说：“那些话是在疾病状态下说的，我并非有目的地做那些事。我也是一个受害者”（Leo，1991）。

有时候，类似赌博或者虚拟性爱的行为确实能够变成强迫性行为，并且可能会引起机体障碍，就像药物滥用一样（Griffiths，2001）。但将成瘾的概念扩展到社会行为领域合适吗？关于成瘾是否为疾病的争论还在继续。

精神性药物

三种主要的精神性药物分别是抑制剂、兴奋剂和致幻剂，它们都在大脑的突触部位发挥作用。它们刺激、抑制或者模拟神经递质这种脑化学信使活动。一种药物的心理作用会受到服用者期望的强烈影响。并且这可以解释为什么药物体验会具有不同的文化差异（Ward，1994）。如果一种文化认为某种特定的药物能够引起愉悦感（或者攻击或者性唤起）而其他一种文化并不这样认为的话，那么每一种文化都能实现自己的预期。

"这是高效能人士的 7 个习惯之一。"

抑制剂

13. 什么是抑制剂，抑制剂有什么作用？

首先让我们来看一下酒精、巴比妥酸盐（镇静剂）以及鸦片这类镇定神经活动和减缓身体机能的**抑制剂**（depressant）。

酒精 下面这种说法是对还是错：在大剂量使用时，酒精起镇静剂的作用；而在小剂量使用时，酒精起兴奋剂的作用。错误。小剂量的"酒精"也许真的能够让喝酒者活跃起来，但那是通过减缓大脑控制判断和抑制性的活动来做到这一点的。酒精降低了我们的抑制力，减缓了神经加工活动，影响记忆形成和降低自我觉知。

去抑制 酒精会使两种后果的出现机会均等：它能增加危险的可能性——愤怒的人在喝酒之后变得具有攻击性。同时它还能增加助人的可能性——餐馆顾客醉酒后往往会留下过多的小费（M. Lynn，1988）。你在清醒的时候所具有的某种倾向更容易在喝醉的时候表现出来。

减缓神经加工 小剂量的酒精能够通过减弱交感神经系统活动而让饮酒者放松下来。大剂量使用时，酒精能够令人表现出难以置信的行为问题：反应迟缓，语言含糊，技能性表现变差。和剥夺睡眠相伴随时，酒精会成为一种强有力的镇静剂。（虽然剥夺睡眠和过度酗酒都能使司机面临危险，但二者之间的结合才是更为致命的。）这些生理反应与较低的抑制相结合，导致酒精带来最恶劣的结果——全世界范围内每年有几十万人在与酒精有关的事故和暴力犯罪中丧生。尽管多数饮酒者相信（清醒时）酒后驾车是错误的，同时他们还坚信自己不会这么做，但事故还是频频发生。随着血液中酒精含量的上升，人们的道德判断变得越来越不成熟，他们对于酒后驾车的担忧也越来越小——并且就算是经过呼吸测试并且告知他们已经处于醉酒状态，但最终所有人都会从酒吧直接驾车回家（Denton & Krebs，1990；MacDonald et al.，1995）。

干扰记忆 酒精还会对由近期经验进入长时记忆的加工过程产生破坏作用。所以，醉酒后的第二天，重度饮酒者可能回忆不起来他前一天遇到过谁或者他们说了什么做了什么。这种记忆中断在一定程度上是由于醉酒者无法将醉酒时的记忆转移到清醒状态下。

重度饮酒对于脑和认知的影响可以是长期的。在大鼠中，在与人类青春期相应的发展阶段，大量饮酒减少神经细胞的形成，损害突触联系的生长，并导致神经细胞的死亡（Crews et al.，2006，2007）。MRI 扫描发现，长期和过度饮酒会影响认知（图 3.18）。胃酶（用于消化酒精的酶）较少的妇女其大脑萎缩特别明显

➤ 图 3.18
酗酒会使大脑萎缩
MRI 扫描结果发现，酗酒女性的大脑（左侧）比控制组女性的大脑（右侧）明显萎缩。

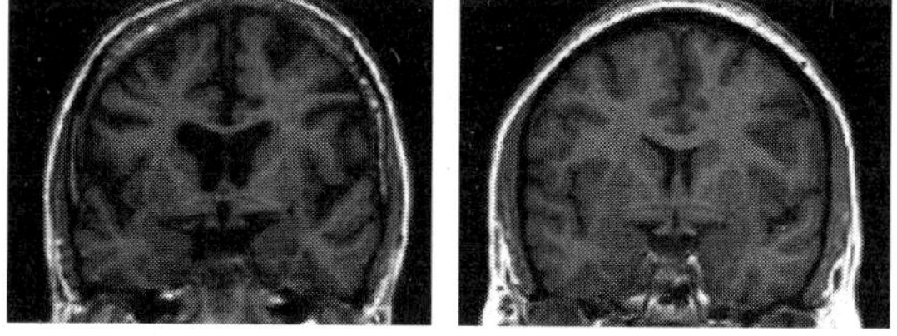

酗酒女性的大脑扫描图　正常女性的大脑扫描图

(Wuethrich，2001)。女孩和年轻女性比男孩和年轻男性会更快对酒精上瘾，她们在更低的吸收水平上就可能造成肺、脑和肝损伤(CASA，2003)。

降低自我觉知和自我控制 酒精还会从另外一个方面影响意识：它会降低自我觉知(Hull et al.，1986)。这也可以解释，为什么与那些对自己满意的人相比，希望抑制自己对其失败或者缺点觉知的人更容易饮酒。商业交易、比赛或者恋爱上的失败有时候能够引发一场纵酒狂欢。低自尊的人在经历爱情关系中的痛苦时，过量饮酒尤为常见(DeHart et al.，2008)。酒精还会使个体仅仅关注于当前的情境而不考虑任何未来的结果，这可能会强化一种个体原本可以抗拒的强烈欲望(Steele & Josephs，1990)。在调查中，半数以上的强奸犯报告自己在犯罪前喝过酒(Seto & Barbaree，1995)。

预期效应 就像服用其他精神性药物一样，酒精的行为后果并不仅仅因为它对大脑内化学物质的改变，还因为饮酒者的预期期望。很多研究已经发现，当人们相信酒精会以某种特定的方式影响人的社会行为，并且认为(不论正确与否)既然自己一直都在饮酒，那他们就会表现出酒后应有的行为(Leigh，1989)。艾布拉姆斯和威尔逊(Abrams & Wilson，1983)在一项经典实验中证明了这一点。他们给那些志愿参加一项“酒精与性刺激”研究的鲁特格斯大学男生提供含有酒精或不含酒精的饮料。(两种饮料都含有能够盖住酒精气味的味道。)每一组中，有半数的被试被告之他们喝的是酒，而另外一半则告知他们喝的不是酒。当看过一段色情电影节选之后，那些认为自己喝过酒的人更可能报告自己产生了强烈的性幻想且没有任何负疚感，将性反应归因于酒精可以释放他们的性压抑——无论他们实际上是否喝过酒。就像一般人认为的那样，如果酒精饮料是令人兴奋的催化剂，那么这样的作用在一定程度上是由于强有力的性器官——精神在起作用。

▸▸ 一项伊利诺伊大学的校园调查发现，在性骚扰之前，80%的男性攻击者和70%的女性受害者都曾经喝过酒(Camper，1999)。另外一项对89 874名美国大学生的调查表明，在79%不愿发生的性交体验中都有酒精或者药物在起作用(Presley et al.，1997)。

巴比妥酸盐 **巴比妥酸盐**(barbiturate)，或者镇静剂，和酒精的作用相似。因为能够抑制交感神经系统的活动，所以巴比妥酸盐，例如戊巴比妥钠和速可眠(西可巴比妥)有时候会作为处方药来诱发睡眠或者减少焦虑。大剂量服用时，它们会损害记忆和判断能力。和酒精一起服用时，比如晚上在大量饮酒后服用安眠药，对于机体功能的整体抑制作用可能是致命的。仅仅服用足够剂量的巴比妥酸盐就可能引起死亡，这就令巴比妥酸盐成为试图自杀的个体通常选择的药物。

鸦片类 **鸦片类**(opiate)——鸦片及其衍生物吗啡和海洛因——也能减弱神经活动。服用后瞳孔收缩，呼吸减慢，服用者变得昏昏欲睡。几个小时之内，极度的快感能够替代疼痛和焦虑。但是这种短时的快感却需要付出长期的代价，对于海洛因的服用者来说，他们会迫切地渴望下次的服用，其剂量日益增加，戒断会带来持续数周的生理痛苦——而且对有些人来说，最终的代价是：因大剂量服用而致死。

兴奋剂

14. 什么是兴奋剂，它们有什么作用？

咖啡因和尼古丁等**兴奋剂**(stimulants)能够暂时性地刺激神经活动和唤起身体功能。人们会服用兴奋剂来保持头脑清醒、减肥，或者提升心绪和竞技表现。

这类药物还包括**苯丙胺**（amphetamine），以及威力更为强大的摇头丸和**甲基苯丙胺**（methamphetamine），后者与苯丙胺具有化学上的关联。强烈的兴奋剂能够使心跳和呼吸频率加快，瞳孔扩大，胃口变小（因为血糖增加），并且精力和自信也会增强。出于这些原因，就像其他药物一样，好处总是伴随代价一同而来。当药物的兴奋作用终止后，服用者会感受到一种代偿性的迟钝反应，并且可能感到疲劳、头痛、易怒和沮丧。就像抑制剂那样，兴奋剂——包括咖啡以及含咖啡因的汽水——都能够引起成瘾（Silverman et al.，1992）。

苯丙胺 苯丙胺的效力更强，能够持续 8 小时以上地提高精力和带来欣快感。这种药物引发神经递质多巴胺的释放，多巴胺刺激脑细胞以提高精力和情绪。在苯丙胺的典型剂量下，男性的多巴胺释放速率比女性快，这有助于解释男性的成瘾速率为何更快（Munro et al.，2006）。

随着时间的推移，苯丙胺会降低多巴胺的基础水平，导致使用者永久性地功能压抑。这种药物是高度成瘾的，可能的后果包括易怒、失眠、高血压、痉挛、社会隔离、抑郁和偶尔突发暴力（Homer et al.，2008）。现在，英国政府将冰毒（即苯丙胺的结晶体，高度成瘾）以及可卡因和海洛因归入最危险的药物（BBC，2006）。

咖啡因 咖啡因是世界上消费最广泛的精神活性物质，现在不仅可以在咖啡、茶和汽水中找到，还存在于果汁、薄荷糖、能量饮料、糖棒、果胶中，甚至肥皂中也有。咖啡和茶的咖啡因含量不同，一杯滴漏咖啡里的咖啡因比一杯现煮咖啡多，一杯茶里的咖啡因比后者少。中等剂量的咖啡因一般持续 3~4 个小时，如果晚上摄入的话可能足以影响睡眠。与其他药物一样，经常使用咖啡因和大剂量使用咖啡因会导致耐受：兴奋作用减轻。间断地重度摄入咖啡因经常产生戒断症状，包括疲倦和头痛。

尼古丁 假如吸烟是无害的，或者每 2.5 万包中会偶然有 1 包表面看起来无害，但里面装的却是炸药，这种倒霉经历会让你大跌眼镜。然而，世界范围内 2.5 亿包香烟的日消耗量，可以让我们做出每天死亡人数超过 1 万（是每天一次“9·11”灾难死亡人数的 3 倍还多）的预计！无疑，这足够能让任何一个地方都实行戒烟。[该类推根据世界范围的数据由数学家萨姆·桑德斯（Sam Saunders）提出，科尔（1998）报道——作者注]

因吸入含有毒品的香烟而死亡的人数，与目前实际吸烟引起的死亡人数接近。世界卫生组织（2002）报道，每年香烟会杀死全世界 12 亿顾客中大约 400 万的人（相当于恐怖分子每天击落 25 架巨型喷气式飞机的暴行）。根据世界卫生组织最近的报道，如果按照现在的趋势，死亡率将很快增至每年 1 000 万，那意味着今天活着的人中有 5 亿将会死于烟草（Lopez，1999）。

一个在青少年时期死亡的吸烟者，有 50% 的可能是死于吸烟嗜好，这种未成年人的死亡是令人痛心的。正如菲利普·莫里斯（Philip Morris）公司 2001 年对捷克共和党关于健康保健经费调查结果所反映的事实，由于过早死亡，捷克人在健康保健上的花费已有所减少，同时在退休金和老年人住房供给上也有所节约（Herbert，2001）。

不吸烟比任何其他预防措施都可能延长寿命。那么，为什么这么多的人还吸烟呢？

“无论是医学还是科学，都毫无异议地一致认为：吸烟会引发肺癌、心脏病、肺气肿及其他烟民易患的严重疾病。吸烟者比不吸烟者更易患肺癌等恶性疾病。”

——菲利普·莫里斯公司，1999

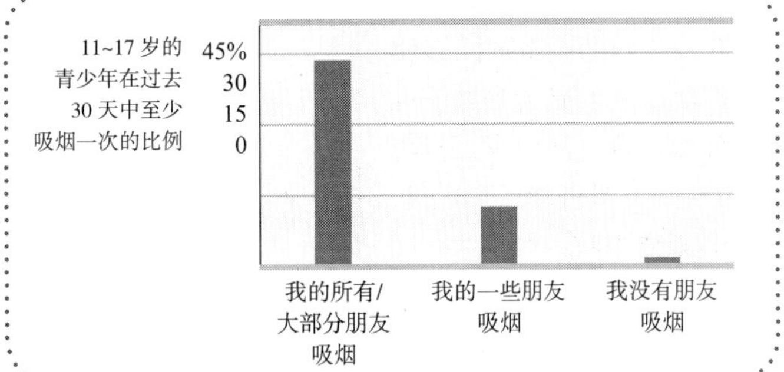

➤ 图 3.19
同伴影响
年轻人的朋友不吸烟，他们就不吸烟（Philip Morris, 2003）。一个相关—因果问题是：青少年吸烟与其朋友吸烟之间的紧密联系是否反映了同伴影响？青少年寻求相似的朋友？还是两者都有可能？

吸烟通常开始于青少年早期。（如果你现在已经上大学，并且到现在还没有吸烟的习惯，那么你可能永远都不会去吸烟。）青少年通常非常关注自我形象，认为整个世界都在注视他们的一举一动。因此他们开始吸烟去模仿酷的榜样，以期望得到其他吸烟者的接受和认同，以此建立一个成熟的形象（Cin et al., 2007; Tickle et al., 2006）。烟草公司如果要让人们在青少年时期就决定吸烟并且忠于他们的牌子，有效的方法是制定与青少年的价值取向一致的主题：标榜独立、寻求冒险、社会赞许、精明能干。一般情况下，青少年开始吸烟是受了同伴的影响，因为他的同伴会吸烟，不断地向他讲述吸烟的乐趣，并且还提供香烟（Eiser, 1985；Evans et al., 1988；Rose et al., 1999）。在那些父母和最好的朋友都不吸烟的青少年中，吸烟的比率几乎等于零（Moss et al., 1992；见图 3.19）。

对尼古丁成瘾的人会发现戒烟很难，这是因为香烟和海洛因、可卡因一样会使人快速成瘾。和其他的成瘾一样，吸烟者对香烟有依赖性，每年戒烟的人中只有 1/7 能够成功。吸烟者也会形成一定的耐受性，最后需要越来越多的剂量达到相同的效果。停止吸烟会引起戒断综合症，停止吸入尼古丁的同时，会出现想抽、失眠、焦虑和易怒等症状（DiFranza, 2008）。而要减轻这些让人厌恶的症状，只需一支烟。一个小时或一天不吸烟后，已成习惯的吸烟者寻找一支香烟（也就是一个轻便的尼古丁自动售货机）的愿望会大大增强。

和所有的成瘾药物一样，尼古丁的使用是难以抑制的，它能够改变情绪状态，并且会不断地强化吸烟行为。尼古丁能引起肾上腺素和去甲肾上腺素的分泌，它

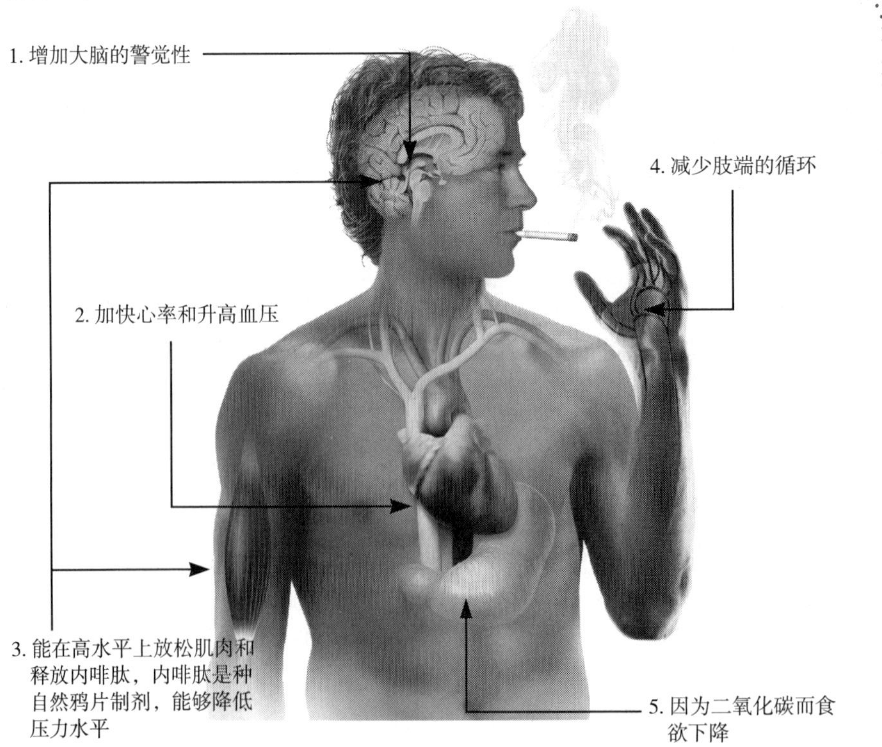

➤ 图 3.20
有香烟的地方就有尼古丁的生理效应
尼古丁 7 秒内就能到达大脑，要比静脉注射海洛因快两倍；几分钟之内，血液中的尼古丁含量迅猛增加。

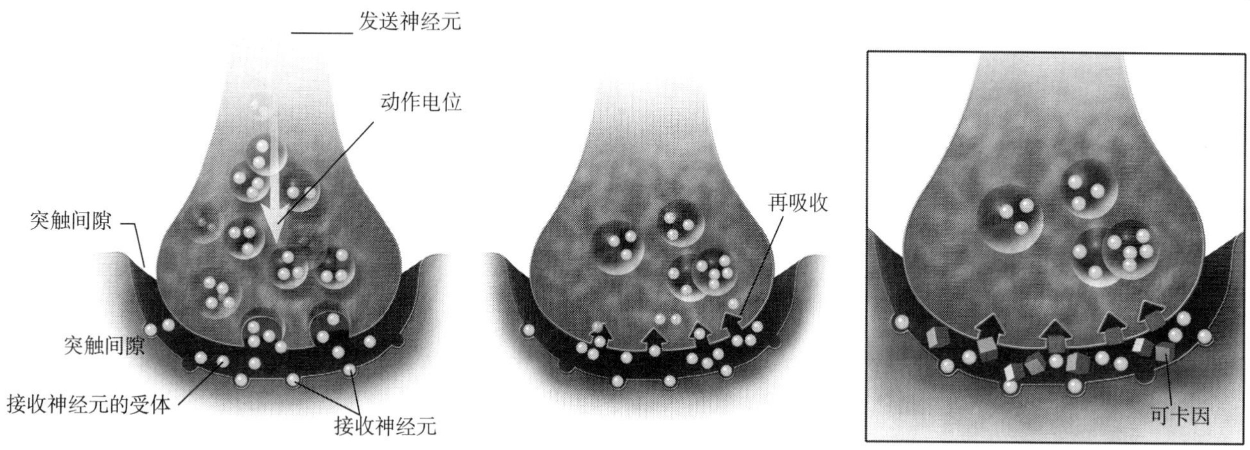

(a)
神经递质通过突触将神经信息传递给接收神经元的受体。

(b)
一般情况下发送神经元重新会吸收过多的神经递质分子，这一过程叫做再吸收。

(c)
可卡因通过占据再吸收的神经递质分子的位置，阻断了对多巴胺、血液中的5- 羟色胺以及去甲肾上腺素的再吸收（Ray & Ksir，1990）。于是过剩的神经递质分子就在突触中残留，加强了其正常的改变心境的作用，并且会带来突然的欣快感。当可卡因的阻断停止时，这些神经递质的缺乏就会给个体带来痛苦。

➤ **图** 3.21
可卡因产生的快感和痛苦

们的分泌反过来会引起食欲下降、警觉性提高和心理功能损害（图 3.20）。更重要的是，尼古丁也刺激中枢神经系统分泌神经递质，它能够缓解焦虑，减少对疼痛的敏感性（Nowak,1994; Scott et al.,2004）。这些奖励使得人们即使希望自己戒烟，即使知道自己是在慢性自杀，也仍然无法戒烟（Saad，2002）。一个例外是：失去脑岛（位于额叶的脑区，在人们渴求药物时活跃）的脑损伤病人能够立即戒烟（Naqvi et al.，2007）。

“戒烟是我曾经做过的最容易的事情——要知道，我已经戒过 1 000 次了。”
——马克·吐温，1835~1910

可卡因 可卡因成瘾会很快地从愉悦快感转变到痛苦煎熬。当用鼻吸到提取后的可卡因，特别是注射或者吸食时，它就能快速地进入血液循环。结果是："突然"感到愉悦和快感，这种快感能够持续 15~30 分钟。因为这种突然的快感会耗尽大脑内的多巴胺、血液中的 5- 羟色胺以及去甲肾上腺素这类神经递质的供应，所以随着药效的消失，将伴随有很大程度的沮丧失落情绪（图 3.21）。

在美国的一项全国调查中，有 5% 高中生报告自己在过去的一年中曾经尝试过可卡因（Johnston et al.,2002）。大概有一半的人报告他们曾经吸食过快克（crack，强效纯可卡因），一种浓度较高的可卡因。快克的作用甚至更快，虽然其快感持续的时间非常短暂，但快感的体验却更为强烈，并且渴望吸食更多，这种欲望在几小时后会减弱但是在几天后又会重新燃起（Gawin，1991）。

定期服用可卡因的人会逐渐成瘾。猴子的成瘾程度非常深，以至于它们会通过按压 12 000 余次杠杆来获得一次可卡因注射（Siegel，1990）。人类和动物服用可卡因后，可能体验到情绪混乱、多疑、痉挛、心脏停止跳动，或者呼吸衰竭。在那些引发攻击的情境下，摄取可卡因可能会增加攻击行为。笼养的大鼠在足部受到电击时会进行反抗，而当其摄入可卡因后，这时再对其足部实施电击时，它们的反抗更为强烈。类似地，在实验室环境下，与摄入安慰剂的人相比，摄入大量可卡因的人会对自己的竞争对手实施强度更大的电击（Licata et al.，1993）。

➤➤ 可口可乐的配方中一直含有一种古柯植物的提取物，为疲惫的成年人提供可卡因的支持。在 1896 ~ 1905 年间，可口可乐的确是“真东西”。

就像所有精神性药物一样，可卡因的心理后果不只依赖于服用剂量和吸食的形式，而且还与个体的期望、人格以及情境等各种因素的混合有关。服用安慰剂后，那些认为自己服用的是可卡因的个体经常会做出与服用可卡因类似的行为（Van Dyke & Byck，1982）。

摇头丸　**摇头丸**（ecstasy），MDMA（methylenedioxymethamphetamine）的别名，既是兴奋剂也是轻微的致幻剂。作为安非他明的一种衍生物，它能够引发神经递质多巴胺的释放。但是它最主要的作用是释放贮存于血液中的 5- 羟色胺，并且阻断它的再吸收，然后会长时间体验到一种欣快感（Braun，2001）。大概从服用摇头丸半个小时后开始，一直会持续到服药后的 3~4 个小时，服用者通常会体验到情绪上的亢奋，并且如果是处于一定的社会情境下，他们会感受到自己与周围人的相互联系（“我爱每一个人”）。

然而，我们仍然有许多不为摇头丸着迷的理由。它的直接影响是脱水，并且当与长时间的舞动结合在一起时，可能会引发热度过高、血压升高和死亡的危险。如此长时间反复吸附于大脑中的 5- 羟色胺会破坏制造 5- 羟色胺的神经元，使得 5- 羟色胺含量下降，从而增加患抑郁情绪的危险性（Croft et al.，2001；McCann et al.，2001）。其他研究还发现，摇头丸能够影响 5- 羟色胺对昼夜节律的控制（可以解释药物对睡眠的破坏作用），抑制对抗疾病的免疫系统，破坏记忆和其他认知功能，并且可能增加患帕金森综合症的危险（Biello & Dafters，2001；Pacifici et al.，2001；Reneman et al.，2001；Ricaurte et al.，2002）。摇头丸会使人夜晚亢奋而白天无精打采。

致幻剂

15. 什么是致幻剂，它们有何作用？

致幻剂是指能够歪曲知觉，并且在没有感觉输入的情况下（这是此类药物还被称做*迷幻剂*，即“心灵显现”的原因）也能产生生动形象的精神性药物。有一些是天然物质，例如轻度致幻剂大麻。另外一些则是人工合成的，最有名的是 LSD（麦角酸二乙基酰胺）和 MDMA（摇头丸）。

LSD　1943 年，化学家阿尔伯特 · 霍夫曼——LSD（lysergic acid diethylamide）的创造者——第一个搭上了“迷幻之旅”。在偶然中摄入一些化学药物之后，霍夫曼报告说他“知觉到了一系列幻觉图像，极度反常的形状，五花八门的色彩”（Siegel，1984）。LSD 和其他高强度的致幻剂在化学上都与一种神经递质 5- 羟色胺的亚型非常相似（所以能够阻断它们的活动）（Jacobs，1987）。

LSD 之旅的情绪体验从愉悦变成漠然再到恐慌。就像服用所有的药物一样，个体当前的心境和预期会影响 LSD 的体验。但是不管情绪怎样的变化，扭曲的知觉与幻觉具有共同的属性。心理学家西格尔（Siegel，1982）报告说，无论你是由于缺氧、极度的感觉剥夺还是药物引起了大脑的幻觉，“但幻觉的表现方式通常是相同的。”这种体验一般由简单的几何图形开始，例如格子、蜘蛛网或者螺旋。下一阶段包括更有意义的图像；有一些可能是隧道或者漏斗影像的层叠，另外一些可能会重放以前的情绪体验。当幻觉体验达到高峰时，人们通常会感到自己与身体相分离以及似乎在体验真实的梦境——非常真实以至于服药者变得惊惶失措或者伤害自己。

大麻 大麻是由大麻植物的叶子和花组成，人类种植这种植物的历史长达 5 000 年，用以从中获取纤维。大麻最主要的有效成分是 THC（四氢大麻酚）(delta-9-tetrahydrocannabinol)。无论是通过吸烟还是吃巧克力摄取，THC 都会产生一种使得这种药物难以归类的混合效果。（吸烟会使药物在 7 秒内进入大脑，这会产生比食用更为强烈的效果，食用引起的幻觉到达顶峰的时间较慢，并且无法预测。）就像酒精一样，大麻会使人放松，减少抑制，并且可能产生一种欣快的高峰体验。同时大麻还可以增强对颜色、声音、味觉和嗅觉的感受性，它就像一种温和的致幻剂。

像其他药物一样，大麻服用者的体验也与情境有关。如果个体感到焦虑或者抑郁，那么吸食大麻可能会增强这些感觉。在另外的情境中，服用大麻不但可以产生欣快感，而且还具有治疗作用。对那些受到艾滋病所引起的疼痛、恶心和体重急剧减轻折磨的个体而言，大麻可能会缓解痛苦（Watson et al.，2000）。（有一段时间，大麻也被用来控制化疗所带来的恶心感和伴随青光眼所出现的疼痛体验，但是现在已经出现了更为有效的药物了。）大麻的治疗作用促使人们为此立法来保证对大麻的合法使用。但是，这种治疗效应同时伴随着大麻的毒性作用——就像吸烟一样，能够引发癌症、肺部问题和妊娠并发症。在医疗领域中，医药机构推荐使用医疗吸入器来导入 THC。

美国国家科学院（1982，1999）的研究综述已经明确了其他一些服用大麻后不太理想的结果。像酒精一样，大麻会损害运动协调能力、知觉技能和安全驾驶汽车或者操作其他机器必需的反应时间。“THC 会使动物对事件做出错误判断，”西格尔（Siegel，1990，p. 163）报告说，“鸽子对那些提示它们在短时间内可以吃食的噪音或者灯光信号反应变得太慢了；而且大鼠在迷宫中也找不到正确的路径。”大麻还会破坏记忆功能，干扰对仅仅几分钟前所学信息的回忆。这些认知效果的持续时间比吸食时间要长久（Pope & Yurgelun-Todd，1996；Smith，1995）。很明显，兴奋性提高并没有改善学习表现。

科学家发现大脑额叶、边缘系统和运动皮层内的 THC 感觉受体比较集中，这表明大麻会对认知、心境以及行为产生影响（Iversen，2000）。20 世纪 70 年代吗啡受体的发现导致了对和吗啡类似的神经递质（内啡肽）的发现。同样，对“大麻化学成分受体”的发现也引导了随后对自然形成的类似 THC 分子的发现，这种分子和大麻化学成分的受体结合在一起，可能会有助于缓解疼痛。和机体在几小时内就能完全把酒精代谢掉不同，THC 及其副产品会在体内滞留一个月或者更久。所以，与一般的耐受现象相比，定期的使用者可能比偶尔的使用者使用较少剂量就能达到相同的效果。虽然大麻不像可卡因或者尼古丁那样容易成瘾，但是它和可卡因或者海洛因一样能够改变大脑内的化学成分，并且可能会令人脑对可卡因和海洛因更易成瘾（Tanda et al.，1997）。一项对 654 名初中生一直追踪到其二十几岁的研究表明，那些大量服用大麻的少年比不服用的同龄人会出现更多的健康和家庭问题（Newcomb & Bentler，1988）。

* * *

尽管它们之间有所差别，但表 3.3 列出的精神性药物都具有一个共同的特点：它们能够引发抵消即刻积极效果的消极副作用。这些副作用揭示出一个更为一般的原理：情绪倾向于产生相反的情绪，后者在最初的情绪消失后会继续存留。随

“被人们称作快乐的东西是多么神奇！而它与人们所认为的对立面即痛苦之间的联系又是多么奇怪啊！……无论其中一个在哪里，另外一个一定紧紧相随。”

——柏拉图，《裴多篇》，公元前 4 世纪

表 3.3 对选择精神性药物的指导

药 物	类 型	引起快感的效果	不利影响
酒精	抑制剂	伴随放松和抑制解除，最初快感较高	抑郁，丧失记忆，损害器官，反应迟钝
海洛因	抑制剂	迅速达到快感，缓解疼痛	生理抑制，戒断痛苦
咖啡因	兴奋剂	增强警觉和唤醒	焦虑，困乏，大剂量服用时容易失眠，戒断不适
甲基苯丙胺（“安非他明”，“冰毒”）	兴奋剂	欣快，警觉，精力充沛	易怒，失眠，紧张，疾病发作
可卡因	兴奋剂	迅速达到快感，自信，有活力	心血管压力过大，多疑，突然感到心情抑郁
尼古丁	兴奋剂	唤醒和放松，幸福感	心脏病，癌症
摇头丸（MDMA）	兴奋剂，轻微的致幻剂	情绪提升，抑制解除	脱水和过热，抑制心境和认知功能
大麻	轻微的致幻剂	感觉增强，缓解疼痛，对时间的认知扭曲，放松	破坏学习和记忆，吸食会损害肺部健康

着不断地反复，对立的情绪会变得愈发强烈。这种情绪引发相反情绪的原理和药物引发快感的原理是相似的：当药物以索取代价作为补偿时，快感就开始减弱。这有助于我们解释服药者的耐受性和戒断。在这种此消彼长的对立过程中，消极的副作用会变得越来越强烈，需要摄入越来越大的剂量来产生预期的快感体验（耐受性），这种消极的副作用会恶化缺乏药物时的生理反应（戒断）。这反过来又产生了一种要摄入更大剂量的药物以消除戒断反应的需要。

药物使用的影响因素

16. 为什么一些人经常性地使用改变意识的药物？

北美年轻人的药物使用率在 20 世纪 70 年代开始增加。随着越来越多的药物教育以及媒体对药物使用的更加现实和去理想化的描述，药物使用率又大幅下降。从 20 世纪 90 年代早期开始，反对药物的呼声开始变得柔和起来，所以在某些音乐和电影中药物又一度成为魅力的象征。药物使用开始反弹，再次引起社会的关注。请看以下的药物使用趋向：

- 一项密歇根大学对 15 000 名高中生进行的年度调查发现，认为经常吸食大麻是“一种非常刺激冒险的行为”的人数比例从 1978 年的 35% 上升到 1991 年的 79%，然后又降到了 2001 年的 57%（Johnston et al.，2002）。
- 1978 年达到顶峰后，这个年龄群体对大麻的使用率直到 1992 年这期间一直在下降，但是从 1992 年到现在又在不断回升（图 3.22）。在加拿大 15~24 岁的人群中，23% 的人报告每月、每周或每天使用大麻（Health Canada，2007）。

对一些青少年来说，偶尔服用药物是寻求刺激的表现。但是，为什么有些青少年会变成经常性的药物使用者呢？为了回答上述问题，研究者进行了生物学、心理学和文化水平上的分析。

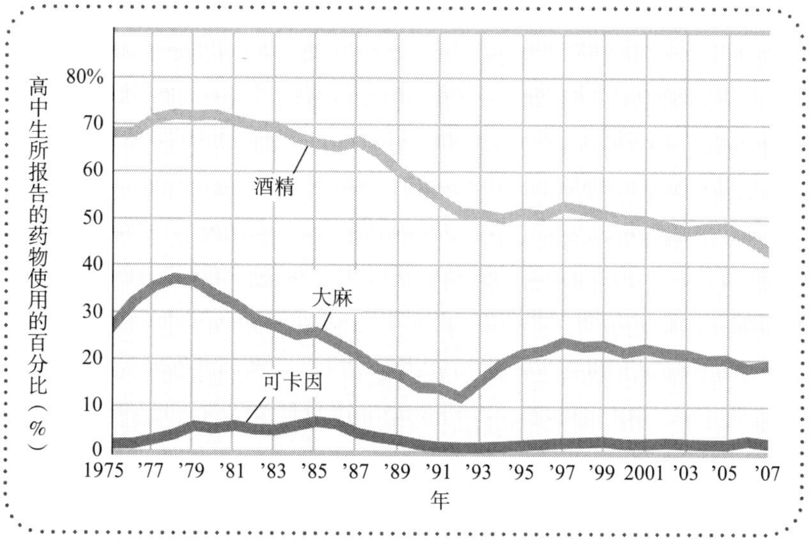

➤ 图 3.22
药物使用的趋势
高中学生报告自己在过去的 30 天内曾经服用过酒精、大麻或者可卡因的百分比从 20 世纪 70 年代后期到 1992 年显著下降。然而，从 1992 年起，药物使用率开始有所增加，并且在商店和音乐会中药物的销售也变得更加公开。（From Johnson et al.，2002）

生物学影响

有些人可能在生理上就对酒精更为敏感。例如，有证据表明，遗传会影响酒精使用问题（Crabbe，2002）：

- 如果被收养儿童的亲生父母中有人具有酗酒史的话，那么他（她）也很有可能会成为酗酒者。
- 如果同卵双生子中有一个人有酗酒问题，那么另外一个人也很可能会出现酗酒问题。
- 6 岁时易激惹、冲动以及胆大的（都是受遗传影响的人格特质）男孩在十几岁时更可能会吸烟、喝酒，以及服用其他药物（Masse & Tremblay，1997）。
- 与其他儿童相比，如果父母滥用酒精，那么孩子对一到两个小时内摄入的多种酒的耐受性会更强。
- 研究者通过饲养那些更喜欢酒精饮料而不是水的大鼠和小鼠，发现这类动物的大脑内被称做 NPY 的化学物质有所减少；而那些被饲养产生过量 NPY 的小鼠对酒精的镇定作用更为敏感，而且几乎不能喝酒（Thiele et al.，1998）。
- 研究者已经在天生会酗酒的人和动物身上发现了二者共同存在的基因，他们正在寻找造成香烟成瘾的基因（NIH，2006; Nurnberger & Bierut，2007）。这些基因可能会在大脑自发的多巴胺奖赏系统中制造出某种缺陷。重复使用时，这些药物引发多巴胺产生的愉悦，但是也会干扰正常的多巴胺平衡。关于药物如何重组脑的奖赏系统的研究让我们看到了发现抗成瘾药物的希望，这些药物可以阻断或减弱酒精和其他药物的作用（Miller，2008; Wilson & Kuhn，2005）。

⏩ 酗酒的警示信号：

- 无限制地饮酒
- 对一些醉酒后的行为和语言感到后悔
- 饮酒后感到情绪低落或者内疚
- 对减少饮酒量的决心嗤之以鼻
- 为了避免抑郁或者焦虑而饮酒
- 饮酒时回避家人或者朋友

心理和文化影响

心理和社会因素也可能对成瘾产生重要的影响作用（图 3.23）。在纽科姆和哈洛（Newcomb & Harlow，1986）关于个体的少年和成年早期的研究中，他们发现了一种心理上的因素，即感觉自己的生命毫无意义而且没有方向。这是退学学生

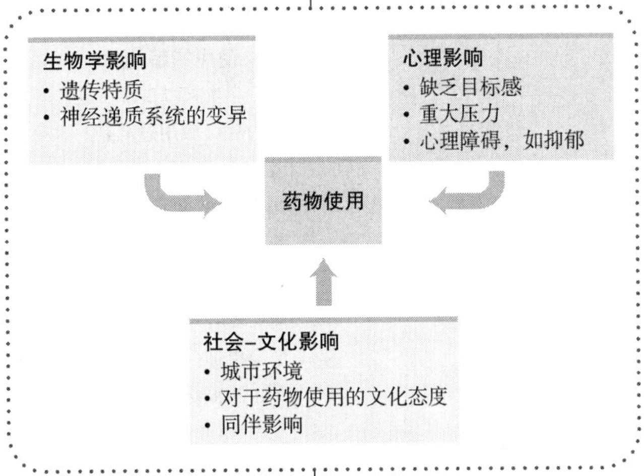

➤ 图 3.23
药物使用的分析水平
生物心理社会方法使得研究者可以从互补的角度对药物使用进行研究。

普遍具有的心理特点，他们没有工作能力，没有特权，也没有什么生存希望。当未婚的年轻人离开自己家时，酒精和其他药物的使用率就会增加；当他们结婚并且有了孩子后，这些行为又会减少（Bachman et al.，1997）。

酒精、大麻和可卡因的重度使用者经常表现出其他的心理影响。许多人会体验到明显的压力和挫败感，并且感到心情抑郁。那些刚一出生就和母亲永久分离而处于一种压力情境下的猴子，也会在大量饮酒后死亡（Small，2002）。通过暂时性地缓解自我知觉的痛苦，酒精也许可以提供一种方式来避免必须面对的压抑、愤怒、焦虑或者失眠。这种缓解是暂时性的，但是就像第 7 章解释的那样，行为通常更多地受到即时的而非后期效果的控制。

特别是对于十几岁的年轻人来说，药物使用也可能具有社会根源，很明显，药物使用具有很大的文化差异。在美国，酒精和其他药物的成瘾率在安曼教派（Amish）、门诺派教徒（Mennonites）、摩门教徒（Mormons）以及保守的犹太教徒中是非常低的(Trimble,1994）。你认为在非裔美国学生中的药物使用率如何——是高还是低？心理学所保守得最好的秘密之一就是，与一般的刻板印象相比，非裔的美国高中生“在大多数药物的使用率上长时间持续低于白人高中生”（Johnston et al.，2001）。比如，35% 的白人高中生报告自己最近经常饮酒，而黑人高中生的比例却只有 12%。持续数月吸烟的白人高中生的比例是 38%，而黑人高中生中这种行为的比例只有 14%。虽然这个数据没有包括高中退学的学生，但关于药物使用的独立政府调查也证实了这个结果，这项研究调查了美国 50 个州范围内的家庭，其中包括 12 272 名高中生，结果发现非裔美国少年饮酒、吸烟和使用可卡因的比例都很低（Bass &Kane-Williams，1993；Kann et al.，1993）。

表 3.4
关于“高等”教育的一些事实

大学生比非大学生的同伴饮酒更多，物质滥用的比率也比一般人群高 2.5 倍。
大学生联谊会和大学女生联谊会的成员中大量饮酒的比率比非会员高出几乎 2 倍。
自 1993 年以来，大学中吸烟的比率有所下降，酒精使用的比率趋于稳定，鸦片类处方药、兴奋剂、镇静剂和安定药的滥用比率在上升，使用大麻也在上升。
资料来源：NCASA，2007.

同伴文化是一个主要的社会影响源。通过语言和榜样作用，同伴会影响个体对药物的态度。他们还举行聚会并且提供药物。如果某个青少年的朋友都使用药物，他（她）多半也会这么做。如果其朋友们从未使用过药物，那么对他或她来说可能都没有使用药物的机会。实际上，同伴因素的影响力非常大，以至于对青少年药物使用行为的其他预测源，例如家庭力量、信仰以及学校调节似乎都是通过同伴关系而起作用的。

同伴的影响不仅仅包括朋友们做什么和说什么，还包括青少年认为他们的朋友正在做什么以及喜欢什么。青少年在高估其朋友的药物使用行为（这种情况经常发生）时，会服用更多的酒精（Aas & Klepp，1992；Graham et al.，1991）。一项对 22 个州的六年级学生的调查发现，14% 的人认为他们的朋友曾经吸食过大麻，而只有 4% 的人承认自己有过这种行为（Wren，1999）。在大学里，社交场合大都离不开酒，这在一定程度上是由于大学生们过高地估计了同伴对于酒精的欢迎度（Prentice & Miller，1993；Self，1994）（表 3.4）。

如果个体是在同伴的影响下开始服用药物，他们就更容易停用（Kandel & Raveis，1989）。当朋友们停用药物或者社交圈子变化时，他们通常也会停用药物。还记得吗？在越南战争中对药物成瘾的士兵大概有 90% 回家后就停止使用药物了。来自幸福家庭并且成绩优异的青少年很少使用药物，这在很大程度上是因为他们很少接触到药物使用者（Oetting & Beauvais，1987，1990）。正如相关关系那样，朋友的药物使用行为和自己的药物使用行为之间的关系可能是双向的：我们的朋友会影响我们，但是我们也可以选择那些与我们喜好相同的朋友。

这些结果暗示我们可以从如下三种可能性途径来预防药物的影响，并进行治疗干预：

- 对为获得药物的暂时性快感就要付出某种长期的代价进行教育；
- 努力提高人们的自尊以及生活目标
- 努力改变同伴关系或者通过训练“拒绝技能”来“教会”年轻人抗拒同伴压力。

如果人们理解为此可能会付出何种生理和心理上的代价，对自己目前的状态以及生活前进的方向满意，并且生活在一个不赞成使用药物的同伴群体中的话，他们很少会使用药物。这些教育学、心理学以及社会因素可以帮助我们解释为什么美国高中退学学生中有 42% 的人吸烟，而大学生中这个比例却只有 15%（Ladd，1998）。

⏩ 在现实生活中，酒精在饮料的使用量中还不到 1/6。而在电视里，饮酒场面出现的次数比所有饮用咖啡、茶、软饮料和水的场面之和还要多（Gerbner，1990）。

本节回顾

➤ **自问**

当学生高估其他人对于酒精的迷恋时，开怀畅饮就成了大学聚会中一道非常重要的风景线。你们学校是否存在这种错误的知觉方式？你是怎样得出这一结论的呢？

➤ **自测 4**

美国一项对 27 616 名现在或者过去曾经的饮酒者进行的政府调查表明，那些 15 岁以前就开始饮酒的人中有 40% 变成酒精依赖者。而在 21 岁或者 22 岁才开始饮酒的人中这种比例大概是 10%（Grant & Dawson，1998）。对这种早期使用与后来滥用之间的相关关系，可能存在什么样的解释？

自测问题的答案见书后的附录。

濒死体验

17. 什么是濒死体验，关于濒死体验的解释有何争论？

> 一个人……听到自己被医生宣布死亡。他开始听到一种令人不舒服的噪音、很大的铃声或者嗡嗡声，并且同时感到自己正在非常快速地通过一条又长又黑的隧道。然后，他突然发现自己已经与身体分开了……而且还能从远处看到自己的身体，他似乎是一个观众……接着，其他事情开始频频发生。其他人跑来看他并且试图帮助他。他瞥见那些已经死去的亲人或朋友的灵魂，以及一种他从来没遇到过的充满爱和温暖的灵魂——一种光的存在——在他面前出现……他被强烈的喜悦、爱和平和的感觉所淹没。不管他的态度如何，他又重新将肉体和精神合为了一体（Moody，1976，pp.23，24）。

“我对未来的全部设想——从我眼前经过。”

这一段叙述是对**濒死体验**（near-death experience）的综合描写。濒死体验可能比你想象的要更为普遍。几位研究者每人访谈了 100 多名因为外伤或者心跳停止而曾经接近死亡的个体。在这些研究中，12%~40% 的被访谈者回忆自己经历的濒死体验（Ring，1980；Schnaper，1980；Van Lommel et al.，2001）。

濒死体验的描述听起来是不是有些熟悉？西格尔（Siegel，1977）认为这种描述与典型的幻觉体验惊人地相似：对已有记忆的重放，灵魂出壳的感觉，以及看到隧道、漏斗和明亮的灯光或者光的存在（图 3.24）。世界各地濒死的人们有时会报告自己看到了另外一个世界，但是这种景象的内容则具有一定的文化差异（Kellehear，1996）。

曾经因颞叶受损伤而癫痫发作的病人也报告过这种奇妙的神秘体验，有时候的确是与濒死体验非常相似。当研究者刺激这类患者颞叶的关键区域时，他会报告说自己“飘浮”在天花板附近并且从上面看到了躺在床上的自己（Blanke et al.，2002）。孤独的水手以及极地的探险者长时间在持续单调、与世隔绝以及寒冷的条件下也曾经有过这种灵魂出壳的感觉（Suedfeld & Mocellin，1987）。回想一下，苏醒和睡眠之间的模糊状态可能也会产生类似地从床上飘浮起来的感觉。缺氧也可能会使人产生这种幻觉。布莱克莫尔（Blackmore，1991，1993）提出，这是因为缺氧使脑内的抑制细胞无法活动，而视觉皮层神经活动增加，结果是光的斑斑点点不断增强，看起来很像是你通过隧道时所看到的景象。西格尔（1980）认为，濒死体验最好被理解为“大脑的幻觉活动”。

➤ 图 3.24
濒死视觉还是幻觉?
心理学家罗纳德·西格尔（1977）报告说，在致幻药物影响下的个体经常会看到“在视野中心会出现明亮的光点……这种光点的位置创造出了类似隧道视角的感觉。”

一些濒死体验研究者反对这种说法。那些都曾经经历过幻觉和濒死体验的人一般也会否认二者之间的相似性。而且，濒死体验可能会以药物无法实现的方式改变一个人。那些“皈依佛光”之人可能会变得更加善良，更注重精神，更相信死亡之后的来生。怀疑论者则说这种效应是由与死亡有关的情境引发出来的。

* * *

关于濒死体验的解释之争只是关于梦、幻想、催眠状态以及药物引起的幻觉等更为广泛的争论的一个方面。在所有这些争论中，科学的解答满足了我们对于人类意识和人类本性的好奇。尽管仍然有无法回答的问题，科学还是帮助我们形成了我们是谁的认识：我们人类的潜能以及人类的局限。

本节回顾

➤ **自问**

你对心—脑科学的理解以及你的个人哲学或者信仰令你倾向于一元论还是二元论?

➤ **自测 5**

濒死体验在哪些方面与药物引发的幻觉相似?

自测问题的答案见书后的附录。

本章复习：意识与心理的双通道

脑与意识

1. **认知神经科学所揭示的"双重加工"是什么？**
认知神经科学家以及其他研究意识与认知的脑机制的科学家已经发现人类心理的双通道，每个通道都有各自的神经加工过程。这种双重加工在外显的意识水平和内隐的无意识水平上影响我们的知觉、记忆和态度。

2. **我们同时能够有意识地注意多少信息？**
我们选择性地注意和加工非常有限的信息量，同时阻挡了大多数信息，并且经常转换注意的焦点。注意的局限在某种程度上导致了开车或走路时交通事故的发生。我们甚至表现出对处在视觉世界中的某些事件和变化的非注意盲视。

睡眠与梦

3. **我们的生物节律如何影响我们日常的机能以及睡眠和做梦？**
我们内部的生物节律产生了周期性的生理波动。昼夜节律的 24 小时周期调节我们每天清醒和睡眠的时间，部分原因是：视网膜上的亮光引发促进睡眠的物质即褪黑激素水平的变化。我们可以通过改变睡眠时间来调节生物钟。

4. **睡眠的生物节律是什么？**
我们在大概 90 分钟时间内经历五个睡眠阶段。在清醒的放松阶段之后，我们进入过渡的第一阶段睡眠，经常伴有坠落或漂浮的感觉。20 分钟之后的第二阶段睡眠是时间最长的睡眠阶段，特征是睡眠纺锤波。接下来的第三阶段睡眠和第四阶段睡眠总共持续 30 分钟，伴有大而缓慢的 Δ 波。在我们入睡之后大概一个小时，开始快速眼动睡眠阶段。大多数的梦发生在这第五阶段（也称为异相睡眠），身体内部处于唤醒状态而外部处于瘫痪状态。在一般的夜间睡眠中，第三阶段和第四阶段的睡眠时间越来越短，快速眼动睡眠阶段则越来越长。

5. **为什么缺少睡眠会对我们产生影响？**
剥夺睡眠会令人疲倦，损害注意力、创造性和沟通。它还会导致肥胖、高血压、免疫系统抑制、易怒和动作迟缓（更可能发生事故）。

6. **睡眠的功能是什么？**
睡眠在人类的进化中具有保护功能，保护人们免受可能的危险伤害。睡眠还给予大脑复原的时间，修复受损的神经元。睡眠时，我们修护和重组白天经历的记忆。晚上的好睡眠可以提升第二天的创造性问题解决能力。最后，睡眠还能促进生长；垂体在第四阶段睡眠分泌生长激素。

7. **睡眠障碍主要有哪些？**
睡眠障碍包括失眠症（重复醒来）、发作性睡眠症（突然无法控制地入睡或进入快速眼动睡眠）、睡眠窒息（睡眠时呼吸暂停）、夜惊（高度唤醒和受到惊吓）、梦游和说梦话。睡眠窒息主要发生在超重的男性身上。儿童最可能发生夜惊、梦游和说梦话。

8. **我们会梦到什么？**
我们通常会梦到平常的事件和日常的经历，大多数会有一些焦虑或不幸。少于 10% 的梦会有性的内容，女性中更少一些。大多数梦发生在快速眼动睡眠；那些发生在非快速眼动睡眠阶段的梦一般是模糊的快速影像。

9. **梦有什么功能？**
对于梦的功能有五个主要观点：（1）弗洛伊德的观点：提供一种精神上的安全感，梦的显性内容是其隐性内容经过检查以后的符号化版本（梦的意义是满足我们潜意识的愿望）；（2）信息加工观点：筛选白天的经历，在记忆中进行巩固；（3）脑刺激：维持大脑中的神经通路；（4）激活—整合解释：对静态的神经活动赋予意义，大脑试图将其编排成故事线；（5）脑成熟 / 认知发展观点：梦代表做梦者的发展、知识和理解水平。大多数睡眠的理论者同意，快速眼动睡眠及其相关联的梦具有重要的功能，发生在剥夺快速眼动睡眠之后的快速眼动反跳证明了这一点。

10. **什么是催眠？催眠师对于被催眠的个体拥有什么力量？**
催眠是一种社会互动，在这种社会互动中，一个人向另一个人发出暗示，使其自然而然地产生一种特定的知觉、感觉、想法或行为。被催眠的人并不比未被催眠的人更容易违背自己的意愿行事，催眠也不能促进遗忘事件的回忆（甚至可能引发错误记忆）。被催眠的人与未被催眠的人一样，在权威人士的要求下可能做出一些不太可能的行为。催眠后暗示已经帮助人们运用自身的治愈力量，但对于治疗成瘾并不十分有效。催眠能够有助于缓解疼痛。

11. **催眠是正常状态的延伸，还是一种被改变的状态？**
很多心理学家认为，催眠是一种社会影响的普通形式，被催眠的人只是在扮演"好被试"的角色。其他心理学家将催眠视为一种分离——正常感觉与意识觉知之间的分离。催眠的统一性解释整合了这两种看法以及关于大脑活动、注意、社会影响如何共同作用于催眠的研究。

药物与意识

12. **什么是耐受、依赖和成瘾，我们对于成瘾有哪些常识性的误解？**
精神性药物改变知觉和心境。持续使用精神性药物会产生耐受（需要更大的剂量产生相同的效果），可能导致生理或心理依赖。成瘾是强迫性地渴求和使用药物。关于成瘾的三个普遍误解是：（1）药物成瘾恶化的速度很快；（2）克服成瘾通常需要治疗；（3）成瘾的概念可以扩展到不仅包括药物依赖，还包括广泛的其他行为。

13. 什么是抑制剂，抑制剂有什么作用？

酒精、巴比妥酸盐、鸦片等抑制剂可以抑制神经活动，减缓身体机能。酒精倾向于解除压抑——增加我们冲动行事的可能性，无论是有害的还是有意的。酒精也可以减缓神经系统的活动，通过抑制快速眼动睡眠干扰记忆过程，降低自我觉知。酒精的行为效应受到使用者期望的强烈影响。

14. 什么是兴奋剂，它们有什么作用？

兴奋剂包括咖啡因、尼古丁、苯丙胺、可卡因和摇头丸，它们能够刺激神经活动，加速身体机能。所有兴奋剂都是高度成瘾的。尼古丁的作用使得吸烟成为一个很难戒除的习惯。但美国人中吸烟的比例正在下降。持续使用苯丙胺可能会永久性地减少多巴胺的产生。可卡因给予使用者的快感可以持续15~30分钟，之后将伴随沮丧失落情绪。它有引发心血管压力和多疑的危险。摇头丸既是兴奋剂也是轻微的致幻剂，能够产生极度的欣快感和与他人的亲密感。它给使用者带来的危险包括免疫系统抑制、心境和记忆的永久损伤，如果在身体活动期间服用，可能造成脱水和体温过高。

15. 什么是致幻剂，它们有何作用？

LSD和大麻等致幻剂能够歪曲知觉并且产生幻觉，即无感觉输入时的感觉意象。使用者的心境和预期会影响LSD的作用，但其体验一般是幻觉和情绪，情绪在欣快到恐慌之间变化。大麻的主要有效成分是THC，能够产生去抑制、欣快、放松以及疼痛缓解的感觉，增强对视觉刺激的敏感性。它还能增强抑郁或焦虑感、损害运动协调能力和反应时间、干扰记忆形成和损害肺部组织（由于吸进烟雾）。

16. 为什么一些人经常性地使用改变意识的药物？

心理因素（如压力、抑郁和绝望）和社会因素（如同伴压力）共同导致许多人尝试使用药物，有时变得依赖于药物。不同的文化和种族群体中使用药物的比率有所差异。有些人可能在生理上就更加可能对药物如酒精产生依赖。每类影响——生物的、心理的和社会文化的——都为预防药物使用和药物成瘾治疗提供了可能的途径。

濒死体验

17. 什么是濒死体验，关于濒死体验的解释有何争论？

很多人曾经从临近死亡的状态中生还，如经历心搏停止，他们报告了濒死体验。这些体验有时包括离开身体的感觉，看到或接近明亮的灯光。一些研究者认为诸如此类的体验与幻觉报告相似，因此可能是承受压力的大脑的产物。另一些研究者则反对这种分析。

术语与概念

意　识
认知神经科学
双重加工
选择性注意
非注意盲视
变化盲视
昼夜节律
快速眼动睡眠
α 波
睡　眠
幻　觉
Δ 波
失眠症
发作性睡眠症

睡眠窒息
夜　惊
梦
显性内容
隐性内容
快速眼动反跳
催　眠
催眠后遗忘
催眠后暗示
分　离
精神性药物
耐受性
戒　断
生理依赖

心理依赖
成瘾
抑制剂
巴比妥酸盐
鸦片类
兴奋剂
苯丙胺
甲基苯丙胺
摇头丸（MDMA）
致幻剂
麦角酸二乙基酰胺（LSD）
四氢大麻酚（THC）
濒死体验

网站

自测的多项选择题和其他习题请访问：www.worthpublisher.com/myers

第4章

天性、教养与人类的多样性

行为遗传学：预测个体差异
基因：我们的生物蓝图
双生子研究和收养研究
气质与遗传
遗传力
基因—环境的相互作用
新的前沿学科：分子遗传学
进化心理学：理解人类的天性
自然选择与适应
进化的成功有助于解释相似性
关于人类性行为的进化论解释
父母与同伴
父母与早期经验
同伴影响
文化影响
文化间的差异
文化的历时变化
文化与自我
文化与儿童养育
不同群体间发展的相似性
性别的发展
性别的天性
性别的教养
关于天性与教养的思考

是什么塑造了你？在一些重要的方面，我们每一个人都是独特的。我们看起来不同，听起来也不同。我们有着不同的人格、兴趣以及文化和家庭背景。

我们也是同一棵树上的叶子。人类大家庭不仅具有共同的生物遗传（身上割一道口子都会流血），而且具有共同的行为倾向。人类所具有的相同的大脑构造赋予了我们感知世界、发展语言并通过相同的生理机制感受饥饿的能力。无论生活在北极还是热带地区，人们都更喜欢甜味而不是酸味；都把光谱划分为相似的颜色；都非常重视生育后代和保护后代。

人类之间密切的关系也表现在社会行为中。不管是什么种族，约8个月大时我们开始害怕陌生人；成年后人们喜欢同与自己有相似特征和观点的人为伴。尽管人们来自地球的不同角落，但都知道怎样读懂他人的笑容和蹙眉。作为同一物种的成员，人们接受恩惠、遵从恩惠、报答恩惠，惩罚违法犯罪，形成了社会地位的等级制度，并会因孩子的夭折感到悲痛。如果有宇宙之外的来访者访问地球上任何一个地方，那么他们都会看到人们在舞蹈，在摆宴，在歌唱，在做礼拜，在运动，在哭、在笑，居家生活，成群结队。总的来讲，这些普遍行为展现了人类的天性。

我们为什么会有惊人的差异，同时也有共同的人类天性？我们的基因在多大程度上决定人类的差异？我们的环境，包括从母体营养到社会支持的各种外部影响又在多大程度上决定人类的差异？我们的教养在多大程度上塑造了我们？文化呢？当前的环境呢？人们对遗传倾向的反应呢？本章将探讨基因（先天）与环境（后天）是怎样共同作用来塑造人的。

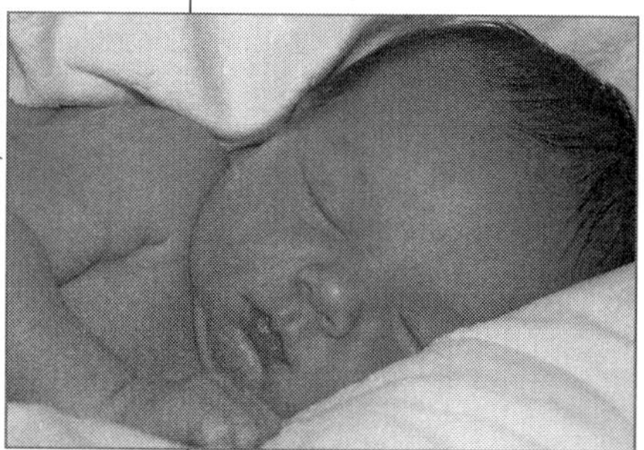

Courtesy Brendan Baruth

天性的教养 每个地方的父母都想知道：我们的孩子长大后是安静的还是活泼的？相貌平平还是充满魅力？成功的还是每一步都需艰辛努力？什么是与生俱来的，什么是后天培养的？研究显示，天性和教养共同影响了我们发展的每一步。

行为遗传学：预测个体差异

1. 什么是基因，行为遗传学家怎样解释个体差异？

如果网球明星安德烈·阿加西和斯蒂芬妮·格拉芙的儿子——杰登·阿加西也成为网球明星，我们是否应该把他的超人天赋归因于他的大满贯基因？还是因为他成长在一个满是网球的环境？或者是高期望？这些问题激发了**行为遗传学家**（behavior geneticists）的兴趣，他们研究我们的差异和评估遗传与**环境**（environment）的作用和相互影响。

基因：我们的生物蓝图

在有关人类的身体和大脑的故事背后（人的大脑当然是这个小小星球上最令人敬畏的东西）存在这样一些蓝图，它们与人们的经历交互作用从而创造出了人类的普遍特性和个体特质。大约一个世纪以前，谁会想到，人体内的每一个细胞核里都含有控制整个身体的遗传密码。就好像伦敦塔的每一间房里都有一个书箱，每个书箱里都放有一份整个塔的设计图纸。这些“图纸”累计多达 46 本书——母亲一方贡献了 23 本（来自卵细胞），父亲一方贡献了 23 本（来自精细胞）。这些被称为**染色体**（chromosome）的书，每一本都由一条螺旋形的分子链 **DNA**（脱氧核糖核酸，deoxyribonucleic acid）构成。巨大的 DNA 分子上称为**基因**（gene）的小的组成片段构成了这些染色体书籍的文字（图 4.1）。每一个人总共拥有大约 30 000 个这样的基因文字。每一个基因都是可以进行自我复制的单位，能够合成蛋白质——身体发育所需的基础材料。

“我们与香蕉有一半的基因是相同的。”

——英国皇家学会主席，进化论生物学家罗伯特·梅，2001

总的来讲，每一个人都与其他人非常相似，就像同卵双生子一样。即使你最不喜欢的人也是你的近似克隆体，与你共享约 99.9% 的 DNA（Plomin & Crabbe, 2000）。人类**基因组**（genome）研究者已经发现了人类 DNA 中的共同序列。正是人类共享的基因才使人成其为人，而不是狗或郁金香等别的东西。

实际上，人与黑猩猩并没有多大区别，二者至少有 96% 的相同的字母序列（Mikkelsen et al., 2005）。一个分子遗传学研究小组报告，对于“功能上重要”的 DNA 位点，人类与黑猩猩的 DNA 相似度达到 99.4%（Wildman et al., 2003）。然而，这小小的差异相当重要。尽管大猩猩有一些超凡的能力，但是它却只能发出咕噜声。莎士比亚却用了大约 24 000 个单词，巧妙地编织出了其文学巨著。这些小差异在黑猩猩中也很重要。普通黑猩猩和倭黑猩猩是两个物种，虽然其基因组只有不到 1% 的差异，但是它们的行为表现却明显不同。黑猩猩更加具有攻击性，雄性占统治地位。倭黑猩猩倾向和平，雌性占主导地位。

➤ 图 4.1
人类的构建材料
每一个人类细胞的细胞核都包含染色体，每一个染色体由 DNA 双螺旋链组成。

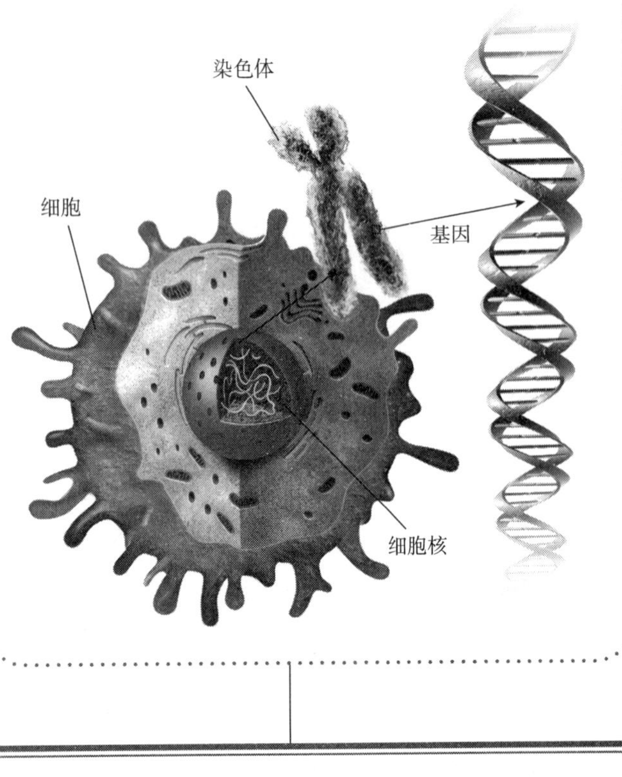

遗传学家和心理学家还对 DNA 分子的特定基因位置上偶然的基因变异非常感兴趣，各种组合所产生的变异决定了每个人的独特特性。虽然差异很小，但差异所导致的结果大不相同！正是人与人之间在共有模式上的细微差异，我们才可以解释很多现象：为什么有人会患某种疾病，有人却不会？为什么有人高有人矮？为什么有人高兴而有人却情绪低落？

人的特质受基因组合的影响。例如，身高可以反映出一个人的脸的长度、椎骨的大小、腿骨的长短，等等；而其中任何一个方面都可能受不同基因的影响。智力、幸福感和攻击性等复杂的特质同样受基因群的影响。遗传倾向——受遗传影响的特质——有助于解释人类共有的天性及个体差异。

双生子研究和收养研究

为了从科学上厘清环境和遗传的影响，行为遗传学家需要设计两类实验。第一类实验控制家庭环境同时改变遗传。第二类实验控制遗传同时改变家庭环境。对人类婴儿开展这样的研究可能是不道德的，但幸运的是，自然界已经为我们完成了这项工作。

同卵双生子与异卵双生子

同卵双生子（identical twins）是由一个受精卵分裂后分别发育而成，他们在遗传基因上是相同的（图 4.2）。他们是自然界进行的人的克隆——的确，他们不仅拥有相同的基因，而且拥有相同的孕育、子宫环境、出生日期和文化历史背景。两个很小的限制条件是：

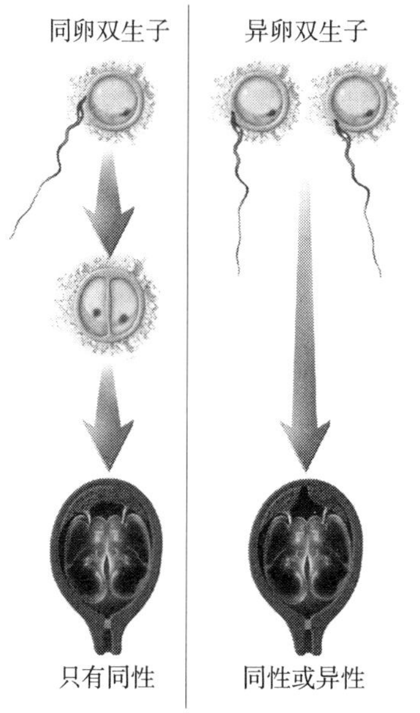

➤ 图 4.2
同卵同基因，异卵异基因
同卵双生子是由一个受精卵发育而成，而异卵双生子是由两个受精卵发育而成。

- 尽管同卵双胞胎拥有相同的基因，但是这些基因的拷贝数并不总是一样的。这可能可以解释为什么双胞胎之一更可能患上某些疾病（Bruder et al., 2008）。
- 大多数同卵双胞胎在胎儿发育期共享一个胎盘，但约 1/3 的双胞胎拥有独立的两个胎盘。其中一个双胞胎的胎盘可能提供稍微更好的营养，这可能导致同卵双胞胎之间的差异（Davis et al., 1995; Phelps et al., 1995）。

异卵双生子（fraternal twins）是由不同的卵细胞发育而来，他们在遗传基因上与普通正常的兄弟姐妹相似。

共同的基因可以转换为共同的经验。如果同卵双生子中一个患有阿尔兹海默氏症，那么另一个患该病的可能性有 60%；如果异卵双生子中有一个患病，那么另一个患病的可能性只有 30%（Plomin et al.，1997）。

作为基因上互为克隆的同卵双生子之间的行为是否比异卵双生子之间的行为更相似？对几千对瑞典双生子、芬兰双生子及澳大利亚双生子所进行的研究给出了一致回答：在外向性（性格开朗）和神经质（情绪稳定性）两项指标中，与异卵双生子相比，同卵双生子之间更相似。

异卵双生子 女演员玛丽·凯特和阿什莉·奥尔森经常被误认为是同卵双生子。她们在幼年和上幼儿园时，甚至在 20 世纪 80 年代和 90 年代初的电视节目《青春满屋》中，当一位累了或闹情绪时，另一位就顶上去，移花接木，扮演同一位角色。但是她们实际上是形成于两个不同卵细胞的异卵双胞胎，因此她们之间共同的基因并不比其他兄弟姐妹多。

AP Photo/CP, Derek Oliver

如果基因对类似情绪稳定性这样的特质会带来影响，那么基因会影响这些特质所产生的社会效应吗？为找到这个问题的答案，麦古和莱肯（McGue & Lykken，1992）对 1 500 对同性别的中年双生子的离婚率进行了研究。得到的结论是：如果异卵双生子中有一个离异，那么另一个会离异的几率达到 1.6 倍（与一对未离异的双生子离婚的几率相比）；如果同卵双生子中的一个离异，那么另一个离异的几率可达到 5.5 倍。从这些统计数据中，麦古和莱肯估计，人们在离婚上的差异大约 50% 归于遗传因素。

洛林和尼科尔斯（Loehlin & Nichols，1976）发给美

更多的双胞胎 令人好奇的是，不同种族中双胞胎的比率有所不同。高加索白人中的比率大概是亚洲人的两倍，但只有非洲人的一半。在非洲和亚洲，大多数双胞胎都是同卵双胞胎。在西方国家中，大多数双胞胎是异卵双胞胎，随着生育药物的使用，异卵双胞胎正在增加（Hall, 2003; Steinhauer, 1999）。

Ethel Wolvitz/The ImageWorks

ACE Stock Limited/Alamy

Peter Arnold, Inc./Alamy

国的 850 对双生子的集中问卷调查发现，同卵双生子在许多方面（能力、人格特质、兴趣爱好）比异卵双生子更为相似。这样说来，是否是双生子的经历而不是其基因造成了他们之间的相似性呢？洛林和尼科尔斯否认了这一点。受到父母相似方式对待的同卵双生子之间在心理上并不比受到父母不同对待的同卵双生子之间更相像。在解释个体差异时，基因的重要性显而易见。

分离双生子

想象有这么一个科幻实验：一个疯狂的科学家决定把刚出生的一对同卵双生子分开，然后分别在不同的环境里养育他们。正好有这样一个真实故事。

▸▸ 瑞典拥有世界上规模最大的国家双胞胎登记处——140 000 对在世和去世的双胞胎——这是世界上规模最大的双生子研究中 600 000 对双胞胎记录样本的一部分（Wheel wright, 2004; www.genomeutwin.org）。

在 1979 年 2 月里一个星期六寒冷的清晨，与第一任妻子琳达离婚一段时间后，吉姆·刘易斯从梦中醒来，身旁是他的第二任妻子贝蒂，他们享受着舒适的中产阶级家庭生活。吉姆是一个很浪漫又充满情感的人，他坚信第二次婚姻会成功并养成一个习惯，那就是在屋子里给贝蒂留下表达爱意的字条。躺在床上时，他想到了他所钟爱的一切：儿子詹姆斯·艾伦，忠诚的狗托伊。

在地下室的一角，当他把一个工作室装配好之后，吉姆想在每天的空闲时间中抽一部分时间来做他所爱好的木工活。吉姆会做家具、相框，安装一些物件，包括在前院的树下围着树做了一圈白色长凳，他从这些活动中得到了满足。吉姆也喜欢在空闲时间驾着他的雪佛兰经济型轿车，喜欢观看房车赛，还喝点儿米勒清啤。

吉姆基本上来讲是很健康的。在做了输精管切除手术之后，他不能再生育孩子了。他的血压稍微偏高，这或许与他长期不断抽烟有关系。他爱咬指甲，甚至咬出结块。偶尔一天中有半天时间他都有偏头痛，他说，那“就像有人在脖子后面用厚二英寸、宽四英寸的木条不断地敲打你一样。”有一段时间他体重超重，但现在已经减掉了许多磅。

然而，关于吉姆·刘易斯的最奇特的事是，同时（并非是我杜撰）有另外一个人也叫吉姆，而且后一个吉姆的所有情况（甚至包括狗的名字）与前一个吉姆完全相同。* 后一个吉姆全名叫吉姆·斯普林格，38 年前正是吉姆·刘易斯在母亲子宫中的伙伴。在出生后第 37 天，这两个同卵双生子被分开了，并分别被两个蓝领家庭领养。之后在成长过程中从来没有任何联系，相互不知道对方的任何消息，一直到二月里的某一天吉姆·刘易斯接到一个电话。打电话的人正是与他基因相

---

* 事实上，关于两个吉姆的描述有一点小出入，吉姆·刘易斯的儿子叫詹姆斯·艾伦（Alan），而吉姆·斯普林格的儿子叫詹姆斯·阿伦（Allan）

同的孪生兄弟（这个人得知他有个双生兄弟后才找到他的）。

在这个改变命运的会见后一个月，这对兄弟成了明尼苏达大学心理学家布沙尔（Thomas Bouchard）和他的同事进行研究的第一对双生子，也因此开始了一直持续至今的分离双生子研究（Holden，1980a，b；Wright，1998）。当时研究者测试了这对兄弟的智力、人格、心率和脑电波，结果发现，这对吉姆兄弟尽管已经分离了 38 年，但各方面的确非常相似，就像是对同一个人进行的两次测验得到的结果一样。他们的语音语调、语音起伏都非常相似，在听一个先前录制好的访谈时，吉姆·斯普林格猜测那是他，可结果却错了——那是他兄弟的声音。

同卵双生子是两个人 同卵双生子吉姆·刘易斯和吉姆·斯普林格在出生后不久分开，在不同的家庭中长大而不知道对方。研究显示分离的同卵双生子在人生抉择上具有显著的相似性，这支持了基因影响人格的观点。

同卵双生子奥斯卡·斯托尔和杰克·尤菲同样表现出惊人的相似性。其中一个由德国的祖母抚养长大，是一个天主教徒和纳粹分子，而另一个则由父亲在加勒比海当作犹太人抚养长大。然而，他们却拥有大量相同的特质和习惯。他们都喜食辛辣食物，爱喝甜酒，有在看电视时打瞌睡的习惯，使用马桶前都要先冲一下，手腕上爱套橡皮筋，爱把黄油面包在咖啡里蘸一下。斯托尔对女性飞扬跋扈，对他的妻子大吼大叫，这与尤菲和他的妻子离婚前的情况一模一样。

在那些杂志和报纸上公开故事的帮助下，布沙尔和他的同事（Bouchard et al.，1990；DiLalla et al.，1996；Segal，1999）已经找到了 70 多对分开长大的同卵双生子，并对这些双生子进行了研究。研究发现了这些双生子之间更多的相同点，这些相同点不仅仅限于口味和身体特征，而且还包括人格、能力、观点、兴趣爱好，甚至恐惧。

在瑞典，佩德森和她的同事（Pedersen et al.，1988）在其中成功找到 99 对分离的同卵双生子和 200 多对分离的异卵双生子。与一起抚养长大的同卵双生子等价样本相比，分离的同卵双生子具有更多不同的人格特质。分离的同卵双生子比分离的异卵双生子相似度更高。在出生后不久就分离（而非等到 8 岁）并没有增大他们之间的人格差异度。

> “在某些方面，被分开抚养的同卵双生子之间与被一起抚养的同卵双生子之间看上去极其相似。那是惊人的发现。我敢保证，没有任何人能想到会有这种程度的相似性。”
>
> ——托马斯·布沙尔（1981）

这些令人惊讶的关于双生子相似性的例子并未打动对布沙尔进行批评的人。这些批评家主张，如果对任何两个陌生人进行数小时的行为和生活经验方面的比较，那么也可能发现很多巧合的相似点。如果研究者加入一个控制组，被试年龄、性别和民族相同，但生理上毫不相关，不在一起长大但在经济和文化背景上与分离双生子同样相似，难道这些被试就不会表现出惊人的相似性吗（Joseph，2001）？布沙尔答复道，分离的异卵双生子表现出的相似性无法与分离的同卵双生子表现出的相似性相比。双胞胎研究者西格尔（segal, 2000）报告，虚拟双胞胎——年龄相同，但在生物学上无关的兄弟姐妹——也更为不相似。

甚至有关双生子更深刻的人格测评也蒙受着一丝阴影，因为许多对分离双生子所做的测试都是在双生子团聚几年之后才进行的。况且，领养机构往往把双生子安置于相似的家庭。环境相似，那么相对于遗传而言环境的影响看来就不大了。尽管有这些批评，双生子研究呈现出来的令人印象深刻的结果，促使科学探索越加重视遗传的影响。

▸▸ 巧合并不仅仅发生在双生子身上。科罗拉多州的帕特丽夏·克恩出生于 1941 年 3 月 13 日，取名为帕特丽夏·安·坎贝尔；俄勒冈州的帕特丽夏·迪拜西也出生于 1941 年 3 月 13 日，也取名为帕特丽夏·安·坎贝尔。两人的父亲都叫罗伯特，都是会计。在进行该比较研究时，两人都分别有两个孩子，一个 21 岁，另一个 19 岁。两人都学整容术，爱好油画，都是在与男方相识 11 天后嫁给了军人。可她们在遗传上没有任何关系（From an AP report，May 2，1983）。

生物学亲属与收养亲属

对于行为遗传学家来说，自然界的第二类真实实验是，收养形成了两个群体：

Sean Garnsworthy/Getty Images

天性抑或教养，还是两者都有？当天赋在家族中传播，就像威廉姆斯姐妹，遗传和环境如何共同产生作用？

被收养人的遗传亲属（亲生父母及亲兄弟姐妹）和环境亲属（养父母及非亲兄弟姐妹）。因此，针对被领养人的任何特质我们都可以探究以下问题——被领养人更像提供家庭环境的养父母，还是更像为他们提供遗传基因的亲生父母？由于有共同的生活环境，被领养的兄弟姐妹之间是否具有共同特质？

对数百个收养家庭的研究得到了惊人的发现，那就是，一起长大的孩子无论有没有血缘关系，他们彼此在人格上没有多大的相似性。这一点推翻了人们向来所推崇的父母对孩子有很大影响的观点（McGue & Bouchard，1998；Plomin et al.，1998；Rowe，1990）。被领养人的特质大多来源于亲生父母，而不是抚养他们的养父母。

研究结果太令人震惊，值得在这里重复一下：就人格发展而言，同一个家庭中成长的孩子所拥有的共同环境因素实际上对其人格没有影响。同一家庭中被领养长大的两个孩子之间的人格特质并不相似，如同他们与一个街区之外的另一个家庭中的孩子之间的人格特质上的区别那样。遗传同样塑造了灵长类动物的个性。由养父母抚养的恒河猴表现出的社会行为，更像其生物学母亲，而不是收养的母亲（Maestripieri, 2003）。对于同卵双胞胎的相似性来说，他们是一起长大还是分开长大，共同的养育环境所起的作用似乎很小。

史蒂文·平克尔（Pinker，2002）说，我们现在讨论的或许是“心理学史上最重大的难解之谜”，那就是：为什么同一家庭中的孩子会有如此大的差异？（甚至是亲兄弟姐妹之间也有着巨大的差异）。为什么共享基因和共享家庭环境（家庭所处的社会阶层、父母的人格和婚姻状况、日托还是在家看护、街坊邻居等）对儿童人格的影响如此之小？是否是因为每个人有不同的经验——不同的同伴影响和生活事件？是否是因为兄弟姐妹尽管有一半的基因相同，但基因组合很不同呢？这些问题都激起了行为遗传学家的好奇心。

“妈妈手中的牌或许是满堂红，而爸爸手中的牌是同花顺，但是当孩子随机得到父母手中各一半牌时，孩子就是输家。”

——戴维·莱肯（2001）

共同环境的作用很小，并不意味着对收养孩子的养育是没有什么结果的冒险行为。尽管基因纽带限制了家庭环境对人格的影响，但父母的确会影响孩子的态度、价值观、行为举止、信仰及政治主张（Reifman & Cleveland, 2007）。两个领养的孩子或同卵双生子如果在同一个家庭中长大，那么他们会有相似的宗教信仰（Kelley & De Graaf，1997；Rohan & Zanna，1996）。父母对孩子的养育仍然很重要！

而且，在领养孩子的家庭里很少发生疏忽照料孩子、虐待孩子，甚至养父母离异等情况。（养父母领养孩子的资格是经过仔细审查的；而亲生父母却没有。）因此，虽然更有可能患心理障碍，但大多数被领养的孩子都能健康成长，尤其是在婴儿期被领养的孩子，对此我们也就不足为奇了（Loehlin et al., 2007; van Ijzendoorn & Juffer, 2006；Wierzbicki，1993）。在智力测验上，他们的成绩高于他们的亲生父母。每 8 个孩子中就有 7 个报告，他们非常依恋他们的养父母，或养父母中的一方。一般说来，他们在领养家庭里会比生活在充满压力或无人看管的环境里感觉更加幸福，心理更加稳定。拥有无私的父母，这些孩子长大后比普通人更加无私，更乐于助人（Sharma et al.，1998）。在瑞典的一项研究中，婴儿时就被领养的孩子，比那些最初由亲生母亲登记让人领养而后来又决定自己来养育的孩子长大后出现的问题要少（Bohman & Sigvardsson，1990）。显然，孩子从领养中的受益不一定是要与养父母具有相似的人格特点。

▸▸ 收养家庭较高的一致性——即大多数是健康而又有能力养育孩子的家庭——可以解释为什么对不同的收养家庭中的被收养孩子进行比较时没有发现显著差异（Stoolmiller，1999）。

气质与遗传

"他很可爱，这很好，但是他的脾气就像汽车报警器。"

大多数父母在生育了第二个孩子之后会告诉你，婴儿与婴儿之间在降生人世呼吸第一口空气时就有了差异。让我们来考察一下人格的一个迅速变得显而易见的方面。婴儿的**气质**（temperament）包含天生的情绪兴奋性——或易敏感、紧张、烦躁，或随和、安静、温和。婴儿在出生后的几周内，"困难型"婴儿易怒、紧张，难以预测。"容易型"婴儿快乐、随和，可预测进食和睡眠需要（Chess & Thomas，1987; Thomas & Chess, 1977）。

气质是持久的，让我们来看看以下发现：

- 情绪反应最强烈的新生儿到 9 个月大时情绪反应也往往最为强烈（Wilson & Matheny，1986；Worobey & Blajda，1989）。
- 特别拘谨和胆小的 2 岁儿童，到 8 岁时通常仍比较腼腆，其中有一半会成为性格内向的青少年（Kagan et al.，1992，1994）。
- 情绪最紧张的学龄前儿童刚成年时也往往相对比较紧张（Larsen & Diener，1987）。在对 900 多名新西兰人进行的追踪研究发现，情绪反应强烈、易冲动的 3 岁儿童在 21 岁时，表现得比其他人更容易冲动，更具攻击性，更易发生冲突（Caspi，2000）。

遗传似乎已经决定了人的气质差异（Rothbart，2007）。我们已经看到，同卵双生子的人格比异卵双生子更为相似，其中包括气质。生理机能检测表明，焦虑、高度紧张的婴儿的心率通常比较高且不稳定，而且其神经系统反应性强，在面对新情境或陌生情境时生理唤醒更高（Kagan & Snidman，2004）。调节神经递质 5- 羟色胺的一种基因形式倾向于产生恐惧型气质，与非支持性的照料共同作用，儿童就会成为抑制型气质（Fox et al.，2007）。这些证据进一步证明了以下结论：根源于个体的生物性气质，有助于形成我们持久的人格特质（McCrae et al.，2000，2007；Rothbart et al.，2000）。

遗传力

2. 什么是遗传力，它与个体和群体有什么关系?

运用双生子研究和收养研究，行为遗传学家能够从数学上估算各种特质的**遗传力**（heritability），即不同遗传基因所造成的个体差异度。正如第 10 章所强调的，如果智力的遗传力为 50%，这并不意味着 50% 的智力来自遗传。（如果身高的遗传力为 90%，这并不是说，对一个身高 60 英寸的女性而言，54 英寸归因于遗传，而 6 英寸归因于环境）。更恰当地说，那是指，人群中可观察到的变异，50% 可归于遗传的影响。经常有人会误解这一点，因此我想重复的是，我们不能说个体的人格或智力有百分之多少的遗传。

"我的科学研究项目的题目是：'我的小兄弟：天性还是教养。'"

甚至这个结论也必须是定性的，因为不同的研究得出的遗传力各不相同。如果按照马克 · 吐温（1835–1910）的提议，将一些男孩放在木桶里喂养到 12 岁大，食物是通过木桶上的小孔喂给，那么从木桶里出来时他们的智力肯定低于正常水平。然而，如果他们生活的环境相同，那么这些孩子 12

岁时在 IQ 值上的个体差异只能由遗传来解释。换句话说，表现他们的个体差异的遗传力会接近 100%。随着环境相似度增高，遗传作为个体差异的起因也变得更重要。如果所有学校都有一致的教学质量，所有的家庭都一样充满爱，所有的社区都一样健康，那么遗传力——基因带来的差异——将会增加（因为由环境带来的差异已降低）。从另一个极端来说，如果所有的人都有相似的遗传，而在差异很大的环境里长大（比如在木桶里对比在优越的家庭环境），那么遗传力会变得很低。

群体差异

如果遗传基因的影响有助于解释个体的特质差异（如攻击性），那么它能否同样解释男女群体差异或不同种族之间的群体差异呢？不一定。身高和体重上的个体差异具有高遗传性。然而，对一个群体而言，要用营养因素而不是基因来解释这些差异，比如当今的成年人比一个世纪前的成年人身材更高，体重更重。这两个群体的确存在差异，但并不是说基因在一个世纪的短暂时间内发生了重大变化。

与身高、体重上的差异一样，人格或智力分数也同样如此：遗传上的个体差异不一定暗示遗传上的群体差异。如果有些个体从遗传上看比其他人更具攻击性，那也并不能解释为什么有些群体比其他群体更具攻击性。把人置于一个全新的社会背景中可以改变他们的攻击性。当今的斯堪的纳维亚人，携带着许多遗传自他们好斗的北欧海盗祖先的基因。

天性与教养

> “性相近也，习相远也。”
> ——孔子，《论语》，公元前 500 年

在人类的相似性中，最重要同时也是人类物种显著的行为特点，那就是人的强大的适应能力。人的一些特质（如有两只眼睛）实际上可以在任何环境中发展起来。但大多数有趣的心理特质是在特定环境中得以显现的。虽然人们都必须进食，但依据特定文化背景中所体验到的口味，人们或嗜好鱼眼，或嗜好黑豆色拉，或嗜好鸡腿。如果在整个夏天都赤脚走路，那么你的脚会变得粗糙，起老茧，这是对摩擦力产生的生物性适应。而与此同时，你的邻居一直穿鞋，脚也因此保持柔嫩。你们两人之间的这种差异当然是环境作用的结果，但它也是生物机制的产物。人类共同的生物基础使得人的多样性发展成为可能（Buss，1991）。

有一个类比或许有助于理解：基因和环境——天性和教养——共同作用，就像鼓掌需要两只手一样。基因不仅编码特定的蛋白质，也对环境作出反应。非洲的一种蝴蝶在夏天时是绿色，到了冬天就会变成褐色，这是因为温度控制的遗传转换。在一种环境中产生褐色的基因，在另一种环境中会产生绿色。因此，基因是自我调节的。基因作为蓝图，并不是在任何环境中都产生相同的结果，而是会针对环境作出反应。基因完全一样的人在经验上会有所不同，因此他们的心理相似，但不完全一样。双胞胎中的一位可能爱上与另一个双胞胎所爱的人完全不同的人。

我们将在第 14 章看到，至少我们已知的一个基因会对重大生活压力源作出反应，这个基因编码的蛋白质控制参与抑郁的神经递质。基因自身并不会导致抑郁，但是它是其中一环。相似地，第 1 章曾提到母乳喂养能够提升长大后的智力，但这只对 90% 拥有降解母乳中脂肪酸的基因的婴儿有效（Caspi et al., 2007）。针对 1037 名新西兰成年人、2232 名 12 岁和 13 岁英国人的研究发现，在那些没有携带该基因的人中并没有发现母乳喂养的提升作用。正如经常发生的那样，天性与教

养共同起作用。

因此，要问人格更多是基因的产物还是环境的产物，就像问水的湿度更多取决于水中的氢还是氧一样，也如问土地的不同面积更多取决于其长度还是宽度一般。然而，我们可以问土地的不同面积更多地取决于其长度还是宽度，也可以问人与人之间的人格差异更多地受天性影响还是教养影响。人类的差异是基因和环境影响的共同结果。因此，饮食紊乱主要受遗传影响：一些人比其他人更可能患病。但是文化也会对它产生影响，因为饮食紊乱主要是现代西方文化中的一种现象。

基因—环境的相互作用

说基因和环境都很重要，这没错，但过于简单化了。更准确地说，两者发生相互作用。设想有两个婴儿，其中一个在遗传上更有吸引力、更合群，也更随和，而另一个在这些方面不及前者。再进一步假定，第一个婴儿比第二个婴儿可以得到更多的关爱和照顾，因而成长为较热情、友善的人。随着两个孩子渐渐长大，天生更友善的这个儿童更多地寻求各种活动、结交朋友，由此又进一步促进其社会自信心。

"遗传发牌，环境出牌。"
——心理学家
查尔斯·布鲁尔（1990）

是什么导致他们具有这样的人格差异呢？我们不能简单地说个体人格百分之 x 取决于基因，百分之 y 取决于经验，因为遗传和经验都不能单独起作用。受基因影响的特质会引起其他的显著反应。因此，一个具有攻击性的孩子可能会遭到老师呵斥，而该老师与这个孩子同班同学中的模范生谈话则亲切热情得多。父母对待自己孩子的方式也可能有所不同；一个孩子可能会招致父母的惩罚，而另一个则不会。在这些情况下，儿童的天性与父母的教养相互作用。任何一方不可能离开对方单独起作用。基因与环境共舞。

这有助于解释为什么在不同家庭中长大的同卵双生子回忆父母的温暖时如此惊人地相似——就像他们是由相同的父母抚养大一样（Plomin et al., 1988, 1991, 1994）；而异卵双生子在回忆幼年时的家庭生活时则差异很大——即使就在同一家庭中长大！斯卡尔（Scarr, 1990）说："孩子们对父母会产生不同的感受，这取决于孩子本身的特质。"而且，随着年龄的增长，人们也会选择最适合各自天性的环境。

因此从受孕时开始，人就是基因和周围环境**相互作用**（interaction）的产物。

基因—环境的相互作用 人们对罗温·艾金森（左图中扮演憨豆先生）和他的演员同行扎克·埃夫隆（右图）的反应很不相同。

基因会影响他人对我们作出反应的方式，对我们产生影响的方式。生理外表有着各自的社会结果。要问基因和经验哪一个更重要，就像是在询问开车时发动机和方向盘哪一个更重要一样。因此，请不要认为天性与教养互不相容，要记住教养要经由天性得以实现。

新的前沿学科：分子遗传学

> “我们预测，21 世纪早期 DNA 会使心理学研究和心理治疗发生革命性的变化。”
>
> ——罗伯特·普洛闵和约翰·格雷伯（2000）

3. 分子遗传学研究的目标是什么？

行为遗传学家从探究“基因是否影响行为？”发展到探究“基因的影响有多大？”再到“到底影响行为的哪些方面？”行为遗传学的新的研究前沿就是辨别影响行为的特定基因的“自下而上”的**分子遗传学**（molecular genetics）研究。

我们已经看到，人类大多数的特质受到基因组合的影响。比如，双生子研究和收养研究告诉我们，遗传影响体重，但并没有单独的“肥胖基因”。更可能的情况是，某些基因会影响肠胃对大脑反馈“吃饱了”这个信息的速度。而某些基因则可能会支配身体把多余热量转化为脂肪的效率，调控肌肉需要养料的多少，以及支配烦躁不安消耗多少热量等（Vogel，1999）。当然，一定会有许多基因可以用来预测肥胖。分子行为遗传学的目的是寻找决定诸如肥胖、阅读能力或害羞等特质的那些基因，同时也探索控制基因表达的机制（Tsankova et al., 2007）。

当今的基因测试可以检测出十多种疾病的风险人群。在全世界的许许多多实验室中，分子遗传学家与心理学家共同致力于可能使人患上遗传性障碍的基因的研究。（例如，在第 14 章中我们将简述一项世界性的研究，该研究的目的是探寻哪些基因容易使人患双向精神障碍（原来叫躁狂抑郁症）。为找到那些基因，分子遗传学家试图在某些基因或染色体片段和特定障碍之间找到某些联系。首先，他们找到一些几代人都患有某种障碍的家庭。然后，他们从已患该障碍和未患该障碍的家庭成员身上进行血液采样，并对其 DNA 进行检查，寻找两者之间的差异。普洛闵和格雷伯（Plomin & Grabbe，2000）指出，“DNA 的最大潜力是预测患病风险，以便在发病前采取措施加以预防。”

通过并不昂贵的新扫描技术扫描相关的 DNA 片段，医务人员很快就能给胎儿的父母提供一份单子，说明胎儿基因与普通基因模式之间的差异以及这些差异的含义。伴随着这些益处而来的是把人贴上标签，例如把某人标记为“易患学习障碍的人”。这种标签是否会导致歧视，或是否会成就自我实现的预言呢？对胎儿进行产前筛选也引发了伦理学问题。对父母来说，要查明胎儿的性别已非常容易。在印度等一些国家，人们高度看重男孩，胎儿性别检测已经导致某些人群进行性别选择性堕胎，结果就是少生了数百万计的女性。

如果有可能，那么准父母是否应当把精细胞和卵细胞送到遗传学实验室筛选之后才结合生成胚胎呢？我们是否应该让准父母在健康、智力和美貌等方面筛选受精卵？进步是一把双刃剑，它在带来希望的同时也会带来困扰。通过对某些特质的选择，我们或许会失去类似梵高、丘吉尔、林肯、托尔斯泰、狄更斯等等这些有着某些不足却做出巨大成就的人。

“我认为精子银行的捐赠人要保持匿名。”

本节回顾

➤ 自问

你想对你未出世还在子宫内的孩子进行基因检测吗？如果得知你的孩子可能会患血友病，那么你打算怎么办呢？如果会患精神分裂症呢？如果会患阅读障碍呢？如果这种胚胎被堕胎，那么这对社会有益还是有害呢？

➤ 自测 1

什么是遗传力？

自测问题的答案见书后的附录。

进化心理学：理解人类的天性

4. 进化心理学家如何使用自然选择来解释行为倾向？

行为遗传学家探索人类差异的基因与环境根源。而**进化心理学家**（evolutionary psychologists）聚焦于什么使得我们成为人类。他们使用达尔文的“**自然选择**”（natural selection）法则来理解行为和心理过程的根源。理查德·道金斯（Dawkins, 2007）称自然选择“无疑是人类思想发展史上最重要的里程碑。”这个思想简化后如下：

- 有机体的后代为生存发生竞争。
- 生物和行为的某些变异增加后代在环境中的繁殖和生存机会。
- 生存的后代更可能向后继的世代传递基因。
- 因此，随着时间的推移，群体特征可能发生改变。

为了理解这些原则是如何运行的，我们考虑一个狐狸的直观例子。

自然选择与适应

狐狸是一种机警的野生动物。“像狐狸一样狡猾”并没有诽谤狐狸的形象。如果你捕获了一对狐狸并设法亲近它们或它们的后代，那么你得当心。要是手夹在关狐狸的笼子里而“胆小”的狐狸不逃跑，那它很可能会把你的手指当成点心。在俄国科学院细胞学和遗传学研究所工作的德米特里·贝尔耶夫（Dmitry Belyaev）想弄清人类的祖先是怎样把狼驯化成了狗的。如要把可怕的狐狸驯化成友善的狐狸，那么与驯化狼相比是否会在相对比较短的时间内就能完成呢？

为了找到这个问题的答案，贝尔耶夫着手对 30 只雄狐狸和 100 只雌狐狸进行了实验研究。通过喂食行为、触摸与敲打它们所产生的反应来测量它们后代的驯服度，并选择了 5% 最温顺的雄狐狸和 20% 最温顺的雌狐狸，让它们进行交配。贝尔耶夫和他的追随者特鲁特（Lyudmila Trut）长期坚持不懈地重复这个简单程序，如此繁殖了 30 多代的狐狸。40 年过去了，他们成功地繁殖了 45 000 只狐狸，目前他们得到了一种全新的狐狸，用特鲁特的话来说（1999），这些狐狸“温顺，爱取悦人，毫无疑问是驯化了的……就在我们眼前，‘野兽’变成了‘可爱的东西’，

L. N. Trut, American Scientist (1999) 87: 160–169

从小心警惕到令人喜欢 在 40 多年的狐狸繁殖实验之后，大多数的后代是忠诚的、可爱的，能够与人建立紧密的联系。

它们的野性（它们的祖先所具有的野性）和它们的攻击性行为已经完全消失了。”这些被驯服的狐狸非常友善，乐意接近人，也会发出呜咽声以吸引人们的注意，还会像猫一样用舌头舔人；这样，资金匮乏的研究院就抓住了这个挣钱机会——把这批狐狸出售，卖给人们当宠物。

如果某些特质被选择——通过赋予这些特质繁殖上的优先权——那么这些特质就会在一段时间后占据优势。普洛闵和他的同事（Plomin et al.，1997）提醒人们，狗的育种工作者已经培育出了能放牧的牧羊犬、能寻迹追踪的警犬、能指示猎物所在位置的猎狗，还培育出温和的西班牙猎狗以及颇有攻击性的美洲叭喇狗。心理学家也培育出了狗、老鼠和小白鼠，这些动物的基因预先决定了它们或安静或活跃，或善于学习或不善于学习。

自然选择也能解释我们人类的倾向吗？从**基因突变**（mutation）（基因复制过程中出现的随机错误）中，从每一个新个体新的基因组合中，自然已经选择了具有优势的变异形式。但是，决定蚂蚁筑巢行为、狗寻找猎物行为、猫抓捕行为的基因链很牢固，而人类的基因链却没有那样牢固。在人类祖先发展期间被选择的基因提供的不仅仅是一条长长的基因链，它们会赋予人类学习的能力，从而适应各种环境——无论是在冻土地带还是在丛林地区。基因和经验共同构造了人的大脑。进化心理学家提醒说，人类在应对不同环境上的灵活性促成了人类的适应性——生存和繁殖的能力。

进化的成功有助于解释相似性

尽管人与人之间的差异会引人注意，但是我们更需要了解的是人类深层的相似性。从总体上来看，人们的生活惊人地相似。看看阿姆斯特丹史基普机场的国际航班出站口吧，它就像一个世界的会聚点一样，到站的旅客都会在那里见到兴奋激动的亲朋好友。在那里，无论是肯尼亚老太太，中国儿童，还是回家的英国人，他们的脸上都洋溢着同样的喜悦。进化心理学家史蒂文·平克尔（Pinker，2002，p.73）认为，毫无疑问，我们的情绪、动机和推理都“有着跨文化的普遍逻辑。”“人类进化发展过程中的自然选择塑造了”我们共有的人类特质。

我们行为和生物学上的相似性源自于我们共有的人类基因组。不同人群之间只有不到 5% 的遗传差异，余下的 95% 以上的差异则是同一群体中的个体差异。两个冰岛村民或两个肯尼亚人之间典型的遗传差异比这两组人群的平均遗传差异大得多。因此，遗传学家莱瓦廷（Lewontin，1982）说，如果在一次世界性的大灾难中只有冰岛人或肯尼亚人活了下来，那么人类这个物种在遗传多样性上的“损失微不足道”。

人类为什么如此相似？自从有人类历史以来，人类的祖先就面临这样的问题：谁是朋友？谁是敌人？什么可以吃？该与谁结为伴侣？一些人比其他人更好地解决了这些问题。例如，一些女性在怀孕的前三个月关键期里感到恶心，可以使她们避免食用某些苦味的、味道强烈的和新奇的食物。避免食用这些食物具有生存价值，因为它们很可能对胚胎发育有害（Schmitt & Pilcher, 2004）。那些习惯吃营养丰富而不是有毒食物的人能存活下来，把这种基因传递给后代；而那些认为豹子是“好宠物”的人却不能存活下来。

成功的个体通过交配生育和养育后代。几代以后，做不到这些的个体的基因将在人类基因库中消失。随着进一步的基因突变，能为机体提供适应优势的基因会继续被选择，行为倾向与学习和思考的能力使得石器时代的祖先生存、繁衍，并把基因传递到未来。

过时的倾向

作为这种史前基因遗产的继承人，人们天生就表现出能够促进祖先的生存和繁殖的行为方式。人们喜食糖类和脂类食物。这些食物曾经很难获得，但又曾经使得人类的祖先度过了饥荒。具有讽刺意味的是，虽然饥荒在西方社会中几乎绝迹，但糖类和脂类食物仍高居商店货架、快餐食品外卖店、自动售货机，并不断诱惑人们，肥胖症已经成为一个越来越严重的问题。我们深深植根于历史的自然倾向已经不能与今天的垃圾食品环境相匹配（Colarelli & Dettman, 2003）。所以从某些层面来看，人类已经在生物性上为不复存在的世界做好了准备。

▸▸ 如果有人被科学和宗教关于人类起源的那种相互矛盾的解释困扰，那么回想一下（第 1 章）生命的不同视角互为补充的特点可能有助于理解。例如，科学试图告诉人们人类起源的时间和方式；宗教里关于人如何被创造出来的故事是为了告诉人们终极的人和人类起源的原因。正如伽利略向女大公克里斯蒂娜解释说，“圣经教人如何走向天堂，而不是天堂怎样运作。”

当今的进化心理学

很长时间以来，达尔文的进化论一直是生物学的组织法则。戴蒙德（Diamond, 2001）说，“事实上，没有一位当代科学家认为达尔文从根本上就是错误的。”如今，达尔文的理论正处于“第二次达尔文革命”：心理学开始应用生物进化法则。查尔斯·达尔文（1859）预料到了生物进化法则在心理学上的运用。在《物种起源》的结束语中，他预言道，“为更加重要的研究开辟了新的领域。心理学将会建立在一个崭新的根基之上”（p. 346）。

进化心理学家正在利用生物进化法则来探索如下问题：

- 为什么婴儿在刚刚可以自主活动时就会害怕陌生人？
- 为什么亲生父亲更不可能像与孩子没有任何亲缘关系的男性那样虐待或谋杀生活在一个家庭中的儿童？
- 为什么有更多的人对蜘蛛和蛇更加恐惧，而对更为危险的枪和电则没有那么恐惧呢？
- 男性与女性有何相似之处？男性和女性在性方面有何不同，为什么？

我们将在接下来的章节中解答这些问题。为了理解进化心理学家是如何思考和推理的，我们先探讨最后一个问题。

关于人类性行为的进化论解释

5. 进化心理学家如何解释择偶偏好的性别差异？

心理学家鲍迈斯特等人（Baumeister, Catanese, & Vohs, 2001）请我们思考哪一种**性别**（gender）的人具有更强的性驱力。更确切地讲，哪一种性别的人渴望更频繁的性活动，更多地想到性，手淫更频繁，主动地发起更多的性行为，为得到性会做出更多的牺牲呢？对这些问题和其他这类问题的答案都是男

“今晚不行，亲爱的，我脑震荡了。”

性，男性，男性，男性，男性。例如，英国广播公司（BBC）对 53 个国家超过 20 万人的调查显示，所有地区的男性都会强烈同意，“我有更强的性驱力”，以及“我很容易性兴奋”（Lippa, 2008）。

的确，跨文化心理学家马歇尔·西格尔和他的同事一致认为（Segall et al., 1990, p. 244）“在世界上任何地方，几乎毫无例外，男性比女性更容易引发性活动”。这种差异是性方面的最大性别差异（Regan & Atkins, 2007）。其他差异还有：

- 对 289 452 名美国大学生的调查中发现，有 58% 的男生而仅有 34% 的女生赞同：“如果两个人真正彼此喜欢，那么即使彼此相识时间不长也可以发生性行为”（Pryor et al., 2005）。对 4 901 名澳大利亚人进行的一项调查则显示，48% 的男性和 12% 的女性赞成“我能想象，‘随意’与不同的伴侣发生性行为令人舒适愉快”（Bailey et al., 2000）。
- 对美国 18~59 岁的 3 432 人进行的详细调查发现，48% 的女性和 25% 的男性认为爱慕是他们发生第一次性行为的原因。想到性的频率有多高呢？19% 的女性和 54% 的男性承认“每天都想”或“一天想几次”（Laumann et al., 1994）。对于加拿大人，11% 的女性和 46% 的男性“一天想几次”（Fischtein et al., 2007）。
- 在一些调查中，男同性恋者报告，他们对未遂的性行为更感兴趣，对视觉上的性刺激更敏感；与女同性恋者相比，他们更关心性伙伴的肉体上的吸引力（Bailey et al., 1994; Doyle, 2005; Schmit, 2007）。

> “并不是男同性恋者性欲过剩；他们只是以男性的欲望来试探其他男性的欲望，而不是试探女性的欲望。”
>
> ——史蒂文·平克尔，《大脑的运作方式》，1997

观念上的性别差异可以延伸到行为差异。男同性恋伴侣比女同性恋伴侣拥有更多的性爱（Peplau & Fingerhut, 2007）。在佛蒙特州第一年的同性民事结合中，选择这一合法关系的男性只占 1/3（Rothblum, 2007）。

做完就走的随意性行为在具有传统的大男子主义观念的男性中最普遍（Pleck et al., 1993）。克拉克和哈特菲尔德（Clark & Hatfield, 1989）研究发现，性行为具有惊人的性别差异。1978 年，他们安排一些相貌平平的学生研究助手在佛罗里达州立大学中央方庭里游荡。当瞄准一个有吸引力的异性时，一位研究者迎上去说：“我在校园里一直都很注意你，我发现你太有吸引力了。愿意今晚和我上床吗？”所有女性都拒绝了，而且有一些女性显然是被激怒了（“讨厌，你究竟有什么毛病？别烦我！”）。但是，却有 75% 的男性欣然同意，并在回答时常常加一句类似“为什么非要等到晚上呢？”这样的问句。克拉克和哈特菲尔德对调查结果感到有些惊讶，并在 1982 年重复了这个研究，还在 20 世纪 80 年代后期艾滋病肆虐时进行了两次同样的研究（Clark, 1990）。结果每一次调查都发现，没有一位女性同意，但有一半甚至是一半以上的男性同意与一个陌生人上床。

对于把热情的回应当成是性引诱，男性也具有更低的临界阈限。一次又一次的研究表明，男性更容易把女性的友好当成性诱惑（Abbey, 1987; Johnson et al., 1991）。误把女性的热情当成性引诱有助于解释男性对性的过分自信（Kenrick & Trost, 1987），由此导致的不幸结果大到强奸，小到性骚扰。

自然选择与择偶偏好

如同生物学家用自然选择来解释许多物种的交配行为一样，进化心理学家也用自然选择来解释为什么女性常以关系的方式来对待性，而男性则更多地以娱乐

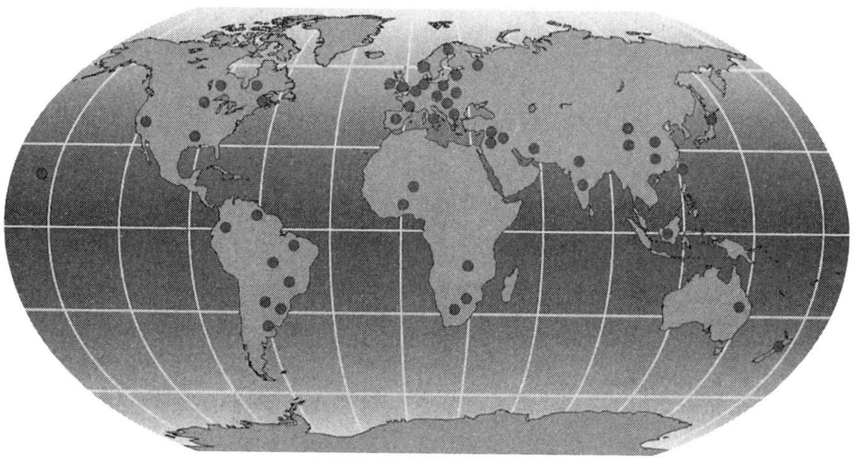

➤ 图 4.3
世界择偶偏好
戴维·巴斯与一个国际团队合作对 37 个国家和地区的 10 047 人的择偶偏好进行了调查，国家分布如图中的圆点所示（Buss，1994b）。

的方式来对待性（Schmitt, 2005, 2007）。对此可以这样解释，当女性在孕育婴儿时，男性会把他的基因传播给其他女性。人类的自然渴望就是基因进行自我繁殖的方式。在人类祖先的发展历史中，女性通常是通过明智地选择配偶来遗传基因，而男性通常是通过广泛地选择配偶来遗传基因。戴维·巴斯（Buss，1995）说，“人是活化石——是在先前自然选择压力下促成的各种机制的集合”。

究竟人们认为异性身上的什么东西吸引人呢？吸引力的某些层面可以跨越时空。从澳大利亚到赞比亚（图 4.3），来自 37 种文化的男性认为，拥有年轻外貌的女性更具有吸引力（Buss, 1994）。进化心理学家认为，男性喜欢健康、生育力强的女性——拥有光滑皮肤、年轻体型的女性意味着可以生育许多子女——这样男性就能更好地把基因传播下去。的确，腰围是臀围的 1/3 的女性最吸引男性，这种比例的身材是具有生育力的标志。正如进化心理学家所预测的，处于生育高峰年龄的女性对男性最具吸引力。因此，肯里克及其同事报告，十几岁的男孩对比他们自己大几岁的女性最感兴趣。二十五六岁的男性偏爱于他们年龄相同的女性。而年龄较大的男性偏好年轻的女性。他们报告，从欧洲的征友广告、印度的征婚广告，以及北美、南美、非洲和菲律宾的婚姻记录，这种模式都一直存在（Singh, 1993; Singh & Randall, 2007）。

“沃尔特，你怎么看——你对同龄婚姻作何感受？”

女性同样也会受看上去健康的男性吸引，特别是那些看上去成熟、有地位、勇敢、富裕的男性（Singh，1995）。她们更愿意与能够长期做配偶并能投入到对后代进行抚养的人为伴侣（Gangestad & Simpson，2000）。进化心理学家认为，这些特征暗含着男性具有供养和保护的能力（Buss，1996，2000；Geary，1998）。在一个实验中，女性能熟练地鉴别出哪些男性最喜欢观看婴儿的照片，她们把这些男性评估为潜在长期伴侣的得分更高（Roney et al., 2006）。

进化心理学家说，这里起作用的是一个法则：自然选择那些有利于个体基因遗传下去的行为。作为活动的基因体，人们天生就偏好那些曾对人类祖先有用处的任何东西。祖先们天生就具备能留下子孙后代的行动方式——如果不是那样的话，那么也就没有现在的我们了。作为祖先的基因遗产的载体，我们也像祖先那样行动。

"史蒂夫，谢谢你，我玩得很开心。但你愿意进来，安顿下来，养家糊口吗？"

对进化论解释的批评

6. 对于进化心理学的关键批评有哪些？

批评家并没有去争论提高基因存活的特质的自然选择问题，而是看到了进化心理学本身存在的一些问题。他们说，进化心理学通常从结果开始（如男女两性的性差异），然后以追溯的方式提出解释。如果男性都一样忠诚于配偶，难道就没有理由认为：承担责任又能赡养家庭的父亲所养育的孩子能更好地生存下来以使他们的基因长存？男性只与一位女性成为配偶难道不是更好吗？这样既可以提高受孕机会，又可以让女方远离男性的竞争对手的接触。难道仪式化的纽带——婚姻——不是可以使女性免受男性长期的性骚扰吗？这些看法实际上都解释了为什么人类倾向于实行一夫一妻制。人们不会受这种事后解释的迷惑，正如古生物学家古尔德（Gould，1997）所说，那就像是"鸡尾酒会上发生的思辨与猜测"。

一些批评家担心进化心理学可能带来的社会后果。它是否暗示着一种直击社会进步的各种努力要害的遗传决定论（Rose，1999）？是否会削弱伦理理论和人们的道德责任？是否会使以下行为合理化："社会地位高的男人可以娶多个年轻、有生育力的女人"（Looy，2001）？

进化心理学家同意，人究竟是谁这个问题很大程度上不是有关"硬件"的问题。有吸引力的东西随时间和空间的变化而变化。20 世纪 50 年代的性感偶像玛丽莲·梦露的形象在世纪之交时被以瘦为美的运动女性形象取而代之。而且，如果社会要求重视一生的承诺和责任，那么男性可能只有一个性伴侣；如果社会要求人们接受随意性行为，那么女性可能愿意拥有许多性伴侣。

社会期望也会影响择偶偏好的性别差异。如果给伊格利和伍德（Eagly & Wood，1999；Wood & Eagly，2002）展示一种性别不平等的文化，即男性赡养家庭，女性料理家务，那么他们向你展示的是这样一种文化，其中男性强烈希望得到年轻、有能力供养家庭的女性，而女性则追求社会地位和赢取配偶的能力。如果给伊格利和伍德展示一种性别平等的文化，他们则会向你展示另一种文化，其中择偶偏好上的性别差异很小。

进化心理学家让我们确信，男性和女性面临着相似的适应性问题，他们之间的相似性远大于差异。他们强调，人类拥有学习和促进社会进步的巨大能力。（无论生活在极地冰屋还是丛林树屋，人们生来就具有适应和生存的能力。）他们指出了进化法则的连贯性和解释力。他们还提供了可加以检验的预测（例如，人们偏爱那些在一定程度上与自己有共同基因的人，或者偏爱那些能够在以后实施回报的人）。他们提醒我们，对人类是怎样形成的研究不需要指明人们应该如何去做。有时，了解自己的习性本身就有助于克服它们。

本节回顾

➤ 自问

你认为谁的推论最有说服力——进化心理学家还是批评家？为什么？

➤ 自测 2

对于人类性行为的进化论解释的三点主要批评是什么？

自测问题的答案见书后的附录。

父母与同伴

7. 早期刺激、父母和同伴分别在多大程度上塑造了我们的生活？

我们已经看到，在特定环境中表达的基因如何影响我们的发展差异。道格拉斯·肯里克及其同事认为，我们不是“空白的石板”（blank slates）。我们更像是图画书，已经有了某些线条，还需要填充图片。天性和教养塑造了我们。但是我们的教养中最有影响力的成分是什么？早期的经验、我们的家庭和同伴关系以及所有的其他经验如何引导我们的发展和促成我们的多样性？

父母与早期经验

由于胚胎吸收的营养各不相同，且受有毒物质影响的程度不同，与天性共同作用的形成性“教养”在受精时就开始了（详见第 5 章）。然后教养在子宫之外继续发挥作用，我们的早期经验能够促进脑的发育。

经验与大脑发育

我们的基因确定了所有的大脑构造，但是经验填充细节，建立神经联结，使大脑为思考和语言以及后来的经验做好准备。但早期的经验是如何在大脑中留下“痕迹”的呢？罗森茨韦格和克雷奇（Rosenzweig & Krech）饲养了一些大鼠，其中有一些是在隔离的封闭空间内单独饲养，另一些则是群体饲养。后来对大鼠的大脑研究发现，饲养环境中接触玩具最多的大鼠的大脑发育得最好。生活在丰富多彩的模拟自然环境的大鼠的大脑皮质通常更重、更厚（图 4.4）。

罗森茨韦格（1984；Renner & Rosenzweig，1987）对这个发现感到十分惊讶，于是在发表这些发现之前，他又重复了几次实验。结果非常明显，即使仅仅观看简短的大鼠视频片段，你也能从大鼠的活动和好奇行为中判断出它的喂养环境贫乏还是丰富（Renner & Renner，1993）。科尔布和惠肖（Kolb & Whishaw，1998）报告说，当大鼠在丰富环境中被喂养了 60 天后，大脑重量增加了 7%~10%，神经突触的数量迅速增长了约 20%。

这些研究结果已经推动人们改善实验室、农场、动物园等场所的环境——改善孩子们在学校学习的环境。触摸和按摩有益于刺激幼鼠和早产婴儿（Field et al., 2007）。“经过抚触的”幼鼠和早产婴儿的体重增加更快，神经发育更迅速。通过

➤ **图 4.4**
经验影响着大脑发育
罗森茨韦格和克雷奇将一些大鼠单独养在没有玩具的环境中，而把另外一些大鼠养在每天都有新玩具的丰富多彩的环境中。16 次重复实验中有 14 次表明，在丰富多彩的环境中生长的大鼠的大脑皮质比生长在贫乏环境中的大鼠的大脑皮质显著发育得更好（相对于大脑的其他组织而言）。

趁早锻炼神经元回路 与 12 岁以后才开始学习弦乐的人相比，12 岁前开始学习演奏的弦乐乐手左手指控制音符的神经元回路更大、更复杂。（Elbert et al., 1995）

对早产儿进行按摩治疗，新生儿重症监护室帮助他们更早回家（Field et a., 2006）。

天性和教养共同雕琢我们的神经联结。在大脑成熟并提供了丰富的神经联结之后，我们的经验将启动一个修剪的过程。观看、嗅闻、触摸和拖动等激活并强化了一些神经通道，而那些没有被使用的神经通道则被削弱。就像森林中的道路那样，行人不多的小路会慢慢消失，而行人众多的小路则渐渐拓宽。青春期的结果就是大量未使用的神经联结消失。

这样，天性与教养的交汇点就是儿童丰富多彩的周围环境激活并保持神经联结之处；如果经历贫乏，这些神经联结就会因为未加使用而消亡。这对儿童的早期教育来说有着生物现实性。在儿童期早期——额外的神经联结随时可以建立——他们最容易掌握另一种语言的语法和口音。如果在青少年阶段之前缺乏对某种语言的接触（书面语或手语），那他们就永远不能掌握好任何一种语言（见第 9 章）。

同样，如果早年没有视觉经验，那么去除白内障而复明后也永远不能获得正常的视知觉（见第 6 章）。本应分配给视觉的大脑细胞已经死亡或转作他用。要获得最适宜的大脑发育，早年合适的刺激相当关键。大脑的成熟似乎受到一条规律的支配——用进废退。

“天性与教养……只不过是给大脑突触库进行储备的两种不同方式。”
——约瑟夫·莱多，《突触的自我》，2002

但是，大脑的发育并非随着儿童期的结束而结束。如同我们在第 2 章讨论脑的可塑性时所看到的，在人的一生中神经组织一直发生变化。如果训练一只猴子在一天内用一个手指拉杠杆几千次，那么控制该手指的大脑组织就会发生改变以反映这一经验。人脑的运作也一样（图 4.5）。在学习用键盘打字或溜冰或完成实验任务时，做这些事的技巧随着大脑对学习的融合而得以提高。

父母到底应该得到多少赞扬（或责备）

在生育小孩时，女人和男人首先要洗基因这副牌，然后把可以形成生命的一手牌分发给未来的孩子，之后，孩子受到的无数影响则是父母控制不了的。尽管如此，父母依然总是为孩子获得的成功而感到无比骄傲，也为孩子的失败而感到内疚、羞愧。当孩子因获奖而得到别人的祝贺时，父母会眉开眼笑。如果孩子常常被叫到校长办公室，孩子的父母就想知道问题到底出在哪里？弗洛伊德精神病学和心理学一直是解释这类问题的一种依据，例如，把从哮喘到精神分裂症都归罪于“不良家庭照顾”（bad mothering）。社会则强化了对父母的这些责备，认为父母应该且能够把孩子当成陶器模子里的黏土来塑造。人们很容易因孩子的美德而赞扬其父母，因孩

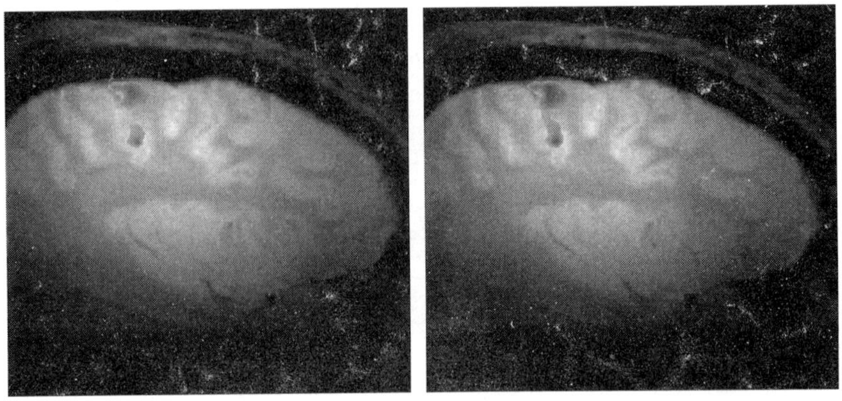

➤ **图 4.5**
受过训练的大脑（见彩插）
一个受过良好训练的手指敲击任务会激发更多的运动皮质神经元（右图橙色区域），而受训前（左图）同一区域活动的神经元较少。（Karni et al., 1998）

子的恶习而批评其父母。流行文化无休止地宣扬，“有毒的”父母给脆弱的孩子身上施加心理伤害。作家兼教师的布拉德肖（Bradshaw，1990，p.7）说：“人类苦难最主要的根源”是我们当中“被忽视的、心灵受到创伤的孩子”。

▸▸ 即使在大猩猩群体中，如果一只幼猩猩受到另一只幼猩猩的伤害，那么受伤害幼猩猩的母亲通常会攻击实施侵犯的幼猩猩的母亲（Goodall，1968）。

但是，父母是否真的会通过以下方式制造出儿时遭受心理创伤的人（从“有毒的”父母清单中选一项）：过度纵容——或漠不关心，激烈督促——或放任自流，过度保护——或有意疏离呢？儿童内心真的那么容易受到用意良好但时常被折腾得筋疲力尽的父母的伤害吗？如果是这样，那么人们是否应该为自己的失败而责备父母，或是否因孩子的失败而责备自己呢？是否要让问题孩子的父母感到羞愧呢？关于父母一般的失误而伤害脆弱的孩子的过多谈论，是否会淡化真正虐待孩子的那种野蛮呢？

纽鲍尔等人（Neubauer & Neubauer，1990，pp.20-21）描述了人们是如何以不恰当的方式事后赞扬或批评父母：

> 有这样一对 30 岁的同卵双生子，他们刚出生后就被分开，并分别由不同的养父母在不同的国家养大。他们两人都十分爱整洁——整洁程度已经达到可以归入病理学的范畴。他们的衣服经过异常精心的挑选，约会准时到不差分毫，洗手洗到手的颜色鲜红。当问其中的一个为什么他需要保持如此干净时，他的回答很简单朴素。
>
> “那是因为我的母亲。我还是个小孩时，她总会把房子打扫得十分干净整洁，而且她总是坚持把任何用过的小东西都恰当地放回原处。就说小闹钟吧——我们有许多小闹钟——每个闹钟都按正午的教堂钟声设定好时间。她一直坚持这样做。我是从她那儿学来的。除此之外，我又能做什么呢？”
>
> 他的孪生兄弟在整洁方面也是完美主义者，尤其是对肥皂和水的要求。他却这样解释这样做的原因：“原因很简单。我母亲是一个十分邋遢的人。”

“如果你因为成年后的问题而责备父母，那么你有理由责备他们遗传给你的基因，但是你没有权利（在我看来无论如何都没有权利）责备父母对待你的方式……人不是自己过去的囚徒。”

——马丁·塞利格曼，《能改变的与无法改变的》，1994

父母的养育当然重要。父母对孩子个体差异的塑造清楚地表现为几个极端。第 5 章将会提供一些最尖锐的例子——受虐待的儿童变得具有虐待性，被忽视的儿童变得忽视他人，备受宠爱但受家庭严格管制的儿童变得自信而能干。乘船外逃的亚洲难民的孩子在学术上和工作中成就卓著，表现了家庭环境的力量——他们的成就可以归因于联系密切、相互支持甚至苛求的家庭（Caplan et al.，1992）。

然而在人格测量中，共享环境影响——包括兄弟姐妹共享的家庭影响——通常只能解释不到 10% 的人格差异（尽管对他们的信仰和价值观有更大的影响）。用行为遗传学家普洛闵和丹尼尔斯（Plomin & Daniels，1987）的话来说，“同一家庭中的两个孩子（平均来说）之间的差异与从人群中人任意挑出的两个孩子之间的差异一样大。”在发展心理学家斯卡尔（Scarr，1993）看来，这句话意味着“我们不应该因为一个人获得成功而过多赞扬其父母，也不应该因为一个人没有成就而过多责备其父母。”如果认识到孩子不是那么容易受到父母教养的影响，父母或许能稍稍放松一下，爱他们，因为他们是自己的孩子。

“如果我为所有的事情而责怪你——那么这又是谁的错呢？”

同伴影响

随着儿童的成熟，什么样的体验会对他们产生影响呢？对于所有年

"人们更像他们所处的时代，而不是他们的父辈。"

——古阿拉伯谚语

龄段的人，特别是儿童和青少年，我们都试图融入群体，并且受到群体的影响。

试想同伴的力量（Harris，1998，2000a）：

- 学龄前儿童无论父母如何煞费苦心地劝说都不喜欢吃某种食物，但是如果把这种食物放在一群爱吃该食物的小孩面前，并让他与这些小孩坐在一起，那么他却会吃这种食物。
- 一个孩子在家里听到的是一种英语口音，而邻里之间和学校讲的又是另一种口音，那么他（她）肯定总是选择学同伴的口音，而不是父母的口音。移民儿童如果身处非移民儿童当中，他们很快就会丢掉父母的文化。"入乡随俗，"哈里斯说（Harris，2007），"而不管这些儿童的父母是英国人、中国人还是印第安梅斯奎人。"
- 十几岁就开始抽烟的孩子一般都有抽烟榜样朋友，这些朋友向孩子暗示了吸烟的愉快，还会为其提供香烟（Rose et al.，1999）。这种与同伴相似的特点部分原因可能是"选择效应"，孩子会寻找观点和兴趣与自己相近的人作为同伴，抽烟的人可能会选择抽烟的人做朋友，不抽烟的可能会选择不抽烟的人做朋友。

加德纳（Gardner，1998）总结了父母和同伴对儿童发展的互补作用：

> 当提及教育、行为准则、责任心、整洁有序、仁慈心以及与权威人士的交往方式时，父母显得更为重要。而对于学习合作、寻找受欢迎的途径以及创造与同龄人的交往风格，同伴则显得更为重要。年轻人可能觉得同伴更有趣，但是当考虑自己的未来时，他们会求助于父母。而且，父母可以选择居住区和学校，他们所选择的居住区和学校决定了孩子的同伴类型。

同伴的力量 随着我们的发展，我们与同伴玩耍、结婚和合作。儿童和青少年无疑对同伴影响是非常敏感的。

Ole Graf/zefa/Corbis

正如加德纳所指出的，父母可以影响形成同伴群体的文化。因为周围邻居的影响很重要，所以父母可能想要参与针对年轻人的干预项目，干预的目标是整个学校或居住地区。如果有毒氛围的蒸气渗入儿童的生命，那么氛围本身——而不仅仅是这个儿童——需要改变。即便如此，同伴依然只是文化影响的媒介之一。

本节回顾

➤ 自问

你的同伴和父母以什么方式、在多大程度上塑造了你？

➤ 自测 3

想要预测一个青少年是否吸烟，问问他有多少朋友吸烟。这种相关的一种解释是同伴影响。另一种解释是什么？

自测问题的答案见书后的附录。

文化影响

8. 文化规范如何影响我们的行为?

与苍蝇、鱼、狐狸的狭窄发展道路相比,大自然为人类修筑了一条更长更宽的道路,而环境则驱使着人们在这条路上前行。人类这个物种的标志——大自然赋予人的最伟大的礼物——是学习和适应的能力。人天生具有巨大的大脑硬盘驱动器,随时可以接受很多 G 容量的文化软件。

文化(culture)是一个大群体中的所有人共享的行为、观点、态度和传统,它能一代又一代地传递下去(Brislin,1988)。如果所有人都是居住在世界上不同地区的同族群体,就如有些民族仍然这样生活那样,那么文化多样性的意义就不大了。在日本,1.26 亿的人中约有 99% 的人是日本本土人。因此与洛杉矶、多伦多或温哥华相比,日本的内部文化差异很小。在洛杉矶公立学校中,目前已经开设了 82 种不同的语言课程;在多伦多或温哥华,少数民族占总人口的三分之一,且很多人是移民(其中 17% 是本土加拿大人,24% 是澳大利亚人)(Iyer,1993;Canada,2002;Trewin,2001)。我曾留意到,本书的读者在文化上有很大差异,跨度从澳大利亚到非洲,从新加坡到瑞典。

文化间的差异

我们可以从不同信仰、不同价值观的文化差异里,从抚养孩子及安葬方式上,以及从穿着(无论我们穿什么)方式上看到人类的适应性。顺着某个自成一体的文化前行如同顺风骑自行车:风带着我们前行,但我们却几乎注意不到它的存在。如果逆风骑车,我们就会注意到风的存在。到欧洲旅游的大多数北美人对异国他乡更小的汽车、人们左手用叉的行为、沙滩上人们衣着毫无约束等现象会感到惊讶。在沙特阿拉伯的欧洲和美国驻军士兵同样会意识到自己祖国的文化多么自由。到达北美后,来自日本和印度的人努力想弄明白,为什么那里的人们在家里还穿着在外面才穿的脏鞋?

每一文化群体都发展了自己的一套行为**规范**(norm)——可接受的和期望的行为惯例。例如,日本人在家中有脱掉外出时穿的鞋的习惯,英国人有按先后顺序排队的习惯。有时社会期望会令人压抑,"为什么我的穿着这么重要?"不过,社会规范为社会机器提供了润滑剂。事先对行为规范的了解使得人们不受先入为主的观念的约束。如果知道什么时候该鼓掌,什么时候该躬身致意,在宴会上先用哪个叉子,什么样的手势和赞美恰当,那么我们就能使自己放松并愉快地和别人交往,而不用担心遭遇尴尬和受到侮辱。同样,如果对某种文化中问候的行为规范有很好的了解——握手还是吻脸颊——那么它可以预防那些犹豫不决的难堪时刻。

当文化发生冲撞时,不同文化的不同准则常令人迷惑。例如,如果有人侵入了**个人空间**(personal space)——人们喜欢在自己身体周围保留的一个活动缓冲区域——人们就会感到不舒服。与拉丁美洲人、阿拉伯人和法国人相比,斯堪的纳维亚人、北美人和英国人喜欢拥有更大的个人空间(Sommer,1969)。在社交聚会上,如果一个墨西哥人希望保持一种舒适的谈话距离,那么结果会是与之交谈的美国人后退撤出。(你自己可以在聚会上扮演"个人空间入侵者"来体验这种

Annie Griffiths Belt/Corbis

文化差异 一种文化中被视为恰当的行为可能违反另一群体的规范。在阿拉伯社会中，男人通常以亲吻彼此问候，而在西方文化中则不是这样。

差异。）对美国人来说，这个墨西哥人入侵了自己的个人空间；而对墨西哥人来说，这个美国人显得太冷漠、不近人情。

文化差异也表现在表达方式上。根源于北欧文化的人通常认为，来自于地中海文化的人热情、有魅力，但做事没有效率。反过来，来自地中海地区的人认为北欧人办事效率高但为人冷漠，一心只想着守时（Triandis，1981）。

文化差异也表现在生活节奏上。如果一位英国商人邀请一个拉丁美洲客户赴宴，而该客户在约定进餐时间内晚来了 30 分钟，那么这位英国商人会感到难受。在日本，银行挂钟走得十分准确，行人步伐匆匆，邮政人员快捷地忙碌着。如果这些时间观念很强的日本人去印度尼西亚游览，他们就会发现自己失去了耐心。因为在印度尼西亚，时钟时间并不准确，人们生活闲散（Levine & Norenzayan，1999）。为适应所在地的国家，美国维和部队志愿者报道了所遭遇的两种最强烈的文化休克，除了语言不同之外，生活节奏和人们的守时观念差异很大（Spradley & Phillips，1972）。

文化的历时变化

我们再来看看文化随时间变化的速度有多快。英国诗人乔叟（1342–1400）与现代英国人相隔不过 20 代人，但若他们一起交谈会十分困难。自 1960 年以来的更短的历史时期内，大多数西方文化以惊人的速度在发生变化。中产阶级可以乘飞机去他们原来只是在书上读到的地方，可以通过电子邮件快速发送曾经如蜗牛一般慢的信件，可以在曾经热得汗流浃背的地方打开空调而舒适地工作。他们享受着在线节日购物的便利，可以在任何地方用手机打电话，并且——由于真正的双职工双倍收入而变得富裕——他们外出就餐的次数是 1960 年代的父辈外出就餐次数的 2.5 倍。由于有着更大的经济独立性，现代女性更可能因爱而结婚，而不大可能出于经济需要而忍受虐待。各种少数民族开始享有更多人权。

但是，有一些变化显得并没有那么积极。如果 1960 年你在美国睡着了并在千禧年末醒来，那么你睁开眼所看到的文化中，离婚率是原来的两倍，青少年自杀率是原来的 3 倍，公开报道的少年犯罪行为是原来的 4 倍，监狱中关押的人数是原来的 5 倍，还有更高的抑郁发生率（Myers，2000）。美国人用在工作上的时间更多，睡眠时间更少，与朋友和家人相处的时间更少（Frank，1999；Putnam，2000）。

无论是喜欢还是憎恨这些变化，我们都不能不因其惊人的变化速度而吃惊。这又不能从人类基因库中寻找原因加以解释，因为人类基因库进化太慢，不能解释快速变化的文化变迁。文化变化多样，文化在变迁，文化塑造了我们的生活。

文化与自我

9. 个人主义文化和集体主义文化如何影响人们?

个人同一性和群体同一性的教养与表达在文化上存在差异。如果有人将你的一切社会关系都剥夺掉，将你独自一人放逐到一个陌生的地方，多少有关你自己的东西还能完好无损地保留下来？这个问题的答案很大程度上取决于你是看重标志着**个人主义**（individualism）的独立自我，还是看重标志**集体主义**（collectivism）的相互依赖的自我。

如果我们这位独行侠是个人主义者，那么此人有关自己的很多东西还将完好无损，即他或她存在的核心“自我感”（对个人自我确信和价值的意识）。个人主义者（通常是北美人、西欧人、澳大利亚人和新西兰人）相对更看重自己的个人目标，更以自己的特质确定自己（Schimmack et al., 2005）。他们努力获取个人控制和个人成就。美国文化由于崇尚“自我”，忽略“我们”，因此有 85% 的人说很容易“成为自己想成为的人”（Sampson，2000）。

个人主义者也有人类的归属需要。他们也会加入群体。但是他们不太看重群体和谐以及在群体中承担职责（Brewer & Chen, 2007）。由于个人主义者较为独来独往，因而能更自由地加入或退出社会团体。他们能自由地变换做礼拜的教堂，能跳槽另谋高就，甚至能离开大家庭，迁至一个新的地方生活。通常只要两个人真心相爱就可结婚。

“一个人必须培养‘舍小我，为大家’的精神。”
——中国格言

一个集体主义者，如果被放逐到一个陌生的地方，可能就会产生严重的同一性缺失。与家人、集体、忠实的朋友相脱离，这个人就会失去与他人的联系，无法确定自己是谁。在集体主义文化中，社会联系网的存在才使得人得以存在。最为重要的不是“我”，而是“我们”。集体主义者最看重集体目标——这些集体通常是家人、家族或企业——然后相应确定自己。通过和集体的认同，集体主义者获得一份归属感，习得一套价值观，赢得一群关心他人的人，得到一种安全感。在韩国，人们不太看重独特的自我表达，更看重传统和习俗（Choi & Choi，2002）。

由于以彼此关系的稳定为重，集体主义文化背景下的人们强调和睦相处，不让他人丢面子。他们很少正面对抗和率直表达，也很少表现得很自我。人们说话不仅是要表达自己的感受（他们内在的态度），而且还要能反映在他们看来其他人可能有的感受（Kashima et al.，1992）。为了维护集体精神，人们对令人不快的话题退避三舍，顺从他人的意愿，表现得很有礼貌，很谦恭，很卑微（Markus & Kitayama，1991）。集体主义者在刚融入一个新集体时会表现得害羞，更容易陷入尴尬（Singelis et al.，1995，1999）。例如，与西方人相比，日本人和中国人在面对陌生人时更害羞，更关注社会和谐和忠诚（Bond, 1988; Cheek & Melchior, 1990; Triandis, 1994）。年老长辈是很受尊敬的，家庭责任比个人职业偏好更重要。当文化更注重“我们”而不是“我”时，个人口味的拿铁咖啡——“不含咖啡因，单份，要淡，要烫”——对一个在咖啡店喝咖啡的北美人看来是很自然的，但在首尔人看来就近乎成了自私的要求（Kim & Markus, 1999）。

相互依赖　在 2008 年的大地震摧毁了他们的校园之后，这个年轻人正帮助一个被困在碎石中的同学。通过强烈地认同家庭和其他群体，中国人倾向于拥有“我们”的集体主义感，伴随而来的是相互关心的支持网络，这可以帮助他们走出灾难的阴影。

AP Photo/Xinhua Chenxie

人们对有恩于他们的人铭记在心，互帮互助是交往之道。集体主义者的自我不是独立的，而是相互依赖的。在集体主义者中——尤其是那些深受儒家文化将自我置于“一张相互联系的关系网中”这一思想影响的人——没有谁是一座孤岛（Kim & Lee，1994）。快乐就是与他人和谐相处（Kitayama & Markus，2000）。

当然，文化内部也具有多样性。即使在最个人主义的国家，一些人也表现出集体主义的价值观。而且文化内部也存在宗教差异，比如日本“北部边境”的北海道岛就崇尚个人主义精神。但一般来说，处于充满竞争、个人主义文化背景下的人拥有更多的个人自由，享有更多获得成就的自豪，与家人的关系较少受到地缘上的制约，且享有更多的隐私（表 4.1）。

表 4.1 个人主义价值观和集体主义价值观之比较

概 念	个人主义	集体主义
自 我	独立（同一性来自于个体特质）	相互联系（同一性来自于归属）
人生使命	发现并表现个体的独特性	维持彼此之间的联系，相互融合
最为看重的	自我——个人成就和个人实现；权利和自由；自尊	我们——集体的目标和集体的团结稳定；社会责任和关系
应对方法	改变现实	适应现实
道 德	由个体来确定（基于自我）	由社会关系网确定（基于责任）
关 系	有很多，通常是暂时性的、非永久性的；对抗是可接受的	很少，但很密切，也很持久；重视和睦相处
归因行为	行为反映个体的人格和态度	行为反映社会规范和社会角色

资料来源：Adapted from Thomas Schoeneman（1994）and Harry Triandis（1994）.

他们这种不太团结的文化可以满足各种生活方式，鼓励个人建构自己特有的身份，而且鼓励创新和变革，尊重个人人权。这样也就解释了为何埃德·迪纳等人（Diener, Diener, & Diener, 1995）发现个人主义文化背景下的人比集体主义文化背景下的人报告说体验到更大的快乐。当个人主义者追求自己的目标，而且一切顺利的话，生活将是相当有意义的。

个人主义所带来的益处其实也是要付出代价的：孤独的人增多，离婚率上升，杀人犯增多，患有与压力相关疾病的人增多（Popenoe, 1993；Triandis et al., 1988）。个人主义者在婚姻中更要求浪漫和个人实现，这使得婚姻关系也面临更多的压力（Dion & Dion, 1993）。在一项调查中，有 78% 的美国妇女将"保持浪漫"评定为对婚姻的美满很重要，而只有 29% 的日本妇女这样认为（《美国企业》，1992）。在中国，情歌总是表达了一生的承诺和情意（Rothbaum & Tsang, 1998）。正如一首歌所唱的那样："从此我们永不分离……永不变心"。

文化与儿童养育

儿童养育的实践会受不同时空中文化价值观变化的影响。你是希望你的孩子有很强的独立性，还是希望你的孩子唯命是从呢？如果你生活在西方文化中，那么你可能会选择前者。在西方社会中，大多数的父母都希望自己的孩子能独立思考。"你应对你自己负责"，西方的家庭和学校都是这样教育儿童的。"问心无愧，善待自己，发掘潜能，按个人需求思考。"但是这些文化价值观也表现出了时代变化。半个世纪之前，西方的父母们更强调顺从、尊敬他人，以及对人的敏感性（Alwin, 1990；Remley, 1988）。他们教育孩子，"善待你的传统，忠诚于你的家族和祖国，尊敬父母和长辈。"

不像大多数西方人那样一心想教育孩子学会独立，许多亚洲和非洲人生活于社区文化中，这些文化强调的是培养情感联系。襁褓中的婴儿和蹒跚学步的幼儿一般跟母亲睡觉，并且每天与家庭成员保持很亲密的联系，而不是晚上单独睡自己的婴儿房，白天送日托中心（Morelli et al.，1992；Whiting & Edwards，1988）。在社区文化中长大的孩子具有更强的“家族自我感”——这是这样一种情感，即认为自己的羞辱必定会令家庭蒙羞，而能给家庭带来荣誉的也必定给自己带来荣誉。

Copyright Steve Reehl

文化差异 在苏格兰奥克尼岛的斯特洛姆斯镇上，社会信任让父母放心地把婴儿车停放在商店的外面。

不同时空的孩子都能在不同的儿童养育体系下茁壮成长。英国上层阶级父母，按传统会把孩子的日常照料交给保姆，然后在孩子 10 岁左右时送去寄宿学校。一般来说，像他们的父母和寄宿学校的同学一样，这些孩子长大后会成为英国社会的主要支柱。而在非洲古斯族人社会，婴儿的喂养很随便，白天大多数时候婴儿是在母亲背上度过的——有大量的身体接触，而几乎没有面对面接触和语言交流。如果母亲再次怀孕，刚学会走路的孩子就会断奶并由另一个人照管，通常是一个年长的哥哥或姐姐。西方人或许想探究这种缺乏言语交流的方式所带来的不良影响，但反过来，非洲古斯族人也想知道西方的母亲们怎么就把婴儿放在婴儿车里推着走，并把婴儿单独留在游戏围栏里或汽车座位上（Small，1997）。儿童养育方式的多样性给我们提出警示，不要妄言只有我们文化中的养育方式才是惟一成功的养育方式。

不同群体间发展的相似性

因为很在意与其他人有什么不同，所以我们常常注意不到由人类共享的生物性决定的相似性。通过引导我们正确理解文化多样性和人类的密切关系，跨文化研究有助于使人们注意相互之间的相似性。与群体中人与人之间的差异相比，群体间的差异更小。无论有什么样的文化，人类都具有同样的生命周期。人都会以相似的方式对婴儿说话，并对婴儿的“叽咕”声和哭声有相似的反应（Bornstein et al.，1992a，b）。在全世界，拥有热情而又能给予支持的父母的孩子会对自己感觉更好，与那些父母总是施加惩罚且弃而不管的孩子相比，他们对别人不大有敌意（Rohner，1986；Scott et al.，1991）。

在某种文化内，种族亚群体在行为上可能存在差异，不过仍然受到相同根本过程的影响。因此，有时归之于不同种族的差异可能实际上是由其他因素引起。罗和他的同事们（Rowe et al.，1994，1995）通过类比对此进行了阐释：黑人男性的血压普遍比白人男性高，假设：（1）两个群体中食盐消耗量都与血压有关，且（2）在黑人男性中，食盐消耗量明显高于白人男性。那么会得到什么样的结论呢？血压上的“种族差异”，实际上可能是或至少部分是由于饮食差异引起的。

父母参与促进发展 任何文化中的父母都可以促使其孩子探索世界，但是在他们认为重要的方面存在文化差异。亚洲文化比北美文化更加强调学校和努力学习。这可以有助于解释为什么日本和中国儿童在数学成就测验中分数更高。

José Luis Pelaez, Inc./Corbis

罗和他的同事们还提到，这与心理学上的发现相符合：行为差异和血压差异一样，可能是由同一过程的不同输入引起。对不同人种的行为差异进行了六次大规模调查后，他们对所获得的数据加以分析而得出这个结论。尽管美国的拉美裔、亚裔、黑人和白人在学习成绩和青少年犯罪方面程度不同，但这些差异度“不比皮肤厚”。不同种族群体中影响青少年行为的因素“在统计上不显著”。诸如家庭结构、同伴影响和父母的教育等变量预示了一个种族群体中的行为，那么这些变量同样也会预示其他种族群体的行为。

迄今为止，人们获得的数据大多数来自美国。但是“可以很好地预测”，研究人员说，“‘智人’的许多亚群体的发展过程是相似的。”

> “当有人明白为什么邦德大街上的男人戴黑色帽子时，他同时也就明白非洲的廷巴克图人帽子上插红羽毛的原因了。”
>
> ——切斯特顿，《异端》，1908

表面上人们之间差异很大，但作为一个物种的成员，人们受到相同心理力量的支配。作为不同种族和文化群体的成员，人们的语言各不相同，但这些语言反映出普遍的语法规则（第 9 章）。人们的口味不同，但都反映出共同的饥饿规则（第 11 章）。人们的社会行为不同，却都反映出人类影响的普遍规则（第 16 章）。

本节回顾

➤ 自问

哪个概念最能描述你——集体主义还是个人主义？你能完全归入某个类别吗，还是有些时候是个人主义者，有些时候是集体主义者？

➤ 自测 4

个人主义文化和集体主义文化有何差异？

自测问题的答案见书后的附录。

性别的发展

我们将在第 9 章看到，我们人类有一种强烈的、不可抗拒的欲望，要把世界组织成简单的类别。在我们将人进行分类（比如高矮胖瘦，聪明愚笨）的各种方式中，有一个方式是显而易见的，即在你出生的时候，每个人都想知道，“是男孩还是女孩？”我们的生物学性征在很大程度上决定了我们的性别，性别是人们用以定义男性或女性的生物学特征和社会特征。在思考天性和教养如何共同创造社会的多样性时，性别是一个主要的案例。在前面我们已经考察了一项重要的性别差异——性取向和性行为。我们先通过对其他性别变异的考察来重新概述本章的主题：天性和教养共同决定了人的行为。

性别的天性

10. 天性和教养如何共同形成我们的性别？

我们该怎样解释我们的性别差异呢？是生物性上的命中注定，还是由我们的文化所塑造？生物 – 心理 – 社会观主张：二者皆有。这要归结于我们的生物特性、我们的发展经验以及我们所处的环境的交互作用（Wood & Eagly，2002，2007）。

Courtesy of Nick Downes.

在男性和女性所面临的许多方面——用排汗调节体温，逐渐形成对身体有益的口味，在皮肤受到摩擦的地方生出老茧，等等，两种性别几乎没有什么不同。甚至在描绘理想的配偶时，男性和女性都会首先列出“善良”、“诚实”和“聪明”等特质。但进化心理学家认为，无论是大象还是海象、乡村农民还是公司总裁，在某些与交配相关的方面，动物就是动物。从遗传学上讲，性别间的这些差异源于不同的性染色体；从生理学上讲，这些差异源于性激素的不同浓度。

雄性和雌性是同一种生物形式的变异类型。怀孕第 7 周时，在解剖学上一个人在性别上是难以区别的。此后基因激活了生物上性的产生。性别由第 23 对染色体（即性染色体）决定。这对染色体中，其中一条来自母方，称为 **X 染色体**（X chromosome）。在你的 46 条染色体中，来自父方的一条染色体并不是单性的。这条染色体要么是 X 染色体，使你成为女性；要么是 **Y 染色体**（Y chromosome），使你成为男性。Y 染色体中含有一个基因，主要控制睾丸发育并产生雄性激素，即**睾丸激素**（testosterone）。大约在第 7 周时，睾丸激素开始激发男性外部性器官的发育。性别差异形成的另一个重要阶段是出生前的第四五个月。此时，男女不同的大脑神经分布在睾丸激素和卵巢激素的作用下分别开始发育（Fitch & Dennenberg，1998；Udry，2000）。

“基因，就其本身而言，就像是洒落在人行道上的种子，无法生长成任何东西。”

——灵长类动物学家弗朗兹·德·瓦尔，1999

如果腺体功能失常或由于注射激素而使雌性胚胎受到过量睾丸素的影响，可能会发生什么情况？这些在遗传基因上为女性的婴儿，出生时会附有男性的外生殖器，这可以通过外科手术进行矫正。直到青春期，这些女孩会比其他大多数女孩在行为上也更具有男孩的那种攻击性；与其他女孩相比，她们在穿着与玩耍方式上也更具有典型的男性特征（Berenbaum & Hines，1992；Ehrhardt，1987）。如果提供玩具让她们选择，她们（像男孩一样）更可能玩玩具车和玩具枪，而不是布娃娃和彩色笔。这些女孩长大后，一部分成为女同性恋者，但绝大多数——与绝大多数具有传统女性兴趣爱好的女孩一样——成为异性恋者。

那么，这些女孩的行为是源于出生前激素的影响吗？如果是这样，那么能否就此得出结论，认为生物上的性别差异会产生行为上的性别差异呢？对小白鼠、猴子等许多物种进行的实验证实，给予了雄性激素的雌性胚胎长成后会具有雄性外表，且更具攻击性（Hines & Green，1991）。在人当中，这样的女孩看上去更具有男子气，“与众不同”，或许人们也因此更可能像对待男孩一样来对待她们。所以，早期的性激素不但会直接影响人的生理外表，同时也通过影响塑造个体的社会经历，间接影响人的成长。就像雕塑家用两只手塑造一团黏土那样，天性和教养共同起作用。

“性让我们走到一起，但性别又使得我们分开。”

性别的教养

尽管受生物因素的作用，性别也是一种社会建构。生物引发性别，文化则强化性别。

性别角色

就如戏剧中那样，心理学上的**角色**（role）是指一组规定的行为——即对处于特定社会地位的人的行为期待。一套行为准则规定了人们文化的**性别角色**（gender role）——对男性和女性行为方式的期望。从传统上看，男性首先主动约会、驾车、付账单；女性装饰房屋，为孩子买衣服，照料孩子，挑选结婚礼物。再看看工作角色：在澳大利亚，女性在没有报酬的家务事中投入的时间比男性多 54%，在照料孩子上投入的时间比男性多 71%（Trewin，2001）；在美国，已婚母亲承担了 90% 的洗衣任务，13% 的汽车保养任务（Acock & Demo，1994）。而且，不用我说便知，夫妻双方中的谁会花 90% 的时间待在家里照顾生病的孩子，安排保姆的工作，或打电话叫医生（Maccoby，1995）。

海啸的性别化 在斯里兰卡、印度尼西亚和印度，工作的性别划分可以解释为什么 2004 年的海啸中大量的女性死亡。在一些村子里，80% 的死者是女性，她们大都待在家，而男性大都去海上捕鱼或在户外劳作（Oxfam，2005）。

Oliver Eltinger/ zefa/ Corbis

性别角色能理顺许多社会关系，避免发生到底谁该做什么的尴尬决定。但是这样做都要付出代价：如果偏离了这些传统，那么我们可能会感到焦虑。

生物进化似乎决定了任何地方的男性都具有攻击性并很坚强，目的是为了繁殖后代；同时，生物进化也决定了女性都具有人际交往的技巧，目的也是繁育后代（Archer，1996）。但我们知道，有些性别角色并非由进化严格限定，因为这些角色随文化的不同而变化。在由以游牧方式获取食物的人组成的社会中，劳动力分工的性别因素最小，男孩与女孩接受几乎一样的养育。然而，在农耕社会中，女性在家周围的田地里做农活，与孩子在一起；男性行动通常更为自由，放牧牛羊。这样的社会一般有利于小孩社会化，从而具有明显的性别角色（Segall et al.，1990；Van Leeuwen，1978）。例如，在象牙海岸的农耕社会中，男性承担篱笆和房子的修补工作，而女性几乎承担了所有的室内家务以及农作物的收割——因此她们每天比男性多工作 2~3 小时（Levine et al.，2001）。

无论在什么地方，性别角色往往都限制女性的权利和权力。普拉托（Pratto，1996）指出，"没有女性统治男性的人类社会。"2002 年，全世界所有国家立法人员中女性只占 14.3%，世界各国的总统和总理中女性占 5%。自 1901 年诺贝尔奖设立以来，女性获诺贝尔经济学奖的比例为零（CIA，2002；IPU，2002）。

在工业化国家，性别角色和态度存在广泛的差异（UNICEF, 2006）。澳大利亚和北欧国家是性别最平等的，而中东和北非国家是性别最不平等的（Social Watch, 2006）。考虑一下：你同意配偶双方都工作和抚养孩子的生活是更令人满足的吗？"如果你同意的话，你与 44 个国家中的 41 个国家的大多数人是一致的，这一数据来自皮尤全球态度调查（2003）。即便如此，文化之间的差异也是巨大的，在埃及，三个人中有两个人不同意，到了越南，同意与不同意的比例是 11 比 1。

➤ 图 4.6
女性和职业
法律、医学和心理学正在吸引越来越多的女性（来自 A. Cynkar 报告的数据，2007）

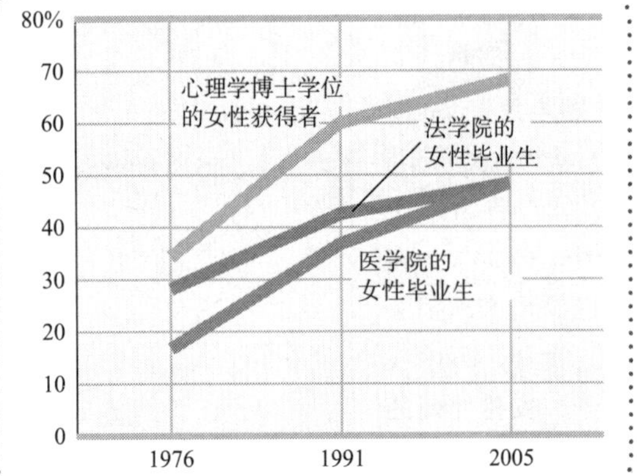

对于性别角色的态度也随时间发生变化。20 世纪初只有一个国家（新西兰）赋予妇女选举权；而在 20 世纪末只有一个民主政府（科威特）还未赋予妇女选举权（Briscoe，1997）。在美国，宁愿毕业后系上围裙成为全职家庭主妇的在校女大学生人数于 20 世纪 60 年末和 70 年代初急剧下降。自 1976 年以来的 30 年间，获得医学、法学和心理学学位的女性比例大概翻倍（图 4.6）。

性别观念不仅随文化和时间而不同，不同代际之间也有差异。从亚洲移居到加拿大和美国的移民家庭中的孩子通常有着与其父母性别观念不同的同伴，尤其是女孩，她们在两种激烈对抗的行为准则中颇受煎熬（Dion & Dion，2001）。

“他是怎样形成性别的？”

性别与儿童养育

社会赋予每一个人——甚至包括那些出生时性别不明显的极少数人——性别，即男性或女性的社会范畴。其不可避免的结果就是强烈的**性别同一性**（gender identity），即我们是男性或是女性的感觉。人们也在不同程度上成为不同的**性别类型**（gender typed）。即，一些男孩比其他男孩表现出更多的传统意义上的男性特质和兴趣，而一些女孩比其他女孩表现出更明显的女性特质。

社会学习理论（social learning theory）认为，通过观察和模仿，以及奖励和惩罚，儿童学会了与性别相联系的行为。“妮科尔，你真是玩具娃娃的好妈妈”；“男子汉不哭，亚历克斯。”但是，榜样与奖励并不是由父母单独完成的，因为父母对男孩和女孩不同养育方式所产生的差异不足以解释性别类型的形成（Lytton & Romney，1991）。事实上，即使父母不鼓励传统的性别类型的形成，孩子们也会组织自己的“男孩世界”和“女孩世界”，并均有一些规则指导男孩子该做什么，女孩子又该做什么。

认知（思维）也很重要。在你自己的童年里，当你努力想去搞懂这个世界时，你会像其他孩子一样，通过形成各种图式或概念，帮助你理解这个世界，你自己的性别就是其中的一个图式。性别图式是一面透镜，透过它可以看到自己的经历。1 岁前儿童开始区分男性和女性的声音和面孔（Martin et al.，2002）。2 岁后，语言促使孩子以性别为基础来组织自己的世界。例如，英语使用代词 he（他）和 she（她）；其他语言把物体分为阳性（*le* train 火车）或阴性（*la* table 桌子）。通过语言、服饰、玩具和歌曲，社会学习形成了性别图式。儿童把自己与自己的性别概念加以比较（“我是男性——应该阳刚，健壮，并且有攻击性”；或“我是女性——应该温柔，恬美，并且乐于助人”），并相应地调整自己的行为。

本节回顾

➤ 自问

你认为你的性别类型是否显著？你认为是什么因素促使你感受到阳刚之气与温柔之美呢？

➤ 自测 5

什么是性别角色？关于学习能力和适应能力，性别角色的变化向我们说明了什么？

自测问题的答案见书后的附录。

关于天性与教养的思考

物理学家尼尔斯·玻尔针对现代科学中一些悖论时说道，“既有平凡的真理，也有

文化考量 正如圣地亚哥人类博物馆的这个展品所阐释的，儿童学习他们的文化。一个孩子的脚可以踏入任何一种文化。

San Diego Museum of Man, photograph by Rose Tyson

伟大的真理”，“平凡真理的对立面就是谬误，而伟大真理的对立面还是真理。”人类祖先的历史促成了人作为一个物种而形成，这看来是正确的。只要有变异、自然选择和遗传，就会有某种程度的生物进化。母方的卵细胞吞没了父方的精细胞而建立的独特的基因组合有助于个体的形成。基因决定了人们共有的人性以及个体差异。这对于人的天性而言是一个伟大的真理，基因形成了我们。

但经验对人的形成也有帮助，这也是正确的。在子宫内，在家庭里，在同伴社会关系中，人们学会了思考和行动。甚至由天性引发的一些差异也可能通过教养而增强。如果基因以及由基因导致的大脑结构和激素混合共同决定了男性在身体上比女性更具有攻击性，那么文化会通过一些社会行为准则，比如鼓励男性具有男子汉气概，鼓励女性更和善、更温柔，从而增强了这些性别差异。如果男性倾向于扮演需要强壮体力的角色，女性倾向于扮演更多教养子女的角色，那么他们都会表现出适应这种角色所期待的行为，并最终发现自己已经依照这些形成了各自的角色。角色再造了角色扮演者。总统最终会变得更像总统，而仆人变得更加顺从。在周围环境和周围文化中的生活经历以类似的方式塑造人们。这也是有关人的教养的伟大真理，经验塑造了我们。

* * * * *

如果天性与教养共同塑造了我们，那么我们“只不过是”天性与教养的产物吗？

我们是天性与教养的产物（图 4.7），但我们同时也是一个开放的系统。例如，基因的影响无处不在，但基因并非万能。受到 DNA 指令的限制，各种器官会在特定的部位和特定的时间发育。有时，人们选择独身生活来拒绝生儿育女。同样，文化的影响无处不在，但也不是万能的。有时，人们会不顾来自同伴的压力，过分强调自由，所作所为与社会期待背道而驰。如果为失败找借口而指责先天遗传和后天教养，那么这恰恰就是哲学家兼作家让 - 保罗·萨特所说的“自欺”（bad faith，也译作“错误信念”）——把命运责任归罪于遗传基因不好或不良影响。

在现实中，人类既是世界的傀儡，又是世界的缔造者。人类是基因和环境的产物，这是一个伟大的真理。然而，另外一个真理是，塑造未来的因果关系源于当前的选择。今天的决策设计了明天的环境。人的思想很重要。人类的生存环境并不像天气那样——只是发生的事情而已。人是环境的建筑师。人类的希望、目标和期望影响着人类的未来。这使得文化能够呈现多样性并快速变化。

* * * * *

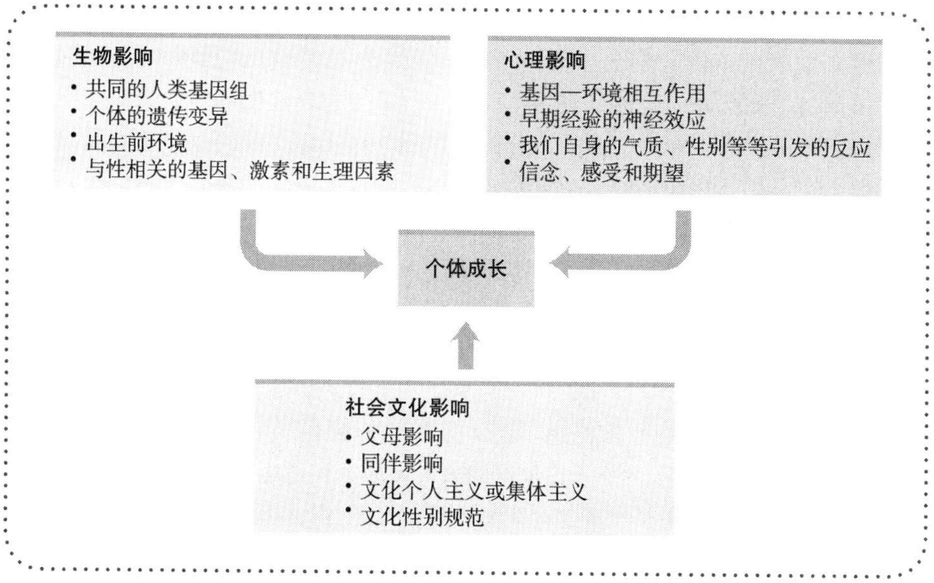

➤ **图 4.7**
发展的生物心理社会方法

从我收到的电子邮件和公众民意调查中了解到，有些读者对当代科学中的自然论和进化论感到困惑。他们担心行为科学（尤其是生物进化科学）会损害人的美感、神秘感和精神意义。对这些人，我提供一些思考以让其打消疑虑。

当牛顿根据光的不同波长对彩虹进行了解释后，诗人叶芝担心牛顿破坏了彩虹原有的神秘美感。然而，理查德·道金斯（Dawkins，1998）在《分解彩虹》一书中写道，牛顿的分析促成了马克斯韦尔电磁理论的产生，以及之后更神秘的理论——爱因斯坦的狭义相对论的产生。而且，没有任何东西会削弱我们欣赏绚丽多彩、映现在晴朗天空中的彩虹。

当伽利略收集了证据证明地球是围绕太阳旋转的时候，他并没有提供无懈可击的证据来证明这个理论。他只是提供了对各种现象的观察的严密连贯的解释，如月球的环形山投下的阴影的不断变化。他的解释最终被接受了，因为他描绘和解释事物的方式自有道理。达尔文的伟大思想同样也是对自然史的严密连贯的看法，也是把各种观察统一在一起的组织原则。

虽然有些宗教人士可能觉得人类起源的科学观是令人困惑的，但仍有一些宗教人士会认为它与人的精神性是相宜的。公元 5 世纪，圣·奥古斯丁（引自 Wilford，1999）写道 ：“宇宙形成初期是一个不太完整的状态，但是它被赋予了把未成形的物质转变成神奇的序列结构和生命形式的能力。”大约 1600 年以后，教皇约翰·保罗二世于 1996 年愉快地接受了科学与宗教的对话，他发现进化论值得注意，“在各个知识领域的一系列发现之后，进化论不断被研究人员所接受。”他总结道 ：“进化论远不止是一种理论。”

同时，在对人和宇宙有了更多的了解后，许多从事科学工作的人对这些发现感到敬畏。无法想象的是，140 亿年前，宇宙在某一点突然爆炸，并急剧膨胀到宇宙空间这般规模。如果这次大爆炸的能量再稍稍小一点的话，那么宇宙很可能会自动萎缩回去。如果能量再稍稍大一点的话，那么结果可能会使整个宇宙变成一锅汤，难以维系生命。如果地球引力再稍稍强一点或弱一点的话，或者如果碳质子稍微有一点不同，那么我们的宇宙就不会再运转。

到底是什么力量形成了这个如此完美、和谐精细的宇宙呢？为什么宇宙存在

“让我们希望那不是真的；但如果它是真的，那么让我们希望它不会广为人知。”

——阿什莉夫人
对达尔文思想的评论

“了解世界到底如何运作并不会令人不安——白色光由颜色组成，色彩度量光波波长，透明的空气反射光线……多了解一点日落的现象并不会有损日落的浪漫情调。”

——卡尔·萨根，
《其他世界的天空》，1988

“生命史的起因［不能］解答生命意义之谜。”
——史蒂芬·杰伊·古尔德，《世纪之岩石：充满生命的科学与宗教》，1999

着万物而不是空无一物呢？是什么使得它“恰到好处”呢？——就像熊娃娃吃的粥一样。如果用哈佛大学天体物理学家金格里奇（Gingerich，1999）的话来说，宇宙是如何“如此惊人地恰到好处，以至于似乎宇宙已经明确地被设计来生产有智慧、感觉敏锐的生命？”在宇宙背后有仁慈的超智慧生物吗？还是实际上已经有无数个宇宙早已存在，而人类只是碰巧幸运地成为其中一个宇宙的居民，这个宇宙近乎完美地调节生养了人类——或这种观点是否违背了奥卡姆剃刀原则呢？即应该选择各种对抗解释中最简单的解释。对大多数这类问题，科学无话可说。哲学家维特根斯坦建议，面对这种令人难以想象的问题，一种谦虚的、充满敬畏的、科学的沉默是合适的。他说：“对于不能说的东西，必须保持沉默。”

我们并不是害怕科学或约束科学，相反，我们热情地接受它，它深化了我们的理解力，唤醒了我们的敬畏感。在《脆弱的物种》一书中，刘易斯·托马斯（Thomas，1992）描述了令他无比惊讶的事实，地球在适当时候产生了细菌，适当的时候产生了巴赫 B 小调弥撒曲。在短暂的 40 亿年里，生命从无到有，再到非常复杂的结构——有 60 亿单位的 DNA 链以及神秘莫测的人的大脑。宇宙学家戴维斯（Davies，1992，1999）说，似乎有外来力量巧妙地设计了大自然，产生了奇特的、可自我复制的信息加工系统——人类。尽管我们似乎是从尘土中诞生，但经历了千百万年之后，最终结果是产生了一种无价的生命，它丰富的巨大潜力令人难以想象。

本节回顾

➤ 自问

你的遗传和所处的环境如何影响现在的你？你能回忆起某个重要时刻，当你为自己决定的命运在某种程度上与你从遗传或环境中感受到的压力都不一致吗？

➤ 自测 6

生物心理社会方法如何解释我们的个人发展？

自测问题的答案见书后的附录。

本章复习：天性、教养与人类的多样性

行为遗传学：预测个体差异

1. **什么是基因，行为遗传学家怎样解释个体差异？**
   染色体是包含基因片段的 DNA 螺旋，基因“打开”（表达）时，编码形成身体构建材料的蛋白质。大多数人类特质受到许多基因的共同作用。行为遗传学家试图将基因和环境对于特质的影响进行定量。同卵双生子、异卵双生子和收养家庭的研究帮助行为遗传学家确定遗传天性和环境教养的影响，以及两者之间的相互作用（意味着各自的影响依赖于对方）。气质的稳定性表示一种遗传倾向。
2. **什么是遗传力，它与个体和群体有什么关系？**
   遗传力描述了一个群体中的成员之间的差异在多大程度上可以是基因造成的。某些特质如身高或智商的个体差异是可遗传的，这些个体差异不能解释群体差异。基因基本上能够解释为什么某些人比另一些人高，但不能解释为什么今天的人比一个世纪前的人高。
3. **分子遗传学研究的目标是什么？**
   分子遗传学研究分子结构和基因的功能。心理学家和分子遗传学家共同致力于可能使人患上遗传性障碍的特定基因的研究。

进化心理学：理解人类的天性

4. **进化心理学家如何使用自然选择来解释行为倾向？**
   进化心理学家试图理解自然选择如何塑造我们的特质和行为倾向。自然选择的法则是，能够增加繁殖和生存几率的变异最有可能传递给后代。一些变异来自于突变（基因复制的随机错误），其他的来自于受精时的基因重组。达尔文的进化论在很长一段时间内都是生物学的组织法则，他预料到了生物进化法则在当代心理学上的运用。
5. **进化心理学家如何解释择偶偏好的性别差异？**
   赞同随意性行为的男性比女性多，男性更多地想到性，更容易把友好误认为性诱惑。女性更多地认为爱慕是初次性行为的原因，并且从关系的角度看待性行为。通过运用自然选择法则，进化心理学家推测，男性喜欢健康、生育力强的女性增加了广泛传播其基因的几率。因为女性生育和抚养孩子，所以她们寻找拥有资源和可能为其后代长期投入的男性作为伴侣，从而增加她们自身及其孩子的生存几率。
6. **对于进化心理学的关键批评有哪些？**
   批评家认为，进化心理学家从结果开始，以追溯的方式提出解释，进化的视角很少强调社会影响，这种观点使得人们免除在性行为中承担责任。进化心理学家的回应是，理解我们的倾向可以帮助克服它们。他们还提出了基于进化法则的可检验预测的价值，以及这些法则的连贯性和解释力。

父母与同伴

7. **早期刺激、父母和同伴分别在多大程度上塑造了我们的生活？**
   儿童的脑在成熟过程中发生变化，与刺激活动有关的脑区中的神经联结增加，未使用的突触退化。父母影响他们孩子的一些方面，如习惯、政治和宗教信仰，但无法影响其他一些方面，如人格。当儿童适应其同伴群体时，语言和其他行为会受到同伴群体的影响。通过选择孩子的邻居和学校，父母可以对同伴群体文化施加一些影响。

文化影响

8. **文化规范如何影响我们的行为？**
   文化规范是可接受的和期望的行为、观念、态度和价值。行为规范随地区和时间而不同。尽管存在这些文化差异，我们人类仍然有着许多影响行为的普遍力量。
9. **个人主义文化和集体主义文化如何影响人们？**
   基于自我依赖的个人主义文化，如美国、加拿大、澳大利亚和西欧的大部分文化，注重个人独立和个人成就。个人主义文化中，同一性是从自尊、个人目标和品质、个人权利和自由等方面来定义的。基于社会联系的集体主义文化，如亚洲和非洲许多地区的文化，注重相互依赖、传统与和谐，它们是从群体目标、对于群体的承诺和归属等方面来定义同一性的。在任何一种文化内，个人主义或集体主义的程度在不同人之间各异。

性别的发展

10. **天性和教养如何共同形成我们的性别？**
    生物性别是由第 23 对染色体决定的，其中母方提供 X 染色体，父方提供 X 染色体（发育为女性）或 Y 染色体（发育为男性）。Y 染色体引发睾丸激素的释放和男性性器官的发育。性别指的是定义男性或女性的特征，同时受到生物和社会影响。与性相关的基因和激素可能是通过影响脑的发育来影响行为的性别差异。我们还习得了性别角色，性别角色可能随文化、地区和时间发生变化。社会学习理论提出，我们通过学习其他的事情如强化、惩罚和观察来习得性别同一性。

术语与概念

行为遗传学
环　境
染色体
DNA（脱氧核糖核酸）
基　因
基因组
同卵双生子
异卵双生子
气　质
遗传力
相互作用
分子遗传学
进化心理学
自然选择
突　变
性　别
文　化
规　范
个人空间
个人主义
集体主义
攻　击
X 染色体
Y 染色体
睾丸激素
角　色
性别角色
性别类型
社会学习理论

网站

自测的多项选择题和其他习题请访问：www.worthpublisher.com/myers

TOYS

第5章

人的发展

胎儿期的发展和新生儿
孕　育
胎儿发育
反应能力很强的新生儿
婴儿期和儿童期
生理发展
认知发展
社会性发展
青春期
生理发展
认知发展
社会性发展
成人初显期
成年期
生理发展
认知发展
社会性发展
对两大发展主题的反思
连续性和阶段性
稳定性和变化性

在从出生到死亡的人生旅途中——我们是何时，怎样，又是为什么这样发展的呢？我们无法忽视人们彼此之间的差异。事实上，我们所有人几乎都在一岁左右开始学会走路，到两岁左右开始学会说话。当我们还是孩子的时候，我们每个人都参与玩一些社会性游戏，实际上也就为将来的生活和工作作了准备。当我们长大成人后，我们都会微笑或哭泣、爱或憎恨，有时也会思考某一天自己将面临死亡的事实。研究人类毕生发展中个体生理、心理和社会性发展变化的**发展心理学家**（developmental psychologists），着力考察人们从婴儿到老年怎样持续发展的问题，多数研究主要集中在以下三个方面：

1. **天性与教养：**遗传（我们的天性）和经验（我们受到的教养）在多大程度上影响我们的发展？
2. **连续性与阶段性：**发展是像乘电梯一样是逐渐、连续的过程，还是像爬梯子般是一系列单独的阶段？
3. **稳定性与变化性：**在人生的发展过程中，我们会一直保持早期的人格特质，还是随着年龄增长会变成一个完全不同的人？

在第4章中，我们探讨了天性与教养的问题。在本章的结尾，我们也将阐释连续性和稳定性的问题。

胎儿期的发展和新生儿

1. 个体生命在出生前是如何发展的？

孕　育

一个物种的生殖繁衍是非常自然的事情，然而，它又是那么的不可思议。下面让我们看一下人类的繁衍过程。这个过程始于女性的卵巢释放出一个成熟的卵细胞——那是一个与这句话结尾处的句号差不多大小的细胞，以及两性交合时男性的两亿多个精子逆流而上游向卵细胞的时候。女性刚出生时就携带了她一生中所有的卵细胞，虽然其中只有1/5000得以成熟并被释放。而男性则相反，他们直到青春期才开始产生精细胞。在随后的人生历程中，每天24小时都可以连续不停地

“天性是个体与生俱来的素质，而教养是他出生后所接受的一切影响。”

——高尔顿，《英格兰科学人物》，1874

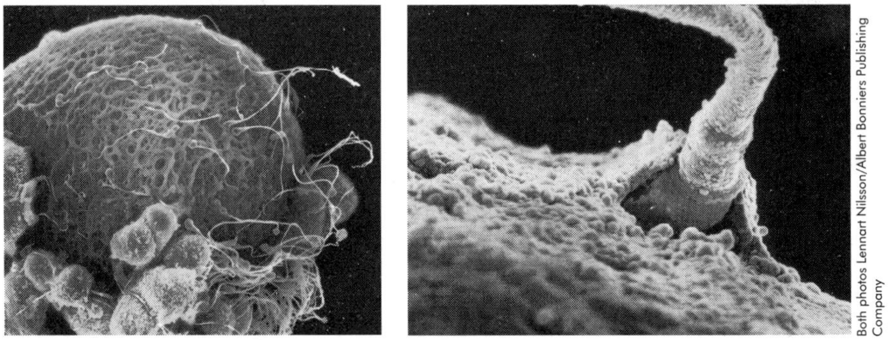

(a) (b)

➤ 图 5.1
生命是性传递
(a) 精子围绕在卵细胞周围。
(b) 当一个精子穿透卵细胞的外层保护膜，会发生一系列的化学事件，这些都将导致精子和卵细胞结合成一个单一细胞。如果一切进展顺利，该细胞将会不断进行减数分裂，九个月后将会发育成一个拥有 100 万亿细胞的人类个体。

产生精子，虽然产生的数量会随年龄的增长而减少。

就像空间漫游者朝着一个巨大的行星靠近一样，精子们靠近的是一个大小相当于它们自身 85 000 倍的细胞。只有很少的精子能够最后到达卵子，它们可以分泌分解酶以消溶卵子的保护性外壳，最终穿透它。但卵子也不是被动的。在一个精子穿透它的同时，卵子表面会将其他精子拒之门外。同时，成功的精子周围会滋生出手指般的触手，将其拉入卵子。在不到半天的时间内，卵细胞的核与精子的核就可以合二为一。这是你最幸运的时刻了。在两亿多个精子中，创造你的那个精子在与一个特定卵子结合的竞赛中获胜。

胎儿发育

受精卵又称为**合子**（zygotes），只有不到半数的受精卵的存活期可以超过两周（Grobstein，1979）。而你我就是比较幸运的个体。我们每个人，从一个细胞开始，变成两个细胞，而后四个——每个细胞都与之前的相同。然后，第一周内，在细胞分裂形成一个由大约 100 个细胞组成的合子时，这些细胞就开始分化（在结构和功能上专门化）。完全相同的细胞要做到这一点，就像细胞们在商量决定“我来做脑细胞，你来做肠细胞”一样，而这正是生物学家正在着手解决的科学难题之一。

怀孕后 10 天左右，继续分化的细胞依附在母体的子宫壁上，开始了大约 37 周人与人之间最亲密的接触。合子的外部依附在子宫壁上，形成胎盘，营养物质通过它来传输；内部细胞形成**胚胎**（embryo）（见图 5.2a）。在接下来的 6 周中，器官开始形成并发挥作用，心脏开始跳动，肝脏开始制造红血球。

怀孕 9 周后，胚胎看上去明显地像一个人了（见图 5.2c）。它现在是一个**胎儿**（fetus）。到第 6 个月末，诸如胃这样的器官已得到了充分的发育，它从功能上可以保证一个未成熟的胎儿得以生存。这时，胎儿已经能够对声音作出反应。子宫内的微音器记录显示，胎儿已经能够感受到母亲的声音，虽然从体内听来是那么低沉、含混不清（Ecklund-Flores，1992）。与其他女性的声音和父亲的声音相比，刚一出生的婴儿更喜欢母亲的声音（Busnel et al.，1992；DeCasper et al.，1984，1986，1994）。甚至在子宫里，从怀孕后的第 33 周到第 37 周，他们就很喜欢听（由心率显示）母亲每天给他们朗诵诗歌。

在胎儿期的每一个阶段，遗传和环境因素都会影响个体的发展。母体由胎盘

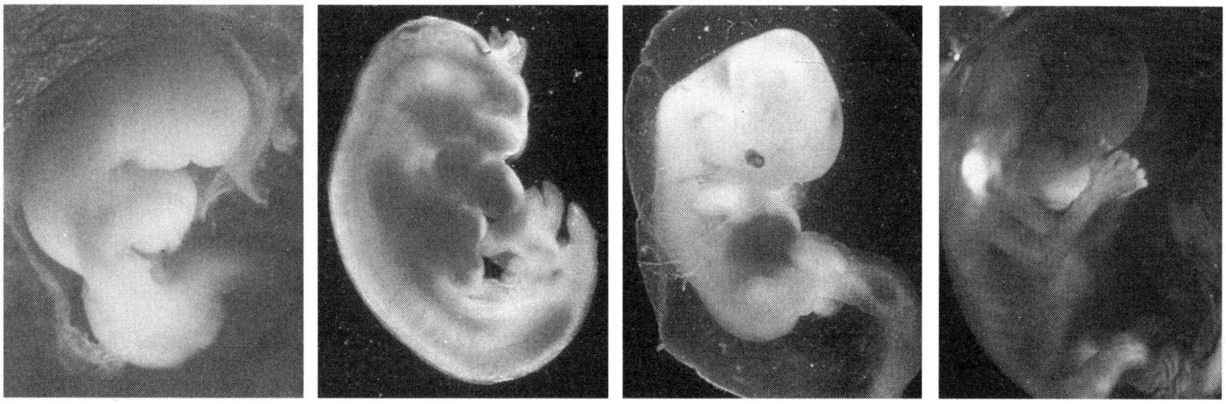

(a) (b) (c) (d)

➤ 图 5.2

胎儿发育

(a) 胚胎迅速发育和生长。约 40 天时，可见脊柱、胳膊和腿开始发育。(b) 5 天后，约 2.5 厘米长的胚胎比例开始改变。当前，身体的其他部分大于头部，胳膊和腿发育明显。(c) 在第二个月末，即胎儿期开始时，面部特征、手和脚开始形成。(d) 当胎儿进入第四个月时，重约 85 克，恰好与你的手掌一般大。

向胎儿输送营养和氧气，同时屏蔽很多潜在的有害物质，但有些物质，如**致畸剂**（teratogens）（病毒、药物等有害物质），仍会顺利通过。如果母亲吸食海洛因，那她的孩子也会先天对海洛因成瘾。如果母亲携带艾滋病毒，那她的孩子可能也带有艾滋病毒。如果女性在怀孕期间吸烟，那么她和她的胎儿会一同经历血氧减少和尼古丁摄入的危险。如果她是重度吸烟者，她的胎儿可能会营养不良，出生后是低体重儿的可能性很大（Pringle et al.，2005）。

对于孕妇而言，不存在"安全的酒精摄入量"一说。一旦酒精进入到女性和胎儿的血液循环，就会抑制其中枢神经系统的活动。孕妇酗酒也将导致其子孙后代酗酒。实验表明，如果怀孕的母鼠喝酒，那么它们的后代也表现出对酒精的嗜好（Youngentob et al., 2007）。即便轻微饮酒也会影响到胎儿的大脑发育（Braun, 1996; Ikonomidou et al., 2000）。如果大量饮酒，她的孩子会有先天缺陷以及心理发育迟缓的危险。每 800 个新生儿中，就有 1 个患有这种**胎儿酒精综合症**（fetal alcohol syndrome，FAS），主要症状表现是头部与身体比例不协调，而且非常小，大脑本身也有缺陷。现在，胎儿酒精综合症是导致婴儿大脑发育迟滞的主要原因（May & Gossage, 2001）。

> "你很快会怀孕，将会有个儿子。所以请不要喝酒以及刺激性强的饮料。"
>
> ——《士师记》, 13:7

反应能力很强的新生儿

2. 新生儿具备哪些能力？研究者如何探索婴儿的心智能力？

成功存活下来的新生儿已经具有可以适应其生存环境的各种理想的反射。我们会迅速地缩回四肢以回避疼痛。如果一块布蒙在脸上妨碍呼吸，我们会左右摇头并把它去掉。

刚做父母的人往往会惊奇孩子吃东西时所表现出的一系列协调的反射行为。比如，觅食反射是这样的一连串行为：当有东西触到婴儿面颊的时候，他们会张大嘴并快速找寻乳头。找到后，他们会自动靠近并开始吮吸，这需要协调舔、吞咽和呼吸等一系列动作。如果得不到满足，婴儿会哭闹。父母因此能迅速找到婴儿不高兴的原因，以对他们进行安抚。

美国心理学的先驱威廉·詹姆士认为，新生儿会经历一种"图像浮散的、嗡嗡作响的混乱"（"blooming，buzzing confusion"）。直到 20 世纪 60 年代，几乎没

➤ 图 5.3
请快速反应——哪一只是猫?
研究者通过猫—狗混合图像，如上图所示，考察婴儿怎样对动物进行分类。

人表示异议。据说，除了一片模糊而无意义的光和影以外，婴儿什么也看不到。后来，新技术推动了认知科学的发展，新的检测技术也被引入到对婴儿的研究中。科学家发现婴儿会告诉你很多信息——只要你会问。要问，你就必须利用婴儿能做到的那些行为——凝视、吮吸、转头。于是，配备了眼动仪和连有电动装置的橡皮奶嘴后，研究者们开始回答父母们长久以来一直都想知道的问题：我的宝贝能看到什么、听到什么、闻到什么以及在想什么？

发展心理学家用来回答这类问题的一项技术是学习的一种简单形式，即**习惯化**（habituation）：随着刺激的重复出现，个体对刺激的反应会降低。当第一次呈现时，新奇的刺激会引起个体的注意。但是，当该刺激被多次呈现后，个体对此做出的反应会减弱。这种看似厌烦熟悉刺激的现象给我们提供了一种询问婴儿看见了什么和记住了什么的方法。

“关注人之出生、发展以及灵魂深处最初无助的挣扎是一种难得的特权。”
——安妮·沙利文，摘自海伦·凯勒《我的生活》，1903

研究者（Spencer et al.，1997；Quinn, 2002）用**新奇偏好程序**（novelty preference procedure）来探寻 4 个月大的婴儿如何识别狗和猫。首先，研究者会给婴儿呈现一系列的狗和猫的形象。请观察图 5.3 中的这两种动物，你觉得婴儿在看了一系列猫的形象后，他们会发现更多新奇之处吗（测量婴儿看的时间）？这是一种混合动物，具有狗的头或猫的头（如果婴儿之前看了一系列狗的形象）。这表明，婴儿会像成人一样，首先会关注脸部而非身体。

事实上，我们天生就偏好那些有利于进行社会交往的图像和声音。新生儿会朝着有人声音的方向转头。比起公牛眼睛的图形，我们对类似人脸的图形会凝视更长时间（图 5.4）。然而比起一个实心的圆盘，我们会更多地凝视与人类眼睛很相像的公牛眼睛图案（Fantz，1961）。我们更喜欢看距离自己 8 到 12 英寸远的物体，这刚好是哺乳时婴儿离母亲眼睛的距离（Maurer & Maurer，1988）。

在刚出生后的几天里，我们的大脑神经网络留有母体的嗅觉印记。于是，将出生一周的婴儿置于他母亲的和另一个哺乳期母亲的胸罩衬垫间，他通常会转向带有自己母亲气味的那个（MacFarlane，1978）。当婴儿三周大的时候，给他一个奶嘴，让他听录音机，里面播放母亲或其他女性的声音，婴儿听到自己母亲的声音时会更有力地吮吸（Mills & Melhuish，1974）。所以，当我们还是小婴儿时，不仅可以看到自己需要看到的、闻到需要闻到的和听到需要听到的，而且已经在用自己的感官进行学习了。

➤ 图 5.4
新生儿对面孔的偏好
当给新生儿呈现两个由相同元素组成的刺激物时，意大利新生儿大约会花两倍的时间盯着右图中像人脸的那个图像（Johnson & Morton，1991）。加拿大新生儿——在一项研究中，新生儿的平均年龄为 53 分钟——同样表现出对人脸的先天偏好（Mondloch et al.，1999）。

本节回顾

➤ 自问

你对婴儿天生的某些能力感到吃惊吗？你自始至终都知道婴儿具有这些能力吗？

➤ 自测 1

你经常喝酒的朋友想怀孕，并且已经停止喝酒。为什么这样做比较好？孕期饮酒对发展中的胎儿有何副作用？

自测问题的答案见书后的附录。

婴儿期和儿童期

在婴儿期，新生儿可以发展成一个蹒跚学步的幼儿，而经历童年期后，幼儿可以发展成一个青少年。我们将探讨自己如何走过这段人生路程并在生理、认知和社会性等方面得以发展。从婴儿期开始，个体的大脑和心理——神经硬件和认知软件——得以同时发展。

生理发展

3. 在整个婴儿期和儿童期，大脑和运动技能是如何发展的？

大脑的发展

当生活在母体的子宫内时，你的身体以爆炸性速度形成神经细胞——约每分钟 125 万个。发展中的大脑皮层实际上会生成数量过多的神经元，在第 28 周时神经元数量达到峰值，然后减少，到出生时稳定在 230 亿左右（Rabinowicz et al., 1996，1999；de Courten-Myers，2002）。出生时你就已经拥有一个成熟个体所应该拥有的大部分脑细胞。然而，这个时候你的神经系统还不成熟：出生后，最终控制你走路、说话、记忆的神经网络将飞速生长（图 5.5）。从 3~6 岁，脑神经网络在额叶区发展最快，额叶能够制定合理的计划。这有助于解释为何学龄前儿童控制注意和行为的能力快速发展（Garon et al., 2008）。

与思维、记忆和语言关系密切的联合区是最后发展的大脑皮层。支持言语和动作敏捷性的纤维通路会一直发展到青春期，随后一个修整过程会关闭多余的神经联结，再后就会萎缩凋亡，但同时却会加强其他的神经联结（Paus et al., 1999；Thompson et al.，2000）。

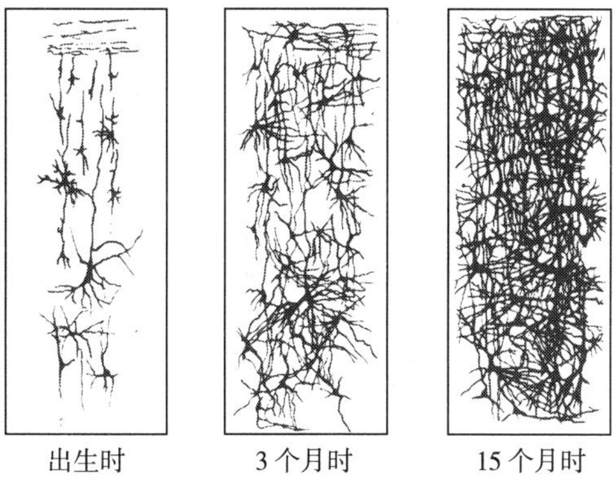

➤ 图 5.5
人类大脑皮层的局部示意图
人类刚出生时大脑还不成熟。随着儿童逐渐发育成熟，神经网络也变得越来越复杂。

花朵按照它的遗传蓝图绽

放。我们同样也要经历一系列有序的生物成长过程，这被称为**成熟**（maturation）。成熟决定我们会具有许多共性，从先学会站立然后学会走路，到先学会用名词再学会用形容词。父母严厉的剥夺或虐待行为会阻碍儿童发展，而多跟儿童说话或给他读故事听则有助于其神经联系的构建。而遗传的成长趋势是先天的。虽然成熟为发展制定了最基本的方案，但它也会受到经验的调整。

动作的发展

大脑的不断发育也使身体变得越来越协调。随着婴儿肌肉和神经系统的发育成熟，他们会表现出更多的复杂技能。除了个别的例外情况外，人类身体（动作）发展的序列是非常普遍的。婴儿先会翻身，然后才能不靠支撑自己坐立起来，通常先会用四肢爬行，然后才学会走路（图 5.6）。这些行为反映的不是模仿，而是神经系统的成熟，因为失明儿童也会爬行和走路。

然而，上述一系列动作发展的时间进程存在个体差异。例如，在美国，25% 的婴儿在 11 个月左右学会走路，50% 的婴儿在 1 岁生日后一周内学会，而到 15 个月时 90% 的婴儿已经学会走路（Frankenburg et al.，1992）。推荐让婴儿仰卧睡（即让婴儿仰躺在床上，减少婴儿在床上窒息死的风险），这种睡眠姿势与之后婴儿学习爬行有些许关系，但与之后的学习走路无关（Davis et al.，1998；Lipsitt，2003）。

其中基因起主要作用。典型的情况是，同卵双生子几乎在同一时间内学会坐立和走路（Wilson，1979）。生理成熟（小脑的迅速发育）为我们 1 岁左右学会走路做好了准备。这之前，经验的影响作用非常有限。其他身体技能也同样如此，包括对肠和膀胱的控制。毫无疑问，在相应的肌肉和神经系统发育成熟之前，恳求、折磨或惩罚都不会令孩子成功地养成如厕习惯。

成熟和婴儿记忆

为什么我们很难记住 3 岁以前的事情？我们可以用神经联结的缺乏来解释婴儿期健忘症的现象（Howe & Courage，1993；Nelson，1993）。我们考察了一组幼儿园儿童，他们曾经经历了因爆米花引起火灾而被紧急疏散的事件。如果事件发

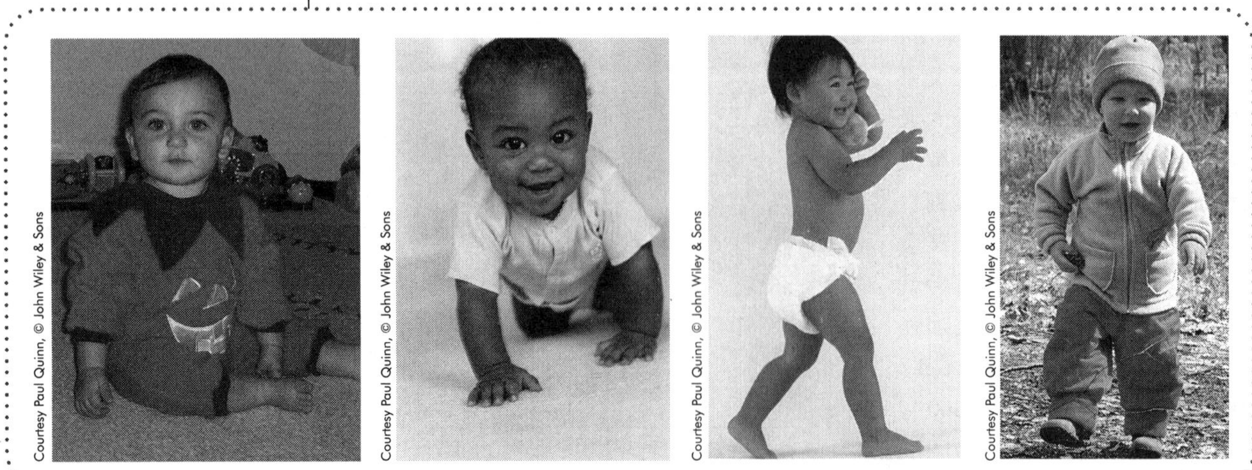

➤ 图 5.6
欢欣鼓舞的学步儿
从世界范围来看，坐、爬、走和跑，这些动作发展里程碑的发展顺序是相同的，尽管有些儿童会在不同的年龄掌握这些动作。

生时他们是 4~5 岁，那么 7 年后他们仍能回忆起警报和事故原因。而 3 岁时经历这件事的孩子却已经不记得事情的起因，并通常在回忆中错误地认为当大家都被疏散到外面以后警报才响（Phillemer，1995）。其他研究证实，有意识记忆最早的平均年龄是 3.5 岁（Bauer，2002）。4~5 岁大时，婴儿期健忘症已经逐渐消退，记忆出现（Bruce et al.，2000）。你可能也会如此，已经记不起自己在幼儿园的第一天经历（或者你的 3 岁生日宴会），但你却可以回忆起大学校园生活的第一天经历。然而，进入青少年期后，与记忆有关的大脑区域，如海马回和前额叶，会不断发育成熟（Bauer，2007）。

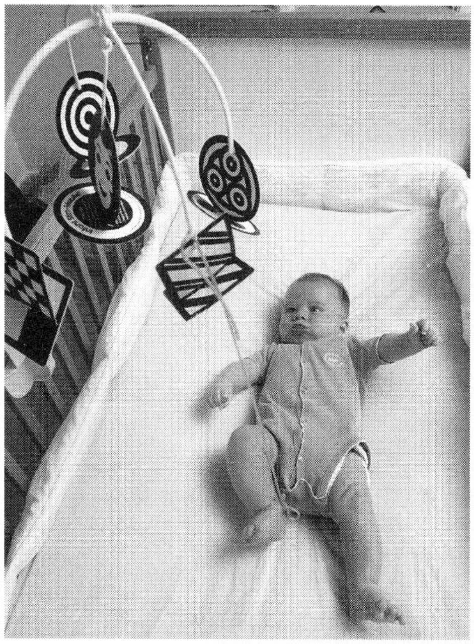

Michael Newman/PhotoEdit

➤ 图 5.7

活动中的婴儿

仅 3 个月大的婴儿就能学会用脚踢来使悬挂物动起来——他们能记住这种联系长达 1 个月。（摘自 Rovee-Collier，1989，1997。）

尽管 4 岁前我们的有意记忆会很少，但是，我们的记忆已经开始加工信息。1965 年，在结束其博士工作时，卡罗林·科利尔考察了婴儿的记忆。她也是一位母亲，有一个 2 个月大的孩子本杰明。当移动婴儿床上的风铃时，小本杰明表现得很镇静。厌倦了风铃的声音后，科利尔用一根布质色带将风铃系在本杰明的脚上。很快，本杰明就踢脚来牵动风铃。科利尔思索在家发生的一切，她意识到，与那时流行的观点相反，婴儿具有学习的能力。婴儿能够掌握踢腿和风铃晃动之间的联系。然而，科利尔也发现，当第二天换了一个不同的风铃后，学习并未发生。婴儿的动作表明，他们记得之前的风铃，认出了新旧风铃之间的差异。并且，一个月后再给婴儿呈现最初的风铃，他们仍然记得这种联系，并开始踢腿（见图 5.7）。

对父母而言，我们婴儿期的空白记忆可能是令人不安的。毕竟，我们在孩子身上花费了数不清的时间——在地毯上哄他们玩，给他们换尿布、喂奶、唱摇篮曲。如果我们在他们 4 岁前死去，他们会有意识地记住什么呢？实际上他们什么也没记住！

认知发展

4.根据皮亚杰的观点和今天的研究结果，儿童的认知是如何发展的？

认知（cognition）是指与思维、理解、记忆和交流相关的所有心理活动。“谁能了解一个孩子的思想呢？”诗人诺拉·佩里（Nora Perry）对此非常好奇。跟他几乎同时代的发展心理学家让·皮亚杰对此了解得比较多。他的兴趣始于 1920 年在巴黎编制儿童智力测验问卷的时候。在考察多大年龄的儿童能够正确解答某些智力测验题目时，儿童的错误答案激发了皮亚杰的兴趣。尽管别人认为这些是幼稚的错误，但皮亚杰却看到了智力所起的影响作用。他注意到，某一相同年龄阶

“儿童有他们自己的看法、想法和感情，没有什么比试图把我们的看法、想法和感情强加给儿童更愚蠢的做法了。”

——哲学家卢梭，1798

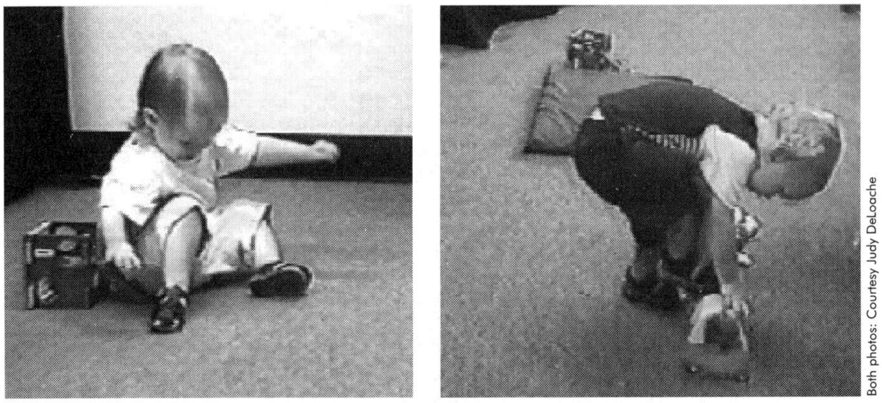

➤ 图 5.8
尺度误差
心理学家报告说，18~30 个月大的孩子还不能用数量来确定物体的尺寸，因而会试图用一种不可取的动作来操作玩具。左图中，21 个月大孩子试图从玩具滑梯上坐着滑落下来；右图中 24 个月的孩子打开小汽车的车门试图走进去。

段的儿童所出现的错误通常非常相似。

对儿童进行了长达半个世纪的研究终于使皮亚杰确信，儿童的心理并非成人缩小的心理模板。并且，威廉·戴蒙（Damon，1995）提出，正如哥白尼彻底改变了我们对于太阳系的理解，皮亚杰彻底改变了我们对于儿童的理解。在皮亚杰之前，大多数人（忘了他们自己的幼年时代）认为儿童“与成人没什么不同，只是比成人少知道些事情”（p.100）。皮亚杰的研究在一定程度上让我们了解到，“儿童天生就会使用非逻辑推理方式解决问题，而这种解决方式对于成人来说是不证自明的”（Brainerd，1996）。

皮亚杰进一步认为，一个儿童的心理发展需要经历一系列阶段，从新生儿的简单反射，到成人的抽象推理能力，呈逐渐上升的发展趋势。因此，8 岁儿童可以理解 3 岁儿童不能理解的问题。一名 8 岁儿童可以掌握诸如“灵感的闪现就像在你头脑中点亮一盏明灯”这样的类比。而尝试对 3 岁儿童教授这种类比则不会有什么结果。同样 8 岁前的儿童往往不能理解成人的推理方式（见图 5.8）。

皮亚杰认为，智力发展的动力是我们一直在坚持不懈地努力解释自己的人生经历。他的核心思想是：“儿童是积极的思考者，不断努力构建关于世界更复杂的理解”（Siegler & Ellis，1996）。因此，发育成熟的大脑所建构的概念被皮亚杰称为**图式**（schemas）。图式是我们灌注经验的心理模具。一直到成年阶段，我们构建了无数诸如从猫、狗到爱的概念图式。

为了解释我们怎样使用和调整图式，皮亚杰提出两个概念。首先，我们会**同化**（assimilate）新的经验，即用我们现有的理解（图式）解释它们。例如，学步儿脑中会有一个狗的图式，他会管所有的四足动物叫狗。但是我们也会有所调整，或**顺应**（accommodate），从而使图式适合新经历的特殊性。儿童不久便会认识到先前狗的概念图式过于宽泛，并会进一步对这些范畴加以区分（特别注意头面部，就像我们先前提到的那样）。儿童在与世界进行交互作用的同时，构建并调整自己的图式（见图 5.10）。

➤ 图 5.9
不可能存在的物体
请仔细观察左边这个“魔叉”。然后，转移视线——不，比刚才还要仔细地注视它——再转移视线，然后把它画下来……没有那么容易，对吧？因为这个魔叉是一个不可能存在的物体，你头脑中没有这一图像的图式。

两岁的加布里埃拉从她的图画书里掌握了“牛”这一图式。

加布里埃拉看见一只驼鹿，就喊“牛儿”。她正努力将这只新动物同化到她那已有的图式中。妈妈告诉她，“那是驼鹿，不是牛。”

加布里埃拉将她已有的图式顺应到这只大的、毛发浓密杂乱的动物中，并继续修正她原来的图式，如“驼鹿妈妈”、“驼鹿宝宝”。

➤ 图 5.10
心智模式中加入经验的影响作用
我们用头脑中已有的图式同化新的经验。而有时我们却需要顺应（调整）自己的图式以适应于新经验。

皮亚杰的理论和当前的观点

皮亚杰将认知发展分为四个阶段（表 5.1）。他认为儿童的认知以这样一种方式发展，经历一次巨变后会是一段相当稳定的时期，就像从一个发展平台向下一个更高层次的平台移动。每个平台都具有各自与众不同的特点，使某种类型的思维过程得以发展。让我们根据当前对于认知发展理论的理解，来看看皮亚杰的这些认知发展阶段。

感知运动阶段 皮亚杰的**感知运动阶段**（sensorimotor stage）是指婴儿从出生到大约 2 岁左右，通过自己与外界客体交互作用中的感觉和运动（看、听、触摸、吮吸、抓）来理解这个世界。

很小的婴孩好像只是生活在当前：看不到的东西便在他的心智之外。在皮亚杰的一个测验中，他给婴儿呈现一个很有吸引力的玩具，然后将他的贝雷帽忽然扣在玩具上，看婴儿是否寻找该玩具。小于 6 个月的婴儿不会去寻找。比较小的

表 5.1 皮亚杰的认知发展阶段

典型的年龄范围	对发展阶段的描述	现 象
出生到 2 岁左右	感知运动 通过感觉和运动感受世界（看、触摸、咀嚼、抓握）	客体永久性 对陌生人的焦虑
大约 2 到 6 岁	前运算 用词语和映像表征事物，但缺乏逻辑推理	假装游戏 自我中心
大约 7 到 11 岁	具体运算 对具体事物的逻辑思维；掌握具体类推并能够进行数学运算	守恒 数学转换
大约 12 岁到成年期	形式运算 抽象推理	抽象逻辑 表现出成熟的道德判断推理潜力

➤ 图 5.11
客体永久性
小于 6 个月的婴儿很少能理解看不见的物体会继续存在。但是对于这个婴儿来说，看不见的物体仍然存在于其大脑中。

婴儿缺乏**客体永久性**（object permanence）概念——即物体不会因为感知不到而不存在（见图 5.11）。到 8 个月时，婴儿开始表现出对看不到东西的记忆。如果你把一个玩具藏了起来，婴儿会立即去寻找它。在接下来的一两个月内，即使有几秒钟的延迟婴儿也会去寻找它。

但儿童的认知能力在经历不同的发展阶段后真的有所提高吗？客体永久性概念实际上真的会在孩子 8 个月大时出现吗？就像到了春天郁金香就会开花？今天的研究者们认为发展更像一个连续的过程。例如，他们现在认为客体永久性概念是逐渐获得的。甚至更小的婴儿也会到玩具刚刚被藏起来的地方去寻找。

研究者们认为皮亚杰及其追随者们低估了婴儿的能力。皮亚杰认为两岁前的婴儿不会思考。他们能辨认物体，对它们微笑，爬向它们，摆弄它们。但他们没有抽象概念或思想。他们的大脑中有生命的存在，但不是关于生命的概念。

然而，让我们看几个能证明婴儿具有逻辑性的简单实验：

- 就像成人用难以置信的目光盯着一个神奇的戏法一样，婴儿也会对一些出乎意料的现象注视更长的时间，如一辆车好像要穿过某个物体、一只皮球停留在半空中，或一个物体神奇地消失而违反了客体永久性等（Baillargeon，1995，1998；Wellman & Gelman，1992）。婴儿对于简单物理规律似乎比皮亚杰认为的有更直觉的把握。在另一项实验中，研究者考察了 4 个月大婴儿想象立方体的情形（Shuwairi et al., 2007；见图 5.12）。
- 婴儿对数也有初步的认识。卡伦·温（Wynn，1992，2000）给 5 个月大的婴儿呈现一个或两个物体。然后她将物体藏在一个屏障后，让婴儿亲眼看到拿走或增加一个物体（图 5.13）。当竖起屏障后，在这两种情况下，当呈现物体的数目有误时婴儿注视的时间更长。但他们是对物体数目的多或少作反应，还是对数目的改变作反应呢（Feigenson et al.，2002）？后来的实验证实婴儿对数的感知能力可延伸至诸如敲鼓声和动作上（Spelke，2000；Wynn et al.，2002）。如果婴儿已经习惯于一个笨鸭子玩偶在舞台上跳三次，

➤ 图 5.12
婴儿能区分可能和不可能的物体
习惯了图中左边的刺激物后，再看到一个不可能的立方体后，即某条后面的水平线穿过前面的一条水平线时，4 个月的婴儿会注视更长的时间。

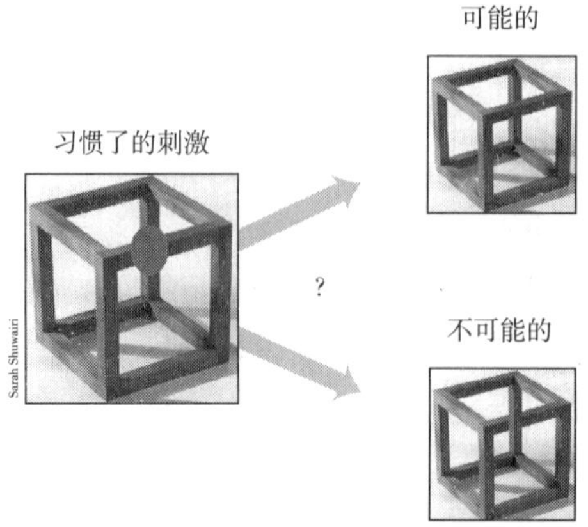

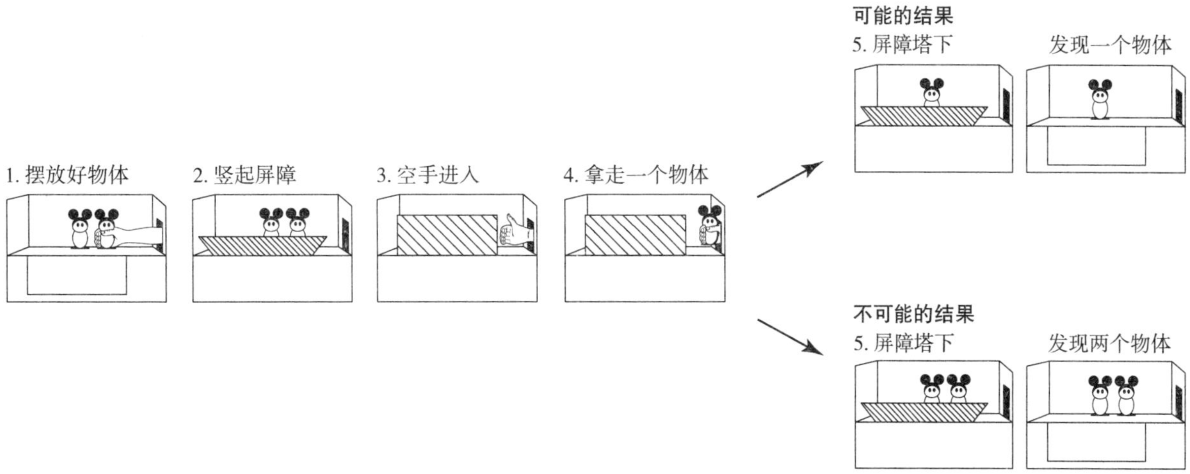

➤ 图 5.13
婴儿的数学能力
给婴儿呈现的物体数目有误时，他们注视的时间更长。(From Wynn，1992。)

那么当它只跳两次时婴儿会表现出惊奇的表情。很明显，婴儿比皮亚杰所认为的更聪明。到一岁左右，婴儿能够选择性地评价和模仿他人的动作。匈牙利研究者格杰利及其同事（Gergely et al.，2002）报告说，当 14 个月大的婴儿观察一个女性用前额开灯后，他们会模仿该动作。当她做这个动作时，如果该女性的头部是从被双手撑起的毯子中伸出时，则婴儿不会模仿该动作。

前运算阶段　皮亚杰认为一直到六七岁，儿童一直处于**前运算阶段**（preoperational stage），还不能进行心理运算。对一个 5 岁的孩子而言，把牛奶盛在一个又高又细的玻璃杯里看起来“太多”而不能接受，若倒入一个又矮又粗的玻璃杯里就变得可以接受了。这是因为儿童只关注了高度这一个维度，并且不能执行将牛奶倒回去的心理运算。儿童缺乏**守恒**（conservation）的概念，即尽管形状改变了，但量却保持不变的原则（见图 5.14）。

皮亚杰认为阶段之间的转换不是突然发生的。虽然如此，符号化的思维比他预计的要出现得早。研究者德洛克（DeLoache，1987）在给儿童呈现一个房间模型并在里面藏一个玩具模型时（将一个缩小的填充玩具狗藏在缩小的睡椅后面），结果发现两岁半的儿童很容易就能记住到哪去找缩小的玩具，但他们不会利用模型在一间真实的屋子里寻找藏在睡椅后面真实的填充玩具狗。3 岁的孩子（只比两岁半的孩子大 6 个月）却通常可以在真实屋子里找到填充玩具动物，表明他们可以将那个模型作为屋子的符号表征进行思考。皮亚杰对此可能会感到惊讶。

自我中心主义　皮亚杰认为学前儿童是**自我中心**（egocentrism）的：他们不能从

➤ 图 5.14
皮亚杰的守恒测验
前运算阶段的儿童还不能理解物质守恒的原理。当牛奶从一个矮且宽的玻璃杯倒入一个高且窄的玻璃杯后，牛奶看起来好像“多”了。图中的这个 5 岁小女孩大约一年后就能明白两杯牛奶的量是相同的。

▶▶ 问题：如果大多数两岁半的儿童不能理解微缩玩偶和玩具能够代表真实物体的话，那么当询问儿童有关身体和性虐待的问题时，我们应该使用解剖学上与真人一致的玩偶吗？朱迪·德洛克（1995）报告了“很小的孩子不能自然而然地认为玩偶就是对他们自身的表征。”

别人的观点认识事物。他们认为太阳和月亮围着他们转。妈妈对两岁的加布里埃拉说“给妈妈看看你的画”时，她会拿起画对着自己。与此类似，3 岁的格雷用手蒙住自己的眼睛，认为这样别人就看不到自己了，因为他认为如果他看不到别人，那别人也不会看到他。从与儿童的对话中也可以看出他们的自我中心，如一个小男孩这样回答问题（Phillips，1969，p. 61）：

“你有兄弟吗？”
“有。”
“他叫什么？”
“吉姆。”
“吉姆有兄弟吗？”
“没有。”

看电视时，如果幼儿在你前面挡住了你的视线，他们会认为，因为他们能看到电视，所以你也能看到。当幼儿接电话时，他们会点头作为对问题的回应，就好像电话那头的人能看到他们。当你与一个孩子交流时，请记住这样的行为只是其认知局限性的反应：自我中心的幼儿并非有意的“自私”或“不顾及别人”。他们只是没有形成观点采择的能力。

打骂孩子的父母一般不能理解这些局限性。他们将孩子视为能够控制自己行为的小大人（Larrance & Twentyman，1983）。因此，他们认为孩子会妨碍自己，弄洒食物，不服从批评，或者任性哭闹。

心理理论 虽然幼儿仍然是自我中心的，但他们却开始形成一种**心理理论**（theory of mind）。他们不再认为他人是只会呼吸的玩偶，开始意识到他人也有心理活动。当小红帽意识到“外婆”实际上是一匹狼时，她立即修正了自己对那家伙意图的看法，然后逃跑了。

随着他们理解他人意图和其他心理状态能力的发展，儿童在探索中已经理解了为什么玩伴会生气、什么时候兄弟姐妹会与自己分享，还有怎样才能让父母给自己买玩具。幼儿嘲笑、同理心和说服能力会随着观点采择能力的发展而发展。例如，在大约 3 岁半到 4 岁时，儿童开始认识到别人会持有错误信念（Wellman et al.，2001）。研究者詹金斯和阿斯廷顿（Jenkins & Astington，1996）给多伦多儿童呈现一个创可贴的盒子，问他们里面有什么。孩子们自然认为里面是创可贴，所以当他们发现里面装有铅笔时感到很惊奇。如果问 3 岁儿童，其他没有看到盒子里面是什么的儿童看到盒子时，会认为里面有什么呢？ 3 岁孩子的典型回答是“铅笔”。到四五岁时，儿童的“心理理论”已经向前发展了一大步，他们很容易就会理解朋友们认为盒子里装有创可贴的错误信念。

Family Circus ® Bil Keane

“你不记得了吗，奶奶？梦里你和我在一起呀。”

我们的心理理论使我们能够了解别人的感受。斯坦福大学的弗拉维尔及其同事们（Flavell et al.，2001）报告，甚至很小的幼儿也懂得令人悲伤的事会引发悲伤的感受。然后，儿童才开始懂得想法也能引发感受。例如，想起先前的悲伤事件也会引发悲伤的感受。最后，5~8 岁的儿童能意识到他们自发产生的想法也能引发某种感受。如果某人的情绪在没有明显原因的情况下忽然改变，那么 8 岁的孩子能够认识到可能是因为他产生了某种想法。

在一个实验中（图 5.15），儿童看到一个叫莎莉的玩偶在红色的橱柜里放了一个球。另一个玩偶安妮随后将球移到那个蓝色橱柜里。研究者随即提出一个问题：当莎莉回来时她会到哪里去找球呢？患有自闭症的儿童难以理解莎莉的心理状态与他们自己的不同——莎莉并不知道球被移动了，还是会到红色的橱柜找。他们甚至很难描述自己的心理状态。例如，他们不太使用“我”（*I*，*me*）这样的人称代词。父母听力正常但与他人的交流机会很少的聋童在推断他人心理状态时存在类似的困难（Peterson & Siegal，1999）。

当然并不是说我们进行心理运算、符号化思维和观点采择的能力在前运算阶段一点儿也不存在，而后会奇迹般地出现。实际上，这些能力很早就会萌芽，然后逐步发展（Wellman et al.，2001）。

到7岁时，儿童的言语思维能力发展得越来越强，而且其问题解决能力也越来越强。俄国心理学家维果斯基（Vygotsky，1896~1934）认为，他们不再用出声式的思维，而是将自己文化的语言内化并主要依靠内部语言。将孩子的手从蛋糕上拿开并说“不行”的父母，实际上是在给孩子提供一种进行自我控制的工具。后来再需要抵制诱惑时，孩子同样也会说“不行”。一个一边做数学题一边自言自语的二年级孩子，到三年级时会更好地学习数学（Berk，1994）。不管是否出声，自言自语的确可以帮助儿童控制自己的行为与情感，以及掌握新的技能。

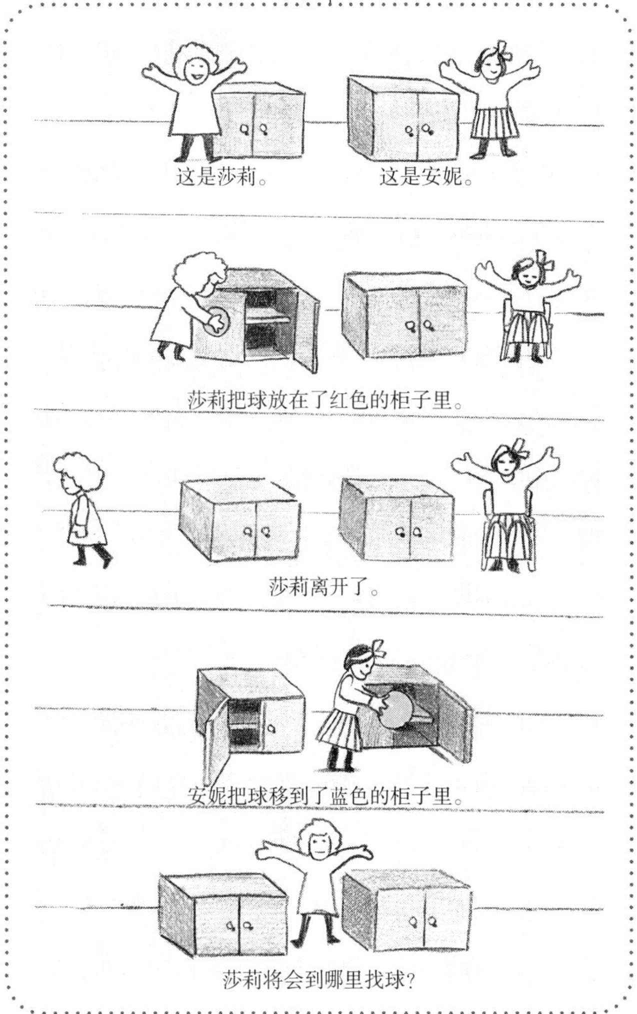

➤ 图 5.15
儿童心理理论测验（见彩插）
这个简单的问题可以说明研究者怎样考察儿童对他人心理状态的假定。（Inspired by Baron-Cohen et al.，1985。）

具体运算阶段 皮亚杰说，儿童到六七岁时进入**具体运算阶段**（concrete operational stage）。给他们提供具体的材料，他们开始能够掌握守恒的概念，即形状的变化并不代表量的变化。他们能够在心理的层面上将牛奶倒回而不受玻璃杯形状不同的影响。他们也很喜欢听与守恒知识有关的笑话：

> 琼斯先生走进一家餐馆吃晚饭，点了一份比萨饼。当服务生问他要切成 6 块还是 8 块时，琼斯先生说：“啊，你最好把它切成 6 块，我根本吃不了 8 块！”（McGhee，1976）

皮亚杰说，在具体运算阶段中，儿童完全获得了理解数学转换和守恒的心理能力。当我的女儿劳拉 6 岁时，我对她糟糕的数学运算能力感到吃惊。问她，“8 加 4 等于多少？”她需要用 5 秒钟才能得出“12”，还要多用 5 秒钟才能（10 秒钟）算出 12 减 4 的得数。到 8 岁时，她能够立刻回答出第二个问题。

形式运算阶段 到 12 岁时，我们的推理可以从纯具体的思维方式（包括实际经验）发展到抽象的思维方式（包括想象的现实和符号）。皮亚杰指出，随着儿童进入青

春期，很多人能够解决假设命题和推论因果关系：如果这样，那么会那样。系统化推理，就是皮亚杰称之为**形式运算**（formal operational）的思维，现在已经在他们的掌握之中了。考虑这样一个简单问题：

> 如果约翰在学校，那么玛丽也在学校。约翰在学校，对于玛丽我们能得出什么结论呢？

已具备形式运算思维能力的个体能够毫无困难地正确回答。但是多数 7 岁的孩子也能答对这个问题（Suppes，1982）。这作为例证，再次解释了为什么批评者们说皮亚杰的认知阶段比他自己所认为的要开始得早。

对皮亚杰理论的反思

皮亚杰的阶段理论是很有争议性的。但是，因为某些原因，它也得到很高评价。从澳大利亚土著到阿尔及利亚到北美，全人类的认知发展都按皮亚杰所提出的基本序列而展开（Segall et al.，1990）。然而，和皮亚杰相比，今天的研究者往往把发展看做更连续的过程。他们发现各种思维类型均会在更小的年龄出现，由此揭示出皮亚杰所忽视的一些概念能力。此外，他们认为形式逻辑在认知中并不像皮亚杰所说的那么大。

关于儿童心理，皮亚杰有什么观点保留下来了呢？皮亚杰能成为 1999 年《时代》杂志评选出的 20 世纪 20 位最有影响的科学家和思想家之一，这说明他肯定留下了一笔重要的文化遗产。皮亚杰确立了认知发展的重要里程碑，并在世界范围内引起大家对心理发展的研究兴趣。他并不太强调儿童达到特定里程碑的一般年龄，他强调的是这种发展序列。后来的研究显示，我们的认知发展与皮亚杰所描述的序列相当吻合（Lourenco & Machado，1996）。作为我们自己认知发展的一部分，我们正在修正皮亚杰的理论以适应新的发现，对此皮亚杰应该不会感到奇怪。

所有这些对于父母和教师的应用价值又在哪里呢？皮亚杰认为儿童从与世界的交互作用中建构自己的知识。这暗示儿童并非被动地等待老师来给自己填充知识。教师要在儿童已知事物的基础上进行更好的建构，给他们提供具体例证并引导他们自己思考。未来的父母和教师们请记住：幼儿不具有成人的逻辑。对你来讲简单而又显而易见的事情，比如跷跷板两端的一上一下，一个 3 岁的孩子可能难以理解。并且，接受儿童的认知不成熟是一种适应的过程。最自然的方法是让儿童接近给自己提供保护作用的成人，并给他们足够的时间学习和进行社会化（Bjorklund & Green，1992）。

"评价皮亚杰对发展心理学的影响，就像评价莎士比亚对英国文学的影响一样。"

——发展心理学家
亨利・贝林，1992

社会性发展

5. 母婴依恋关系是如何形成的?

婴儿从一生下来就是社会的产物。在所有文化中，婴儿都会与照料者形成一种亲密的情感联系。通常都是从新生儿吸引人们的注意力开始，婴儿不久便开始偏好熟悉的面孔和声音，后来为了引起父母的注意，他们会发出咕咕和咯咯的声音。在婴儿形成客体永久性概念并能够开始活动身体后不久，就会发生一件有趣的事情：他们开始表现出对陌生人的恐惧，称为**陌生人焦虑**（stranger anxiety）。在 8 个月左右时，他们见到陌生人时会哭闹并靠近自己熟悉的照料者，"不！不要离开我！"他们似乎伤心欲绝。大约在这个年龄，儿童会形成熟悉面孔的图式；当他们不能将新面孔同化到这些记住的图式中时，他们就会变得异常焦虑（Kagan，1984）。这揭示了一条重要原则：大脑、心理和社会情绪行为共同发展。

依恋的起源

到 12 个月时，很多婴儿在受到惊吓或预期到分离时会紧贴着父母。分离后重聚时，他们会冲父母微笑并拥抱他们。任何社会行为都没有这种强烈和相互的亲子关系更引人注目。所谓**依恋**（attachment），就是一种使婴儿靠近照料者的强有力的生存动力。亲子依恋是在许多因素的共同作用下形成的。婴儿会逐渐对那些令人舒适、熟悉并且对自己的需求反应敏感的人形成依恋（一般是他们的父母）。

身体接触 多年以来，发展心理学家发现婴儿会对那些满足自己照料需求的人产生依恋。这的确很有道理。但一个偶然的发现打破了这一解释。1950 年左右，威斯康星大学心理学家哈洛（Harry Harlow）为了进行学习的研究而饲养猴子。为了使猴子经验相同，并且避免生病，所以它们一生下来就不得不和自己的母亲分开，且分别养在干净的笼子里。里面还有一张粗棉布毛毯（Harlow，1971）。令人惊奇的是，猴子对毛毯的依恋日益加深：毛毯被拿出来清洗时，猴子就会表现得很沮丧。

哈洛认识到猴子对毯子的依恋现象与依恋源自养育的理论观点不符。但他应该如何更有说服力地解释这一现象呢？为平衡食物源与舒适毯子的吸引力，哈洛制作了两个人工母亲。一个是木头脑袋的金属圆筒，另一个圆筒上覆有绒布。只要加一个瓶子，就可以使任何一个人工母亲变成食物源。

当一个可哺乳的金属筒妈妈和一个无法哺乳的绒布妈妈同时用于养育小猴子时，小猴子显著偏好于舒适的绒布妈妈（见图 5.16）。就像人类婴儿紧依自己的母亲一样，猴子焦虑时也会依偎绒布妈妈。当环境中有危险性因素时，它们会把绒布妈妈当做安全基地，好像两者之间有一根看不见的橡皮筋相连接，会把小猴子拉回去一样。研究进一步发现其他的品质——温暖、摇动、喂养——使得布妈妈更具吸引力。

人类婴儿同样会对柔软温暖、摇动、喂养、轻拍他的父母产生依恋。而且当个体沮丧失落时，人类的依恋

➤ **图** 5.16
哈洛的"母亲"们
心理学家哈里·哈洛用两个人工母亲喂养猴子，一个是周身布满金属丝，脑袋是木头做的带喂养奶瓶的母亲，另外一个母亲没有奶瓶，用塑料泡沫制成，包着厚厚的绒布。哈洛的发现让很多心理学家惊讶：即使当向带奶瓶的母亲要东西吃时，小猴子仍喜欢和"绒布"母亲待在一起。

Alastair Miller

依恋 当法国飞行员克里斯蒂安·莫吕克驾驶机动滑翔机起飞时，那些出生后就由他饲养并对他形成印刻的鹅紧紧跟随其后。

可以为个体提供一个安全港湾和探索世界的安全基地。当我们长大成人后，安全基地和安全港湾也会改变——由父母转到朋友、伴侣（Cassidy & Shaver，1999）。但不论多大我们都是社会的产物。他人的支持——无论语言还是行动——都会使我们从中获得力量。"我会一直在你身边。我对你很感兴趣。无论发生什么，我都会支持你"（Crowell & Waters，1994）。

熟悉性 接触是形成依恋的关键因素之一。另一个因素是熟悉性。我们早已发现，自然为大脑形成特定的视觉和语言通路提供了方便之门，然后又猛地关闭。很多动物的依恋是基于熟悉性而形成的，通常形成于敏感的**关键期**（critical period）——出生后不久即有利于促进个体发展的最佳时期（Bornstein，1989）。小鸡、小鸭或小鹅出生后第一眼看到的活动物体一般来说就是它的妈妈。从那时起，小家伙便跟着妈妈，而且只跟着妈妈一个人。

这种严格的依恋形成过程被称为**印刻**（imprinting），洛伦兹（Lorenz，1937）对此进行了研究。他很想知道：如果小鸭看到的第一个活动物体是他会发生什么事情呢？结果，小鸭子始终跟着他：无论他去哪里，鸭子们一定会跟着。实验进一步发现，尽管小鸟对自己同类的印刻效应最明显，它们也会对各种各样活动的物体形成印刻——如其他动物、有轮子的盒子、跳动的皮球等（Colombo，1982；Johnson，1992）。而且印刻一旦形成，就很难消除。

▸▸ 柯克帕特里克（Kirkpatrick，1999）提出，对某些人来说，个体知觉到的与上帝的关系也可以起到与依恋相同的作用，给个体提供探索的安全基地以及受到威胁时的避难所。

儿童——与小鸭不同——不会形成印记。但是，他们会对熟悉的事物形成依恋。"仅仅接触"人和一些事物就会培养他们的喜爱之情。孩子们喜欢反复阅读同一本书，看同一部电影，反复表演家庭的传统项目。他们喜欢吃熟悉的食物，住在熟悉的社区，和熟悉的老朋友一起上学。熟悉是安全的标志。熟悉使他们满足。

依恋的差异

6. 心理学家是如何研究依恋差异的？他们有哪些收获？

儿童依恋存在差异的原因是什么？当进入一个陌生环境时（通常是实验室中的游戏室），60%的婴儿会表现出安全型依恋。母亲在场时他们快乐舒适地探索新环境。母亲离开时他们会显得沮丧失落。母亲一回来，孩子就会急着跟妈妈重聚。也有些婴儿会表现出不安全型依恋。他们并不积极探索周围环境，甚至紧紧抓住母亲不放。当母亲离开时，他们或大声啼哭，或一直沮丧，或对母亲的行动漠不关心（Ainsworth，1973，1989；Kagan，1995；van Ijzendoorn & Kroonenberg，1988）。

一种解释可能是母亲的行为使然。对动物的研究发现，细心随和的母鼠养大的雌鼠与那些紧张粗心的母鼠养大的雌鼠相比，前者对后代更细心随和（Francis et al.，1999）。人类儿童也会表现出这种倾向吗？

安斯沃斯（Ainsworth，1979）研究了不同母子之间在前6个月的依恋差异。后来她观察了母亲不在场时1岁婴儿在陌生环境中的反应。敏感反应性高的母亲，即那些时刻关注孩子的当前行为，而且对孩子的反应适当的母亲，其孩子表现出安全型依恋。迟钝、回应不及时的母亲只在想起来时才去注意孩子，其孩子会表现出不安全型依恋。在哈洛对猴子的研究中，发现了令人震惊的现象，因为实验室中的人工母亲必定是无法做出反应的，所以当小猴子被放到陌生环境时会显得惊恐万分（图 5.17）。

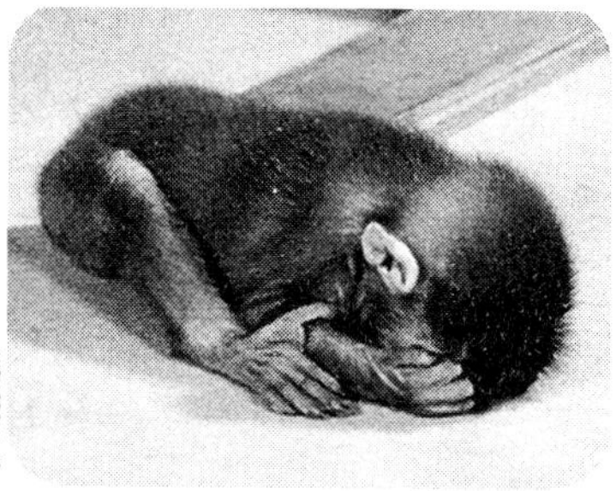

Harlow Primate Laboratory, University of Wisconsin

➤ 图 5.17
社会剥夺与恐惧
由人工母亲饲养的猴子被放置在一个没有替代性母亲的陌生环境中时，小猴子会感到非常惊恐。（今天，人们都更加关注动物的生存与健康，因此人类不再进行类似的灵长类研究。）

追踪研究证实，敏感的父母通常会和孩子形成安全型依恋（De Wolff & van Ijzendoorn，1997；Van Ijzendoorn，1997）。但不同的依恋类型是由养育方式决定呢？抑或依恋类型只是受遗传影响的气质的结果哈里斯（Harris,1998）说,如果不考虑遗传作用,这些研究就像是“把在狗舍里长大的猎狗和在公寓里长大的狮子狗进行比较”。因此，为了区分先天条件和后天的养育，荷兰研究者万・德・布姆（Dymphna van den Boom，1990）在考察不同的养育方式时，同时控制了气质的影响作用。（停下来想一想，如果你是研究者，你会如何实现这点呢？）

万・德・布姆的解决办法是将 100 个 6~9 个月大的气质上属于难养型的婴儿随机安排到母亲受过训练的实验组和母亲未受过训练的控制组。12 个月后，实验组中 68% 的婴儿形成了安全依恋，但在控制组安全依恋型婴儿的比率仅为 28%。

正如以上例子所揭示的，研究者更多地研究母亲的关爱而不是父亲的关爱。据说失去母爱的婴儿会遭受“丧失母爱”的痛苦；缺乏父爱的孩子仅仅体验到“缺少父亲”而已。“成为父亲”意味着令女性受孕，“成为母亲”则意味着养育子女。但越来越多的证据显示父亲不仅仅只是精子库。

无论孩子待在家里还是去幼儿园，无论他们生活在北美还是危地马拉，或是在卡拉哈里沙漠，所有孩子和父母的分离焦虑在 13 个月大时达到顶峰，然后逐渐减少（图 5.18）。这是否意味我们对他人爱的需要也逐渐减少呢？并非如此。实际上，在某些方面我们对爱的需求仍在增加。早期对依恋需求的减少，使我们得以在更广阔的空间自由活动，自由地和陌生人交往。甚至可以说生命轮回的故事可以浓缩为依恋与分离的规律变化——从胎儿的依恋到出生的分离，从婴儿的依恋到青春期的分离，从婚姻的依恋到死亡的分离。

“在信任与不信任的冲突之中，婴儿萌生了希望，这是逐渐形成的成人信任的最初形式。”
——埃里克・埃里克森，1983

发展心理学家埃里克・埃里克森及其妻子琼・埃里克森（Erikson & Erikson）都认为，安全依恋的婴儿以一种**基本信任**（basic trust）的心态面对生活——一种生活可预期和可依赖的感觉。埃里克森没有将这种感觉归结为个体周围持续的积极环境或天生的性格，而将其归因于早期养育。他的理论认为：被敏感且充满爱的父母养大的孩子会形成终生的信任感，而非恐惧。而对成人来说，我们的浪漫之爱既可以表现出安全与信任的依恋，也可以表现出不安与焦虑的依恋，或是回避依恋。埃里克森认为这并不奇怪（Feeney & Noller，1990；Shaver & Hazna，1993；Simpson et al.，1992）。尽管争论还在继续，现在许多研究者相信，我们的早期安全依恋是形成我们成年关系的基础（Fraley，2002）。

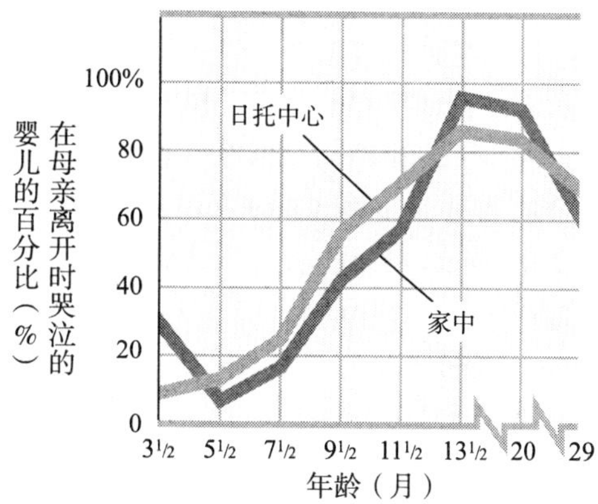

➤ 图 5.18
与父母分离给婴儿带来的焦虑
在一项实验中，母亲们将孩子放在一个陌生的房间里。对两组婴儿来说，都是在 13 个月大时，母亲离开会让他们哭得最厉害（From Kagan，1976）。而婴儿是否入托对此并没有太大影响。

依恋剥夺

7. 父母忽视、家庭破裂和日托照料如何影响儿童的依恋？

> "从摇篮中学到的东西，能够带进坟墓。"
> ——法国谚语

如果安全依恋可以孕育社会能力，那么当环境剥夺孩子建立依恋关系的条件时会出现什么结果呢？在各种各样的心理学研究中，再也没有比这更令人难过的研究了。在某些公共福利机构里，儿童得不到固定养育者的刺激和关爱；有的儿童被锁在家里遭受虐待或极端的忽视，他们通常会变得退缩冷漠、害怕，甚至丧失语言能力。那些 20 世纪 80 年代罗马尼亚孤儿院的孩子看起来就像"哈洛研究中那些战战兢兢的猴子"（Carlson，1995）。如果在那种机构待 8 个月以上，他们通常会遭受持续很久的情感之痛（Chisholm，1998；Malinosky-Rummell & Hansen，1993；Rutter et al.，1998）。

哈洛研究中的猴子如果生活在完全孤独甚至没有人工母亲的环境中，也会遭受同样的精神创伤。如果将在这种环境下长大的成年猴和其他同龄的猴子放在一起，它们会因害怕而颤抖，或是表现出带有攻击性的张牙舞爪。当它们到了性成熟的年龄，大部分猴子无法顺利交配。即使人工受孕，母猴也会非常冷漠无情，或表现出虐待行为，甚至杀掉第一胎。

人类也是如此。得不到关爱的人通常不会去关爱他人。很多虐待子女的父母说他们在儿时曾遭受过忽视或被殴打（Kempe & Kempe，1978，Lewis et al.，1988）。但这是否意味着今日的受害者会预示明日的施暴者？答案是否定的。尽管很多虐待者都曾受到虐待，但大多数受虐儿童不会成为暴力罪犯或有虐待倾向的家长。多数孩子会在逆境中成长，就像那些在大屠杀中存活下来的孩子一样，他们也会成长为正常的成人（Helmreich，1992；Masten，2001）。

一项以 1 000 个曾受虐待的青年为对象的研究发现，如果虐待仅发生在童年早期，那么这种虐待的不良后果到青少年晚期会逐渐减弱（Ireland et al.，2002）。即使长期生活在缺乏语言交谈的环境下，一些孩子也会变得越来越成熟——在被充满爱意的家庭收养后——成长为成家立业的正常成年人（Clarke & Clarke，1998）。

但是有些孩子，尤其是那些没有和他们受虐待的过去彻底决裂的孩子，并没有这样明显地恢复。30% 受到虐待的孩子会虐待他们的孩子——比全国儿童平均虐待率高 3 倍（Kaufman & Zigler，1987；Widom，1989）。另外，那些遭受过性虐待、身体虐待和经历战争暴行的儿童（挨打、目睹酷刑折磨、长期生活在恐惧中）可能会遭受其他持续性的创伤——经常会做噩梦，沮丧抑郁，成为药物滥用、酗酒或攻击性强的问题少年（Kendall-Tackett et al.，1993；Polusny & Follette，1995；Trickett & McBride-Chang，1995）。

尽管儿童具有可塑性，但童年时代的精神创伤也会在大脑中留下印记。正常温顺的金仓鼠如果在幼年遭受反复的惊吓与攻击，那么这种影响会一直延续到成年。它们和大小相同的仓鼠在一起时显得胆小懦弱，而一旦和弱小的仓鼠在一起时又会变得恃强凌弱（Ferris，1996）。这些动物大脑中的化学物质 5- 羟色胺发生了变化，而这种复合胺可以抑制攻击性冲动。在那些对同龄人滥用暴力的孩子身上发现了一种类似但作用较为迟缓的复合胺。虐待行为的研究者马丁 · 泰歇（Teicher，2002）认为，压力使得一系列荷尔蒙释放，最终扭曲了孩子们的大脑而适应了邪恶的暴力世界。

虐待的问题有没有可能是其他因素导致的呢——例如可能是家庭纠纷、邻里关系不合、喜怒无常的气质？一项对美国、澳大利亚同卵双胞胎的研究表明，那些儿童期曾经遭受性虐待（包括性交）的妇女比她们未受虐待的双胞胎更有可能抑郁、焦虑、酗酒（Kendler et al., 2000;Nelson et al., 2002）。虽然拥有相同的基因、父母、邻居，但遭受虐待的同胞个体会一直生活在虐待的阴影中。由于幼年遭受虐待和过度承受压力，荷尔蒙也好像永久地改变了负责情绪加工的大脑边缘系统的发展。

依恋的破坏 当破坏了一个孩子的依恋关系时会出现什么结果呢？和自己的家庭分离后，猴子和人类婴儿都会沮丧，不久之后会变得退缩，甚至绝望（Bowlby, 1973；Mineka & Suomi，1978）。考虑到分离带来的压力可能会给个体带来持久伤害（有些时候这样做是为了维护家长的权利），法庭通常不希望孩子离开自己的家庭。

如果把婴儿安置在一个更加积极和稳定的环境中，很多孩子会从分离带来的压力中恢复。在对被收养者进行的研究中，亚洛及其同事们（Yarrow et al., 1973）将 6~16 个月的婴儿从母亲身边带走，这些婴儿最初在吃饭睡觉和适应新母亲时都会有困难。但到 10 岁时再对他们进行研究，结果发现，基本上没有什么影响后果。因此，他们认为孩子在 6 个月前被收养不会有什么害处（仅伴随很小的痛苦悲伤）。同样，在婴儿和童年期就被充满爱意的家庭收养的罗马尼亚孤儿，进步都很显著，尤其是在认知发展方面。将孩子从多个收养家庭中换来换去的收养模式不利于依恋关系的建立，甚至会很具破坏性。与母亲反复持久分离也会带来同样的后果。

当依恋关系受到破坏时成人也会痛苦不堪。无论是由于死亡还是由于分离，因为失去了伴侣，随之会产生一系列的不安情绪，接着是深深的痛苦悲哀，最后是情感上的漠然，随即恢复正常生活（Hazan & Shaver，1994）。即使那些刚离婚已很久没有感情的夫妇，有时也会很惊讶于他们想接近前妻或前夫的愿望。我们不太可能在短短的一瞬间破坏那种亲密长久的依恋关系。解除依恋是一个过程，而不只是一个事件。

日托影响依恋吗 在 20 世纪中期，母亲在家操持家务是社会常规，研究者提出疑问："日托对孩子不好吗？它会破坏孩子对父母的依恋吗？"对于那些经常被研究的高质量的日托教学来说，答案是否定的（Belsky，1990）。无论是母亲照顾还是他人照顾，发展心理学家桑德拉·斯卡尔（Scarr，1986）认为，孩子是"生物学上强健的个体……能够在多样的环境下生活。"许多发展心理学家的研究成果表明，母亲外出工作对儿童发展没有什么太大的影响（Erel et al.，2000，Goldberg et al., 2008）。

接着，研究者们转而研究不同等级水平的幼儿园对不同类型和不同年龄的孩子产生的影响作用。斯卡尔（Scarr, 1997）认为："在全世界范围内，高质量幼儿园的环境十分安全健康而且富有激励作用，在此幼儿得以和成人进行温暖而又充满支持的交流。质量较差的幼儿园对孩子的照顾比较单调，对儿童的需求不太敏感。"

高质量日托的示例 研究表明，如果幼儿在一个安全并刺激丰富的环境中活动，那么其社会性和智力水平都会得到很好的发展。这种模式通常要求一个看护者照顾三四个儿童。

美国当前正在对 10 个城市中的 1 100 个儿童进行追踪研究，这是从他们一个月大时就开始进行的研究。最近的结果(儿童的年龄从4岁半到6岁)表明，那些早期大多数时间待在幼儿园的孩子在语言和思维上稍占优势，虽然他们的攻击行为和反叛行为也较多（NICHD，2002，2003，2006）。但是，孩子的气质类型、父母的敏感性、家庭的经济条件以及教育水平，比日托的时间长短要重要得多。

鉴于依恋模式的文化差异，我们不应该对儿童在各种抚养条件下的生存能力感到惊奇。西方文化下依恋的特点是只包括一两个照料者及其后代。而在其他文化中，如扎伊尔的俾格米人，主要模式是多人抚养（Field，1996；Whaley et al.，2002）。甚至在新妈妈抱自己刚出生不久的孩子之前，新生儿就已经被多个女性抱过。在接下来的数星期中，新生儿会被其他哺乳期妇女照顾和喂养。结果就会形成这种多方依恋。正如非洲一句著名的谚语所说："全村共养一个孩子。"

当父母上班时，将学前儿童单独留在家里是否合适，对此大家很少会有异议。其实对那些一天 9 个小时待在设备简陋、人手不足的机构里的孩子也是如此。所有孩子都需要和值得自己信赖并可模仿学习的成人建立持久温暖的关系。

自我概念

8. 儿童的自我概念是如何发展的？父母教养风格如何影响儿童的特质？

婴儿社会性发展的第一项成果就是依恋。而童年时期的主要社会性发展结果是形成积极的自我意识。到童年晚期，即 12 岁左右，多数孩子形成了**自我概念**（self-concept）——一种对我是谁的理解和评价。家长时常疑惑孩子的这种自我感觉是何时和怎样发展起来的。"我的小女儿能够意识到她自己吗——她知道她自己是和别人不同的独一无二的人吗？"

当然我们无法直接问婴儿这个问题。但是我们可以对其行为进行归纳——让她的行为给最初的自我意识提供线索。1877 年生物学家达尔文提供了一种方法：自我意识在我们识别镜中的自我时就已经出现。按照这种说法，自身识别在 1 岁左右逐渐出现，大概是 6 个月大时，婴儿会去触摸镜子中自己的影像，认为那是另一个孩子（Courage & Howe，2002；Damon & Hart，1982，1988，1992）。

但是我们怎么知道孩子识别出镜中的女孩正是自己，而不是一个很要好的玩伴呢？只需要在孩子照镜子时做一点微小的变化，研究者在让婴儿照镜子之前先在他们的鼻子上点一个红点。婴儿从 15~18 个月开始，只要一看到镜中的红点，他们就会摸自己的鼻子（Butterworth，1992；Gallup & Suarez，1986）。显然，18 个月大的婴儿已经形成他们自己脸的概念图式。他们会想："为什么我的脸上有个点呢？"

Kate Nurre/Worth Publishers

自我意识 镜像会使 6 个月大的婴儿着迷，但是只有到 18 个月大时，他们才会意识到镜子中的形象就是"我自己"。

从这种简单的自我认识开始，儿童的自我概念逐步加强。到学龄期，儿童学会用性别、群体关系、心理特点来描述自己，从而将自己与其他孩子进行比较（Newsman & Ruble，1988；Stipek，1992）。他们会认识到自己在某些方面非常擅长或有技巧，而其他方面则不是那样。他们开始形成一种希望自己具有什么样性格的理想观念。儿童 8~10 岁时，其自我形象已非常稳定。

孩子们对自己的看法会影响他们的行为。自我概念积极的孩子更自信、独立、乐观、有决心，社会化程度也更高（Maccoby，1980）。这就引出另一个重要的问题：家长应该如何鼓励孩子形成积极的自我概念？父母教养方式会以怎样的方式影响孩子？

父母的教养行为

父母的教养方式多种多样。有些父母打骂孩子，有些父母会跟孩子讲道理。有些父母严格，有些父母宽容。有些父母冷漠，有些父母会从容地亲吻拥抱孩子。这些差异会影响孩子吗？

现在，父母教养行为研究的重要方面是，家长会怎样以及在何种程度上控制孩子。有些研究者提出了三种不同的父母教养方式：

1. **专制型**的父母强调规则，希望服从。“不准插嘴”，“一定要把自己的房间保持干净”，“不准熬夜，不然你第二天不能按时起床”，“为什么？因为我说了算。”
2. **放纵型**的父母一味服从孩子的愿望，很少要求，很少惩罚。
3. **权威型**的父母既有要求也有回应。他们不仅仅通过制定规则与强迫强调控制，而且会解释原因，尤其对稍大的孩子会鼓励公开讨论，制定规则时也允许有例外。

太严、太松、正好，这些教养方式曾被如此称呼过。库珀史密斯等人（Coopersmith，1967；Baumrind，1996）的研究发现，那些自尊和自立程度最高、社交能力最强的孩子，通常拥有温和、关切、权威的父母。尽管大多数研究针对中产阶级白人家庭，但是其他种族和世界范围内 200 多种不同文化的研究也肯定了这种爱和权威型的父母教养方式（Rohner & Veneziano，2001；Steinberg & Moriss，2001）。

在得出关于不同父母教养方式会导致不同结果的结论之前，请记住：*相关并不代表存在因果关系*。某种教养方式（严格但开放）和孩子的某种表现（社交能力强）之间的联系仅仅是相关。可能还存在其他对抚养—能力之间关系的解释。对于教养方式和能力之间的联系，下面有两种可能的解释。（你能再想出其他的吗？）

- 儿童的特质影响父母的教养方式，反之亦然。即便在同一个家庭内，家长的温和与控制对每个孩子可能都有所不同（Holden & Miller，1999）。因而，有可能社会化程度较高、讨人喜欢、容易相处的孩子会获得父母更多的信任和关怀，能力和协调性差的孩子得到的父母关注就少。双生子研究结果支持这一结论（Kendler，1996）。
- 或者可能存在另外一个潜在因素。可以考虑：权威型父母通常受教育程度更高，很少因穷困或刚离婚而感到有压力，这些都是影响孩子能力的因素（Hetherington，1979）。或者是：能力很强的父母和孩子可能都具有某种控制社会能力的共享基因。双生子研究结果支持这一结论（South et al.，2008）。

当家长面对各种各样具有矛盾冲突性的建议以及为如何教育子女而不知所措时，他们都应该谨记，所有的建议反映的都是建议者的价值观。对于那些强调孩子要无条件服从的人，专制教养方式可能会起作用。对那些强调孩子的社会能力

"父母是孩子成长的推动力。"

——纪伯伦，《先知》，1923

和自理能力的人，权威且开放的教养方式才是可取的。

养育孩子的投资一般都要花好多年时间，其中并非只有快乐和爱，也有担忧和愤怒。尽管如此，对于大部分家长而言，孩子是社会和生物的遗产——个人对人类未来的投资。引用精神分析家荣格的话，我们通过父母和过去相联，通过孩子和未来相联，可以进入到一个自己从未见过，但每个人都必须关心的未来。

本节回顾

➤ **自问**

你能否回忆起自己曾经听错过歌词，并把歌词同化在你自己的图式中？（有很多类似的例子，具体参见 www.kissthisguy.com。）

➤ **自测 2**

运用皮亚杰认知发展的前三个阶段解释：为什么儿童不是他们原来认为的成人的缩小版。

自测问题的答案见书后的附录。

青春期

许多心理学家认为我们的人格特点是在童年期形成的。今天的发展心理学家认为发展是一个贯穿一生的过程。在一次高中同学 5 年后的同学聚会上，以前的亲密朋友会为彼此之间的分歧感到吃惊。再过 10 年，他们可能连交谈都会有困难。

随着这种毕生发展观点的出现，心理学家开始研究成熟和经验如何能够不仅成功地塑造我们的婴儿期和童年期，而且还影响到青春期以及未来的发展。**青春期**（adolescence）是从童年到成年的过渡期。它开始于性成熟期，到具有独立的成年人地位为止。

在西方社会，十多岁是什么样子的？托尔斯泰笔下的安娜·卡列尼娜说："告别童年的幸福时光，跳出那个大圈子，兴高采烈地，一条路正伸向远方。"但是躲避纳粹的少女安妮的日记却记录了这样多变的情感：

> 别人对我的态度经常变化。某天他们说我很聪明，因而可以学习所有的东西；第二天他们又说我是个笨山羊，什么也不知道，还自以为从书上学了很多东西……啊，我躺在床上时，也有好多事情困扰着我，不得不容忍那些令人讨厌的人，因为他们总是误解我的意思。

霍尔（Hall，1904）是最早描述青春期的心理学家之一，他认为青春期是伴随生理成熟到社会独立过程的紧张所导致的"暴风骤雨与压力"的时期。的确，在强调个性独立的西方文化中，许多 30 岁以后的成年人不愿再次体验他们的青春生活。在飞扬的青春时光中，同龄人的社会认同必不可少，年轻人对生活的方向变幻不定，他们深感与父母日渐疏远（Arnett，1999；Macfarlane, 1964）。

困扰只是青春期会出现的许多情感的一种。除了性情多变以外，青春期也像托尔斯泰描述的那样——这个时期，活力充沛，注重友谊，崇尚理想主义，越来越体会到人生美好的感觉。

➧ 你将如何看待自己过去 10 年的生活？你是否正在做出一些日后回想起来令你颇为满意的选择？

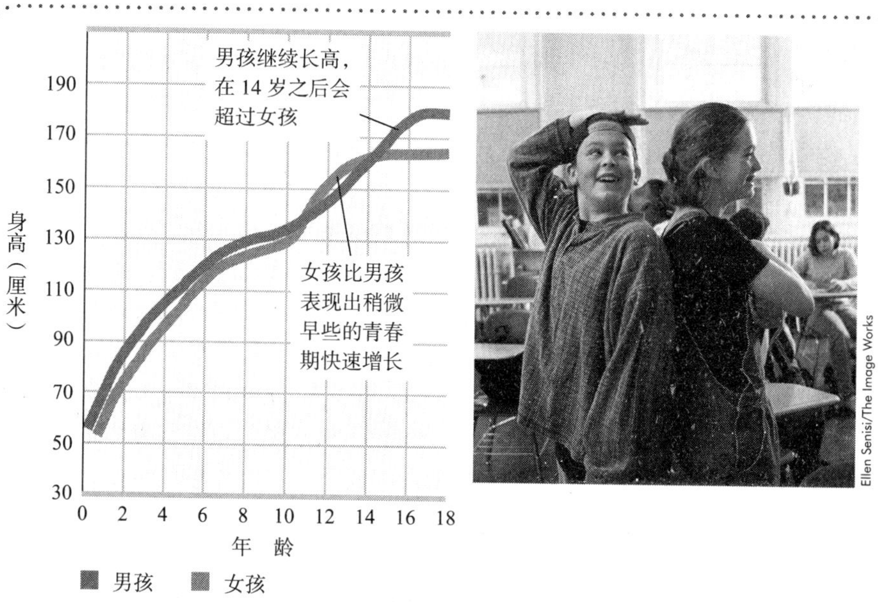

➤ 图 5.19

身高差异

在童年期，男孩与女孩的身高相当。刚进入青春期时，女孩一度在个头上高于男孩，但男孩在 14 岁时，身高普遍会超过女孩（Data from Tanner，1978）。最近的研究表明，性发育和发育高峰期的起始时间要早于半个世纪前的情况（Herman-Giddens et al.，2001）。

生理发展

9. 青春期生理变化的标志什么？

青春期始于**性成熟**（puberty）。伴随激素的大量分泌，性成熟会令个体的情绪多变，并促发身体迅速发育（男孩始于 13 岁，女孩始于 11 岁）。性成熟时，男孩比同龄女孩长得高（图 5.19）。在这期间，**第一性征**（primary sex characteristics）（生殖器官和外生殖器）发育非常迅速，**第二性征**（secondary sex characteristics）（女性的乳房与臀部，男性的胡须与低哑的嗓音，两性都有的腋毛和阴毛）的发育同样也非常明显（图 5.20）。在成熟的前一两年里，男孩和女孩第一次产生被异性吸引的心跳感觉和兴奋（McClintock & Herdt，1996）。

女孩的发育是从乳房开始，一般是 10 岁左右（Brody，1999）。但男孩的成熟标志：首次遗精则发生在 14 岁左右。女孩首次月经来潮是 12 岁左右。初次月经被称为**月经初潮**（menarche），这是令女孩难忘的事。几乎所有成年女性在回忆

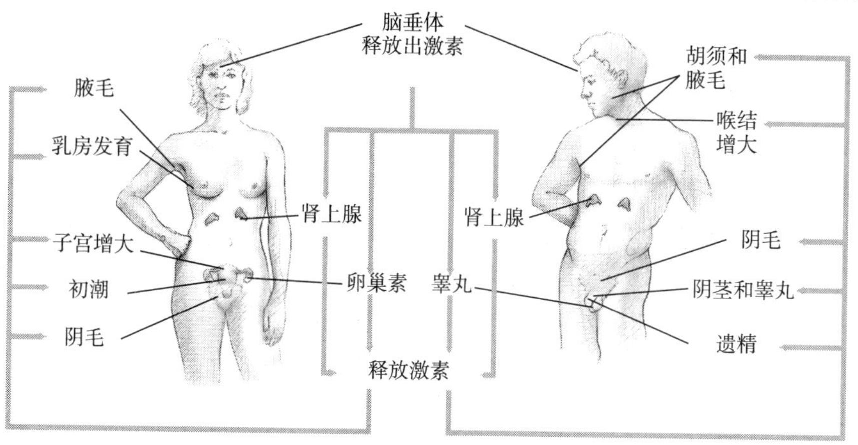

➤ 图 5.20

青春期的身体变化

女孩在 11 岁左右，男孩在 13 岁左右，由于激素的大量分泌，会导致身体发生一系列变化。

自己的初潮时都会记起当时那种混合的情感：骄傲、激动、困扰、忧虑（Greif & Vlman，1982；Woods et al.，1983）。对此做好准备的女孩通常将其看做自己人生积极的转折点。此后，不论多大年龄的女性，她们表现、对待自己的方式与男性日益不同，并且越来越不依赖父母（Golub，1983）。同样，多数男性回忆自己的首次遗精通常发生在夜里（Fuller & Downs，1990）。

如同人生之初的生理变化一样，性成熟的顺序（例如乳房发育和阴毛出现早于初潮）要比出现时间容易预测。有些女孩在9岁时就已经发育，而有些男孩却迟至16岁发育。尽管这些差异只对身高与成熟有轻微影响，但却可能会对个体的心理产生影响。早熟对男孩有利。早熟男孩在十多岁时比同龄人更强壮，更擅长运动，通常也更受欢迎，更自信，也更独立。但同时也更有可能去冒险尝试酒精和不成熟的性行为（Steinberg & Morris，2001）。但早熟对女孩来说却是一大压力事件。如果一个女孩的身心发育和她的朋友不同步，当她与年长的未成年人沟通交流时，很可能会受到讥讽和性骚扰。不仅我们的成熟很有意义，别人如何对待我们这种受遗传影响的生理发育也很重要。请记住：遗传与环境相互作用。

“对于一个受到伤害、寻求报复的15岁孩子而言，如果一把枪受到其前额叶的控制，一旦指向某个目标，枪很可能开火。”

——美国国立卫生研究院的脑科学家丹尼尔·温伯格，“未发育成熟的大脑很难做出理智的判断”，2001

青少年的大脑也在发育。成熟前，脑细胞联系增多，就像树枝不断长出新的枝叶一样。然后在青春期，大脑开始选择性地清除那些很少会用到的联系（Durston et al.，2001）。用进废退。正如交通工程师一样，通过清除某些街道和建立新的环形公路来减缓交通堵塞，提高交通效率。

前额叶发育似乎迟于情绪性边缘系统发育。这可以用来解释青少年的易冲动、情绪激烈爆发与冒险行为。个体在10到20岁期间，随着前额叶的发育逐渐成熟，就会做出更好的判断、控制冲动，并具备长远规划的能力。十多岁的生活开始和结束之时，我们的大脑是不同的。

认知发展

10. 皮亚杰、柯尔伯格和后来的研究者是如何描述青少年的认知和道德发展的?

青少年不断发展的推理能力会令其社会意识和道德判断能力发展到一个更高的水平。当青少年开始能够思考自己和他人的观点时，他们便开始考虑别人会如何看待他们（如果青少年知道他们的同龄人都有相似的倾向的话，他们或许不会那么担心别人如何看待自己）。随着认知能力的成熟，他们开始考虑理想社会的发展状况，并且与社会、父母甚至他们自身的缺点进行比较。

“当飞行员告诉我们弯下身抓住自己的脚踝时，我首先想到的是我们看起来一定很可笑。”

——杰里迈亚·罗林斯，12岁，在文奥瓦州苏城空难发生之后

推理能力的发展

青春期早期，个体的推理常常会表现出自我中心。青少年往往认为他们自身的经历是独一无二的。他们认为家长不能理解他们约会和讨厌学校的心理感受:“但是，妈妈，你真的不知道谈恋爱的感觉”（Elkind，1978）。

逐渐地，大部分人会达到智力发展的顶峰，即皮亚杰所说的形式运算阶段。儿童推理是非常具体化的，但青少年却能够进行抽象逻辑思维。当青少年衡量和分辨人性、善恶、是非与公正时，我们能看到这种新的抽象推理能力。童年早期当他们刚刚运用符号思维时，也许会把上帝想象成一位腾云驾雾的老者，但他们现在却在找寻更深的关于上帝与存在的概念（Elkind，1970；Worthington，1989）。

William Thomas Cain/Getty Images

AP/Wide World Photos

推理能力展示 图中的年轻人对美伊战争的争论持反对意见，他们在这一抽象话题上展示出其逻辑思维能力。根据皮亚杰的观点，他们正处于认知发展的最后阶段，即形式运算阶段。

青少年假设性推理和演绎结果的能力同样可以使他们发现别人推理的不一致，从而识别真伪。这往往会导致他们和家长发生激烈争吵，默默发誓永不忘记自己的理想（Peterson et al.，1986）。

> “言行一致是一种令人愉悦的和谐。”
>
> ——蒙田 (1533~1592)

道德发展

儿童期和青春期的两项主要任务就是辨别是非对错以及个性发展——控制冲动的心理力量。我们的许多道德根植于原始本能层次的反应，也就是心智为之寻求合理化（Haidt，2006）。要成为一个有道德的人就是要用道德方式去思考并且做出相应的行动。

皮亚杰（Piaget，1932）认为，儿童的道德判断建立在认知发展的基础之上。柯尔伯格（Kohlberg，1981，1984）同意他的观点，并且试图描述我们判断是非对错时的想法，即*道德推理*。柯尔伯格设计了一种道德两难困境（例如，一个人是否应该为救他心爱的人去偷药），分别去问儿童、青少年、成人这种行为是对还是错，然后分析他们的回答，并以此作为判断道德思维发展阶段的依据。

柯尔伯格指出，就像智力发展一样，我们的道德推理将经历六个阶段，从最简单最具体的推理过程到更抽象和更有原则的推理过程。他把这六个阶段分为三个基本水平：前习俗、习俗和后习俗。

- **前习俗道德**（preconventional morality） 9 岁前，大多数儿童会表现出关注自身利益的前习俗道德：他们往往为避免惩罚（如果你让自己的妻子死去，你会很麻烦的）或得到物质奖励而顺从（如果你救了妻子，你就是一个英雄）。
- **习俗道德**（conventional morality） 青春期早期，道德会发展到更高的习俗水平：考虑他人，遵守法律和社会规则，仅仅因为它们是法律和规则。青少年能够进行观点采择，从而支持赞赏那些得到社会认同的行为，帮助维持社会秩序（如果你偷药，大家就会认为你是罪犯）。
- **后习俗道德**（postconventional morality） 有些在形式运算基础上发展出抽象推理能力的人会达到第三阶段。后习俗道德宣扬人们公认的权利（人有生存权）或依据个体自我界定的伦理道德原则进行价值判断（如果你偷东西，你可能就违背了自己的理想）。

柯尔伯格认为这些阶段构成了道德阶梯，最底层是儿童不成熟的前习俗道德，最上层是只有某些人才能达到的成人自我界定的伦理准则。对于所有的阶段理论来说，这种发展顺序都是不变的。我们从底部开始，逐渐上升，发展到不同的高度。

AP Photo/Eric Gray

道德推理 发生在新奥尔良的卡特丽娜飓风灾难让人们面临道德两难的困境：图中的人们应该偷家庭生活必需品吗？尽管他们的行为很简单，但他们的推理能力似乎反映了不同的道德思维水平。

研究证明，各文化背景下的儿童都是由柯尔伯格称之为前习俗道德的水平发展至习俗道德水平（Gibbs et al.，2007）。随着思维的成熟，我们行为中自私的成分越来越少，而对他人的关爱越来越多（Krebs & Van Hesteren，1984；Miller et al.，1996）。但是，对后习俗道德水平却存在更多的争议。这大多出现在欧洲和北美的中产阶级中，他们信奉个人主义，即认为个人目标比集体目标更优先（Eckensberger，1994；Miller & Bersoff，1995）。批评家认为，对于中国和印度这样的集体主义国家来说，这种道德推理理论存在偏见，对于西方社会的女性也同样如此。（她们的道德并没有那么抽象或充满个人主义原则，而是更考虑人与人之间的关爱关系。）

“我对任何认为道德发展的最高阶段就是每个人都能像大学教授那样讲话的理论心存疑虑。”

——詹姆士·威尔逊，《道德感》，1993

道德感 大脑可以迅速而自动地做出道德判断，正如我们做出审美判断那样。我们看到堕落和反人类行为会觉得恶心；而当我们看到有人表现得慷慨大方而且富有同情与勇气时，我们会感到他很崇高，那是一种温暖而炽热的情感蕴含在我们胸中的感觉。

一位妇女回忆起自己和三个年轻人在雪地开车时的情景：“一个铲雪的老妇人出现在我们的视线里，当后座的一个年轻人要求下车之前，我没有什么特别的想法……当我看到他从车上下来并走向那位老妇人时，我吃惊地张大了嘴，因为我意识到他要去帮那位老妇人清扫路上的积雪。”这一出乎意料的善行激发了我崇敬的心理：“我恨不得马上从车里跳出来，并紧紧拥抱这位年轻人。我多想一边唱一边跑，一边跳一边笑。我要赞美人们”（Haidt，2000）。

海特（Haidt，2002，2007，2008）认为，社会直觉可以解释道德，道德感先于道德推理。“人的道德真的受制于道德情感吗？”他对此感到疑惑。事实上，他推测，“道德判断可以迅速地引发个体的内心情绪，或是受情感支配的直觉，从而触发道德推理。”道德推理的目标就是说服别人，让他们相信我们的直觉感受。

对道德两难问题的一系列研究支持对道德的社会直觉的解释。请想象一辆因失控而冲向五名行人的电车，除非你扳动道岔，把电车引到另一轨道上，但这样可能有一个人会死。如果不采取这一行动，那五个人都会死。你会扳动道岔吗？

大多数人说“会”。牺牲一个人，可以救五个人嘛。现在想象一个相同的困境，只不过你挽救那五人的方法是把一个陌生人推向轨道，他会被电车撞死，但尸体却可以阻止电车。死一个，救五个？

虽然逻辑是一样的，但是大多数人会拒绝后者。为了找寻原因，普林斯顿一个由约书亚·格林（Greene，2001）领导的研究小组，运用脑成像技术探索人们面对此类道德困境时的神经反应。只有当面临类似推人的道德两难问题时，被试的大脑情绪区域才会活跃。尽管是相同的逻辑，但个人道德两难问题只有在牵涉到情绪情感时，个体才会改变道德判断。因此，道德判断不仅是思考，而且也是内心的情绪情感。

道德行为 我们的道德思维与情绪感受会影响我们的道德对话。但有些时候对话是随意的，情绪也转瞬即逝。道德是做正确的事情，而做什么也要受社会影响。政治理论家汉纳·阿伦特（Arendt，1963）观察到，二战时许多纳粹集中营的守卫曾经都是正常人，但后来却被邪恶的环境腐化了。

无论如何，伴随着我们思维发展的成熟，我们的行为中的自私会变少，而关爱会变多（Krebs & Van Hesteren，1994；Miller et al.，1996）。因此，当代的品格教育项目更多关注道德问题和做正确的事情。我们可以教孩子对他人的情绪产生同理心。我们还可以教他们用自律来抑制冲动——为了以后能得到更大的回报，而进行延迟满足。那些学会延迟满足的人变得更有社会责任感，学业有成，也更有社会价值（Funder & Block，1989；Mischel et al.，1988，1989）。在学习服务项目中，青少年导师清扫街区和帮助老人，他们这种服务能力和意愿的增加同时也会降低他们所在学校的旷课和辍学率（Andersen，1998；Pilliavin，2003）。道德行为滋养了道德态度。

社会性发展

11. 青春期面临的挑战和承担的社会任务是什么？

理论家埃里克森（Erikson，1963）认为，生命每一阶段都有要完成的“心理”任务，有一个亟待解决的危机。年幼儿童要解决信任问题，接着是自主（独立），然后是主动性（表 5.2）。学龄儿童努力追求胜任感，觉得自己有能力且有精力。埃里克森认为青少年的任务是分析过去、现在和未来的可能性，以对自己有更加清晰的认识。青少年经常思索这样的问题：“作为一个人，我是谁？我的人生目标是什么？我的生活应遵循什么样的价值观？我的信仰是什么？”埃里克森把青少年的这种探索叫做“寻求同一性”。

如同心理学研究中时常出现的那样，埃里克森的研究兴趣也来自他自己的人生经历。作为一个母亲是犹太人、父亲是丹麦人的孩子，“他在两边都是一个局外人”，莫顿·亨特（Hunt，1993）这样说道，他“在学校被指责为犹太人，而在犹太人教堂又因为金发碧眼不被大家认同而受到嘲笑。”这种经历激发了他探求青少年自我同一性的兴趣。

同一性形成

为了形成自我同一性，西方社会的青少年经常在不同情境下尝试做不同的自我——可能在家是一个样子，和朋友在一起是另一个样子，在学校和工作时又是一个样子。如果两个情境有重叠——比如一个年轻人带朋友回家——不适感可想而知。年轻人会问：“我该做哪个自我？哪一个是真实的自我呢？”这种角色困扰

表 5.2 埃里克森的心理发展阶段

阶段（大概年龄）	问 题	任务描述
婴儿（1 岁以内）	信任 / 不信任	如果需要得到满足，婴儿则形成基本的信任感。
学步儿（1 到 2 岁）	自主 / 羞怯和怀疑	幼儿开始学习按自己的意愿做事情，否则他们会怀疑自己的能力。
学龄前儿童（3 到 5 岁）	主动 / 内疚	学前儿童学着发起任务和实施计划，否则他们会对自己的独立奋斗感到内疚。
小学生（6 岁到青春期）	勤奋 / 自卑	儿童开始意识到全身心投入到任务中的乐趣，否则他们会感到自卑。
青少年（十几岁到 20 岁）	自我同一性 / 同一性混乱	十几岁的孩子通过检验角色来提炼对自我的感知，然后整合这些感知形成一个单一的同一性，否则他们会对自己是谁感到迷惑。
青年（20 到 40 岁）	亲密 / 孤独	年轻人开始力图形成亲密关系和实现爱情婚姻，否则他们会产生被社会孤立的感觉。
中年（40 到 60 岁）	生产 / 停滞	中年人开始对世界作出贡献，通常是关于家庭和工作的，或者他们感到缺少目标。
老年（60 岁以上）	自我整合 / 悲观绝望	当对他的一生进行反思时，老年人会产生满意感或失败感。

通常通过形成一种自我定义得到解决。这种定义将各种各样的自我整合到一起，从而使个体产生一种协调一致而且舒适的自我感觉，即一种**同一性**（identity）。对青少年和成人来说，不同群体间的同一性形成于我们与周围人的差异程度。在英国生活时，我更会意识到我是一个美国人。当和我的女儿在非洲度假时，我会更加意识到自己是白种人。当身处女性群体中时，我会意识到自己的性别同一性。对于外国留学生、少数民族群体、残疾人士来说，他们作为一个团体，经常地，围绕着他们的差异，形成了**社会同一性**（social identity）。

但事实并不总是如此。埃里克森注意到有些青少年在其父母的期望和价值观的作用下很早就形成了自我同一性（传统上，在不太强调个人主义的文化下，青少年并非自己来决定他们到底是谁）。有一些年轻人可能会形成与家长和老师相反，但却与某个特定的同伴团体一致的认同——大学运动员，预科生，疯狂捣乱的孩子，粗野的人，等等。同时也有人似乎从未找到过自己，也没有强烈的责任感。对大多数人而言，有关自我同同性的问题——我是谁？——在青春期后仍然持续，并在进入成年期的人生转折点上会再次出现。

今天我将是谁？通过改变他们的外表，青少年努力表达不同的“自我”。尽管我们最终会形成稳定一致的同一性，但是我们会根据不同的情境来改变自我。

Leland Bobbe/Getty Images

Matthias Clamer/Getty Images

青春期晚期，很多人开始上大学或参加工作，这时，个体可能会去尝试其他的角色。随着年龄的增长，很多大学生在他们入校第一年就形成了明确的自我同一性（Waterman，1988）。他们的同一性通常与其越来越积极的自我概念相结合。在几项全国范围的调查中，研究者考察了美国青年人的自尊（样题：我和其他人一样能做很多事）。结果发现，在青春期早期，自尊通常比较低落；但到青春期晚期和二十岁左右，自尊感却会反弹（Robins et al.，2002；Twenge & Campbell，2001）。

认同也会变得越来越个体化。丹尼尔·哈特（Hart，1988）让不同年龄的年轻人想象有一台机器可以克隆：（a）你的思维和情感，（b）你的外表，（c）你与朋友和家庭的关系。当问及哪种克隆方式会更接近本人时，75% 的七年级孩子选择（c），即社会关系的克隆。然而，75% 的九年级孩子选择（a），即具有自己的思维和情感的个体。

埃里克森认为，在青春期同一性形成阶段之后，紧接着就是发展**亲密**（intimacy）关系能力进入成年早期。埃里克森说，一旦你具有了清晰、舒适的自我同一性，就为建立亲密关系做好了准备。

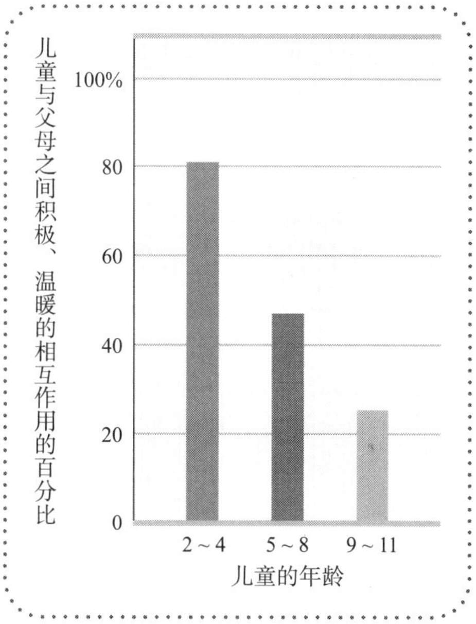

➤ **图 5.21**

亲子关系的变化

对加拿大家庭进行全国性大样本访谈研究发现：学龄前儿童与父母之间通常是一种亲密、温暖的关系，但随着儿童年龄的增长，亲子关系会逐渐淡化。（摘自 Statistics Canada，1999。）

与父母和同伴的关系

在西方文化中，未成年人为寻求形成他们的自我同一性，开始离开父母（Shanahan et al.，2007）。以前整天粘着妈妈的学龄前儿童，到 14 岁时一下子变成了和妈妈拉一下手就像要死掉一样的孩子。这种变化是逐渐发生的（图 5.21）。在青春期，父母和孩子经常发生争吵，通常是为了一些琐事——家务活、作息时间、作业（Tesser et al.，1989）。在整个青春期，父母与子女之间的冲突变得短暂而激烈（青春期早期），但冲突的频率会逐渐减少（Shanahan et al.，2007）。

只有一小部分的父母和处于青春期的子女，会因彼此之间的差异而导致关系的疏远和紧张（Steinberg & Morris，2001）。但是对大多数的父母和子女而言，争吵和观点的分歧并不是破坏性的。一项对 10 个国家（包括澳大利亚、土耳其、孟加拉等）6 000 多名青少年的研究发现，大多数人喜欢他们的父母（Offer et al.，1988）。“我们通常会相处得很好，但是……”青少年通常这样报告（Galambos，1992；Steinberg，1987）。

我的生活怎么会这样？我的生活怎么会这样？难道你必须这样事无巨细地操控我的生活吗？

积极的亲子关系会带来积极的同伴关系。那些最有人缘的高中女生和母亲的关系也最亲密（Gold & Yanof，1985）。感觉自己和父母关系亲密的孩子一般更健康乐观，学习成绩也更好（Resnick et al.，1997）。当然，我们可以这样解释：行为不良的学生亲子关系也可能很紧张。

青春期是家长的影响力越来越小而同伴的影响力越来越大的时期。在一项针对家长的调查中，当问及“是否和孩子严肃地谈过非法毒品使用”一类的问题时，85% 的美国家长回答“是”。但很多青少年听不进这些中肯的建议，只有 45% 的青少年能回忆起类似的谈话（Morin & Brossard，1997）。

如第 4 章所述，遗传在个体的人格差异上起着非常重要的作用，其余则主要是同伴的影响。年轻人是群居动物，他们谈话、穿衣、行为更像同伴而不像自己的父母。在打热线电话的年轻人中，朋友关系是最热门的话题（Boehm et al.，1999）。那些感觉自己受排斥的青少年会体验到强烈的痛苦感。社会心理学家阿伦森（Aronson，2001）观察到，“大多数高中学校的社会氛围是由有害的小圈子主导，而且他们非常排外。”多数被排斥的“学生默默地忍受……只有一小部分学生用暴力来对抗自己的同学。”当这些被排斥的学生放弃反抗时，他们很可能变得孤独、低自尊、抑郁（Steinberg & Morris，2001）。

同伴的认同很重要，但家长在其他方面的影响更大，如塑造他们的宗教信仰和行为，考虑大学和职业选择（Emerging Trends，1997）。

成人初显期

12. 什么是成人初显期?

随着个体在成年早期逐渐成熟，亲子之间的情感纽带也日渐淡薄。在孩子 20 岁出头时，很多人还在依靠父母。将近 30 岁时，很多人觉得不再依赖父母会更令自己感觉舒服，而且今后还会不断强调这一点（Frank，1988；White，1983）。

从青春期到成年期的过渡阶段如今正在不断延长。工业化文明使青年需要花费更多时间去完成大学学业，远离家园，开创事业。比如在美国，个体第一次婚姻的平均年龄与 1960 年相比推后了四年（男性 27 岁，女性 25 岁）。从 18 岁到 20 多岁是一个未定型的时期，现在有时被称为“**成人初显期**”（emerging adulthood）（Arnett，2000）。初入成年期的个体已不再是青少年，但仍不能像成人那样承担自己的责任并且也未完全独立。

随着文化传统的改变，西方社会的青少年发育得也更早。当今，肥胖（怀孕和营养过剩）和日益弱化的亲子纽带（缺乏父爱）导致了更早的性成熟（Ellis，2004）。延迟独立和过早的性成熟一起拓宽了生理成熟和社会性独立之间曾经短暂的间歇（见图 5.22）。

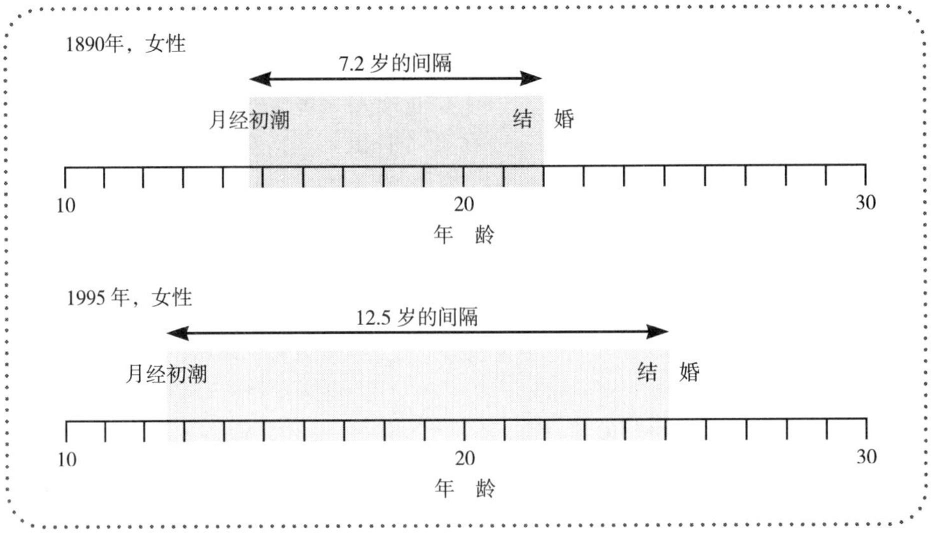

➤ **图 5.22**
成年期过渡正在向两端延伸
19 世纪 90 年代，女性月经初潮和结婚之间的平均时间间隔是 7 年左右，这也是向成年期转变的典型标志；而在今天的西方工业化国家，这种时间间隔大约为 12 年（Cuttmacher, 1994, 2000）。尽管许多成年人都未婚，但是，延迟结婚加之受教育延长与月经初潮提前，这些都导致了向成人期过渡的延长。

本节回顾

➤ **自问**

当你还处在青春期时，你所记得最积极和最消极的事情是什么？对于你的父母和同伴，你责备谁更多，信任谁更多？

➤ **自测 3**

上个世纪，西方社会从儿童期向成年期的转变是如何变化的？

自测问题的答案见书后的附录。

成 年 期

心理学家一度把从青春期至老年期之间的生命时期看做是一个漫长的高原期。现在，随着对成年期生活的探索，人们相信个体的发展终生都在进行。

与人生早期相比，对成年阶段的发展进行概括似乎变得更加困难。如果你知道詹姆士 1 岁而贾马尔 10 岁，针对这两个孩子你都能说出很多东西。而对于年龄相差悬殊的成人就难说了。老板可能 30 岁，也可能 60 岁。马拉松选手可能 20 岁，也可能 50 岁；一名 19 岁的青年可能已为人父母，也可能仍需父母的庇护。尽管如此，我们的人生过程在某些方面还是很相似的。我们的生理、思想和社会关系在某些方面与童年时期非常相似，而在其他方面则可能差异很大。

"我仍在学习。"
——米开朗基罗，
1560，85 岁时

生理发展

13. 在成年中晚期，个体的生理会发生哪些变化？

我们的生理能力，包括肌肉力量、反应时、感觉敏锐度以及心脏的输出量等，均在二十五六岁时达到顶峰。正如夏日午后衰减的日光，体能的衰减是很难察觉的。运动员常常首先受到关注。世界级田径和游泳选手在十几岁或二十出头时就达到巅峰。由于女性比男性发育早，因而达到巅峰的时间可能更早。但我们中的大多数人，尤其是日常生活中不要求表现出强体力的人，很难觉察到早期的衰退征兆。

中年期的生理变化

中年运动员都知道力量会逐渐加速衰退（图 5.23）。虽然正在打篮球，但已经 65 岁的我现在经常怀疑我的球队是否真的需要我上场。但目前的体力仍足够让我完成日常活动。其实，在成年早期和中期，生理活力比起年龄，似乎与人的健康状况和锻炼习惯关系更大。现在很多身体硬朗的 50 岁老人可以轻松跑完 4 英里，而习惯于久坐的年轻人爬两层楼就累得气喘吁吁。甚至许多 70 岁老人仍然一点也不显老。

对女性而言，老化意味着受孕能力的下降。35~39 岁的女性中，因一次性交而受孕的几率是 19 至 26 岁女性的一半。但女性最明显的衰老标志是**绝经**

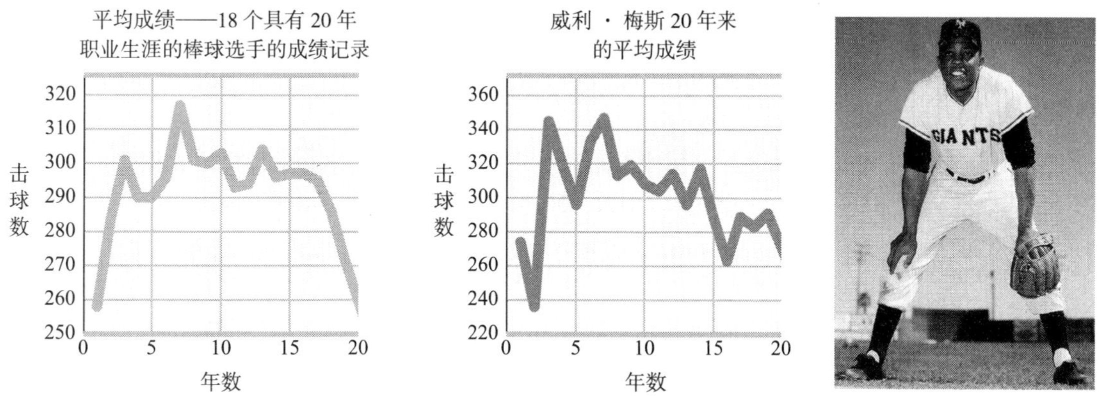

➤ 图 5.23
体能逐渐加速衰退
一项对 20 世纪所有的棒球主力队员的分析考察了他们的衰老变化和击球率，结果发现，在运动员职业生涯的后几年中，其体能逐渐加速衰退（Schall & Smith，2000）。伟大的威利 · 梅斯的职业成绩记录就是一个很好的例子。

“如果知道了真相，我们可能会将（老年女性）诊断为 P. M. F.（绝经后重获自由）。”

——社会心理学家杰奎琳·古德柴尔德，1987

“目前还没有任何证据表明，生活方式的改变、手术、维生素、抗氧化剂、激素或者基因工程技术能够影响衰老过程。”

——51 位研究衰老过程的科学家签署的《人类宣言》，2002

（menopause），即月经周期的结束，一般出现在 50 多岁。伴随着性激素分泌的减少，会出现绝经及一系列绝经的生理症状。加拿大和美国妇女的比例有十分之四或五，但在日本该比例仅占七分之一，其症状包括不时的潮热（Goode，1999；Lock，1998）。就像青春期给人压力和躁狂的刻板印象一样，认为绝经会带来情绪性和抑郁的观点也与现实生活不符：绝经并未给女性带来心理问题。一项对数以千计的加拿大和美国中年妇女长达十年的调查表明，女性并未因绝经而抑郁（Busch et al.，1994；Dennerstein et al.，2000；Matthews，1992；McKinlay et al.，1987）。

男性的更年期与女性的经历有所不同——生殖力并未衰退，性激素分泌也并未急剧减少。他们仅仅在产生精子的数量和睾丸激素的分泌量上逐渐减少，以及勃起和射精的速度有所减慢。若睾丸激素的分泌量减少很快，会引发男性失眠、沮丧、易怒、虚弱等症状，这些症状可以通过“睾丸激素替代疗法”来加以治疗（Sternbach，1998）。有些男性会因活力和体力衰退而产生抑郁心理。但多数男性衰老时并不会出现这些问题。

一项对 40~64 岁加拿大公民的国家调查发现，只有 33% 的人报告说他们在性生活中比二十几岁时体验到的乐趣少（Wright，2006）。中年后，大多数男性和女性对其性生活感觉满意。美国国家老年委员会对 60 岁以上老人的调查表明，39% 的老人对他们性生活的频率表示满意，39% 的人则希望性生活更频繁一些（Leary，1998）。

老年生理变化

老年“比死亡更可怕吗”（Juvenal，*Satires*）？抑或当生命“在走下坡路时，那是最令人愉悦的”（Seneca，*Epistulae ad Lucilium*）？变老会是什么样子？为了帮助你获得自己的理解，请对下列的表述做出正确或错误的判断：

1. 老人对小病越来越多疑。
2. 人老时许多脑细胞会死亡。
3. 如果他们能活到 90 岁以上，很多老人会越来越衰弱。
4. 再认能力——对以前经历过事物的辨别能力——随年龄的增长而下降。
5. 生活满意度在 50 岁时达到顶峰，65 岁后逐渐降低。

成年人的能力变化多样 87 岁的老人：不要尝试这个。2002 年，乔治·布莱尔成为世界上年龄最大的赤脚滑水者，18 天后是他 87 岁的生日。

Rick Doyle/Corbis

人均寿命 上述所有描述都是错误的，它们来自对世界增长速度最快的人口群体的最新调查。全世界的人均寿命由 1950 年的 49 岁增至 2004 年的 67 岁——在发达国家超过 80 岁（PRB，2004；Sivard，1996）。长寿和低出生率结合在一起，使得老龄人群在世界总人口中的比例日益增大。显然，生儿养老的国家注定会发生大的社会变化。

男女的寿命存在差异，男性往往比女性更早去世。尽管男女胚胎比率为 126:100，但男性更易夭折（Strickland，1992）。男女出生率之比为 105:100。出生后第一年，男婴死亡率超过女婴四分之一。世界范围内，女性寿命超过男性 4~5 年，而在美国、加拿大、澳大利亚等国则为 5~6 年（比起嫁给年长者，想寻找伴侣与自己共度人生的 20 岁女性要等 15 岁的男孩发育成熟才可能）。100 岁的寿星中，女性比男性多 4 倍。

我们之中很少有人会活到 100 岁。即使 50 岁前没人因癌症、心脏病和传染病而死亡，人类的平均寿命仍然只是 85 岁多一点（Barinaga，1991）。身体在衰老。细胞停止繁殖，变得越来越脆弱，而且会因小问题生病——天热、跌倒、轻微的感冒传染——而这对于 20 岁的人简直是不值一提。

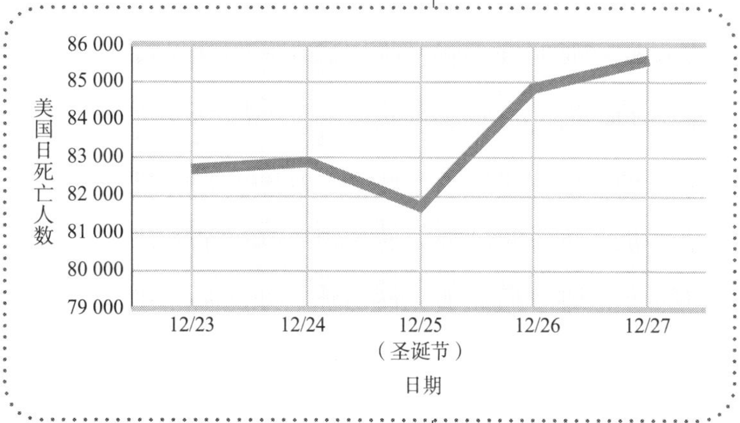

➤ 图 5.24
推迟一天死亡？
从 1987 年到 2002 年间，美国人在圣诞节后几天的死亡总数增加。这一数据为研究者提出的死亡延期现象（Shimizu & Pelham, 2008）增加了新的证据。

为何我们最终会筋疲力尽呢？为何我们不像松树、岩鱼和某些昆虫皇后那样，永葆青春呢？进化生物学家提出的理论认为，答案与我们的物种生存有关：我们养育后代然后停止消费资源对基因传递最有利。一旦我们完成基因传递，就自然丧失了那种对抗基因退化的压力（Olshansky et al.，1993；Sapolsky & Finch，1991）。

人们的精神也会影响寿命。正如我们将在第 12 章中看到的，长期生气和抑郁会增加我们患病和提前死亡的风险。研究者最近发现一种让人惊奇的死亡延期现象。例如，研究者（Shimizu & Pelham，2008）报告说，最近 15 年内，有 2000~3000 美国人更多在圣诞节后两天而非前两天死亡（见图 5.24）。人们在生日那天的死亡率提高，这是因为他们活过了新千年的第一天，这对他们来说是一个里程碑。

“出于某些原因，也许是为了节省墨水，餐馆开始使用细菌大小的字母印制菜单。”
——戴夫 · 巴里，*Dave Barry Turns Fifty*，1998

感觉能力 正如我们所见，体能从成年早期就开始衰退，但直到我们进入老年期才会觉察到此事。视敏度下降，对光强变化的适应减慢。肌肉力量、反应时和精力显著衰退，听力、距离知觉和嗅觉也都有所衰退（图 5.25）。老年人会觉得楼梯更陡峭，字号更小，人们说话声音更小了。

随着年龄的增长，瞳孔会进一步收缩，晶体变得越来越浑浊，从而减少了到达视网膜的光线量。实际上，65 岁老人所接收到的光线量仅占 20 岁年轻人所接收光量的三分之一（Kline & Schieber，1985）。这是为何当和青年人一起阅读或开车时，老年人需要三倍的光量，这也是为什么老年人买车要买无色挡风玻璃的车。也恰恰是因为这一点，老年人总会对年轻人说：“难道你不需要更亮的灯光吗？”

➤ 图 5.25
衰老的感觉
70 岁以上的老年人的视觉、味觉和听觉变得越来越不敏锐。（from Doty et al.，1984）

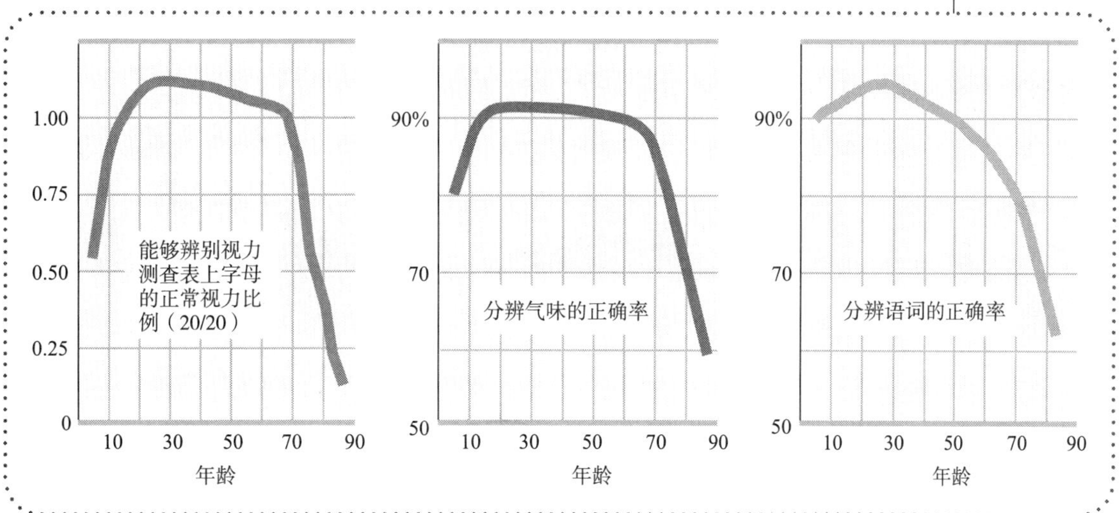

▸ 老年人摔落楼梯事故大多数是在最高一层楼梯上发生的，那通常是人们从有灯光的走廊转入比较黑暗的楼梯时（Fozard & Popkin，1978）。我们可以利用人类衰老的知识设计环境，以减少这类危险事故的发生（National Research Council，1990）。

健　康 对于老年人而言，健康的信息喜忧参半。忧：身体免疫力下降，使老年人更易感染危及生命的疾病，如癌症和流感。喜：从一定程度上要感谢抗体的积累，老年人更少感染短期疾病，如普通感冒和伤风病毒。例如，每年 65 岁以上老年人感染上呼吸道疾病的可能性是 20 岁年轻人的一半，是学前儿童的五分之一（美国国家健康统计局，1990）。这是老年工人缺勤率低的原因之一（Rhodes，1993）。

衰老会减缓脑神经的加工速度，从而给脑活动带来负担。从出生直到青春期，我们加工处理信息的速度越来越快（Fry & Hale，1996；Kail，1991）。和青少年及青年人相比，老年人会花更多时间去反应，解决感知觉问题，甚至去记住名字（Bashore et al.，1997；Verhaeghen & Salthouse，1997）。当任务变得复杂时，问题解决速度明显降低（Cerella，1985；Poon，1987）。玩视频游戏时，大多数 70 岁的人不是 20 岁青年的对手。而且如图 5.26 所示，每 1 亿英里致人死亡的交通事故率在 75 岁后明显上升。75 岁时的事故率简直可以和青少年时相提并论了（美国国家研究委员会，1990）。

个体在衰老的过程中，大脑的记忆功能开始衰退（Schacter，1996）。成年早期，小范围的脑细胞逐渐开始死亡，到 80 岁时大约会丧失占整个脑重 5% 的脑细胞。女性的衰老速度比男性慢。世界范围内女性不仅可以比男性多活 4 年，而且她们的大脑也比男性萎缩得更慢（Coffey et al.，1998）。

新细胞的诞生和神经联系的增加可以弥补细胞死亡带来的损失，特别是对那些仍然很活跃的个体而言（Coleman & Flood，1986）。这有助于解释为什么通常在体育、性活动和精神上都很活跃的成年人，在老年期仍可以在上述方面保持更强的能力（Jarvik，1975；Pfeiffer，1977）。体育锻炼有利于肌肉、骨骼的发育，有利于增强体力，而且锻炼能防止发胖并预防心脏病。现在看来似乎还有刺激脑细胞发育的作用，这可能要归功于氧气的增加和营养循环（Kempermann et al.，1998）。也许这还可以解释为什么习惯于久坐的老年人在随机安排实施散步计划后，会表现出较强的记忆力和更敏锐的判断力（Kramer et al.，1999）。我们更可能因不锻炼而衰退，而不是锻炼过头而筋疲力尽。“用进废退”的确很有道理。

老年痴呆和阿尔兹海默氏症 不幸的是，有些成人会失去大量的脑细胞。到 95 岁时，个体出现神经疾病的概率每五年增长一倍（图 5.27）。多次小的撞击、脑瘤和酗酒会逐渐损害大脑，引起神经坏死，我们称之为**老年痴呆**（dementia）。另一

▸ **图 5.26**
年龄和致人死亡的事故
反应迟缓增加了 75 岁以上老年人出事故的风险性（Stock，1995）。你还赞同驾照考试只是基于成绩表现而不是年龄来筛选出那些因反应迟缓或感觉障碍而增加事故风险的人吗？

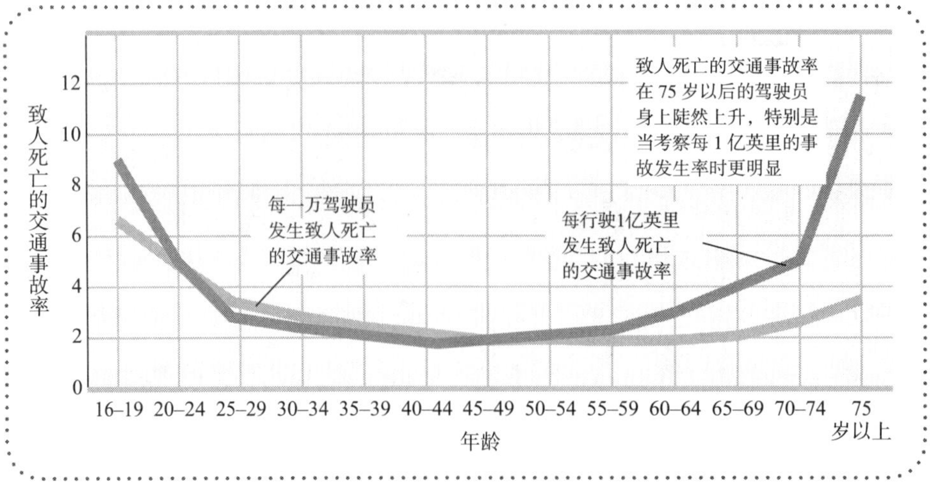

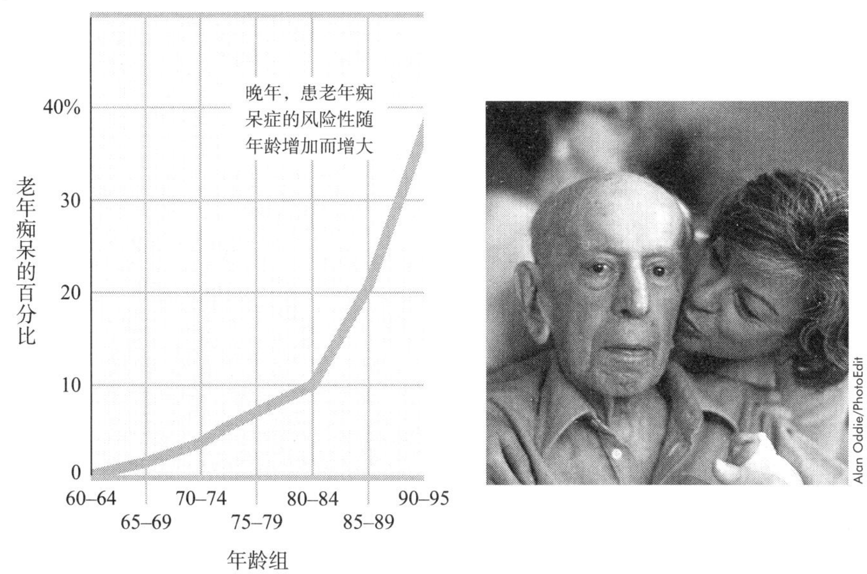

➤ 图 5.27
年龄和老年痴呆（心理退化）
对老年人而言，由阿尔兹海默氏症和中风引起的心理能力丧失的风险性大约每五年就会增加一倍。（from Jorm et al., 1987，基于工业化国家 22 个研究的结果。）

个最令人害怕的大脑疾病：**阿尔兹海默氏症**（Alzheimer's disease）也同样如此。世界上 75 岁以上的老人中有 3% 的老年人患该病。该病症状与普通衰老有所区别（偶尔忘记车钥匙放在哪里不是发病先兆，而忘记怎么回家却可能是该病症状）。

阿尔兹海默氏症甚至会毁掉人类最聪明的大脑。先是记忆，后是推理功能退化。罗伯特·赛尔（Sayre，1979）记得他父亲向被疾病折磨的母亲大叫“给我好好地想一想”，但他母亲却只是困惑不已，不知所措，流着眼泪，漫无目的地满屋子找丢失的东西。一旦患上了阿尔兹海默氏症，在此之后的 5 至 20 年，病人情绪平淡，方向感丧失，然后失禁，最后丧失意识——那就如同活死人一般。

> 我们努力让人们活着，他们存活的时间足够长以至于患上阿尔兹海默氏症。
>
> ——斯蒂夫·麦康奈尔盖尔，阿尔兹海默氏症协会副主席

阿尔兹海默氏症症状的起因是由于产生乙酰胆碱的神经元受到损坏。由于没有了这种重要的化学信使，我们便无法进行正常的记忆和思维活动。尸体解剖显示，这些乙酰胆碱的神经元有两种不正常的表现：细胞体内是缩成一团的蛋白质细丝，神经元细稍末端有硬板（结块的脱落组织）。不同类型的阿尔兹海默氏症还与不同类型的基因异常有关（Marx，1998）。

科学家正在探索阿尔兹海默氏症在化学、神经学和遗传学上的根源。对可能会患该症的人，大脑扫描显示（图 5.28），发病之前关键脑细胞开始退化，在记忆单词时会有更弥散的脑活动，患者似乎是要花更多力气去完成相同的任务（Bookheimer et al.，2000；Fox et al.，2001）。一个活跃而且主动创新的大脑不太可能患阿尔兹海默氏症（Wilson et al.，2002），正如肌肉锻炼的道理那样，大脑也同样如此：脑子越用越灵光。

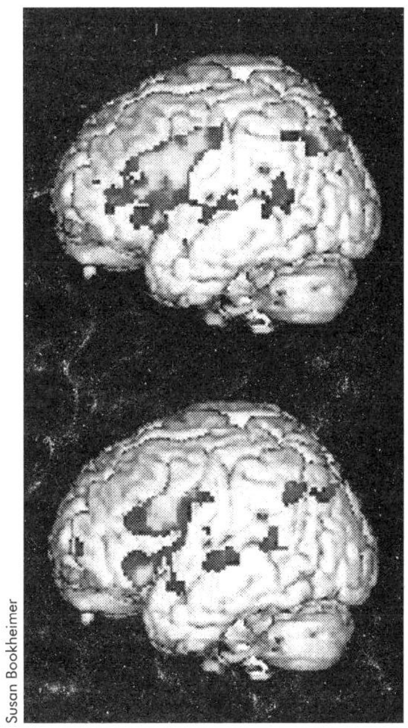

➤ 图 5.28
对阿尔兹海默氏症的预测（见彩插）
在一个记忆测验中，对可能会患阿尔兹海默氏症个体的大脑进行 MRI 扫描（上图），发现其脑区相对于正常个体的大脑（下图）有更强烈的活动（黄色区域，其次是橘色和红色区域）。既然大脑扫描和基因测试可以帮我们辨认出哪些个体可能会患阿尔兹海默氏症，那么你想试一试吗？会在什么年龄测试？

认知发展

14.记忆和智力是如何随年龄增长而变化的？

个体发展的毕生研究中最有争议的问题之一就是成年人的认知能力，如记忆、创造性和智力是否和生理机能一起逐渐衰退。例如，雇主也许要考虑是让他们的老年工人退休，还是将他们的经验变成资本。

老化与记忆

➧ 如果你正值 20 岁左右，去年的什么经历令你难以忘怀？（这可能是你 50 多岁时记得最牢的生活时期。）

随着年龄的增长，有些事我们会记得很清楚。老年人回顾自己的人生经历时，他们不仅清晰地记得刚发生过的事情，而且记得自己人生第二、第三个 10 年的经历（Holmes & Conway，1999；Rubin et al.，1998）。当要求人们回忆过去 50 年中最重要的一两件事时，他们倾向于回忆自己在十几岁或二十几岁时所发生的事。无论个体在这期间经历了什么事——大萧条、第二次世界大战、民权运动、越南战争（对当代年轻人而言可能还有“9·11”）——这些都会变得很重要（Pillemer，1998；Schuman & Scott，1989）。青年时代我们会经历许多值得回忆的“第一次”：第一次约会，第一份工作，第一次上大学，第一次见伴侣的父母，等等。

成年早期确实是某些形式的学习和记忆的发展顶峰。在一个实验中，克鲁克和韦斯特（Crook & West，1990）邀请 1 205 个人记忆一些名字。14 个录像带上的人报出了他们自己的名字，以一种非常普通的方式：“你好，我叫兰瑞。”然后同一个人再次出现并介绍自己，比如“我来自费城”——以此提供记忆此人名字的声音和视觉线索。如图 5.29，每个人在重复介绍两或三遍后都能记住更多的名字，但年轻人显然比老年人记得好。其他的研究也得出了类似的结果。当首相撒切尔夫人宣布辞职后的几个小时内，要求年轻人和老年人回忆他们听到此消息的心理感受。11 个月后再次被问及时，90% 的年轻人、42% 的老人回答和上次相同（Cohen et al.，1994）。40 岁以上的人中，大概有三分之二的人认为自己的记性大不如 10 年前了（KRC，2001）。

但让我们考虑一下另一个实验。斯考费尔德和罗伯逊（Schonfield & Robertson，1966）要求不同年龄的成人学习 24 个单词。不提供任何线索，研究人员要求被试尽可能**回忆**单词表上的单词，而另一组仅被要求使用多项选择的方法**再认**单词。年轻人再次表现出较好的回忆成绩（图 5.30），但研究者发现，在再认单词的任务中，并没有发现记忆随年龄增长而明显衰减的现象。实验同样表明，除非提供咖啡因，对年龄大一些的中年人，再认记忆在上午比在下午好（May et al.，1993；Ryan et al.，2002）。因此，老年人记忆的成绩表现取决于：是要求他们只是简单地再认已经记忆的（最少的衰减）还是在无线索条件下回忆（更大的衰减）？

前瞻性记忆——“记得拿牛奶”——在有事件线索激发记忆时（回家路过一家便利店）仍然很强。基于时间的记忆（记得三点钟开会）对老年人似乎更具挑战性。而习惯性任务，如一天吃三次药，对老年人则格外具有挑战性（Einstein

➤ **图 5.29**
回忆测试
对年轻人来说，回忆曾经被介绍过一次、两次或三次的新名字要比老年人容易。（摘自 Crook & West，1990。）

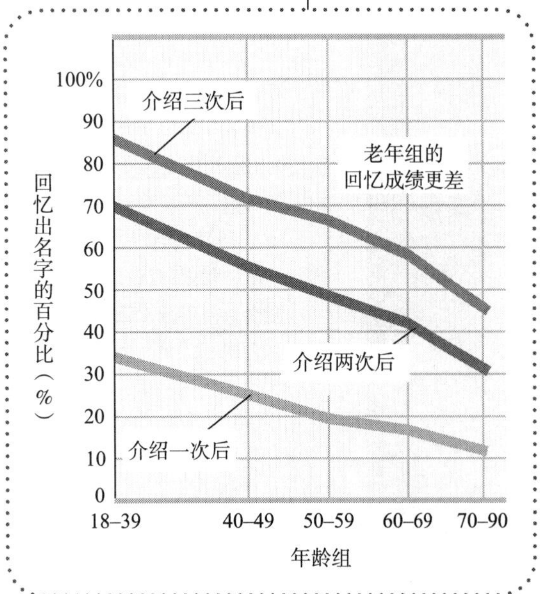

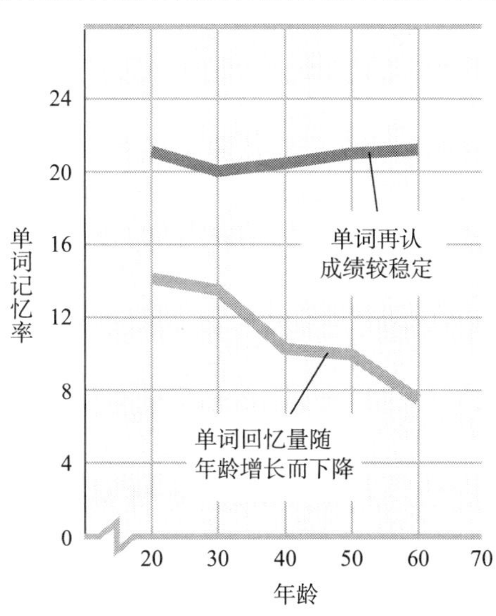

➤ 图 5.30
成年人的回忆和再认
在这个实验中，回忆新信息的能力在成年早期和中期都有所下降，而再认新信息的能力却没有下降。（摘自 Schonfield & Robertson，1966。）

& McDaniel et al.，1990，1995，1998）。

每天在不同时间吃不同的药，这可能会使我们弄不清楚自己是否已经吃了某种药。一种非常简单的解决方法是利用外部的帮助条件：把每周要吃的药片放到一个盒子里，而这个盒子有很多层，我们可以把不同日子不同时间要吃的药放到不同的夹层里。

研究学习和记忆能力的人会注意到另一件重要的事实：即使我们处在人生的最后阶段，分化仍然在继续。如果你认为 20 岁左右的人在学习和记忆能力上存在很大差异的话，请思考一下这种观点结论：70 岁的人会表现出更大的差异。有些 70 岁的人的成绩表现几乎不如所有 20 岁的人，但也有些 70 岁的人达到或超过了 20 岁个体的平均水平。

遗忘也取决于我们要记忆的信息类型。如果要求个体记忆无意义信息，如无意义音节或不重要的事件，那么年龄越大的人出错越多。但是，如果信息是有意义的，那么年龄较大的人拥有丰富的信息网，这会帮助记忆。老年人学习和记忆技能的能力比回忆有意义材料的能力衰减得更慢（Graf，1990；Labouvie-Vief & Schell，1982；Perlmutter，1983）。

衰老与智力

当我们越来越老时，我们更宽泛的智力会发生什么变化？它会像我们记忆新材料的能力那样不断减退吗？还是一直保持不变，就像我们识记有意义材料那样呢？解决这些问题本身就是很有趣的研究，它说明了心理学的自我纠正过程（Woodruff-Pak，1989）。

第一阶段：横断研究中智力衰退的证据 在**横断研究**（cross-sectional study）中，研究者对不同年龄的人进行了测试和比较。当对具有代表性的被试实施智力测验时，结果一致发现老年人做对的项目比年轻人少。韦克斯勒（Wechsler，1972）是被广泛使用的成人智力测验的发明者，他因而概括说："智力随年老而衰退是整个身体机能衰退的一部分。"

长期以来，这种关于智力衰退的错误说法没有受到质疑。很多公司因此制定了强制退休政策，声称，如果采用年轻而可能更有能力的新员工来代替上了年纪的老员工，公司就有可能盈利更多。尽人皆知，老狗学不会新把戏。

第二阶段：纵向研究中智力发展稳定的证据 1920 年前后，大学开始对入学新生进行智力测验，很多心理学家从中看到了对智力进行**纵向研究**（longitudinal study）的可能性，即在几年内对同一人群进行重复测验。他们期望出现的结果是：

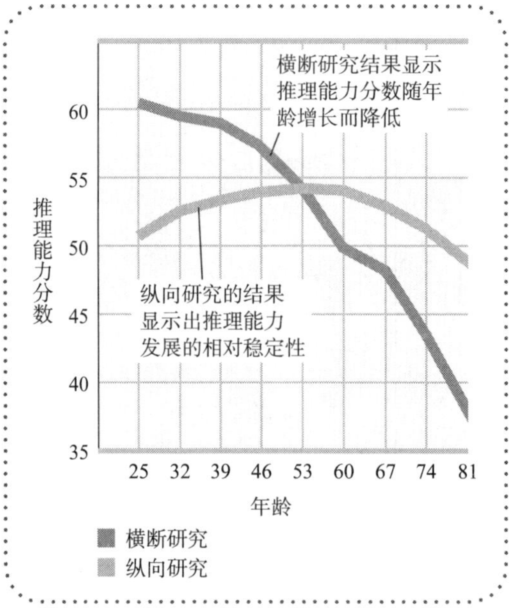

➤ 图 5.31
在不同年龄段对智力的横断和纵向研究
在这个言语智力的测验中（归纳推理），横断研究的结果是推理能力分数随着年龄的增长而降低，而纵向研究的结果是个体在进入成年期后推理能力分数会略微有所上升。（摘自 Schaie，1994。）

30 岁左右就会出现智力衰退的现象（Schaie & Geiwitz，1982）。而实际的研究结果却令人大吃一惊：直到生命的后期，智力还保持相对稳定（图 5.31）。在一些测试中，智力测验成绩甚至还会上升。

那我们应该如何解释横断研究的结果呢？经过回顾，科学家发现了问题，当研究者比较 20 岁和 70 岁人群时，他不仅比较了两个不同年龄的群体，也比较了两个不同时代的群体。它将受教育程度低的人（20 世纪初出生）和受教育程度高的人（20 世纪 50 年以后出生）、大家庭中长大的孩子和小家庭中长大的孩子、富裕家庭的孩子和不富裕家庭的孩子进行了比较。

从这种更加乐观的观点出发，那种智力会随年龄的增长而衰退的说法可以休矣。众所周知，只要身体健康就可以活到老学到老。约翰·洛克在 70 岁时发明了避孕药。莫赛斯奶奶 78 岁开始学画画，而且一直到 100 岁以后仍在画画。在 81 岁——也就是在结束大学橄榄球教练职务 17 年后，斯塔格仍获得了年度最佳教练称号。在 79 岁时，建筑师赖特设计出了纽约古根海姆博物馆。

第三阶段：具体情况具体分析 但是争论仍然在继续。一方面，纵向研究有其固有的缺陷。那些在纵向研究中能够坚持到最后的可能是那些很聪明的健康老人，他们的智力衰退得最少。（那些较早去世而退出研究的老年人可能恰恰是智力衰退较快的个体）。为调整被试流失所造成的影响，最近在英格兰剑桥对 2 000 个 75 岁以上个体进行了调查研究，结果发现智力呈现逐渐衰退的趋势，尤其是 85 岁以上的老年人（Brayne et al.，1999）。

⏩ 像老年人一样，老年大猩猩的信息加工也变得很慢。（Anderson et al., 2005。）

由于发现智力不是单一的特质，所以研究也越来越复杂化（第 10 章）。由于智力测验测的是思维反应速度，所以这对老年人是不利的，因为他们神经系统处理信息的速度变慢。在街上偶遇老朋友，名字会更慢浮现——像软泥中的水泡——莱肯（Lykken，1999）这样形容。但是速度更慢不代表更笨。当进行有关综合词汇、知识和收集信息的测验时，老年人表现得更好（Craik，1986）。加拿大老年人在这类问题上胜过加拿大年轻人：哪个省从前被叫做 New Caledonia？在 4 项研究中，参与者用 15 分钟在《纽约时报》上的纵横字谜游戏上填写单词。研究发现，最高的平均成绩由 50 多岁、60 多岁和 70 多岁的老年人获得（见图 5.32）。

"年少时我们学习，年老时我们理解。"
——奥地利女小说家
埃布纳 – 埃申巴赫，
《格言》，1883

德国研究者巴尔茨及其同事（Baltes et al.，1993，1994，1999）发展了一种"智慧测验"（wisdom tests），测验内容考察"个体生活中一般的专业知识，对如何能够在复杂不确定的情境下管理自己提供好的判断与建议。"结果表明，老年人不仅仅考虑他们自身。所以，尽管 30 多岁的年轻人思维敏捷，我们还是愿意让老年人来做公司、学校乃至国家的领袖。年龄就是智慧。引用一个 60 岁人的话："40 年前我记忆力很好，但我很愚蠢。"

因此，智力随年龄增长或衰退取决于我们测量的是哪种类型的智力。**晶体智**

力（crystallized intelligence）——人们在词汇和类比测验中反映出来的累积知识——到老年期都会有所增长。**液体智力**（fluid intelligence）——快速抽象推理的能力，如分析解决新异的逻辑问题，大约在 75 岁左右缓慢衰退，然后衰退的速度加快，特别是在 85 岁以后（Cattell，1963；Horn，1982）。我们可以在全国范围的成人智力测验分数中发现这种模式。将教育的影响作用控制之后，分数（反映的是晶体智力）从 20 岁到 74 岁保持相对稳定；不过，解决疑难问题的能力却在下降。

这种认知差异有助于解释为什么许多科学家和数学家会在他们 20 岁末和 30 岁初做出最具创造性的工作。但在文学、历史和哲学界，最好的作品却产生于 40 岁、50 岁甚至年纪更大的时候，也就是个体积累了足够多的知识以后（Simonton，1988，1990）。如诗人（依赖于液体智力）比散文家（需要更深的知识积累）会更早到达他们的发展巅峰。在文学艺术的各领域中，无论使用已被取消的还是现存的语言，都得出了类似的发现。因而智力成绩是否会随年龄增长而衰减，这依赖于我们测量的是什么以及怎样来测量。

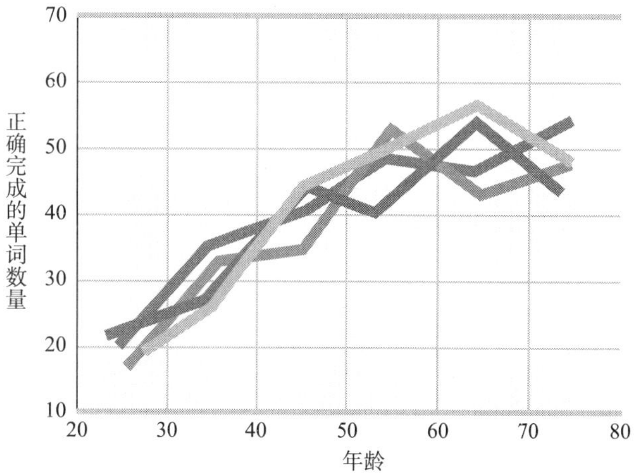

➤ **图** 5.32
词汇能力随年龄增长而提高
研究者总结了 4 项研究（Salthouse，2004），当给予 15 分钟的时间填写《纽约时报》上的字谜游戏时，老年参与者表现优秀。

社会性发展

15.从成年早期到死亡这段旅程中，有哪些标志性的主题和影响？

青年人和老年人的许多差异，并非由伴随衰老而出现的生理和认知变化所造成，而是与家庭和工作相关的生活事件有关。新工作意味着新的联系、新的期待和新的要求。婚姻带来了亲密的快乐，以及与伴侣一起生活的压力。孩子的诞生给我们带来了很多责任，会明显改变你生活的重心。爱人去世会给个体带来无法替代的失落感，以及重新确认人生的需要。这些成人生活的正常事件是否预示着一种可预测的生活变化的序列？

> “在我们生命旅程的中途，直路消失了，我发现自己迷失在一片漆黑的森林中。”
>
> ——但丁，《神曲》，1314

成年期的年龄和阶段

当个体进入到人生的第 40 个年头时，他们开始向中年期过渡，意识到生命即将过半。许多心理学家认为“中年期转变”是一场危机，一个竞争激烈的时期，伴随着后悔感，甚至还会产生被生活击倒的感觉。一个流行的中年危机形象是：一个放弃家庭而去追求跑车和年轻女朋友的男人。事实上，对大样本的调查显示，不幸福、对工作和婚姻不满、离婚、焦虑，以及自杀行为在 40 来岁很少出现（Hunter & Sundel，1989；Mroczek & Kolarz，1998）。比如离婚，在二十几岁时最常见。而自杀行为在 70 到 80 岁左右最普遍。对 10 000 个情绪不稳定的人进行研究表明，“没有任何证据表明”中年人的压力最大（图 5.33）。四分之一的成年人报告说他们经历过危机，其关键因素不是年龄，而是诸如生病、离婚或失业等重大事件（Lachman，2004）。

对与年龄相联系的阶段，即所谓的“中年危机”提出质疑还因为一个原因：

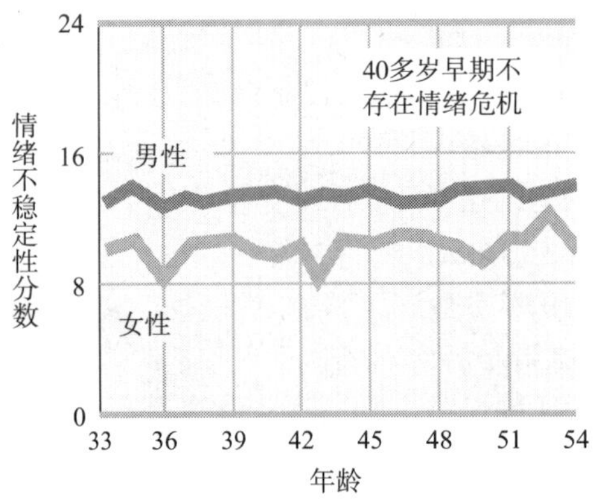

➤ 图 5.33
四十多岁的中年危机?
在一项对 10 000 个被试进行的全民健康调查发现，40 多岁个体的情绪不稳定性（神经质）分数并没有增加。（摘自 McCrae & Costa，1990。）

社会时钟（social clock）——文化对各种“时机”的界定：离开家庭、找工作、结婚、生育、退休——在各种文化下和不同时代中都是有所不同的。在约旦，40% 的新娘只有十几岁；而在中国香港，这个年龄的新娘仅占 3%（联合国，1992）。在西欧，65 岁以上的人中仅有不到 10% 的人仍然工作，美国的比例是 16%，日本是 36%，墨西哥是 69%（Davies et al.，1999）。西方女性一度严格的生活序列——从学生到上班到为人妻子到居家母亲到老年工人，如今已经变得十分松散了。现代女性可以按任何一种顺序或者同时来承担这些社会角色。由于社会时钟和个人经历的变化多样，因此对阶段理论的批评会对任何严格的成年发展阶段时间表提出质疑。

生活事件和机遇 比个体的生理年龄更重要的是生活事件。婚姻、为人父母、职业变化、离婚、空巢、搬家、退休，无论它们何时发生，都是新生活开始的标志。而这些事件发生的可预见性越来越低。社会时钟仍然在正常运转，但人们的自由空间越来越大，因为他们可以不必与社会时钟同步运转。

其实机遇事件也会对我们的人生产生持续的影响作用，因为它们通常会令我们选择这一条而不是另外一条人生之路（Bandura，1982）。如爱情的魔力，通常产生于异性之间偶然的见面。让我们看一个关于同卵双生子及其伴侣的研究。同卵双胞胎会选择相似的朋友、衣着、职业、工作等等。所以，如果你的同卵兄弟和某个人订了婚，你（在很多方面和自己的同卵兄弟相同）同样会被这个人吸引吗？结果出人意料，只有一半人回答他们喜欢兄弟的选择，5% 的人说：“我会和他的伴侣坠入情网。”莱肯和特列根（Lykken & Tellegen，1993）认为爱情就像小鸭子的印记：假如幼年后你不断接触某人，那么只要这个人与你有差不多相同的背景和吸引力，而且你们之间两情相悦，彼此喜欢，则你们之间就能建立起某种纽带关系（热恋）。

成年期的承诺

我们的成年生活主要由两大方面组成。埃里克森称之为亲密感（形成亲密关系）和繁衍感（生殖和对后代的支持）。研究者已经选用了不同的术语——亲密关系和成就，依恋和生产，承诺和能力。弗洛伊德（Freud，1935）说得更简单：健康的成年人，是可以同时爱和工作的个体。大多数成年人将爱关注在对伴侣、父母、孩子的家庭承诺上。工作则包括我们所有的生产活动行为，而无论是否有回报。

“如果一个人懂得如何去工作和如何去爱，那么他就能够在这个世界上从容地生活。”
——列夫·托尔斯泰，1856

爱 无论何时何地，人类社会几乎总是在男女之间结成一夫一妻的关系和父母子女之间结成亲子关系。我们动情，坠入情网，结婚——一次只与一个人。“一夫一妻是人类社会的标志”，人类学家费希尔（Fisher，1993）如是说。从进化论的观点来看，这种安排的确很有道理：那些养育子女到成熟的父母比不这样做的父母

更有可能将基因传给后代。

这样一种爱最令人满意也最持久：建立在相似的兴趣和价值观、感情分享和物质支持，以及亲密的自我表白基础上的爱（见 16 章）。夫妻双方都受过良好教育且在 20 岁后结婚的婚姻关系更持久。在西方国家，与 40 年前的同龄人相比，人们受教育程度越高，结婚时间也越推迟。但是具有讽刺意味的是，离婚率居然是前者的两倍。这在一定程度上反映了女性在经济上对男性依赖的降低，以及双方的期望值越来越高。我们现在不仅希望建立一种持久的情感依恋，而且希望我们的配偶既能挣钱，又会照顾人；既是亲密的朋友，又是温柔和充满激情的恋人。以离婚率为判断标准——美国和加拿大每两起婚姻就有一起离婚——婚姻变成了越来越难以控制和管理的约定（美国人口普查局，2007）。在欧洲，离婚率稍低一些。

是否如"试婚"般的尝试一起生活会将离婚率降低到最小化？在 2001 年盖洛普的一项调查中，62% 的 20 多岁美国人认为"结婚前的同居生活是避免最终离婚的一个好办法"（Whitehead & Popenoe，2001），实际上，在欧洲、加拿大和美国的研究都表明，婚前同居者的离婚率更高，婚姻中出现的麻烦也更多（Dush et al.，2003）。研究表明那些同居者最初并不憧憬理想化的长久婚姻，且他们同居时没有婚姻的支持保证。在美国，同居行为多见于高中辍学者、离婚者和无坚定宗教信仰的人。

▸▸ 你持什么样的观点？婚姻与幸福感相关是因为婚姻的支持和亲密感可以引发快乐，还是幸福的人更可能结婚并且维持这种婚姻，或二者皆有可能？

但婚姻制度仍然会持续存在下去。据美国报道，全球九成的男异性恋者会结婚（Lowy，2000）。在西方社会，75% 的离婚者会再婚——他们的第二次婚姻与第一次婚姻中的个体一样幸福（Vemer et al.，1989）。确实有一部分人感到自己受不幸婚姻所困，内心痛苦。不过，北美和西欧大多数已婚者（男女两性都有）觉得自己比未婚者要幸福，尤其是比那些分居者或离婚者好（Inglehart，1990）。例如自 1972 年以来，对 40 000 多个美国人的调查发现，23% 的未婚者和 40% 的已婚者报告自己"非常幸福"。女同性恋者也报告自己比那些单身者要好得多（Wayment & Peplau，1995）。婚姻不仅可以用来预测幸福感，也可以预测健康、性满意度和收入。另外，结婚率较高的社区发生如犯罪、行为不良、儿童情绪失调等社会问题的比率更低（Myers，2000）。

天长地久的婚姻关系并不总是没有冲突。有些夫妻会吵架，但也会向对方表达浓浓的爱意。有些夫妻从不大声说话，也很少相互赞扬或爱抚。两种类型的婚姻关系都能持久。在观察了 2 000 对夫妇彼此之间的交往后，戈特曼（Gottman，1994）提出了一个预测成功婚姻的指标：积极与消极互动之间的比率至少要达到 5:1。稳定婚姻要有五倍以上的微笑、接触、大笑和称赞，而不是挖苦、批评和冒犯。所以，如果你想预测哪对新婚夫妇会一起生活更久，请不要过分注意他们热恋时多有激情，那样的夫妇一般更易贬低对方。为避免这种消极的恶性循环，成功的夫妇应学会彼此之间公平地争论（表达感情而不伤害对方），学会理清矛盾，比如"我知道不是你的错"或"这会儿我会安静地听你说"。

通常，是爱孕育了孩子。对大多数人而言，生活最持久的变化是拥有孩子，这是一件幸福的事。但当孩子开始耗费时间、金钱和感情精力时，夫妻对婚姻本身的满意度也会下降。这在已婚的职业女性中最常见，因为她们要负担比想象中还要沉重的家务活（Belsky et al.，1986；Hackle & Ruble，1992）。试图兼顾两者、不偏不倚才能做到双赢，这不仅有助于增强个体对婚姻的满意度，而且能培养更好的亲子关系（Erel & Burman，1995）。

工作满意度和生活满意度 工作可以给我们提供同一性感和胜任感，以及有所作为的机会。也许这就是具有挑战性且有趣的职业能够增强个体幸福感的原因。

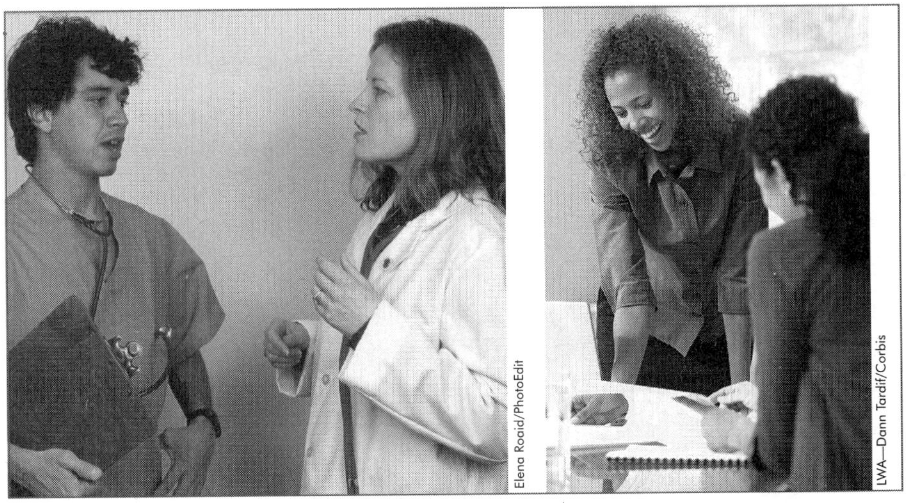

如果你离开了家园，你的父母是否会患上“空巢综合症”——一种因失去了目的和关系而带来的忧伤？他们会仅仅因为失去了可以在周六早上倾听你说话时的快乐而感到悲伤吗？还是他们似乎发现了新的自由，放松，（如果还处于婚姻关系中）以及再一次满足于他们自己的婚姻关系？

虽然爱养育了孩子，但孩子最终还是要离开家园。这种分离也是一个重要的事件，有时甚至是困难的离别。但美国 7 项全国调查显示，空巢对大多数人来讲仍是快乐的地方（Adelmann et al.，Glenn，1975）。比起那些孩子仍留在家里的中年女性而言，空巢里的女性报告说自己更快乐，更享受自己的婚姻生活。很多人经历了社会学家怀特和爱德华兹（White & Edwards，1990）所谓的“空巢后的蜜月”，尤其是那些和孩子保持密切关系的父母。

工作 对于大多数成年人而言，“我是谁”的答案在很大程度上取决于“你做什么工作”。弗洛伊德是正确的吗？工作，包括一份职业，真的对个体的自我满足和生活满意度贡献很大？解决这一问题的一种方法是将北美相同数量的有职业和无职业的女性进行比较。巴鲁彻和巴尼特（Baruch & Barnett，1986）在韦尔斯利学院女性研究中心的工作发现，女性的角色并不重要，不管她是工薪阶层的职业女性，还是妻子或母亲，重要的是在那些角色中体验的质量。

对于男性和女性而言，选择一条职业道路都非常困难，尤其是在今天工作变动不定的环境中。在大学的前两年，很少有学生能预测自己将来的职业。很多学生最终会换专业，也有很多学生毕业后所从事的工作和所学的专业没有直接联系，很多人会换职业（Rothstein，1980）。最后，幸福就是找到既符合自己的兴趣又能给自己带来胜任感和成就感的工作。对于选择结婚的人，幸福就是有一个可以给自己提供支持的亲密伴侣，将自己看做特殊的和重要的，并拥有令自己骄傲的可爱孩子。

毕生的幸福

我们都会变老。此刻的你就是自己最老的时刻。活着就会变得越来越老。这意味着我们可以满足或失望地回忆往事，充满信心或忧虑地展望未来。当人们被问及如果自己能再活一次会做些什么时，最常见的回答是：“更认真地学习，更努力地工作。”其他的遗憾——“我该告诉爸爸我爱他”，“我后悔自己从未去过欧洲”——也更关注没有做成的事情，而不是做错的事情（Gilovich & Medvec，1995）。

人生晚期，收入减少、没有工作、身体衰老、记忆力减退、精力不济、亲戚和朋友或逝去或搬走，而最大的敌人——死亡——越来越近。很多人认为 65

岁以后是人生最糟糕的时期（Freedman，1978）。但事实并非如此，正如在 20 世纪 80 年代对 16 个国家近 17 000 人的代表性样本所做的调查发现的那样（Inglehart,1990）。如图 5.34 显示，老年人和年轻人同样感觉自己生活幸福。甚至中年后的积极情绪多于消极情绪（Mroczek，2001；Charles et al.，2001）。假如变老被看成是活着的结果，与早早去世相比，每个人都愿意活着，这一研究发现令人欣慰。

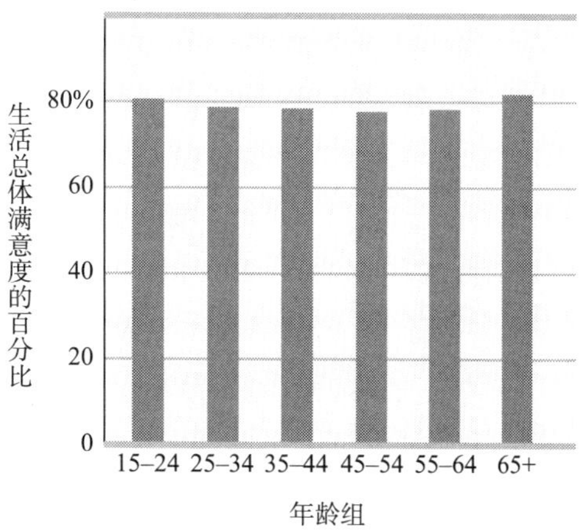

➤ 图 5.34
年龄和生活满意度
在完成了成年早期的任务后，许多年长的成年人就有更多的时间追求自己的兴趣。他们的生活满意度依然很高，对此我们也就不足为奇了。如果他们健康而活跃，那么这种满意度甚至还会增强。正如这个基于多个国家调查结果的图表所示，生活满意度的年龄差异微乎其微。（摘自 Inglehart，1990。）

在个体毕生的发展历程中，其主观幸福感表现出令人惊讶的稳定性，如此一来，便模糊了一些非常有趣的与年龄相关的情绪差异。随着时间的流逝，情感变得越来越温和（Costa et al.，1987；Diener et al.，1986）。高端不太高，低端也不太低。随着年龄的增长，我们发现自己不太容易激动了，即使获世界第一也没有那么强烈的自豪感，当然也不会常常体验到沮丧抑郁感了。称赞不再那么令人开心，批评也不再那么令人沮丧，两者只不过是由褒贬积累而成的附加反馈。心理学家奇克森特米哈伊和拉森（Csikszentmihalyi & Larson，1984）发射周期性电信号，让人们报告自己当时的活动和感受，并描绘出人们的情感轨迹。他们发现，十几岁的年轻人通常在不到一个小时的时间里可能一下子从狂喜中跌落，而一下子又从忧郁中回升。而成年人的心境就不会那么极端却更持久。对大多数人而言，衰老使他们不会那么激动但更易于满足，对宗教也更热心，尤其是那些仍热衷于社会活动的人（Harlow & Cantor，1996；Wink & Dillon，2002）。随着年龄的增长，生活不再像是一只在感情的海洋中颠簸的小船，而更像是行进过程中的一叶轻舟。

社会活动在整个成年生活中变得更加重要。20 来岁的青年更喜欢考虑在哪儿举办聚会，而中年人更喜欢小范围内的社会网络联系，参加者多半是人数较少的几个亲密朋友和家庭，彼此之间具有情感意义上的联系。

> 20 多岁时我们担心别人怎么看我们。到了 40 多岁，我们已不在乎别人怎么看我们。到了 60 多岁时，我们发现他人完全不在乎我们怎么样。
>
> ——佚名

死亡与走向人生的终点

我们中有很多人会经历亲朋好友死亡而带来的痛苦。通常最痛苦的离别是来自配偶——女性所体验到的痛苦是男性的五倍。如果就像通常所发生的那样，死亡在人生晚期如期而至，个体的悲痛心理会稍微短暂一些（图 5.35）。伴侣出乎意料的死亡会给个体带来最大的痛苦。甚至在伴侣去逝 20 年以后，还会平均每月一次谈到久已逝去的伴侣（Carnelleg et al.，2006）。

艾滋病，一种如此经常袭击中年人和年轻人的疾病，给无数的伴侣带来了失去亲人的巨大悲痛，也令百万计的孩子成为孤儿（Folkman et al.，1996；《纽约时报》，1999）。2000 年全球因艾滋病而死亡的人数高达 300 万人。据联合国报道，在非洲南部的一些国家，如博茨瓦纳、纳米比亚、斯威士兰、津巴布韦，四分之一的成年人携带艾滋病病毒，结果，死亡和治疗费用消耗着整个社会资源（France-Presse，1999）。

➤ 图 5.35

配偶死亡前、死亡当年以及死亡后的生活满意度

鲁卡斯及其合作者（Lucas et al.，2003）对 30 000 多名德国人进行了每年一次的纵向考察研究，最终确定了其中的 513 人为研究对象，他们共同的特点是丧偶，并且以后没有再婚。研究发现，个体的生活满意度在配偶死亡的前一年开始下降，在丧偶当年显著降低，然后反弹，最后接近最初的水平。（资料来源：Richard Lucas）

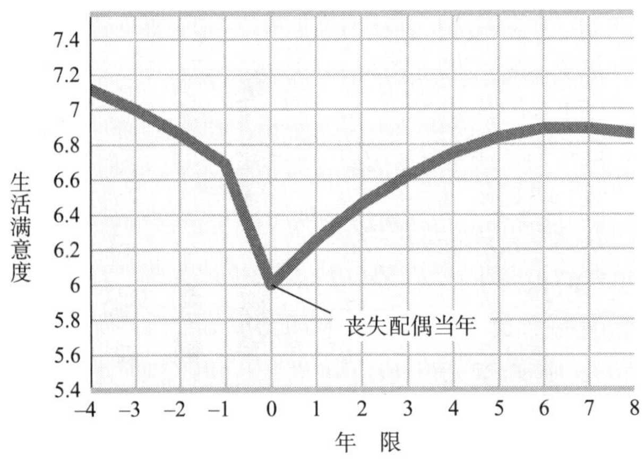

爱人去世，个体做出反应的正常范围比人们想象的要宽泛得多。有些文化鼓励公开的哭嚎，而有些文化却鼓励隐藏悲伤。在一些文化中人们的悲伤反应强烈而直接，但与大众所持的错误观念相反的是：

- 那些马上就表达自己悲痛心理的人并不能更快消除这种悲痛（Bonanno & Kaltman，1999；Wortman & Silver，1989）。
- 悲伤不见得都能被治愈。在失去伴侣后个体感到万分悲痛的那段时期，男性的健康状况比女性更容易恶化，但这显然不是因为女性更能表达感情和忍住悲伤。那些经常和其他人谈话聊天的生者并不比那些私底下暗自伤心的人调节得好（Bonanno，2001；Stroebe et al.，2001，2002）。
- 晚期病人和失去配偶的个体不一定都按部就班地经历否认、愤怒等一系列可以预测的发展阶段（Nolen-Hoeksema & Larson，1999）。即使是经历同样的丧失，有些人会经历长久而强烈的悲痛之情，而有些人的悲痛之情却轻微而短暂。

“想想吧，朋友，你所经历的，你现在的状态，我也曾经有过。而我现在的状态，你也将会面对。因此，做好跟随我的准备吧。”

——苏格兰墓碑上的碑文

我们应当庆幸拒绝死亡这类态度的消退。坦诚和有尊严地面对死亡，有助于人们抱着一种生活有意义的完整态度来圆满地完成人生历程——他们的存在曾经非常美好，而且生死是生命周期中的一个组成部分。尽管死亡不受人欢迎，但是生存本身包括死亡都是值得赞美的。对于那些带有埃里克森所谓的整合感（一种认为生活有意义和自己的生存非常值得的感觉）而不是绝望地回顾自己一生的人更是如此。

本节回顾

➤ 自问

当你回顾自己刚刚过去的四年时光（如果你是一个年轻人，那么这就是你人格形成的四年），你感觉自己最遗憾的是什么？最得意的是什么？

➤ 自测 4

研究表明，婚前同居能够预测未来离婚率的增加。你能为这种相关找出两种可能的解释吗？

自测问题的答案见书后的附录。

对两大发展主题的反思

我们就当前三个普遍存在的问题开始对发展心理学进行审视：（1）发展在多大程度上由遗传和经验所决定？（2）发展是连续的渐变过程，还是由一系列的离散阶段组成？（3）发展的特征究竟是更稳定还是更多变化？

我们在第 4 章讨论了第一个问题。现在让我们来考虑第二个和第三个问题。

连续性和阶段性

成人和婴儿有很大的不同。但他们的差别像巨大的红杉及其种子那样：一种由逐渐的累积成长而造成的差异？还是像蝴蝶和毛毛虫：一种明显的阶段差异？

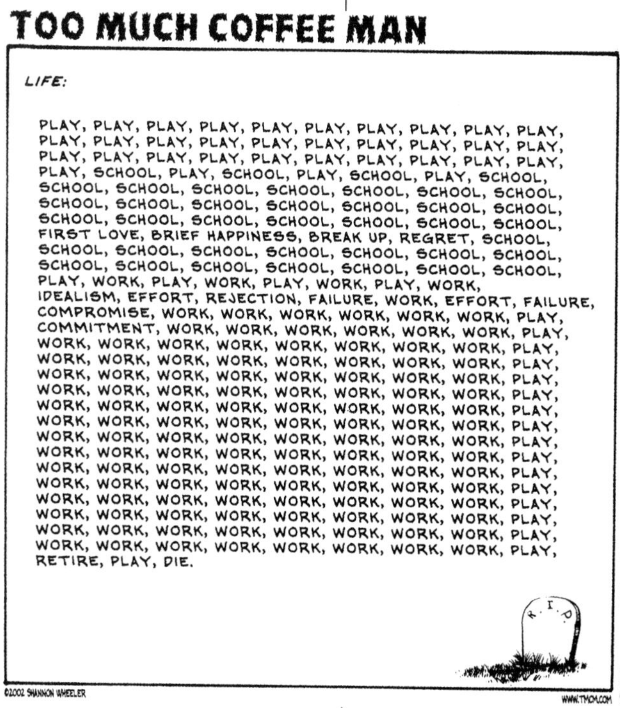

生命周期的各个阶段

总的来说，强调经验和学习的研究者将发展看做缓慢而连续的塑造过程。而那些强调生理成熟的研究者则将其看做一系列由基因预先决定的阶段或步骤；尽管每个阶段的发展有快有慢，但每个人都会经历相同的发展步骤。

是否真的存在那种泾渭分明的心理发展阶段，就像会走之前要先会爬一样？我们思考了以下几个阶段理论：皮亚杰关于认知发展的阶段理论，柯尔伯格关于道德发展的阶段理论，埃里克森关于心理发展的阶段理论。我们看到这些阶段理论已经受到了诸多批评：年幼孩子就具有的一些能力，而皮亚杰却将它们归之于更晚的年龄阶段。柯尔伯格的工作存在偏差，将个人主义文化下受教育程度较高的男性特点说成是世界范围内的人所普遍具有的，而且过于强调理性而不是情感。成人的生活并不是按照埃里克森所强调的那种固定的可预见的步骤发展。

尽管研究结果受到质疑，但那种人生按照与年龄相关的步骤发展的理论仍然很有用。童年期个体的大脑飞速发育并达到成熟，这与皮亚杰的阶段论相符（Thatcher et al.，1987）。而且阶段理论给我们提供了一种有关整个生命阶段的发展性视角，它会告诉我们某个年龄段的人将如何思考和行为。

稳定性和变化性

我们再来探讨一下最后一个问题：随着时光的流逝，个体的人格是保持一致，还是不断变化？如果和阔别已久的同学再见，你会立刻认出“这还是那个老安迪”吗？抑或个体在生命的早期和晚期看起来就像另外一个完全不同的人？

进行追踪研究的学者既发现了稳定性的证据，也发现了变化性的证据。人格的发展具有连续性。然而对遇到困扰的儿童和青少年而言，生活是一种转化的过程：今日的奋斗会为明日的幸福打下基础。更具体地讲，研究者们一致同意以下观点：

1. 人生最初两年的发展无法准确地预测个体最终的人格特质（Kagan et al.，1978，1998）。年龄大一些的儿童和青少年也会改变。尽管不良少年出现工作问题、药物滥用和犯罪的比率较高，但很多受困扰的青少年最终会成长为成熟的、成功的成年人（Moffitt et al.，2002；Robertset al.，2001；Thomas & Chess，1986）。然而，随着个体不断地成长，其人格发展的连续性逐渐加强（Costa & McCrae，1989；Klohnen & Bera，1998；Stein et al.，1986）。
2. 随着年龄增大，人格逐渐趋于稳定（Hampson & Goldberg，2006；Johnson et al.，2005；Terracciano et al.，2006）。有些人格特质，比如气质，就比其他的特质（Moss et al.，1980）比如社会态度要稳定，但态度也会随年龄增长而更加稳定（Krosnick & Alwin，1989）。
3. 我们都会随年龄的增长而在某些方面发生变化。很多害羞胆小的幼儿到 4 岁左右会变得开朗，而到成年期我们大多数人会越来越成熟。青春期后多数个体变得更平静，更加自我约束，更容易与人相处，也更自信（McCrae & Costa，1994；Roberts et al.，待发表）。很多 20 岁的小混混到 40 岁时也会成为商业或文化领袖。变化也可能是在不改变自己在同龄群体中的相对位置的情况下发生。如一个勤奋工作的年轻人会变得越来越成熟，即使到了老年，他相对来讲还是一个勤奋工作的老年公民。

"到 70 岁时，我会说这个年龄的优势是你能够更加平静地面对生活，你知道'这也会过去的'！"

——埃莉诺·罗斯福，1954

最后，我们应当记住，人生*既需要稳定也需要变化*。稳定，使得我们能够依赖他人，并激发我们关注儿童的健康发展，还可以帮我们确立同一性。变化，使得我们可以关注当前的影响，令我们对光明的未来充满憧憬，还可以帮我们在经验中适应与成长。

本节回顾

➤ 自问

你与幼年时的自己是同一个人吗？与 10 岁时的自己相比呢？与十五六岁时的自己相比又如何呢？你们之间有什么不同？又有哪些相同之处？

➤ 自测 5

心理学中的哪些发现支持发展的阶段论和人格在毕生发展的过程中具有稳定性的观点？而哪些发现对这些观点提出了挑战？

自测问题的答案见书后的附录。

本章复习：人的发展

胎儿期的发展和新生儿

1. **个体生命在出生前是如何发展的？**
   发展心理学家研究个体从出生到死亡的过程中在生理、认知以及社会性各方面的发展变化。当两亿多精子中的其中之一与卵细胞结合而形成受精卵时，生命由此开始孕育。胚胎附着在子宫壁之后，就逐渐开始形成身体的各部分器官。到 9 周大时，胎儿已经发育成可辨识的人形。婴儿分享着母亲摄入的食物、水分、空气，因此母亲所摄入的任何有可能导致胎儿畸形的致畸剂都会直接到达胎儿，使其处于危险之中，例如胎儿酒精综合症。
2. **新生儿具备哪些能力？研究者如何探索婴儿的心智能力？**
   研究者采用新的研究方法后发现，新生儿生来就具有感觉能力和某些反射行为，这可以促进新生儿与成人的互动与交流，并且确保新生儿获得营养。例如，新生儿很快就学会了辨别自己母亲的声音和气味。研究者使用测试习惯化的技术，比如新奇偏好程序，来探索婴儿的能力。

婴儿期和童年期

3. **在整个婴儿期和儿童期，大脑和运动技能是如何发展的？**
   在出生之前，大脑内的神经细胞就已经形成。出生后，由于成熟和经验的塑造，神经细胞的联结快速增多。婴儿更复杂的身体动作——坐、站、走——的发展会按某一序列顺次出现，我们可以对其进行预测，具体什么时间会出现何种动作技能，这与个体的成熟状况和文化有关。3 岁半前，我们记不住自己出生头几年的经历。然而，实验研究却表明婴儿可以在一段时间内保持所学会的东西。
4. **根据皮亚杰的观点和今天的研究结果，儿童的认知是如何发展的？**
   皮亚杰通过对儿童的观察，最终令自己和几乎所有的人都确信：儿童的心理不是成人心理的缩小版。皮亚杰认为，我们的心理发展是通过形成图式以帮助我们同化经验，而有时则需要顺应新信息。通过这种方式，儿童从 0~2 岁简单的感知运动阶段发展到更复杂的思维阶段，这其中包括“心理理论”的发展。

   皮亚杰认为，处在前运算阶段的学前儿童是以自我为中心的，发展了心理理论（孤独症的儿童不具备）。儿童到了六七岁，就进入了具体运算阶段，能够完成具体的运算，例如理解守恒原理。最后，到了 12 岁左右，进入了形式运算阶段，能够进行抽象的推理。

   最新研究表明，人类的认知（无论处于何种文化）一般是按照皮亚杰提出的顺序发展。然而，与皮亚杰的观点相比，幼小儿童似乎更有能力，发展也更有连续性。每个阶段出现的认知能力在前一个阶段已经初露端倪。
5. **母婴依恋关系是如何形成的？**
   8 个月大时，与照料者分离的婴儿会表现出陌生人焦虑。婴儿对父母的依恋不仅仅是因为父母满足了他们的生理需求，更重要的是，父母给婴儿提供舒适、熟悉和及时的照顾。小鸭子和其他动物有更严格的依恋过程，称为印刻，这些发生在关键期。忽视和虐待都将打乱依恋过程。婴儿不同的依恋模式反映了他们各自的气质和父母与照料者对其需求的反应。
6. **心理学家是如何研究依恋差异的？他们有哪些收获？**
   心理学家利用陌生情境法研究依恋，结果表明某些儿童具有安全型依恋，而另一些儿童具有不安全型依恋。敏感、反应及时的父母往往拥有安全型依恋的孩子。成人关系似乎能反映儿童早期的依恋风格，这支持埃里克森的理论，即在婴儿期，基本信任形成于我们所体验到的照料者对我们需求做出的反应。
7. **父母忽视、家庭破裂和日托照料如何影响儿童的依恋？**
   儿童具有很强的韧性。但是，那些反复搬家、被父母严重忽视，以及到 2 岁时意见建立受阻的儿童都会出现依恋问题的风险。优质的托儿所具有安全和丰富刺激的环境，成人与儿童进行积极互动，这样的日托不会让儿童的思维和语言技能受损。一些研究表明，延长日托时间能导致儿童的攻击性和反抗性增加，但是其他一些因素，诸如儿童的气质、父母的敏感性、家庭的经济条件以及父母的受教育水平和文化习惯，也会影响儿童的依恋发展。
8. **儿童的自我概念是如何发展的？父母教养风格如何影响儿童的特质？**
   同各种认知能力一样，自我概念的发展也是一个渐进的过程。18 个月大的时候，婴儿能认出镜中的形象就是自己。到 8 岁或 10 岁时，儿童的自我形象稳定下来，并且与其独立性、乐观性和社交能力相联系。那些已经形成积极自我形象和快乐、自主态度的儿童，他们的父母通常采用的既不是放纵型也非专制型的教养方式，而是权威的教养方式，同时允许自己的孩子有自我控制感。但是，父母教养方式和儿童能力之间是一种相关而非因果的关系。

青春期

9. **青春期生理变化的标志什么？**
   青春期是处于性成熟和社会独立之间的一段时期。在这段时期，第一和第二性征发展迅速。男孩似乎从“较早的”成熟中受益匪浅，而女孩则从“较晚的”成熟发育中获益。在青春期，大脑前额叶皮层逐渐发育成熟，这使得个体在 20 岁出头时能提高判断、控制冲动和长远计划的能力。

10. **皮亚杰、柯尔伯格和后来的研究者是如何描述青少年的认知和道德发展的?**

皮亚杰认为：青少年所发展出的形式运算能力，使他们能够进行抽象推理。今天的发展心理学家们发现，形式逻辑思维的萌芽要比皮亚杰认为的更早。

继皮亚杰之后，柯尔伯格主张，道德思维也是分阶段发展的，从前习俗道德阶段的自我中心到习俗道德阶段的期望赢得赞许和履行职责，再到（少数人才能达到的境界）后习俗道德阶段的捍卫人类权益和恪守普遍的道德原则。但是道德也体现在行为中，而行为会受到社会环境、心理状态以及道德推理的影响。另外，有批评者认为，柯尔伯格的后习俗道德水平表征的道德是从个人主义的、自由思想的男性视角出发。社会直觉主义者认为，道德情感先于道德判断，并且影响行为。

11. **青春期面临的挑战和承担的社会任务是什么?**

埃里克森认为：青少年的主要任务是自我认同即同一性的充实和稳固。许多人在成年期会继续发展新关系，承担新的社会角色，并继续发展稳定的自我身份认同。尽管传统的观念认为，青春期是一个暴风骤雨般的未定型时期，但有研究发现，大部分青少年与父母相处较好，并接受父母的信念和态度。在社会关系和其他人格特质方面的性别差异在青春期晚期和成年早期表现得最明显。

12. **什么是成人初显期?**

如今，从青少年期向成年期的转变越来越长。成人初显期是从 18 岁到 20 岁中期这样一段时期，在此期间，许多年轻人并未完全独立。但批评者认为这一阶段大都发现于今天的西方文化中。

成年期

13. **在成年中晚期，个体的生理会发生哪些变化?**

成年中晚期，我们的体能就开始加速衰退，如肌肉力量、反应时间、感知能力和心输出量。对女性而言，在 50 岁左右，一个显著的生理变化就是绝经，一般认为绝经是一种平滑的过渡，而非暴风骤雨。对男性和女性而言，知觉的灵敏度、力量以及耐力在 65 岁以后会下降，但短期疾病会减少许多。

14. **记忆和智力是如何随年龄增长而变化的?**

随着岁月的流逝，尽管个体的回忆能力（尤其是对无意义信息的回忆）开始下降，但再认能力仍然较强。有关“智力如何随年龄变化”的研究已经经历了若干发展阶段：横断研究表明成年早期之后智力发展水平稳定下降；纵向研究表明智力的稳定性会持续到生命晚期；当前的观点则认为液体智力在生命的晚期会下降，而晶体智力则不会。

15. **从成年早期到死亡这段旅程中，有哪些标志性的主题和影响?**

成人并非都会经历一系列有序的社会阶段。社会事件更加重要，社会时钟的严格规定也逐渐放宽，这些都是带有文化倾向性的社会事件时间表。成年期最重要的主题是爱情和工作，埃里克森称之为亲密和繁衍感。这一阶段的生活满意度仍旧最高。

术语与概念

发展心理学
合　子
胚　胎
胎　儿
致畸剂
胎儿酒精综合症（FAS）
习惯化
成　熟
图　式
同　化
顺　应
认　知
感知运动阶段
客体永久性
前运算阶段
守　恒
自我中心
心理理论
孤独症
具体运算阶段
形式运算阶段
陌生人焦虑
依　恋
关键期
印　刻
基本信任
自我概念
青春期
性成熟
第一性征
第二性征
月经初潮
同一性
社会同一性
亲　密
成人初显期
绝　经
阿尔兹海默氏症
横断研究
纵向研究
晶体智力
液体智力
社会时钟

网站

自测的多项选择题和其他习题请访问：www.worthpublisher.com/myers.

第6章

感觉与知觉

感觉世界：基本原理
阈　限
感觉适应
视　觉
刺激输入：光能
眼　睛
视觉信息加工
颜色视觉
听　觉
刺激输入：声波
耳　朵
失聪与聋人文化
特写：生活在无声世界中
其他感觉
触　觉
痛　觉
味　觉
嗅　觉
知觉组织
形状知觉
深度知觉
运动知觉
知觉恒常性
知觉解释
感觉剥夺和视觉恢复
知觉适应
知觉定势
知觉与人类因素工程
是否存在超感知觉
超感知觉的观点
是前兆还是借口
用实验来检验超感知觉

"我有完美的视觉，"我的同事希瑟·塞勒斯说。她是一位受欢迎的作家和写作老师。她的视力极佳，但是知觉存在问题，因为她不能识别面孔。

塞勒斯（Sellers，2010）说，在她的记忆中，不能识别面孔的尴尬局面导致她一生的面孔失认症——脸盲症。

> 上大学时，我与人在一家意大利面馆约会，当我从洗手间返回时，我在另一张桌子前坐下，对面的人并不是我要约会的人。当我的约会对象（一位陌生人）与我对面的人搭讪几句，然后怒气冲冲地走出面馆时，我仍未意识到对面的人并不是我想约会的人。我不能区分电影和电视中的演员，也不能认出照片或DV视频中的自己；我认不出赛场上拦截足球的养子；在聚会、购物中心或超市中，我也认不出谁是我的丈夫。

她不具备识别熟人的能力让人觉得她很势利或冷漠。"为何从我眼前走过不跟我打招呼？"有人后来问她。对失聪的人来说也会面临相似的问题，他们在老生常谈的社会对话中会假装能够听见对方，塞勒斯有时也会假装认识人。在路过他人面前时，她经常会面带微笑，以假装她认识他们，或者她会假装认识跟她谈话的人。（为了逃避类似知觉失败的压力，严重失聪或面孔失认症者经常表现得很害羞，并远离喧嚣的社会情境。）但也有好的一面：即使遇见之前曾经激怒过她的人，她也不会感到不适，因为她根本没认出此人。

这种"完美视觉"和脸盲症并存同一个人身上说明了感觉和知觉之间的区别。当塞勒斯看某个朋友时，她的感觉是正常的：她的感觉感受器探测到的信息与你的相同，然后把这些信息传递到她的大脑中。她的知觉——负责组织和解释感觉信息，使其能够有意识地识别物体——几乎也是正常的。因此，她能够根据除面孔之外的头发、步法、声音和体形来识别他人。她也能看到他人面孔的基本元素——鼻子、眼睛和下巴。然而，在一个聚会上，"我向我的同事格洛里亚自我介绍了三次。"她的经历就像一种奋斗，或者说在一群摇摇摆摆走路的企鹅中识别一只特殊的企鹅。

正是大脑右半球下侧的一个区域，使得你能够在七分之一秒的时间内识别人脸（而非一只企鹅）。你一探测到人脸，能够立刻识别出来（Jacque & Rossion，2006）。你能做到吗？

每天24小时都有来自外界的刺激在不断地冲击着我们的身体。同时，在一个寂静、柔和、封闭的世界里，你的大脑完全漂浮于黑暗中。由此引发了这样一个问题：外部世界如何进入到我们的头脑里？

这个问题比较通俗些的表达方式是：我们如何构建对外部世界的表征？我们如何用活跃的神经联结模式表征闪烁的火焰、噼啪声和烟味？我们又如何从神经化学的角度来体验火焰的跳动和温度，以及芳香和美丽？为了回答这些问题，我们一起来看看心理学家了解到的我们如何感觉和知觉外部世界的。

感觉世界：基本原理

1. 感觉和知觉是什么？我们所说的自下而上和自上而下的加工是指什么？

要在头脑中表征这个世界，我们必须识别环境中的物理能量，并且将其编码为神经信号，这个过程通常被称为**感觉**（sensation）。同时我们必须选择、组织并且解释我们的感觉，而这个过程通常被称为**知觉**（perception）。在我们的日常经验中，感觉和知觉是一个混合在一起的过程，很难分离。在本章中，我们将详细学习和讨论感知觉的各个部分。

我们将从感受器开始逐步扩展到更高级的神经加工水平。心理学家把从输入水平开始的感觉分析称为**自下而上加工**（bottom-up processing）。我们也将集中探讨大脑如何解释感觉到的信息。我们的知觉既来自于自下而上到达大脑的感觉，也来自于被心理学家称为**自上而下加工**（top-down processing）的经验和期望。例如，当我们的大脑解读图 6.1 中的信息时，自下而上的加工能让我们的感觉系统探测到线条、棱角和颜色，这些组成了马、骑士和周围环境

运用自上而下的加工，我们会考虑这幅画的主题，注意其要表达的详细含义，指导我们自己注意画的不同方面，即这幅画带给观察者的意义。

感觉系统能够使有机体获得必要的信息。组织我们获得的基本信息。请看：

- 以飞行昆虫为食物来源的青蛙，眼睛中的感受细胞只能对小而黑的活动物体

Detail, The Forest Has Eyes by Bev Doolittle © The Greenwich Workshop, Inc., Trumbull, CT.

➤ 图 6.1
这幅图片讲了什么?
我们的感觉和知觉加工协同工作可以帮助我们从贝弗·杜利特尔 (Bev Doolittle) 的作品“有眼睛的森林”中挑选出复杂的图像。自下而上的加工使我们的感觉系统能够觉察到组成马、骑士和环境的线条、角和颜色。自上而下的加工使我们能关注到这幅画的题目，注意其深邃的表达，然后指引我们注意这幅画中可能会提供的具有观察意义的内容。

做出反应。青蛙会在没膝深的静止的苍蝇堆中饿死。但是一旦一只苍蝇快速地从青蛙的眼前飞过时，青蛙的“昆虫觉察器”就会突然觉醒。

- 雄性蚕蛾的感受器可以十分敏锐地接收到雌性蚕蛾所释放出的吸引异性的气味，单独一只雌性蚕蛾每秒只需要释放十亿分之一盎司的气味就能吸引一英里内所有的雄性蚕蛾。这就是蚕蛾为什么能大量繁殖的原因。
- 人类也有类似的生理结构来觉察环境中那些对我们非常重要的特征。我们的耳朵对人类的声音和婴儿哭声的频率最敏感。

我们将带着这样一个问题开始我们探索感觉之旅，这个问题涉及所有的感觉系统：何种刺激能够超越阈限而被我们所察觉？

阈 限

2. 绝对阈限和差别阈限分别是什么？绝对阈限下的刺激有任何影响吗？

我们生活在由各种各样的能量所组成的海洋中。此时此刻，你和我正受到 X 射线和无线电波、紫外线和红外线、高频和低频声波的影响作用。我们既不能看到也不能听到上述所有这些事物。即人类的感觉很难接收到所有的感觉刺激（Hughes，1999）。其他动物对世界的觉察与人类有所不同。鸟类利用它们的磁性指南针。蝙蝠和海豚用声呐搜索猎物。在一个多云的天气里，蜜蜂通过探测我们所看不到的太阳偏振光导航。

感觉的屏幕只打开了一条很小的缝隙，因而我们对这个辽阔的能量海洋的认识还很有限。**心理物理学**（psychophysics）是研究物理能量与心理体验之间关系的一门科学。我们可以觉察到什么样的刺激？刺激强度多大的时候我们才能觉察到？我们对变化的刺激有多敏感？

绝对阈限

我们对某些刺激是非常敏感的。在一个完全黑暗、晴朗的夜里，站在山顶上，感觉正常的人可以看到 30 英里外另一座山顶上的烛光。我们可以感觉到蜜蜂的翅膀飞落到我们的脸颊上。我们甚至还可以闻到三室公寓里一滴香水所散发的味道（Galanter，1962）。

对这些微弱刺激的觉察证实了我们的**绝对阈限**（absolute thresholds）——觉察某一特定刺激所必需的最小刺激量（光、声音、压力、味道、气味）。心理学家通常使用 50% 次感觉到刺激出现时所需要的刺激强度来测量绝对阈限。为了测量声音的绝对阈限，听觉专家分别给你的两只耳朵呈现不同声级的声音。对于每种声音，听觉测验都会确定一个点，此时你有一半的次数能准确地觉察到声音，而另外一半次数却没有觉察到。对于每种感觉，这个 50-50 的点就是你的绝对阈限。

信号检测

检测一个微弱的刺激，或者信号，不仅依赖于信号的强度（例如听觉测验中的音调），也取决于我们的心理状态——我们的经验、期望、动机和警觉水平。根据**信号检测论**（signal detection theory），当我们检测微弱的信号时，测量的是“击中”

▸▸ 在几个朋友中试试能否解出这个古老的谜题。“你正开着一辆载有 12 名乘客的公共汽车。第一站，6 名乘客下车。第二站，3 名乘客下车。第三站，2 名乘客下车而 3 名新乘客上车。公共汽车司机的眼睛是什么颜色的？”你的朋友是否能从伴随的干扰信息中觉察到这个信号——谁是公共汽车司机？

信号检测 你能以多快的速度发现一个正在接近我方的雷达点？如果（1）你预期它会出现，（2）觉察到它对你很重要，（3）你很警惕，那么你就能相当快地探测到它。

和“虚报”的比率。信号检测论的结果表明绝对阈限是可以变化的。疲惫的父母会注意到摇篮中婴儿发出的最微弱的呜咽声，可是却不去理会更响亮的但对他们并不重要的声音。

在充满恐怖的战争环境下个体的反应性也会增强，因为不能发现入侵者就意味着死亡。一个在夜里独自值勤的岗哨可能因此注意到一个几乎觉察不到的噪音信息，并对其开火。伴随这种反应性的提高，随之而来的是虚报的增加。在和平时期，当生存不再受到威胁时，同样的岗哨需要一个更强的信号才能发现潜在的危险。

信号检测论者想努力了解为什么人们会对同样的刺激做出不同的反应，为什么同一个人的反应会随环境的变化而改变。人们在探测雷达上显示的目标位置、监视机场武器扫描仪或监护需要进一步护理的病人时，信号检测可能带来生死攸关的结果。例如，信号检测研究显示，在判断一个微弱信号何时会出现时，个体的警惕性在30分钟后就会减弱。但是这种减弱反应取决于任务、一天中的时间段，甚至参加者是否定期练习（Warm & Dember，1986）。

阈下刺激

为了使各种信息渗透到我们的无意识之中，企业家提供磁带来帮助我们减肥、戒烟或改善我们的记忆。这些磁带用温柔的海浪声来掩盖我们意识不到的信息，例如“我很瘦”“烟味不好闻”，或者“我在测验中表现不错，我能回忆起所有信息”。根据这些说法，我们可以做出如下两个假设：我们可以在无意识状态下感觉**阈下**（subliminal）（或称“阈限下”）刺激，另外，在无意识状态下，这些刺激拥有特别强的暗示能力。我们真的能被影响吗？无意识刺激真有这么大力量吗？

我们能感觉到低于绝对阈限的刺激吗？在某种程度上，答案无疑是肯定的。请记住“绝对”阈限仅仅是我们有一半次数觉察到某个刺激所在的那个点（图6.2）。与某一阈限相等的刺激或者稍微低于这个阈限的刺激，有时我们依然可以觉察到。

我们会受微弱得几乎觉察不到的刺激的影响吗？从其他角度考虑，答案也是肯定的。隐藏的形象和话语能够**启动**（prime）你对后来问题的反应。最近的实

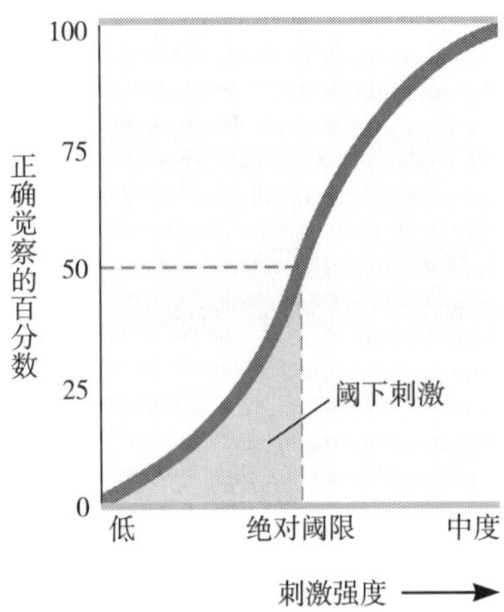

➤ **图 6.2**
绝对阈限
我是否闻到什么气味了？当刺激被觉察到的次数低于50%时，它们就是“阈下”的。绝对阈限是我们有一半的次数觉察到某个刺激的强度。

验表明，在某种条件下，答案可能也是肯定的。在一个实验中，在被试观看人物幻灯片前，以阈下刺激的水平快速地闪现积极情绪场面（例如小动物或浪漫的情侣）或消极情绪场面（例如狼人或尸体）（Krosnick et al.，1992）。尽管被试有意识察觉到的只是一道光，但是他们对与积极情绪场面相关的人物相片的评价要更好。紧随小动物出现的人物图片看上去比紧随狼人出现的人物图片更好，虽然被试都没有觉察到所看到场面的内容。在阈下刺激水平的笑脸之前呈现不熟悉的汉字似乎比在阈下刺激水平闷闷不乐的脸孔之前呈现的效果更好（Murphy & Zajonc，1993）。研究生在不知不觉地感觉到指导老师闷闷不乐的表情后，对自己研究设想的评价会比较消极——好像指导老师不赞成的心理潜伏在无意识的感觉中（Baldwin et al.，1991）。

> "心有自己的逻辑，而这是理性所无法知晓的。"
>
> ——帕斯卡尔，《思想录》，1670

所以，我们能够加工自己意识不到的信息。当快速地呈现一个个体所察觉不到的刺激时，它能够引发个体做出微弱的情绪反应，尽管个体没有意识到该刺激的存在。大脑在意识状态下所不能认出的东西，内心可能会知道。这种阈下启动现象以及大量其他证据表明了直觉所具有的力量和危险性（Myers，2002）。

但是阈下感觉的事实能否证实企业家对阈下影响的声明？广告真的能够以“阈下说服”来操纵我们吗？在这方面有研究的心理学家一致否定了这种说法。他们的结论与天文学家对占星家的评论类似，是的，他们是对的，恒星和行星的确是在那里，但是天体并没有直接影响我们。实验室研究证实了对思维产生的微妙而快速的影响作用。口渴的人被阈下单词“渴”启动后，在一个短暂的时间间隔里，那种解渴的饮料广告可能对其会更具说服力（Strahan et al.，2002）。但是贩卖录有阈下广告词的磁带小贩却提出不同的说法：即录有阈下广告词的磁带对人的行为会产生强大而持久的影响作用。

阈下说服？尽管阈下刺激可以对人们产生微妙的影响，但是阈下广告和自我改善方面的实验尝试却并不尽如人意。（这里起作用的信息不是以阈下方式呈现的——因为你可以觉察到它。）

Babs Reingold

例如，加拿大广播公司在周日晚上收视率很高的电视节目中会闪现 352 次的阈下信息（《广告时代》，1958）。在对信息内容的竞猜中，将近 500 个回答者中没有一个人能猜出该信息的内容。然而，将近一半的回答者报告他们在观看电视节目中感到自己非常饥饿或口渴。但这仅仅是期望的作用。实际闪现的信息是“请马上就打电话”。这 352 次阈下信息对加拿大电话的使用率有影响吗？没有。考虑到所有的证据后，研究者普拉特卡尼斯和格林沃尔德（Pratkanis & Greenwald，1988）表示：“采取阈下措施给销售者带来的价值非常少或根本没有。”

差别阈限

为了有效地感知世界，我们需要足够低的绝对阈限以便觉察重要的画面、声音、质地、味道和气味。同时我们也需要觉察刺激间的微小差异。音乐家在给乐器调音时一定能够觉察到音调的微小差异。品酒师一定能品尝出两种美酒间轻微不同的味觉差异。父母一定能在其他孩子的声音中分辨出自己孩子的声音。

差别阈限（difference threshold）[也称作*最小可觉差*（just noticeable difference 或 jnd）] 是一个人有 50% 的次数可以觉察到的两个刺激间的最小差别。差别阈限会随着刺激量的增加而增加。因而，如果在 100 克重量上加上 10 克就可以感觉到差异的话；那么在 1 千克重量上加 10 克，可能感觉不到差异，因为差别阈限增大了。一个多世纪前，韦伯（Ernst Weber）注意到，不管物体的重量有多大，两个刺激之间的差别必须按照恒定比例变化才能被察觉到。这个原则——差别阈限是刺激的恒定比例而不是恒定数量——非常简单而且普遍适用，因此我们把它称为**韦伯定律**（Weber's law）。这个精确的比例是依照刺激的种类而变化的。要使一般人察觉到差别，两束光的强度差要达到8%，两个物体的重量差要达到2%，而两个音调的频率只需要有0.3%的差异（Teghtsoonian，1971）。

韦伯定律只是一个大致的近似值。它适用于中等强度的刺激，而且我们生活中的刺激大多属于此范围。如果50美分的巧克力棒涨价5分钱，购物者就能注意到这个变化；同样，涨价4 000英镑才能使价值40 000英镑的奔驰车的潜在买家动一动眉毛。在这两个事件中，价格都上涨了10%。韦伯定律的原则是：我们觉察到的差别阈限是原始刺激的一个大致不变的比例变化。

感觉适应

3. 感觉适应的功能是什么？

进入邻居家的客厅时，你闻到了一种很难闻的气味。你很惊讶他们怎么能忍受这种臭味，但是几分钟以后你就不再注意到这种气味了。跳入游泳池中，你颤抖着抱怨水太凉了。过了一会儿一个朋友到了，你对他大喊："快来吧。水很舒服！"这些例子都证实了**感觉适应**（sensory adaptation）——我们对没有变化的刺激的敏感性逐渐降低。（为体验这种现象，请把你的手表在手腕上移动一英寸：你能感觉到这种变化——但这仅仅是几分钟的时间。）在持续感受某一个刺激后，我们的神经元会降低放电的频率。

那么为什么当我们目不转睛地凝视某一个物体时，它不会从我们的视线中消失呢？因为我们并没有注意到，我们的眼睛始终是运动的，这种颤抖刚刚可以保证对视网膜的刺激不断变化（图6.3）。

但是如果我们能够控制眼睛的运动会发生什么现象呢？视觉会像气味一样消

> 我们首先需要了解变化；没有人想要或需要一天16小时被提醒他的鞋还穿在脚上。"
> ——神经科学家
> 戴维·休布尔（1979）

» 90%的人当眼睛跟随运动的目标时，眼睛的颤动就会停止。但奇怪的是，精神分裂症患者中只有1/3的人会表现出这种现象（Holzman & Matthysse，1990）。

➤ **图6.3**
受惊吓的眼睛
爱丁堡大学的心理学家约翰·亨德森（Henderson，2007）用图说明了一个人如何在约三分之一秒内从一个凝视点跳到另一个凝视点。眼动跟踪设备显示了一个人看爱丁堡公主街花园照片的过程。圆圈代表凝视点，数字表示花费在每个凝视点的毫秒时间（300毫秒=3/10秒）。

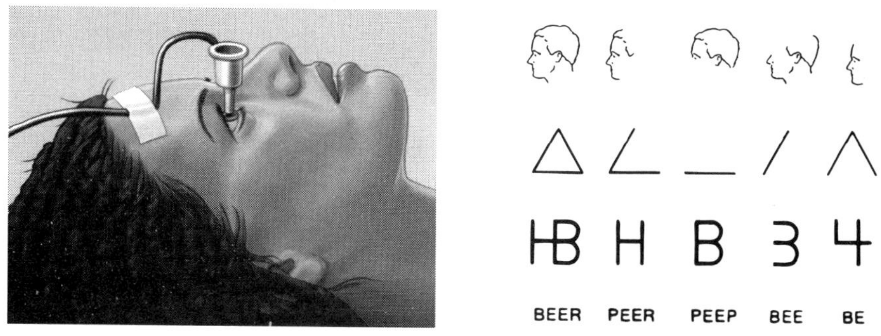

(a) (b)

➤ 图 6.4
你看到它了，现在你又看不到了！
（a）在隐形眼镜上安放一个放映机，使投影图像随眼睛移动。（b）开始这个人能看到稳定的图像，但是稍后她会看到有些部分消退，然后再出现。（资料来源 :“Stabilized images on the retina” by R.M.Pritchard. Copyright © 1961 Scientific American,Inc. All rights reserved.）

失吗？为探讨这个问题，心理学家设计了一种精致的仪器，它可以使视网膜上的图像保持不动。假设我们有合适的被试玛丽，还有一个这样的仪器——一个安放在隐形眼镜上的微型投影机（图 6.4a）。当玛丽的眼睛移动时，投影机里的图像会跟着移动。这样，玛丽看向哪里图像就会出现在哪里。

如果我们用这样的仪器投射面孔的轮廓，玛丽会看到什么呢？首先，她会看到完整的轮廓。但是在几秒之后，当她的感受器开始疲劳时，事情就变得很有趣了。可辨认的碎片或完整的图像一点一点地消失了，一会儿再出现然后又消失（图 6.4b）。有趣的是，一个图像每次消失和再现的都是有意义的部分。如果呈现一个词语，它会消失，然后由这个词的部分字母组成的新词会出现再消失。

尽管感觉适应降低了我们的敏感性，但是这对我们却非常有利：它可以使我们关注环境中丰富多样的信息变化，而不受外表、气味和街市噪音等单调持续刺激的吸引。我们的感受器对新奇的事物很警觉；重复出现会令人感到厌烦，如此一来，我们可以注意到更重要的信息。这再次证实了这样一个基本原理：*我们不是按照世界的原貌来认识它，而是按照它对我们的作用来认识它*。

我们对变化刺激的敏感性有助于解释电视对人所具有的吸引力。镜头切换、编辑、缩放、全景和突然的喧闹声都需要人们的注意。电视研究者对电视具有如此大的魅力表示惊奇。媒体研究者坦嫩鲍姆（Tannenbaum，2002）在一次轻松有趣的聊天中提到，“在生活中我会情不自禁地偶尔扫两眼电视屏幕”。

感觉不仅仅具有感觉阈限和适应等特点。所有的感官都会接受感觉刺激，然后把它们转换成神经信息，并把信息传送到大脑。感官是如何工作的？我们怎么看，听，闻，尝？感觉疼痛？保持平衡？

“我的怀疑是宇宙不仅仅比我们所猜想的更离奇，而且也比我们能猜想的更离奇。”

——J.B.S 霍尔丹，《可能的世界》，1927

本节回顾

➤ 自问

在过去的 24 小时内你体验到一些什么类型的感觉适应？

➤ 自测 1

感觉和知觉的主要区别是什么？

自测问题的答案见书后的附录。

视 觉

4. 我们所看见的可见光是什么能量？

自然界最伟大的奇迹之一不是奇异或遥远的事物，而是平凡的事物：我们的物质身体如何构造有意识的视觉体验？我们如何把粒子光能转化成彩色的视觉体验？

我们天赋的一部分是机体具有一种把一种能量转换成另一种能量的能力。感觉的**转换作用**（transduction）是指我们的感觉系统把刺激能量转换成神经信息的过程。例如，你的眼睛不但接受光能而且具有令人惊讶的本领：它们能够把能量转换成神经信息，然后大脑会把它们加工成你有意识能看到的东西。如此神奇的事情是怎么发生的呢？

刺激输入：光能

按照科学的表述方式，射入我们眼睛内的不是颜色而是我们视觉系统所知觉到颜色的电磁能脉冲。我们能看到的可见光其实只是电磁辐射光谱上很窄的一部分。如图 6.5 所示，电磁光谱的范围从波长很短且不可见的 γ 射线，到我们能看到的可见光的狭窄部分，再到波长很长的无线电波。其他物种都会对光谱上不同的部分敏感。例如，蜜蜂虽然看不到红色但是却可以看到紫外线。

我们对光和声的感觉体验取决于它们的两个物理特性。光的**波长**（wavelength）——相邻两个波峰之间的距离（图 6.6a）——决定光的**色调**（hue）（我们体验到的颜色，比如蓝色或绿色）。**强度**（intensity），即光波能量的大小（取决于光波的振幅，或者高度）会影响光的亮度（图 6.6b）。要想了解我们如何把物理能量转化成颜色感觉，首先需要了解我们的心灵之窗——眼睛。

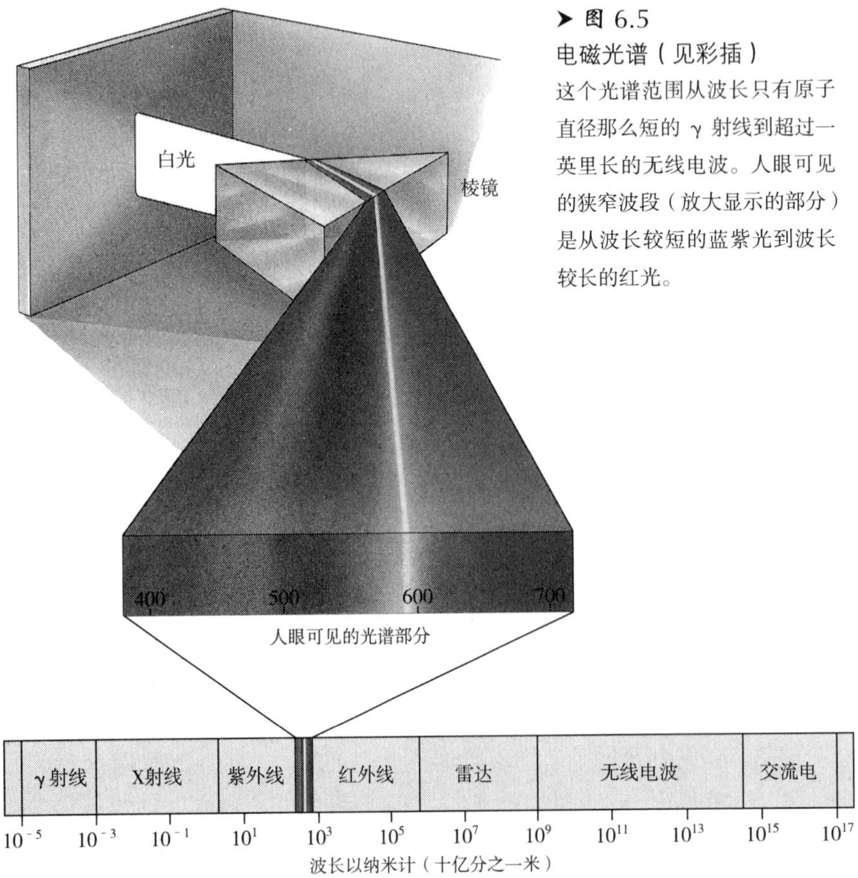

➤ 图 6.5
电磁光谱（见彩插）
这个光谱范围从波长只有原子直径那么短的 γ 射线到超过一英里长的无线电波。人眼可见的狭窄波段（放大显示的部分）是从波长较短的蓝紫光到波长较长的红光。

眼 睛

5. 眼睛如何将光能转换为神经信号？

光线通过角膜进入到眼睛，角膜有保护眼睛和聚焦光线的作用。然后光线会通过**瞳孔**（pupil），

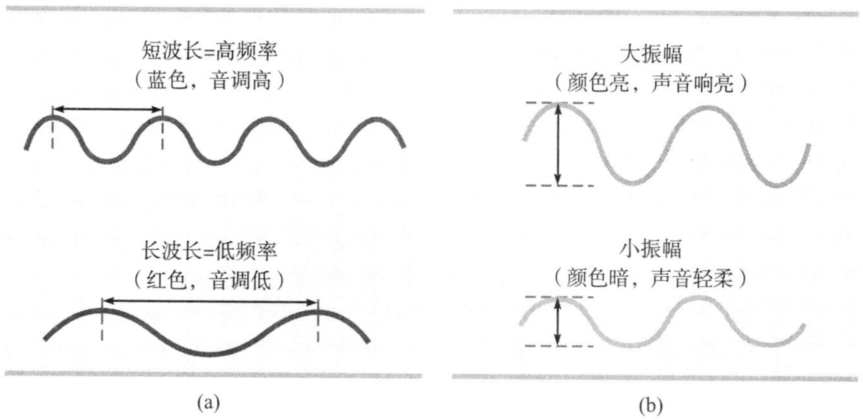

➤ 图 6.6
波的物理特性
（a）不同波的波长（即相邻两个波峰间的距离）是不同的。频率（即在一定时间内通过某一点的完整波长的个数）取决于波长。波长越短，频率越高。（b）不同波的振幅（即波峰到波谷的高度）也是不同的。波的振幅决定颜色和声音的强度。

一个可调的小孔（图 6.7）。瞳孔的大小和进入眼睛的光线量受**虹膜**（iris）调节，虹膜是瞳孔周围的有色肌肉。虹膜通过舒张和收缩来调节光线的摄入量，来对光强甚至内部情绪做出反应。当我们正体验爱情的甜蜜时，扩大的瞳孔会泄露我们的心事。每个虹膜的独特性确保虹膜扫描仪对个体身份的确认。

瞳孔后面就是**晶状体**（lens），它可以把摄入的光线聚焦到眼睛内对光具有敏感性的后壁上成像。通过改变晶状体的曲率而成像的过程称作**调节**（accommodation）。眼球上聚焦光线的对光具有敏感性的多层后壁组织，即**视网膜**（retina）。

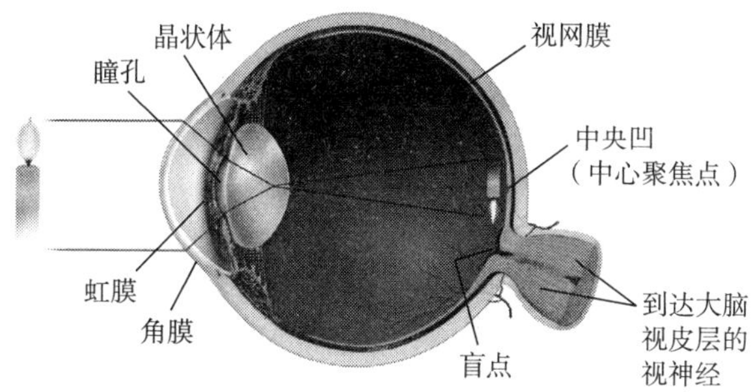

➤ 图 6.7
眼睛
蜡烛反射的光线会通过角膜、瞳孔和晶状体。晶状体通过改变曲率和厚度把近处或远处的物体聚焦在视网膜上。光线是沿直线传播的。所以蜡烛顶端发出的光线会到达视网膜底部，而蜡烛左侧的光线则到达视网膜右侧。蜡烛在视网膜上形成的图像因此颠倒并反转了。

几个世纪以来，科学家已经发现当蜡烛的图像经过一个小孔成像时，在黑暗的后壁上出现的是蜡烛倒置的镜像（如图 6.7 所示）。这一个现象的确很令人困惑。如果视网膜接收的是完全颠倒的图像，那我们怎么能看到正向的世界呢？一种观点是，那是眼睛中的晶状体在起作用。认识到事实并非如此之后，不断探求新知的达·芬奇提出了另外一种观点：也许是眼睛内的流体性物质使摄入的光线受到了弯曲，在光线到达视网膜时再把图像的位置恢复原位。但是在 1604 年，天文学家和光学专家开普勒证实视网膜接收到的其实是完全颠倒的图像（Crombie，1964）。我们是如何理解这样的一个世界的呢？迷惑的开普勒说："我把这个问题留给自然哲人吧。"

"自然哲人"，甚至包括从事研究的心理学家们发现，视网膜并不是将图像作为整体来读取的。上百万个感受器细胞会把光能转化为神经冲动。神经冲动传递到大脑并在那里构造成完全正立的图像。

视网膜

如果将单束光线射入到你的眼睛内，然后让你观察这一现象，你会看到它首先会通过视网膜的外部细胞层到达深层的感受器细胞，**杆体**（rods）和**锥体**（cones）细胞（图 6.8）。光能会作用于杆体和锥体细胞并发生化学变化产生神经信号。这些信号会激活邻近的双极细胞，双极细胞再依次激活邻近的神经节细胞。来自神

➤ 图 6.8
视网膜对光的反应

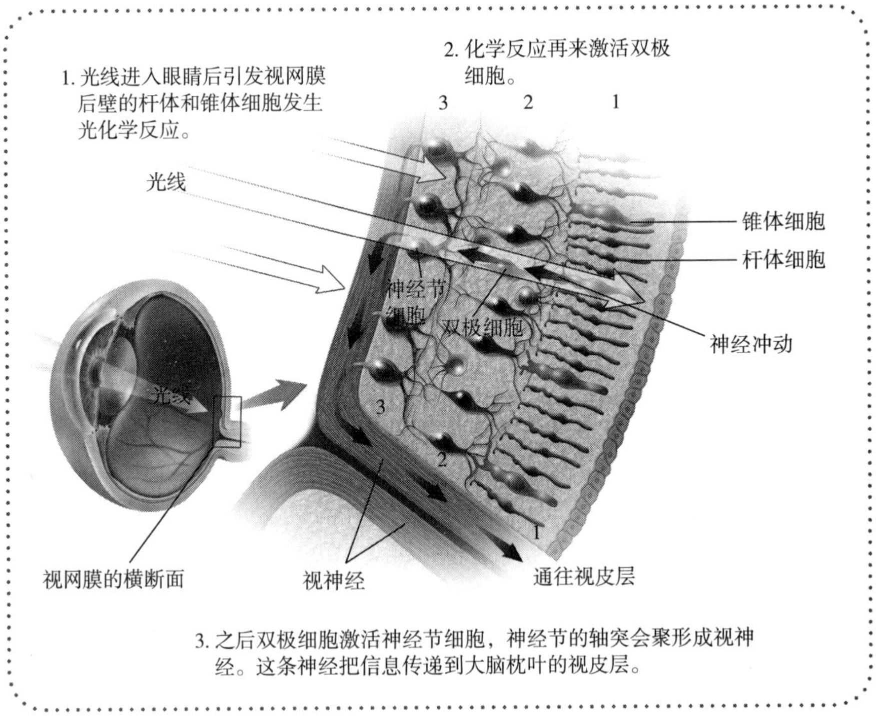

经节细胞网络的轴突会像绳子那样会聚于一点，形成把信息传递到大脑的**视神经**（optic nerve）。视神经可以通过一百万条神经节纤维同时传送接近一百万条信息。（负责听觉的听神经只能通过它仅有的 30 000 条纤维传送少得多的信息。）视神经周围的地方没有感受器细胞——形成**盲点**（blind spot）（图 6.9）。

锥体细胞分布在**中央凹**（fovea）周围，在视网膜中心聚焦的区域（图 6.7）。事实上，中央凹只有锥体细胞，没有杆体细胞。与杆体细胞不同，很多锥体细胞有其自己的双极细胞来帮助它们把独立的信息传递到皮层，因为皮层上有很大一部分区域接受来自中央凹的神经冲动。这有利于保存锥体细胞的精确信息，使它们能更好地检测细节。（杆体细胞没有这种到达大脑的直接途径；它们与其他杆体细胞共用双极细胞，所以其独特的信息就被整合了。）我们不妨试一下，如果你从这个句子中挑出一个字，并一直注视它，那么这个字的视像就会聚焦在中央凹的锥体细胞上，而你会感觉周围的单词变得越来越模糊。这是因为周围其他单词的视像激活了更多视网膜外围杆体细胞分布的区域（表 6.1）。

杆体细胞形成黑白视觉；锥体细胞形成颜色视觉。如果光线变暗的话，锥体细胞开始变得无效。但是杆体细胞在弱光下仍保持较高的敏感性，因为多个杆体细胞可以把暗光的微弱能量会聚后输入同一个双极细胞。这就是你在暗光下看不到颜色的原因。因此，锥体细胞和杆体细胞分别具有不同的敏感性——锥体细胞对细节敏感，而杆体细胞对弱光敏感。

当你进入一个黑暗的剧院或在夜晚关灯时，你的瞳孔会扩大以使更多光线到

➤ 图 6.9
盲点
视神经周围的区域（图 6.8）没有感受器细胞，形成我们视野中的盲点。我们可以演示这种现象，请你闭上左眼，注视这个圆点，把书向远处移开一段距离（约一英尺），仿佛汽车消失了一样。在日常视觉中盲点并不会影响你的视力，因为你的眼睛是活动的，而且一只眼睛会弥补另一只眼睛视野以外的东西。

表 6.1 人眼中的感受器：杆状的杆体细胞和锥形的锥体细胞

	锥体细胞	杆体细胞
数 量	600 万	1.2 亿
视网膜上的位置	中央	外围
暗光中的敏感性	低	高
颜色敏感性	高	低
细节敏感性	高	低

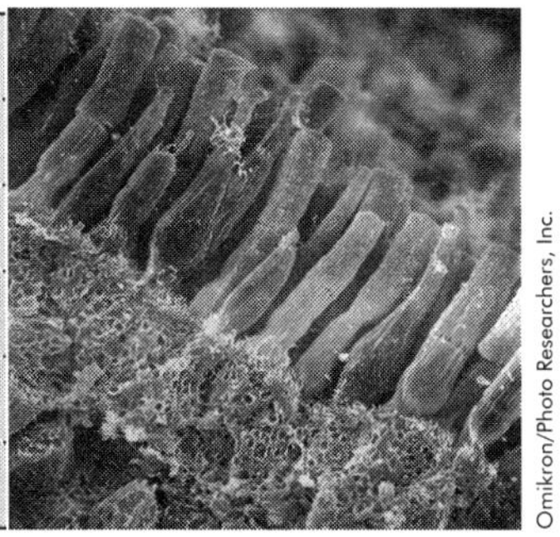

达视网膜边缘的杆体细胞。人眼通常需要 20 分钟或更长时间才能完全适应。你可以演示暗适应，把一只眼闭上或盖住至少 20 分钟。然后把屋里的灯光调低，使得睁开的那只眼睛刚刚能够看清书上的字。现在睁开已经暗适应的那只眼睛，这时你发现阅读非常容易。这一段暗适应的时间是我们的感觉系统适应能力显著的又一实证，因为它与从太阳落山到黑夜间自然的黄昏过渡过程相对应。

了解这么多关于眼睛的知识后，你能猜想出为什么晚上猫的视力比你好吗？这至少有两个原因：猫的瞳孔可以比你放得更大，从而接收更多的光线；猫对光敏感的杆体细胞比例更高（Moser，1987）。但是当然也有这样一种平衡：猫的锥体细胞更少，所以它不能像你那样能看到细节和色彩。

视觉信息加工

6. 大脑如何加工视觉信息？

视觉信息通过越来越抽象的视觉加工而不断被过滤。在初始水平，视网膜——事实上是大脑的一部分，在胎儿发展早期转移到眼睛上的——在把信息传递到皮层前对其进行加工。视网膜的神经层不仅仅传导电脉冲，它们也会帮助编码和分析感觉信息。例如，青蛙眼睛中的第三层神经内包括“昆虫探测器”细胞，而这种细胞只会对飞动的刺激物做出反应。

对于人眼来说，来自视网膜将近 1.3 亿杆体细胞和锥体细胞的信息被近百万个神经节细胞接收和传递，神经节细胞的纤维组成视神经。通常神经节细胞对明暗对比的反应可以通过感受器细胞表现出来。这有助于大脑觉察边缘和视觉世界的其他重要特征。但是多数信息加工通常发生在大脑。视网膜的某一区域会把它的信息传递到枕叶的相应位置——大脑后侧的视皮层（图 6.10）。

同样的感受性，有时能激活视网膜细胞，有时却不能激活。请把你的视线左移，并闭上眼睛，然后用指尖轻轻地摩擦右侧的右眼皮。你会发现左侧的光斑，在跟着你的手指移动。为什么你能看到光斑？为什么在左边出现？

视网膜细胞的反应性很强，甚至压力也能触发其做出反应。但是大脑会把这种触发解释为光。而且，

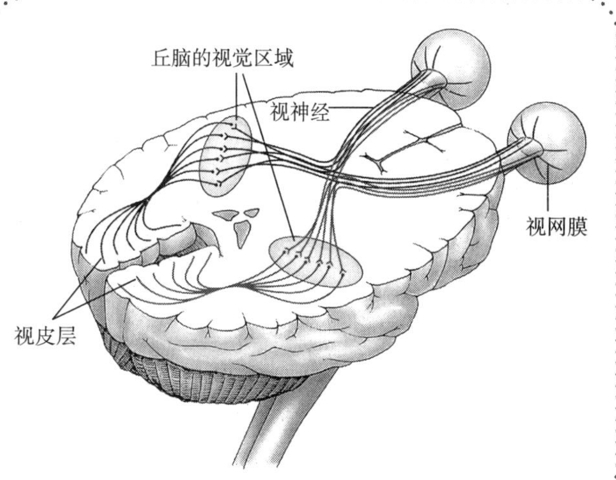

➤ 图 6.10
眼睛到视觉皮层的通路
视神经中的神经元会同时到达大脑底部的视交叉并形成视束，然后到达丘脑中的内核，在那里它们与到达视皮层的神经元形成突触。

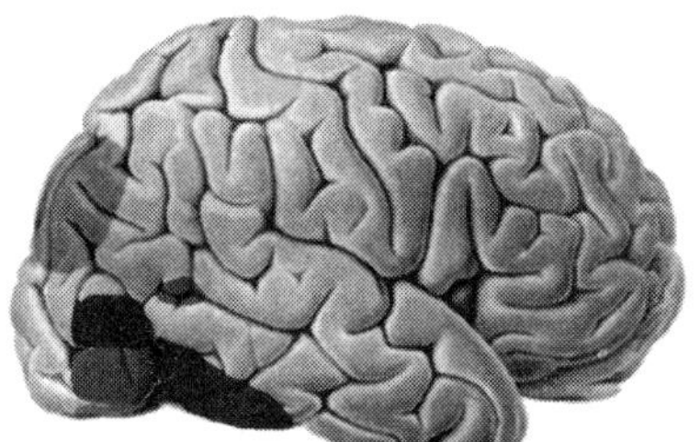

➤ 图 6.11
泄密的大脑（见彩插）
看到面孔、房屋和椅子激活不同的脑区。

它会解释光线是来自左侧——当激活视网膜右侧时光线所射入的方向。

特征察觉

当单个神经节细胞在其视野区域里记录信息时，它们会向视皮层发送信号。诺贝尔奖得主休布尔和威塞尔（Hubel & Wiesel，1979）证实大脑内的确有**特征察觉器**（feature detector），神经元接收信息并对特殊特征做出反应——独特的边缘、线条、角度和运动。

特征察觉细胞只将这一信息传递到其他只对复杂模式进行反应的细胞。基本观点是，知觉形成于多个神经元系统的交互作用，每个系统负责执行一个简单任务。视皮层把信息传递到颞叶和顶叶皮层。恰好位于右耳后面的颞叶区域能够帮你知觉面孔。如果这个区域受损，你可能会无法识别熟悉的面孔，但是却可以识别其他物体。通过 fMRI 扫描发现，当人们观察人体的图片和其他无生命物体时，大脑的其他区域会被激活（Downing et al.，2001）。这些区域受损会影响其他知觉，但并不影响识别面孔。一些研究者认为，当人们注视面孔、鞋、猫、房屋和其他类别的客体时，颞叶区域的活动会呈现出令人惊奇的特殊组合（图 6.11）。研究者海克斯比（Haxby，2001）指出："我们可以根据人类大脑的活动模式，证实一个人是否正在注视一只鞋、一把椅子或一张脸。"

其他高级水平的大脑细胞会对特殊的视觉图像做出反应，例如面孔或在某一特定位置的手臂活动。心理学家佩雷特及其同事（Perrett et al.，1988，1992，1994）报告，猴子的大脑（当然我们的大脑也同样如此）对具有生物学重要性的物体和事件会形成"浩瀚的视觉百科全书"，按照细胞是否仅仅对某一种刺激做出反应而进行分类。佩鲁特鉴别出对特殊的注视、顶角、姿势或身体运动进行反应的特异性神经元。其他高级细胞束会整合这些信息，并且只在线索集中于一点，并暗示这已引起了个体的注意以及个体会做出相应行为时才会放电。这一快速的分析有利于我们祖先的生存，也可以帮助足球守门员预见带有威胁性的射门方向和一个球员对另一个球员下一个动作的预测。

发挥良好的超级细胞 在2007年的世界杯足球赛中，巴西队的球员马尔塔瞬间加工了澳大利亚队后卫和守门员（梅尔萨－巴比尔利）的位置和运动的视觉信息，突然绕过他们，并一脚将球射入球门。

Reuters/Claro Cortes IV (China)

平行加工

与多数进行序列加工的计算机不同，我们大脑的工作方式是**平行加工**（parallel processing）。这意味着我们可以同时做很多事情。我们可以整合不同视觉组的工作来构建知觉，而这些视觉组是平行工作的。破坏负责视觉子任务的神经工作站会出现一些奇特的现象。

大脑会把一个视觉场景划分为各个子维度，例如颜色、深度、运动和形状（图 6.12），然后对各个维度同时加工（Livingstone & Hubel，1988）。

视网膜不是仅仅投射到一个视觉

➤ 图 6.12
平行加工
对脑损伤病人的研究指出大脑把对颜色、运动、形状和深度的加工分配在不同的区域。在把场景分成不同的维度后，大脑是如何把这些子维度整合为知觉到的图像呢？对该问题的解答是视觉研究长期努力的目标。

皮层区域，而是很多个区域，每个区域都会对视网膜刺激做出反应。如伊丽莎白（Elizabeth）所说，当大脑整合这些视觉信息时，在另一个皮层区域——颞叶的深层加工使我们能够识别图像。识别面部的整个过程需要耗费巨大的大脑能量——30% 的皮层，10 倍于大脑负责听觉的区域。这些协调感觉运动需要的计算过程甚至比那些推理过程都复杂得多。

如鲁梅尔哈特（Rumelhart，1989）所解释的，这样一种对神经网络的分配工作方式，即不但有其专职工作而且各工作任务也会有所重叠，不仅仅是在补偿大脑迟缓的工作方式。尽管大脑有缓慢工作的部分，而且有很多这样的部分。人脑包含几百万个这样的加工元素。大脑必须同时展开很多很多合作的加工元素并平行地完成各自的任务，这比我们用速度很快的（计算机）系统进行很多很多序列步骤的计算要好。

这些观察报告展现了人类视觉智能的非凡能量。神经冲动的传递比计算机的内部信息慢一百万倍，虽然我们已经设计出装有识别面孔软件的安全相机，但是我们的大脑即刻识别一个熟悉面孔的能力却超过任何一台计算机。“你可以购买一台能打败大师的围棋机器，”霍夫曼（Hoffman，1998，p.xiii）指出，“但是目前还买不到一台胜过幼儿视觉能力的视觉机器。”

视觉任务分配给不同神经工作组的现象可以用来解释视觉障碍的特殊案例。因外科手术或中风失去部分大脑视觉皮层的人，可能会体验到视野中某部分区域的失明，即盲视现象。在盲视区域呈现一系列木棒，他们报告说看不到任何东西。但是当要求他们猜测木棒是垂直呈现还是水平呈现时，他们通常会做出正确的反应。当被告知“你都答对了”时，他们大吃一惊。这些人真正知道的比他们认为自己知道的更多。他们可以伸手去握一只伸过来的手，而实际上他们根本没看到那只手。个体似乎仅用很少一部分意识——“平行加工”系统——负责加工不可见的信息。

其他感觉也同样以类似的速度和精细度来加工信息。打开后门，甚至在走进屋子之前，你就闻到从厨房飘来的香味。接听电话时，你从她说的“嗨”中就可以听出是哪位朋友的声音。在这些事件刺激感官后那一转眼的工夫，几百万个神经元已经同时协同提取了事件的基本特征，并把它们与过去的经验做比较，最终识别出这个刺激（Freeman，1991）。

对感觉信息加工的科学理解是由神经心理学家斯佩里（Sperry，1985）提出的：“科学知识增强（而不是减弱）了对人类的巨大能力产生敬畏和崇敬的理由。”请思考一下：当你注视某人时，视觉信息是以几百万次神经冲动的形式发送到大

➤ 图 6.13
对视觉信息加工的简述

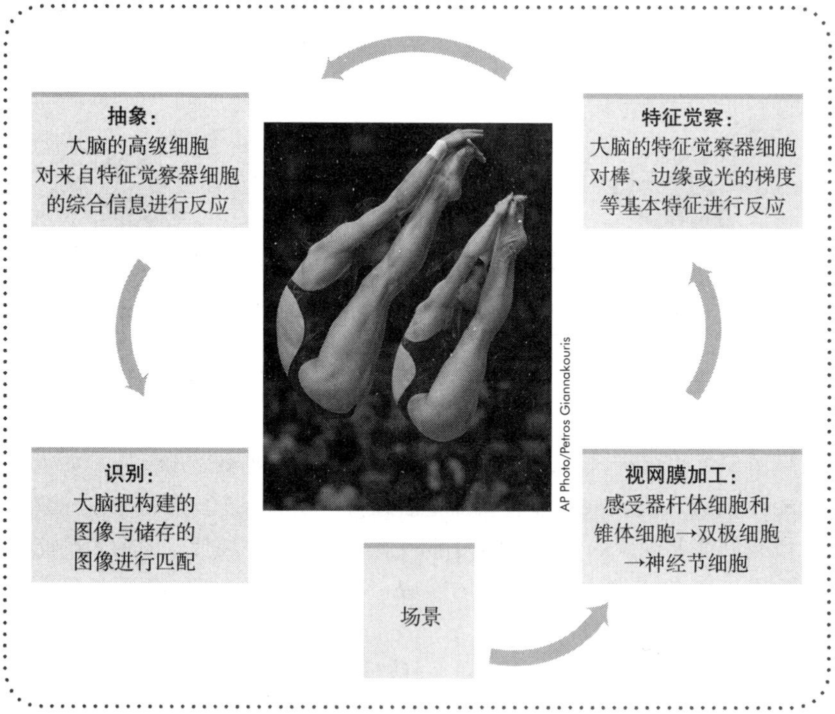

脑，然后构造出其成分特征，最后以某种神秘的方式，组成一个有意义的知觉图像，之后与大脑先前储存的图像进行比较并加以识别，例如，认出你的祖母。整个过程（图 6.13）比把汽车拆卸成一块一块的零件，并把它们放到不同的位置，然后让专业工人把它重新组装起来更复杂。所有这些过程的发生是迅速而毫不费力的连续过程，这确实很神奇。

“我因敬畏上帝，赞颂上帝而生。”
——大卫王，《圣歌》，139:14

颜色视觉

7. 哪些理论有助于我们理解颜色视觉？

“只有心灵具有视觉和听觉；所有其他部分都是又聋又盲的。”
——厄皮卡玛斯，《碎片》，公元前 550 年

我们一般认为物体都具有颜色。我们说，“番茄是红色的。”也许你思考过这样一个古老问题，“如果有一棵树在森林中倒下但是却没有一个人听到，那么它发出声音了吗？”我们可以对颜色提出相同的问题：如果没有人看到番茄，那它还是红色的吗？

答案是否定的。首先，番茄绝不是红色的，因为它拒绝吸收（反射）红色长波。其次，番茄的颜色只是我们的心理构建。如牛顿（1704）指出的，“（光）线是没有颜色的。”和所有的视觉特性一样，颜色不是附着在物体上而是附着在我们大脑的剧场里。即使在睡梦中，我们也认为物体是有颜色的。

在视觉研究中，最基本且引人入胜之处是我们如何能看到多姿多彩的世界。大脑如何用到达视网膜的光能构建我们对颜色的视觉体验——如此的多姿多彩？我们对颜色的差别阈限如此低，以至于我们可以区分 700 万种不同的颜色变化（Geldard，1972）。

至少我们大多数人都可以做到。大约每 50 人中会有一个人的视觉表现出颜色缺失——而这通常是男性，因为这种缺陷是伴性遗传的。要想了解为什么有些人

的视觉会表现出颜色缺失，首先要了解正常的色觉是如何产生的。

现代对颜色视觉之谜的探索工作开始于 19 世纪，当时赫尔姆霍茨（Hermann von Helmholtz）丰富了英国物理学家托马斯·杨（Thomas Young）的观点。杨和赫尔姆霍茨了解到任何一种颜色都可以用红、绿和蓝三原色光波混合而产生。因此，他们推测眼睛必定有三种类型的感受器，而每种感受器分别对一种基本的色光做出反应。

多年以后，研究者测量了对不同颜色刺激进行反应的不同锥体细胞，并且证明了**杨—赫尔姆霍茨三色理论**（Young-Helmholtz trichromatic theory），这可以简述为：视网膜上有三种类型的颜色感受器，每种感受器分别对三色中的一种特别敏感。令人吃惊的是，最敏感的颜色确实是红色、绿色或蓝色。当我们同时刺激这些锥体细胞时，我们便会看到其他颜色。例如，我们虽然没有对黄色特别敏感的感受器，但当同时刺激对红色和绿色敏感的锥体细胞时，我们就会看到黄色。

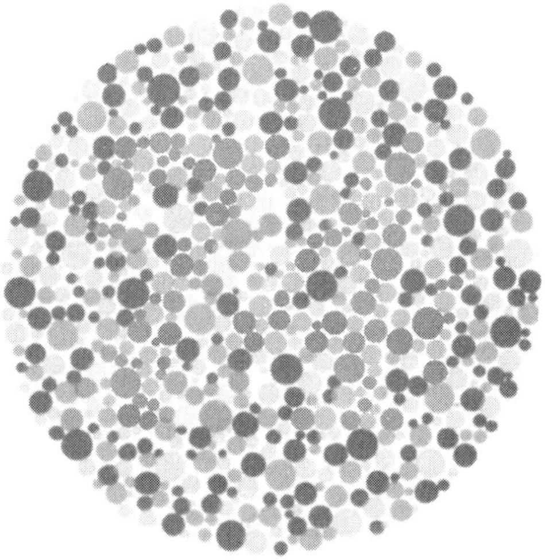

➤ 图 6.14
颜色视觉缺陷（见彩插）
有红—绿视觉缺陷的人很难知觉图形中的数字。

大多数有颜色缺陷的人并不是完全的“色盲”。他们只是缺乏对红色或绿色敏感的锥体细胞。他们的视觉是二色性色盲（两种颜色）而不是三色性色盲，在辨别红色和绿色时变得非常困难，如图 6.14（Boynton，1979）所示。狗同样缺乏对红色波长敏感的感受器，这使它们只能形成有限的二色性色盲的色觉（Neitz et al.，1989）。

杨和赫尔姆霍茨提出三原色理论后不久，生理学家黑林（Ewald Hering）指出，仍然存在尚未解决的色觉之迷。例如，当混合红光和绿光时我们能够看到黄色。但是那些红绿色盲者为什么同样也能看到黄色？为什么黄色会作为一种单纯的颜色出现而不是红色和绿色的混合，就像红色和蓝色混合会产生紫色一样？

黑林在著名的*视觉后效*中发现了线索。当你注视一个绿色的正方形一段时间后再看一张白纸时，你会看到红色，即绿色的*互补色*。如果注视黄色的正方形，稍后你会在白纸上看到黄色的互补色，蓝色（如图 6.15 的彩旗示例）。黑林猜测还有另外两个颜色加工过程，一个加工过程负责红—绿知觉，另一个加工过程负责蓝—黄知觉。

一个世纪之后，研究者证实了黑林的**拮抗过程论**（opponent-process theory）。离开感受器细胞后，对视觉信息的分析是按照互补色，即*红和绿*、*蓝和黄*，以及*黑和白*的方式完成的。在视网膜和丘脑(来自视网膜的冲动传递到视皮层的中间站）的某些神经元会被红色“打开”而被绿色“关闭”。而其他的神经元会被绿色打开而被红色关闭（DeValois & DeValois，1975）。因此如果你在视网膜的某一点上觉察到这些颜色中的一种，那么在同一点上你就不能同时觉察到它的互补色，因此你看不到呈绿色的红色。

➤ 图 6.15
视觉后效（见彩插）
请注视彩旗中央一分钟，然后把你的视线转移到旁边空白部分的黑点上。你看到了什么？（在你那对黑色、绿色和黄色反应的神经元疲劳后，你会看到它们的互补色。）再请注视一堵白墙并注意彩旗的大小是如何随投影距离增大的！

拮抗过程可以用来解释如彩旗演示中的视觉后效现象，我们因注视绿色而使自己对绿色的反应疲劳。之后，当我们注视白色（所有颜色，包括红色）时，只有绿 / 红对中的红色部分可以被正常激活。

因此对色觉之谜的解释大概是这样的：颜色加工发生

在两个阶段。视网膜的红色、绿色、蓝色锥体细胞对不同颜色的刺激会做出不同程度的反应，这正如杨—赫尔姆霍茨三色理论所指出的那样。之后，这些信号在通往视皮层的途中受到神经系统拮抗过程细胞的加工。

本节回顾

➤ 自问

如果你必须被迫放弃一种感觉，那会是什么？为什么？

➤ 自测 2

请你回顾一下你从看到一个熟悉的人到认出他所经历的一系列过程。

自测问题的答案见书后的附录。

听　觉

对人类来说，视觉是主要的感觉。相比于其他感觉，我们的大脑皮质更多地用于视觉。但是，如果缺少听觉、触觉、身体位置和运动觉、嗅觉和味觉，那么，我体验外部世界的能力将大大降低。

和我们的其他感觉一样，我们的**听觉**（audition）具有高度的适应性。我们能听到的声音范围很广，而对那些符合人类声音频率范围的声音最敏感。此外，我们也对微弱的声音具有令人惊异的敏感性，因为这曾经对我们祖先的生存有显著的帮助作用，例如在狩猎或被追捕，或觉察小孩的呜咽声时需要这种敏锐性。（如果我们的耳朵再敏锐一些，我们可能会听到空气分子运动连续发出的嘶嘶声。）

我们也确实对声音的差别很敏感。我们可以很容易地觉察到上千人的声音之间的区别，这有助于我们马上识别出任何一个熟人的声音。听觉和视觉一样，也存在这样一个基本问题——我们是如何听到声音的？我们如何把声波转化成被大脑识别的神经信息？

乐声　小提琴的高频短波产生高音调，大提琴的低频长波产生低音调。不同高度和振幅的声波也能产生不同程度的音高。

Steve Skjold/PhotoEdit

刺激输入：声波

8. 当我们听到声音时，空气压力波具有哪些特征？

敲击钢琴的琴键，产生刺激能量的是声波——推动空气分子，一个分子撞击下一个分子，如此持续不断，这就像在音乐会礼堂拥挤的出口通道中人群的搡挤一样。空气因压缩和膨胀所产生的波就像把石头扔进池塘所产生的环行波纹一样。我们就好像在空气分子的海洋中遨游，我们的耳朵能够觉察这些短暂的空气压力变化。之后耳朵将其转化成被我们的大脑解码为声音的神经冲动。声波的强度，或者振幅，决定了声音的响度。同样，波长的变化，决定**频率**（frequency）的变化（回忆图 6.6）。波的频率决定**音调**（pitch）：长波的频率低，音调也低。短波的频率高，音调也高。短笛会发出比大号更短更快的声音。

分贝是声音能量的测量单位。听觉的绝对阈限被人为定义为 0 分贝。每增加 10 分贝的声音相当于音强增加了 10 倍。因此，普通谈话声（60 分贝）比 20 分贝的低语声响 10 000 倍。可以忍受的地铁列车开过所发出的 100 分贝的声音比可觉察到的最微弱的声音要响 100 亿倍。（对于光来说，我们可以忍受的刺激比我们刚刚能觉察到的闪光强万亿倍。）然而，当持续暴露在 85 分贝以上的声音环境中会造成耳聋。

耳 朵

9. 耳朵是如何将声波转换成神经信息的？

要听到声音，我们必须把声波转换成神经活动。但这是如何实现的呢？人类的耳朵通过一系列精巧的机械链反应来实现这个功能（图 6.16）。首先，可见的外耳会聚声波，并通过听管到达鼓膜，一个随波的振动而绷紧的膜。然后，**中耳**（middle ear）通过由三块听小骨（锤骨、砧骨和镫骨）组成的活塞把鼓膜的振动传送到**内耳**（inner ear）中被称做**耳蜗**（cochlea）的类似蜗牛形状的细管中。传入的振动会使耳蜗内膜（卵圆窗）振动充满细管的液体。这一运动会造成与毛细胞相连的基底膜的波动，毛细胞因其细小如毛的凸起形状而得名。在本阶段的最后，基底膜的波动会使这些毛细胞弯曲，那和风吹麦浪滚滚的场景没什么差异。毛细胞的运动会触发邻近神经纤维的冲动，神经纤维会聚成听神经。通过这一系列的连续过程，声波会使内耳的毛细胞传递神经信息至颞叶的听皮层。从振动的空气到运动的活塞到液体的波动到电冲动最后到大脑：瞧！我们听到了。

我认为听觉过程最奇妙的部分是毛细胞，大多数的听力丧失都是由于毛细胞

➤ **图 6.16**
我们如何把声波转化为大脑能够识别的神经冲动
（a）外耳会聚声波到达鼓膜。中耳的听骨通过卵圆窗放大鼓膜的振动并将其传递到充满液体的耳蜗。（b）如中耳和内耳的结构所示，耳蜗内液体压力的变化导致基底膜的波动，使表面的毛细胞弯曲。毛细胞运动触发神经细胞基底的冲动，这些神经细胞的纤维会聚成听神经。（为了展示清楚，耳蜗部分展开显示。）

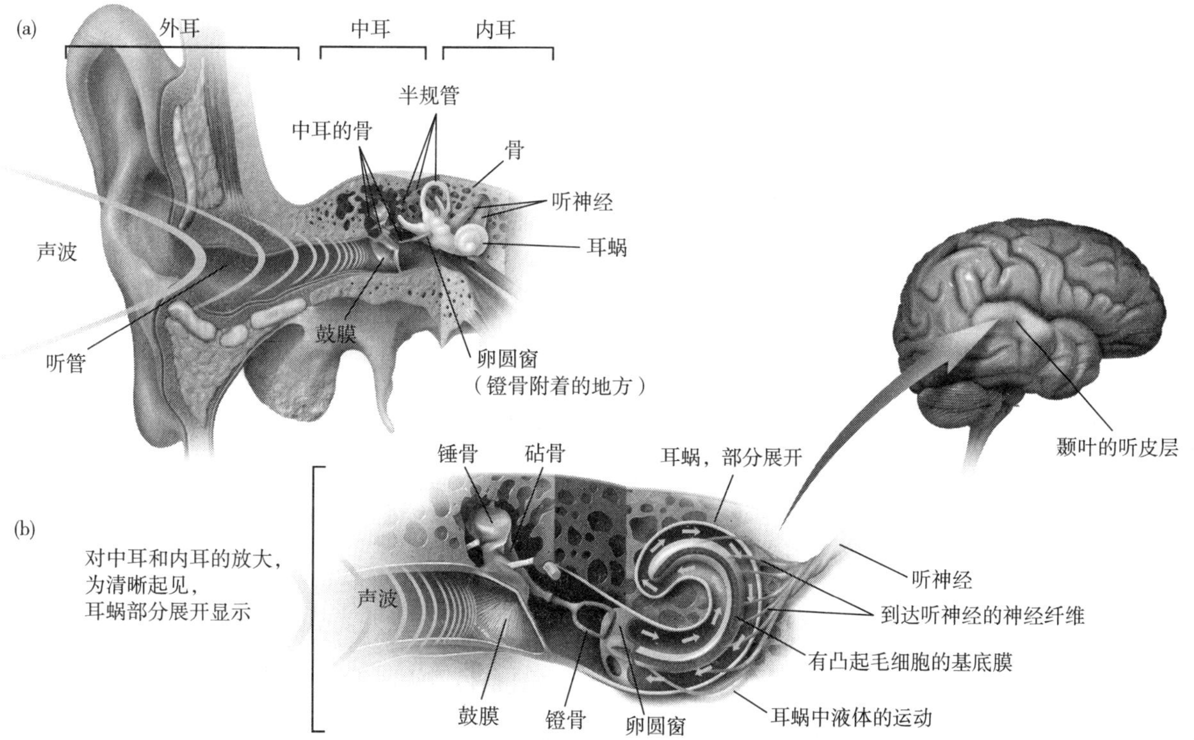

➤ 图 6.17
一些常见声音的强度
一些常见的声音强度：近距离，闪电后的雷声接近 120 分贝。

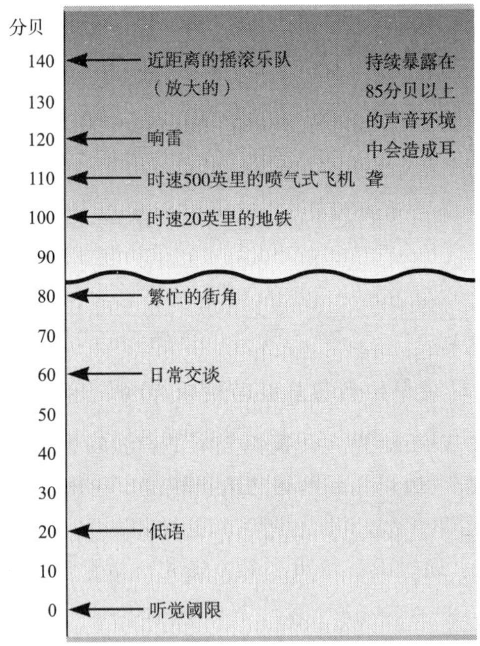

受损造成的。一个耳蜗有 16 000 个毛细胞，如果不将其与我们一只眼睛所包含的 1.3 亿个光感受器相比，这听起来也是很多的。让我们再来看看毛细胞的敏感性。将毛细胞尖端细小的纤毛束偏转一个原子的宽度——相当于把埃菲尔铁塔的顶部移动半英寸——敏感的毛细胞会引发一个神经反应。

我们如何觉察到响度呢？这和我的猜想有所不同，不是来自于毛细胞反应的强度。正确的回答是，一个轻柔的纯音只能激活数量很少的几个与其频率相适应的毛细胞。当声音响度增大时，它邻近的毛细胞也会起反应。因此，可以通过大脑所激活的毛细胞数量来解释响度。

如果一个毛细胞失去了对轻柔声音的敏感性，但它仍然可以对响亮的声音做出反应。这有助于解释另一个让我们感到惊异的现象：不管听力是否受损伤，响亮的声音对所有人来说确实是同样响的。这就是为什么听力有困难的人并不需要把所有的声音（响亮和轻柔）都放大的原因（见图 6.17）。他们喜欢对声音进行提炼——即轻柔的声音比响亮的声音会放大更多（现代数字式助听器的特点）。

知觉音调

10. 哪种理论有助于我们理解音调知觉？

我们如何知道一种声音是高频、高音的小鸟鸣叫声还是低频、低音的卡车轰隆声？当前对如何区别音调的认识和对如何区别颜色的认识一样，也存在两种理论。

赫尔姆霍茨的**位置理论**（place theory）假设：我们之所以听到不同的音调是因为不同的声波会激活耳蜗基底膜不同位置的活动。因此，大脑可以通过识别所接收的神经信号在基底膜上所处的位置来决定一个声音的音调。诺贝尔奖获得者贝克西（Georg von Békésy，1957）对豚鼠和死者的耳蜗打孔，并用显微镜观察其内部结构，结果发现耳蜗对声音会做出振动反应，类似一张抖动的床单。高频音在耳蜗基底膜的前端附近产生巨大的振动，低频音在末端附近产生巨大的振动。

尽管位置理论很好地解释了我们如何听到高音，但却不能解释我们如何听到低音，因为声音产生的神经信号与基底膜上的定位不是十分确定。而**频率理论**（frequency theory）对我们如何知觉音调提出了另一种解释。整个基底膜随着传入的声波振动，并引发与声波同速率的神经冲动到达大脑。如果声波的频率是每秒 100 次，那么每秒就有 100 个冲动传到听神经。这样，大脑可以通过神经冲动的频率来感受音调。

频率理论可以解释我们如何知觉到低音。但是，它同样也存在问题：单个神经元的放电速度每秒不会超过 1 000 次。那么频率理论如何解释我们对每秒超过 1 000 次频率的声音（钢琴上部大约三分之一的琴键）的感觉呢？让我们再来看一下齐射原理：像士兵轮流开火一样，一些人装弹药时其他人可以射击，一组神经细胞也可以轮流放电。凭借快速连续的放电它们可以实现每秒超过 1 000 次的联合频率。

因此，位置理论更好地解释了我们如何知觉高音，频率理论则更好地解释了我们如何知觉低音，位置和频率的结合似乎可以用于解释中间范围的音调。

定位声音

11. 我们如何定位声音？

为什么我们不能只有一只大大的耳朵——也许就在我们的鼻子上面？就像大灰狼对小红帽所说的，这样可以更好地听到你的声音。就像两只眼睛的位置能使我们产生深度视觉一样，两只耳朵的位置能使我们形成立体（“三维”）听觉。

两只耳朵优于一只耳朵的理由至少有两个。如果在你右边的一辆汽车呼啸而来，你的右耳会比左耳更早接收到更强的声音信息（图 6.18）。因为声音以每小时 750 英里的速度传播，而我们的耳朵相距只有 6 英寸，这种强度差异和时间延迟是相当小的。然而我们敏感的听觉系统确实可以觉察到这种微小的差别（Brown & Deffenbacher，1979；Middlebrooks & Green，1991）。对于来自某一方向的两种声音的最小可觉差仅仅为 0.000027 秒！听觉软件可以通过两个时间延迟和强度变化的立体扬声器播放声音，这相当于耳朵接收来自不同位置的声音。结果可能类似于对现实生活的知觉，例如，蜜蜂在一只耳朵旁嗡嗡叫，然后绕着房间飞来飞去，最后又飞回到另一只耳朵附近嗡嗡叫（Harvey，2002）。

因此你猜想我们可以在多大程度上准确定位一个与我们两只耳朵等距离的声音，诸如那些来自我们正前方、正后方、正上方或正下方的声音？结果并不十分理想。为什么？因为这些位置的声音会同时到达两只耳朵。你可以闭上眼睛坐下，并让一个朋友在你头的周围打响指。你可以轻易地分辨出来自两边的声音，但是当响指来自正前方、正后方、正上方或正下方时你的判断可能会出错。这就是为什么当要努力分辨一个声音时，你会倾斜脑袋，这样你的两只耳朵会接收到稍微有所差异的信息。

➤ 图 6.18

我们如何定位声音

声波到达一只耳朵的时间比到达另一只耳朵的时间早，而且到达一只耳朵的强度也比到达另一只耳朵的强度大。我们敏锐的大脑会利用这一信息计算声音位置。你可能也会猜到，如果个体的一只耳朵丧失听觉，他通常存在声音定位的困难。

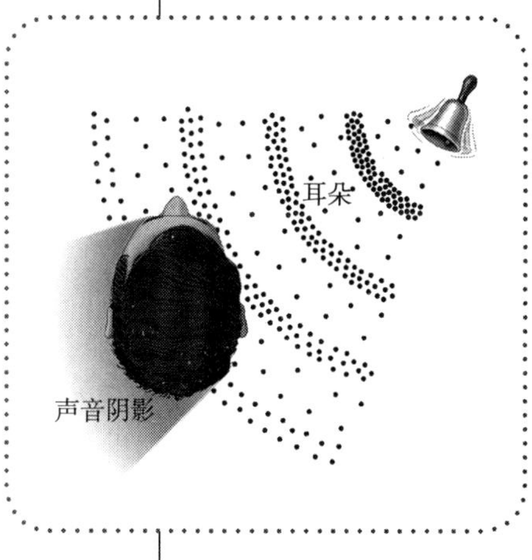

失聪与聋人文化

12. 失聪的普遍原因是什么？为何围绕人工耳蜗存在争论？

耳朵复杂且精密的结构使它很容易受到损伤。如果负责把声波传导到耳蜗的机械组织出现问题，可能会导致**传导性听力丧失**（conduction hearing loss）。如果鼓膜被刺破或者中耳的听小骨失去振动能力，那么耳朵传导振动的能力会降低。数字式助听器通过放大个体最不敏感声音的频率（通常是高频率）振动和提炼声音（放大轻柔的声音而不是响亮的声音）的方式来改善听力。

耳蜗的毛细胞感受器或者与其相连的神经受损会导致**感觉神经性耳聋**（sensorineural hearing loss 或 nerve deafness）。有时候，疾病会导致这种神经性耳聋，但是更常见的罪魁祸首是衰老所带来的生理变化以及长时间持续暴露在震耳欲聋的噪音或音乐环境中。一旦受损，这些组织就会失去反应能力，尽管助听器可以放大足够的声音来刺激邻近的毛细胞。在一些动物中，例如鲨鱼和鸟，其毛细胞可以再生，科学家已经发现如何用化学方法刺激豚鼠和幼鼠毛细胞再生的方法（Forge et al., 1993；Warchol et al., 1993）。这些发现燃起了人们的一线希望，也许某一天能找到人类耳蜗中毛细胞再生的方法，并因此使那些神经性耳聋的患者恢复听觉。

> “通过把手放在嘴唇和喉咙上，我掌握了很多特殊振动，并能解释它们的含义：一个男孩的笑声，一个男人惊讶的‘哟！’，烦恼或困惑的‘嗯！’，疼痛的呻吟、惊叫、耳语、刺耳声、哭泣、哽咽和喘息。”
> ——海伦·凯勒，1908

在发现耳蜗中毛细胞再生的方法之前，恢复神经性耳聋者听觉的最好方法是一种仿生耳朵——**耳蜗移植**（cochlear implant）。这种电子装置能够把声音转化为电信号，传送到耳蜗的神经，再把有关声音的信息传递到大脑。移植有助于儿童逐渐精通口语交流，而且也使儿童变得较少分心和冲动（Quittner et al., 1994；Svirsky et al., 2000）。最新的耳蜗移植同样可以帮助大多数成年人恢复听觉（尽管不能恢复成年聋人的听觉，因为他们的大脑在其很小的时候就从未学过如此加工声音刺激）。

▸▸ 目前正在进行修复视觉的实验——工具为一个仿生的视网膜（直径为 2 毫米的芯片且有 5000 个太阳能电池刺激损伤的视网膜细胞），还有摄影机和刺激视皮层的计算机。在测试任务中，两种装置都能使盲人获得部分视觉（Kobelle, 2000; Steenhuysen, 2002）。

耳蜗移植的实际应用引发了世人激烈的争论。90% 以上的聋童父母的听力是正常的，所以大多数家长希望他们的孩子可以体验到多姿多彩的有声世界。美国聋人联合会坚持认为耳聋不是残疾。他们反对在聋童学习说话前使用移植。聋人培训倡导者指出，天生的手语者是有语言能力的。在 1960 年出版的《手语结构》一书中，盖洛特大学的语言学家斯多克（William Stokoe）展示了甚至天生的手语者也不能完全理解的东西：手语是一种完整的语言，有它自己的语法、句法和语义。因为美国手语与其他语言如英语没有关系，那些在童年时期只学手语的人在之后学习阅读和写作时存在困难。一些学校和家庭因此训练聋童，使他们成为能使用手语和本文化语言说和写的双语者，例如用提示语把手语和英语联系起来（Holloway, 2000）。

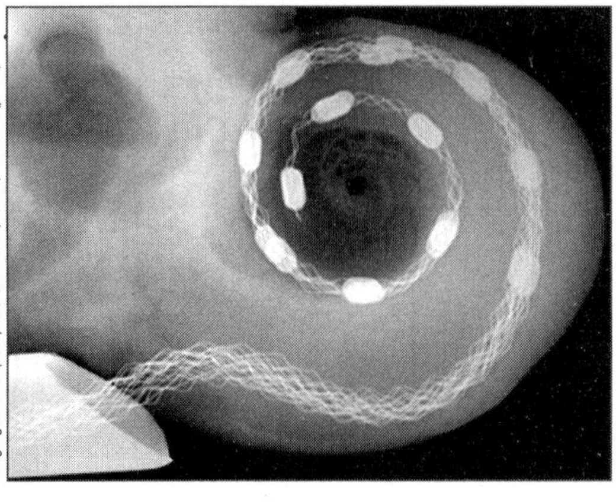

Wolfgang Gstottner, (2004) American Scientist, Vol. 92, Number 5. (p. 437)

听力的武器装备 X 射线影像表明，人工耳蜗植入的导线阵列导致在听觉神经上产生 12 个刺激部位。

一些聋人文化提倡者进一步主张，聋人在“听觉损伤”的同时获得“视觉增强”。丧失一种感觉通道的人似乎可以从其他感觉能力的轻微增强中得到补偿（Backman & Dixon, 1992；Levy & Langer, 1992）。下面是一些例子：

特写

生活在无声世界中

在丧失听觉的人群中也存在很大的个体差异（Phonak，2007）。有些人患有深度耳聋；有些人却具有有限的听力。有些人在学习语言之前就患有耳聋（在语言发展之前）；有些人则曾经感受过这个有声的世界。有些人掌握了手势语，并且认同基于语言的聋人文化；有些人，特别是那些在语言发展后的聋人，具有一定的"口语"能力，可以通过辨读唇形或阅读书面文字的方式来和我们的有声世界交流。然而还有一些聋人生活在两种文化的环境中。那些与其他聋人一起成长的个体更加认同聋人培训，并且体验到积极的自尊。那些在使用手语家庭中成长的聋儿，不管他们的父母是丧失听觉的还是有听觉的，同样表现出较高的自尊，并且有更高的被接纳感（Bat-Chava，1993，1994）。

大约四分之一的聋儿会进入寄宿学校。一半聋儿进入公立学校的特殊教育班。剩下的四分之一部分或全部进入正规班级，有时手语翻译会在课堂上给他们提供帮助（Kirk & Gallagher，1989）。如同听力正常的同龄人一样，有些学生迟钝，有些学生很聪明。事实上所有的儿童，不管是丧失听觉的还是有听觉的，不管是手语者还是有语言能力者，都表现出惊人的语言学习能力（Meier，1991）。

尽管如此，所有的聋人都会面临挑战（Braden，1994）。因为学业课程是建立在口语的基础之上，所以聋人的学业成绩可能会受到影响。他们甚至会面临更大的社会挑战。因为无法进行正常交流，所以聋儿和其听力正常的玩伴之间要不断努力协调他们的游戏活动。青少年可能会体验到社交排斥，并且导致低自信。甚至年老后听力衰退的成年人也会面临这个挑战，以至于表现出害羞心理。3 岁时失去听觉的芝加哥报纸编辑和专栏作家基瑟报告（Henry Kisor，1990，p.244），"几乎所有的聋人都希望自己少给听力正常者添乱"，"我们的谦卑和缺乏自信是不易被觉察到的。有时候这种趋势会让我们陷入困境。我们必须始终与之对抗"。

我深知这一点。母亲和我在可擦拭的"魔力便笺簿"上书写交流，她在无声的世界中度过了生命中最后的 12 年，仅仅与家人和老朋友这一小范围的人员保持交流，而不与其他人交往，以避免压力和紧张。我自己的听力衰退与母亲的发展趋势相同，我发现自己在看戏剧和开会时会坐在前方或中央，在餐厅用餐会寻找安静的角落，使用特殊的音量可控电话，让妻子给口音与我们不同的朋友打一些必要的电话。但是最大的挫折来自于，不管有没有助听器，我都听不到让其他所有人哄堂大笑的笑话；当多次尝试后我还是不能理解被我惹恼的人的问题并且无法伪装自己；我听不到儿子在学校管弦乐队演奏的低音乐器；家人会尝试三次给我讲述一些不重要的事，然后不得不放弃并说，"哦，没关系"。

随着年龄的增长，我的母亲开始觉得寻求社会交往与自己付出的努力相比完全不值得。尽管如此，对于报纸专栏作家基瑟来说，社会交往是值得自己付出努力的。"因此，我将竭尽全力咬牙坚持到底"（p.246）。伸出双手，与他人交往，甚至要跨越寂静的深渊，但这是对自己的人性和作为社会人的肯定。

- 盲人音乐家比视力正常者具有更加完美的音调（Hamilton，2000）。
- 如果把一只耳朵塞上，盲人也能比视力正常者更准确地定位声音来源（Gougoux et al., 2005; Lessard et al.，1998）。
- 正是由于缺乏感觉输入，聋人的听皮层可以对触觉和视觉输入起反应（Finney et al.，2001；Levanen et al.，1998）。
- 天生失聪的人表现出对周边视觉较高的注意力（Bavelier et al.，2006）。虽然感觉输入匮乏，但是他们的听觉皮层仍旧完好无损，变得对触觉和视觉输入更具反应性（Emmorey et al.，2003；Finney et al.，2001；Penhune et al.，2003）。

本节回顾

➤ 自问

如果你是先天耳聋者，你会接受耳蜗移植吗？大多数先天耳聋的成年聋人并不希望自己或其耳聋子女接受移植，你觉得奇怪吗？

➤ 自测 3

将声波转化为知觉到的声音的基本步骤是什么？

自测问题的答案见书后的附录。

珍贵的触觉 如威廉·詹姆士在他的《心理学原理》(1890)一书中所写的，“触觉是爱的第一个也是最后一个字母”。

其他感觉

对于人类来说，主要的感觉是视觉和听觉。我们特别依靠它们进行沟通交流。我们的大脑对这两种感觉分配了较大的皮层组织。对于其他动物，皮层组织的优先分配也是不同的。鲨鱼和狗有着超常的嗅觉，因此嗅觉占较大的大脑区域。不过，如果我们没有触觉、味觉、嗅觉以及对身体运动和位置的感觉，人类将是严重残疾的，我们享受世界的可能性将会大大减少。

触 觉

13.我们是如何感知触觉、身体位置和运动觉的？我们如何体验痛觉？

尽管不是到达意识的第一种感觉，但是触觉可能是我们最早发展起来的感觉。从出生开始，触觉就对我们的发展非常重要。正如我们在第 4 章中提到的，如果用手按摩刺激早产儿，他们的体重会快速增加，并能早日回到家中。剥夺母猴触觉的幼猴产生的生长激素更少，而且其新陈代谢率也更低——这种方式可以使幼猴活到母猴回来，但如果延长母猴剥夺触觉的时间就会妨碍幼猴的生长。允许母猴看、听和闻——但不能触摸幼猴——它们会变得沮丧失望、不快乐；那些被有孔的屏幕隔开，但允许触摸幼猴的母猴就没有那么痛苦。作为恋人，我们渴望触摸——亲吻、抚摸、依偎。

戴夫·巴里(Dave Barry)也许是对的，他说，皮肤“可以防止别人看透你的身体，它具有排斥性，而且可以避免你的器官掉到地上”。但是皮肤的作用还不止这些。我们的“触觉”事实上至少是四种不同皮肤感觉的混合——压力、温、冷和疼痛。在皮肤中有不同类型的专门化的神经末梢。用柔软的毛发、温或冷的金属丝轻触皮肤上的不同点，结果发现有些点对压力敏感，有些点对温敏感，有些点对冷敏感，还有一些点对疼痛特别敏感。这是否意味着每种神经末梢都是一种皮肤基本感觉的感受器，就像眼睛中的锥体细胞感受器与光的基本颜色相对应一样？

令人惊讶的是，我们在某一个点上所产生的感觉和该点专门化的神经末梢类型之间并不是一种简单的关系。只有压力具有可以确定的感受器。其他皮肤感觉是这四种基本感觉（压力、温、冷和疼痛）的变异：

- 抚摸邻近的压点引起发痒的感觉。
- 反复轻柔地抚摸疼痛点引起发痒的感觉。
- 触摸邻近的冷和压点会产生湿润的感觉，你触摸干燥、寒冷的金属时也可以体验到这种感觉。
- 刺激邻近的冷和温点产生“热”的感觉。冷点会对极低或者极高的温度起反应。当刺激同时激活温和冷点时我们会感觉到灼热（图 6.19）。

然而，触觉不仅仅是由触觉刺激引起。自己搔痒所产生的躯体感觉对皮层的激活要少于由物体或其他人的搔痒所产生的感觉激活（Blakemore et al.，1998）。大脑是很灵活的，对不可预知的刺激极其敏感。对触觉自上而下的影响也会表现出橡胶手错觉。假设你正在看逼真的橡胶手，而你自己的手藏起来（见图 6.20），

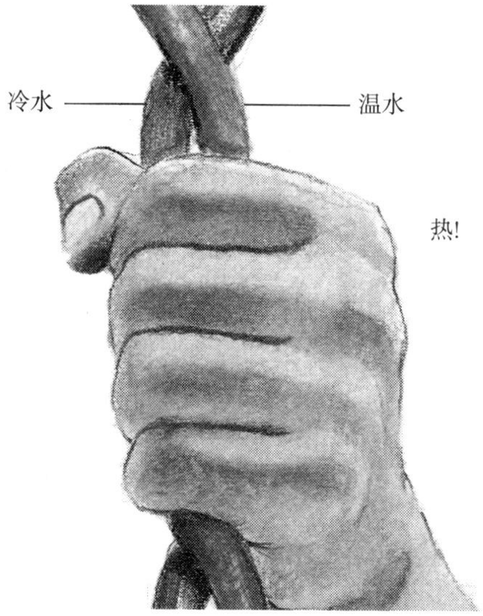

➤ 图 6.19
温暖 + 寒冷 = 热
当冰冷的水流通过一根盘旋的管子，而温暖的水流通过另一根盘旋的管子时，我们会知觉到有如灼烫一般的混合感觉。

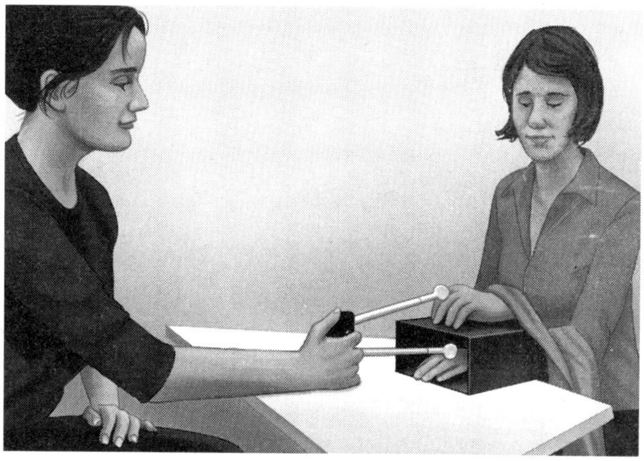

➤ 图 6.20
橡胶手错觉
当都柏林的研究者同时接触志愿者的真假手时，志愿者感觉到看见的假手就像其真手一样。

如果实验者同时接触你的假手和真手，你可能会感觉橡胶手就像你自己的手一样，觉得它也正被触摸。对大部分人来说，即使用激光“安抚”假手，他们也会产生一种温暖的错觉，或者就像在触摸他们看不见的真手一样（Durgin et al., 2007）。

痛　觉

我们要感谢偶尔的疼痛。疼痛是身体告诉你躯体的某些机能发生故障的一种方式。一旦注意到烧伤、骨折或扭伤，你就会立即改变自己的行为。有一种非常罕见的人，他们出生时就没有感觉疼痛的能力，他们可能已经经受到严重的伤害，但却从未感受到疼痛的危险信号警告。通常，他们不等成年就会夭折。如果我们觉察不出因不时转换位置而带来的不适，关节就会过度疲劳，没有疼痛的折磨预警，那些无法察觉的传染和伤害的影响会积聚起来（Neese，1991）。

更多的是那些忍受慢性疼痛折磨的人，就好像有永远不会关掉的警报。长期遭受背痛、关节炎、头痛以及癌症所引起的疼痛折磨的人提出了这样两个问题：疼痛是什么？我们应该如何控制它？

> “当腹部严重胀痛时，其他机能良好的器官似乎都无关紧要了。”
> ——萨迪，《古丽斯坦》，1258

什么是疼痛？

疼痛不仅是一种感觉的属性——我们感觉到它的区域——也是大脑的属性。就像做梦者闭着眼睛也可以看得真真切切，聆听者在静寂中可以听到驼铃声一样，10 个截肢患者中有 7 个人可以感觉到自己早已被截肢的肢体疼痛或运动（Melzack，1992，1993）。（截肢患者也会尝试用幻肢离开床位或用幻手拿起茶

Tom Mihalek/AFP/Getty Images

带着疼痛比赛 在2008年的NBA系列赛事中，当对方球员踩到其右脚时，波士顿凯尔特人队的球星保罗·皮尔斯摔倒在地上，疼得大声尖叫，右膝因疼痛而扭曲。被抬出赛场经过简单处理后，他又返回赛场，带着疼痛全身心投入比赛，比赛结束后才注意到疼痛。

杯。）甚至那些出生时就缺少腿或胳膊的人有时候也会知觉到来自那并不存在的肢体感觉。梅尔扎克（Melzack，1998）猜测，大脑会准确地预测“它会从有四肢的身体得到信息”。

然而和视觉不同，痛觉系统在连接感觉器官和大脑对应区域的神经束上并没有定位。此外，没有一种类型的刺激会触发疼痛（像光触发视觉一样），并且没有特殊的痛觉感受器（像视网膜的锥体细胞和杆体细胞一样）。事实上，当刺激强度较低时，产生疼痛的刺激也会引起其他感觉，包括温或冷、光滑或粗糙（图6.21）。

尽管没有一种痛觉理论可以解释所有的发现，但心理学家梅尔扎克和生物学家沃尔（1965，1983）所提出的经典**闸门控制理论**（gate-control theory）仍然提供了一个有用的模型。梅尔扎克和沃尔认为脊髓内包含一个神经学上的“闸门”，它阻碍或者允许疼痛信号传递到大脑。脊髓内包含小的传导疼痛信号的神经纤维和大的传导大多数其他感觉信号的纤维。当组织受伤时，小的神经纤维会被激活并打开神经闸门，你就会体验到疼痛。大的神经纤维活动会关闭痛觉闸门，关掉痛觉。

因此，一种治疗慢性疼痛的方法是刺激（电刺激按摩或针刺）大的神经纤维做出“关闭闸门”的反应（Wall，2000）。不断摩擦擦破的脚趾周围就可以产生竞争性刺激，阻止疼痛的信息。如果你在瘀伤上放些冰块，你不仅可以控制肿胀而且还会触发关闭闸门的寒冷信息。一些关节炎患者在疼痛区旁边戴上小的便携式电刺激仪器。当仪器刺激这个区域的神经时，患者感觉到的是一种振动而不是疼痛（Murphy，1982）。

➤ 图 6.21

痛觉回路

感觉感受器（伤害性感受器）通过将冲动传递到脊髓，从而对潜在的破坏刺激做出反应。脊髓接收到信息后，将其再传递给大脑，最后由大脑解释为疼痛。

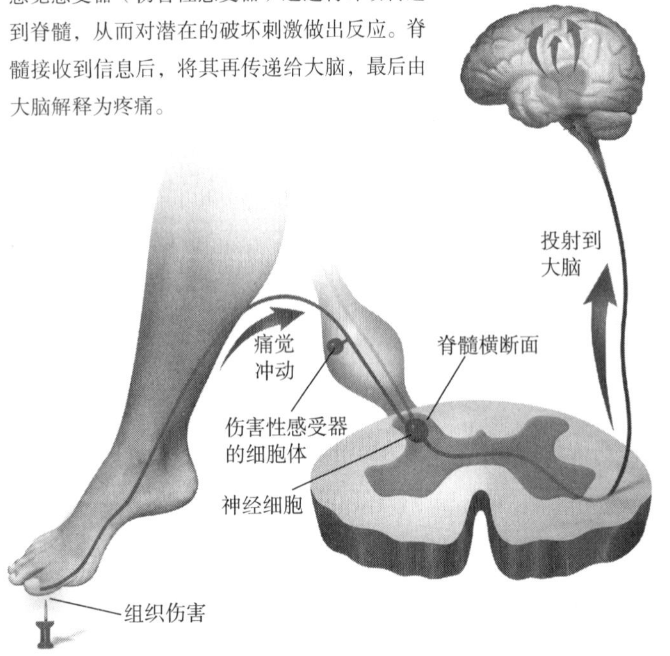

梅尔扎克和沃尔认为疼痛闸门也可以被来自大脑的信息关闭。这些从大脑到脊髓的信息有助于解释其对疼痛所产生的令人惊异的心理影响。当我们的注意力从疼痛转移并通过内啡肽的释放而平静下来时，我们对疼痛的感觉大大降低。运动过程中所出现的伤痛可能被忽视，直到比赛后淋浴时才感觉到疼痛。在1989年的一场篮球赛中，俄亥俄州立大学的选手伯森摔断了脖子——但是他仍坚持比赛。显然，对于疼痛的感觉不仅仅取决于感受器所接收的刺激。

同样显而易见的是，当体验疼痛时，其中有些人的感觉更加强烈，并且似乎难以忍受（Symbaluk et al.，1997）。这个现象可以解释对疼痛的社会影响作用有多么明显，当20世纪80年代中期很多澳大利亚键盘操作员在从事打字或其他重复性工作时会遭受严重的疼痛折磨——而实际上并没有检查出任何身体异常（Gawande，1998）。笛卡儿在300多年前提出的观点是错的。疼痛不仅是将身体伤害的信息传递到大脑的神经冲动——像拉一根绳索敲钟一样。是大脑制造了疼痛感。梅尔扎克（1999）在他早期的闸门控制理论中证明，不管是否有感觉输入，都可以激活引发疼痛体验的大脑活动。大脑绝对可以体验到疼痛和其他的感觉经验。

“痛觉随着对它的关注而增强。”

——查尔斯·达尔文，《人类和动物的情绪表达》，1872

我们对疼痛的记忆比对疼痛的体验更多。在实验或相应的医疗程序结束后，人们会忽视疼痛持续的时间。他们的记忆记录的是最疼痛的时刻和在结束时的疼痛体验。卡尼曼及其合作者（Kahneman et al.，1993）在一次实验中发现了这个现象。他们让人们把一只手浸入可以产生疼痛体验的冷水中，并持续 60 秒，然后另一只手也在同样的冷水中浸泡 60 秒，并紧接着在引发较小疼痛体验的冷水中再浸 30 秒。有趣的是，当问这些人更愿意重复哪个任务时，大多数人都更喜欢时间较长的那个任务，有更多的疼痛体验——但是结束时的疼痛体验较少。当病人在一个月后回忆结肠检查的疼痛体验时，他们同样对最后（和最疼）的时刻有深刻的记忆，而不是疼痛所持续的时间。

对于医疗部门来说，这种意义非常明显：逐渐减轻的疼痛过程比突然中止的疼痛过程要好。在一个实验中，一名医师对一些接受结肠检查的病人施行了上述做法——延长不适一分钟，但是减轻疼痛的强度（Kahneman，1999）。尽管这个轻度的不适延长了总的疼痛体验，但接受疼痛“逐渐减轻”处理的病人在稍后的回忆中感觉自己的疼痛体验少于那些疼痛突然结束的病人。还有这样一种类似的现象，人们对最后增加一年中度糟糕体验的假想可怕生活的评价好于对一个糟糕体验突然结束的假想可怕生活的评价。相反他们对突然结束的假想精彩生活的评价好于最后增加一年中度愉快体验的评价（Diener et al.，2001）。

控制痛觉 如果痛觉是身体和心理的综合体验——而且如果它确实是身体和心理现象——那么我们就应该同时对身体和心理进行治疗。根据症状的类型，痛觉控制门诊会从包括药物、手术、针灸、电刺激、按摩、锻炼、催眠、放松训练和思想转移等方法中选择一种或多种治疗方法。

尽管心理助产法训练可以减轻分娩过程中的疼痛体验，但是大多数接受心理助产法的病人在分娩时还是要求局部麻醉。有些人——曾经期望自己能体验一种“自然无痛分娩”——会产生内疚和失败的体验（Melzack，1984）。梅尔扎克因此提倡——和心理助产法程序本身一样——分娩训练可以使女性准备“应对异常极端疼痛的事件，并同时是她生命中最有成就的高峰体验”。

寻求解脱 针灸师通过用针扎病人的指尖来试图帮助这位女性减少背部疼痛。

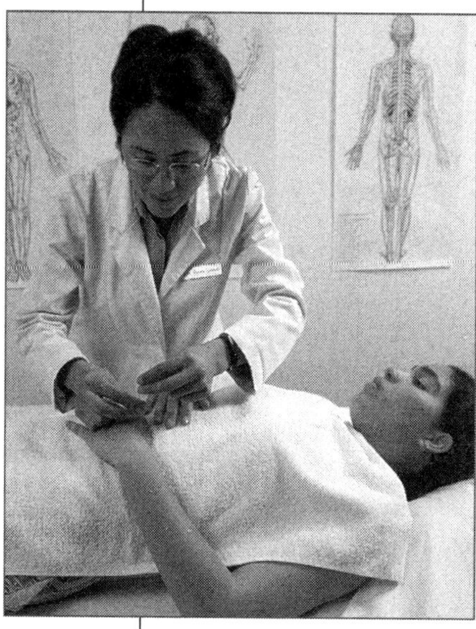

Gary Conner/PhototakeUSA.com

心理助产法综合了许多痛觉控制技术。包括放松（通过深呼吸和肌肉放松）、对抗刺激（通过温和地按摩）和转移（通过把注意力集中到令人愉快的图片上）。沃辛顿及其同事（Worthington et al.，1983）用这些痛觉控制技术训练女性，受过这种训练的女性可以更容易地忍受手浸在冰水中的疼痛体验。当一个值得信赖的“教练”鼓励她们时，她们的疼痛忍耐力甚至会更强，这种作用就像受过这种训练的女性在生产过程中，丈夫或亲密朋友对其的鼓励作用一样。

用令人愉快的想象转移人的注意力（“想象一个温暖、舒适的环境”），或者把人们的注意力从疼痛刺激（“从 3 秒钟开始倒数”）转移开，是增强疼痛忍耐力特别有效的方法（Fernandez & Turk，1989；McCaul & Malott，1984）。这也是卫生保健中的原则。一个训练有素的护士在注射时，可以和病人聊天或让他们把视线移开从而转移害怕打针的病人注意力。对住院病人来说，窗外令人愉悦的自然景色同样有类似的放松和转移注意的效果。对宾夕法尼亚州一家医院的记录进行检查时，乌尔里克（Ulrich，1984）发现住在能看到窗外树木的房间的手术病人与那些住在只能看到砖墙的房间的病人相比，需要较少的止痛药而且住院时间较短。因为痛觉是一种大脑体验，转移大脑的注意力可以减轻疼痛。

味 觉

14. 我们如何体验味觉？

和触觉一样，我们对味道的感觉主要包括四种基本感觉。它们分别是甜、酸、咸和苦（McBurney & Gent，1979）。其他大多数味觉是这四种感觉的混合。研究者一直没有找到每种基本味觉的专门化的神经纤维，直到最近才发现了第五种味觉的感受器——“鲜”的味觉，就像对味道浓重的味精一样的感觉（Chaudhari et al.，2000；Nelson et al.，2001；Smith & Margolskee，2001）。

味觉的存在给我们提供了更多的乐趣（见表 6.2）。味觉是一种化学感觉。在你的舌尖和舌两侧的每个小的隆起里有 200 个或以上的味蕾，每个味蕾都包含一个吸收食物化学成分的小孔。由 50 到 100 个味觉感受器细胞来感觉这些化学分子，味觉感受器细胞位于伸入味蕾小孔内的似天线的绒毛上。有些感受器主要对甜味分子反应，其他感受器对咸、酸或苦味分子起反应。不需要很强烈的刺激就可以激活反应。如果水流过你的舌头，只要加入十分之一秒钟的浓缩的咸味或甜味就可以引起你的注意（Kelling & Halpern，1983）。当一个朋友请求你“只是品尝一下”某种软饮料，你可以在不到一秒后就压住吸管。

表 6.2 基本味觉的生存功能

味觉	表明的含义
甜味	能量源
咸味	生理过程必需的基本钠元素
酸味	可能有毒的酸性物质
苦味	可能的有毒物质
鲜味	生长和修复组织必需的蛋白质

（摘自 Cowart，2005.）

味觉感受器的生命周期为一周或两周，旧细胞不断地被新细胞代替，因此，如果你不小心被滚烫的食物烫伤了舌头，那没有什么关系。然而，随着年龄的增长，味蕾的数量逐渐减少，味觉敏感性也同样逐渐降低（Cowart，1981）。（成人喜欢口味较重的食物，而儿童却抵制该类食物，这一现象也就不足为奇了。）同样，抽烟喝酒也会加速味蕾数量的减少及味觉敏感性的降低。

味觉研究者巴尔托舒克（Bartoshuk，1993）提供了有关味觉的其他一些有趣的事实：

- 我们对味觉的情绪反应是与生俱来的。把甜或苦的东西放到新生儿的舌头上，新生儿的舌头和脸的反应与成人的反应一样。
- 没有舌头的人仍然可以产生味觉——通过嘴巴后部和顶部的味觉感受器。
- 如果你舌头的一侧失去了味觉能力，你很可能不会注意到这一点。这是因为舌头另一侧相应地对味觉会变得非常敏感。而且，大脑没有精确的味觉定位：尽管舌头中部的味觉感受器很少，但是我们知觉到的味觉好像来自于整个舌头。
- 我们既尝不出也闻不到大多数营养物质的味道——脂肪、蛋白质、淀粉和食物维生素。（糖是一个例外。）但是我们可以很快地表现出对含有其他营养成分或有害成分的食物味道和气味的喜爱或厌恶。

感觉交互作用

➤ 图 6.22
感觉交互作用 当一位听力不佳者看着一张活生生的面孔，而有人在电话另一端描述该面孔时，那么该听力不佳者能更容易理解讲话者所说的话。

味蕾当然是味觉的关键所在，但是仅仅接触舌头并不足以产生味觉。捏住鼻子，同时闭上眼睛，然后让人喂你不同的食物。你分辨不出吃的是一片苹果还是一块生番茄；一片肉尝起来可能和纸板一样；没有气味，你很难分辨出一杯冰咖啡和一杯红酒。为了分辨一种味道，我们常常通过鼻子来辨识——这就是当你患重感冒时不想吃饭的原因，这也是失去嗅觉能力的人会认为他们自己也失去了味觉能力的原因。嗅觉不仅可以增强我们的味觉，它也可以改变味觉：饮料中的草莓气味可以增强我们对其甜度的知觉。这是**感觉交互作用**（sensory interaction）在起作用——一种感觉可以影响另一种感觉的理论观点。嗅觉加口感加味觉等于滋味。

同样，我们能够准确地知觉来自正前方的声音位置，部分原因在于我们同时也看到了那个人就站在我们前面，而不是我们的后面、上面或下面（图 6.22）。如果我们看到讲话者说的是一个音节，而听到的却是另一个音节，我们会混合这两种输入，知觉到的是第三个音节。如果看到的是发 ga 的嘴型而听到的却是 ba 的声音，我们会将其知觉成 da——这就是著名的*麦格克效应*（McGurk effect），以其发现者心理学家麦格克及其助手麦克唐纳的名字加以（McGurk & MacDonald，1976）命名。与触觉和视觉非常相似。在觉察事件时，由于从躯体感觉皮层返回到视皮层的神经元的作用，大脑可以综合同时出现的触觉和视觉信号（Macaluso et al.，2000）。因此，各种感觉是交互作用的：视觉、听觉、触觉、味觉和嗅觉不是完全分开的通道。在了解世界时，大脑会混合各种感觉输入。

嗅 觉

15. 我们如何体验嗅觉？

吸气，呼气。吸气，呼气。呼吸总是成对出现——只是除了两个瞬间：出生和死亡。每天，你会做出接近 20 000 次的呼吸运动，这使你的鼻孔沐浴在装满气味分子的河流中。因而嗅觉体验是你的亲密伴侣：你所吸入任何人或任何物的气味也就是你所嗅到的气味。

和味觉一样，嗅觉也是一种化学性感觉。当空气中的物质分子到达鼻腔上部的 500 万个感受器细胞群时，我们就闻到了气味（图 6.23）。这些嗅觉感受器细胞，就像暗礁上的海葵那样摇摆，对烘焙蛋糕的香气，对一缕轻烟，对朋友所擦的香水气味会选择性地做出反应。它们会迅速通过其轴突纤维提醒大脑。甚至看护中的婴儿及其母亲也确实存在一种化学物质与其二者之间的关系相对应。他们可以很快地学会辨认出彼此的气味（McCarthy，1986）。在嗅觉的帮助下，海豹母亲在回到挤满了很多幼仔的海岸时，可以迅速找到自己的孩子。我们的嗅觉不像视觉和听觉那样具有令人印象深刻的敏锐度。观赏花园的景色风光时，我们会看到花园的形状和颜色的精致细节，并听到不同的鸟叫声，但是如果我们不把鼻子探进花丛中，我们就闻不到浓浓的花香。

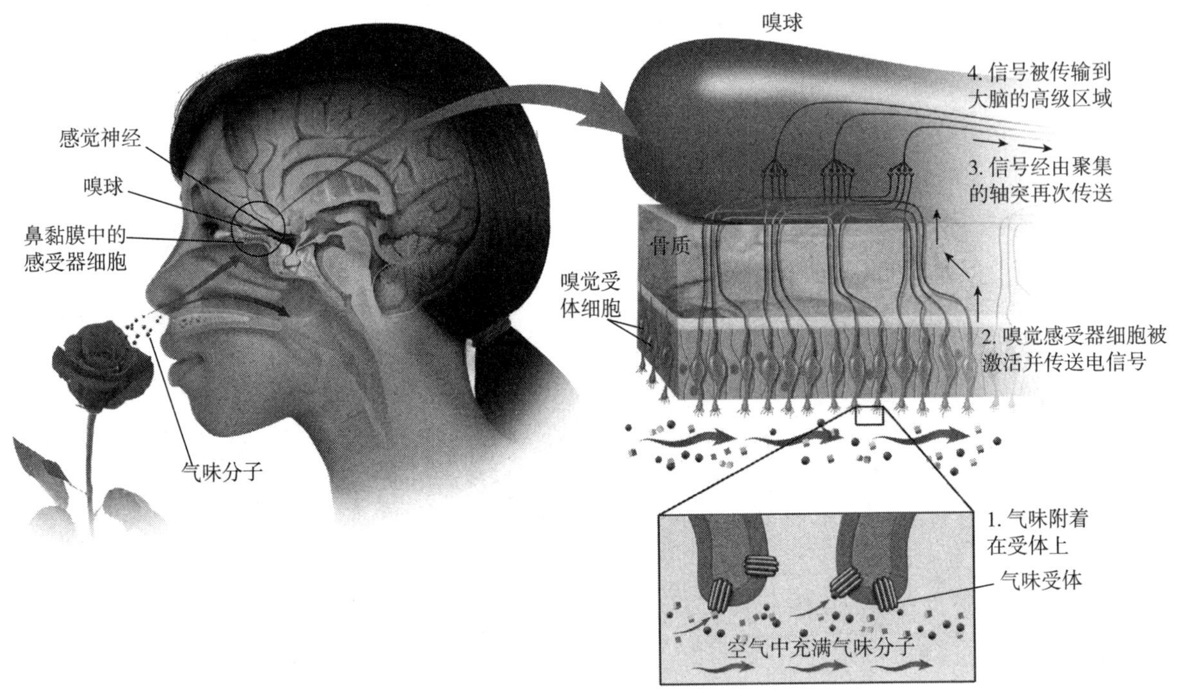

➤ 图 6.23

嗅觉

如果你要闻到玫瑰的花香，那么空气中传播的香味分子必须到达你鼻腔上部的感受器。用力吸入一口盘旋运动的空气，使之到达感受器，会使香味增强。感受器细胞传递信息到达大脑的嗅球，然后向前传递到达颞叶的初级嗅觉皮层，以及与记忆和情绪有关的边缘系统。

嗅觉感受器是如何工作的至今这仍然是个谜。不像光可以被分离成各种光谱颜色，气味不能被分解成更多的基本气味。嗅觉系统没有与视网膜相似的感受器细胞，即用红、绿或蓝的专门化感觉细胞辨别出五颜六色。嗅觉感受器分别单独地识别气味。

气味分子的形状大小各不相同，事实上这就需要足够多的功能不同的感受器来觉察它们。一个由 1 000 个基因组成的大家族构成了 1 000 个左右的识别特殊气味分子的感受器蛋白质（Axel，1995）。就像钥匙插入锁孔一样，气味分子也会插入到这些感受器中。但是我们似乎没有对每一种可辨别的气味都配备其各自独特的感受器。这就说明一种气味可以触发一系列的感受器，由嗅觉皮层来解释感受器的这种活动。和字母表中的 26 个字母结合起来可以组成很多单词一样，气味分子组合对应不同的感受器排列，并形成我们可以辨别的 10 000 种气味（Malnic et al.，1999）。

个体辨别气味的能力在成年早期达到顶峰并在之后逐渐减退（图 6.24）。不管我们分辨气味的能力有多好，我们似乎并不擅长描述气味。语言更容易描绘咖啡研磨的声音而不是它的气味。与我们如何体验并记忆场景和声音相比，气味几乎是非常粗糙的，当然更难以去描述（Richardson & Zucco，1989）。

▸▸ 人类有 1 千万个到 2 千万个嗅觉感受器。而侦察犬却有 2 亿个嗅觉感受器（Herz，2001）。

像任何一只嗅觉灵敏的狗或猫会告诉我们的一样，我们每个人都有我们自己可以识别的化学信号。（一种值得注意的例外情况：一只狗会跟随同卵双胞胎中一个人的足迹，尽管这些足迹是同卵双胞胎中另一个体所留下的。）那些具有比我们多很多倍嗅觉感受器的动物也用其嗅觉来交流和行动。在鲨鱼捕食猎物，或蛾子交配之前，都是由气味指引其目标方向。迁徙的鲑鱼可以跟随微弱的气味线索回到它们出生的河流。如果在孵化地接受了两种化学成分中的其中一种，在两年后返回时，它们会寻找释放地附近充满这种熟悉气味的河流（Barinaga，1999）。

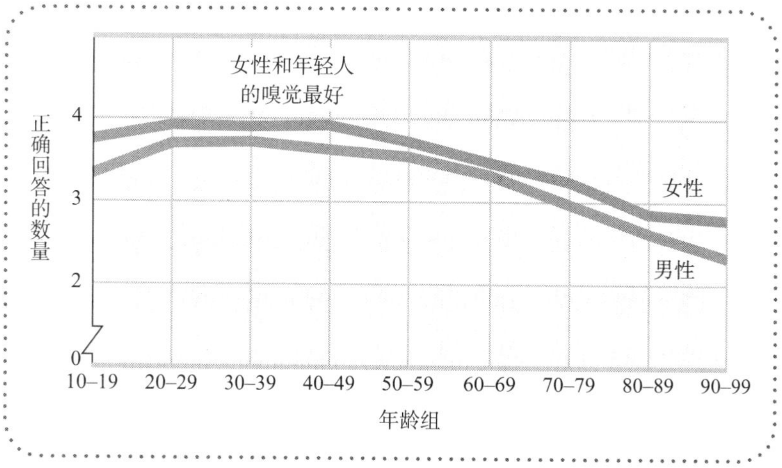

➤ 图 6.24

年龄、性别与嗅觉

在就《国家地理杂志》对擦伤和嗅觉调查作出回应的 120 万人中，女性和年轻人在辨别六种样本的气味方面表现最好（from Wysocki & Gilbert, 1989）。而吸烟者和患阿尔兹海默症、帕金森症的个体或酗酒者的嗅觉明显降低（Doty, 2001）。

对于人类而言，嗅觉的作用也取决于某种习得的联系（Herz, 2001）。婴儿不是带着先天固有的对其母亲乳房气味的偏好出生的，而是随着母亲对其的哺育行为，他们才建立起了对母亲乳房的偏好。

气味同样能够唤起记忆和情绪情感（图 6.25）。在从鼻腔获得信息的大脑区域以及大脑与记忆和情绪相联系的古边缘中心之间存在一种联系。嗅觉是一种比较原始的感觉。在我们大脑皮层的精细分析区域充分进化的数万年以前，我们的哺乳动物祖先已经可以通过嗅觉来获得食物和捕食其他动物了。

在《追忆似水年华》中，法国小说家普鲁斯特描述了一块浸泡在茶水中的蛋糕所散发的香味及其特殊的滋味，如何帮他恢复了自己对姑妈老房子中的卧室的记忆，这间卧室已经尘封很久。他写道，“事物的气息和味道，承载了丰富的回忆内容，甚至于一滴微小的、几乎感触不到的香精，也能触发人的很多回忆。”

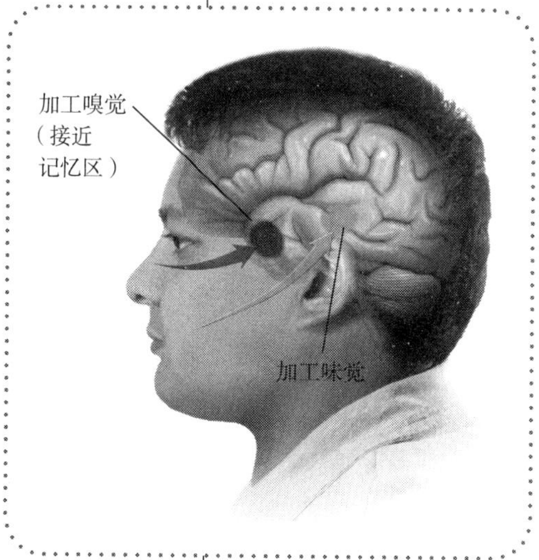

➤ 图 6.25

嗅觉大脑

来自味蕾的信息传递到颞叶的某一区域，该区域与接收嗅觉信息的区域很近。大脑对嗅觉的线路和与记忆存储有关的区域连接，这有助于解释为什么气味可以触发记忆的唤醒。

实验室研究已经证实，尽管我们很难回忆出气味的名字，但是在识别尘封很久的气味以及与之相联系的事件时，我们会表现出令人称奇的能力（Engen, 1987；Schab, 1991）。芬芳的气味可以唤起愉快的记忆（Ehrlichman & Halpern, 1988）。大海的气味，香水的气味，或者最喜欢的某个亲戚的厨房所溢出的气味可以给心灵带来一段快乐的时光。这就是气味对唤起记忆以及与之相联的情绪的作用。这是英国旅行代理连锁商波利（Lunn Poly）提出的一种心理现象。为了唤起游客对在阳光明媚的、温馨宜人的海滩之旅的记忆，旅游公司将椰子防晒油的香味用管道输送到各家店铺里（Fracassini, 2000）。

本节回顾

➤ **自问**

你能回忆某一时刻你把注意力集中在一些行为活动上，从而让自己感觉不到伤害所带来的疼痛吗？

➤ **自测 4**

我们的嗅觉系统与视觉、触觉和味觉系统有哪些不同？

自测问题的答案见书后的附录。

➤ 图 6.26
尼克尔立方体
你看到的是带有白线条的圆还是立方体？如果你盯着立方体，你可能会发现，它的位置在不断翻转，中间的小 x 在不断地前后跳动。注视一段时间后，你可能会看到立方体漂浮在纸上，圆圈在它的下面；也可能是在立方体漂浮的地方，圆圈变成了圆洞，就好像是漂浮在纸后面。由于注意具有选择性，所以，每次你只能看到上面两种情况中的其中一种。（摘自 Bradley et al.，1976。）

知觉组织

16. 格式塔心理学家是如何理解知觉组织的?

要把感觉信息转换成有意义的知觉信息，我们必须对其进行加工组织，即把物体从其背景中区分出来，把它们看成是一个有意义的、恒定的形状，并判断它们之间的距离和运动情况，大脑所构建的知觉规则可以用来解释这些令人迷惑不解的错觉。

早在 20 世纪，德国的一些心理学家就对大脑如何将感觉组织成为知觉产生了浓厚的兴趣。有了一系列的感觉，人的知觉就可以使之成为一个**格式塔**（gestalt），格式塔是一个德语单词，它的意思是一个"形状"或一个"整体"。格式塔心理学家为格式塔知觉提供了有力的证据，并描述了感觉变为知觉的组织规则。让我们再看一下图 6.26，图形的每个单元只是 8 个蓝色圆圈，每一个圆圈中都包含三条汇聚的白线。但当我们从整体上观察它们时，我们看到的却是一个整体，一个形状，一个尼克尔立方体。格式塔心理学家喜欢说：知觉中整体大于部分之和。把腐蚀性金属钠与有毒的气体氯相混合，就会形成一种完全不同的物质——食盐。同样，一种特殊的知觉形式也是从物体的基本成分中形成（Rock & Palmer，1990）。

当进一步了解了格式塔心理学家的组织原则时，你就会发现，他们的基本观点是：我们的大脑不仅仅只是登记外部世界的信息，也不仅仅像打开了照相机快门一样把图像印在大脑上，我们还会不断地对信息进行过滤，并以对我们有意义的方式进行推断。总之，大脑的确非常重要。

形状知觉

17. 图形—背景和分组原则是如何帮助我们知觉物体的?

请设想一下，如果要设计一种像人类的眼—脑系统那样，能够一眼就辨认出人面孔的新的视频—计算机系统，这个系统需要具备哪些能力呢?

图形和背景

首先，该系统必须能够从背景当中区分出人的面孔，就像我们的知觉过程一样，可以从所处环境（背景）中感知出任何物体（图形）。在晚会上，你能够听到很多声音，你所注意到的那个声音就是图形，其余的声音则成为背景。在你阅读文章时，词语就成为图形，白纸是背景。在图 6.27 中，**图形—背景**（figure-ground）之间的关系不断地翻转，但我们总能将刺激组织成图形使之从背景中突显出来。这种可转换的图形—背景关系再次证明，同样的刺激能够引起多种知觉。

➤ 图 6.27
两可图形与背景

分　组

当我们从背景中区分出图形时，我们（或我们的视频—计算机系统）还必须能够将图形组织成一个有意义的形状。我们能够对场景中的某些基本特征，如颜色、运动和明—暗对比等，进行迅速而又自动化的加工（Treisman，1987）。为了使这些基本的感觉信息排列有序，从而形成一定的形状，我们的大脑将按照某种规则把刺激**分组**（grouping）。格式塔心理学家发现了这些规则，甚至就连 6 个月大的婴儿也会运用这些规则，这些规则阐明了整体不同于部分之和的观点（Quinn et al.，2002；Rock & Palmer，1990）：

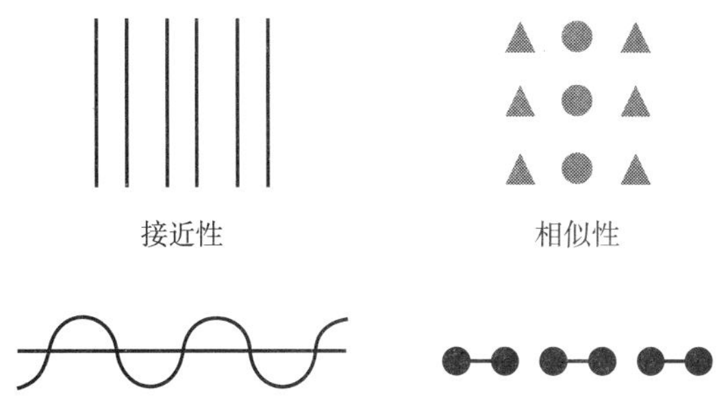

➤ 图 6.28
刺激的分组
我们可以用各种方式来知觉图中的刺激，当然也许不同的人会采用相同的知觉方式。格式塔心理学家认为，大脑会采用各种原则将感觉信息组织成为整体。

接近性 我们把邻近的图形知觉为一组。在此我们看到的不是六条单独的线段，而是三个部分，其中每个部分包含两条线段（见图 6.28）。

相似性 相似的图形会被知觉为一组。我们把三角形和圆圈等形状相同的一列知觉为一组，而不是把不同形状的一行知觉为一组。

连续性 我们知觉到的图形模式是平滑连续的，而不是离散间断的。这种模式可能是一系列交替的半圆，但我们却把它知觉成两条连续的线，一条波浪线和一条直线。

连通性 当图形的形状相同并被连接起来时，我们会把相连接的点、线或面知觉为一个单独的单元。

封闭性 我们会将缺口填满，以形成一个完整的图形。因此，我们设想圆圈（基本是正确的）是完整的，但是被（错觉）三角形所切断。只需加上一些线段就可以使圆圈封闭，也无需大脑再去构建三角形了。

这些组织原则通常可以帮助我们构建现实世界，然而，有时它们也会使我们误入歧途，就像我们看到图 6.29 中的狗舍时所产生的感觉一样。

➤ 图 6.29
分组原则
你可能会将这个狗舍知觉为一个格式塔——一个整体结构。实际上那是你的大脑将整体的感觉叠加在图上，与图 6.33 所示的照片类似，在此起作用的格式塔原则是封闭性和连续性。

深度知觉

18. 我们如何用三维立体看世界?

虽然落在我们视网膜上的是两维图像，但我们却可以把它组织成三维知觉。我们能够看到三维物体，这一过程就是**深度知觉**（depth perception），它使我们能够对距离进行估计。例如，打眼一看，我们便能判断开过来汽车的距离，或者房屋的高度。这种能力在一定程度上是天生的。吉布森和沃克（Gibson & Walk，1960）用玻璃制作的微型视崖模型发现了这种能力。这个实验的灵感是吉布森在大峡谷的边缘旅游时产生的。她想知道：一个初学走路的孩子在看到某个危险而又急速下降的陡坡时会后退回去吗?

回到康奈尔大学的实验室，吉布森和沃克把 6~14 个月大的婴儿放到安全的峡谷——一个**视崖**（visual cliff）边缘上（图 6.30）。母亲不断哄着他们，要他们爬到玻璃上。大多数孩子拒绝这样做，这说明，他们能够知觉到深度。可能在爬

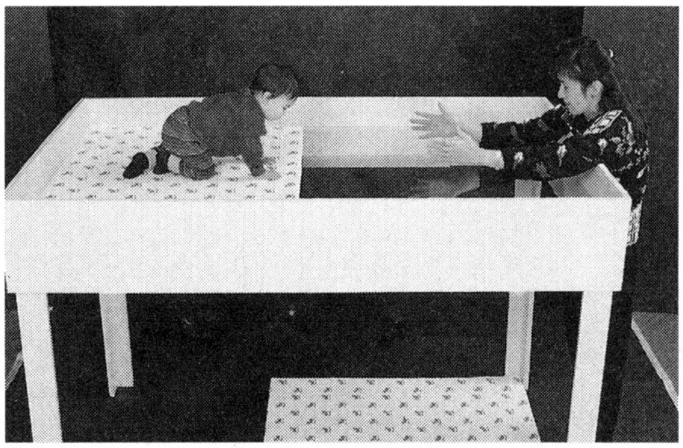

➤ 图 6.30
视崖
吉布森和沃克设计的玻璃视崖证明了婴儿和刚出生的动物都可以知觉到深度，即使母亲在一旁耐心地哄劝，婴儿也不会冒险爬过玻璃视崖。

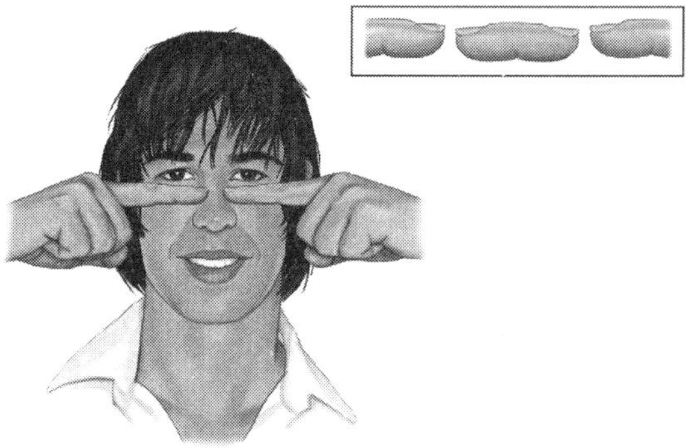

➤ 图 6.31
漂浮的手指香肠
把双手食指指放在双眼前 5 英寸处，两指之间相距半英寸，然后从手指上方看过去，这时你会发现一种奇怪的结果。手指向外移开一点，可以缩小视网膜像差，这样便会形成手指香肠。

行的年龄阶段，婴儿已经学会了感知深度。实际上刚出生的动物并没有视觉体验，如小猫、刚出生一天的山羊、新孵出的小鸟等，但它们却会做出同样的反应。通常情况下，每种动物到了可以自由活动的时候，它们就已经具备了自由所必需的知觉能力。而且在第一个月，婴儿就能躲开迎面而来的物体，并对从某个角度靠近自己却又不会碰到他们的物体不作任何反应（Ball & Tronick，1971）。到 3 个月大时，他们就能运用格式塔的知觉组织原则来观察更多新奇组合的物体（Quinn et al.，2002）。

生理成熟是我们能够谨慎对待高度的基础，经验可以使我们更加小心。不论婴儿什么时候开始爬行，他们对高度的谨慎态度都随经验的增多而增强。当成人帮助婴儿行走时，他们会显得更加小心翼翼（Campos et al.，1992）。

我们如何把二维的视网膜像转换成一个独立的三维知觉呢？这是因为一些深度线索在起作用，即双眼线索（同时需要两只眼）和单眼线索（每只眼都可以单独起作用）。

双眼线索

请你试一下，同时睁开双眼，将两只钢笔或铅笔放到眼前，并使笔尖接触。然后，闭上一只眼睛再试一遍。这时任务似乎变得非常困难了，这说明，**双眼线索**（binocular cues）在判断近距离的目标时非常重要，双眼要比单眼好。

由于我们双眼相距 2.5 英寸（1 英寸 =2.54 厘米），因而双眼在视网膜上形成的外界图像之间就存在微小的差别。当大脑比较这两个图像时，它们之间的差别——**视网膜像差**（retinal disparity）就给我们提供了判断不同物体相对距离的重要线索。当你把手指放在鼻子前时，双眼视网膜上形成的是两个非常不同的图像。（如果你先闭上一只眼，然后再换另一只眼，就会产生如图 6.31 所示的手指香肠现象）。如果距离再远一些，例如，当你把手指放在一臂距离左右时，则网膜像差就会变小。

三维（3D）电影的制作者往往会模仿或夸大视网膜像差，他们会用相距数英寸的两个镜头进行拍摄（这正是我们拟制造的具有视觉功能的计算机特征）。当我们通过眼镜观看电影时，左眼只接收来自左边镜头的景象，而右眼只接收来自右侧镜头的景象，3D 效果可以模拟一般的视网膜像差。计算机产生的 3D“立体图”也同样是把两个分别获得的、略有差异的图像传递到大脑进行加工，从而产生立体知觉。将飞机上的双镜头所拍到的地面照片合成就可以制造出 3D 地图。

单眼线索

我们如何判断一个人是在 10 米之外还是 100 米之外呢？在这两种情况下，当个体直视前方时，视网膜像差会非常小，这时我们会依靠以下的**单眼线索**（monocular cues）来进行判断，见图 6.32。

➤ **图** 6.32
单眼深度线索

视野中较高的物体往往被知觉得更远。由于我们把图形—背景中较低的图案知觉得更近些，所以我们会把它知觉为图形（Vecera et al.，2002）。如果将上图上下颠倒，你就会发现，黑色部分就会变成背景，就像夜晚的天空。

相对大小 如果两个物体大小相差不多，那么，我们就会把在视网膜上影像较小的那一个知觉得更远。

插入 如果一个物体挡住了另一个物体的一部分，我们会将前者知觉得更近一些。右边的画面因被遮挡而使图形和背景变得模糊不清。

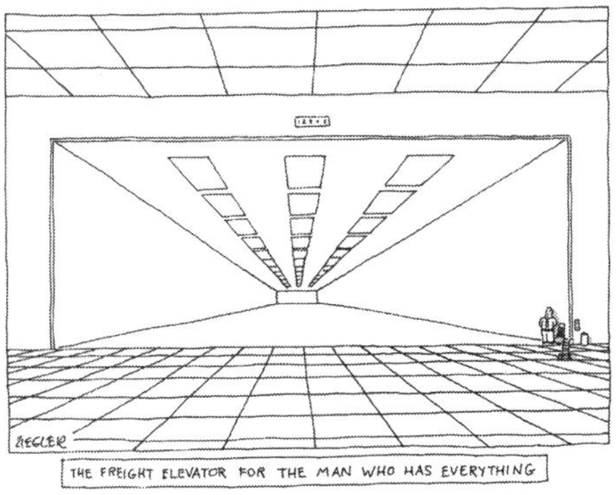

线条透视 平行线，如火车轨道，似乎会在远处汇聚于某一点。汇聚线越多，知觉到的距离就越远。

光线和阴影 近处物体反射到我们眼睛内的光线更多。因此，两个完全相同的物体，看起来较暗的那一个似乎离我们更远。阴影也可以产生与某一特定的光源相一致的深度知觉。把图形颠倒一下，凹陷的部分就变成了一座小山，因为我们的大脑遵循这样一个简单规则，即总是假设光线来自上方。

乘客的运动方向

相对运动 当我们运动时，原本静止的物体看上去似乎也在运动。如果坐在火车上注视某一个物体，如一座房子，那么，比房子（注视点）近的物体似乎在向后运动。而且物体越近，运动速度越快。而注视点远处的物体似乎和你一同运动，物体越远，运动速度越慢。大脑就是这样运用速度和方向线索来计算物体的相对距离。

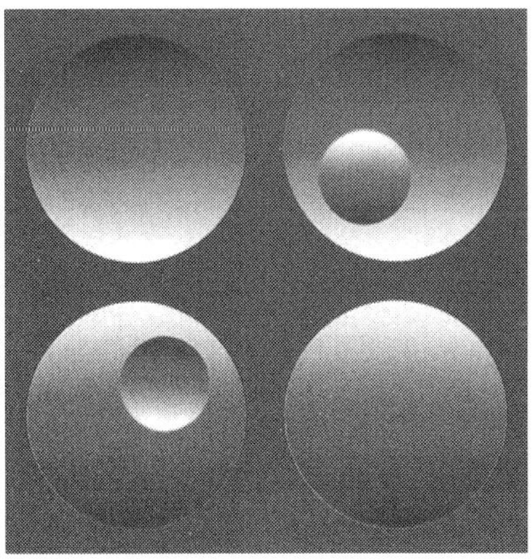

➤ 图 6.33

答案

对图 6.29 中不可能的狗舍的另一种观点揭开了错觉的秘密。从图 6.29 中的照片角度来看，分组的封闭性原理导致我们将边缘知觉为连续的。

运动知觉

19. 我们如何知觉运动？

设想一下，如果你可以感知世界上的颜色、形状和深度，但却无法知觉运动，那会出现什么样的结果？结果可能是，你不仅不能骑自行车或驾驶汽车，甚至连写字、吃饭和走路都有困难。

幸运的是，我们可以感觉到运动。大脑可以在一定程度下，根据物体的逐渐缩小（而不是变小）和逐渐变大来判断它是在远离我们还是逼近我们。但我们的运动知觉无论如何也达不到一种完美的程度。大物体（如火车）比以同样速度行驶的小物体似乎显得更慢，这种错觉容易造成汽车和火车相撞。然而，技术娴熟的棒球、垒球或板球手在知觉运动时，会表现出令人称奇的速度和准确性。当球离开投手时，击球手的大脑追踪着球的速度、旋转和方向，在眨眼时间内就必须做出计算，这个时间估计在 0.4 秒左右，之后在 0.15 秒内（球消失之前）做出击打或不击打的决定。当球的弧线划向外场地时，接球手的大脑会在不知不觉中计算球的轨迹，从而在球落地前能够准确接住（McBeath et al.，1995）。即使是超级计算机领域内的数学物理学家也很难计算得如此快而准确。

大帐幕和节假日的灯光有时会创造另一种运动错觉——**φ 现象**（phi phenomenon）。当相邻的两个静止光源进行快速有序的闪动时，我们就会知觉到一个独立光点在两个光点之间来回运动。光照标志正是利用 φ 现象使一系列光点形成一个不断运动的箭头。

以上的错觉给我们强化了一种重要的教训：*知觉并不仅仅是世界在大脑中的投射*。相反，感觉被分解成信息位，然后大脑将其重组为对外部世界的功能模型。我们的大脑建构我们的知觉。

知觉恒常性

20. 知觉恒常性是如何帮助我们将感觉组织为有意义的知觉的？

到目前为止，我们已经看到，我们要设计的视频—计算机系统首先必须能够像我们人类一样可以知觉物体的形状、位置甚至运动。而它的下一个任务则更具挑战性，即识别物体时不被其大小、形状、亮度或颜色所欺骗。**知觉恒常性**（perceptual constancy）能够使我们对物体的知觉不受刺激变化的影响。因此，我们在识别物体时可以不受观察角度、距离和照明的影响。你可能扫一眼前面人行道上的行人，就可以迅速认出你的同学。也就在转瞬之间，信息已经从眼睛传递到大脑，在大脑中，上百万的神经细胞协同工作，抽取基本特征，并将其与大脑存储的图式进行比较，最终辨认出这个人。几十年来，复制人类的知觉技能一直激励着知觉研究者努力工作，这也是对人类设计可视性计算机的巨大挑战。

形状和大小恒常性

有时一个形状恒定的物体看起来似乎会随着观察视角的不同而变化（图 6.34）。

幸亏存在着形状恒常性，虽然视网膜像会发生变化，但我们对熟悉物体的形状知觉仍然能保持恒定。当一扇门打开时，它投射在视网膜上的形状会发生变化，但我们仍然能够知觉到这是一扇形状不变的门（图 6.35）。

大小恒常性是指，即使当物体距离发生变化时，我们仍能知觉到物体的大小不变。尽管当我们从两个街区以外的距离看到一辆车时会感觉它很小，但大小恒常性却能够使我们知觉到其大小足以载人。这些都说明了物体的距离知觉和大小知觉之间存在密切关系。对物体的距离知觉可以为其大小提供线索。同样，知道了它的大小，如一辆汽车，也可以为我们提供其距离线索。

令人惊奇的是，人们可以毫不费力地完成大小知觉。如果物体的距离知觉和视网膜像大小一定的话，我们便可以迅速推测出物体的大小。虽然图 6.36a 中的两个怪物投射在视网膜上的影像相同，但线条透视告诉大脑，后面追赶的那个怪物离我们更远。因此，我们便把它知觉得更大。

大小知觉和距离知觉二者之间的这种相互关系可以帮助我们解释几个众所周知的错觉。比如，为什么水平线上的月亮比天空中的月亮大将近 50%？学者们对月亮错觉成因的疑惑和争论已持续了至少 2 200 多年（Hershenson，1989）。其中一个原因是，在水平线上的物体提供的距离线索使其后面的月亮看起来比在头顶时显得更远（Kaufman & Kaufman，2000）。因此，地平线上的月亮看上去似乎更大，就像图 6.36a 中的较远处的怪物以及图 6.36b 庞佐错觉中远处的横木一样。如果去掉这些距离线索，例如，如果通过纸卷的小筒看地平线上的月亮（或每个怪物或每个横木），那么，物体立刻就变小了。

大小—距离关系可以帮助我们理解两个先前介绍过的错觉。已经有 1 250 篇学术文献对谜之一中的缪勒—莱耶尔错觉涉及的两个箭头

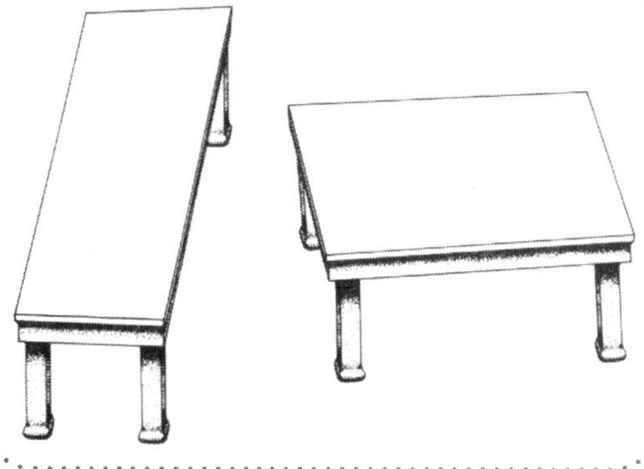

➤ 图 6.34
形状知觉
这两个桌面不同吗？乍一看面积似乎有所不同，但不论你相信与否，它们的面积是一样的。（你可以量一量看。）在对这两张桌面进行知觉时，我们可以调整自己的观察视角。

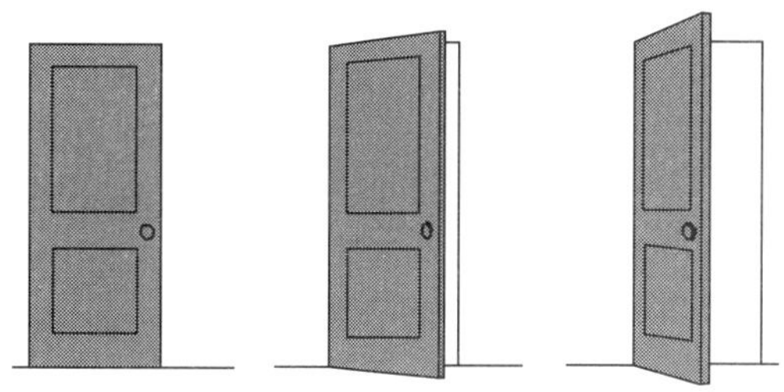

➤ 图 6.35
形状恒常性
当一扇门打开时，它在视网膜上的影像就变成了梯形。但我们仍然将它知觉成长方形。

(a) (b)

➤ 图 6.36
大小知觉和距离知觉之间的相互影响作用
（a）距离的单眼线索使我们觉得后面追赶的那个怪物比前面奔跑的怪物大。但实际上并非如此。
（b）视觉陷阱［也称为庞佐（Ponzo）错觉］与对这两个逃窜怪物的知觉原则相同，两个横条在视网膜上产生的影像相同，但经验告诉我们，只有当远处物体比近处物体大的时候才会产生与其相同的视网膜像，因此，我们会将较远的棒知觉得更大些。

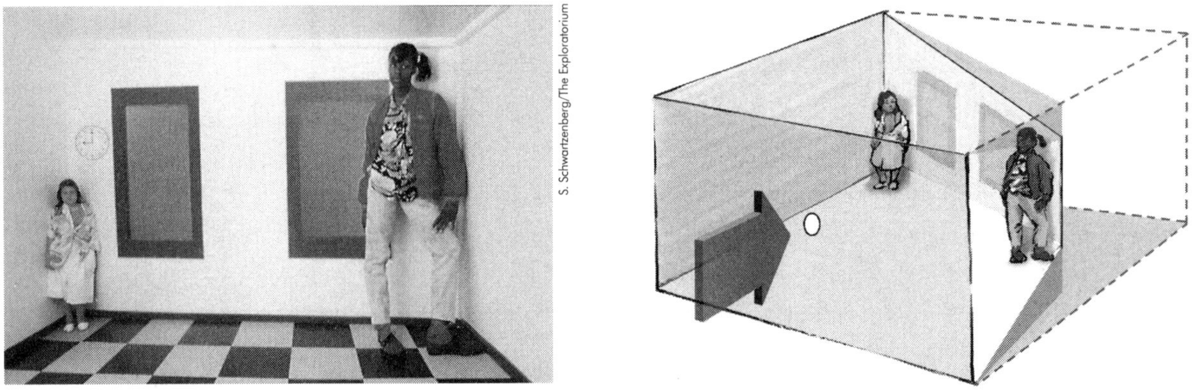

➤ 图 6.37
对女孩缩小和放大的错觉
这是阿代尔波特·埃姆斯（Adelbet Ames）设计的一个扭曲的房间。如果用单眼从窥视孔往里看，房间的形状是正常的。在近处的这个女孩似乎大得有点不成比例，因为我们是按照她和远处女孩离我们同样远的错误假设进行判断的。

顶端之间的线段长度问题进行了论述，然而，心理学家们仍对各种解释争论不休。一种解释来自对房间或建筑物拐角的经验，在图 6.37 中售票亭的垂直线似乎离我们更近、更短，而同样长度的门旁边的垂直线却似乎显得更远且更长一些。因此，当画在纸上的孤立线条表现为一种错觉时，它实际上可以帮助我们形成三维世界中正确的深度知觉。

我们的经验支持这个理论。与生活在非洲农村的人不同，那些整天与角度、形状打交道的木匠更易受缪勒—莱耶尔错觉影响（Segall et al.，1990）。这种现象说明，是城市的文化经验而不是种族使在城市生活的非洲人比那些无木匠经验的非洲人更易受错觉的影响。在有角度的环境中的生活经验可以帮助我们构建知觉，这是自上而下的加工过程。

大小—距离关系也可以解释谜之二中女孩的缩小和变大。在图 6.37 中，房间被扭曲了。用一只眼通过窥视孔看梯形墙时所看到的情景和用双眼看到正常房间的情景是一样的。当我们用一只眼睛看时，大脑会做出这样的假设：房间是正常的，并且每个女孩与我的距离相等。如果视网膜像大小不同，那么，大脑计算的结果就是两个女孩的大小不同。

我们偶尔出现的错误知觉说明我们的知觉加工过程是正常有效的。距离知觉与大小知觉之间的关系在通常情况下是正确的，但在某些特殊情况下，却会出错，例如月亮错觉、缪勒—莱耶尔错觉以及房间扭曲的错觉等。

明度恒常性

白纸能够反射 90% 的光线，而黑纸只能反射 10% 的光线。在太阳光下，黑纸反射的光线是室内白纸的 100 倍，但黑纸看上去仍然是黑色的（McBurney & Collings，1984），这反映的就是明度恒常性（也称为亮度恒常性），它指的是即使当照明条件发生变化时，我们知觉到的物体的明度并没有改变。知觉到的明度取决于相对亮度，即相对于周围环境而言，物体所反射的光线数量。如果你通过一个小细管（看不到其他东西）来观察阳光照射下的黑纸，那么，看到的颜色是灰色。因为在明亮的阳光下黑纸能够反射一些光线。拿掉细管再来观察时，它又变成了黑色，因为它比周围其他物体反射的光线少。颜色恒常性也同样如此。当光线发生变化时，水果盘里的红苹果仍保持着原来的红色，因为大脑是通过比较周围物体来计算某一物体所反射的光线量。

如果环境保持不变，那么所知觉到的明度也会大致保持不变。但是当周围环境变化时会出现什么情况呢？如图 6.38 所示，视觉系统会计算相对于周围环境的物体的亮度和颜色。因此，明度知觉会随环境而变化。

➤ 图 6.38
明度对比
不论你相信与否，A、B 两个方块的颜色相同。（如果不信，你可以将它们剪下来或将书折起来进行比较。）但我们通常会觉得 B 的颜色淡一些。

本节回顾

➤ 自问

画一幅你窗外场景的真实图。你如何利用单眼线索来完成你的绘画？

➤ 自测 5

根据知觉理论，当我们说整体大于部分之和时，我们想表达的意思是什么？

自测问题的答案见书后的附录。

知觉解释

哲学家一直在为我们知觉能力的起源这一问题争论不休。德国的哲学家康德（1724~1804）认为，知识来源于以先天方式组织而成的感觉经验。我们的确生来就具有加工感觉信息的能力。但是英国哲学家约翰·洛克（1632~1704）却认为，我们通过经验同样可以学会知觉外部世界。我们也同样学会了如何把物体的距离和其大小联系在一起。因此，经验到底有多重要呢？它是怎样从根本上帮助我们形成知觉解释？

感觉剥夺和视觉恢复

21. 关于感觉限制和视觉恢复的哪些研究表明了经验的影响作用？

威廉·莫利纽克斯（William Molyneux）在写给约翰·洛克的信中提出这样一个疑问，一个天生的盲人，到成年时只是教给他用触摸的方法去区分立方体和圆球，如果他的视觉最后恢复了，他能否用视觉区分立方体和圆球呢？洛克的回答是否定的，因为这个人从来就没有学习用视觉区分不同的物体。

莫里纽克斯假设的情况后来已被几十个个案所检验，这些先天盲人到成年后又恢复了视觉（Gregory，1978；von Senden，1932）。许多人出生时就有白内障，浑浊的晶状体让他们只能看到弥散的光线，而你我需要通过一个切成两半的乒乓球才能看到弥散的烟雾。当他们的白内障被手术去除后，患者可以从背景中区分图形，并且能感觉颜色，这说明知觉的这些方面是天生的。但是像洛克所设想的那样，先天盲患者常常不能通过视觉辨认出曾经用触觉触摸过的熟悉物体。

在这种情况下，外科手术也许不能完全恢复患者的视觉功能。为了得到比

“我们的大脑就像白纸一样，起初上面没有任何观点，那么后来是如何形成某些观点的呢？我认为，答案应该是：经验。”

——约翰·洛克，《人类理解论》，1690

Mike May, Allison Aliano Photography

学会看 3 岁时，马克在一次爆炸中眼睛失明，2000 年 3 月 7 日，在右眼复明后，他第一次看到了妻子和孩子。尽管光线信号进入了其一直处于休眠状态的视觉皮层，但它缺乏经验去解释这些信号。如果没有头发，他就无法辨认面孔。但他能看到物体的运动，最后，他逐渐学会如何控制自己的运动，但在看到空气中尘埃漂浮时却仍惊呼不已（Abrams，2002）。

临床个案更多的控制条件，研究者用年幼的猫和猴子来做莫里纽克斯的假想实验。在这个实验中，他们给动物戴上护目镜，使它们只能看到未成形的弥散光（Wiesel，1982）。幼年期后，当它们的护目镜被取下时，这些动物的表现与先天性白内障患者的行为表现很相似。它们可以辨别颜色和亮度，但不能区分方形和圆圈。它们的眼睛并没有退化，视网膜仍然可以将信号传递给视觉皮层。但由于缺乏刺激，皮层细胞间的正常联系没有得到发展。因此，动物依然不能识别形状。

不论是人还是动物，如果在成年之后再施加感觉限制，都不会造成持续性的感觉损害。把成年动物的眼睛蒙上几个月，在去掉眼罩后其视觉并不会受到影响。去除童年早期后形成的白内障，个体同样可以拥有正常的视觉。幼年的猫、猴和人类视觉经验的研究结果表明，正常的感觉和知觉发展存在一个关键期。大脑的神经组织过程离不开经验。

出生时晶状体不透明（白内障）的婴儿在出生几个月内就应该进行外科矫正手术。与复明的眼睛相对应的大脑神经网络会很快发展起来，甚至一个小时的视觉经验就可以改善视敏度（Mauer et al.，1999）。如果给先天的聋猫或耳聋婴儿植入耳蜗，同样可以“唤醒”其大脑相关区域（Klinke et al.，1999；Sirenteanu，1999）。由此可见，后天环境可以使感官先天就有的各种功能得到拓展。

我们同样可以从在视觉受到限制和改变的环境下饲养年幼动物的实验中发现，早期视觉经验对后期发展所产生的深远影响。在赫尔德和海因（Held & Hein）两人的工作基础上，剑桥大学的研究者布莱克莫尔和库珀（Blakemore & Cooper，1970）在黑暗的环境中饲养小动物，每天有 5 小时的时间可以在水平或垂直的条纹环境中生活（如图 6.39）。很显然，没有在水平线条环境中饲养的动物，后来在感觉水平线条时存在困难；同样没有垂直线条生活经验的小动物在感觉垂直线条时也存在困难。当两种动物在一起玩耍时，研究者摆动一个长杆。在垂直环境中饲养的动物只有当杆子上下摆动时它才会和杆子玩耍；而当杆子水平摆动时，它却视而不见，而它的同伴——在水平线条环境下饲养的动物——却开始和杆子玩耍。而且最终，它们的选择性视盲都会消失，但再也不能获得正常的视敏度。布莱克莫尔和库伯通过对小动物大脑中的特征觉察细胞进行取样研究发现，不论这些细胞在大多数情况下是对水平线条还是对垂直线条反应，它们都依赖于小动物的早期视觉经验。

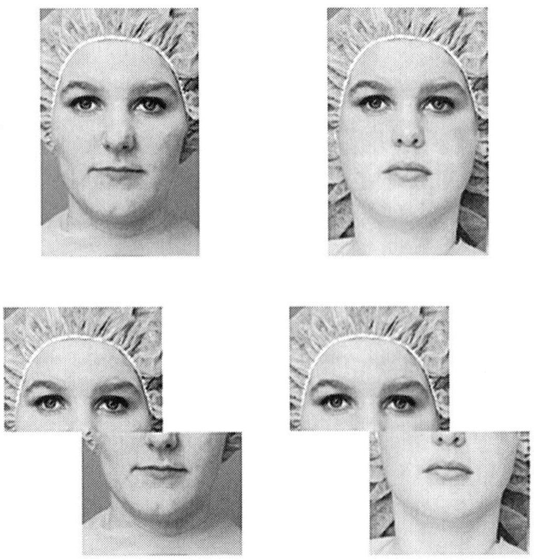

Courtesy of Richard LeGrand

➤ 图 6.39
知觉合成的面孔
对大部分人来说，由 2004 年理查德·格兰德和其同事创作的最上面一行的两副面孔，看起来是不同的。实际上，尽管配了两张不同的半截脸，但是她们是相同的。在生命早期被剥夺了视觉经验的人更难以知觉整张面孔，具有讽刺意味的是，这些人在再认最上面的两张面孔是同一面孔时却具有优越性。

用剥夺早期感觉的方法进行的知觉限制和发展的实验在一定程度上回答了一个持续已久的问题，即早期经验会持续终生吗？就视知觉的某些方面而言，答案是很清楚的："要么立即使用它，否则很快就会失去它。"早期的视觉经验印迹会长久地保存着。

知觉适应

22. 我们的知觉能力的适应性如何？

如果戴上一副新眼镜，我们会感觉有些分不清方向，甚至还会头晕目眩。一两天之内我们就可以调整过来。我们对视觉变化的这种**知觉适应**（perceptual adaptation）使这个世界看上去又恢复了正常。但是，如果我们戴上一副奇特的眼镜，其中一只镜片会使景物向左偏离 40 度，会出现什么情况呢？当你第一次戴上这副眼镜将球传给一个同伴时，它会向左边偏移；当和一个人握手时，你也会向左边偏移。

你能适应这个变形的世界吗？小鸡无法适应。当给它们戴上这种眼镜时，它们会在似乎"有"食物的地方啄个不停（Hess，1956；Rossi，1968）。但是，人类却能够很快适应这种变形的眼镜。在几分钟之内，你就能准确地传球，准确地击中目标。摘掉这个眼镜后，你还能体验到某种视觉后效，开始时你会将球错误地传到右边；但几分钟之内，你又可以重新适应。

现在请想象有这样一种更加奇特的眼镜，一副令真实世界上下颠倒的眼镜。戴上它后，地面在上方，天空在下方，你能适应这种感觉吗？鱼、青蛙和火蜥蜴都无法适应。当斯佩里（Sperry，1956）通过外科手术把它们的眼睛上下颠倒后，它们对目标的反应方向都是错误的。但是，不论你是否相信，小猫、猴子和人却能够适应这个颠倒的世界。心理学家斯特拉顿（Stratton，1896）发明了一种左右调换、上下颠倒的眼镜，他戴了 8 天，成为第一个以站立的姿势体验到左右翻转、上下颠倒的人。

刚开始时，斯特拉顿感到自己无法活动，当他想要行走时，他要先找自己的双脚，因为它们现在在"上方"；吃东西几乎是不可能的。他感觉自己非常恶心和压抑。但是斯特拉顿坚持住了，在第 8 天时，他可以很顺利地寻找到位于他右边的东西，走路时也不会碰到其他物体。当斯特拉顿最后摘掉眼镜时，他又能很快重新适应。

近来，又有人重复了斯特拉顿的实验（Dolezal，1982；Kohler，1962）。经过一段时间的调整，人们甚至可以戴着这种视觉调节器驾驶摩托车，在阿尔卑斯山滑雪以及驾驶飞机。为什么会出现这种情况呢？是他们通过经验在知觉上把上下颠倒的世界变回正常位置的吗？实际上并非如此。街道、滑雪道以及飞机跑道仍旧在他们头顶上方。他们能够主动适应周围环境并学会协调自己的运动，从而能够在这个颠倒的世界中运动自如。

➤ 图 6.40
知觉定势
你在中间的图片中看到了什么？是一个吹萨克斯管的男子，还是一张女性的面孔？你第一眼所看到的两侧比较清晰的图片可能会影响你的知觉。

"试图在不充分的数据上建构不成熟的理论，这对我们的事业有百害而无一利。"
——福尔摩斯，《恐惧之谷》，1914

知觉定势

23. 我们的期待、情绪和所处的环境如何影响知觉？

就像每个人都知道眼见为实一样。许多人也知道（但并不完全同意）所信即所见。我们的经验、假设和期望可能会为我们提供一种**知觉定势**（perceptual set）或心理倾向，这在很大程度上会影响我们的知觉。当你看到一个成人和一个儿童在一起时，如果被告知他们是父子或母子，那么，你可能会觉得他们两个很相像（Bressan & Dal Martello，2002）。请看图 6.40 中间的图片，这是一个吹萨克斯管的男子，还是一个女人的面孔？我们会把中间这张图片知觉成什么，取决于我们第一眼看到的是其两侧清晰图片中的哪一个图片（Boring，1930）。

一旦我们形成对现实世界的错误观念，以后就很难再看到真实的东西。即使是追求客观规律的科学家，也是通过建构理论去探求现实世界。当他们第一次通过望远镜观察到火星上的沟壑时，有些人把它们看成是智慧生物的杰作。的确如此，只不过这个智慧生物是使用望远镜的科学家。

▸▸ 如果我们说：
"Mary had a
a little lamb"
许多人会知觉到自己所期望的东西，而没有注意到重复的这个词，你也会这样吗？

每天都会出现大量知觉定势的例子。1972 年，英国报纸刊出了一张未经处理的真实照片，这是一张苏格兰尼斯湖怪的照片，该报称"这是迄今最奇特的照片"。如果这个信息会使你形成同样的知觉定势的话，它也会使大多数读者形成同样的定势，人们的确可以从照片中看出这个怪物。但当坎贝尔（Campbell，1986）用不同的知觉定势来观察这张照片时，他看见了一个弯曲的树干，这极有可能是拍照片的当天有一个树干在水面上漂浮。因此，如果采用另外一种不同的知觉定势，你可能看到的是一个物体静静地漂浮在水面上，它周围并没有任何波纹，很难看出它是一个活灵活现的怪物。显然，正是由于存在知觉定势，在月亮上就出现了成百上千的奇异景象，桂树山上的特雷萨修女、烤薄饼上的耶稣以及薯片上的"真主"字样等。

像对视觉的影响作用一样，知觉定势同样可以影响我们的听觉。例如，在飞机起飞的过程中，和善的驾驶员看到副驾驶员一副沮丧的样子，可能会说："Cheer up（打起精神来）"，而副驾驶员可能会听成"Gear up（请加速）"，并可能在飞机离开地面之前迅速就收起落架（Reason & Mycielska，1982）。人们在听倒带过程中的摇滚音乐时，经常会听到邪恶的信息，尤其是当别人告诉自己可以从中听出什么的时候（Vokey & Read，1985）。由此看来，我们所知觉到的内容并不仅仅来自于真实世界，而且也来自于我们眼睛之后和双耳之间的大脑。

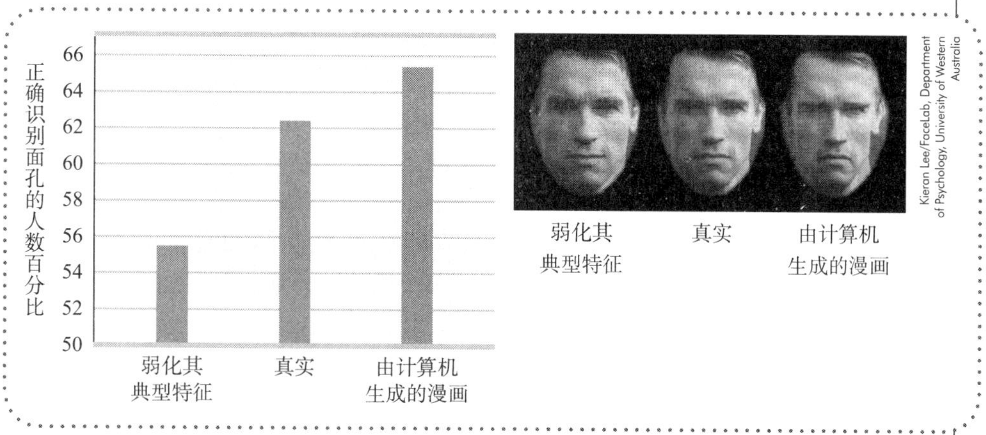

➤ 图 6.41

识别面孔

当快速呈现这些面孔时，漫画中的阿诺德·施瓦辛格比他本人的真实照片更容易辨认。其他熟悉的男性面孔也同样如此。

是什么决定着我们的知觉定势呢？我们通过经验形成概念或图式，它们能够帮助我们组织和解释我们所不熟悉的信息。我们头脑中先前就有的一些图式，如吹萨克斯管的男子和女性面孔、怪物和树干、飞机的照明灯和不明飞行物（UFO）等，都会影响我们用自上而下的加工方式对模糊的感觉信息做出解释。看到天空中一个模糊的运动物体，不同人可能会用不同的图式去知觉，“这是一只鸟”，“这是一架飞机”或“这是一个超人”等等。

儿童绘画可以为我们提供一种了解其知觉图式形成的途径。学前儿童能够画圆圈和弯曲的线条，但他们却无法将二者组合起来，画出一个完整的人，这不是因为他们笨拙。如果让右利手的成人用左手画画同样也很困难，但他们所画的画与儿童的画是不同的。这种不同的部分原因在于，对儿童而言，描绘出他们所看到的外部世界是很困难的。然而，更重要的区别在于，儿童只能用简化的图式去描绘人的主要特征。对三四岁的儿童来说，人的面孔比躯体更重要，从 3 岁到 8 岁，儿童对躯体的图式变得越来越精细，他们的绘画可以反映出这种特点。

面孔图式甚至会促使我们将随机图形看成面孔，就像看到月亮上的景象一样。李等人（Lee，Byatt，& Rhodes，2000）用实验展示了我们怎样通过漫画的面孔特征来识别人。他们给西澳大利亚的大学生在短时间内呈现三种不同版本的熟悉面孔——真实面孔、由计算机生成的漫画式面孔（它着重强调与一般面孔的差异），以及尽量弱化其典型特征的面孔（图 6.41）。结果发现，大学生对漫画面孔的识别比对真实面孔的识别更准确，即漫画中的施瓦辛格比他本人更容易被识别。

情境效应

一个刺激可能会引发完全不同的知觉，其中部分原因是我们拥有不同的图式，但也有可能是因为当时刺激所处的情境在起作用。请看下面一些例子：

- 假设在一个噪音中间插入 “*eel is on the wagon*”。在这种情况下，我们可能将第一个单词知觉为 “*wheel*（轮子）”。如果在噪音中间插入 “*eel is on the orange*”，那我们可能会把第一个单词知觉成 “*peel*（削）”。理查德·沃伦（Richard Warren）发现了这种有趣的现象，这说明，大脑有时也可以逆向工作，即根据后来的刺激确定对前面刺激的知觉。情境会形成期望，这是一种自上而下的加工方式，当我们进行自下而上的信息匹配时，它会影响我们的知觉（Grossberg，1995）。

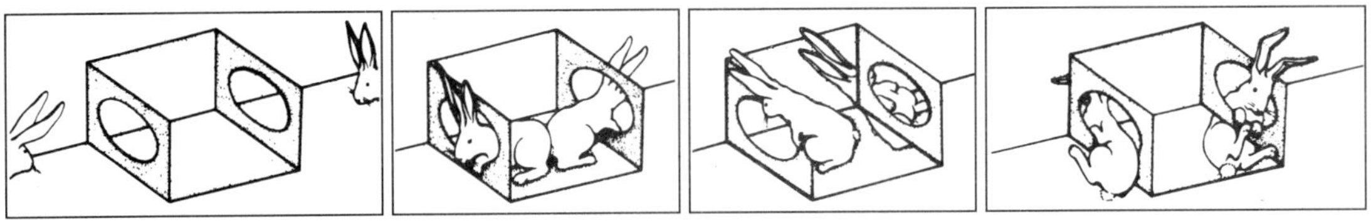

➤ 图 6.42
情境效应：魔术盒
最左边的魔术盒是放在地板上还是吊在天花板上呢？最右边的呢？在这两种情况下，由兔子的探索行为所确定的情境会影响我们的知觉（Shepard，1990）。

- 在图 6.36a 中，正在后面追赶的怪物看起来是否非常具有攻击性呢？前面那个被追赶的怪物看起来是否非常恐惧呢？如果的确是这样，那么，你所体验到的就是情境效应。
- 图 6.42 中的魔术盒是放在地板上，还是吊在天花板上呢？我们如何知觉它将取决于兔子所在的情境。
- 图 6.43 中的矮运动员有多高？

➤ 图 6.43
大和"小"
图中的"小个小伙子"是霍普学院篮球中心的前任队员，他站在我面前像塔一般高。但是，他站在世界最高的篮球队员，中国的孙明明面前时，他显得矮小。

甚至在听到悲伤音乐时也比听到快乐音乐时更容易让人把同音词听成悲伤的单词，如把 *morning*（早上）听成 *mourning*（悲痛），*dye*（染色）听成 *die*（死亡），*pane*（窗格）听成 *pain*（疼痛）（Halberstadt et al.，1995）。

在日常生活中，像性别或文化这样的刻板印象也会改变场景的前后关系。如果没有粉红色或蓝色作为线索，人们可能弄不清楚该称这个孩子为"他（he）"还是"她（she）"。如果这个婴儿名叫"戴维"，人们（尤其是儿童）可能会觉得他（她）要比被叫"戴安娜"更大、更强壮（Stern & Karraker，1989）。看来，某些性别差异似乎仅仅存在于信仰者的眼中。

知觉定势和情境效应说明了经验如何帮助我们形成知觉。梭罗认为，"我们所听到和理解的只是我们所知的一半。"知觉河流由"感觉"和"认知"这两个支流汇集而成。再回到"知觉是先天还是后天形成的？"这个问题时，我们的答案是：两者兼有。"简单"的知觉是大脑的创造性结果。

知觉与人类因素工程

24. 人类因素工程心理学家如何创作出方便用户的机器和工作设备？

我喜欢我们家的录像机，虽然我还不知道如何进行"快速录像"。我们家的炉子也很棒，但就是有时候弄不清楚哪个旋钮控制哪一个炉灶。我们校园里大楼的推杆门非常坚固，不过有时我会推错位置。我电话上还有一些多余的按钮，非常方便，但有时在转接电话时我仍然需要去查它们的使用说明。

人类因素工程心理学家（human factors psychologist）可以帮助我们设计日常

折叠靠背椅是专为飞行服务员的妈妈们设计的，椅子紧紧依附在小旅行箱上，当闲逛时，可以打开，让宝宝坐在里面。

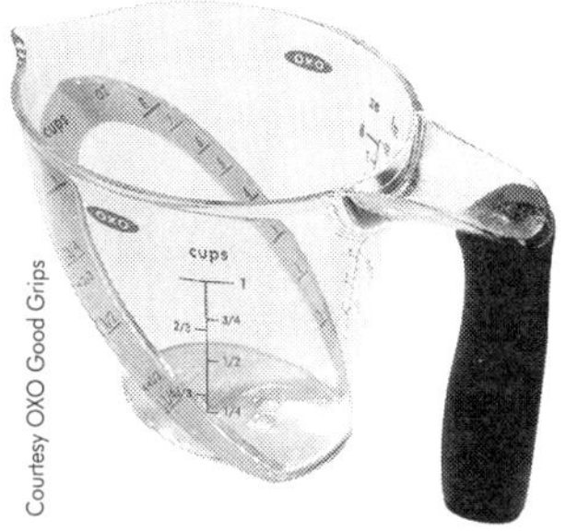

Oxo 测量杯方便使用者从上面看到里面液体的数量。

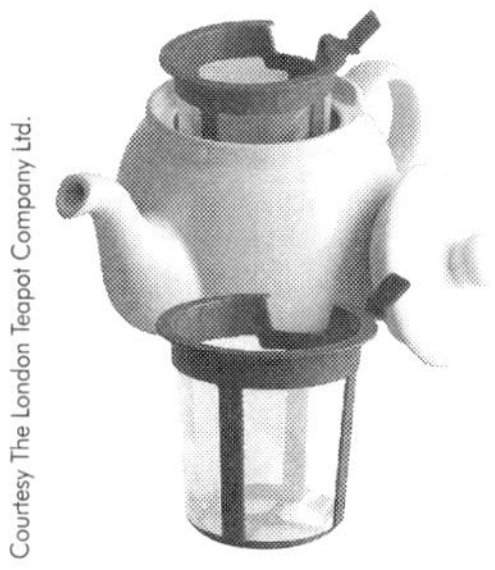

Chatsford 茶壶都配有安装在里面的过滤网。

➤ **图 6.44**

设计适合人类使用的产品

人类因素工程心理学家唐纳德·诺曼（Donald Norman）给我们提供了图中这些以及其他的新产品（see www.jnd.org）。

用具、机器以及工作环境，以使它们符合我们的知觉特点。心理学家诺曼（Norman，1988）认为，设计上非常简单的变化可以减少我们在使用产品时所产生的挫折感。例如，运用“自然对应”的方法，我们可以设计出炉子的控制开关，而不需要再看其使用标记（见图 6.44）。自动提款机的内部工作原理比录像机复杂得多，但感谢人类因素工程心理学家与工程师的合作，使得自动提款机很容易操作。特沃公司（TiVo）使用简单的菜单点击系统解决了电视录像的问题。

诺曼（2001）虽然设计出一个符合人性特点的网站（jnd.org），但是他却为如何将新的高清晰度电视、收音机、扬声器、数字录像机、DVD 播放器、录像机以及 7 个遥控器组合成为一个家庭影院系统而发愁。作为一名获得麻省理工大学博士学位的毕业生，诺曼说：“在苹果公司的时候，我是副总裁，我可以用十几种语言编十几种计算机程序。我也很精通电视的原理，但这都无济于事，我很受打击。”只要家庭娱乐设备的制造者将声频、视频控制器和电源线合在一起就能减少复杂的电线；只要用一个简单的控制器就能操作点击菜单；只要工程师与人类因素工程心理学家进行合作，就能在人群中测试他们的设计和使用说明是否合适。

技术开发者经常受到“知识的诅咒”，他们常常假设其他人能够了解他们的专业知识（Camere et al.，1989；Nickerson，1999）。（在第 1 章中我们曾经介绍过由字母颠倒顺序构成的单词，如 WREAT → WATER，大家都认为将这类单词复位非常容易，技术开发者也同样会犯这类错误）。开发者常常会错误地认为，他们熟悉的东西，别人也同样熟悉。尽管他们可能知道其他人缺乏专业知识，但他们低估了自己的解释和使用说明会给别人带来怎样的迷惑。当你熟悉一件事情时，你很难想象出那些不知情者有多么困惑。

人类因素工程不仅能够帮助我们设计出易用产品，减少人们的挫折感，还能帮助我们避免灾难的发生。自从 20 世纪 60 年代末波音公司开始推出商业服务之后，波音 727 飞机出了若干起着陆事故，这些事故都是由驾驶员操作失误引起的。心理学家克拉夫特（Kraft，1978）找出了事故发生的共同点：所有事故都发生在夜里，飞机都在着陆时经过交叉的黑暗水面或照明条件较差的地面之后，在跑道上滑行了一小段路程。克拉夫特据此推理，在跑道之上，如果遇到上升的地势，城市的灯光将在视网膜上投射出较大的视网膜像，这似乎会令飞机与地面的距离看起来比实际距离要远。通过对这种飞行条件的模仿，克拉夫特发现，当飞行员在比实

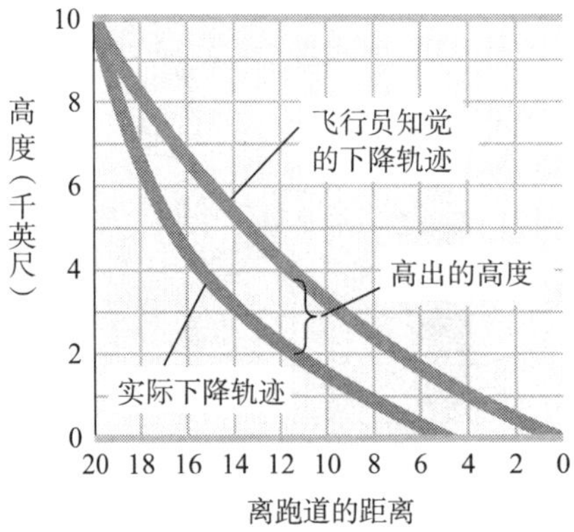

➤ 图 6.45
错误知觉中的人类因素
到达黑色的跑道上时，如果缺乏距离线索，飞行员在降落时可能会飞得太低。（From Kraft, 1978）

际高度高的位置上空飞行时，而却误以为自己是安全的（见图 6.45）。以克拉夫特的研究成果为基础，航空公司要求副驾驶员监视高度表，同时在下降的过程中进行报告，这样一来，便避免了事故的发生。

现在，波音公司的心理学家正在解决其他的人类因素工程方面的问题（Murray，1998），例如，航空公司应该如何训练和管理机械师，使他们减少造成 50% 航班延误和 15% 事故的维修错误？屏幕上的信息以何种照明条件和字体呈现才更容易阅读？应该如何更加有效地表达警报信息，要把它们缩略成对动作的描述（如拉起），而不是对问题的描述（接近地面）？心理学家通过对这些问题和其他人性因素的研究，使飞行安全和效益都有所提高。

心理学家最有力的工具是研究。如果某一机构想要知道哪一种网页设计（强调内容，速度，还是图片？）最能吸引访问者并能让他们再次点击，那么，人类因素工程心理学家将检测人们对不同设计方案的反应。如果美国宇航局想要知道哪一种宇宙飞行器的设计最有助于睡眠、工作和鼓舞士气，那么，他们的人类因素工程心理学家就要对各种各样的备选设计方案进行检测（见图 6.46）。

➤ 图 6.46
去往火星时如何保持心理距离

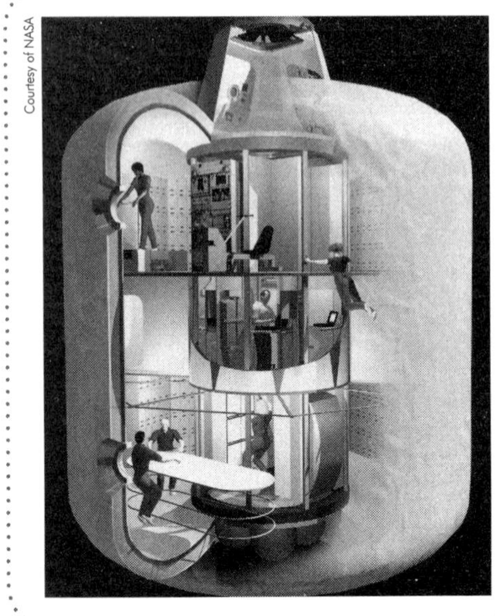

最后，我们设想会堂、教堂或剧院等场所应该配备一种助听装置。在美国，这种技术装置是为那些听力受损且需要特殊装置的人士提供的，它是一个与耳机相连的便携式接收器，能够探测来自声音系统的红外线或调频信号。设计、生产和安装这些系统的人非常清楚地知道，这种技术装置能够将声音直接传递到使用者的耳朵里。但遗憾的是，很少有听力障碍者去检测这种装置，或为使用这种耳机带来的困扰而争辩。因此，大部分装置都闲置无用。英国和北欧国家安装了另一种“环路系统”，这种系统可以将使用者自己助听器中的声音直接传递给听众。当安装好之后，只要按一下转换开关，就可以将声音传递到耳内的扬声器。这种环路系统（一个特殊的放大器与一个环绕在观众周围的线路相连）也可以在家庭中使用，它可以使电视和电话的声音直接通过助听器传递（见 www.hearingloop.com）。由于这种装置可以提供方便而隐蔽的个性化声音，所以许多人都选择使用它。

需要记住的是，设计者和工程师必须考虑到人性因素，产品设计必须符合人的特点，设计者必须意识到自己专业知识的局限性，以及在生产和销售所发明的产品之前要进行用户测试。

本节回顾

➤ **自问**

在知觉一个人或一群人时，你是否曾经受到预先期望的影响？

➤ **自测 6**

什么类型的证据可以表明，“知觉确实不仅仅是各种感觉的简单相加”？

自测问题的答案见书后的附录。

是否存在超感知觉

25. 超感知觉的观点是什么？用实验验证超感知觉后，大部分研究型的心理学家得出了什么结论？

我们是否只能够知觉我们所感觉到的事物呢？或者，如果没有感觉输入，我们是否存在超感知觉？一半左右的英国和美国成人以及日本大学生相信存在**超感知觉**（extrasensory perception，ESP），而另一半人则不相信（Blackmore，1997；Newport & Strausberg，2001；Nishizawa，1996）。媒体过分夸大超自然的奇迹：犯罪消失了，梦想成真了，未来也可以预知了。超自然的电视节目（如《未解之谜》和《X 档案》）和电影（如《第六感》和《女巫布莱尔》）有着巨大的市场。在鼎盛期，心灵热线电话每年收入高达 10 亿美元，其中大部分来自低收入人群（Nisbet，1998）。

真的有人能够看透心理、看穿墙壁、预测将来吗？在实验室实验中，研究超常（不寻常的）事件的**心灵学家**（parapsychologist）无数次被超感知觉现象所震惊，他们能够看穿密封信封中的内容，能够影响骰子的转动，能够画出远处另一个人所看到的东西。现在，英国有 5 所大学设有心灵学研究机构，其成员都是毕业于爱丁堡大学的心灵学博士（Morris，2000）。但其他的心理学家和科学家，包括 96% 的美国国家科学院的科学家都对此表示怀疑（McConnell，1991）。如果确实存在超感知觉，那么我们就需要彻底改变已有的科学结论，即人类的心理与大脑紧密相联，我们对外部世界的知觉经验来源于感觉。然而，有时候一些新证据的确会推翻我们的科学结论。因此，就让我们仔细分析一下超感知觉。

超感知觉的观点

超感知觉包括星相占卜、心灵治疗、与死者对话以及灵魂出壳的经验。其中最可检验和最相关的观点是以下三方面的超感知觉：

- *心灵感应*或心灵沟通，即一个人向另一个人传达思想，或知觉到另一个人的思想。
- *超感视觉*或感知遥远的事件。例如，能感觉到朋友家的房子着火了。
- *预知*或感知未来事件。如某个政治领袖的死亡或一场体育比赛的结果。

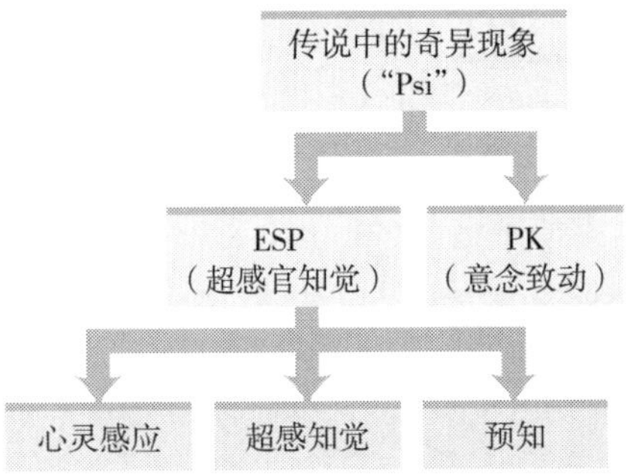

➤ 图 6.47
心灵学家的概念

与上述现象紧密相联的是*意念致动*（psychokinesis，PK），或对事态的控制力，例如使桌子在空中轻轻飘浮起来或影响骰子的转动（图 6.47）。（这种观点可以用一个揶揄的问题来描述："所有相信意念致动的人，请把我的手举起来？"）

是前兆还是借口

心灵学家能够预测未来吗？尽管有人希望心灵学能够预测股市，但即使"顶级的心灵学家"也很难准确预测结果。在 1978~1985 年间，心灵学家对新年的 486 个预测中只有 2 个是准确的（Strentz，1986）。在 20 世纪 90 年代，不知名的心灵学家对重大事件的预测都是错误的（麦当娜没有成为福音歌手，比尔・科斯比没有成为南非的大使，伊丽莎白女王没有退位当修女）。在新世纪，心灵学家错过了对一些重大新闻事件的预测，如总统大选期间佛罗里达的选票争议、"9・11"恐怖袭击事件等。在 9 月 10 日那天我们需要他们的时候，这些先知们都到哪里去了？

为警察局提供的心灵学分析说明，他们预测的准确性与其他人的猜测并无差异（Reiser，1982）。那些和警察一起工作的心灵学家的确做了成百上千个预测。这增加了其偶然做出正确猜测的可能性，于是，心灵学家便把这种预测公布于众。含糊的预测后来被解释为与事件相符合，从而为人们提供了一种解释这些事件的知觉定势。诺查丹玛斯（Nostradamus）（占卜者）是 16 世纪法国的心灵学家，他这样解释道：模糊的预言"只有在事件发生并用它解释之后才能被理解"。警察局对待这些预测非常明智，斯韦特和德姆（Sweat & Durm，1993）调查了美国 50 个最大城市的警察局使用心灵学的情况，结果显示，65% 的警察局从来没有使用过。而那些使用过的警察局却没有一个觉得它是有用的。据报道，数千名心灵学家由于错误地预测首都华盛顿的实习医生钱德拉・利维的下落而使警察局陷入十分尴尬的境地，该实习医生在失踪 1 年以后才被一个在小山上跑步的人发现（Radford，2002）。

> 一个喋喋不休者有时候是对的。
> ——西班牙谚语

一般人的自然"视觉"是否更准确呢？请看看我们的梦境，它们是否像近半数的大学生所相信的那样会预测我们的未来呢（Messer & Griggs，1989）？或者因为我们更可能去记住或编造那些已经成真的梦而使梦看起来似乎真的能够预测未来呢？60 多年前，哈佛大学的两位心理学家（Murray & Wheeler，1937）检测了梦的预测力。在飞行员查尔斯・林德伯格的儿子被绑架和杀害之后，尸体被发现之前，研究者邀请公众说出他们关于这个孩子所做的梦。他们收集了 1 300 个人的梦，有多少个梦境能够准确地预测这个孩子已经死了呢？结果只有 5%。有多少个梦境能够准确预测孩子尸体被埋的位置呢？ 1 300 个梦中只有 4 个。虽然这个比例只不过是一个概率水平，但对于这 4 个做梦者来说，他们能够准确地预测这件事情也一定是非常不可思议的。

每天从早到晚，每个人都会思考很多事情。有时不可能发生的奇思妙想真的发生了，这会使我们惊奇不已。如果你让 100 个人在他们扔 6 个硬币之前去想象正面，可能有人每次都会扔出正面（不管想与不想都有可能），这时候他们就会觉得真是不可思议。正如第 1 章所描述的那样，一个随机序列也会产生一些特定的组合。世界上每天会发生无数的事情，在一定时间内，肯定会出现一些意想不到的巧合，一些看起来不可能的事情也会必然发生。

魔术师詹姆士·兰迪是一位怀疑论者，他声称，如果谁能够在一组专家面前证明自己有任何超常能力，他将提供 1 万美元作为奖励。在其他人的担保下，前几年他把奖金提高到 100 万，并把这笔钱抵押在高盛基金会中（Randi，1999）。这虽然是一个不小的数目，但科学上的证明似乎比任何声称有此种能力的人所期望的都更有价值。为了反驳那些不承认存在超感知觉的人，我们应该找到一个能够证实并可以重复的超感知觉现象。（例如，为了反驳猪不能讲话的观点，就必须找到一头能够讲话的猪。）到目前为止，这样的人还没有出现。兰迪的奖励已经公之于众 30 多年了，也有 10 多人尝试过，在一个独立评判小组的严格审查下，仍然没有人能够拿到这笔奖金。

“科学的核心是两种截然不同态度的相互碰撞，一是接受所有的新观点，不管它们是如何的离奇或与我们的直觉经验相违背；另一种态度是强烈怀疑所有的新旧观点。”

——卡尔·萨根，1987

用实验来检验超感知觉

怀疑论者认为，如果真的存在超感知觉，那么，这些人只要去挑一个能够中奖的彩票号码或扑克牌的号码就可以成为世界巨富。如果真的有人具有天生的预测能力，那么为什么他不能预测 2002 年累积奖金达 3.31 亿的彩票号码呢？肯定有许多人尝试过。彩票销售量达 1.5 亿张，每张彩票都是一次尝试。由于仅有 7 600 万分之一中奖的可能性，所以彩票的数量使我们认为，有 2~3 个获奖者的出现也仅仅是通过随机选号而中奖的。的确，最终只有 3 个中奖者，其中埃里卡·格林是在第一次买彩票时就中奖了。

无数次实验之后，从来没有发现一个可重复的超感知觉现象，也没有发现一个具有超常能力的人。美国国家超感知觉研究中心的研究结论是“最容易得到的证据并不支持存在超感知觉的观点”（Druckman & Swets，1988）。1995 年，CIA 发表了关于军方 10 年间对心灵学间谍的研究报告。共投入了 2 000 万美元的研究经费，结果是一无所获。由于那些令人失望的实验室研究结果和模糊不清甚至是错误的心灵学观点，心灵学间谍项目最终被终止（Hyman，1996；Waller，1995）。

在过去，各种奇谈怪说不胜枚举。例如，头部的不同隆起与性格有关，放血术可以医治百病，每个精子中都含有一个小人等等。当我们面对诸如像读心术、灵魂出壳或与死人交流等传言时，应该怎样将这些奇怪的想法与那些能够实现的想法区分开呢？从科学本质上讲，这个问题的答案很简单，即对它进行检验，看它是否成立。如果结果成立，那就应该接受这个观点；如果它不成立，那就接受我们的无神论观点。

这种科学态度使得相信和怀疑心灵学的人达成了共识，心灵学的可信度必须建立在具有可重复的现象和解释该现象的理论基础上。我们如何才能在控制严密的实验中检验超感知觉的观点呢？一个实验不同于一个舞台表演。在舞台上，心灵学家就像魔术师一样，控制着观众的视听，所产生的效果可想而知。而在实验室中，研究者可以控制心灵学家的所见所闻。在这种反反复复的争论之中，怀疑论者发现，心灵学家那些所谓的稀奇古怪的表演是为了迷惑那些不问是非的观众，像与死者的精神进行交流、看穿人的心思、使物体飘然升空等，这些行为实际上都是在愚弄观众，这与在舞台上制造梦幻场面的魔术师并无差异。而且，为什么至今没有一个心灵学家可以在股市中赚到 100 万呢？

Courtesy of Claire Cole

在英国公众中测验心灵学的力量 赫特福德郡大学的心理学家理查德·怀斯曼（Richard Wiseman）设计了一个“心灵机器”来测验人是否能够影响或预测扔硬币的结果。请节日中的人们用触摸屏来猜 4 次正面和反面。由计算机产生的随机数据来决定结果。到 2000 年 1 月，共有 28 000 人预测了 110 972 次硬币投掷，正确率是 49.8%。

> “心灵学家是一个正在扮演心灵学家角色的演员。”
>
> ——心理学魔术师
> 达里尔·贝姆，1984

当我们知道自己如此容易被欺骗，并且找不到可重复的证据时，大多数心理学家仍然是怀疑论者。但有一些心理学家却又被社会心理学家贝姆（Bem）和心灵学家霍诺顿（Honorton，1994）用超感知觉全方位实验所得到的研究结果所吸引，重新对心灵学产生了兴趣。在实验过程中，人们被安置在椅子中，戴上耳机，里面播放白噪声，通过安放在双眼上的两半从中间切开的乒乓球给被试呈现弥散的红光。很明显，这些实验条件可以大大减少外界刺激的干扰，让人进入一种接受他人指令的理想状态，这样你可能从内部听到较小的声音。

在以往使用这种方法的基础上，贝姆和霍诺顿将“发送者”和“接收者”分开，让他们分别待在两个相隔离的房间中，并且让发送者在半个小时内将精力集中于从 4 幅图画中随机选取其中一幅。然后让接收者指出哪一幅图画与其在整个过程中所看到的图画最匹配。在总共进行的 11 次实验中，接收者的击中概率（正确匹配概率为 25%）接近显著水平（正确匹配概率为 32%）。

在心理学的研究中常常会出现两个问题：“你研究的结果是什么？”和“你的证据是什么？”心灵学家认为，超感知觉全方位实验可以从上述两个方面对超感知觉的检验结果作出回答。怀疑论者海曼（Hyman，1994，1996）承认，他们的实验方法优于以往的超感知觉实验，但他怀疑，实验的某些过程可能会引入偏差。正是由于其有趣性，所以其他研究者也对此进行了重复实验。这会成为第一个令人信服的超感知觉现象吗？还是一个更加虚无缥缈的希望？

不过，米尔顿和怀斯曼（Milton & Wiseman，1999，2001）对 30 个超感知觉全方位实验进行了深入的统计分析，没有发现任何效应。他们认为，“目前，在实验室中，超感知觉全方位实验方法并不是一种产生超感知觉效应的可重复性方法。”但这种实验和争论还将继续进行下去（Bem et al.，2001；Storm & Ertel，2001，2002）。

请记住，科学态度既包含好奇的怀疑论观点，也应拥有思想开放的谦逊心态。它坚信任何奇思妙想都必须由清晰可靠的证据来支持。（如果 5 英尺 7 英寸的我说，在 60 岁时，我还能够扣篮，那么，我应该提供自己能够做到这一点的证据，而并非让你去证明我不能做。）有了这些证据的支持，科学可以接受任何偶然发生的奇异事件。

我们曾经在第 1 章中说过，科学态度既包括怀疑的态度，还应该以开放的思维对新观点不懈求证。作为具有批判能力的思考者，我们对新事物能够欣然接受而不易上当受骗，能洞悉其本质而不愤世嫉俗。我们可以成为具有批判能力的思考者，因为我们知道，我们对自然界的了解是片面的。我们赞同莎士比亚笔下哈姆雷特的观点：“赫瑞修，天堂和尘世间所存在的事物都远远超出你的想象。”

我们以为有些事情是真实存在的，如别人的爱、上帝是否存在、死亡的真谛以及死亡之后的生活世界等，但这都超出了科学的范围。当我们澄清了那些虚幻的神秘事物之后，我们就会对生活中那些无法检验的神秘事物持一种谦逊的态度。

那么，为什么会有这么多人认为，我们应该借助于科学的方式来检验超感知觉的存在呢？其中部分原因可能来源于那些我们能够理解的错误知觉、错误解释以及选择性的回忆。但有些人仍然对稀奇古怪的事情充满好奇，想要经历一下这种梦幻般的感觉。在英国和美国，超心理学的奠基者大都是一些失去宗教信仰的人，他们已经开始寻找关于生活的意义以及死亡之后的生活等问题的科学基础（Alcock，1985；Beloff，1985）。在苏联解体之后，出现了一股神秘、超自然的伪科学潮流（Kapitza，1991）。在俄罗斯，到处都是超感知觉的治疗师和透视者，公众对他们肃然起敬。1999 年，俄罗斯的 32 位顶级科学家认为："很多人相信超常视觉（感知遥远的事件）、占星术以及其他一些迷信活动是为了补偿我们这个时代所带来的心理上的失落感。"

* * *

为了感受生命的伟大及其对它的深刻理解，我们只需要真正了解我们的知觉系统是怎样将无形的神经冲动转换成为色彩斑斓的视觉世界、美妙动听的声音以及各种不同的气味。在我们日常的知觉世界中的确存在大量不寻常的现象，它超出了心理学迄今为止所能涉及的范围。一个世纪的研究已经解决了感觉和知觉方面的众多问题，但对于未来的研究者而言，还有许多更具挑战性的奥秘等待他们去探索。

本节回顾

➤ 自问

你如何看待超感知觉现象？请给出支持或否定你的观点的证据。

➤ 自测 7

上面漫画中的体育频道所表现的是哪一种超自然能力？

自测问题的答案见书后的附录。

本章复习：感觉与知觉

感觉世界：基本原理

1. **感觉和知觉是指什么？我们所说的自下而上和自上而下的加工是指什么？**

   在头脑中表征这个世界，我们必须识别环境中的物理能量，并且将其编码为神经信号，这个过程通常被称为感觉。同时我们必须选择、组织并且解释我们的感觉，而这个过程通常被称为知觉。尽管我们将感觉和知觉分开来分析和讨论，但是，实际上它们是一个连续的过程。心理学家把从输入水平开始的感觉分析称为自下而上的加工。我们的知觉既来自于自下而上到达大脑的感觉，也来自于被心理学家称为自上而下加工的经验和期望。

2. **绝对阈限和差别阈限分别是什么？绝对阈限下的刺激有任何影响吗？**

   绝对阈限是觉察某一特定刺激所必需的最小刺激量。心理学家通常使用 50% 次感觉到刺激出现时所需要的刺激强度来测量绝对阈限。根据信号检测论，当我们检测微弱的信号时，测量的是“击中”和“虚报”的比率。信号检测论的结果表明绝对阈限是可以变化的。隐藏的形象和话语能够启动你对后来问题的反应，即在无意识状态下感觉阈下（或称“阈限下”）刺激。差别阈限也称作最小可觉差，是人体有 50% 的次数可以觉察到的两个刺激间的最小差别。韦伯定律表明，差别阈限是刺激的恒定比例而不是恒定数量。

3. **感觉适应的功能是什么？**

   感觉适应是指我们对没有变化的刺激的敏感性逐渐降低。

视　觉

4. **我们所看见的可见光是什么能量？**

   每种感官都会接收刺激，并把它转化（转换）为神经信号，然后把这些信息传递到大脑。在视觉过程中，信号包括来自光谱电磁辐射薄片的电能微粒。我们知觉到的光的色调依赖于波长，光的亮度依赖于光波的强度。

5. **眼睛如何将光能转换为神经信号？**

   光线通过角膜进入到眼睛，晶状体可以把摄入的光线聚焦到眼睛内对光具有敏感性的后壁上成像。通过改变晶状体的曲率而成像的过程称作调节。眼球上聚焦光线的对光具有敏感性的多层后壁组织为视网膜。光能会作用于视网膜的杆体和锥体细胞并发生化学变化产生神经信号。来自神经节细胞网络的轴突会像绳子那样会聚于一点，形成把信息传递到大脑的视神经。

6. **大脑如何加工视觉信息？**

   视网膜的神经层不仅仅传导电脉冲，它们也会帮助编码和分析感觉信息。特征察觉器只对视觉刺激的特殊特征做出反应。其他高级水平的大脑细胞会对特殊的视觉图像做出反应。我们可以整合不同视觉组的工作来构建知觉，而这些视觉组是平行加工的（颜色、运动、深度和形式）。其他的神经团队整合这些结果，与已存在的信息进行比较，使之能被知觉。

7. **哪些理论有助于我们理解颜色视觉？**

   杨—赫尔姆霍茨三色理论：视网膜上有三种类型的颜色感受器，每种感受器分别对三色中的一种特别敏感。令人吃惊的是，最敏感的颜色确实是红色、绿色或蓝色。黑林的拮抗过程论认为，离开感受器细胞后，对视觉信息的分析是按照互补色，即红和绿、蓝和黄，以及黑和白的方式完成的。现在的研究结果和这种理论表明，颜色加工发生在两个阶段。视网膜的红色、绿色、蓝色锥体细胞对不同颜色的刺激会做出不同程度的反应，这正如杨—赫尔姆霍茨三色理论所指出的那样。之后，这些信号在通往视皮层的途中受到神经系统拮抗过程细胞的加工。

听　觉

8. **当我们听到声音时，空气压力波具有哪些特征？**

   声波是空气因压缩和膨胀所产生的波能。我们的耳朵能够觉察这些短暂的空气压力变化。之后耳朵将其转化成被我们的大脑解码为声音的神经冲动。声波的强度，或者振幅，决定了声音的响度。波长的变化，决定频率的变化。

9. **耳朵是如何将声波转换成神经信息的？**

   可见的外耳会聚声波，并通过听管到达鼓膜。中耳把鼓膜的振动传送到耳蜗中。传入的振动会使耳蜗内膜（卵圆窗）振动充满细管的液体。这一运动会造成与毛细胞相连的基底膜的波动，毛细胞的运动会触发邻近神经纤维的冲动，神经纤维会聚成听神经。通过这一系列的连续过程，声波会使内耳的毛细胞传递神经信息至颞叶的听皮层。

10. **哪种理论有助于我们理解音调知觉？**

    位置理论假设：我们之所以听到不同的音调是因为不同的声波会激活耳蜗基底膜不同位置的活动。而频率理论对我们如何知觉音调提出了另一种解释：整个基底膜随着传入的声波振动，并引发与声波同速率的神经冲动到达大脑。位置理论更好地解释了我们如何知觉高音，频率理论则更好地解释了我们如何知觉低音，位置和频率的结合似乎可以用于解释中间范围的音调。

11. **我们如何定位声音？**

    声波会先刺激我们某只耳朵，并且强度会比刺激另一只耳朵的大。大脑分析两只耳朵接收到的声波的微小差异，然后计算声音的来源。

12. **失聪的普遍原因是什么？为何围绕人工耳蜗存在争论？**

    负责把声波传导到耳蜗的机械组织出现问题，可能会导致传导性听力丧失。耳蜗的毛细胞感受器或者与其相连的神经受损会导致感觉神经性耳聋。疾病和事故也会导致失聪，然后与年龄相关的听力丧失和长期暴露在噪音环境下所造成的听力受损是更普遍的现象。人工耳蜗移植能为某些人恢复听力，但是身处一些聋人文化的人认为，对于天生失聪者没必要移植耳蜗，他们可以用自己的语言方式——手势来讲说。

其他感觉

13. **我们是如何感知触觉、身体位置和运动觉的？我们如何体验痛觉？**

触觉事实上至少是四种不同皮肤感觉的混合——压力、温、冷和疼痛，例如“热”。用柔软的毛发、温或冷的金属丝轻触皮肤上的不同点，结果发现有些点对压力，有些点对温，有些点对冷，还有一些点对疼痛特别敏感。我们可以用我们的前庭觉来控制身体位置和平衡。疼痛是身体告诉你躯体的某些机能发生故障的一种方式。闸门控制理论认为脊髓内包含一个神经学上的“闸门”，它或者阻碍疼痛信号或者允许它们传递到大脑。现在生物心理社会学的观点认为，疼痛是三套压力的总和：生物影响，如神经纤维将信号传递到大脑；心理学的影响，如我们的期待；社会文化的影响，如他人在场的影响。通常，控制疼痛的治疗合并了生理和心理的因素。

14. **我们如何体验味觉？**

味觉是一种化学感觉，由五种基本的感觉——酸、甜、苦、咸和鲜——组成，鲜味是由来自味蕾上的味觉感受器细胞上的信息相互作用而组成的。嗅觉影响味觉的例子是感觉交互作用，即一种感觉可以影响另一种感觉。

15. **我们如何体验嗅觉？**

和味觉一样，嗅觉也是一种化学性感觉，但是不像触觉和味觉那样有基本的嗅觉。与视网膜的感受器细胞可以分为不同种类来感觉颜色不同，500 万个嗅觉感受器细胞及其 1 000 中不同的感受器蛋白质分别识别单个气味分子。有些气味会触发一系列的感受器。和其他刺激一样，气味也可以同时唤起记忆和情绪情感。

知觉组织

16. **格式塔心理学家是如何理解知觉组织的？**

格式塔心理学家通过大脑将感觉信息组织为格式塔（来自德语中的“整体”）或有意义的形式来研究组织规则。通过指出整体大于部分之和，格式塔心理学家认为我们用对我们有意义的方式来过滤感觉信息和知觉。

17. **图形—背景和分组原则是如何帮助我们知觉物体的？**

为了识别物体，我们必须首先从周围环境（背景）中知觉到它（图形）的存在。与此同时还必须将图形组织成为一个有意义的背景。一些格式塔的组织原则（接近性、相似性、连续性、封闭性以及连通性）都可以阐释这种加工过程。

18. **我们如何用三维立体看世界？**

深度知觉是我们具备的看三维立体物体和判断距离的一种能力。视崖的研究揭示许多物种在出生后甚至出生不久就可以知觉我们所生活的这个三维世界。我们可以运用双眼线索（如视网膜像差）和单眼线索（物体的相对大小）把两维的网膜像转换为三维知觉。

19. **我们如何知觉运动？**

大脑通常在物体经过或逼近视网膜时计算物体运动。但有时我们也会计算错误，一系列快速呈现的连续图像（如运动的图片或亮的标志）同样可以造成运动错觉。

20. **知觉恒常性是如何帮助我们将感觉组织为有意义的知觉的？**

知觉恒常性能帮助我们把物体知觉成一个连续的图形，并确定其空间位置。大小、形状以及明度恒常性都可以说明物体如何保持稳定不变的知觉特性，而不论其距离、形状或运动情况如何。这些恒常性可以用来解释一些人们熟知的视错觉，如在一个整日与角度打交道的木器加工环境中，对大小—距离关系的深刻理解会使人们更易受缪勒—莱耶尔错觉的影响。

知觉解释

21. **关于感觉限制和视觉恢复的哪些研究表明了经验的影响作用？**

先天的盲人经过治疗复明后，由于缺乏识别形状、图表和完整面孔的经验，他们不能正常地知觉外部世界。在一个控制条件较高的实验中，动物的视觉在成长过程中会受到严格的限制。当它们回到正常的视觉环境中时，视觉仍然会受到严重影响。

22. **我们的知觉能力的适应性如何？**

人类的视觉具有很强的适应性。知觉适应表明，如果戴上一副左右错位或上下颠倒的眼镜，人类会努力去适应环境，经过练习还可以行走自如。

23. **我们的期待、情绪和所处的环境如何影响知觉？**

知觉定势是在知觉世界的过程中，我们具有的一种透镜功能的心理倾向。研究证明，人类的知觉既受到经验的影响（包括习得的假设和信念），同样还会受到来自知觉定势和情境效应所产生的感觉输入的影响。我们习得的图式可以帮助我们解释那些模棱两可的刺激，例如，帮助我们解释为什么有人能看到怪物，而有些人却看不到。

24. **人类因素工程心理学家如何创作出方便用户的机器和工作设备？**

人类因素工程心理学家就是研究人是怎样知觉和使用机器以及机器与周围环境应该怎样设计才能更好地适应人性特点。这些研究提高了飞机飞行的安全性，并发展出用户容易掌握使用的技术。

是否存在超感知觉？

25. 超感知觉的观点是什么？用实验验证超感知觉后，大部分研究型的心理学家得出了什么结论？

超感知觉（ESP）的三种最具检验性的形式是心灵感应（心灵沟通）、超常视觉（感知遥远的事件）和预知（对未来事件的知觉）。大部分研究型心理学家对以下两点持怀疑态度：首先，相信存在 ESP，你必须相信大脑有能力知觉未输入的感觉信息。其次，在可控的条件下，心理学家和心灵学家不能重复 ESP 现象。

术语与概念

感 觉
知 觉
自下而上加工
自上而下加工
心理物理学
绝对阈限
阈 下
启 动
韦伯定律
差别阈限
感觉适应
转换作用
波 长
强 度
色 调
瞳 孔
虹 膜
晶状体
调 节
视网膜
杆体细胞
锥体细胞
视神经
盲 点
中央凹
特征觉察器
平行加工
杨－赫尔姆霍茨的三色理论
拮抗理论
听 觉
频 率
音 调
中 耳
耳 蜗
内 耳
位置理论
频率理论
传导性听力失聪
感觉神经性耳聋
耳蜗移植
运动觉
前庭觉
闸门控制理论
感觉交互作用
格式塔
图形—背景
分 组
深度知觉
视 崖
双眼线索
单眼线索
视网膜像差
ϕ 现象
知觉恒常性
颜色恒常性
知觉适应
知觉定势
人类因素工程心理学
超感知觉
心灵学家

网站

自测的多项选择题和其他习题请访问：www.worthpublisher.com/myers。

学 习

我们如何学习

经典性条件反射作用

巴甫洛夫的实验研究

对巴甫洛夫概念的延伸和扩展

巴甫洛夫给后人留下的文化遗产

特写：经典性条件作用导致的创伤

操作性条件反射作用

斯金纳的实验研究

强化程式

对斯金纳概念的延伸和扩展

斯金纳给后人留下的文化遗产

经典性条件作用与操作性条件作用

观察学习

班杜拉的实验研究

观察学习的运用

当契努克鲑鱼刚刚从位于河底沙砾层的卵里孵出时，它的基因便为它提供了生活所需要的大量行为指导。它本能地知道怎样游泳，要到哪儿去，吃什么食物以及怎样避开食肉动物的捕食。凭借本能，小鲑鱼开始了游向大海的艰难旅程。大约 4 年后，成熟的鲑鱼会再次回到它的出生地。跋涉了数百英里，最后来到它出生的那条河流的河口，然后，在河流熟悉气味的指引下，它开始了溯流而上的长期冒险旅行，直至找到祖先产卵的场所。在那里，鲑鱼会寻找到一处温度、砂砾、水流等条件适宜、便于繁殖的地方。然后与异性交配，完成其一生的使命，而此时的它也已走到了生命的尽头。

跟鲑鱼不同，我们出生时并没有带着规划人生的基因蓝图，我们的大多数行为是从经验中学到的。即使我们努力找出了像鲑鱼那样天生的生活目标指向，但学习却给了我们更大的适应性。我们能学会怎样搭建草房或雪篷，怎样建造潜水艇或太空站，因而我们几乎能适应任何环境。实际上，自然赋予我们的最大恩赐也许就是我们的适应性——我们学习新行为的能力，使我们能够应对变化着的环境。

学习孕育着希望。一个令所有家长、教育者、教练和驯兽师振奋的事实就是，我们能够教会个体所能学会的一切。咨询、心理治疗、康复计划的一个基本假设是，我们能通过新的学习改变已学到的一切——无论我们是多么的不幸、失败或无爱心，这都是可以改变的。

没有一个话题比**学习**（learning）更接近心理学的核心部分，有机体相对持久的行为变化来源于经验。在前面的章节中，我们已经学习了道德观念、视觉感知和药物的预期效果等有关内容。在后面的章节中，我们将探讨我们如何通过学习来形成我们的思维和语言、动机和情绪、人格和态度。本章将研究三类学习：经典条件作用、操作性条件作用和观察学习。

我们如何学习

1. 学习有哪些基本形式？

200 多年前，哲学家约翰·洛克和大卫·休谟回应了 2 000 年前亚里士多德的推断：我们是通过联想进行学习的。我们的心理会将相继出现的事件自然地联系起来：这就是我们的联想过程。例如，看到和闻到刚出炉的烤面包后，你忍不住尝了一下，然后觉得味道真的很棒，那么，下一次当你看到和闻到刚出炉的面包时，先前经验会使你期待再次品尝这种美味的食品。但是，当你把某一声音与令人恐惧的情

> "学习是思维之眼。"
>
> ——托马斯·德雷克，Bibliotheca Scholastica Instructissima，1633

➧ 我们中的大多数人可能记不起自己最喜欢的 CD 唱片歌序。然而当听到一首歌的末尾时，你自然地会期待着下一首歌的播放（通过联结）。同样，当你唱国歌时，你可以从首句起把每一句与其下一句连起来。（在中间抽一句出来，看看回忆此前一句有多么困难。）

景联系起来后，那么，你的恐惧感可能会因这种声音本身而产生。正如一个 4 岁小孩在看了电视剧中某个人物遭偷袭后所说的，“假使我一听到那种音乐，我可能会不寒而栗，然后环顾四周！”（Wells，1981）。

低等动物能学会简单的联结。当被水喷射后，海兔（Aplysia）会保护性地缩回它的腮部。若继续喷射，它可能会感觉自己就像在波涛汹涌的大海中那样，缩回反应大大减少（海兔的反应“习惯化”）。但若恰在喷射后立即反复地对其实施电击，那么它对喷射的缩回反应又会增强。它们把喷射与即将来临的电击联结起来了。而更高等的动物能学会更复杂的联结，特别是那些能带来有利结果的联结。如，水族馆里的海豹为让人们给自己抛鲱鱼，它们会不停地拍掌和咆哮。

海兔和海豹所表现出的都是**联想学习**（associative learning），即把相邻发生的事件联系起来。海兔把喷射和即将来临的电击联系起来，海豹把拍掌、咆哮与获得鲱鱼联系起来。在这两个例子中，动物学会了对于生存有利的重要本领：把以往的经验与随后的结果联系起来。

当把驯养动物再次放回野生环境中时，它们会面临巨大的挑战，从中我们可以看到动物的学习是多么重要。1977 年美国将已绝迹的 11 只墨西哥灰狼关入笼内进行驯养——1998 年又让其回到亚利桑那州的国家森林中。8 个月后，惟一存活的灰狼被再次擒获。这些做了标记的灰狼已学会了怎样猎取食物，并能与人保持 100 英尺的距离，但却没能学会从持有猎枪的猎人旁边逃开，类似的例子并不罕见。20 世纪的 145 份文件显示，当把 115 种被驯养的动物再次放生后，在野生环境中，仅有 11% 的种群存活了下来。

条件反射就是联想学习的过程。在经典性条件反射作用中，我们可以学会把两个刺激联系起来，从而期待某事件的出现。我们知道闪电后会是隆隆的雷声，于是，当闪电一出现时，我们就开始紧张（图 7.1）。

➤ 图 7.1
经典条件反射作用

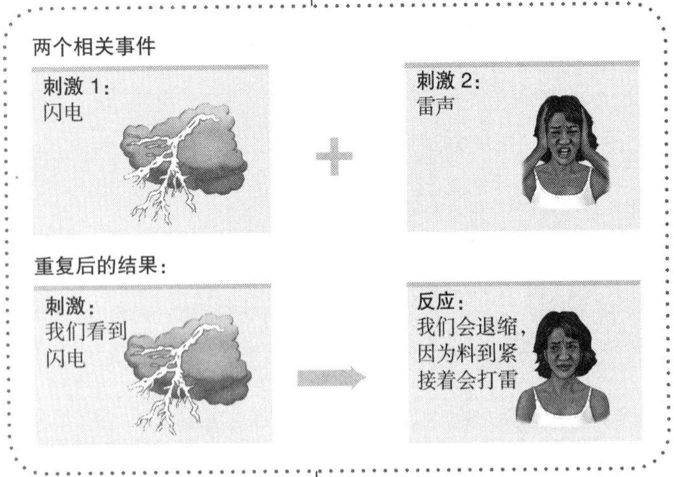

在操作性条件反射作用中，我们学会把一个反应与它的结果联系起来，于是，受到奖赏的行为会反复出现，而被惩罚的行为会避免出现。例如，我们知道按某自动贩卖机按钮能得到一块棒棒糖（图 7.2）。

为便于理解，我们将单独讨论这两种类型的联想学习，虽然它们常一起出现在同一情境中。据说一位聪明的日本牧人通过给牛群装配起呼叫作用的电子寻呼机来放牧。一周后，牛群就学会了把两个刺激——身上传呼机的嘟嘟响与食物的到来联系起来（经典性条件反射作用），同时也

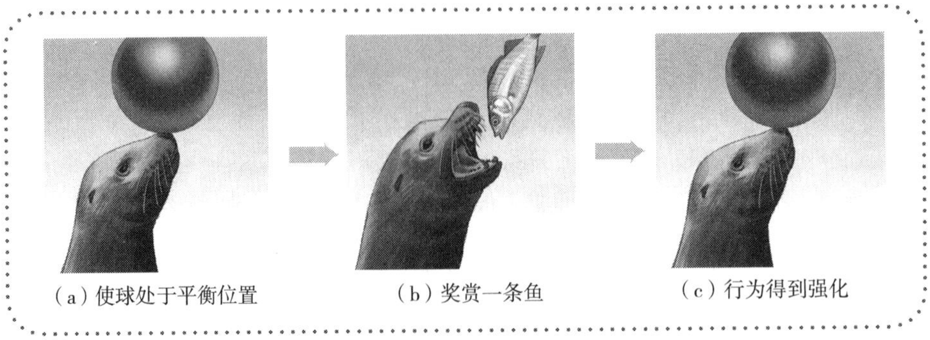

➤ 图 7.2
操作性条件反射作用

学会了把推挤饲料槽与吃的快乐联系起来（操作性条件反射作用）。

然而，这种联结式的学习中还存在许多疑问：什么原则会影响学习以及联结的消失？我们应该怎样运用这些原则？联结的实质是什么：是牛身上传呼机的嘟嘟声引起了食物的心理表征吗？牛走向饲料槽属于哪一种反应？或者，用认知加工的术语解释条件化的学习有意义吗？

条件反射不是学习的惟一形式。通过观察学习，我们可以从他人的经验和例子中学习。高等动物（如黑猩猩）有时仅通过观察另一只黑猩猩的行为就可以学会一些行为。若一只动物通过观察另一动物而学会解决一道难题并得到一块食物作为奖励，那么，这只动物会更快地找到窍门。

通过所有这些方式——经典性条件反射作用、操作性条件反射作用和观察学习——人类学会了适应环境。我们学会预期并准备好某些事件如食物或痛苦的来临（经典性条件反射作用）。我们也学会重复那些能带来有利结果的行为而避免那些带来不利结果的行为（操作性条件反射作用）。通过观察他人，我们学会新的行为（观察学习）。而且，借助语言，我们也可以学会我们既没有经历过又没有观察过的事情。在世界上所有的生物中，人类是最善于学习的。

经典性条件反射作用

2. 什么是经典条件作用，巴甫洛夫的工作如何影响行为主义？

对许多人来说，巴甫洛夫（1849~1936）这个名字听起来很熟悉。他的实验非常经典，他所探索的现象被我们称为**经典性条件反射作用**（classical conditioning）。

巴甫洛夫的工作也为心理学家华生（John B. Watson）的理论观点（即：尽管人类行为受生物因素的影响，但主要是由一系列条件反应所决定）奠定了基础。为探求内在学习规律，华生（1913）鼓励其同事抛弃对内部思维、情感和动机等心理过程的探讨。他认为，心理科学应该研究有机体如何在环境下对刺激作出反应。“这一理论的目标是预测和控制行为。在其研究方法中内省形式并不重要。”简言之，心理学应该是基于可观察行为的客观科学。这一理论观点曾在 20 世纪对美国心理学产生了长达半个世纪之久的影响，华生称之为**行为主义**（behaviorism）。华生和巴甫洛夫都不屑于“精神的”概念（如意识），都持同样的信念——不管是狗还是人类，所有动物的基本学习规律相同。尽管今天很少有研究者认为心理学应该避开心理过程，但几乎所有人都会承认经典性条件反射作用是一种基本的学习形式，所有的有机体都通过它来适应其环境。

巴甫洛夫的实验研究

3. 中性刺激是怎样变成条件刺激的？

巴甫洛夫的研究热情一生都在驱使着他的研究工作。在放弃了跟随父亲成为一名俄罗斯东正教神甫的最初计划后，巴甫洛夫在 33 岁时获得了医学学位，并在接下来的 20 年里研究消化系统。这一研究工作使他在 1904 年成为俄罗斯获诺贝尔奖第一人。正是由于人生后三十年全身心地致力于学习问题的新奇实验，使他成为历史上享有盛誉的科学家。

> “实验研究……今后应成为真正的心理科学之基础。”
> ——巴甫洛夫（1927）

巴甫洛夫研究工作的新方向源于他创造性地抓住了一次偶然的机会。在研究狗的唾液分泌之后，他知道当把食物放到狗的嘴巴里时，狗总是会分泌唾液。他也注意到当他与同一只狗反复多次打交道后，这只狗也会对与食物相联的刺激分泌唾液——仅仅是看到食物盘子，或者定期给它喂食的主人，甚至是主人到来的脚步声。因为这些“心理性的分泌”干扰了消化功能的实验，巴甫洛夫感到这是件麻烦事——直到他意识到这些反射可能预示着一种简单而又重要的学习形式。

起先，巴甫洛夫和助手努力想象狗在期待食物的过程中，会一边流口水一边思考什么。这种想象式的争论毫无结果。因而，为更客观地探索现象，他们开始做实验。他们将不同的中性刺激进行配对，如声音与食物，以考察狗是否会对单一的中性刺激分泌唾液。为消除无关刺激的可能影响，他们把狗单独关到一间小房间里，给它系紧绳子，并带上一种装置，使它的唾液分泌朝向测量装置。他们可以从隔壁房间提供食物——首先从一食物碗里滑入，后来在确定的时间用碗装肉末送到狗的嘴巴里。如果一个中性刺激——狗能看到或听到的事物——正开始有规律地预示食物的到来，狗会把这两个刺激联系起来吗？如果是这样，它会在期待食物的过程中对中性刺激分泌唾液吗？

对这些问题的回答一再证实都是肯定的。恰恰在把食物放入狗的嘴巴内狗分泌唾液之前，巴甫洛夫敲响一个声音。在声音和食物成对出现几次之后，在期待肉末的过程中，狗开始单独对声音分泌唾液。运用这一程序，巴甫洛夫也采用了其他刺激来进行狗分泌唾液的条件反射实验——蜂鸣器、灯光、对腿部的触摸，甚至是看见一个圆环。

因为食物在口中分泌唾液无需学习，所以巴甫洛夫称之为**无条件反应**（unconditioned response，UCR）。食物在嘴里会自动地、无条件地引起狗分泌唾液（图 7.3），因此，巴甫洛夫称这一食物刺激为**无条件刺激**（unconditioned stimulus，UCS）。

对声音也能分泌唾液是狗对食物与声音联结的条件化学习。今天我们称这一

➤ 图 7.3
巴甫洛夫的经典实验
巴甫洛夫恰在呈现无条件刺激（口内的食物）之前呈现一中性刺激（声音）。这个中性刺激后来会变成一种条件刺激，产生一种条件反应。

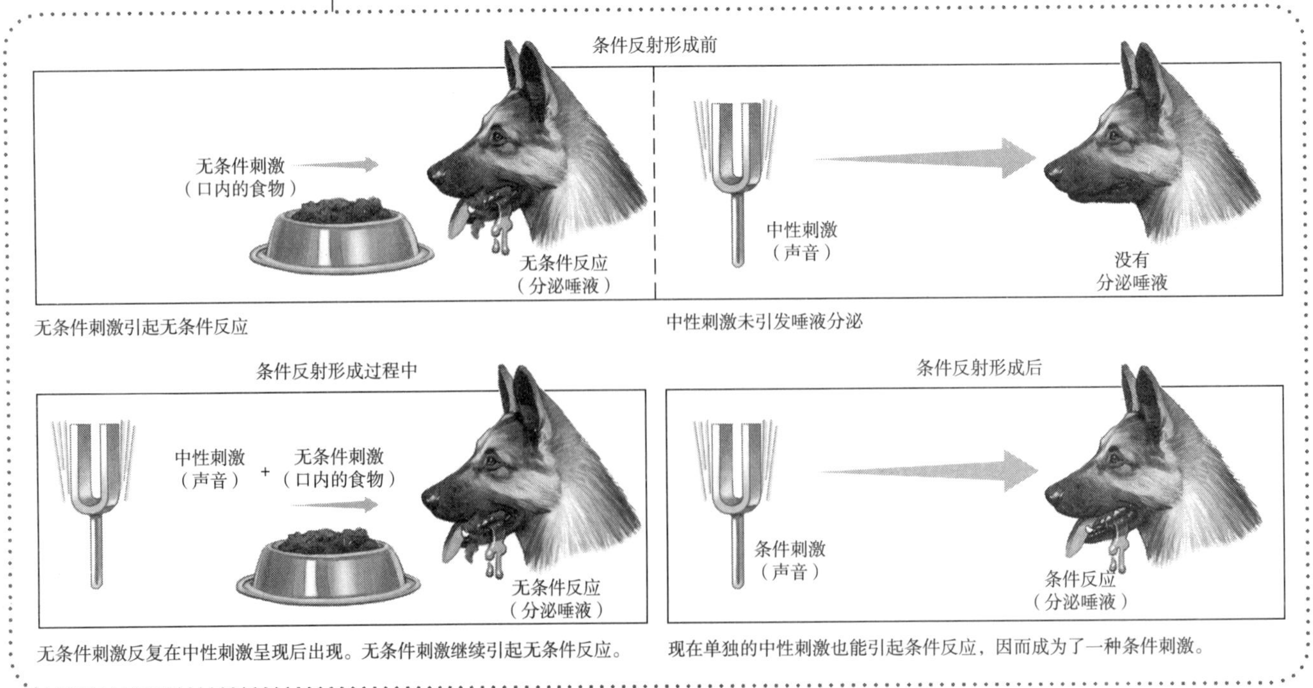

习得的反应为**条件反应**（conditioned response，CR）。先前无关的声音刺激现在能引起条件性的分泌，我们称之为**条件刺激**（conditioned stimulus，CS）。只要记住条件的相当于学习的，无条件的相当于不需要学习的，就可以很容易区分这两种刺激和反应。

另一个例子来自年代更近的一个实验，可能对我们的理解有些帮助。实验者恰在向你眼里吹气之前敲响一个声音，重复几次之后，你会单独对这一声音做出眨眼反应。什么是 UCS？什么是 UCR？什么是 CS？什么是 CR？（UCS= 向眼里吹气；UCR= 对吹气做出眨眼反应；CS= 声音；CR= 对声音做出眨眼反应——译者注）

如果巴甫洛夫对于联想学习的证明如此简单，那他在随后的 30 年里做了些什么呢？他的研究室是怎样发表 532 篇关于条件反射的论文的呢（Windholz，1997）？后来，他和他的助手探索了经典性条件反射作用的原因和结果。他们的实验得出了五种主要的条件反射作用过程：习得、消退、自然恢复、泛化和分化。

习　得

4. 在经典条件作用中，习得、消退、自然恢复、泛化和分化的过程是怎样的？

为理解刺激—反应关系的**习得**（acquisition）或最初的学习形式，巴甫洛夫及其助手首先不得不面对有关时间的问题：中性刺激（声音、光、触摸或其他什么任何事物）的呈现和无条件刺激之间需要间隔多长时间？他们发现，在多数案例中，并不需要太长的时间。对许多物种和程序而言，半秒钟比较合适。假若食物（UCS）呈现在声音（CS）之前而不是之后，你认为会发生什么结果？会出现条件反射吗？

答案是几乎不大可能。尽管会有例外，但条件反射很少发生在条件刺激呈现在无条件刺激之后的情况下。这一发现与先前的假设相吻合，即经典性条件作用具有生物适应性。它有助于有机体为有利的或不利的事件作准备。巴甫洛夫的声音信号（CS）预示了重要的生物事件——食物（UCS）的到来。对森林中的鹿而言，嫩枝噼啪作响的声音（CS）可能预示着周围有食肉动物（UCS）。如果有利的或不利的事件已发生，那么，这一条件刺激可能并不预示任何重要事件。

多米扬（Domjan，1992，1994，2005）的研究表明，通过对日本雄鹌鹑性唤醒进行条件化，条件刺激可以预示一个重要的生物事件。当给雄鹌鹑呈现一个可接触的雌鹌鹑前，研究者首先会亮起红灯。一段时间之后，随着红灯持续预示雌鹌鹑的即将出现，它使雄鹌鹑变得兴奋高昂（且当雌鹌鹑出现时，它会迅速与其进行交配），释放更多的精液和精子（Matheus et al.，2007）。总之，鹌鹑经典性条件作用的能力给它提供了一个繁殖的极限。这告诉我们条件反射有一个功能：它

▸▸ 自我检测：如果蛋糕的香味会令你流口水，那么什么是 UCS？什么是 CS？什么是 CR？

记住：
UCS = 无条件刺激
UCR = 无条件反应
CS = 条件刺激
CR = 条件反应

问题的答案：蛋糕（以及对其的品尝）是无条件刺激。与之相联的香味是条件刺激。对香味分泌唾液是条件反应。

➤ 图 7.4
出乎意料的条件刺激
洋葱的气味通常不会引发性唤醒。但是多次与富有激情的拥吻成对出现时，它也能变成一种起情欲作用的条件刺激。

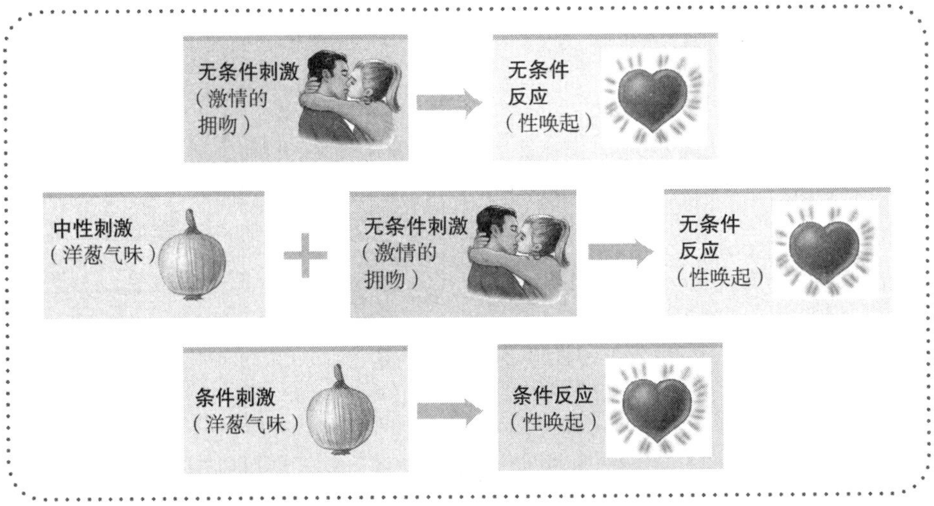

有助于动物的生存和繁殖——通过对有关线索的反应，帮助它们获得食物、避免危险、打败竞争对手、找到伴侣以及繁殖后代（Hollis，1997）。

人类也一样，与性愉悦紧密相联的物体、气味、景象会成为性唤起的条件刺激。心理学家蒂雷尔（Tirrell，1990）回忆："我第一个女朋友喜欢洋葱，因而我逐渐把洋葱的气味与接吻联系起来。不久以后，洋葱的气味给我全身兴奋的感觉。哦，这是怎样的一种感觉啊！"（问：在此什么是无条件刺激？什么是条件反应？见图 7.4）。

联结，甚至不是有意识注意的联结，也能引发人们形成某种态度（De Houwer et al.，2001）。奥尔森和法齐奥（Olson & Fazio，2001）在运用经典性条件作用让人们对鲜为人知的袖珍小精灵形成某种态度时发现了这点。实验参加者担任监控录像屏幕的安全警卫，屏幕上会连续出现词汇、图像以及袖珍小精灵（Pokemon），其中只有一只是我们预设的目标袖珍小精灵，要求实验参加者通过按压某一按钮对目标袖珍小精灵做出反应。参加者并没有注意到，当其中两只袖珍小精灵在屏幕上出现时，其中一只连续地与各种积极的词汇和图像（如"卓越的"或一杯热的奶油冰淇淋）成对出现，而另一只与消极的词汇和图像（如"可怕的"或一只蟑螂）成对出现。此后，人们对由积极词汇所修饰的人物的评价更积极。对这种配对呈现方式，个体并没有什么外显记忆，但他们却仍可以形成内隐的积极或消极态度。

➤ 图 7.5
习得、消退和自然恢复的理想曲线
上升的曲线表明，随着中性刺激与无条件刺激多次结合（习得）逐渐变成条件刺激，条件反应越来越强，而当只呈现条件刺激时反应就越来越弱（消退）。短暂的停顿后，条件反应又会重新出现（自然恢复）。

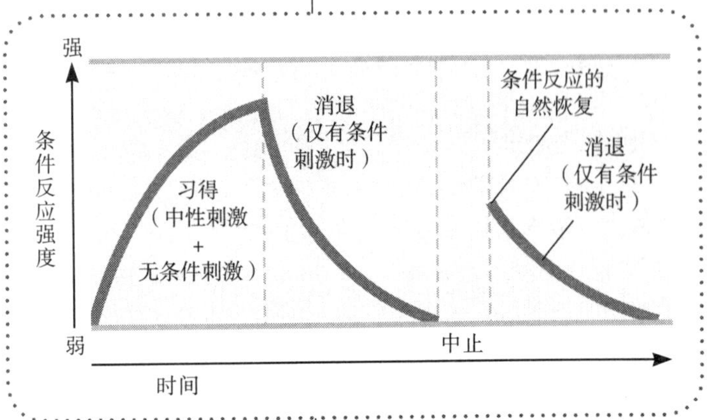

消退与自然恢复

条件反射形成后，若多次呈现条件刺激随后却并不呈现无条件刺激会出现什么结果？条件刺激会继续引起条件反应吗？巴甫洛夫发现，当他反复多次只呈现声音信号而不呈现食物时，狗分泌的唾液越来越少。狗的唾液分泌的减少证实了**消退**（extinction）现象的存在，即当条件刺激（声音）不再预示即将到来的无条件刺激（食物）时，个体的行为反应会大大减少。

然而，巴甫洛夫发现，如果他间隔几个小时后再呈现声音信号，那么狗对声音分泌唾液的行为又会重新出现（图 7.5）。这一**自然恢复**（spontaneous recovery）——短暂的停顿后（减弱的）条件反应的重新出现——向巴甫洛夫暗示消退只会抑制而不能完全消除条件反应。

当激情拥吻回归平静时，蒂雷尔也体验了消退和自然恢复。他回忆说："当洋葱的气味（条件刺激）不再与接吻（无条件刺激）相联时，它突然失去了令我全身颤抖的效力。但是，偶尔，当很长一段时间后都没有再闻到洋葱的气味，再度体验这种气味时又会唤起我曾感受过的那一种情感反应。"

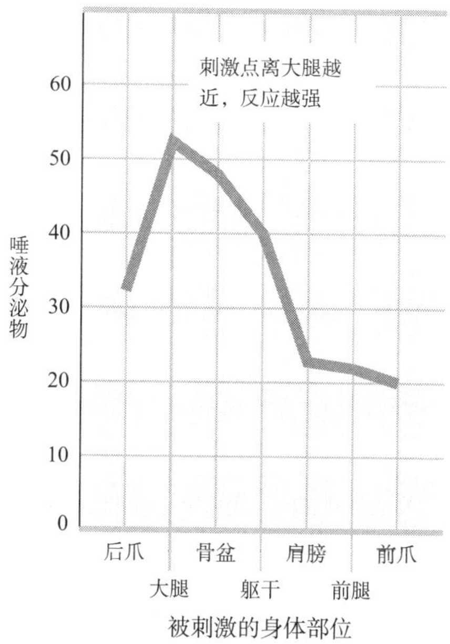

➤ 图 7.6
泛化
巴甫洛夫通过在狗身上的各个部位系上微型的振动器证实了泛化现象。当对大腿上的刺激建立条件分泌后，他也会刺激其他的区域。刺激点离大腿越近，条件反应越强。（From Pavlov，1927）

泛 化

巴甫洛夫和他的学生注意到当狗对某一个音调的声音形成条件反射后，它也会对其他从未与食物成对呈现的不同音调作出某些反应。同样，当狗对摩擦形成条件反射后，它也会对刮擦（Windholz，1989）或对身体不同部位的刺激形成条件反射并分泌唾液（图 7.6）。这种对与条件刺激相似物所表现出的反应倾向称为**泛化**（generalization）。

泛化具有适应性，比如当你教导刚学走路的儿童当心马路上的小汽车时，他们也会对卡车和摩托车做出同样的反应，或者当儿童被狗咬过一次后他会怕所有的狗。因此自动化是泛化的一个特征，一名经历过酷刑折磨的阿根廷作家一看到黑色鞋子就恐惧畏缩——当行刑者第一次进入牢房时，他第一眼看到的就是黑鞋子。焦虑反应的泛化被纳入到针对被虐待和未被虐待儿童的实验室比较研究中（图 7.7）。在屏幕上呈现一副生气的面孔，被虐待儿童的脑波反应明显更加强烈和持久（Pollak et al.，1998）。

正是由于泛化的作用，那些与自然就令人厌恶或富有吸引力的事物相似的刺激，也能引起一定程度的厌恶感或喜爱感。通常令人食欲大增的食物，如奶油软糖，当以一种令人恶心的方式，如把它做成狗屎的样子呈现时，便会失去其吸引力了（Rozin et al.，1986）。当某些成人具有儿童般的面部特征（圆圆的脸蛋、宽宽的额头、小小的下巴、大大的眼睛）时，我们往往会认为他们像儿童一样给人带来温暖、顺从和天真的感觉（Berry & McArthur，1986）。以上两个例子中，人们都将对某个刺激的情绪反应泛化到了相似的刺激。

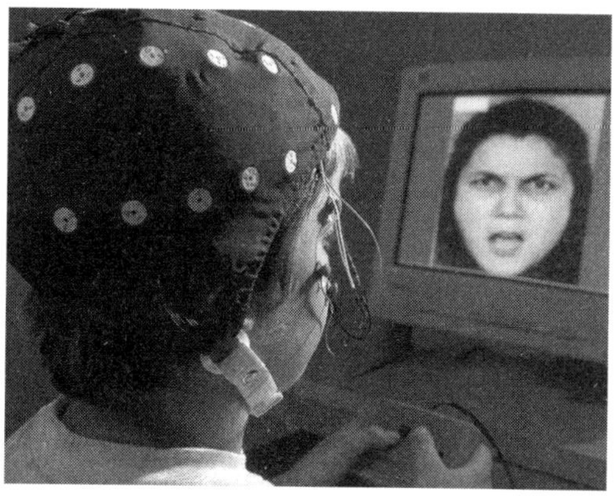

➤ 图 7.7
虐待儿童会在大脑中留下痕迹
波拉克报告说受虐儿童被激活的大脑在看到生气的面孔时反应更强烈。这种焦虑反应的泛化反应有助于解释为什么受虐儿童容易面临心理障碍的风险。

分 化

巴甫洛夫的狗也可以学会对某种特定的声调而不是其他声调做出反应。**分化**（discrimination）是指能够区分条件刺激（可以预示无条件刺激的出现）与其他无关刺激的能力。与泛化一样，分化也具有生存价值。极小的刺激差异有时导致的是巨大的结果差异。能辨别这些差异具有一定的生存适应性。与兽栏里的公牛面对面时，你可能会心跳加快；但当面对衔回猎物的爱犬时，可能就不会出现这种反应。

对巴甫洛夫概念的延伸和扩展

5. 认知过程和生物限制如何影响经典条件反射?

巴甫洛夫和华生对“心理”概念（如意识）的轻视让他们低估了认知过程（思维、感知、期望）及影响有机体学习能力的生物限制所具有的重要性。

认知过程

早期的行为主义者认为各种有机体学会的行为都能够还原到无意识的机制。因此老鼠和狗表现出的认知观点并不被许多心理学家所承认。但里萨拉和瓦格纳（Rescorla & Wagner，1972）表明，动物可以习得一个事件的可预测性。如果一种声音总是预示着一次电击，而后有时一束灯光会伴随这一声音，那么老鼠会害怕声音而不是灯光。尽管灯光后总会有电击，但声音似乎更能预示即将到来的电击。联结越具有预示性，条件反应就越强烈。

> “所有的大脑，本质上都是可以做出预测的机器。”
>
> ——丹尼尔·丹尼特，《意识解释》，1991

如果动物学会了某种期望（对可能发生的事情的觉知），那么无条件刺激就会出现。里萨拉（1988）推测经典性条件作用“不是有机体在任何两个碰巧出现的刺激之间杂乱联结的愚蠢过程”。当条件刺激和无条件刺激之间存在这样一种关系，即据此，科学家能从中做出条件刺激引起无条件刺激的结论时，最可能形成条件反射。

这一原理可以有助于解释为什么忽视认知的经典性条件实验结果常常很难获得完全的成功。例如，在酗酒者接受治疗的过程中，我们有时会为其提供催吐性药物，以令其出现呕吐反应。那么他们会把酒精与恶心联系起来吗？如果经典性条件反射仅仅涉及的是刺激联结问题，我们当然可以希望如此，而且在某种程度上，这确实是有效的。然而，那些酗酒者可能会这样认为，这都是那讨厌的药物造成的，而不是酒精。这一认知常常会削弱酒精与恶心感之间的联结。因此，即使在经典性条件作用中，也并不仅仅是简单的条件刺激—无条件刺激之间的联结在起作用，认知也会产生影响。

生物倾向

自达尔文提出进化论以来，科学家们就假定所有的动物具有共同的进化史，所以它们在结构与功能上具有一定的共性。例如，巴甫洛夫和华生相信，所有动物基本的学习规律在本质上是相似的。因此，不管是研究鸽子还是人类，它们之间几乎没有什么差异。而且，似乎任何本能的反应都能被任何一种中性的刺激条件化。正如 1956 年，学习研究者格雷戈里·金布尔（Gregory Kimble）所宣称的，“有机体的任何活动都能被条件化……这些反应能被有机体所能感知的任何刺激条件化”（p. 195）。

25 年后，金布尔（1981）虚心地承认“500”份科学报告证明他是错的。早期行为主义者也意识到，动物的条件反射能力会受其生物特征所限制。每一物种的生物倾向已经为它们学会特定的联结做好了准备，这有助于提高它们的生存能力。环境并不能决定一切。

对先前行为主义环境论提出挑战的人中，有一位是约翰·加西亚（John Garcia）。在对动物的辐射效果的实验室研究中，加西亚和凯尔林（Garcia & Koelling，1966）注意到老鼠开始回避在辐射箱里的塑料瓶内喝水，他们想知道这是否是经典性条件作用所致。也许是老鼠在内部状态（无条件刺激）的引发下把有塑料味的水（条件刺激）与恶心感（无条件刺激）联系起来？

为证实这种预感，加西亚和罗伯特给老鼠提供某一种特殊的气味、景物或声音（条件刺激），随后也给它们提供引起恶心和呕吐（无条件刺激）的辐射或药物。这样就出现了两个令人惊讶的结果：首先，当老鼠闻过某一种特殊的异常气味后，即使在相隔数小时后才会体验到恶心，老鼠也会避开这一气味。这就与下面的观点相违背，即要形成条件反射，无条件刺激必须立即伴随条件刺激出现。

第二，感到恶心的老鼠是对这一种气味反感而不是对景物或声音反感。这与行为主义者所提出的任何可以感知的刺激都能被用作条件刺激的观点矛盾。但它也具有适应的意义，因为对老鼠来说，辨别食物是否腐坏的最容易的办法是品尝。（如果品尝了某种新食物后感到恶心，它们从此会避开这一食物——这将导致我们很难大量消灭害怕毒诱饵的老鼠。）

人类似乎也已经从某些生物因素方面做好了学习某些知识而非其他知识的准备。当你吃了被污染的蚌类而重病了 4 个小时，你很可能一闻到蚌味就心生反感，而不是一看到相关的餐馆、碟子、与你在一起的人或你当时听到的音乐就反感。类似地，通过把酒精的气味与恶心联系起来而不是与其他不相关的事情（如电击）联系起来时，我们很容易形成对酒精的反感。这也可以解释人类为什么很自然地在红色和女性性感之间建立起联结。雌性灵长目动物在排卵期全身发红，而人类女性在遇到调情或性兴奋时会因血流增加而脸红。红色和性之间的频繁配对出

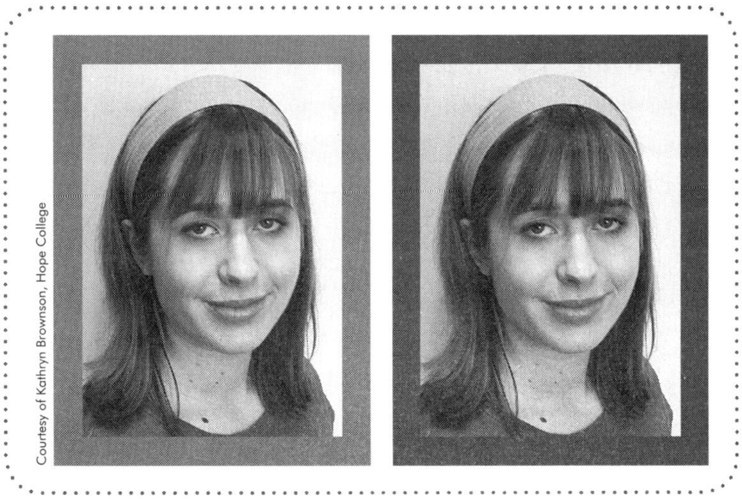

➤ 图 7.8
罗曼蒂克红（见彩插）
在控制各种其他因素（如光线等）的一系列实验中，男子（不包括女性）均认为红色相框中的照片更性感、更具吸引力（Elliot & Niesta，2008）。

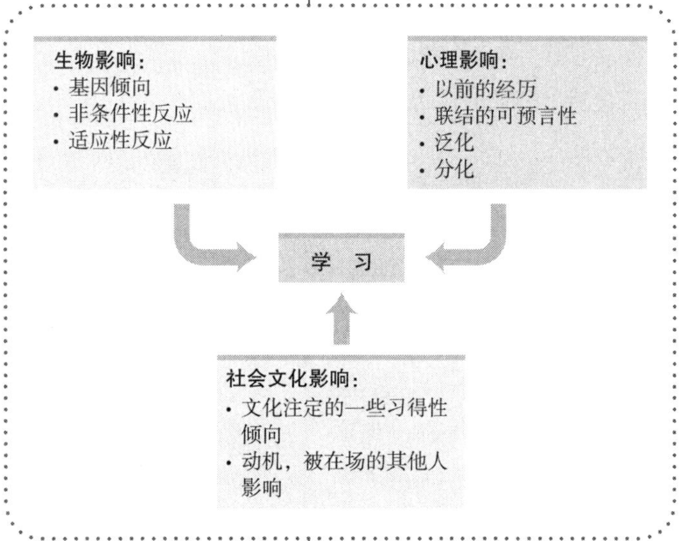

➤ 图 7.9
生物 – 心理 – 社会对学习的影响
当今的学习理论认识到我们的学习不仅受经历和环境的影响，且受到认知和生物因素的影响。

现——如情人节红心、红灯区、红色唇膏——是否使女性对男性来说更具吸引力？艾利奥特和尼斯塔的实验持续性地验证了这一观点，尽管男人们意识不到，但事实的确如此（图 7.8）。

这些例子均支持了达尔文的理论主张，即自然选择促成了那些有助于物种生存的某些特征得以发展。自然本性已经帮所有的物种准备好了学习那些对其生存发展十分关键的知识。一个讨厌某种食物味道的人根本不可能再去吃同样有毒的食物，因而他更可能生存下来，并将这种特征遗传给其后代。的确，所有糟糕的感觉感受，从恶心到焦虑到疼痛，都有一定的生存价值。就像汽车仪表板上的低油量指示灯，它会为车身安全起警示作用（Neese，1991）。

哲学家叔本华曾说过，一些伟大的思想一开始都会遭到嘲笑，而后被攻击，最后被认为理所当然。这就像加西亚关于气味厌恶的发现一样。起先，最主要的刊物拒绝刊登他的研究发现。一些批评者说那些发现根本是不可能的。但正如科学史上常发生的那样，加西亚和凯尔林颇有争议的研究已经激发了一些新的研究来证实其不可思议的发现，并把这种研究扩展到其他物种的研究中。在一个著名的研究中，郊狼和灰狼被引诱食用掺有毒药的羊肉，食用后会出现呕吐反应，结果它们就形成了厌恶羊肉的饮食习惯（Gustavson et al.，1974，1976）。后来当把一只活绵羊与两只狼关在一起时，狼似乎特别害怕绵羊。

“一朝被蛇咬，十年怕井绳。”

——诺索尔，《民间谚语》，1894

这些研究表明我们可以采用比较人道的方式来控制食肉动物和农业害虫的传播繁衍。例如，心理学研究中有一些实验是以某些动物的难受不适来换取其他许多动物的生存发展。在上述那个例子中，研究可以帮我们从郊狼口中挽救绵羊。同样郊狼就可以免于被怒气冲冲的牛仔和农夫所捕杀，如此一来，家畜就不会再受到威胁，农夫也不再那么咬牙切齿地要消灭郊狼。后来的实验揭示，对厌恶气味形成条件性反应能成功地阻止狒狒洗劫花园，浣熊攻击小鸡，以及乌鸦偷吃鹌蛋——这可以维持食肉动物在生态环境中的重要地位（Garcia & Gustavson，1997）。这些发现证实了不同水平的分析研究，如生物水平或认知分析均具有其独特价值（图 7.9）。

关于学习的生物限制的发现证实了一个深刻的原理：学习可以使动物适应其生存环境。适应表明动物为什么能对一些具有重要意义的刺激事件做出反应，如食物或疼痛。动物通常能把一种条件刺激与一种无条件刺激联系起来，无条件刺激通常紧随条件刺激之后——因为这二者之间通常会形成一种因果关系。

适应也有助于解释某些例外情况，如厌恶气味的发现。在这个例子中，结果与原因并没有接连出现——有毒的食物在过了好久之后才令人感觉到恶心。类似地，那些有恶心感的癌症病人在接受治疗一个多小时后才开始呕吐，但病人仍会在吃药与恶心呕吐之间形成经典性条件作用（图 7.10）。看了四五个门诊后，病人会对门诊的景象、声音和气味产生焦虑感并出现预期的恶心反应（Hall，1977）。（通常情况下，这种对令人恶心的刺激的厌恶具有适应性。）由于条件刺激能够引发恶心的体验，因此，当病人仅仅回到候诊室内或看到护士时，也能引起恶心呕吐的感觉（Burish & Carey，1986；Davey，1992）。

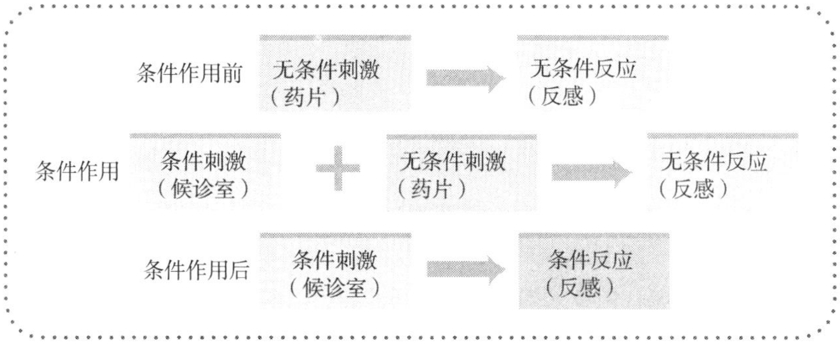

➤ 图 7.10
癌症患者所表现出的恶心条件反射

巴甫洛夫给后人留下的文化遗产

6. 巴甫洛夫的工作为什么很重要?

那么，关于条件反射的思想，巴甫洛夫都给我们留下了什么？很多。本章我们所谈到的所有研究者都认为经典性条件作用是学习的基本形式。用今天的认知加工与生物倾向的知识评判，巴甫洛夫的观点并不完全正确。但如果说我们比巴甫洛夫看得更远，那是因为我们站在了他的肩膀上。

为什么巴甫洛夫的研究工作至今仍如此重要？如果他仅告诉我们老狗可以学习新技巧，他的实验可能在很早以前就被世人遗忘了。人们为什么关心狗会对声音形成条件反射并分泌唾液呢？其重要性首先在于：对许多其他的有机体来说，他们都可以对许多其他刺激形成条件反射——事实上包括实验过的每一种生物，从蚯蚓、鱼、狗、猴子到人类（Schwartz，1984）。因此，实际上经典条件作用是所有生物适应其生存环境的一种方式。

第二，巴甫洛夫向我们展示了如何客观地进行研究，如怎样客观地研究学习。巴甫洛夫为自己所用的研究方法感到自豪和骄傲，在他研究狗的思维意识时，并没有掺入任何的主观判断和猜测。分泌唾液的反应是明显可以测量的行为，如分泌多少滴或多少立方厘米。因此巴甫洛夫的成功预示着年轻的心理学应该怎样朝科学的模式前进——将复杂行为分离成基本的行为元素并采用客观的实验室研究程序。

> “就像基因改变了遗传研究一样，本世纪（心理学）实践与理论的发展也显著地改变了心理与行为的研究。这些都是客观分析的产物——也就是说，行为主义的分析。”
>
> ——心理学家
>
> 唐纳德·赫布（1980）

经典性条件作用的应用

7. 经典性条件作用有哪些应用?

在后面关于动机、情绪、心理障碍、治疗和健康的章节中，我们将看到巴甫洛夫的经典性条件作用原理如何应用到人类的健康和幸福中。如以下例子：

- 当先前吸食高档可卡因的个体再次遇到与该昂贵药品有关的线索（人物，地点）时，常会萌生吸食的强烈欲望。因此，药物咨询师建议成瘾者应避开与先前药物使用时欣快体验相关的情境。
- 咨询师有时会给那些酒精滥用者提供某种体验以改变他们对酒精的积极联结。
- 经典条件作用甚至对体内抵抗疾病的免疫系统也有效。即，当某一特殊气味与影响免疫反应的药片同时出现时，气味本身可能也会引发免疫系统做出反

▸▸ 在华生和雷纳的实验里，什么是无条件刺激？什么是无条件反应？什么是条件刺激？什么是条件反应？

问题的答案：无条件刺激是大的吵闹声；无条件反应是恐惧反应；条件刺激是老鼠；条件反应是恐惧反应。

应（Ader & Cohen，1995）。

巴甫洛夫的工作也为华生（1913）关于人类情绪与行为的观点奠定了基础，虽然受生物倾向影响，但主要是大量的条件反应。在一个著名的研究中，华生和雷纳（Rayner，1920；Harris，1979）演示了个体也可以对某种恐惧行为建立条件反射。研究被试是一个 11 个月大的婴儿阿尔伯特。像许多婴儿一样，"小阿尔伯特"害怕大的吵闹声但不怕大鼠。华生和雷纳在他面前放了只大鼠，当小阿尔伯特去摸它时，立即在其脑后用锤子重击一钢板条。当重复 7 次看到大鼠之后马上便会听到恐怖声音后，阿尔伯特一看到大鼠便大哭起来（按今天的标准这是个有悖伦理道德的研究）。而且，5 天以后，阿尔伯特出现了对兔子、狗、山羊泛化的恐惧反应，但对完全不同的物体如玩具却并未表现出泛化的恐惧反应。

虽然小阿尔伯特的命运我们不得而知，但华生的命运却发生了转变。因与雷纳（后来二人结成夫妇）恋爱，他失去了约翰·霍普金斯大学教授的职位，后来他成为沃尔特·汤普森（J. Walter Thompson）广告公司的常驻心理学家。在那里华生用他的联想学习知识设计了许多成功的活动，包括为麦斯韦尔设计的"咖啡时间"，并因此使其成为美国的一种习俗（Hunt，1993）。

尽管一些心理学家难以重复华生和雷纳的研究，但关于小阿尔伯特的研究工作已给许多心理学家以重要启发。一些心理学家想知道是否我们每一个人几乎不太可能是条件化情绪的活动仓库（参看"特写"专栏）。我们最糟糕的情绪能否通过应用消退程序或对引发情绪的刺激物建立新的条件反应而得到控制？一个治疗者告诉一个 30 年来一直害怕单独乘坐电梯的患者每天强迫自己一个人单独乘坐电

特 写

经典性条件作用导致的创伤

古语说："一朝被蛇咬，十年怕井绳。"狗的实验确实表明，如果某一种引发痛苦反应的刺激足够强，那么当动物再一次面临这种情境时，某一个单独发生的事件也会使其受到心理创伤。对人类而言，这些实验是悲惨的，正如女性遭袭击和强奸的经历所表明的，在遭遇强奸后，她们在很长一段时间里都会出现条件性恐惧。这种恐惧心理（条件反应）与特定地点与人物（条件刺激）之间的联结很强，而且会泛化到其他的地点和人物上。请看下面受害女性的诉说。

> 4 个月前的那个深夜我被强奸了。那天半夜我醒来后听到卧室外有人。我还以为是室友回来了，于是我喊了她的名字。这时那个人开始慢慢朝我走过来，我意识到了。我尖叫起来并努力反抗，但他们有两个人。其中一个人抓住我的腿，另一人捂住我的嘴并把刀架在我喉咙上说："婊子，住口，否则我杀了你。"我从未这样害怕和无助过。他们两个像野兽一样强奸了我。当他们在我房间里搜寻钱和有价值的东西时，我室友回来了。他们把她拖入我的房间，然后强奸了她，完事后，他们把我们俩绑在床上，然后扬长而去。
>
> 在那间房子里我们以后再也没有睡着过。我们太害怕了。而且，我晚上入睡时常把卧室的灯打开，因为他们闯入我房间的记忆不断地在我脑中重复。我本来是个独立的人，单独一个人或与另一女孩已同住 4 年，现在我甚至不敢想象我一个人单独度过一个晚上。当我走进以前住所或不得不进入一个空房间时，我的心会怦怦地跳个不停，并且全身冒汗。我开始害怕陌生人，特别是男人，并且，他们长得越像攻击我的人，我越害怕他们。室友和我一样，甚至走进我们新的住所也会害怕。我害怕呆在这同一个镇上，我害怕再次发生这样的事，我害怕上床。我害怕入睡。

11 年后这个受害女性报告——像许多创伤事件的受害者一样（Gluhoski & Wortman，1996）——她对害怕的条件性反应已大部分消失：

> 我害怕的频率和强度已减弱。但我仍对个人安全很谨慎小心，偶尔会做与我经历有关的噩梦。但更重要的是，我恢复了笑、爱和信任的能力——包括对新朋友和老朋友。生活又有了欢乐。我重新活了过来。

（摘自当事人同意发表的私人信件交流）

梯 20 次。10 天之内，他的恐惧感几乎消失了（Ellis & Becker，1982）。在第 14 章和第 15 章中，我们将看到心理学家怎样运用行为技术治疗情绪障碍的更多的例子。

本节回顾

➤ **自问**

你的情绪或行为是怎样通过经典性条件反射作用表现出来的？

➤ **自测 1**

在杀人狂电影里，女性的性挑逗形象有时会与女性遭施暴的镜头配对同时出现。根据经典条件作用原理，这种配对可能会产生怎样的效果？

自测问题的答案见书后的附录。

操作性条件反射作用

8. 什么是操作性条件作用？它与经典条件作用有何不同？

经典性条件作用是把中性刺激与重要刺激联系起来产生反应，所以常常是自动化的。它可以表现出这样的一些行为，教一种动物对声音分泌唾液，或教一个小孩当心马路上的车；或其他反应，如教大象用后腿走路，或教会孩子说请。另一种联想学习可以用来解释——并训练——某些行为。通过**操作性条件反射作用**（operant conditioning），被试可以把行为及其结果联结起来。因此，他们会反复表现出被奖励（强化）的行为，而不会表现出受到惩罚的行为。

经典性条件作用与操作性条件作用都包括习得、消退、自然恢复、泛化和分化。然而二者之间的区别也是显而易见的：

- 经典性条件作用是在刺激（条件刺激与无条件刺激）之间形成联结。它也包含**应答行为**（respondent behavior）——对某些刺激自发表现出的行为（如对肉末表现出分泌唾液的反应以及后来对声音的分泌唾液反应）。
- 操作性条件作用包含**操作行为**（operant behavior），这样命名是因为行为作用于环境后会出现某种奖励或惩罚的效果。

因此我们可通过回答以下问题来区分经典性条件作用和操作性条件作用：有机体是在学习联结未受其控制的两个事件吗（经典性条件作用）？还是在学习联结某种行为及其行为的结果（操作性条件作用）？

斯金纳的实验研究

斯金纳（B.F. Skinner，1904~1990）是英语专业的大学生，也是有抱负的作家，他为了寻找新方向，成为心理学专业的研究生。后来他成为现代行为主义最具影响和争议的人物。斯金纳详细阐述了关于生命的一个简单事实，心理学家桑代克（Thorndike，1874~1949）称之为**效果律**（law of effect）：得到奖励的行为很可能会重复出现（图 7.11）。以桑代克的效果律为起点，斯金纳提出了一套行为控制的“行

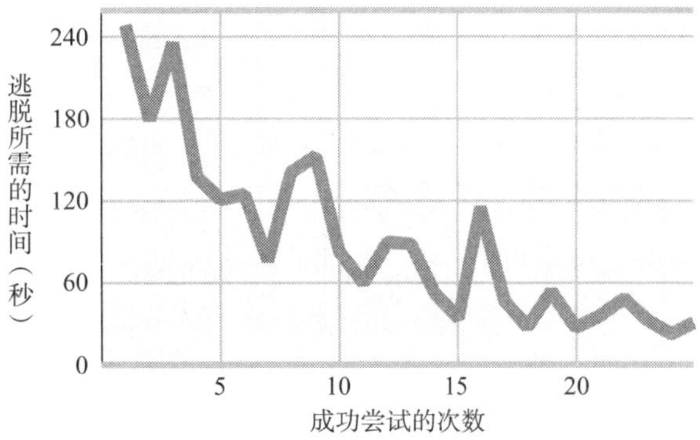

Yale University Library

➤ 图 7.11

迷宫箱中的猫

桑代克（1898）用鱼作为奖赏鼓励猫从迷宫箱子中逃脱。猫的表现随成功尝试次数提高而越来越好，证实了桑代克的效果律。（Adapted from Torndike，1898。）

为技术”。这些原理帮助他训练鸽子表现出一些非本能行为，如走 8 字路、打乒乓、在某一过程中叼啄一颗子弹直到屏幕上出现目标信号。

因为初期用老鼠做研究（后来用鸽子），所以斯金纳设计了**操作箱**（operant chamber），即有名的斯金纳箱（图 7.12）。这是一只典型的隔音箱，其内部配有一根扣栓棒或钥匙以使动物按压或叼啄而得到食物或水的奖励，以及一个记录这些反应的装置。

行为塑造

在斯金纳的实验里，采用**塑造**（shaping）的方式（一种强化程序，其中的强化刺激物如食物）可以逐渐引导动物的行为朝向某种预期设定的目标行为。

假设你要训练一只饥饿的老鼠按压扣栓棒。当训练前观察了这只动物的自然行为后，你可以在其现有行为的基础上进行塑造。当老鼠每次接近扣栓棒时你可以给它食物作为奖励。一旦这只老鼠有规律地接近目标，你可以在提供奖励前要求它再朝前移动一些，而后再近点；最后，你要求它触及扣栓棒才会给予食物作为奖励。通过这种连续渐进的学习步骤，你奖励不断接近目标的行为到最后出现预期的目标行为，同时你忽略了其他所有反应。通过对与目标行为相一致行为的奖励，研究者和动物训练者逐渐塑造了动物的复杂行为。

通过让不能说话的动物学会区分刺激，心理学家可以决定这种动物能够感知什么样的刺激。狗能区分颜色吗？婴儿能辨别声音吗？如果我们能使他们对一种刺激而不是对另一种刺激反应，那么，很明显他们能感觉到差异。实验表明有些动物在形成概念的过程中表现出惊人的能力；它们通过分辨事件或物体的类别而证实了这一结论。如果一位研究者训练鸽子对人脸而不是其他现象做出反应，那么这只鸽子将学会辨认人脸（Herrnstein & Loveland，1964）。当通过训练能分辨花、人物、小汽车和椅子后，鸽子常常也能辨认这些类型的新形象（Bhatt et al.，1988；Wasserman，1993）。训练后，鸽子还能学会辨别巴赫与斯特拉文斯基的音乐（Porter & Neuringer，1984）。

在日常生活中也同样如此，斯金纳说，我们不断地奖励和塑造他人的行为，但这种行为却常常是无意识的。有时我

➤ 图 7.12

斯金纳箱

在箱子内，老鼠通过按压扣栓棒以得到食物奖励。而在箱子外，则有一测量装置记录动物的累积反应。

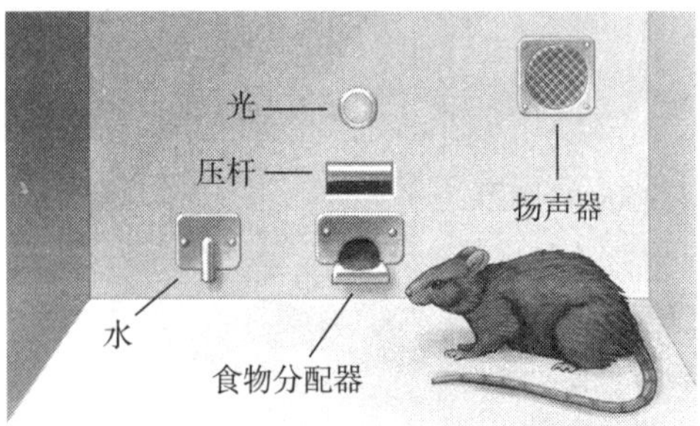

们也会不知不觉地奖励那些令人讨厌的行为。例如，比利经常哭叫，而父母为此非常恼火，请看看他们是怎样处理这种事情的。

比利：你能帮我系鞋带吗？
父亲：（继续读报纸）
比利：爸爸，我要系鞋带。
父亲：哦，嗯，等一会。
比利：爸——！给我系鞋带！
父亲：我说了多少次了以后不要再哭叫了？好了，先系哪一只鞋？

比利的哭叫得到了积极的强化，因为他得到了自己想要的东西——爸爸的注意。在此，父亲的反应就属于消极强化，因为他摆脱了儿子令人讨厌的行为——哭叫。

我们再来看看老师的强化方式。在墙上的挂图上，老师会在那些拼写测验中获满分的儿童名字后贴上小五角星。所有儿童参加的是同样的测验。对此，我们很容易就能看出，有些儿童，也就是学业上的小明星，很容易得到满分而其他人却得不到奖励。最好建议这位老师运用操作性条件作用原理——强化所有逐渐进步的拼写者（逐渐接近他们认为富有挑战性的完全正确拼写）。

强化类型

9. 强化有哪些基本类型？

人们通常很随意就会谈到“奖励”的效力。这一观点在斯金纳的**强化**（reinforcement）概念里得到了更准确的界定，即任何能增加先前反应频率的事件。一个积极的强化物可能是某种有形的奖励，也可能是表扬或注意。或者也可能是一种行为活动——做完家务后可以借车，或学习一个小时后可以休息一会。

很多人认为强化物就是奖励。事实上，任何可以增加行为频次的刺激都是强化物——甚至学生的吼叫，如果吼叫可以增加不愉快行为的话。强化物随情境的不同而不同。对某人有强化作用的刺激物（爵士音乐门票）不一定对另一个人也有强化作用。在某种情境下有强化作用的刺激物（饥饿时的食物）可能在另一种情境下无此效果。

强化有两种基本的形式（表 7.1）。一种（积极强化）是通过在某行为反应后呈现愉悦的刺激以强化这一反应。食物对饥饿中的动物是积极强化物；注意、称赞、金钱对大多数人而言也是积极强化物。另一种（消极强化）是通过减少或消除令人厌恶的刺激而强化某一反应。服用阿斯匹林能缓解头痛。吸烟可以缓解尼古丁成瘾者的痛苦反应。按一下静音键可以使令人讨厌的警报器复归安宁。所有这些结果，若它们确实影响行为的话，那么就会起到消极强化的作用。（注意与通常的

表 7.1 增加行为频次的方法

操作性条件作用术语	描 述	可能性的案例
积极强化	增加一种令人愉快的刺激	得到一个拥抱；看电视
消极强化	消除一种令人厌恶的刺激	系紧安全带避免发出嘟嘟的声音

用法相反，消极强化是消除令人厌恶的事件。）

有时候积极强化和消极强化容易混淆，想象一个因游手好闲而学习很差的学生，下决心努力学习以争取下次考个好成绩。这个学生的学习行为可能因降低焦虑（消极强化）而得到强化，同时也取得了好成绩（积极强化）。不论强化是通过提供令人期望的刺激物还是消除令人厌恶的刺激物而起作用，强化就是一种增加行为频次的过程。

一级强化物和条件强化物 **一级强化物**（primary reinforcers）——饥饿时得到食物或减轻电击的痛苦体验——很自然会令人满意。**条件强化物**（conditioned reinforcers），也叫二级强化物，是后天习得的。它们通过与一级强化物联结而产生效力。如果斯金纳箱里的老鼠学会了灯光预示食物的到来，这只老鼠会努力去开灯。灯已变成了与食物相联的二级强化物。我们的生活中充满了潜在的二级强化物——金钱、好成绩、愉悦的声音、一句表扬的话——其中的每一种都与更基本的奖励相联。

及时强化物和延迟强化物 让我们再回到假想的行为塑造实验，实验的目标是要求一只老鼠对按压扣栓棒形成条件反射。在表现出这一"预期中的目标"行为前，饥饿的老鼠忙于表现出一系列"不需要的"行为——抓、嗅、到处跑动。这些行为中无论哪一行为只要及时得到食物的强化将更可能再次出现。如果你延迟30秒后才给按压扣栓棒的行为进行强化，而让其他偶然的行为介入并对其强化，那么事实上按压扣栓棒的学习将不会出现。

与老鼠有所不同，人类能对延迟性的强化物进行反应，如周末支票、学期末的好成绩、季节末的奖品。确实，为生活更好我们必须学会为更长远的回报而延迟即刻的奖励。在实验室测试中，一些4岁儿童表现出延迟满足的能力；在选择糖块时，他们宁愿选择明天得到一块大的而不是现在获得一块小的。长大后，这些儿童更可能表现出较强的社会能力并取得更高的成就（Mischel et al.，1989）。走向成熟的一步大跨越——以及要获得最满意的人生——就是要学会延迟满足、控制自己的冲动以获得更有价值的奖励（Logue，1998a，b）。

但就我们的损失而言，小而及时的结果有时比大而延迟的结果更诱人。吸烟者、嗜酒者以及其他药物成瘾者可能认为他们的即刻快感——兴奋也就是那一刹那——是未来所无法弥补的。及时强化仍然普遍存在。酒醉后头痛等不适的感觉不会妨碍以后的嗜酒行为，能够提供最及时强化的药物如尼古丁和可卡因最易令人成瘾（Marlatt，1991）。同样，对许多青少年来说，无防护措施的及时性的激情性爱比安全且有防护措施的延迟性爱似乎更普遍（Loewenstein & Furstenberg，1991）。熬夜欣赏某一个电视节目的及时满足感似乎比明天一天的萎靡不振更具分量。

强化程式

10. 不同的强化程式如何影响行为？

至今，我们的大多数例子都是假定**连续强化**（continuous reinforcement）：每次都会对预期出现的目标行为进行强化。在这种情况下，会很快出现学习过程。但是一旦强化停止——当我们断开食物输送槽——消退也会很快出现。如果实验员不再提供食物丸，老鼠会很快停止按压扣栓棒。如果一个通常可信的糖果机连续两次都没送出糖果，我们就不会再放钱进去（尽管一周后我们可能表现出再试一次的自然恢复）。

现实生活中很少会提供这种连续的强化。商人不会每次都交易成功，钓鱼者也不会每一杆都钓到鱼。他们之所以会坚持是因为他们的努力偶尔会得到强化。研究者已探索了好几种**部分（间歇）强化**［partial（intermittent）reinforcement］程式，其中有时会对反应进行强化，有时则没有强化（Nevin，1988）。在间歇强化下，最初的学习速度通常比较慢，这就使得连续强化更受欢迎直到行为掌握。但间歇强化可以产生更大的坚持性——比通过持续强化所建立的行为更能抗拒消退。设想一只鸽子学会了啄钥匙以获得食物。如果实验员逐渐停止提供食物，而只是偶尔提供一次食物或食物的提供是无法预测的，那么，在无奖励的情况下鸽子可能会啄 150 000 次（Skinner，1953）。因为间歇强化，所以希望永远都在。

> “钓鱼的魅力就在于它是一种难捉摸但会有所回报的追求，一系列持久的偶然产生了希望。”
>
> ——苏格兰作家约翰·巴肯（1875~1940）

我们可以很容易想到与人有关的例子。赌博机偶尔会以一种无法预测的方式奖励赌博者。这种间歇强化正如影响鸽子一样影响着他们：他们会一直尝试下去，有时是断断续续的。这对父母来说是一个有价值的启示。为了一时的安宁与平静而偶尔对小孩子的无理取闹妥协投降，这在无形中间歇地强化了这种无理的行为。这是维持某种行为的最好方式。

斯金纳（1961）及其合作者研究比较了 4 种不同的部分强化程式。有些是严格的固定程式，而有些是不可预测的变化程式。

固定比率程式（fixed-ratio schedule）在一定数量的反应后强化某种行为。正如人们支付计件工作的原理——比如，每 30 件支付一次薪水——实验室动物可能按某一固定的比率得到强化，如每 30 个反应给予一次强化物。一旦形成条件反应，动物可能仅在某强化物后暂停一小会儿，然后会转向更高的反应率（图 7.13）。因为按固定比率程式休息会减少报酬，所以雇员常发现这种安排让人非常疲劳。因此工会要求雇主用计时工资代替计件工资。

▸▸ 挨家挨户的推销员会受哪种程式的强化？人们检查烤炉看饼干是否做好又属于哪种强化程式？固定航线常会在每旅行 25 000 英里后提供一次自由飞行，这又是运用了哪种强化程式？

问题的答案：挨家挨户的推销员受不定比率程式强化（门铃响的次数不同）。烤面包者受固定间隔程式强化。固定航线飞行受固定比率程式强化。

不定比率程式（variable-ratio schedule）在不定量的反应后提供强化刺激。这就是赌博者和钓鱼者的经历——不可预测的强化——会使赌博和钓鱼行为很难消退。像固定比率程式一样，不定比率程式会带来高反应率，因为随着反应数量的增加强化刺激也会增加。

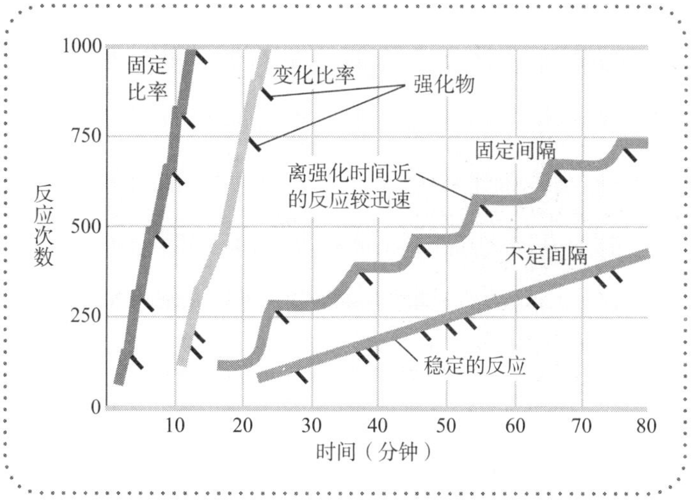

➤ 图 7.13
间歇强化程式
斯金纳实验室里的鸽子分别对 4 种强化程式形成了这些反应模式。（斜纹线代表强化物。）人类，如同鸽子一样，一定数量反应后的强化（固定比率强化程式）比一定时间消退后的强化（间歇强化）会表现出更高的行为反应率。但是奖励的可预见性也很重要。一个不可预测的（不定）强化程式比一个可预测的（固定）强化程式产生更牢固的反应。

表 7.2 强化程式

	固定的	变化的
比率	固定比率程式	不定比率程式
间隔	固定间隔程式	不定间隔程式

固定间隔程式（fixed-interval schedule）在某一固定时段后强化第一个反应。如当邮递时间邻近时，人们会更频繁地检查邮件，或者检查看饼干是否做好或吉露果子冻是否弄好，当期待的奖励来临时，鸽子在固定间隔程式下会表现出更频繁地啄钥匙行为，形成一种变化的停止—开始模式而不是固定的反应比率。

不定间隔程式（variable-interval schedule）在不同的时间间隔里强化第一个反应。正如最后提供了重新检查邮件的坚持性的奖励："你有封信"，不定间隔程式通常会产生缓慢而固定的反应。这是有意义的，因为我们不知道什么时候等待会结束（表 7.2）。

虽然动物行为有所不同，但斯金纳声称（1956）操作性条件作用的强化原理是非常普遍的。他说，什么反应、什么强化物或以哪种动物进行实验并不重要。强化程式的效果几乎一致："鸽子、老鼠、猴子，对它们分别各用了哪一种强化，这并不重要……因为其行为表现出惊人的相似。"

惩 罚

11. 惩罚是如何影响行为的?

表 7.3 减少行为的方式

惩罚类型	描 述	例 子
积极惩罚	提供一个令人厌恶的刺激	打屁股；一张违规停车罚单
消极惩罚	撤销一个令人想要的刺激	某些特别权利的暂停，如与朋友在一起的时间；吊销驾驶执照

惩罚（punishment）的效果与强化相反。强化可以增加行为反应频次，而惩罚则会减少行为反应频次。因此，惩罚物可以是降低先前行为频率的任何一种刺激，常通过提供一种令人不快的结果或收回一种想要的结果而达到（见表 7.3）。即时而坚定的惩罚物能有力地抑制不想令其出现的某种行为。如果主人把因听到电开罐器的声音而跑过来的狗抓到了地下室，那么它将不会再对这种声音感兴趣。老鼠触及被禁之物后受到电击以及小孩跑入街道后迷路等行为会令其以后不再出现同样的行为。

心理学家拉兹勒（Larzelere，1996，1999，2000）曾提到关于人类对惩罚研究的问题，他发现挨打的儿童更可能会表现出侵犯、抑郁、低自尊的行为。此外，他还指出，正如接受辐射治疗的患者更可能死于癌症一样，那些接受心理治疗的人更可能患抑郁症——因为他们先前就具有某些心理问题才会寻求治疗。如果一个人已经适应了先前的癌症或抑郁——或反社会的行为——那么辐射、心理治疗或者对 2 岁或 6 岁行为不端的儿童偶尔再次体罚一两次看来似乎更有效。如果再次体罚还结合一定说理和积极的家教教育，如果它仅用作改善更温和的教育策略如讲道理和暂停效果的替代性方案，再次体罚会特别有效。

但反对暴力式家庭教养方式的提倡者认为，体罚有很多缺点（Marshall，2002）。

1. **被惩罚的行为并未被遗忘，它只是被压抑了。**这一暂时性的压抑可能会（消极地）强化父母的惩罚行为。当孩子骂人时，父母会责打他，于是父母以后再也没听到孩子骂人，然后他们会觉得这一惩罚对制止儿童骂人是有效的。
2. **惩罚教育儿童学会区分环境。**那么被惩罚的行为可能在安全情境下又会出现。儿童学会的可能仅仅是区分辨别，即不在家里骂人而在其他任何地方都可以骂人。
3. **惩罚会产生恐惧。**被惩罚的人可能不仅会对那些不愉快的行为恐惧，而且会对惩罚过他的人和与惩罚相类似的情景产生恐惧。因而儿童可能会害怕爱体罚学生的老师，并想逃学。更糟糕的是，当惩罚是不可预测和无法逃避时，人和动物都会对事件形成不可控制的感觉。因此，他们可能会产生无助感和抑郁。出于这些原因，欧洲许多国家禁止在学校和儿童养育机构殴打儿童（Leach，1993，1994）。有 11 个国家，包括瑞典、挪威、丹麦、冰岛等斯堪的纳维亚半岛国家，进一步以立法的形式指出父母亲打骂儿童是一种违法行为，这样，就像将保护配偶进行立法一样，对儿童的保护也被纳入到法律条文中（EPOCH，2000）。

即使惩罚可以抑制某些不想要的行为，但它却无法引导个体朝向某种想要的行为。惩罚告诉我们的是不要做什么；而强化告诉我们的是要做什么。因此，惩罚与强化结合通常比单一的惩罚更有效。这一办法通常被用于那些咬手指或撞击自己脑袋的儿童身上。无论何时只要他们咬手指就可能被严厉惩罚（如，往脸上喷水），但他们表现好时也会得到积极关注和食物奖励。这一办法可以也用于课堂教学。在考试卷上给予“这是错误的,请试试这种方法……”和“是的,就是这样！”反馈的老师就是通过强化一种想要的行为而减少了某种不想要的行为。

不良少年的父母通常不知道除了尖叫和打骂外，他们应该怎样强化孩子好的行为（Patterson et al.，1982）。针对这些父母的训练方案可以帮助他们从可怕的威胁到积极的激励进行塑造改变——从“马上清理好你的房间否则不许吃饭！”到“清理好你的房间后我们都欢迎你来吃饭”。当你静下来想想，你会发现许多惩罚的威胁是很有力的，但如果是积极措辞，可能会更有效。因此，“如果你没有做完家庭作业，将不能看电视”可以这样表达……

对斯金纳概念的延伸和扩展

12. 认知过程和生物限制如何影响操作性条件作用?

斯金纳承认个体的认知加工及生物性因素对行为所起的基础作用。但许多心理学家批评他忽视了这些加工过程和生物倾向的重要性。

认知过程和操作性条件作用

在斯金纳因白血病去世的 8 天前，他（1990）还在美国心理协会上坚持驳斥来自“认知科学”的最后批评，在他看来，“认知科学”是后退到 20 世纪早期的内省主义。斯金纳至死都在抵制认知过程的信念影响力——思维、知觉、期望——在心理科学甚至在我们所理解的条件反射中具有十分重要的地位。（他把思维和情感视为像其他行为一样遵从同样规律的行为。）然而我们已看到好几种在操作性条件学习中起作用的认知加工过程。例如，在固定间隔强化程式中，当反应离获得强化物的时间越来越近时，动物的反应会越来越频繁。这种表现好像是在证实它们期待重复这一反应能很快得到奖赏。

然而，对一个严格的行为主义者而言，谈论“期待”是没有什么必要的；他们有足够的理由认为，在一定情境下被强化的行为当受到情境激活时，这种行为还会再次出现。而且，如果谈论期待和其他的认知过程的话，势必会引发这样一

▸▸ 要了解动物行为的更多信息，请参见罗宾·福克斯（Robin Fox）和莱昂内尔·泰格（Lionel Tiger）的书（我没有把这些内容写入本书）。

个问题：即这些因素是如何出现的。仅仅认为是邪恶的念头促使恐怖主义分子劫持并袭击世界贸易中心和五角大楼是不够的。我们还需要知道为什么会出现这样的思想和行为。

“浴室？当然知道，只要出了大厅向左拐，朝右走几步，左拐，再左拐，一直向前走，然后再左拐两次，然后右拐，你会发现你就在你右手边第三个走廊的最里头。”

潜伏学习 从老鼠走迷宫的研究中可以得到认知过程在其中起作用的证据。在没有明显奖励的情况下，老鼠探索迷宫，就像人们在一个新城市驾驶一样。老鼠似乎形成了**认知地图**（cognitive map），即迷宫的心理表征。即使它们被带入到一个铁丝网篮的迷宫里穿行，认知地图也会出现。当实验员在迷宫的目标盒里放上奖励时，这些老鼠很快就会像那些通过食物强化走迷宫的老鼠一样表现得很好。

在探索的过程中，老鼠的经历似乎就是一种**潜伏学习**（latent learning）——只有在某种动机的激发下，这种学习过程才会表现出来。结论是：没有强化或惩罚时也会出现学习。正如认知地图实验所表明的，学习不仅仅是行为反应与结果的联结，这其中也包括认知。在第 10 章中我们将看到动物在解决问题和运用语言方面所表现出的惊人的认知能力。

内部动机 认知观点提出了一种奖励效力的重要条件：不必要的奖励有时会导致潜在的浪费。许多人认为提供有形的奖励能激发人的活动兴趣（Boggiano et al., 1987）。实际上，承诺儿童对他们已感兴趣的任务提供奖励效果反而不佳。若儿童转而把奖励当作活动的动机则会令他们失去对活动本身的兴趣。

在实验中，要求一些儿童解决趣味疑难题或玩玩具，承诺对这种活动提供奖励的儿童比没有这种承诺的儿童此后玩的次数更少（Deci et al., 1999；Tang & Hall, 1995）。似乎儿童是这样想的，“如果你贿赂我来做这件事情，那么它本身一定不值得我这么做。”

提供太多奖励所产生的过度合理化会削弱**内部动机**（intrinsic motivation）——因活动本身而做出某种有效行动的愿望。内部动机驱使个体为寻求快乐、兴趣、自我表现或挑战而工作和玩耍。**外部动机**（extrinsic motivation）会驱使个体寻求外部奖励并避免可能的惩罚。动机研究专家德西和瑞安（Deci & Ryan, 1985, 1992, 2000）认为：如果青年运动员教练要提高运动员持久的兴趣和活动能力，他们应该不仅给运动员施加获胜的压力，还应集中关注运动及实现个人潜能所带来的内部快乐。

泰格·伍兹的内部动机 “我记得我常会打电话询问工作中的爸爸，是否可以和他一起练习。他总是先顿上一秒或两秒，让我焦灼地等待，但他总会说好……他会以自己的方式教我练习。你看，他从未把我推到一边”（摘自《美国周末》，1997）

为理解外部动机与内部动机的区别，你可以反思自己当前的体验。当要求你在限定时间内读完此书时，你会产生压力感吗？担心自己的学习成绩吗？渴望通过好好表现而得到奖励吗？如果答案是肯定的，那你是由外部动机推动（在一定程度上讲，几乎所有的学生都是这样）。同时你是否也发现课本内容很有趣？学习会令你感到自己更有能力吗？如果不评等级，你会因对学习内容本身的好奇而想学习本书吗？如果答案是肯定的，内部动机也激发着你的刻苦努力。

当奖励不是用来贿赂和控制你自己而是意味着工作完成得很好，正如“最大进步运动员”的称誉，你的兴趣常会保持下去（Boggiano et al.，1985）。当出色地完成工作后，奖励会增强你的效能感，也会增加工作的愉快体验。对那些因某种奖励的诱惑而参加活动的儿童而言，如果引导他们把其对活动的投入性归因于他们自己而不是奖励，也能维持他们对活动的兴趣。某个研究团队通过实验证实了这点，他们这样告诉儿童，“你知道，我认为你可能会说你本来就想参加这次书法活动，因为你看起来是这种学生——懂得写好字是多么重要，而且你也真的很想成为这样的女孩（或男孩）”（Cialdini et al.，1998）。奖励，若能恰当地被使用，就能激发高成就和创造力（Eisenberger & Rhoades，2001；Henderlong & Lepper，2002）。

生物倾向

在经典性条件作用下，动物的自然倾向会抑制其操作性条件作用能力。当用食物强化仓鼠的行为时，你能很容易地使它对挖掘、暴跳的行为形成条件反应，因为这些行为都在动物觅食的本能行为范围内。但很难通过食物强化仓鼠使它形成这样的一些行为——如洗脸——与食物或饥饿通常没有任何联系的行为（Shettleworth，1973）。同样，鸽子很容易学会拍翅飞翔以免被人捕捉以及轻啄来获取食物。然而它们很难学会轻啄以避免被人捕捉或拍翅以获取食物（Foree & LoLordo，1973）。生物抑制已经预先设定了有机体可以学会哪些本能适应的联结。

斯金纳的前期助手布里兰夫妇（Breland & Breland，1961）在用操作程序训练动物跳环、影视表演时已逐渐重视动物的生物倾向。布里兰夫妇先前认为操作原理几乎能对任何动物的任何反应有效。但在训练了 6 000 只动物后，从小鸡到鲸鱼，总计有 38 类不同的动物，结果他们发现，生物倾向比他们预先想象的似乎更重要。在某个表演中，他们训练猪衔起大大的木制“美元”并存放到猪银行里。然而，学会这一行为后，这些动物还会再退回到它们本能的行为方式中。它们会扔下硬币，就像猪通常所表现出的行为那样：用鼻子拱，再次衔起它，而后会重复这一系列行为——在延迟食物强化的情况下。正如这一“本能倾向”所表现的，当动物退回到它们的生物倾向模式时，“错误的行为”就出现了。

“永远也别想教猪唱歌，那会浪费你的时间，也会令它苦恼。”
——马克·吐温
（1835~1910）

斯金纳给后人留下的文化遗产

斯金纳是 20 世纪后期最具争议的智者。他一再坚持外部影响而非内部思维和感情可以塑造行为，并激励人们在学校、工厂和家里运用操作原理影响自己和周围人的行为，他因此而捅了“马蜂窝”。斯金纳说，为有效帮助或管理人们的行为，我们不必过于担心他们幻想中的自由和尊严。相反，若认识到行为是由其结果而塑造形成，我们应在各个方面运用好奖励以得到更多想要的行为。

斯金纳的批评者说，斯金纳忽视个人自由以及试图寻求控制人的行动，而这会使人失去人性。斯金纳反驳说：人们的行为已被某种危险的外部环境所控制，我们为什么不为人类更好的生活而管理好这些环境？代替家里、学校和监狱里惩罚的滥用，强化物不是更具人性吗？如果想起我们被过去环境所塑造的某些行为而感到一丝羞愧，那么这种感觉也能带给我们塑造未来的希望。

操作性条件作用的应用

13. 操作条件作用的原理可以如何应用到学校、运动、工作和家中?

斯金纳 “有时有人会问我,‘你考虑自己时也像你考虑你所研究的有机体一样吗?’答案是肯定的。至今,任何时刻我的行为都是我的基因馈赠、我个人的历史以及当前环境的产物。”(1983)

我们已经看到了操作性条件作用原理的应用,在后面章节里,我们将继续看到心理学家运用这些原理来解决一些诸如高血压和社会退缩等的问题。强化技术也被用到了学校、商业和家庭中(Flora,2004)。

在学校中 在一个时代以前,斯金纳和其他人提倡运用教学机器和教材,因为这可以采用小步子的教学学习方式,并能对学生的正确反应做出及时强化。他们说,这种机器和教材将引起教育变革,并使教师得以全力关注于学生的特殊需要。

为阐释斯金纳的观点,请想象有这样两位数学教师,每位老师各带了一个学生学习水平参差不齐的班级。教师A给整个班级提供同样的课程,并知道有些学生可能会很容易地掌握一些概念,而另一些学生学起来可能会有些费力。面对如此参差不齐的学生,一个教师怎样能进行个别辅导呢?优秀的学生能轻松地学会,而反应迟缓的学生则会体验失败。面对类似的班级,教师B按每一个学生的学习进度实施教学,能同时对反应快和反应慢的学生提供及时的积极强化。那么教师B的个别化辅导看起来不现实吗?

尽管到斯金纳晚年生活时(1986,1988,1989),他所预期的教育变革没有出现,但他仍相信这个理想是能实现的。“好的教学需要两个条件,”他说,“必须立即告诉学生结果而不管他做得对或错,如果他们做得对,再引导其进入到下一步。”计算机是他最后的希望。对阅读和数学技能而言,计算机可能会使教师B积极关注学生,按学生的学习进度推进教学,通过小测验发现理解的差距,提供及时的反馈,从而指导教师保持完美的记录。随着在线测验系统越来越完善,以及越来越多可使用的互动学生软件和网络资源,我们比以前更接近斯金纳的理想。

在运动中 强化原理也能用于提高运动员的能力。再次强调,行为塑造的关键,首先强化小步成功,然后逐渐增加挑战。西梅克和奥布赖恩(Simek & O'Brien,1981,1988)在高尔夫球和棒球教学中就是通过从易强化的反应入手来运用这些原理的。高尔夫学员从短距离入洞开始。当基础牢固之后,他们越击越远,直到用全力击球。同样,新棒球手在一个超大型的场地上,先设定10英尺的距离为限,从半步摆动开始,让他们及时体验击球的快乐。随着投手因其成功而建立自信,并且熟练掌握每一水平的技能后,投手逐渐往后退——首先是15英尺,然后22英尺、30英尺、40.5英尺——最后成为标准的棒球手。与通过传统的方法教育学生相比,这些通过行为方法的训练表明,测验和运动情境都更快地改进了他们的技能。

在工作中 因为坚信强化物能够影响生产率,所以商业主管已给心理学提供了大量研究资助。许多公司现已使他们的雇员参与到分红及公司所有权中。当工人们

的生产率使每个人的报酬都有所增加时，他们的动机、士气以及合作精神通常会提高（Deutsch，1991）。当期望取得的成绩被很好定义并有实现的可能性时，强化出色完成的工作对生产率的提高尤为有效。这对管理者意味着什么？那就是要奖励具体的行为，而不是含糊定义优点。甚至是具体明确和体贴周到的批评性话语，也会引发最少的怨言，并带来最好的成绩（Baron，1988）。

及时强化也是一种明智之举。当 IBM 公司的传奇人物托马斯·沃森（Thomas Watson）亲眼看到某项成绩时，他会当场给职员开一张支票（Peters & Waterman，1982）。但奖励没必要一定是物质的，也不应该让他们如此现实以至于这些员工会非常善于经营策略，并挫伤那些未获物质奖励者的士气。一个有影响力的经理可能仅仅是在车间内巡逻并真诚地肯定那些出色完成工作任务的员工，或为一项已完成的工程项目留下一张欣赏感激的致谢信。正如斯金纳所说，“如果日常生活中的强化物更有效地汇集到高效率的工作上，那么整个世界会变得多么富有！”

在家中 父母也可以在运用操作条件作用原理中获益。父母训练研究者威尔森和福汉德（Wierson & Forehand，1994）提醒我们，当父母对孩子说“准备上床睡觉”时，又向孩子的抗议和挑衅屈服，那么他们恰恰强化了这种行为。最后，他们被激怒了，向儿童叫喊或威胁地用手比划着，在一定程度上儿童因害怕而导致的顺从反应反过来强化了父母的生气行为。长此以往，一种具有破坏性的亲子关系就建立起来了。为打破这种恶性循环，威尔森和福汉德为家长提供了如下建议：

- 当儿童表现得好时对他们进行关注并提供其他的强化物。确定一个具体的行为目标，并对其进行奖励，然后观察这种行为的增加。
- 忽视儿童的喊叫行为。如果过去儿童在喊叫时，可能会引发家长的关注，而现在一旦忽视这种喊叫行为，可能会导致这种行为的暂时增加。但是过一段时间后，如果没有强化，这种行为最后将会消失。
- 如果儿童不礼貌或挑衅反抗，不要对他们叫喊或打他们。简要地向他们解释这种不好的行为并采用暂停的策略——在一定的时间内消除任何强化环境中的这些不良行为。

最后，我们可以通过强化我们想要的行为和消除那些不想要的行为而在我们自己身上运用操作性条件作用原理。要想管理好自己的行为，心理学家建议应逐步地运用以下程序：

1. 确定目标——如戒烟、少吃、学习或多做运动——用可以量化的术语表述，并且使你的目标公开化。例如，你计划每天增加一小时的学习时间，同时对一些支持你的好友宣布这个目标。
2. 监控自己是否会经常表现出你想要改善的某种行为。你需要制订一个学习日志，记录自己在哪种条件下完成了，哪种条件下没有完成。（当我开始写这本教科书时，我标记下自己所用的时间，结果吃惊地发现我浪费了好多时间。）
3. 强化预期的目标行为。为增加你的学习时间，允许自己在学习一段时间后小放松一下（或其他的一些强化活动）。答应你的朋友只有在你完成了每周学习目标后才能参加他们的周末活动。
4. 当你的新行为变得越来越习惯化时，逐渐减少强化刺激而给自己一个精神上的奖励。

“我又写了 500 个单词，能再给我一块饼干吗？”

表 7.4 经典性条件作用与操作性条件作用的比较

	经典性条件作用	操作性条件作用
反应	无意的，自动的	有意的，操作于环境
习得	事件的相互联结，条件刺激可以预示无条件刺激	将反应与其结果（强化物或惩罚物）相联结
消退	当反复只呈现条件刺激时条件反应会减少	当强化停止时反应会减少
认知过程	被试会形成一种期待，即条件刺激可以预示无条件刺激	被试会形成某种反应会得到强化或惩罚的期待；被试也可以表现出在没有强化下的潜伏学习
生物倾向	自然倾向会抑制那些容易联结的刺激与反应	有机体在学习与它们自然行为相似的行为时效果最好；非自然的行为会本能地后退到自然的行为

“哦！学习，多么奇妙啊。”

——莎士比亚，《驯悍记》，1597

经典性条件作用与操作性条件作用

经典性条件作用和操作性条件作用都是联想学习的形式，两者都包含了习得、消退、自然恢复、泛化和分化。通过经典（巴甫洛夫）条件反射，有机体能够把它不能控制的不同刺激联系起来，并做出自动化的反应（应答行为）（表 7.4）。通过操作性条件作用，有机体可以把它表现出的操作行为——那些作用于其环境后能得到奖励或惩罚刺激的行为——与结果联系起来。认知过程和生物倾向对经典性条件作用和操作性条件作用都有影响。

本节回顾

➤ **自问**

今年你是否为自己设定好了一些个人发展目标？如果是的话，你能找到通过运用强化原理来实现这些目标的方法吗？

➤ **自测 2**

积极强化、消极强化和惩罚对许多学生而言都是较难掌握的概念。你能把正确的术语填在右表的 4 个格子里吗？第一个格子我们已经填好（积极强化）。

刺激类型	给 予	消 除
想要的（如称赞）	积极强化	
不想要的 / 厌恶的（如辱骂）		

自测问题的答案见书后的附录。

观察学习

14. 什么是观察学习?

从流涎的狗、奔跑的兔子、啄食的鸽子那里，我们已经知道了许多关于学习的基本过程。但仅仅是条件反射原理还不能告诉我们关于学习的整体情况。那些更高级的动物，尤其像我们人类，学习并不一定需要亲身经历。**观察学习**（observational learning），即我们观察和模仿他人的过程，在其中发挥着很大的作用。当一个

➤ 图 7.14
认知模仿
A 猴看到 B 猴以一定顺序按压屏幕上的四个图标之后得到香蕉，即使图标显示位置变化后，A 猴仍旧学会模仿正确的顺序。(Subiaul et al.，2004)

小孩亲眼看到姐姐被火炉烫伤了手指，他会从中得知火炉是不能随便摸的（图 7.14）。观察与模仿特定行为的过程常被称为**模仿**（modeling）。切斯特菲尔德（Chesterfield，1694~1773）提出这样一个观点："我们有一半以上的行为正是通过模仿形成的。"

我们可以通过对其他物种的研究来领会观察学习的起源。就在打斗结束后，恒河猴常通过接近它们的对手并进行友好接触而相互和解。不过恒河猴很少会迅速和解。然而，如果恒河猴在一种彼此相互谅解的群体中长大时，那么它们之间的打斗常会在 3 分钟内和解（de Waal & Johanowicz, 1993）。猴子通过观察来学习。通过观察其他同类，大猩猩可以学会并表现出复杂的行为，如怎样用两只手抓食植物（Byrne & Russon，1998）。甚至老鼠、鸽子和牛也可以通过相互观察模仿来学习（Dugatkin，2002）。

人类似乎更能表现出惊人的模仿能力。我们的许多观念、风格、习惯可以通过模仿代代相传，这些被传播的文化要素现在有这样一个名称：memes。布莱克莫尔（1999，2000）指出，我们人类是高级的 meme 机器。我们的语言习得、礼仪、食物、传统、恶习、爱好都是通过个体间的相互模仿而传播开来。

近来，神经科学家发现了为观察学习提供神经基础的**镜像神经元**（mirror neuron）（位于与大脑运动的皮层相邻的额叶区）。当猴子在完成一项任务如抓、抱或撕时，这些神经元就会活跃起来（Rizzolatti et al.，2002）。但当一只猴子观察另一猴子也在做同样的事情时，这些神经元也会活跃起来。当猴子观察时，这些神经元将映射出他正在做什么。不仅猴子是这样，PET 扫描发现人类在这个脑区也同样存在镜像神经元，还会影响语言的功能。这些神经元可以帮助儿童通过观察嘴唇的合拢以及舌头的活动学习新词。镜像神经元也有助于儿童的同理心和心理理论（对他人心理状态的推测）的发展。像成人一样，我们常会与他人感同身受，与看到他人皱眉时相比，当看到他人温馨的笑脸时，我们似乎更难表现得愁眉苦脸。

"批评与榜样相比，儿童更需要榜样。"
——约瑟夫·儒贝尔
(《沉思录》，1842)

因此模仿可以塑造儿童的发展。出生不久的婴儿可能会模仿成人伸舌头。9 个月大时，婴儿将模仿新奇的玩耍行为。14 个月大时他们将模仿电视里的行为（Meltzoff，1988；Meltzoff & Moore，1989，1977）（图 7.15）。要鼓励儿童吸烟，只需要让他们接触整日吸烟的父母、年长一些的吸烟青少年以及大肆宣传香烟的媒体广告即可。要鼓励儿童阅读，只需读书给他们听，然后将其置身于有书和有读书人的读书氛围中。要令儿童遵从你的宗教信仰，请与他们一起顶礼膜拜并参加到宗教活动中吧。

班杜拉的实验研究

现在让我们一起来看看观察学习研究的先驱班杜拉（Albert Bandura）所设计的著名实验（Bandura et al., 1961）。一个学前儿童正在画画。一位成人在房间的另一处摆弄和修理有关的玩具。然后这位大人站起来并连续敲打近10分钟，还连连朝一个充气的Bobo洋娃娃又踢又打，同时还会发出这样的喊叫，“打他的鼻子……打倒他……踢他”。

观察完这种发泄后，这个小孩被带到另一房间里，那儿有许多吸引人的玩具。很快实验员就打断了小孩的玩耍并解释说她想把这些好的玩具收起来“给另外一些儿童”玩。然后实验员把这个受挫的小孩带到隔壁房间，房间内也有几个新玩具，包括Bobo玩偶，让他一个人待在那，这个小孩会做什么呢？

Meltzoff, A. N. (1988). Imitation of televised models by infants. Child Development, 59, 1221–1229. Photos courtesy of A. N. Meltzoff and M. Hanuk.

➤ 图 7.15
从观看电视中学习
安德鲁·梅尔佐夫（Andrew Meltzoff）实验室里一个14个月大小的男孩正在模仿他在电视里看到的行为。在最上面那张图片中，婴儿身体前倾并仔细地观察成人怎样撕开玩具。中间那幅图片中则给他提供了这个玩具。最下面那张图片中，他已把玩具撕开，完全模仿电视上成人的行为。

与那些没有看到成人示范的儿童相比，那些观察过成人发泄怒气的儿童更有可能猛击这个玩偶。显然，观察成人榜样击打玩偶大大降低了他们的抑制性。但也有比降低抑制更重要的因素在起作用，那就是这些儿童在极力模仿他们所看到的行为，使用他们所听到的言辞。

什么因素可以决定我们对榜样的模仿行为呢？班杜拉认为其中有强化和惩罚的作用——模仿者会与榜样得到同样的东西。我们一边观察一边学习。通过观察，我们学会了期待各种情境下的行为结果，这就像我们的观察结果那样。通过观看电视节目，儿童可能“学会”身体威胁是控制他人的一条有效途径，自由放纵的性爱只会给你带来快感而不会出现任何痛苦或疾病，或者男性就应该生得强壮威猛，而女性则应娇小温柔。我们特别喜欢模仿那些与我们相似的人的行为，也喜欢模仿成功者或令人羡慕者的行为。

观察学习的运用

班杜拉的研究给我们带来的不好消息是反社会行为模式——发生在家庭、邻里或电视屏幕上——可能会产生某种反社会效果（pp. 721-725）。1999年哥伦拜恩高中发生枪击事件后的8天里，除佛蒙特州外，美国其他所有的州政府都不得不处理由盲目模仿者所制造的威胁事件。仅宾夕法尼亚州就发生了60起学校暴力威胁事件（Cooper, 1999）。

观察学习有助于我们理解为什么辱骂型的父母可能会生出攻击性比较强的小孩，为什么许多殴打妻子的男人有一个虐待妻子的父亲（Stith et al., 2000）。小时候所学的东西长大后很难忘却，这有时也能从后辈身上反映出来。批评家指出代代相传的虐待行为是一种基因遗传。但通过对猴子的实验研究，我们认为这可能是环境所导致的。数项研究均发现，那些在哺乳期和母亲相分离的小猴子，如果

“如果人们不得不单纯依赖自己的行为结果来告诉自己应如何行为的话，学习将会非常艰苦，更不用说其危险性了。”
——艾伯特·班杜拉
（1977）

一直接受那种高攻击型的教养方式，那么当其长大后，也会成为攻击行为的实施者（Chamove，1980）。

积极的观察学习

好消息是**亲社会**（prosocial）（积极的、助人为乐型的榜样）模范能产生亲社会效果。非暴力、助人为乐的榜样个体也有利于他人形成同样的行为。圣雄甘地和马丁·路德·金是两个非常强有力的榜样人物，他们以非暴力的行为方式积极促成了伟大的社会变革。父母是有力的榜样。研究表明那些冒着个人的生命危险从纳粹的魔爪下拯救犹太人的欧洲基督教徒，通常至少与父母的一方建立起了非常亲密的关系，而父母则为其树立了强烈的人道主义和高尚道德的优秀楷模；这在美国 20 世纪 60 年代民权运动中也同样如此（London，1970；Oliner & Oliner，1988）。

言行一致的榜样最有说服力。然而，有时榜样者会出现言行不一的情况。许多父母似乎遵循这样一条原则："按我说的做，而不要按我做的做。"实验表明儿童会从言行两方面进行模仿学习（Rice & Grusec，1975；Rushton，1975）。当把儿童放到伪善者面前时，他们也会模仿伪善者的言行。

电视与观察学习

观察学习的一些不太好的例子源于侵犯的媒体榜样研究。哪儿有电视，哪儿就变成了大量观察学习的源泉。第一个 18 年期间，发达国家的大多数儿童花在电视机前的时间比花在学校的时间都多。在澳大利亚，99.2% 的家庭都拥有电视，56% 的家庭拥有多台电视（Trewin，2001）。在美国，九成的青少年每天都看电视，一个活到 75 岁的个体其中有 9 年的时间花费在电视的显像管前（Gallup，2002；Kubey & Csikszentmihalyi，2002）。2/3 的家庭拥有 3 台或更多电视，这可以有助于解释为什么父母报告孩子所看电视节目与儿童的自我报告几乎没有任何相关（Donnerstein，1998）。

> "电视的问题在于人们必须坐下来并把眼睛紧紧地粘到屏幕上：一般的美国家庭没有时间看电视。因此屏幕上的那些表演者们确信……电视永远不会成为（无线）广播的真正竞争者。"
> ——《纽约时报》，1939

在全世界的城市家庭里，包括南美洲和亚洲的一些城市，电视现在已成为司空见惯的大众媒体。现在全世界的家庭总计有十亿多台电视，美国有线电视新闻网（CNN）的覆盖范围达 150 个国家，全球最大音乐电视网 MTV 用 17 种语言进行播放，电视已经创造了一个全球流行的文化（Gunderson，2001；Lippman，1992）。我们可以在澳大利亚或布拉格看美国节目，可以把最新的爵士录像带到喜马拉雅脚下的小王国不丹——电视在 1999 年才被引入该国，并很快开始影响儿童的语言和行为（Keys，2001）。

磁带和胶片的世界能反映真实的世界吗？从 20 世纪 80 年代到 90 年代初，美国在晚间会播放戏剧专场，这一剧目常常会出口到世界上的其他国家，但剧中仅有 1/3 的角色是女性。上了年纪的人物角色不到 3%。西班牙裔人物角色占 1%，而已婚的人物形象仅占 1/10（Gerbner，1993）。

美国电视网在黄金时段每小时播出约 3 个暴力镜头，在周六上午的儿童节目时间每小时会出现 18 个暴力镜头（Gerbner et al.，1994）。与现实世界有所不同——87% 的犯罪是非暴力的，而在电视世界里仅有 13% 的犯罪是非暴力的（Bushman & Anderson，2001）。20 世纪后期，平均而言，每个儿童在小学毕业前居然看过

➤ 图 7.16
著名的 Bobo 玩偶实验
注意儿童的行为是如何直接模仿成人的。

8 000 个电视谋杀镜头和 10 万个其他暴力镜头（Huston et al.，1992）。如果将有线电视节目和录像租借也算在内，那么暴力镜头的数量还要升级。（流行的租借影片诸如 Die Hard 1，其中有 264 个死亡镜头，远比主流电视网节目的暴力镜头多。）一半的电视暴力节目没有显示对受害者的伤害，六成的暴力镜头没有呈现受害者的痛苦（Mediascope，1995）。这就好像是在听一个非常怪异的讲故事者描述一种荒诞怪异的社会生活——对文化神话而不是现实生活的反映。

观看暴力攻击型的电视节目会影响某些人实施暴力犯罪吗？1993 年，两个 10 岁的英国小孩谋杀了一个 2 岁的孩童，法官在对其进行审判辩护的过程中，是否可以推测其中一种可能的影响因素是暴力影像节目中大量出现的攻击犯罪镜头？美国媒体有理由认为哥伦拜恩高级中学里杀害自己同班同学的 13 岁青少年是受反复观看的电影《天生杀人狂》以及频繁地玩血腥游戏如 Doom 的影响吗？为回答类似的问题，研究者已进行了一系列相关研究及实验研究（Hearold，1986；Wood et al.，1991）。

相关研究把观看暴力节目与暴力行为联系起来。

- 儿童观看暴力节目越多，他们在成长过程中和长大成人后就越可能出现攻击和犯罪行为（Eron，1987；Turner et al.，1986）。
- 与那些每天观看电视不到 1 小时的 14 岁儿童相比，那些看 3 个多小时的同龄儿童在 16 岁或 22 岁时的犯罪率是前者的 5 倍（图 7.16）。
- 在美国和加拿大，杀人率在 1957~1974 年间成倍增长，这与电视的传入和普及发展一致。而且，那些电视普及较晚的地区其杀人率的增长也相应推迟一些。
- 南美洲在 1975 年首次引入电视。一个类似的接近成倍增长的杀人率在 1975 年后出现（Centerwall，1989）。

“毋庸置疑，”1993 年美国心理学会在关于暴力与青年行为的总结中提到，“观看暴力电视的时间越多，那么与之相关的是对攻击态度也越来越认可，而且攻击行为也越来越多。”

但是正如我们在第 1 章中所了解的，相关并不意味着因果关系的存在。因此这些相关研究并不能证明观看暴力节目会导致攻击行为（Freedman，1988；McGuire，1986）。也可能是攻击型的儿童更喜欢暴力节目。可能虐待型或忽略型

➧ 电视的最大效果可能根源于它是什么的替代物。那些一天看 4 小时电视的儿童和成人用于积极追求聊天、学习、玩耍、阅读或与朋友交往的社会活动时间不到 4 小时。你都在业余时间里做些什么活动？如果你从未看过电视，你因此会有怎样的不同之处？

的父母所生养的孩子既更富攻击性且又更经常坐在电视机前。也可能电视只是简单地反映而不影响这种暴力倾向。

为弄清原因，研究者随机安排一些人观看暴力节目，而另一些人看非暴力的娱乐节目。那些看暴力节目的人在被激怒时其反应会更残酷吗？在某种程度上是这样的。“大多数研究团体一致同意，”国家心理健康研究所报道（1982），“这种暴力内容的确可以导致那些观看这类暴力电视节目的儿童和青少年产生攻击行为。”在以下情况下尤为如此，即一个非常有魅力的人犯罪似乎合情合理，或现实生活中的暴力犯罪没得到任何惩罚，也没引起任何可见的痛苦或伤害（Donnerstein，1998）。

“难道你不明白？这就是生活，这就是正在发生的一切。我们不能逃避。”

暴力的效果似乎根源于多种因素的综合作用，其中包括模仿（Geen & Thomas，1986）。某研究组观察到恰在儿童观看了“恐龙战队”（Power Rangers）后其暴力游戏呈 7 倍速增长（Boyatzis et al.，1995）。男孩常常能准确地模仿电视人物的空手道飞踢和其他暴力动作。

长时间观看暴力电视节目也会使观看者越来越不敏感；以后不管是在电视里还是真实生活中，他们看到争斗场景时会变得更加冷漠无情（Rule & Ferguson，1986）。一个实验中，当连续 3 个晚上观看性暴力电影后，男性观众表现出越来越不受强奸和暴行的困扰。3 天以后，与没有看这些电影的研究参加者相比，他们对家庭暴力受害者更少同情，对受害者的伤害评定也更不严格（Mullin & Linz，1995）。的确，正如唐纳斯坦及其合作研究者（Donnerstein et al.，1987）所建议的，一个邪恶的心理学家要想让人们对各种残酷暴行越来越冷漠无情的最好的方法似乎就是让他们观看罪行越来越恶劣的电影场景，从打架、杀人到碎尸等丑恶行径。观看残酷的场景会使人变得越来越冷漠无情。1903 年所播放的第一部故事片《火车大劫案》给人们的生活带来了巨大的变化。在一个情节里，一个美国西部牛仔对着银幕开枪，布什曼和安德森（Bushman & Anderson，2001）报告说，“观看此片的第一批观众的第一反应是跑到剧院外大声尖叫。”

▸▸ 盖洛普对美国青少年的民意调查（Mazzuca，2002）：“你是否感到电影里有太多的暴力镜头吗，还是没有？”

1977 年：42% 的青少年回答是。

1999 年：23% 的青少年回答是。

* * *

我们关于学习原理的知识来自数千名研究者的工作。这一章集中讨论了少数几个先驱研究者的理论观点——巴甫洛夫、华生、斯金纳和班杜拉。这些研究者界定了问题，并向我们强调了学习的重要性。如他们给世人留下的文化遗产所证明的，文化历史经常是由那些敢于冒险把自己的观点推到极限的人们所创造的。

本节回顾

➤ 自问

谁曾是你的重要榜样？你又是谁的榜样？

➤ 自测 3

胡安的父母及其年长的朋友都抽烟，但他们却建议他不要抽烟。杰森的父母和朋友都不抽烟，关于杰森是否应该吸烟这一问题，他们什么也没说。他们中的哪一个人更可能开始抽烟？

自测问题的答案见书后的附录。

本章复习：学习

我们如何学习

1. **学习有哪些基本形式？**
我们通过联想进行学习，当今的研究者认为有三类基本的学习：经典性条件作用、操作性条件作用和观察学习。

经典性条件反射作用

2. **什么是经典条件作用，巴甫洛夫的工作如何影响行为主义？**
巴甫洛夫在呈现引起无条件反应（分泌唾液）的无条件刺激（食物）之前反复呈现中性刺激，如声音，重复几次后，单独呈现声音信号（现为条件刺激）也开始引起条件反应（分泌唾液）。关于习得的进一步实验揭示，当恰好在无条件刺激之前呈现条件刺激，也就是在有机体做好准备的情况下，通常会引发最大的经典性条件反射作用。
　　巴甫洛夫的工作为华生的理论奠定了基础，华生认为心理学应该是一门客观的学科，应该只研究客观行为，而不考虑观察不到的精神活动，华生称此为行为主义。
3. **中性刺激是怎样变成条件刺激的？**
中性刺激与无条件刺激反复配对出现，就形成了条件刺激。
4. **在经典条件作用中，习得、消退、自然恢复、泛化和分化的过程是怎样的？**
在经典条件作用中，条件刺激和无条件刺激反复联系出现之后，就形成了习得。如果条件刺激刚好在无条件刺激出现之前一点点时间出现，最容易获得习得反应。如果多次呈现条件刺激却并不呈现无条件刺激的话，就会出现消退。短暂中断之后再次呈现条件刺激，又会重新出现条件反应，这叫做自然恢复。对与条件刺激类似的物体出现条件反应叫做泛化。如果能够区分条件刺激和其他的无条件刺激，这种能力称为分化。
5. **认知过程和生物限制是如何影响经典条件反射的？**
条件作用受到生物和认知的限制。经典条件作用中，动物能够学会期待无条件刺激，它们能意识到刺激和反应之间的联系。另外，由于生物因素的限制，某些类型的学习比其他类型的学习更容易些。学习具有适应性，每个物种学习到的行为必定有助于其存活。
6. **巴甫洛夫的工作为什么很重要？**
巴甫洛夫告诉我们重要的心理现象都可以通过客观的方式来进行研究，经典条件作用是适用于所有物种的学习形式。后来的研究者修正了其理论，显示出条件作用受到生物和认知因素的影响。
7. **经典条件作用有哪些应用？**
经典条件作用可以用来帮助毒瘾患者或其他物质依赖的人摆脱上瘾，也可以用于治疗情绪障碍。身体免疫系统也适用于经典条件作用原理。

操作性条件反射作用

8. **什么是操作性条件作用，它与经典条件作用有何不同？**
被试把行为和结果联系起来，反复表现出被奖励和被强化的行为，这一现象被称为操作性条件作用。经典性条件作用是在刺激之间形成联接，而操作性条件作用则包含操作行为，行为作用于环境后会出现某种奖励或惩罚的效果。
　　斯金纳和其他人把桑代克的效果律加以改进，他们发现老鼠和鸽子在进入斯金纳箱之后，能够在不同强化物的指导下越来越表现出所期望的行为。
9. **强化有哪些基本类型？**
积极强化通过在某行为反应之后呈现愉悦的刺激以强化这一反应。消极强化是通过减少或消除令人厌恶的刺激而强化某一反应。饥饿时得到食物或减轻痛苦是一级强化物，条件强化物是后天习得的，称为次级强化物。及时强化可以立即提供反馈，而延迟强化则要求能够学会延迟满足。
10. **不同的强化程式如何影响行为？**
持续性强化中，学习会快速发生，但如果回报停止后行为会立刻消退。部分（间歇）强化时，学习比较慢，但却不容易消退。固定比率指的是一定数量的反应之后提供回报，变动比率指的是在不可预料的反应之后呈现回报。固定间隔指的是按照固定的时间提供回报，而变化间隔指的是按照不定的时间来提供回报。
11. **惩罚是如何影响行为的？**
惩罚的效果与强化相反，强化可以增加行为的反应频次，而惩罚则会减少行为的反应频次。惩罚会带来许多问题，如行为并未遗忘，只是被压抑了；还会使被惩罚者产生恐惧，形成习得性无助。
12. **认知过程和生物限制是如何影响操作条件作用的？**
斯金纳低估了认知和生物限制对操作条件作用的影响。关于认知地图和潜伏学习的研究表明，认知对学习有重要作用。过度回报会降低内部动机。动物的自然倾向会抑制其操作性条件作用。
13. **操作条件作用的原理可以如何应用到学校、运动、工作和家中？**
在学校中，教师可以采用塑造技术引导学生的行为，他们可以运用教学器材和教材一步步训练学生，并提供及时的反馈。在运动中，教练可以给运动员的及时进步提供激励和反馈，从而提升其技能和自信。在工作中，管理者可以给予特定的行为和成就提供奖励，提升员工生产率和满意度。在家里，父母可以给自己所期待的行为提供积极反馈，以促使其不断发生。

观察学习

14. 什么是观察学习?

我们可以通过观察和模仿其他人的行为来形成某种反应，这就叫做观察学习。儿童倾向于模仿榜样人物的言谈举止。通过观察学习既可以获得亲社会行为，也可以习得反社会行为。

术语与概念

学 习
联想学习
经典性条件反射作用
行为主义
无条件反应（UCR）
无条件刺激（UCS）
条件反应（CR）
条件刺激（CS）
习 得
消 退
自然恢复
泛 化
分 化
应答行为
操作性条件反射作用
操作行为
效果律
操作箱（斯金纳箱）
塑 造
强化物
积极强化
消极强化
一级强化物
条件强化物（二级强化物）
连续强化
部分（间歇）强化
固定比率程式
不定比率程式
固定间隔程式
不定间隔程式
惩 罚
认知地图
潜伏学习
内部动机
外部动机
观察学习
模 仿
镜像神经元
亲社会行为

网站

自测的多项选择题和其他习题请访问：www.worthpublisher.com/myers

第 8 章

记　忆

记忆现象
研究记忆：信息加工模型
编码：信息的输入
编码的过程
编码的内容
贮存：信息的保持
感觉记忆
工作记忆
短时记忆
长时记忆
信息在大脑中的贮存
提取：信息的获取
提取线索
遗　忘
编码失败
贮存消退
提取失败
记忆建构
错误信息和想象效应
源头遗忘症
辨别真实记忆与错误记忆
儿童目击证人的回忆
受虐记忆的压抑或建构
改善记忆

感谢我们拥有记忆！尽管我们对此不以为然，但当记忆系统出错时我们就会意识到它的存在了。事实上，正如丽贝卡·鲁普（Rebecca Rupp，1998，p. xvii）指出的，我们的记忆“能够让我们认识朋友、邻居、熟人并叫出他们的名字；能够让我们编织、打字、开车和弹琴；能够让我们说英语、西班牙语和汉语普通话”。同样，也正是有了记忆，我们才能唱国歌、知道回家的路并找到生存所必需的食物和水。而且，与爱尔兰人或澳大利亚人，塞尔维亚人或苏格兰人一样，穆斯林教徒、基督教徒或犹太教徒都是由其共同的记忆而紧紧地结合在一起。偶尔，记忆也会让我们对那些曾经冒犯过我们的人怀恨在心，甚至难以释怀。

可见，在很大程度上，你是你自己记忆的产物。没有了记忆，便也没有了过去的欢乐时光，更不会产生悔恨之心，当然也不可能怒气冲冲地对痛苦的往事耿耿于怀；没有了记忆，你会生活在无穷无尽的“现在”中，每个瞬间都是崭新的，每个人都是陌生的，每句话都像是外语，每一项任务甚至连穿衣、烹饪和骑车都是崭新的挑战；没有了记忆，你感觉自己也是陌生的，没有了持续的自我感觉来联结你的过去和现在。

假设你正在看图 8.1 的图像碎片，假设你曾在 17 年之前看过几分钟同样但完整的图片。大卫·米切尔（David Mitchell，2006）做了一个实验。那些 17 年之前看过完整图片的人相比控制组中从来没有看过完整图片的人来说，更容易认出碎片图片中的形象。而且，就像每隔 17 年重生一次的那种蝉一样，对于那些在很久以前的实验中并没有有意识地记忆该图片的人来说，也能再次忆及该图片。

➤ 图 8.1
这是什么
17 年前看到过完整图片的人（见图 8.3）更容易认出此图像碎片，即使他们已经忘记过去曾经看见过。（Mitchell，2006）

记忆现象

对于心理学家来说，**记忆**（memory）则是长期持续学习的见证，是我们存储和提取信息的能力。

研究记忆的两种极端情况，能帮助研究者理解记忆是怎样工作的。一些研究已经探讨了失忆的根源和后果。最近我 94 岁的老父亲罹患轻微中风，这种病对他的记忆产生了一种奇特的影响。他和蔼可亲的性格没有改变；他仍像以前一样能够活动自如；他还能记得我们；当看全家福相册的时候，他也能回忆起过去的点点滴滴。但是，他却失去了存储近期日常对话和生活片段的能力：他不知道今天是星期几；他喜欢边开车边评论一路上的所见所闻，但第二天却回忆不起我们都去过哪儿；虽然反复多次告诉他舅父已经去世，但他每次听到时仍是一副惊讶的表情。

另一种极端情况是那些奥林匹克记忆大赛上的获奖者，如俄国记者谢瑞舍乌斯基（Shereshevskii）被心理学家鲁利亚（Luria，1968）称为S。S仅靠听觉就能记住其他记者需要借助纸和笔才能记下的内容。如今几乎每一本心理学书籍都以他为例来阐释记忆。一般人只能复述由7个数字组成的字符串，最多不超过9个；但S在一间安静的房间里，却能复述出70个数字或单词，这些数字或单词每个呈现的时间只有3秒钟。甚至，他还能像正向回忆那样轻松地进行逆向回忆。此外，他记忆的准确性也令世人瞠目，在回忆15年前的事情时，他能一口气背出几百个事件列表，而且还会说“是的，是，这就是在你房间里，你给我的那个列表……你坐在桌子旁边而我坐在摇椅里……你穿着灰白色的西服，这样看着我……”

在这些记忆奇迹面前，我们的记忆是否显得有些脆弱？如果你认为“是”，那么请想一下你自己的记忆状况：你记住了无数的嗓音、声音、乐音、味道、气味、质地、面孔、场所以及事件等等，这种能力似乎令人难以置信。请再想象一下：你现在正在观看2 500多张印有面孔和场景的幻灯片，每一张的呈现时间只有10秒钟。之后，我们会一一给你呈现其中的280张幻灯片，而且将它们与你从未看过的幻灯片掺杂在一起。如果你像哈伯（Haber，1970）实验中的参与者一样，那么你能从看过的幻灯片中辨认出90%。

这些记忆奇迹是怎样发生的？我们能记起那些尘封多年的往事，但却会轻易忘记几分钟前刚刚见过的人的名字，这是怎么回事？为什么经历相同的人却有着如此不同的记忆？记忆是怎样存储在大脑中的？为什么闪光灯记忆有时是完全错误的（就如研究者再次联络那些在“9·11”事件后曾被立即采访过的人时所出现的那种情况）？在学完本章之后，为什么你可能会错误地回忆这个句子“愤怒的暴乱者朝窗户扔石头”？怎样才能提高记忆力？……当我们回顾一个多世纪的记忆研究时，这些问题便会浮现在我们的脑海中。

研究记忆：信息加工模型

1. 心理学家如何描述人类记忆系统？

首先，我们需要用一个模型来阐释记忆是如何工作的。在某些方面，我们的记忆系统与计算机的信息加工系统非常类似。对任何事情的记忆都会包括大脑获取信息（**编码**，encoding)、保存信息(**存储**，storage)和日后读取信息（**提取**，retrieval）的过程。设想一下计算机编码、存储和提取信息的过程。首先，计算机会把输入(击键)转化成电子语言,如同人脑把感觉信息转化成神经语言一样。然后，电脑会把这些信息永久性地存储到磁盘上，之后信息还可以再从磁盘中提取出来。

但是,和所有的类比一样,计算机模型也有它的局限性。众所周知,我们的记忆,并不像计算机那样是使用字母符号的，因而也更脆弱些。计算机的信息加工速度大都很快，是序列进行的，甚至可以同时在不同的任务间不停地切换；而人脑则相对缓慢些，但可以同时做许多事情。

在这里，我们采用阿特金森和谢夫林（Atkinson & Shiffrin）在1968年提出的非常有影响力的经典三级记忆加工模型来阐释这个问题。该模型指出，记忆的产生分为三个阶段：感觉记忆、短时记忆和长时记忆。我们通过**感觉记忆**（sensory

感觉记忆登记正在进入的信息，让你的大脑获取众多面孔的短暂信息

我们注意和编码那些重要或新异的刺激——如这张图的人群中，那副生气的面孔

如果我们注视那张生气面孔的时间足够长（复述），或者如果我们因为它而受干扰（它被认为是“重要的信息”），我们会把它编入长时记忆中，一小时以后，我们还能回忆起这张面孔。

➤ **图 8.2**
修正了的记忆三级加工模型
阿特金森—谢夫林经典的三级模型有助于我们理解记忆的加工过程，但如今研究者认为长时记忆的形成还有其他途径。比如，有些信息会经由“后门”进入长时记忆，而不会引起人有意识的注意。在长时记忆阶段会发生许多主动的加工，以致许多学者现在都喜欢用“工作记忆”一词。

memory）记录那些需要被记住的信息；信息再经过加工进入**短时记忆**（short-term memory）；经过编码再进入**长时记忆**（long-term memory），以备日后提取（参见图 8.2）。

三级记忆加工模型也有它的局限性和缺点。在这个信息大爆炸的时代，我们不可能同时关注每一件事情。相反，我们总是把注意的目光集中在某一特定的刺激上——通常是新异或重要的刺激。这些输入刺激伴随着从长时记忆中提取的表象，一起展示在我们的“心理屏幕”上而成为有意识的短时记忆。如果这些信息在短时记忆中未得到使用或未被及时复述，那么它们会很快消退。

最近，我们又引入工作记忆这一概念，其侧重点更多放在短时存储中注意、复述和操作信息的过程上，从而进一步阐释了短时记忆的概念（Engle，2002）。短时记忆阶段，我们并不仅仅在心理屏幕上展示信息，而且还积极地把新旧信息联系起来去解决问题。工作记忆就像是计算机中的随机读取存储器（RAM），它会整合来自键盘的输入信息并提取来自硬盘中的长时信息。工作记忆的一部分过程，在短时记忆屏幕上是可见的。

巴德利（Baddeley，1992，2001，2002）指出，工作记忆包括视觉成分和言语成分。这些各自独立的心理亚系统使我们能同时加工表象和词语，然后再将其储存起来。由于每个亚系统的容量都有限，所以我们不可能有效地同时进行两种对话，虽然我们可以一边开车（视觉加工）一边说话（言语加工）。

➤ **图 8.3**
现在你知道了
17 年前看过此完整图片的人更容易认出图 8.1 中的图像碎片。

本节回顾

➤ **自问**

你过去的经历中有没有富含情感的闪光灯记忆?

➤ **自测 1**

记忆包括长时记忆、感觉记忆和短时记忆。请问这三种记忆的正确存储顺序是什么?

自测问题的答案见书后的附录。

编码：信息的输入

2. 哪些信息是自动编码的?哪些信息的编码需要我们有意识的努力?练习的分配是如何影响到提取的?

感觉信息一旦被登记，它是怎样被编码并进入到记忆系统中的？什么类型的信息我们能自然而然地记住？而什么类型的信息则需要我们的有意注意？

我们怎样编码

有些编码过程是自动发生的，不需要注意就可以同时加工许多信息。比如，你记得昨天去上最后一堂课时所走的路线，这就是一种**自动加工**（automatic processing）。而你学习这一章的概念，则是一种**注意性加工**（effortful processing）（图 8.4）。

➤ 图 8.4

自动加工与注意性加工

生活中，有些信息，如本章的概念，是需要意志努力去编码和识记的；而其他一些信息，如你昨天在哪里吃的饭，则是自动加工的。

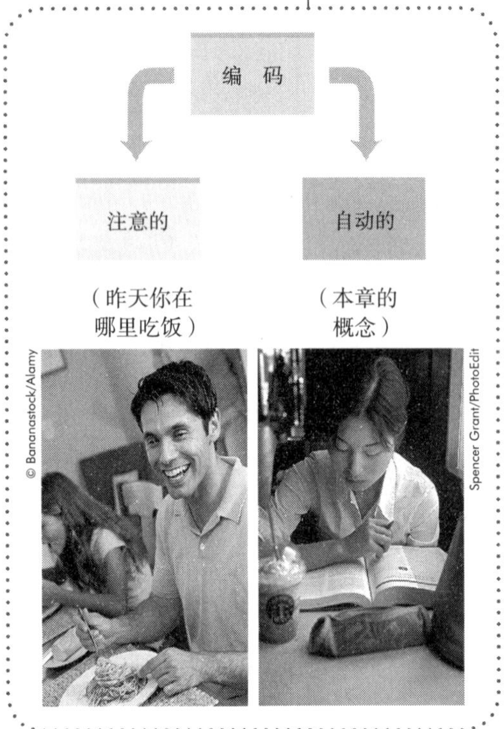

自动加工

你对空间、时间和频率信息的编码，通常很少或几乎就不需要任何意志努力。比如：考试时，有些知识你虽然一时想不起来但却清楚地记得它们在课本上的位置；找不到大衣在哪儿时，你会在脑中一一回想那一天所发生的事情；遇到同班同学时，你会意识到“这是我今天下午第三次遇见他”……意志努力有助于我们保持记忆，但上述记忆过程几乎是自动进行的。此外，自动加工不仅不需意志努力，而且它一旦发生还很难停止。比如，当你听到或读到一个熟悉的母语单词时，不管是赞美性的还是侮辱性的，你都会情不自禁地把它的意思自动登记下来。

事实上，我们学习过许多种自动加工。比如，尝试反着读这句话“了化动自得变工加意注”。结果发现，这起初是需要意志努力的，但经过练习后，注意性加工会变得越来越自动化，就像希伯来学生那样，从右往左的反向阅读也会变得非常容易（Kolers，1975）。

自动加工过程不需要或很少需要意志努力，而且我们自己觉察不到，也不会受其他事情的干扰。（这个例子再次证明了大脑平行加工多元信息流的能力。）如果让人们去注意自动编码的信息，例如判断实验中所呈现单词的词频，那么会发生什么呢？哈舍和扎克斯（Hasher & Zacks，1979，1984）发现，对自动加工的这种额外注意似乎于事无补。尽管意志努力可以适当提高对这种材料的记忆表现，但因为我们的编码过程几乎是完全自动化的，所以我们不能随意地控制它的启动。

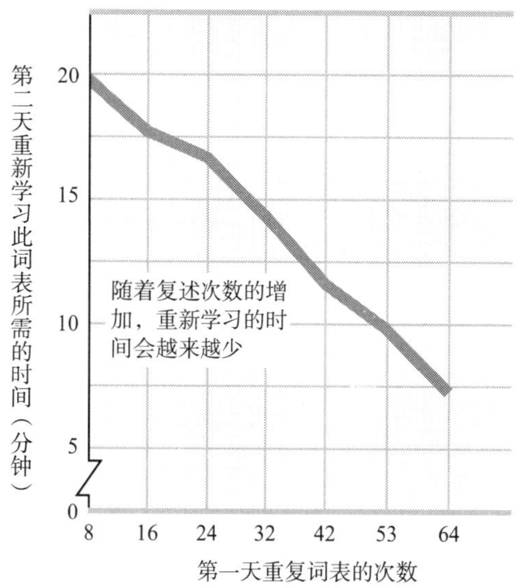

➤ **图 8.5**

艾宾浩斯的记忆保持曲线

艾宾浩斯发现，第一天，他学习无意义音节的次数越多，第二天他需要重复的次数就越少。简单说来，我们在学习新知识时用的时间越多，我们保持的量也越多。（From Baddeley，1982）

注意性加工

我们会对大量信息进行自动地编码和保存，但仍有许多信息需要注意和意志努力的参与才能记住。比如，我们学习诸如人名等新信息时，通常需要**复述**（rehearsal）或有意识的重复来增强记忆。德国哲学家、言语记忆研究的先驱艾宾浩斯（Ebbinghaus，1850~1909），在很久以前就揭示了这一现象。艾宾浩斯对记忆的研究，就像巴甫洛夫对条件反射的研究一样，均对心理学产生了深远的影响。艾宾浩斯厌倦了哲学上对记忆的思辨式研究，决定寻找科学的研究途径。为此，他研究了自己对新异言语材料的学习遗忘规律。

为了设计不熟悉的言语材料，艾宾浩斯在两个辅音之间插入一个元音，从而设计了一系列的无意义音节词表，包括所有可能的音节组合。艾宾浩斯以自己为对象进行记忆研究，实验时，他从无意义音节词表中随机选取一些音节，先是快速大声地朗读 8 遍，然后再试着回忆所读过的音节（from Baddeley，1982）：

JIH BAZ FUB YOX SUJ XIR DAX LEQ VUM PID KEL
WAV TUV ZOF GEK HIW

在学习后的第二天，艾宾浩斯能够回忆起的音节很少。难道他完全忘记了吗？怎样才能使遗忘最少呢？如图 8.5 所示，第一天他大声重复音节表的次数越多，第二天再学时需要重复的次数就越少。他总结出了一个基本规律：保持量依赖于学习的时间。掌握材料之后，额外的复述（过度学习）能增加保持量。

当我们分阶段进行间隔复述时，也能更好地保持信息（比如记忆同学名字时），这种现象叫**间隔效应**（spacing effect）（Bjork，1999；Dempster，1988）。

在一个持续时间长达 9 年的实验中，哈里·巴瑞克（Harry Bahrick）一家四口在限定的次数内练习翻译外语单词，练习的间隔时间为 14~56 天不等。结果他们一致发现：练习间隔的时间越长，5 年后的保持效果越好。经过深思熟虑，巴瑞克注意到了间隔效应的实践意义：为期末考试、升级考试或总复习而一再反复地学习材料，可以增强个体的终生记忆。分散学习——持续一年或一个学期而非短期的学习——有助于记忆。间隔学习优于集中学习。这可以解释为什么像艾宾浩斯（1885）那样的学习者学得快忘得也快。

要记住电话号码一类的学习材料，“分散开的”间隔复述也非常有效。兰多尔（Landauer，2001）认为：“在试着通过复述来记忆名字或电话号码时，先是等上几秒钟，复述一遍；之后是等待的时间稍长些，再复述一遍；再之后是等待再久一些，再复述一遍。并且同时要保证这些等待的时间足够长且不会使信息丢失。”

或者，可以像记忆的研究者亨·罗迪格（Hen Roediger）那样，“我把生活必需的重要电话、个人身份证号码以及密码等都写在一张纸上，放在衬衫的口袋里。”罗迪格（2000）还补充道，既然同时记不住这么多信息，为什么不这样试试呢？

安德森和斯库勒（Anderson & Schooler，1991）指出，间隔效应具有适应意义。在我们的生活环境中，间隔开来的事件似乎更容易发生。与一个月内我们连续听到或读到5遍的名字相比，那种每月读1次共读了5个月的名字更可能让我们记住并达到再认。（他们通过考察730条《纽约时报》标题词语的词频证实了这一点。）在某种程度上，我们的记忆跟其他的系统一样，都经过了最优化的设计，以保证我们的机能和生存。

下述实验情境，你肯定也经历过，它能进一步说明复述的益处。研究者向被试呈现一系列项目（单词、名字、日期、气味等），然后让他们立刻以任意顺序回忆这些项目（Reed，2000）。结果发现，被试在努力回忆时经常会表现出**系列位置效应**（serial position effect）。即他们对最后和最先项目的记忆效果要好于对中间项目的记忆效果（如图8.6）。也许是因为最后的项目仍旧保存在短时记忆中，被试才能快速完整地回忆出来。但在延迟条件下，当被试把注意力从最后的项目上移开后，被试反而对最先的项目回忆得最好。想象一下日常生活中类似的情境，朋友把你介绍给其他人时，每见到一个人，你可能都需要从第一个人的名字开始复述直至当前这个人的名字。这样，当你见到最后一个人时，你在最先几个名字上所花的复述时间一定远远地多于后面几个人的复述时间。因此，第二天，你更可能回想起前面几个人的名字，却会忘记后面几个人的名字。此外，你对最先几个名字的记忆还会干扰后面名字的记忆。

“很久以前学的东西会慢慢地忘却。”
——古罗马哲学家塞涅卡（4.B.C~A.D.65）

复述不可能有效地编码所有信息。有时，仅仅单纯地重复信息，比如我们要拨的新电话号码，还不足以把信息储存起来以备日后的提取（Craik & Watkins，1973；Greene，1987）。那么我们是怎样把信息编码到长时记忆中去的呢？事实上，我们对感觉输入的加工，非常类似于我们对每日邮件的分类整理。对于有些信息，我们会立即删除；而对于另一些信息我们则会进一步加工，比如打开、阅读以及保存下来等。我们的记忆系统不仅会通过复述来加工信息，而且会通过编码信息的重要特征来进行深加工。

➤ 图 8.6
系列位置效应
当呈现一个词表或阿富汗的临时领导人卡尔扎伊和巴基斯坦总统穆萨拉夫的头像时，人们能很快回忆起最后所呈现的内容（也许是它们仍保留在心理屏幕上的缘故），而对最先呈现的内容则记得很少。但一段时间之后，他们对最先呈现的部分却回忆得最好。（From Craik & Watkins，1973）

编码的内容

3. 在形成记忆的过程中，有哪些有意加工的方法可以提高记忆效果？

我们加工信息的方式主要有三种：意义编码、形成表象和心理组织。通常，这些加工过程都是自动进行的。但在某些情况下，它们却需要一定的意志努力来增强记忆。

加工水平

你能回忆起前文关于暴乱者的那个句子吗？你现在能回想起“愤怒的暴乱者……”的句子吗？你对句子的记忆受其存储方式的影响。一般而言，对言语信息的加工是一种意义编码。例如，我们会把言语信息与已知或想象中的形象联系起来。我们听到的是“eye-screen（视屏）”、“ice cream（冰淇淋）”，还是“I scream（我喊）”？这取决于上下文的引导和凭借以往经历所做出的解释。

也许，你会像布鲁尔（Brewer，1977）实验中的参与者那样，不是按照原句（“暴乱者朝着窗户扔石头”）回忆，而是按照编码后的意义（“暴乱者把石头扔进窗户里”）回忆。这表明，我们对事物的记忆并不是很准确的，事实上我们记住的只不过是编码后的内容。考试复习时，你所记住的可能只是课堂笔记上的内容，而不是老师讲授的准确的内容。同理，当我们听到或读到某一情景时，我们的大脑也会对它构建一个主观模型。因此，鲍尔和莫罗（Bower & Morrow，1990）把记忆视为戏剧的导演，它会运用丰富的想象力对原始粗略的剧本手稿进行加工，使之丰满起来，以完成舞台上的演出。完成后，如果要回忆这个原始手稿的内容，我们并非逐字逐句地回忆，而是对其重构起来的记忆模式进行回忆。

▸▸ 这里有一个句子“鱼袭击了游泳的人”，我稍后再向你提问题。

对于言语材料而言，你认为哪一种编码的记忆效果最好？那么，形象材料、声音材料、意义材料呢？它们的最佳编码方式分别对应于**视觉编码**（visual encoding）、**听觉编码**（acoustic encoding）和**语义编码**（semantic encoding）吗？事实上，任何一种编码方式都有其特殊的作用。比如，听觉编码会简化记忆的难度，韵律格言记忆法正是据此提出的。通常，“What sobriety conceals，alcohol reveals”较之“What sobriety conceals，alcohol unmasks”，记起来似乎会更准确些，因为前者的“conceal”和“reveal”押韵（McGlone & Tofighbakhsh，2000）。在法庭辩护中，当事人辛普森的辩护律师科克伦跟陪审团说“如果手套大小不合适，那么必须还他清白”（If the glove doesn’t fit，you must acquit），这句话朗朗上口而又干净利落，较之“如果手套不合适，那么必须宣告他无罪”（If the glove doesn’t fit，you must find him not guilty）则更容易记住。为了比较视觉编码、听觉编码和语义编码，克雷克和塔尔文（Craik & Tulving，1975）进行了一系列的实验研究。实验中，他们先是向参与者快速地呈现单词，然后通过提问来引导参与者使用不同的单词加工编码方式：（1）视觉编码（加工字母的外形）；（2）听觉编码（加工单词的发音）和（3）语义编码（加工单词的含义）。若想亲自体验一下该实验任务，那么请快速回答下列问题：

➤ 图 8.7
加工水平
根据意义来对单词进行深度加工（语义编码），比起根据形象或声音所进行的浅加工，再认时的效果会更好些。（From Craik & Tulving，1975）

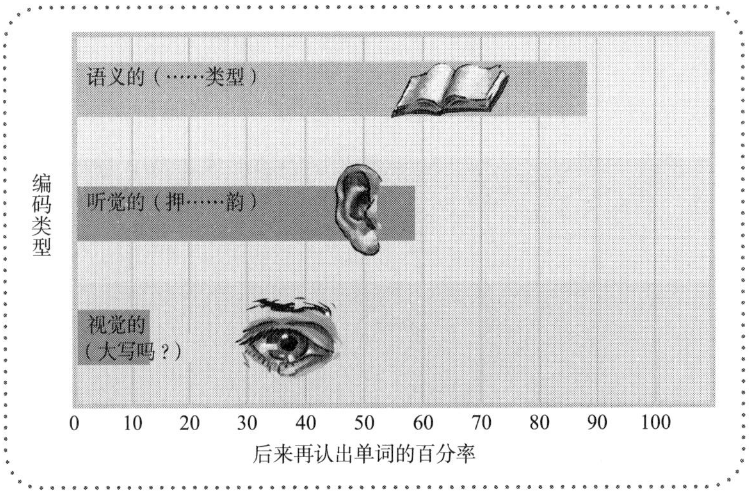

诱导加工的问题：	闪现的单词	是	不是
1. 这个单词是大写的吗?	CHAIR	__	__
2. 这个单词和“train”押韵吗?	brain	__	__
3. 这个词能填到入下面的句子中吗? 这个女孩子把____放在桌子上	gun	__	__

⏩ 下面的句子中有几个“F”？
FINISHED FILES ARE THE RESULTS OF
YEARS OF SCIENTIFIC STUDY COMBINED
WITH THE EXPERIENCE OF YEARS。

答案：因为你最初的加工方式是听觉的而不是视觉的，所以你很可能会漏掉某些F字母，特别是那些听起来更像V的字母。

上述哪一种加工方式能使你的再认效果最好？在克雷克和塔尔文的实验中，深层次语义加工（问题3）的记忆效果远远好于由问题2和问题1引导的“浅层次加工”（见图8.7）。

要想体验一下语义加工对言语材料的重要性，那么请设想一下你自己就是布兰斯福德和约翰逊（Bransford & Johnson，1972）的一名参与者，实验要求你记住下面这段话：

> 程序实际上很简单。首先，你需要把它们分成不同的组。当然，也许分成一组就足够了，这取决于量的多少……这一程序结束后，再重新进行分组，并把它们安置在合适的位置上。最后，再次重复整个过程。这就是生活的一部分。

在无上下文提示时，对于上述这段话，学生们所记甚少。但是，当告诉他们这是关于洗衣服的（加入附加意义）一段话时，他们就能记住其中的大部分内容了。你不妨也来试试！

这些研究表明：对你所听或所读的内容进行有意义构建，的确是很有帮助的。艾宾浩斯从他本人的实验中估算出，与学习无意义的材料相比，学习有意义的材料只需付出1/10的努力。正如记忆研究者威克尔格伦（Wickelgren，1977，p.346）所指出的，“学习新东西时，你可以采用的最佳策略是，花些时间去思考你所阅读的材料并将其与以往所学的内容相联系。”

我们往往对与自己关联密切的信息回忆效果非常好。如果被问及那些用于描述他人的形容词时，我们经常记不起来；但当被问及与自我评价有关的形容词时，我们却记得非常牢固——这种现象称为自我参照效应（Symons & Johnson，1997）。因此，花些时间去找寻学习材料中的个人意义的确是大有裨益的。例如，花些时间去回答每一章节后面的“自测”题，就一定会受益匪浅；因为与自己有关的信息既容易被深度加工，也容易被提取。

表象编码

在记忆公式、定义以及日期时，我们需要付出很大的努力；然而，要回想昨天我们在哪儿，和谁在一起，坐在哪里，穿什么衣服……我们却能很轻松地勾画出来。在我们的早期记忆——可能是发生在 3 岁或 4 岁时的事情——中，大部分都包含视觉**表象**（imagery）或心理图片。

在很多实验中，研究者都证明了心理表象的益处。例如，较之那些不易形成表象图形的抽象词来说，我们对具体词的记忆效果要好得多。（测验：下面的词语中你最容易回忆起哪三个："打字机"、"空虚"、"香烟"、"与生俱来"、"火焰"和"过程"。）同样，你可能还会想起关于"……暴乱者……扔石头……"那句话，这不仅仅是因为你进行了语义编码，同时还因为你能通过这个句子勾画出一种视觉表象。可见，对具体名词的记忆可以借助语义和视觉的双重编码（Marschark et al.，1987；Paivio，1986）。总之，两种编码的记忆效果要好于一种编码的记忆效果。

由于表象生动清晰且较持久，因此我们可以回忆起在自己的成长过程中发生的最美好和最糟糕的心理快照。正是这些鲜活的表象——愉悦的、欢欣的美好时刻以及痛苦的、受挫的糟糕时刻——把我们的记忆装扮得丰富多彩（Fredrickson & Kahneman，1993）。沉湎于高峰时刻而忘却寻常时刻的现象很普遍，米切尔等人（Mitchell，Thompson，Peterson，& Cronk，1997）称之为"粉红色的回忆"。事后当人们回忆起诸如假期野营之类的事情时，通常倾向于做出比当时更积极的评价。他们会记得迪斯尼乐园的食物、景致和各种游乐设施，但却忘记了那里的湿热和如长龙般排起的队伍。

表象是许多记忆术的核心。**记忆术**（mnemonic）是古希腊学者、演讲家发明的，它能够帮助我们记忆长篇的段落和演说词。使用"位置记忆术"时，人们会想象自己正穿过一系列的熟悉场景，同时把每一处场景与所识记话题的视觉表征联系起来。之后，演讲时他们会重温心理场景，并提取与之相联系的表象。

此外，有些记忆术还会同时涉及视觉编码和听觉编码。如押韵法先要求你记住一首韵律诗"One is a bun；two is a shoe；three is a tree；four is a door；five is a hive；six is sticks；seven is heaven；eight is a gate；nine is swine；ten is a hen."之后，要求你学会用"押韵词"而不是数字来数数，比如，bun、shoe、tree……然后，再要求你把这些押韵词与记忆内容形象地联系起来。这一切完成之后，你就可以向购物清单挑战啦。胡萝卜？设想它插在小圆面包（bun）上；牛奶？装在鞋子（shoe）里；纸巾？用它搭在树枝（tree branch）上。再想一下韵律诗的顺序"bun、shoe、tree"，你会看到与其相联系的形象：胡萝卜、牛奶、纸巾。采用这种记忆术，你能够以任何顺序回忆出任何给定项目的名称而不会出错（Bugelski et al.，1968）。记忆专家可以凭借记忆术背诵出长长的名单和物品清单。试试看，这些方法或许对你也会有帮助。

组织信息以便编码

语义和表象加工之所以能增强我们的记忆，部分原因在于它们有助于我们对

➤ 图 8.8
记忆的组块效应
如果我们把信息组织成有意义的单元，比如字母群、单词和短语等，那么我们回忆起来便会轻松得多。（From Hintzman，1978）

信息进行组织。斯福德和约翰逊关于洗衣服的那段描述（见 p. 304）被赋予意义之后，句子便组织成了一个语义序列。可见，记忆术可以通过帮助我们组织材料，来实现日后的顺利提取。

组块法 接下来让我们体验一下组织材料的重要性。快速浏览图 8.8 的第一行，然后移开视线试着在脑海中重现你刚刚看到的内容。这似乎有些难度，是吗？但你却能很容易地回忆起复杂程度相当的第二行。同样，我猜你能发现第四行比第三行更容易记，虽然它们包含相同的字母。同样你可能也会发现第六行比第五行更容易记忆，虽然它们包含相同的单词。

这说明，当我们把信息组织成有意义的单元或组块时，回忆起来似乎也更容易了。通常，**组块**（chunking）是在我们不知不觉中自然而然发生的。如果你的母语是英语，你可以正确无误地回忆图 8.8 第六项中组成三个短语的所有单词或成串字母约 150 个左右。这个结果会令不熟悉英语的人非常震惊。

春
夏
秋
冬

➤ 图 8.9
组块的例子——给懂中文的人
在看过之后，你能精确地在脑中重现出来吗？如果能，那说明你肯定懂中文。

同样，我对能够熟读汉语的学者也心存敬畏，他们瞥一眼图 8.9，就能回忆出里面的所有笔画。再比如，一位棋坛高手，在比赛中只需要盯着棋盘看 5 秒钟就能很精确地回忆出大部分棋子的位置（Chase & Simon，1973）；还有，一位大学篮球代表队的运动员，在比赛时瞥上 4 秒钟就能记住每个球员的位置（Allard & Burnett，1985）。这是因为，人们把信息按其理解组织成有意义的单元时记得最牢固。

此外，组块也能帮助我们回忆不熟悉的材料。有一种记忆术通过造词（首字母缩拼词）或者造句（由要记单词的第一个字母组成）从而把不熟悉的材料组织成熟悉的材料。你能回忆起美国五大湖的名字吗？只需要记住“HOMES（Huron、Ontario、Michigan、Erie、Superior）”就可以了。想按波长的顺序记住彩虹的颜色吗？ 那么只要记住“ROY G.BIV（red、orange、yellow、green、blue、indigo、violet）”就可以了。

使用组块的方法还可以提高你记忆数字的能力。通常，我们似乎不可能记住由 16 个数字所组成的字符串——1、4、9、2、1、7、7、6、1、8、1、2、1、9、4、1——对于美国人来说，只要将其组块为 1492、1776、1812、1941，这似乎就变得非常容易了（同样道理，对于熟悉英国历史的人来说，1066、1688、1815、1914 也很容易被记住）。埃里克森和蔡斯（Ericsson & Chase，1982）是来自卡耐基 - 梅隆大学的两名学生，经过实验室中 200 多个小时的练习之后，他们的记忆广度从一般人的 7 位数字增加到 80 多位。在另一个测验中，达里奥 · 多纳托里（Dario Donatelli）听研究者以 1 个 / 秒的速度单调地朗读数字：“1 5 1 8 5 9 3 7 6 5 5 0 2 1 5 7 8 4 1 6 6 5 8 5 0 6 1 2 0 9 4 8 8 5 6 8 6 7 7 2 7 3 1 4 1 8 1 8 6 1 0 5 4 4 6 2 9 7 7 4 8 0 1 2 9 4 9 7 4 9 6 5 9 2 8。”多纳托里一动不动地听着，然后一跃而起，低声地数着数字，揉着下巴，晃动着脚，数着手指，拨弄着头发。“好啦”，两分钟后他说道，“第一部分是 1518，然后是 5937……”通过以 3 个一组或 4 个一组的组织方式，他重复了所有的 73 位数字。

多纳托里是怎么做到这一点的？是通过提高短时记忆的能力实现这一点的吗？答案是否定的。事实上，让多纳托里记忆字母的时候，他仍旧只能记住 7 个。而对于数字，他则发明了一套复杂的策略来进行组块化处理。“第一部分是跑 3 英里所用的时间”，多纳托里这个跑遍全美国的赛跑者说，“第二部分是跑 10 英里所用的时间。然后是 1 英里、半英里、2 英里的时间。时间…… 2 英里，又是时间、时间、时间，2 英里……”（Wells，1983）。

层级法 多纳托里通过运用层级法来提取数字组块从而达到了他记忆的顶峰——106 位数字（Waldrop，1987）。首先，他考虑的是“每组 4 个数字的三个组块”，如此类推。当人们对某个领域已经精通的时候，在加工信息的过程中，不仅可以进行组块化组织，还可以运用层级化组织。在这里，层级是一个概括性更强的概念，它可以分割或更进一步分割成几个更为具体的概念和事实。我们也可以通过把知识分成层级来有效地提取信息。本章的目的不仅要让你掌握记忆的基本组成要素，还要帮助你围绕主要原理（如编码）和下级原理（如自动加工和注意性加工）来组织事实，还要了解一些具体概念（如意义、表象和组织）（图 8.10）。

鲍尔及其同事（Bower et al.，1969）用实验证实了层级法组织材料的好处。实验时，他们对一些词进行随机或分类呈现。结果发现，分类呈现组的回忆量多于随机呈现组 2~3 倍。可见，组织一下你所学的知识，特别注意每章的题目、标题、回顾、问题等，将对你的学习大有裨益。换言之，如果你能把一章的概念从头至尾系统地组织串联起来，那么这将对你考试时的回忆大有帮助。总之，听课看书的时候，把要点记忆下来——一种层级组织法——会令你的学习富有成效。

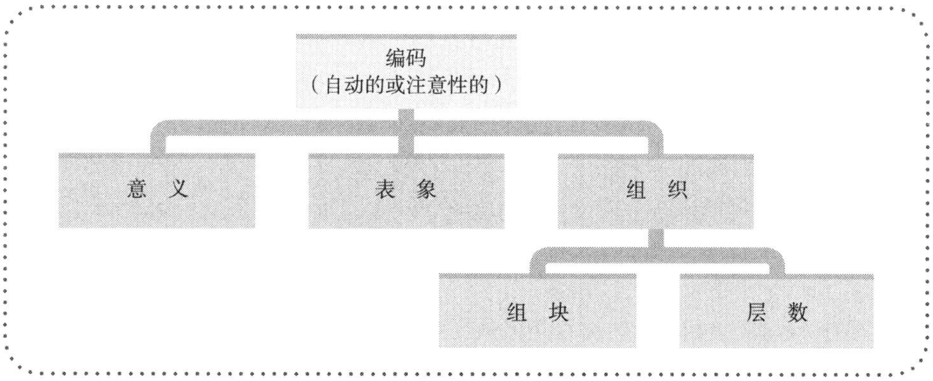

➤ **图 8.10**
组织材料有助于记忆
较之随机呈现的单词或概念，我们更容易记住那些按层级呈现的单词或概念。

本节回顾

➤ **自问**

结合本章中的记忆原理，你能否想出三种方法来提高自己对重要信息的学习和保持能力？

➤ **自测 2**

要想将一串历史人物的名字记住一个星期，采用何种记忆策略效果最好？若要记住一年呢？

自测问题的答案见书后的附录。

贮存：信息的保持

贮存是记忆的核心。事后当你回忆自己所经历过的事情时，这些信息必定是以某种方式进行存储和提取的。贮存在长时记忆中的信息始终处于蛰伏状态，它们等待着被线索再度唤醒。那么，记忆的暂时贮存和长时贮存的容量分别有多大？下面，让我们先来看一看三级加工模型所强调的第一级记忆贮存（见图 8.2）——转瞬即逝的感觉记忆。

感觉记忆

4. 什么是感觉记忆？

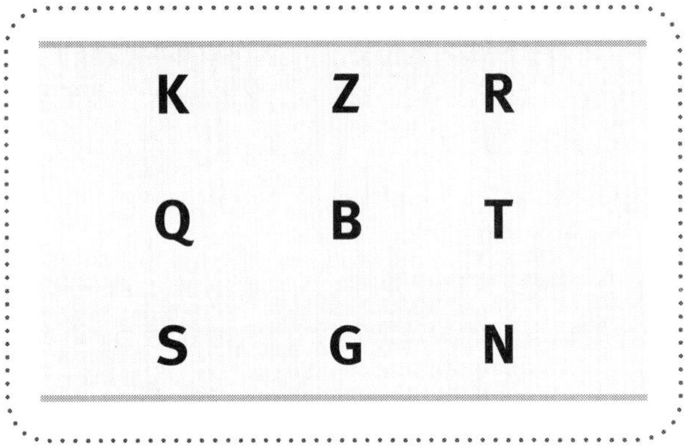

➤ 图 8.11
瞬时图像记忆
当斯珀林以 1/20 秒的时间间隔快速呈现一组简单的字母时，被试只能回忆出其中一半的字母。但是当字母消失之后马上提示被试回忆其中特定的一行字母时，被试则完成得相当好。

在记忆系统中，感觉记忆会对感觉信息进行初步登记记录。接下来的这个记忆实验，向我们展示了感觉记忆的一些有趣特点。这仅仅是斯珀林（Sperling，1960）博士论文中的一部分，他向被试呈现每行 3 个共计 3 行的字母，每个字母的呈现时间为 1/20 秒（见图 8.11）。结果发现，当这 9 个字母从屏幕上消失后，被试只能回忆出其中的一半字母。

这是为什么呢？是因为被试没有足够的时间来看清楚这些字母吗？答案是否定的。斯珀林通过巧妙的实验设计最终揭示出，即使在比闪电速度更快的条件下，被试也能看见并回忆出这些字母，但这一切只发生在瞬间之内。在斯珀林的实验中，他并没有让被试回忆这 9 个字母，而是在字母闪现之后马上呈现一个高、中或低音。这一线索旨在提示被试，只需分别对相应的首行、中间或最后一行字母分别进行报告即可。结果发现，此时参与者根本不会遗忘一个字母。这表明在瞬间之内被试几乎可以回忆出全部的 9 个字母。

斯珀林的实验表明，我们拥有一种稍纵即逝的影像记忆，可称为**映象记忆**（或图像记忆，iconic memory）。举例来说，眼睛可以对一个场景的表征进行精确登记，对其中任何一部分的细节都拥有惊人的回忆能力。但是这种能力只能保持在几百毫秒之内。当斯珀林将声音信号推迟到 500 毫秒以上才出现时，映象记忆便开始消退，被试的回忆再一次降到只有半数字母的水平上。可见，我们的视觉屏幕刷新得很快，因为新图像层出不穷，所以新图像代替旧图像也在所难免。

同样我们也拥有一种对声音刺激的完美的瞬时记忆，称为**余音记忆**（或声像记忆，echoic memory）（Cowan，1988；Lu et al.，1992）。只是这种声音刺激不及视觉图像消退得迅速。具体说来，刚刚说过的几个单词似乎可以保持 3、4 秒钟的时间。比如，日常生活中的你，可以一边聊天一边观看电视节目，当你突然受电视节目的吸引而忽视对方时，他可能会恼怒地问你“我刚才说什么了？”你似乎仍能从大脑的回音中想起最后那几个单词。

工作记忆 / 短时记忆

5. 短时记忆和长时记忆分别有多长的持续时间，其储存效果如何？

存储在长时记忆中的信息，可以被提取到“显示屏”上被个体所注意到。而在感觉记忆所登记的大量信息中，我们却只能注意到其中的一小部分。并且，这部分信息只有通过有意编码和复述才能得以保持，否则很快就会消失。当把手指从电话号码簿上移到电话上之后，只有有意复述才能将记住的电话号码保持住。

为了弄清楚短时记忆的消退速度，劳埃德·彼得森和玛格丽特·彼得森（Peterson & Peterson，1959）要求被试记住诸如 *CHJ* 的三辅音字母组合。实验时为防止被试对字母进行复述，他们要求被试额外完成一些诸如从 100 开始连续减 3 的任务。结果发现，3 秒钟之后被试只能回忆出全部字母的一半，12 秒之后被试几乎什么都记不得了（图 8.12）。由此可知，在没有主动加工的情况下，短时记忆只能维持非常有限的一段短暂时间。

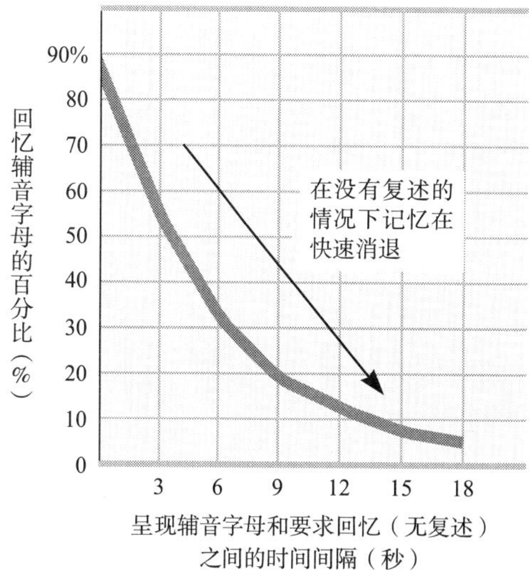

➤ **图** 8.12
短时记忆的消退
在没有复述的情况下，言语信息很快就会被忘记。（From Peterson & Peterson，1959）

短时记忆不仅在持续时间上非常有限，在容量上同样也非常有限。早期研究发现，短时记忆只能存储 7 个组块左右（上下加减 2）的信息。米勒（Miller，1956）将这种有限容量称之为“神秘的数字：7 ± 2”。所以当电信局要求他们的顾客在 7 位电话号码之前加拨区号时，很多人都抱怨说他们记不住刚从电话号码簿查到的号码，对此也就不足为奇了。

与可能具有很多相近发音的随机字母相比，个体对随机数字的短时回忆似乎要更好些。同样，与视觉图像相比，个体对听觉信息的回忆要更好些。儿童与成人的短时回忆量大致相当，这类似于他们在 2 秒钟之内所能读出的单词量（Cowan，1994；Hulme & Tordoff，1989）。在没有复述的情况下，通过对信息组块化的方法（例如，有意义的字母组合 ABC、FBI、KGB、BBC、CIA 等），在一般情况下，个体的短时记忆可以保持 4 个组块（Cowan，2001）。当通过重复“the、the、the”来防止被试对所学的内容进行复述时，也可以将所听到的随机数字的记忆量减少到 4 个左右。由此可见，在极有限的短暂时间里，个体只能对极有限的信息量进行意识性加工。这是一条基本原则。

⏩ 神奇的数字 7 已经成为心理学对世界奇迹的一大贡献，从而让我们拥有了神奇 7 家族中的又一个成员。这个家族中的其他成员有：7 大洋、7 宗罪、7 种色光、7 个音阶和每周的 7 天。

长时记忆

柯南·道尔（Arthur Conan Doyle）在他的小说《血字的研究》中，借福尔摩斯之口说出了一种当前比较流行的对记忆容量的看法。

> “我认为人脑最开始就像空荡荡的小阁楼，你得自己选择装饰它的家具……认为这个阁楼的墙壁是有弹性的、能任意扩大的，这可是一种错误的看法。因此，要学习新知识，你就不得不把过去记住的东西忘掉。”

然而，事实正与福尔摩斯的看法相反，长时记忆的储存量的确是无限的。较为保守的估计认为普通成年人的记忆中大约有10亿比特的信息，并可能拥有一千倍甚至于一百万倍的储存容量（Landauer，1986）。所以不能将大脑比做塞满东西的小阁楼，它没必要非得抛弃一些旧东西才能存储新项目。

如前所述，那些“记忆高手”们的神奇记忆恰好可以生动地阐释这一点。比如，田纳西大学的心理学家马哈德万（Mahadevan），当给他呈现30 000个十位数和圆周率前十位的混合数字时，经过对数字串的心理搜索，他能准确地从中找到圆周率，就像百发百中的神枪手那样可以命中目标（Delaney et al.，1999；Thompson et al.，1993）。此外，他还可以同样顺利地倒背50个随机数字。他说，这不是遗传的关系，事实上每个人都能学会！但是考虑到遗传对人类许多特质的影响，以及马哈德万父亲身上的神忆现象——他能记住莎士比亚全集，我们仍然觉得这是上天所赐予的奇迹！

信息在大脑中的贮存

6. 信息在大脑中是如何贮存的?

我的老岳母是一位退休的钢琴师和风琴手，她可太让我吃惊了！在她88岁那年，眼睛就失明了，从此以后她再也不能看乐谱了。但是让她坐在钢琴前面，她能非常完美地弹奏几百首圣歌，而且其中有几首是她最近20年间连想都没有想过的！大脑将这些成千上万的音符贮存在何处呢？有一段时期，研究者们普遍接受这样一种观点，这是在外科手术中刺激大脑时所发现的，即不仅是熟练的乐曲甚至过去的一切都完整地存储在大脑里，我们所需要的只是对它们的重新激活。今天，仍有六成的大学生赞同“虽然有时不能提取，但过去所学的知识确实完整而永久地储存在大脑中”（Brown et al.，1996）。这可能是源于他们中有些人曾听说过脑外科手术中记忆被唤醒的事。研究中，潘菲尔德（Penfield，1969）通过对意识清醒的患者进行电刺激来定位脑皮层的活动。潘菲尔德的病人偶尔会报告说听到了诸如“母亲呼唤孩子”的声音。潘菲尔德由此推断，他可以激活那些遗忘许久的信息，而这些信息之所以能够被再度想起，显然是因为它们已经永久地印刻在大脑内了。

> “我们的记忆是一块随时可添加内容的全景黑板，它的吸纳能力极强且可变形，并配有取之不尽用之不竭的粉笔和板擦。”
>
> ——伊丽莎白·洛夫特斯和凯瑟琳·凯查姆，The Myth of Repressed Memory，1994

伊丽莎白·洛夫特斯和杰弗利·洛夫特斯（Loftus & Loftus，1980）进一步考察了上述研究，他们发现这种时隔很久的倒叙相当罕见，在潘菲尔德1 100例病人中也只有几个人在接受电刺激时出现了这种现象。而且，这些回忆的内容还表明，所谓的过去经历并不是再次激活的旧记忆，而恰恰相反，它们都是虚构出来的。被试事后回忆说，他们正呆在一个自己从未去过的地方，就像在做梦一样。尽管大脑有巨大的存储能力，但也不可能像录音机一样精确地贮存绝大部分的信息。记忆研究者认为，遗忘主要是因为：(1)新经验干扰了记忆的提取，和(2)生理上记忆痕迹的逐渐消退。

> “站在科学的立场上说，心理生物学对于这个新世纪，就如同基因生物学对于20世纪一样重要。”
>
> ——2000年诺贝尔奖得主埃里克·坎德尔

确切地说，记忆痕迹是什么呢？近期研究为记忆的生理基础提供了线索。认知心理学家研究的是记忆的“软件”，而神经科学家则探寻的是记忆的“硬件”——大脑是如何贮存信息并贮存于何处的。

对记忆的生理学证据的寻求有时很无奈！心理学家拉什利（Lashley，1950）曾试图探寻过，结果却以失败而告终。实验中，他先是训练老鼠学走迷宫，接着便切除老鼠的部分皮层并再次检查老鼠对迷宫的记忆。拉什利希望能确定老鼠对迷宫的记忆贮存在何处。但不管他切除皮层的哪一部位，老鼠都至少能保留对迷宫问题的部分记忆。最后，拉什利得出结论认为，记忆不存在于任何单一的特定区域中。

记忆是否源于大脑中往复的电流活动？如果是这样，那暂时性关闭这种脑电活动应该可以将记忆清除，这就像切断电流可以消除电子钟上的数字一样。为了验证这种观点，实验中，杰勒德（Gerard，1953）首先训练大鼠向左或者向右转去获取食物，接着将大鼠的体温降低到足以使其大脑电活动自动停止。当大鼠苏醒后它们恢复正常脑电活动时，它们还会记得向哪个方向转可以获取食物吗？大鼠的长时记忆似乎并没有因为暂时失去知觉而遭到破坏。一位记忆研究者在评论令人难以捉摸的记忆痕迹时，吞吞吐吐地说："我必须承认，记忆更可能是一种精神上的真实而非生理上的真实。当你想触摸它时，它却雾化般地消失了"（Loftus & Ketcham，1994，p. 4）。换言之，要想了解记忆在大脑中的贮存机制以及如何轻易提取等诸多细节，确实大大超出了我们当前的理解能力，这句话出自一位权威的神经科学家之口（Doty，1998）。

近年来，对记忆生理基础的探索主要集中于神经元突触方面。

▸▸ 电击痉挛疗法（ECT）在治疗抑郁症的过程中会破坏患者对当前经历的记忆，但病人绝大部分记忆仍会完好无损（见第 15 章）。

突触变化

最近，神经生理学家通过探寻神经元内部以及神经元之间的变化，开拓了记忆定位研究的新领域。记忆始于大脑环路上的快速电脉冲，它能通过一定的方式留下永久性的神经活动痕迹。那么神经变化发生在哪里呢？已有线索表明这种变化通常发生在突触上。突触是神经细胞之间通过神经介质彼此联系的部位。回顾第 4 章所讲到的经验对大脑神经网络的塑造，随着特定环路上脑电活动的增加，神经联结得以形成和延展。

坎德尔和施瓦茨（Kandel & Schwartz，1982）观察了低等动物——海兔（Aplysia，一种加利福尼亚海螺）——传导神经元的变化。海兔仅有的 20 000 个左右的神经细胞有着庞大的体积，并且很容易获得，这使得研究者可以观察到学习过程中突触所发生的变化。第 7 章中我们曾描述海兔是如何在电刺激下对喷射的水流形成经典性条件反射的。形成经典性条件反射之后，再向其喷水时它们会反射性地缩回自己的腮部。这很像一个受到炮弹惊吓的士兵，在听到树枝折断声时会吓得不由自主地蹿跳起来。坎德尔和施瓦茨观察了形成条件反射前后海兔的神经联结情况，并精确地描述了其间所发生的改变：当学习活动发生时，海兔会释放出更多的神经递质血清素，从而使得神经突触间的信息传递更加容易。

突触效率的提高有利于形成更有效的神经环路。快速刺激特定的记忆环路可使其在几个小时甚至几周内保持较高的敏感性。此时神经元只需较少的刺激就能释放神经递质，同时受体部位也会得到增强（见图 8.13）。这种延长增强的神经激活被称为**长时程突触增强**（long-term potentiation，LTP），它为学习和记忆提供了神经基础。现已查明抑制 LTP 的药物会干扰学习（Lynch & Staubli，1991）。突触发生突变的老鼠因为缺少 LTP 所需要的酵素而记不住走出迷宫的路径（Silva et al.，1992）。而注射过能提高 LTP 药物的老鼠，它们在学习走迷宫时所犯的错误只有通常情况下的一半（Service，1994）。在世纪之交，神经科学家发现蛋白质分子能够参与构建突触联结，并能增强长时记忆（McGaugh，2000）。此类发现增强了研究者找到提高人类记忆药物或大脑营养品的希望和信心，而这对于那些记忆衰

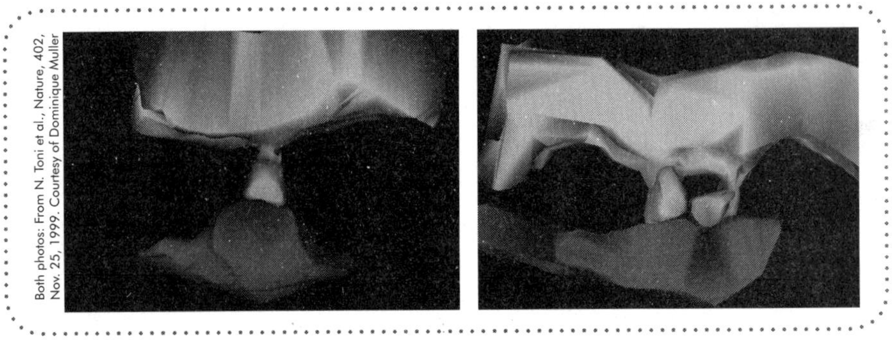

➤ 图 8.13
成对的受体
电子显微镜图像显示，只有一个受体位置（灰色部分）是朝向传导神经元的，但是发生了长时程突触增强（LTP）（左边）之后则出现了两个受体位置。（From Toni et al.，1999）

退的人来说是尤为重要的（McDaniel et al.，2002）。但是，中草药银杏则最多不过是记忆的增幅器（Gold et al.，2002）。未来的药物开发可能集中于能激发神经元合成那些形成突触联结所需的蛋白质上。

当 LTP 发生之后，脑部出现的电流并不会干扰原有的记忆，但是电流会抹掉最近的经验。这就是实验室动物和接受电痉挛治疗的抑郁病人所体验到的。脑部受到撞击也可以出现类似的情况。晕倒或暂时失去意识的足球运动员在几分钟后接受采访时，他们回忆不出发生事故时那场比赛的名称（Yarnell & Lynch，1970）。同样，一个在第 2 局就被击倒的拳手可能对这局比赛一点印象也没有（这就好像沉睡中的人记不住他们失去意识时所听到的话一样）。在受撞击时，短时记忆中的信息没有时间得到巩固因而无法进入到长时记忆中。

应激激素和记忆

人和动物处在兴奋或应激状态时所分泌的激素对学习和记忆也有影响，激素可以促进学习和记忆。注射过唤醒激素的老鼠只需接受中度的电击就能产生十分难忘的记忆，这与它受到高强度电击时所引发的记忆一样强烈（Gold，1987，1992；Martinez et al.，1991）。激素的大量分泌会导致葡萄糖的分解，进而可以为大脑提供较多能量，以此来通知大脑所发生的重要信息。具体说来，杏仁核是加工情绪的中枢，它可以增强与记忆有关的脑区活动（Hamann et al.，2002），可见唤醒能将事件印刻在大脑深处。反之，服用抑制应激的激素类药物的被试，他们在稍后的回忆中，比如回忆一个令人烦乱的故事，会显得困难重重（Cahill et al.，1994）。总之，强烈的情绪意味着强烈的记忆，而微弱的情绪则意味着微弱的记忆。

情绪触发的激素变化有助于解释为什么令人兴奋或震惊的事件总能使我们牢记于心并念念不忘，例如，初吻、地震、“9・11”恐怖事件。经历过 1989 年旧金山大地震的人在半年之后仍能清晰地回忆出他们当时在哪里、正在做什么事情（就像他们已经把地震发生的那一、两天都刻录下来了一样）。而那些只是听说过这场地震的人，对当时自己所处环境的记忆则出现了更多的错误（Neisser et al.，1991；Palmer et al.，1991）。可怕经历之所以刻骨铭心还在于人们对它的反复回味和复述。很多经历过大地震的人都会像祥林嫂那样一遍一遍地、不厌其烦地对他人讲述自己的事情。

麦高（McGaugh，1994）指出，对记忆来说，情绪体验越强烈，个体所形成的记忆就越牢固。遭受过战时伏击、房子起火、被强奸等创伤性经历后，那些鲜活的恐怖回忆会一次又一次地骚扰当事人，就像已经刻在了脑子里一样。

应激对记忆的增强也是有限度的。如第 12 章所言，持续的应激——有时是遭受虐待或经历战争——就像是强酸，能破坏神经联结并能导致对积累记忆很重要的脑区（海马）萎缩。当应激激素大量分泌时，可能会使旧的记忆受到抑制。对于努力寻找通向隐藏目标路径的老鼠来说确实就是这样的（de Quervain et al., 1998）。对于当众演讲时脑子一下子一片空白的人来说，也是同样如此。

内隐记忆和外显记忆

通过感觉，记忆进入大脑皮层，并延伸到大脑的深处。记忆存储的准确位置取决于所存储信息的类型。**遗忘症**（amnesia）病人无法形成新的记忆，就像前文中提到的我父亲的例子。他们的案例正好可以生动形象地说明这一点。

神经学家萨克斯（Sacks，1985，pp.26-27）曾描述过一个名叫吉米，大脑受损的病人。在 1954 年大脑受损之后，吉米便失去了记忆，他也感觉不到时间的流逝。如果问他 1975 年的美国总统是谁，他会回答说“罗斯福已经死了，目前上台的是杜鲁门。”

当吉米称他自己只有 19 岁时，萨克斯把镜子摆到他面前，问他“仔细看镜子。告诉我你看见了什么，镜子里的人像是只有 19 岁吗？”

看后，吉米的脸色变得苍白起来，他一边紧抓椅子，一边开始咒骂，接着疯狂地喊道“这是什么？出了什么事？我这是在做噩梦吗？我是不是疯了？开玩笑吧？”但当他把注意力转向几个玩篮球的小孩时，他的惊恐突然就消失了，而且似乎也已经完全忘记那可怕的镜子了。

萨克斯给吉米看一张《国家地理》上的图片，问他“这是什么？”吉米回答说，“这是月亮。”

萨克斯说：“不，不是的。这是从月球上拍摄到的地球照片。”

“医生，你开玩笑吧？！果真如此的话，那非得有人拿着照相机站到月亮上不可！”

“事实就是这样的啊。”

“见鬼！你算了吧！这么做有什么意义吗！”吉米觉得不可思议，就像是一个 55 年前的年轻人误入“未来世界”后的那种惊奇反应。

仔细考察这些奇特的人，你还会发现一些更为怪异的现象。虽然缺乏回忆新近事件和新近经历的能力，但吉米和其他同类病人仍然能进行学习。比如，先是向他们呈现很难被发现的隐藏人物（电视剧 Where's Waldo 中的人物）照片，随后让他们辨认，结果他们能很快地把每个人物指认出来。除此之外，他们还能学会辨认左右反转的镜像，以及玩拼图游戏；甚至还能学会一些更为复杂的职业技能（Schacter，1992，1996；Xu & Corkin，2001）。当然，他们也能形成经典性条件反射。但是，令人惊奇的是，他们在做这些事情时完全没有觉察到自己曾学习过。

在某些方面，遗忘症患者很像脑损伤病人。比如，一些脑损伤病人无法对人脸做出有意识的再认，但却会对熟悉的人脸表现出生理反应，这揭示出一种内隐的（无意识）再认。因此将记忆看做是统合的单一系统理论受到了质疑和挑战。事实证明，我们似乎拥有两种先后独立加工的记忆系统（见图 8.14）。简言之，无论遗忘症对有意识回忆的损害有多大，都不会影响个体无意识学习的能力。具体说来，他们能学会怎样做某件事（某种操作），即拥有完好的**内隐记忆**（implicit memory）（程序性记忆）；但他们可能意识不到这一点并声称自己真的不知道，即

➤ 图 8.14
亚记忆系统
我们的内隐记忆和外显记忆是被分别加工和储存的。因此一个人可以失去外显记忆（遗忘症），但仍能表现出对无法回忆材料的内隐记忆。

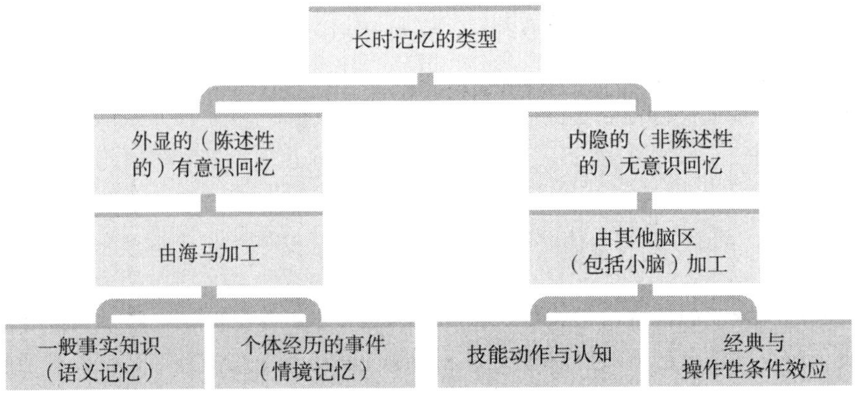

拥有不完全的**外显记忆**（explicit memory）（陈述性记忆）。内隐记忆的功效在很多方面都能体现出来，比如，从前阅读过的文章第二次阅读时速度会加快。但是这个过程中可能并没有伴随外显记忆，因为他们不能回忆起自己看过的故事。诸如此类的例子不胜枚举。再比如，你可能已经完全忘记了在新场地上学习过打高尔夫球这件事，但是只要你在此练习得越多，你的高尔夫成绩自然也会提高得越快；虽然反复多次呈现“perfume”这个英文单词，你可能都记不得自己曾见过这个词，但当问及“per”这个字母组合能让你联想起的第一个单词是什么时，你可能自己都很奇怪为什么会报告说“perfume”。这些事实都表明了一种新型记忆的存在，它能保持过去的经验，但却不能外显地回忆或再认。读到这儿，也许你想起了俄罗斯方块的游戏者，当他们沉睡之后，会梦到各种形状的方块先后掉落下来。这时如果三个参与者都是遗忘症患者的话，那么他们很可能对游戏一点儿印象也没有，而且根本不知道自己为什么会被惊醒，更不知道为什么自己会梦见掉下来的方块（Stickgold et al.，2000）。

海　马 要想探索记忆的工作方式，我们可以从对记忆功能失调的研究入手，例如对那些遗忘症病人的研究有助于我们了解：外显记忆和内隐记忆是否分别涉及不同的脑功能区并且两者是否相互独立？通过对大脑活动的扫描，或解剖遗忘症病人的大脑，我们发现对诸如人名、图像、事件等的外显记忆定位于边缘系统的**海马**（hippocampus）（见图 8.15）；通过对大脑的扫描发现，大脑可以产生记忆活动，这一切均表明，这同时也是大脑额叶的某一特定部分与海马活动作用的结果（Wagner et al.，1998）；通过 PET 扫描发现，当个体在回忆单词时，其大脑内的海马正处于兴奋状态（Squire，1992）。

➤ 图 8.15
海马
对事实和情节的外显记忆先是在海马中进行加工，然后再转移到别的脑区中进行贮存。

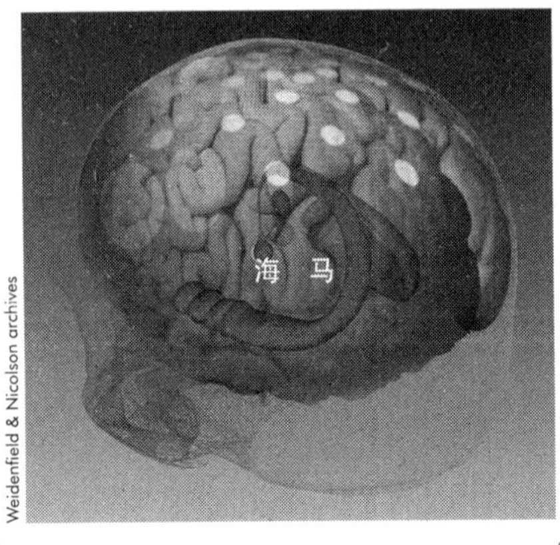

海马受损会影响某些类型的记忆。美洲山雀和某些鸟类不仅能将食物储藏在几百个不同的地点，而且还能在几个月后找到这些未经标记的储食仓库。但是其海马一旦被切除，它们完成上述活动的记忆功能就会丧失（Sherry & Vaccarino，1989）。与大脑皮层一样，海马也是单侧化的。每人有两个海马，它们分别位于耳朵正上方 4 厘米的地方，左右两侧海马的损伤似乎会导致不同的后果。左侧海马受损的患者在言语记忆方面存在困难，但不会影响个体对视觉模式和空间位置的记忆；而右侧海马受损时的情况则刚好相反（Schacter，1996）。

海马受损同样也会影响猴子的记忆。研究者通过手术切除猴子的海马后，发现它们回忆不出前一个月所学的大部分内容。但其更久远的记忆却仍保持完好（Squire & Zola-Morgan，1991；McGaugh，2000）。由此可知，海马似乎是一个信息的聚集地。大脑在这里登记并暂时储存记忆片段中的各种因素，如味觉、感觉、直觉及地点等。但是接下来，就像将旧文件转移到地下储藏室一样，记忆也将被转移到别处。

大脑会将不同的信息分配到不同的区域，脑部扫描显示当存储于长时记忆中的过去经验在心理屏幕上再现时，会激活额叶与颞叶上的许多区域（Fink et al.，1996；Gabrieli et al.，1996；Markowitsch，1995）；在拨电话号码的同时将其保持在工作记忆中，会激活左侧额叶的某些区域；情景回忆则可能会激活右半球的某些区域。

毋庸置疑，我们的记忆并非仅仅定位于一个地方。在编码、储存、提取不同类型的信息时将会有很多的脑区被激活。比如，回味你的初吻时就需要心理交响乐的指挥来统筹，它先是需要从很多皮层的存储位置上提取记忆碎片，然后再利用杏仁核产生的情绪将它们联合起来。

“（大脑扫描技术）是大脑和心理研究中的重大变革，其意义不下于天文研究中的望远镜。”

——恩德尔·塔尔文（1996）

小　脑　海马是外显记忆的暂时加工地，但没有它你仍可以保留对各种技能或条件反射联系的记忆。道克斯（Le Doux，1996）曾讲过一位大脑受损伤的法国遗忘症病人。她不能认出自己的主治医生，因此医生每天都要跟她握手并作自我介绍。有一天，当她要和医生握手时，却猛然将手缩了回来。因为，前一天主治医生跟她握手时，在手心中藏了一枚大头针并扎疼了她。所以，之后当医生再做自我介绍时，她都拒绝和医生握手，虽然她也说不清这是为什么。实际上，她形成了“医生的自我介绍”与“针刺”之间的经典性条件反射，所以她拒绝和医生握手。

为了进一步给内隐记忆定位，心理学家汤普森等人（Thompson，Krupa，& Thompson）研究了兔子的大脑，实验时他们尝试探讨兔子是怎样学会将气流的喷入与音调联系起来的，即最终学会用眨眼来应对气流。他们先是跟踪调查了大脑接受声音与眨眼反射间的联系路径，结果发现这条通路是先经过小脑（位于头后部）的脑区然后再直达脑干的。因此，如果切断这条通路，那么已经习得的条件反射应该就会消失。这就好像切断话筒的电线虽然能证明它是电路的组成部分，但这还不能表明它就是音乐的存储位置。在接下来的研究中，他们又使用药物来暂时削弱眨眼训练中兔子不同部分的神经通路活动。从而最终准确地找寻到内隐学习是定位于小脑上的。从药物作用中恢复过来的兔子里面，只有那些在训练时小脑受抑制的兔子没有学会眨眼反射（Krupa et al.，1993；Steinmetz，1999）；同样，小脑受损的人类被试也不能形成简单的眨眼反射（Daum & Schugens，1996；Green & Woodruff-Pak，2000）。

我们知道，杏仁核与情绪记忆有关。杏仁核受损的病人不能学会像害怕这类情绪的条件反射，比如上述那个遗忘症病人害怕与医生握手时所表现出来的恐惧式的条件反射。如果杏仁核完好而海马受损，他们也能形成这种反射，只不过没有外显记忆而已（Dolan，2002）。

这种外显和内隐的双记忆系统有助于解释幼儿期遗忘现象。所谓幼儿期遗忘是指，婴幼儿期所掌握的反应和技能几乎能保持一生，但我们在长大成人后却回忆不出自己生命中前三年的经历。换言之，对于这一段的经历，在我们有意识的大脑内几乎是一片空白，这不仅因为外显记忆的大部分内容都是由词汇索引的，而尚未学会说话的幼儿那时尚未掌握词汇，同时还因为海马是最后成熟的脑结构之一。

本节回顾

➤ **自问**

你可以举一个应激促进你记忆的例子？然后再举一个应激干扰你记忆的例子吗？

➤ **自测 3**

假如你朋友的父亲得了早期阿尔兹海默氏症。你的朋友希望你能运用所学的心理学知识来给她解释一下，为什么患病后的父亲仍能很好地玩国际象棋但却很难进行合理的日常对话。你会对她说些什么？

自测问题的答案见书后的附录。

提取：信息的获取

7. 我们如何从记忆中获取信息？

对事件的记忆首先是使其进入到记忆系统（编码），然后将其保持在记忆系统中（贮存），最后还要能将其从记忆系统中提取出来。

对大多数人来说，记忆就是**回忆**（recall），是将不在当前意识范围内的信息提取出来的能力。对心理学家而言，记忆就是学会的东西得到保持的任何一种表现。所以再认或更快速地再学习同样暗示了记忆的存在。

你虽然不能回忆起大部分的高中同学，但你也许还能从毕业纪念册的集体照上将他们一一认出并能从一系列名单上找出他们的名字。巴瑞克及其同事（Bahrick et al.，1975）报告说，毕业 25 年后人们似乎很难回忆起大多数读书时的老同学，但却能够再认其中 90% 的同学照片和名字。

再学习时的速度同样也可以揭示出内隐记忆的存在。我们知道，即使重新学习的是那些完全忘记了的内容，其速度也可能要比初次学习时快得多。在期末考试前所进行的总复习中，或在唤回童年时所使用的语言中，都可以看到再次学习要比初次学习容易得多。**再认**（recognition）测验或**再学习**（relearning）时所节省的时间，都揭示出我们所记住的远远多于我们所能回忆出的。

再认的速度之快、容量之大都给人留下了深刻的印象！“你朋友穿着一身新套装，还是不合时宜的旧套装？”“旧套装！”“这个几秒钟的电影画面剪辑是来自某一部电影，你看过这部影片吗？”“看过！”“你以前见过这个人吗？”“没有”……事实上，在成百上千个诸如此类的答案脱口而出之前，我们的大脑已经清楚地意识到自己是知道答案的，而且也能如实地做出回答。

▸▸ 多选题考察的是我们的____
a. 回忆　b. 再认　c. 再学
填空题考察的是我们的______

答案：多选题考查的是再认，填空题考查的是回忆能力。

提取线索

若想在图书馆中搜寻到某一资料，你需要采取某种检索方式。同样，在记忆测试中提取某些信息（例如照片）时，你也需要依靠某种提示线索，否则我们便回忆不出这些信息（老同学的名字）。这些有助于记忆提取的信息线索，通常被称为提取线索。提取线索也会提示我们去何处找寻信息。比如，在网络上提取信息时，我们需要提交密码。同理，类似于网络上的信息提取，只有线索提示恰当时记忆中的诸多信息才能被成功提取。现在，你能回忆起“编码的内容”部分的第二句话是什么吗？（参见 p.303 页边。）如果不能，那么“鲨鱼”这个词能否作为一种提取线索来帮助你的回忆呢？实验表明，“鲨鱼”一词比句中实际出现的“鱼”这个词更有助于提取记忆图像（Anderson et al.，1976）。

“记忆不像是一个逐渐被填满的容器，而更像是一棵不断生长的大树，我们所有的记忆都挂在它的树枝上。”
——心理学家彼德·拉塞尔，The Brain Book，1979

你可以认为记忆是以网络联结的方式来贮存的。要提取某种特定的记忆，首先必须确认一个指向此内容的路径。这种加工被称为“**启动**”（priming）。心理学家威廉·詹姆士认为启动是一种联想的激活。通常联想的激活或启动是不需要意识觉察的。如图 8.16 所示，看到或听到“rabbit”（兔子）一词将启动对“hare”（野兔）的联想，即使你很可能忘记了自己曾看到或听见到“rabbit”这个词。

启动被称为“没有记忆的记忆”，即一种没有明显记忆的记忆。如果在经过走廊时，你看到了一则关于儿童失踪的启示，那么启动可能会促使你将成人与儿童之间的模糊关系解释成一起绑架（James，1986）。虽然你并没有特意去记住那则启示，但启动却造成了这种解释倾向。如第 6 章中所提到的，甚至阈下刺激也能启动对后续刺激的反应。

▸▸ 问你朋友两个简单的问题：拼成 S-H-O-P 的单词读音是什么？碰到绿灯时你应该怎么办？如果你朋友回答第二个问题时说“Stop”，那么这就是一种启动。

提取线索经常会启动我们对早期经验的记忆。通常，记忆术给我们提供的就是这样一些唾手可得的提取线索。例如，ROY G. BIV、HOMES、bun、shoe、tree。最好的提取线索应该是来自于我们进行记忆编码时所形成的一些联想，这既可以是一种经验同时也可以是一组单词。味觉、嗅觉和视觉常常能激活我们对相关情节的回忆。为了形成回忆的视觉提取线索，我们可以在心理上将自己置身于事件发生时的原始环境中。对于英国神学家赫尔（Hull，1990，p. 174）来说，失明后的他似乎很难再形成视觉提取线索。一天，他妻子忽然问起他那天都做了些什么，他困难地回忆道：“我知道自己去过什么地方，也知道自己和谁在一起，都做了些什么，但是在哪儿呢？我记不起谈话的背景是什么了。”显然，这是因为，他没有用于区分情境和特征的视觉线索。在正常情况下，你对一天中和自己聊天的人的记忆是贮存在一个结构中的，而这个结构又是包括情境信息的。

情境效应

8. 外部线索和内部情绪如何影响信息的提取？

身临其境有助于我们提取相关的回忆。戈登和巴德利（Godden & Baddeley，1975）发现了这一现象，他们要求那些配备有水肺的潜水者在两种不同的情境下倾听一张单词表，这两种情境分别是在水下 3 米深处和在沙滩上。如图 8.17 所示，当潜水者在同一背景下接受再测时，他们能回忆出更多的单词。

你可能也体验过上述情境效应。当你回到从前生活过的地方或者从前读书的学校时，你会找寻到大量的提取线索和过去的记忆。甚至，在你上课的同一间教室里进行考试，都会或多或少地提高你的考试成绩。洛维 - 科利尔（Rovee-

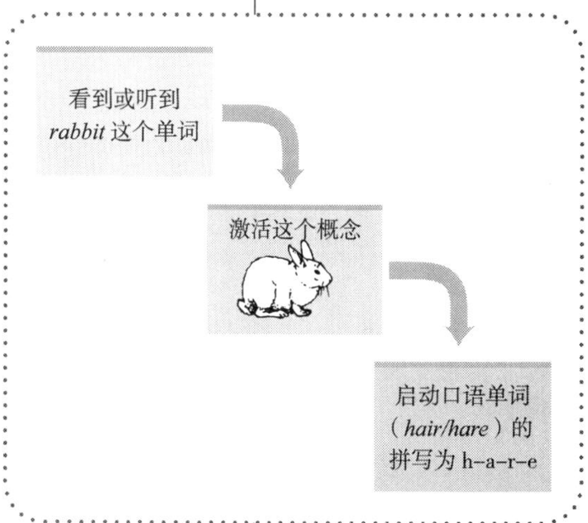

➤ **图 8.16**
启动——唤醒联结
在看到或听到“rabbit”这个词之后，我们更可能在以后说话时用“hare”这个词。联想的蔓延可以无意识地激活有关的联结，这种现象被称为启动。（Adapted from Bower，1986）

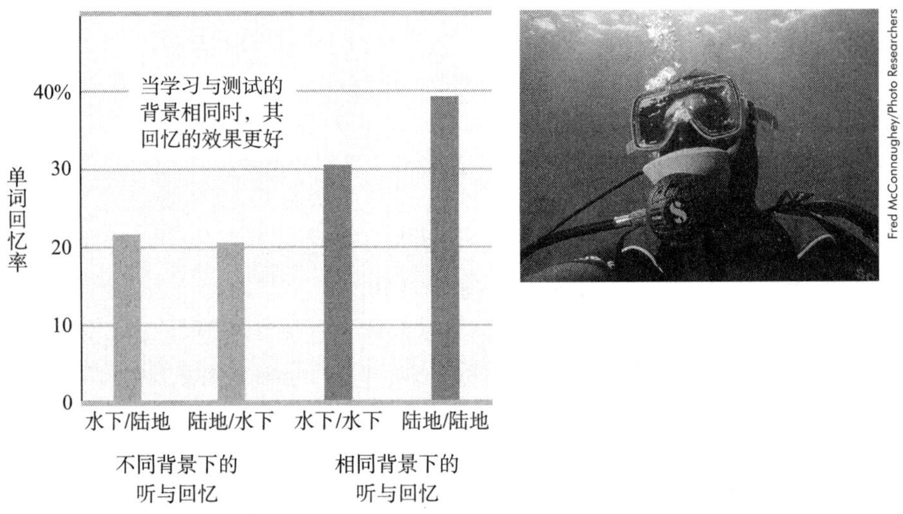

➤ 图 8.17
记忆的情境效应
在水下听到的单词在水下回忆的效果最好；而在陆地上听到的单词则在陆地上的回忆效果最好。（Adapted from Godden & Baddeley，1975）

Collier，1993）在他的系列实验中也发现，熟悉情境对记忆的激活作用可以保持三个月之久。比如，当婴儿学会通过踢床腿来移动婴儿床（通过脚脖上所拴的带子起作用）之后，与不同情境相比，在同一情境下他更可能去踢动这张婴儿床。

有时，置身在与从前相似的情境中也会触动曾经有过的感受——“我从前一定来过这儿”，研究者称其为**幻觉记忆**（déjà vu）。事实上，60% 的人都报告说自己曾有过这种体验（McAneny，1996）。他们想知道“明明是初次相遇但为什么会有一种似曾相识的感觉呢？”持超自然观的人将其解释为“轮回”（即“我上一辈子一定经历过这个情景”）或者“预知”（即“在经历此情景之前，我的心灵已经看到这一幕了”）。以不同的方式提问这个问题（“为什么我会认出这个情景呢”），我们似乎就可以解释记忆系统是如何令我们产生这种熟悉感的（Alcock，1981）。如果我们以往经历过类似情景，那么当前情景可能会给我们提供熟悉的提取线索从而无意识地激活过去的某种体验。比如，在某种情境中，你遇到了一个面容和走路姿势都很像你朋友的陌生人，结果这种相似性会增强某种再认的熟悉感；但由于你明确地知道这的确是一个陌生人，这点与你的熟悉感不符，所以最终你可能会解释成“我一定在哪里见过这个人。”

兰普因（Lampinen，2002）认为，与几个事件都相似的情景可能会给你带来某种熟悉感。就像你曾经遇见过我父亲、我兄弟、我姐姐、我孩子，而在几个星期之后又遇到我一样。你可能会想“这个人我从前好像见过”。虽然我的家人都长得不像我，但他们看上去却多少与我有点相似。这些相似性会使你感觉到某种整体上的相似性。

心境与记忆

提取线索，除了与词语、事件及情境等有关联外，过去事件所引发的某种特定情绪也会启动我们对该事件的回忆。认知心理学家戈登·鲍尔（Gordon Bower）将情绪比作图书馆里的房间，其中存放着我们的记忆记录，因此通过情绪房间我们可以更好地提取自己的记忆。我们在快乐、悲伤、醉酒等情况下学会的东西，往往也是在同样的状况下更容易回忆起来的，这种神秘的现象被称为“状态依赖性记忆”。在抑郁或酒醉状态下学会的东西，在其他任何状态下似乎都很难回忆得出（抑郁会干扰编码而酒精则干扰贮存），但若同样在抑郁或酒醉状态下进行回忆时则效果稍微好些。有些人在酒醉时所藏的钱物，却会在醒后忘得一干二净，而只有再一次喝醉酒时他才可能想起来。

有时，心境还会使记忆发生偏差（Fiedler et al.，2001）。当伴随着积极或消极事件的相应情绪，成为提取线索时，常常会对记忆产生影响。一般而言，记忆或多或少总是**与心境相一致的**（mood-congruent）。与消极事件相联结的抑郁启动，会使人悲从中来，结果也给记忆蒙上暗灰色；而当催眠或日常事件引发欢快的心境时，人们的回忆便也会被蒙上玫瑰色（DeSteno et al.，2000；Forgas et al.，1984；Schwarz et al.，1987）。这时他们觉得自己是积极的、有效率的，觉得别人是和蔼可亲的，觉得天天似乎都有喜事发生。

最近，有研究表明，那些目前正处于抑郁状态中的个体，在对他们父母的回忆中，常常充斥着拒绝、惩罚和内疚等。相反，那些先前经历过抑郁心境的个体却倾向于将他们的父母描述成从未体验过抑郁的乐天派。在了解了心境和记忆之间的这种关系后，对此你也就不足为奇了（Lewinsohn & Rosenbaum，1987；Lewis，1992）。伯恩斯坦等人（Bornstein et al.，1991）报告说，处于青春期的孩子，对父母教养方式中温暖性的评价，常常是前后矛盾甚至截然相反的，其两次评价的时间间隔为 6 周。十几岁的孩子，在情绪低落时，会觉得父母极为冷酷无情；而当情绪高涨时，父母的形象似乎又从魔鬼变回了天使。对此，你我可能都会点头称是，因为我们都经历过这个阶段。然而，问题的关键在于，我们在积极或消极心境下的记忆也在随之变化，但我们自己却在主观上坚持认定自己的判断和记忆是真实而恒定的。

心境还会影响我们对他人行为的解释。在消极的心境下，我们往往会怒气冲冲地盯视着他人；而在积极的心境下，我们却会饶有兴致地研究同一张面孔。可见，我们对世界的知觉大大地受制于我们的心境。激情会夸大我们的知觉与感受。

心境对信息提取的影响也可以帮助我们解释心境的这种持久性。高兴时回忆高兴的事，所以世界看起来是如此美好，这有助于维持一种愉悦的心境。抑郁时回忆悲伤的事，这会让眼前的事情看起来很糟糕。这往往会导致抑郁的恶性循环。

“当感情到来时，人们会觉得它永远都不会消失；而当感情消失时，人们会觉得它从来都不曾到来过；一旦当感情回来时，人们会觉得它仿佛从未离开过。”

——乔治·麦克唐纳，*What's Mine's Mine*，1886

本节回顾

➤ 自问

最近你的心境如何？你的心境影响到你的记忆、知觉和期望了吗？是怎样影响的？

➤ 自测 4

什么是启动？

自测问题的答案见书后的附录。

遗　忘

9. 我们为什么会遗忘？

在为记忆欢呼喝彩时，比如，为探索记忆而付出心血努力时，为提高记忆能力而

“当遗忘症慢慢地从大脑的裂缝中渗出后，遗忘症就康复了。”

——乔伊斯·卡罗尔·奥茨，*Words Fail，Memory Blurs，Life Wins*，2001

著书立说时，有谁赞美过遗忘？威廉·詹姆士（1890，p. 680）曾说过：“如果我们把一切都记住，那么最可能出现的情况就是我们被自己的记忆所困扰，再也记不住任何东西！”抛弃无用的过时信息，诸如昨晚把车停在哪儿了、弃之不用的旧电话号码以及吃饭时已经上过的菜等，也的确是一件好事（Bjork，1978）。本章开头提到的俄国记忆高手 S 就经常被自己的无用记忆所困扰。这些记忆占据着他的意识，致使他很难进行抽象思维——概括、组织、评价。好的记性的确很有用，但遗忘能力同样也很重要。

然而，在大多数情况下，记忆带给我们的是困扰和挫折。记忆似乎是一个脾气古怪、反复无常的小孩儿，它常常使人摸不着头脑。譬如以我自己为例吧，我能轻而易举地想起与心上人初吻时的情景、萨米·索萨（Sammy Sosa）的现住址等等诸如此类的琐事。但是，当我试图回想一位新同事的名字或者我的太阳镜放在哪儿之类的问题时，记忆却又抛弃了我。记忆研究者沙克特（Schacter，1999）列举了导致记忆失败的七种原因，又称记忆的七宗罪，下面我们将分别从遗忘、扭曲和侵扰三个方面来归类列出：

遗忘的三宗罪：

- 心不在焉——粗心大意、不注意细节，以至于出现编码失败（如我们心不在焉时随手乱放汽车钥匙）。
- 转瞬即逝——贮存会随时间而消退（无用的信息便自行消退）。
- 提取失败——贮存信息不能被提取（话就在嘴边，但却一次次地提取失败——我们不能成功提取）。

▸▸ 大提琴演奏家马友友将一把具有 266 年历史、价值 250 万美元的大提琴忘在了纽约的一辆出租车上（后来他又很快失而复得）。

扭曲的三宗罪：

- 错误归因——将信息的源头搞混了（张冠李戴或者把电影里的情节当成真实生活）。
- 易受暗示——误导信息的延迟效应（引导性问题——“琼斯先生是不是触摸了你的私处？”——后来可能会成为儿童的错误记忆）。
- 主观偏差——主观信念会给记忆蒙上一种个人色彩（如对未婚夫的当前感觉可能会歪曲他们的最初回忆）。

侵扰的一宗罪：

- 记忆后滞——不需要的记忆（如始终被性骚扰的意象所困扰）。

下面，让我们先来探讨遗忘的罪责，接着再来考察扭曲和侵扰。

编码失败

是什么导致了遗忘？答案之一是无法对信息进行编码（图 8.18），致使信息未能进入长时记忆。通常，年龄因素会影响编码效率。在对新信息进行编码时，年轻人的脑区马上就会开始活动，而同一脑区的活动在老年人身上则相对较弱。老年人的这种缓慢编码情况，正是记忆随年龄而衰减的原因（Grady et al.，1995）。如前所述，老年人比年轻人的回忆量要小，但是在再认测验或有提示线索的回忆任务中，他们的回忆成绩则和年轻人一样好。

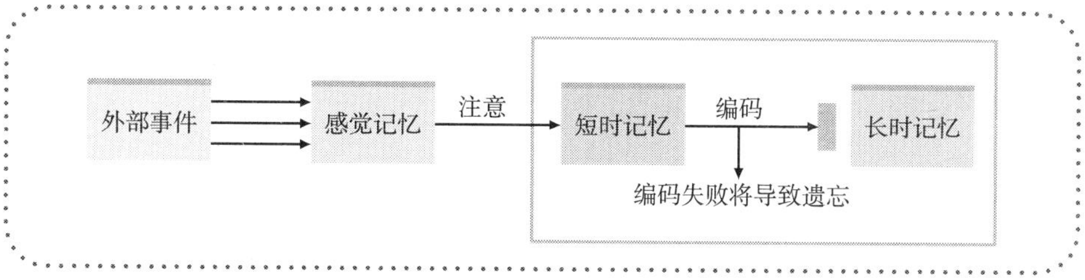

➤ **图** 8.18
编码失败造成的遗忘
我们无从想起从未进行过编码的信息。

但是不论我们有多年轻，当面对那不断涌向我们的不计其数的声音和影像时，我们也只能选择性地注意其中很小的一部分。正如"变化性失明"（change blindness）所示，我们对大部分的感觉都未曾注意。想一想你接触过无数次的电话机、计数器吧，你是否还记得：电话机的数字键 5 上面是什么数字，以及计算器上数字 0 的位置在哪儿？对大多数人来说，这些问题似乎出奇地难。

让我们再来看另一个编码失败的例子。如果你生活在北美、英国或者澳大利亚，你一定接触过成百上千枚面值一分钱的硬币。你应该能回忆出那些硬币的标志性特征（如大小和颜色）。那么，现在你能否回想起硬币上有头像那面的样子？如果不能，那么让我们一起来做一个简单的记忆测验：你熟悉美国的硬币吗？你能认出图 8.19 中的哪一枚硬币是真的吗？尼克森和亚当斯（Nickerson & Adams，1979）发现很多人都做不到这一点。美国造币厂每天要生产 4 千万枚这样的硬币，在其八个关键特征中（林肯头像、日期及"In God we trust"等字样），一般人通常只能注意到并记住其中的三个特征。同样地，很少有英国人能凭记忆把面值一便士的硬币画出来（Richardson，1993）。这是因为，一便士的细节不是很有意义，而且它们对于分辨不同的硬币也没有很大的必要，故而很少有人会对这些细节进行编码。前面我们曾提到过，有些信息是自动进行编码的，而有些信息则需要进行有意加工。如果没有有意加工，很多记忆是无法形成的。

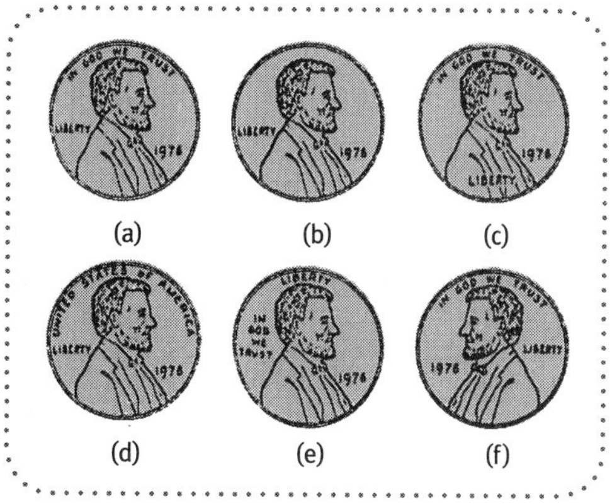

答案：只有第一个一美分的硬币（a）是真的。

➤ **图** 8.19
测试一下你的记忆
这幅图片中哪一个硬币是真的？（如果你不是生活在美国，那么请试着画一枚你自己国家的硬币。）（From Nickerson & Adams，1979）
（答案见图片下颠倒的文字）

贮存消退

即使编码非常完善，有时仍会发生遗忘现象。为了研究贮存信息所能保持的时间，艾宾浩斯（1885）以自己为被试，学习了自创的无意义音节表，之后又分别在 20 分钟到 30 天不等的时间后测量了自己再学习同一张音节表时的节省时间量，用以衡量记忆的保持量。结果他绘出了著名的艾宾浩斯遗忘曲线（见图 8.20），该曲线揭示了学习过的大部分内容很快就会出现遗忘这一现象。后继的实验将"遗忘曲线"发展成一个心理学定律：遗忘的速度最初会很快，之后会随着时间而减缓下来（Wixted & Ebbesen，1991）。

巴瑞克（Bahrick，1984）扩展了艾宾浩斯的研究结果。他考察了学生在学校

"我们每个人都会发现自己生活的每一刻都是被完全填满的。（我们）每一秒钟都会受感觉、情绪、思想……的冲击。而这些内容十之八九都被（我们）简单地忽略了。过去是由上亿个瞬间流过的巨大瀑布流组成；它的每一个瞬间都太过复杂而无法被全部掌握，只能聚积在所有可能性的想象之外……钟表每滴答一声，世界上的每个角落里，都会有许多无法想象的丰富多彩的历史生活被湮灭。"

——英国小说评论家 C.S. 刘易斯（1967）

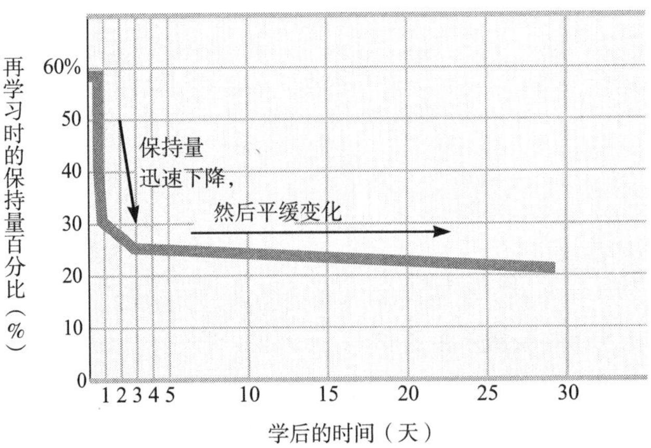

（艾宾浩斯，1850~1909，德国著名的实验心理学家，以研究记忆而闻名。）

➤ **图 8.20**
艾宾浩斯遗忘曲线
在学过无意义音节表后，艾宾浩斯检查了自己在 30 天内的保持量。结果他发现对新信息的记忆呈先快后慢的消退趋势。（Adapted from Ebbinghaus, 1885）

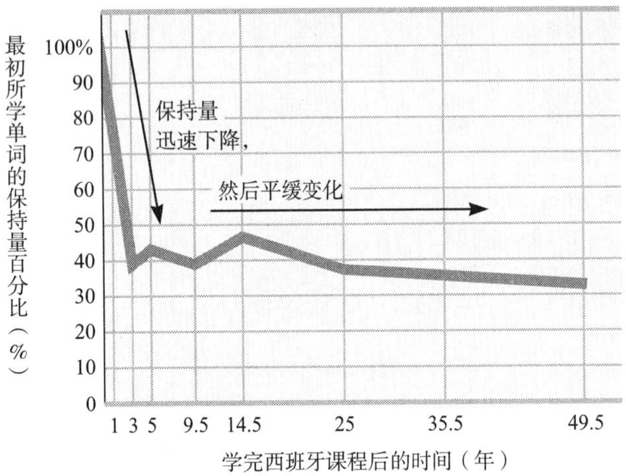

➤ **图 8.21**
读书时所学西班牙语的遗忘曲线
与刚学完西班牙语的人相比，那些已经学完这门课 3 年的人所能回想起的内容要少得多。但是与学完这门课 3 年的人相比，那些更早之前学过这门课的人却并没有忘掉更多的内容。（Adapted from Bahrick, 1984）

里学会的西班牙语词汇的遗忘曲线。与那些刚刚修完高中或大学西班牙语课的人相比，已经毕业 3 年的人几乎忘掉了所学内容的大部分（图 8.21）。但在大约 3 年之后，他们遗忘的速度就减缓了甚至几乎停止了。而且他们在 3 年之后还记得的内容，在经过 25 年甚至更长的时间后还会记得；即使他们后来都不曾使用西班牙语，结果也是同样如此。

有一种解释认为这些记忆曲线是生理上记忆痕迹逐步消退所引起的。对记忆贮存的生理机制了解得越多，我们就越能理解记忆贮存的衰退机制。但是记忆同样也会因为其他信息的输入和积累而干扰信息的提取，甚至会引起贮存的消退。

提取失败

当信息的编码失败，或是贮存的信息慢慢消退时，就会发生遗忘现象。遗忘就像你无法找到大学图书馆里的书一样——可能里面从来就没有这本书，可能它已经被丢弃了。

但是还存在第三种可能性：即这本书就在图书馆里且是可供借阅的，但你却无法找到它。记忆信息的提取也是如此，有时信息已经进入了大脑，并且我们也

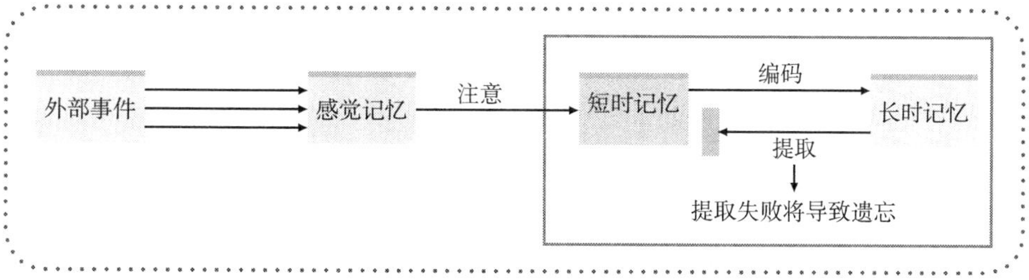

➤ 图 8.22
提取失败
我们往往会将很重要的信息和经过复述的信息贮存在长时记忆中。但有时贮存的信息无法被提取，这会导致遗忘。

知道它就存储在大脑中，但是我们却无法提取（图 8.22）。就像某个人名已经到了嘴边，可你却怎么也想不起来。当个体无法回忆信息时，如果这时为其提供相关的提取线索（如“名字以 M 开头”），那么个体最终一定会回想起来。提取问题也会发生在年长者身上，具体表现为偶然失忆现象。通常，遗忘不是因为内容被丢弃掉了，而是因为内容不能被提取。

干　扰

一些项目的提取可能会干扰其他项目的学习，特别是当项目间存在相似性时。如果某个人告诉你他的电话号码，那么你很可能会记住它。但是如果有两个人同时告诉你他们的电话号码，那么对你来说要把后面的一个电话号码记住就显得很困难了。当前面所学的东西干扰了后继的记忆任务时，**前摄干扰**（proactive interference）就发生了。这是因为，过多的信息虽然不至于填满你的心理空间，但的确会使它变得杂乱无章。

当你第一次将车泊在购物中心的停车位上时，你可以很容易地找到它。但是泊车多次之后，你就不会那么容易地找到它了。同样，你新买的密码锁或新开户的电话号码，可能会受到你的旧密码或旧号码的干扰。安德伍德（Underwood, 1957）发现，让被试在连续的数天里不断地学习不同的单词表，会使他们在接下来的一天里对新词表的学习越来越困难。前摄干扰可以帮我们解释为什么艾宾浩斯在学习了大量的无意义音节之后，在其后的一天中却只能记住新音节表的四分之一，这与在只学习一个音节表之后再学习新音节表的回忆量相去甚远。

在回忆先前所学的旧信息时，当前新信息所产生的干扰作用，被称为**倒摄干扰**（retroactive interference）（图 8.23）。例如，对新生名字的记忆会干扰教师回忆出以前的其他学生名字。

➤ 图 8.23
倒摄干扰
人在清醒时学习许多其他的新材料会出现更多的遗忘。（From Jenkins & Dallenbach, 1924）

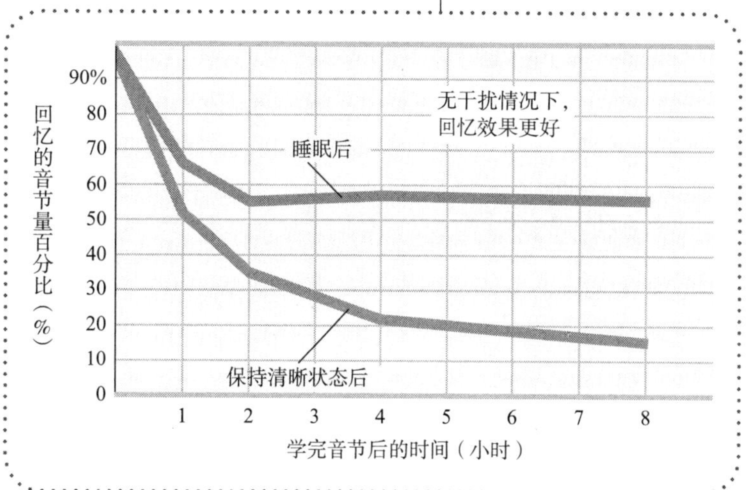

可以通过减少干扰事件来减弱倒摄干扰，例如，学习新知识之后去散散步或小憩一会儿。1924 年约翰·詹金斯和卡尔·戴伦巴克（John Jenkins & Karl Dallenbach）发现，睡眠有助于记忆。实验中，两名被试日复一日地学习一些无意义音节，然后分别在清醒和睡眠 8 小时后这两种状态下努力地进行回忆。如图 8.23 所示，遗忘在保持清醒状态并进行其他活动的时候发生得更快。研究者猜想，“遗忘不是旧印象的消退，而是新印象对旧印象的干扰、阻碍和覆盖”（1924, p. 612）。后来的实验进一步发现，晚间睡前一小时（而不是睡前一分钟）是信息进入记忆的最佳时间（Fowler et al.，1973）。

干扰是遗忘发生的一个重要原因，这还可以解释为什么在暴力、色情电视节目中穿插的广告非常容易被遗忘（Bushman & Bonacci，2002）。但我们不应夸大这一点。有时候原有的旧信息也会促进我们对新信息的学习。我们知道，拉丁文有助于我们学习法文——这种现象被称为正迁移。而干扰则是在新旧信息互相竞争时发生的。

动机性遗忘

在我家厨房的大饼干罐里，塞满了新鲜出炉的巧克力曲奇；而在柜子的架子上，还有许多的巧克力曲奇正在等待被冷却。24 小时后，架子上却连一点碎末也没留下。是谁拿走了饼干？在那段时间里，屋内只有我、妻子和 3 个孩子。因此，趁记忆还清晰，我做了一个小小的记忆测试。安迪承认自己狼吞虎咽地吃了 20 块饼干，皮特承认吃了 15 块。劳拉猜想她那 6 岁的肚子塞了 15 块。我的妻子卡洛尔回忆起她吃了 6 块，而我记得自己吃了 15 块，此外又拿了 18 块饼干到办公室。我们很保守地承认自己吃了 89 块饼干，但仍然没有接近真实数字——160 块饼干。

与这个饼干记忆现象非常类似，1981 年罗斯及其同事（Ross et al.，1981）也发现，人们会无意识地重组他们的过去。在实验期间，罗斯劝告实验组的参与者，希望他们能经常刷牙。结果该组被试比其他人更多地回忆自己在过去两周内的刷牙行为非常频繁。在接受了一门备受推崇的学习技巧课程的培训后，学生们通过贬低自己先前的学习习惯，来夸大自己所取得的进步，从而确信自己的确颇有收获（Conway & Ross，1984）。我们在回忆过去时，常常会对其进行修正重组。通过回忆那些期望中的事件，我们得以保护和提高自己的自我形象。

➤ **图 8.24**
我们什么时候会遗忘?
遗忘可以发生在记忆的任一阶段。当我们加工信息时，信息可能会发生过滤、改变或丢失。

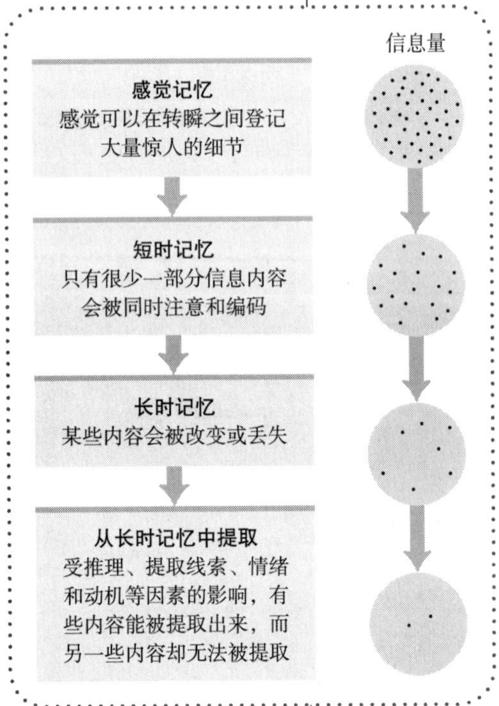

为什么我们的记忆会欺骗我们？为什么我和家人没有编码、储存和提取我们各自所吃饼干的真实数目？如图 8.24 所示，我们会对感觉信息进行相当全面的自动编码。那么，这是储存的问题吗？莫非我们对饼干的记忆，会像艾宾浩斯对无意义音节的记忆那样快速地消失吗？快得就如饼干不见了一样？或者信息仍然完好，只是我们无法提取，因为它会让我们感觉非常尴尬？（当年狼吞虎咽大吃饼干的儿子在数年后读到他父亲的这本著作时，承认自己撒了“一点”小谎。——作者注）

弗洛伊德在**压抑**（repression）的概念中提出，我们的记忆系统实际上会对那些令人痛苦的信息内容进行自我检查。为了保护我们的自我概念并减少焦虑，我们可能会压抑痛苦的回忆。但是，那些潜在的记忆仍然会继续徘徊，依然萦绕在心头，而且经过一定的坚持和努力，可能会在后来的一些线索或治疗的帮助下而被提取出来。在一个已被报道过多次的案例中，有位女子对流水具有一种强烈的难以言喻的恐惧感。后来，一位阿姨解开了这个谜团。她轻声对这个女子说：“我从没对任何人讲过。”这句话重新燃起了她内心深处早已熄灭的烛火；而且激活这位女子重新唤醒了对一次事故的记忆。那时候她是一个不听话的小孩，故意远离家庭野餐聚会，结果掉进了瀑布里面，直到阿姨把她救了出来！而阿姨事后答应不把那件事告诉她父母（Kihlstrom，1990）。这个病例支持了后来所谓的动机性遗忘理论。现在九成的大学生都相信“创伤性经历的记忆有时会被压抑到无意识中”（Brown et al.，1996）。压抑是弗洛伊德理论的中心内容，并且已变成了一部分心理学知识。几乎所有人都相信它，心理治疗师也经常采用它。不过越来越多的研究者认为，即使存在压抑，那也是非常罕见的。如我们所知，人们会无意识地忘记消极的体验，而这些体验是否被压抑了呢？对于创伤性经历，人们究竟是存在记忆困难还是遗忘困难？这些问题有待于进一步的探讨。

本节回顾

➤ **自问**

大多数人希望自己长大以后能拥有更美好的记忆。你也是这样想的吗？还是说你常常希望自己摈弃那些陈旧的记忆？

➤ **自测 5**

你能举一个前摄干扰的例子吗？

自测问题的答案见书后的附录。

记忆建构

10. 错误信息、想象和源头遗忘是如何影响我们的记忆建构的？为什么看起来真实的事情都是错误的记忆？

设想你自己正经历着如下的情景：

> 你走进一家豪华的餐厅享用晚餐。你坐在一张餐桌旁边，桌上铺着白色的桌布。你看了看菜单，然后告诉服务员你想要一份半熟的特级牛排，一份烤土豆和一份蓝奶酪沙拉。你还从酒单里点了一些红酒。几分钟后服务员给你端来了沙拉。随后剩下的菜也都上齐了，你吃得很开心，遗憾的是只有那块牛排有点儿火候过大。

如果我立即让你就这段话做一个测试（改编自 Hyde，1983），你可能会准确地提取出大量相关细节。现在，不要再看上面的详细描述，请回答下列问题：

1. 你点了一份什么颜色的奶酪沙拉？
2. 桌布是红色的吗？
3. 你点了什么酒水？
4. 服务员给你菜单了吗？

你也许能准确地回忆出你所点的食物，甚至是桌布的颜色。那么，难道我们的提取只是对贮存在我们脑中信息的“阅读”吗？事实上，我们的确可以表现出非凡的能力，我们的大脑可以贮存和再造日常生活事件的诸多细节。这种再造可表现为，编码时的记忆建构以及从大脑这个图书馆中提取信息时的记忆修改。与科学家根据恐龙遗骨来推断其外观一样，我们也是根据大脑所贮存的信息和当前假设来推断过去记忆的。服务员给你菜单了吗？上述一段话中对此未加描述。尽管如此，许多人仍回答为“是”。通过信息过滤和填补空白处的信息，你在餐厅用餐的大脑图式帮助你构建了对餐厅的记忆。

错误信息和想象效应

在涉及 20 000 多人次的 200 余项实验中，伊丽莎白·洛夫特斯（Elizabeth Loftus）发现，当目击证人接受询问时，他们重构记忆的方式竟是如此惊人地相似。例如，在与约翰·帕尔默（John Palmer）共同设计的一个经典实验中，先是给被试播放了一段有关交通事故的电影，然后再就他们的所见所闻进行了测试（Loftus & Palmer，1974）。结果发现，被试对车速的估计在很大程度上会受问题呈现方式的影响。具体说来，如果问题表述成“当这些小车完全被撞毁时其速度有多快？”被试往往会做出更高的估计；而如果问题表述成“小汽车相撞时的速度有多快？”被试的估计则相对较低。一周后，当研究者再问及“车窗玻璃是否被撞碎？”时，那些做出肯定回答的被试同样也受到了上述提问方式的影响。即，如果问题是“汽车完全被撞毁时是否有碎玻璃”，则做出肯定回答的被试人数要两倍于对“汽车碰撞时是否有碎玻璃”这一问题做出肯定回答的人数（图 8.25）。事实上，影片中根本就没有出现碎玻璃。

在后来很多的同类研究中，都是先让被试亲眼目睹某一事件，紧接着给其呈现或不呈现误导性信息，最后再对其施以记忆测试。结果无一例外地发现了**错误信息效应**（misinformation effect），即接受了微妙的误导信息之后，许多人都会出现错误记忆。他们会错误地把让路标志回忆成停车标志，把锤子回忆成螺丝刀，把可口可乐罐回忆成豌豆罐，把《时尚》杂志回忆成《小姐》杂志，把亨德森医生回忆成戴维森医生，把早餐的麦片粥回忆成鸡蛋，把一个胡子刮得光光的人回忆成满脸胡子的人……（Loftus et al.，1992）。记忆会随时间的流逝而逐渐消退，这使得错误信息的入侵变得越发容易（Loftus，1992）。

> “记忆是脆弱的。事物总在不断地进行交替和变换。照片既能巩固你的记忆，也能摧毁你的记忆……除了那些照片，你没有任何线索可以回忆起旅途中的点点滴滴。”
>
> ——安妮·迪拉德，To Fashion a Text，1988

由上可知，错误信息效应常常无声无息且令人难以觉察，以至于过后单凭记忆人们几乎分辨不出真实事件和暗示事件（Schooler et al.，1986）。例如，三年后，当问及听说“挑战者号”航天飞机爆炸的那一刻自己正置身何处时，人们通常会出现错误回忆（Neisser & Harsch，1992）。当要求他们阅读“挑战者号”爆炸后一天自己亲手做的记录时，大多数人都很惊讶，有些人仍坚信他们后来的错误记忆，甚至认为他们的最初报告有误。由此可见错误记忆之强大，难以避免。

➤ 图 8.25
记忆建构
当观看车祸事故影片的观众被问及某个误导性问题时，他们回忆的车祸会比实际的目击情况更严重。（From Loftus，1979）

我们在叙述某一次经历时，通常会在记忆的断层里加入一些看似正确的猜想和假设。经过多次重述之后，这些猜想及其细节就会被一再地回忆起来，结果我们便自然而然地将其纳入到记忆中，就好像我们真的见到过一样（Roediger et al.，1993）。同理，其他人对事件的生动重述也可能会植入到我们的脑海中并形成错误记忆。

此外，反复想象那些事实上根本就不存在的动作和事件也会形成错误记忆。在一个实验室实验中，要求学生们反复想象一些诸如弄断牙签或捡起一个订书机之类的简单动作，结果后来他们表现出了想象夸张效应，即他们可能会认为在该实验的第一个阶段自己真的做了上述那些简单动作（Goff & Roediger，1998）。在由加里等人（Garry et al.，1996）设计的另一个实验中，先是让大学生们回忆自己童年时的一些经历，比如是否“用手砸破过玻璃”等。两周后，再要求其中半数的被试想象自己的童年曾经历了这样四件事——跑步、旅游、摔跤和手在砸破玻璃时受伤流血。经过对这些虚构事件的生动想象后，他们中四分之一的人变得更倾向于相信自己的童年时期可能真的发生过这些事件。

这可能是由于，虚构事件过后看起来更熟悉而熟悉事件看起来似乎更真实的缘故。所以人们的想象越生动，就越可能将这些想象扩充到自己的记忆中（Loftus，2001；Porter et al.，2000）。那些认为自己曾经被外星人诱惑并绑架到宇宙飞船上做药物检验的人，通常具有丰富的想象力，他们自然更有可能在记忆测验中发生错误记忆（Clancy et al.，2002）。同样，那些自认为想起了童年遭遇性骚扰经历的人通常也具有生动的想象力，他们在错误记忆测试中的得分也很高（Clancy et al.，2000；McNally et al.，2000，2001）。

为了探查人们在记忆中搜索真实事件时的心理虚构程度，理查德·怀斯曼（Richard Wiseman）及其在赫特福德郡大学（University of Hertfordshire）的同事组织了八场降神会。每次降神会都有 25 名感兴趣的人士参加。在所谓的降神会上，灵媒——实际上是一个专业演员和魔术师——要求每一个人都把注意力集中在移动行走的桌子上，灵媒会说：“很好。请抬起桌子。好。集中注意。让桌子停留在半空中。”然而，事实上这张桌子根本就没有移动过半步。两周后再调查时发现，34% 的被试确实记得他们曾经看到桌子在半空中飘荡。

即便是心理学家似乎也难以避免记忆重构问题：

- 弗雷德里克·巴特莱特（Frederick Bartlett），记忆建构研究的先驱，他在 20 年后这样回忆道：“剑桥大学心理学实验室成立于 1913 年 5 月的一个晴空万里的下午”。而事实上，他的同事戈弗雷·汤普森（Godfrey Thompson）爵士却记得，那天下着倾盆大雨（Ross，1996）。
- 另一个记忆研究者，乌尔里克·尼泽尔（Ulric Neisser，1982，1986），在回忆珍珠港事件时，他说自己当时正在收听一场棒球比赛的广播。数年后，他才意识到在珍珠港事件发生的整个 12 月份里，美国根本没有举行过棒球比赛。从那以后，尽管他知道这是个错误记忆，却仍然一如既往地生动地“回忆”着这件事。（事实上，后来有人指出，他一定是在听巨人队对道奇队的橄榄球广播时被那个通知打断了。）
- 心理学家皮亚杰成年后才惊讶地发现，他那关于保姆诱拐自己的生动细致的童年记忆完全是错误的。皮亚杰显然是在多次重述他听说过的故事时建构了他自己的记忆（后来该保姆也证实了这段记忆的错误性）。

源头遗忘症

尼泽尔和皮亚杰虽然都记住了自己过去的某些经历，但这种记忆的来源却是根本错误的（在皮亚杰的例子中，他将记忆的来源归结为自己的经验而不是护士讲的故事）。当进行记忆编码时，记忆的不同方面通常会被分配到大脑的不同部位中去。而记忆最脆弱的部分就是它的来源。因此，我们可能会认得某人但却不知道曾在哪儿见过他。或者我们曾幻想过或梦到过一件事，而后又不确定它是不是真的发生过。或是我们可能听到过一些事情，但后来却记成是真实发生过的事情（Henkel et al.，2000）。在上述所有这些案例中，人们记住的是表象，记不住的是获取表象的情境和背景。

普尔和林塞（Poole & Lindsay，1995，2001，2002）重复验证了皮亚杰的**源头遗忘症**（source amnesia，也即所说的来源性错误归因）。他们让学前儿童直接跟“科学先生”进行交流。交流过程中，“科学先生”要他们示范如何能通过加热苏打水和醋来给一个气球充气。三个月后，这些孩子的父母连续三天给他们读关于他们自己与科学先生的故事。在这个故事里，父母们描述了一些他们经历过和没经历过的事情。当一个陌生的访谈者问这些学前儿童，他们和科学先生在一起做过些什么（“科学先生用绳索拉动过机器吗？”）时，十个孩子中有四个会情不自禁地回想起，科学先生在故事里做过而不是真正做过的事情。

美国前总统罗纳德·里根也曾出现过来源性错误归因，同时它也向我们揭示出虚构故事被信以为真的原因。他在三次美国总统竞选中，都一再地讲述一个“英勇牺牲”的故事。二战期间，我方的一架飞机不小心被敌方火力击中，而机上的飞行员无法从机舱弹出，在这一紧急时刻，他的指挥官对他说：“别害怕，孩子！就让我们随着飞机一起降落吧。”每一次，里根都是泪流满面地述说勇敢的指挥官是如何获得美国国会崇高的荣誉奖章的。后来一位好奇的记者核查了二战期间国会奖章的获得者名单。结果在全部 434 位英雄中也没发现一个与之相似的故事。对此，这位记者并没有死心，他又作了进一步的挖掘。最终，他找到了这个情节——1944 年的一部影片《飞翔与祈祷》（A Wing and a Prayer）中的一幕（Loftus

& Ketcham，1994）。

▸▸ 作家和作曲家有时会经历源头遗忘症。他们自以为某一刻的灵感源于自己富有创造性的想象力，而实际上那是他们无意中剽窃了自己从前看过或听过的作品。

辨别真实记忆与错误记忆

由于记忆既是一种构建过程，又是一种再造过程，因此我们不应该凭借主观上的真实感来判断其事实上的真实性。就像错觉看起来可能像真正的知觉一样，不真实的记忆似乎也有一种真实感。

事实上，当今的研究者们已经注意到，记忆同知觉——对过去的知觉——之间的关系密切（Koriat et al.，2000）。如哈伯斯塔特和尼丹塔尔（Halberstadt & Niedenthal，2001）所揭示的，人们最初的解释可以影响他们的知觉记忆。他们邀请新西兰的大学生观看一些模拟面孔，这些面孔表现的是一种混合情绪，例如高兴和生气（图 8.26a）。之后，让大学生们想象和解释“这个人为什么会感到生气（或快乐）”。半小时后，让被试观看计算机屏幕上播放的一段录像，录像中呈现了一张人工合成的从生气过渡到高兴的脸部表情；接着要求他们调节按钮使所呈现的面部表情与其先前所看到过的表情相符为止（图 8.26b）。结果发现，将其解释为生气的参与者（“这个女人很生气，因为她男朋友与她最好的朋友私下交往并背叛了她”）所调整出的面部表情更为气愤；而将其解释为快乐的参与者（“这个女人很高兴，因为大家都记得她的生日”）所调出的面部表情则没有那么气愤。

此外，我们也不应该凭借持久性来判断记忆的真实性。记忆研究者布雷纳德和雷纳（Brainerd & Reyna，1995，1998，2002）注意到，来自经验的记忆（经验记忆）往往比来自想象的记忆（想象记忆）具有更多的细节。想象记忆大多停留在假想事件的要点上，即事件的意义及其与之相联的主观感觉。由于要点记忆具有持久性，故而儿童的错误记忆有时会胜过真实记忆（Brainerd & Poole，1997）。当治疗师或观察者所寻求的是要点而非细节时，他们很可能会引导出错误记忆。

虽然那些由错误信息和错误归因所造成的虚假记忆，在主观感觉上可能跟真实记忆一模一样，并且可能也会持续很长时间，但大脑扫描却可以辨别出两者之间的差异。想象一下你正在大声朗读一张单词表，如糖果、糖、蜂蜜以及味道等。接下来，要求你在一张更大的词表中再认出那些先前呈现过的单词。如果你跟罗迪格和麦克德莫特（Roediger & McDermott，1995）所测试过的参与者一样的话，那么你将在四次测试里出现三次错误（即你将出现四分之三的错误率），比如可能

(a)

(b)

➤ 图 8.26
假设可以改变知觉记忆
研究者把通过计算机处理过的混合表情面孔，比如（a）中混杂着生气与高兴的面孔，呈现给被试，然后让他们解释这个人为什么生气或高兴。那些被要求做出“生气”解释的被试，事后往往会回忆出更为生气的面孔。此外，当要求他们调节按钮来复制先前所见过的表情面孔时，他们往往会得出图（b）中的面部表情。

会错误地记住一个从未出现过的相似单词“甜”。然而，在后续研究中，研究者发现 PET 扫描却可以分辨真假记忆。尽管人在正确或错误回忆一个单词时，其海马部分会表现出相同的活跃程度（Schacter et al.，1996），但大脑的其他区域对真假记忆的反应却有所不同。比如，只有正确回忆出某一个单词例如糖果时，大脑才会激活负责语音加工的左颞叶区域。由于错误再认出的单词“甜”从未获得个体的听觉加工，因此在颞叶区域就自然不会有感觉记录被激活。虽然人们辨别不出真假记忆，但大脑却做得到！（目前还没有办法利用这项技术来辨别更久以前的真假记忆。）

在目击证人的证词实验中，研究者们不断发现，最自信和最可靠（证词最一致）的目击证人却是最易被误导的；他们的证词常常是最不准确的。无论对错与否，目击证人所表达的大概是一种自我确证（Bothwell et al.，1987；Cutler & Penrod，1989；Wells & Murray，1984）。

记忆建构可以解释生活中的很多现象。比如，为什么催眠所唤醒的犯罪记忆容易出错，那可能是催眠师的引导性问题（如“你听到嘈杂的声音了吗？”）导致记忆建构的缘故；为什么热恋中的人往往会高估彼此给对方所留的第一印象（“一见钟情”），而分手的恋人却又会低估对自己从前恋人的喜欢程度（“我们从来没有真正地合拍过”），这都可以用记忆建构来解释（McFarland & Ross，1987）；为什么人们回忆起 10 年前对大麻或性的感受，会更接近于现在的观点和态度，而却与他们当年的真实报告有所不同（Markus，1986）。

有一个研究小组曾追踪调查访谈了 73 名男孩。第一次的访谈时间是在他们九年级的时候。而第二次的访谈时间是在 35 年后，要求他们回忆自己在接受第一次访谈时就其态度、行为和经历等方面所报告的内容。结果发现，半数以上的人在前后两次访谈中的报告不一致，差异非常显著。比如，当接受第二次访谈时只有三分之一的人回忆说他们曾受到过体罚，但 35 年前当他们是九年级的学生时却有 82% 的人报告自己曾受过体罚（Offer et al.，2000）。正如乔治·瓦利恩特（Vaillant，1977，p. 197）所注意到的，“发育成熟的毛虫，最终变成了蝴蝶。然而，随着它们体态的变化，蝴蝶的记忆也逐渐走了样。它们只记得自己从前是只小蝴蝶，而不是什么毛虫。这种“小蝴蝶”记忆几乎随处可见。显然，成长令我们每个人都成了说谎者。”

澳大利亚心理学家唐纳德·汤普森（Donald Thompson）多年来一直从事记忆的研究，特别是有关错误记忆的内容。然而，在生活中他却真真切切地经历了一次歪曲记忆事件及其与之相伴的冤屈和困扰。这的确很讽刺！事情的经过是这样的：当局就一桩强奸案起诉了他，因为他与受害者凭借记忆所指认的强奸犯最相符；但好在他有不在现场的强有力的证据，即案发前汤普森正在接受一个电视台的现场采访，所以他根本不可能赶到犯罪现场去作案。那么，受害者为什么会指认汤普森呢？原来，受害者当时正在收看汤普森的这个现场采访，而且更滑稽的是，这正是关于面部再认的采访；紧接着受害者又经历了源头遗忘症，致使她忘记了汤普森记忆的出处，从而将它与强奸犯的记忆混淆在一起（Schacter，1996）。

心理学家费希尔、盖泽曼及其同事（Fisher，Geiselman，et al.，1987，1992）发现，警察和律师在问讯当事人或目击证人时常常会陷于某种主观框架中，即他们几乎总是根据自己对事件的理解来提问，其结果自然是导致了这种错误信息效应。基于此，他们尝试训练审讯者提问一些没有什么暗示性但却颇为有效的问题。比如，侦探在问讯目击证人时，为了激活提取线索，他们先要求目击证人想象事发现场的一些情景，例如，天气、时间、亮度、声音、气温以及当事人的所处位置和心境等；其次，再让目击者在不受干扰的情况下详述自己回忆的点点滴滴，请注意，此时无论多么琐碎的内容都不能遗漏；最后，侦探才能提出自己的问题，诸如“这个人的外表或衣着有什么不同寻常之处吗？”等等。当采用这种“认知审讯”技术之后，费希尔和盖泽曼发现，目击者回忆的准确率提高了 50%。

儿童目击证人的回忆

我们知道，记忆既可能真实无误的也可能是虚假错误的，那么儿童有关性虐待的记忆究竟是真还是假呢？通常，在此类事件中，谁才是真正的受害者，是性虐待记忆受到质疑的儿童，还是遭遇诬告而名誉受损的成年人？

可见，儿童报告的可信度至关重要。我们知道，问讯者在提问时凭借错误信息效应，可以创造出符合他们主观意愿的故事——某种错误记忆。有时，儿童是犯罪案件中的可靠目击证人，但他们的致命弱点是很容易受暗示。在 90% 的各年龄组的比较研究中，心理学家们发现，较之年长儿童或成年人，学前儿童更容易受暗示（Bruck & Ceci，1999）。比如，许多儿童都错误地报告说，护士曾打过他们的膝盖，一个男人把“讨厌的东西”放进了他们的嘴里，医生将一根小棒插入到他们的生殖器内，某某人摸了他们的私处……。当增加这些暗示性询问手段后，大多数学前儿童都会受误导并报告出一些虚假事件来，如看到一个小偷在他们的托儿所偷食物等（Goodman et al.，1990；Howe，1997；Pipe，1996）。虽然如此，但当用儿童能够理解的语言提问时，他们一般能准确报告发生了什么事情或是谁做的。问讯之前，如果成年问讯者不与儿童交谈，并且从一开始就采用公正的非诱导性问题的话，那么孩子们的回忆就特别值得信赖。

在有关儿童体检经历的记忆测试中，研究者发现儿童的回忆既准确同时又存在偶尔的闪失。贝克 - 沃德及其同事（Baker-Ward et al.，1993）测查了儿童对概括问题（“告诉我医生都给你检查什么了”）和具体问题（“医生用电筒照你的眼睛了吗？”）的记忆。体检 3~6 周后，就体检时医生的所作所为对儿童进行记忆测试，结果发现 3 岁儿童能回忆出 60%，7 岁儿童能回忆出 90%。当被问及一些从未发生过的事情（“医生给你剪头发了吗？”“护士坐到你身上了吗？”）时，3 岁儿童中有近 30% 的人给出了错误答案，而 7 岁儿童中则只有 15% 的人做出错误回答。

切奇（Ceci，1993）认为，“对罪大恶极的虐童事件置若罔闻是万万要不得的！”然而，切奇和布鲁克（Ceci & Bruck，1993a，1995）多年来对儿童记忆的研究也让他们敏锐地觉察到了儿童的易受暗示性。在一项研究中，他们让 3 岁儿童在一个模拟人体生理解剖结构的玩偶身上指明儿科医师都触摸了他们身体的什么部位。结果发现，在未接受过生殖器检查的儿童中有 55% 的人都指在生殖器或肛门的位置。

在另一项研究中，切奇和布鲁克要求一名儿童从一堆卡片中抽出一张，接着由一位成人读出卡片上所注明的任何可能会发生的事情。比如“请努力回想一下，告诉我这是否曾经发生在你身上。你能记起自己手指曾被捕鼠器所夹而去过医院吗？”每周都由同一位成年人反复要求儿童想象一些真实的和虚构的事件。这样询问 10 周后，再由另一位成年人来提问他们相同的问题。结果确实非常令人震惊，高达 58% 的学前儿童编造出了虚假的（常常是生动的）故事，这些故事所涉及的

> “研究让我们意识到存在错误辩护的可能性，并为之深感忧虑。如果证据偏向一边，而我们仍采取取中庸之道，那么这显然不符合科学的公正性。”
> ——斯蒂芬·切奇（1993）

内容是一件或更多件他们从未经历过的事情。下面的报告来自一个最初否认捕鼠器事件的男孩（Ceci et al.，1994）：

> 我哥哥科林要从我这里拿走战斗玩具布洛托奇先生，我不给他，结果他就把我推进了木柴堆里。那里面有捕鼠器，进去后我的手指就被夹住了。接着我们去了医院，是妈妈、爸爸和科林把我带到那儿的，是坐我们家的货车去的，因为路太远了。到医院后，医生用绷带包扎了我的手指。

面对上述如此细致的讲述，即使是一位非常擅长与儿童面谈的心理学专家也很可能被愚弄。他们很难有效地分辨真假记忆。孩子们自己也不能。事实上，上述这个孩子，当我们一再地提醒他，父母跟他说过多次，捕鼠器事件从没发生过，是他自己想象出来的。但他抗议道，“确实发生过，我真的记得！”

受虐记忆的压抑或建构

11. 童年虐待和乱伦时间存在的真实性究竟如何?

20 世纪 90 年代，心理学界最激烈的争论——“记忆之战”——是关于童年性虐待记忆的压抑和恢复。2002 年间，由于几个牧师对性虐待的指控看似可信，使得这场争论再次浮出水面。那些由治疗师所诱导的童年性虐待记忆的“恢复”，究竟是触发了败坏无辜成人名誉的错误记忆，还是揭露了事实的真相？不管这种性虐待的记忆是否真实，有多么恐怖，单凭记忆的建构原则评论者就完全有理由进行质疑。

创伤事件之所以有时会被遗忘，也许是持续重压后的中毒效应所致（Cheit，1998，1999；Nadel & Jacobs，1998；Schooler，2001）。1974 年，4 岁的雷切尔（化名）和另外两个孩子被她的叔叔侵犯和骚扰了。雷切尔将此事告诉了妈妈，妈妈又通知了另一个孩子的家长，结果这位家长一怒之下杀死了雷切尔的叔叔。17 年后，心理学家威廉斯（Williams，1995）找到了雷切尔和其他 128 名记录在案的女性，她们跟雷切尔一样都记得自己曾经在童年时经历过性骚扰（性交或抚弄）。当问到她是否在童年经历过性虐待，或者是否有家人遭受过性行为的困扰时，雷切尔镇静地回答说没有，然后又补充道：“等等……我叔叔好像对什么人实施过性侵犯……我从没见过他，他在我出生前就死了。你知道，他骚扰了一个小男孩。后来这个小男孩的妈妈发现了，她就拿刀刺了我叔叔的心脏，杀死了他。”雷切尔是 49 位受害者中的一员——占受访者的 38%——这些受害者无法自发地回忆起她们曾遭受过的虐待事件。（尽管如此，但大多数人能记得自己曾遭受过性方面的其他创伤。）

认知心理学家弗雷德（Freyd，1996，2001）据此提出理论认为，人可能会对威胁其生命的创伤诸如飓风、车祸等保有鲜活的记忆，而对那些可能一再丑化自己的创伤记忆则会变得黯淡或受到阻抑。例如伊娃·哈特（Eva Hart）在泰坦尼克号沉没 84 年后仍心有余悸地清清楚楚地记得：“我看到了它的沉没，听到了它的沉没，没有人能忘掉那一切”（Rupp，1998，p. 70）。但是，雷切尔和其他一些人却失去了那些记忆。这难道是因为，还未长大成人的受监护儿童想把其监护人对自己的性虐待压抑在记忆的最低层，以维持自己与监护人的关系，从而保证自己的生存吗？

有些人曾经失去了对自己以前生活的记忆，但后来又声称他们恢复了有关虐待的记忆。在华盛顿州进行的一项为期 5 年的调查研究发现，共有 682 人声称他们一直压抑着对性骚扰和其他犯罪的记忆，后来他们从州受害者补偿基金处得到了一笔赔偿金以支付其治疗费用。

巴斯和戴维斯（Bass & Davis,1988）出版了一本名为《直面治疗的勇气》(The Courage to Heal）的书，这是一本关于乱伦—复原的指导手册。在书中，他们鼓励受害者重现和报告这些记忆。他们列举了"乱伦—幸存者"的许多特征,包括羞愧感、无力感、无价值感、易受伤害、完美主义及缺乏目标和动机等。基于此，一些治疗专家指出，如果你有上述这些感觉，那么你不必为自己没有性虐待的记忆而惊讶，因为"否认"和"压抑"是很正常的。"如果你记不起任何具体的事件……但你仍然能感觉到自己好像真的被侵犯骚扰过，那么这可能真的就是事实，"巴斯和戴维斯如此说道(pp. 21-22)。"如果你认为你被侵犯过并且你的生活中有这种征兆，那么那可能是事实。"

从这个观点出发，一些治疗专家便形成了对病人的诊断逻辑，"如果你经常出现上述被侵犯后的种种症状，那么你可能真的遭受过同样的侵犯。这样的话，不妨让我们借助于催眠或药物，也许它们会起点作用，甚或帮助你彻底回忆起你所经历过的创伤。这样，你才可能痊愈。"在美国的一次调查中，治疗师总体的估计结果为，占总人口 11% 共计约 3 400 万的人压抑了他们童年遭受过的性虐待记忆（Kamena，1998）；而在英国和美国进行的另一项调查中，以高级治疗师为对象的调查结果却是，他们当中有七成的人报告说自己曾经使用过诸如催眠或药物的技术，去帮助当事人恢复那些疑似被压抑的童年性虐待记忆（Poole et al., 1995）。

由于我们可能对源头遗忘症或错误信息效应的研究充满期待，因此接受这种治疗技术的病人慢慢地可能会真的自以为是受害者。并且，随着这种印象的渐趋深刻，曾经被迫害过的感觉也越来越逼真，结果病人会倍感震惊和气愤，以至于打算去直面或起诉他们那同样震惊和气愤的父母或亲人。而病人的家人，也正如治疗师所预期的那样，会极力否认这些控诉。比如，一名女病人，在其第 32 次治疗期间，突然想起了在自己 15 个月时父亲对她进行过的性侵犯。女演员罗丝安尼·巴尔（Barr，1991）在接受恢复记忆治疗后，声称记起了自己从婴儿时期就开始遭受到性骚扰。

可以想象，说服成年女性相信他们的父亲或母亲曾经做过乱伦之事，那必然会导致许多家庭破裂。数以千计的类似家庭会向错误记忆综合症基金会寻求帮助。该基金会的名称——错误记忆综合症——来源于约翰·基尔斯特罗姆（John Kihlstrom，1996）对某一分裂性症状的定义和命名。该症状的主要表现为，个体的身份及其关系始终围绕着某些创伤经历的记忆，而事实上那通常是一些虚假却又被信以为真的记忆。通常，患有错误记忆综合症的人，会一味地沉迷于他们的创伤记忆，排斥那些与之矛盾的其他信息，从而回避现实生活中的真实问题。

虽然大多数治疗师的专业水准似乎无可挑剔，但怀疑论者仍不以为然，他们甚至把那些经由治疗师诱导后所发现的但却未经证实的罪名比作是 20 世纪 90 年代塞伦女巫案（Salem witch trials）的重演。一些科学评论家的指责更为犀利，他们认为,如果在临床上心理治疗师运用诸如"表象引导"、催眠和梦的解析等"记忆工作"技术去恢复记忆，那么他们"只不过是在贩卖心理错乱，而事实上，正是他们自己败坏了整个心理治疗领域。”（Loftus et al., 1995）。面对这些怀疑和指责，治疗师们愤怒了！他们反击道，对创伤记忆恢复的质疑，这无异于向那些受害女性的伤口上撒盐，以及为那些猥亵儿童的罪犯壮胆喝彩，这简直是助纣为虐！

塔弗里斯（Tavris, 1993）注意到，单凭成年后的种种症状去推断童年阶段是否遭遇过性虐待，似乎有些武断，因为这些症状“非常普遍，甚至适用于任何一个人，或至少有时候这样。”在许多情况下，人们都可能会表现出卑微感、羞愧感以及完美主义倾向等，因此很难从这些症状上找寻原因来判定过去的成长经历。

为了寻求一种共同的理论基础以解决这一观念纷争，美国医学会（American Medical Association）、美国心理学会（American Psychological Association）、美国精神病学会（American Psychiatric Association）、澳大利亚心理协会（Australian Psychological Society）、英国心理协会（British Psychological Society）和加拿大精神病学会（Canadian Psychiatric Association）对此进行了不懈的努力，目前已经召集了研究小组并发表了公共宣言。这些组织已经就保护受虐待儿童和受到不公平指控的成人达成了如下共识：

- **存在不公正** 一些无辜成人受到了错误指控；而一些罪犯却通过质疑原告陈述的真实性而逃脱了罪责。
- **存在乱伦** 这种行为的频繁程度远远地超出了我们的想象。我们很难看到明确具体的“受害者症候群”（Kendall-Tackett et al., 1993）。尽管如此，童年性虐待的后遗症仍会使受害者表现出从性功能障碍到抑郁症的一系列问题。
- **存在遗忘** 洛夫特斯（1995）注意到，跟雷切尔一样，威廉斯采访过的许多女性几乎都忘记了她们童年时的创伤经历，可能因为她们那时太小了根本就记不住所发生的事，或者即使记住了也不理解它是怎么一回事儿，故而遗忘现象是“非常普遍的”。在日常生活中，遗忘常常会把过去与现在隔离开来，而不管它是积极的还是消极的，这就是我们的正常生活。
- **恢复后的记忆都是老生常谈** 经由评论或经验的提示，我们可以恢复对那些尘封往事的记忆，那可能是快乐的也可能是悲伤的。然而，问题在于，无意识是不是常常会强行压抑我们的痛苦经历，如果是这样，那么这些被压抑的记忆真能被某种治疗技术恢复吗？
- **在催眠或药物影响下所“恢复”的记忆尤其不可信** （回想第7章中，那些受到年龄回归催眠的参与者，常常会把主试的暗示加入到自己的记忆中，甚至是“前世”的记忆。）
- **3岁之前的记忆也不可靠** 人们无法可靠地回忆起他们3岁之前所发生的任何事情——这个现象被称为“婴儿期遗忘症”。因此大多数心理学家——包括很多临床和咨询心理学家——对“恢复”出来的婴儿期性虐待记忆持怀疑态度（Gore-Felton et al., 2000；Knapp & Vande Creek, 2000）。
- **无论是真实记忆还是错误记忆都可能令个体心绪不宁** 当关于性骚扰的错误记忆被信以为真时，受害者和被指控者都将陷入困境。和真实创伤一样，这样的经历同样会给个体带来难以愈合的伤害。

> “如果个体长期遭受遗忘症的困扰，就算能够恢复记忆，特别是通过某种特殊的治疗手段后恢复，那么恢复后的这些记忆也很有可能是完全错误的。”
>
> ——致力于恢复儿童性虐待记忆的皇家学院精神病学家工作组（Brandon et al., 1998）

如果你对某人的最初经历（就如我们在记忆实验里所做的）一无所知的话，那么你就很难判定其记忆是否正确。彭德格拉斯特（Pendergrast, 1996）曾就这个问题说过“无奈的是，没有人愿意违背伦理道德去做实验来重现私人治疗背景下受虐者和施虐者之间究竟发生了什么。”不管怎样，如今大多数记忆研究者都知道：试图在实验室中要求参与者先逐字逐句地记录一些创伤经验，然后再想办法压抑这部分内容，最后再采用某种技术手段去恢复它们，这显然太天真了。林赛（Lindsay，1995）提出，在治疗情境中潜伏着许多可能引发错误记忆的因素，比如，一位值得信赖的权威、反复多次地暗示、增强想象的技术手段以及对萌生猜疑的认可等等。

为了进一步探索治疗情境中的回忆现象，洛夫特斯及其同事（Loftus et al.，1996）用实验方法给被试植入了根本就不存在的童年创伤经历，从而引发了错误记忆。在一项研究中，她要求一位诚实可信的家人为十几岁孩子回忆其儿童时代的三个真实经历和一个虚构经历。在虚构经历中，这位家人生动地讲述了孩子5岁时在购物中心迷路，并经历长时间的焦虑和紧张之后得到了一位老年人的救助。实验结束的两天后，有一位名叫克里斯的参与者说，“那天我吓坏了，我以为再也见不到家人了呢！”再过两天后，克里斯开始将那位救助过自己的长者形容得越来越鲜活：他穿着法兰绒衬衫、秃顶、戴着眼镜……。但当研究者将谜底揭开，告诉他这只是个虚构的故事时，他难以置信：“我想我记得是自己迷路了，而且还四处找人。我还记得，我哭得非常伤心，妈妈跑过来说，‘你到哪里去了？以后不许……再这样了。’”

这就是记忆的建构过程。通过建构记忆，人们能回忆起自己曾经被外星人绑架过，遭受过邪教徒的迫害，还在婴儿期时就遭受过骚扰，或者回忆起自己在前生所犯下的罪孽，等等。洛夫特斯强调说，许许多多看上去很健康的人，会“用颤抖的声音惊恐地描绘他们看到飞碟时的情景。他们真切地记得自己被外星人绑架时的一幕。或者想想这个事实，许许多多有理智、身体各项机能正常的人们镇静地诉说着，他们感到自己的前生罪孽深重。他们还记得自己的前世生活”（Loftus & Ketcham，1994，p. 66）。

洛夫特斯曾亲身体验过她所研究的错误记忆现象。在一次家庭聚会中，洛夫特斯的叔叔跟她说了一件事，她14岁时曾亲眼目睹了母亲溺水后的尸体。对此，她非常震惊并坚决予以否认。但是她叔叔非常坚信这件事，致使她在随后的三天里开始回想自己是不是真地压抑了一些记忆。“也许那就是我对这个话题一直很困惑的原因。”由于这件事一直困扰着洛夫特斯，所以她不断回想叔叔的种种提示，渐渐地她“记起”了母亲躺在池塘中的样子，脸是朝下的，而且的确是她发现了母亲的尸体。“我开始为后来的每件事归位，也许这就是为什么我会成为一个工作狂，也许这就是为什么虽然母亲早在1959年就去世了而我却一想起她就很难过。”

后来，洛夫特斯的哥哥打电话来向她澄清了这件事，原来它是错误的。她叔叔后来也想起，是珀尔阿姨而不是洛夫特斯本人发现了她母亲的尸体。此外，其他的亲戚也证实了这件事（Loftus & Ketcham，1994；Monaghan，1992）。

但是，洛夫特斯的另一个

Don Shrubshell

伊丽莎白·洛夫特斯 “这项研究结果在令我名声大震的同时，也在一定程度上给我招致了敌意和反对，这是出乎我意料之外的。人们写恐吓信，警告我说要是我继续这些研究，我的名誉甚至生命都会不保。甚至，在一些大学，我做演讲时都会配备武装警察来回巡逻”——2001年洛夫特斯在接受美国心理协会颁发的威廉·詹姆士奖章时所说的一段话。

经历，却使她亲身体验到了性虐待的真实性。那是在她 6 岁时，一位男保姆猥亵了她。这次经历令她永世难忘。鉴于此，她非常重视那些经由暗示所恢复的看似不甚起眼和未获证实的创伤经历及其揭示出的性虐待事件。每当有此发现时，她通常会先不加批判地接受其为事实。可见，受害者的真正敌人不只是那些被逮捕入狱和否认这类事件的人，还有那些"使整个社会普遍不相信童年性骚扰事件的倡议者和宣传者。事实上，这些童年性虐待事件恰恰是我们应该继续关注的"（Loftus，1993）。

那么，是否出现过压抑呢？还是这一个概念——弗洛伊德的理论基石和最流行的心理学基石——只是起一种误导性作用？在第 13 章中，我们将再次回到这个争论的热点话题上。就像我们所看到的，研究者们已经能够确定：对创伤经历的最常见反应（亲眼目睹父母被杀，经历了纳粹集中营的恐怖，受到劫持者或强奸犯的恐吓，从世贸中心大楼的废墟中逃脱……）并不是把经验流放到活跃却触摸不到的无意识中；相反，这样的经历是铭刻在心的，并会成为栩栩如生、挥之不去的永恒记忆。

本节回顾

➤ **自问**

你对于文中提到的压抑和恢复记忆之争有什么看法？有什么证据可以支持你的观点？在审判中，凭借着那些刚刚复苏的记忆，你能对一位被指控性虐待的父母或者被指控创造错误记忆的治疗师做出公正的判决吗？

➤ **自测 6**

如果我们罹患了源头遗忘症，但却能记起我们梦里和清醒时分的经历，那么生活会是怎样的？

自测问题的答案见书后的附录。

改善记忆

12. 理解记忆之后，我们可以提出哪些有效的学习策略？

生活中，我们会不时地被自己的健忘所困扰，比如，记不起某人的名字，聊天时忘记了该说的内容，出门时忘记了该带的重要东西，站在屋子的某个地方却不知道自己要干什么（Herrmann，1982）。那么，我们应该采用什么办法才能让自己的记忆系统犯最少的错误呢？就像生物学为制药业带来好处，植物学为农业带来好处一样，记忆心理学也能为教育带来好处。本章各部分中都有一个启发性问题，能帮助读者更好地理解文中内容，这就是改善记忆的一条具体建议。SQ3R 学习技巧是指浏览（Survey）、发问（Question）、阅读（Read）、复述（Rehearse）和复习（Review），这在引言中曾提到过。

反复学习增强长时记忆 反复学习意指过度学习。为了记住一个人名，你可以在心中多默念几次，比如，几秒钟后念一次，间隔长时间后再念一次，等等。换言之，就是充分利用生活中的小空隙多安排一些独立的学习片段，反复学习以增强长时记忆。生活中，坐车的时候、在校园中散步的时候以及课前几分钟等都可以用作独立的学习片段。

花更多时间来对材料进行复述或积极思考 当快速阅读(略读)复杂的材料时，由于复述的次数很少，所以也常常是收效甚微。复述和批判性思考更有益处，因为它会使学习过程变得主动起来！

赋予材料个人意义 为了建立一个提取线索的网络，用你自己的语言吸收课本知识和做课堂笔记，是行之有效的方法。相比之下，心不在焉的重复则作用甚微。记忆材料时，最好是建立一种表象，对信息进行组织和理解，将材料信息同你已经知道或经历过的东西联系起来，这样你就可以用自己的语言来解释。如果没有这样的线索，你会发现当问题不同于你的机械记忆形式时你就会被卡住。你可以形成尽可能多的联想来增加你的提取线索。

使用记忆术来帮助记忆不熟悉的内容项目 把这些项目同牢固的词汇联系起来。比如，编一个故事，来融进这些项目的生动表象；把这些信息组织成缩写词的形式。

通过激活提取线索来恢复你的记忆 在头脑里再造出最初学习活动的场景和心绪。你可以尝试再回到同一个地方。用一种思想来统领全篇、提示下文从而将你的记忆串联起来。

在可能遇到错误信息之前，努力回忆鲜活的内容形象 如果你是某一个重要事件的目击证人，应该在他人暗示可能发生了什么事情之前记录下你的记忆。

使干扰最小化 在睡前学习。学习可能会互相干扰的主题时，注意间隔时间不要太近，例如学习西班牙语和法语。

进行自我测试，这既是一个复述的过程，又可以帮你诊断出自己未掌握的内容知识 如果过后你必须要回忆起某一信息，那么不要被你的再认能力所哄骗而表现得过于自信。要测试你的回忆情况。在空白纸上写出要点内容。先自己来解释每章末尾所列出的概念，之后再回去查阅它们各自的定义。做练习题；学习指南中提供了很多练习，也包括这个，那都是很管用的。

本节回顾

➤ 自问

你觉得在这部分所介绍的学习和记忆方法中，哪一种你能用得上？

➤ 自测 7

你刚刚学习了哪些记忆策略？（建议之一是复述所要记忆的材料。其他的策略是什么呢？）

自测问题的答案见书后的附录。

“我发现，晚上躺在床上，一边凝视黑夜一边在脑中复述白天所学的知识，这不但有助于理解，还能提高记忆。”

——达·芬奇（1452~1519）

“每条新信息都应该被编结到已有的知识体系中。”

——威廉·詹姆士，《心理学原理》，1890

本章复习：记 忆

研究记忆：信息加工模型

1. **心理学家如何描述人类记忆系统？**
阿特金森和谢夫林提出非常有影响力的经典三级记忆加工模型。该模型指出：记忆是通过三个阶段产生的——感觉记忆、短时记忆和长时记忆。我们通过感觉记忆记录那些需要被记住的信息，信息再经过加工进入短时记忆，经过编码再进入长时记忆以备日后提取。当代记忆研究者指出，我们也跨过前两个阶段而自动编码一些信息。他们还用工作记忆（而不是短时记忆）这个术语来强调第二个阶段所具备的主动加工的特点。

编码：信息的输入

2. **哪些信息是自动编码的？哪些信息的编码需要我们有意识的努力？练习的分配是如何影响到提取的？**
生活中某些信息是进行自动编码的，比如关于空间、时间和频率的大部分信息。 而涉及意义、图像和组织的信息则需要付出一定的意志努力。如果我们分段学习和复述而不是一次性大量记忆信息的话，信息的保持程度会更高，这种现象叫间隔效应。系列位置效应指的是我们对最初和最后记忆项目的回忆会好过对中间项目的回忆。
3. **在形成记忆的过程中，有哪些有意加工的方法可以提高记忆效果？**
形象材料、声音材料、意义材料方别对应于视觉编码、听觉编码和语义编码。我们如果将言语信息与自己有关的事物联系起来，会获得更好的记忆效果。在记忆过程中使用一些记忆术来形成非常有想象力的联系也有助于提高记忆效果。如果运用组块的技术来组织信息，也可以提高提取效果。

贮存：信息的保持

4. **什么是感觉记忆？**
信息最先通过感觉进入记忆系统，图像与音乐分别通过映象记忆和余音记忆进行登记并进行简略地贮存，前者只存在十分之几秒，而后者可以储存 3-4 秒钟。
5. **短时记忆和长时记忆分别有多长的持续时间，其储存效果如何？**
短时记忆对所呈现信息的保持时间是有限的，仅仅能将 7 个左右的项目保持几秒钟的时间，这取决于信息内容及其呈现方式。长时记忆中被永久保存的信息容量是无限的。
6. **信息在大脑中是如何贮存的？**
突触及其神经递质、穿过海马的脑环路上的 LTP 以及应激激素对大脑记忆的影响，是近年来对记忆生理基础的研究热点。对脑损伤病人的研究揭示出两种类型的记忆：由海马加工处理的外显（陈述性）记忆和由小脑与杏仁核加工处理的内隐（非陈述性）记忆。

提取：信息的获取

7. **我们如何从记忆中获取信息？**
回忆是将不在当前意识范围内的信息提取出来，再认是认出先前学习的内容，多项选择题就是一种再认测试。再学习时将先前学习过的内容重新学习一次，比初次学习节省时间。提取线索能够抓住我们的注意力以及记忆连接网络，帮助我们将目标信息纳入意识中。启动是一种主动联系的过程（通常是无意识的）。
8. **外部线索和内部情绪如何影响信息的提取？**
对信息的回忆（也就是对大脑深处信息的提取）需要借助于某些相关线索的帮助作用，线索对记忆有启动作用。线索有时来源于原有的情境。心境也会影响记忆，不论是在积极心境还是消极心境下，我们往往会提取与心境一致的记忆。

遗 忘

9. **我们为什么会遗忘？**
对遗忘的一种解释是：我们没能对进入记忆系统的信息进行编码。不付出一定的意志努力，我们就注意不到或无法加工许多感觉信息。记忆也可以在贮存后消退，通常是刚开始的消退速度非常快然后会逐渐变慢。此外，遗忘也可能是由于提取失败。与提取有关的遗忘可能是因为缺少提取的线索，或是受前摄抑制、倒摄抑制的干扰，甚至如弗洛伊德所说，是由于动机性的遗忘。

记忆建构

10. **错误信息、想象和源头遗忘是如何影响我们的记忆建构的？为什么看起来真实的事情却是错误的记忆？**
记忆既不能被精确地拷贝，也不能被精确地提取。研究发现，记忆是我们运用已有旧信息和当前新信息在头脑中所构建的产物。所以，当儿童或成年目击证人在事后回忆时常常会发生某些细微的出入，致使他们以为误导出的细节是真实事件的一部分。有时，人们也会把自己的所听、所读或所想的内容归之为错误来源，从而表现出源头性遗忘症。此外，错误记忆在主观感觉上与真实记忆很相像，且二者都很持久，因此，你应该知道，真诚并不一定代表真实。
11. **童年虐待和乱伦时间存在的真实性究竟如何？**
记忆研究者特别质疑的，是那些宣称在治疗师或某一本参考书的帮助下就可以恢复对压抑已久的童年性虐待事件、被外星人所绑架的事件或其他创伤性经历的记忆。事实上，乱伦和骚扰事件会远远出乎我们的意料之外。但是，如果受害者当时不是太小的话，应该能记住这些早期经验，因此这种创伤经历通常能够被回忆得很逼真，而不会被罚进入那个活跃但遥不可及的无意识世界。

改善记忆

12. 理解记忆之后，我们可以提出提出哪些有效的学习策略？

记忆心理学为改善记忆提供了一系列具体的策略，包括分散学习、主动复述、对记忆材料的组织和加工、记忆术、寻求情境与情绪的丰富联想、在错误信息干扰之前记录下自己的记忆、使干扰最小化以及自我测试与复述。

术语与概念

记 忆
编 码
存 储
提 取
感觉记忆
短时记忆
长时记忆
工作记忆
自动加工
注意性加工
复 述
间隔效应
系列位置效应
视觉编码
听觉编码
语义编码
表 象
记忆术
组 块
映象记忆
余音记忆
长时程突触增强
闪光灯记忆
遗忘症
内隐记忆
外显记忆
海 马
回 忆
再 认
再学习
启 动
幻觉记忆
心境一致性记忆
前摄干扰
倒摄干扰
压 抑
错误信息效应
源头遗忘症

网站

自测的多项选择题和其他习题请访问：www.worthpublisher.com/myers

第9章

思维与语言

思　维
概　念
问题解决
决策与判断
批判性思考：风险——我们害怕正确的事物吗
信念偏差
语　言
语言结构
语言发展
我们什么时候学会语言
思维与语言
语言影响思维
无语言的思维
动物的思维与语言
动物有思维吗
动物有语言吗

纵观历史，我们人类一直为自己的愚蠢而痛心疾首，为我们的智慧而欢呼雀跃。诗人艾略特因为“空心人……头盔里填满了稻草”这一诗句，内心受到强烈的震撼。而莎士比亚借助自己笔下的哈姆雷特，歌颂着人类有“多么高贵的理性！多么无穷的智慧！……有着神一般的见识！”在前面的章节中，我们同样不仅为自己的能力而感叹，也为自己的犯错倾向而诧异。

我们已经研究了人脑——那3斤重的湿润组织却有着比地球上的电话网络更为复杂的沟回。我们对新生婴儿的反应能力惊讶不已，对人类的感觉系统也充满兴趣。这种感觉系统将视觉刺激分解成数百万次的神经冲动，并将这些神经冲动分散开来以进行平行加工，然后在大脑里把它们重新组合为清晰的、色彩斑斓的、可知觉的图像。有意无意地，我们已经在反复思考自己看似容量无限的记忆力和处理信息的能力。因而，我们人类，通过对历史上各种思想的不断创新，发明了照相机、汽车和计算机，揭开了原子的奥秘，破译了基因密码，还能上天入海，也就不足为奇。

然而，我们也清楚地知道，人类与其他动物有着亲缘关系。在学习上，我们与老鼠和鸽子一样，受相同法则的影响。我们已经注意到，通过同化过程，我们将事实纳入自己的偏见中，并听任知觉幻想的摆布。我们也明白自己很容易在那些伪心理学邪说、催眠的退行作用和错误记忆方面上当受骗。那么，我们有时想象自己能够跳出躯体解读心灵，并对其他人种、年龄和性别的人群形成一些扭曲的意象，并且和许多物种一样受制于生物规则也就不足为奇了。

在这一章里，我们将遇到更多有关人类两面性的事例——理性的和非理性的。我们会看到如何形成概念、如何解决问题、怎样做出决策；还会涉及人类的语言能力，并对这是否是人类独具的特点提出质疑。最后，再反过来进一步思考我们如何才能配得上智人（Homo sapiens）——具有智慧的人这一称号。

认知心理学家通过对人类的思维进行思考，并提醒我们注意思维易犯的常见错误，帮助我们明智地思考问题。他们的研究成果有助于我们正确评价人的直觉能力及其局限性，也有助于我们在做决策和日常判断时进行更加有效的推理。

思　维

思维或**认知**（cognition），指的是所有与信息加工、理解、记忆和交流相关联的心理活动。认知心理学家研究的就是这些心理活动，包括以逻辑方式或非逻辑方式来创造概念、解决问题、做出决策和形成判断。

概　念

1. 思维方面有哪些主要概念?

要思考世界上无数的事件、事物和人，就得简化它们。同类的事物、事件和人在头脑中形成思维集合，我们也就形成了关于它们的**概念**（concept）。椅子这一概念，就是我们对婴儿椅、靠背椅、餐桌椅和牙科手术椅等多种同类物件的概括。

想想看，如果没有概念，生活会是什么样。我们得为世界上每一件东西和每一种想法逐一命名。我们不能叫一个孩子“把球扔掉”，因为没有球这一概念。当我们发现有人在生气，我们不会说“他们生气了”，而不得不去描述他们的面部表情、嗓门大小、姿态手势和言辞命令。所以，诸如球和生气这样的概念，不需要过多的认知努力，便为我们提供了大量的信息。

为了将事物进一步简化，我们对概念进行分层。出租车司机将城市按地理区域组织起来，然后，将其划分为许多社区，再细分为大小街区。最早的博物学家们将大约 500 万纷繁复杂的生物种类简化为两大基本类群——植物王国和动物王国。然后，他们才将这些基本类群再细分为更小的亚类型，比如，脊椎动物、多骨鱼和大西洋的大马哈鱼等等。

我们也通过下定义的方法来形成概念。当我们知道三角形有三条边以后，就会把具有三条边的所有几何图形都称为三角形。不过，我们更经常地通过拓展**原型**（prototype）来形成概念，即拥有该类别事物所有特征的心理意象或最佳事例（Rosch，1978）。一件事物与某个概念的原型越接近，就越容易被作为这一概念的最佳事例。知更鸟和鹅都满足了鸟的定义：有翅膀、有羽毛、卵生的两足动物。然而，相对于“鹅是鸟”而言，人们会更快地赞同“知更鸟是鸟”。因为，在大多数人看来，知更鸟的喙、大小、好飞等特征更像鸟，更接近鸟的原型。同样，“母爱”与“自爱”都可以称为爱。然而，人们更容易赞同“母爱才是典型的爱”，因为，它更符合爱的原型（Fehr & Russell，1991）。

如果某种事物的特征与我们熟悉的原型不相吻合，我们就难以将其归类。因此，我们在辨认不会飞的企鹅和几维（Kiwi，一种产于新西兰的鸟，喙长，翼短，无尾，不能飞）是否是鸟时，可能就会显得比较迟钝。类似的还有，如果我们生病时的症状与疾病的原型不吻合，我们就不能很快认识到自己生病了（Bishop，1991）。有些心脏病人的症状（气短，胸闷）与心脏病原型（胸部剧烈疼痛）不相吻合，他们很可能不会去看医生。如果某种歧视与我们的偏见原型——白人歧视黑人、男性歧视女性、年轻人歧视老年人——不相吻合，那么，这种歧视通常会被我们忽略。男性歧视女性很容易被觉察出来，而女性歧视男性或女性之间的相互歧视却不易被人觉察（Inman & Baron，1996；Marti et al.，2000）。

问题解决

2. 问题解决中有哪些辅助策略，其中有何障碍?

有能力形成并使用概念，是我们对理性的一个贡献。还有一个贡献就是，我们在处理新环境下遇到的问题时所采用的技巧。遇到交通堵塞时如何选择最好的路线？对朋友的批评该怎样回答？钥匙弄丢了又该如何进屋？

有些问题我们是通过反复试验来解决的。托马斯·爱迪生在发现适用的灯丝前，曾尝试过数以千计的灯丝。对另一些问题，我们可以采用**算法**（algorithm），即通过按部就班的程序使结果得以论证或使问题得以解决。如果要我们用 SPLOYOCHYG 中的所有字母来组合成一个单词，我们可以把每一个字母逐一换位来进行尝试。但是，要让我们去生成并检验 907 208 种结果组合，那将会令人气急败坏、恼怒不堪。由于采用按部就班的算法非常劳神费力（却很适合计算机），所以，我们时常采用一些简单的策略来解决问题，这些策略被称为**启发法**（heuristic）。

我们在解决问题时，有时并没有意识到自己采用了什么策略，答案就出来了。在我们的记忆里都有过这样的情境：对某一难题困惑许久不得其解，然后，突然间所有零散的思绪汇聚到了一起，使我们最终领悟到问题的根结所在。我们称这种突然的灵感为**顿悟**（insight）。10 岁的约翰尼·阿普尔顿在解决困扰建筑工人的难题时就表现出了顿悟：将一只掉进水泥砖墙中约 1 米深的小洞里的小知更鸟救了出来。他采用的办法是：缓缓地往小洞里掺入沙子，让小鸟有足够的时间慢慢地站在逐渐升高的沙子顶端（Ruchlis，1990）。

顿悟还为我们提供心理上的满足感。当我们解决了一个棘手的问题或找到了解决冲突的办法之后，会感到很快乐。笑话带来的欢乐也同样在于我们的顿悟能力，即对出乎意料的结局或双关含义的突然领会。我们从一位教授的故事中就发现了这样的双关含义。他向同事们抱怨说，学生时常打断他的讲课已经成了一个问题："The minute I get up to speak，some fool begins to talk." 这句话既可理解为："我一站起来，傻瓜就要说话"，也可理解为"只要我一开口讲，总会有一个傻瓜来接嘴"。

如果以不经意的方式去理解一些滑稽有趣的标题，也同样会激发顿悟后的快感，使我们发笑。下面的两个标题就是最好的例子："Enraged Cow Injures Farmer With Ax." 既可理解为："被激怒的母牛用斧头砍伤了农夫"，也可理解为"被激怒的母牛弄伤了拿斧头的农夫"；"Miners Refuse to Work After Death." 既可理解为："矿工们拒绝死后工作"，也可理解为"矿工拒绝工作到死"。在怀斯曼（Richard Wiseman，2002）和英国科学发展联合会（the British Association for the Advancement of Science）共同资助的网上幽默研究中，有两例（从 200 万人参与评定后提交的 40 000 则笑话中选出来的）被评定为最有趣的笑话，这也说明了一种全新视角上的突然飞跃。评定为第一和第二的分别如下：

第一则：

福尔摩斯和华生打算去野营。星空下，他们支起帐篷，进入梦乡。午夜时分，福尔摩斯叫醒了华生。

福尔摩斯："华生，抬头看看天上的星星，然后告诉我你能推论出什么。"

华　　生："我看见了数百万颗星星，甚至有些还有行星围绕，有些行星很可能像地球一样；如果外太空真有像地球一样的行星，很可能存在着生命。福尔摩斯，那你又得出了什么样的推论呢？"

福尔摩斯："华生，你这个白痴，我们的帐篷被偷了！"

第二则：

新泽西州的两个猎人在丛林中打猎，其中一个人突然摔倒在地，直翻白眼，看上去似乎没了呼吸。另一个立即掏出手机呼叫急救中心。他气喘吁吁地对接线员说："我的朋友死了！我该怎么办呢？"接线员用冷静和安慰的口气说道："别紧张，我可以帮你。首先得让我们确信他已死亡。"接线员没有听到回应，随后却听到了一声枪响。那家伙的声音又在线上响起："行了，现在该干啥？"

问题解决的障碍

尽管我们能够创造性地解决问题，但是，有时正确的答案也可能与我们擦肩而过。有两种认知倾向（证实偏见和固着）时常会误导我们。

证实偏见 这是问题解决中的一种主要障碍，即倾向于搜集可以证实自己观点的信息资料，这一现象被称为**证实偏见**（confirmation bias）。在一次对英国大学生的实验中，沃森 (Wason，1960) 证明了人们不愿意去寻找可能推翻自己观点的信息资料。沃森给学生一个由 3 个数组成的序列 2~4~6，并要求学生去猜想他设计这一数列所采用的规则。（规则很简单：任意 3 个按升序排列的数。）在提交答案之前，学生要给出他们自己生成的 3 个数的数列，并且，每次沃森都会告知他们的数列是否与他的规则相符合。一旦他们完成了足够的试验，并确信已经找到了这种规则，就可以把它公布出来。

结果呢？正确的很少，却无人提出质疑。沃森的大多数学生都承认自己发现的规则是错的，可最为典型的是，他们形成了错误的看法（"也许这个规则就是在前一位上加 2"），随后却只是（通过验证 6~8~10，100~102~104，等等）寻找证据来证实这种错误的看法。这类实验表明，我们更热衷于寻找证据来核实自己的观点，而不是寻找证据来反驳它（Klayman & Ha，1987；Skov & Sherman，1986）。

"任何一种主张一经提出……，人们对其的理解便是动用其他所有力量来为之添油加醋并加以证实。"

——弗朗西斯·培根，《新工具》，1620

再如，商界的经理们更可能照搬曾被他们雇用过的那些人的发财之道，而不去理会曾被他们拒之门外的那些人的成功秘诀。因为，这样做会使他们更加认定自己在用人上的洞察能力。陪审团的一些个别成员，会通过展示的证据——被告很愤怒或者被告很害怕——过早地构想出似乎会被证实的案情，然而却常常惊讶地发现陪审团的其他成员却从完全不同的角度来看待这些证据（Kuhn et al.，1994；Pennington & Hastie，1993）。反思了许多实验后，沃森（1981）在报告里写道，人们一旦形成了错误的观点，就常常难以从悖理中自拔。这种悖理表现为："普通人回避实情，变得朝三暮四、前后不一，或者还会有条有理地为自己辩解，以免牵出与问题沾边的新瓜葛，脱不了干系。"

固　着 你们试试做一下这些取自经典实验的智力测试难题：

将图 9.1 所示的 6 根火柴排列，使之构成 4 个等边三角形。

怎样用图 9.2 所示的火柴盒、图钉和蜡烛将蜡烛固定在公告板上？（思考过这些问题之后继续往下读。）

问题解决的另一个主要障碍是**固着**（fixation）——不能从新的视角去看待和观察问题。一旦问题以错误的方式被加以描述，就很难重新建构起解决问题的方式方法。如果你在试着解决火柴棍问题时仅仅拘泥于使用二维平面思维来寻求答案，那么，图 9.3 所示的三维立体思维的解决方法会使你茫然不解。

有充分的理由来解释我们为什么会在解决某些问题时固执己见。因为，那些过去管用的方式方法在解决新问题时也常常起作用。请思考下列问题：

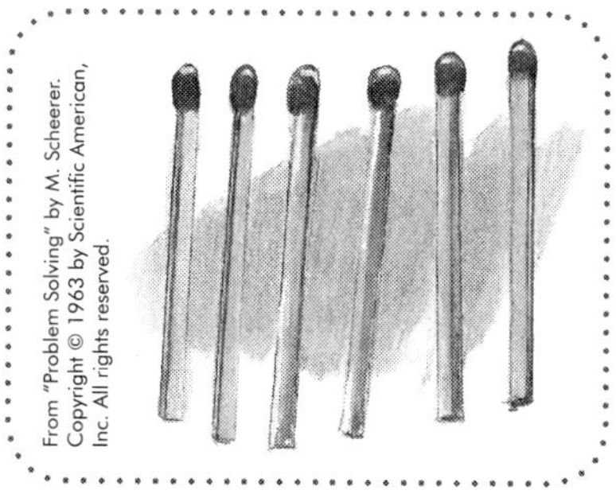

➤ 图 9.1
火柴棍问题
怎样将 6 根火柴排列成 4 个等边三角形？

➤ 图 9.2
固定蜡烛问题
利用这些材料，怎样将蜡烛固定在公告板上？(From Duncker，1945)

假定某一序列为 O~T~T~F~?~? ~?，那么，最后三个字母会是什么？

大多数人很难认识到后面三个字母分别是 F(ive)，S(ix)，和 S(even)。不过，解决了这个问题可能会使下一个问题变得容易一些：

假定某一序列为 J~F~M~A~?~?~?，那么，最后三个字母会是什么？（如果找不到答案，那就问问自己现在是几月份。）

过去的成功经验的确有助于解决目前的问题，却也会干扰我们寻找解决问题的新途径。这种沿袭过去的得心应手的解决方法的倾向是固着的一种类型，被称为**心理定势**（mental set）。如同知觉定势使我们先入为主地对事物进行感知一样，心理定势也会使我们先入为主地去思考问题。

功能固着（functional fixedness）是固着的另一种类型，给它贴上如此的标签，看起来似乎有点儿别扭，却恰如其分。它是指人常常带有一种倾向，即总以为认知对象的功能和作用是固定的、一成不变的。一个人可能会为寻找一把螺丝刀来拧螺丝，把整个屋子翻个底朝天；而其实，只需一枚硬币就可以解决问题。或许你在试着解决固定蜡烛的问题时，会体验到功能固着。如果你认为火柴盒的功能只是装火柴，那么，你可能就会忽视图 9.4 所示的火柴盒的用途。所以说，以全新的方式方法来观察和叙述我们所熟悉的各类事物，也是创造性的组成部分。

➤ 图 9.3
火柴棍问题的解答
要解答这个问题，必须打破仅限于在二维平面上的思维固着。

➤ 图 9.4
固定蜡烛问题的解答
解决这个问题，要认识到盒子并非总是做容器用。（From Duncker，1945）

决策与判断

3. 什么是启发法，什么是过度自信？

每天我们都要做出数百个判断和决策：不嫌麻烦带上雨伞值得吗？我能相信这个人吗？我是该投篮呢还是把球传给那个手热的队员？此时，我们很少耗时费力地进行系统的推理，而仅仅是靠自己的直觉行事。在对一些政界、商界和教育界的决策者进行采访后，社会心理学家欧文·贾尼斯（Janis，1986）得出了这样的结论：他们“在解决问题时，常常并非先思而后行。那么，通常情况下他们是怎样做出决策的呢？如果要追问，他们可能会这样告诉你……大多数情况下，都是凭感觉。”

使用和误用启发法

那些被认为是心理捷径的启发法，的确常常在我们凭借经验做出合理决策时提供帮助。由于心理的自动信息加工，启发式判断往往会在瞬间产生。但有时我们为这种能力——快捷却又拙劣的判断——所付出的代价可能极为昂贵。要了解启发法是怎样决定我们的判断的——有时是怎样使哪怕最聪明的人都做出愚蠢决策的，就让我们来看看由认知心理学家特韦尔斯基和卡尼曼（Tversky & Kahneman，1974）所认同的两种直觉——代表性启发法和易得性启发法——是如何表述的。

代表性启发法

依据描述特定原型的代表程度来判断事物的相似性，用的就是**代表性启发法**（representativeness heuristic）。为了举例说明这种方法，请思考下面的短文：

一个陌生人告诉你，有一个矮小、瘦削的人，他喜爱朗读诗歌。然后叫你猜一猜，这个人是常春藤联盟（Ivy League，是美国东北部哈佛、哥伦比亚等大学组成的学术团体——译者注）大学的古典文学教授还是卡车司机，哪种可能性更大？猜哪一个答案更好呢？（摘自 Nisbett & Ross，1980）

如果你和大多数人一样，你的答案就是“教授”，因为短文的描述看上去更能代表常春藤联盟的学者而非卡车司机。代表性启发法会使你当机立断地做出判断，但也很可能导致你忽视其他相关信息，诸如古典文学教授总人数和卡车司机总人数的对比。我在帮助人们思考这一问题时，他们自己的推理常常会导致所得出的答案与他们的瞬间直觉反应相矛盾。典型的对话大致如下：

问： 首先，让我们找出有多少教授符合这一描述。你认为常春藤联盟有多少所学校？

答： 噢，我想大约10所吧。

问： 那你认为，在每一所学校中古典文学教授大约有多少人？

答： 大约4人。

问： 很好，也就是说常春藤联盟可能有40位古典文学教授。那么矮小、瘦削的人又占多大比例？

答： 就算一半吧。

Courtesy of Greymayer Award, University of Louisville and the Tversky family

"在设计这些问题时，我们的出发点并非是想要作弄人。所有这些问题同样也曾愚弄过我们自己。"
——特韦尔斯基，1985

Courtesy of Greymayer Award, University of Louisville and Daniel Kahneman

"启发法大多时候很好……可有时候这样的思维习惯会给我们带来麻烦。"
——丹尼尔·卡尼曼，2005

问： 就是说有 20 人。其中多少人喜爱读诗？

答： 也算一半吧，10 位教授。

问： 很好！现在让我们来看看有多少卡车司机符合这一描写吧。你认为会有多少卡车司机呢？

答： 大约 40 万个吧。

问： 那矮小、瘦削的又占多大比例呢？

答： 不多，或许八分之一吧。

问： 那在这 5 万人当中，喜欢读诗的人占的比例有多大？

答： 喜欢诗歌的卡车司机？或许百分之一吧。噢！噢！我明白这样推下去的结论是什么了！有 500 个矮小瘦削的卡车司机喜欢读诗。

评论： 是的。虽然我所描述的这个人更可能代表古典文学教授而非卡车司机，但是，如果我们照你的思路去推算，这个人是卡车司机的可能性比起是教授的可能性，要高出 50 倍之多。

代表性启发法对我们日常生活中的许多决策产生着影响。在判断事物的可能性时，我们凭直觉把它与心目中该类别的表征形象加以比较，比如与卡车司机的表征形象相比较；如果两者相吻合，那么，在考虑答案时，我们通常更侧重于实际的事物，而不会再去思考其他的统计数据或进行逻辑推理。

易得性启发法 当我们依据记忆所提供的信息的可用性来判断事物时，**易得性启发法**（availability heuristic）就会起作用了。如果围绕某一事件的各种事例可随手捻来、唾手可得，也就是说，如果这些事例可灵机一动便浮现在眼前，那么，我们便把这类事件假定为普通事件。人们对某一事件的事例回忆得越快（如"一个未兑现的承诺"），他们希望它复现的次数就越多（MacLeod & Campbell, 1992）。在认知上，可获得的事件更容易复现，但并不总是这样。想要弄清这一点，可以猜一猜：在英语用法中，字母 k 出现在单词首位还是第三位上的频率高？

© B. Veley. Used by permission.

"问题是，我分不清来自宇宙的极为英明的直觉暗示与我自己的那些傻瓜见解有何区别！"

相对于以k为第三个字母的单词，人们更容易记住以k为开头的单词。所以，多数人会猜k作为首字母的频率更多。事实上，k更多地以第三位字母出现。本章的英文版到目前为止，如know、kingdom和kin这样的单词的数量以12:51的比率远远落后于诸如make、likely、asked和acknowledged这类词汇的数量。

受易得性启发影响而导致判断上的错误并非总是无害的。许多重要决策的判断需要承担风险。是赞同使用核能源还是燃煤来生产能量，部分取决于我们对其影响人类健康和环境程度的判断；对预防各种恶性疾病所做出的努力，取决于我们对这些疾病发生的可能性的判断；是否选购彩票，取决于我们对中彩的可能性的预感。赌场用铃声和灯光——使其生动易记——来表示赌博者的哪怕是最为极小的胜局，以引诱他们继续赌博；然而，在此期间，却悄然无声地隐藏着他们巨大的输局。这样，那些对统计数据幼稚无知、在赌场中单凭直觉来对赌局抱以希望或心有余悸的人，就只好听任赌场上操盘者的摆布和操纵了。

"不要相信你想到的任何事情。"
——Bumper Sticker

有时，人身财产保险的推销员就利用了我们相信想象中可能发生某些意外事件的倾向（Cialdini & Carpenter，1981），使那些有可能购买保险的客户，想象他们的家庭因丧失亲人而哀痛，或因财产被盗而沮丧。靠这种方法，推销员会使这些灾难的意象在人们心中久久缭绕，进而使他们感到很可能就要发生一样。要购买保险，还有比这更好的动机吗？

获用性启发也影响我们对社会状况的判断，这一观点在1980年就由哈米尔（Hamill）和她的同事所论证。他们给人们呈示了一个特殊却活生生的滥用福利的案例：一个长期接受福利救济的人和他那几个不守规矩的孩子。从统计上看，这一案例十分例外：大多数靠福利救济的人接受福利的时间只有4年或更短（Duncan et al.，1988）。然而，当现实统计与这个特殊而鲜活的案例相悖时，这个令人难忘的案例对人们关于福利接受者的看法和评价产生了更大的影响。

有时，一幅令人难忘的图画的作用会胜过上千个统计数据。当小女孩杰西卡·麦克卢尔掉进得克萨斯州的一口井里时，全世界数百万人的注意力都集中到了对她三天的营救之上。而这三天中，超过十万不在公众视线里的儿童——"仅限于统计上"（引自某一世界性健康类读物）——却死于可预防的饥饿、腹泻和疾病（Gore，1992）。

"有时，人在推断客观事物时，由于瞬间突然撞击、闯入脑海里的胡思乱想和顷刻之间填充、膨胀想象力的歪打正着，会变得兴奋不已。随后，便开始自顾自地想象和认为，世间万事万物最多不过类同于自己已经晓得的那几件事而已。"
——弗朗西斯·培根，《新工具》，1620

过度自信

形成判断时我们使用的直觉，为证实我们已有的信念而表现出来的渴望心理，以及为自己的错误花言巧语的狡辩伎俩，这三点合在一起便生成了**过度自信**（overconfidence），即一种过高估计自己的知识和判断精确性的倾向。在各行各业中，都会有人过高地评价自己的过去、现在或将来的成绩（Metcalfe，1998）。

在一项关于过度自信的经典研究中，卡尼曼和特韦尔斯基（1979）要求人们回答一些模棱两可的实际问题，问题的范围很广，足以涵盖真实答案。这些问题都采用了这种形式："我有百分之九十八的把握，确信新西兰的人口多于______但少于_______。"每次都有将近三分之一的人，用98%的自信做出估计，却与正确答案失之交臂（此例中2003年有400万人参加）。虽然对自己的答案胸有成竹，但他们往往出错。告诫人们不要过度自信，敦促他们要拓宽对事物的评价范围，这对减少过度自信作用不大。把自己对事物的评价坦诚地暴露在与自己意见完全不同的人面前，并让他们品头论足，这才有利于减少过度自信

（Plous，1996）。

当回答诸如“absinthe（苦艾酒，一种甘苦味的烈性酒）是烈性酒还是宝石？”这样的问题时，许多人表现出更多的自信，但答案往往是错的。对于只有 60% 的人能正确回答的问题，回答者总的感觉是有 75% 的信心。即使有人对回答这类问题有 100% 的把握，他们大约也有 15% 的失误率（Fischhoff et al.，1977）。

自负也会妨碍实验室外的决策。入侵苏联的希特勒很自负，发动北越战争的林登·约翰逊很自负，进攻科索沃的米洛舍维奇也很自负。尽管证券经纪人和投资商们在进行市场运作时，自信他们在把握股票的时机上做得比市场平均水平要高明得多，然而，有众多的证据表明，实际情况恰恰相反（Malkiel，1985，1995）。在购买某一股票时，买方的经纪人看好这一股并推荐购买，他判断是该买进的时候了；而这时卖方也判断是该出手的时候了。在通常情况下，买进和卖出是相抵、持平的。虽说他们都很自信，可买方和卖方不可能都正确。

为了检验人们在对社会状况做出判断时的自信程度，邓宁和他的同事（Dunning et al.，1990）要求斯坦福大学的学生去猜一个陌生人对 20 道 2 选 1 问题所做的答案。问题的主要内容包括此人在考前学习时是一个人还是与他人一起，把讲座笔记保持得很整洁还是弄得一团糟，在饭店捡到 5 美元是放进自己的腰包还是上交，等等。学生们了解了问题的类型（而不是具体的问题）后，首先寻机与那个陌生人面谈，谈话的内容包括学术兴趣、业余爱好、家庭情况、理想抱负、长处短处和宿命星座等等，总之，他们认为任何有用的话题都可以谈。然后，那个陌生人就解答了那 20 个问题。与此同时，学生们根据面谈的情况对他的答案进行预测。

结果呢？参加面谈的学生都“明显地表现出过度自信。”尽管预测的答案有 63% 他们猜对了，但是，他们事前却都表示有把握猜对 75%。当叫他们猜测室友对这 20 个问题的答案时，他们猜得更准确一些——68%；但是，事前他们抱定会猜对 78% 的自信却超过了这一准确度。看来，最自信的人往往也是最自负的。类似的情况也反映在对判断别人是否撒谎的研究中。参与者判断的准确率一般为 57%，而事先却有 73% 的把握。因此，最自信的人判断问题并不一定比他人更准确（DePaulo et al.，1997）。

规划者们在估计他们能多么快、多么经济地完成项目方面所一贯表现的自负，比勒和他的同事们（Buehler et al.，1994）印象深刻。

1957 年，规划者们预计悉尼歌剧院将于 1963 年竣工，耗资 700 万美元。而实际上，1973 年才开放的悉尼歌剧院，其规模比原设计方案缩减了不少，却耗资 1.02 亿美元。（就在我写这些文字时，我们正要搬进新厨房。修建之时，设计师估计要 1 个月，包工头估计要 3 个月，而实际上却花了 5 个月才完工。）比勒在他的报告中写道：学生们常常在完成作业和论文的时间上表现出过度自信；他们总是指望能提前完成任务。而实际上，完成任务的时间往往会比他们预计的时间要多出两倍。虽然大家都清楚他们时常对完成作业的时间估计不足，但是，在进行下一个预测时他们依然会表现出过度的自信。

过度自信的确具有适应性价值。在判断军事、经济或政治事务时，如果不能意识到自己犯错误的潜在可能性，必定会招致灭顶之灾；缺乏自信也是如此。因自负而犯错误的人要比别人活得愉快些，他们觉得决策那些很难定夺的事更容易些，因而这些人还会使人感到可以信赖（Baumeister，1989；Taylor，1989）。而且，

“知之为知之，不知为不知，是知也。”
——孔子（551~479 B.C.），《论语》

批判性思考

风险——我们害怕正确的事物吗

奥利弗·温德尔·霍姆斯 (Oliver Wendell Holmes) 曾说过："大多数人在思考问题时，考虑的仅仅是戏剧性情节，而未对问题进行量化分析。"尤其是在"9·11"事件后，许多人更害怕乘飞机而不是驾车。然而，国家安全局（NSA，2001）的数据显示，20 世纪 90 年代后期，按里程数计算，死于汽车交通事故的美国人，可能是死于商用飞机失事的 37 倍还多。即使恐怖分子当时再多劫持 50 架分别载有 60 位乘客的飞机——就此打消这一念头吧——至 2001 年底，乘坐飞机（假如他们还乘飞机的话）仍比在陆地上驾车安全得多!

我们为什么会害怕邪恶的东西呢？我们为什么更害怕恐怖主义而不是意外事故呢？要知道，仅在美国，每周死于意外事故的人数，和整个 20 世纪 90 年代全世界范围内因恐怖主义而丧身的 2 527 人几乎一样多(Johnson,2001)。纵然大家对"9·11"事件都谈虎色变，但 2001 年死于食物中毒的美国人（很少有人因此而害怕）仍然多于死于恐怖主义的美国人（很多人却因此而恐惧）。为什么有如此多的吸烟者（他们抽烟的习惯使他们的寿命平均缩短 5 年）在飞机起飞之前总会坐卧不安（在所有人平均下来，飞机失事会缩短一天的寿命）呢？我们为什么害怕暴力犯罪而不担心肌梗塞呢？

心理科学已经鉴别出影响我们风险直觉的四种因素。首先，我们害怕人类历史上大家都害怕的东西。人类的这种恐惧心理在石器时代就经历过检验。虽说在当今发达国家，蛇、蜥蜴和蜘蛛实际上并没有造成任何人员死亡，但是，过去曾经历过的风险使我们对这三种动物仍怀畏惧之感。乘飞机可以说远比骑自行车安全，然而，从生物学角度上讲，我们祖先曾经历过的风险就会先入为主地使我们在受到限制或被置于高空时产生畏惧，故而害怕乘坐飞机。

第二，我们害怕自己不能控制的东西。有人估算过，山坡滑雪所造成的健康和人身伤害风险是食物防腐剂的 1 000 倍之多（Slovic，1987）。然而，许多人乐意承担滑雪的风险，因为他们认为滑雪是可以控制的，对食物防腐剂带来的风险却避而不谈。驾车，我们可以控制，而乘坐飞机，我们却不能。风险分析家昌西·斯塔尔 (Chauncey Starr) 曾经指出："我们厌恶别人把我们本来就乐意自己做的事再强加到我们头上。"

第三，我们害怕会立即发生的事。青少年通常对吸烟的危害漠然置之，因为他们只顾及眼前而不考虑将来。乘飞机的威胁主要集中在飞机起飞和降落的时刻，而驾车的危险却贯穿在汽车行驶过程中的分分秒秒，也许每时每刻都隐藏着潜在的危险。

第四，我们害怕那些最易从记忆中浮现的东西。美联航 175 航班撞击世贸中心的恐怖情景，在民众的心目中已形成了不可磨灭的记忆。这些深刻的、随时可浮现在眼前的记忆，就

当得到及时清晰的有关他们所做决策的准确性的反馈时——就像天气播报员的信息来自于每天的天气预报一样——人们就很快学会了该如何更实事求是地去评价他们判断事物的准确率了（Fischhoff，1982）。正所谓：智者知之何时为知，何时为不知，此乃经验也。

框架效应

4. 什么是框架效应？

以两种不同的、却在逻辑上等价的方法，来描述同一问题是否会得出同一答案，这是对合理性的进一步验证。比如，一位外科大夫说某种手术死亡率为 10%，而另一个大夫说这种手术成功率为 90%。他们所给出的信息是等价的，效果却大相径庭。就病人和医生双方而言，对于那些听到有 10% 的死亡率的人来讲，风险似乎会更大些（McNeil et al.，1988；Marteau，1989；Rothman & Salovey，1997）。

我们描述问题的方式被称为**框架**（framing），它的效果有时会非常惊人。顾客对被描述为"瘦肉量为 75%"而非"肥肉量为 25%"的牛肉的购买反应要更加踊跃（Levin & Gaeth，1988；Sanford et al.，2002）。如果听到班上有 65% 的人作弊，或听到有 35% 的人没有作弊，前者会使学生更为恼火（Levin et al.，1988）。

成了我们凭借直觉判断风险时的量度标尺。而（那些幸免于车祸还能读到这些文字的人的）数以千次的安全旅程早已消除了我们对驾车的种种顾虑和不安。

如果身处陌生的环境，人的恐惧情绪往往会受到记忆中那些活生生的、令人难以忘怀的景象的控制。我们了解到，自 1876 年以来，在世界范围内，大白鲨对人类无缘无故的攻击所造成的死亡仅为 67 例（McCarthy，2001）。然而，在观看了电影《大白鲨》和翻阅了有关大西洋海岸鲨鱼攻击人类的那些血淋淋的报道之后，如果水下有东西擦过我们的腿，我们都可能会感到毛骨悚然。2001 年大肆宣传的那几例炭疽热死亡病例引起了美国上下的广泛关注；然而，每年有 2 万多人死于流感、3 万多人死于自杀、他杀和意外枪杀的这些情况，却未能引起人们的丝毫注意！

记忆中那些历历在目、活生生的事件会使我们过高地估计事件发生的概率，进而使我们曲解风险和可能的结果。我们理解安德鲁 ·“杰克”· 惠特克 (Andrew “Jack” Whittaker) 在 2002 年“强力球彩票”（Powerball lottery）中中彩 3.15 亿美金后的激动和得意，然而，我们却不能理解他购买彩票的累计赌注超过了 5.6 亿美金，才使他赢得了头奖。我们理解人们对 266 名乘客和机组人员死于“9 · 11”航班的痛苦记忆，却不能理解人们从未注意到在 20 世纪 90 年代相当一段时期内，大量的航班在 1 600 万次连续起飞和降落中，从未发生任何事故和造成任何人员死亡这一事实（Tolchin，1994）。戏剧性的结果锁定了我们的注意力，而我们却难以抓住事件中的各种可能性。其结果就是：我们过高地估价了彩票，过于看重飞行风险，却低估了驾车的各种潜在危险。

由于我们对那些没有戏剧性色彩地、单个地（而不是成群地）夺去人生命的威胁并不十分惧怕，也不畏惧那些远在未来而非眼前的威胁，因此，我们宁愿花费成百上千亿美元去挽救几千人的生命，而不愿拿出几十亿美元去拯救数以百万计的人们。德勤咨询公司（Deloitte Consulting）和《航空周刊》(Aviation Week）2002 年的一份报告预测，2003 年间，美国将投入 930~1 380 亿美元来阻止恐怖主义的潜在威胁。

此外，在全球共同致力于到 2015 年将世界饥饿人口减少一半的联合行动中，美国每年承担 150 亿美元（Bread for the World，2002）。据来自联合国、世界卫生组织及其他组织的代表的一份联合报告称：到 2010 年，如果每年能分出 100 亿美元，便可让世界上 2 900 万人免于感染艾滋病（Altman，2002）。如果能在可替代能源上投入几百亿美元，就可能有助于挽回已经预测到的全球气温升高所带来的巨大损失。当我们因忽视了“9 · 11”恐怖之前的种种迹象而痛心疾首之时，我们是否仍然还在忽视那些即将来袭的更为巨大的恐怖所显示出来的种种更为明显的迹象呢?

要点：人们害怕仇家有目的施暴行为，这完全正常。如果恐怖分子再度袭击我们，那我们岂不都会因畏惧而退缩？然而，善于思考问题的聪明人却会用事实来制止这种恐惧。这样，我们便可以解除恐怖分子拿来到处吓人的武器，即夸大的恐惧。

如果假定避孕套在预防艾滋病上有“95% 的成功率”，那么，10 个大学生中就有 9 个会认为它是有效的；如果所给出的假定是“5% 的失败率”，那么，10 人中仅有 4 人会认为有效（Linville et al.，1992）。当听到事件的发生率为“1 ： 20”时，人们所表现出的惊讶程度，远比与之等价的“10:200”大得多（DenesRaj et al.，1995）。要让人们对吸烟或其他危险感到畏惧的话，就将风险构建为数字而非百分比。如果被告知暴露在某种化学物质中会造成每 1 000 万人中就有 10 人丧身（想想看：丧命的有 10 个人啊！），或被告知死亡风险系数仅为无穷小的 0.000001，那么，人们肯定会对前者更感恐惧（Kraus et al.，1992）。

思考一下框架效应是怎样影响经济和商业决策的：

- 商人标出“原价”，用以显示在“销售价”上给予了顾客大量的优惠。甲店标价为 150 美元而下调到 100 美元的一件大衣，似乎比乙店正规标价为 100 美元的同件大衣的销路要好得多（Urbany et al.，1988）。
- 很多人都认为，在零通货膨胀期间削减工资的 7%，比通货膨胀率为 12% 时增加 5% 的工资更让人反感（Kahneman et al.，1986）。
- 联邦快递公司上门取货时不会收取额外费用，取而代之的是为你提供“还货打折收费”。与此类同的是，在牙科诊所看病，如果马上支付现金可打折 5%，但如果我先看病后付费，牙医也不会多收我 1 分钱。虽然联邦快递公司的做法和牙医做法不同，但实际上是一回事；因为他们都很清楚，收费打折和额外收费，后者更易激怒顾客。

我们在做出判断时，会如此戏剧性地改变自己的观点，这实在令人吃惊。这表明我们在判断和决策时，并没有认真进行推理；并且还暗示：懂得构思力量的人可以利用它来影响重要的决策——比如，是支持还是反对某一特殊观点，依据的是认真构思所组织起来的相互关联的调研问题。（回忆一下第一章所讲到的：遣词造句的微妙差异所赋予的潜在有力效果。）

信念偏差

5. 启发法、过度自信以及信念保持是如何影响我们的判断和决策的？

智力不仅仅是逻辑思维，还是正确推理能力的结果。逻辑推理专家菲利普·约翰逊－莱尔德（Philip Johnson-Laird，1999）举了一个例子：

> 如果试验要继续下去，那么涡轮机必须保持足够高的转速。
> 涡轮机转速不够。
> 那么，试验就不能继续进行。

没能得出这一正确结论显然为 1986 年前苏联切尔诺贝利核泄漏灾难帮了大忙；看来，演绎推理有时也会靠不住。在切尔诺贝利，和其他任何地方一样，生活需要我们进行大胆的演绎推理；那些做得好又没有偏见的人，在生活中成功率就更高一些。

我们已经看到，心理学对思维的思考强调：如果我们总是寻求证据来证实自己的预感，仅靠效率高却难免出错的直觉，过分自信，那么，我们注定会陷入偏见；这一点我们已经了解到了。然而，逻辑推理能帮助我们摆脱由于自己的信念而造成的偏见吗？

逻辑推理的确能提供帮助；然而，我们还发现，人们更容易接受与自己意见一致的结论。思考下面的逻辑推理：

> **前提 1**：有些无神论者是高尔夫运动员。
> **前提 2**：所有的高尔夫运动员都是科学工作者。
> **结论**：有些无神论者是科学工作者。

在实验中，几乎每一个人都能正确识别出这一结论是从前提中通过逻辑推导出来的（Oakhill et al.，1989）。但是，现在再思考下面的逻辑推理：

> **前提 1**：有些科学工作者是高尔夫运动员。
> **前提 2**：所有的高尔夫运动员都是有神论者。
> **结论**：有些科学工作者是有神论者。

很多人会感到难以明白，如果给出这些前提，推出来的结论居然会同样有效。请你自己对下一结论做出判断（Hunt，1982）：

> **前提 1**：民主党人支持言论自由。
> **前提 2**：独裁者不是民主党人。

> “上帝就是爱，爱是盲目的。雷·查尔斯（Ray Charles，美国灵魂乐传奇人物）是盲目的，所以，雷·查尔斯就是上帝。”
>
> ——匿名留言

结论：独裁者不支持言论自由。

如果你认为这一结论是合乎逻辑的，那么，你正在经历**信念偏差**（belief bias）——用我们的信念去歪曲我们逻辑的一种倾向（Oakhill et al.，1990）。（前提 1 并不排斥这种可能性，即：其他人，甚至独裁者，也可能支持言论自由。）请思考另一组具有相同形式和逻辑的表述，你会注意到要驳斥它的结论有多么容易：

前提 1：知更鸟有羽毛。
前提 2：鸡不是知更鸟。
结论：鸡没有羽毛。

因此，信念偏差也就是，我们更容易看到与自己信念相反的不合逻辑的结论，而不易看到与自己信念一致的不合逻辑的结论。

信念保持现象

非理性的另一个来源是**信念保持**（belief perseverance），即我们在面对与自己信念相反的证据时，仍然要固执己见的一种倾向。信念保持往往会激发社会冲突。洛德及其同事们（Lord ct al.，1979）通过研究对死刑持对立观点的人，揭示了这一现象是怎样产生的。意见双方都认真仔细地研究了两个据称最新的调查结果，即一方支持死刑可以制止犯罪的主张，而另一方却驳斥这一主张。每一方都对支持各自信念的研究印象更深刻，并随时准备反驳对方的研究结论。以至于，当把混杂在一起的相同的证据出示给支持和反对死刑的两组人时，竟然加大了他们彼此的意见分歧。

如果要控制这种信念上的保持现象，有一个简单的方法：仔细斟酌对方的观点。当洛德及其同事们（Lord et al.，1984）再次进行死刑问题的研究时，他们要求一组参与者在思考问题时，“尽可能客观，不带任何偏见”。然而这一要求无法减少对证据的偏见性评价。他们同时告诉另一组参与者“无论你对这个问题的评价是高还是低，都会与该研究的另一组的结论完全相同。”这样一来，在分析问题时，由于增加了对相反结果的设想和考虑，这些人对证据的评价偏见就少多了。

> “一旦你有了某种信念，它就会影响你对所有相关信息的理解。一旦你敌视某一国家，你就很可能会把他们出于自身利益所做的一些模棱两可的行为视为肆意的敌对行为。”
>
> ——政治科学家
> 罗伯特·杰维斯（1985）

如果人们用模棱两可的证据来支持原先固有的信念的话，那么，他们的信念会不会因为新信息对信念基础的明显质疑而导致破灭呢？未必如此。安德森和罗斯（Anderson & Ross）发现，一旦人们获得了支持自己错误信念的意见，想要改变他们的错误信念是惊人的难。在和莱珀（Lepper，1980）共同进行的一项研究中，他们要求人们思考这样一个问题：喜欢冒险的人和小心谨慎的人，哪种人更适合做消防员？然后，他们对其中一半参与者讲了下面的故事：一个喜欢冒险的人成了优秀的消防员，一个小心谨慎的人却成了蹩脚的消防员。这样 ·来，参与者都推测喜欢冒险的人可能成为更好的消防员。最典型的解释就是“喜欢冒险的人更勇敢”。研究者又给另一半参与者讲了结论与前面相反的故事，并用诸如“小心谨慎的人善于先思而后行，他们很少犯些愚蠢的错误”之类的解释来诱导他们去推测。

然后，研究者就参与者持有的信念基础提出了疑问。他们如实地告诉两组参与者，他们讲的故事仅仅是为试验而杜撰的。对证据可信度的质疑能削弱他们刚刚形成的信念吗？基本上不可能，因为他们反复不断地在解释为什么这些新的信

信念保持 哪一种人更适合作消防员——喜欢冒险的人，还是小心谨慎的人？一旦我们在这类问题上形成了自己的看法，并搜寻理由来强化自己的观点，那么，我们就会有固执己见的倾向，即使这种看法的依据并不牢靠。

念有意义。虽然作为信念基础的证据一去不复返了，但他们就此形成的推测却继续存在。

人们越是对自己的信念何以为对而自鸣得意，就越发固执己见。一旦他们为自己辩解，为什么认为一个孩子“有天赋”或“学习能力低下”，或者为什么候选人甲比候选人乙更可能维护和平，或者为什么值得拥有Z公司的股票，那么，他们就一定会忽视那些削弱他们信念的证据。由此，偏见便保持下来了。

信念保持现象并不排除我们改变自己信念的可能性。只是一旦我们的信念形成并得以论证，那么，与最初创建这些信念相比，要想改变它们，就需要具备更加有说服力的证据才行。

我们已经清楚地看到非理性思维在我们力求解决问题、做出明智决策、形成正确判断和进行逻辑推理时是如何不断地烦扰我们心绪的。而且，即便对于那些被加薪雇来为人寻思良策、为人证实所需答案的人，或者是很有经验的内科医生和临床医生，这些直觉危险也是会出现的（Shafir & LeBoeuf，2003）。由此，我们兴许会得出这样的结论：我们的头脑实际上装的全是稻草，一无是处。总之，这一切以及其他许多发现似乎都在暗示“人类的理性推理能力是何等的苍白无力啊！”（Nisbett & Borgida，1975）。然而，我们却不能忘记，我们的认知功能是极其有用而且非常高效的；正因为如此，人类才得以生存，才拥有了我们创造性的天赋。

“最初，我只是暂时提出了自己构思的这些观点……但是，随着时间的推移，这些观点却牢牢地控制了我，以至于我再也不能用其他任何方式来思考问题了。”

——弗洛伊德，《文明及其不满》（1930）

事实上，我们不仅这样做，而且起作用的一个原因在于，在许多现实生活情况中，一些有瑕疵的推理可能会仓促得出正确的结论（Funder，1987）。例如，当内科医生识别出患者的症状与某特定疾病的典型症状相似之后，便着手验证自己主观上的预测。实际上，他们的诊断推理过程是这样的（Hunt，1982）：

- 症状A、B、C是X疾病的临床表现。
- 这个病人具有A、B、C症状。
- 因此，我认为这个病人患有X疾病。

内科医生的结论未必就符合逻辑（因为其他疾病也可能出现A、B、C症状）。然而，这种推理效率高，似乎有理，甚至可行。由此看来，有时我们在推理时，并没有用严谨的逻辑方式来进行推理。比如：“这种情形让我想起了以前遇到过的事情，因此，那些在过去情况下正确的东西，在这里也应该是正确的。”其他领域的一些行家里手，甚至那些热衷赛马的赌徒，他们也仅仅凭借直觉判断来下赌注（Ceci & Liker，1986），虽然并不一定完全清楚自己是如何具体去推理的，但却同样精明果断。

然而，我们却不应该低估看上去合理的（实际并不确定的）推理的价值。无论我们是进行科学的假设还是下棋，是争论政治问题还是做出商业决策，它都有助于我们在处理问题时拥有这种推理能力。这就是为什么大多数大学课程，也包括这本书，会致力于提高和加强学生的批判性思维能力；这也是我们心理学家为什么要研究问题解决中的心理障碍和推理时的个人偏见之所在。我们希望，通过更大范围地了解我们非理性的思维倾向，能有助于人们避免愚蠢的决策。

本节回顾

➤ 自问

电影或新闻中出现的活生生的意象，往往使人们对风险知觉产生偏见，导致他们对潜在的实际风险表现出令人惊讶的无动于衷。（人们在暴风雨中可能会躲进地下室，但开车时却忘了系上安全带。）什么样的事情会令你担惊受怕？某些恐惧感与风险的统计数据比例不相称吗？在你的其他生活领域，你有没有采取明智的措施来加以防范呢？

➤ 自测 1

易得性启发法快捷简易，但有时会在判断客观现实时产生误导。那么什么是易得性启发法呢？

自测问题的答案见书后的附录。

语　言

思维能力最切实的指标就是**语言**（language）。语言包括口头语、书面语和手势语，以及将它们组合起来运用于思维和交流的各种方式。长期以来，人类一直都在自豪地宣称语言使我们高于所有其他动物。语言学家乔姆斯基（Chomsky，1972）声称，“当我们研究人类语言的时候，我们就正在与那些可称为‘人性本质’的东西打交道，这些东西就是人类的**心理特性**（human essence）；就目前所知，对人类而言，这些心理特性是独一无二的。”在认知科学家平克（Pinker，1990）看来，语言是“认知王冠上的宝石。”接着他还说，如果对语言“强大的表达能力”进行认真细致的思考，你就会得出这一结论（Pinker，1998）。有时，你一坐就是好几个小时，“听别人发出嘈杂的喧闹声，因为那些唏嘘声和尖叫声中包含着你所需要的信息。”

随着人类发音系统的进化，我们的元音发音能力和语言能力都开始迅猛地发展起来，进而极大地推动了我们的物种演化过程（Diamond，1989）。无论是口头语、书面语还是手势语，都能使我们进行人际间复杂的思想沟通和交流，也能使我们将人类文明所积累的知识宝藏代代相传。猿猴知道的多半是它们能看见的东西，而有了语言，我们才知道了许许多多未曾见过的事物。

语言结构

6. 语言有哪些结构成分？

请想一想，如果让我们来创造一种语言，我们该怎样进行呢？就口头语而言，我们需要三大构建模块。

音　素

首先，我们需要一套基本的语音系统，语言学家称之为**音素**（phoneme）。比如要说 bat，我们发出的语音中就含有音素 b，a 和 t，chat 也含有三个音素——

ch，a 和 t。各种语言都有各自的音素，但数量不同。英语大约有 40 个，其他语言中音素的数量介于英语的一半到两倍之间。语言学家们对近 500 种语言进行了调查，发现在已经被鉴定和确认的人类语言中，不同的音素多达 869 种（Holt，2002；Maddieson，1984）。

音素的变化使意思也发生变化。在 b 和 t 之间的不同元音可生成 12 种不同的意思：bait，bat，beat/beet，bet，bit，bite，boat，boot，bought，bout 和 but（Fromkin & Rodman，1983）。一般来讲，辅音音素比元音音素承载着更多的信息。比如：The treth ef thes stetement shed be evedent frem thes bref demenstretien.（从中我们可以看出，所有的元音音素都被人为地扭曲了，但辅音音素却完好无损。因此，试读原句，我们仍然可以得到这样的信息：The truth of this statement should be evident from this brief demonstration.——译者注）

在成长中学会了一套音素发音的人，通常在发另一种语言的音素时会有诸多困难。以英语为母语的人会嘲笑以德语为母语的人在发 th 音时所碰到的麻烦，因为他们把 this 的音发成 dis；反过来德国人也会嘲笑讲英语的人在发德语中的小舌弹音 r 或发 Ich 中的 ch 呼音时的问题（德语单词 Ich 相当于英语单词的 I）。

手势语也具有类似音素的构建模块，只不过这些模块是由手的形状和动作来定义的。和说话的人一样，用一种方式来表达“200 +”手势语的人可能会对用另一种手势语所表达的相同内容难以理解。研究人员贝尔鲁格（Bellugi，1994）曾经提到，一些母语为汉语的手势语者到美国学习手势语，“他们的手势语往往带有地方口音。”

▸▸ 在单词 cats 中有多少词素？

两个——cat 和 -s。

词 素

然而，单靠声音并不能构成一门语言。语言的第二个构建模块是**词素**（morpheme），即传递意义的最小语言单位。英语中，有的词素同时也是音素，例如人称代词 I 和冠词 a。但是大多数词素都是由两个或两个以上的音素组成的。有些词素，如 bat，本身就是单词，而另一些词素只是单词的一部分。词素包括前缀和后缀，如 preview 中的 pre- 或者表示过去时态的 -ed。在 undesirables 中就有四个词素：un-desir-able-s，各个词素加在一起，便构成了词的总体含义。

语 法

▸▸ 文化普遍性：在所有的语言中，最常用的词都是最短的。当一个词或短语用得越来越频繁时，它常会变短。Television 变成了 TV，compact disc 变成了 CD，electronic mail 变成了 e-mail（Triandis，1994）。

最后，再看语言的第三个构建模块。我们的现代语言必须要有**语法**（grammar），即一套能使我们与他人交流的规则系统（词法和句法）。**词法**（semantics）就是一系列的规则，运用这些规则，我们可以从词素、词汇，甚至句子中引申一定的意义来。英语词法中的一项规则就告诉我们，在 laugh 词尾加上 -ed 就表示事情发生在过去。**句法**（syntax）是我们用来连词成句的一种规则。英语句法中的一项规则写道，形容词通常出现在名词之前，因此，我们说 white house（白色的房子）；而西班牙语中的形容词通常出现在名词之后，所以讲西班牙语的人说 casa blanca（白色的房子）。英语的句法规则认为句子“They are hunting dogs.”是成立的，至于句子是指“它们是群猎狗”，还是指“他们（人）在追狗”，词法会根据上下文来告知我们。

人类所有的 6 000 种语言都是错综复杂的。平克（Pinker，1995）说，“人类有‘石器时代’的社会，却没有‘石器时代’的语言。”这与那些认为“教育程度低的人讲起话来不合语法规范”的错误观点相反，平克认为，他们讲的只是一种不同的方言。对一个语言学家来说，“ain't got none”在语法上就等同于“doesn't have any”。

但是，请注意，当语言从音素到词素再到词汇，最后组成句子时，会变得更为复杂。在英语中，大约有 40 个左右的音素能组合成 10 万多个词素，这些词素本身或组合起来又能生成单词；这样的单词在《牛津英语词典》（Oxford English Dictionary）中就收录了 616 500 个（包括 290 500 个主要词条，如 meat，和 326 000 个亚词条，如 meat eater）。然后我们就可以用这些词汇创造出无穷多个句子，其中大多数句子（就像我写的这一句一样）都是原创的，而非复制的、照搬誊抄的。就像生命本身是由基因密码的简单排序所构成的一样，语言也是由简单构成的复杂体。我知道你会明白为什么我会因为你认为这个句子开始变得太复杂而担心（I know that you can know why I worry that you think this sentence is starting to get too complex.）；然而，正是这种复杂，以及我们以此进行交流和理解的能力，才是人类语言能力的特色之所在（Hauser et al.，2002）。

语言发展

请马上估算一下，从你一岁生日到高中毕业这段时间内，平均每天学了多少个单词？

一名普通的美国中学毕业生知道的单词大约有 80 000 个（Miller & Gildea，1987）。平均下来（一岁后）每年学会近 5 000 单词，或平均每天学会 13 个单词！这一点你是怎样做到的呢？到目前为止，你每年学会的这 5 000 单词，是如何超过学校老师每年有意识传授给你的那 200 个左右的单词的呢？这就是人类的伟大奇迹之一了。大多数父母都很难把句法规则讲清楚，然而，他们的孩子在能够做 2+2 的运算之前，就已经开始用自己原创的合乎语法规则的句子说话了；而且，这种对语言的理解和说话的技能在启蒙读书之前就早已被他们运用自如了。这样一来，他们这种在短时间内就能熟练运用语言的才能，就使得那些为学外语而煞费苦心的大学生们羞愧难言，也使得那些为了在计算机上模拟人类语言而绞尽脑汁的科学家们无地自容了。但是，大学生在语言学习上也具有令人惊叹的才能。他们能以惊人的效率，选择性地从储存在记忆中的数以万计的词汇中提取所需的词汇，然后用近乎于完美的句法毫不费力地将它们迅速组合起来，并以每秒 3 个单词的速度滔滔不绝地表达自己的思想（Vigliocco & Hartsuiker，2002）。你的语言能力是怎样被开发和显露出来的呢？我们又该怎样来解释这一切呢？

我们什么时候学会语言

7. 语言发展过程中有哪些里程碑？

感知式语言

儿童的语言发展反映了语言从简单到复杂的建构过程。**婴儿**（infant）生下来是不会使用语言的（in fantis 的意思就是“不会说话”），然而到 4 个月大时，婴儿就能够从嘴唇的动作来理解语义，还能区分出不同的语音。他们喜欢注视那些在说话的面孔，由此我们得知，他们能够识别“ah”这个声音来自嘴唇大大张开的口型，“ee”这个音来自嘴角靠后的口型（Kuhl & Meltzoff，1982）。大约在这个年龄阶段，婴儿进入了**咿呀语期**（babbling stage）；此时，他们会自发地发出诸如“ah-goo”这样的不同声音。

产生式语言

婴儿咿咿呀呀的发声并不是在模仿成人说话，因为在婴儿的咿呀语里含有各种语言的声音元素，甚至还包含一些在家庭语言中没有出现过的声音。如果单靠早期的咿呀语，是无法鉴别出婴儿为哪国人的，比如说是法国人，韩国人，或者埃塞俄比亚人。失聪的婴儿也有他们的咿呀语，只不过是靠重复类似音节的手势来表达的（Petitto & Marentette，1991）。由此看来，似乎在后天教养塑造我们的言语之前，天性就赋予了我们发出广泛的、可能发出的音素的能力。许多这些自然的咿呀声都是些成对的辅音加元音的组合，是通过在口腔前部翘起舌尖发音而形成的（如：da-da，na-na，ta-ta），或者通过嘴唇发音而形成（如：ma-ma）；这两类音都是婴儿在进食时自然发出的声音（MacNeilage & Davis，2000）。

最终，婴儿的这些咿呀声逐渐与其家庭语言所特有的语音和语调相类似。婴儿长到约 10 个月时，他们的咿呀声已经发生了很大变化，这种变化使得那些受过训练的人（如民族语音学家）一听便可鉴别出这个家庭使用的是哪种语言（de Boysson-Bardies et al.，1989）。此时婴儿母语之外的音素便开始消失了。

这样一来，婴儿也慢慢丧失了辨别从未听过的声音的能力。沃克（Werker，1989）巧妙的实验揭示出,6 个月的婴儿能够感知来自其他语言的音素的细微差别，但是，到了 12 个月时，他们就不能了。如果不接触其他语言，我们就会对母语之外的其他语言的话语语音产生功能性失聪（functional deaf）（Pallier et al.，2001）。因此，在成年前只讲英语的人是不能辨别出某些日语音素的。同样，没有受过英语训练的日本人也不能分辨出英语中的 r 和 l 这两个音素的区别。因此（信不信由你），对一个日本成年人来说，“la-la-ra-ra”可能听起来就是同一音节的重复。这就会让日本游客面临挑战了。如果你告诉他“the train station is after the next light.（过了下一个交通灯就是火车站。）”他就会问:“The next what?”（“下一个什么？”）可能还会接着问：“After the street veering right，or farther down，after the traffic light?”（“是在下一个右转弯处，过了下一个交通灯之后，还是继续往前走？”）

大约在一岁左右（具体年龄会因人而异），大多数幼儿会进入**单词语期**（one-word stage）。由于幼儿已经知道声音会传递意义，他们便开始用声音来交流意思。他们最初使用的词语通常只有一个音节，如 ma 或 da 等；而且，这些词语的音含糊不清,几乎不能辨认。但是,家庭成员很快就会懂得如何去理解幼儿的语言;而且，幼儿的语言会逐渐与家庭语言趋于一致。在单词语期，一个词尾发生了变化的单词可以等价于一个句子,如:“狗狗!（Doggy！）”可能是在说“看！那边有条狗！”

在出生后的第二年，幼儿在语言上的鲜明特征是越来越多地使用单个词语。大约在 18 个月时，他们的词语学习开始突飞猛进，从每周一个词语到每天一个词语。通常情况下，在两岁以前，他们会进入**双词语期**（two-word stage）；这时，他们也开始讲双词构成的句子（表 9.1）。这一阶段的语言具有**电报式言语**

表 9.1 语言发展一览表

月龄（近似值）	阶 段
4	咿呀发出许多言语声音
10	咿呀声显露出家庭语言
12	单词语期
24	双词、电报式言语
24+	语言迅速发展而形成完整句子

（telegraphic speech）的特征，如同电报——“TERMS ACCEPTED. SEND MONEY（意思是“接受条件，汇款”——译者注）”一样简洁。这种言语的早期形式主要由名词和动词组成（如：Want juice），也遵循句法规则，话语中的词汇都按语意顺序排列，这点也雷同于电文。讲英语的儿童在说话时，较有特色地是将形容词放置名词之前，例如说 big doggy，而不是说 doggy big。

似乎不存在“三词语阶段”。因为，儿童一旦越过了双词语阶段，在他们的话语中就会很快地出现较长的短语（Fromkin & Rodman，1983）。虽然这些片语短句可能仍然像电报文体那样简洁，但依然遵循句法规则（如：Mommy get ball）。到学龄早期，儿童就已经能够理解比较复杂的句子，并能开始欣赏带有双重含义的幽默句子—— “You never starve in the desert because of all the sand-which-is there.（你决不会在沙漠里挨饿，因为所有的沙都在那里 / 所有的三明治都在那里。因为 sand-which 与 sand wich 发音相同，语带双关。——译者注）”。

语言发展的解释

8. 我们是如何学习语言的？

研究语言习得的人不可避免地会思考这样一个问题——人类究竟是如何习得语言的呢？为回答这个问题所做出的种种努力犹如点点火星，在理性的知识界点燃了争议的熊熊烈火。这种争议与第 8 章我们提到的争论（行为主义者所持的有机体具有可塑性的观点与所有有机体天生就具备联想学习机能的观点之间的争论）相比，激烈程度可以说是不相上下。语言是“与生俱来”还是“后天习得”之间的争论，在这里再次出现了。不过，人们正日益理解并赞赏语言的先天性倾向。

斯金纳：操作学习 行为主义心理学家斯金纳（B.F. Skinner，1957）认为，我们可以用常见的学习原理来解释语言的发展，比如：（听到词语就产生与之相对应事物的视觉）联想，（对他人使用的词语和句法模式的）模仿，以及（当儿童把一样东西说对了时，用成就、微笑和拥抱来对他进行）强化。因此，斯金纳（1985）认为：婴儿学习说话的方式，与动物（鸽子）学习啄键盘和（白鼠）学习压杠杆有诸多相同之处。“当发声肌肉组织变得易受操作条件影响时，人类的物种进化完成了十分关键的一步，此时，人类的言语行为就明显开始存在了。”然而，如果对儿童的言语给予最低程度的强化，其结果又会是怎样的呢？父母双耳失聪的孩子，他们对语言的接触更加被动，大多数是通过电视进行；因此，他们学会说话的进程更为缓慢（Messer，2000）。（那些在童年时期经常不经意地受到第二语言影响的儿童，在以后学说这种语言时，口音的确更像当地人——Au et al.，2002）

乔姆斯基：天生的普遍语法 语言学家诺姆·乔姆斯基（Chomsky，1957，1987）认为斯金纳的观点太天真。乔姆斯基曾经调侃地说道，一个观察过在单语社会环境中生长的儿童的火星科学家想必会得出语言几乎完全是天生的结论来。然而，这是不可能的！儿童的确学的是他们所处环境中的语言。不过，他们还能以惊人的速度学到从未教过的言语和语法，而这种学习速度仅靠所谓的学习原理是无法解释清楚的。他们能造出从未听过的所有类型的句子，因此，不能说他们的言语是模仿的吧。（“I hate you，Daddy.——老爸，我恨死你了。”这样的句子该不会是父母教的吧。）儿童开始用词法规则来遣词造句：开始在词尾加上 -ing；然后，开

⏩ 创造语言 一群尼加拉瓜失聪儿童在一个与世隔绝的孤岛上（实际上是一所学校）一起长大，他们在较长的一段时间后创造了自己的尼加拉瓜手势语，这套手势语具有完整的词汇和复杂的语法。我们在语言上的先天生物条件不会使我们在真空环境下创造语言，但是，先天因素和后天教养一旦被社会环境所激活，就会创造性地共同发挥作用（Osborne，1999；Senghas & Coppola，2001）。

始使用介词 in 和 on，紧接着学会使用冠词 a 和 the，随后还有 is（Brown，1973）。10 个单词可以组成 3 628 800 个句子，其中只有少数组合有意义。然而，任何一个 4 岁的儿童都能从 3 628 700 多种无意义的序列中把它们找出来。

而且，儿童所犯的许多错误都是由于过分归纳和沿袭逻辑语法规则所致，比如在动词词尾加 -ed 来构成过去时（from de Cuevas，1990）：

儿童：*My teacher holded the baby rabbits and we petted them.*
母亲：*Did you say your teacher held the baby rabbits?*
儿童：*Yes.*
母亲：*Did you say she held them tightly?*
儿童：*No，she holded them loosely.*

乔姆斯基（Chomsky，1987）曾调侃似的把行为主义的语言发展观比喻为朝罐子里面注水。与此相反，他把语言的发展看成是“帮助鲜花按其自身方式生长。”他认为，语言发展与性成熟极为相似：只要给予足够的营养，它就会在儿童身上发生。所有的人类语言都具有相同的语法建构模块，如名词和动词、主语和谓语、否定句和疑问句等等。即便是手势语，无论使用它的聋哑儿童是中国儿童还是美国儿童，在结构上也相同（Goldin-Meadow & Mylander，1998）。

因此，我们人类的 6 000 多种语言实际上就是预置于人脑中的“普遍语法”的各种方言而已（Baker，2001）。由于有了先天的普遍语法，我们才能够学会所听到的任何一种语言的特定语法。这一切发生得如此自然，如同鸟儿学飞那样自然。如果将儿童完全置于语言环境中，他们就会很快地吸收这种语言。如果在与世隔绝的环境中抚养，他们虽然也会长大，却不会使用语言。不过，如果是一群儿童，即便不接触任何外界的语言环境，他们也会创造出自己的语言。如果不接触语言环境，失聪的儿童也会在较长一段时间后创造出自己的手势语言，这种手势语也有完整的复杂语法规则。

▸▸ 在世界上 6 000 多种语言中，有一半多的语言被不到 10 000 人所使用，而占世界总人口一半多的人说的只是排列在最前面的 20 种语言中的一种语言（Gibbs，2002）。

人类以外的其他世界可能也存在着它们自己的语言，而那些语言是人类无法学习的；但是，在人类世界里，没有学不会的语言。乔姆斯基强调指出，我们的语言习得能力犹如一只箱子，一只装有语言习得设备的箱子；儿童一旦感受和体验到语言，箱子里的语法开关就会立即被激活打开。因此，说英语的儿童学会把宾语放在动词之后（如：“She ate an apple.”），而说日语的儿童却把宾语放在动词之前（如：“She an apple ate.”）。我们与生俱有一套硬件和操作系统，而生活经历则编写着我们的软件。

认知神经科学家：统计学习和关键期 我们的语言能力究竟有多少是天生的，对此，认知神经科学家们仍然争论不休（Seidenberg，1997）。凭借经验（而不是“天生的”语言规则），由神经网络激活启动的计算模型能够学会如何恰当地构成动词的过去式。例如：他们会把以 -ow 结尾的单词变为 -ew，即把 throw 变为 threw。在一些科学家看来，这意味着大脑可能是一块未曾雕刻过的空白石板，而非乔姆斯基所说的那种箱子。

这种神经网络学习也不同于斯金纳眼里的那种语言学习的简单模式。相反，它涉及的是基于学习经验的网络互动中的渐进变化。如果通过接触许多语言实例来训练，某种类神经元网络就能学会语言的统计结构。英语单词“plane”和“left”有许多不同的含义，但是，如果将它们放在一起，组成这样的句子“The plane left for Melbourne.”我们即刻便知“plane”可能是指“飞机”,“left”是动词“leave”的过去式。

像计算机一样，婴儿在学习人类言语的统计方面就表现出了惊人的能力。如果听到一种完全陌生的语言，我们会觉得它所有的音节都是连在一起的。比如，一个对英语不熟悉的人可能会把“United Nations”听成“Uneye Tednay Shuns”。在一周岁以前，我们的大脑通过统计分析哪些音节最可能出现在一起，从而识别出词语之间的停顿。这一点被萨弗兰及其同事（Saffran et al.，1996）通过一些 8 个月大的婴儿对计算机声音合成器发出的一连串不间断的、单调而又无意义的音节群（bidakupadotigolabubidaku...）的反应所验证。这些婴儿听到那些音节群仅仅两分钟后，就能识别出反复出现的三个音节的音节链（他们的注意力表明了这一点）。

后续的研究进一步验证了婴儿在接受语言方面的惊人本领：

- 6 个月的婴儿似乎就明白“妈妈”和“爸爸”是指谁。在一次实验中，这些婴儿观看了两个电视监视器，一个监视器里出现的是他们的妈妈，另一个出现的是爸爸。当听到声音合成器发出“妈妈”或“爸爸”的声音时，他们更多地注视声音所指定的父母（Tincoff & Jusczyk，1999）。
- 7 个月的婴儿能够学习一些简单的句子结构。在重复听到一些有规律的音节链如 ga-ti-ga 和 li-na-li（ABA 模式）之后，他们宁愿花更多的时间去听另一种不同模式的音节链——如 wo-fe-fe（ABB 模式）,而不愿再去听（ABA 模式的）wo-fe-wo 的音节。他们对这两种模式的差异所表现出来的观察能力，表明婴儿已经处于学习语法规则的内置预备状态（built-in readiness）（Marcus et al.，1999）。
- 7 个半月的婴儿能够在流畅的话语中察觉出自己熟悉的英语词语。如果段落中有以前反复听过的单词，那他们听的时间要比句子中含有不熟练词语所听的时间长（Jusczyk，1997）。

“童年时期就是语言时期，这是毋庸置疑的。孩子的年龄越小就越擅长学习语言；学习语言对他们来讲就像玩耍一样轻松自如。不过，对于人类这个物种来说，这份礼物仅此一次！”

——刘易斯·托马斯，《一个细胞的告白》，1992

婴儿期的学习能激活开关这一证据对乔姆斯基所持有的天生普遍语法的观点提出了挑战。但是，乔姆斯基的“人脑制约着我们学习语言的方式”的观点——语言可能先天就被设置来寻找语法规则——却得以幸存。一项对两岁双胞胎的研究表明，基因在决定儿童的学习速度上的确会起作用（Plomin & Dale，2000）。另一项对伦敦的一个大家族进行的研究发现，有一种突变基因使得这个家族中一半成员的语言学习才能受损（Lai et al.，2001）。这些发现进一步支持和加强了乔姆斯基的人脑先天就置入了语言程序的观点。

然而，我们在生命中大约前 7 年时间的学习也至关重要。这里有一个极富戏剧性的事例：那些学习第二语言的成年人在讲这种语言时，往往带有很浓郁的母语口音。难道他们对外语语法的掌握比语音要好些吗？为了证实这个问题，约翰逊和纽波特（Johnson & Newport，1991）对一些在美国的韩国和中国移民进行了一次语法测试，要求他们识别 276 个句子中的每一个句子（比如：“Yesterday the hunter shoots a deer.”）在语法上正确与否。这些接受测试的人中，有的早在童年时期就移居到了美国，有的则是成年后才移居的。姑且不管他们移居美国时的年龄大小，每一个人在美国居住的时间都在 10 年左右。然而，正如图 9.5 所揭示的那样，那些年幼时就开始学习第二语言的人，学得最好。乔姆斯基可能会说，语法开关一旦在儿童的语言发展时期就被激活打开，那么要想掌握另一门语言的语法就会

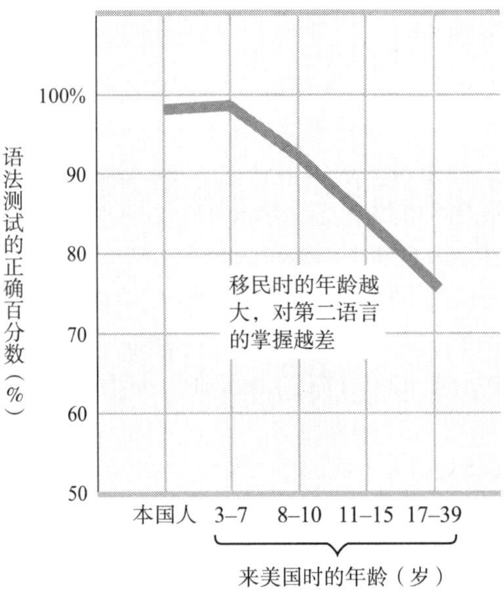

➤ 图 9.5

随着年龄的增长，学习一种新语言的难度增大

幼儿学起语言来得心应手。一些亚洲人在移居美国 10 年之后参加了一次语法测试，结果显示：那些在 8 岁前就来到美国的亚洲人对美国英语语法的理解和美国人一样好；而那些晚些时候才移居来的人则没那么好。（From Johnson & Newport，1991）

变得更为困难。

正如花儿离开了营养就会枯萎一样，儿童如果在语言习得的关键期被置于语言环境之外，对语言的反应就会变得非常迟钝。在我们幼年时期，学习语言的窗户是敞开的；然而，到了 7 岁以后便逐渐关闭。幼年时期的经历对儿童的影响作用，在对失聪儿童和正常儿童进行比较以后就显得更为明显了。能听会说的父母身边的正常儿童和失聪而使用手势语的父母身边的失聪儿童有很多共同之处。两种群体的儿童在婴儿期都会咿呀学语，所不同的是正常儿童靠不断重复的声音来表示，而失聪儿童则靠重复简单的手势来表示（Petitto & Marentette，1991）。两种群体的儿童都用大体相同的进展速度在扩大自己的词汇量（Meier，1991）。对这两种群体的儿童来说，如果比正常时间再晚一些（2 岁或 3 岁）接触语言的话，他们就会释放出大脑中闲置的语言能力，会突然生成大量的语言。但是，再想想那些百分之九十以上的失聪儿童，如果他们的父母能听却不能使用手势语，那这些儿童的语言状况又该是怎样的呢？这些儿童在幼年时期通常体验不到语言。和出生后就能接触手势语的失聪儿童相比，那些到了 10 多岁或成年后才开始学习手势语的失聪者不会像小鸟那样——如果在成熟前的几周没有接触到同类的鸟鸣声，就永远不能歌唱；但是，即使他们和在童年期以后才开始学习英语的移民一样，能够掌握基本的语言词汇，并学会如何将这些词汇排列成句，可在生成和理解细微的语法差异上，他们永远也做不到像本族人使用手势语那种挥洒自如（Newport，1990）。而且，那些晚些时候学习语言的失聪者，他们大脑右半球区域的活动较少，而那些土生土长的手势语者在解读手势语时，他们大脑右半球区域却非常活跃（Newman et al.，2002）。

那些在幼年时期既没有接触过口头语也没有接触过手势语的人，就丧失了学习任何语言的能力。那些在 9 岁以后才学习手势语的先天失聪儿童，与那些 9 岁以前就学过英语而以后才失聪的儿童相比，他们的手势语永远没有后者学得好；他们在英语学习上也永远赶不上其他先天失聪、但在婴儿时期就学过手势语的儿童（Mayberry et al.，2002）。于是，我们可以得出惊人的结论，那就是，如果幼儿没能及时地学习任何语言，其大脑的语

不管你怎么说，没有就是没有！失聪而使用手势语的父母身边的失聪儿童与正常父母身边的正常儿童有很多共同之处。他们语言技能的发展速度几乎一样，而且在反抗父母的意愿和实现自我需求的方式上，其效力也十分相似。

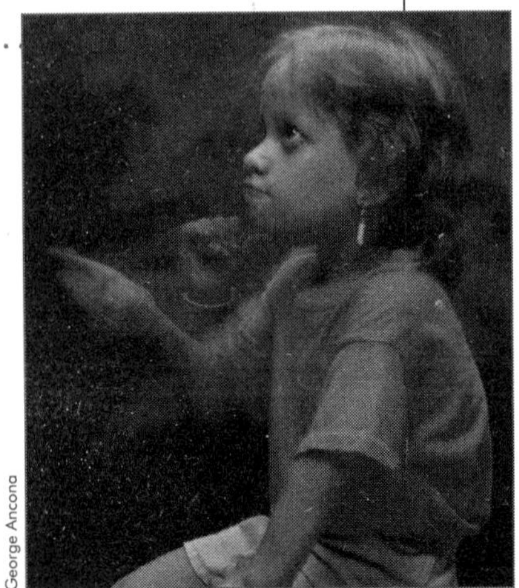
George Ancona

言学习功能将永远得不到充分发展！

综上所述，儿童的基因为其设定了复杂的脑神经网络线路，并为其做好了在与照看者互动过程中学习语言的准备。斯金纳对学习的强调有助于解释儿童在和其他人互动时是如何习得语言的。（这也有助于解释婴儿学习言语统计概率的能力。）乔姆斯基对我们学习语法规则的先天内置准备的强调，有助于解释为什么学前儿童在语言学习上如此轻松自如，在语法的运用上如此恰到好处。在此，我们再一次目睹了生物学原理与后天经验对人类习得语言的共同作用。

好了，让我们回过头再来看看我们为啥要为人类无愧于“智人”（Homo sapiens）这一称谓而争论了吧。为此，我们得公布一份临时报告，让大家自己来评判。在制定决策和做出判断上，对人类这个易犯错误的物种的评价等级可能为 C+。在问题解决上，人类既富有创造性又容易固执己见；在此，我们的得分可能高一点，也许为 B 吧。在认知效能上，直觉会犯错，但其简洁明快会为我们赢得 A 级。至于语言的学习和运用，即使那些最令人畏惧且十分苛刻的专家也一定会把 A+ 授予人类。

本节回顾

➤ 自问

在美国的一些大学里一直存在着这样的争论，即：只要手势语达到熟练自如的程度，就可视为满足学士学位对第二语言的要求。对此，你有何看法？

➤ 自测 2

如果儿童还不会开口说话，你认为父母或保姆读书给他们听，会帮助他们习得语言吗？为什么？给出理由。

自测问题的答案见书后的附录。

思维与语言

9. 语言和思维有什么关系？

思维与语言相互之间的关系错综复杂。如果要问是先有思维还是先有语言，这就如同回答鸡生蛋还是蛋生鸡一样难，因此，这是心理学上的众多难题之一。到底我们是先有了思想，然后再等待词语来为它们命名，还是语言使我们的思想得以形成，离开了语言我们就无法思维？

语言影响思维

语言学家本杰明·李·沃夫（Benjamin Lee Whorf）坚持认为，语言决定了我们的思维方式。根据沃夫（1956）的**语言决定论**（linguistic determinism）中提出的假设，各种不同的语言会对现实中不同的概念各施影响：“语言本身就能使一个人的基本观点成形。”沃夫指出，霍比族（Hopi）的语言中动词没有过去时；因此，他坚持认为，对霍比族人来说，思考和追忆往事不是件容易的事。

“语言并不是一件笔挺的夹克衫。”

——心理学家莱拉·格莱特曼，美国科学促进协会会员，2002

沃夫的假设可能不会发生在那些只讲一种语言、并把语言只当做传播思想的媒介工具的人身上。但是，对于那些讲两种完全不同语言的人来说（比如英语和日语），显然他们就会用不同的语言来进行不同的思维了（Brown，1986）。英语中有丰富的词汇来表达那些自我为中心的情感，如“anger”等，这一点日语就不同于英语；日语中有许多表示人与人之间情感关系的词语，如同情等（Markus & Kitayama，1991）。许多会讲双语的人报告说，在使用不同的语言时，他们甚至还会产生不同的自我意识（Matsumoto，1994）。许多人从亚洲移居北美后会讲两种语言；当用这两种语言和同一套人格测试题对他们进行测试时，他们甚至还反映出了不同的人格来（Dinges & Hull，1992）。这一观点由罗斯等人（Ross，Xun，& Wilson，2002）通过以下的实验得到了验证：他们邀请了滑铁卢大学的一些在中国出生的双语学生，请他们用英语或用汉语来描述自己。当用英语来进行自我描述时，他们简直就是典型的加拿大人：其自我陈述表现出非常浓郁的积极情绪；而用汉语来回答时，他们完全就是典型的中国人：言谈中反映出来的更多的是那些符合中国人价值观的思想观念，表现出来的积极和消极情绪几乎各占一半。由此可见，他们对语言的使用似乎塑造了其自我认识的方式。

学习一种语言的同时，也就在学习有关这种语言的文化。一种语言一旦消亡——这种命运很可能在世界上现存的 6 000 种语言中的大部分语言上发生——我们的世界就会永远失去依附其上的那种文化和思维了。诗人乔伊·哈乔（Joy Harjo）曾经说过：“要想毁灭一个民族，那就先毁灭他们的语言！”

说语言能决定我们的思维方式似乎有点儿过头。在巴布亚新几内亚人的语言中，就没有表述形状和颜色的词语。然而，他们也和我们一样能感知到各种各样的颜色和形状（Rosch，1974）。但是，我们使用的词语会影响我们的思维内容（Hardin & Banaji，1993；Özgen & Davies，2002）。无论住在英国还是新几内亚，人们都会用自己的语言来对各种颜色进行分类，并记住它们（Davidoff et al.，1999）。如果英语是你的母语，想象一下，假设你看到三种颜色，其中有两种你称为“黄色”，另一种你称为“蓝色”。之后，在你看到或想起这两种黄色时，你多半会觉得它们更为相似。然而，在北润摩（Berinmo）部落中，人们就有专门的词语来描述两种深浅不同的黄颜色；他们也会比我们更易更好地回忆出这两种黄颜色的差异。

如果词语对思维有细微的影响，那么，在实际运用时，我们就得小心细致地选择推敲了。把“妇女”说成“女孩”——比如“坐办公室的女孩（the girls at the office）”——难道就意味着妇女的地位降低了吗？或者在一般人称代词 he 的使用上，如果我写成“A child learns language as he interacts with his caregivers”或写成“Children learn language as they interact with their caregivers”，在意义上就会有何不同吗？有人认为没什么不同，因为，所有的读者都知道人称代词的“阳性性别似乎可以被看成包含了阴性性别”（这一规定早在 1850 年英国议会就宣布了）。

但是，一般人称代词 he 果真一直都能用来指代女性吗？有 20 多项研究自始至终发现并非如此（Henley，1989）。比如，海德（Hyde，1984）要求儿童完成一项故事的写作任务，她先给出故事的第一个句子，如：“When a kid goes to school, often feels excited on the first day.”然后叫孩子们接着写下去。如果海德在空白处填 he，孩子们接下来所写的故事人物几乎全是男性；如果在空白处填入 he 或者 she，结果就有三分之一的人物是女性。在北美和新西兰针对青少年和成年人所做的研究也发现了类似的结果（Hamilton，1988；Martyna，1978；Ng，1990）。例如“这位艺术家和他的作品”（the artist and his work）这句话会使人想起一个男性形象来。同样，就连“董事会主席”（chairman of the board）所采取的模棱两可的行动也似乎显露出一种敢说敢为的人格。然而，同样的行动如果是由“担任董事会主席的人”（chairperson of the board）干的，那么，所显露的似乎就是另一种更加温和、更加体贴的人格了（McConnell & Fazio，1996）。

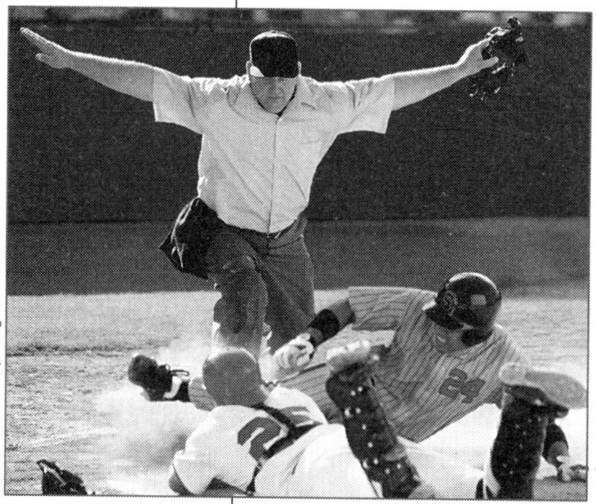

一种安全的手势 我们得感谢棒球外场手威廉·霍伊（William Hoy）创造了棒球运动的手势语。作为第一个参加美国职业联盟的失聪球员（1892），他发明了表示“好球！”、“安全上垒！”和“出局！”的手势（Pollard，1992），这些手势在运动场上作用很大，以至于现在所有运动的裁判员都采用手势语，而且球迷们也能流利地使用运动手势语。

再思考一下，如果人们选择性地使用一般人称代词，比如：“the doctor... he”“the secretary...she”，结果又会怎么样呢（MacKay，1983）？如果 he 和 she 果真能男女通用，那么，当我们听到有人说“a nurse must answer his calls（作为护士，他必须随叫随到。）”或听到“man，like other mammals，nurses his young（人类，和其他哺乳动物一样，要照看他的幼子。）”时，就不该感到恶心或心惊肉跳了。但我们的惊讶表明，“his”在语言上所具有的性别内涵与我们对“nurse”的概念的认识发生了强烈的冲撞。

语言对思维的影响力，使词汇成为教育发展中决定性的一部分。扩展和丰富语言，就意味着发展和提高思维能力。在年幼儿童身上，思维与语言在共同发展（Gopnik & Meltzoff，1986）。并且，对学前儿童来说是正确的东西对每个人来说也都正确：增强词汇能力会使人受益匪浅。这就是为什么大多数的教科书，也包括这本书在内，都要采用新词汇，其目的就在于传授新的思想观念和新的思维方法。

增强词汇能力有助于解释被麦吉尔大学的科研工作者兰伯特等人（Lambert，1992；Lambert et al.，1993）称为“双语优势”的概念。学会在用一种语言说话时去抑制另一种语言的双语儿童，能更好地去抑制他们对不相关信息的注意。如果问到一个句子的语法是否正确（如：Why is the cat barking so loudly），他们能即刻高效率地把注意力全部集中在语法上（Bialystok，2001）。

在加拿大，兰伯特帮助设计了一项研究计划，即让一些说英语的儿童完全处于法语环境中。[从 1981 到 1999 年，参与该项研究计划的非魁北克的加拿大儿童的数量从 65 000 增至 280 000（Commissioner，1999）] 在学校前三年的大多数时间，说英语儿童的所有课程完全是用法语来教的；此后，在学业即将结束时，才逐渐转为使用大量英语教学。意料中的是，孩子们很自然地获得了流畅的法语交际能力，而这种语言能力是其他语言教学方法望尘莫及的。而且，与控制条件下能力相近的儿童相比，他们这样做不但对英语的流畅表达丝毫无损，还提高了学习能力和数学演算能力，并能更好地领会法—加文化（Genesee & Gandara，1999）。

▸▸ 许多天生就说英语的人，包括大多数的美国人，只懂一种语言——英语。然而，世界上大多数的人都会两种或两种以上的语言。单语主义（monolingualism）会限制人们在异族文化思维上的理解能力吗？

因此，对讲英语的加拿大儿童来说，双语教育所带来的全方位影响犹如投股会逐年获利。那么，双语教育对那些处于语言少数派中的儿童来讲也能逐年获利吗？“唯英语”教育论者对此持怀疑态度。他们认为，双语教育项目耗费太大，不宜推广且没有实效；而且，使非英语儿童同化于以英语为背景的文化之中，对儿童来说也是不利和有害的（Porter，1998）。但是，一些研究发现，如果在一些采用“双轨教学”（two-way）的学校里和说英语的儿童一样，一半的课程用英语学习，一半的课程用母语学习，那么这类儿童会从双语教育中获益。与那些插班进入只用英语讲课的学校读书的非英语儿童相比，在采用“双轨教学”的学校里读书的儿童往往能够发展出更高的自尊。他们可能在表达上不够流畅，但最终会在学业成绩和英语的熟练程度上达到更高的水平（August & Hakuta，1998；

Padilla & Benavides，1992；Thomas & Collier，1998）。

通过手势语提高词语表达能力，失聪的人还会得到许多实惠。数千年来，在继承遗产、婚配嫁娶、接受教育，以及从事具有挑战性的工作等方面，他们都被看成是弱势群体（Sacks，1990）。但自从推广和普及手势语教育之后，情况表明：这个群体的人，如果在学龄前就接触过手势语，随后又在学校通过手势语接受过正规的教育，那么，他们也能读会写，表现出良好的文化素养。比如，那些较早从父母身上学会了熟练的母语手势语的失聪儿童，在智力和学业上的测量成绩远远超过了其他的手势语失聪儿童（Isham & Kamin，1993）。因此，无论我们是耳聋还是耳聪，语言能彻底改变我们的人生，能联结我们的过去和未来，能为我们的想象力注入能量，能使我们彼此携手相连，并肩前进。

无语言的思维

当你独自一人时，你会自言自语吗？“思维”只是和你自己单独对话吗？毫无疑问，言语能传播思想，但会不会出现思想先于言语的情况呢？要打开浴室的冷水，你是朝哪个方向拧龙头的呢？要回答这个问题，也许你的思维并没有使用言语，而是采用程序性记忆——一种留在记忆中的有关操作方式的心理图示。的确，我们常用形象来进行思维。艺术家用的就是意象思维（俗称形象思维——译者注），作曲家、诗人、数学家、运动员以及科学家都是如此。爱因斯坦在一份报告中说，他就是先通过视觉意象成功地捕捉到了一些最伟大的灵感和顿悟，然后才将它们诉诸文字的。

中国著名的钢琴家刘诗昆就展示了意象思维的魅力和价值。在获得 1958 年国际柴可夫斯基钢琴大赛第二名之后不久，此君就锒铛入狱。获释后不久，已经整整 7 年没摸过钢琴的他，又重返舞台并巡回演出。音乐评论家们评论说，他的钢琴演奏水平比任何时候都要好。一直没时间在钢琴上练习演奏，他是怎样使自己的演奏才艺得以提高和发展的呢？对此，刘诗昆先生说道：“我的确在练习。我每天都在排练我所演奏过的每一个乐章，一个音符接着一个音符地练，不是在钢琴上，而是在我心里”（Garfield，1986）。

一种沉思的艺术

弹钢琴需要全神贯注，而不用语言思维。即便没坐在钢琴前，心理训练也能帮助弹钢琴的人保持自己的熟练程度。

George Ancona

现在，许多体育项目的运动员都在体能训练之外追加心理训练。休恩（Suinn，1997）在他的报告中写道：对于参加奥运项目的运动员来说，“心理训练已经成为训练标准中的一部分。”高尔夫球巨星杰克·尼克劳斯（Jack Nicklaus）曾经说过，在挥动每一杆之前，他都会先在脑海里把它想象成“电影来观看一番”，然后才出手。在一次实验室实验中，尼格罗（Nigro，1984）就演示了人们在心理训练后所表现出来的智慧。她先让接受实验的人把 24 支飞镖一支一支地投向目标；然后，让其中一半的人在心理意象中再投射 24 次；最后，让每一个人再实际投射 24 次。结果表明：只有那些做过心理训练的人，成绩才有所提高。

同样，美国花样滑冰协会（U.S. Figure Skating Association）的年轻成员，在一边听滑冰音乐一边接受心理训练之后，从裁判所给的评分等级上可以看出，他们的跳跃和旋转在表演技术上都有所提高（Garza & Feltz，1998）。并且，有关心理训练和篮球赛中罚球的实验表明，篮球运动员也有类似的收获。有人通过美国田纳西州立大学女子篮球队的 35 场比赛进行了一次实验（Savoy & Beitel，1996），结果发现，这个队的自由投命中率从标准体能训练后的大约 52%，上升到心理训练后的 65%。在接受心理训练期间，让队员们反复地想象各种情况下的处罚犯规球，还包括被对手“用脏话激怒”。最后，实验终于出现了戏剧性的结果：田纳西州独领风骚，捧回了全美篮球锦标赛的冠军杯，这多亏了加时赛中的处罚犯规球啊！

心理预演也能帮助你完成学业目标。在一项研究中，泰勒和她在美国加州大学洛杉矶分校的同事们（Taylor et al.，1998）召集了一群要离开一周去参加心理学导论期中考试的学生，并把他们分为两个组。要求其中一组学生想象自己在浏览邮寄来的成绩单，得分都是 A，喜笑颜开，非常得意；并且，每天要重复这种“结果模拟” 5 分钟。然后，他们去参加了考试。与没有进行任何心理模拟的学生相比，这种“结果模拟”对他们的考试影响不太大，平均每人仅仅高出了 2 分。但是，如果研究者们要求另一组学生想象自己在高效率地学习和阅读考试的章节，重温笔记，排除干扰，谢绝受邀外出；并且，每天要重复这种“过程模拟” 5 分钟，这样就会对学生产生非常有益的效果。与对照组的学生相比，第二组学生很快就进入了学习状态，在学习上花的时间更多，参加考试后的成绩平均每人高出 8 分。从这些实验中，研究者们得出了这样的结论：“过程模拟”（把时间用到设想和策划如何达到目标上）与“结果模拟”（仅把时间花在想象要达到的结果上）相比，前者明显优于后者。

本书前几章已经涉及较多关于无语言思维的论证。我们大量的信息加工过程都发生在意识之外，并且超出了语言所涉及的范围。在经常处于活跃状态的大脑内部，有许多平行流动着的活动流，它们能够自动执行任务，并以内隐记忆的方式加以储存，只是偶尔才会以言语的形式浮现到意识层面上来。“因思而变”，这种潜意识的加工处理过程一直被称为“四分之一规律性思维尝试”（“one-fourth the effort of regular thinking”）。因此，我们得承认，人类确实存在着不涉及语言的认知。

既然如此，那么对于思维与语言之间的关系，我们还有什么可说的呢？正如我们已经看到的那样，语言的确影响着我们的思维。但是，假如思维反过来不去影响语言，那么，我们这个世界还会出现任何新的词语吗？单靠旧词语能解读新的思想吗？看来只有从旧词语中派生出来的新词语和新词组才能做到这一点了。“灌篮”（Slam dunk）这一篮球术语，就是在这种动作本身已经变得相当普及之后，才创造出来的。于是乎，请允许我们下这样的结论：思维影响着我们的语言，然后，语言反过来又影响着我们的思维活动。

心理学关于思维与语言的研究，反映出我们人类对文化和宗教的综合评述。人的思维不仅具有巨大的能量，同时也可能出现智力上的疏忽。一些判断上的失误会给人类带来一系列灾难性后果；因此，我们就得认真地掂量我们犯错误的倾向了。不过，启发法常常会很好地为我们服务，并且效率极高。此外，我们在问题解决上所表现出来的惊人的创造性和超凡的语言能力，足以让人类在动物界的排名雄踞榜首！

➤ 图 9.6

思维活动和语言的相互作用

思维与语言你来我往地进行着双向运动——思维影响着语言，语言又反过来影响着我们的思维活动。

本节回顾

➤ 自问

在你的家人和最亲近的朋友圈子里，你使用过一些只有他们才明白的词语或手势语吗？不过正是通过这种方式，才使得我们的语言充满活力，并不断演变和发展。

➤ 自测 3

“语言是观念之母”假定的是什么概念的真理？

自测问题的答案见书后的附录。

动物的思维与语言

10. 关于动物思考我们知道什么？其他动物有和人类一样的语言能力吗？

如果我们人类，就像那些歌功颂德的诗人在很久以前就用我们自己的语言写下的狂热的赞美之辞那样——“仅次于上帝”，那么，其他动物又该被置于何等地位才能让人心悦诚服呢？它们“仅次于人类”乎？从某种意义上讲，问题的答案就在于：动物的思维与语言能力达到了何种程度。

动物有思维吗

动物，尤其是猿类，表现出了惊人的思维能力。一些实验人员已经用数字对动物的思维能力进行了模仿。比如：

- 在一次实验中，实验人员把四个电视屏幕放在一群猴子面前让它们看，每个屏幕各显示了 1~4 样东西（可能是两根香蕉、一个三角形、四个苹果或三个动物心脏）。无论东西的大小和形状如何变动，这群猴子很快就学会了按升序数字规则去触摸屏幕上的图片，并因此得到食物犒赏。而当屏幕上显示出 5~9 样东西的图片时，它们也能找出顺序来（Brannon & Terrace，1998）。
- 有两只黑猩猩，当给它们展示 6 以内的任何数字时，它们都能用操纵杆把表示这些数字的小圆点聚拢起来（Beran & Rumbaugh，2001）。
- 豪泽（Hauser，2000a，b）通过运用出自婴幼儿实验的程序，证实了猴子具有数字头脑。他将一些东西藏在一个隔板后面，然后不时地悄悄拿走或加进一样东西。当他挪开隔板时，猴子开始会感到惊讶，后来才恍然大悟；而一旦发现所呈现的物品的总数不对，它就会注视得更久。

人类并不是惟一有顿悟能力的生物。德国心理学家苛勒（Köhler，1925）在远离非洲海岸的一个岛屿上，对栖居在那里的一群黑猩猩进行过研究。他观察到黑猩猩也会表现出明显的顿悟。在对一只笼养的名叫苏尔丹的黑猩猩所做的实验中，苛勒在笼子外面放了一些水果和一根苏尔丹够不着的长木棍，还在笼子里面放了一根短木棍。苏尔丹看见了短木棍，立即抓起它，使劲地想去够水果。但是这支木棍事先就设计好了的，短得怎么试也够不着水果。在经过了几次不成功的尝试后，苏尔丹扔掉了短木棍，停下来观察了一下周围的情况。突然间，似乎“Aha”（一种顿悟体验）就骤然而生；它一跃而起，又抓起短木棍，用它把长木棍弄到身边，然后一把抓起长木棍，用它成功地弄到了水果。苛勒宣称，苏尔丹的行为反映出动物也有认知，而且，在这一过程中，动物表现出来更多的是学习而非条件反射。

由于强化使问题解决成为模式，生活在森林中的黑猩猩知道了该使用工具（Boesch-Achermann & Boesch，1993）。它们能够选择合适的木头或石块当做锤子，砸开坚果；还能折断芦苇尖儿或小树枝儿，剥去枝叶，拿到白蚁土堆巢穴边，轻轻地转动，使其慢慢地插入巢穴的小洞口，就这样，不一会儿枝条上爬满了白蚁，然后，小心翼翼地取出枝条，别让更多白蚁掉下来，最后，把枝条上的白蚁吃得一干二净。这就是“黑猩猩钓白蚁”。有个人类学家，试图模仿黑猩猩钓白蚁的做法，笨手笨脚地干了几次，最后还是运气不佳，无功而返。

研究人员已经发现，在不同的区域，至少有 39 种与黑猩猩使用工具、清理毛发和求偶交配有关的地方性习俗（Whiten & Boesch，2001）。一群黑猩猩可能会直接舔食小木棍上的蚂蚁，而另一群可能将蚂蚁捉下来，一个一个地吃；一群黑猩猩可能用石锤来砸碎坚果，而另一群可能会使用木头。这些群体上的差异，伴随着不同的方言和捕猎方式，发生在不同的亚种群之间，因此，看上去似乎与遗传无关。当然，这一切就相当于黑猩猩文化的多样性。和人类一样，黑猩猩——通常是年幼的黑猩猩——也会创造出一些习俗并传授给它们的同伴和后代。猩猩也是如此（van Schaik et al.，2003）。

如果灵长类动物能计数、有顿悟能力、会使用工具，并能传播文化制度的话，那么，它们是否具有第 5 章所称的“心理理论”？ 他们能否推断自己和同伴们的心理状态呢？波维内利和贝林（Povinelli & Bering，2002）提醒过我们，黑猩猩毕竟不是人。如果要确定该由谁去找回食物，人就会推选亲眼看到食物被藏起来的那个人去找；而大猩猩却不能。不过，研究人员已经观察到，黑猩猩和猩猩都会通过照镜子来审查自己，并触摸由研究人员敷在它们脸上的彩色斑点（Gallup，1998）。海豚也会在镜子面前停下来，仔细查看涂在它们身体上的墨水记号（Reiss & Marino，2001）。

我们在第 1 章提过，研究人员已经观察到，黑猩猩和狒狒会利用欺骗来达到它们的目的。一只年幼狒狒佯装受到攻击，并以此为欺骗手段向妈妈求救，好让妈妈赶走前来争抢食物的狒狒。不过这些观察报告就能表明灵长类动物具有自我识别能力和领悟他人知觉的能力吗？许多研究人员都认为是如此。萨登多夫和怀顿（Suddendorf & Whiten，2001）再次考察了猿在推理、自我识别、共情、模仿和揣摩他人心理等方面的能力之后估计说，猿的心理水平与“所观察到的人类两岁儿童的心理水平非常相似。”

动物有语言吗

毋庸置疑，动物之间存在着信息和情感的沟通和交流。非洲有一种全身长满绿褐色鬃毛的黑面猴子，它们会在遇到不同的肉食动物时发出不同报警尖叫声：发出咆哮声时，表示有豹子；发出咳嗽声时，表示有老鹰；发出“噼啪”时，表示有蛇。听到有豹子的报警声，其他的猴子就会立即飞快地爬到树上；听到有老鹰的报警声，它们就会一头钻进灌木丛中躲起来；听到有蛇的报警声，它们就会即刻直立起来，不住地环视附近的地面（Byrne，1991）。海洋里的鲸鱼也会通过发出咔嗒声和尖啸声来交流。不过，我们的疑问是：动物的这些交流能构成语言吗？

蜜蜂的例子

两千多年前，希腊哲学家亚里士多德观察到，一只单飞的蜜蜂一旦发现了花蜜源，其他蜜蜂就会立刻飞离蜂巢，直奔新发现的食源。亚里士多德猜想，最初的那个探险者一定是先返回到蜂巢，然后带领其他蜜蜂飞回食物处的。然而，他错了。1901年，一个聪明的德国研究人员跟踪探险者蜜蜂回到蜂巢，并在它刚要离开蜂巢返回食源时，将其捕获。虽然没有了向导，但是，其他的蜜蜂仍然朝着蜜源直飞而去。

那些蜜蜂是如何知道它们要去哪里的呢？这引起了澳大利亚生物学家卡尔·冯·弗里希（Karl von Frisch）的极大兴趣。为此，他于1950年做了一系列实验，这些实验使他日后赢得了诺贝尔奖。他的实验表明，探险者蜜蜂以一种复杂的舞蹈与其他的工蜂进行交流。弗里希发现，舞蹈的方向及持续的时间代表了蜜源的方位和距离。有些受过训练的科研人员通过观察蜜蜂的舞蹈就能够知道蜜源的距离和方位。

生物学家埃施及其同事们（Esch et al.，2001）发现，这种舞蹈如同信号，能表示出飞往蜜源途中的地貌标志的数目。他们在距蜂巢11米处放了一杯糖水，然后，驱使一些蜜蜂飞过一条3米长的、从头至尾排放了很多不规则黑白方块的塑料管道。这个管道糊弄了这些蜜蜂，使它们误认为已经越过了更多不该飞跃的地域和地貌标志（黑白方块）。结果，他们的舞蹈所表示的食物源是在70米以外处，并且，除了被糊弄了的蜜蜂之外，大多数看过舞蹈的蜜蜂都飞到70米外的一个干草料加工站去了。

印象深刻吧？是的，很深刻。但是，蜜蜂的舞蹈语言却难以向人类语言的复杂性、灵活性及其威力挑战。它们的确在交流，然而，并没有使用任何语言要素。

猿的例子

对人类自称是惟一使用语言的物种的最大挑战来自于有关猿与人“交谈”的众多报告。一般而言，与我们亲缘关系最近的是黑猩猩（chimp 或 chimpanzee），而与黑猩猩亲缘关系最近的并不是其他的猿类，还是我们人类（Sagan & Druyan，1992）。当了解到黑猩猩最多只能发出少数几个单词的读音时，内华达州大学的研究人员加德纳等人（Gardner & Gardner，1969）试图教一只名叫沃秀的黑猩猩手势语词汇，就像她是一个失聪儿童那样。四年后，沃秀学会使用132个手势语；到了32岁时，她的手势语词汇量达到181个（Sanz et al.，1998）。加德纳宣告了他们的成功结果，这引起了无数科学家和公众的广泛兴趣。《纽约时报》的一个记者很早以前就从双耳失聪的父母那里学过手势语；在采访了沃秀之后，他惊叹不已，并写道：“突然间，我意识到我正在用自己的母语和另一个物种的成员对话呀！”

人类的语言可能是从手势的交流过程中演化而来的（Corballis，1999，2002）。如果是这样，那么，与我们血缘最近的猿，能产生许多手势语却不能说出几个口头语，也就不足为奇了。作为正常人言语组成部分的手势语（甚至在拿起话筒说话时，我们也常常打手势）能延续至今，也就不足为怪了。手势语能作为言语的替代物在双耳失聪的人群中如此容易地得到普及和发展，也就不奇怪了。那些先天盲人能造就出与正常人一样的手势语——即使他们认为听者也是盲人——也不

借助手势的交流 对于听力正常的人来说，今天的手势语在交流上可有可无；但对于最初就使用手势语的人来说，那就至关重要了。不过，手势语仍然与自发的言语活动保持着自然的联系，尤其对具有空间内容的言语活动来说更是如此。

手势研究者 罗伯特·克劳斯（Krauss, 1988）记得爷爷谈到，有两名男子在寒冷的冬日里行走。其中一位说个不停，另一位则只是点头，不置一词。“小萨，为什么你不说话？”说话的男子最后不禁问道。小萨答道：“因为我忘记戴手套了。”

足为怪了（Iverson & Goldin-Meadow，1998）。禁止说话时打手势会破坏具有空间内容的言语（例如：当正在描述房间的布局图时），这也不足为奇了。由此看来，手势语的使用能减轻言语所承载的认知负荷，这也不足为奇了。手势语不会让说话者产生心理负担，而会留出更多的自由空间，使其能轻而易举地想起新近了解到的信息。有些被告知不要使用手势语的人发现，如果仅用词语进行交流，他们就要投入更多的精力。因此，在记忆词汇表和数字表时，会有更多的麻烦和困难（Goldin-Meadow &others，2001）。所以，对人类和猿类而言，在交流中使用手势语就显得非常必要。

更多有关以手势表达的“猿类语言”的证据出现在 20 世纪 70 年代。通常情况下，猿的手势语仅仅是一些单个的词语；但有时候，它们也会把词语串联起来组成一些浅显易懂的句子。沃秀的手势语中就有“You me go out，please.”这样的句子。猿甚至还会创造性地组合词汇。沃秀把天鹅称为“water bird”。一只由帕特森（Patterson，1978）训练的名叫科科的大猩猩，据说把一个长鼻子童话玩偶形容成“一只大象宝宝”。拉娜是只黑猩猩，她敲击与电脑相连的键盘，然后，电脑再把她的敲击转换成英语；她就这样来与人“交谈”。有一天，她想吃橙子，但她不知道表示“橙子”的词语。不过，她知道橙子的颜色，也知道表示“苹果”的单词。于是，她灵机一动，创造出了这样的一句话：“?Tim（她的训练人员）give apple which-is orange”（Rumbaugh，1977）。

随着有关猿使用语言的报告日益增多，似乎它们确实“仅次于人类”了。假定它们的那些简单的词汇和句子与我们两岁儿童的相当接近，那么，猿好像的确分享了我们人类自认为是独一无二的能力。

猿类真的能说话吗

到了 20 世纪 70 年代末，人们从对“猿会说话”这个话题的热衷和迷恋，突然间转为对它的冷嘲热讽：“Were the chimps language champs or were the researchers chumps?”（“咂嘴声为猴语乎？或研究者乃傻瓜乎？”）怀疑者们嘲弄道：猿类语言的研究者们正在把他们自己变成一群猴子！而且，他们还提出了以下许多论点。

- 猿所获得的词汇是极其有限的，而且掌握起来非常困难，它们根本无法与能说会道或能使用手势语的儿童相提并论，这些儿童能在一周之内轻松自如地吸收几十个新词语。如果要说猿类能比划几下手势就能算作学习语言的话，那么不就等于说，因为人会跳，所以就能飞啦！
- 为了得到奖赏，黑猩猩能够创造一些手势符号或按顺序触弄键钮，这一点跟莫斯科马戏团的黑熊学会骑独轮车一样。但是，为了得到谷物的犒赏，鸽子用喙也能啄出一连串的答案来（Straub et al.，1979）。可就没听谁说鸽子“会说话”吧！
- 猿的确能使用符号表达意思。但是，像“Give orange me give eat orange me eat orange...”这样的句子，与 3 岁儿童优美的句法相比，就简直相差太远了（Pinker，1995）！对于儿童来说，“you tickle”（你搔痒）和“tickle you”（搔你痒痒）表达的完全是两个意思！黑猩猩兴许会交替互换地用手势来表达短语的意思，只是兴许而已！
- 在训练了一只他取名为尼姆·奇姆斯凯的黑猩猩以后，特勒斯（Terrace，1979）在他的总结里写道，黑猩猩比划的许多手势，只不过是依样画葫芦地模仿训练者的手势而已。
- 如果面对模棱两可的信息，由于“知觉定势”的作用，人们就会倾向于亲眼目睹他们想要看到或希望看到的东西。特勒斯声称，把黑猩猩比划手势说成是语言的这种做法，可能只不过是训练者的一厢情愿而已。（当沃秀在比划出 water bird 的手势时，她也许是在对 water 和 bird 分别命名而已。）

平克（Pinker，1995）在报告中写道：“黑猩猩不能使语言得以发展，但这对它们来说并非耻辱。如果要被训练成像黑猩猩那样去吼叫和尖叫，或要像蜜蜂那样去表演摇摆舞，或要展示任何一种在自然界上演的精彩绝伦的天才绝技表演的话，人类肯定不会比它们做得更好。”

科学如同政治，不同的见解和观点能激励进步。“猿类分享我们的语言能力”这一挑衅性的主张和怀疑论者的反唇相讥“apes no use language”（猿类不使用语言）（沃秀可能会这样表述），已经迫使心理学家不得不对人类和猿类各自具有两者的非凡能力做出更加深入的评价和界定。每个人都会同意这样的观点：如果术语和措辞指的是复杂语法的口头或手势表达，那么，在此意义上，只有人类才掌握并拥有语言。如果我们指的是，再简单点儿说吧，是通过一些有意义的符号序列来交流的能力，那么，猿类的确也能使用语言。

尽管黑猩猩不具备像我们那样的语言才能，但是，它们在思维和沟通上所表现出来的能力，一直给它们的训练者留下深刻的印象。沃秀的第二个幼仔死后，她非常沮丧和难过，不断地问着：“Baby？（宝宝呢？）”当告诉她“Baby dead，baby gone，baby finished（宝宝死了，宝宝不在了，宝宝完蛋了）”，她默默地畏缩着身子，蜷成一团，显得非常消沉。两周后，照看她的研究人员福茨（Fouts，1992，1997）用手势语告诉她有好消息：“I have baby for you.（我把宝宝给你带来了。）”沃秀即刻表现出异常的激动和兴奋，周身的毛发全竖了起来，昂首阔步、气喘吁吁地不住地比划着手势：“Baby，my baby.（宝宝，我的宝宝。）”当福茨把养子劳利斯抱给她以后，它们花了好几个小时才彼此亲热了起来。于是，沃秀比划着手势率先打破了沉默，“Come baby!（过来，孩子！）”，并一下把劳利斯搂在怀里。在随后的数月里，劳利斯只是通过观察沃秀和其他三只受过语言训练的黑猩猩，就很快学会了 68 种手势语。

而且，沃秀、劳利斯和其他黑猩猩现在都能在彼此之间自然地用手势来表示“追逐”、“搔痒”、“拥抱”、“过来”或“清理毛发”。懂得手势语的人实际上可以“偷听”到它们之间的“交谈”，并且都几乎完全赞同黑猩猩所交谈的 90% 的内容都与社会交往、消除不安全感或玩耍嬉闹等有关（Fouts & Bodamer，1987）。这些黑猩猩甚至略有双语者的风范，它们还能把一些英语的口头语转换为手势语呢（Shaw，1989~1990）！

最令人目瞪口呆的要数萨维奇朗博及其同事们（Savage-Rumbaugh et al.，1993）的发现了：俾格米（俾格米人——Pygmy——对分布在中非、东南亚和大洋洲一带的矮小人种的统称——译者注）黑猩猩能够学会理解和领悟英语口语用词在语义上的细微差别。坎兹就是这样一只有语法能力的 2 岁黑猩猩。它是在观察养母接受语言训练时才偶然接触到语言的。可是，无论问它“Can you show me the light?（把灯拿给我瞧瞧好吗？）”或“Can you bring me the flash light?（把闪光信号灯给我拿过来好吗？）”或“Can you turn the light on?（把灯打开好吗？）”，凯茨的行为反应都表现出它具有极强的理解能力。同时，它还知道像 snake，bite，dog 这样的一些口语词汇。如果事先给它准备一些动物玩具，然后要求它——注意它是头一次这么做——“Make the dog bite the snake（让狗去咬蛇）”，它会把玩具蛇放进玩具狗的嘴里！就如同人类一样，早期生活对黑猩猩的语言学习也至关重要。如果在早期的生长过程中没有接触过任何言语或语言符号，那么黑猩猩和我们成年人一样，也就无法获得语言能力（Rumbaugh & Savage-Rumbaugh，1994）。

是啊，要是用人类的标准来衡量的话，猿类的语言能力的确算不了什么。可是，它们的认知才能却给我们留下了极为深刻的印象。朗博（Rumbaugh，1994）不满地大声疾呼道：如果坎兹“有语言发音系统，他也会说话的！”如果认识到这一点，我们就能再一次地领会，动物研究是如何能提高我们对那些被研究的生物的尊敬和爱护的。笛卡儿和其他一些哲学家认为，动物不会思维，它们只是有生命却没有任何道德权利的机器人。人们曾经一直这样认为：动物做事没计划，无概念意识，不能算数，不会使用工具，不能表达同情和怜悯，也不会使用语言（Thorpe，1974）。今天，我们能够更好地理解。我们已经清楚地看到灵长类动物也有顿悟，对家庭也显示出忠诚，它们也相互沟通和交流，甚至还表现出利他和无私的品质，能一代又一代地传递它们的文化，还能领会和理解人类的言语句法。对我们这个会思维的物种来说，要认可和探究出所有这一切中所蕴藏着的道德内涵来，还有许许多多的任务有待完成！

本节回顾

➤ 自问

想象一下，如果一只动物在和你交流，你能感觉得到吗？你会用怎样的方式来检测你的这种直觉呢？

➤ 自测 4

如果你的狗在家门口朝陌生人狂吠，它的这种犬吠可以视为语言吗？要是你的狗狗缠着你汪汪地叫个不停，并示意它想要出去，这又该算做什么呢？

自测问题的答案见书后的附录。

本章复习：思维与语言

思　维

1. **思维方面有哪些主要概念?**
认知指的是所有与信息加工、理解、记忆和交流相关联的心理活动。同类的事物、事件和人在头脑中形成思维集合，我们也就形成了关于它们的概念。不过，我们更多地是通过拓展原型来形成概念，即拥有该类别事物所有特征的心理意象或最佳事例。

2. **问题解决中有哪些辅助策略，其中有何障碍?**
当面对从未遇到过的局面、而且又无现成的对策可用时，我们最好采取诸如算法和启发法这样的策略，有时，解决问题的答案会来自于瞬间的顿悟。不过，我们要顺利地解决问题的确还会遇到许多障碍。证实偏见就预先将我们置于对假设先入为主的论证之中，而不让我们去挑战假设并对其加以验证。还有固着，例如思维定势和功能固着，也会妨碍我们采用新视角来观察和解决问题。

3. **什么是启发法，什么是过度自信?**
依据描述特定原型的代表程度来判断事物的相似性，用的就是代表性直觉。当我们依据记忆所提供的信息的可用性来判断事物时，易得性直觉就会起作用了。形成判断时我们使用的直觉，为证实我们已有的信念而表现出来的渴望心理，以及为自己的错误花言巧语的狡辩伎俩，这三点合在一起便生成了过度自信。

4. **什么是框架效应?**
我们描述问题的方式被称为框架，它的效果有时会非常惊人。顾客对被描述为瘦肉量为 75% 而非肥肉量为 25% 的牛肉的购买反应要更加踊跃。如果听到心理学班上有 65% 的人作弊或听到有 35% 的人没有作弊，前者会使学生更为恼火。

5. **启发法、过度自信以及信念保持是如何影响我们的判断和决策的?**
在推理时，我们容易表现出信念偏差，即接受那些与自己的观点一致的结论，并认为它们更合逻辑。此外，我们还会表现出信念保持，也就是通常所说的固执己见。即使自己的观点基础已经受到了质疑，但在自己的思想中，还坚持认为对那些观点的阐述和解释是正确的，是有根据的。不过，尽管我们存在犯错误的可能性并易受偏见的影响，可我们的认知能力却非常高效并具有适应性。正如我们在某领域中获得专长那样，在迅速做出精明判断时，我们也会逐渐驾轻就熟、得心应手的。

语　言

6. **语言有哪些结构成分?**
语言是由音素（最基本的语音）、词素（意义的最小单位）以及词法（延伸和扩展意义的规则）和句法（词语的排列规则）所组成的语法构建的。

7. **语言发展过程中有哪些里程碑?**
婴儿生下来是不会使用语言的，意思就是不会说话。然而到 2 个月大时，婴儿就能够从嘴唇的动作来理解语义，还能区分出不同的语音。婴儿长到约 3 个月时，他们的咿呀声已经发生了很大变化。3 个月的婴儿能够感知来自其他语言的音素的细微差别，但是到了 4 个月时，他们就不能了。大约在一岁左右，具体年龄会因人而异，大多数幼儿会进入单词语期。大约在 1 8 个月时，他们的词语学习开始突飞猛进，从每周一个词语到每天一个词语，通常情况下，在两岁以前他们会进入双词语期。

8. **我们是如何学习语言的?**
行为主义心理学家斯金纳提出，我们是通过联想、强化和模仿这些常见的学习原理来学习语言的。语言学家乔姆斯基对这种主张提出了挑战，他辩驳道：从生物学角度来说，儿童与生俱有学习词语和运用语法的才能。认知神经科学家则强调指出，对于掌握语法而言，在生命的最初几年——这时大脑正在构建一套密集的神经联结网络——发生的学习活动才是至关重要的。

思维与语言

9. **语言和思维有什么关系?**
我们之所以把思维与语言放到同一章来思考，是因为很难把二者分隔开。语言传播思想，而不同的语言体现了不同的思维方式，虽然语言相对论假说认为语言决定思想，但是，更准确的表述应该是语言影响思想。

动物的思维与语言

10. **关于动物思考我们知道什么？其他动物有和人类一样的语言能力吗?**
越来越多的证据表明，灵长类动物在计数、显示顿悟、创造工具和传递文化制度等方面的能力已经达到了一定的水平。还有一种富有争议的观点认为，语言并非人类独有，动物明显地在用它们自己的语言进行沟通和交流。

术语与概念

认　知
概　念
原　型
算　法
启发法
顿　悟
证实偏见
固　着
心理定势
功能固着
代表性启发法
易得性启发法
过度自信
构　思
信念偏差
信念保持
人工智能
计算机神经网络
语　言
音　素
词　素
语　法
词　法
句　法
咿呀语期
单词语期
双词语期
电报式言语
语言决定论

网站

自测的多项选择题和其他习题请访问：www.worthpublisher.com/myers

智　力

智力是什么
智力是单一的能力还是几种特殊能力的综合
智力与创造性
情绪智力
智力在神经学上是可测量的吗
智力评估
智力测验的起源
现代心理能力测验
测验编制原理
智力的动态性
稳定还是变化
智力的极端情况
遗传和环境对智力的影响
遗传影响
环境影响
智力测验分数的群体差异
偏差问题

近来，心理学界内外突显了三大争议。第一是“记忆之战”，即创伤经历是否被压抑了，以后能否通过治疗效果恢复过来。第二是“性别之战”，即天性和教养在形成性别化行为方面各有多大作用。在本章中，我们集中于“智力之战”：我们每个人都有一种天生的一般心理能力（智力）吗？我们能够用一个有意义的数字来量化这种能力吗？

学校委员会、法官和科学家们纷纷争论**智力测验**（intelligence test）的有用性和公平性——智力测验通过数字分数来评估一个人的多种心理能力，并与其他人的这些能力进行比较。我们能用这样的测验将人们排列等级、衡量他们是否有资格读某一专门大学或从事某种特定的工作吗？有这样几个基本问题：

- 什么是智力？
- 我们应该如何最佳地评估智力？
- 智力在多大程度上源于遗传而非环境？
- 个体及群体之间的分数差异究竟意味着什么？

本章旨在为你提供某些答案。

智力是什么

心理学家在争论：我们是否应该把智力定义为一种先天的心理能力，一种心智操作所达到的水平；或者是一种被赋予的品质，就像漂亮一样，存在于旁观者的眼里。

心理学家一般都认为智力不是具体的物质，而是一个概念。智力专家在这一点上是一致的：智力不是一种“物质”。当谈到一个人的“智商”时，如果我们认为它是一个稳定的、客观的犹如身高一样的真实特质，那我们就犯了一种称为具体化的推理错误，即把一个抽象的、非物质的概念视为一种具体的事物。把抽象概念具体化就是杜撰一个概念，给它一个名称，然后使我们自己确信这样一个事物在世界上是客观存在的。当人们说“她的智商有 120”时，他们就在把“智商”这个抽象概念具体化；他们想象着智商是一个人具有的一种物质，而不是她在一项特定测验中获得的一个分数。其实我们应当这样说：“她的智力测验分数是 120。”

智力是一个社会建构性的概念。社会文化认定的“智能”，就是在其社会文化中能够成功的那些特质（Sternberg & Kaufman，1998）。在肯尼亚农村，智力可能是辨别哪些天然药草能够有效治疗特定疾病的一种才能。在亚洲文化里，智力可能是社交技能。在西方国家，智力是在认知任务中的优秀表现。在各种社会背景下，**智力**（intelligence）都是从经验中学习、解决问题、运用知识适应新情境的能力。在学术研究中，智力则是智力测验所测量的内容，而过去倾向于认为它是学业方面的聪慧。

尽管现在已经达成了这个一般性的共识，但是依然存在两个争议：

1. 智力是单一的能力还是几种特殊能力的综合？
2. 用现代神经科学工具，我们能够在脑中定位和测量智力吗？

智力是单一的能力还是几种特殊能力的综合

1. 关于“智力是单一的能力还是几种特殊能力的综合”这一问题有哪些支持或反对观点？

我们知道，有些人具有科学天赋，有些人擅长人文学科，还有些人在体育、艺术、音乐或舞蹈方面出众。你也许认识一位天才艺术家，但他却可能被最简单的数学问题难倒；或者你认识一位数学成绩优异的学生，但他在文学讨论方面却能力不及。因此，我们可能会产生这样的疑惑：人们的心理能力是如此多样，用智力这一单一词语能否标识全面？用某个量表所得的一个数字能否对它们进行准确的量化？

为了弄清楚是否存在一种贯穿于我们的多种特殊心理能力之间的一般能力，心理学家们开始研究各种能力之间的相互关系。**因素分析**（factor analysis）的统计方法能够使研究者确定那些测量同一种能力的测验项目之间有关联。例如，在词汇项目上表现好的人通常在段落理解上也表现出色，这类项目就可以界定言语智力因素。其他类别的项目还可以界定空间能力因素和推理能力因素。

“g 因素是测量行为最可靠、最有效的方式之一……它对教育和职业水平等重要社会结果的预测力度要远比任何其他特质好。”

——行为遗传学家罗伯特·普洛闵（1999）

查尔斯·斯皮尔曼（Spearman，1863~1945）促进了因素分析的发展，他认为在特殊因素之下，还存在一个**一般智力**（general intelligence）因素，或称 g 因素。斯皮尔曼承认人们通常拥有出色的特殊能力，但是他还指出，那些在一个因素（如语言智力）上得分高的人，往往在其他因素（如空间或推理能力）上也会有高于平均值的得分。因此，至少存在不同能力会聚于一身的倾向。斯皮尔曼认为这种共同性即 g 因素，是构成我们一切智力行为（从航海出行到学业优异）的基础。

通过单一智力分数来表示一般心理能力的想法在斯皮尔曼时代就是有争议的，现在依然如此。斯皮尔曼的反对者之一是瑟斯顿（Thurstone，1887~1955）。他给人们实施 56 个不同的测验，并用数学方法确定出了 7 种“基本心理能力”，比如语词流畅、记忆和推理。瑟斯顿并没有将他的参与者在单一的一般能力量表上分等级。但是，当其他研究者研究了瑟斯顿的被试分布后，他们发现了一个小的趋势：那些在 7 个因素中的其中一个上表现优秀的参与者，在其他几个因素上的表现也同样出色。因此，这些研究者下结论说，仍然有证据可以证实 g 因素的存在。

那么，我们可以把心理能力比作身体能力。运动能力不是一种而是多种。跑快的能力迥异于举重的能力，而举重的能力又迥异于投球所需的手眼协调能力。一位举重冠军不太可能还具有成为优秀滑冰选手的潜能。当然，也有好事集于一身的趋势，例如，跑的速度和投的准度是相关的，而这是由于存在一般运动能力。类似地，智力也涉及多种不同的能力，它们通常会聚在同一个人身上，这就足以界定一种小范围的一般智力因素。

多元智力理论

2. 加德纳和斯滕伯格的多元智力理论有何不同？

自 20 世纪 80 年代中期以来，一些心理学家便开始寻求将智力的定义拓展到学业以外。

多元智力 霍华德·加德纳（Gardner，1983，1999）支持瑟斯顿的观点，认为的确存在多种智力。他指出，大脑损伤可能会降低一种能力，而其他能力却不受影响。加德纳发现不同的能力使我们的祖先能够应对不同的环境问题（找到回家的路，察觉别人的情绪，解决问题）。他研究了具有独特能力的人，包括那些只在一个方面表现优秀的个体。例如，**学者症候群**（savant syndrome）通常在智力测验上得分低，但他们在某一方面（如计算、绘画或音乐记忆）的表现却非常优秀，表现出一种不可思议的能力（Treffert & Wallace，2002）。他们中的不少人常患有孤独症这种主要折磨男性的障碍，而 4/5 的学者症候群都是男性。学者症候群可能确实没有语言能力，但却能够像电子计算机那样又快又准地计算数字，或者几乎能够立即确定历史上任何日期是星期几（Miller，1999）。

运用这样的证据，加德纳指出我们并非只有一种智力，而是有多元智力，每种智力都与其他智力相对独立。除了用标准测验所评估的语言和数学才能之外，他又区分出音乐表演才能，对视觉世界的空间分析才能，掌握运动技巧（如舞蹈）的才能，深切理解自己、他人以及自然环境的才能。简言之，你可以把这 8 种智力理解为言语智力、数学智力、音乐智力、空间智力、身体智力、自我智力、他人智力和自然智力。作为这些不同智力的典型代表，加德纳举出了诗人艾略特、科学家爱因斯坦、作曲家斯特拉文斯基、画家毕加索、舞蹈演员格雷厄姆、精神病学家弗洛伊德、领袖圣雄甘地和博物学家达尔文。

▸▸ 加德纳（Gardner，1998）还假设了第 8 种可能的智力——“存在智力”——“思考关于生命、死亡和存在等重大问题”的能力。

按照加德纳（Gardner，1998）的说法，计算机程序设计员、诗人、成为狡猾头目的街头少年、篮球队的后卫分别显示出了不同类型的智力。他指出：

如果一个人擅长（或不擅长）讲故事、解答数学题、在不熟悉的地区航行、学唱不熟悉的歌曲、掌握一种要求机敏的新游戏、理解他人或理解自己，那么我

天才孤岛：学者症候群 英国学者式艺术家威尔特（Stephen Wiltshire）在 30 分钟的直升飞机旅行和参观了摩天大楼的屋顶之后，花了 7 天的时间创作了这幅再现东京天际线的图画。

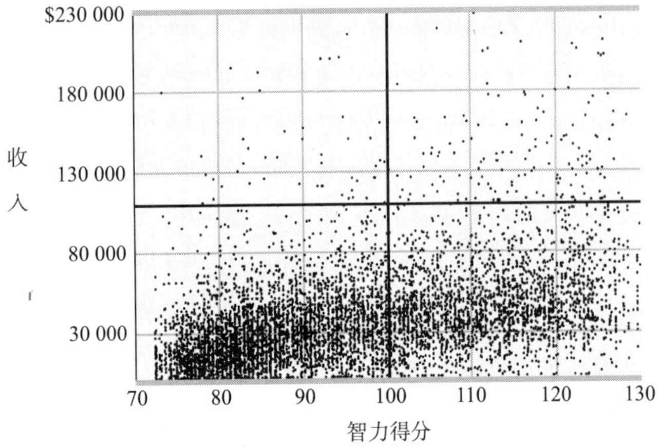

➤ 图 10.1
越聪明越富有?
Jay Zagorsky（2007）追踪了全美青年纵向调查中的 7 403 人，达 25 年之久。正如散点图所示，人们的智力得分与其后来的收入呈 0.30 的正相关。

们完全不知道在其他领域是否也会发现这些类似的能力（或弱点）。

因此，一般智力因素的得分就像对一座城市的总体评价——它并没有给你关于其学校、街道或夜生活的更多具体信息。

如智力研究者斯卡尔（Scarr，1989）所说，如果世界是公平的，那在任何方面的愚钝通常都会以其他某一方面的天才来补偿，那不是也很美妙吗？然而，世界却是不公平的，因为各种技能之间往往存在关联。例如，那些心理有缺陷的人，其身体能力通常也不突出；残疾人奥林匹克运动会为他们及其他人提供了享受公平竞争的机会。此外，一般智力分数能预测个体在多种复杂任务与工作上的成绩，这是 g 因素在起作用（图 10.1）（Gottfredson，2002a，b；Reeve & Hakel，2002）。

加德纳的批评者也质疑，把各种能力都总括在智力的概念之下是否真的有意义。难道某些技能（诸如语言和推理技能）不比其他技能更关键吗？他们指出，智力是心理能力，而那些我们不能想有就有的能力（例如音乐和运动能力），最好被看成是天资而非智力。如果人们缺乏身体方面的天资，那么我们会认为他们缺乏智力吗？加德纳反击说，各种智力都具有内在的价值，是个体所处的文化及背景对某些能力赋予了比其他能力更大的价值。诚然，智力的定义——无论是传统的预测学业成就的定义还是更宽泛的定义——往往反映出人们对个体的评价内容。

“如果你对什么擅长的话，那么你得切实地让自己确信：你不用在其他不必擅长的方面做得很好……由于我（在软件开发方面）获得了很大的成功，所以人们就期望我在其他方面也有才智。”
——比尔·盖茨（1998）

成功智力的层面 罗伯特·斯滕伯格（Sternberg，1985，1999）一方面同意加德纳关于多元智力的观点，另一方面，他更简洁地区分了智力的三个层面：

- **分析性（学业问题解决）智力**［analytical（academic problem-solving)intelligence］：通过智力测验进行评估，测验呈现的是定义明确、只有一个正确答案的问题。
- **创造性智力**（creative intelligence）：表现为对新情境的适应性反应以及新观念的产生。
- **实践性智力**（practical intelligence）：是处理意义不确定、往往有多种解决方法的日常任务所需要的智力。

Courtesy of Cameras on Wheels

空间智力天才 1998 年，国际象棋冠军罗恩·金（Ron King）在 3 小时 44 分钟里同时与 385 名选手下棋，创造了新的纪录。因此，在他的对手们通常有数小时的时间来思考如何走棋的情况下，金对每局棋只能投入大约 35 秒。然而，他还是赢了所有的 385 局棋！

传统智力测验评估的是学业智力，它们当然能够很好地预测学业成绩，却不能很好地预测职业成就。那些具有敏锐实践性智力的人，在学校里可能卓尔不群也可能表现平平。例如，成功管理更多依靠的是一种精明地管理自己、工作和他人的能力，而较少依靠由智力测验分数（假设得分中等或以上）所评估的学业能力。《百万富翁的智慧》一书的广告说，今天的百万富翁们的大学成绩只是中等水平，“大学本科的平均学分绩点为 2.92”。

斯滕伯格和瓦格纳（Wagner，1993，1995）的实践性管理智力测验，被用来测量被试是否知道如何有效地记述便笺、如何激励人们、何时委派任务和职责、如何理解人们、如何提升自己的职业。与低分者相比，在这个测验上得高分的商业执行官常常会获得更高的薪金和更好的表现评价。切奇和莱克（Ceci & Liker，1986）在一项研究中报告了类似的发现，赛马迷们在赛马方面的专门技能（一种实践性的复杂认知任务）与他们的智力测验得分不相关。

尽管斯滕伯格（1998，1999）和加德纳（1998）在某些问题上并不相同，不过他们都承认多种能力能够助益人生成功。[斯滕伯格（2000）指出，美国 2000 年总统大选中的两位候选人，其大学入学能力测验分数都不是特别高，可他们都是非常成功的人士。] 他们还一致认为，天赋方面的多样性为生活增添了情趣，使教育有了挑战性。在加德纳或斯滕伯格的影响下，许多教师已经纷纷开始接受培训，以便懂得能力的多样性及在课堂上有效运用多元智力理论。这些培训项目尚在评估之中。

智力与创造性

3. 什么是创造性？如何培养创造性？

皮埃尔・费马（Pierre de Fermat）是 17 世纪的一位顽皮天才，他向当时的数学家们提出挑战，让他们来评判自己对各种数论难题的解法。在数学家们解决了他的所有其他难题之后，费马又在书边上匆匆写下了他最著名的难题，即所谓的最后定理。

在长达三个多世纪里，这道难题使那些最伟大的数学家都感到困惑，甚至在 1908 年悬赏 200 万美元（折算为现价）后依然无果。像不计其数的其他人一样，普林斯顿大学的数学家安德鲁・威尔斯（Andrew Wiles）对这个问题思索了 30 多年，甚至已经到达了解法的边缘。一天早上，他对这个仅留的困境豁然开朗，获得了“不可思议的意外发现”。“解法美妙得难以形容，它是如此简单、如此漂亮，我简直不知道自己过去怎么错失了它。我就这样怀疑地盯着它看了足足 20 分钟。这一天，我在系里手舞足蹈，不断跑回到我的桌子旁看它是否还在那里。它还在那里！我无法克制自己，我太兴奋了，这是我工作生活中最重要的时刻”（Singh，1998，p.25）。

威尔斯那不可思议的时刻显示的是**创造力**（creativity），即产生既新颖而又有价值的思想的能力。

关于智力和创造性的研究表明，一定水平的才能对创造性来说是必要而不充分的。一般而言，在智力测验中得分高的人往往在创造性测验中得分也高。（“你能想出一块砖有多少种用途？”）但是，超出某一水平（大约是 120）之后，智力分数和创造性之间就不再相关了。独具创造性的设计师、数学家、科学家和工程师们在智力测验中往往并不比他们那些较少创造性的同事得分更高（MacKinnon & Hall，1972；Simonton，2000）。因此很明显，创造性比智力测验揭示的内容要多。对创造性人才的研究表明，创造性有五种不同成分（Sternberg，1988；Sternberg & Lubart，1991，1992）：

▸▸ 物理学家理查德・费曼（Richard Feynman）在从斯德哥尔摩获得诺贝尔奖后回家的途中，到纽约市皇后区查看他的高中成绩表。“我的成绩不像我记忆中的那样好，”他说，“我的 IQ（尽管很平常，却也不错）是 124”（Faber，1987）。

想象性思维 漫画家往往在以新的方式看待事物或进行奇异联系时就表现出了创造性。

1. **专业知识** 是一个发展良好的知识库。路易斯·巴斯德（Louis Pasteur）说："机遇只偏爱有准备的头脑。"我们运用的思想、想象和语句越多，通过学习积累，我们就越有机会以新的方式把这些心理材料组合起来。威尔斯所具有的发展良好的知识库使他能够随心所欲地支配自己所需的定理和方法。
2. **富有想象力的思维技巧** 会给个体提供以新的方式看待事物、重组模式、建立联系的能力。在掌握了一个问题的基本元素之后，我们会以新的方式重新界定或探索这个问题。哥白尼首先建立了关于太阳系及其行星的专业知识，然后把它定义成绕太阳而非地球旋转的系统。威尔斯富有想象力的解法将两种重要但不完整的解法组合在了一起。
3. **冒险性人格** 能够容忍模糊和风险，面对困难能够坚持不懈，寻求新的经验而不是随大流。例如，发明家有失败后坚持不懈的意志。爱迪生为了寻找最适宜的电灯丝试验了无数种材料。威尔斯说，他埋头苦干，与数学界隔绝，在一定程度上是为了集中精力、免于分心。
4. **内部动机** 是创造性的第四个成分。正如心理学家特雷萨·阿马比尔（Teresa Amabile）指出的那样，"当人们感到主要是由工作本身的兴趣、愉快、满足和挑战所推动而不是受外部压力所驱使的时候，他们是最有创造性的"（Amabile & Hennessey，1992）。创造性人才不会像关注自己工作的内在愉快和挑战那样，关注赶在最后期限之前完成任务、哗众取宠或赚钱等外部动机。据说，在牛顿被问及是如何解决那么困难的科学问题时，他回答道："我每时每刻都在思考它们。"威尔斯的说法如出一辙："我被这个问题迷住心窍了，在8年的时间里，从早上醒来到晚上睡觉，我时时刻刻都在思考它"（Singh & Riber，1997）。
5. **创造性环境** 激励、支持和提炼创造性思想。西蒙顿（Simonton，1992）在研究了2 026位著名的科学家和发明家后指出，他们当中的最杰出者其实不是孤独的天才，相反，他们都受到同事的指导、挑战和支持。这些人往往都有与同行建立良好关系所需要的情绪智力。即使是像威尔斯这样一位相对孤独的人，也是站在他人的肩上，和他以前的一位学生合作研究，为他的问题而奋力拼搏。

情绪智力

4. 哪些因素组成情绪智力？

与学业智力相区别的另一种智力是由坎托和基尔斯特拉姆(Cantor & Kihlstrom，1987）首次提出的社会智力，即在理解社会情境和成功的自我管理过程中所涉及的专门技能。同这种学业智力和社会智力的区分相一致的是，研究多次发现大学成绩只能适度地预测以后的工作成就（Bretz，1989；Dye & Reck，1989）。

爱波斯坦和迈耶（Epstein & Meier，1989）曾经对有些问题迷惑不解：为什么能力强的人“在获得更好的婚姻、成功养育子女以及获得更好的心理与身体健康方面往往并不是更有效”？部分答案可能在于萨洛维和迈耶（Salovey & Mayer，1990；Salovey et al.，2002）所说的**情绪智力**（emotional intelligence），即知觉、表达、理解和调节情绪的能力。情绪智力是社会智力的一种重要部分，它不一定与学术能力相关。情绪智力高的人是能够自我觉知的，他们能够管理自己的情绪，不会令严重的抑郁、焦虑或愤怒控制情绪；他们能够为了追求长远回报而延迟满足，不被即刻的冲动所支配；他们的同情心能使他们读懂别人的情绪；他们能够巧妙地应对别人的情绪，知道应该对一位伤心的朋友说什么话，如何鼓励同事，如何圆满地解决冲突。简而言之，他们是情绪上的聪明人，因此，他们常常能在职场、婚姻和教育等方面获得成功，而高智商（低情商）的人在这些方面往往比较失败。情绪研究者卡罗尔·伊扎德（Izard，2001）领导的一项研究，评估了 5 岁儿童识别和说出面部情绪的能力。甚至在控制了语言能力和气质因素之后，那些能够最准确辨别情绪的 5 岁儿童到 9 岁时也更容易交朋友、与教师合作和有效管理他们自己的情绪。

在极端情况下，大脑损伤可能会降低情绪智力，而学业智力却不受影响。衣阿华大学神经科学家安东尼奥·达马西奥（Antonio Damasio）以记录 2 000 多例脑损伤病人而闻名，他报告了一个名叫埃利奥特的人，此人智力和记忆都正常。但自从被切除了一个脑瘤之后，埃利奥特就一直没有情绪地活着。“在和他的大量交谈中，我没有看到他的一丝情绪，”达马西奥（1994）指出，“没有悲伤，没有急躁，没有挫折”。给他呈现令人恐惧不安的图片，内容涉及受伤的人、被毁的社区和自然灾难，埃利奥特表现得无动于衷（从而知道他的感受）。像《星际速航》中的斯波克先生或那个外表和人相同的科学家达塔一样，他知道但是不能感受。由于缺乏情绪信号，埃利奥特的社会智力骤然跌落。后来他失业了，因为他不能直觉地调整自己的行为来对别人的感受做出反应。他垮掉了，离婚后再婚，再婚后又离婚了。据最后的报告说，他靠一位兄弟的照顾和领取残疾人救济金生活。

然而，其他学者，甚至包括多元智力学者霍华德·加德纳（1999），却担心诸如“情绪智力”和“道德智力”等概念把智力扩展得过于深远。加德纳认为，把智力概念扩展到不仅包括对词语、数字和逻辑的加工，而且包括对空间、音乐以及关于我们自己和他人信息的加工是明智的，但是，我们也应当把情绪敏感性、创造性、动机和道德看成是非智力的重要因素。把一个词语滥用于我们所珍视的一切内容，这将使它失去本来的意义。

为了对学业智力（g 因素）进行辩护，研究者搜罗了一些传统智力分数的确

“我对这样的（智力）定义感到忧虑：打着有益于人类的幌子，将人的认知能力压缩成测试。”

——霍华德·加德纳，“对智力概念的再思考”，2000

能够在某种程度上预测职业状况和工作表现的研究（Brody，1997；Schmidt & Hunter，1998）。例如，智力在需要脑力的工作中是最重要的。气象学比读计量器更需要优异的智力。不过，一旦进入一个职业之后，那些同时还具有其他特质的人会变得非常成功，他们办事认真，拥有很好的社会关系和旺盛的精力。因此，高智力在帮助你获得一个职业（通过学校教育和培训项目）上的作用远远大于对你职业成功的帮助作用。

这样看来，智力测验所测的学业能力的确是重要的。不过，我们在日常生活中还需要很多传统智力测验所无法测量到的能力。

智力在神经学上是可测量的吗

5. 智力与脑解剖和神经加工速度之间有多大的关系？

采用现代神经科学手段，我们能够将人们在智力测验成绩上的差异与聪明的核心——大脑方面的差异联系起来吗？

脑的大小与复杂性

19世纪早期，颅相学家弗朗兹·高尔认为，人类的智力之所以高于其他动物，是因为人类的大脑皮层更发达。他据此怀疑人们之间的智力差异是否同样由于他们的大脑构造存在差异所致，而由颅骨隆起就可以探测到大脑构造。尽管高尔没有能够成功测量心理能力，但是，25项现代研究已经揭示出头部的大小（基于身体的相对大小）与智力分数之间存在0.15的弱相关（Jensen & Johnson，1994）。

▸▸ 我们已经从第1章了解到，最低的相关（-1.0）表示两组分数之间的变化趋势完全不一致，即一组分数上升时，另一组分数则下降。相关为0时表示没有一致性。最高的相关（+1.0）表示变化趋势完全一致，即一组分数上升时，另一组分数也上升。

现代研究发现，脑的大小与智力之间的相关几乎为零（因此，在19世纪的分析中是不能探测到的）。毕竟，颅骨内不仅仅有大脑皮层组织。用MRI扫描直接测量脑容量的更新研究揭示，脑的大小（以身体尺寸进行调整）与智力分数之间存在0.44的显著相关（Rushton & Ankney，1996）。此外，成人随着年龄的增长，脑的大小与非言语智力测验分数之间就不再一致了（Bigler et al.，1995）。

如果智力的确与脑的大小相关，那么其原因可能是遗传、营养、环境刺激以及这些因素的某种不同组合，也可能存在其他原因。我们从前面的章节知道，经验会改变大脑。在刺激丰富的环境中长大的老鼠比在刺激贫乏的环境中长大的老鼠长出更厚、更重的大脑皮层。学习也使大脑的神经联结中留下可探测的痕迹。

死后的大脑分析显示，受教育程度高的人死时比与他们相似但受教育程度低的人有更多的突触（一项研究中的结果是多出17%）（Orlovskaya et al.，1999）。这并没有说明人们是由于接受教育而形成突触，还是有更多突触的人会追求更高层次的教育（或者两种情况都可能存在）。不过，其他证据表明，高智力的人在神经可塑性方面存在差异（差异即在童年和青少年时期改变和形成神经联结以适应环境的能力）（Garlick，2002）。虽然爱因斯坦在童年早期没有显露出超群的一般性智力，但是他的童年经历却可能使他的大脑形成了思考自然和数学的能力。

“不知什么缘故，我对爱因斯坦大脑的重量及脑回鲜有兴趣；相反，我思考的是这样一个事实：那些具有同样天赋的人却注定要在棉花地和血汗工厂里辛苦一辈子，直到死。”

——斯蒂芬·杰伊·古尔德，《熊猫的拇指》，1992

考察大脑构造与认知之间联系的研究仍在继续。由心理学家理查德·海耶（Haier，2004；colom et al.，2006）带领的小组对47名志愿者的智力测量分数及其大脑不同区域的扫描图像进行了研究（该图像测量了不同区域灰质及白质的体积）。研究发现，高智商得分与负责记忆、注意、语言等区域的灰质体积间存在相关（图 10.2）（Witelson & McCulloch，1991）。以 91 名加拿大人的大脑为比较基础，威特逊及其合作者（Witelson et al.，1999）有机会研究了爱因斯坦的大脑。尽管在总体大小方面并不比一般加拿大人的大脑更重或更大，但是爱因斯坦大脑顶叶的较低区域（这里是加工数学和空间信息的中枢）却大出 15%，而其他某些区域则比一般人的略小。由于不同的心理功能争夺大脑的资源，所以，这些研究结果可能说明了为什么爱因斯坦和理查德·费曼及爱德华·特勒等一些伟大的物理学家一样，在学习说话方面较为迟缓（Pinker，1999）。

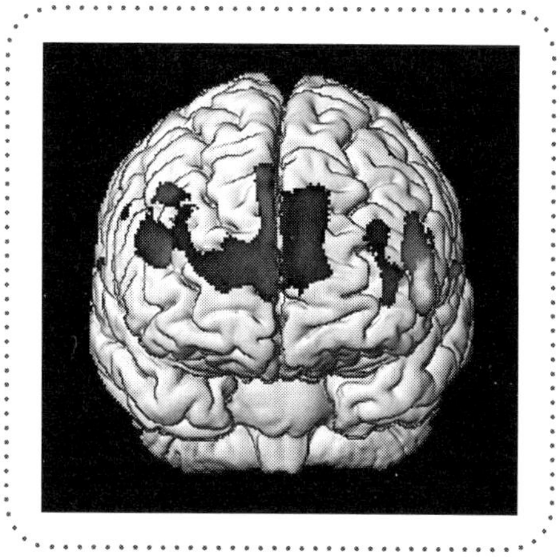

➤ 图 10.2

灰质很重要

智商得分高的人，其大脑前视图显示出灰质集中的区域，这里也许是 g 因素集中的位置。（From Haier et al.，2004）

脑的功能

即使大脑构造与智力之间存在适度相关的证据是可信的，却也难以解释智力差异问题。为了寻找其他解释，神经科学家正在研究大脑的功能。

当人们仔细考虑类似智力测验那样的各种问题时，眉毛上部外端的一个额叶区就会变得格外活跃——大脑左半球进行加工语言问题，而对于空间问题则在大脑两个半球同时加工（Duncan et al.，2000）。来自诸多脑区的信息都会聚在这里，研究者邓肯（Duncan，2000）认为这可能是“一个组织和协调信息的综合工作场所”，而某些人可能“有幸拥有这样一个功能极其优异的工作场所”。

加工速度

更聪明的人真的就像今天的快速计算机芯片那样，能比其前辈进行更敏捷、更强大的计算吗？在某些任务中，他们确实具有这样突出的表现。亨特（Hunt，1983）发现，言语智力分数能够由人们从记忆中提取信息的速度来预测。那些快速认出 sink 和 wink 是不同的单词或 A 和 a 发音相同的人往往能在言语能力上获得高分。颇为早慧的 12~14 岁的大学生对这些任务的反应尤其迅速（Jensen，1989）。为了界定“快速智能”（quick-wittedness），研究者正在进一步考查信息的知觉速度和神经加工速度。

知觉速度 综观诸多研究，智力分数和信息知觉速度倾向于存在 0.4~0.5 上下的相关（Deary & Stough，1996，1997；Grudnik & Kranzler，2001）。在一项典型的实验中，闪现一个不完整的刺激（如图 10.3），接着，闪现另一个图形，以覆盖前面不完整刺激残留的后像。然后，研究者询问被试，长线出现在右边还是左边？一个人要达到 80% 的正确率需要多长的刺激觉察时间？是 0.01 秒还是 0.02 秒？那些知觉迅速的人往往在智力测验中获得略高的分数，相对于言语性问题解决，他

➤ 图 10.3

一种觉察时间任务

刺激图像一闪而逝，然后被遮蔽图像覆盖。你需要注视左侧的刺激多长时间才能回答下面的问题？那些能够非常快速地知觉刺激的人在智力测验中往往得分更高。（Adapted from Deary & Stough，1996）

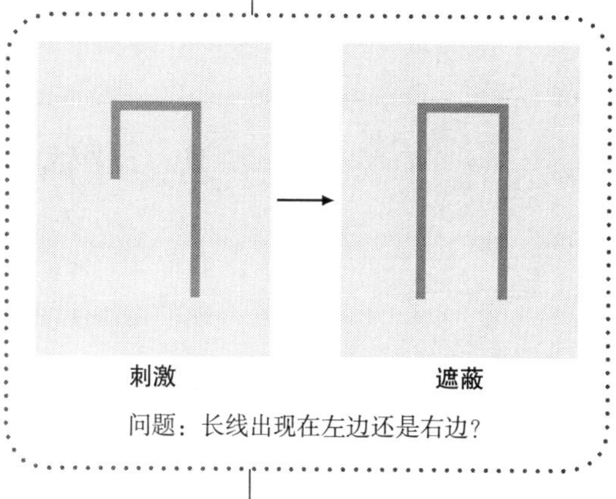

们在知觉性问题解决的测验中表现更为出色。

神经速度 高智力者更快的加工速度和知觉速度反映的是更快的神经速度吗？研究已经多次发现，他们的脑波能够更快、更复杂地记录一个简单刺激（如闪光或蜂鸣声）（Caryl，1994；Deary & Caryl，1993；Reed & Jensen，1992）。与低智力分数者相比，高智力分数者在执行一项简单任务时（如，当屏幕出现 X 时推一下按钮），被唤起的脑反应也倾向于稍快（McGarry-Roberts et al.，1992）。

在一项简单任务上的神经加工速度，似乎与对复杂智力测验题目（如，“羊毛和棉花具有什么相似之处？”）的迅速反应关系不大。然而，智力问题专家内森·布罗迪（Brody，1992，2001）指出，我们迄今尚不能确知为什么对简单任务的快速反应可以预测智力测验成绩，尽管他认为它们反映的是一个人的“核心信息加工能力”。菲利普·弗农（Vernon，1983）认为，“更快的认知加工可以获取更多的信息”。也许，加工信息更快的人能够积累更多的信息——羊毛、棉花以及数以百万计的其他事物。

从神经学的视角出发去理解智力（及心理学中诸多其他问题）的取向目前正如日中天。这种新的研究途径将会使我们现在所称的 g 因素缩减为对大脑活动的简单测量吗？是否这些努力是完全错误的，因为我们讨论的智力并不是一种简单的一般特质，而是多种具有文化适应性的技能？围绕智力本质而产生的争议还远远没有解决。

本节回顾

➤ 自问

多元智力的现代概念（加德纳式的或斯滕伯格式的）假设，用传统智力测验测量的分析性言语智力和数学智力是重要的能力，而其他能力也非常重要。不同的人有不同的天资。你的天资都表现在哪些方面呢？

➤ 自测 1

约瑟夫是哈佛大学法学院的一名学生。他的成绩极其优秀，他在《哈佛法学评论》开设了一个小专栏。他毕业后将在最高法院的一名法官身边工作。约瑟夫的祖母朱迪丝非常自豪，说他比自己聪明多了。不过，约瑟夫也为自己的祖母而感到自豪：朱迪丝年轻时被纳粹关押，战争结束时，她离开了德国，与一个帮助难民的机构取得联系来到了美国，在她亲戚的餐馆里帮厨，从而开始了新的生活。按照本章的智力定义，约瑟夫是这个故事中惟一的聪明人吗？为什么？

自测问题的答案见书后的附录。

智力评估

我们如何评估智力？首先需要回答这样的疑问：心理学家为什么要开创智力测验？他们是如何使用智力测验的？

智力测验的起源

6. 智力测验何时以及为什么产生的?

有些社会关注促进家庭、社区和社会的集体繁荣，而有些社会则强调个体的机会。柏拉图，这位个人主义传统的先驱 2 000 多年前在其《理想国》一书中写道："没有两个人天生是一样的；他们在天赋方面存在差异，一个人适合一种职业，另一个人适合另一种职业。"作为柏拉图个人主义的后世子孙，西方社会已经仔细考虑过个体之间有什么差异和为什么有差异的问题。

西方人大约在一个世纪以前就开始试图评估心理能力的个体差异。智力测验的历史故事昭示了一条重要教训：虽然科学本身在追求客观性，但是作为个体的科学家却会受到自身态度的影响。

阿尔弗雷德·比奈 "恰当地说，量表是不能测量智力的，因为智能品质……不能像测量线性表面那样来测量"（Binet & Simon，1905）。

阿尔弗雷德·比奈：预测学业成就

现代智力测验运动开始于法国早期心理学家阿尔弗雷德·比奈（Binet，1857~1911）对智力能力的评估。当法国政府通过一项法案，即要求所有儿童都必须上学，教师们马上面临着学生间存在极大个体差异的问题。一些儿童，包括许多新到巴黎的孩子，似乎难以从正规的学校课程中获得益处，他们需要的是特殊课程。然而，学校应该如何客观地甄别这些有特殊需要的儿童呢?

政府不太相信教师对儿童学习潜力的主观评判。学习缓慢可能只是反映了先前不恰当的教育。同时，教师还可能根据学生的社会背景来对他们进行预先判断。为了使偏差最小，法国教育部部长于 1904 年任命比奈和其他一些人来研究这个问题。作为回应，比奈及其合作者西奥多·西蒙（Théodore Simon）决定编制一种客观的测验，来甄别那些在正规课堂上可能有困难的儿童。

比奈和西蒙假设所有的儿童都遵循相同的智力发展过程，但是有些儿童会发展得更快。他们推测，"迟钝"儿童只是发展"迟缓"而已。因此，在测验中，一个"迟钝"儿童的表现就像一个典型的较小年龄的儿童那样，而一个"聪明"儿童的表现就像一个典型的较大年龄的儿童那样。

比奈和西蒙开始测量后来所谓的**心理年龄**（mental age），即代表一种特定表现水平的实际年龄。一名普通 9 岁儿童的心理年龄是 9 岁。低于平均心理年龄的儿童，例如表现为 7 岁儿童典型水平的 9 岁儿童，在面对他们这个年龄的正常作业时，毫无疑问会遇到麻烦。

为了测量心理年龄，比奈和西蒙指出，心理才能就像运动才能那样，是以多种方式展现出来的一般能力。接着，他们编制了多种可能预测学业成就的推理和问题解决的题目，并将其中的许多题目拿来给比奈的两个女儿做测试。然后，比奈和西蒙用这些题目测验巴黎的"聪明"学生和"迟钝"学生，获得了成功：他们发现这些题目的确能够预测儿童的学业成就。

需要说明的是，比奈和西蒙并没有提出特定的儿童为什么迟钝、正常或早慧的理论假设。比奈个人倾向于一种环境性的解释。要提高得分低的儿童的能力，他推荐"心理矫正法"，用以训练儿童的注意广度和自我约束力。虽然他拒绝设想智力测验真正所测的内容，但是，他坚信智力测验并不能像米尺测量身高那样测量先天的智力。不过，这种测验有一个单纯的实践目的：甄别法国社会中那些需

"发明 IQ 测验是为了预测学业成就，除此之外，别无他图。如果我们需要一些能够预测人生成功的工具，那就不得不重新发明另外的测验。"

——社会心理学家罗伯特·扎荣茨（1984b）

要特别关注的学生。比奈希望他的测验能够用以促进儿童的教育，不过，他也担心测验会被用来给儿童贴标签，从而限制他们的发展机会（Gould，1981）。

刘易斯·推孟：先天智商

比奈可能会惊愕地发现，他为甄别需要特殊帮助的学习迟缓者而设计的测验，作为实践指南很快就被用做一种对遗传智力的数字测量工具。1911 年比奈去世后，斯坦福大学教授刘易斯·推孟（Terman，1877~1956）试图使用比奈的测验，但他发现以巴黎儿童为常模编制的年龄标准不适合加利福尼亚的学生。因而，推孟修订了这个测验。他保留了比奈原来的一些题目，同时加进了一些新题目，建立了新的年龄常模，并将测验的年龄上限从青少年扩展到“优秀的成人”。推孟把他修订的测验叫做**斯坦福—比奈**（Stanford-Binet）测验，这个名称沿用至今。

德国心理学家威廉·斯特恩（William Stern）由这些测验提出了著名的**智商**（intelligence quotient，IQ）概念。IQ 就是一个人的心理年龄除以实际年龄，再乘以 100 以去掉小数点：

$$IQ = \frac{心理年龄}{实际年龄} \times 100$$

因此，一位心理年龄和实际年龄相同的普通儿童，其 IQ 是 100，而一位回答问题的水平与一般的 10 岁儿童一样的 8 岁儿童的 IQ 则是 125。

现今的大多数智力测验，包括斯坦福—比奈测验，都不再计算一个 IQ 分数了。原来的 IQ 公式适用于儿童却不适用于成人。（一位 40 岁的人，在测验中表现得同一名 20 岁的普通人一样好，那他的 IQ 只有 50 吗？）因此，今天的智力测验在计算一个人的心理能力分数时，是以被测者的表现与同龄其他人的平均表现之比为基础的。像原初的斯坦福—比奈测验那样，现代的测验亦把 100 作为平均值，这样一来，总体人口中约有 2/3 的人得分在 85 和 115 之间。尽管已经不再有什么智力商数了，但是，“智商”一词作为“智力测验分数”的简写形式依然保留在日常用语中。

推孟促进了智力测验的广泛运用。他的动机是通过评估儿童“对特别技术训练的适宜性”来“说明他们在先天禀赋方面存在差异”。和优生学——19 世纪的一种运动，主张测量人类特质，并根据结果来鼓励或劝阻人们生育——的观点一致，推孟（1916，pp. 91~92）悲叹某些种族是“愚钝”和“多育”的。他设想智力测验将会“最终缩减低能者的繁衍，大量减少犯罪、贫穷和不适应工业社会的人”（p. 7）。

伦道夫夫人对自己的宝贝儿子非常满意

在推孟的帮助下，美国政府编制了新的测验，用于评估美国的新移民以及第一次世界大战中的 170 万新兵。这是全球实施的首次大规模智力测验。对某些心理学家来说，该测验结果表明了那些没有盎格鲁—撒克逊传统的民族劣等性。这些发现作为文化思潮的一部分，导致 1924 年的移民法的出台，从而使南欧和东欧的移民定额被削减到不足北欧和西欧的五分之一。

比奈大概会为他的测验被修订并用来得出这样的结论而惶恐。事实上，这样笼统的评判的确使大多数主张智力测验的人陷于窘境。例如，推孟逐渐意识到，测验分数不仅反映了人们的先天心理能力，还反映了他们的受教育程度以及对测验所涉及文化的熟悉程度。无论如何，早期智力测验的滥用警示我们，科学可能受到价值观的制约。推孟（1916，pp. 91~92）在其意识形态的影响下，认为“智力存在极显著的种族差异”。在科学客观性的背后，有时潜藏着意识形态问题。

现代心理能力测验

7. 能力测量和成就测验有何不同？我们应该如何开发和评价它们？

到目前为止，你可能已经经历过许多能力测验，例如：基本阅读与数学技能的学业测验、课程考试、智力测验、驾照考试、大学入学考试。心理学家们把这些测验分成**能力测验**（aptitude test）和**成就测验**（achievement test），前者旨在预测你学习新技能的能力，后者旨在反映你已经掌握的内容。因此，大学入学考试，为的是预测你学习大学课程的能力，就是一种能力测验，正如加德纳（1999）所言，是一种“稍加修饰的智力测验”。关于你在这门课程中学到了哪些内容的考试则是成就测验。实际上，有研究者报道，美国 14~21 岁全国范围 SAT 考试分数与一般智力测量得分之间呈 0.82 相关（图 10.4）。

其实，能力测验和成就测验的区别并不是非常明显。你掌握的词汇会影响你在绝大多数能力测验中的得分；类似地，你学习和应试的能力也影响你在各种成就测验中的等级。大多数测验，无论是称为能力测验还是成就测验，都是既评估能力又评估能力的发展。不过，从实践上讲，能力测验预测将来的表现，而成就测验评估当前的表现。

使用最广的智力测验是**韦氏成人智力量表**（Wechsler Adult Intelligence Scale，WAIS），它由心理学家戴维·韦克斯勒（David Wechsler）编制。韦克斯勒 6 岁时从罗马尼亚移民美国，曾在 20 世纪早期被有些人认为是“低能”的东欧移民中的一员。后来，他编制了一种适用于学龄儿童的类似测验，称为韦氏儿童智力量表（WISC）。再后来，他又编制了一种适用于学前儿童的测验。WAIS 由 11 个分测验组成（见图 10.5），它不仅像斯坦福—比奈智力量表那样计算一个总体智力分数，而且还分开计算“言语”分数和“操作”（非言语）分数。这两种分数之间的明显

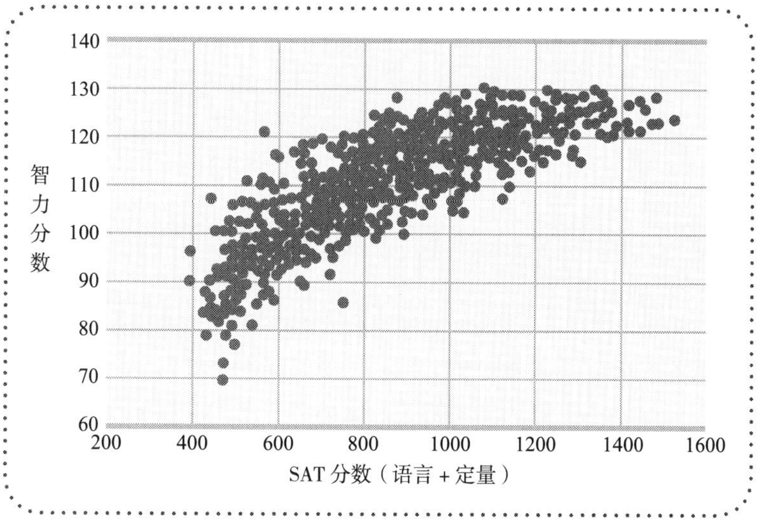

➤ **图 10.4**
能力测验与智力测验是一对亲兄弟
散点图显示出智力得分与 SAT 考试中词汇和算术得分之间呈高度相关。

言语

一般信息

美国独立日是一年中的哪一天？

相似性

羊毛和棉花有什么相似之处？

数学推理

买一打鸡蛋花了 60 美分，买 1 个鸡蛋需要多少钱？

词汇

解释“腐败”的意思。

理解

人们为什么要买火灾保险？

数字广度

注意听，我说完之后，你从头到尾说出我说的数字。

7 3 4 1 8 6

现在我要再说一些数字，不过，你要倒着说出来。

3 8 4 1 6

操作

图片填充

我给你看一幅图片，它缺少了一个重要部分，请说出它缺少的是什么。

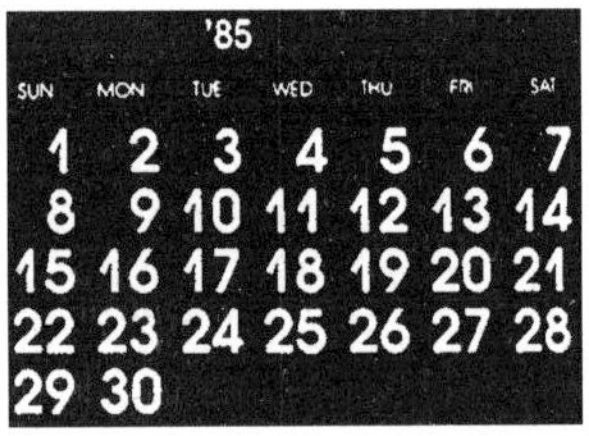

图片排列

下面的图片讲的是一个故事，请把它们按正确顺序排列，并讲出这个故事。

积木图样

用 4 块积木，搭成这个样子。

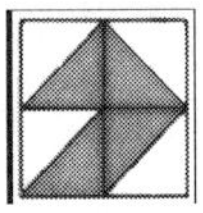

物体装配

如果把这些部分正确地拼起来，那将拼成一幅物体的图案。开始动手，并尽快把它们拼好。

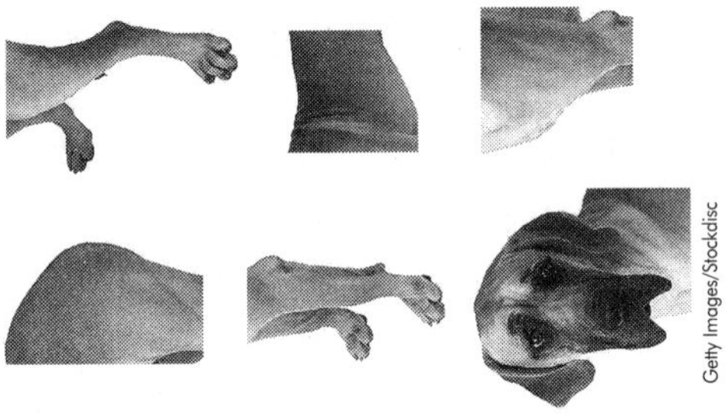

数字—符号替换

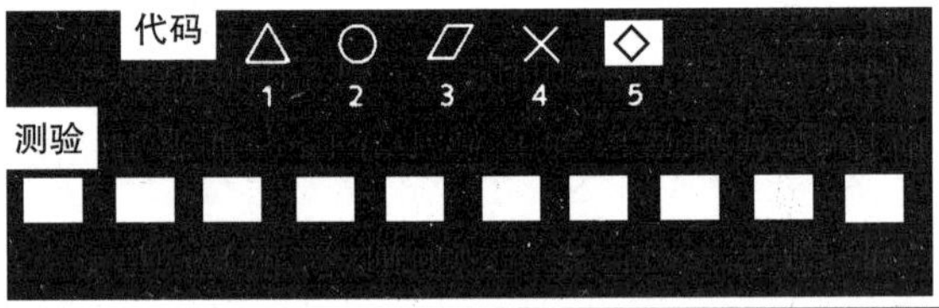

➤ 图 10.5
韦氏成人智力量表 (WAIS) 分测验项目举例（From Thorndike & Hagen，1977）

差异能够让施测者注意到可能存在的学习问题。例如，同一个人的言语分数比其操作分数低很多，这可能意味着阅读能力缺失或语言能力缺失。测验还能为教师或雇主提供某些他们可以信赖的认知能力线索。

测验编制原理

心理测验要想得到广泛的接受和认可，就必须符合 3 个标准：标准化、信度和效度。斯坦福—比奈智力量表和韦氏智力量表都具备这些必要条件。

标准化

你在一项智力测验中正确回答的问题数几乎没有告诉我们任何信息。要评估你的表现，我们需要一个基础，使之能够与他人的表现进行比较。为了能够做出有意义的比较，测验编制者首先要把测验施测于一个代表性样本。当别人按照同样程序受测时，他们的分数就能够与由这一样本确定的标准进行比较。这种相对于一个前测样本来解释分数意义的过程叫做**标准化**（standardization）。

如前所述，推孟及其合作者认识到，根据巴黎儿童编制的题目不能为评估美国儿童提供一个满意的标准，因此，他们修订了这个测验，并通过测试不同社会经济水平的 2 300 名美国本土白人，对新的版本进行了标准化。令人啼笑皆非的是，他们又用这个标准去评估美国的非白人群体和移民（Van Leeuwen，1982）。

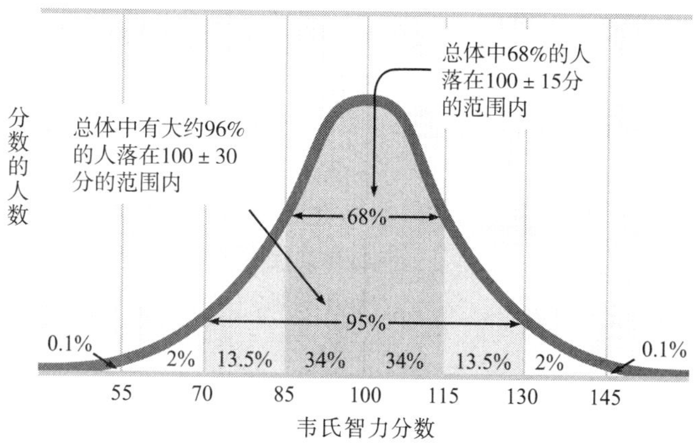

➤ 图 10.6
正态曲线
能力测验分数倾向于形成一个正态（或称钟形）曲线。例如，韦氏量表把平均分数定为 100。

标准化测验的结果一般都形成一个正态分布，即一种分数的钟形模式，这就是**正态曲线**（normal curve）（图 10.6）。不管我们测量的是什么内容（人们的身高、体重或心理能力等），其分数通常都集中在平均分数的两侧，形成一个大致对称的钟形分布。在智力测验中，我们把这个平均分定为 100。当由平均分向外移动时（无论向左还是向右），我们会发现人数越来越少。在每一年龄组内，斯坦福—比奈智力量表和韦氏智力量表均以个体的成绩偏离平均分的多少来确定其分数。如图 10.6 所示，成绩高于总体 98% 的人的智力分数为 130，原始分数低于总体 98% 的人的智力分数为 70。

为了使平均分接近 100，斯坦福—比奈智力量表和韦氏智力量表都会定期进行标准化。如果你最近用 WAIS 第 3 版来测验，那么你的成绩要对照 1996 年被测样本的标准，而不是韦克斯勒 20 世纪 30 年代的最初样本标准。假设把最近标准化样本的成绩与 20 世纪 30 年代样本的成绩进行比较，你猜猜测验成绩是上升了还是下降了？虽然 20 世纪 60~70 年代的大学入学能力考试分数是下降的，但是，智力测验成绩却是不断上升的！这种普遍存在的现象被称为弗林效应（Flynn effect），用以纪念新西兰研究者詹姆斯·弗林（James Flynn），他第一次计算出了该效应的大小 (1987，1999)。由图 10.7 可知，以今天的标准来看，80 年前的智力测验平均分数只有 76！这种成绩上升的现象已在 20 个国家得到验证。尽管这种增长在 20 世纪 90 年代有所减缓，但它却似乎是真实的，而且现在已被作为一种重要现象得到了广泛的认可（Teasdale & Owen，2000）。这意味着测验可能存在问题或者智力是可变的。

弗林效应的原因还是个谜（Neisser，1997a，1998）。它是人们测验经验越来越丰富的结果吗？（然而，这种增长在测验广泛使用以前就已经开始了。）是更好

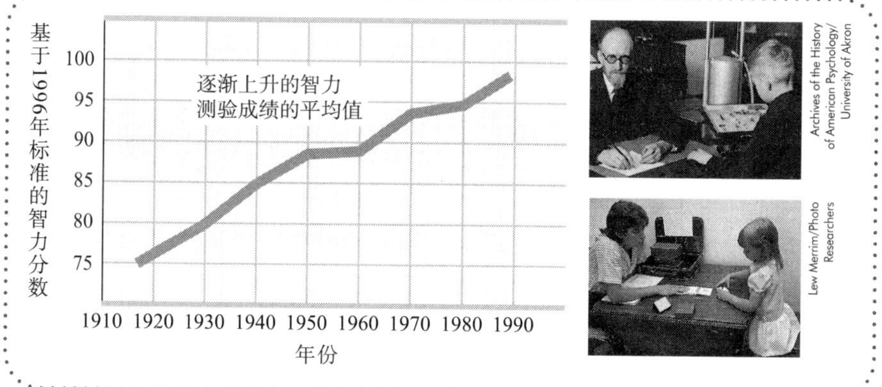

➤ 图 10.7
人变得越来越聪明了吗？
在各个国家的研究中，智力测验成绩一直都是上升的，如图所示，用韦氏智力量表和斯坦福—比奈智力量表在 1918 ~ 1989 年间对美国人测试的分数一直在上升。在英国，测验分数从 1942 年开始已上升了 27 分（From Hogan，1995）。最近的数据表明，这一趋势可能已变缓，甚至在下降。

的营养造成的吗？（人们已经越来越高、越来越聪明。）是接受更多的教育造成的吗？是更丰富的环境造成的吗？是童年较少生病造成的吗？是更小的家庭规模和更多的家长投入造成的吗？不管用什么因素组合来解释智力测验分数的上升，这种现象都驳斥了某些遗传论者所提的一个观点：20 世纪那些较低分数者的较高出生率，将会使人们的智力分数越来越低。

这真是一个饶有趣味的谜题：像某些人根据大学能力测验分数下降所推论的那样，能力是不断降低的吗？或者，像智力测验资料所显示的那样，能力是不断上升的吗？大学能力测验分数下降，部分原因是从 20 世纪 60 年代开始，参加测验的学生存在更大的学业差异。但是，WAIS 总是以更为多样、更具代表性的样本为基础进行标准化的，这些人（即一般的人群）自 20 世纪 30 年代以来就已经变得更具读写能力，接受到更好的教育。这些事实有助于解释人们为什么在较为复杂的大学能力测验中成绩下降，而用 WAIS 所测的基本技能成绩却是上升的。不过，难以理解的是，在非言语测验（学校教育水平的提高对其影响最小的测验）上的增长最大。（也许，乐高游戏和视频游戏已经起到帮助作用，尽管这种增长在这些游戏流行之前就开始了。）国际象棋比赛的成绩，正逐渐由年轻选手占据优势，这提供了“可以说明人们的总体智力的确可能在不断提高的现实性证据”（Howard，1999）。弗林认为，很难想象他这一代人居然比他的祖辈聪明那么多，可他又觉得这些数据很难被忽视。

信 度

除非测验具有**信度**（reliability），否则，即使将你的测验分数与标准化样本的分数作了比较却仍然不能说明你的情况如何。一项好的测验必须能够可靠地得到一致的分数。为了考查一项测验的信度，研究者通常采用同一测验或其副本对人们进行重测。如果两次的分数大致相同或者相关，那么这项测验就是可信的。或者，研究者可以把一项测验分成两半，看看奇数题与偶数题的得分是否一致。假设一个人的基本能力在两项邻近的测验中没有变化，那么任何分数差异反映的只是与运气、疲劳和焦虑等有关的“误差”变异。

测验—重测或两半分数之间的相关越高，该测验的信度就越高。迄今为止我们所探讨的测验——斯坦福—比奈智力测验、WAIS 和 WISC ——均有 0.9 左右的信度，这已是很高的信度系数了。当进行重测时，人们的分数通常都与其第一次的分数密切相关。

效 度

高信度并不能保证一项测验的**效度**（validity）——一项测验对它所要测量内容的实际测量程度，或者对它所要预测内容的实际预测程度。如果你用一个不准确的卷尺来测量人们的身高，那么你报告的身高虽然具有很高的信度（一致性），但效度却很低。对于某些测验来说，具有**内容效度**（content validity）就足够了，即测验涉及的是所研究的行为。在路上试车对驾照考试来说是具有内容效度的，因为它抽样调查的是一名司机日常所要面对的任务。如果课程考试评估个体对课程内容代表性样本的掌握情况，那么它们也是具有内容效度的。

其他测验是从它们与**效标**（criterion）——对测验所要评估内容的一项独立测

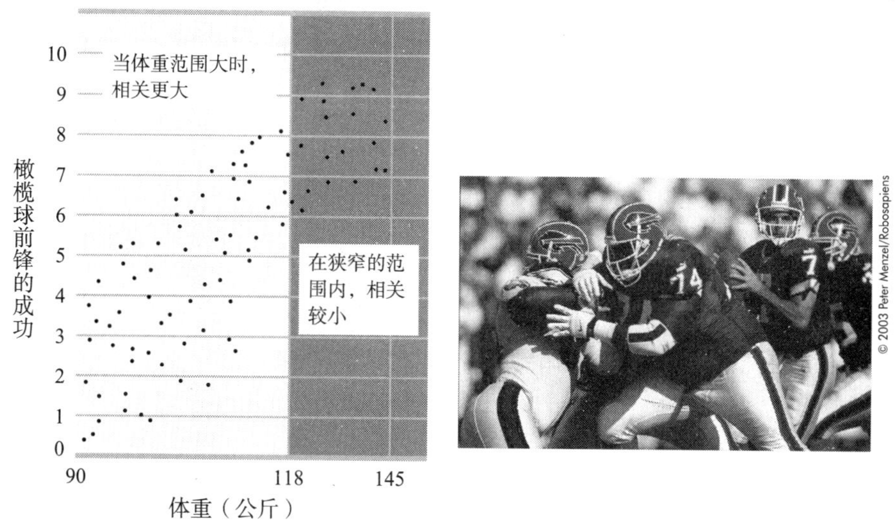

➤ 图 10.8

不断下降的预测效力

让我们想象一下美国橄榄球前锋的体重与其在赛场上的成功之间的相关。这里显示，当我们将体重限定在 118~136 公斤的狭小范围内时，这种相关是多么不显著。随着考查数据的范围变窄，其预测效力也降低。

量——的一致性程度来评估的。对一些测验来说，效标是未来的表现。例如，能力测验必须具有**预测效度**（predictive validity）（也叫效标关联效度），这意味着它们能够预测未来的成就。

一般能力测验能像它们具有信度那样具有预测性吗？正如批评者所热衷提到的那样，答案显然是否定的。能力测验的预测效力在低年级是相当强的，但随后就变弱了。在小学阶段，智力分数与学业等级之间的相关为 0.60 左右（Jensen，1980），可见，学业能力测验分数是小学成绩的良好预测因素。美国用做大学生入学考试的学术评估测验（SAT），在预测大一学生的成绩方面则不太成功，其相关低于 0.50（Willingham et al.，1990）。到我们考查美国研究生入学考试（GRE，一种与 SAT 类似的能力测验，申请进入研究生院的人必须参加的测验）时，发现其与研究生学业成绩的相关甚至更低，只有 0.30（GRE，1990）。

为什么能力测验分数的预测效力随学生受教育程度的提高而降低呢？让我们考虑下述一个类似的情况：在美国所有的橄榄球前锋中，体重与成功是相关的，一名 136 公斤的选手往往胜过一名 90 公斤的对手。但是，在 118~136 公斤这个狭小的范围内，对职业运动员的研究通常发现，体重和成功之间的相关会变得很小（见图 10.8）。体重的范围越狭窄，它的预测能力就变得越低。

类似地，如果一所名牌大学只录取能力测验分数很高的学生，而学生的分数少有差异，那就难以做出较多的预测。类似的狭窄范围可以帮助我们解释为什么 GRE 只是研究生学业成绩的一个较低的预测因素。如果研究生院只接受那些能力测验分数落在狭小范围内的学生，那么对于他们的能力测验分数不能很好地预测其学业成绩，我们也就不足为奇了。即使该测验对更为多样的学生样本具有良好的预测效度，这种情况也将依然如此。因此，当我们采用大范围群体来检验一项测验的效度，而后将它用于范围狭窄的群体时，它的预测效度就会下降很多。学业成绩的狭窄范围——就像研究生院评分大多为 A 等和 B 等——同样会降低预测效度。

本节回顾

➤ **自问**

你在为大学生入学考试分数所反映的潜力而学习吗？除了你的能力，还有什么因素会影响你在大学的表现？

➤ **自测 2**

腿力可以预测奔跑的速度吗？为了找到答案，菲奥娜计算了她学校里 10 名跑得最快的学生的肌肉力量与其百米赛跑成绩的相关，发现相关很低。然而，即使强壮的肌肉的确能够提高速度，我们仍可能获得这一结果。为什么？

自测问题的答案见书后的附录。

智力的动态性

我们现在能够回答人类智力动态性的某些久远的问题了——关于智力的毕生稳定性问题、智力的极端问题以及创造力的问题。

稳定还是变化

8. 智力测验得分在一生中的稳定性如何？

如果我们在个体的一生中定期地对智力进行重测，他们的智力分数会是稳定的吗？第 5 章考查了智力在晚年的稳定性问题，那智力在早年的稳定性如何呢？

发展心理学研究者挖空心思地探索了反映婴儿期智力的指标问题。由于不能与婴儿交谈，他们就评估他们能观察到的一切结果——从出生时的体重到第三个脚趾是否比第二个脚趾长，以及独立坐起的年龄。这些测量指标均未能有效预测以后各年龄阶段的智力分数（Bell & Waldrop，1989；Broman，1989）。也许，正如发展心理学家南希·贝利（Nancy Bayley）在 1949 年指出的那样："我们尚未找到适当的测验。"她设想，我们有朝一日会找到"具有智力功能潜在特征的婴儿行为"，它们将能预测个体以后的智力。

我们可能已经找到了这样的测验。费根等人（Fagan，Bornstein，& Columbo）所做的大量研究发现，那些对一幅画很快就厌烦的 2~7 个月的婴儿——即提供选择时，他们偏好于注意另一幅新画——直到 11 年后他们在反应速度和智力测验上的得分都更高（McCall & Carriger，1993；Neisser et al.，1996；Rose & Feldman，1997）。尽管这种预测是粗糙的，但是这些测验却可能有助于鉴别那些智力分数极低或极高的儿童。

> "亲爱的阿黛尔，我 4 岁了，能够读任何英文书。我能说出所有的拉丁名词、形容词和主动动词，以及 52 首拉丁短诗。"
>
> ——弗朗西斯·高尔顿，给其姐姐的信，1827

那么，现在的日常观察或智力测验分数能否预测学前儿童的未来表现和教育需求？那些怀疑自己孩子智力的年轻父母和希望早点鉴定出有特殊需要的儿童教师，对这个问题尤为关注。那些担心将自己的孩子与别的孩子进行比较的家长就可以变得从容了。因为除大脑极端受损或非常早慧的儿童之外，3 岁前的不定期观察和智力测验只能微弱地预测儿童未来的能力（Humphreys & Davey，1988）。例如，那些说话较早的儿童—— 20 个月时就能说 3 岁孩子说的句子——在 4 岁半前并不是特别会读书（Crain-Thoreson & Dale，1992）。（早期阅读的较好预测因素是

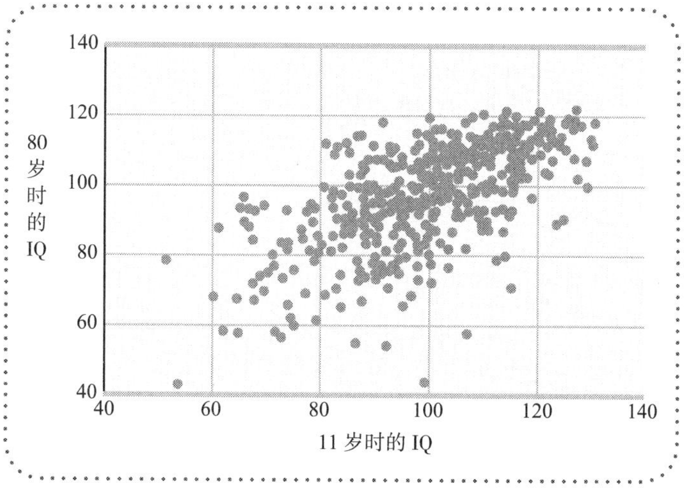

➤ **图 10.9**

智力可持久

戴尔利及其同事对 80 岁老人进行智力测量，并与他们 11 岁时的测量成绩比较，70 年间的两个分数间的相关为 0.66。

父母给孩子读大量的故事。）如前所述，甚至连爱因斯坦在学说话方面也是迟缓的（Quasha，1980）。

不过，到 4 岁时，儿童在智力测验上的表现就开始能够预测其青少年及成年时的智力分数了。此外，得分高的青少年往往是较早读书的人。一项研究调查了 187 名美国 7、8 年级学生的父母，这些学生作为七州天才研究项目的一部分参加了大学能力测验，其成绩比大多数高中毕业班学生的分数高出不少。如果他们父母的记忆没有错的话，这群早慧青少年中有一半多的人在 4 岁时就开始读书，超过 80% 的人在 5 岁时就已经开始读书（Van Tassel-Baska，1983）。那么，对于在幼儿园里实施的早期智力测验开始能够预测个体的学业成绩也就不足为奇了（Tramontana et al.，1988）。

⏩ 令人啼笑皆非的是，SAT 和 GRE 分数之间的相关比它们各自与所要预测的效标（学业成就）之间的相关更高。因此，它们的信度远远超过了他们的预测效度。如果哪个测验深受训练、运气或考试当天个人心情的影响（许多人都相信是这样的），那么，它就不可能有这样的信度。

大约 7 岁以后，儿童的智力测验分数尽管不是非常固定，却也相对稳定（Bloom，1964）。因此，分数的一致性随儿童年龄的增长而不断提高。从美国教育考试中心对参加 SAT 及其后参加 GRE 考试的 23 000 名学生的研究中可以看到，青少年后期的能力分数相当稳定（Angoff，1988）。在每项考试中，语言分数与数学分数都只是低度相关，说明这两种能力是不同的。然而，SAT 考试中的语言分数与 4、5 年后参加的 GRE 考试中的语言分数的相关却高达 0.86。令人惊讶的是，两项考试中的数学分数的相关也是 0.86。鉴于时光流逝和这 23 000 名学生所接受的不同的教育，他们能力分数的稳定性尤其令人瞩目——的确超出了任何人所能预测的程度。

➤ **图 10.10**

越聪明越长寿

苏格兰全国智力测验中 11 岁时测验得分高的前 25% 的女性比后 25% 的人寿命长。

戴尔利及其合作者（Deary et al.，2000）最近创造了一项长期追踪研究的记录。苏格兰于 1932 年对全国 11 岁儿童实施了一项心理能力测验。67 年后，戴尔利研究小组找到这些现已 77 岁的人中的 100 多名。当他们重新实施同一测验时，发现两次分数的相关为 0.73（图 10.9）。11 岁时得高分的人在 77 岁时更可能独立生活、更少遭受晚期发作的阿尔兹海默氏症折磨（Starr et al.，2000；Whalley et al.，2000）（图 10.10）。另一项针对 93 名修女的追踪研究表明，进入修道院时在写作方面语言能力较差的那些修女，75 岁后更可能患阿尔兹海默氏症（Snowdon et al.，1996）。

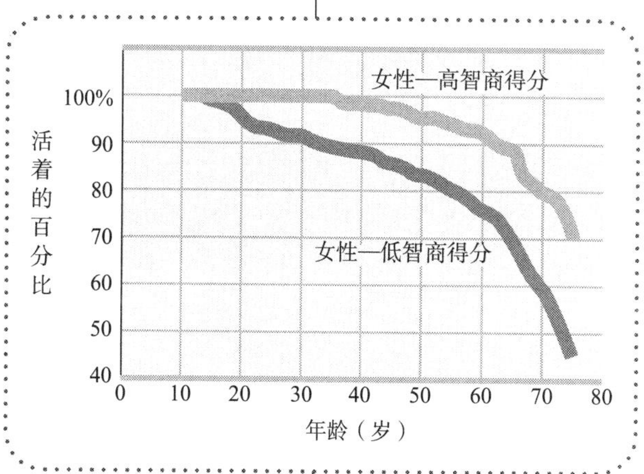

智力的极端情况

9. 智力极高或极低的人有哪些特点?

快速了解某个测验效度和意义的一种方式是比较那些得分处在正态曲线两端的人。这两组人应当差别明显，事实也的确如此。

低端情况

正态曲线的一个极端是那些智力测验分数低于 70 的人。一名儿童要被标识为**心智迟滞**（mental retardation），他必须不仅有低测验分数，而且在适应独立生活的正常需要方面存在困难。总体人口中只有大约 1% 的人同时满足这两个标准，其中男性比女性多 50%（美国精神病学会，American Psychiatric Association，1994）。如表 10.1 所示，大多数心智迟滞者在他人帮助下能够在主流社会中生活。

心智迟滞有时有明确的生理原因。例如，**唐氏综合症**（down syndrome）是由个体遗传结构中多出一条染色体造成的严重程度不同的障碍。

在过去的两个世纪里，关于如何更好地照顾心智迟滞者的观点发生了彻底的改变。直到 19 世纪中叶，心智迟滞者都是在家里被照顾的。他们中有许多情况很严重的死去了，而轻度的心智迟滞者则通常能在寄养场所里安身立命。因此，建立了针对学习迟缓者的寄宿式学校。到了 20 世纪，许多类似的机构已经变成了仓库，里面的居民很少受到关注，他们没有隐私，没有希望。父母通常被告知在孩子学会依恋之前就要永远地与他们分开。

在 20 世纪的后 50 年中，相应的观点则摆回到正常化的一边——鼓励人们尽自己所能地在自己的社区里正常生活。轻度迟滞的儿童在要求不很严格的环境里接受教育，许多儿童还融入了常规课堂。大多数人都在自己的家庭里成长，然后进入到一个保护性的生活组织，例如团体家庭。这种期望，通常也是现实，是一种更幸福、更有尊严的生活。

表 10.1 心理迟钝的程度

水平	大概的智力分数	占迟钝人数的百分比	对生活要求的适应
轻度	50~70	80%	可以学会六年级水平的学业技能。成年后可在帮助下获得自立的社会与职业技能。
中度	35~49	10%	可以学会二年级水平的学业技能。成年后可在保护性的工作场所里谋生。
重度	20~34	3%~4%	可以学会交谈，在精心的照顾下可以从事简单的工作任务，但是一般不能接受职业培训。
极度	20 以下	1%~2%	需要持久的帮助和照顾。

资料来源：Reprinted with permission from the *Diagnostic and Statistical Manual of Mental Disorders*, Fourth Edition. Copyright 1994 American Psychiatric Association.

高端情况

在1921年开始的一项著名课题中，刘易斯·推孟研究了1 500多名IQ超过135的加利福尼亚学生。与流行的观点——在智力方面有天赋的儿童往往是适应不良的，因为他们通常生活在与其他非天才同伴“不同的世界里”——相反，推孟研究的高分儿童像其后研究中的那些儿童一样，都是健康的、适应良好的，并且在学业方面特别成功。接下来70年的研究中发现，他们中的大多数人都接受了高水平的教育（Austin et al.，2002；Holahan & Sears，1995）。这一群体中出了很多医生、律师、教授、科学家和作家，不过，并没有诺贝尔奖获得者。[推孟还真测验了一位未来的诺贝尔物理学奖获得者，但是，却把他从天才样本中剔除了，因为他的IQ不够高（Cassandro & Simonton，2003）。] 类似地，约翰霍普金斯大学的研究则是追踪在数学方面早慧的年轻人，直到他们获得早期科学成就（Lubinski & Benbow，2000；Stanley，1997）。在另一项研究中，通过追踪那些能力测验分数在前0.01%（10 000选1）的未满13岁的人，结果发现他们后来获得博士学位的比率比一般人高出50多倍（Lubinski et al.，2001）。

> “加入门萨（Mensa）意味着你是个天才……我过去担心录取线定在132是任意的，直到我碰见一位IQ为131的人，老实说，他在领悟方面确实有点儿迟缓。”
> ——史蒂夫·马丁，1997

这些神童使我们想起了皮亚杰，他在7岁时就利用空闲时间研究鸟类、化石和机器，15岁开始发表软体动物方面的科学论文，后来又成为20世纪最著名的发展心理学家（Hunt，1993）。有异常学术天赋的儿童有时会更孤独和内向，他们往往生活在自己的世界里（Winner，2000）。不过，大多数情况下则是健康的。

然而，一些批评者对当前流行的“天才儿童”项目的假设多有质疑，例如认为只有3%~5%的儿童是天才，应当甄别并标识这些特殊的稀有人才，将他们从其他95%的“非天才”中隔离出来，给予他们学术上的优厚条件。这是“分班教学制度”的一个例子——把那些能力测验分数相同的学生安排在单独的班级中。辩护者声称，这有利于对同一水平的所有学生进行教育。此外，分班教学制度能使学生发现志同道合的朋友。不过，其他研究者指出，根据能力接受分班教学的学生的学业成就分数几乎并不比那些类似的不接受分班教学的学生高。还有，根据能力进行分班教学会降低学生的自尊，有时还会产生自我实现的预言：那些被称为“非天才”的学生会受影响而的确成不了天才（Lipsey & Wilson，1993；Slavin & Braddock，1993）。

卡耐基青少年发展基金会的一项报告谴责，学能分班教学制度是“现存的最容易引起分裂、最具破坏作用的学校实践之一”（Carnegie，1989）。对“低能”学生不给予接受优质教育的机会，将会扩大这两类学生之间的成就差异，并加剧他们彼此的社会分离。这也是日本和中国的小学里没有实施分班教学的原因之一（Stevenson & Lee，1990）。由于少数民族和低收入家庭的青少年更经常被置于低学能组，因此，分班教学也会助长种族隔离和歧视——批评者指出，这很难说是为在多元文化社会中工作和生活所做的一种健康的准备。

把儿童分成天才群体和非天才群体的做法通常假设天才是一种单一的特质——由智力测验来测量——而不只是多种潜能之一。报纸和杂志上的文章会建议父母如何发现自己孩子的“天才迹象”,仿佛它是一种客观的品质,就像蓝眼睛那样,孩子要么有要么没有。这是先创造这个概念，然后假设它有具体的实在性。这样一来，就忽视了天才标准是由我们而非自然决定的事实。

不过，天才教育的批评者和支持者一致认为：儿童具有不同的天赋。有些儿童特别擅长数学，有些儿童特别擅长文字推理，有些儿童尤其擅长艺术，还有一些儿童尤其擅长社会领导。把儿童都看成是一样的进行教育，这就像假设天才是一种你要么有要么没有的东西那样无知。我们不需要把标签贴到儿童身上，以此来肯定他们的特殊天赋，挑战他们自身能力和悟性的新领域。通过提供与其天赋相适合的“恰当的发展机会”，我们能够促进儿童之间的公平，并能使他们所有的人都表现优异（Benbow & Stanley，1996；Lubinski & Benbow，2000；Sternberg & Grigorenko，2000）。

本节回顾

➤ **自问**

你如何看待把各种能力水平的儿童安排在同一个教室的做法？你将用什么证据来支持你的观点？

➤ **自测 3**

史密斯夫妇认为他们两岁的儿子是个天才，于是就给他报名参加一个特别方案，该方案的口号是“给您孩子一个优秀的头脑”。为什么我们会质疑这一方案的价值？

自测问题的答案见书后的附录。

遗传和环境对智力的影响

10. 什么证据揭示了遗传和环境对智力会产生影响？

我们已经考查了智力的本质、评估和动态性。但是，智力究竟是由什么决定的？基因还是环境？心理学家早就发现智力存在家族遗传现象。同时，我们已经知道，智力似乎可由婴儿对熟悉图画的厌烦程度或个体对闪光的脑波反应的复杂性及速度来预测。这是为什么呢？我们的智能主要是由遗传得来的吗？或者它们是由环境塑造的？

几乎没有什么问题能够激发这样的热情或具有这样深刻的政治含义。试想：如果我们不同的心理能力主要是由遗传得来的，而且，如果能够成功反映那些能力的话，那么，人们的社会经济地位与其先天差异就将是相称的。这将导致社会上层人士坚信，他们智力上与生俱来的优势使其获得了相应的社会地位。

另一方面，如果心理能力主要是由养育和教导我们的环境塑造的，那么，生活在不利环境中的儿童就可能过上较差的生活。在这种情况下，人们的社会地位实际上是由他们机会不平等造成的。下面，我们尽量撇开这样的政治含义，来考查有关的证据。

遗传影响

基因相同的个体也会表现出相同的心理能力吗？从综合许多研究的图 10.11 可以看出，答案显然是肯定的。研究者们列举 5 组结果来支持遗传对智力的影响：

- 对 10 000 名双生子的研究显示，在一起抚养的同卵双生子的智力测验分数，酷似对同一个人在同一项测验上施测了两次（Lykken，1999；Plomin，2001）。

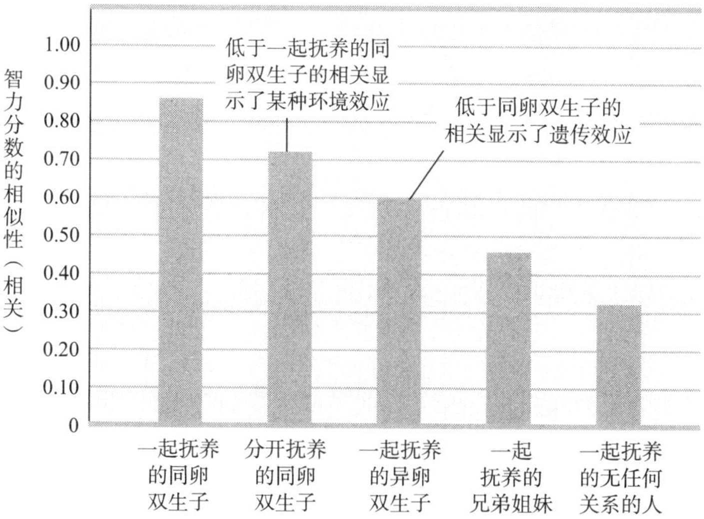

➤ 图 10.11

智力：天性与教养

遗传基因最相似的人，其智力分数也最相似。请牢记：1.0 表示完全相关，0 表示毫不相关。（Data from McGue et al.，1993）

而只有一半共同基因的异卵双生子，其智力测验分数的相似性要低得多。

- 即使那些父母不把他们一样打扮或同等对待的同卵双生子，其智力测验分数实际上也是极为相像的（Loehlin & Nichols，1976）。而且，分开抚养的同卵双生子也有相似的分数——相似得让双生子研究者托马斯·鲍查德（Bouchard，1996）足以估计出智力分数“大约 70%”的变异“能够被归于遗传变异”。其他研究者认为，青少年和成人有 50%~75% 的变异归于遗传（Devlin et al.，1997；Neisser et al.，1996；Plomin，2003）。
- 大脑扫描显示，同卵双生子有相似的灰质容量。此外，与异卵双生子不同，他们大脑中与语言和空间智力相关的区域事实上是一样的（Thompson et al.，2001）。
- 真的存在天才基因吗？在组合起来影响智力的许多基因中，位于第 6 条染色体上的一个基因最近被确定为天才基因。两项研究表明，在智力分数极高的儿童中有 1/3 的人携带这个基因，而在智力分数一般的儿童中只有 1/6 的人携带该基因（Chorney et al.，1998）。另一课题比较了高智力者与一般智力者的基因差异，在尽力确定影响认知能力的诸多基因方面逐步取得了进展（Plomin，2003）。
- 通过把一个额外的基因植入老鼠的受精卵，研究者已经生产出更聪明的老鼠——这样的老鼠擅长学习和记忆藏在水下的平台的位置，或者再认预示电击即将到来的线索（Tsien，2000）。这个基因能够激活一个与记忆有关的神经受体。

“有关 g 因素的遗传学研究比其他任何人类特征的遗传学研究都要多。”

——罗伯特·普洛闵（1999）

不过，也有某种证据表明存在环境效应。异卵双生子在遗传上的相似性程度并不比其他任何兄弟姐妹高——但是，由于他们年龄相同，所以受到的待遇更相似——却会在智力分数上比其他兄弟姐妹更相似。

为了弄清遗传与环境的作用，研究者还考查了那些收养的孩子与其兄弟姐妹是否由于共享环境而具有相似的能力。在童年阶段，收养的兄弟姐妹的智力测验分数存在中度相关。研究者亦将收养儿童的智力测验分数与如下对象进行了比较：（a）亲生父母，即他们基因的提供者；（b）养父母，即他们家庭环境的提供者。随着时间的流逝，收养儿童不断地在他们不同的收养家庭里积累经验。因此，你

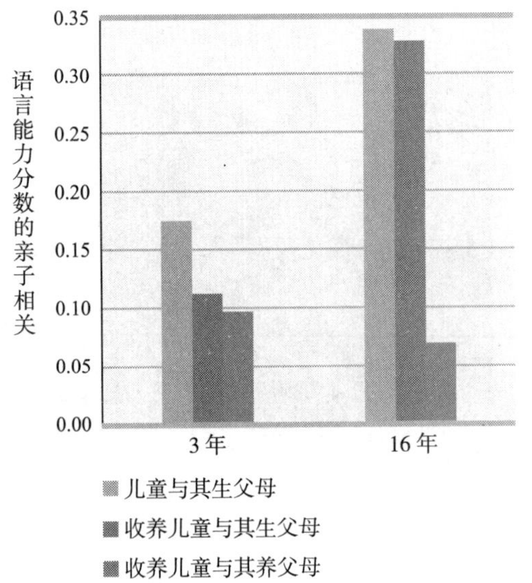

➤ 图 10.12

收养儿童像谁呢?

随着他们在收养家庭里生活时间的推移，科罗拉多收养方案儿童的语言能力分数变得更像其亲生父母的分数了。(Adapted from Plomin & DeFries，1998)

是否会认为，家庭环境效应将随个体成长而增大，遗传素质效应将随个体成长而减小?

如果你是这样认为的，那么行为遗传学家会给你一个意外。随着年龄的增长，养父母的影响不断减少，收养儿童与其收养家庭之间的心理相似性消失了；到成年时，其相关大致为零（McGue et al.，1993）。这样的研究结果与广泛流行的观点——随着我们生活经验的积累，环境对诸如智力等特质的影响将会增大——相反。其实，相反的观点似乎是正确的：随着年龄的增长，遗传的影响将变得更加明显（Bouchard，1995，1996a）。收养儿童的智力分数变得更像其亲生父母了，同卵双生子 80 岁时，其相似性还继续保持着甚至还会提高（McClearn et al.，1997；Plomin et al.，1997；见图 10.12）。

回忆第 4 章中遗传力的含义。我们说智力的遗传力——智力测验分数可归为遗传因素的变异——是 50%（或略多一些）并不意味着基因负责智力的 50%，而环境则负责剩下的 50%。它的意思是，我们能够把群体内智力变异的 50% 归为遗传。这一点常常被误解，我就再重复一遍：我们永远不能说一个人的智力有百分之几是经遗传得来的。遗传力指的是人们之间的差异在多大程度上可归于基因。遗传力永不适用于个人，它只适用于说明为什么人们之间会存在差异。

即便是这个结论也必须做些限制，因为不同研究的遗传力也会不同。例如，环境差异更能预测文化水平较低家庭中儿童的智力分数——这些儿童的家庭环境可能差异很大（Rowe et al.，1999）。回想第 4 章中马克·吐温的提议：把男孩放在桶里喂养到 12 岁，通过一个洞口给他们喂食。鉴于这些男孩的环境相同，他们 12 岁时个人智力测验分数的差异就只能由其遗传来解释了。因此，他们差异的遗传力将接近 100%。但是，如果我们在迥然不同的环境中（桶或优裕的家庭）养育有相似遗传基因的人们，遗传力——由基因而造成的差异——将会很低。

还需要牢记的是，基因和环境存在相关。那些具有先天数学能力的学生更可能在高中时选择数学课程；由于他们的先天数学能力及其数学经验，他们在其后的数学能力考试中也更可能得高分。如果你在遗传上有微弱的智力优势，那么你就更可能继续深造、读书和请教问题——这些都将增强你大脑的认知能力。迪肯斯和弗林（Dickens & Flynn，2001）指出，由于基因与环境相关，适度的遗传优势能够在社会上增殖为很大的表现优势。我们的基因塑造经验，而经验也会塑造我们。

➧ 测测你对遗传力的理解：如果环境变得更相似，那么智力的遗传率将会

a. 增大

b. 减小

c. 不变

答案：遗传力——可以由基因影响来解释的变异——在环境变异减小时将会增大。

环境影响

基因造成差异。即使我们都在有利于智力发展的相同环境中成长，我们的才能仍会存在差异。不过，我们已看到遗传并不能解释一切情况。我们的基因有时会使行为存在某种倾向，但是，我们的生活经验也很重要。

人类的环境极少像被剥夺的老鼠所生活的黑暗、枯燥的笼子环境那样恶劣，这些老鼠形成的大脑皮层比正常老鼠的要薄（见第 4 章）。然而，艰难的生活经历

的确会给我们留下烙印。

早期干预效应

在伊朗一家贫穷的孤儿院里，心理学家亨特（Hunt，1982）发现了早期经验的明显效应，并指出了早期干预的重要作用。他在那里见到的普通儿童2岁时没有帮助还不能坐起来，或者4岁时还不会走路。这些婴儿得到的照顾甚少，而且他们哭闹、咕咕地叫或其他行为都得不到任何回应。因此，他们没有发展出对自己环境的任何个人控制感。相反，他们变成了被动的“阴郁的笨蛋”。极端的剥夺生活制约了先天的智力。

“选择性生育已经赋予我在法律领域的天分，但我还是改不了喜欢把一只死鸭子从冰水里叼回的习惯。”

认识到回应性照料的好处后，亨特开展了一个“辅导性人类充实”项目。例如，他训练照看者和婴儿进行口头游戏。他们首先模仿婴儿的咿呀学语，然后，引导婴儿口头上跟着学，从一个熟悉的声音转到另一个声音。接下来，他们开始教波斯语的发音。

其结果是激动人心的，到22个月大时，接受这种语言促进训练的11名婴儿全都能说出50多种事物和身体部位的名字。这些婴儿变得非常可爱，大多数都被收养了——这是该孤儿院空前的成功。

亨特的研究结果表明了环境的重要性。毫无疑问，人们要为极度恶劣的环境付出代价（Ramey & Ramey，1992）。当婴儿从因极度贫困而造成的营养不良中解脱出来，获得补给的营养时，贫困对身体和认知发展造成的影响就会缓解（Brown & Pollitt，1996）。

这些结果是否暗示了一种能够“给你的孩子以优越才智”的方法？某些畅销书声称能够通过深入细致的学前训练做到这一点，而这是有可能的。但是，大多数专家则持怀疑态度（Bruer，1999）。虽然营养不良、感觉剥夺和社会隔离会阻碍大脑的正常发展，但是，正常和“丰富”环境之间的差异却影响不大。除了正常接受光、声和话语刺激之外，还没有什么环境秘诀可用来培养天才儿童。斯卡尔（Scarr，1984）的论断依然广为大众所接受：“那些非常热衷于给自己的孩子提供特殊教育课程的父母，是在浪费他们的时间。”

亨特可能同意斯卡尔的观点，即额外的教育对于良好环境中儿童的智力发展作用不大。不过，亨特认为，额外的教育对于不利环境中的儿童却大有帮助。的确，他于1961年出版的《智力与经验》一书促成了1965年“领先计划”（Project Head Start）的提出。“领先计划”是美国政府资助的一项学前方案，服务于86万名儿童，其中大多数来自穷困线以下的家庭（Zigler & Styfco，2001）。该方案旨在通过提高儿童的认知和社会技能，从而增加他们接受学校教育乃至以后成功的机会。

这一方案成功了吗？研究者通过比较接受该方案与没有接受该方案的同龄孩子，对“领先计划”和其他学前项目做了研究。这些优质项目加强了对个体的关注，提高了儿童对上学的准备，从而降低了他们留级或接受特殊教育的可能性。总的来说，能力方面的收益随时间的流逝而消散了（这提醒我们，“领先计划”项目结束以后的生活经验也会这样）。该项目的首任负责人心理学家爱德华·齐格勒认为这一项目还是存在长期收益的（Zigler & Styfco，2001）。高质量的学前项目至少能够稍微提高儿童的情绪智力——对学习产生更积极的态度，减少辍学和犯罪（Reynolds et al.，2001）。

“大量的证据显示，对中产阶级的孩子进行早期教育，收效甚微。”

——发展心理学家爱德华·齐格勒（1987）

学校教育效应

学校教育本身就是一种干预，智力分数即可反映其效果。切奇和威廉斯（Ceci & Williams，1997）收集的证据显示，学校教育和智力互有贡献（并且，它们都能增加以后的收入）。高智力可延长求学经历。但是，下列现象也是存在的：智力分数倾向于在学年里提高，而在暑期里下降。当学生停止接受学校教育时，智力分数就会降低。读完高中的儿童与那些较早离开学校的对照组儿童相比，智力分数的提升幅度要大一些。IQ 分数不断提高的弗林效应，可能部分是由近半个世纪以来学校教育的时间增加所致，部分是由现今接受良好教育的父母提供了有利的家庭环境所致。请思考这种情况：那些生日恰好处在准许入学年龄点的儿童比那些只是稍微晚一点儿出生但却晚一年入学的儿童有更高的智力分数。

智力测验分数的群体差异

11. 不同性别和种族群体在智力测验得分上有何不同？为什么？

如果能力分数没有群体差异，那么心理学家就可以在他们的象牙塔里斯文地争论遗传和环境的影响。但是，研究表明智力确实存在群体差异。那群体差异表现在哪些方面呢？我们又该如何理解它们呢？

种族的相似性与差异性

下述两个令人不安但却相一致的事实有助于进行这一讨论：

- 不同的种族群体在智力测验平均分数上存在差异。
- 得分高的个体（及群体）更可能获得高水平的教育和收入。

一项由 52 位智力研究者联合发表的声明指出："白人的 IQ 正态曲线大致是以 100 为中心的；美国黑人的 IQ 正态曲线大致是以 85 为中心的；而各种不同的西班牙裔群体的 IQ 大致位于白人和黑人之间的中间点"（Avery et al.，1994）。其他学术能力考试（如 SAT）的结果与此类似。近些年来，黑人与白人之间的差异已经略有降低，某些新近的研究显示，儿童之间的差异已经降低到了 10 分（Neisser et al.，1996）。然而，测验分数的差距却仍顽固地存在着。

▸▸ 虽然男女在智力测验分数上是相等的，但是，男性比女性更可能高估自己的测验分数。男性和女性都倾向于把自己父亲的分数估计得比自己母亲的高，把自己儿子的分数估计得比自己女儿的高（Furnham，2001；Furnham et al.，2002a，b）。

其他群体之间也存在差异。欧裔新西兰人的得分高于新西兰土著毛利人，以色列犹太人的分数高于以色列阿拉伯人，大多数日本人的得分高于被其蔑视为少数民族的部落人。那些天生就具有听力的人比天生就聋的人得分更高（Braden，1994；Steele，1990；Zeidner，1990）。

大家都赞同这样的群体差异对评判个人并没有提供什么依据。女性比男性长寿 6 岁，可是，知道一个人的性别并不能准确地告诉我们这个人将活到多少岁。甚至在著作中提到黑人—白人差异的默里和赫恩斯坦（Murray & Herrnstein，1994）还提醒我们说："数以百万的黑人比一般白人的 IQ 更高。"

瑞典人和肯尼亚人在肤色和语言方面均存在差异。肤色差异是遗传性的，而语言差异是环境性的。那么，他们的智力分数如何呢？如果遗传影响智力的个体差异，那么遗传也会影响群体差异吗？有些心理学家认为是这样的（Herrnstein &

Murray，1994；Rowe，1997）。有些人推测，可能是不同的气候和生存挑战造成了能力方面的种族差异（Lynn，1991，2001；Rushton，1990，1998）。

不过，正如我们前述的在桶里或家庭中养育男孩的例子所示，遗传性特质的群体差异显然也可能完全是环境性的。考虑一个自然实验：让一些孩子听着他们文化中的优势语言成长，而其他天生就聋的孩子则在听不到语言的环境中成长。然后对他们实施一项以该语言为基础的智力测验，那么（不足为奇）对测验所用的语言精通的人将获得最高的分数。尽管个体成绩的差异可能的确是遗传性的，但群体差异却并非如此（见图 10.13）。

试想：如果每对同卵双生子的身高完全一样，那么遗传力将是 100%。假设我们把一些年幼的双生子分开，只对他们中的一个给予营养丰富的饮食，并且假设这些营养良好的双生子都比另一个高 8 厘米——这种环境效应，恰似在英国和美国实际观察到的那样，即半个世纪以前，两国的青少年比其他国家的同龄人要高几厘米（Angoff，1987；Lynn，1987）。现在，对于这些营养良好的双生子来说，其身高的遗传力是多少呢？依然是 100%，因为组内身高的变异还能完全由其营养不良的同卵双生之兄弟姐妹的身高来预测。因此，即使是群体内存在 100% 的遗传力，也不能消除强大的环境影响群体间差异的可能性。

种族差异同样可能是由环境造成的吗？考虑如下研究结果：

- 遗传学研究显示，在不同肤色之下，全世界各个种族在其他特质方面是颇为相同的（Cavalli-Sforza et al.，1994；Lewontin，1982）。一个种族内的个体差异要比不同种族之间的差异大得多。两名冰岛村民之间的平均遗传差异或两名肯尼亚人之间的平均遗传差异，要大大超过冰岛人与肯尼亚人之间的差异。此外，相貌会欺骗我们。欧洲人和非洲人在遗传上要比非洲人和澳洲土著人更接近。还有，种族几乎不是一种定义恰当的生物学分类，随着全球的日益融合，许多人已反对种族分类。
- 亚洲学生在数学成就和能力测验上比北美学生得分更高。但是，这种差异似乎是一种新近现象，反映的可能是谨慎认真的态度而非能力。而且，亚洲学生每年上学的天数要多 30%，在校内校外学习数学的时间也更多（Geary et al.，1996；Larson & Verma，1999；Stevenson，1992）。
- 现今饮食营养更好、所受教育更好、测验筹备更好的人们，其智力测验成绩超过了 20 世纪 30 年代的人们（即弗林效应）——其幅度与现今白人的平均智力测验分数超过黑人的情形相同。谁也不会把这种代际群体差异归为遗传所致。
- 白人和黑人的婴儿在一项婴儿智力测量上（注视新刺激的偏好——未来智力分数的一个预测因素）得到了颇为相等的分数（Fagan，1992）。
- 在不同的时期，不同的种族都曾经历过黄金时代——取得非凡成就的时期。2 500 年前是希腊人和埃及人的时代，接着是罗马人的时代；在公元 8、9 世纪里，天才似乎是属于阿拉伯世界的；500 年前，是阿兹台克印第安人和北欧人的时代。而今天，人们则惊叹于亚洲人的高超技能。不同的文化在这些世纪里盛衰起伏，基因却不会这样。这个事实告诉我们，不能把一种自然优势归给任何种族。

此外，再看一项全美研究的惊人结果。该研究在白人和黑人青年大学生毕业后，再回过头来看他们的心理测验成绩。从八年级到高中低年级，白人学生的平均能力分数是上升的，而黑人学生的则是下降的——出现了一个差距。大约在高中学

▸▸ 在普特南数学竞赛（美国数学协会主持的一项竞赛，于每年 12 月的第一个星期六分两次进行）——大学生奥林匹克数学竞赛的前 56 年里，近 300 名获奖者都是男生（Arenson，1997）。1997 年，一名女生打破了这一男生世界的纪录，跻身最后一轮的 5 人冠军争夺赛。1998 年，梅兰妮·伍德成为美国奥林匹克数学队里的第一位女生（Shulman，2000）。她从很小的时候就开始接受训练：母亲在她 4 岁时带她一起到商场购物，为了不让她感到乏味，便让她解一些直线方程的问题。

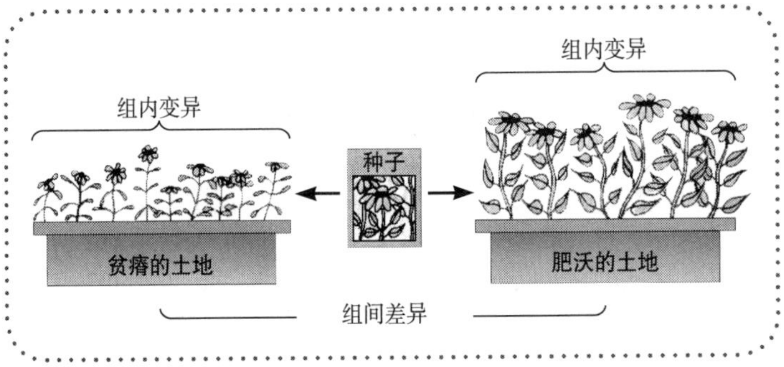

➤ 图 10.13
群体差异与环境影响
即使一个群体中成员之间的变异反映了遗传差异，但群体之间的平均差异却可能完全归为环境。设想把混合的相同种子播撒到贫瘠和肥沃的土壤里。虽然每个罐子里的高度差异可能是遗传所致，但是，这两组之间的高度差异则可能是由环境造成的。（From Lewontin，1976）

生参加大学入学考试时，这种差距达到了最大。但是，在大学里，黑人学生分数的提高幅度是同龄白人学生的“4倍多”，因此大大缩小了能力差距。“毫不奇怪，”研究者迈尔森等人（Myerson et al.，1998）得出结论，“由于黑人和白人学生在教学质量不同的高中环境里修了较多的学分，所以认知测验分数的差距就拉大了。而在大学阶段，黑人和白人学生面对的是质量相当的教育环境……许多黑人能够取得显著的进步，从而缩小了测验分数的差距。”

性别的相似性与差异性

在科学上，就像在日常生活中那样，差异性而非相似性能够引起大家的兴趣。与男女之间在解剖和生理方面的相似性相比，我们的性别差异是相当细微的。然而，就是这些差异才令我们兴奋。类似地，在心理学领域，性别的相似性要远远超过性别差异，但是，性别差异却常常引起我们的注意。对有些人来说，这是条新闻：大多数研究者发现总体智力分数不存在性别差异。不过，大多数人发现差异更具新闻价值。女孩更擅长拼写：到高中结束时，平均只有30%的男生的拼写成绩比女生好（Lubinski & Benbow，1992）。女孩的语言更流畅，触觉、味觉和嗅觉更灵敏，更能记住词语和物体的位置（Halpern，2000）。男孩在正态曲线低端的人数超过女孩，因此有更多的男生接受特殊教育（Kleinfeld，1998）。男孩说话较晚，更可能口吃。在补习阅读的教室里，男女生的人数比是3:1（Finucci & Childs，1981）。在学习成绩不良的高中学生里，男女生的比例是2:1（McCall et al.，1992）。

数学与空间能力 在数学成绩方面，女生的平均分数一般等于或超过男生的平均分数（ETS，1992；Kimball，1989）。在100项独立的研究中，对随机抽取的300多万有代表性的人进行数学考试，发现男女几乎获得了相同的平均成绩（Hyde et al.，1990）。但是，尽管性别内的多样性大于性别间的多样性，而群体差异却再次成为新闻。虽然女性在数学计算方面具有优势，但是21个国家中有20个国家的男性在数学问题解决方面得分更高（Bronner，1998；Hedges & Nowell，1995）。例如，高中毕业班男生在200~800分的SAT数学考试中平均比女生高出45分（这意味着他们在60道考试题中平均多做对了4题）。

极端者的分数差异最明显。在SAT数学方面获得高分的12~14岁学生中，男生比女生人数更多，其比例是13:1。同时，在早慧组里，有更多的男生获得无机科学和工程的学位（Benbow et al.，2000）。实际上，在其他西方国家，参加国际数学奥林匹克竞赛的数学奇才都是男生，而达到最高水平的女数学奇才都不在西方国家，如中国（Halpern，1991）。整个2002年，78个全美拼写竞赛冠军中，有

42 个是女孩。

男性性别优势似乎在如图 10.14 那样的测验中最可信。图 10.14 包含一个在个体心理上迅速旋转的三维物体（Collins & Kimura，1997；Halpern，2000）。这种空间能力在把衣箱装入汽车行李箱、下围棋或在解决某些几何问题时很有用。

吉尔里，西尔弗曼及其同事（Geary，1995，1996；Silverman et al.，1992，1998）从进化论的角度进行研究，他们认为这种三维空间里的领航技能有助于我们的父辈祖先追踪猎物并找到回家的路。相比之下，我们的母辈祖先在敏锐地记忆可食植物的位置过程中不断提高她们的生存能力。祖先的这一馈赠使今天的女性在物体及其位置的记忆上优于男性。

在对 10 万多名美国青少年的研究中，女孩在图片联结记忆上的成绩略优于男孩（Hedges & Nowell,1995）。而且，在参加德国医学研究测验的近 20 万名学生中，女生对一些简短医学案例的事实记忆成绩每年都会超过男生（Stumpf & Jackson，1994）。（为我记得我许多经历的妻子对我说，如果她死了，我将是一个没有过去的人。）

天生的性别差异是否就解释了为什么多数数学家、90% 的围棋高手、美国建筑师、工程师、制图师都是男性吗？或者说，这就是国际象棋要为男性与女性分别设置竞赛的原因？在孕期长期处于高水平雄性荷尔蒙的刺激确实能提高个体的空间能力（Berenbaum et al.，1995）。但社会期望也塑造了男孩和女孩不同的兴趣和能力（Crawford et al.，1995；Eccles et al.，1990）。一直以来，数学和科学被认为是男性的领域。许多父母把他们的儿子送到计算机夏令营，而鼓励他们的女儿学习英语。因此，男性在数学上的优势从小就随其年龄一起增长，且在小学的时候就已经开始显现了。在美国，每年物理和计算机科学的免修考试中男性的性别优势也得到了体现(Stumpf & Stanley,1998）。但随着越来越多的女孩被鼓励发展其数学和科学能力，这种性别差异正逐渐缩小（Nowell & Hedges，1998）。

情绪觉察力　回忆情绪智力部分的内容，可知情绪觉察力是一种“解读”他人情绪的移情能力。我们中的一些人对他人的情绪很敏感。罗森塔尔及其同事（Rosenthal et al.，1979）通过以下研究证明了这点。他们像放电影片断一样给数百人呈现一个人的部分面部表情或身体表情，有时混杂一些难懂的声音。例如，仅显示一个沮丧女人的面孔，在图片显示出 2/3 时，研究者问被试，这个妇女是在批评某个迟到的人还是在谈论她的离婚事件。罗森塔尔和霍尔发现，其中有些人对他人情绪的觉察明显优于另一些人，而且女性对情绪的觉察又明显好于男性。后来的研究也证实了女性在理解面部表情等非言语线索上的技能更高，而且，这种性别差异在儿童和青少年身上也存在（McClure，2000）。

一些心理学家推测，女性觉察情绪的能力有助于我们的母辈祖先理解其婴儿及其伴侣的情绪，这可能又反过来助长了鼓励女性发展移情技能的文化倾向。正

▸▸ 如果在繁荣的 X 国，人人都能得到自己想要的一切；在 Y 国，富人营养充足，而半饥饿的穷人常常食不果腹。那么哪个国家的体重遗传力最大？

答案：遗传力——基因所导致的差异——在 X 国更大，因为那里的营养差异最小。

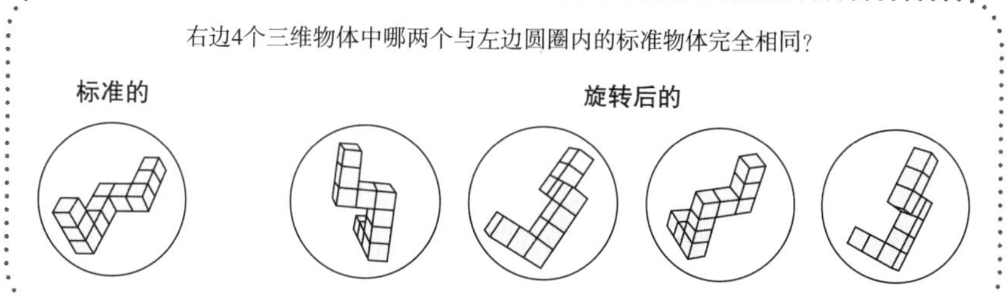

➤ 图 10.14
心理旋转测验
这是一项空间能力的测验。（From Vanderberg & Kuse，1978。）答案见下面颠倒的文字。

心理旋转测验的答案：第 1 个和第 4 个选项。

如第4章指出的，这些技能可以用来解释女性在积极和消极情绪情境中都更敏感的现象。

> "不要从不列颠买奴隶，因为他们太笨了，什么都学不会。"
>
> ——西塞罗
>
> （106~143 B. C.）

偏差问题

12. 智力测验是否存在不恰当的偏差问题？

在得知智力测验分数存在群体差异之后，我们不禁开始疑惑智力测验是否存在偏差。其答案取决于对偏差的两种迥然相异的界定。一种界定是，智力测验不仅探测智力的先天差异，而且探测由文化经验造成的差异。从这个意义上讲，人人都认为智力测验存在偏差。智力测验测量你已经形成的能力，而这部分反映的是你所接受的教育和经验。

你可能看到过以中产阶级为模版的智力测验项目（例如，带有茶碟的杯子；又如韦氏成人智力量表的一个测验项目样例，即人们购买火灾保险是为了保护自己家庭和财产的价值）。这样的项目会使测验对那些不用茶碟或没有什么财产而从未买过火灾保险的人有失公平吗？这样的问题能够解释测验成绩的种族差异吗？如果是这样，那么测验不就是把有潜能的儿童归入没出路的类别且置于没前途的工作的一种歧视工具吗？

能力测验的辩护者指出，种族群体间至少在非语言项目（如倒背数字）上差异很大（Jensen，1983，1998）。此外，他们又补充说，指责测验使一个群体的得分更低犹如指责邮递员送来坏消息一样。为什么要指责测验触及了不平等的经验和机会呢？假设由于营养不良，人们的成长受到了阻碍，你能指责揭示这一现实的测量尺子吗？如果不平等的过去经验能够预测不平等的未来成就，那么一种有效的能力测验就将探测到这种不平等。

偏差的另一种意思是一项测验是否对某些群体比对其他群体更为无效。如果SAT能够准确预测某个种族学生的大学成绩，而不能预测另一个种族，那么这项测验就是有偏差的。心理学家最大的共识，就像国家能力测验研究委员会和美国心理学会智力专项工作组所总结的那样，大多数能力测验在该术语的这种统计意义上没有偏向（Neisser et al.，1996；Wigdor & Garner，1982）。SAT或一项标准智力测验的预测效度对黑人和白人是大致相同的，对富人和穷人也是大致相同的。如果智力测验分数为95时所预测的学习成绩是C等，那么这种大致的预测通常可以同等地用于各个种族和经济水平不同的群体。要说例外的话，就是SAT会高估非亚裔少数民族学生的大学成绩（Steele，1997）。

一种能力测验要准确预测学业成就，就必须能够映射出学校教学和考试中的任何性别或种族偏向。斯潘塞及其同事（Spencer et al.，1997）对学生实施了一项很难的数学考试，结果发现男生比相同能力的女生得分更高——除非事先引导女生，使之具有女生在这种考试上通常和男生做得一样好的预期，否则，女生会明显感到忧虑，这会影响她们的成绩。斯蒂尔等人（Steele et al.，2002）同样观察到了消极种族刻板印象的自我实现效应。他们在黑人学生的语言能力分数中发现了这种**刻板印象威胁**（stereotype threat）现象，即当这些学生在感受到被威胁的条件下参加考试时，其言语能力得分更低。刻板印象威胁还可以解释为什么女生在没有男生同她们一起考试时通常得分更高，以及为什么黑人学生由黑人施测时比由白人施测时得分更高（Danso & Esses，2001；Inzlicht & Ben-Zeev，2000）。

斯蒂尔（Steele，1995，1997）得出结论说，如果你告诉学生他们可能不会成功（就像补救性"少数民族援助"项目通常所做的那样），这种刻板印象最终将会影响他们在能力测验及学校生活中的表现。随着时间的推移，这样的学生可能就会"不认同"学业成就。他们可能会把自己的自尊从学业中分离出来，并到别处去寻求自尊——这可以解释为什么他们的学习成绩往往低于其能力。[的确，当非裔美国男生从 8 年级升到 12 年级时，他们的学业等级与其自尊的分离变得非常明显（Osborne，1997）。] 少数民族学生在那些不再使他们不相信自己潜力的大学课程里能够取得更引人注目的好成绩，并降低辍学率。

"数学课真难！"
——"青少年物语"会说话的芭比娃娃（1992 年 2 月推出，1992 年 10 月被召回）

那么，我们对能力测验及其偏差可以做出什么样的实际结论呢？能力测验在一种意义上的确是有偏向的——对由文化经验所造成的成绩差异具有敏感性。但是，能力测验在另一种意义上——对不同群体的统计预测——是无偏的。

"生活的一切快乐之事几乎都在 IQ 测验之外。"
——马德琳·恩格尔，《静环》，1972

这意味着能力测验是歧视性的吗？答案既可以是肯定的，也可以是否定的。从一种意义上讲是肯定的，测验的目的就是区分——对个体进行甄别。在另一种意义上，测验的目的又是通过减少人们在学校教育和工作安置方面对主观标准（例如，你的熟人、相貌，或者面试者对"你这种人"的喜爱程度）的依赖，从而减少歧视。许多心理测验的先驱者都把自己看成是社会革新者，他们发现了能力这块"璞玉"，而当时几乎没人对此抱有希望。（教育系统非常善于发现那些在与智力有关的考试中得分处于前 1% 或 2% 的人，然后给他们提供可能使他们获得一流工作的一流教育。）取消能力测验将导致那些决定入学或者工作的决策者更多地依靠其他根据，如他们个人的意见等。例如，公务员考试在施测之前，就通过减少政治、种族和民族歧视，从而能够更公平、更客观地进行评鉴。

那么，我们的目标也许应当是三重性的。首先，我们应该认识到比奈所预见的心理能力测验的好处——使学校能够发现哪些孩子可能从早期干预中获得最大的收益。其次，我们必须对比奈的担忧保持警惕，即智力测验分数可能会被误解成是对一个人价值的直接测量，是固定的潜能。最后，我们必须记住智力测验分数反映的仅仅是个人能力的一个方面。我们的实践智力和情绪智力像天赋和性格的其他形式那样，也有重要的作用。一般智力测验所抽样考查的能力是重要的，它有助于我们人生的成功。但是，它远远不是最重要的。木匠的空间能力不同于程序设计员的逻辑能力，后者又不同于诗人的语言能力。由于存在多种成功的道路，我们的个体差异和文化差异——无论其根源怎样——都是人类适应性的演变。

BananaStock/Jupiter images

无法测量的同情心　智力测验分数只是一个完整的人的一部分形象。例如，它们不能测量那些无私助人者的能力、天赋和信仰。

本节回顾

➤ 自问

遗传和环境影响是如何塑造你的智力的？

➤ 自测 4

随着社会在创造平等机会方面的进步，能力的遗传力也将提高。智力分数的遗传力在机会平等的社会里要比在由农民和贵族构成的社会里更大。为什么？

自测问题的答案见书后的附录。

本章复习：智 力

智力是什么

1. **关于"智力是单一的能力还是几种特殊能力的综合"这一问题有哪些支持或反对观点？**
   因素分析是一种统计技术，它揭示出不同的能力之下存在一种共同因素。斯皮尔曼称这种共同因素为一般智力。色斯顿认为将智力定义为这样一个得分过于狭隘，他确定出七种不同的"基本心理能力"。然而，有一个趋势，如果某人在某个"基本能力"方面得分高的话，同样容易在"其他能力"上得分高。我们的"g"能力看起来更容易预言人们在新异环境下的表现，却与进化过程中熟悉环境下的表现关系不大。
2. **加德纳和斯滕伯格的多元智力理论有何不同？**
   加德纳提出8种智力：言语智力、数学智力、音乐智力、空间智力、身体智力、自我智力、他人智力、和自然智力。斯滕伯格的理论提出智力的三个层面：分析性（学业问题解决）智力、创造性智力和实践性智力。
3. **什么是创造性，如何培养创造性？**
   创造力是能够产生新奇的和有价值想法的能力。它在一定程度上与智力之间存在相关，但智商120以上的人中，这种相关程度呈降低趋势。创造力与专业经验、想象力、内部动机、冒险性人格以及环境是否支持有关。
4. **哪些因素组成情绪智力？**
   情绪智力指的是能够感知、理解。管理以及运用情绪的能力。情绪智力高的人容易在人际关系方面和职业方面取得成功。但是，也有批评指出，在探讨情绪的时候，我们把能力这一概念扯得有点远。
5. **智力与脑解剖和神经加工速度之间有多大的关系？**
   多项研究显示，头的大小（相对于身体大小）与智力测验分数之间存在轻度相关，而脑的大小与智力测验分数之间存在较高（虽然还是适度）的相关。其他研究表明，高智力者倾向于有更多的大脑突触，接受信息更迅速，对闪光等简单刺激的脑波反应更快。时间将会证明，有关智力的这些新的神经学取向的研究是否能够带来重大进展。如果答案是肯定的，那么研究者就将争论先天和教养在多大程度上影响脑的构造和功能。

智力评估

6. **智力测验是何时以及为什么产生的？**
   在100多年前的法国，阿尔弗雷德·比奈开始了现代智力测验运动，他编制题目以预测儿童在巴黎学校体系中的未来进步情况。斯坦福大学的刘易斯·推孟修订了比奈的测验，以便在美国使用。推孟相信他的斯坦福—比奈测验能够指导人们选择合适的机会，而与比奈不同的是，他认为智力是由遗传得来的。在20世纪上半叶，智力测验有时被用来"说明"某些种族和移民是先天卑劣的。当然，这是人们事后认识到的，测验的设计者甚至为此感到懊悔。
7. **能力测量和成就测验有何不同？我们应该如何开发和评价它们？**
   测验通常分为能力测验（用于预测学习能力，例如韦氏智力量表）和成就测验（用于评估当前的能力）。一项好的测验必须进行标准化，以便任何人的成绩都能与他人的成绩作有意义的比较；具有信度，从而能得到一致的分数；具有效度，从而能够测量到它要测量的内容。测验分数通常都呈钟形分布，即正态曲线。平均分被设定为任意的数字（例如，在智力测验中为100）。能力测验往往有高信度，但它们却是人生成功的微弱预测因素。不过，它们对低年级学生学业成就的预测效度是相当高的。随着学生能力范围越来越受限制，测验对大学生成绩方面的预测效力会降低，对研究生的预测效力则更低。

智力的动态性

8. **智力测验得分在一生中的稳定性如何？**
   智力测验分数的稳定性随年龄而提高，3岁时便开始具有实践上的预测价值，7岁时智力测验分数变得相当稳定。
9. **智力极高或极低的人有哪些特点？**
   正态曲线的一个极端是那些智力测验分数低于70的人。一名儿童要被标识为心智迟滞。唐氏综合症是由个体遗传结构中多出一条染色体造成的严重程度不同的障碍。相反，推孟研究的高分儿童像其后研究中的那些儿童一样，都是健康的、适应良好的，并且在学业方面特别成功。然而，一些批评者对当前流行的"天才儿童"项目的假设多有质疑，不过，其他研究者指出，根据能力接受分班教学的学生的学业成就分数几乎并不比那些类似的不接受分班教学的学生高。还有，根据能力进行分班教学会降低学生的自尊，有时还会产生自我实现的预言：那些被称为"非天才"的学生会受影响而的确成不了天才。

遗传和环境对智力的影响

10. **什么证据揭示了遗传和环境对智力会产生影响？**
    关于双生子、家庭成员及收养儿童的研究显示，遗传对智力分数有显著的影响。遗传力，即人与人之间的变异中可归为基因的部分，是可以变化的，这取决于研究涉及的总体和环境。关于环境影响的研究，加上其他一些研究，例如比较在极端恶劣或优裕的环境中或者不同文化中养育的儿童，均表明生活经验对智力测验成绩也有显著的影响。

11. 不同性别和种族群体在智力测验得分上有何不同？为什么？

在总体智力上，男女性的平均得分是相同的，但是，在特定方面的得分上男女间存在显著的差异。群体在智力测验分数上也存在差异。群体内的遗传变异并不能解释群体间差异的遗传力。关于测验分数的种族差距问题，证据显示，它在很大程度上（或许完全地）是由环境差异造成的。心理学家们讨论了在具体能力上存在性别差异的进化论解释和文化解释。

12. 智力测验是否存在不恰当的偏差问题？

能力测验旨在预测受测者在特定的情境中如何表现。因此，他们必然对由文化经验所致的成绩差异相当敏感，在这种意义上说，能力测验必然是“有偏的”。但是，偏向也含有心理学家通常使用这个术语时的意思，即有偏的测验对一个群体的预测不如对另一个群体的预测准确。从这个意义上讲，绝大多数专家认为主要的能力测验都没有明显的偏向。“刻板效应威胁”类似于一种自我证实，一个人如果因刻板效应在某方面评价低的话，会影响到他在其他测试中的表现。

术语与概念

智力测验
智　力
因素分析
一般智力（g）
学者症候群
情绪智力
心理年龄
斯坦福—比奈
智商（IQ）
创造性
能力测验
成就测验
韦氏成人智力量表（WAIS）
标准化
正态曲线
信　度
效　度
内容效度
效　标
预测效度
心智迟滞
唐氏综合症
刻板印象威胁

网站

自测的多项选择题和其他习题请访问：www.worthpublisher.com/myers

第11章

动机与工作

动机的概念
本能与演化心理学
驱力与诱因
最佳唤醒
动机的层次
饥　饿
饥饿生理学
饥饿心理学
性动机
性生理学
性心理学
青少年的性
性取向
性与人类价值观
归属需要
工作动机
特写：工作中的工业组织心理学
人事心理学
特写：发现你的优势
组织心理学：激发成就动机
特写：营利又行善："伟大的实验"

演员问导演："我的动机是什么？"在日常对话中，"什么驱使你那样做？"的另一种问法是"什么导致了你的行为？"。对心理学家来说，**动机**（motivation）就是一种激发行为并使之指向某一目标的需要或欲望。

在2003年春季，一个不幸的星期六午后，经验丰富的登山运动员亚伦·拉斯顿（Aron Ralston）终于理解了动机激发和指引行为的力量。拉斯顿几乎征服了科罗拉多地区所有的高峰，许多都是在冬季独自攀登。拉斯顿独自徒步穿越了一些峡谷，似乎都能有惊无险，平安顺利地到达终点，以至于出发之前他都不屑于告诉任何人自己要去哪里。在犹他州狭窄的蓝约翰峡谷里，距上面最终的绳索下降点只有137米，拉斯顿正在攀爬重逾千斤的巨石，突然灾难发生了：巨石发生松动，压住了他的右腕和右臂。正如他的自传书名所示——《在岩石与困境之间》（Between a Rock and a Hard Place）。

意识到根本不会有人来营救自己，拉斯顿用尽所有的力气试图移动巨石。根本没有任何效果，随后他拿出不太锋利的小折刀试图戳穿岩石。同样徒劳无功后，他用绳索套住巨石试图抬起巨石。哎呀，还是没有任何效果。一个小时接一个小时，一个寒冷的夜晚接一个寒冷的夜晚，他被困住了。

到了星期二，拉斯顿已经用光了食物和水。在星期三，因为饥饿和干渴的折磨，他开始储存和饮用自己的尿液。利用自带的摄影机，他准备向亲朋好友道别，他现在感到对他们强烈的爱："再一次表示对你们每个人的爱。为我带来了这世间的爱、和睦、幸福和美丽的生命。谢谢你们，我爱你们。"

在星期四，拉斯顿惊奇地发现自己依旧活着，顿时似乎萌生了对未来家庭生活的神圣洞察：独臂人环抱学前小子的景象。在这种精神的鼓舞下，他唤起了坚强的求生意志，集中了所有剩余的力气，在接下来的一个小时主动折断了自己的骨头，随后用小折刀切断了自己的胳膊。在压上止血带，切断最后一丝肌肤，重获自由之后（一直到用流着血的半条胳膊抓住绳索降下20米深的悬崖，徒步跋涉8公里，找到人救助之前），用他自己的话来说，他完全卷入"一种欣快状态……感觉已经死亡，站在自己的坟墓前，留下我最后的遗愿和遗嘱，墓碑上刻着'息止安所'，所有这一切，突然消失了，我又活过来了。这无疑是我曾经体验过的最美好的时刻"（Ralston，2004）。

拉斯顿的饥渴，他对他人的归属感，求生和成

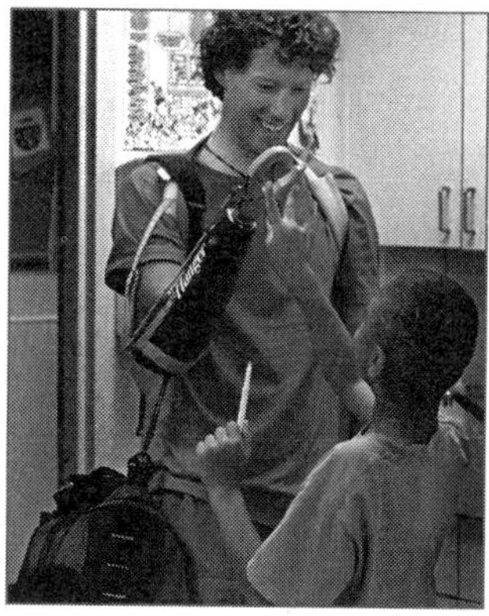
Joe McNally/Joe McNally Photography

动机的人格化　亚伦·拉斯顿的生存和归属动机激发和指引了他的断臂行为。

你怎么认为……我们是否应该启动这项动机研究?

为父亲的本能意志凸显了动机激发和指引的力量。本章我们要考察这类动机如何从天性(生理上的“推动力”)和教养(认知和文化上的“牵引力”)相互影响的过程中得以产生。

动机的概念

1. 心理学家从哪些视角审视动机行为?

让我们回顾一下心理学家理解动机行为的四种视角。本能理论(现在为演化论观点所代替)侧重遗传上预先设定的行为。驱力降低理论强调内部推动力和外部牵引力之间的相互作用。唤醒理论强调寻找最佳刺激水平。亚伯拉罕·马斯洛的需要层次理论则描述了我们不同需要的优先顺序。

本能与演化心理学

20 世纪初,随着达尔文演化论影响力的扩大,依照本能给各种行为分类曾风靡一时。如果人们自责,是由于他们有“自卑的本能”;如果人们自吹自擂,这反映出他们“自信的本能”。一位社会学家浏览了 500 多本书后,竟从中罗列出 5 759 种人类本能!但不久以后,由于自身缺陷,这股以本能命名之风衰退了。这些早期的本能理论家们不是去解释人类行为,而仅仅是简单地给行为命名,这就像通过给儿童贴上“成就不足”的标签来“解释”一个聪明儿童的低分一样,仅仅给行为命名并不是解释这种行为。

某种复杂行为要成为**本能**(instinct),必须在整个物种里具有固定的模式,并且不需要学习(Tinbergen,1951)。这样的行为普遍存在于其他物种中(回忆一下第 5 章鸟类的印刻现象和第 7 章大马哈鱼的回游行为)。人类的行为也显示出某些无需学习的固定模式,如婴儿天生的觅食和吮吸反射。然而大多数心理学家把人类的行为视为生理需要和心理欲望共同指引的结果。

尽管本能理论没能成功地解释人类动机,但是,基因预先设定物种典型行为的基本假设仍然和以前一样有强大的影响力。我们从第 4 章对人类相似性的解释中可以看到这一点,从第 7 章对动物学习某种行为的生物先天倾向的讨论中也会

相同的动机,不同的回路 神经系统越复杂,有机体的适应性就越强。人类和织巢鸟都能满足各自安居的需要,只不过反映了不同的遗传能力。人类的行为很灵活,他们能学习建造房屋所需的任何技能。织巢鸟的行为模式则刻板,它们只能建造这种鸟巢。

看到。在随后的讨论中，我们仍将看到这一点，我们将讨论演化如何影响我们的恐惧、助人行为以及浪漫的吸引力。

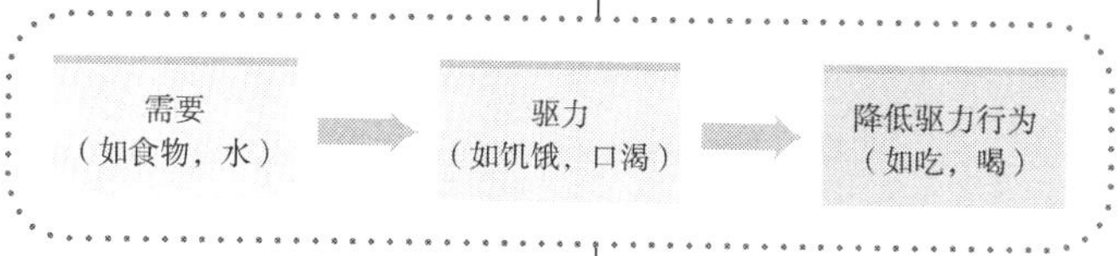

➤ 图 11.1
驱力降低理论
驱力降低理论来源于体内平衡的观点——有机体具有维持内部状态稳定的先天倾向。因此，如果我们缺水，口渴会驱动我们饮水以恢复身体的正常状态。

驱力与诱因

当最初的动机本能理论衰落后，它被**驱力降低理论**（drive-reduction theory）所替代。这种理论认为，生理需要引起唤醒状态，从而驱使有机体通过说话、吃喝来减少需要。鲜有例外情形，当生理需要增加时，心理驱力也在增加——这种心理驱力就是一种唤醒的、激发的状态。

驱力降低的生理目标是要达到**体内平衡**（homeostasis）——维持稳定的内部状态。体内平衡（英文“homeostasis”的字面意思就是“保持同一”）的一个例子就是身体的温度调节系统，它的工作原理与恒温器一样，都是通过反馈环路发挥作用：传感器把室内的温度传送给控制装置，如果室内温度很低，控制装置将接通火炉。同样，如果体内温度很低，血管会收缩以保持温暖，我们就会受到驱动多穿衣服，或者寻找一个更加暖和的环境（见图 11.1）。

我们不仅受需要推动降低驱力，而且也受**诱因**（incentive）——引诱或排斥我们的正、负刺激——的拉动。这是一种个体过去的学习经验影响动机的方式。依据我们的学习经验，鲜美食物的香味（无论是炸花生还是烤面包）都能激发我们的行为。看到有吸引力或危险的事物也一样能激发我们的动机。

需要和刺激并存时，我们会感到强烈的驱动力。久未进食的人闻到烤面包的香味时会感到一种强烈的饥饿驱力。在这种驱力面前，烤面包成了具有强烈吸引力的诱因。所以，对于每种动机，我们都可以问：“动机是如何被我们先天的生理需要所推动，又是如何被后天环境中的诱因所拉动的？”

最佳唤醒

然而，体内平衡系统并非全部。一些动机激发的行为实际上增强了唤醒。吃饱喝足的动物会离开它们的栖身之所探索四周的环境，获取信息，却似乎没有任何的基于需要的驱力。好奇心驱使猴子们四处胡闹，试图搞清如何打开一把看不到任何东西的门栓，或如何打开一扇能让它们看到屋外的窗户（Butler，1954）。好奇心也驱使 9 个月大的婴儿去探察房间内每个可能的角落。好奇心驱使科学

Harlow Primate Laboratory, University of Wisconsin

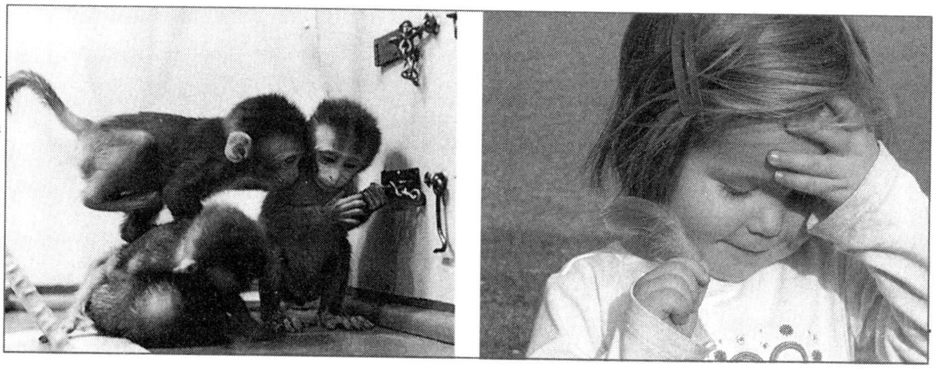

Glenn Swier

受好奇心的驱使 幼猴和小孩都着迷于他们以前从未接触过的东西。他们探索相对陌生事物的驱力也是动机，此种动机并非为了满足任何即时的生理需要。

"饥饿是贫穷最急迫的形式。"
——终结饥饿联盟，2002

家们进行科学研究，同样，好奇心也驱使亚伦·拉斯顿和乔治·马洛里（George Mallory，第一个登上珠穆朗玛峰的人）等探索者和冒险家去探索未知世界。有人问乔治·马洛里，为何想去攀登珠穆朗玛峰，他回答说："因为它在那里。"像马洛里和拉斯顿一样，那些喜欢高度唤醒的人也很可能喜欢强劲的音乐、新奇的食物和危险的行为（Zuckerman，1979）。

因此，人类动机的目的并不是要消除唤醒，而是要寻求最佳唤醒水平。在所有的生物需要得到满足之后，我们仍会感到体验刺激和渴求信息的驱力。正如神经科学家毕德曼和瓦索（Biederman & Vessel，2006）在发现奖励获取信息的脑机制之后所言，我们都是"信息迷"。刺激缺乏，我们会感到无聊，并且会寻找提高唤醒达到最佳水平的方法。然而刺激太多，压力也会随之而来，于是我们又会寻找降低唤醒的方法。

动机的层次

某些需要优先于其他需要。此时此刻，你对空气和水的需要得到了满足，其他动机——例如你对成就的渴望（本章稍后讨论）——就会激发并指引你的行为。若你对水的需要得不到满足，那么渴就会盘踞在你的心头。不信问问亚伦·拉斯顿。但是，如果你被剥夺了空气，那么渴就会消失。

亚伯拉罕·马斯洛（Abraham Maslow，1970）把这些需要的先后顺序描述为**需要的层次**（hierarchy of needs）（见图 11.2）。在这个金字塔的底层是生理需要，比如对食物和水的需要。只有这些需要得到满足，我们才被激励去满足安全的需要，然后再去满足人类特有的需要：去给予和接受爱，去享受自尊。此外，马斯洛（1971）说，人类还有最高级的需要：发挥全部潜能的自我实现需要。（关于自

➤ 图 11.2
马斯洛的需要层次理论
一旦较低层次的需要得到满足，就会促使我们产生更高层次的需要（Maslow，1970）。对于 2007 年孟加拉国洪灾的幸存者而言，就如照片中的人小心翼翼地运送一盆珍贵的清水一样，满足最基本的对水、食物和安全的需要已成为首要之事。这种情境下，马斯洛层次上更高等级的需要（如尊重、自我实现等）往往变得不太重要。

尊和自我实现的更多内容见第 13 章。)

马斯洛在晚年还提出，有些人还能达到自我超越的层次。在自我实现的层次上，人们会寻求实现自我的潜能。而在自我超越的层次，人们会努力寻找超越自我的意义、目的和亲密交往，这就是超个人需要（Koltko-Rivera，2006）。

马斯洛的需要层次理论有些主观臆断，这些需要的顺序并非一成不变。有人会为了政治宣言绝食。然而，有些动机比另外一些动机的驱力更强，这一朴素观点为思考动机提供了一个框架；此外，对 39 个国家的生活满意度的调查也支持了这个基本观点（Oishi et al.，1999）。在那些缺钱购买食品和住房的贫穷国家里，经济上的满意度更加强烈地预示着主观幸福感；在富有的国家里，大部分人的基本需要都能得到满足，所以家庭生活的满意度就显得更加重要。在推崇个人主义的国家里，自尊显得尤为重要，所有焦点都集中在个人成功上，而不是家庭和社会的认同。

现在，我们来思考一下四种具有代表性的动机，从最基本的生理水平上的饥饿开始，经过性动机，然后到更高层次的归属需要和成就需要。每个层次中，我们都能看到环境因素与生理因素是如何相互影响的。

本节回顾

➤ 自问

结合马斯洛的需要层次理论来思考一下你的亲身体验。你是否体验过真正的饥渴，它能取代你对别的、更高层次需要的关注吗？你经常感到安全吗？有人爱你吗？有信心吗？你常常感到能够解决马斯洛所谓的“自我实现”的需要吗？

➤ 自测 1

长途旅行中你突然感到非常饥饿。你看到路边的小饭店，非常荒凉，阴森恐怖，但你的确非常饿，所以你还是停了下来。哪种动机观点最能解释这种行为？为什么？

自测问题的答案见书后的附录。

饥 饿

对二战监狱里饥饿状况的报道，生动地说明了生理需要是至高无上的。纳粹集中营的幸存者戴维·曼德尔（Mandel，1983）回忆起“饥饿的父亲与儿子像狗一样争抢一块面包”。20 岁的儿子趁父亲睡觉时从他的枕头之下偷走了面包，父亲变得极度抑郁，一遍又一遍地问儿子为什么如此残忍。第二天这位父亲就死亡了。曼德尔解释道：“饥饿对你的影响简直难以形容。”

为了了解更多关于半饥饿后果的情况，科学家基斯和他的同事（Keys et al.，1950）请志愿者做了一个实验。从 100 多名基于道德原因而反对战争的志愿者中，研究者挑了 36 名男性参与实验。最初让他们吃只够维持最初体重的食物；后来的六个月，在这个水平上再减去一半的食物。结果很快就显现出来，这些被试下意识地开始储存能量，他们看上去无精打采，漠无表情。他们的体重迅速下降，最后逐渐稳定在最初体重的 75% 左右。对心理的影响尤具强烈。和马斯洛需要层次理论的观点一致，他们受到食物的困扰。他们谈论食物，做关于食物的白日梦；

> “饥饿时，没有人想要接吻。”
> ——多萝西亚·迪克斯（1801~1887）

> “饱汉不知饿汉饥。”
> ——爱尔兰谚语

收集食谱，阅读烹饪书籍，眼睛总盯着那些美味的但被禁止食用的食物不放。同时，他们对性和社会活动都失去了兴趣。那些未被满足的基本需要始终盘踞在他们的心头。正如一个实验参与者所说：“如果让我们看一场表演，最让人感兴趣的部分莫过于人们吃饭的场景。世界上最滑稽的画面也不会让我觉得好笑，爱情戏也索然无味。”

饥饿之人对食物的专注说明了已激发的动机的力量，可以控制我们的意识。我们饥饿、口渴、疲劳或性唤醒时，其他事情都显得不太重要。如果这些你都得到了满足，那么食物、水、睡眠或性在你的生活里就根本不是什么重要的事物，永远都是这样。（你或许会回忆起第 8 章曾提及，我们当前或好或坏的情绪对记忆的平行效应。）诺格伦等人（Nordgren et al.，2006，2007）在阿姆斯特丹大学的研究发现，处在“热”动机状态（缘于疲劳、饥饿或性唤醒）的人对过去类似的感受更为敏感，更能体会疲劳、饥饿和性唤醒对人行为的驱动。同样，如果让学前儿童感到口渴（进食很咸的椒盐饼干），可以想见他们需要水；但与没有口渴感的儿童相比，他们还为“明天”储备水而非饼干（Atance & Meltzoff，2006）。动机非常重要。饿着肚子走进食品店，你更可能认为那些果冻炸圈饼一直是你的所爱，明天还需要。

饥饿生理学

2. 哪些生理因素导致饥饿？

基斯的实验中，处于半饥饿状态的志愿者感到饥饿，是对用来维持正常体重和足够营养供给的体内平衡系统的反应。然而，严格来讲，到底是什么引发了饥饿？是胃空的痛苦吗？是的。坎农和沃什伯恩（Cannon & Washburn，1912）合作故意吞下一个气囊之后，情况似乎也是如此。他们给胃里的气囊充气，气囊就把胃收缩的信号传递给一个记录装置（见图 11.3）。他的胃一直受到监控，每次感到饥饿，他都按键一次。结果发现，无论他什么时候感到饥饿，实际上都有胃收缩的反应。

没有了胃空的痛苦，饥饿是否还会持续？为了回答这个问题，研究者把几只老鼠的胃切除掉，并把它们的食道和小肠连接到一起（Tsang，1938）。老鼠会继

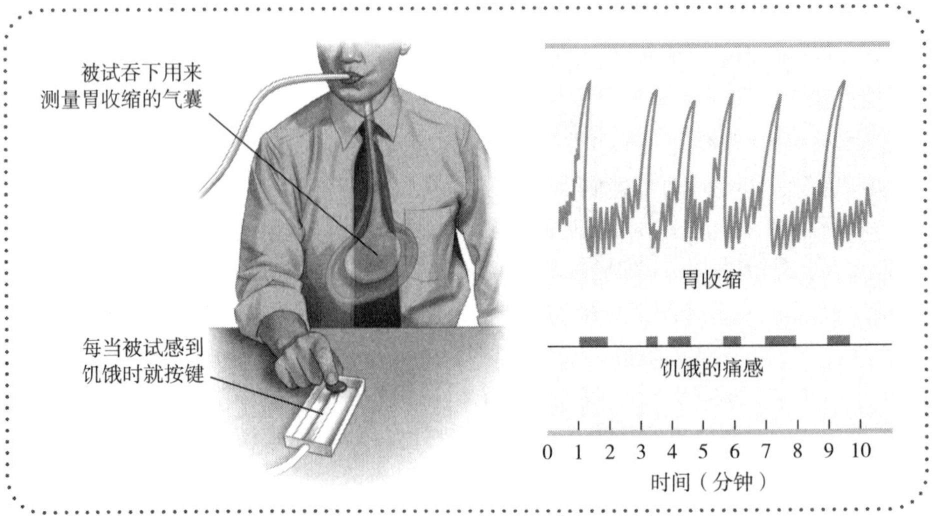

➤ 图 11.3
监测胃收缩
应用这个程序，沃什伯恩发现，胃收缩（由胃中气囊传递）伴随饥饿感产生（通过按键显示）（Cannon，1929）。

GARFIELD

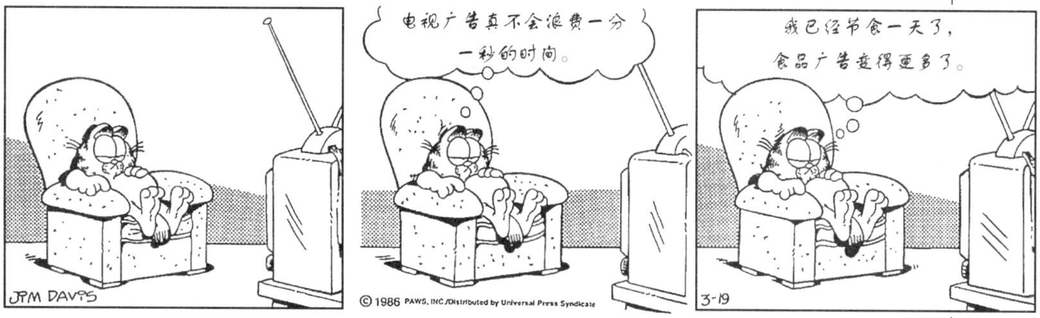

续进食吗？事实上它们会的。有些人患馈疡或癌变的胃被切除后，饥饿也会同样存在。

如果胃空的痛苦不是饥饿的惟一根源，那还有什么因素与饥饿有重要关系呢？

体内化学物质和脑

体内化学物质也会对饥饿产生影响。人和其他动物能自动调节热量的摄入，以防止能量不足并维持体重的稳定。这说明身体在某处以某种方式一直监控着可利用的资源。这样的资源之一是**血糖**（glucose）。胰岛素的增加可降低血糖，把它部分地转化为脂肪贮存起来。身体很擅长调节自身的血糖水平，如果血糖水平下降了，饥饿感就会增加。然而我们很快会发现，胰岛素和血糖都并非调节饥饿感的惟一化学物质。低血糖会引发饥饿，但你并没有意识到体内血液的这种化学变化。相反，脑却在自动地监控着有关身体内部状态的信息。来自肠、胃和肝的信号（表明血糖是被储存起来了还是被消耗掉了）都会提示脑去监控是否进食。

但是这些信息是在脑的哪个部位得到整合的呢？在 20 世纪 40 年代和 50 年代期间，研究者把饥饿控制定位在下丘脑，一个深埋于脑中的微小而复杂的神经通路交叉点（见图 11.4）。

实际上，下丘脑有两个不同的中心有助于控制进食行为。20 世纪 60 年代的实验表明，下丘脑两侧即侧丘脑的活动可引起饥饿。当用电刺激那里时，吃饱的动物还会开始吃东西；如果那个区域遭到破坏的话，即使是一只挨饿的动物对食物也毫无兴趣。老鼠被剥夺了食物，血糖水平会下降，这时侧下丘脑就会分泌另外一种引发饥饿的激素——增食欲素（orexin）。当给老鼠注射这种激素时，它们会变得狼吞虎咽（Sakurai et al.，1998）。

丘脑中下部（腹内侧下丘脑）的活动能抑制饥饿。刺激这个区域，动物将停止进食；若破坏这个区域，动物的肠胃会快速加工食物，最终导致它因经常吃得太多而变得异常肥胖（Duggan & Booth，1986；Hoebel & Teitelbaum，1966）。这个发现解释了为什么有些大脑底部附近（正是我们现在认识到的下丘脑）长有肿瘤的病人吃得非常多而且超重（Miller，1995）。

下丘脑的这些不同区域是如何工作的？一种理论认为，它们影响着有多少血糖会被转化为脂肪，又有多少留下来为即时的活动提供能量（并使饥饿最小化）。腹内侧下丘脑损伤后，老鼠会制造更多的脂肪，却使用更少的脂肪作能量，就像一个吝

➤ 图 11.4
下丘脑
正如我们在第 2 章中所看到的，下丘脑表现出不同的身体维持功能，包括控制饥饿。血管给下丘脑提供营养，使之能对我们当前血液中的化学成分与有关身体状况的新近神经信息作出反应。

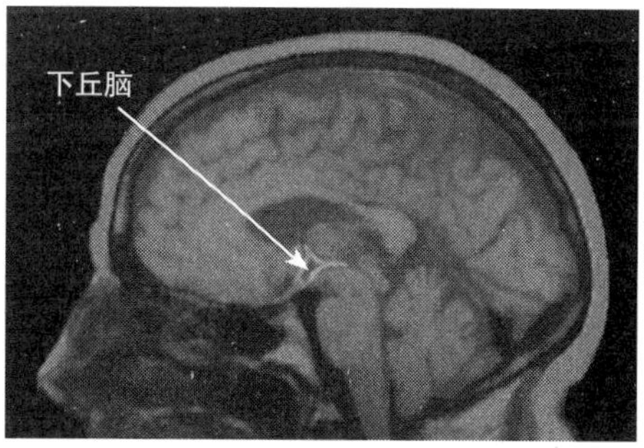

大脑控制进食的证据 下丘脑腹侧区域附近的损伤导致这只老鼠的体重增至三倍。

啬鬼一样，把额外的每一分钱都存入银行，却一丁点儿也不愿取出（Pinel，1993）。

除了分泌增食欲素，下丘脑还监控身体其他食欲激素的浓度（图 11.5）。其中就有**饥饿素**（ghrelin），即由空胃分泌的饥饿唤醒激素。严重肥胖的人做了绕道手术，封闭了部分胃，剩余的胃所分泌的饥饿素就大为减少，从而降低食欲（Lemonick，2002）。肥胖抑制素（Obestatin）由与饥饿素相同的基因控制，可以发送吃饱的信号从而抑制饥饿（Zhang et al.，2005）。其他抑制食欲的激素包括消化道分泌的酪酪肽（PYY）和由肥胖细胞分泌的蛋白质瘦激素（leptin），都能削弱食物奖励带来的愉悦感（Farooqi et al.，2007）。

对食欲激素的实验操控，燃起了人们对减少食欲药物的希望。鼻喷剂和膏药这类药物可能会中和体内导致饥饿感的化学物质，抑或模仿或增加抑制饥饿感的化学物质的浓度。最近人们对 PYY 实验兴趣的起起落落，表明大众在迫切地寻找一种最终能治疗肥胖的物质（即使不是灵丹妙药）。最初 PYY 能抑制老鼠食欲的报道却受到其后 12 篇研究报告的质疑：PYY 的研究结果不可重复。但数月之后，利用不同方法的更新研究发现，PYY 至少具有短期抑制食欲的效果（Gura，2004）。

一个较早的饥饿理论提出：操纵外侧下丘脑和腹内侧下丘脑会改变“体重恒温器”，使我们倾向于将体重保持在一个特定的水平上，即所谓的*设定点*（set point）（Keesey & Corbett，1983）。当半饥饿老鼠的体重降到正常值以下时，生物性压力促使它重新贮存失掉的重量：饥饿感增加了，而能量支出减少。如果体重增加——这时老鼠处于强迫进食状态——饥饿感就会降低，能量支出就会增加。最终那些半饥饿的和过量进食的老鼠回归到的这个稳定的体重就是它们的设定点。

为了保持设定点体重，你的身体不但要调节食物的摄入和能量的支出，而且还要调节它的**基础代谢率**（basal metabolic rate），即当身体在休息状态时，维持身体基本功能的能量消耗比率。当 24 周的半饥饿状态结束时，那些基于道德问题而反对战争的参加过二战的被试的体重一直稳定在正常体重的 3/4 处，而在此过程中他们的进食量始终只有过去的一半。这种稳定是减少能量支出的结果，而能量的减少部分是由于身体失去活力，部分是由于基础代谢率下降了 29%。

然而有些研究者却质疑，人体内是否具有驱动饥饿的精确设定点。例如，他们相信体重的持续缓慢变化能够改变一个人的设定点。假如不加限制地接近美味佳肴的话，人和动物都很有可能超量进

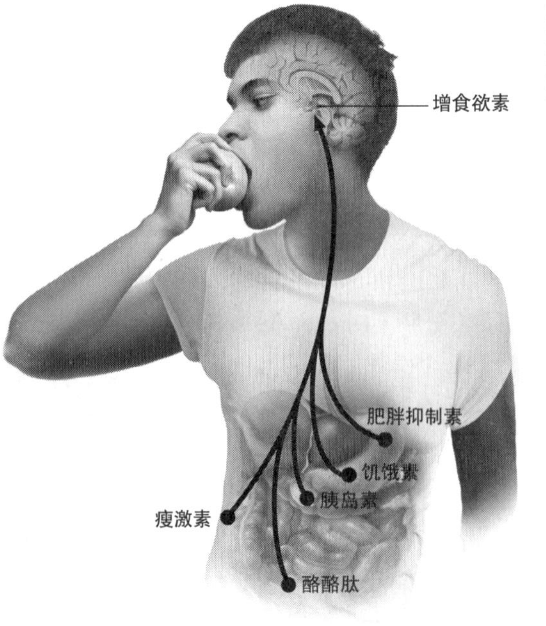

➤ **图 11.5**
食欲激素

胰岛素：由胰腺分泌的激素；控制血糖。

瘦激素：由肥胖细胞分泌的蛋白质；当体内有大量的瘦激素时，致使大脑新陈代谢加快，并且减少饥饿感。

增食欲素：由下丘脑分泌的触发饥饿的激素。

饥饿素：由空胃分泌的激素；向大脑发送“我饿了”的信号。

肥胖抑制素：由胃腔分泌；向大脑发送“吃饱了”的信号。

酪酪肽：消化道激素，向大脑发送“我不饿”的信号。

食并且体重增加。这让人不得不怀疑关于体内有种预调装置维持最佳体重的观点（Assanand et al.，1998）。同时他们还指出，心理因素有时也驱动我们产生饥饿感。

▸▸ 接下来的 40 年你大约会吃掉 20 吨的食物，如果你每天食物的摄入量超过身体所需能量的 0.3 克，那么你会增重 12 公斤（Martin et al.，1991）。

饥饿心理学

3. 影响饥饿的心理和文化因素有哪些？

我们的进食欲望确实是由生理状态所推动的，即体内化学变化和下丘脑的活动。然而饥饿并不仅仅是满足胃的需要，罗齐和他的同事（Rozin et al.，1998）测试了两个患有遗忘症的病人，这两个病人对发生在 1 分钟前的事情毫无记忆。如果在吃完正常午饭后的 20 分钟，再给他们提供一顿饭，他俩都很乐意地吃完它……并且在第 2 顿饭结束后 20 分钟通常还有第 3 顿饭。这意味着对进食时间的知晓部分源于我们对上一顿饭的记忆。上次吃饭后经过一段时间，我们会期望再次吃东西并且开始感到饥饿。

如果减肥的欲望盖过了体内恢复正常状态的压力，心理因素对进食行为的影响就最为明显。

味觉偏好：生物与文化

心理学家们已经研究了我们的进食方式，以及我们的进食是如何受饥饿和味觉影响的。随着饥饿的减少，我们的进食行为也发生变化。斯特拉（Stellar，1985）发现，给人装上一套特殊设计的牙托，用来记录每一次咀嚼和吞咽。这套装置回答了你以前可能从未想过要问的关于我们吃东西的问题。在吃三明治快餐时，人们平均多久吞咽一次？平均 14 秒。每次吞咽要咀嚼多少次？平均 19 次。人们咀嚼得有多快？大约每秒 1.8 次。随着吃饭进程、饥饿程度与美食诱惑的减弱，人们咀嚼的次数要多一些。具有嘲讽意味的是，味道越好的食物，我们让它在嘴中停留的时间越少。

体内化学变化和环境因素不仅共同影响我们何时感到饥饿，而且还影响我们饥饿时想吃什么，即味觉偏好。当你感到紧张或抑郁时，你是否想吃甜食或富含碳水化合物的淀粉食物？碳水化合物有助于提高起镇静作用的神经递质 5- 羟色胺的水平。

我们对甜咸味道的偏好是遗传且普遍的。其他的味觉偏好则是有条件的，如果给人吃含盐量很高的食物，就会发展成一种对过量盐的喜好（Beauchamp，

Richard Olsenius/Black Star

Victor Englebert

习得的口味 对于阿拉斯加的爱斯基摩人来说，鲸油是一种美味的食物，而大部分北美人却并不这么认为。各地的人们逐渐学会享受这种具有文化特殊性的高脂肪的、苦的、刺激性食物。

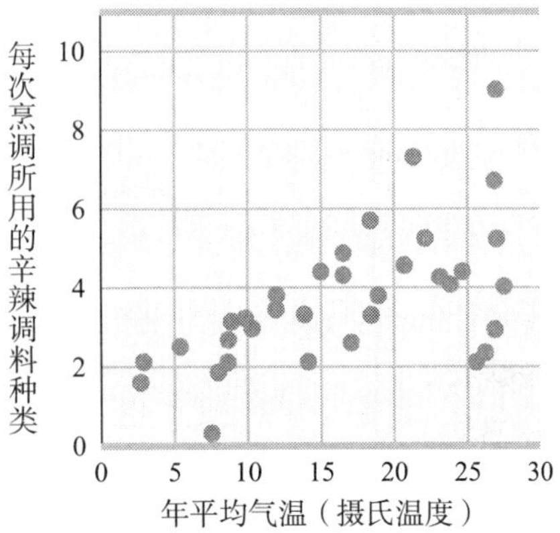

➤ 图 11.6

热带文化钟爱辛辣调料

气候炎热的国家，食物坏得更快，其烹调的特色是使用更多抑制细菌繁殖的调料（Sherman & Flaxman，2001）。印度人每次烹调肉食时平均使用近 10 种调料，而芬兰人只用 2 种。

1987），或者在病入膏肓之前，人们会对所吃的东西产生一种厌恶感（经常生病的儿童有较多机会形成对食物的厌恶感）。

文化也影响味觉。游牧于沙漠中的阿拉伯人喜欢吃骆驼的眼睛，而这是大部分北美人感到厌恶的。同样，大多数北美人和欧洲人不吃狗肉、老鼠肉和马肉（而这些东西在别的地方被奉为极品），他们喜欢吃牛肉，而印度人却绝不吃牛肉。这种偏好会随文化接触的深入而变化（Pliner & Pelchat，1991；Rozin，1976）。

人类天生就不喜欢陌生的东西，包括那些新奇的食物（尤其是新奇的动物性食物）。在实验中，人们在多次尝试新奇的水果饮料或民族特有的食物之后，他们对新口味的鉴赏力明显提高了；此外，对一系列新奇食物的尝试增加了我们尝试另一种新奇食物的意愿（Pliner，1982；Pliner et al.，1993）。老鼠也是如此（Sclafani，1995）。这种“新奇事物恐怖”对我们的祖先来说确实具有适应意义，它能保护他们远离那些可能的有毒物质。

其他味觉偏好也具有适应意义。例如，由于气候炎热的地方食物坏得更快，那里烹饪中最常用的调味品能抑制细菌的生长（见图 11.6）。比起蔬菜，肉类更易受到食物携带的疾病污染，而实际上人们的确更喜欢在烹调肉类时多加调料。孕期呕吐是另一个适应性的味觉偏好的例子，这种呕吐导致食物厌恶，它能保护胚胎的发育，这种味觉厌恶的高峰发生在第 10 周左右，这时正是胚胎最脆弱的时候。

进食障碍

4. 如何通过神经性厌食症和狂食症揭示心理力量对生理行为的影响？

当不正常瘦身的动机超过正常的体内平衡的压力时，心理对进食行为的影响异常明显。让我们看看下面两个饮食失调的事例。

> 15 岁的玛丽，身高 5 英尺 3 英寸，体重 100 磅，为了增加吸引力，她决定减肥。她的食物摄入量逐渐减少到每天只吃一点蔬菜，再加上高强度的锻炼项目，现在的她仅重 80 磅。然而她仍然感觉“胖”，并计划继续节食。现在玛丽的睡眠出现了障碍，有时很抑郁，经期也没有规律了。社会交往中她很不活跃，但学习成绩却很优异。玛丽并不认为她自己有病或需要治疗。
>
> 艾丽斯，17 岁，身高 5 英尺 9 英寸，体重 160 磅，较为丰满。过去 5 年里，她经常狂吃，接着就是呕吐。为了控制体重，她可以吃掉一夸脱冰激凌或一整张馅饼，然后自己偷偷地吐出来。艾丽斯想与人约会，但她没有，部分原因是她很在意自己的长相。她不时地吃减肥药来试图减肥。

玛丽被确诊患有**神经性厌食症**（anorexia nervosa），患此症时，人的体重会降到标准体重之下（显著地下降 15% 或更多），却仍认为自己胖，并受到减肥的困扰。即使已经很消瘦了，还会继续限制食物摄入。这种失调多见于青少年，90% 为女性。

艾丽斯的情况更常见。狂食症（bulimia nervosa）的标志是，反复过量进食，随后是补偿性呕吐、使用泻药、禁食或过度锻炼。狂食症病人就像酒鬼饮酒那样狂吃，有时也受狂饮暴食的朋友们的影响（Crandall，1988）。大多数狂食症患者是十八九岁或二十一二岁的女子。和那些患有神经性厌食症的人一样，他们都为

Reprinted by permission of The New England Journal of Medicine, 207, (Oct. 5, 1932), 613–617.

Reuters/Lucas Jackson (USA)

疯狂瘦身 神经性厌食症是于 19 世纪 70 年代被确认并命名的，常见于丰满的青春少女中（Brumberg，2000）。这张 20 世纪 30 年代的照片说明了这种身体状况（左）。当今许多社会名流也在公开地与饮食障碍作斗争，如 2004 年女演员奥尔森（右）就承认曾在犹他州的一家康复诊所接受了六周厌食症的治疗。

食物所困扰（喜欢甜食或高脂肪的食物），都害怕超重，而且都很抑郁或焦虑（Hinz & Williamson，1987；Johnson et al.，2002）。她们的这种抑郁和羞耻感在暴饮暴食期间或之后最为强烈。约有一半的神经性厌食症患者也表现出了像狂食症那样的狂食—狂吐—抑郁的症状。但与神经性厌食症不同，狂食症的标志是体重在标准范围之内或之上波动，致使症状容易隐匿。

研究者报告说，狂食症患者家庭中酗酒、肥胖症和抑郁症的发生率均高于普通家庭。相反，神经性厌食症患者通常是来自竞争性强、成就动机高以及有保护意愿的家庭（Pate et al.，1992；Yates，1989，1990）。他们设定的标准很高，因未达到期望而烦恼，非常在意他人的看法（Polivy & Herman，2002；Striegel-Moore et al.，1993）。进食障碍与其儿童期的性虐待史仅有轻微关联或毫无关联。因此，他们并没有提供（像有人曾经推测的）有关这种虐待迹象的证据（Smolak & Murnen，2002；Stice，2002）。

然而家庭可能会以另一种方式为进食障碍的形成提供有利的环境。患有进食障碍的女孩的母亲们常关注她们自己的体重，同时也关注女儿们的体重和外貌（Pike & Rodin，1991）。神经性厌食症常始于一种减肥性节食，而狂食症的自诱性呕吐总是在节食者打破了节食限制而狼吞虎咽之后开始的。面对节食，节食者的身体似乎在反抗，并通过要求进食以弥补失去的脂肪来战胜节食者的意志力。

遗传也可能影响进食障碍的易感性。同卵双生子同时患进食障碍的几率比异卵双生子稍微大一些（Fairburn et al.，1999）。患进食障碍的人可能也存在某类神经递质的异常供应，这很有可能使他们感到焦虑或抑郁（Fava et al.，1989）。

然而，对于神经性厌食和狂食症大多发生在妇女和注重体重的文化中这个事实，存在一种文化性的解释。美女的理想标准因时而异，每个时代的妇女都努力使她们的身体适应当时特定的理想标准。当今进食障碍的疾病不仅存在于患者当中，而且还存在于受体重困扰的文化中——一种用数不尽的方式说“肥胖不好”的文化，一种促使数以百万计的妇女“总在节食”的文化，也是一种通过迫使妇女长期生活在半饥饿状态中而助长她们狂饮暴食的文化。温莎公爵夫人（The Duchess of Windsor）宣称“你不能太胖，也不能太瘦。”而进食障碍专家不同意这种观点。作为肥胖症的研究者，伍利等人（Wooley & Wooley，1983）指出：“与妇女日益苛刻的瘦身文化标准相伴随的，是她们当中严重进食障碍的发生率在稳定增长。”

戴安娜实际上是一个非常不自信的人，她近乎天真烂漫地想为别人做好事，以此把自己从深深的无价值感中解脱出来，而进食障碍仅仅是她无价值感的一种征兆。

——查尔斯，
第九世斯潘塞伯爵
谈论戴安娜王妃

“谢谢，但我们不吃。”

“为什么女人有如此低的自尊呢？存在许多复杂的心理和社会方面的原因，我的意思是指芭比娃娃。”

——幽默专栏作家戴夫·巴里（1999）

最近一项对 50 多年来涉及 141 000 人次的 222 个研究的分析显示，“形体意象很差的妇女人数在急剧增长”（Feingold & Mazzella，1998）。一项全国调查中，将近一半的美国妇女报告说，她们对自己的外表感到不满意，并因为身体过重或正变得太重而困扰（Cash & Henry，1995）。世纪之交时，在英国对 3 500 名银行和大学职员进行的调查发现，男性更有可能身体过重，而妇女更有可能觉得自己太重（Emslie et al.，2001）。在一项由弗雷德里克森（Fredrickson，1998）领导的实验中，让密歇根大学的男女大学生们穿一件毛衣或泳衣独自在不同的房间内完成一次数学测试。对于女性而言，穿泳衣触发了自我意识和羞怯，从而干扰她们的数学成绩；男性则不然。另一项研究证明，那些易于患进食障碍的人，正是那些对瘦身最理想化和对身材最不满意的人（Stice，2002；Thompson & Stice，2001；Vohs et al.，2001）。

妇女的知觉被扭曲，部分受到她们对男性认为有吸引力体形认识的影响。在对近 500 名宾夕法尼亚大学学生的一项研究中，法伦和罗齐（Fallon & Rozin，1985）发现，妇女的理想体重比她们当前的体重轻，而她们所认为的男人喜欢的体重也比实际上男人们喜欢的体重轻。

在男性的自我评定中，研究者们并没有发现这样的矛盾。男人们总是认为他们当前的体重、理想的体重以及他们认为妇女所喜欢的体重都十分接近。然而，后来的一次对西方三个国家男性的研究发现，他们的确更喜欢将自己的体形描述得比实际重 13 公斤（Pope et al.，2000）。

部分文化压力确实由于在时装杂志、广告甚至玩具中大肆宣传“瘦身的理想标准”而得以传播。当年轻女子再三看到杂志上时装模特们越来越不自然的消瘦形象时，你猜会发生什么事情（Tovee et al.，1997）？斯蒂斯及其同事（Stice & Shaw，1994；Posavac et al.，1998）报告说，妇女们倾向于对自己的体形感到更羞愧、抑郁和不满意——这种态度正是造成进食障碍的因素。当斯蒂斯等人（2001）给一些青春期少女（而不是别人）订阅了 15 个月的青少年时装杂志时，脆弱敏感的女孩们（她们已经对自己不满意、将瘦身理想化并缺乏社会支持）表现出了对身体更加不满意和进食障碍倾向。

1995 年，出现了关于文化压力影响理想体形的进一步证据。那时卫星开始把电视信号传送到了南太平洋上斐济的一个偏远地区。3 年内，用呕吐的方式控制体重的十几岁女孩的百分比增加了 5 倍。每周看电视多于 3 个晚上的女孩中有 50% 的人把自己描述为“太胖”，30% 的人可能正在节食，这种现象在 1995 年以前并不普遍（Becker et al.，2002）。但是，即使那些极其瘦的女演员和模特们也无法使体形达到经典芭比时尚玩具的那种不可能的标准。身高 5 英尺 7 英寸，三围 32—16—29（按厘米计算是胸围 82，腰围 41，臀围 73），估计这种体形在十万个妇女中不会超过一个（Norton et al.，1996）。

低自尊的妇女尤其可能既有消极的体形意象又有进食障碍症状（Polivy & Herman，2002；Striegel-Moore et al.，1986）。一些临床治疗专家推测，通过控制饮食和体重，这些妇女可能感到对生活有更大的控制力。

理想身材标准因文化和时间的不同而不同。在印度，女生所认为的理想体形与她实际的体形相接近；在非洲大部分地区，贫困、艾滋病和饥饿意味着消瘦，而富足则意味着丰满，所以越胖越好（Knickmeyer，2001）。然而，在西方文化中，进食

“乔治，我真想不到你会娶一位超级模特。”

障碍人数的增加和过去 50 年中有较差形体意象的女性人数增长并行（Feingold & Mazzella, 1998）。另外，尽管现在进食障碍已在黑人妇女中出现，但主要还是在折磨白人妇女（Angier, 2000；Polivy & Herman；Wildes & Emery, 2001）。

因此，造成饮食失调的复杂原因似乎包括要求瘦的文化压力，再加上低自尊和消极情绪（或许有遗传因素的影响），还混合着应激性的生活经历。神经性厌食症和狂食症是由生物、心理、社会失调多重因素决定的（Brumberg, 2000）。

Reuters/David Gray (Australia)

"T 台上的火柴棍" 最近有篇文章用这种标题来批评体形过瘦的模特。这类模特是否会引起节食的风潮？

本节回顾

➤ 自问

你是否会感应你身体的饥饿信号？当你的身体需要食物时你是否会吃东西？你是否更容易受到外在的美食影响，即使在吃饱后也是如此？

➤ 自测 2

你在旅途中连续 8 个小时没吃任何东西。当盼望已久的饭菜放在你面前时，你立刻垂涎欲滴；即使想象这种情景也会使你一个劲儿地咽口水。是什么导致了这一现象呢？

自测问题的答案见书后的附录。

性动机

性是生活的一部分。如果你所有的祖先不是如此的话，你现在也不会读这本书。性动机是自然界一种使人们生儿育女的巧妙方式，使我们的种族能够繁衍下去。当两个人感到相互吸引时，他们不会想到自己是受基因的影响。我们在饮食中享受的乐趣是大自然使我们身体获得营养的创造性方法，同样，性的乐趣是基因保存和自身繁衍的方法。生命通过性得以传递。

性生理学

像饥饿一样，性唤起依赖于内部刺激和外部刺激的交互作用。要理解性动机，我们必须兼顾两者。

性反应周期

5. 人类性反应周期有哪些阶段性标志？

这些 20 世纪 40 年代由金西的调查所引发的命题，在 20 世纪 60 年代的研究

这几乎是普遍的经验：出生证明上的隐性条款规定，个体进入成熟期后，就有驱力从事导致更多出生证明发放的活动。

——科学作家娜塔莉·安吉尔（Natalie Angier），2007

“我喜欢只有两种性别的观念，你呢？”

中又得以重现。在这些研究中，科学家们记录了那些志愿者手淫或性交时的生理反应。在 382 名女性和 312 名男性——从某种程度来说是一个非典型的样本，由那些能够而且愿意在被观察的实验室中展露性唤起和性高潮的人组成——志愿者的帮助下，妇产科医生马斯特和他的合作者约翰逊（Master & Johson，1966）监测或记录了 1 万多次性周期。无论是男性还是女性，他们的性反应周期（sexual response cycle）都可分为 4 个阶段。在最初的兴奋期，生殖区域充血，使男子阴茎勃起；女子的阴蒂膨胀，覆盖阴道的小阴唇打开，阴道扩张并分泌润滑液体，乳房和乳头增大。

在高原期，随着呼吸、脉搏和血压持续增加，兴奋达到高峰。阴茎完全充血，一些液体——时常包含足以导致怀孕的鲜活精子——可能出现在阴茎顶端；阴道分泌物继续增加，阴蒂缩回，感到性高潮即将来临。

马斯特和约翰逊发现，在性高潮期间全身肌肉收缩；伴随着呼吸的急促，脉搏和血压进一步增加。女子的性唤起和性高潮通过推动来自阴茎的精液，使之进入子宫，接收精子并吸引精子进一步深入，从而使怀孕更容易。因此女子的性高潮不仅加强了性交——这对自然繁殖是最重要的——也增加了储存的精子的保持力（Furlow & Thornhill，1996）。在兴奋的那一刻，男人和女人都无法意识到这一点，但他们都能觉察到其生殖器有节奏的收缩造成了一种性释放的快感。

这种快感对于两性来说大多是相同的。在一项研究中，一组专家并不能清楚地把男性和女性对性高潮的描述区分开来（Vance & Wagner，1976）。高潮过后，随着充血的生殖器血管释放掉积聚的血液，身体逐渐恢复到了非唤起状态。如果高潮已经发生，则相对迅速，否则相对慢些（就像是如果你打了喷嚏鼻痒就会迅速过去，不然会慢些）。在这个消退期期间，男性进入了一个**不应期**（refractory period），持续时间从几分钟到一天甚至更长，在此期间他不能再次达到性高潮。女性的不应期不是太长，如果在消退期期间或过后不久重新受到刺激，很可能会再次达到高潮。

▸▸ 一个不吸烟的 50 岁男性患心脏病的几率约为百万分之一。在性活动后，这种危险会增加到百万分之二（规律锻炼的人并无增加）。与剧烈运动或生气造成的危险相比（见第 12 章），这种危险并不值得人们失眠（或放弃性爱）（Muller et al.，1996）。

马斯特和约翰逊不仅试图描述人类的性反应周期，而且还试着理解和治疗无力完成这一过程的人。**性障碍**（sexual disorder）一直是损害性功能的难题。有些性障碍涉及性动机，尤其是缺乏性能量和性唤起能力。其他的障碍对于男性而言包括早泄和勃起障碍（无法勃起或无法维持勃起状态），对于妇女而言则是性高潮障碍（很少或从未体验过性高潮）。

是什么导致这样的问题呢？以前认为是人格障碍，但现在这种观点已大打折扣了。研究者们已经发现，有性障碍的男性或女性能够通过接受行为取向治疗得到帮助，在这样的治疗中，男性可以学会如何控制射精冲动，女性则被训练如何使自己达到性高潮。

激素和性行为

6. 激素是否会影响人类的性动机？

性激素有两种作用：一种引导男性和女性性特征的发展（尤其在非人类动物中），另一种就是激发性行为。大部分哺乳动物的性和繁殖力天生就能巧妙地同步发展。在雌性排卵时，**雌激素**（estrogen）的产生达到高峰，此时雌性就有性接受能力（即有性欲冲动）。（在实验中，研究者通过给雌性动物注射雌激素来刺激其接受能力。）相对而言，雄性激素水平更加稳定，研究者不能通过激素处理轻易操纵雄性动物的性行为（Feder，1984）。不过，阉割过的雄鼠——已失去制造雄性激素**睾丸素**（testoterone）的睾丸——虽对接受雌性逐渐丧失兴趣，如果注射睾丸素，它们会逐渐重获这种兴趣。

▸▸ 利用计算机辅助的自我访谈技术，能确保受访者的隐私，美国国家健康统计中心对美国成年人的调查发现，几乎 98% 的 30~59 岁的美国人都报告曾经发生过性行为（Fryar et al.，2007）。

激素对人类性行为的影响要小得多，在排卵期，女性的性欲仅比其他时候稍微高一些（Harvey，1987；Meuwissen & Over，1992）。与对雌激素的感应相对比，女性对雄性激素更易感应，这一特征也不同于其他雌性哺乳动物（Meston & Frohlich，2000；Reichman，1998）。如果妇女天生的雄性激素水平降低，比如切除了卵巢或肾上腺，那么她的性兴趣可能会衰减。但是，通过使用雄性激素替代性药物，这些妇女的性兴趣可能恢复。

在男人中，雄性激素水平的常态因人因时而异，但对性驱力没有影响（Byrne，1982）。事实上，雄性激素的波动是对性刺激的应答。当达布斯和他的同事（Dabbs et al.，1987，2000）让男大学生们分别与一个男生和一个女生单独交谈时，他们的雄性激素水平随社会性唤起而升高，尤其是和女生交谈之后。就像脆皮牛排对胰岛素水平的影响一样，性唤起也是导致雄性激素水平升高的一个原因。

尽管正常的短期激素变化对男性和女性的欲望并无影响，但是一生中巨大的激素改变对其还是有较大影响的。一个人对约会和性刺激的兴趣通常随青春期性激素的涌动而增长。青春期男性激素水平的涌动有助于解释这一时期男孩们的行为。

如果激素的涌动被妨碍——就像 17 世纪和 18 世纪，为了意大利歌剧，青春期前的男孩们被阉割以保存最高音部的嗓音——那么正常的性别特征和性欲都不会产生（Peschel & Peschel，1987）。在被阉割的成年男性中，随着睾丸素水平的衰退，性驱力相应地下降（Hucker & Bain，1990）。当自愿服用一种名为醋酸甲羟孕酮（Depo-Provera，能使雄性激素水平降至青春期前男孩水平）的药时，男性性犯罪者会失掉大部分性冲动（Money et al.，1983）。相反，雄性激素水平很高的男性精力旺盛，更有雄心并且粗暴（Dabbs，2000）。到了晚年，随着性激素水平的衰退，性幻想和性交的频率也会减少（Leitenberg & Henning，1995）。对于雄性激素水平低至异常水平的男性，雄性激素替代治疗通常会增加他们的性欲、精力以及活力（Yates，2000）。

激素是通过下丘脑影响性唤起的，下丘脑不但监控着血液中激素水平的变化，还要激活适当的神经通路。破坏老鼠下丘脑的关键区域可能会消除性活动；用电或直接注入微量激素刺激这个区域，可以激发性行为。

总结：我们可以把人类性激素，尤其是雄性激素比作汽车的燃料。没有燃料，汽车将不能行驶。但是，如果燃料已经足够，那么再往油箱里增加燃料也不会改变汽车的行驶方式。这种类比可能并不恰当，因为激素和性动机的交互作用是双向的。然而，这种类比正确地表明，生物学是对人类性行为的一种必要而非充分的解释。激素燃料是必不可少的，但是那些打开引擎、让它一直转动以及把它调到高速档位的心理刺激也很重要。

“给汽车加点雄性激素。”

性心理学

7. 外部和内部刺激对性动机有何影响？

"我们的社会是一个通过经常发生的性刺激来激发性兴趣的社会……电影、电视以及所有市场销售中，凡能引起恐惧的技术都投射出非常有效的性刺激形式，并且有把男人当作是世界上每一个肮脏角落的性动物的偏见。"

——杰曼·格林（1984）

饥饿和性是动机的不同类型。饥饿是对一种需要的应答。如果我们不吃东西，我们就会死掉。在这种意义上性并不是一种必需品。如果我们没有性，我们可能感觉上像要死去，但我们并没有死。不过，在饥饿和性动机之间还是有其相似性的。二者都依赖于内部生理因素，并且都受外部刺激物的影响。

外部刺激

许多研究证明，当男人们看到、读到或听到色情材料时他们会被唤起。让许多人感到惊奇（因为那些色情材料多出售给男人）的是，大部分妇女——至少那些自愿参加这类研究的较少抑制情感的妇女——对相同的刺激物有和男人同样多的性唤起（Stockton & Murnen，1992）。

在一项研究中，心理学家海曼（Heiman，1975）让有过性经历的大学生志愿者连上探知性唤起的仪器（阴茎周长或阴道颜色的变化）。然后让学生们听 4 种磁带中的一种：一种有明显的性内容的色情磁带，一种表现出浪漫（一对夫妇不用身体接触来表达爱），一种把色情和浪漫结合起来，还有一种中性控制磁带。你猜男子被哪种磁带的内容引起的性唤起最强烈？女子呢？结果发现两者受色情磁带的唤起最为强烈，尤其是当一个女子开始有性反应并集中在对她的性反应的描述时。在另外一些研究中，两性都对性刺激表现出了性唤起，尽管男性的唤起超过女性（Murnen & Stockton，1997）。

人们可能发现，这样的唤起要么让人高兴，要么使人不安。（那些感到不安的人经常限制自己接触这些材料，就像那些希望控制饥饿的人限制自己面对诱人的食物一样）。随着色情刺激的反复呈现，人们对任何色情刺激的情绪性反应都会习惯化。在 20 世纪 20 年代，西方妇女的裙子底边最早短至膝盖处，在一定程度上一条露出来的腿便是刺激，就像（按今天的标准来看）比基尼泳装和电影中的接吻镜头一样。

色情材料可能有反面影响吗？研究者认为它可能有。对妇女实施强暴的描述——并且表现出很享受的样子——会增加观众接受妇女喜欢强奸这一错误观点，也会增加男性观众伤害妇女的意愿（Malamuth & Check，1981；Zillmann，1989）。对有性吸引力的女人和男人的想象也可能导致人们贬低自己的伴侣以及与伴侣之间的关系。当男性大学生看完电视或杂志上对有性吸引力的女性的描写后，他们常觉得一个普通女人或自己的女朋友、妻子更加缺乏吸引力（Kenrick & Gutierres，1980；Kenrick et al.，1989；Weaver et al.，1984）。观看少儿不宜的色情电影也会减少人们对自己性伴侣的满意度（Zillmann，1989）。一些性学研究人员担心，阅读或观看黄色书刊也许会使男性和女性产生不切实际的期望。

▸▸ 有明显性内容的电视节目也会使观众的注意力从电视广告中转移出来，从而使那些广告更易被忘记。无性和无暴力的广告节目更容易被记住（Bushman & Bonacci，2002）。

想象的刺激

性动机来自于生理和环境的相互作用。但是，我们头脑内部的刺激——我们的想象——也影响性唤起和性欲。大脑是我们最重要的性器官，那些由于脊柱损伤而无生殖器官感觉的人仍然能感觉到性欲（Willmuth，1987）。我们也考虑一下潜在的色情梦。睡眠研究者已经发现生殖器官的唤起伴随着各种类型的梦，即使大部分梦没有性内容。但是在几乎所有男人和约 40% 的女人中（Wells，1986），梦有时的确包含导致性高潮的性意象。在男性中，如果近期没有过性高潮，这类梦遗（“潮湿的梦”）更可能发生。

非常清醒的人不仅可以通过对先前性活动的记忆，还可以通过幻想达到性唤起。想象不必对应实际行为。在一项与手淫有关的性想象的调查中（Hunt，1974），10% 的男性和 19% 的女性报告说，他们关于手淫的想象是由某个引起他们强烈欲望的人带来的。然而，想象并非现实。布朗米勒（Brownmiller，1975）解释道，对于妇女来说，在幻想布拉德・皮特不会拒绝和事实上有一个怀有敌意的陌生人强暴你之间有很大区别（见第 619~620 页关于“强奸神话”的讨论）。

大约 95% 的男人和女人都说他们有过性幻想。但是男人们（无论是同性恋者还是异性恋者）对性爱的幻想更频繁、更实际、更缺乏浪漫，而且喜欢书中或录像中公开的、快节奏的性内容（Leitenberg & Henning，1995）。性幻想并不表示有性方面的问题或对性不满意（如果是的话，性活跃的人们会有更多性想象）。

> “除了事后男人会问你是否享受到乐趣以外，被强奸和被卡车碾过并无不同。”
>
> ——女性主义诗人玛吉・皮尔西，《强奸诗歌》（1976）

青少年的性

8. 哪些因素会影响青少年怀孕和性传染疾病的风险？

青少年身体的成熟为他们正在形成的同一性增加了性维度，然而性的表达会随时间和文化的改变而改变。1900 年以前出生的美国妇女当中，18 岁时仅有 3% 的人经历过婚前性行为（Smith，1998）；而在 2005 年 47% 的美国中学生承认曾经发生过性行为（CDC，2006）。

今天的 18 岁女子中，有一半还多的人经历过婚前性行为。十几岁的青少年性交的比率在西欧和拉丁美洲大体相似，但在阿拉伯和亚洲国家以及亚裔北美人当中比例要低得多（McLaughlin et al.，1997；Wellings et al.，2006）。鉴于这种时空上的巨大差异，无怪乎近期两项研究都发现，环境因素几乎可以解释性发起年龄个体差异的四分之三（Bricker et al.，2006）。家庭和文化价值观在其中起着重要作用。

十几岁的少年在性行为中通常不会采取保护措施，极可能导致怀孕和性传染疾病。

青少年怀孕

除了禁欲以外，避孕是防止怀孕的最可靠策略。然而只有三分之一有性行为的男性青少年坚持使用避孕套（Sonenstein，1992）。与欧洲青少年相比，美国青少年的性行为比率较低，但是，他们避孕工具使用率也低，因此青少年怀孕和堕胎率均较高（Call et al.，2002）。为什么呢？原因如下：

> “你的孩子能在学会减法之前学会乘法吗？”
>
> ——反青少年怀孕海报，儿童防卫基金会

1. **无知**。在 8 项调查中，仅不到一半的青少年能正确认识月经周期的安全期和危险期（Morrison，1985）。性活动频繁的加拿大少女中，有一半对哪种节育方法能使她们避免怀孕和预防性传染病持有错误看法（Immen，1995）。因此，大部分未婚少女报告说，当她们发现自己怀孕时感到很意外（Brooks-Gunn & Furstenberg，1989）。大部分少女也过高估计她们同龄人的性行为，这种错误的知觉可能影响她们自己的行为（Child Trends，2001）。
2. **关于节育的交流极少**。许多青少年和他们的父母、同伴以及同龄人讨论避孕问题时觉得很不自在（Kotva & Schneider，1990；Milan & Kilmann，1987）。

那些能与朋友或父母自由交谈的青少年，在与他们能公开交流的专一异性同伴发生关系时，更有可能使用避孕工具。

3. **对性行为的负罪感。**尽管性压抑减少了性行为。但是，这也导致了那些从事性行为的人缺少有计划的节育措施（Gerrard & Luus，1995）。为了不想表现出有意的性行为或性关系混乱，少女们总是犹豫是否携带或拿出避孕套。有时这种事情发生了，激情战胜了理智，结果便可能是怀孕。20 世纪 90 年代加利福尼亚大学的一项研究表明，那些发誓将童贞保持到结婚的同龄少女与没发誓的同龄少女相比更不可能发生性交行为，而且“境况较好”，健康问题更少，自尊水平更高（Bearman & Bruckner，2001）。但是她们一旦违背了誓言，比起其他少女来她们较少可能使用避孕工具。

“应当在每个能想到的场合都使用避孕套。”
——佚名

4. **酒精的使用。**性欲强烈的青少年是典型的酒精消费者（National Research Council，1987）。另外，做爱前喝酒的人较少使用避孕套（Kotchick et al.，2001）。通过压抑能够控制判断力、抑制力和自我意识的大脑中枢，酒精使人打破常规，这一现象为有强迫性性行为的男性所周知。
5. **不采取保护措施乱交的大众媒体标准。**家长身份计划联合会（The Planned Parenthood Federation，1986）曾抱怨说，电视、电影帮助确定性标准，当今的标准是“现在就要”。美国 3 个主要广播电视网的黄金时段平均每小时包含大约 15 次性行为、性言辞和性暗示。几乎所有的情节都涉及未婚的情侣，其中大约有一半先前没有浪漫关系或刚刚相遇，而且大部分情节都很少传达对节育或性病传染的关注（Brown et al.，2002；Kunkel，2001；Sapolsky & Tabarlet，1991）。家长身份计划联合会认为，对不安全的性爱反复描述，无疑等于一场性爱信息误导运动。

“我们所有拍电影的人都是老师，是嗓门非常高的老师。”
——电影导演乔治·卢卡斯，学院颁奖典礼（1992）

性传染疾病

没有防护措施的性爱不仅导致了青少年怀孕率的增加，而且也导致了性传染疾病感染率的上升。65% 以上的新发传染病发生在 25 岁以下的人群中（ASHA，1998）。由于生理发育尚未成熟，保护性抗体水平较低，十几岁的少女们似乎更容易受性传染疾病侵袭，与此相联的危险是不孕和发展为某些癌症（Guttmacher，1994；Morell，1995）。

为了理解性传染疾病的数字，想象一个岛屿上所有的人都没发生过性行为，直到一年前他们才有了第一次。帕特和 9 个人发生了性关系，这些人在同一时期内又和另外 9 个人有性行为，而这另外 9 个人依次同其他 9 个人发生性关系。那么帕特有多少个“无形”的性伙伴（性伙伴的前任性伙伴）？俄亥俄州的研究者布兰农和布罗克（Brannon & Brock，1994）报告了实际数字——511——是一般学生所估计数字的 5 倍多。

正因为存在这样的可能性，性传染疾病（STIs）的迅速传播也就不足为奇了。避孕套有时会失败；但是即使不失败，它们也对某种肌肤接触性传染病提供不了任何保护——引人注目的人类乳头瘤病毒，是导致大部分生殖器癌症的元凶（Medical Institute，1994；NIH，2001）。然而避孕套的确可使已感染艾滋病病毒的性伙伴的传染风险减少 10 倍（Pinkerton & Abramson，1997）。

在近代历史中，性价值观的钟摆已经从 19 世纪早期的欧洲性欲主义转向了 19 世纪晚期保守的维多利亚时期，由 20 世纪 20 年代自由思想的时期转向 20 世纪

50 年代的家庭价值观时期。在 21 世纪，这个钟摆可能已开始向承担义务的方向摆动，作为反对家庭解体的新声音，呼吁在性表达和性限制之间的平衡。在西德，自 1970 年以来，把性爱同负责任的爱联系起来的青少年的百分比明显上升（Schmidt et al.，1994）。“如果两个人彼此喜欢，即使他们相识的时间很短，也可以发生性关系”，你是否同意这种观点？美国一年级大学生的同意率从 1987 年的 52% 下降到了 2001 年的 42%（Sax et al.，2001）。在 2001 年，美国中学生中的处女人数（占 54%）超过了非处女人数（占 46%），与 10 多年前的百分比正好相反（CDC，2002）。

对生活中这些事实的反应之一就是应该在一些综合的性教育节目中加大对青少年性欲节制的强调。通常哪一类青少年会延迟性爱的开始？一项对全国 12 000 名青少年青春期健康的纵向研究发现：

高智力 智力测验分数高的青少年更多延迟性爱行为。就现有证据来看，高智力的青少年意识到性爱行为可能的消极结果，并且与即时的乐趣相比，他们更加注重未来的成功（Halpern et al.，2000）。

宗教参与 宗教信仰是限制性爱的另一个预测变量：积极主动地笃信宗教的青少年及成人更倾向把性爱推迟到婚后（Smith，1998）。

父亲的存在 对数百名新西兰和美国 5~18 岁的女孩的跟踪研究发现，没有父亲的陪伴与 16 岁之前的性行为和青少年怀孕有关联（Ellis et al.，2003）。这种关联甚至在控制其他不利的因素（如贫困）之后仍存在。

参加服务性的学习项目 在几个实践中，那些自愿做导师或老师的助手或参加社区活动的青少年，与随机指派作为控制组的青少年相比，怀孕率更低（Kirby，2002；O'Donnell et al.，2002）。研究者也不确定其中的原因，是因为服务性的学习项目能提高个人成就感、控制感以及责任感吗？它能鼓励更多未来取向的思考吗？或者它只是简单地减少了没有防护措施的性爱机会？

性取向

9. 性取向的研究对我们有什么启示？

动机会激发和引导行为。到目前为止，我们已经探讨了性动机的激活，但并没有考虑它的指向。我们用**性取向**（sexual orientation）来表示性趣味的指向——我们持久的性吸引力指向同性成员（同性恋取向）或异性成员（异性恋取向）。不同的文化对同性恋有不同的态度。但据我们所知，所有文化和所有时代中都是异性恋占优势（Bullough，1990）。一般说来，无论一种文化是谴责还是接受同性恋，结果都是异性恋盛行天下而同性恋死里逃生。

男同性恋和女同性恋回忆起自己童年时的游戏偏好，往往与异性的一样（Bailey & Zucker，1995）。但是大部分同性恋者报告说直到青春期或之后才意识到同性的吸引，而且直到 20 岁左右才认为自己是同性恋者（Garnets & Kimmel，1990）。

性取向的统计

有多少人是纯同性恋呢？直到最近，大众媒体推测同性恋的比率为 10%。在一份 2002 年的民意测验中，普通的美国人估计 21% 的男性和 22% 的女性为同性恋者（Robinson，2002）。但是在欧洲和美国，20 世纪 90 年代早期的十几次调查采用保护应答者匿名权的方法探索了性取向。调查结果一致表明，更精确的数据是大约 3% 或 4% 的男性和 1% 或 2% 的女性是同性恋者（Laumann et al.，1994；National Center for Health Statistics，1991；Smith，1998）。根据 2000 年美国人口普查报告中对未婚性伴侣取向性的估计，全国人口中有 2.5% 为同性恋者（Tarmann，2002）。不到 1% 的应答调查者——例如，在最近一次调查中，7 076 个荷兰人中有 12 个（Sandfort et al.，2001）——报告说他们是活跃的双性恋者。但是大量成年人报告说他们曾有过仅一次的同性恋经历。而大多数人都说，他们曾偶尔有过同性恋幻想。

▸▸ 英国的一项调查接触了 18 876 个人，发现有 1% 的人似乎无性别偏好，“根本感受不到任何人的性吸引力”（Bogaert，2004，2006）。

健康专家发现，了解有关性的统计数据很有用，但是数字并不决定人权问题。同样，了解大约 10% 的人惯用左手对于大规模制造学校课桌来说很有帮助。但是，左利手（俗称“左撇子”）在人口中占 3% 还是 10%，并没有回答左利手是否应该享有同等的权利这个道德问题。

▸▸ 在对自我描述为异性恋、双性恋和同性恋男性的研究中，自我描述为双性恋的男性与同性恋男性的反应相同——主要对同性的色情刺激引起生殖器官的唤醒（Rieger et al.，2005）。他们表现出的性兴趣和特质与男同性恋更相似，而非男异性恋（Lippa，2005）。

在异性恋文化中，作为同性恋者会有什么样的感觉？为了理解这一点，让我们来想象一下在以下情形中你会感觉怎么样：假如你由于公开承认或表示对某个异性的感情而受到攻击或被解雇；假如你无意中听到人们开有关异性恋者的粗俗玩笑；假如大部分电影、电视剧和广告描写（或隐含）同性恋；假如你的亲人恳求你改变你的异性恋生活风格而进入同性恋婚姻。

面对这些反应，同性恋者经常与他们的性取向作斗争。他们最初可能试图忽视或否认他们的欲望，希望这些欲望离去，但这些欲望并没有消失。然后他们试图通过心理治疗、意志力或者祈祷来改变。但这种特有的感情依然持续，就像那些异性恋者一样，他们也无力变成同性恋（Haldeman，1994，2001）。因此，当今的大部分心理学家把性取向看作既不能任意选择，也不能任意改变。性取向在某种程度上就像左右手的使用：大多数人是一种方式，一些人是另一种方式。还有极少的人真的是双手都非常灵活。无论如何，个人的性取向是持久稳定的。

▸▸ 与对其他形式性行为的影响相比，个人价值观对性取向的影响更小。例如，与很少参加礼拜的人相比，那些定期参加礼拜的人可能有 1/3 在婚前同居，并且报告说他们的性伙伴较少。但是（若是男性）他们可能会是同性恋（Smith，1998）。

有一些关于改变性取向的报道（Nicolosi et al.，2000；Yarhouse & Burkett，2002）。在性重新定向倡导者大力宣传的一项报告中，斯皮策（Spitzer，2003）指出，在专门研究性转变的“前男同性恋”部门和治疗家的帮助下，“200 名被试报告了由同性恋取向到异性恋取向的变化。”然而，在接受采访时，仅有 54% 的女性和 17% 的男性取得“只被异性吸引”的成功。批评家们质疑这些事后追溯性记忆和证据的准确性（因为没有对性反应之前和之后进行检测）。即使如此，斯皮策明确地说，难以寻找那些自我报告性取向已转变的人这一事实表明，重新确定性取向“可能确实相当罕见”。

然而，这个研究提示了最近由其他研究者报告的——女性的性取向没有男性性取向的感觉强烈，前者可能比后者更不确定且易变（Diamond，2000；Peplau & Garnets，2000）。这个发现符合另一个关于男性的“目的更明确”的性唤起研究。在他们的自我报告和测量的性反应中，异性恋男子更容易被女性色情刺激物唤起，同性恋男子则更多被男性色情刺激物唤起。女性则不管性取向如何，对男性和女性刺激都产生反应（Chivers et al.，2003）。

鲍迈斯特（Baumeister，2000）指出，男性性方面较少变化在其他许多方面也有明显表现。由于时间、文化、处境、教育水平、宗教信仰和同伴影响等方面的不同，成年女性的性驱力和兴趣比成年男性更加灵活多变——这是鲍迈斯特称为“性爱可塑性”的性别差异现象。比如，女人比男人更喜欢几乎不分时段地更替高性欲活动期。

除了抑郁的发生率和自杀企图的危险性升高之外，大部分男女同性恋者并没有心理障碍（Sandfort et al.，2001）。大多数人，无论是异性恋还是同性恋，都接受他们的取向——通过选择独身生活，或者性乱交（通常男同性恋者比女同性恋者更多做出这样的选择），或通过建立一种承担义务的、长期的爱情关系（与男同性恋者相比，女同性恋者更多地作出这样的选择）（Kulkin et al.，2000；Peplau，1982；Remafedi，1999；Weinberg & Williams，1974）。心理健康专业人士现在更能接纳来访者的性取向。美国精神病学会于 1973 年把同性恋从“心理疾病”的名单中划掉了。世界卫生组织于 1993 年、日本和中国的精神病学会分别于 1995 和 2001 年把同性恋排除在“心理疾病”之外。

性取向的起源

▸▸ 应当指出：科学的问题不是“什么导致了同性恋”（或“什么导致了异性恋？”），而是“什么导致了不同的性取向？”为了寻求答案，心理科学比较了不同性取向者的背景和他们的生理差异。

如果性取向确实是我们不能选择而且表面看来不能改变的东西，那么这些偏好来自何方？我们是如何发展成异性恋取向或同性恋取向的？下列问题来自几百个研究，通过回答“是”或“否”，看你能否得到一致的看法：

1. 同性恋是否与亲子关系有关，例如盛气凌人的母亲和不称职的父亲，或占有欲强的母亲和怀有敌意的父亲？
2. 同性恋是否涉及对异性的害怕或仇恨，导致个体把他们的性需求指向同性成员？
3. 性取向是否与当前血液中的性激素水平有关？
4. 在儿童期，同性恋者是否受到同性骚扰、引诱或者受到成年同性恋者的性侵害？

所有这些问题的答案似乎都是“否”（Storms，1983）。根据金西研究所对将近 1 000 名同性恋者和 500 名异性恋者访谈的发现（Bell et al.，1981；Hammersmith，1982），调查者几乎评估了每一种可想象的同性恋的心理原因——父母亲的关系、儿童时期的性经历、同伴关系以及约会的经历等。他们的调查结果是：除了同性恋者之间有某种程度的不一致之外，同性恋者和异性恋者所报告的背景都很相似。同性恋者并不是更可能为母性的爱而窒息，或为父亲所忽视或遭受性虐待。再细想一下：如果“淡漠的父亲”更可能导致儿子同性恋的话，那么，生长在父亲缺失家庭中的男孩们难道不更可能成为男同性恋者吗？（他们不是。）这类家庭数目的增长难道不会导致男同性恋人数的显著增长吗？（不会。）

然而，同性恋者在某种特定人口中的确出现得更多。在美国十几座大城市里，认为自己是同性恋的男子高达 9%；与此相比，农村地区只有 1%（Binson et al.，1995；Laumann et al.，1994）。一项对 1 004 名卓越人物传记的研究（Ludwig，1995）发现，同性恋和双性恋者比例过高（占样本的 11%），尤其在诗人（占 24%）、小说家（占 21%）、艺术家和音乐家（占 15%）中。

有哥哥的男子更有可能是男同性恋者，布兰查德（Blanchard，1997，2001）报告说。假定同性恋出现在第一个儿子中的可能约为 3% 的话，那么在第二个儿

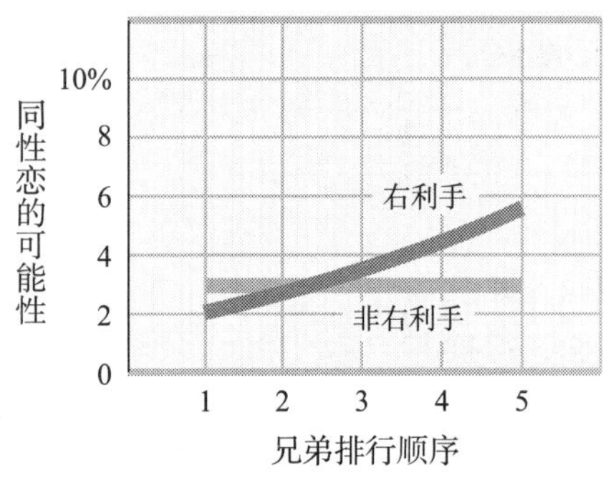

➤ 图 11.7
兄弟出生的顺序效应
研究者布兰查德（Ray Blanchard，2008）绘制了这些近似曲线，用于描述男子成为同性恋的可能性与家中兄弟排行的关系。数个研究都发现了这种相关，但它只存在于右利手的男子中。

子中就升到了 4%，第三个儿子中就成了 5%，每多一个哥哥就以此类推（见图 11.7）。这种奇怪现象——“兄弟出生顺序效应”——的原因仍不清楚。布兰查德怀疑这是一种由男性胎儿产生的、对外来物质的防卫性母性免疫反应。每怀一个男胎之后，母性抗体可能变得更强，并且可能妨碍胎儿的大脑发育成典型的男性模式。有姐姐的妇女和怀双胞胎兄弟的妇女则体现不出这种兄弟效应（Rose et al.，2002）。

那么，什么因素决定性取向呢？一种理论认为：如果在性驱力成熟时被性隔离，那么人们就会发展同性依恋（Storms，1981）。事实上，男同性恋者往往倾向于认为他们的青春期出现得更早一些，那时同伴可能都是男性（Bogaert et al.，2002）。但是，即使在所有男孩都期望有婚前同性恋行为的部落文化中，异性恋依然盛行（Money，1987）。（按这种解释，同性恋行为并不总意味着是同性恋取向。）

另一种理论提出相反的观点：人们会和不同于伙伴的人建立浪漫关系；伙伴在成长过程中一直都有联系，因此建立浪漫关系的人比同伴更具有吸引力（Bell，1982；Bem，1996）。半个世纪的理论与研究的结果是：即使存在影响性取向的环境因素，但我们尚不知它们是什么。如果有人要问我：“我怎么做才能影响我孩子的性取向？”，我的回答将是“我一无所知”。这促使研究者更认真地思考生物因素对性取向可能的影响，包括动物世界里的同性恋，以及不同的大脑中枢、遗传和产前激素的接触。

“同性恋男子只是没有对女人感兴趣的脑细胞而已。”

——美国著名神经解剖学家西蒙·利维，《性爱大脑》，1993

动物中的同性吸引力 在美国科尼岛的纽约水族馆里，两只企鹅就如忠诚的同性伴侣一样数年待在一起。美国中央公园动物园一对企鹅也表现出类似的忠诚关系。生物学家布鲁斯·贝哲米（Bruce Bagemihl，1999）发现，数百种动物物种中都至少存在偶尔的同性关系。一长串的名单中包括灰熊、大猩猩、猴子、火烈鸟以及猫头鹰。比如，大约有 6~10% 的公羊（即牧场主眼中的“废物”）表现出同性的吸引力，它们避开母羊，试图爬上其他公羊的身体（Perkins & Fitzgerald，1997）。一定程度的同性恋似乎是动物世界的部分自然现象。

大脑和性取向 新的研究表明，性取向至少部分是生物性的（Hershberger，2001）。研究者利维（LeVay，1991）通过研究已故同性恋和异性恋死者的部分下丘脑时发现了这一点。作为一个男同性恋科学家，利维想要做“一些与男同性恋身份认同有关的事情”。他知道他必须避免结果出现偏差，所以，做这项研究采用“盲实验”，即并不知道哪些捐献者是男同性恋。9 个月来，他通过显微镜对他认为可能很重要的细胞团进行对比。然后有一天早晨，利维坐下来就破译了这个密码。他的发现是：异性恋男子的这个细胞团比女子和同性恋男子的更大。随着发现大脑差异变得明显，“我几乎处在一种震惊的状态中……我独自在海崖上散步。我坐了半个小时，仅在思考这可能意味着什么”（LeVay，1994）。

两只“朱丽叶” 波士顿两只“相爱”的天鹅，“罗密欧与朱丽叶”，实际上与其他的动物伴侣一样，都是同性伴侣。

性取向不同，大脑也不同，这一点并不会使我们感到惊奇。记住我们的格言：任何心理现象同时都有相应的生理基础。关键问题是：这种大脑差异是什么时候开始的？在怀孕时还是在子宫里？在儿童期还是青春期？是经历造成的还是基因或胎儿激素（或基因通过胎儿激素）造成的？

利维没有把这个神经中枢看做是性取向中枢，相反，把它看作是参与性行为的神经通路的一个重要部分。他认为，很可能是性行为模式影响大脑的解剖结构。所谓的性研究者布里德洛夫（Breedlove，1997）在研究报告中指出，在鱼、鸟、鼠和人类中，大脑结构随着经历不同而不同——包括性爱经历。但是，利维认为更可能是大脑解剖结构影响性取向。他的预感似乎可以从这个发现中得到证实，即 6%~10% 的表现为同性吸引的雄性绵羊和 90% 以上异性吸引的雄性绵羊之间具有相似的下丘脑差异（Larkin et al.，2002；Rosselli et al.，2002）。

艾伦和戈尔斯基（Allen & Gorski，1992）也得出结论，认为大脑解剖结构影响性取向，因为他们发现同性恋男子的胼胝体（连接大脑左右两半球的纤维）的一部分比异性恋男子的大 1/3。格拉多（Gladue，1994）指出："从现有的神经解剖图上可以发现，在某些脑区，同性恋男子比异性恋男子可能具有女性类型的神经解剖结构。"

"研究表明，男同性恋更可能是来自家庭中母亲一方的遗传。"

——盖洛闵，德弗里斯，麦克林和拉特，《行为遗传学》，1997

基因和性取向 有证据表明基因的影响在性取向中也起作用。一个研究组研究了男同性恋的孪生兄弟。在同卵双生子中，52% 的人与其兄弟的性取向一样是男同性恋，而异卵双生子中只有 22%（Bailey & Pillard，1991，1995）。在之后对女同性恋的研究中，48% 的同卵双生子都是女同性恋，而异卵双生子只有 16%（Bailey et al.，1993）。由于同卵双生子有一半性取向是不同的，所以基因并不完全是决定因素。另外，采用澳大利亚和美国的双胞胎的不同样本进行的新研究，发现性取向的相似比率更低——尽管同卵双生子比异卵双生子更可能有相同的同性恋感情（Bailey et al.，2000；Kendler et al.，2000）。这便是我们期望的基因影响模式。此外，采用单个基因移植，科学家们现在能使雄性果绳表现同性恋行为（Zhang & Odenwald，1995）。

现代科学研究表明性取向……部分取决于遗传，但更明确地取决于子宫里的激素活动。

——《天生同性恋：性取向的心理生物学》，Wilson & Rahman，2005

胎儿期的激素和性取向 甚至在异卵双生子中，较高的同性恋比率也可能是他们享有相同胎儿环境的结果。在动物和某些例外的人类案例中，性取向已被胎儿期不正常的激素条件所改变。德国研究者多尔纳（Dorner，1976，1988）率先进行了这类研究。他把胎儿期老鼠置于雄性激素环境中，由此将它的性行为"转化"成异性老鼠。假如怀孕的母羊在妊娠关键期中注射了雄性激素，那么生出来的母羊会表现出同性恋行为（Money，1987）。

对于人类，大脑的神经—内分泌控制系统的关键期可能处于怀孕后第二个月中期和第五个月中期之间（Ellis & Ames，1987；Gladue，1990；Meyer-Bahlburg，1995）。在这个时期，将胎儿置于特定的女性胎儿生存的激素环境中，那这个人（不管是女性还是男性）在以后的生活中易于被男性吸引。一些测验显示，同性恋男子具有的空间能力更像那些典型的异性恋妇女——这个模式与同性恋是由不正常的胎儿激素环境导致的这一假设相一致（Cohen，2002；Gladue，1994；McCormick & Witelson，1991；Sanders & Wright，1997）。

在若干特质上，同性恋个体介于异性恋男性和女性之间（见表 11.1）。比如，同性恋女子的耳蜗和听觉系统的发育方式介于男异性恋和女异性恋之间，看来这

表 11.1 性取向的生物学相关

平均而言（这种证据对男性最有力），男女同性恋者的各种生理和行为特征介于异性恋的男女之间。目前的研究结果（有些还需要反复验证）包括以下几点：	
大脑差异 • 异性恋男子的下丘脑细胞团比女性和同性恋男子的更大；在相对同性吸引而言展示异性吸引的雄性绵羊身上，发现了同样的差异。 • 同性恋男子的胼胝体比女子和异性恋男子的更大。	
基因影响 • 同卵双生子中相同的性取向比异卵双生子更高。 • 雄性果绳中的性吸引可能受到基因的操纵。	
胎儿期的激素影响 • 胎儿期激素状况的改变可以导致人类和其他动物成为同性恋。 • 拥有数个兄长的男子更可能是同性恋者。	
上述已发现的同性恋—异性恋差异可以从下列几个方面中体现：	
• 空间能力	• 手指相对长度
• 指纹螺纹数	• 性别不整合
• 听觉系统	• 男性青春期的年龄
• 用左手或右手的习惯	• 男性身体尺寸
• 职业偏好	

也可以归因于胎儿期激素的影响（McFadden，2002）。奇怪的是，在一些（并非全部）研究中，男同性恋和女异性恋者的指纹模式更为相像（Mustanski et al.，2002；Sanders et al.，2002）。大多数人右手上的指纹螺纹比左手上的更多。霍尔和基莫拉（Hall & Kimura，1994）首次观察到，这种差别在男异性恋者之间比女性和男同性恋者的更大。假定到胎儿第 16 周时指纹螺纹已完整形成，那么研究者就会怀疑这种差别是由胎儿期的激素造成的。20 项研究数据显示，“39% 以上的同性恋被试是左利手”。究其原因，胎儿期的激素有可能为此作出解释（Lalumière et al.，2000）。男同性恋比男异性恋更可能受遗传影响形成逆时针的发涡（图 11.8），约有一半的非右利手的人具有此种特点（Beaton & Mellor，2007；Klar，2003，2004，2005；Lippa et al.，2008）。

另一项你意想不到的差异是，研究显示男同性恋的空间能力与女异性恋者相

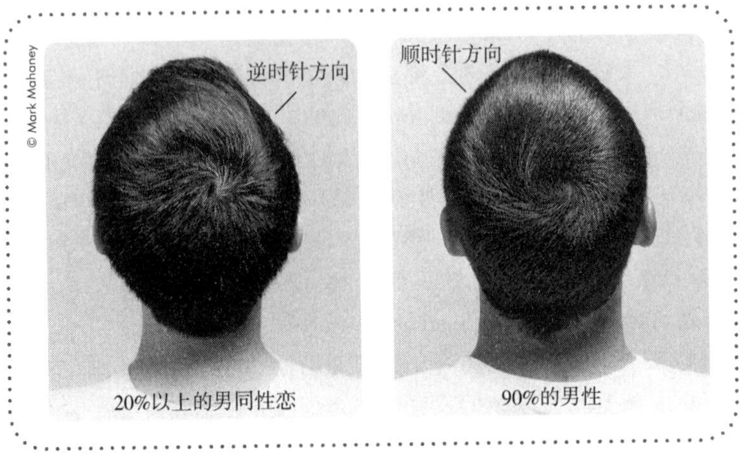

➤ 图 11.8
发涡与性取向
约有四分之一的男同性恋和一半的非右利手的人具有逆时针的发涡。

似（Cohen，2002；McCormick & Witelson，1991；Sanders & Wright，1997）。在诸如图 11.9 中的心理旋转任务中，异性恋男子一般要优于女性。研究者（Rahman et al.，2003，2008）发现，在一系列的任务测量中，男同性恋和女同性恋的得分处在异性恋男女得分的中间。但在记忆客体的空间位置时，异性恋女性和同性恋男性的成绩都优于异性恋男性（Hassan & Rahman，2007）。

由于生理上的证据是初步的且有争议的，所以有些科学家对此仍存在怀疑。也许生物因素不是规定了性取向，而是它导致的气质倾向在“个体学习和经验的背景”中影响了性取向（Byne & Parsons，1993）。贝姆（Bem，1996，1998，2000）推理说，也许基因对胎儿期的激素和大脑解剖结构进行了编码，其导致的气质倾向使儿童更偏好正常性别或非正常性别的活动和朋友。这些偏好在以后还能导致儿童被感觉不同于自己的那种性别所吸引。看上去与自己的性偏好不相似（无论它是否和自己的解剖结构一致），就会产生焦虑和其他形式的唤起，这逐渐会转化成性唤起，吸引人的就变成有关性爱的。

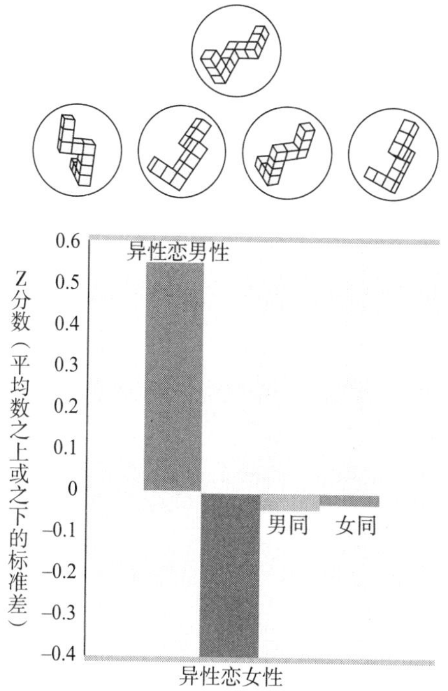

➤ 图 11.9
空间能力与性取向
四个图形中的哪一个进行旋转才能与上方的目标图形相匹配？异性恋男性一般比异性恋女性觉得任务更容易，而男同性恋和女同性恋则居中。（来自 Rahman et al.，2003，每组参与者均为 60 人。）

不管进展如何，对基因、胎儿期的激素以及大脑研究的结果一致性已把钟摆摇向了生理解释。大多数心理治疗家现在认为：比起后天因素，先天因素对性取向更具影响力（Vreeland et al.，1995）。如果生理学上的影响被证明是决定性的（也许在某些环境背景中尤其如此），这将会解释为什么性取向如此难以改变。

一些人仍疑惑：性取向的原因重要吗？也许它不重要，但是人们的假设很重要。那些像大多数同性恋者一样认为性取向是受生物学因素影响的人，对同性恋者表现出更为接纳的态度，这种生物学因素的影响是持久不变，难以选择的（Allen et al.，1996；Furnham & Taylor，1990；Kaiser，2001；Whitley，1990）。同性恋是“一个人生来就有的”，赞同这种观点的人一直在增长——在美国 1977~2001 年间的公众观点调查中，赞同者的比例由 13% 上升到了 40%（Gallup，2002）。因此，正如我们所期望的那样，公众对同性恋的态度变得更加能够接受了：

- 也是在这一段时期，美国民意调查发现，支持同性恋拥有平等工作权利的比例由 56% 上升到了 85%，赞成“同性恋应是一种可接受的生活方式”这一观点的比例由 34% 上升到了 52%。
- 1992~2001 年间加拿大的民意调查显示，支持同性恋婚姻的比例几乎上升一倍——从 24% 上升到 46%（Mazzuca，2002）。
- 在女性、拥有同性恋者朋友或亲戚以及年轻人当中，对同性恋的接纳最为普遍（Altmeyer，2001；Herek & Capitanio，1996；Kaiser，2001；Kite & Whitley，1996；Whitley，2002）。2001 年，由民意调查组织和金西家庭基金会所做的调查显示：60%~65% 的 18~29 岁的人支持同性恋者的婚姻或其合法关系——是 65 岁以上支持者的 2 倍（Carlson，2002；Kaiser，2001）。另外，在校大学生中，从 1987 年以来，支持法律禁止同性恋关系的比率骤然下降。

这种戏剧性的态度转变并不代表对所有与性关联的态度的宽容。例如，在阶段性的全国调查中，同意婚外性行为“总是错的”的比率由 1973 年的 69.6% 上升到了 2000 年的 79.4%（NORC，2002）。

对于同性恋行为来说，新的生理学研究是把双刃剑（Diamond，1993）。如果性取向像肤色和性别一样是受基因影响的，那么这会给公民权利的保护提供进一步的论据。另外，它可以减轻父母因其孩子有同性恋老师和角色模式而产生的忧虑。然而，这些因素也确实增加了让人困扰的可能性：如果有朝一日性取向的基因标识器通过胚胎测试得以鉴定，可能会仅仅因为事先确定的胎儿的性取向是不想要的而去堕胎。

性与人类价值观

10. 性取向的科学研究是否不受价值观的影响？

大多数性研究者和教育家都意识到，价值观因人因文化而异，而他们努力将自己的著作保持在性价值观自由的取向上。但是，对性行为及其动机的研究的确没有价值吗？说不的人们认为，正是我们用来描绘行为的这些话经常反映我们的个人价值观。当性研究者给性压抑的个体贴上“性恐怖”或“有高度的性罪责”的标签时，他们就在表达自己的价值观。我们把自己没有经历过的性行为描述为“性变态”、“性偏差”，还是描述为“可选择的性爱生活方式”的一部分，这要取决于我们对行为者的态度。标签是在描述一些行为，但也是在评估这些行为。

当性教育与人类价值观的背景相分离时，有些学生可能会认为性交仅仅是一种娱乐活动。黛安娜·鲍姆林德（Baumrind，1982），加利福尼亚大学的儿童养育专家，已经发现青少年把自称是“自由价值观”的性教育理解为成年人对青少年的性活动保持中立态度。这样的暗示是不幸的，她补充道：因为“性关系混乱的性娱乐会提出某些我们必须现实面对的心理、社会、健康和道德方面的问题。”

其他研究者已发现，接受过正规性教育的青少年比没接受过这种教育的青少年更少有婚前性行为（Furstenberg et al.，1985；Zelnik & Kim，1982）。另外，我们通过了解自己，通过意识到有他人分享我们的感情，通过理解什么可能使我们爱的人高兴或不高兴，以此来丰富我们的生活。我们亲眼目睹了同性恋谬论的瓦解，也逐渐认识到有些对性进行描述的材料可能导致人们贬低、伤害别人。

也许我们会同意，性研究所提供的知识对无知者更有用；我们也认为研究者的价值观应当公开陈述，以使我们能够去讨论它们并反映出我们自己的价值观。我们应当记住，性动机方面科学研究的目的并不在于对我们自己生活中的性行为给出个人意义上的解释。你能知道每一个能得到的关于性的事实——男女性高潮开始发作是以 0.8 秒为间隔到来的；女性的乳头在性唤起高峰时扩张 10 毫米；心肌收缩压升高约 60 点，并且呼吸率为每分钟 40 次——但却没有理解人类性亲密的意义。

爱的分享 对大部分成年人来说，性关系不仅满足了生理需要，而且还满足了一种亲密的社会需要。

确实，性亲密的意义之一在于它是我们复杂社会本性的表达。性是有社会意义的行为。男人和女人都能独自达到性高潮，然而大多数人在拥抱他们所爱的人时会有更大的满足。在性动机中有对亲密的渴望。在人类最佳状态时，性是生命的交融和爱的延续。

本节回顾

➤ **自问**

你认为减少青春期少女怀孕的有效策略是什么？

➤ **自测 3**

演化论观点、驱力降低理论和唤醒理论如何解释我们的性动机？

自测问题的答案见书后的附录。

归属需要

11. 有何证据表明我们人类具有归属需要？

与朋友和亲人分离——入狱，独自到一所新学校，生活在异国他乡——的大多数人都会深切地感到与重要他人失去了联系。我们就是亚里士多德所说的“社会性动物”。我们有归属于他人的需要，甚至是在持久、亲密的关系中强烈地依恋某些人。人格理论家艾尔弗雷德·阿德勒主张，人类有归属社会的强烈需要（Ferguson，1989，2001）。鲍迈斯特和利里（Baumeister & Leary，1995）曾专为这个深切的归属需要搜集证据。

利于生存

社会联系提高了我们祖先的生存率。通过让孩子们亲近他们的照料者，依恋成了一种强有力的生存本能。那些形成了依恋的成年人更可能走到一起生育后代，并一起把子女养育成人。“悲惨”（wretched）这个词按其起源（在中世纪英语中是“wrecche”）来看，其字面意思就是“身边没有亲属”。

群体中的合作也增强了生存能力。在单独搏斗中，我们的祖先并非凶恶的食肉动物。但是作为捕猎者，他们知道六只手要比两只手更好。成群结队地寻找食物也可以作为对掠夺者和敌人的防御。如果那些感受到归属需要的人们也是生存和繁衍最成功的人，那么他们的基因就会占据主导地位。不可避免的结果是：成为一种天生的社会性动物。地球上每一种社会里的人都属于群体（就像第 16 章所解释的一样，人们更喜欢和偏爱“我们”而非“他们”）。

你是否有亲密的好友——可以无拘无束地向他倾诉得与失的人？我们将在第 12 章中看到，具有亲密关系支持的人与缺乏社会支持的人相比，不仅感觉幸福，而且身体更健康，罹患心理疾病和难终天年的危险性更低。比如，已婚人士比起未结婚的人士发生抑郁、自杀和死亡的危险更低。

> 我们必须彼此爱护否则就会灭亡。
>
> ——W.H. Auden，1999 年 9 月 1 日

渴望归属

归属的需要为我们的思想和情感涂上了色彩。我们花费大量时间来考虑我们实际的和期望中的关系。当关系形成时，我们常常感到快乐。双双坠入爱河的人们，已从其情不自禁的开怀大笑中感觉到双颊疼痛。若问，“什么是你的幸福的必要条件？”或“什么会使你的生活有意义？”大多数人会回答——排在前面的是——与家庭、朋友或伴侣有亲密、满意的关系（Berscheid，1985）。幸福与家庭紧密相连。

分离增强了归属需要 在电影《荒岛余生》中，由汤姆·汉克斯饰演的查克为了与社会孤立作斗争，不断地与女友的照片及一个名为威尔逊的排球交谈。

当我们感到被对自己很重要的人所包容、接纳和喜爱时，我们的自尊水平便会提高。马克·利里（1998）说，实际上，自尊是我们所感受到的受重视和被接纳程度的评估标准。因此，我们大部分社会行为的目的在于增加我们的归属感——社会接纳和包容。为了避免遭到拒绝，我们一般遵守团体标准并且设法留下良好的印象（更多相关内容见第 16 章）。为了赢得友谊和尊重，我们监控自己的行为，希望形成好印象。为了寻求爱和归属，我们花大量的钱在衣服、化妆品、饮食以及健身器材上——所有这一切都由我们寻求接纳所驱使。

像性动机同时使爱和剥削得到满足一样，归属需要不仅满足了深深的依恋，也满足了胁迫的恐吓。归属的需要不但使我们形成爱的家庭、忠诚的友谊及团队精神，而且也可能形成青少年帮派、种族敌对以及狂热的民族主义。

维持关系

对我们大多数人来说，熟悉引起喜爱而非鄙视。我们抗拒社会联系的破裂。在学校一块上学、参加夏令营和假期出游时，人们会抗拒团体的解散。如果希望将来维持我们的关系，我们许诺会打电话、写信以及重聚。分离会使我们感到痛苦。维持关系的负面影响是依附能使人处在一种虐待的关系中；因孤独而致的害怕似乎比情绪或身体的虐待所致的痛苦更糟糕。害怕在现实中有一定的基础。那些穿行于一系列领养家庭的儿童，刚建立起的依恋关系一次又一次地中断，可能使他们在形成深层依恋方面有一定困难。

当某些事物威胁到或分解我们的社会联系时，消极情绪会使我们不安。远离家乡在大学校园里生活的头几周对许多学生来说都是痛苦的。但是，如果接纳和团队的感受建立起来时，自尊、积极感情以及帮助而非伤害他人的欲望也就建立起来了（Buckley & Leary，2001）。当移民和难民单独搬迁到新的地方时，压力和孤独可能使人沮丧。把这样的家庭单独安置在被隔绝的社会团体中数年之后，当今的政策鼓励“连锁移民”（Pipher，2002）。在城镇中定居下来的第二批苏丹难民家庭，通常要比第一批难民更容易适应。

对儿童来说，即使一次短暂的分离也可能是一次有效的惩罚。对于成人，社会排斥可能更为痛苦。威廉斯和扎德罗（Williams & Zadro，2001）发现，被回避——给个脊梁，保持沉默，或别人眼中没有你——将使一个人的归属需要受到威胁。人们常以抑郁的情绪对社会排斥作出反应，起初努力去重建他们对自己的接纳，接着就是退缩。“社会排斥是你能对一个人所做的最卑鄙的事情，尤其是当你知道他们不能还击时。我真不应该来到这个世上。”莉说，她是受母亲和祖母冷遇的终身受害者。理查德在受其雇主两年冷遇之后说：“我每天晚上回来就哭。我瘦了 25 磅，没有自尊，而且感到自己没有任何价值。”

建立关系的需要 来自菲律宾的妇女在 154 000 个香港家庭中一周六天当“家庭佣人”。星期日，她们成群聚在商业中心区吃饭、跳舞、唱歌、交谈、大笑。观察员报告说：“博爱可能展示了极大的幸福，”一名观察者报道（Economist，2001）。

拒绝的痛苦

如果被拒绝并且不能改善这种情况，人有时会变得很险恶。在一系列的研究中，特韦奇和她的合作者（Twenge et al.，2001，2002；Baumeister et al.，2002）告诉人们（根据一项人格测试），他们“是一类可能独自终老一生的人”，或是“他们曾结识的一些人不想让他们参加一个正在形成中的群体”。研究者告诉其他被试，他们将“一辈子都拥有令人满意的人际关系”，或者说“每个人都选择你作为他们想要与之合作的人”。那些被排斥的人更可能采取自我防卫的行为，且在能力测试中表现不佳。他们也表现出更多的反社会行为，如对曾经侮辱过他们的人进行毁谤或攻击（伴有一阵骚动）。研究小组指出：“如果聪明的、适应良好的、成功的大学生在一个小型的社会排斥实验室实验中都变得具有攻击性，那么，在现实社会生活中，由一系列的重大拒绝或长期被团体排斥而引起的攻击倾向，想象一下都让人觉得不安。”

AP/Wide World Photos

社会排斥助长了暴力行为 大多数被社会排斥的青少年没有暴力行为，但也有些例外。查理斯·安迪·威廉斯，被一个同班同学描述为像一个被同龄人嘲弄的“反复无常、呆子、蠢才、废物”之类的家伙，在市郊的加利福尼亚高中进行了肆无忌惮的射击，导致 2 人死亡，13 人受伤（Bowles & Kasindorf, 2001）。

流放、坐牢、独自监禁是依严重性递增的惩罚形式。失去亲友的人常感到人生空虚、毫无意义。在不会对任何人产生归属感的机构里养育大的儿童或在极度忽视状态下锁在家中的儿童变成了可怜的动物——他们退缩、害怕、少言寡语。成人被拒绝接纳和包容可能也会感到抑郁。焦虑、嫉妒、孤独和内疚都与归属需要瓦解的威胁相关联。即使恶劣的关系破裂时，人们也会感到痛苦。在一项 16 个国家的调查中，分居和离婚的人可能只有一半与已婚者一样说他们“很幸福”（Inglehart，1990）。在这样的分离之后，孤独感和痛苦——有时甚至有种奇怪的想去接近前伴侣的欲望——是常有的。

本节回顾

➤ **自问**

你有过感觉脱离了家庭和朋友圈甚至遭到他们排斥的时候吗？你对此的反应如何？

➤ **自测 4**

驱力降低理论、唤醒理论和演化论观点将如何解释我们的交往需要？

自测问题的答案见书后的附录。

工作动机

弗洛伊德说，健康的生活由爱和工作来填充。对于我们大多数人来说，工作是独自清醒时的最大活动，生活就是工作。工作有助于我们满足马斯洛需要金字塔中确定的几种需要水平。工作给我们以支持，把我们联系在一起，并刻画我们的形象。初次遇到某个人和想知道“你是谁？”时，我们也许会问：“你是干什么工作的？”

像 2000 年 16% 的澳大利亚人所做一样，如果我们对工作报酬、工作关系及工作认同感到不满意的话，我们可能会跳槽或换老板（Trewin，2001）。所以，大多数人既没有一份单一的职业也没有一条可预见的职业道路。二十年后，你们中读这本书的大多数人将干着你现在不能想象的工作。为了让你和别人对这未知的将来作准备，许多大学并不十分看重培训你的工作技能，而更注重增强你在任何工作环境中都需要的理解、思维和交流能力。

有时，工作是枯燥乏味又辛苦的苦差事。它是紧咬的牙关、紧张的头痛和意外的事故，是无保障、纷争和疲乏。然而，就像特克尔（Terkel，1972）所写的那样，工作也是一种寻求，“既寻求糊口的面包，也寻求生活的含义；既寻求金钱，也寻

➧ 幽默作家基尼·韦因加尔滕（Weingarten，2002）指出，有时会有一些非常另类的工作。以下是从美国劳工部《职业名称词典》摘录的一些工作：动物演员、人体炮弹特技师、香蕉成熟室监管员、代孕妈妈、代孕护工、涂料喷漆工、手指烫发师、地毯刮泥工、嗅觉辩蛋师、饼干口感品尝人、包打听等等。

➤ 图 11.10
失业的坏处
想要工作却没有工作，会对生活感到不满意。数据来自 16 个国家的 169 776 个成人（Ingelhart，1999）。

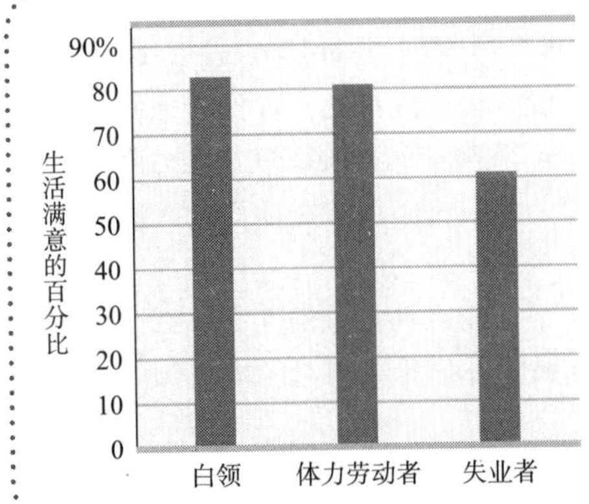

求认可。”

实际上，工作既是毒药也是幸福——但更多是幸福，对于没有工作的人似乎也是如此。几乎每个工业化国家的调查都显示，如果失业了，人们明显地报告出较低幸福感受（见图 11.10）。闲散在家听起来像是巨大的幸福：哦，能逃避激烈的竞争，躺在巴哈马海滩上洗日光浴来消磨时光，或蜷缩在睡椅上看《法律与秩序》，或看重播的《加冕大街》，或无所事事。然而，当我们的闲暇时光太多时，也许会感到生活毫无目的。

研究者（Wrzensniewski et al.，1997，2001）鉴别出人们对工作态度的个体差异。有人把工作看作一份差事，一种赚钱的必要方式，而不是积极充分地发挥自己才干的活动。另外一些人把工作视为一种职业，是一种从一个位置前进到另一个更好位置的机会。其余的人把工作看成一种事业，一种能充分发挥自己才干且有利于社会的活动。把工作看作是事业的那些人报告对工作和生活的满意度最高。

⏩ 你是否注意到，如果你沉浸在某个活动之中，时间在飞快地流逝？而你观看时钟，等待时间过去时，时间似乎过得很慢？法国研究者证实，我们越是注意某个事件持续的时间，该事件持续的时间似乎就越长（Couli et al.，2004）。

这项调查结果没有使奇克森特米哈伊（Csikszentmihalyi，1990，1999）感到惊讶。她已发现，当人们有目的地从事工作时，他们的生活质量也得以提高，而且在紧张不安的焦虑与令人生厌的冷漠之间，有一个产生流畅感（flow）的地带。奇克森特米哈伊研究了那些一直全神贯注绘画或雕刻的艺术家们之后，阐述了流畅感这个概念。他们沉浸在一件作品中，工作的时候好像其他什么事都无关紧要；然而一旦作品完成了，就迅速忘掉这件事。与创造作品的内在奖赏相比，艺术家们似乎很少受艺术创造的外部奖赏——金钱、赞扬、升职等驱动。后来这位研究者对舞蹈家、象棋棋手、外科医生、作家、父母亲、登山运动员、澳大利亚水手、韩国老年人、阿尔卑斯山区农民以及日本、意大利和美国的青少年进行了观察，证实了一个首要原则：因为一种能充分展示我们技巧的活动而处于流畅感是令人愉快的事情。流畅感的体验提高了我们的自尊、成就感和幸福感。当人们被随机打断并被要求报告他们正在干什么以及他们生活有多快乐时，那些无所事事的人通常说很少有流畅感，满意度也很低。正在主动积极做事的人们则报告有更多的积极感情。因此，有意义的工作丰富了我们的生活。

工作在不断变化，从农牧业到制造业再到“知识性工作”。越来越多的工作被“外包”给了临时雇员和顾问，他们在偏远地区的加工厂以电子方式进行沟通。（这本书及其教学包是由来自阿拉斯加到佛罗里达十几个城市的人构成的一个团队共同开发制作的。）我们对工作的态度是否也会随工作的改变而变化呢？当工作改变时，我们的工作满意度是增长还是下降？“心理契约”——对工人和雇主之间共同责任的主观感觉——是否会多少变得可信和安全？这些问题，让那些研究工作相关行为的心理学家们沉迷其中。

工业－组织心理学［industrial-organizational（I/O）psychology］是把心理学原理应用于工作场所的发展迅速的专业（参见特写：工作中的工业组织心理学）。在第 6 章我们考察了它的一个分支领域，人类因素心理学，探索如何能设计出最佳的机器和环境以适应人类的能力和期望。这里我们看两个主要分支：**人事心理学**（personnel psychology），即应用心理学方法和原理来选拔和评估员工；**组织心**

特写

工作中的工业组织心理学

我们发现，工业组织心理学家作为科学家、顾问、管理专家，工作在各个不同的领域：

人事心理学

选拔和安排雇员

- 为选拔、安排和提拔员工开发和评价工具，并使之生效
- 分析工作内容
- 优化员工安排

培训和发展雇员

- 明确需要
- 设计培训计划
- 评价培训计划

绩效评价

- 研制标准
- 测量个体表现
- 测量组织的表现

组织心理学

开发组织

- 分析组织结构
- 使员工满意度和生产率最大化
- 促进组织的变革

提高工作质量

- 扩大个人生产率
- 确定影响满意度的因素
- 重新设计工作

人类因素（工程）心理学

- 设计最佳工作环境
- 优化人机互动
- 开发系统技术

资料来源：Adapted from the Society of Industrial and Organizational Psychology）(siop.org)

理学（organizational psychology），重视工作环境和管理方式如何影响员工的动机、满意度和生产率。人事心理学家通过鉴别和安排适当的候选人，把工作和人员匹配起来。组织心理学家则以各种能激励士气和提高生产率的方式来优化工作和管理。

人事心理学

12. 人事心理学家怎样帮助组织进行员工招聘、工作实习和绩效评估？

心理学家可以在选拔和评估雇员等不同阶段向组织机构提供帮助。他们可能有助于识别所需的工作技能、决定选拔方法、招募、评估应聘者、推荐和培训新雇员，并评价他们的绩效。

利用优势

作为 AT&T 一名新的人力资源管理者，心理学家特诺派尔（Tenopyr，1997）的第一项任务就是一个难题：客户服务代理商的失败率很高。最后得出的结论是，许多雇员和他们新工作的要求不相匹配。于是，特诺派尔开发了一种新的选拔工具：

1. 她让新的应聘者回答各种各样的问题（到目前为止也没有使用他们的任何回答）。
2. 接着她评估哪个应聘者胜任这项工作。
3. 最后，她确定了一些问题，这些问题在早期测验中最能预测谁将取得成功。

特写

发现你的优势

你可以使用人事心理学家已经开发的一些技术来明确自己的实力，并准确找到将有可能证明是令人满意的和成功的工作类型。白金汉和克利夫顿（2001）建议这样问自己：

- 什么活动给我快乐？（在混乱中保持秩序？做主持人？帮助他人？挑战懒散的思考？）
- 什么活动让我期待，“什么时候我能再做这件事情”？（而不是“什么时候这件事将结束？”）
- 我喜欢哪种类型的挑战（以及我害怕哪种类型的挑战）？
- 哪种任务我容易学会(以及哪种任务我很努力才能学会)?

在教学、推销、写作、清洁、安慰他人、创造或修理时，一些人发现自己在工作中处于流畅状态——发挥了他们的技能,而且时间飞逝。如果一种活动感觉良好,如果它很容易发生，如果你很期待它，那么你对工作的理解就会更深，就会发现你在工作中的实力。

白金汉和克利夫顿报告说，感到工作满意和成功的人很少花费时间改正他们的缺点，而用更多时间表现他们的实力。研究者发现（p. 26），顶尖的表演者“很少是面面俱到的”。相反，他们使自己已有的技能变得出色。他们认为，考虑到我们的特质和气质的持续性，建议我们大多数人更好地确定并利用我们的才智，而不是集中在不足上。他们认为，最好去明确我们很快学会并被吸引的活动——并且进一步去开发那些实力——而不是，如果害羞，却去签约自信心训练；如果紧张又说话温和，却去参加公共演讲课程；如果只会画简笔画，却偏要参加绘画班课程。

她这种数据驱动工作的满意结果是一个新测验，这种测验能够让 AT&T 鉴别出最可能成功的客户服务代表。

如上所述，个体选拔的目的在于使人力和工作相匹配起来，使他们与其组织共同兴盛。把人力资源与组织任务结合起来，结果往往是成功和收益。

你的优势是能被创造性地应用的持久品质。你天生好奇吗？你有说服力吗？你有吸引力吗？你有毅力吗？你有竞争力吗？你擅长分析吗？你有同情心吗？你有组织能力吗？你口齿伶俐吗？你办事井然有序吗？你动手能力强吗？所有这些特质，如果与适当的工作相匹配，就能作为一种优势来发挥作用。（参见特写：发现你的优势）

不幸的是，白金汉（Buckingham，2001）报道说：“企业界在将人力转化为资本上差得令人吃惊。”白金汉是在对 63 个国家 200 万雇员进行民意调查的基础上得出这个结论的。今天，全球受调查的雇员中，只有 20% 的人承认他们每天有“机会去做我最擅长的事情”（Buckingham & Clifton，2001）。具有讽刺意味的是，雇员在一个组织中的时间越长、爬得越高，越不认为他们的力量在日常工作中得以发挥。组织机构的目标是生产效率，而非雇员的人力，然而生产效率与员工的人力这二者总是紧密相联的。

艺术的优势 21 岁时，亨利·马蒂斯（Henri Matisse）是个无精打采且常常抑郁的律师雇员。一天，他的母亲为了让他高兴起来送给他一盒油彩，他感到黑暗消失了，精力充沛起来。他开始用绘画来填充他的日子，坚持上艺校，过着一种像一个伟大艺术家一样的生活。对于马蒂斯来说，艺术工作像“一把舒适的手扶椅”。这就是发挥我们的优势时常出现的感受。

白金汉和他的同事克利夫顿认为，对于一个比较强有力的组织来说，第一步是建立一个以优势为基础的选拔系统。因此，作为经理，你将首先确定一组在任何角色中都最有效率的人——即那些你想多雇用的一类人——并且把他们的优势同在那个角色中最没有效率的一组相比。在明确这些组群时，你应尽可能客观地去尝试测量他们的绩效，在一次对 5 000 多名电信客户服务代表的民意调查中，被经理评价为最受欢迎的职员在“协调能力”和“责任感”方面表现很强，而实际上被顾客评价为最有效率的，实际上在精力、果断性和热衷学习等方面很强。所以，如果你发现你最佳的软件开发商是善于分析的、遵守纪律型的和热衷学习的，那么你应该把招聘广告更多地集中在标明你的成功软件开发商的优势上，而不是集中于个人的经验上：“你采取一种逻辑的系统的方法解决问题吗［分析型的］？你是努力及时完成你的项目并追求尽善尽美的人吗［纪律型的］？你想要学会使用 SQL、Java 和 Perl 吗［学习型的］？如果你对这些问题都回答是的话，那么请打电话给……”

明确人的优势并使之与工作相匹配是迈向有效工作场所的第一步。人事管理者使用各种工具来评估应聘者的优势，并决定谁最适合这项工作。在其他章节里，我们讨论心理学家如何使用能力测试（第 10 章）、人格测验和在模拟工作任务的“评估中心”观察行为来评估求职者（第 13 章）。现在让我们来看工作面试。

面试能预测工作绩效吗？ 对于一个招聘面试者来说，只花几秒钟就能感觉到应征者的活泼、外向、热情和讲话的声音。心理学家伯尼尔（Bernieri）和他的同事们花了六周时间在工作访谈技巧方面培训两个人之后，展示了我们对别人形成印象的速度。两位访谈者花 15~20 分钟与 98 名不同年龄的志愿者进行了交谈，并在六页的表格上对每个人进行了评估。随后，伯尼尔的一个研究生普里克特，决定看看印象的形成有多快（Prickett et al.，2000）。她给人们演示了每个申请者敲门、进来、握手、坐下的 15 秒钟的剪辑。令人诧异的是，仅仅 15 秒钟之后，这些陌生人就能预测出访谈者对可爱、自信、能力等相关特质的评定。伯尼尔对此的反应是，“相关的力量是超乎寻常的”（2000）。但是，这些第一印象能产生可信的评估吗？

> “面试在预测绩效方面很糟糕。”
> ——谷歌人力运营部副总裁 Laszlo Bock，2007

访谈者错觉 假如访谈者很快形成印象，那么可以理解他们自信有能力从一次无结构的了解性面试中预测长期的工作表现。令人震惊的是，这些预测容易出错。无论是预测工作还是预测学业成就，访谈者的判断都是无说服力的预测因子。施密特和亨特（Schmidt & Hunter，1998；Schmidt，2002）两位工业组织心理学家对 85 年的人事选拔研究进行了回顾，发现除了技能性不强的工作以外，其他所有一般能力测验都能预测在职的表现。来自非正式面试的全面主观评估比笔迹分析（是无价值的）更好，但非正式面试比能力倾向测验、工作体验、工作知识测验和过去的工作表现提供的信息更少。有关某人的情况，如果我们的内心告诉自己的与测验的分数、产品样本、过去的工作表现告诉我们的存在争议的话，我们不应该相信我们的内心。

访谈者常常高估他们的眼力，心理学家尼斯比特（Nisbett，1987）将这种现象称为“访谈者错觉”。有时工业组织顾问会听到这种评论：我有出色的面试技巧，所以不需要和某些不具有我这种对人的洞察力的人一样，多次参考复核。四种因素有助于解释访谈者的直觉和现实结果之间出现这种差距。

> “在理想与现实之间……听从理想吧。”
> ——美国诗人、评论家、剧作家艾略特，《空心人》

- 面试暴露了被访谈者良好的意图，而习惯性动作会泄露得更多（Ouellette & Wood，1998）。意图很重要，人可以改变。但是，一个人将来的最佳预测因子是他的过去。我们最了解自己的经历。
- 访谈者更常从事那些他们曾被雇用从事过的成功职业，而不常从事那些他们曾遭拒绝或迷失方向的职业。这种反馈信息的缺失能使访谈者相信他们雇用他人的能力。

- 访谈者认为，人们就像在访谈情境中看上去的那样。就像第 16 章所解释的，当我们会见别人时，我们低估多变情形的巨大影响，而且错误地假设我们所看到的就是我们将要得到的。但是，对从闲谈到主动行为等一切事情的无数研究结果显示，我们的行为方式不仅反映出持久稳定的特质，而且也反映出特定情境中的细节（想要在一次工作面试中留下印象）。
- 访谈者的先入之见和情绪给他们如何理解被访谈者的反应涂上了色彩（Cable & Gilovich，1998；Macan & Dipboye，1994）。如果我们立刻喜欢上一个可能和自己相似的人，我们就可能把这个人的武断解释为“自信”而非“傲慢自大”。当访谈者被告知随机挑选的应聘者已经通过了预先筛选，那他们就会对这些人作出更有利的判断。

所以，从无结构面试中收集而来的内心感受仅仅能有限地预测一些行为。面试的确提供了对一个人个性的感觉，例如他们的表达能力、言语能力、热情等。但是，这些信息对不同情境中对待他人的行为的揭示比我们设想的要少。为了提高预测和选拔的准确性，人事心理学家让人们处于模拟的工作情境中，收集有关过去表现的信息，综合多次面试的评估，实施测试，并逐渐形成具体工作面试。

结构性面试 不像非正式访谈是为了获得对某人的感觉，**结构性面试**（structured interview）提供了一种程序严格的收集信息的方法。人事心理学家可能要进行工作分析、设计问题、培训访谈者。然后，访谈者对所有的应聘者用相同的顺序提出同样的问题，再用已有量表评估每个应聘者。

在非结构性面试中，也许有人会问：“你的组织能力如何？”，“你和人们相处得怎样？”或“你如何应对压力？”。有技巧的申请者知道如何得高分：“尽管我有时工作非常辛苦，但我会区分事情的优先顺序和委托别人来处理，并确保我有时间睡觉和锻炼来应对压力。”

相反，结构性面试会准确描述个人的优势（态度、行为、知识和技能），以区分出优秀的表现者。然后程序进入具体工作情形，并要求应聘者解释他们如何处理这样的情形，以及在前一个工作中如何处理类似情形。“当你处于冲突性的要求之中时，没有时间二者都完成，你将如何处理这种情况？”

为了减少记忆失误和偏差，随着面试的进行，访谈者做笔记并作出评定，而且要避免无关及重复的问题。因此结构性面试很少有亲切感，但是可向应聘者解释这点：“这次谈话不代表我们在这个组织中的交流模式。”

坎皮恩和他的同事（Campion et al.，1998）总结说：从招聘面试研究中得到的一个“最有支持力的结论”是，“有结构的面试提高了它的信度和效度，因此也提高了面试在预测和决定中的用途。”另一个对 150 项研究结果的回顾表明，结构性面试预测的精确性是非结构性面试的两倍。

格拉德韦尔（Gladwell，2000）指出，相反，如果我们的直觉使招聘程序具有偏见，那么“我们所做的一切，将是用新关系网（在这里你聘用任何一个与你握手时给你留下印象的人）去取代老关系网（在这里你聘用过你的侄子）。除非我们细心认真，否则社会的进步可能仅仅意味着以不太明显的专断去代替明显的专断。”

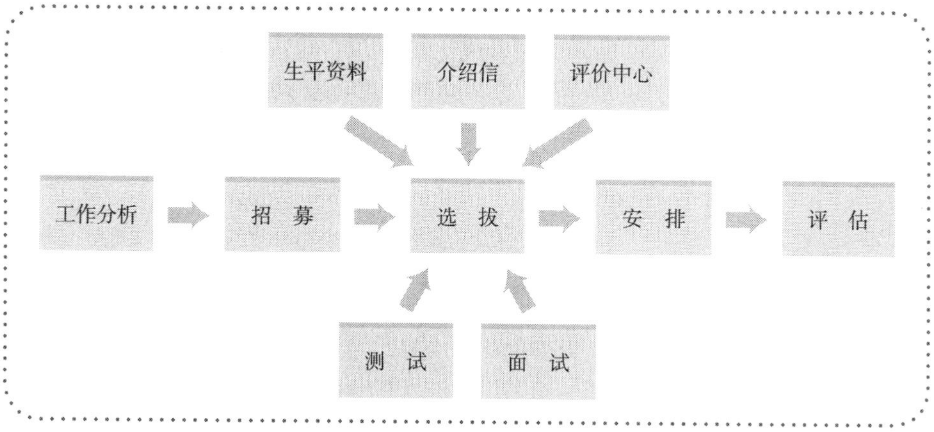

➤ 图 11.11
人事心理学家的任务
人事心理学家正在进行从工作定义到员工评估等人力资源活动方面的咨询。

综上所述，人事心理学家协助组织进行工作分析，招募合适的应聘者，选择和安排雇员，并且评估他们的表现（见图 11.11）。

绩效评估

绩效评估服务于组织的目标：它有助于决定该聘用谁，该如何适当地奖励和支付雇员的工资，以及该如何更好地利用他们的优势，有时有助于决定工作调动或提升。绩效评估也服务于个体目标：它的反馈肯定了工人的优势，并有助于激发必要的改进。

绩效评估的方法包括以下几点：

- 监督人简单审核描述工人行为的清单（如："总是关注顾客的需要"，"休息时间太长"）。
- 监督人审核对工人的可靠性、生产成效等方面的图解式评定量表。
- 监督人审核最能描述工人绩效行为的行为评定量表。如果评定工人"遵从程序"的程度，管理者可能在"经常走捷径"和"总是遵从规定程序"之间给雇员打分（Levy，2003）。

在一些机构中，绩效反馈不仅来自于监督者，还来自所有的组织层。如果你加入实行"360 度反馈"的组织，你将评定你自己，你的管理者将会评定你，你将评定你的管理者，而且你的同事和顾客也都会评定你（Green，2002；见图 11.12）。最后的成绩通常是更加公开的交流和更加完整的评估。

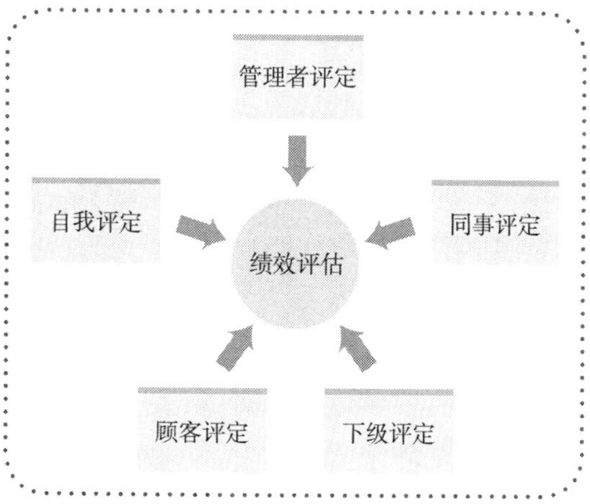

➤ 图 11.12
360 度反馈
采用 360 度反馈，一个人的知识、技能和行为会受到自我及周围他人的评定。例如，教授们可能受到系领导、学生及其同事的评定。接到所有这些评定后，教授们和他们的领导来讨论 360 度反馈。

绩效评估像其他的社会评价一样，易受偏见的影响（Murphy & Cleveland，1995）。晕轮效应发生在个人对雇员进行全面评价的时候，或者发生在对雇员的友好等特质进行评价的时候，也发生在对雇员的可靠性等与工作有关的特定行为的评定上。如宽大效应和严格效应反映了评价者对每个人或太宽容或太苛刻的倾向性。近因误差是在评定者只注意容易记住的新近行为时发生的。通过鼓励多重评价者和开发客观的工作绩效测验，人事心理学家在帮助组织的同时，也有利于雇员理解公平的评估过程。

组织心理学：激发成就动机

13. 组织心理学家的作用是什么？

工作才能和工作评估的匹配很重要，动机也是如此。在考虑组织心理学家如何尽力激励员工并使他们一直忙于工作之前，让我们再进一步看看为什么有的员工愿意追求高标准或高难度的目标。

想一下某个你认识的人，这个人在任何可能评价的任务中都力求成功。再想想某个缺乏动机的人。心理学家默里（Murray，1938）把第一种人对成就的高度需要或**成就动机**（achievement motivation）定义为一种对获得显著成就、掌握技能或观念、控制、迅速达到高标准的欲望。

正如你从他们的坚持和对现实挑战的渴望中料想的那样，具有高成就动机的人的确成就更多。一项研究跟踪调查了智力测验分数在前 1% 的 1 528 名加利福尼亚儿童的生活情况。40 年后，研究者们对比了那些事业上成就最大和成就最小的人，发现存在动机差异。那些最成功的人更有雄心，精力充沛，坚持不懈。在儿童时代，他们有更多积极的业余爱好；成人后，他们参加更多的团体活动，喜欢参与体育活动而不是只做一名观众（Goleman，1980）。

另一项对杰出的学者、运动员和艺术家的研究发现，这些人成就动机高，自律，愿意每天把时间花在他们追求的目标上（Bloom，1985）。这些超级成功明星的明显不同并不在于其非凡的先天才能，而是在于他们日常的非凡训练。当他们的准备与机会相遇时，结果就是成功。研究者认为："自律超过才能"（Duckworth & Seligman，2005，2006），这可以解释为什么女孩比能力一样的男孩能取得更好的学业成就。

那些顶级小提琴家在 20 岁出头时已经积累了约一万小时的练习时间，这是那些想当老师的小提琴学生练习时间的两倍（Ericsson et al.，1993，2001）。西蒙（Simon，1998），一位获得诺贝尔经济学奖的心理学家，以他的研究估计，一个领域中的世界级专家"通常已经投入了至少 10 年努力工作——每年 50 周，每周 40 小时"。伟大的成就好像就是百分之一的灵感加百分之九十九的汗水。

Ken Heyman/Woodfin Camp & Associates

自律动机助长成就 在开始进入心理学研究生教育时，斯金纳意识到自己远远落后于其他学生。于是他设计了一个日常训练计划，即早上 6:00 起床，一直学习到早饭时，然后去教室、实验室和图书馆。晚饭后他学习得更多些，每天只留 15 分钟自由活动。后来他成为 20 世纪最有影响的心理学家之一，仍然继续坚持这种日常生活规律。

对伟大的科学家、哲学家、政治领导人、作家和音乐家的生活历史的分析，证明了自律动机的重要性。西蒙顿（Simonton，1994）发现，那些因自我完善的激情而孜孜不倦的高成就者，通常从早年就持续不断地多产。某一领域中很小比例的贡献者创造出该领域的大部分成就。尽管智力是正态分布的，然而成就却并非如此。这告诉我们，成就涉及的不仅仅是原始能力，这就是为什么组织心理学家寻找方法来聘用和激励普通人从事普通工作。

> 妄想在工作之前就取得成功，只有在词典里才能找到。
>
> ——绿湾包装工足球队前教练，Vince Lombardi

满意度与聘用

由于工作是生活中很大的一部分，所以工业组织心理学家优先考虑的问题是员工的满意度。对工作的满意度促进了对生活的满意度（参见特写：营利又行善：“伟大的实验”）。此外，减少工作压力有利于增进健康（第 12 章）。

员工满意度也有利于组织获得成功吗？工作中的积极情绪对创造性、毅力和助人行为都起作用（Brief & Weiss，2002）。但是，忙于工作的快乐的员工是否更少缺岗？更不可能辞职？更不会盗窃？更加守时？更有创造力？有人曾说，有关满意度好处的最终证据是工业组织心理学长期追求的目标。一个早期研究的统计分类发现，在个人工作满意度和绩效之间有 0.30 的显著相关（Judge et al.，2001）。其他研究发现，满意度与较少的迟到、旷工和人员调整有关（Blau，1994；Horn & Griffeth，1991；Sagie，1998）。

迄今最大的研究也给出了肯定性数据，这是新近的一个对 36 家大型公司（包括约 1 100 家银行分行，1 200 家商场和 4 200 个小组或部门）将近 8 000 家商业部门的 198 000 多名员工的民意调查数据进行的分析。哈特、施密特和海斯（Harter，

特写

营利又行善：“伟大的实验”

18 世纪末期，在苏格兰的新拉纳克地区的棉花工厂里有 1 000 多位工人，大部分是来自格拉斯哥贫民窟的孩子，每天工作 13 个小时，居住环境极其恶劣。没人关心他们的教育与卫生，偷窃和酗酒泛滥，大部分家庭只有一间房可供居住。

威尔斯出生的罗伯特·欧文是一位有理想的年轻棉花厂经理，有一次参观格拉斯哥，碰巧遇见一位工厂主的女儿，并且爱上了她。他们结婚后，欧文与几个合伙人一起收购了这家工厂，并在 19 世纪的第一天成为这家工厂的经理。不久以后，他就实施了“任何地方和任何时间都未曾进行的最重要的实验，目的是为了人类的幸福”（Owen，1814）。欧文观察发现，对儿童和成人劳动的剥削造成了人们的不幸和工作的低效。他认为改善工作和居住环境能创造经济红利，即使合伙人进行阻扰（最终欧文买断了他们的权利），欧文也进行了许多革新：建了一所学前儿童托儿所，教育改革（公司鼓励接受教育而非惩罚），周末休假，保健，病假带薪，工厂停业时提供失业赔偿，以及在公司商场销售折价商品。

欧文还制定了新的工作目标和工人评估程序，其中包括每日产出和成本的详细记录。根据每个工人的工作状况，出示 4 种颜色中的一种，用以说明该名工人与前一天对比的绩效。欧文还会巡视工厂，看看每个人的工作情况。他说，这里“没有殴打、谩骂……我只要看看这个人和展示的颜色……就能马上明白工人的表现。”

随后的商业成功对于这场人道主义改革运动的持续至关重要。到了 1816 年，还有数十年的利益在前头，欧文认为他已经证明“可以建立一个完美社会，没有犯罪，没有贫穷，极大地提高人们的健康状况，尽可能减少痛苦，成百倍地增加人们的智慧和幸福。”虽然欧文的乌托邦愿景没有实现，他的伟大实验的确奠定了工作实践的基础，今天已为世界很多地方认可。

Courtesy of New Lanark World Heritage Site

伟大的实验 新拉纳克工厂，今天已经保存成为世界遗产（www.newlanark.org），提供了具有影响力的证据，工业在营利的同时也能行善。在巅峰时期，许多欧洲皇室成员和改革者都前来参观，关注它充满生气的劳动力和繁荣的商业。

Capital-Journal/David Eulitt/AP/Wide World Photos

工作投入的员工促进了组织的成功 Best Buy 的 400 家电子产品商场有完全相同的产品陈列和操作手册，然而一些商场有更多对工作投入的员工——也有更多的盈利业绩。员工工作投入最高的商场在利润超出预算方面，位于所有商场排名的前十位，员工工作投入最低的商场位于所有商场排名的后十位（Buckingham，2001）。▲

Schmidt，& Hayes，2002）考察了组织成功的各种指标——工人的参与度、满意度和热情程度与员工投入——之间的相互关系。正如表 11.2 所指明的那样，工作投入的工人说，他们知道什么是自己所期望的，有自己所需要做的工作，感觉在工作中充分发挥了自己的作用，有合适的机会去做自己做得最好的事情，觉察到自己是重要事情的一部分，并有机会去学习和发展。

总体结果是：员工工作投入的商业单位有更多的忠诚顾客、更少的人员调整、更高的生产率和更大的利润。“员工工作投入的程度在中等以上的商业单位，其成功率比中等以下单位高 70%。”员工敬业程度在前 25% 的商业单位的月均收入约为 10 万美元。对一家拥有 275 家零售商场的公司所做的一个单独分析发现：那些员工敬业程度在前 25% 的商场，年度人员调整为 55%，员工敬业程度在后 25% 的商场中却是 75%（Harter，2000）。

良好的管理

每位领导都梦想以某种方式提高员工的满意度、雇用期、生产效率以及组织的成功。效率高的领导会管理与工作相关的优势，设置目标，并选择一种适当的领导风格。

利用工作相关优势 马库斯·白金汉（Buckingham，2001）注意到，“未来的 20 年对于总经理来说，主要的挑战将是人力资源的有效开发。”那种挑战是“关于心理学的，是让个体变得比昨天更有生产力、更集中和更满意。”他与其他人一起断言，

表 11.2 盖洛普职场审查

在一个 5 点量表上，5 代表最满意，1 表示最不满意，作为工作职位你对（公司的名称）有多满意？
在一个 5 点量表上，1 表示强烈不同意，5 表示强烈同意，请指出你同意下列哪一项。
1. 我知道工作中最期望我做什么。
2. 我有我开展工作所需要的材料和设备。
3. 工作中，我每天都有机会做我最胜任的工作。
4. 在过去的 7 天里，我由于工作做得好而得到认可或表扬。
5. 我的上司或工作中的其他人似乎都很关心我。
6. 工作中有鼓励我发展的人。
7. 工作中我的意见似乎很重要。
8. 公司的任务或目标使我感到我的工作很重要。
9. 我的同事负责去做有质量的工作。
10. 工作中我有一个最好的朋友。
11. 在过去的 6 个月里，工作中有人对我谈到我的进步。
12. 过去的一年，我在工作中有机会学习和成长。

资料来源：These statements are proprietary and copyrighted by The Gallup Organization. They may not be printed or reproduced in any manner without the written consent of The Gallup Organization. Reprinted here by permission.

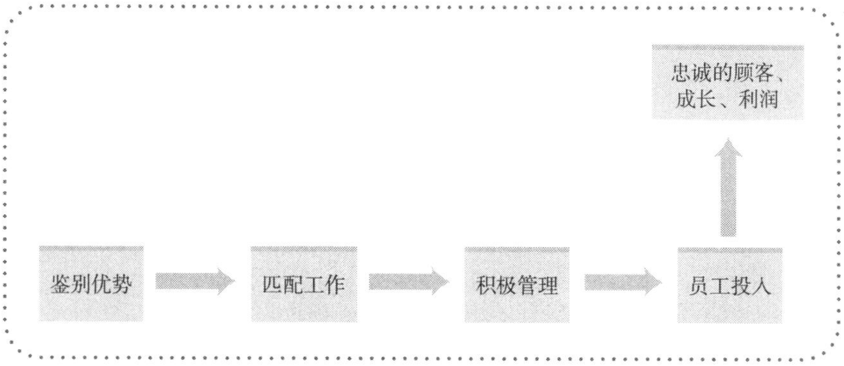

➤ 图 11.13
走在正确的道路上
盖洛普组织通向组织成功的道路（Adapted from Fleming, 2001）

要做到这些，效率高的领导首先想要选择合适的人，然后试图辨别出员工的天生才能，调整他们的工作角色以适合他们的才能，并使这些才能发挥到最大程度（见图 11.13）。例如，某个学校的每个大学教授都应该被期望教相同的课时、指导相同数量的学生、在相同数量的委员会服务并从事相同数量的研究吗？或者每个人的工作描述都应被统一修整为利用他们独特的能力吗？

▸▸ **三类员工**（Crabtree, 2005）：投入的员工：工作有激情，感到与公司或组织有着密切的联系。不投入的员工：按时上下班，但在工作中没投入多少激情和精力。主动脱离的员工：破坏同事工作成果的苦恼员工。

优秀的管理者很少花时间去试图灌输不具备的才能，而花较多的时间来培养和提取已具备的才能。优秀的管理者不是关注人的弱点，并让这些人去培训班改正自己的毛病，而是深爱员工们的长处。他们把培训时间集中用在训练员工的长处上，并把希望寄托于他们（这并意味着不把员工提升到不适合他们长处的角色上去）。他们赞扬在每个组织角色中工作投入和富有成效的员工。

这种积极的心理学建立在第 7 章介绍的一个原则上，即学习：要教会一种行为，就要抓住有机体所做的正确之事并强化它。主题公园表演或电视上的最佳驯兽师试图发现动物天生就会做的事，当看到动物正在做这件事，就给予积极强化。驯鲸人很少注意鲸的错误，但当鲸表演了一个期望的动作时，就注意它并奖励它。这些原则也适用于强化员工。它听起来简单，但许多管理者都像这样的父母亲，当孩子回家除了带回生物 D 分还带回很多 A 分时，他们把焦点对准 D 而忽略了 A。伟大的管理者依靠员工的才能，肯尼思·塔克（Tucker, 2002）总结道。伟大的管理者：

- 一开始就帮助员工明确并估量他们的才能。
- 把任务和才能搭配起来，然后给员工去做他们擅长之事的自由。
- 关心员工对工作的感受。
- 通过认可和奖励强化积极的行为。

积极教练技术 美国青年运动组织积极教练联盟的顾问拉里·布朗（Larry Brown）在职业实践中，经常对球员的每条消极言论给出 4~5 条积极评论（Insana, 2005）。在 2004 年，他带领不被看好的底特律手枪队赢得了美国 NBA 的冠军。

Ezra Shaw/Getty Images

设定具体的、有挑战性的目标 在一个又一个的研究中，仅仅要求人们尽力做好，他们并不能真正尽力。但是，具体的、有挑战性的目标却能激发更高的成就，尤其是与进展报告相结合时（Locke & Latham, 2002）。诸如开始计划工作流程之类的具体的、可测量的目标，可以用来指导注意力，促使努力，激励坚持性，并激发创造性策略。当人们拥有一个共同目标并发现目标有挑战性且可以达到时，达到它就能提高他们的自我评价（White et al., 1995）。另外，当人们不但陈述目标而且也陈述“执行意图”时——即具体到何时、何地和如何为实现目标而行动——他

们在工作中就越集中精力，越有可能按时完成任务（Koestner et al.，2002；Koole & Spijker，2000）。所以，要激发更高的生产力，效率高的领导人和员工一起确定外在目标，指出执行计划要采取的行动，并在执行过程中提供反馈。

选择适当的领导风格 领导风格多种多样，从以老板为中心的支配型风格到授权给员工设定目标和策略的民主型风格都有。哪一种领导风格最好，取决于情境和领导人。指导一场讨论的最佳领导风格可能不是负责一支部队的最佳领导风格（Fiedler，1981）。此外，不同的领导人适合不同的风格。有些领导人擅长做**任务型领导**（task leadership），设定标准，组织工作，把注意力集中在目标上。由于目标定位，任务型领导人擅长使团队集中在它的特殊使命上。通常，他们具有典型的支配型风格，如果这个领导足够明智给出正确的指示，这种领导风格就能起很好的作用（Fieder，1987）。

其他管理者擅长做**社会型领导**（social leadership），调停冲突并建设高成就团队（Evans & Dion，1991）。社会型领导者常常具有一种民主的风格：他们委派职权并欢迎团队成员的参与。许多实验表明，社会型领导对鼓舞士气有好处。当下级参与决策时，他们通常会觉得更加满意和受到激励（Burger，1987；Spector，1986）。

因为高效的领导风格因情况和人而异，所以一度流行的领导风格的“伟人”理论——即所有伟大的领导人都有某种特质——现在看来言过其实。但是，一个领导人的人格的确关系重大。实验室群体、工作小组和大型企业的高效领导人倾向于散发出一种自信的“超凡魅力”（House & Singh，1987；Shamir et al.，1993）。他们的“超凡魅力”是多种因素的混合体，包括对某些目标的洞察力，清晰并简洁地表达观点的能力，充分的乐观主义，以及鼓舞他人跟随的对团队的信念。这种类型的领导——“生成性领导”——能够激励他人认同并承担团队的任务和使命。

史密斯和泰耶（Smith & Tayeb，1989）从印度、中国台湾和伊朗的研究中收集的数据表明，高效的管理者——无论在煤矿、银行，还是在政府办公室——常显示为任务型和社会型领导的高度结合。作为有事业心的人，高效的管理者在关注工作干得如何的同时，对下属的需要也非常敏感。

依据一个经典的领导理论，管理者是喜欢支配型方式还是民主参与型方式，

> “优秀领导人的索求不会超过选民的给予能力，但是他们提出的要求常常会超出选民原本要给的，或者选民认为根本不可能给予的，并能得到满足。”
>
> ——加德纳（John W. Gardner），《卓越》，1984

取决于他们对人类动机的假设。麦格雷戈（McGregor，1960）确定了两种相对立的观点。X 理论（Theory X）管理者认为，工人基本上都很懒惰，易犯错误，并受金钱的外在驱使。因此，他们需要简单的任务、密切的监控以及激励他们努力工作的诱因。Y 理论（Theory Y）管理者作出完全不同的假设——人们是受金钱之外的内在原因驱使而工作的，例如，提高自尊心、享受令人满意的关系，以及充分发挥他们的潜力。因此，如果有足够的自由和挑战性，员工们将努力证明他们的能力和创造力。Y 理论管理者很可能让员工控制工作的进展，欢迎员工参与决策，并且乐于拥有创造性的和满意的下属（Deci et al.，1989）。在一项对美国工人的全国性调查中，那些在提供灵活时间的家庭般友好的组织中工作的人在感情上更加忠诚于他们的雇主（Roehling et al.，2001）。

Y 理论是隐藏在时代动荡背后的一种指导力量，许多商家用它来增加员工对决策的参与度；这种管理风格普遍存在于瑞典、日本，在其他地方也日益盛行（Naylor，1990；Sundstrom et al.，1990）。研究表明，尽管管理者认为他们直接监督过的工作更好，但是有一种“话语效应”：如果在决策过程中给发表意见的机会的话，人们将更加积极地响应决定（van den Bos & Spruijt，2000）。就像我们前面所指出的，积极投入工作的雇员是组织兴旺的一个标志。

穷人—富人、哈利—戴维森的故事说明了邀请工人参与决策的潜在力量（Teerlink & Ozley，2000）。1987 年，这个在生存边缘挣扎的公司开始把它的“命令与控制”管理过程转向“共同愿景过程”。其目标是：把决定、计划、发展战略的制订从顶层的几个人向下推至整个组织。总经理布勒斯坦（Bleustein，2002）说：“我们想要全体员工每天都思考如何改进公司。”在 20 世纪 90 年代中期，哈利和他的联合会签署了一份合作协议，包括他们事实上“在企业的每个方面做出的决策”。一致的决策过程可能耗时较长，但是，“当决定做出时，它很快会得以贯彻，并由团体共同执行”，布莱斯坦说。结果是有了更多的雇员和更满意的股民。在 1987 年购买的 1 美元的哈利—戴维森股票到 2002 年年底值 150 美元。认识到它一路攀升的收入和热心的客户，福布斯把哈利公司命名为 2002 年年度公司。

* * *

本章中，我们看到有明确的生理机制驱动某些动机，如饥饿（尽管习得的味觉也很重要）等。其他如工作中的成就动机，更明显地受心理因素的驱动，如对控制力的内在追求和对认可的外部奖赏等。所有动机的一致之处在于它们效果相同：都是对行为的激发和引导。

本节回顾

➤ 自问

你在学校取得成功是否受到过高度激励？这对你的学业成功有多大影响？你如何来提高你的成就水平？

➤ 自测 5

人力资源主管向你解释：“我不受测试和证明的困扰，我凭直觉来挑选雇员。”根据工业 - 组织心理学的研究，这种说法意味着什么？

自测问题的答案见书后的附录。

本章复习：动机与工作

动机的概念

1. **心理学家从哪些视角审视动机行为？**
本能 / 演化的视角要考察遗传对复杂行为的影响。驱力降低理论要考察心理需要怎样造成唤醒的紧张状态（驱力），从而指引我们的行为，满足这些需要。唤醒理论提出某些行为（比如好奇心 - 驱动的行为）背后的动机，并不会减少心理需要。马斯洛的需要层次理论提出人类需要的金字塔结构，从诸如饥饿等基本需要上升到诸如实现和超越的高级需要。

饥饿

2. **哪些生理因素导致饥饿？**
饥饿的痛感对应于胃部的收缩，但饥饿还有其他原因。食欲激素包括胰岛素（控制血糖）、瘦激素（由肥胖细胞分泌）、增食欲素（由下丘脑分泌）、饥饿素（由空胃分泌）、肥胖抑制素（由胃分泌）和酪酪肽（由消化道分泌）。下丘脑的两个区域会影响饥饿和饱足的感受，从而能调节体重。身体具有设定点（保持最适宜体重的生理上固定的趋势）或者较为宽松的设定点（还受到环境的影响）。
3. **影响饥饿的心理和文化因素有哪些？**
饥饿还反映了学习的影响，我们对上一次进食时间的记忆和我们对何时应该再次进食的预期。人类作为一种生物物种还偏爱某些口味（如甜味或咸味），但我们满足这些偏好时还受到所处环境和文化所提供的特定食物制约。某些口味偏好（如逃避新食物和使我们生病的食物）具有生存价值。
4. **如何通过神经性厌食症和狂食症揭示心理力量对生理行为的影响？**
在这些进食障碍中，心理因素可能会战胜体内平衡驱力，这种驱力会保持平衡的身体内部状态。患有神经性厌食症的人（通常为青少年女性）自己挨饿，却依然坚持节食，因为他们认为自己肥胖。而患有狂食症的人（主要是十几岁和二十几岁的女性）会大吃大喝但私下会吃泻药。文化压力、低自尊和消极情绪会与紧张的生活经验相互作用，引起进食障碍。不过，双生子研究也表明这些疾病可能会受遗传影响。

性动机

5. **人类性反应周期有哪些阶段性标志？**
马斯特和约翰逊描述了人类性反应周期的四个阶段：兴奋期、高原期、高潮期（男性和女性在此阶段似乎具有类似的感受和大脑活动）和消退期。在消退期男性还会经历不应期，期间不可能再次唤醒和体验性高潮。性障碍（持续损害性唤醒和性功能的难题）可以成功地得到治疗，通常会进行行为取向的治疗或药物治疗。
6. **激素是否会影响人类的性动机？**
女性的雌激素和男性的睾丸素对人类性行为的影响都不如动物直接。与其他哺乳类的雌性不同，女性的性活动对睾丸素比对雌激素更敏感。男性睾丸素浓度的短期变化尚属正常，这部分是由于环境的影响。
7. **外部和内部刺激对性动机有何影响？**
色情材料和其他外部刺激都能激发男女两性的行唤醒，虽然激活的脑区有一定的差别。露骨的色情材料会使人认为自己的伴侣较缺少吸引力，并且会贬低他们的伴侣关系。性胁迫的材料一般会增强观看者对强暴女性和暴力的认可。性幻想（想象中的刺激）也会影响行唤醒。
8. **哪些因素会影响青少年怀孕和性传染疾病的风险？**
青少年的性行为的发生率具有文化和时代差异。导致青少年怀孕的因素包括：无知，极少与父母、伴侣和朋友进行节育交流，对性行为的负罪感，酒精的使用，以及不采取保护措施乱交的大众媒体标准。性传染疾病传播得非常迅速。保护青少年全面的性教育工程包括避孕和禁欲教育。高智力、宗教参与、父亲的存在和参加服务性的学习项目都能预测青少年的性约束行为。
9. **性取向的研究对我们有什么启示？**
调查能告诉我们，有多少人（大约 3%）会受同性别的人吸引，但统计数字不能决定他们的人权问题。目前没有证据表明，性取向会受到环境因素的影响。生物影响可能包括：在许多动物物种中出现的同性行为，异性恋男性和同性恋男性在身体和大脑方面的差异，在某些家庭和同卵双生子中的高比率，以及在产前发展的关键期接触到某些激素。
10. **性取向的科学研究是否不受价值观的影响？**
性取向的科学研究并不企图确定性在我们生活中的个人意义，但性研究和性教育会受到价值观的影响。

归属需要

11. **有何证据表明我们人类具有归属需要？**
我们与人交往或归属的需要（感到与他人发生联系或认同他人）对于我们的祖先具有生存价值，这可以解释为什么所有社会的人都生活在群体之中。通过威胁排斥个体（拒绝接纳或避开他人），世界各地的社会都可以控制其成员的行为。如果被社会排斥，人们可能会发生自我挫败的行为（不能发挥自己的能力）或者反社会行为。

工作动机

12. **人事心理学家怎样帮助组织进行员工招聘、工作实习和绩效评估？**
人事心理学家和组织一起设计新员工的甄选方法，招募和评价应聘者，设计和评价培训项目，识别人们的优势，分析工作内容，以及评价个体和组织绩效。主观性的面试会助长面试官的错觉；结构性的面试能精确地找出与工作有关的优势，可以较好地预测绩效。检查表、图形评定量表和行为评定量表都是绩效评估的实用工具。

13. 组织心理学家的作用是什么？

组织心理学家要考察影响工人满意度和生产率的因素，促进组织变革。员工的投入程度往往与组织成就相关。领导风格有目标导向的（任务型领导）、群体导向的（社会型领导）或者两者的混合。

术语与概念

动　机
本　能
驱力降低理论
体内平衡
诱　因
需要的层次
血　糖
设定点
基础代谢率
神经性厌食症
狂食症
性反应周期
不应期
性障碍
雌激素
睾丸素
性取向
流畅感
工业 - 组织心理学
人事心理学
组织心理学
结构性面试
成就动机
任务型领导
社会型领导

网站

自测的多项选择题和其他习题请访问：www.worthpublisher.com/myers

第 12 章

情绪、应激与健康

情绪理论
情绪的具体表现
情绪与自主神经系统
特定情绪的生理共性
特定情绪的生理差异
认知与情绪
批判性思考：测谎
情绪的表达
觉察情绪
性别、情绪与非言语行为
文化与情绪表达
面部表情的功能
情绪的体验
恐　惧
愤　怒
快　乐
特写：怎样才能更快乐
压力与健康
压力与疾病
压力与心脏
压力与疾病的易感性
促进健康
压力应对
特写：宠物也是人类的朋友
压力管理
批判性思考：补充与替代医疗
特写：放松反应

众所周知，情感给人们的生活增添了色彩，在应激状态下，它则可以毁掉或拯救你的生命。在所有的物种当中，人类显得最为情绪化（Hebb，1980）。相比其他物种，我们会更多地表达害怕、愤怒、悲伤、喜悦和爱。

我们都能回忆起曾被情绪打败的经历。有一天，我带着刚学会走路的大儿子彼得去一个大商场冲洗胶卷，当我放下孩子准备付账签单时，一个行人提醒说："你最好小心点，别把孩子丢了！"我把胶卷放进槽里后转过身来，仅仅一会儿工夫，彼得就不见了。这一天的记忆非常清晰地留在我的脑海中。

一开始我只是有点着急，在柜台的一头四处寻找，没有看到彼得。心里有些急了，又去柜台另一头寻找，还是没有彼得。现在，我的心跳加快了，开始在附近的柜台来回地找，仍然没有彼得。此时，焦急变成了恐慌，我开始在商场的通道上来回奔跑，还是没有找到他。得知我丢了孩子，商场经理用广播请求顾客帮助寻找一个丢失的孩子。过了一会儿，我碰到刚才提醒我的那位顾客，他责怪我说："我警告过你，你会丢了孩子的！"想象着孩子已经被拐走（陌生人通常喜欢漂亮的孩子），我不得不承认，可能是我的疏忽导致我弄丢了自己最爱的孩子，而最为可怕的是，我不得不独自回家面对我的妻子。

但过了一会儿，当我再次经过顾客服务台时，孩子已经在那儿了，某个好心的顾客将他找到并送回！顷刻间，恐惧转换为狂喜。我抱紧儿子，泪流满面；我已经无法表达自己的谢意，高兴得跌跌撞撞地冲出了商店。

这些情绪从何而来？为什么我们会有这些情绪？它们是由什么构成的？其实，情绪是我们身体的适应性反应。当我们面临挑战时，情绪使我们的注意力集中，使我们的行动充满力量。我们的心跳加剧，步伐加快，所有的感官都处于高度警觉状态。获悉意想不到的好消息，我们的眼里会噙着泪水，我们会欢快得手舞足蹈，并感到精力充沛、信心百倍。然而当我们体验到持续的压力时，情绪也会损害我们的健康，我们即将会明白这一点。

情绪理论

1. 情绪有哪些组成部分？

就像上述我焦急地寻找彼得的故事所描绘的，**情绪**（emotion）是一个混合物，由三个部分所组成，即（1）生理唤醒（心跳加快）；（2）外显行为（步伐加快）和（3）意识体验，包括思维（这是拐骗吗？）和情感（恐惧感和随后的喜悦）。但下

▸▸ 不仅仅是情绪，大多数心理现象（视觉、睡眠、记忆、性等等）都可以从这三个方面来解释，即生理上的、行为上的和认知上的。

面所面临的困惑是，这三个部分是怎样结合在一起的。

情绪来自于生理唤醒、外显行为和意识体验的相互作用。然而，对这种相互作用存在着两种争论。首先是一个老话题，即先有鸡还是先有蛋的争论：你的生理唤醒先于还是晚于你的情绪体验？（我们是先注意到心跳加速或步伐加快，然后才感到焦虑恐慌呢？还是我们先感到恐惧再引发心脏和腿的反应？）；其次是关于认知与情感的相互作用：认知总是先于情绪吗？（我们必须在情绪反应之前有意识地对威胁做出评价吗？）

常识告诉我们，我们哭是因为伤心，猛打是因为生气，发抖是因为害怕，即先有意识体验，再有躯体反应。但心理学的先驱威廉·詹姆斯却认为，这种关于情绪的常识是错误的，刚好把顺序弄反了。根据詹姆斯的观点，“我们感到难受是因为我们哭泣，感到气愤是因为我们打斗，感到害怕是因为我们颤抖”（James，1890，p. 1066）。也许你会想起你的汽车急剧滑向人行道的那一刻。汽车先猛冲出去并失去控制，你再紧急刹车并重新得到控制。险情一结束，你就注意到你的心脏怦怦直跳，害怕得浑身发抖，并有惊魂未定的情绪体验。因此，你的恐惧感在你身体反应之后。詹姆斯的观点得到了丹麦心理学家卡尔·兰格（Carl Lange）的支持，所以被称为**詹姆斯—兰格理论**（James-Lange theory）。

詹姆斯—兰格理论受到了美国心理学家沃尔特·坎农（Walter Cannon，1871-1943）的批评，他认为那是不可信的。坎农认为躯体反应不足以明显地唤起不同的情绪。心跳加速就是恐惧、愤怒和爱的信号吗？而且，心率、呼吸、体温的改变显然太慢了，不足以引发突如其来的情绪。坎农和之后的另一位生理学家菲利普·巴德 (Philip Bard) 一致认为，生理唤醒和我们的情绪体验是同时发生的：一个唤起情绪的刺激到达大脑皮层，引起了主观的情绪体验；同时又下传至交感神经，导致机体的唤醒。**坎农—巴德理论**（Cannon-Bard theory）说明你心跳加速和你体验到恐惧是同时发生的，它们不是因果关系。

让我们来考察一下你对詹姆斯—兰格理论和坎农—巴德理论的理解。想象一下，假如你的大脑不能感觉到你心脏的剧烈跳动或者胃部的翻腾，依据这两种理论，这将对你的情绪体验造成什么样的影响？

坎农和巴德可能会认为你仍然能正常地体验情绪，因为他们认为情绪的产生是独立于（尽管是同时发生）躯体唤醒的。詹姆斯和兰格则可能会认为情绪体验将大大减弱，因为他们认为要产生情绪体验就必须先感知到躯体的唤醒。

沙克特和辛格（Schachter & Singer，1962）提出第三种理论：我们的生理和认知（知觉、记忆和诠释）一起引发了情绪。他们提出的**双因素理论**（two-factor theory）认为情绪有两个成分：生理唤醒和认知标签（图 12.1）。同詹姆斯和兰格一样，他们认为我们的情绪体验源于我们对机体唤醒的意识。然而，像坎农和巴德一样，他们也认为各种情绪体验在生理上是相似的。因而，按照他们的观点，情绪体验需要对生理唤醒进行有意识地解释。

AP Photo/Charlie Neibergall

欢乐的表达 根据詹姆斯—兰格理论，我们欢笑不全是因为我们分享了队友的欢乐。因为我们与队友一起欢笑，所以我们分享了快乐。

为评价这三种情绪理论，我们将在下一部分思考研究者为回答以下三个问题而收集的证据：

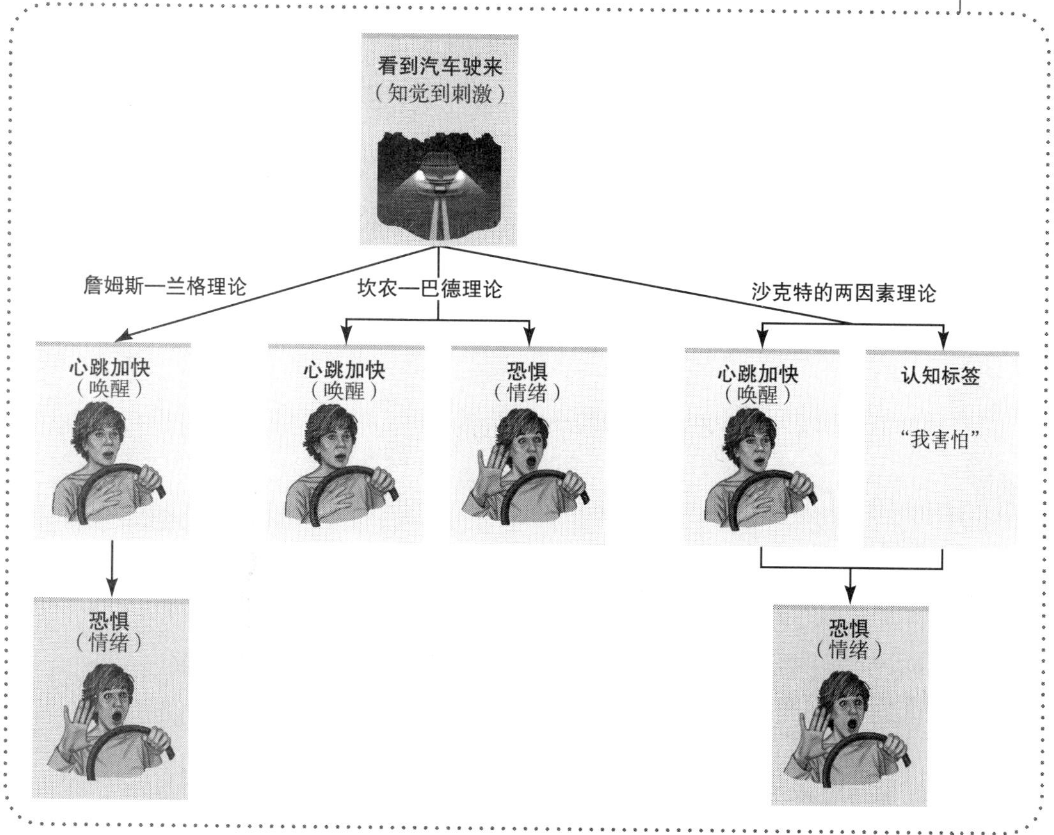

➤ 图 12.1
情绪理论

- 生理唤醒是否总是先于情绪体验？
- 不同的情绪是否有不同的生理反应？
- 我们的认知与我们的感受存在何种关联？

本节回顾

➤ 自问

你能否记得曾经感到不安或焦虑，但只有事后才能标定这些感受？

➤ 自测 1

克里斯汀正抱着她 8 个月大的孩子，一只呲牙咧嘴的恶狗出现了，它扑向孩子的脸。克里斯汀立即弯下腰去保护孩子，并冲着狗尖叫，然后她注意到她的心正怦怦直跳，并且出了一身冷汗。詹姆斯—兰格理论、坎农—巴德理论和双因素理论将如何解释克里斯汀的情绪反应呢？

自测问题的答案见书后的附录。

情绪的具体表现

无论你正在热切地盼望期待已久的假期，还是身陷爱河，或者因为失去爱人而痛苦，你无疑会承认这些情绪都牵涉到机体活动。没有身体活动的感受就像没有肺的呼吸一样。有些生理反应很容易被注意到，但有些生理反应（许多发生在大脑神经元的水平上）根本意识不到。

自主神经系统控制生理唤醒

交感神经系统（唤醒作用）		副交感神经系统（镇静作用）
瞳孔扩张	眼睛	瞳孔收缩
减少	唾液分泌	增加
排汗	皮肤	干燥
增加	呼吸	减少
加快	心跳	减缓
抑制	消化	活跃
分泌应激激素	肾上腺	减少应激激素的分泌

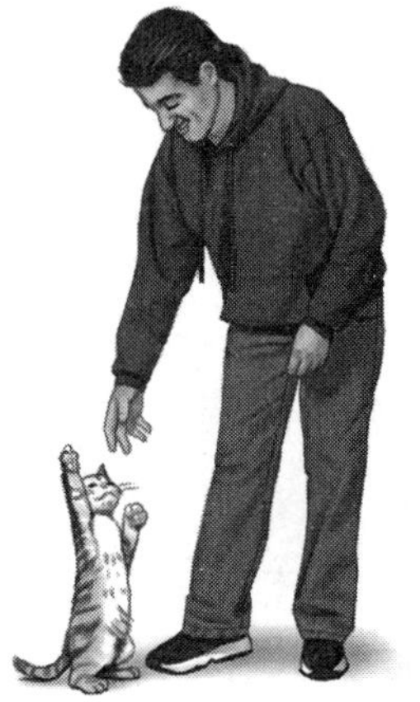

➤ 图 12.2
情绪唤醒
自主神经系统就如危机控制中心，在危机发生时唤醒身体，而危机过去时则让身体平静下来。

情绪与自主神经系统

2. 情绪唤醒与自主神经系统有何关联？

我们在第 2 章中已经知道，面临危机时，正是你的自主神经系统调动身体做出动作，危机过去时则让身体平静下来（图 12.2）。在没有任何意识努力的情况下，你的机体对危险的反应也是非常协调并具有适应性的——使你随时做好战斗或逃跑的准备。

> "恐惧加快了他的步伐。"
> ——罗马诗人维吉尔，《埃涅伊德》(19 B.C)

自主神经系统的交感神经刺激位于肾脏上方的肾上腺，以分泌肾上腺素和去甲肾上腺素。肾上腺素和去甲肾上腺素分泌增多，会使心率加快、血压升高、血糖水平增加。当危机解除后，副交感神经系统开始活动，使机体恢复平静。但是，即使副交感神经系统抑制应激激素的继续分泌，那些已经在血液中的应激激素也会停留一会儿，所以，唤醒水平是逐渐减弱的。

在许多情形下，唤醒是具有适应性的。当你参加一项考试时，适度的唤醒——警觉而不是紧张得发抖——是有好处的。适度唤醒水平下的工作绩效通常最好，但最佳工作绩效的唤醒水平因任务不同而有所不同。简单或易学的任务，高的工作绩效伴随着较高的唤醒水平；而困难或复杂的任务，其最佳唤醒水平则要低些（图 12.3）。但太低的唤醒（比如昏昏欲睡）具有破坏作用，持续的高唤醒则消耗体能（本章稍后详细讨论）。

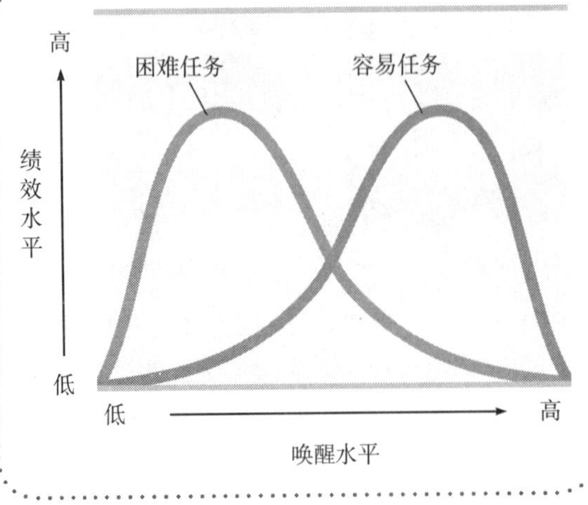

➤ 图 12.3
唤醒水平和绩效
对于困难的任务，最佳绩效需要较低的唤醒水平；对于简单或容易的任务，最佳绩效则需要较高的唤醒水平。因此，赛跑选手在竞赛时得到唤醒，发挥最好。但面临困难的考验时，高度的焦虑会妨碍绩效。在考试之前教导焦虑的学生学会放松自己，能让他们取得更好的成绩（Hembree，1988）。

特定情绪的生理共性

3. 不同的情绪是否会激活不同的生理和大脑反应模式？

设想做一个实验来测量情绪的生理反应。在四个房间里，你分别让被试看不同的电影：第 1 个房间，一部恐怖电影；第 2 个房间，一部能激起愤怒的电影；第 3 个房间，一部能引起性唤醒的电影；第 4 个房间，一部令人厌倦的电影。在控制中心，你能监视每一个人的生理反应，测量出汗、呼吸和心率的变化。你认为你能否通过这些生理指标辨别出谁是害怕的？谁是愤怒的？谁是性唤起的？谁是厌倦的？

AP Photo/HO

情绪唤醒 兴奋的愉悦与揪心的恐惧涉及类似的心理唤醒。这能让我们在这两种情绪之间快速地变换。

经训练，你可能找得出那位感到厌倦的看片者。但是要辨别恐惧、愤怒和性唤醒之间的生理变化差异是非常困难的（Barrett，2006）。不同的情绪并没有生理指标的显著差异。

然而，对于你我来说，恐惧、愤怒和性唤醒的感觉是不同的。如果恐惧，你可能在胸部有一种被攫住、往下沉的感觉，胃壁紧缩。如果愤怒，你可能会感到“脖子以下发热”，并可能体验到压迫式的内心紧张。如果受到性刺激，你将体验到生殖器的反应。尽管有相似的唤醒，但是恐惧和愤怒不仅感受不同，并且看起来也不一样。人们可能表现为“被吓瘫了”或因愤怒而“即将爆发”。所以，通过研究能查明每种情绪的生理指标之间的差异吗？有时候是可以的。请继续往下阅读。

> “没有人曾告诉我悲伤竟与恐惧如此相像。我并不害怕，但感觉就像害怕。同样的胃壁紧缩，同样的不安，并张着嘴一个劲地吞咽。”
>
> ——C. S. 刘易斯，《卿卿如晤》，1961

特定情绪的生理差异

研究者发现在不同的情绪之间，存在某些真实却又微小的生理差异。有时，伴随着恐惧和愤怒而产生的手指温度和激素分泌确实是不同的（Ax，1953；Levenson，1992）。尽管恐惧和喜悦都可以引起相似的心率加快，但是它们刺激了不同的面部肌肉。恐惧时，额头肌肉变得紧张；喜悦时，脸颊和眼下部的肌肉则展露微笑（Witvliet & Vrana，1995）。

各种情绪所涉及大脑回路也有所不同（Panksepp，2007）。观看恐惧面孔的人比观看愤怒面孔的人，其杏仁核的脑电活动更强（Whalen et al.，2001）。第 2 章我们提到了杏仁核的功能，刺激猫的边缘系统的某一区域可以消除猫看见老鼠的暴怒感；而刺激边缘系统的另一个区域，猫又将显得很愤怒——瞳孔放大、皮毛和尾巴都竖起来，爪子伸长，狂暴地发出嘶嘶声。

当人们体验到负性情绪（如厌恶）——并且当他们具有一般性的消极人格时——其右侧前额皮层比左侧显示出更多的脑电活动。有抑郁倾向的个体也显示出更多的右前额皮层活动（Harmon-Jones et al.，2002）。一个在脑外科手术中失去了部分右前额叶的人，他那因祸得福的妻子报告说，他变得不再易怒而更加慈爱。

相反，有正性情绪和积极人格的个体——充满活力的婴儿和机敏的、精力旺盛、持之以恒的成人，其左前额叶比右前额叶显示出更多的脑电活动（Davidson et al.，1990；Davidson，1999，2000）。左前额叶丰富的多巴胺受体有助于解释为什么脑电活动活跃的左半球与活跃的性格相联系。

▸▸1966 年，一个名叫查理·惠特曼的青年，杀死了他的妻子和母亲，然后爬上了得克萨斯大学的塔顶，枪杀了 38 人。之后的验尸报告显示，脑部有肿瘤压迫着他的杏仁核，这可能是导致他暴力行为的原因。

因此，尽管不同的情绪，如恐惧和愤怒包含着相似的自主唤醒（如相似的心率变化），但真实而细微的生理差异可以有助于解释为什么我们会有如此不同的情绪体验。而且，大多数伴随着情绪产生的生理反应都具有先天性和普遍一致性——无论你来自苏门答腊岛的乡村还是来自北美洲（Levenson et al.，1991）。

* * *

我们已经了解各种情绪，比如恐惧、高兴和愤怒等都涉及相同的自主唤醒过程（如类似的心率）。我们还了解不同情绪之间存在真实而又微小生理和脑模式的差别。这些新证据对詹姆斯—兰格理论、坎农—巴德理论和情绪双因素理论的评价会产生何种影响？情绪之间存在真实差异的证据使得詹姆斯—兰格理论看似正确。进一步的证据来自对脊髓断裂病人的观察。心理学家霍曼（Hohmann，1966）访谈了 25 名在二战中脊髓受损的士兵。他让他们回忆发生在他们脊髓受伤前和受伤后的情绪唤醒事件。那些脊髓低端受损的，即仅仅失去腿部知觉的士兵，报告说他们的情绪几乎没有改变；而那些颈部以下丧失知觉的士兵则报告其情绪的强度有明显的减弱（就像詹姆斯和兰格所假设的那样）。这些士兵说，尽管在情绪状态下，他们的行为能表现得和过去一样，但一个士兵坦言，类似愤怒这样的情绪："已不像过去那样激烈，它仅仅是一种内心的愤慨。"但是他们对颈部以上身体部位的情绪表达却更强烈。事实上所有接受霍曼采访的人都报告，他们在与人告别、做礼拜或看感伤电影时，流泪、喉咙哽咽和阻塞的情况都增多了。有研究者认为，这类证据证实了我们的感受都是我们身体反应和行为的"影子"（Damasio，2003）

这是否意味着坎农—巴德理论是错误的？不。现在大多数研究者仍赞同坎农—巴德理论，即认为我们的情绪体验也包括认知，这个话题我们接下来讨论（Averill，1993；Barrett，2006）。我们是否会对漆黑的大街上走在我们后面的人感到恐惧，这完全依赖于我们把他的行为解释为威胁还是友好。按照詹姆斯—兰格理论，我们可以说身体反应是情绪的重要成分。按照坎农—巴德理论，我们可以说情绪体验比觉察到的身体反应更丰富。如果事实并非如此，那么测谎仪就万无一失，很遗憾并非如此（参见下文的批判性思考：测谎）。

认知与情绪

4. 要体验情绪，我们必须进行有意识的解释并且赋予它们标签吗？

我们的思维内容和感觉方式之间有什么联系？哪个是鸡，哪个是蛋？离开思维我们还能体验到情绪吗？抑或我们所想的就是我们所感受的情绪吗？

认知可以定义情绪

有时我们对一个事件的唤醒反应会溢出，进一步加强我们对下一个事件的反应。想象一下，你兴高采烈地跑回家后得到一个喜讯，告诉你得到了渴望已久的工作。比起在睡眼惺忪之时得到这个消息，你是否觉得伴随着跑步所带来的生理唤醒，会更令你兴奋呢？

为了考察是否存在情绪的*外溢效应*（spillover effect），沙克特和辛格（Schachter & Singer，1962）给大学生被试注射了肾上腺素，使他们处于唤醒状态。假定你也是他们中的一员：注射结束后，你去了等候室，发现还有一个人在那儿（实际上是实验者的助手），这个人或者表现得很高兴或者很气恼。你在观察这个人时，开始觉得心跳加快、身体发热、呼吸越来越急促。如果事先被告知这是注射肾上腺素后产生的生理反应，你会有怎样的感觉？沙克特和辛格的被试几乎没有产生什么情绪体验——因为他们将这种唤醒归因于药物的作用。但是如果事先被告知注射药物不会产生任何影响，你又会有什么感觉？可能你会像另一组被试的反应一样，被和你在一起的那个人的情绪所“左右”——如果他表现得高兴你就会开心，如果他表现得气恼你就会焦躁。

溢出效应 由一场足球赛引起的唤醒可以引发并加剧人们的愤怒，有时甚至会导致暴力冲突。

一种唤醒状态可以被体验为一种情绪或另一种完全不同的情绪，这依赖于我们怎样对这种唤醒进行解释和标定，这一发现已经在很多实验中被重复验证。尽管情绪唤醒并不像沙克特所认为的那样没有差别，但是唤醒的确能强化任何情绪体验（Reisenzein，1983；Sinclair et al.，1994）。如果一个刚做完自行车运动或刚看完摇滚音乐录像的人受到辱骂，那么他们很容易将其唤醒错误地归因于受到了挑衅。他们愤怒的情绪会比那些同样被激怒但之前未被唤醒的人更强烈。由愤怒、恐惧或性兴奋等不同情绪所引起的各种唤醒状态，都可以从一种情绪状态波及到另一种情绪状态（Zillmann，1986）。在激起愤怒的情景中，性唤醒的人们会表现得更敌对；而激烈的争吵或打斗引起的唤醒可能会加剧性兴奋（Palace，1995）。正如双因素理论所预期的，唤醒 + 标签 = 情绪。情绪唤醒或许并不如沙克特和辛格所认为的那样没有差别，但来自各种不同情绪（如愤怒、恐惧、性兴奋等）的唤醒的确会溢出，从一种情绪转移到另一种情绪（Reisenzein，1983；Sinclair et al.，1994; Zillmann，1986）。请牢记这点：唤醒激起情绪，认知引导情绪。

> “某个人面对悬崖诠释为恐惧的感受，可能会被另一个人诠释为面对身着透明衬衣的美女所产生的色欲。”
>
> ——丹尼尔·吉尔伯特，《撞上幸福》，2006

认知并非总是先于情绪

那么，要产生情绪体验，我们就必须先对唤醒贴标签吗？扎荣茨（Zajonc，1980，1984a）的回答是否定的。他认为我们的情绪反应快于我们对情境的解释，因此情绪体验出现在思维之前。比如，在前面的章节中我们提到，当人们重复观看那些快速呈现但不能够感知和回忆的刺激时，尽管他们没有意识到曾经见过这些刺激，但他们却倾向于偏好这些刺激。一个潜意识里闪过的微笑或愤怒的表情，也可使我们对接下来的刺激产生更好或更坏的感觉（Murphy et al.，1995）。后续实验也证明了我们的某些情绪反应是无意识的、非理性的，而且一闪而过（Duckworth et al.，2002；Stapel et al.，2002）。

对神经过程的研究表明了我们是怎样在认知之前体验情绪的。一些与情绪相关的神经通路能绕过与思维相关的皮层区域。有一条通路从眼或耳开始经过丘脑到达杏仁核——情绪控制中心；这条从眼到杏仁核的捷径，绕过了皮层，使我们在认知判断之前就产生快速的情绪反应（图 12.4）。有时我们的情绪反应实在是太快了——人们的面部肌肉能巧妙地模仿那些出现太快而难以有意识地察觉到的快乐或愤怒的表情——以至于我们可能都没有意识到发生了什么（Dimberg et al.，2000）。在一个有趣的实验里，惠伦等人（Whalen et al.，2004）利用 fMRI 技术观察了杏仁核对阈下呈现的恐惧眼睛的反应（图 12.5）。与控制组（呈现白色的快乐眼睛）相比，恐惧的眼睛引发了杏仁核激活的增加（尽管没有人意识到看到它们）。

▸▸ 你能在不知道原因的情况下，立即回忆起喜欢的人或事吗？

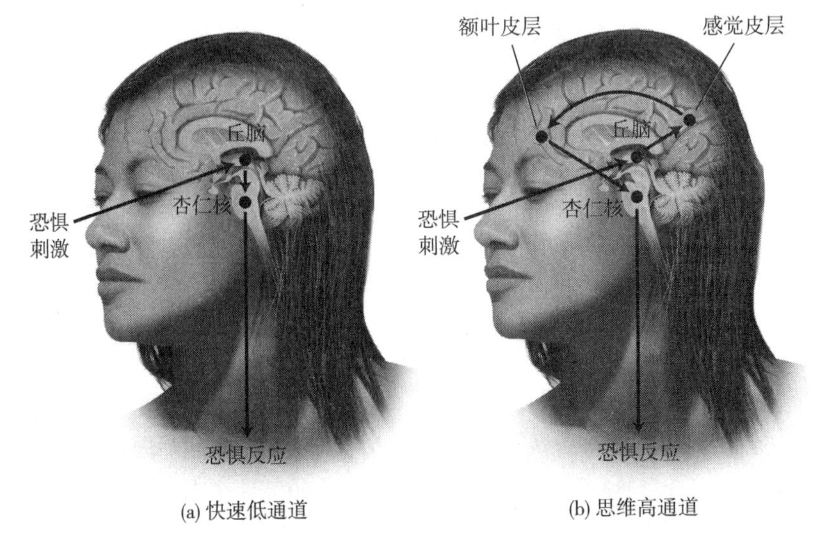

➤ 图 12.4
情绪的大脑捷径（见彩插）
在双通道的大脑里，感觉刺激可以通过（a）直接将感觉刺激发送到杏仁核（经由下丘脑），以便作出紧急的情绪反应，或者经由（b）传递至大脑皮层进行分析。

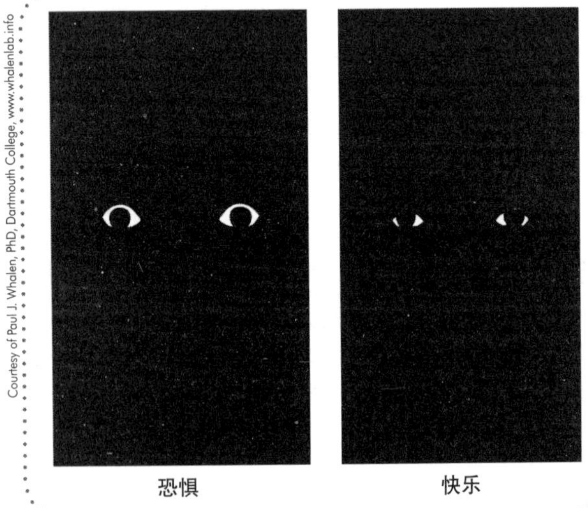

➤ 图 12.5
大脑对威胁的敏感性
即使恐惧眼（左图）一闪而过，人们根本没法看清，fMRI 扫描表明，他们高度警觉的杏仁核变得唤醒（Whalen et al., 2004）。而右边的快乐眼则没有这一效应。

杏仁核发送到皮层区域的神经信息多于它从大脑皮层接受的信息，这使情感对思维的制约比思维对情感的控制更容易（Le Doux & Armony，1999）。在皮层对威胁作进一步的解释之后，大脑才接管了情绪。在森林里，我们被附近沙沙作响的叶子吓了一跳，之后才由皮层决定这个声音是由猛兽发出还是仅仅由风引起。这样的经历支持了扎荣茨的观点，他认为我们的某些情绪反应不包括谨慎的思考，也就是说认知并不总是情绪所必需的，心也并不总是受大脑制约。

情绪专家拉扎勒斯（Lazarus，1991，1998）不同意这种说法。他承认我们的大脑可以在没有意识的情况下对大量的信息进行加工和反应，也相信某些情绪反应不需要有意识的思维。然而，他指出，即使是一些即刻感受到的情绪也需要对情境作某种认知的评价；否则，我们怎么知道我们正在对什么作反应呢？这种评价可能是不需要意志努力的，我们可能意识不到，但它仍然是一种心理功能。当我们评价一件事对我们健康的利害关系时，情绪就产生了，而不管我们是否真的知道它的利弊。我们把树叶沙沙作响的声音评价为出现猛兽，之后才知道那“仅仅是风”。

内疚、快乐和爱等复杂的情绪，明显源自我们的解释和预期。高度情绪化的人，其强烈的情绪体验部分是因为他们的解释所致。他们将事件个人化，就好像这些事件是指向他们的，但他们却又把他们的体验泛化（Larsen et al.，1987）。我们是否觉得气恼、沮丧或不被别人接受，取决于我们是否将成绩不好归因于不公正的考试、倒霉、自己的无能或是缺少准备（Weiner，1985）。将失败归于自己的无能将大大削弱我们的动机：“如果我们没有这种能力，为什么还要去尝试？”如果我们将失败归于不公正，我们将感到愤怒。

总之，如扎荣茨和勒杜所证明的，一些情绪反应——特别是简单的喜欢、不喜欢和恐惧——不涉及有意识的思维（图 12.6）。我们可能害怕蜘蛛，即使我们“知道”它是无害的，但我们很难通过改变我们的思维来改变这种反应。

其他的情绪——包括心境（如抑郁）和复杂的情感（如爱和恨）——在很大程度上受解释、记忆和预期的影响。对于这些情绪，你将会在第 16 章中见到，学会更积极地看待我们自己和周围的世界，这样会使我们感觉更好。

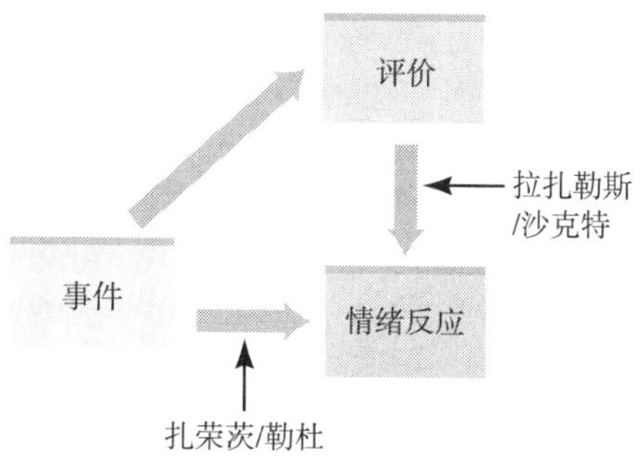

➤ 图 12.6
双加工的另一个例子：情绪产生的两种路径
扎荣茨和勒杜（Le Doux）强调，一些情绪反应是即刻的，它们先于任何意识评价而出现。拉扎勒斯、沙克特和辛格则强调，我们对事件的评价和标签也决定我们的情绪反应。

本节回顾

➤ **自问**

你能想起最近一次你的身体对一个情绪唤醒情境的生理反应吗？比如一个难以应付的社交场合或者是一个你非常担心的测验或比赛？你把这一情景看成是挑战还是威胁？你做得怎么样？

➤ **自测 2**

自主神经系统的两个分系统怎样帮助你应对危机和从危机中恢复过来？这与情绪的研究为何有关联？

自测问题的答案见书后的附录。

情绪的表达

5. 我们如何通过非言语渠道沟通？

有一种辨别人类情绪的简便方法：观察他们的身体姿态，听他们说话的语气，研究他们的面部表情。人们表达出的行为会揭示他们的情绪。这种非言语的语言是否具有文化差异，抑或普遍存在？我们的表达是否会影响我们的情绪体验？

“我的主人，你的脸是一本书，在那里男人可以读到陌生的故事。”
——麦克白夫人对她的丈夫说，出自莎士比亚的悲剧《麦克白》

觉察情绪

所有人都能像口语交流那样，进行非言语沟通。果断的挥手，立即转达了一种外向的、善于表达的性格（Chaplin et al.，2000）。我们可以用深深的注视、匆匆的一瞥或怒目而视来表达亲密、服从或控制（Kleinke，1986）。热恋的情侣凝视着对方的眼睛象征着天长地久和两情相悦（Rubin，1970）。凯勒曼等人（Kellerman et al.，1989）想知道这种亲密的注视能否在陌生人之间引起这样的

情绪的无声语言 印度古典舞能利用面孔和身体有效地传达 10 种不同的情绪（Hejmadi et al.，2000）。

批判性思考

测 谎

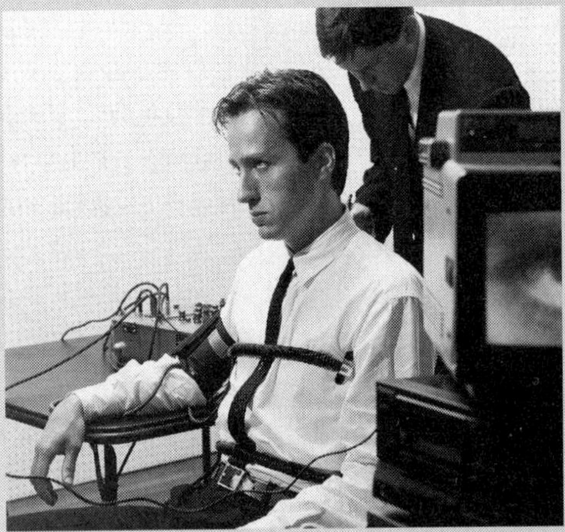

Dream Pictures/Getty Images

图中的多导仪能否识别说谎者？欲知详情，继续阅读！

测谎仪或**多导仪**（polygraph）的制造者或使用者认为，情绪的生理指标就像《木偶奇遇记》里的匹诺曹的鼻子一样鉴别谎言。实际上，多导仪并不能正确地识别谎言，随着我们对情绪生理测量理解的增加，其精确性不断受到质疑。

测量伴随情绪的几种生理反应，如呼吸的改变、心血管活动和出汗。审查人员检测他回答问题时的这些生理反应。有些控制性问题，意欲使任何一个人都觉得有点紧张。例如被问及，"在过去20年里，你是否曾经拿过不属于你的东西？"时，很多人会撒个小谎，作否定的回答，但由此引起的唤醒将被多导仪检测到。如果你对关键问题（如"你是否曾从你以前的雇主那里偷过东西？"）的生理反应比对控制问题的反应弱，审查人员就推断你在说实话。

但这样做存在两个问题：第一，从一种情绪到另一种情绪，我们的生理唤醒大抵相同——焦虑、恼怒和内疚都会激起相似的生理反应。第二，这些测试大约有三分之一的次数会出错，无辜的人面对关键问题所提及的指控表现出提升的紧张时尤其如此（图12.7）。很多强奸受害者在测谎测试中也有类似的"失误"，诉说强奸者的真相时，她们的反应都很情绪化（Lykken，1991）。

2002年国家科学学会报道，"用多导仪没有抓获过一个间谍"。原因并不在于缺乏尝试。美国联邦调查局（FBI）、中央情报局（CIA）和国防部花了数百万美元测验了几万名雇员。但其间，埃姆斯却过着难以置信的奢华生活，他就是埋伏在CIA的俄国间谍，却从未被测谎仪识别出来。罗伯特·帕克（Robert Park，1999）提到，埃姆斯"做了很多测谎试验，但都通过了"。"没人想去调查他财富暴发的原因——毕竟，他通过了所有的测谎试验。"所以说，测谎仪也会说谎。

更为有效的测谎方法使用犯罪知识测试，用只有警方和犯罪人才知道的犯罪场景细节来评价嫌疑人对此的生理反应（Ben-Shakhar & Elaad，2003）。比如，假如照相机和电脑被偷，可以假定只会有一位嫌疑人对特定的品牌产生强烈的反应。考虑到这种具体的探察非常多，无辜的人就很少会被错误地指控。

若干21世纪的研究团队正在探索抓住说谎者的新方法。有些研究者开发了计算机软件，以比较说真话的人与说谎者的

情感。为了寻求答案，他们让一些不认识的男、女配对，用两分钟时间一心一意地注视对方的手或眼睛。分开之后，注视的双方均报告说有一种彼此吸引和爱慕的兴奋感。

大多数的人都能很好地解读老式无声电影中的非言语线索，以识别其中蕴含的情绪。我们特别善于识别非言语形式的威胁。当情绪用非言语形式表达时，愤怒是最容易被察觉的（Scherer et al.s，2001）。在一大堆的面孔中，一张愤怒的脸要比一张快乐的脸更快地"凸现出来"（Fox et al.，2000；Hansen & Hansen，1988；Öhman et al.，2001）。

经验也可以提高我们对特定情绪的敏感性。对呈现的一系列面部表情（图12.9），从悲伤、恐惧到愤怒，在身体上受过虐待的儿童比其他儿童更快地看到愤怒的表情。呈现一张有60%恐惧和40%愤怒的面孔，他们更倾向于将愤怒知觉为恐惧。他们的知觉对一闪而过的危险信号非常敏感，而这是未受过虐待的儿童觉察不到的。

难以控制的面部肌肉泄露了你可能试图隐藏的情绪迹象。仅仅轻轻地上挑眉毛的内部，这一潜意识的动作，就泄露了你的忧伤和烦恼。眉毛上扬并挤到一块

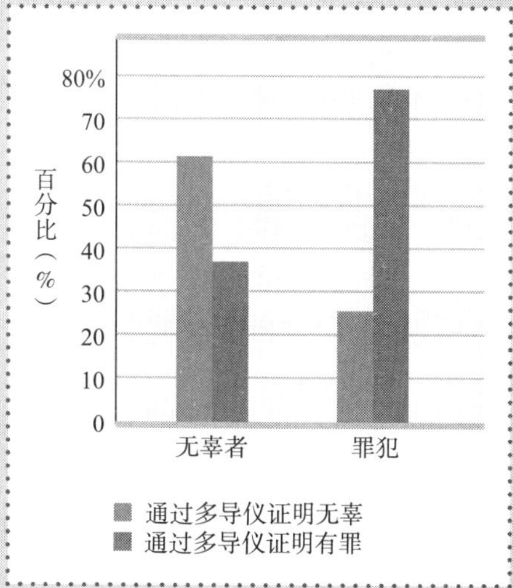

➤ 图 12.7
测谎仪出错的几率是多少？
克兰芒茨和肖克欧（Kleinmuntz & Szucko，1984）让测谎专家研究 50 名最终被确认为有罪的盗窃嫌疑人和 50 名被证明为无辜的犯罪嫌疑人的测谎数据。结果发现，如果测谎专家是法官，将会有超过 1/3 的无辜者被判为有罪，将近 1/4 的罪犯被判为无罪。

语言，说谎者会较少使用第一人称代词，较多地使用消极情绪的词语。还有软件分析面部的微表情与说谎的关联（Adelson，2004；Newman et al.，2003）。心理学家保罗·艾克曼（Paul

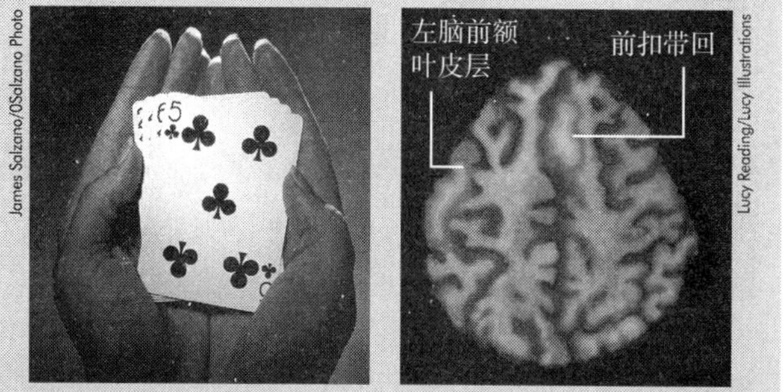

➤ 图 12.8
说谎，说谎，脑子着火
fMRI 扫描已找到两个脑区，如果参与者说谎，称自己握有 5 张梅花的同花牌，这两个脑区就会变得异常活跃。

Ekman，2003）已经开办了训练辅导班，教导司法人员捕捉面部表情中稍纵即逝的欺骗信号。

还有研究者直接探索欺骗的根源——大脑。脑电图（EEG）记录能揭示熟悉犯罪场景的脑电波，fMRI 扫描能显示说谎者大脑点亮的脑区，而诚实之人的相同脑区不会点亮（Langleben et al.，2002，2005，2006）。匹诺曹泄露谎言的信号并不是鼻子的长度，而是诸如左脑额叶和前扣带回等脑区泄密的活动，当大脑要抑制说真话时这些部位会激活（图 12.8）。由心理学家米切尔·加扎尼加（Michael Gazzaniga）主导的“法律和神经科学”项目，耗资一千万美元，旨在评价新科技是否适用于识别恐怖分子和犯罪分子，保护无辜的人（Dingfelder，2007）。

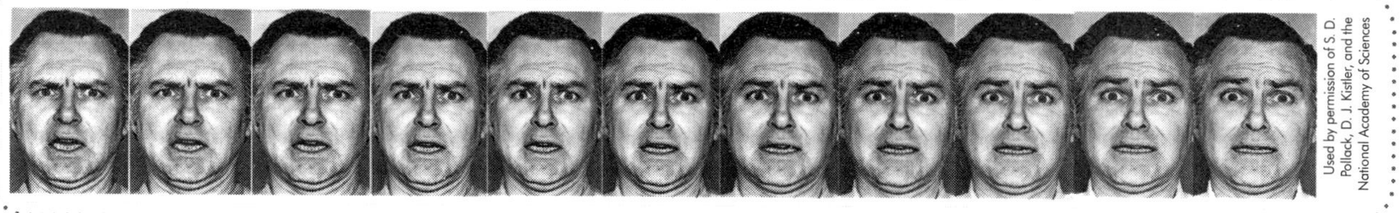

➤ 图 12.9
经验影响我们对情绪的感知
当呈现一幅由恐惧或悲伤分别与愤怒均衡混合的人脸图像，身体受过虐待的儿童比未受过虐待的儿童更容易将它感知为愤怒（Pollak & Kistler，2002；Pollak & Tolley-Schell，2003）。

意味着害怕。眼下部的肌肉活动和面颊的上升表达了一个自然的微笑。假笑，就像我们对一个摄影师的微笑，通常会持续 4 或 5 秒以上。到那时，大多数真实的表情都已经消失了。假笑也比真实快乐的微笑来得快去得急（Bugental，1986）。

我们的大脑在觉察微妙的行为方面非常神奇。巴巴德等人（Babad et al.，1991）在录制教师与未曾谋面的儿童的谈话之后，发现了这一神奇的现象。仅仅呈现 10 秒钟有关教师与儿童对话时的声音或面孔的录像剪辑，就给年轻和年老的观察者提供了足够的线索，以确定这位教师是否喜欢和爱护这个儿童。教师们可能认为他们能隐藏自己的情感，保持客观，但学生们却能感觉到他们的表情和

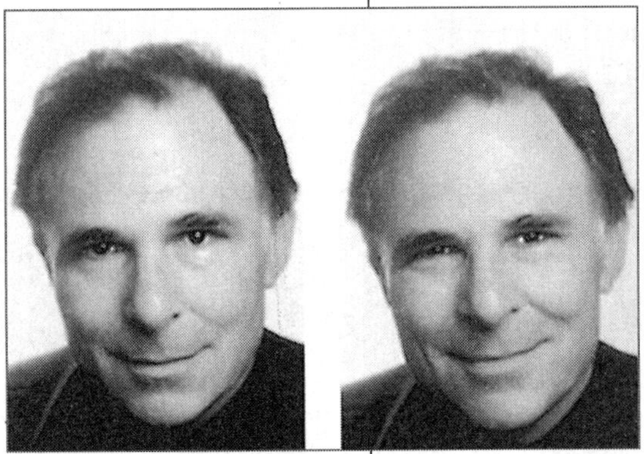

保罗·艾克曼（Paul Ekman）的微笑，哪个是伪装的，哪个是真实的？右边的微笑具有自然微笑的面部肌肉活动。

姿态所蕴含的意义。在另一个实验中，甚至只要瞥一眼面孔十分之一秒，就足以让人判断某人是否值得信赖（Willis & Todorov，2006）。当研究者使面孔变得模糊或用干扰信息遮挡面孔时，人们仍然显示出辨认不同情绪的惊人技能（Smith et al.，2005）。呈现面孔的不同部分，眼睛和嘴唇部分最能揭示情绪，从眼睛的变化能解读恐惧和愤怒，从嘴唇部分能解读快乐（Adolphs，2006）。

尽管我们的大脑具有情绪觉察能力，但要觉察欺骗性的表情却很困难（Porter & ten Brinke，2008）。全世界的人都认为说谎的迹象之一就是逃避视线接触（Bond et al.，2006）。可能这就是美国前总统乔治·布什在告诉巴格达的美国驻军时心中所想，他说自己来这“是要亲自看望伊拉克马里奇总理，并确定自己是否一如既往地力求解放伊拉克”（Burns & Filkins，2006）。不过，在对 206 项识别事实和谎言的研究总结中，发现人们识别的准确率只有 54%——勉强比掷硬币好点（Bond & DePaulo，2006）。而且，与之前宣扬的专家能识别谎言的观点相反，已有的研究一致表明，事实上没有人比机遇水平好多少（Bond & DePaulo，2008）。

对身体线索的敏感性存在着个体差异。罗森塔尔等人（Rosenthal et al.，1979）通过给被试呈现上百组关于人们面部表情和体态的电影剪辑，有时还加上一些混乱不清的声音，从而发现了这一规律。比如，一个场景中只露出一个紧张不安的女人的面孔，将其呈现两分钟之后，研究者会问被试这位妇女是在批评迟到的人还是在谈论她的离婚问题。罗森塔尔和霍尔报告说，在觉察情绪方面一些人要强过另一些人。内向的人能较好地解读他人的情绪，而外向者的情绪更容易被他人觉察（Ambady et al.，1995）。

▸▸ 为对抗皱纹注射肉毒杆菌，使产生皱纹的肌肉麻痹，使其上面的皮肤放松并变得光滑。这一过程可消除皱眉和眨眼导致的细纹，这种美容方法能掩饰微妙的情绪吗？

手势、面部表情和语调在基于计算机的交流中是不存在的。E-mail 交流有时也包括“情绪”符号，比如 ;-) 表示高兴，而 :-(表示不悦。但是邮件和网络讨论却缺乏有关身份、个性和年龄的非言语线索。没有人知道你的长相、声音及背景，仅仅通过你的语词来判断你。毫无疑问，当网友第一次见面时，人们常常会对对方感到惊讶。

我们还容易误解邮件所要传递的信息。缺乏电子表情的邮件可能会产生模糊的情绪。所以，当我们通过网络来传达严肃、愚弄或是讽刺的信息时，缺乏声音上的细微差别也会使情绪模棱两可。克鲁格等人（Kruger et al.,2005）的研究表明，交流者常常认为，不管是邮件还是讲话，他们传递“仅仅开个玩笑”的意图是很明确的。但是，事实上，由于没有预见到因缺乏非语言线索而导致的误解，他们常常显得自以为是。结果往往导致一场“网络上的激战”。

性别、情绪与非言语行为

女人的直觉是否如许多人所认为的，比男人更好？请思考：2001 年 4 月的一个早晨，明尼苏达州的杰基·拉森离开了教堂祈祷的人群，她遇到了克里斯托弗·波诺，一个整洁体面、举止端庄的青年。波诺的车坏了，他说他正想搭车去雷湾见一位朋友。之后波诺来到拉森的店里，因为她答应帮他打电话给他的朋友，这时她感到胃痛。但直觉告诉她这个青年有些问题，因此她坚持在店外的人行道上谈话。

“我说，‘我是一个母亲，我和你说话就像母亲对儿子说话一样……通过你的举止可以看出你有一个很好的母亲。’”一提到他的母亲，波诺就紧盯着她。“我不知道我的母亲在哪儿”，他说。

对话一结束，拉森就径直把波诺带回教堂见牧师。她还报了警，要求他们查一下他的车牌。那辆车是以他妈妈的名字注册的，他们家在南伊利诺斯州。当警察赶到他家后，发现到处是血，他的母亲已死在浴缸中。16 岁的克里斯托弗·波诺被指控一级谋杀（Biggs，2001）。

作为一个女人，杰基·拉森看穿了隐藏在克里斯托弗·波诺冷静的外表下的问题，这是一个巧合还是像大多数人所认为那样，女人的直觉确实超过男人？霍尔（Hall，1984，1987）分析了 125 份对非言语线索的敏感性的研究，指出在读解人的情绪线索时女性一般都优于男性。这种优势使她们更善于识别谎言（DePaulo，1994）。在识别一对男女是情侣还是假冒的一对时，女性表现得比男性好。在识别照片中的两个人谁是谁的上司时，女性也超过男性（Bares & Sternberg，1989）。

女性的非言语敏感性可能是传统性别角色的产物，这使她们具有更强的情绪识别能力。巴雷特和她的同事（Barrett et al.，2000）描述了男女对特定情境的不同情绪感受，结果显示男人描述的情绪反应更简单。你也可以自己试试：问一问毕业后对朋友说再见时，人们是什么感受。巴雷特的研究表明，你可能更多地听到男人们简单地说：“我感觉不好。”而听到女人表达出更复杂的情绪：“我感到苦乐参半，我既高兴又难过。”

女人擅长辨别他人情绪，也有助于她们在积极和消极情境中产生更多情绪化的反应（Grossman & Wood，1993；Sprecher & Sedikides，1993；Stoppard & Gruchy，1993）。一项对来自全世界 26 个不同文化背景的 23 000 个被试的研究表明，相对于男性，女性更多地报告她们对情感的开放性（Costa et al.，2001）。这有助于我们解释一种非常强烈的认识：即感情丰富的女人才是“真女人”——几乎 100% 的 18~29 岁的美国人都表达了这样的看法（Newport，2001）。

一个例外：大多数人都认为愤怒是更为男性化的情绪。请人想象一张愤怒的面孔，然后问他们：这张面孔是男性的吗？研究发现，四分之三的亚利桑那州立大学的学生都是这么认为的（Becker et al.，2007）。研究还发现人们能更快速地辨别男性面孔上的愤怒。如果一张性别中性化的面孔显得愤怒，大多数人都会认为它是男性面孔。而如果微笑，更有可能被人认为是女性（图 12.10）

据调查，相对于男性而言，女人把自己描述成有同情心的可能性要高得多。如果你能与人共情，你就会把自己看成和别人一样。别人高兴你也高兴，别人哭泣你也哭泣。你可以想象一下，遇到困难会是什么感受，给别人留下深刻印象要付出多少努力，赢得荣誉又是多么激动。但是，对共情的生理测量（比如测量你看到别人悲伤时的心率）所显示的性别差异比调查中所报告的小得多（Eisenberg & Lennon，1983）。不过，还是女人更可能表达共情——当看到别人悲伤时，她们哭泣并

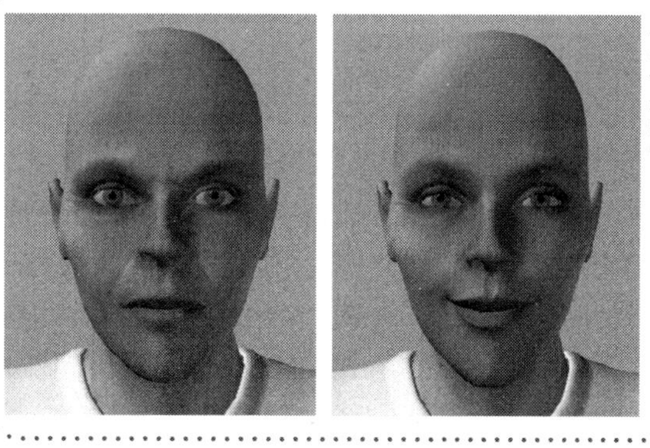

➤ 图 12.10
愤怒 = 男性
研究者（Becker et al.，2007）操控性别中性化的面孔时，如果赋予它愤怒的表情，人们更可能认为它是男性面孔。

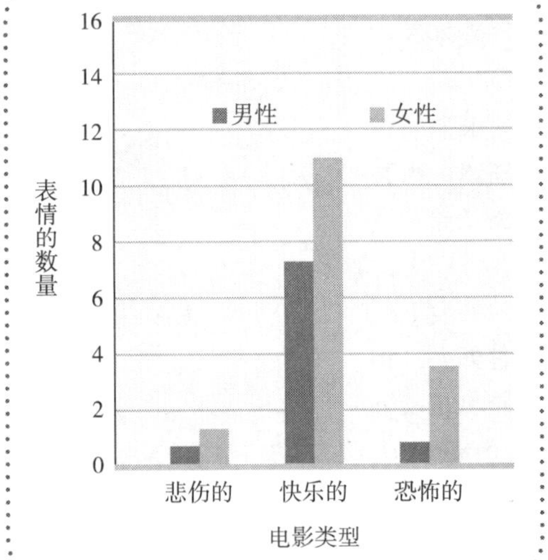

➤ 图 12.11

性别与情绪的表达性

尽管观看情绪性电影时，男生和女生在情绪和生理反应的自我报告上没有明显的不同，但女生的面部表现出更多的情绪（From Kring & Gordon，1998）

说自己也很悲伤。有学者让男女生观看关于悲伤（孩子与垂死父母在一起）、快乐（喜剧）或恐怖（一个男人几乎从高楼上摔下）的电影短片，然后把他们的表现拍成录像带进行观察，结果发现了共情的性别差异（Kring & Gordon，1998）。如图 12.11 所示，女人对每一种电影短片的反应都更明显。女性体验到的情绪事件（比如观看毁尸灭迹的图片）往往还更为深刻——对情绪敏感的脑区有更多的激活——三周后对场景的记忆更好（Canli et al.，2002）。

在另一项对性别和面部表情的研究中，希尔和约翰斯顿（Hill & Johnston，2001）抓拍了一组伦敦大学的学生读笑话时的面部表情（傻笑、摇头、眉毛上扬），再把它们剪辑成没有性别特征的面部特写。尽管没有了性别特征线索，观察者通常还是能从难以掩饰的表情中发现性别的不同。

文化与情绪表达

6. 理解情绪的非言语表达是否具有世界普遍性？

手势的含义具有文化差异。几年前，心理学家克兰伯格（Klineberg，1938）观察到在中国文化中，人们轻拍手掌表示担忧和失望，哈哈大笑表示愤怒，吐舌头则表示惊奇。同样，北美人“竖起大拇指”和表示“OK”的手势在某些特定的文化中则表示侮辱（当美国前总统尼克松在巴西做“很好”手势时，他并没有意识到他是在说“让我们做爱吧”。）手势的文化差异的重要性在 1968 年得到证实。当时朝鲜公布了一组来自被俘美国海军间谍船上的照片，照片上的官兵被认为很快乐。其中有三个男人竖起他们的中指，但他们告诉俘获者这是一种“夏威夷式的好运手势”（Fleming & Scott，1991）。

在不同的文化中，面部表情也有不同的含义吗？为了找出答案，两个调查小组——一组由艾克曼和弗里森等人（Ekman et al.，1975，1987，1994）领导，另一组由伊泽德（Izard，1977，1994）领导——给来自世界不同地方的人呈现了不同的面部表情照片，并要求他们猜测是哪种情绪。你也可以自己试一试。将图 12.12 中的六种情绪和六张面孔配对。

不管你是什么样的文化背景，你都会做得非常好。在全世界，微笑和愤怒都是一样的，其他基本表情也相似（Elfenbein & Ambady，1999）。（当人们快乐时，没有一种文化背景下的人会皱眉。）因此，只要瞥一眼奥林匹克柔道比赛选手自发的表情，就能非常准确地判断谁胜出，不论他们是哪国的人（Matsumoto & Willingham，2006）。

来自不同文化背景的人都有相似的面部表情，并对其做出相似的解释，这是否因为他们都受到了美国电影、英国广播公司（BBC）和美国有线新闻网（CNN）等媒体的影响？但事实明显不是这样。艾克曼要求居住在新几内亚岛的与世隔绝者对“假设你的孩子死了”的陈述作出各种情绪反应，当研究者将有关他们面部反应的录像带呈现给北美大学生时，这些大学生很容易解读他们的情绪反应。

面部表情的确包含了某些非言语的色彩，能提供个体所属文化的线索（Marsh et al.，2003）。所以，无怪乎来自 182 项研究的数据表明，人们判断自己文化中个

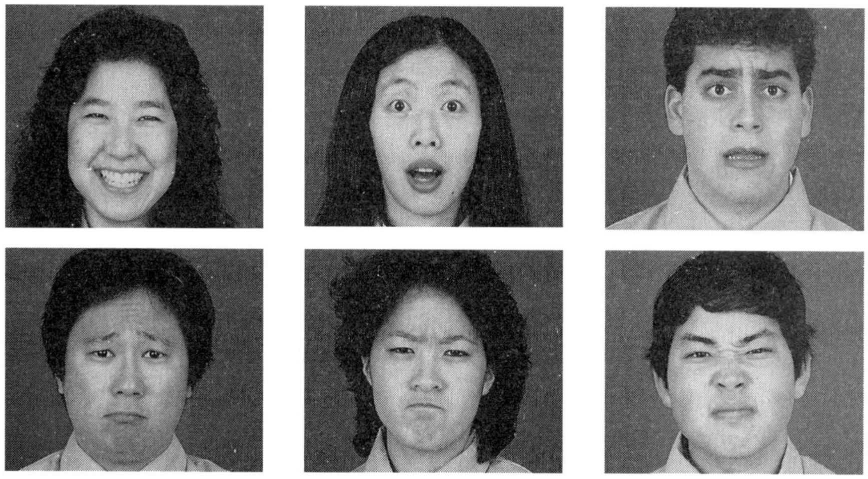

Ekman & Matsumoto, Japanese and Caucasian Facial Expression of Emotion

➤ 图 12.12

表情特异于文化还是具有文化普遍性

作为来自不同文化和种族的人们，我们的脸是否表达了不同的语言信息？哪张脸表达了厌恶？愤怒？恐惧？快乐？悲伤？惊讶？（From Matsumoto & Ekman，1989）。参见下面颠倒的答案。

从左到右，自上而下依次为：快乐、惊讶、恐惧、悲伤、愤怒、厌恶。

体的情绪时准确度要稍好点（Elfenbein & Ambady，2002，2003a，b）。不过，情绪表现的迹象一般都有跨文化的特点。甚至我们情绪的表现规则（比如对同伴比对外人表达更多的情绪）也是跨文化的（Matsumoto et al.，2008）。

儿童的面部表情——甚至是那些从来没有见过人脸的盲童——都是普遍一致的（Eibl-Eibesfeldt，1971）。先天性的盲人也会自动地呈现出与愉快、悲伤、恐惧和愤怒这些情绪相对应的面部表情（Galati et al.，1997）。全世界的孩子都是忧伤的时候哭泣，反抗的时候摇头，愉快的时候微笑。

对情绪研究的先驱达尔文（1809~1882）来说，面部肌肉能传达一种相当普遍的信息，这一发现不足为怪。他推断在史前时期，在我们的祖先能用语言交流前，仅能用面部表情来传达恐惧、欢快和服从，以帮助他们幸存下来。他认为这种共有的遗传特性，是所有人用相似的面部表情表达基本情绪的原因。比如，冷笑就保留了动物在咆哮时露出牙齿的特征。

同样，微笑既是情绪反射也是社会现象。投球手投球得分时面无笑容——但当他们转向他们的同伴时露出了微笑（Jones et al.，1991；Kraut & Johnston，1979）。甚至奥运冠军在等候颁奖仪式时也是面无笑容，但当其与奥运官员交流或面对公众和镜头时，他们却笑了（Fernández-Dols & RuizBelda，1995）。

在特定的背景下解释面部表情，对于人类而言是具有适应性的。（回忆第 6 章具有攻击性或使人害怕的怪兽。）人们总是把一张恐惧情境中的愤怒表情判断为害怕。而将一张痛苦情境中的可怕表情判断为痛苦（Carroll & Russell，1996）。电影导演总是通过创设背景和声音效果来利用这一现象，以提高我们对某些特定情绪的知觉。

"要了解心的秘密，问问脸。"

——几内亚谚语

表情还能在其他方面提高我们的生存能力。惊奇使我们的眉毛上扬，眼睛睁大，以获得更多的信息；厌恶地皱起鼻子，以避免令人恶心的气味。

尽管在不同文化背景下，基本情绪都有一致的面部表情，但是在情绪表达上表现出程度上的不同。在鼓励个性化的文化中，如西欧、澳大利亚、新西兰和北美，情绪的表现通常是强烈而持久的。人们关注自己的目标和态度，并相应地表达他们自己。当看到电影中有人的手被切割时，美国人做出痛苦的表情（不管是独自一人还是有其他的观看者）；而当有人在场时，日本的观众则会隐藏他们的情绪（Triandis，1994）。亚洲人通常不表现负性的和自我膨胀的情绪，因为这可能损害

➧ 由于失重，宇航员的体液移向身体的上部，他们的脸变得肿胀，这使非言语交流变得很困难。特别是在多国宇航员之间，这会增加他们彼此误解的可能性（Gelman，1989）。

与亲密群体共有的情感（Markus & Kitayama, 1991；Matsumoto et al., 1988）。此外，在亚洲及其他强调人与人之间的社会关系和相互依存的文化中，像同情、尊敬和羞耻这样的情绪都表现得比西方普遍。

面部表情的功能

7. 面部表情是否会影响我们的感受？

威廉·詹姆斯在与抑郁和悲伤情感作斗争时，开始相信我们可以控制情绪，只要做出我们想要体验的任何情绪的“外部动作”。他提出建议：“要想感觉快乐，请快乐地坐着，快乐地环顾四周，就像你已经感到快乐一样地行动。”

“只要我感到害怕，就会昂起头，吹一声快乐的口哨。”
——罗杰斯和哈默斯坦，《国王与我》，1958

对面部表情情绪功能的研究恰恰揭示出詹姆斯可能预期的结果。表情不仅能表达情绪，而且能调整和扩大情绪。达尔文的著作《人类和动物的表情》（1872）中指出，自由地表达情绪的外显特征会强化情绪本身，就像表现暴力的手势会增加愤怒。

达尔文的观点正确吗？一天我正开着车，收音机里传来了《假装有一张快乐的脸》这首歌。多虚伪啊，我想。但这可以证实达尔文的假设，同样你也可以证实：假装露齿而笑，然后再怒形于色。你能感觉到“微笑疗法”的不同吗？在许多实验中，被试感到了不同。比如，莱尔德和他的同事（Laird et al.，1974，1984，1989）让学生“收紧面部肌肉”，“把眉毛聚在一起”，这样就巧妙地使他们做出皱眉的表情（假装是帮助研究者在面部放置电极）。其结果是，学生报告说感觉到有一点愤怒。同样，学生被诱导出微笑会使他们感到更快乐，会觉得卡通片更幽默，并比皱眉者回想更多快乐的记忆。让被试用面部肌肉模拟其他基本表情时，也能体验到这些情绪（图 12.13）。比如，做一个恐惧的表情：“眉毛上扬，眼睛睁大，头靠后，以使你的下巴微微收起，并且让你的嘴放松，同时微微张开”，这时被试报告说感受到更多的是恐惧而不是愤怒、厌恶或悲伤（Duclos et al.，1989）。因此，通过动作能够唤醒情绪。面孔不仅是表现我们情感的展板，它还会助长情绪。

▸▸ 本书作者对你的要求：阅读这本书时请经常保持微笑。

如果没有可匹配的情绪，这种“面部反馈”的影响是细微的，但还是可以被觉察的。诱导微笑的学生比那些皱眉的学生感觉更快乐，有着更快乐的回忆。放一支笔在牙齿中仅能激活一种笑肌（而不是用嘴唇以激活皱肌），但这足以使卡通看起来更吸引人（Strack et al.，1988）。一个会心的微笑——不仅由嘴产生，而且通过抬起面颊以使眼睛形成皱纹——可增加对一些开心或有趣的事做反应时的积极情感（Soussignan，2001）；在镜中观察你自己做这些动作会进一步扩大这种作用（Kleinke et al.，1998）。微笑时你能更快地理解描述愉悦事件的句子（Havas et al.，2007）。外表笑得温和，你的内心会感觉更好；你板着脸，那么整个世界都会对你皱眉头。

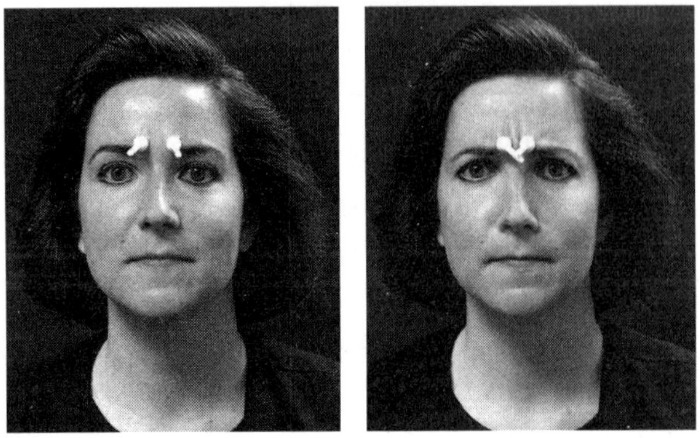

Courtesy of Louis Schakel/Michael Kausman/The New York Times Pictures

➤ **图** 12.13
怎样让人主动皱眉
研究者（Larsen et al.，1992）的解决办法：将两个高尔夫球钉贴在被试的眉毛上，并要求被试让球钉末端碰在一起。被试看到战争、疾病和饥荒场面时会感到悲伤，而激活了“悲伤面孔”肌肉时感觉会更加悲伤。

斯诺德格拉斯和她的助手（Snodgrass et al.，1986）通过观察被试散步来研究行为反馈现象。你也能模拟其被试的相同体验：用小的、拖沓的步伐走几分钟，并坚持你的眼睛向下看；再大踏步地绕圈走，并舒展你的手臂，眼睛直视前方。这时，你是否感到你的心境转变了？

如果表情和姿态能引发情感，那么模仿别人的表情是否有助于我们感同身受呢？实验证明了这一点。沃恩和兰泽塔（Vaughn & Lanzetta，1981）要求一些学生在看到被观察者遭到电击时做出痛苦的表情，而对另一些学生不作要求。当呈现电击时，做表情的观察者比不做表情的观察者出汗更多，心跳更快。所以，要使我们更具同情心，就要去体验他人的感受，而一种巧妙的方法是——让你自己的脸去模仿他人的表情；而模拟别人的行为也将有助于我们感受到别人的情绪。

"拒绝表达一种激情，它就会消失……如果我们想控制我们不期望的情绪倾向，我们必须……做一些相反情绪的外部动作，从而培养我们偏好的情绪。"

——威廉·詹姆斯，《心理学原理》（1890）

本节回顾

➤ 自问

想象一个情景来改变你的情绪感受，并为之创设一个简单的计划。比如，你想在明天上课的路上感到很高兴，而不是拖着疲惫的步伐，那你可以试着轻快地走路——昂首挺胸，脸上洋溢着愉快的表情。

➤ 自测 3

谁倾向于表达更多的情绪——男人还是女人？我们是怎样知道的？

自测问题的答案见书后的附录。

情绪的体验

有多少种性质不同的情绪？伊扎德（Izard，1977）分解出 10 种基本的情绪（喜悦、兴趣—兴奋、惊讶、悲伤、愤怒、厌恶、轻视、恐惧、害羞和内疚），其中大多数在婴儿期就已出现（图 12.14）。伊扎德认为其他情绪都是这 10 种基本情绪的组合。特雷西和罗宾斯（Tracey & Robins，2004）认为自豪也是一种不同的情绪，其标志是轻微的笑容，头部稍微后倾和开放的姿势。尽管菲利普·谢弗和他的同事（Shaver et al.，1996）认为爱也可能是一种基本情绪，但伊扎德认为其他情绪都是这 10 种情绪的混合，比如，爱就是一种喜悦和兴趣—兴奋的混合体。

情绪的成分不仅包括生理和表达行为，还包括我们的意识体验。心理学家让人们报告他们对不同情绪的体验。爱沙尼亚、波兰、希腊、中国和加拿大的被试似乎都将其情绪体验置于如图 12.15 所示的两个维度中——愉快 / 积极与不愉快 / 消极（情绪的效价）、低唤醒与高唤醒（Russell et al.，1989，1999a，b；Watson et al.，1999）。在效价和唤醒维度中，恐怖比害怕更惊恐（更不愉快和更多唤醒），激怒比愤怒更气愤，欣喜比快乐更开心。

现在我们集中在三种重要的情绪上：恐惧、愤怒和快乐。它们具有什么功能？哪些因素影响我们对这三种情绪的体验？

恐 惧

8. 恐惧的功能是什么，我们怎样习得恐惧？

恐惧是有害的，它折磨我们，剥夺我们的睡眠，抢先占有了我们的思维。就

➧ 对因巫术"诅咒"而猝死的一种解释是，受惊吓者的副交感神经系统（对身体起镇定作用）因对极度唤醒做出过度反应，为使心脏变缓而导致停止跳动（Seligman，1974）。

➤ 图 12.14
婴儿自然发生的情绪
为识别出生就具有的情绪，伊扎德分析了婴儿的面部表情。

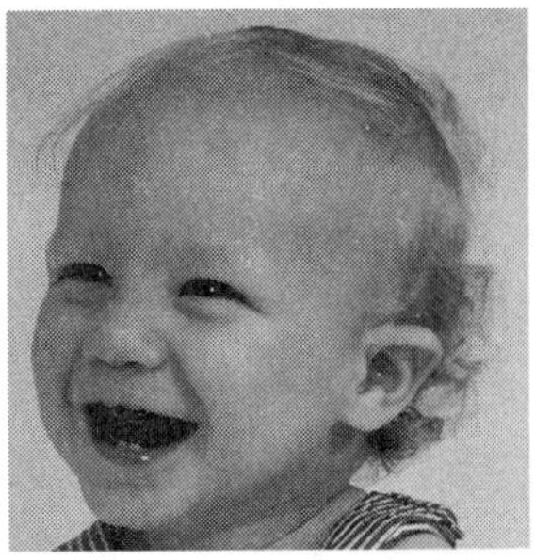
（a）喜悦（嘴唇张开形成笑容，面颊上抬，眼睛闪烁）

（b）愤怒（眉毛向下皱在一起，眼睛盯视，抿着嘴）

（c）兴趣（眉毛上扬或皱眉，嘴巴略呈圆形，嘴唇可能皱起）

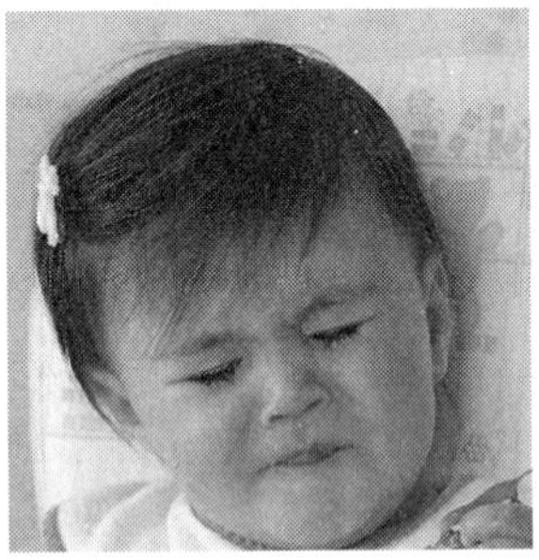
（d）厌恶（鼻子皱起，上嘴唇上扬，舌头外伸）

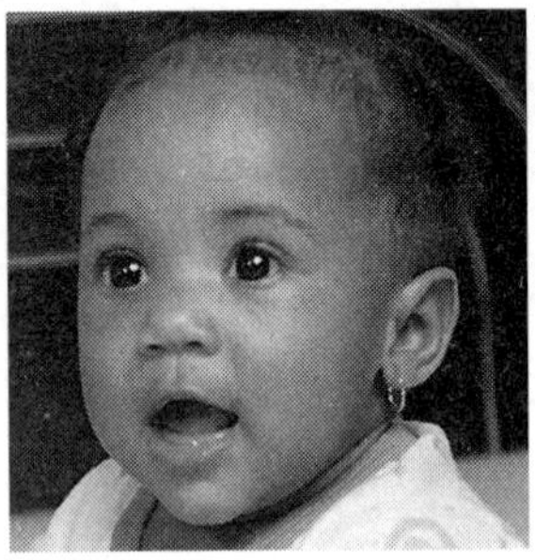
（e）惊讶（眉毛上扬，眼睛变大，嘴巴呈椭圆形）

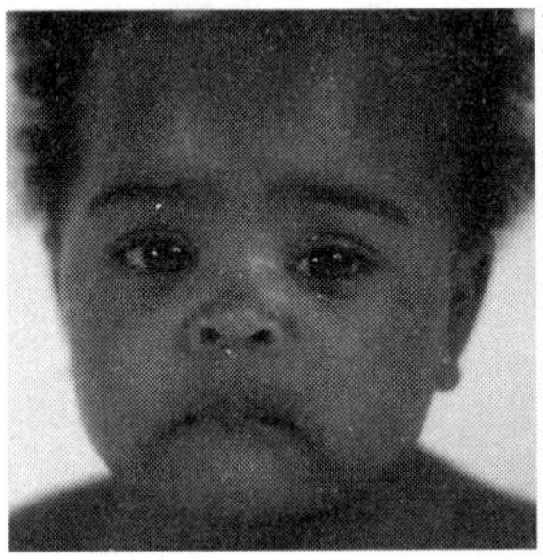
（f）悲伤（眉毛内侧上扬，嘴角下拉）

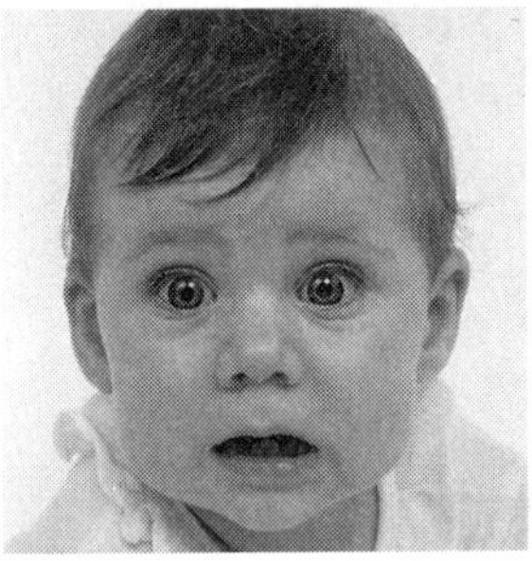
（g）恐惧（眉毛拉平，拉回并上扬，嘴角缩进）

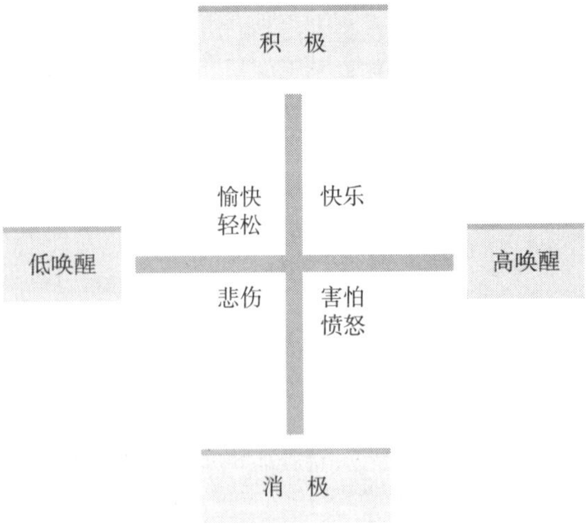

➤ 图 12.15
情绪的两个维度
詹姆斯·拉塞尔等人认为情绪在两个维度上变化——唤醒（低唤醒与高唤醒）和效价（愉快与不愉快）。

像人人都害怕死亡一样，恐惧也具有传染性。1903 年，当芝加哥的伊洛魁剧院起火时，有人疾呼“着火了！”，当红喜剧演员福伊（Eddie Foy）试图让大家安心，他大声喊道：“不要惊慌，没有危险，放松点！”但观众仍然非常恐慌。在消防队到达并快速灭火的 10 分钟内，500 多人丧生，其中大多数是在惊慌逃窜中被踩死或窒息而死的。尸体在楼梯上堆积有 2 米多高，很多人脸上都有被踩踏的痕迹（Brown，1965）。

不过更多时候，恐惧具有适应性，它是一种警报系统，可使我们的身体为逃离危险做准备。对真实的或想象的敌人的恐惧，使我们团结在一起，形成了家庭、部落和国家；对受伤的恐惧可以保护我们免受危害；对惩罚或报复的恐惧可以遏制我们彼此伤害。恐惧有助于我们以问题为焦点，思考并预演应对策略。恐惧的表情能提高外周视力，加速眼睛的移动，因而能提高感觉输入（Susskind et al.，2008）。

恐惧的习得

据艾默生观察，我们会害怕几乎任何事情——“害怕真理、害怕好运、害怕死亡，害怕彼此”。为什么会有这么多的恐惧呢？心理学家认为，我们实际上可以从几乎所有的事情中习得恐惧。回顾第 8 章中所提到的，婴儿恐惧与可怕的噪音相联系的毛皮物体，成人害怕与强奸等创伤性经验相联系的偶发刺激。当婴儿学会爬行，经历了跌落或差点跌落，就会逐渐变得恐高（Campos et al.，1992）。通过这样的条件刺激，少量固有的痛苦和可怕的事件就会累积成一系列的人类恐惧——恐惧驾车或飞行、恐惧老鼠或蟑螂、恐惧封闭或开放的空间、恐惧失败、恐惧成功、恐惧另一种族或国家。

通过观察而习得恐惧扩大了恐惧的内容。迈尼卡（Mineka，1985）试图解释为什么几乎所有的野生猴子都恐惧蛇，而实验室中喂养的却不怕蛇。毫无疑问，大多数的猴子实际上没有遭受过蛇咬。它们的恐惧是从观察中习得的吗？为了找出答案，迈尼卡用六只野生的猴子（非常恐惧蛇）和在实验室喂养的它们的后代（没有一只恐惧蛇）做实验。在重复观察他们的父母或同伴拒绝到有蛇出现的地方觅食后，小猴子也产生了一种类似的对蛇的强烈恐惧。三个月后重测发现，它们习得的恐惧依然存在。这说明我们的恐惧不仅是对过去创伤性事件的反映，也是我们从父母和朋友那里习得的恐惧反映。

恐惧的生物学基础

在生理准备上，我们对某些恐惧的习得比对其他恐惧更快。猴子通过看其他猴子对一条蛇的恐惧反应而习得对蛇的恐惧，但将录像带中的恐惧刺激转换成花时，它们没有习得对花的恐惧（Cook & Mineka，1991）。人类很快学会对蛇、蜘蛛和悬崖的恐惧——这些恐惧可能帮助我们的祖先幸存下来。我们很少会恐惧汽车、电、炸弹和全球变暖，因为这些事物目前都还构不成危险（Lumsden & Wilson，1983；McNally，1987）。石器时代的恐惧就使我们对高科技的危险毫无准备。

恐惧习得的关键区域位于杏仁核，它是大脑深处的边缘系统神经中枢（图 12.16）。杏仁核在把各种情绪（包括恐惧）与特定情景联系起来时起着关键的作用（Barinaga，1992）。兔子习得了对一种声调的恐惧反应，这种声调预示着一种即将临头的微弱电击——除非它们的杏仁核受损。如果给老鼠注射一种药物，阻断其神经联系的巩固，使得它们的杏仁核处于瘫痪状态，它们就无法习得恐惧。杏仁核的输出信号通往大脑的各个部分，并出现极度恐惧的躯体症状，如腹泻和呼吸急促等。

杏仁核同样是人类恐惧的中枢。如果实验者在呈现了一张蓝色的幻灯片后反复地对被试大声吹喇叭，他们就会对这张幻灯片产生情绪反应（通过测量他们出汗的皮肤所产生的电流）。如果海马区受损，他们仍会有情绪反应，但记不清为什么会这样。如果杏仁核受损，他们将会回忆起这一条件作用，但不会有情绪反应（Schacter，1996）。

当然，也有一些人，他们的恐惧（或恐惧症）显然落在平均范围之外。他们对具体物体（如昆虫）或情境（如在公众场所讲话）的极度恐惧，致使他们的应对能力大打折扣。他们可能对威胁或尴尬的情景非常恐惧，而对这些潜在威胁的持久关注将会变成慢性焦虑（Mineka & Sutton，1992）。但是其他人——大无畏的英雄或残忍的罪犯——比大多数人更少恐惧。那些有着“优秀素质”的飞行员和探险者——在严峻的压力面前能冷静而有效地保持他们的智慧和反应——

➤ 图 12.16
杏仁核——恐惧习得的神经中枢（见彩插）
神经冲动从神经组织的节点传出，到达大脑中枢的任意一边，传递着心率、出汗、应激激素、注意力及其他与恐惧情境相关的信息。

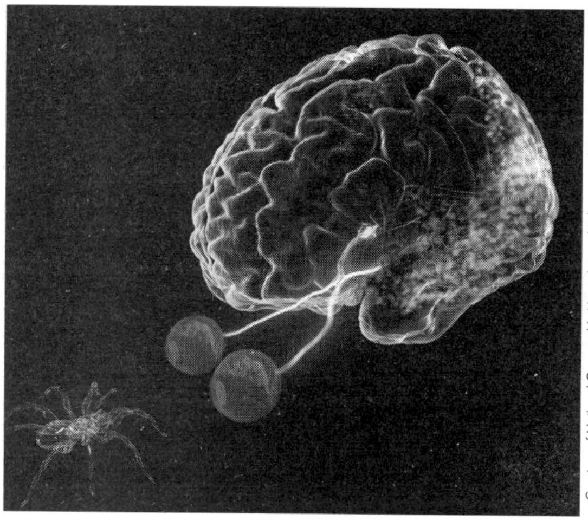

Courtesy of National Geographic Magazine and Laboratory of Neuro Imaging (LONI) at UCLA. Art and brain modeling by Amanda Hammond, Jacopo Annese, and Arthur Toga, LONI; spider art by Joon-Hyuck Kim.

人类固有的恐惧 娱乐业会利用我们的生存回路。虽然我们知道娱乐公园的死亡事件非常少，但是在空中自由飞行时，我们的恐惧警醒系统仍会分泌大量的肾上腺素，掌心出汗。

oote boe/Alamy

似乎在危险中也能应对自如。行骗高手和杀人犯在引诱受害者时没有一丝的紧张。在实验测试中，他们对必然出现在痛苦电击之前的音调表现出很少的恐惧。

经验有助于形成恐惧或不恐惧，基因也如此。（回顾第 4 章，基因影响我们的气质和情绪反应。）即使分开抚养的同卵双生子，一方的恐惧水平与另一方也是非常相似的（Lykken，1982）。科学家最近找到一个基因，它影响着杏仁核对恐惧情境的反应（Hariri et al.，2002）。有这种短基因的人缺乏一种蛋白质，该蛋白质可以加速神经递质 5- 羟色胺的重新摄取。随着更多可资利用的 5- 羟色胺激活杏仁核的神经元，有这种短基因的人就会对恐怖图片表现出强烈的杏仁核反应。

▸▸ 本书第 14 章和第 15 章讨论了这种恐惧症是怎样形成和治疗的。

愤 怒

9. 愤怒的起因和结果是什么？

哲人说，愤怒是“一种短暂的疯狂”（贺拉斯 [Horace]，古罗马诗人兼评论家），它使你“丧失理智”（维吉尔 [Virgil]，古罗马诗人）并且“常常比引起它的伤害更有害”（傅乐 [Thomas Fuller]，英国作家，1654~1734）。但是他们也说，“崇高的愤怒”（莎士比亚，1564~1616）“使懦夫变得勇敢”（加图［Cato］，古罗马演说家），并“带给你……力量”（维吉尔）。

什么使我们愤怒？为了找到答案，埃夫里尔（Averill，1983）要求人们回忆其愤怒的体验并做详细的记录。大多数人报告一周至少有几次轻微的愤怒，另一些人一天就有几次。愤怒通常是对朋友或爱人所做的恶劣行为的一种反应，尤其是当他人的行为显得是蓄意的、不公正的或可以避免时，愤怒的产生就更普遍。但无从指责的烦恼——如恶臭、高温、交通堵塞、疼痛等——也使我们愤怒（Berkowitz，1990）。

对于愤怒我们都做些什么？我们应该做什么？当愤怒引起我们会事后后悔的一些身体上或言语上的攻击性行为时，它就变得很不适应了。它会伤害我们——这种慢性的敌意与心脏疾病是相联系的。但是有控制地表达愤怒比敌意的爆怒或压抑愤怒情感更具适应性。埃夫里尔的被试回忆道，当他们愤怒时，通常直接做出适当的反应而不是做出伤害他人的反应。他们表达的愤怒，通常能说服冒犯者，从而减少事态的恶化。

出色的文化 密克罗尼西亚（西太平洋岛群）的家庭暴力非常少。这张普拉普环礁上的社区生活照片揭示了一个可能的原因：家庭生活都在公开场合下进行。目睹愤怒爆发的亲戚或邻居，在情绪升级要伤及孩子、伴侣或长者之前能及时介入。

Wolfgang Kaehler

鼓励发泄愤怒在个人主义文化中是具有代表性的，但在集体主义文化背景下，这种鼓励却很少听到。在集体主义文化中，个体对人际之间的相互依存很敏感，他们把愤怒视为一种对群体和谐的威胁（Markus & Kitayama，1991）。比如在南太平洋的塔希提岛，人们学着体谅别人和文明礼貌。在日本，从婴儿开始，表达愤怒就不像西方文化中那么普遍。

在西方文化中，“发泄你的愤怒”的建议是假定情绪表达能够释放情绪，或称**宣泄**（catharsis）。“宣泄”假设主张我们可以通过攻击性的行为或幻想使愤怒得到释放，以减弱愤怒情绪。实验者报告这种情况时有发生。事实上，当人们报复激怒他们的人时，他们其实就可能会冷静下来——如果他们的反击是直接针对挑衅者的，如果他们的报复看起来是合理的，如果他们的目标不是威胁性的（Geen & Quanty，1977；Hokanson & Edelman，1966）。简言之，如果表达愤怒不会使我们感到内疚或焦虑，它可以使我们暂时平静下来。

宣泄的神话：真的有用吗？

然而，虽然人们有时会持续几小时感觉良好，但是宣泄通常不能消除一个人的愤怒。更多情况下，表达愤怒会引起更多的愤怒。首先，它可能引起报复，使小的冲突扩大为大的敌对。其次，表达愤怒会扩大愤怒。（回忆达尔文的观点，暴力的手势会增加愤怒。）埃布森和他的同事（Ebbesen et al.，1975）采访了 100 个被航空公司解雇的工程师和技术人员后得出了以上结论。研究者要被试回答一些问题以释放其敌对情绪，如“你认为公司在哪些方面对你不公正？”之后，让他们填写了问卷，以评价他们对公司的态度。这种“宣泄”敌对情绪的机会可以减弱他们的愤怒吗？结果刚好相反。与那些没有发泄他们情绪的被解雇者相比，那些释放情绪的人表现出更多的敌对。甚至当被激惹的人们击打被认为有助于宣泄情绪的吊袋时，其效果也是相反的——这会导致他们表现得更残忍（Bushman et al.，1999）。当他们重击吊袋时，他们会反复想起那个使他们愤怒的人，一旦有机会报复，他们将变得更具攻击性。研究者布什曼（Bushman，2002）总结道，“发泄以减少愤怒就像用汽油去灭火”。

尽管“发脾气”可以暂时使我们平静，但也可能会扩大潜在的敌对。具有讽刺意味的是，当愤怒的爆发确实使我们平静后，事实上这种行为也被强化并形成了习惯。如果一位焦躁的经理发现训斥他的雇员可以排解他的紧张，那么当下次他感到气恼或紧张时，他更可能再次大发雷霆。想一想：当你下一次愤怒时，你更可能做哪些曾经减弱你愤怒情绪的事情？

那么，应对愤怒的最好方法是什么呢？专家提供了两条建议。第一，等待。通过等待可以降低你愤怒的生理唤醒水平。“事实上身体就像箭，”塔夫里斯（Tavris，1982）说，“上去后必定会下来。如果你等得够长，任何情绪的唤醒都将会平静下来”。第二，应对愤怒。例如，不要总是为烦心事生气，也不被动地受气，而仅仅复述愤怒的缘由。但脑子里反复思考愤怒的原因也只会增加你的愤怒（Rusting & Nolen-Hoeksema，1998）。不要加入到那些对一系列激怒事件都压制自己的情感，然后对一件小事却突然过度反应的人群中去（Baumeister et al.，1990）。用其他的方式使你自己平静下来，比如做运动、玩乐器，或向一位朋友倾诉你的情感。

> “当不满萦绕脑际时，愤怒永远不会熄灭。”
> ——佛陀，500 B.C.

愤怒的确能够传达力量和才能（Tiedens，2001）。当我们以促进和解而不是报复的方式表达不满时，它有利于促进人际关系。讲文明礼貌不仅仅意味着对微小的愤怒保持沉默，也意味着要清楚而肯定地传达重要信息。一种非指责性的情绪表达——也许是想要你的室友知道“当你把脏盘子留给我洗时，我感到气愤”——有助于解决引起愤怒的冲突。

如果他人的行为真正伤害了你，该怎么做？研究者建议可采用传统的方法：宽恕。不要让冒犯者萦绕在你脑中或带来进一步的伤害，宽容可以减轻愤怒，并使身体平静下来。为了探索宽恕的躯体反应，威特利特及其合作者（Witvliet et al.，2001）请大学生回忆别人伤害他们的事件。当这些学生在心理上复述宽恕时，他们的消极情感——以及出汗、血压、心率、面部紧张——都比复述他们的怨恨时要低。

快 乐

10. 快乐的起因和结果是什么?

据威廉・詹姆斯(James,1902,p.76)观察,“事实上对于任何时代的大多数人来说,获得、保持、恢复快乐是他们做所有事情的内在动机。”所以,不难理解,一个人快乐或不快乐的情绪状态给每件事情都染上了色彩。快乐的人感知世界更安全,做决定更容易,评价应聘者更友善,更具合作性,过着更健康、更具活力和自我满足的生活(Lyukomirsky et al.,2005;Pressman & Cohen,2005)。如果你的心境是抑郁的,并且你的思维受情绪困扰,那么整个生活看起来就令人沮丧。让你的心境快乐起来,让你的思维开阔起来,变得更有活力和创造性(Fredrickson,2002)。你的人际关系、自我形象和对未来的期待也将变得更有希望。积极的情绪将促进你进步。

此外——心理学家非常一致的结论——当我们感到快乐时,我们更愿意帮助别人。许多研究已证明,良好的情绪体验(找到丢失的钱,在有挑战性的任务中获得成功,回忆一件快乐的事)使人们更容易捐献钱财、拣起别人掉在地上的纸、做志愿者等。心理学家称之为**好心情乐于助人现象**(feel-good,do-good phenomenon)(Salovey,1990)。快乐不仅使人感觉好。

尽管快乐有很重要的意义,但纵观心理学研究的历史,心理学家更多关注消极情绪。自从 1887 年以来,在《心理学文摘》(Psychological Abstracts)(心理学文献的指南)所收录的文献中,有 14 889 篇牵涉到愤怒,93 371 篇牵涉到焦虑,120 897 篇牵涉到抑郁。在有关情绪情感的研究文献中,每 17 篇中只有 1 篇是关于喜悦(1789)、生活满意度(6255)或愉快(5764)等积极情绪的。当然,我们有理由关注消极情绪,它使我们生活愁苦并促使我们去寻求帮助。但是研究者逐渐对**主观幸福感**(subjective well-being)产生了兴趣,它被认为是快乐的情感(有时被定义为积极对消极情感的高比率)或者是一种对生活的满意感。因此,一种“积极心理学”的研究取向正在快速上升(见第 13 章)。

关于快乐这一主题,就像很多其他的主题一样,心理学研究所揭示的特点可能都已被前人所预知。有关快乐,我们继承了大量对立的格言警句:比如,快乐的源泉既是对真理的理解,又是对未来的幻想;既是为现实而活着,又是为将来而活着;既是与别人的和睦相处,又是平静的独居生活(Tatarkiewicz,1976)。这些观点不胜枚举,但科学研究的任务是明确的:就是要问问这些相对的观点中哪些更符合现实。我们需要通过科学研究,从这些合理的预见中筛选出关于快乐的现实预测因子。

情绪起落的短暂性

关于快乐,心理学家研究了影响我们暂时心境和长期生活满意度的因素。当按小时来研究人们的心境时,沃森(Watson,2000)以及卡尼曼等人(Kahneman et al.,2004)发现,在大多数日子里,积极情绪在每天的前几个小时呈上升趋势,而在后几个小时降低(图 12.17)。以天为单位来研究人们的心境则证明,应激事件——如一场争论,一个病弱的儿童,一场车祸——都会引起坏的心境,这不足为怪。但是到第二天,这种忧郁几乎消散了(Affleck et al.,1994;Bolger et al.,1989;Stone & Neale,1984)。无论发生了什么事,人们都试图从坏的一天中重新

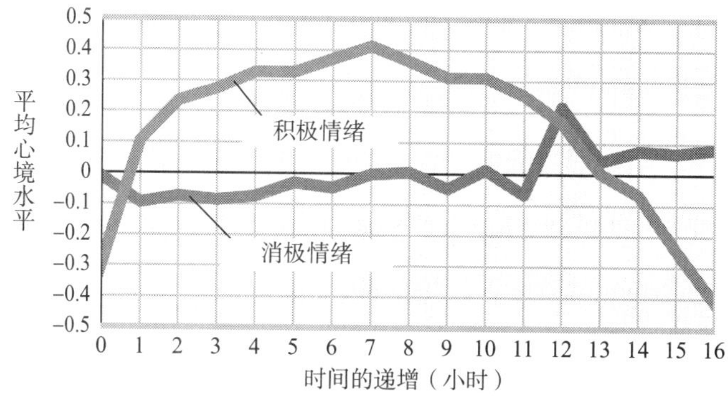

➤ 图 12.17
一天的心境变化
心理学家沃森（Watson，2000）抽取了 150 人的近 4 500 份心境报告作为样本，发现积极情绪和消极情绪围绕着平均水平上下波动的模式。

振奋起来，而在第二天有一个超乎寻常的好心情。当你处于坏的心境时，通常可以在一两天内恢复过来。同样，兴高采烈的日子也难以持久。长期来看，我们的情绪起起落落并趋于平衡。

除了失去爱人的持久悲痛或创伤性事件（如儿童受虐、遭强暴或对战争的恐慌）所导致的挥之不去的焦虑外，甚至连灾难都不会导致永久的抑郁：

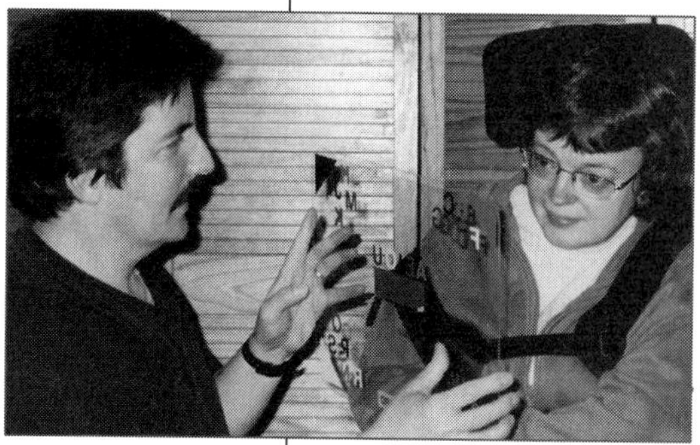
Courtesy of Anna Putt

人类的韧性 英格兰的安娜·普特（Anna Putt）在 1994 年婚后的 7 周不幸罹患脑中风致使身体瘫痪，这是她与丈夫在一起的照片。数月之后，安娜回忆说："我从颈部以下都瘫痪了，根本无法与人沟通。那是非常恐怖的时刻。但在家人、朋友、神父和医务人员的鼓励下，我努力保持积极心态。"在接下来的三年里，安娜学会了"说话"（对着字母摇头），利用头部驾驶电动轮椅，使用电脑（带上能指引光标的眼镜利用点头控制）。尽管身体瘫痪，安娜说："我喜欢在清新的空气中漫步，我的座右铭是'不要回头，努力向前'。上帝都不会要我停止尝试，我也无意于此。生命掌控在你自己的手中！"

- 得知感染了艾滋病病毒是一个毁灭性的打击，但当这一噩耗过去五周后，这些病毒携带者所感到的情绪紊乱比预期的要小（Sieff et al.，1999）。
- 肾透析病人也认识到他们的健康只是相对较差，他们报告时刻会有快乐的体验，就像自己没病一样（Riis et al.，2003）。
- 欧洲 8~12 岁的脑瘫儿童体验到正常的心理幸福感（Dickinson et al.，2007）。

丹尼尔·卡尼曼（Kahneman，2005）解释道："如果你是位截瘫患者，你将逐渐学会开始思考其他事物，你思考其他事物的时间越多，你感觉悲惨的时间便越少。"重大残疾通常不会让人的快乐比正常人减少，反而比患有抑郁症四肢健全的人更快乐（Kuber et al.，2005；Lucas，2007a，b；Oswald & Powdthavee，2006；Schwartz & Estrin，2004）。史密斯和德拉吉（Smith & Delargy，2005）报告道，即使是那些身体完全不能动弹的病人也"很少有人想死"，这与"流行的错误观念（即认为这些病人死了更好）完全相反"。

在对生命威胁较小的背景中，仍然存在这一模式。追求得到终身职位的教员总认为他们的生活质量会被不利的决定所降低。但事实上，5~10 年后，吉尔伯特和他的同事（Gilbert et al.，1998）报告，那些被拒绝的教员并不比那些被授予终身职位的教员表现出更明显的不快乐。恋爱关系的破裂也一样，当时看起来似乎要毁掉一个人的生活，但令人惊讶的事实是：我们高估了坏消息对我们情绪的持久影响，却低估了我们的适应能力。

同样积极情绪也很难持续存在。在《反思快乐：心理财富的科学》（Rethinking Happiness: The Science of Psychological Wealth）一书中，两位作者（Diener & Biswas-Diener，2008）展示了一位 21 岁学生日常快乐情绪持续时间很短的报告，该学生患有霍奇金病（一种免疫系统癌症）。在 80 天日常报告的中途，这位年轻人获悉治疗已经有效地消灭了癌症。如图 12.18 所示，在他听到这一兴奋的消息的当天，变得兴高采烈。虽然在接下来的一个月里相对没有垂头丧气的日子，但他

"哭泣可能停留在晚上，但快乐与清晨一起到来。"
——圣歌（30:5）

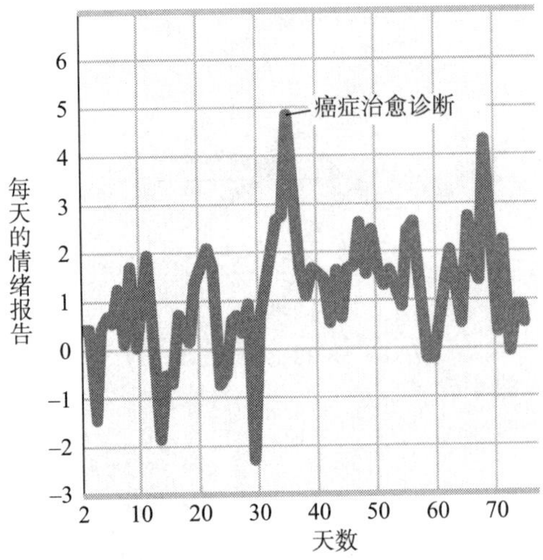

➤ 图 12.18
强烈情绪也短暂
一位大学生日常报告的积极和消极情绪，每天都会波动。在得知消灭了癌症的当天，短暂的狂喜打断了这种波动，但不久有恢复了以前的模式。(from Diener & Biswas-Diener, 2009)。

的情绪不久会恢复到接近以前的水平，因每天的事件而波动。

财富与幸福

“如果你能赚更多的钱你会感觉更快乐吗？”美国盖勒普一项 2006 年的调查显示 73% 的美国人会做肯定回答。在经济上变得非常富裕有多重要？最近对大学新生的调查表明，在 21 个可能的目标中经济目标排在第一或第二位。约有四分之三的学生认为他们的两大目标（“非常富裕”和“供养家庭”）“非常重要”或者“必不可少”(图 12.19)。

某种程度上，也有证据显示财富与幸福相关。请思考以下情况：

- 在大多数国家，尤其在贫穷的国家，有钱人在某种程度上比那些仅能维持生活需要的人更快乐（Diener & Biswas-Diener, 2008 ; Howell & Howell, 2008）。本章稍后我们还会看到，他们比那些受贫困煎熬和对生活缺乏控制的人更健康。
- 富裕国家的人在某种程度上比贫穷国家的人更快乐（Inglehart, 2009）。
- 近期因中彩票、继承遗产或经济浪潮而发了横财的人经常会觉得有些兴高采烈（Diener & Oishi, 2000 ; Gardner & Oswald, 2007）。

➧ 针对 97 个国家的世界价值观调查（Inglehart, 2008）和针对 130 个国家的盖勒普调查（Gallup, 2008）均发现，自我报告最幸福的国家是丹麦。

从长远看，不断增加的财富几乎不会影响幸福感。即使住在加尔各答贫民窟和巴基斯坦的人们，也“比我们料想的更满足”(Biswas-Diener & Diener, 2002 ; Suhail & Chaudry, 2003)。财富就像健康：完全缺乏会带来不幸，但拥有它并不能确保幸福。

瓦尔登，金钱不会让你快乐。所以不会给你加薪，我要给你一瓶百忧解。

多数人赞同金钱不能买来快乐，但他们也确信多一点钱会使他们多一点快乐、安全和舒适。那么，随着时间的流逝，我们的快乐会伴随着我们的薪金一点点增长吗？澳大利亚研究者埃克斯利（Eckersley, 2001）写道，如果政府达到 4% 的

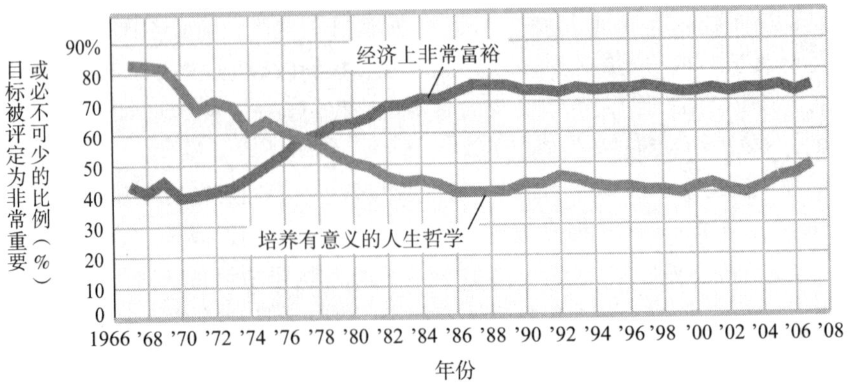

➤ 图 12.19
大学新生不断变化的物质观
自 1970 年以来每年对 20 万多名美国大学新生的调查发现，他们对财富的渴望不断增加。(From The American Freshman Surveys, UCLA, 1996 to 2002)

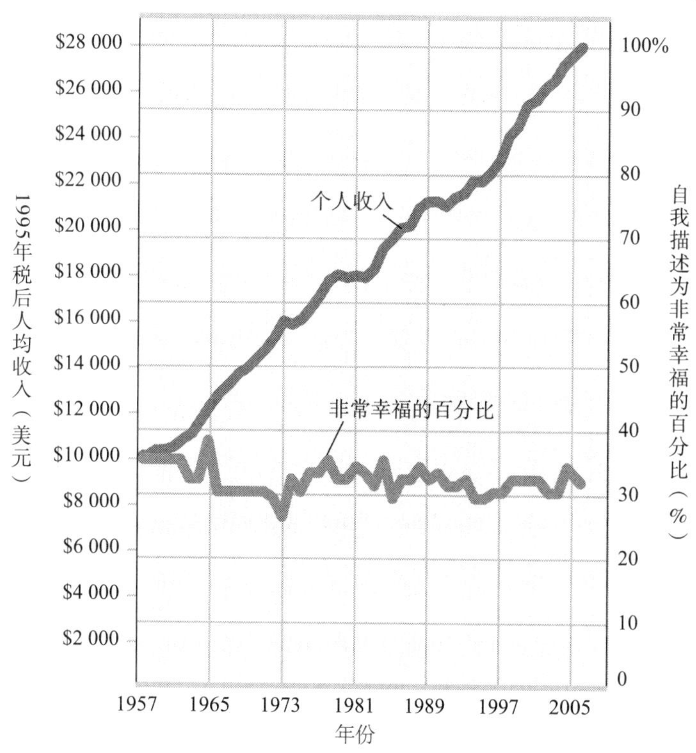

➤ 图 12.20

金钱能买来幸福吗?

金钱肯定能帮助我们避免某些痛苦。但是，从 20 世纪 50 年代以来，尽管购买力成倍增加，但美国人报告的平均幸福水平几乎保持不变。（幸福的数据来自 National Opinion Research Center 的调查报告；收入的数据来自 Historical Statistics of the United States and Economic Indicators。）

经济增长率的目标，那么在 20 年内，人们的财富将增加两倍，“是 100 年前的 10 倍。但我们能确定这不断增长的财富有利于个人和社会的幸福吗？”

不，我们不能。在最近的 40 年中，美国公民的平均购买力成倍增加，从 1957 年至 1995 年，税后人均收入已达到 8 500 美元；到了 2002 年，由于财富的累积和女性雇员的增加，税后人均收入达到了 23 000 美元。这些财富增加了两倍多，使人均汽车、电视、DVD、手提电脑、空调和手机的拥有量都成倍增加了，但他们也能买到更多的快乐吗？是否那些享受西方世界丰富物质财富的人，因为拥有“令人神往的优越”——他们随意遥控，就能调节家里的冷暖以达到舒适的温度，放出洁净的水来洗热水澡或喝冷饮，用微波炉烹调大量的食物——而更快乐？如图 12.20 显示，尽管更加富有了，但平均而言，美国人并没有更快乐。1957 年，大约 35% 的人说他们很快乐，2006 年略有下降，只有 32%。欧洲国家、澳大利亚和日本的情况也一样。在这些国家中，人们享受更好的营养、健康护理、教育和科学，他们在某种程度上比那些非常贫穷国家的人更快乐（Diener & Biswas-Diener，2002，2008；Speth，2008）。但是他们不断增长的财富并没有带来不断增长的快乐。这样的发现对现代唯物观无疑是当头棒喝：富裕国家的经济增长并没有为道德或社会幸福带来明显的推进。

讽刺的是，那些为财富而拼命奋斗的人，其幸福感常常偏低。这一发现，“在我所观察的每一种文化中都有强烈的表现”，瑞安（Ryan，1999）报告说，特别是那些赚钱是为了证明自己、获得权利或炫耀本人，而不是为了维持家庭的人，幸福感更低（Srivastava et al.，2001）。瑞安的合作者卡塞（Kasser，2000，2002）从他们的研究中总结出，那些为了“亲人、个人成长和对社会做贡献”而奋斗的人，常常体验到更高的生活质量。

“美国人说金钱带不来幸福。但金钱至少能让你身处困境时衣食无忧。”

——被放逐的富有伊朗国王遗孀，法拉赫·巴列维，2004

“澳大利亚人比 1950 年代的上辈富三倍，但他们并没有更幸福”

——《幸福宣言》，2005

“不过从积极方面看，金钱买不来幸福——那么谁还在乎呢？”

如果我们比父辈在相同的年纪更富有、更健康，但更不幸福，那么我们的国家是否应该优先提倡心理幸福呢？不丹国王旺楚克曾言：“国民幸福总值比国民生产总值更重要。”不丹总理在年度报告上更框定了不丹朝着国民幸福前进的四根支柱：“促进公平和可持续的社会 - 经济发展，保护和倡导文化价值观，保护自然环境，以及建立清廉的吏治”（Esty，2004）。在 52 名同事的支持下，蒂纳（Diener，2006）提出了国家测量国民幸福的方法。“执政者理应关注主观幸福，这不仅是因为它对公民的内在价值，而且因为个体的主观幸福对整个社会具有积极的溢出效益。”

两种心理现象：适应与比较

“快乐不会持续久远。”
——塞涅卡（罗马政治家、哲学家及悲剧作家），《阿伽门农》，A.D.60

下面两条心理学法则解释了为什么对于所有的人（不太贫穷的人）而言，更多的钱顶多带来短暂的快乐，还解释了为什么我们的情绪好像受到了橡皮筋的控制一样，可以把我们从高或低的情绪状态拉回来。也就是说，两种原则都指出快乐是相对的。

“持续的愉悦会逐渐消失……愉悦总是取决于持续满足感的变化和消失。”
——荷兰心理学家尼克·弗里杰达（1988）

幸福与已往经验 **适应水平现象**（adaptation-level phenomenon）是指我们判断各种刺激时，倾向于把它与我们先前的经验联系起来。正如心理学家哈里·赫尔森（Harry Helson）解释的，我们根据经验对我们“中间”水平进行调节，在这种水平上，声音既不太强也不太弱，温度既不太热也不太冷，事件既不令人愉快也不令人不愉快。然后，我们注意到在中间水平上下的变化并做出反应。

因此，如果我们现在的条件——比如收入、受教育程度或社会地位——提高了，我们起初会感到非常开心。然后我们就适应了这种新的成就水平，认为这是正常的，并要求有更好的东西，以给我们更多的快乐。我可以回忆起童年时看到我家第一台 12 寸黑白电视机时的兴奋劲。现在，如果我们 26 寸的电视机突然没有了颜色，我会有被剥夺感。适应了更高的层次，我就会把曾经觉得是积极的事物看做是中性的。

那么，我们能创造出一个永久的社会乐园吗？坎贝尔（Campbell，1975）回答说不能：如果明天你醒来，到了你的乌托邦社会——这可能是一个没有钞票、没有疾病的世界，人们毫无保留地爱着你——你可能会一时觉得很高兴，但是不久，你又会很快回到你的适应水平。你会有时觉得高兴（当收获超出预期），有时觉得被剥夺（当成就低于预期），有时感觉正常。这就有助于解释为什么百万彩票中奖者和瘫痪的人会报告出相似的快乐水平，虽然成功和悲剧都是现实存在的。这也有助于解释为什么物质要求会贪得无厌——而大多数儿童的“需要”仅仅是再来

“我有一条非常自豪的‘福饼格言’：人生没有任何事物如你认为的那般重要，虽然你这样认为。因此，任何事物都不会如你所愿地让你幸福。”
——诺贝尔奖得主心理学家丹尼尔·卡尼曼，盖勒普访谈，“他们在想什么？”2005

特写

怎样才能更快乐

快乐，就像胆固醇水平一样，是一个受遗传影响的特质。但正如胆固醇会受饮食和锻炼的影响一样，我们的快乐在某种程度上也受个人的控制。这里有一些基于科学研究的建议，用于改善你的心境，提高你对生活的满意度。

1. 认识到持久的快乐并不来自于财富上的成功。人们能适应不断变化的环境——无论获得财产还是遭遇伤残。财富就像健康，完全缺失会引起痛苦，但是拥有它（或者任何我们渴望已久的事情）并不能确保快乐。
2. 管理好你的时间。快乐的人总感到能驾驭自己的生活，通常从合理支配他们的时间中得到帮助。管理自己的时间有助于个人确立目标，并把总的目标分解为每天的工作。尽管我们经常高估了我们某一天能完成的工作量（这使我们灰心），但我们也总是低估我们一年中能完成的很多任务，只要你每天都取得一点进步。
3. 表现得快乐。有时，我们的行为表现能影响我们的心理感受。做出一个微笑的表情，人们会感觉更好；而当他们皱着眉头，整个世界似乎都阴沉下来。所以要面带笑容，讲话时要显得充满自信，乐观而开朗。通过这些动作可以引发愉快的情绪。
4. 寻求能施展你才华的工作和娱乐方式。快乐的人常常处于一种被称为“畅态（flow）”的境界中——指热衷并沉醉于具有挑战性的任务。通常，比起园艺、社交、工艺等活动，昂贵奢侈的娱乐方式（如坐在豪华游艇上消遣）并不能提供更多的“畅态”体验。
5. 参加运动。大量的研究表明，有氧运动不仅能促进健康和储备能量，它也是一种矫正轻度抑郁和焦虑的方法。健康的心理归功于健康的身体。皮之不存，毛将焉附。
6. 保证足够的睡眠。快乐的人积极乐观、充满活力，但他们也要留出时间来补充睡眠和享受独处。睡眠不足的人会导致身体疲惫、警觉性降低、心情忧郁。
7. 重视亲密的人际关系。与那些深切关心你的人保持亲密的友谊可以帮助你渡过困难时期。信任别人对心灵和身体都是有益的。培养亲密关系的方法是：不要认为别人对你亲密友好是理所应当的，对待好朋友也要像对待其他人一样友善，还要肯定他们，和他们一起玩耍，一起分享。
8. 关注自我以外的人和事。帮助那些需要帮助的人。快乐会增加助人行为（好心情做好事），而做了好事也会感觉心情好。
9. 心存感激。心存感激的人，每天都会反思他们生活的积极方面（健康、朋友、家庭、自由、教育、意义及自然环境等等），体验着很高的幸福感。
10. 培养精神自我。对于很多人来说，信仰提供了一个支持系统，一个关注自身之外的理由，一种追求目标和希望的意义。这有助于解释为什么活跃在宗教团体中的人报告更多的快乐，并往往能更好地应对危机。

节选自戴维·迈尔斯：《追寻快乐》（The Pursuit of Happiness，Harper）。

一个任天堂游戏。或许还可以解释为什么菲律宾总统的妻子伊梅尔达·马科斯居住在富丽堂皇的豪宅中，被贫民所包围，但她却买了 1 060 双鞋。因此，当优胜者附属于战利品、所有者被财富所支配时，就说明适应水平已经出错了。请牢记这点：满足和不满足，成功和失败——全与我们近期的经验有关。如瑞安（Ryan，1999）所言，满足感“只有短暂的半条命。”

这并不是说，只要幸福长期延续，其他任何事物都不重要。尽管我们有突出的适应能力和韧性，在遭受重大打击后，我们并不总能恢复到以前的情绪状态（Diener et al.，2006）。而且，我们可以做一些工作来提升我们的幸福（参见特写：怎样才能更快乐）。

“认识到拥有很多后不久，我发现还有更多没有拥有。”

快乐与他人的成就 快乐不仅与我们过去的经验有关，也与我们和他人的比较有关（Lyubomirsky，2001）。我们总是把自己与他人相比。我们感觉是好或坏，都是以他人为参照的。当其他人表现得精明或机敏时，我们才感觉自己迟钝或愚笨。

两个例子：为了解释美国空军在二战期间所表现出的受挫感，研究者对**相对剥夺**（relative deprivation）概念作了界定，即是一种与他人相比我们更糟的感觉。

尽管对于群体而言有相对较快的提升，但许多士兵仍对他们自己的晋升速度感到失望（Merton & Kitt，1950）。很显然，看到这么多人被提升助长了士兵的期望，而当期望高于他们的实际所获时，结果就会令他们很沮丧。棒球明星亚历克斯·罗德里格斯获得了一份长达 10 年共计 2.52 亿美元的合约，这则新闻肯定会大大削弱其他选手对他们相对较少的、几百万美元合约的满意度。同样，经济的快速发展使一些新富的中国城里人给他人带来了一种相对剥夺感（Burkholder，2005a，b）。

▸▸ 与他人比较的结果有助于解释为什么有一定学业能力的学生，如果在他就读的学校中，大多数同学的学业能力都比不上他，他就倾向于有较高的学业自我概念（Marsh & Parker，1984）。如果你在中学成绩很好，但当你进入大学后你可能会觉得自卑，因为在大学里，有可能班上的每一个同学都很拔尖。

这种比较有助于我们理解为什么在每个国家中，中上等收入的人通常把自己与相对贫穷的人相比，而不是与少数幸运儿作比较，因为这样使他们感到些许的满足。然而，一旦人们达到中等收入水平，继续增加的财富并不能增加他们的快乐。为什么？因为正如人们攀登成功之梯一样，他们通常把自己与同辈相比，即与那些等于或高于他们现在生活水平的人相比（Gruder，1977；Suls & Tesch，1978）。“乞丐不会羡慕百万富翁，但他们无疑会羡慕其他更成功的乞丐。”罗素（Russell，1930，p.90）曾经指出，“因此，拿破仑羡慕恺撒，恺撒羡慕亚历山大，我敢说亚历山大羡慕从来没有存在过的大力神赫拉克勒斯（Hercules）。所以很难纯粹通过成功的手段来摆脱嫉妒，因为历史上或者传说中总有人比你更成功”（pp.68-69）。

研究者说我不会因为更有钱而变得更快乐，但你知道研究者的收入有多少？

把自己与那些更优越的人相比会产生忌妒，同样的道理，把自己与那些不幸的人相比会增加我们的满意度。德莫及其同事（Dermer et al.，1979）经研究证明了这一点。实验要求威斯康星州—密尔沃基大学的女生去观察他人被剥夺和受苦的事实。让她们观看 1900 年时密尔沃基严酷生活的录像带，或者让她们在想象之后写出各种个人悲剧，如遭遇火灾并被毁容等。结果证明，这些女性对她们目前的生活表达了较高的满意度。同样，当一般沮丧的人看到更沮丧的人时，会感觉好一点（Gibbons，1986）。波斯谚语有云：我为自己没有鞋子而哭泣，直到我遇到了一个没有脚的人。

快乐的预测因子

如果按适应水平现象所指出的，我们的情绪总是围绕着正常水平波动，但为什么看起来一些人快乐满怀，而另一些人整天都郁郁寡欢呢？通常是什么因素使一个人快乐而使另一个人忧郁呢？答案存在着文化差异。自尊对于个人主义取向的西方人很重要，而被他人接受则在集体主义取向的文化背景中占有重要地位（Diener et al.，2003）。但是，研究者确实已经揭示出一些可以预测快乐的跨文化的因素（表 12.1）。

▸▸ 200 名动物园员工对黑猩猩的评估研究表明，黑猩猩的快乐也受遗传的影响（Weiss et al.，2000，2002）。

虽然工作和人际关系会影响我们的快乐，但基因也会影响。对 254 对同卵双生子和异卵双生子的研究表明，人与人之间快乐程度的不同有 50% 是遗传的（Lykken & Tellegen，1996）。其他双生子研究发现了类似或遗传稍弱的结果（Lucas，2008）。基因会影响人格特质，而人格特质则与快乐的生活有关（Weiss et al.，2008）。甚至分开抚养的同卵双生子也常常有相似程度的快乐。

但当研究者追踪了数千人长达二十多年的生活经历时，他们发现人们的“快乐设定点”并不是固定的（Lucas & Donnellan，2007）。满意度会升降，快乐也会受到我们掌控的因素影响。显著的例子是：对德国人的长期研究表明，已婚的伴侣对生活的满意度就如同卵双生子那般相似（Schimmack & Lucas，2007）。基因很重要，但正如这项研究所示，人际关系的质量也很重要。

表 12.1 快乐是……

研究者发现快乐的人倾向于	然而快乐似乎与下述因素关系不大
拥有高自尊（在个人主义取向的国家中）	年龄
乐观、开朗、令人愉快	性别（女性更经常出现抑郁，但也更经常表现出愉快）
有亲密的朋友或令人满意的婚姻	教育水平
有能施展才华的工作和娱乐方式	家长身份（有无子女）
有一个富有意义的宗教信仰	外表吸引力
睡眠好和积极锻炼	

资料来源：Summarized from DeNeve & Cooper（1998），Myers（1993，2000），and Myers & Diener（1995，1996）.

一想到我积攒金钱所荒废的岁月我就想哭，因为我听说快乐的性情是遗传的。

我们对快乐的研究提醒我们，情绪结合了生理激活（尤其是左脑）、表达的行为（笑容）、有意识的思维（“我已经为考试做好了充分的准备！”）和情感（自豪、满足）。恐惧、愤怒、快乐等情绪的共同点是：都是生物、心理、社会的现象。我们遗传的素质、脑活动、观点、经历、人际关系和文化共同塑造了我们。

本节回顾

➤ **自问**

如果我们重新学习情绪反应，我们或许能学会新的反应以替代旧的模式。你是否愿意改变你的任一情绪反应？你是否觉得特别容易被人激怒或感到恐惧？为了改变你的情绪反应，你打算怎样改变你的行为或者思维？

➤ **自测 4**

哪些因素能（或不能）预测你自我报告的快乐？

自测问题的答案见书后的附录。

压力与健康

你在日常生活中体验到的压力有多频繁？从未？很少？有时？还是经常？盖勒普在 2007 年年底就这个问题做了一项全美调查，发现四分之三的报告“有时”或“经常”。55 岁以下的人也有略多于半数的人认为，他们总是没有足够的时间来做自己想做的事情（Carroll，2008）。你呢？

对于许多学生（可能包括你）而言，升入大学会面临新的人际关系和要求更高的挑战，这些都会让人紧张。债台高筑。最后期限临近。你喜欢的校园组织需要一名志愿者，但你已经分身乏术。置身于室友或者家庭冲突之中，你会感到紧张。担心重要的考生或课堂演讲，结果你发现你竟然跑到了浴室。之后，遇到交通堵塞，上课或工作迟到，你的情绪变得糟糕。这些足以让你头疼脑热或者彻夜不眠。

如果压力持续存在，还会带来皮疹、哮喘或者高血压（尤其是对那些生理上具有这些先天倾向的人）。压力还会增加我们罹患严重疾病和死亡的危险。为了研究压力和不健康行为对健康和疾病的影响，心理学家和医生创立了跨学科的**行为医学**（behavioral medicine），整合了行为和医学知识。**健康心理学**（health psychology）为行为医学做出了心理学方面的贡献。对于心理学家而言，健康不仅仅是“将死亡率降到最低”（Prairie Home Companion，1999）。健康心理学家会问：我们的情绪和人格如何影响我们的患病风险？什么样的态度和行为有助于预防疾病和保持健康状态？我们对情境的知觉如何决定我们所感受到的压力？我们怎样才能减少和控制压力？

压力与疾病

11. 什么是压力？

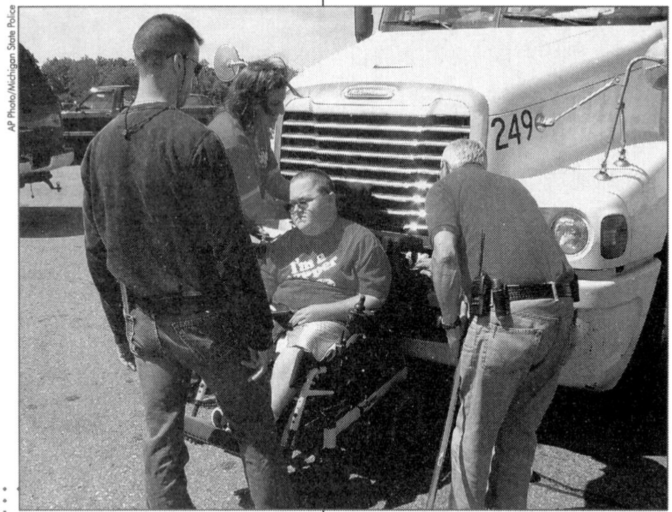

AP Photo/Michigan State Police

巨大的压力 本·卡朋特在轮椅卡在了汽车的护栅后，体验了最疯狂的行程。

你认为云霄飞车吓人吗？想象一下 21 岁的本·卡朋特（Ben Carpenter）在世界上最疯狂、最快速的轮椅上所面临的压力。2007 年夏日的一个艳阳天午后，本通过一个十字路口，信号灯突然改变。这时一辆重型卡车驶来，司机没有看到本，他们碰撞在一起，轮椅转向了前面，它的把手卡在了汽车的护栅里。司机没有听到本的求救声，加速在公路上行驶。路边的摩托车骑手看到了这怪异的一幕：卡车以 50 公里 / 小时的速度推着一辆轮椅行驶，于是拨打 911。（第一个报警者说：“你无法相信这一幕，一辆重型卡车推着一位坐在轮椅上的人高速行驶！”）一位过路的便衣警察带着扳手，从出事地点开始跟踪这辆卡车数公里，直到目的地。他告诉卡车司机有位路人挂在了卡车的护栅上。本患有肌肉萎缩症，他说“这太恐怖了！”

压力是一个含糊的概念。它有时指威胁或者挑战（“本面临诸多压力”），有时指我们对压力的反应（“本经历了急迫的压力事件”）。在心理学家看来，危险的卡车是应激源，本的身体和情绪反应是压力反应。他与威胁互动的过程就是压力。

因此，**压力**（stress）不仅仅是一个刺激或者是一个反应。它是我们用来评价和应对环境威胁和挑战的过程（图 12.21）。我们生活中的事件要流经一个心理过滤器。压力更多地来自个体对事件如何评价，而不是事件本身（Lazarus，1998）。一个人单独呆在一幢房子里，如果他没有注意到吱吱嘎嘎的声响，则不会有压力；如果疑心有入侵者，则会处于警觉状态。一些人把新工作当作挑战，而另一些人可能认为它存在失败的风险。当被知觉为挑战时，应激源可以产生积极的效果，激发并驱使我们解决问题。获得冠军的运动员、成功的企业家、优秀的教师和领导者在挑战的激发下，都会战胜困难并有出色表现。战胜了癌症或者从失业阴影中重新振作的人，会形成更强烈的自尊感、坚强的意志和获得精神升华。的确，年少时的一些压力有益于日后情绪的豁达和体质的增强（Landauer & Whiting，1979）。逆境有时会促进成长，坏事有时会有好的结果。

但应激源同样威胁着我们拥有的资源——工作的安全感、所爱的人的健康与

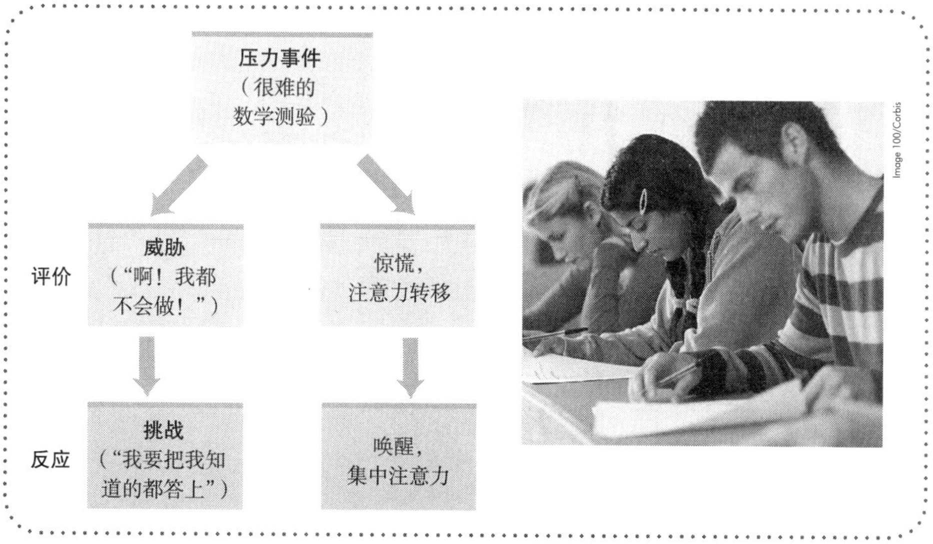

➤ 图 12.21
压力评价
我们生活中的事件都要经过心理过滤。我们对事件的评价，会大大影响我们体验到的压力的强度和反应的有效性

幸福、笃信的信仰以及自我意象（Hobfoll，1989）。经受长期强烈的压力可能会对我们造成伤害。儿童由于经受严重虐待而产生生理反应，这些反应增加了他们日后患慢性疾病的风险（Repetti et al.，2002）。那些对残酷的越战有创伤后应激反应的人，随后遭受血液循环、消化、呼吸和传染性疾病折磨的比率大大提高（Boscarino，1997）。

压力反应系统

人们对压力的医学研究兴趣要追溯到希波克拉底时期（公元前 460~ 公元前 377）。但直到 20 世纪 20 年代，心理学家坎农（Cannon，1929）才确定压力反应是身心体系的一部分。他观察到严寒、缺氧和情绪唤醒等事件都能引起肾上腺素和去甲肾上腺素的分泌，这些压力荷尔蒙从肾上腺内部的交感神经末梢进入血液。当大脑通路中的某些部分发出警报时，交感神经系统就会增加心跳和呼吸的频率，将血液从消化系统转移到骨骼肌，减轻疼痛，并释放体内存储的糖和脂肪——这些都为身体采取最佳的适应性反应做好准备，这种反应还就是坎农所谓的战斗或逃跑（参见图 12.2）。

此外，在战斗—逃跑模式外还有其他选择。一个由所爱之人的死引起的普遍压力反应是退缩、反悔和保存能量。另外一个现象在女性中更为普遍，那就是寻求和给予支持，照料和待之如友（Taylor et al.，2000）。

加拿大科学家塞雷（Selye，1936，1976）对压力进行了长达 40 年的研究，他扩展了坎农的发现，使压力在心理学和医学中都成了一个主要概念。值得记住的是，塞雷的压力反应概念是在研究智力阻碍时发现的。为找到一种新的性激素，塞雷在老鼠体内注入了卵巢激素提取物。他发现了三个效果：肾上腺皮质分泌增多，胸腺（含有对抗疾病的白细胞）萎缩，以及溃疡面出血。因为没有已知激素能够产生以上症状，塞雷兴高采烈地说：“似乎在我 28 岁的时候就已经追踪到一种新的激素了。”为了验证他的预感，塞雷研究了动物对各种类型压力源的反应，如电击、外伤和麻醉抑制。他发现有机体对于压力的适应性反应是如此一致，如同无论遭遇何种入侵，警报铃就会响一样。因此，他把它称作**一般适应综合症**（general

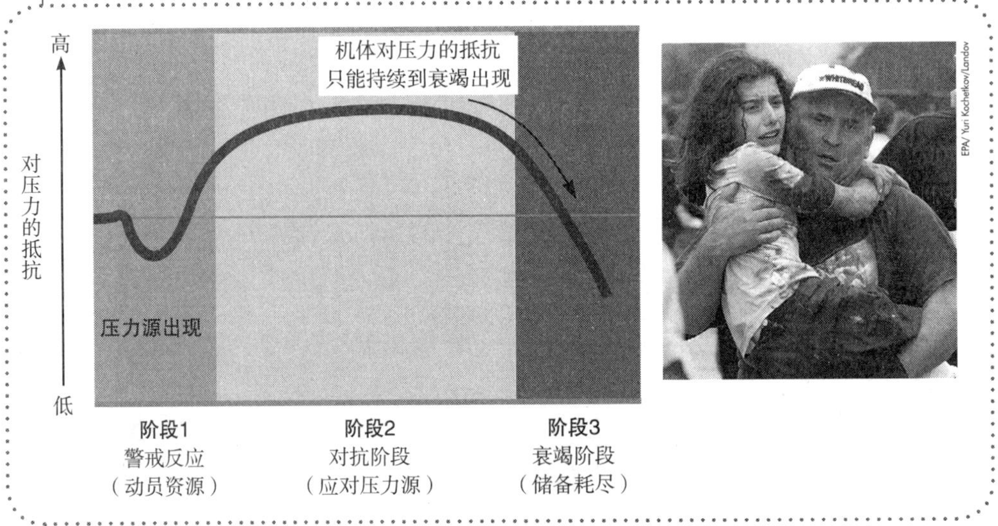

➤ 图 12.22
塞雷的一般适应综合症
2004 年在俄罗斯北奥塞梯，这名女孩被恐怖分子劫持，关押在学校三天后设法逃离，重获自由，并得到了紧急治疗。经历此种创伤后，机体进入暂时震惊的警戒阶段，然后机体反弹，对压力的抵抗增强；如果压力持续，正如此次事件中的 400 名学校人质和家里焦急等待的亲人一样，就会使人身心备受煎熬，导致衰竭。

"你可能患有现在所谓的满巢症候群。"

adaptation syndrome，GAS）。

塞雷把 GAS 分为三个阶段（图 12.22）。比如你正承受着生理或情绪的创伤，在第一阶段，由于交感神经系统的突然激活而产生警戒反应。你的心跳加快，血液被转移到骨骼肌，你受到轻微的冲击。随着资源被调动起来，你现在正准备进入与"挑战"斗争的第二阶段：对抗阶段。在这一阶段，你的体温、血压和呼吸仍然维持在较高水平，而激素突然迅速释放。如果这一过程持续，压力将在第三阶段最终耗尽你的体能，即衰竭阶段。在这一阶段，由于筋疲力尽，你在疾病面前显得很脆弱，在极端情况下甚至会崩溃和死亡。

今天医学专家极少反对塞雷的基本观点，即虽然人体先天就能应对暂时的压力，但是长期的压力能使机体的生理功能恶化。最近的几个研究采用 MRI 对三种长期体验到高压力激素的人进行了脑部扫描，这三种人是：儿童期长期受虐待、经历战斗和患有内分泌疾病的人（Sapolsky，1999）。研究发现，他们中的大多数人海马缩小，在外显记忆中起决定作用的脑组织萎缩。同样，在动物中也存在各种各样的压力——在群体中处于从属地位，身体上受到束缚，处于孤立状态——这也能导致海马组织的萎缩（McEwen，1998）。这些发现成为今天的健康心理学家进一步研究的动力。正如他们所质疑的：是什么导致了压力？压力的影响有哪些？我们怎样才能减轻这些影响？

生活中的压力事件

12. 哪些事件会引起应激反应？

对生活中压力事件的研究集中在我们对三类压力源的反应上，这三类压力源分别是：灾难、重大生活变故和日常冲突。

灾 难 灾难是不可预测的、大规模爆发的事件，如战争和自然灾害等，几乎每个人都会认为这些事件是危险的。尽管在这些事件之后，人们通常会彼此提供安慰和帮助，但它对健康的危害还是巨大的。在美国"9・11"事件之后的三周内，密歇根大学研究者调查的美国人中，有三分之二的人说他们难以集中注意力，并且失眠（Wahlberg，2001）。在另一项国家调查中，纽约市民报告说他们也易出现这些症状（NSF，2001）。据报道，在此期间安眠药的处方量在纽约地区增加了28%（HMHL，2002）。

其他社会灾难也会有如此大的影响吗？鲁博尼斯和比克曼（Rubonis & Bickman，1991）整理了52份关于洪灾、飓风和火灾的调查数据，发现显著影响虽然小，但确实存在。灾后，焦虑和忧郁等心理失调的比率平均增加了17%。在背井离乡的难民中，遭受心理失调的比率同样增加。他们的压力来自无家可归、与亲人分离的创伤，还有对新语言环境、种族、气候和社会规范的适应（Pipher，2002；Williams & Berry，1991）。在所有这些情况下，健康问题一般都会在长期的压力之后接踵而至。

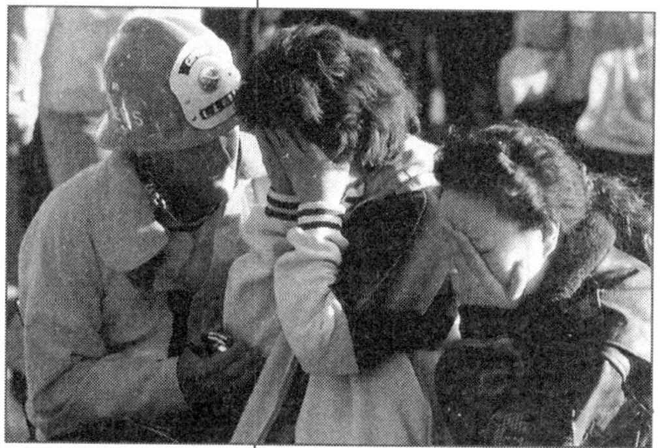

Les Stone/Corbis

有害的压力 1994年洛杉矶地震当天，因心脏病猝死的比例增加了5倍——尤其在地震的震中地区和地震后的两小时之内。强体力消耗（奔跑和移动废墟）只占死亡因素的13%，其他致死因素都可能归于压力（Muller & Verier，1996）。

重大生活变故 第二类生活事件的压力源是重大的生活变故——离开家庭、爱人故去、失业、结婚或者离婚等。刚进入成年期的人常常能感觉到这些生活上的变故和不安定。这有助于理解为什么在问及15 000个加拿大成人“你是否试图同时做太多事情”时，青年人的反应所显示的压力水平最高。美国人也一样：50岁以下的成人有一半报告说“经常”有压力感，而50岁以上的人中只有不到30%的人如此报告（Saad，2001）。

一些心理学家通过长期追踪观察重大生活变故是否导致疾病，来研究生活变故对健康的影响。另外，一些心理学家比较了存在健康问题的人（如心脏病人）与健康人对生活变故的回忆。一项美国国家科学研究院授权的回顾性研究揭示，近期内失去配偶、被解雇和离婚的人更容易患病（Dohrenwend et al.，1982）。一项关于96 000名寡居（或鳏居）者的芬兰研究肯定了这一现象：他们在伴侣死亡后的一周内，死亡危险增加了一倍（Kaprio et al.，1987）。经历一连串危机事件的人死亡的危险更大。

日常冲突 如前所述，我们的快乐很少源于持久的好运，而更多的来自对日常琐事的反应，如考试中取得好成绩、一封令人高兴的信件，以及所钟爱的球队在大型比赛中获胜等。

这个原则也适用于负面的事件。每日的烦恼——上班高峰期的交通堵塞、易激怒的室友、银行或商店里长长的队伍、过多的事务以及把东西放错地方而找不到——都可能是压力的最主要来源（Kohn & Macdonald，1992；Lazarus，1990；Ruffin，1993）。尽管一些人能轻易甩掉这些麻烦，但有些人却被这些事情逼得“走投无路”。

随着时间的流逝，这些小压力源会逐渐积累并损害我们的健康。在城市的黑人居民中，高血压的患病率很高。在这些地区，高血压伴随着贫穷、失业、单亲和过度的拥挤，对一些人来说已是家常便饭。在欧洲，对生活满意度最低的国民高血压的发病率同样最高（图12.23）。

而且这些日常压力可能和种族歧视结合在一起，如同其他压力源一样，可能造成生理和心理的问题。试想一下，如果你每天遇到的人中有一些不信任你、不喜欢你或者怀疑你的能力，难道你不觉得日常生活有压力吗？难道这些压力最终

“你必须知道何时坚持，何时放手。知道何时轻松漫步，何时奋力奔跑。”

——肯尼·罗杰斯（Kenny Rogers），《赌徒》，1978

➤ 图 12.23
生活满意度高，高血压的发病率就低
（Blanchflower & Oswald，2008）

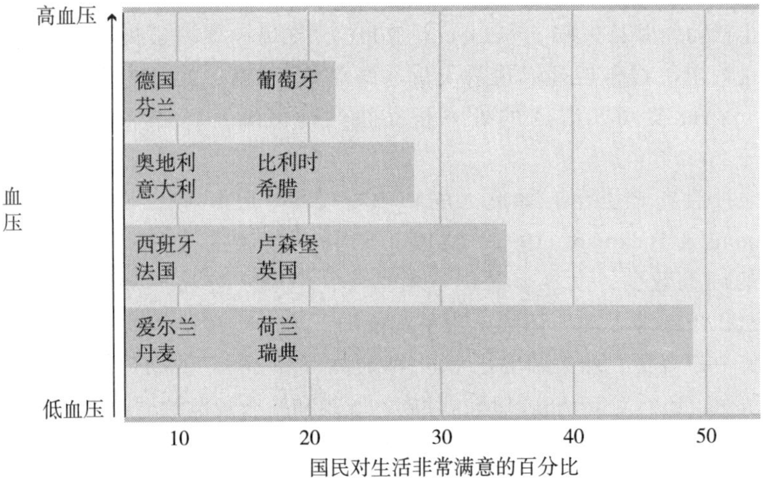

不会危害你的健康或者使你的血压升高吗？这就是许多美国黑人在日常生活中受种族歧视的写照，健康受损，血压升高（Clark et al.，1999；Mays et al.，2007）。

▸▸ 在印度和美国，A 型行为类型者的公共汽车司机驾驶较猛，他们刹车、超车、按喇叭的次数均多于较随和的 B 型行为类型者（Evans et al.，1987）。

压力与心脏

13. 为什么有些人更易患冠心病？

在 1900 年以前，**冠心病**（coronary heart disease）并不常见，但是使心肌血管阻塞的冠心病，从 20 世纪 50 年代至今已成为北美人口死亡的主要原因。除了有家族疾病史以外，许多行为和生理因素增加了心脏疾病的发生，如吸烟、肥胖、高脂饮食、缺乏运动、血压和胆固醇含量升高等。压力和人格等心理因素也起着较大的作用。

1956 年，心脏病学家弗里德曼、罗森曼和他们的同事偶然发现说明其作用有多大的一个指标（Friedman & Ulmer，1984）。在研究旧金山青年联盟的白人妇女和她们丈夫的饮食习惯时，弗里德曼和罗森曼发现，虽然妇女和其丈夫摄取等量的胆固醇和脂肪，但她们患心脏疾病的可能性远远小于其丈夫。这种情况是女性的性荷尔蒙造成的吗？研究者认为不是的，因为具有同样性荷尔蒙但承受更大压力的非裔美国妇女和她们的丈夫一样易患心脏疾病。

玩火者必自焚。
——中国谚语

最有影响力的研究是弗里德曼和罗森曼对 3 000 多名 35~59 岁健康者进行的长达 9 年的经典性研究。研究开始时，研究者对每个被试的工作和饮食习惯进行了 15 分钟的访谈。访谈中，他们记录了每个人的谈话风格和其他行为上的特点。把那些反应快、喜欢竞争、固执、缺乏耐心、有时间观念、动机强、好斗和易怒的人称作 A 型行为类型或 **A 型人格**（Type A）。把那些随和的人称作 B 型行为类型或 **B 型人格**（Type B），二者的人数大体相等。你认为哪一组更易患冠心病呢？

截止到研究结束，257 名被试经历了心脏病发作的痛苦，其中 69% 的是 A 型行为类型者。此外，真正的 B 型行为类型者（最随和与最悠闲的）没有一个出现心脏病的发作。

正如科学中的发现一样，上述令人振奋的发现引起了很多公众的兴趣。这个发现似乎是明确而具有革命性的，但是经过一段时期后，另外一些研究者开始提出质疑，这个研究可靠吗？如果果真如此，A 型行为类型者的个性特征中所具有的有害成分究竟是什么？时间观念？竞争性？还是易怒性？

近年来，更多的研究表明，A 型行为类型的个体身上表现出的核心有害特征就是消极情绪，尤其是愤怒，它与攻击性反应性格有关（Smith & Ruiz，2002；Williams，1993）。在访谈者评价被试的言语自信和情绪强度的研究中，易怒个性的影响是最显而易见的（如果你话说一半就停下来，那么紧张、易怒的人可能接上你的话说完它）。在年轻人和中年人中，那些对无足轻重的事情有强烈反应的人最有可能患冠心病。心脏和大脑之间是相互联系、相互作用的。

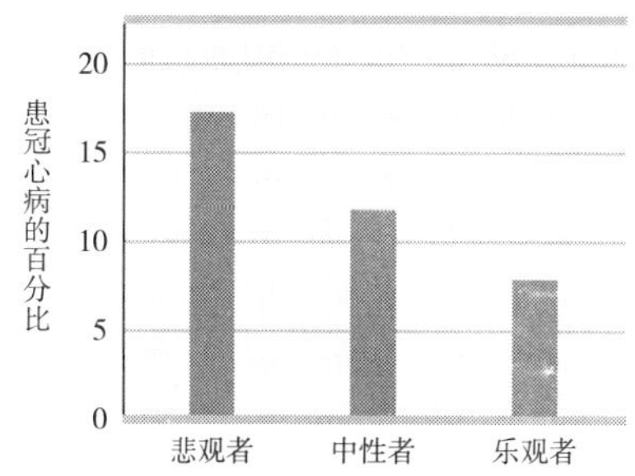

➤ 图 12.24
悲观情绪和心脏疾病
哈佛大学公共卫生学院的研究小组发现，悲观的成年人在 10 年内患心脏疾病风险翻倍。（From Kubzansky et al.，2001）

正如斯皮尔伯格和伦敦（Spielberger & London，1982）所说的那样，愤怒对人的心脏是有害的。但愤怒不是惟一对人有负面影响的情绪，悲观对人也有负面的影响。库布赞斯基和她的同事（Kubzansky et al.，2001）研究了 1 306 名 10 年前在测验中表现出乐观、悲观或中性情绪的健康人。10 年后，即便控制了吸烟其他危险性因素的影响，悲观主义者患心脏疾病的可能性仍是乐观主义者的 2 倍（见图 12.24）。

抑郁也有巨大的危害。来自 57 项研究的证据表明，“抑郁情绪明显地增大死亡风险，尤其增加了非自然原因和心血管疾病导致的死亡”（Wulsin et al.，1999）。研究表明，易焦虑、压抑和烦恼的人也易患心脏疾病。比利时的研究者德诺莱特（Denollet，2000）定义了一种 D 型行为类型（烦恼型）的人格，其标志是消极情绪和社会压抑。在此项中得高分的人患心脏疾病的可能性大。

“快乐的心情是良药，而消沉的意志是毒药。”
——圣经《箴言》：17:22

最近的研究表明，如果长期的压力引发持续的炎症，可能会同时心脏病和抑郁（Matthews，2005；Miller & Blackwell，2006）。正如我们将看到的，压力会破坏身体抵御疾病的免疫系统，使身体将能量集中于逃跑或击退威胁。然而，压力激素会增强个体的免疫反应，制造导致炎症的蛋白质。虽然炎症有助于抵抗感染，但持续的炎症会导致诸如哮喘或动脉阻塞，甚至可能导致抑郁（参见图 12.25）。

压力与疾病的易感性

14. 压力怎样使得我们更易患病？

不久前，**身心关系**（psychosomatic）一词说明了心理疾病会引起生理疾病。对于一般人来说，这一名词暗示我们这些生理疾病并不存在，它们仅仅是由身心失调所致。为了避免此现象并更好地阐述心理状态对生理的影响，今天多数专家使用**身心疾病**（psychophysiological illnesse）这个术语。这些高血压和头痛之类的疾病都是与压力有关的。压力还影响我们对疾病的抵抗力，正是这种理解导致**心理神经免疫学**（psychoneuroimmunology，PNI）这一新兴领域的诞生。PNI 研究心理、神经和内分泌过程对免疫系统的影响，以及所有这些因素对我们健康和幸福的影响。

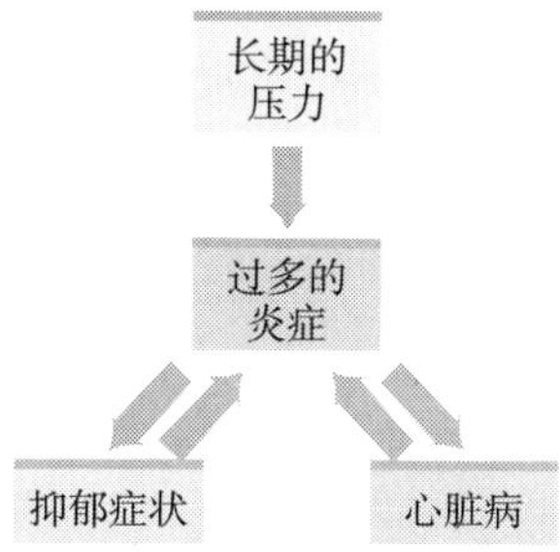

➤ 图 12.25
压力→炎症→心脏病和抑郁
研究者（Miller & Blackwell，2006）发现，长期的压力会导致持续的炎症，这会增加罹患抑郁和动脉阻塞的风险。

"在上帝眼里，或从生物学的角度，或者在你看来，女人的存在是一件很重要的事。"
——免疫学者诺玛·塔拉（1995）

心理神经免疫学

有上百个新的实验证明神经系统和内分泌系统对免疫系统有影响（Sternberg，2001），这为身心疾病的真实存在提供了证据。免疫系统是一个复杂的监督系统，它通过隔离和破坏细菌、病毒和其他外来物质，以保护人的身体。它包含两种名为**淋巴细胞**（lymphocyte）的白细胞：在骨髓中形成的 B 淋巴细胞，能产生防止细菌感染的抗体；在胸腺和其他淋巴组织中形成的 T 淋巴细胞，会袭击癌细胞、病毒和外来物质——甚至有益物质，如移植来的器官。免疫系统的另两个代表是巨噬细胞和自然杀手细胞，巨噬细胞识别、追踪和吞噬有害的入侵物质，而自然杀手细胞则追踪患病的细胞（如被病毒或癌症感染的细胞）。年龄、营养、基因、体温和压力都影响免疫系统的活动。

免疫系统在两种情况下可能出现问题。一是反应过于强烈，可能伤害自身的组织，导致关节炎或过敏反应；二是反应不够强烈，使得处于休眠状态的疱疹病毒发作或引发癌细胞繁殖。女性的免疫功能比男性强大（Morell，1995），这使得女性感染的可能性变小；但同时使得她们更可能患自身攻击性疾病，如狼疮和多发性硬化。

免疫系统不是一个毫无头脑的骑师。相反，它与大脑和分泌激素的内分泌系统交换信息。大脑调节着压力激素的分泌，激素反过来抑制能防御疾病的淋巴细胞。此外，当动物的身体受到限制时，即实施不可避免的电击或遭受噪音、拥挤、泼冷水、社会挫折、与母亲分离等，它们免疫系统的活动就会减弱（Maier et al.，1994）。一项为期 6 个月的研究对 43 只猴子免疫系统的反应进行了监测（Cohen et al.，1992），21 只猴子各自与新室友——另外三四只猴子共同生活 1 个月（为了使猴子间产生感情，以唤起像人离开家上学或参加夏令营的压力，假设这种经历必须持续 1 个月），这对它们产生了压力。与留在原群体中的猴子相比，经受社会分离的猴子免疫系统的活动减弱。压力同样能抑制人的免疫系统的活动吗？看看下面的研究：

- 婚姻中的争吵对健康不利。当 90 对新婚夫妇为婚姻问题争吵了半个小时后，一些人比其他人变得更加愤怒，这些人第二天遭受了更强的免疫系统抑制（Kiecolt-Glaser et al.，1993）。
- 处于压力下的动物和人外伤愈合的速度较慢。一项研究中，牙科专业的学生受了“打孔伤”（在皮肤上打一些小洞），与那些在暑假期间受到同类创伤的学生相比，在重要考试前 3 天受伤的学生愈合的速度慢 40%。事实上，基科尔特 - 格拉泽和她的合作者（Kiecolt-Glaser et al.，1998）报告说：“所有在压力期间受这种伤的学生，愈合的速度都不如在假期中受伤的学生的愈合速度快。”
- 处于高压力状态下的学生疾病防御机制变弱，比如在考试期间和沮丧时（Jemmott & Magloire，1988；Stone et al.，1987）。一项研究表明，生活充满压力的被试有 47% 的人感染病毒后感冒了，而那些生活相对轻松的被试中仅有 27% 的人患感冒（Cohen et al.，1991）。随后的研究证实了压力的大小与感冒严重程度之间的关系（Cohen et al.，1993，1995，1998，1999）。
- 在另一个实验中，生活充满压力的被试在鼻子滴入病毒液体后有 47% 的人患上感冒，生活相对轻松的被试只有 27% 的人感冒（图 12.26）。跟踪研究发现，

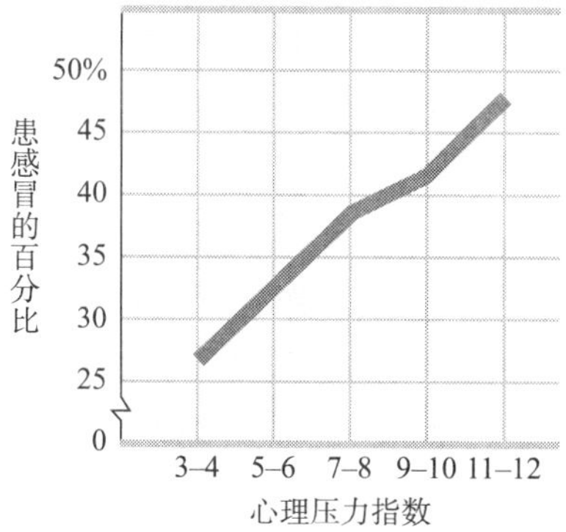

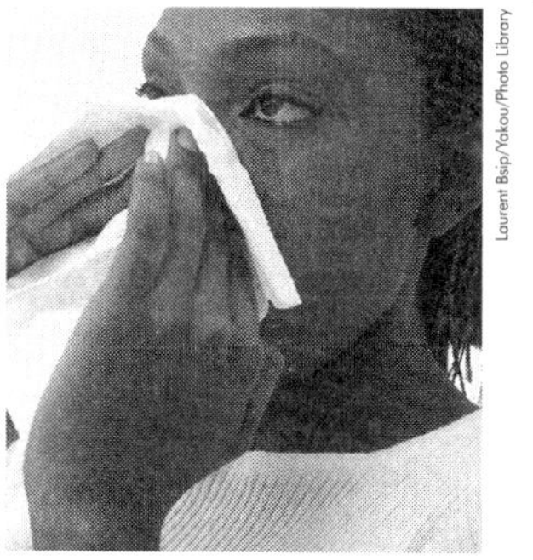

➤ 图 12.26
压力与感冒
实验（Cohen et al.,1991）发现，生活压力分数最高的人在接触实验室的感冒病毒时也最容易患病。

最幸福和最轻松的人同样明显不易受到实验室感冒病毒的感染（Cohen et al.，2003，2006）。

- 控制压力可以延长寿命。与年轻人相比，年龄较大的成年人的免疫系统会更多地遭受压力与抑郁的破坏（Kiecolt-Glaser et al.，2001，2002）。对 169 位百岁以上老人的研究发现，他们共有的一种人格特质就是能很好地控制自身的压力（Silver & Perls，1999）。

压力对免疫力的影响同样具有生物学意义（M aier et al.，1994）。我们知道，压力会引起一种唤醒状态即战斗—逃跑反应。压力会使能量转移到肌肉和大脑，为个体采取行动作好准备。对抗疾病的免疫反应是一个能量竞争的体系，该体系将能量用于抵抗感染、引起炎症反应和持续发热。因此，患病时我们的身体通过保持休息状态和增加睡眠来减少肌肉对能量的消耗。压力会将能量从免疫系统中转移出来，使我们更容易受到疾病的侵害。问题的实质是：压力本身并不能使我们生病，但是它能抑制我们的免疫功能，降低我们抵御感染的能力，更易患上心脏病。

心宽体胖

——中国谚语

压力与艾滋病

艾滋病（AIDS）已经成为世界上死亡率排名第四的疾病，在非洲，它是导致死亡的头号杀手。艾滋病是指免疫功能的紊乱，一种由人类免疫缺陷病毒（HIV）引起的获得性免疫系统缺陷综合症。HIV 的传播途径是人的体液交换，主要是精液和血液。如果一种疾病通过人际接触能很快导致死亡，它可能不会造成更多人死亡。但是，如果一种疾病的致死速度很慢，例如 HIV，那它对更多的人来说就是致命的，因为那些携带病毒的人通常并不知道他们已被感染，这样病毒就有了传播的时间。当 HIV 感染者在感染的数年后显现出艾滋病症状之时，他已经很难抵抗如肺炎之类的其他疾病了。根据联合国的报道，20 世纪全世界有 2 200 万人死于艾滋病。在 2002 年，有 4 200 万人在他们毫不知情的情况下感染了 HIV 病毒，其中一半是女性（联合国艾滋病规划署，2002）。联合国预计（Altman，2002），到 2020 年，又将有 6 500 万人死于该疾病。世界范围内，新感染者中有一半是 15~24 岁的青年人。

因此，如果长期的压力状态导致了人体免疫功能的损伤，那么它是否也会加重艾滋病的恶化？研究者发现，感染者从感染 HIV 到出现艾滋病症状的进程

▸▸ 在北美和西欧，75% 的艾滋病患者是男性。在撒哈拉以南的非洲，60% 的艾滋病患者是女性（在 15~24 岁的患者中有 75% 的女性）。女孩宫颈细胞的薄膜层让她们尤其容易感染艾滋病（Altman，2004；UNAIDS，2005）。

和感染者病情恶化的速度，均与他们的压力状态和消极情绪有关（Bower et al.，1998；Kiecolt-Glaser & Glaser，1995；Leserman et al.，1999）。HIV 感染者面对充满压力的生活环境，比如失去伴侣，表现出较大程度上的免疫抑制和疾病的更快恶化。

降低压力水平是否有助于控制疾病？尽管与有效的药物治疗相比它的效果不大，但是答案确实是肯定的。教育的积极性、丧失亲人后的支持小组、认知疗法、健身计划等能减少压力的方法，均对 HIV 阳性个体有积极的效果（Baum & Posluszny，1999；Schneiderman，1999）。然而更好的措施是预防 HIV 感染，这也是许多教育工程的焦点，比如许多国家 ABC 工程（禁欲、忠贞和使用避孕套），乌干达的 ABC 工程开展的较为成功（Altman，2004；USAID，2004）。

压力与癌症

压力和消极情绪一样，与癌症的恶化速度有关。为了探明压力与癌症之间可能存在的联系，研究者将肿瘤细胞或致癌物质注入啮齿类动物体内。结果表明，那些处于压力状态下的啮齿类动物（如给它们施加无法逃避的电击）更容易得癌症（Sklar & Anisman，1981）。因为在压力状态下，它们免疫系统的功能下降，所以他们体内的肿瘤发展更快并长得更大。

“我没让自己得癌症。”
——新泽西州普林斯顿市的芭芭拉·博格斯·西格蒙德市长，1939~1990

有研究者报告：人们在经历了抑郁、无助，或是丧失亲人之后的一年内，患癌症的危险性有所提高。例如癌症在寡居、离异和分居的人中更为常见。一项对妻子患有晚期乳腺癌的男性被试的研究，指出了一个可能的原因：在妻子去世后的前两个月，他们的淋巴细胞反应有所下降（Schleifer et al.，1979）。但有些研究发现压力与癌症之间不存在联系（Edelman & Kidman，1997；Fox，1998；Pettigrew et al.，1999）。例如，集中营与监狱中的战争幸存者患癌症的比率并没有提高。

对态度和癌症的关系进行大肆报道的一个危害是，它导致一些患者对他们的疾病产生自责——“我以前要是更乐于表达自己的感情、更轻松一些、对生活抱有更多的希望就好了。”另一个必然危害是在健康人中，“自认为处于最佳健康状态”之心态者，将身体的健康归功于拥有健康的心态，而且他们对疾病有错误的认识：“她患癌症了吗？就是由于她经常控制自己的感情，并且一直表现得那么好。”这最终导致了死亡。

在说明情绪与癌症诊断之间的中度相关时，我们必须记住，压力本身并不能制造癌细胞，人体自身存在一种防御机制，以对抗那些不断繁殖的恶性肿瘤细胞；压力削弱了这种防御机制的作用，因而癌细胞能够不断增长（Antoni & Lutgendorf，2007）。尽管放松的、抱有希望的心态能增强这些防御功能，我们仍要清楚科学与意愿之间还是有一线之隔的。癌症或艾滋病在生物学上的恶化过程是无法通过避免压力或是建立起一个放松但坚定的信念，就能改变它原有的发展轨道的（Anderson，2002；Kessler et al.，1991）。

* * *

目前，我们可以把压力对人体抵抗疾病的影响看做是为适应行为付出的代价（图 12.27）。压力可以通过唤醒和动机激发给我们的生活注入活力。毫无压力感的生活是很难富有挑战性或创新性的。此外，压力使我们耗费更多的资源去对抗或

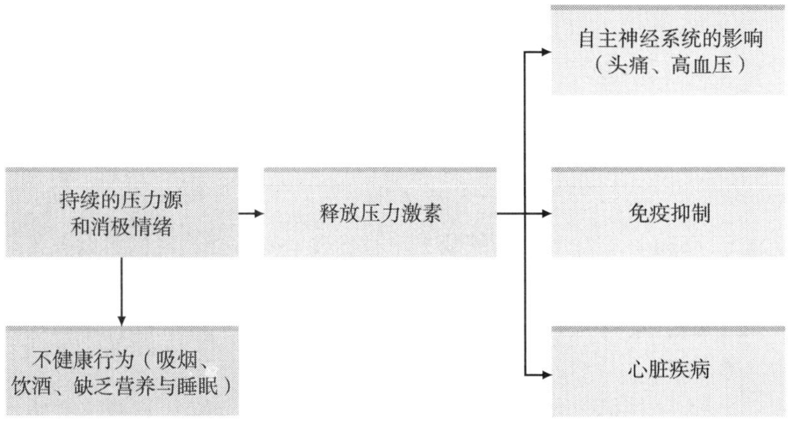

➤ **图 12.27**
消极情绪对健康的各种影响
这在易于患病的、暴躁、易怒、忧郁、焦虑的人身上表现更为明显。

逃避外部的威胁。但是，我们在这么做的同时是有代价的，因为这使我们对抗内在健康威胁的资源减少了。如果压力是暂时性的，这种代价微不足道；但是当压力不可控制地持续加重时，这种代价就会变得非常巨大。

行为医学的新研究为当代心理学的首要研究课题之一提供了另一个旁证。身与心是交互作用的。任何心理事件同时也是生理事件。心理状态就是影响我们生理体系其他部分的生理事件。现在想象一下你正在吃橙子，甜美的果汁流过你的舌头，是否已经有唾液开始分泌了呢？就像四千多年前的印度圣贤桑蒂·帕沃（Santi Parva）所认为的那样：心理障碍源于生理因素，同样地，生理障碍也源于心理因素。我们的头脑与健康会相互影响。我们都是生物、心理和社会的系统。

⏩ 当无法得知一种疾病的器质性原因时，人们就倾向于创造一种心理上的解释。在导致肺结核的细菌没有被发现以前，对疾病进行人格方面的解释是较普遍的（Sontag，1978）。

本节回顾

➤ 自问

你生活中有哪些压力？你对这些压力的反应有多强烈？你是否能为避开生活中持续的压力源做出一些改变？

➤ 自测 5

描述一下我们的压力反应系统。

自测问题的答案见书后的附录。

促进健康

促进健康始于一些能预防疾病并促进个体身心健康的策略。过去，人们只在生病时才去找医生诊治。健康心理学家说，这正如他们平时不注意对车的保养和维护，而只是等车坏的时候才去找人维修一样。现在我们既然已经认识到态度和行为会影响健康，就更应该将注意转移到如何保持健康上，即如何减轻压力、预防疾病和促进身心健康等。

压力应对

15. 哪些因素会影响我们应对压力的能力?

紧张性刺激对每个人来说都是不可避免的，这一点就如持续的压力通常与心脏病、抑郁和免疫力下降相关联一样，给我们传递了明确的信息。我们必须学会**应对**（cope）生活中的压力。我们会直接处理某些压力源，即**聚焦问题的应对**（problem-focused coping）。比如，由于缺乏耐心导致家庭争吵，我们可以直接与家庭成员一起解决问题。不过，即使我们做出了最大的努力，如果仍不能与家人和睦相处，我们还可能纳入**聚焦情绪的应对**（emotion-focused coping），比如找朋友满足我们的情感需要。

如果收到挑战，有些人更倾向于以冷静的聚焦问题的应对来反应，有些人则更倾向于聚焦情绪的应对（Connor-Smith & Flachsbart，2007）。如果我们感到能控制情境，认为我们能改变环境或改变自身，则往往会采取聚焦问题的应对策略。如果我们不能（或认为自己不能）改变环境，则会诉诸聚焦情绪的应对策略。比如，对于有害的人际关系我们可能寻求情感距离，或者让自己忙于积极的爱好而避免想起恶习。不过聚焦情绪的策略可能没有适应意义，比如学生担心跟不上课堂的朗读节奏，跑去参加聚会将学习抛在脑后。有时聚焦问题的策略（努力跟上朗读节奏）能更有效地减少压力，促进长期的健康和满意度。

有几个因素会影响我们成功应对的能力，包括我们自己的控制感，我们的解释方式和支持性的社会联系。

感知到的控制

如果两只老鼠同时受到电击，但是其中一只能够通过踩动轮子来停止电击（如图 12.28 所示），而另一只则不能，那么那只无助的老鼠就容易患溃疡，并且对疾病的免疫能力降低（Laudenslager & Reite，1984）。对于人类而言，细菌感染经常和不可控制的压力同时存在，容易导致最严重的溃疡（Overmier & Murison，1997）。要治疗溃疡需要用抗生素杀死细菌，同时通过减少压力来控制酸性分泌物。

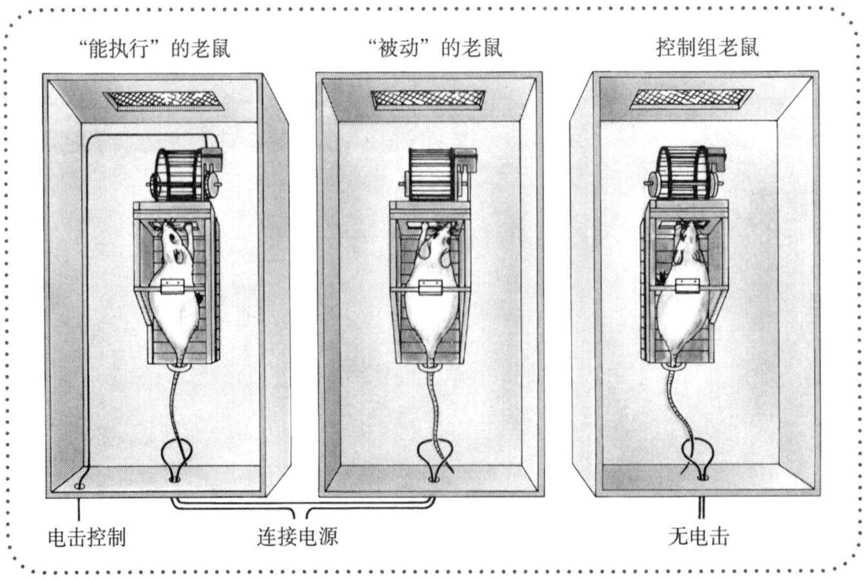

➤ 图 12.28
失控感对健康的影响
左边的“操作避免电击”鼠可以踩动轮子来关闭电击源开关，以避免尾巴被电击。正是如此，它不会比右边没有接电击源的“参照”鼠产生更多的溃疡。中间的“被动接受电击”鼠不可避免地接受了与“操作避免电击”鼠相同的电击次数，因为它不能通过操作避免接受电击，所以更可能产生溃汤。（Adapted from Weiss，1977）

如果觉察到失控，我们会变得容易生病。那些意识到对自己的活动失去控制而在家接受护理的老年人，比起那些能较多地控制自己活动的老人，身体机能下降更快，并且会更快死亡（Rodin，1986）。能够控制工作环境的工人，如可以调整办公用具的摆设，可以避免被打扰和分心，也会体验到更少的压力感（O' Neill，1993）。这有助于解释为什么英国行政阶层的公务员比文书或体力阶层的公务员长寿；为什么芬兰工作压力小的工人，与那些从事高要求而低控制工作的工人相比，死于心血管疾病（中风或心脏病）的几率要少一半。工人对工作环境的控制力越强，寿命就越长（Bosma et al.，1997，1998；Kivimaki et al.，2002；Marmot et al.，1997）。

乐观与健康

影响我们应对压力的另一个因素是我们基本的世界观是乐观的还是悲观的。心理学家沙伊尔和卡弗（Scheier & Carver，1992）报告，乐观主义者，例如持“在不确定的时候，我通常会往最好的方面预想”意见的人，不仅感受到更多的可控制性，而且能更好地处理压力事件，并且享受健康。在学期的最后一个月里，预先被确认为乐观的学生更少报告疲劳、咳嗽和疼痛。在法学院最初的很有压力的几周，乐观的学生（认为“我不一定会失败”的学生）情绪更好，免疫系统有更强的抗感染能力（Segerstrom et al.，1998）。同样，乐观者在应对压力时，血压只有很小的上升，他们从心脏手术中复原得更快。

请思考以下几项研究中乐观和积极情绪的持续作用和惊人效果：

- 一项对 2 428 名中年芬兰男性被试长达 10 年的研究发现，那些有着暗淡、失望表情的人在此期间的死亡数量是由乐观人组成的对照组的两倍多。
- 另外一项研究是问 795 名 64~79 岁的美国人是否“对未来充满希望”。5 年之后，研究者核对这些人的时候，回答“不”的人当中有 29% 已经死亡，比起回答“是”的 11% 的死亡率高了一倍多（Stern et al.，2001）。
- 梅奥诊所的研究同样发现，乐观的人倾向于比悲观的人活得长（Maruta et al.，2002）。

那些努力在日常生活中寻找幽默的人也能获益。在 54 000 名挪威成人中，那些在幽默欣赏得分上位列前四分之一的人，7 年后仍活着的人数多出 35%，而且这种差异在癌症病人小组中甚至更大（Svebak et al.，2007）。虽没有足够一致的证据表明“笑声是最好的药物”（Martin，2001，2002）。但近来的一些研究却也表明，愉快的幽默（而不是敌意的讽刺）可以缓解压力，增强免疫力（Berk et al.，2001；Kimata，2001）。经常微笑的人，会引起唤醒，舒缓肌肉，放松身体（Robinson，1983），同时还会降低心脏病的发病率（Clark et al.，2001）。在一项实验中，观看欢乐电影片段引发的笑声会使血管内壁提高弹性，增加血液的流量，而人们观看了有压力的电影片段则会有相反的生理表现（Miller，2005）。也许，未来的研究会揭示，笑的确能使人延长寿命。

朋友间的笑声是良药 微笑会使我们唤醒，舒缓肌肉，放松身体（Robinson，1983）

Bob Daemmrich/Stock, Boston

社会支持

社会支持也很重要。心理学家（Coan et al.，2006）做了一个实验，把婚姻幸福的妇女放入 fMRI 机器中，并要对脚踝实施电击。实验过程中，有些妇女能握住丈夫的手。有些握着陌生人的手或者根本不握手。在等待偶尔电击的同时，如果妇女握住自己丈夫的手，那么其应对威胁的脑区激活更小。这种安慰效应对于婚姻报告最幸福的妇女最大。

社会关系有时也会带来压力，尤其是在居住环境拥挤和缺少个人空间的情况下（Evans et al.，1989）。萨特曾写道："他人即地狱。"沃尔和佩恩（Warr & Payne，1982）曾询问过一些具有代表性的英国成年人，是什么（可以是任何事物）在过去的岁月中一直让他们在情绪上感到紧张？在他们的答案中，出现频率最高的是"家庭"。同样是那些英国成年人，当问及是什么使他们在过去感觉快乐——这次回答更为一致——而答案仍为"家庭"。

有七项大规模的调查，每项都对数千名被试进行了若干年的追踪——结果揭示，亲密关系意味着健康。与那些社会关系较少的人相比，常受到家人、朋友、同事、信仰团体里的伙伴或其他团体支持的人寿命相对较长（Cohen，1988；House et al.，1988；Nelson，1988）。白血病及心脏病患者如果结婚或是受到家属或朋友的支持，其存活率同样能够显著提升（Case et al.，1992；Colon et al.，1991；Williams et al.，1992）。

我们一直都知道，已婚者比单身者寿命更长、身体更健康。哈佛大学一项长达 70 年的研究发现，50 岁时美满婚姻这一因素对老年健康的预测，比 50 岁时的低胆固醇水平更有效（Vaillant，2002）。但这是为什么呢？难道说那些健康的人更倾向于结婚并维持婚姻吗？目前有两项分析得出结论，在控制了种种可能的因素之后，婚姻可以"增加人的生存希望"（Murray，2000），并且使人们更健康、更长寿（Wilson & Oswald，2002）。然而婚姻的质量也很重要，积极的、幸福的、相互支持的婚姻才可以促进健康，而矛盾重重的婚姻则相反（Kiecolt-Glaser & Newton，2001）。

如何解释社会支持和健康的这种关联？是因为健康的人更具有支持性，更倾向结婚？或许吧。但具有支持性的友谊和婚姻的人吃的更好，锻炼更多，睡眠更好，更少抽烟，故而能更有效地应对压力（Helgeson et al.，1998）。支持性的友谊还能帮助缓冲即时的威胁。人类并非抵抗压力，寻求安慰惟一的依靠。在压力事件之后，养有小狗或其他宠物的病人看病的次数更少（Sigel，1990）。（参见特写：宠物也是人类的朋友。）

环境不仅可以满足我们的归属感，同样可以增强个体的免疫功能。在拥有丰富的社会支持时，癌症患者的配偶显示出很强的免疫功能（Baron et al.，1990）。社会关系还有助于增强人体对感冒病毒的抵抗力。科恩和他的同事们（1997）证明了这一论断。他们找来 276 名身体健康的志愿者做被试，首先给他们注入数滴带有感冒病毒的滴鼻液（nasal drop）（此实验报酬为每个被试 800 美元），然后将他们置于隔离区 5 天。结果发现，社会关系的影响不容忽视。在平衡了年龄、种族、性别、吸烟状况及其他健康习惯后，发现有较多社会关系的人不易感冒且较少流鼻涕。后来的 50 多项研究进一步证实了社会支持可以稳定心血管系统的功能、降低血压并减少压力激素的分泌（Uchino et al.，1996，1999）。

亲密关系同样可以提供倾诉消极情绪的机会，现在这一方面正被广泛研究。在一项研究中，健康心理学家佩尼贝克和奥赫伦（Pennebaker & O'Heeron，1984）接触一些因自杀或意外事故死亡者的配偶。发现那些独自承担不幸的人比那些将不幸倾吐出来的人存在更多的健康问题。将我们的问题讲出来可以被称作

特 写

宠物也是人类的朋友

你是否曾经希望有一位朋友，他能热爱你的一切，不做任何评判，永远支持你，不管你的心情怎样？对于成千上万的人来说，这样的朋友的确存在，它就是忠诚的狗或者友好的猫。

许多人都认为宠物是珍爱的家庭成员，能帮助他们感到平静、快乐和珍重。宠物是否也能帮助人们处理压力？如果是这样，宠物是否有治疗效果？阿伦（Allen，2003）报告说，是的，研究发现宠物能增加心脏病幸存的机会，能减轻艾滋病人的抑郁，能降低导致心血管疾病的血脂水平。正如医护行业的先驱者南丁格尔（Nightingale，1860）所预见的，“小小的宠物常常是病人的完美伴侣。”阿伦根据她自己的研究报告说，妇女在最好的朋友（甚至配偶）面前解答困难的数学题时，血压会升高，但有狗作伴时则大为降低。

那么，宠物对于没有宠物的人是否是一剂良药？为找到答案，阿伦研究了一群单独居住的股票经纪人，他们报告自己的工作充满压力，还有高血压。她随机选择一半人收养动物收容所的一只猫或狗。后来面临压力时，有宠物的人血压的上升还不到没有宠物的人的一半。这一效应对于那些缺少社会接触和朋友的人尤甚。她的结论是：要降低血压，宠物不能替代有效的药物或锻炼。但对于那些喜欢动物的人，尤其是独自生活的人，宠物能带来欢乐，带来健康。

Frank Siteman/Jupiterimages

“宣泄疗法”（open heart therapy）。由于老年人大多失去了配偶和亲密的朋友，他们很难有机会向人倾诉。

压抑情绪有时会损害我们的身体健康。佩尼贝克在调查了 700 名大学女生后，发现 1/12 的人在童年有性创伤经历。与那些有过非性创伤的经历，如父母早逝、离异的女性相比，受过性虐待的女性，尤其是那些将这一经历作为秘密埋藏心底的女性，更多地报告有头痛或胃病等疾病。另一项对澳大利亚 437 名救护车司机的研究，证实了在目睹创伤事件后压抑自己的情绪会产生不良后果（Wastell，2002）。

将个人的创伤经历写成日记也是有帮助的（Burton & King，2008；Hemenover，2003；Lyubomirsky et al.，2006）。另一个实验中的志愿者这样做了，他们在随后的 4~6 个月里很少出现健康问题（Pennebaker，1990）。正如一个志愿者所述的：“尽管我没有与任何人谈论过我写的内容，却最终解决了这个问题，其实并非解开了那个结，而是我可以豁然地面对那个结，现在我再也不会因为想起它而感到受伤害了。”有研究显示，在连续记录三个阶段后，甚至可以缓解关节炎、哮喘等症状，当然，前提是记录内容是个人的创伤经历，而非对未来的计划等（Smyth et al.，1999）。

讲述压力事件虽会暂时性地唤起个体的不愉快经历，但从长远的角度看，会使人获得持久的平静，平复边缘系统的活动（Lieberman et al.，2007；Mendolia & Kleck，1993）。佩尼贝克和他的同事们（Pennebaker et al.，1989）还邀请了 33 名二战时期纳粹大屠杀中的幸存者，请他们用 2 个小时回忆当时的经历。许多人写出了他们从未透露的细节，大多数还将随后几个星期的回忆制成录影带给朋友和家人们看。在接下来的 14 个月里，那些自我暴露最多的人，健康状况也得到了最

> 灾难往往会降临到那些孤独、堕落而且没有人相助的人头上。
>
> ——传道书 4:10

“这儿有谁擅长压力管理？”

大的提高。倾诉有益于身心。

压力管理

16. 我们能利用什么策略来管理压力和减少与压力有关的疾病？

培养控制感、乐观的思维方式以及建立社会支持都能帮助我们减少压力，因而有利于健康。此外，这些因素还会相互影响：积极乐观的人往往都能建立有益健康的社会联系（Stinson et al.，2008）。但有时候我们并不能减轻压力，这就需要进行压力管理。有氧运动、生物反馈、放松练习、冥想体验和灵性都有助于我们激起内心的力量，减少压力的影响。

有氧运动

有氧运动（aerobic exercise）是一种可以增强心肺功能、增进体质的持久性运动。那么，它是否还能使人精神振奋呢？

运动与情绪 大量研究表明，有氧运动可以缓解压力，减轻抑郁和焦虑。研究还显示，有 30% 的美国人和 40% 的加拿大人能够坚持定期锻炼。与不常运动的人相比，这些人能够更好地应对压力事件，展示出更强的自信心，精力充沛，且较少感到抑郁和疲劳（NCHS，2002；Statistics Canada，1999）。2002 年美国盖洛普民意调查发现，认为自己不幸福的人，大多是不常运动者，其人数是经常运动者的 2 倍（Brooks，2002）。但如果我们换一种方式看待这一结果的话，即那些感到压力及抑郁的人一般较少运动，则因果关系就不清楚了。

➤ **图 12.29**
有氧运动与抑郁
有轻度抑郁的女大学生，在参加有氧运动组一段时间后，与放松训练组和控制组相比，抑郁水平显著下降（From McCann & Holmes，1984）。

当然，实验研究解决了这一问题。在这种实验中，有压力的、抑郁的或焦虑的被试往往被随机分配到有氧运动组或其他处理组中。例如，在麦卡恩和霍姆斯（McCann & Holmes，1984）的实验中，将有轻度抑郁的女大学生分成了三组，一组分配到有氧运动组，一组分配到放松训练组，另一组作为控制组。如图 12.29 所示，10 周以后，有氧运动组的女大学生抑郁水平有了惊人的下降，甚至可以毫不夸张地说，她们中的大多数已摆脱了烦恼。

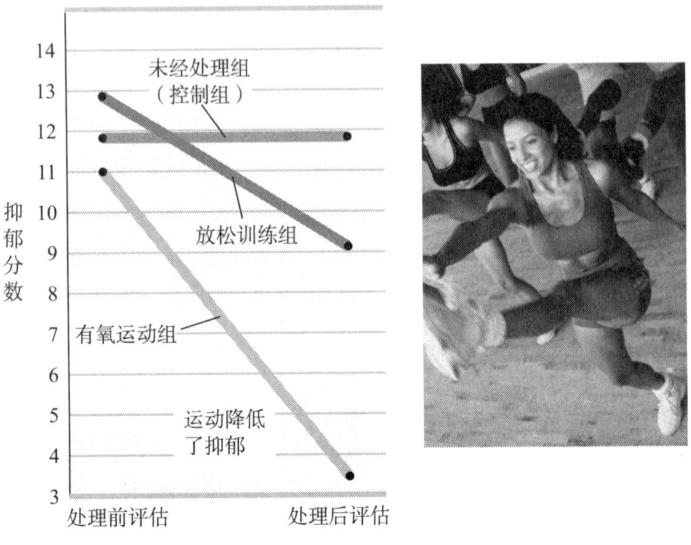

150 多项其他的研究也证实了运动可以减轻抑郁和焦虑，而且运动正日益成为一种抗抑郁药和心理治疗的有效辅助方法（Arent et al.，2000；Berger & Motl，2000）。因为运动不仅仅具备药物的效用，还可以更好地防止症状的复发（Babyak et al.，2000；Salmon，2001）。一些政府健康机构的多次调查显示，加拿大人和美国人更加自信、自律，且身体健康者的心理适应性更强（Stephens，1988）。沃森（Watson，2000）通过对大学生的检测认为，强烈的运动会产生即时的情绪兴奋。即使是 10 分钟的步行也会因为精力提升、紧张感下降而使体能在两个小时内相对增强（Thayer，1987，1993）。

目前研究者们还不明白有氧运动为什么能减缓压力和消极情绪。运动能增加调节体内化学物质的分泌，如去甲肾上腺素、5- 羟色胺和内啡肽等情绪兴奋性神经递质（Jacobs，1994；Salmon，2001）。人情绪状况的好转既有可能是运动所导致的机体唤醒、肌肉放松以及运动后酣畅的睡眠带来的效应之一，也有可能是运动的成就感和日益强健的体魄提高了情绪状态。

Kathryn Brownson

振奋心情 如果你感到精力或精神正在萎靡，没有什么事情比运动能更好地重新启动你一天的状态（我每天中午打一小会的篮球足以证明这一点）。跑步等有氧健身运动，似乎可以增加唤醒（取代抑郁的低唤醒状态）和提高大脑 5- 羟色胺活性（与百忧解的效用相同），在一定程度上对抗抑郁。

运动与健康 另外一些研究揭示出，运动不仅可以振奋情绪，同时还能促进身体健康（Dubbert，2002）。根据 43 项研究整理出的结果显示，不常运动的成年人，患心脏病的几率是喜好运动的成年人的两倍（Powell et al.，1987）。运动可以消耗多余的脂肪，从而降低动脉栓塞（Barinaga，1997）。对芬兰成年双胞胎近 20 年的追踪研究表明，与从不运动者相比，在其他条件均相同时，偶尔运动者死亡率会减少 29%，每天都坚持运动者减少 43%（Kujala et al.，1998）。

一项估计指出，适度的运动可以使人的预期寿命延长两年。美国心理学家马丁·塞利格曼曾开玩笑说："也许上帝并没有把人运动的时间从其寿命里扣除吧！"（Seligman，1994，p.193）。

生物反馈、放松与冥想

了解了压力的破坏性，我们是否可以训练人们控制自己的心率、血压等生理反应呢？当最初少数几个心理学家着手这一想法的实验时，大部分同仁都以为他们是荒谬的。因为，毕竟这些功能是受控于自主神经系统的。然而，到 20 世纪 60 年代后期，心理学家们的实验却令怀疑者们吃惊。例如，米勒发现，当小白鼠心跳加速或减慢时，如果给予令其愉悦的脑电刺激，它们就可以调整自己的心跳。随后的研究揭示，一些瘫痪的人也能够学会控制他们的血压（Miller & Brucker，1979）。

米勒一直从事生物反馈方面的实验研究，**生物反馈**（biofeedback）是一种通过记录人体内部细微的生理反应，将其转化、扩大成一种清晰易懂的外部信号并反馈出来，使人们能够"看到"其体内生理反应的方法。生物反馈的仪器就好比一面镜子，反映出梳理头发的过程。更确切地说，是通过给被试呈现他们自己生理反应的结果，使他们学会控制某种特殊生理反应（图 12.30）。在这方面进行了 10 年的研究后，研究者们转而对结果进行整体评估，发现早期对生物反馈的宣传过于夸张和不实（Miller，1985）。1995 年美国国立卫生研究院（NIH）的研究小组表明生物反馈对紧张性头痛效用很好。

针对生物反馈的数年严格测试和研究，证明了面对新的但未经证实的卫生保健治疗应有的科学态度（要想详细了解这一主题，请阅读下文的批判性思考：补充与替代医疗）。

➤ 图 12.30
生物反馈系统
生物反馈系统——如图所示，仪器将头疼病人的前额肌肉紧张程度的记录展示给他们，从而使病人学会监控他们细微的生理反应。图中的人放松他的前额肌肉时，显示屏上的指针（或者声调）会下降。

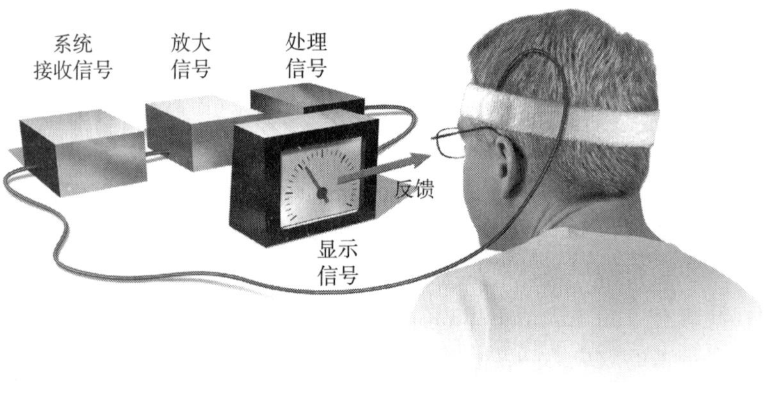

简单的放松方法，无需昂贵的医疗设备，就能得到与生物反馈一样的疗效。比如，数十项研究发现，放松训练可以缓解头痛、高血压、焦虑和失眠（Nestoriuc et al.，2008；Stetter & Kupper，2002）。这种结果对于弗里德曼及其同事们一点也不奇怪。为了验证是否 A 型行为类型的心脏病患者学会了放松，他们心脏病再次发作的危险性就会随之降低，研究者将旧金山的数百名中年心脏病患者随机分成了两组。第一组病人只接受心脏病专家关于药物、饮食及运动的一般性建议。第二组则在此基础上又接受了帮助他们改变生活方式的建议，即如何放松使生活节奏慢下来。具体包括：走路、说话、吃饭尽量慢下来；笑以待人并学会自嘲；勇于承认错误；利用时间享受生活；巩固信仰等。结果如图 12.31 所示，在接下来的三年中，第二组病人的心脏病复发率仅为第一组的一半。正如弗里德曼所说的那样：这一复发率的减少是空前的和惊人的。另一项在英国的小规模研究同样将心脏病患者分成了两组，一组作为控制组，另一组改变其生活方式（Eysenck & Grossarth-Maticek，1991）。结果也发现，在接下来的 13 年中，改变想法和生活方式的人死亡率降低了 50%。弗里德曼在 55 岁患上心脏病之后，开始采用他自己的行为治疗——并且活到了 90 岁（Wargo，2007）。

当心脏病专家本森（Benson，1996）发现经验丰富的冥想者可以降低他们的血压、心率、氧气消耗量以及提高他们的指尖温度时，他便对这种可能性产生了极大的兴趣。本森的研究使他发明了一种方法，称为放松反应，见特写：放松反应。

➤ 图 12.31
心脏病的复发与生活方式的改变
旧金山心脏病的复发防御工程，给心脏病患者提供了专家咨询。那些在指导下改正了 A 型生活方式的病人，心脏病复发的次数明显减少（From Friedman & Ulmer，1984）。

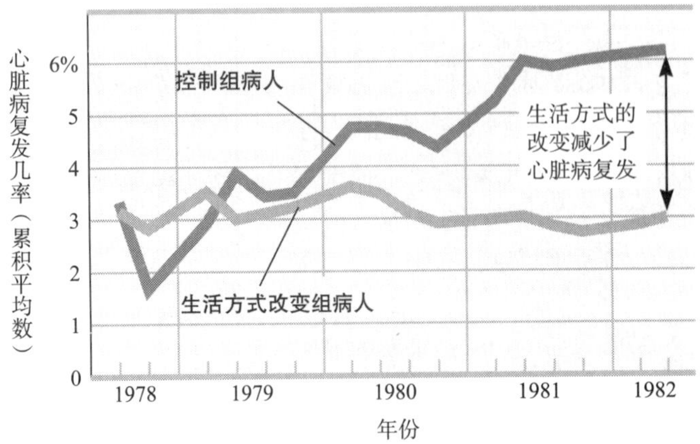

批判性思考

补充与替代医疗

补充和替代医疗（complementary and alternative medicine, CAM）是卫生保健迅速成长起来的一个新市场，它包括针灸、按摩疗法、顺势疗法、心灵治疗、草药疗法、整脊疗法、芳香剂疗法等等。在德国，草药疗法和顺势疗法非常流行。在中国，草药疗法盛行已久，而针灸和针压法认为，在接近皮肤表层的一些确定的点上进行针刺，可以纠正能量循环失调（称为 Qi 或 Chi）。安德鲁·韦尔（Andrew Weil）关于替代医疗的 8 本书有几百万册的销量，这让他成为《时代》杂志的封面人物。

面对探索这些东西的政治压力，美国国家卫生研究所（NIH）建立了美国补充和替代医疗中心，此中心被定义为健康保健治疗中心；同时指出，补充和替代医疗不能在医学院广泛传授，保险公司通常不予赔偿，医院也不能采用（表 12.2）。

那么，我们如何来看待替代医疗呢？一方面，像生活方式和压力处理之类的方法已被公认是行之有效的。已经证明有些疗法对于特定的疾病具有疗效，比如针灸、按摩和芳香疗法能减轻癌症患者的痛苦（Fellowes et al., 2004）。另一方面，真的如一些人所认为的那样，它为新千年提供了新的医疗范例吗？

但是批评家们指出，当人们向医生咨询可诊断和医治的疾病时，医生往往会使用替代医疗，而这些病症通常是可以治愈的，或者他们实际上没有病只是感觉不太好。举个例子，一个患有感冒的人尝试了草药疗法，可能把接下来的健康恢复过程都归于替代疗法，而不是身体的自然康复。替代医疗似乎对周期性的疾病十分有效，如关节炎和过敏症。人们会在低迷的时期寻找治疗，继而把随后的好转归功于它的药效。由于坚信可以治愈（安慰剂效应）和很多疾病的自然恢复，替代医疗的应用不管实际上是否有效，起码看上去是有效的。在 18 世纪，甚至放血都似乎是有效的。有时人们没有治疗也会好转；可是如果不能好转，医生就会推断病情太晚以至于无法扭转。

与以往的做法一样，辨别治疗是否有效的方法是实验：随机分配病人接受治疗，应用安慰剂的一组作为控制组。问题的关键在于，即当医生或病人都不知道谁在接受真正的治疗时，那么治疗会真的有效吗？

许多当今的主治医学始于过去的替代医疗，其中的一些并未如放血疗法那样被实验室实验所驳倒。大自然的植物为我们提供了洋地黄（来自紫色的毛地黄）、吗啡（来自罂粟）和青霉素（来自青霉菌）。每一种物质的活性成分都需要在控制性的实验中被分离、合成并且经过仔细的验证。在 20 世纪最后的 30 年里，是医学而不是替代医疗给我们提供了抗生素、疫苗、外科手术程序和紧急药物，帮助我们延长了寿命。

表 12.2　补充和替代医疗的五个领域

替代医疗体系	替代传统药物的治疗包括西方的顺势疗法、中国的中医和印度韦达养生学。
身心干预	提升心灵的能力从而影响身体功能和症状的技术，包括冥想、祷告、心理治疗和利用艺术、音乐、舞蹈等具有创造性的疗法。
生物治疗	利用天然物质如草药、食物和维他命进行的治疗。
操控身体	基于操作和移动身体的治疗，包括脊椎按摩疗法、整骨疗法和按摩。
能量疗法	利用假定的能量场。生物场治疗，比如气功、灵气、触摸治疗，企图影响所谓包围和穿透身体的能量场。生物电磁治疗涉及电磁场的非传统使用。

资料来源：Adapted from the National Center for Complementary and Alternative Medicine, NIH.

> “我们相信上帝，但我们必须接受疾病这个事实。”
>
> ——乔治·伦德伯格，《美国医学协会杂志》编辑，1998

美国补充和替代医疗中心（National Center for Complementary and Alternative Medicine，2006）指出：“CAM 一直在变化，因为不断有证据显示这些疗法安全有效，开始为常规的医疗保健体系接纳。”的确，《新英格兰医学杂志》编辑安杰尔和卡斯弗（Angell & Kassirer, 1998）说道：“不能说有两种药——常规的和替代的，而是分为被充分试验过的和未被充分试验过的、奏效的和可能奏效或可能不奏效的。只要一种治疗方式被严格地试验过了，它开始时是否被认为是替代的已经无关紧要了。”

陷入沉思的佛教僧人和专心于祈祷的天主教修女都报告说他们有一种逐渐弱化的自我感和时空感。在他们冥想的过程中，对其大脑的扫描揭示了这种精神感受的神经痕迹：顶叶负责空间定位的部分较平时安静，而额叶负责集中注意的区域格外活跃（Cahn & Polich, 2006；Newberg & D’Aquili, 2001）。

许多每天留出一两段时间什么都不做的人报告说他们很喜爱这种安宁的感觉，

特写

放松反应

放松反应时一种平静状态，其特征有肌肉松弛、呼吸和心跳变缓、血压降低。其倡导者心脏病专家本森认为，如果每天做一、两次放松训练，就会有持续的降压作用。

要体验放松反应，本森 - 亨利身心治疗中心建议如下的步骤：以舒适的姿势安静地坐下。闭上你的眼睛。放松你的肌肉，从脚部开始，然后是小腿，在向上经过大腿、肩膀、颈部和头部。缓慢地呼吸。在你呼出每一口气时，心中重复默念你专注的字、词或祷告——来自你自己信念系统里的信息。如果有其他想法侵入，不要担忧。只要重新回到你重复的内容上，并坚持 10~20 分钟即可。做完之后，继续安静地坐一、两分钟，然后睁开眼睛，再稍坐片刻。

▸▸ 冥想是一种现代现象，却有着漫长的历史：独自静静地坐下来，低下头，闭上眼睛，轻轻地呼气，想象着你正在聆听自己的心声……随着呼气，轻声说：主耶稣，请宽恕我……努力排除所有的思绪，集中注意力，平静你的心情，耐心地重复上述过程。（Gregory of Sinai，死于 1346 年）

▸▸ 奥秘派企图利用心灵的力量不用麻醉剂补牙。他们的目标是：超越牙科药物。

这是一种享受。压力可以加剧痛苦、挫败感、失眠，还抑制免疫系统的功能，而本森证明了冥想放松法可以抵抗这些不良影响。另一项研究结果令人吃惊，该研究随机指定了 73 名老年居民，其中一些每日冥想一段时间，另一些则不做冥想。三年后，不做冥想的人中有 1/4 已经去世，而每天做冥想的人全部健在（Alexander et al.，1989）。其他 60 多项研究也发现，放松过程可以减轻头痛、高血压、焦虑和失眠等症状（Stetter & Kupper，2002）。

灵性与宗教团体

从古至今，人类都在遭受疾病困扰，寻求治疗。相应地，存在宗教与药物两种治疗传统，一直以来都在联手助人治病。这两种方案通常都是由一个人执行的，这个人既是精神的引领者，同时也是医生。迈蒙尼德（Maimonides，中世纪最著名的犹太神学家和哲学家——译者注）就是 12 世纪的一个法师兼名医。医院最早是建在修道院里的，然后由传教士进行传播，通常采用圣徒或宗教团体的名字命名。

随着医学的成熟，医疗和宗教也就分离了。人们开始给孩子接种天花疫苗，而不仅仅是祈求上帝不要让天花伤害他们的孩子。当人们因细菌感染而发烧时，开始求助于抗生素，而不是寻求精神治疗。然而，最近宗教和治疗又再次重合。1992 年只有 4% 的美国医学院开设灵性和健康课程，而 2005 年则达到 75%（Koenig，2002；Puchalski，2005）。美国国家医学图书馆在线数据库 MEDLINE 检索 2000 年至 2007 年的文献“宗教”（religion）或“灵性”（spirituality）得出 8 294 篇文章，超过 35 年前检索数据的三倍。

针对这类发现，斯隆和他那些持怀疑态度的同事们（Sloan et al.，1999，2000，2002，2005）提醒我们，这种小相关可能是由于很多因素没有得到控制。很可能存在的情况是：女性比男性更信奉宗教，同时比男性更长寿。所以，参与宗教仅仅是性别影响寿命的一个表现。

然而，几项新的研究发现，在独身男性群体中存在着宗教信仰与寿命的相关，甚至比女性群体中的相关更显著（McCullough et al.，2000，2005）。一项对 5 286 名加州成人 28 年的跟踪研究发现，在控制了年龄、性别、种族和教育因素后，经常参加宗教活动的人任何一年中的死亡率都比不经常参加者低 36%（图 12.32）。

一项全美健康访谈调查（Hummer et al.，1999）对 21 204 人进行了 8 年以上的跟踪研究，在控制了年龄、性别、种族和区域因素后发现，非宗教信仰者的死亡率是那些每周参加一次以上宗教活动者的 1.87 倍。这可以转化成对人寿命的预

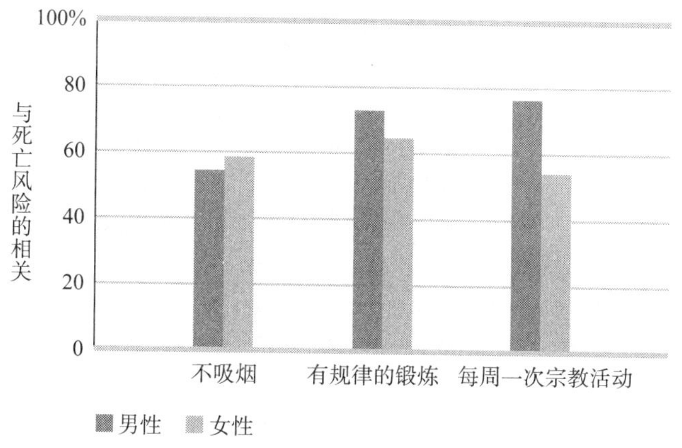

➤ 图 12.32
不吸烟、经常锻炼和有规律地参加宗教活动可以作为死亡的预测因子
流行病学家斯特劳布里奇和他的合作者（Strawbridge et al.，1997，1999；Oman et al.，2002）对 5 286 名加州成人进行了长达 28 年的跟踪研究。在控制了年龄和教育因素后，发现不吸烟、有规律的锻炼以及信仰宗教在任何一年都可以预测较低的死亡风险。例如，在具有代表性的研究年份中，每周参加一次宗教活动的女性，其死亡风险是不参加宗教活动者的 54%。

测：经常参加宗教活动的人平均寿命为 83 岁，不经常参加宗教活动的人平均寿命只有 75 岁（图 12.33）。

这些相关并不说明，非宗教信仰者若开始参加服务，什么都不改变就会多活 8 年。但是该结果确实证明了，作为健康和寿命的预测因子，宗教信仰足以比得上不吸烟和锻炼的效果。这些发现需要解释，那么，你能想到哪些“中间变量”可以解释这种相关吗？

首先，活跃的宗教信仰者具有较为健康的生活习惯，例如，他们较少吸烟、喝酒（Lyons，2002；Park，2007；Strawbridge et al.，2001）。以健康为宗旨的人和素食者都比一般人的预期寿命长（Berkel & de Waard，1983）。信仰东正教的以色列人与那些不信教的同胞相比，食用的脂肪较少。但是，以色列研究者认为，这些差异不足以解释信仰基布兹宗教的人死亡率下降这一现象。美国的近期研究中，在控制了不锻炼、吸烟等不健康行为后，仍然存在 75% 的寿命差异（Musick et al.，1999）。

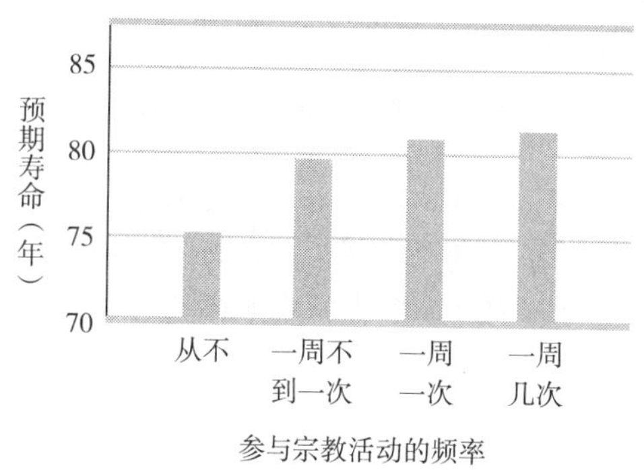

➤ 图 12.33
宗教参与和寿命预期
在一项由美国疾病控制和预防中心资助的国内健康调查中，发现活跃的宗教信仰者的预期寿命较长。（Data from Hummer et al.，1999）

社会支持是解释“信仰因素”的另一变量（Ai et al.，2007；George et al.，2002）。对于犹太教、基督教和伊斯兰教来说，信仰不仅是精神上的，还有助于满足归属感。北美 350 000 多个信仰团体和其余地区几百万个团体为他们的积极参与者提供了支持网，当团体中有人发生不幸时，其他人均会提供帮助。而且，宗教信仰鼓励婚姻，婚姻也是一个人健康和长寿的预测因子。例如，在基布兹宗教中，几乎不存在离婚现象。

但是即使控制了性别、不健康行为、社会联系和既往病史等因素，死亡率的减少依然是存在的（George et al.，2000；Powell et al.，2003）。因此研究者们推测，存在第三组“中间变量”，即压力下的自我保护和与形成一个清晰的世界观，对未来充满希望，最终的归属感和祷告时的放松冥想或安息日仪式相关联的幸福感的增加（图 12.34）。这些变量也有助于解释近期的一些研究结果，例如宗教信仰者有更强的健康免疫功能，较少的住院治疗史，而艾滋病人则表现出更少的压力激素和更长的生存寿命（Ironson et al.，2002；Koenig & Larson，1998；Lutgendorf et al.，2004）。

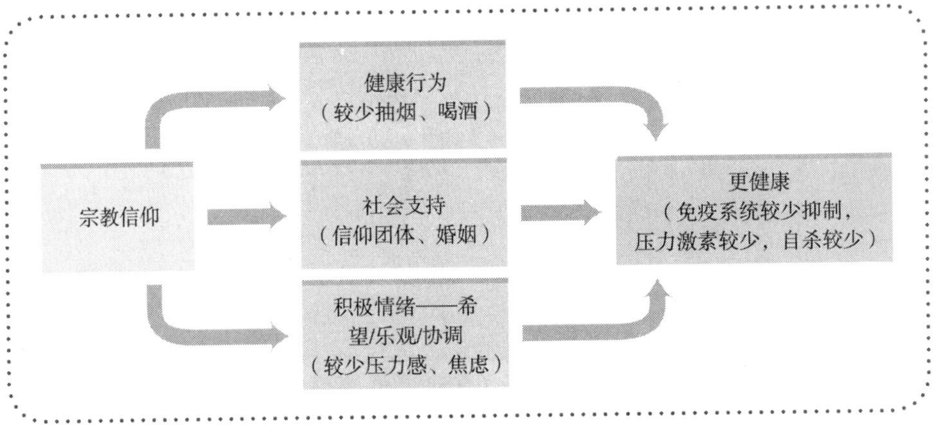

➤ **图 12.34**
宗教信仰与健康 / 长寿两者相关的可能解释　宗教信仰的影响是多方面的。

本节回顾

➤ 自问

你能否想起在面对一些令人烦恼的问题时，在与朋友或家人讨论之后，甚至在与宠物一起玩耍之后，感觉好了一点？这种互动如何帮助你应对压力？

➤ 自测 6

问题聚焦的应对与情绪聚焦的应对有何差异？

自测问题的答案见书后的附录。

本章复习：情绪、应激与健康

情绪理论

1. **情绪有哪些组成部分？**
情绪是整个有机体的心理反应，涉及以下三部分的相互作用：（1）心理唤醒，（2）表现出的行为，（3）有意识的体验（图 12.35）。

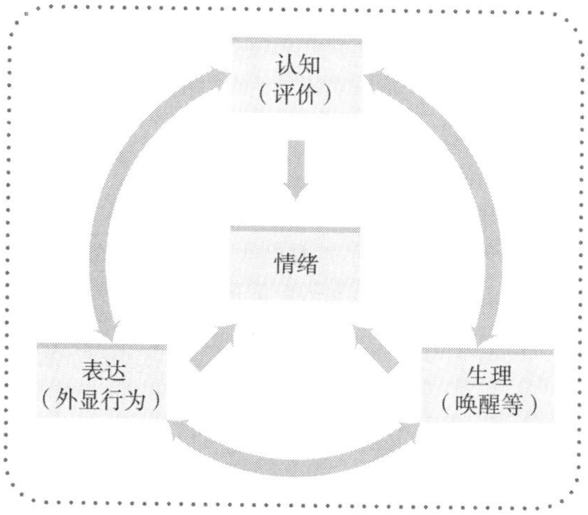

➤ 图 12.35
情绪的成分
情绪来自生理、表达和认知的相互作用。

这些反应的不同组合分别有不同的理论支持。詹姆斯—兰格理论认为我们的情绪感受是在我们的身体对刺激做出反应之后发生的。坎农—巴德理论主张，在身体对情绪做出反应的同时，我们体验到情绪（双方不存在因果关系）。双因素理论则提出，我们的情绪有两个成分：生理唤醒和认知标签。

情绪的具体表现

2. **情绪唤醒与自主神经系统有何关联？**
情绪既是心理也是生理的过程。很多生理活动都是由自主神经系统的交感部分（唤醒）和副交感部分（平复）控制的。中度的唤醒水平下工作绩效最好，虽然这一结果会因任务的难度而变化。
3. **不同的情绪是否会激活不同的生理和大脑反应模式？**
情绪具有类似的唤醒过程，但还存在一些分辨各种情绪的微小生理反应。研究者发现有意义的差异在于大脑皮层区域的活跃度，大脑通道的选择，以及与不同情绪相联系的激素分泌。多导仪可以测量多种情绪的生理指标，但它的准确程度并不足以证明它在商业和司法领域广泛使用的正当性。利用犯罪知识测试和新科技能更好地甄别谎言。
4. **要体验情绪，我们必须进行有意识的解释并且赋予它们标签吗？**
沙克特和辛格的情绪双因素理论主张，给我们的唤醒状态赋予认知标签是情绪必不可少的成分。拉扎勒斯同意认知必不可少：许多重要的情绪都来自我们的诠释或推论。然而，扎荣茨和勒杜认为某些简单的情绪反应非常迅速，不仅处在我们清醒的意识之外，而且先于任何的认知过程。情绪和认知的相互作用再次展示了我们双通道的心理。

情绪的表达

5. **我们如何通过非言语渠道沟通？**
许多沟通都是通过无声的身体语言实现。甚至非常短的（毫秒级）行为片段都能揭示情感。女性通常更擅长于解读人们的情绪线索。
6. **理解情绪的非言语表达是否具有世界普遍性？**
有些身体姿势是由文化决定的。面部表情，诸如快乐和恐惧，在全世界都一样。在情绪表达的数量上存在文化差异。
7. **面部表情是否会影响我们的感受？**
表情不仅能向他人传递情绪。表情还能增强已经感受到的情绪，指示身体做出相应的反应。

情绪的体验

8. **恐惧的功能是什么，我们怎样习得恐惧？**
恐惧具有适应价值，因为它能帮助我们避开威胁，必要时还能应对威胁。某些恐惧具有先天倾向，而通过条件化和观察我们能习得另外一些恐惧。
9. **愤怒的起因和结果是什么？**
愤怒大多由一些事件激发，不仅包括沮丧或侮辱事件，而且包括我们解释为恶意、不公和可以避免的事件。宣泄可能暂时有平复效果，但长期来看并不能减少愤怒。表达出愤怒实际上会使我们更加愤怒。
10. **快乐的起因和结果是什么？**
好心情能促进人们对世界的知觉，增加他们帮助他人的意愿（即好心情乐于助人现象）。当天或好或坏的事件所引发的情绪很少能持续一天以上。即使重大的好消息，比如收入的大幅增长，也很少能长期增加快乐。我们能用适应水平现象和相对剥夺原理来解释快乐的相对性。尽管如此，有些人往往更为快乐，研究者已经识别了能预测此种快乐的若干因素。

压力与健康

11. **什么是压力？**
坎农把压力视为一种“战斗或逃跑”的系统，是我们对挑战或威胁事件的评价和反应过程。塞雷认为压力是包含三

阶段（警戒 - 对抗 - 衰竭）的一般适应综合症（general adaptation syndrome，GAS）

12. 那些事件会引起应激反应?

压力的现代研究要评价三类事件对健康的影响，即灾难事件、重大生活变故和日常冲突。引起压力反应的事件一般是我们知觉为消极和无法控制的事件。

13. 为什么有些人更易患冠心病?

冠心病是北美的头号杀手，它与喜欢竞争、固执、缺乏耐心，尤其是易于愤怒的 A 型人格有关。在压力之下，具有反应性、充满敌意的人会分泌更多的激素，加快血脂在心脏动脉壁上的堆积速度。B 型人格更为放松，容易相处。长期的压力还会导致持续的炎症，这会增加血液阻塞和抑郁的风险。

14. 压力怎样使得我们更易患病?

压力会降低免疫系统的功能，抑制其 B 淋巴细胞、T 淋巴细胞、巨噬细胞和自然杀手细胞的活性。虽然压力不会导致艾滋病和癌症这类疾病，但却会影响这些疾病的进程。

促进健康

15. 哪些因素会影响我们应对压力的能力?

培养控制感、乐观精神和建立坚实的社会支持，都能帮助我们在情绪层面、认知层面和行为层面上应对压力。直接的问题聚焦的应对策略能直接缓解压力；情绪聚焦的应对策略则通过关注情绪需要来减轻压力。乐观主义者似乎能更成功地应对压力，获得更好的健康。

16. 我们能利用什么策略来管理压力和减少与压力有关的疾病?

压力管理方案包括有氧运动、放松训练和冥想体验。学会慢下来，放松自己，有助于降低心脏病的重发比率。研究者正在努力理解宗教与健康的相关关系。

术语与概念

情　绪
詹姆斯—兰格理论
坎农—巴德理论
双因素理论
多导仪
宣　泄
好心情乐于助人现象
主观幸福感
适应水平现象
相对剥夺
行为医学
健康心理学
压　力
一般适应综合症 (GAS)
冠心病
A 型人格
B 型人格
身心疾病
心理神经免疫学（PNI）
淋巴细胞
应　对
聚焦问题的应对
聚焦情绪的应对
有氧运动
生物反馈
补充和替代医疗（CAM）

网站

自测的多项选择题和其他习题请访问：www.worthpublisher.com/myers

第 13 章

人　格

精神分析观
探索潜意识
新弗洛伊德学派和心理分析理论家
测量潜意识
对精神分析观的评价
人本主义观
马斯洛的自我实现者
罗杰斯以人为本的观点
评价自我
对人本主义观的评价
特质观
探索特质
测量特质
大五因素
批判性思考：如何成为一名“成功的”占星家或看相大师
对特质观的评价
社会认知观
交互影响
个人控制
特写：走向更为积极的心理学
测量情境中的行为
对社会认知观的评价
探索自我
自尊的益处
自利偏差

《魔戒》中的霍比特族英雄弗罗多·巴金斯知道在他充满艰险的征程中，总有那么一个人从来不会让他失望，这就是他那忠心耿耿、永远快乐的同伴萨姆·甘姆齐。在他俩即将启程离开自己深爱着的家乡时，弗罗多还提醒萨姆说这次征程可能不会一帆风顺：

> “萨姆，这将会是非常危险的，而且现在已经很危险了。很有可能我俩谁都回不来。”
>
> “主人，如果您不能回来，那我也就不回来了，这是一定的。”萨姆说，“精灵们跟我说你怎么不离开他！我说，离开您！我可从不这样想。如果他上月球，我就跟随他去；如果有强盗想要挡住他的去路，那他们也得先跟我较量。”（托尔金，《指环王：护戒使者》，p. 96）

他俩也的确是这样做的！在故事的后面部分，当弗罗多终于明白自己不得不只身冒险进入可怕的莫都时，是萨姆依然坚持不管发生什么都要陪伴弗罗多。当弗罗多日渐消沉，正是萨姆一路用孩提时代的歌声和故事鼓舞着弗罗多，也正是萨姆让弗罗多在累得走不动半步时靠在他身上休息。当弗罗多戴上魔戒，被魔力所征服时，也是萨姆将弗罗多拯救出来，摆脱魔戒的魔力控制。最后，也是萨姆使得弗罗多最终成功到达征程的终点。萨姆·甘姆齐——这位开心快乐、富有责任心、情绪稳定的乐观主义者——他的忠诚以及战胜邪恶黑暗势力的必胜信念从未有过丝毫的动摇。

托尔金所刻画的人物萨姆·甘姆齐，在他出现伊始以及之后的再次出现，都展现出了其人格的独特性和一致性。你所具有的**人格**（personality）就是你的思维、情感和行为的典型模式。本书前面几章强调了人与人之间的相似之处——我们是如何发育成长，如何感知、学习、记忆、思考和感受的。本章要强调的是我们每个人的个性。

事实上，本书的大部分内容都涉及人格。在前几章中，我们思考了生物因素对人格的影响，整个人生阶段中人格的发展以及与人格相关的学习、动机、情绪和健康等方面。在后面几章中，我们将学习人格障碍及社会对人格的影响。

在本章中，我们首先介绍两种重要的人格观，这两大重要的人格观奠定了人格心理学领域的基础，提出了当今关于人格研究的几大重要问题。它们是：

- 弗洛伊德的精神分析理论指出了人们童年期的性和潜意识动机对人格的影响。
- 人本主义学派关注我们成长和自我实现的内在潜能问题。

Culver Pictures

弗洛伊德（1856~1939）“我独自一人在这片新领域中开拓。”

这些经典的理论为理解人类本性提供了宽广的视角，本章后面进行的探索是对这些理论的补充：更关注人格具体方面的现实的科学研究。

现在的人格研究者研究人格的基本维度，这些基本维度的生理基础，以及人与环境的互动。他们还研究自尊、自利偏差和文化对自我意识的影响。他们研究潜意识心理，发现了一些可能会令弗洛伊德都震惊的结果。

精神分析观

1. 弗洛伊德的人格观是什么？它是如何发展的？

热爱他也好，憎恨他也罢，西格蒙德·弗洛伊德深深地影响了西方文化。斯坦诺维奇（Stanovich，1996，p. 1）说：“假如让大街上的 100 个人说出一个已故著名心理学家的名字，那么“西格蒙德·弗洛伊德无疑是赢家”。在大众的眼里，弗洛伊德在心理学史上的地位不亚于猫王之于摇滚音乐史。他的影响遍及文学和电影评述、精神病治疗以及临床心理学方面。那么，弗洛伊德是何许人也？他教给了人们什么？

在 1873 年进入维也纳大学之前，年轻的弗洛伊德已经表现出他的独立和聪慧。他记忆力超群，非常喜欢阅读戏剧、诗歌和哲学，以至于他为了开一家书店而欠下一大笔无力偿还的债务。当他十来岁时，为了不浪费任何学习的时间，他经常在他的小卧室里吃晚饭。弗洛伊德上过医学院，毕业后自己开设了一家私人诊所，专治神经障碍。然而，没过多久，他发现在他的一些病人中，他们的病症都找不到神经方面的病因。例如，有个病人的一只手全然没有知觉——而医学上没有一根感觉神经能在受损的情况下只使一只手麻木而对全身其他部位不造成影响。弗洛伊德用心思考，努力寻找这些精神障碍的病因。

探索潜意识

一些神经障碍是否可能是由于心理原因而非生理原因导致的？对病人的观察使得弗洛伊德“发现”了潜意识。他将病人所陈述的生活片断综合起来，推断出手失去知觉可能是出于对生殖器触摸的恐惧，瞎眼和耳聋可能是因为不想见到或听到令自己感到极度焦虑的事物。最初，弗洛伊德认为催眠有可能打通那扇通向潜意识的大门，但是病人接受催眠的能力不尽相同。然后他就转向**自由联想**（free association）——在自由联想时，他只要求病人放松，然后说出脑海中出现的任何内容，而无需理会这些内容有多么的令人不堪忍受或者琐碎细致。弗洛伊德假设有一串心理的多米诺骨牌，从病人遥远的过去就开始倾倒，一直延续到现在，以致造成麻烦。他相信自由联想能使他追溯这一连串倒塌的多米诺骨牌，产生一连串能进入病人潜意识领域的想法，从而重新提取和释放他们潜意识中的痛苦记忆，通常这些记忆都源自病人的童年。弗洛伊德将自己的理论和自由联想技术称为**精神分析**（psychoanalysis）。

弗洛伊德精神分析中的人格概念是基于他所认为的人的心理就像一座冰山（图 13.1）。我们能意识到的只是冰山浮在海面上的那一小部分。海面以下是属于**潜意识**（unconscious）的更大的区域，包含着我们所意识不到的思想、愿望、感受和记忆。

其中有一些想法被我们暂时储存在前意识区域，从那里我们可以将它们提取到意识层面。弗洛伊德认为大量不被人接受的冲动和想法由于会造成人们内心的不安而不被认可，从而受到压抑，并被强制排除出意识之外。对这些冲动和想法，他颇感兴趣。他相信，尽管我们意识不到这些会引起麻烦的感受和想法的存在，但它们却依然在强烈地影响着我们。他认为，这些不被我们所认可的冲动会以各种伪装的形式表现出来，如我们所选择的工作、所持有的信仰、日常的习惯以及令人苦恼的症状。

对弗洛伊德这个决定论者来说，没有哪件事的发生是偶然的。他相信他能瞥见潜意识不仅渗入到人的自由联想、信仰、习惯和病痛中，而且还渗入到人的梦境以及笔误和口误中。他以一个经济上受困的病人为例来做说明，这个病人不想吃大的药丸（pills），他说："请不要给我账单（bills），我会咽不下去的。" 同样，弗洛伊德将玩笑看成是被压抑的性倾向和攻击倾向的表达，将梦看成是"通向潜意识的忠实的道路"。他认为人们所能记住的梦的内容（这些梦的象征内容）是做梦者潜意识中受压抑的愿望（梦中所潜伏的内容）的一种表达。弗洛伊德在分析别人的梦时，他探索别人内心的冲突。

➤ 图 13.1
弗洛伊德的人格结构观
意识有如冰山可见的一角，本我则完全是潜意识的，而自我和超我是在意识和潜意识层面都进行运作。然而，并不是冻结的冰川，本我、自我和超我之间是相互影响的。

人格结构

弗洛伊德认为，人格——包括情绪和驱力——产生于我们的攻击性和追求快感的生物冲动与阻止这些冲动的内化了的社会规范之间的冲突。他相信人格是我们努力解决这一基本冲突的结果——以一种既能带来满足又不至于产生任何愧疚或招致惩罚的方式来表达这些冲突。弗洛伊德的理论认为冲突集中在三个相互作用的系统中：本我、自我和超我（图 13.1）。弗洛伊德发现，这些抽象的心理学概念"有助于理解"人们心理的动力过程。

本我（id）存贮着潜意识的心理能量，一直努力在满足个体生存、繁衍和攻击的基本驱力。本我遵循快乐原则：如果没有现实的制约，本我就会追求即时的满足。想一想新生的婴儿吧。他们受本我的操纵，一感到有需要就哭着喊着要求得到满足，浑然不顾外界的条件和要求。再看看那些今朝有酒今朝醉的人吧，他们更愿意得到即刻的欢愉而不愿意为今后的成功和幸福暂时牺牲一下眼前的快乐。这些人（弗洛伊德称之为"本我主导的人"）更易吸烟、酗酒和吸毒（Keough et al.，1999）。

随着**自我**（ego）的形成，幼儿逐渐学会如何应对现实的世界。自我遵循现实原则，寻求用现实的方式满足本我的冲动，从而给自己带来长远的快乐而不是痛苦和毁灭。（试想如果没有自我，我们任意表达我们的性冲动或攻击性冲动，那么结果会怎样？）自我中包含有我们能部分意识到的知觉、思维、判断和记忆。

弗洛伊德的理论认为，大约从四五岁开始，儿童的自我能意识到新出现的**超我**（superego）的要求，那是来自良知的声音，只关注一个人必须的行为，它强制自我不仅要考虑现实更要考虑理想。超我追求完美，遵循至善原则，它判断一个人行为的好坏，进而产生积极的自豪感或消极的愧疚感。一个超我特别强大的人可能是道德高尚的人，然而具有讽刺意味的是，他也可能是一个自感罪孽深重的人；而一个超我弱小的人有可能自我放纵，无拘无束，但另一方面他也可能无愧无悔。

由于超我的要求总是和本我相对立，自我就得努力协调两者。它是人格的“执行者”，调和来自本我的冲动需要和来自超我的约束性要求以及来自外在世界的现实要求。对某人迷恋不已、并向对方展开追求的学生有可能通过加入对方所属的志愿者社团来满足自己本我和超我的需要。

人格发展

对病人过去经历的分析使得弗洛伊德相信人格形成于人生的最初几年。他一次次地发现他的病人的病痛似乎根源于其童年早期未得到解决的冲突。他总结说：儿童要经历一系列的**心理性欲期**（psychosexual stages），在此过程中本我追求快感的能量集中在身体的各个对快感特别敏感的部位。弗洛伊德将这些部位称之为性敏感带（表13.1）。

弗洛伊德相信，在性器期，男孩寻求生殖器的刺激，他们既对母亲形成潜意识的性欲，同时又对父亲产生嫉妒和憎恨，把父亲当作自己的竞争对手。由于以上的这些情感，男孩既感到羞愧，又感到对惩罚——或许是对父亲会将他阉割——的潜在恐惧。弗洛伊德将这种交织的情感命名为**恋母情结**（Oedipus complex）。这一名字取自希腊俄狄浦斯的神话故事，主人公俄狄浦斯在不知情的情况下弑父娶母。一些精神分析师认为女孩也同样要经历一个类似的恋父情结。

弗洛伊德说，儿童通过压抑他们自己和认同作为竞争对手的同性父母（试图成为与其一样的人），最终能应对这些危险的情感。这好像是儿童内在的什么东西在决定着：“如果你不能击败他们（同性父母），那就加入到他们当中。”通过这种**认同**（identification），儿童将父母的价值观整合进来，儿童超我的力量就获得增长。弗洛伊德相信，对同性父母的认同使儿童获得了性别认同，即我们对于自身是男性或女性的认知。弗洛伊德推测，童年早期的人际关系，尤其是与父母和看护者的关系，影响我们的同一性、人格和品德上的不足。

在弗洛伊德看来，成人适应不良的行为来源于早期心理性欲期未解决的冲突。在口唇期、肛门期或性器期，强烈的冲突都有可能将人寻求快感的能量锁定或**固着**（fixate）在某一个时期。例如，弗洛伊德相信，口欲被纵容或剥夺（或许是过

表13.1 弗洛伊德的心理性欲期

阶 段	关注点
口唇期（0~18个月）	快感集中于口腔——吮吸、咬啮、咀嚼的动作
肛门期（18~36个月）	快感集中于肠和膀胱的排泄，应对控制的要求
性器期（3~6岁）	快感带位于生殖器，应对乱伦的性欲
潜伏期（6岁~青春期）	性欲静止、隐含起来
生殖期（青春期之后）	性欲成熟

早的粗暴断奶）的人可能会固着在口唇期。他认为固着在口唇期的成人要么表现得很被动依赖（就像需要照顾的婴儿那样），要么表现为过分否定依赖——或许表现为行为粗野且言辞尖刻。这些人还有可能会过度吸烟和贪吃，以寻求口欲的满足。由此，弗洛伊德提出，人格的嫩枝在生命早期就被压折了。

心理防御机制

2. 弗洛伊德如何看待人们应对焦虑？

弗洛伊德说，焦虑是我们为文明进步所付出的代价。作为社会大集体中的一员，我们必须控制我们的性冲动和攻击冲动，不让它们表现出来。但有时由于自我担心掌控不了本我和超我不同需要之间的内部争斗，结果就产生了弥散性焦虑的阴影，它使得我们感到不安又不知为何不安。

弗洛伊德认为，在这种情况下，自我就会运用**心理防御机制**（defense mechanism）来自我保护。这些防御的技巧能通过各种方式减轻焦虑或者改变焦虑的方向，但这些方法通常是对现实的扭曲。以下是 7 个例子。

- **压抑**（repression）能将唤起焦虑的一些想法和感受从意识中排除出去。根据弗洛伊德的观点，压抑是所有心理防御机制中最基本的机制。这些防御机制都能对具有威胁性的冲动进行伪装以防止它们进入到意识层面。弗洛伊德相信压抑这一防御机制能解释我们为何记不清童年期对异性父母的渴望。然而，同时他又相信压抑总是无法彻底进行，被压抑的冲动仍然会潜逃出来，并在梦中和口误中得以表现。
- 弗洛伊德相信我们还通过**退行**（regression）——退回到早期婴儿的发展阶段来应对焦虑。因此，当儿童第一天上学，面临焦虑时，他会退行到口唇期，像婴儿那样靠吮吸大拇指求得安慰。未成年的猴子在感到焦虑的时候，也会出现退行，像刚出生不久的小猴子那般攀附在母猴或其他猴子身上（Suomi，1987）。即便是大学新生，当他们感到思乡的时候，也会渴望家的安全和随适。
- 在第三种心理防御机制**反向形成**（reaction formation）中，自我将在潜意识中将那些不被接受的冲动转变成与其截然相反的、可令人接受的形式。在进入意识的过程中，那些不被接受的观点，如“我恨他”就会变成“我爱他”，胆小就会表现得大无畏，自感能力不足就会表现为自我逞能。
- 根据弗洛伊德的观点，**投射**（projection）是通过将具有威胁性的冲动归咎到别人身上来伪装自己的这些冲动。因此，诸如“他不信任我”可能是“我不信任他”这一真实感受的投射。萨尔瓦多有一句谚语说得好：“小偷把别人都看成是小偷。”
- 当我们在潜意识中自我辩解以隐藏行为背后真实的动机时，便会使用我们所熟悉的另一种机制——**合理化**（rationalization）。因此，酗酒成性的人会说他们和朋友喝酒“只是出于社交的需要”。不学习的学生也会这样为自己辩解：“一味工作而不休息，即便是聪明人也会变愚笨。”
- **替代**（displacement）是将一个人的性冲动或攻击性冲动转移到另一个事物上，这一事物比原先唤起这些冲动的事物在心理上更容易被接受。不敢对父母表达出愤怒的儿童就会踢家里的宠物以转移自己的愤怒。对考试感到焦虑的学生可能会对室友大声嚷嚷。

> “夫人，我认为您的抗议的确过于激烈了。”
> ——莎士比亚，《哈姆雷特》，1600

- **否认**（denial）通过拒绝事实或不承认其严重性保护个体远离难以接受的事件。晚期病人可能会否认其疾病的致命性。父母可能会否认孩子的不良行为。配偶可能会否认对方的婚外情。

我们应该注意到所有这些防御机制都是间接的、在潜意识中起作用的，它们通过把具有威胁性的冲动加以伪装从而降低个体的焦虑。弗洛伊德相信，正如我们的身体能潜意识地自我抵抗疾病一样，自我也能潜意识地自我防御焦虑。

本节回顾

➤ 自问

你会如何描述你的人格？你的思维、情感和行为有哪些典型的特征？

➤ 自测 1

根据弗洛伊德的观点，哪些是重要的心理防御机制？它们在防御什么？

自测问题的答案见书后的附录。

新弗洛伊德学派和心理分析理论家

3. 弗洛伊德的哪些观点是其追随者接受的，哪些是他们不接受的？

弗洛伊德的著作虽然富有争议，但很快就吸引了众多追随者，其中大多是年轻有壮志的医生。他们形成了一个内部圈子，围绕在他们强有力的领导人周围。这些开拓先行的精神分析师们及其他的一些人，就是我们现在所称之为的新弗洛伊德学派，这些人吸纳了弗洛伊德的基本观点：人格的本我、自我和超我结构；潜意识的重要性；童年期对人格的塑造；焦虑的动力过程及防御机制。但是这些人的确也在两个重要的方面和弗洛伊德背道而驰：首先，他们更强调意识在解释一个人的经验及环境应对方面的作用；其次，他们对性冲动和攻击性是主导一切的动机表示怀疑，从而更强调人们高尚的动机以及社会互动。以下的例子将对此作说明。

阿尔弗雷德·阿德勒和凯伦·霍尼都同意弗洛伊德所提出的童年期很重要的观点。但他们认为童年期的社会性紧张才是对人格的形成起关键作用的因素，而不是性紧张（Ferguson，2003）。阿德勒本人就是靠着奋力拼搏从而克服了童年期体弱多病和不幸事件。他指出，我们的很多行为是为了要努力克服童年期的自卑感，这种自卑感激发我们追求优越和权力。[阿德勒提出了至今仍很流行的**“自卑情结”**（inferiority complex）]。霍尼认为童年期焦虑是由于依赖他人的儿童产生了无助感，这种焦虑引发我们对爱和安全的渴望。霍尼反对弗洛伊德认为女性的超我比较弱，并受“阴茎嫉妒”困扰的假设，她试图平衡心理学里这种大男子主义的观点中所隐含的偏见。

> “女性……承认自己被阉割及由此造成的男尊女卑的现实，只是她反对这种令人不悦的状况。”
>
> ——弗洛伊德，《女性性行为》，1931

和其他新弗洛伊德主义者不同，卡尔·荣格——弗洛伊德的弟子，后叛离弗洛伊德——较少强调社会因素。和弗洛伊德一样，他认为潜意识发挥着重要影响。但对荣格来说，潜意识不仅包含了我们所压抑的想法和感受，而且我们还有**集体潜意识**（collective unconscious），它贮存了来自我们这一物种普遍经验的形象。荣格说集体潜意识解释了为什么很多人执着地追求精神上的满足，以及为什么不同

阿尔弗雷德·阿德勒（Alfred Adler）

"只有当一个人对他人有用，并能克服自卑感，他才能生活得自由自在，感受到自己存在的价值。"（《神经症问题》，1964）

凯伦·霍尼（Karen Horney）

"认为女人是幼稚而情绪化的动物，且因此不能承担责任、不能独立的观点是降低女人自尊的、带有大男子主义倾向的一种论调。"（《女性心理学》，1932）

卡尔·荣格（Carl Jung）

"从本能中流出的任何事物都富有创造性，因此潜意识是创造性冲动的源头。"（《心理结构与心理动学》，1960）

文化下的人们有着同样的神话和形象，比如母亲是养育的象征。（现在的心理学家反对经验继承的观点。但是很多人的确相信我们人类共同的进化史造就了人类某些普遍的特质。）

弗洛伊德于 1939 年去世。自那以后，他的一些想法被整合进了心理动力学理论。"大多数当代动力学派的理论家和治疗师并不认同性是构成人格基础这一观点"，德鲁·韦斯滕（Westen，1996）这样指出。他们"不谈本我和自我，也不绕着圈子把病人界定为口唇期、肛门期或性器期人格"。他们与弗洛伊德一致的观点是认为人们的很多心理活动是潜意识的，童年期能塑造人们的人格及其与他人所形成的依恋方式，以及人们经常会因内心的愿望、恐惧和价值的冲突而痛苦挣扎。

测量潜意识

4. 何为投射测验，如何使用它们？

人格研究者以及治疗师需要人格特点的评价方法。基于不同的人格理论，测量人格特点的方法也各不相同。那么，基于弗洛伊德理论的精神分析师会选择什么样的测量工具呢？

弗洛伊德学派的精神分析师们所选择的测量工具首先要基于弗洛伊德的这样一个信念：潜意识是人格的重要影响因素，包括童年早期经历对人的影响。从弗洛伊德的观点来评价人格，就必须进入潜意识的领域。（请回忆弗洛伊德的观点：自由联想和梦的解析能透露潜意识的内容。）精神分析师们拒绝使用那些客观的测量工具，如让被试回答同意与不同意或是与否的问卷，因为这些工具只是简单触及了人的意识表层。他们所选择的工具应该是心理学上的 X 射线—— 一种能穿透我们表面伪装、显露出我们内心所隐藏着的冲突和冲动的检测工具。

我们并非客观地看待事物，我们只是看到了自己想看的。

——犹太法典

投射测验（project tests）就是给被试展现刺激模糊的图片，让他们描述或

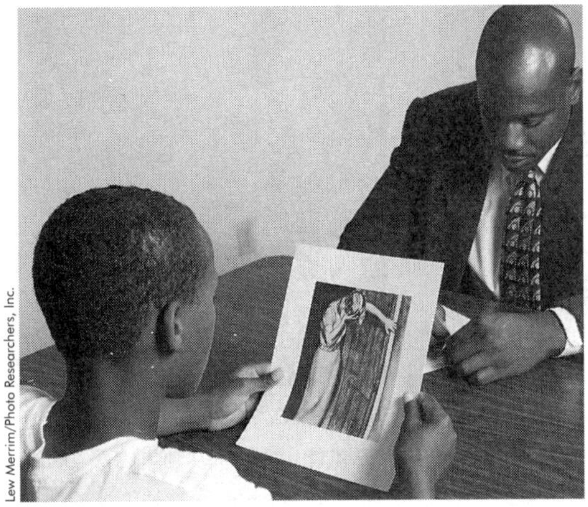

➤ 图 13.2

主题统觉测验

临床医师认为这个男孩，将其内心的希望、害怕和兴趣投射到了这一系列图片上。

者就此讲述一个故事。亨利·莫瑞推出了**主题统觉测验**（Thematic Apperception Test，TAT）。在这个测验中参与者会看到一些模棱两可的图片，然后需要就这些图片编一些故事（图 13.2）。参与者所讲的故事中，其中之一测的是成就动机。所给出的图片是一个正在做白日梦的男孩，那些将他想象成正在幻想成功的人就可以认为是投射了他们自己的目标。

其中使用最为广泛的是著名的**罗夏墨迹测验**（Rorschach inkblot test），人们描述自己从一片墨迹中看到了什么（图 13.3）。它是由瑞士精神病学家赫尔曼·罗夏（Hermann Rorschach）开发的，源于其童年期的游戏（Sdorow，2005）。假设我们从墨迹图中看到的是食肉动物或武器，测试者就能推断出我们可能具有攻击的倾向。这样的假设合理吗？治疗师和批评者给出了不同的回答。一些临床工作者拥护罗夏墨迹测验，甚至建议法官用它来判断犯罪暴力倾向。其他一些临床工作者则有将其视为有用的诊断工具的，有作为参考建议的，也有作为访谈中进行先导和暴露的技巧。人格测量协会（2005）则建议"负责任的使用"（不能用于推测儿童期的性虐待）。为了回应先前对测验分数及其解释的批评（Sechrest et al.，1998），出现了基于研究、计算机辅助编码和解释的工具，目的在于提高评分者的一致性和该测验的效度（Erdberg，1990；Exner，2003）。

但是这些证据不足以让批评家们信服，他们坚持认为罗夏墨迹测验并非测量情绪的核磁共振成像检测仪（MRI）。在众多的罗夏墨迹分数中，只有少数被证明具有效度，如攻击性和焦虑（Wood，2006）。此外，他们指出这些测验缺乏可信性，认为墨迹测验的方法会将许多正常人诊断为"相当病态"的人（Wood et al.，2003，2006）。利连菲尔德等人（Lilienfeld，Wood，& Garb，2001）总结说，"即使是经验丰富的专家也会被自己的直觉和对这些缺乏有效证据的工具的依赖所欺骗。当大量研究表明已有的直觉不正确时，就应该采用新的想法"。弗洛伊德本人或许也不赞同依靠测验来对病人进行诊断，他可能对测验过程中治疗师与病人之间的互动更感兴趣。

➤ 图 13.3

罗夏墨迹测验

在该投射测验中，人们陈述自己从一系列墨迹中看到了什么。某些使用该测验的人深信个体对模棱两可的刺激的解释可以揭示其人格的潜意识内容。其他使用者将其作为暖场材料或其他信息的补充。

> "罗夏墨迹测验已被证明为是不足为信的……我称之为心理测验的恶魔，因为还没有人能完全破坏掉这一邪恶之物"。
>
> ——卡罗尔·黛芙莉丝，《心灵的较量：心理治疗师与科学家之间的心理之战》，2003

对精神分析观的评价

从现代研究中获取的对立证据

5. 现代的心理学家如何看待弗洛伊德和潜意识？

我们是用 21 世纪初期的眼光来批评弗洛伊德，这种眼光本身也需要修正。弗洛伊德并没有涉及我们现在已经学过的有关人类发展、思维和情感的内容。他对神经递质或者 DNA 一无所知。因此，弗洛伊德的崇拜者们说，将弗洛伊德的理论与当今的概念做比较，从而批评弗洛伊德的理论，这就好像将亨利 · 福特的 T 型车与现在的雷鸟车相比。

无论是崇拜弗洛伊德的人还是批评他的人都认为近来的研究与弗洛伊德的很多具体观点相矛盾。如今发展心理学家认为一个人的发展是终生的，并非停滞在童年期。他们怀疑婴儿的神经系统是否发达到能承受像弗洛伊德所设想的那样多的情感创伤。有些人认为弗洛伊德夸大了父母对儿童的影响，却忽视了同伴的影响（以及虐待）。他们还质疑弗洛伊德所谓五六岁儿童在解决了恋母情结之后就发展出良知、形成性别认同的这一观点。我们是在更早的时候获得性别认同的，而且即使没有同性父母，我们也能变得十分具有男子气或女人味。弗洛伊德之所以形成有关童年期性的观点，是由于他扬弃了他的女病人所讲述的童年期遭性虐待的故事。这些故事，在一些学者看来，是被弗洛伊德暗示和诱发出来，然后又被弗洛伊德错误地记忆，最后归结为病人童年期的性愿望和冲突（Esterson，2001；Powell & Boer，1994）。现在我们知道弗洛伊德的提问可能会引起失真的记忆，我们也知道童年期的性虐待现象的确存在。

正如我们在第 3 章中所学到的那样，关于我们为何做梦的最新观点驳斥了弗洛伊德认为梦是对愿望的伪装和为了实现愿望的观点。口误也可以被解释为是我们的记忆系统中相似的发音彼此发生竞争的结果。有人说“我不想那样做——那会惹不少麻烦（bothel）的”。他说的“bothel”其实只是“bother”和“trouble”的结合（Foss & Hakes，1978）。研究者很难找到支持弗洛伊德有关防御机制对我们的性冲动和攻击冲动进行伪装的证据（尽管我们认知上的精湛技巧的确保护了我们的自尊）。历史也并不支持弗洛伊德的另外一个观点，即他认为性压抑会导致心理障碍。从弗洛伊德时代到我们现在所处的时代，性压抑已经不复存在，但心理障碍却依然存在。

> “弗洛伊德理论的许多内容的确已经过时，也应该过时：弗洛伊德于 1939 年就去世了，他不可能再进一步修改自己的理论了。”
>
> ——心理学家德鲁 · 韦斯滕，1998

> 我已在里根总统身边工作了七年半，我们取得了巨大成功，也出现了一些失误。我们有过性（sex）关系……呃……挫折（setbadzs）。
>
> ——乔治 · 布什，1988

压抑是不是个神话?

弗洛伊德整个精神分析理论基于这样一个假设：人们经常压抑痛苦的经历，并将这些经历排除到潜意识当中。弗洛伊德和他的追随者们认为如果人们能揭示过去的经历，就会发现这些经历其实依然完好无损，就像一本尘封在阁楼上丢失已久的书。只要恢复并解决好那些被压抑的令人痛苦的童年记忆，人们在情感上所受的伤痛就会得到愈合。在弗洛伊德的影响下，压抑成为心理学中广为接受的一个概念。压抑被用来解释催眠现象、心理障碍，其追随者将其用于解释那些明显曾被遗忘、后又得恢复的童年创伤的记忆（Boag，2006；Cheit，1998；Erdelyi，2006）。在一项调查中，有 88% 的大学生相信痛苦的经历通常会被排挤出意识而进入到潜意识当中（Garry et al.，1994）。

事实上，如今的研究者坦言，我们有时会通过忽视威胁性信息来消除自我的焦虑（Green et al.，2008）。然而许多研究者争辩，即使的确发生了压抑，它也是人们在面对痛苦创伤时较少做出的心理反应。伊丽莎白 · 洛夫特斯（Elizabeth Loftus，1995）说：“压抑这种说法，部分被驳斥了，部分还未经检验，还有一部分不可检验。”即使是那些见证了父母被谋杀的人或纳粹集中营的幸存者，他们依然保留了令人恐惧的记忆（Helmreich，1992，1994；Malmquist，1986；

> “我很清楚地记得你们的名字，但就是没法和你们的长相对上号。”
>
> ——牛津大学教授斯普纳，1844~1930。此人因提出语言学的首音互换，即斯普纳现象（Spoonerism）而著称。他谴责一名学生“与牛津大学里的撒谎者针锋相对”，其实是说这名学生“在牛津大学里生火”，他还谴责另一名学生“对我奇妙的讲座发出唏嘘之声”，其实是说“你旷课了，没上我的历史课”，还说这名学生“你吃了两条虫子”，其实是说“你已经浪费掉两学期的光阴了”。

> 所有的发现都挑战了经典精神分析理论中压抑这个概念。
>
> ——心理学家雅各·洛夫
>
> “压抑存在吗？”，2008

Pennebaker，1990）。人格研究者约翰·凯尔斯壮总结道（Kihlstrom，2006），“许多正规研究发现，所有的创伤文学作品中都未涉及压抑的案例”。从世界文学史来看也同样如此，哈佛大学的研究小组曾经向每个人提供1000美元的奖金，鼓励人们报告1800年之前的讲述健康个体压抑创伤性记忆的医学案例或虚构案例，这些个体在一年后或几年后重新记起了创伤性事件（Pope et al.，2007）。当然，如果这些情况很常见，肯定会有人注意到。但是尽管他们进行了广泛宣传，依然没有任何发现。（在他们的论文发表之后，有人构思出了一部1786年的歌剧，剧中的一位女性在经历一番挣扎后，显然忘记了她死去的爱人。）

一些研究者认为极度而长时的压力，比如那些饱受虐待的儿童所经受的压力，可能会损伤人脑的海马，从而使记忆遭到破坏（Schacter，1996）。但更为常见的事实是高压力及压力相关的激素能增强记忆（见第8章）。事实上，人们对这些事情的记忆是相当清楚的。创伤性事件，如强暴和折磨，经常在经历者脑海中萦回。这些经历在人们的心灵上留下了深深的烙印。“你会看到那些死去的婴儿，”在大屠杀中幸免于难的萨利（Sally，1979）说，“你会看到尖声哭叫的母亲们。你会看到那些上吊而死的人。你坐下来，还是会看到那些面孔。这些都是你无法忘却的。”

现代的潜意识心理

我们现在明白弗洛伊德至少有一点是对的：对于我们大脑中所进行的一切活动，我们能意识到的只是很有限的一点（Erdelyi，1985，1988，2006；Kihlstrom，1990）。在实验中，人们甚至在弄清楚内在规则之前，就能够预测人物将会出现在电脑的哪个象限（Lewicki，1992，1997）。研究证实了潜意识内隐学习的存在（Fletcher et al.，2005；Frensch & Runger，2003）。我们的双轨心理有很多我们未知的领域。

然而，现今的心理学家所持的“冰山”概念与弗洛伊德不同，因此，格林伍德（Greenwald，1992）提出，是时候抛弃弗洛伊德的潜意识观点了。正如我们在前面几章所了解到的，现在的许多研究者认为潜意识并非是沸腾的激情和压抑的审查，而是一种发生在我们意识之外的冷信息加工。对这些研究者而言，潜意识还包括：

- 自动控制个体知觉和解释的图式（见第6章）。
- 未被意识到或注意到的刺激所产生的启动效应（见第6章和第8章）。
- 右半脑的活动使分裂脑病人的左手能执行命令，但病人却无法用语言表达这些命令（见第2章）。
- 视觉和思维各方面的平行加工（见第6章和第9章）。
- 无需意识回忆的内隐记忆，甚至出现在遗忘症患者身上（见第8章）。
- 先于意识分析、即刻激发的情绪（见第12章）。
- 自动化的且无意识的影响个体对自我和他人相关信息进行加工的自我概念和刻板印象（见第16章）。

近期的研究还为弗洛伊德防御机制的观点提供了一些支持（尽管这些防御机制的运作已不完全像弗洛伊德所提出的那样）。例如，罗伊·鲍迈斯特及其同事（Baumeister et al.，1998）发现人们倾向于在他人身上看到自己的弱点及态度，弗洛伊德称之为投射，而现在的研究者则称之为错误一致性效应，这是一种高估他人与我们拥有一致性信念和行为的倾向。那些偷税漏税者或超速行驶者往往会认为很多人也这样。那些被虚假告知在其压抑的愤怒或不诚实项目上得分高的被试倾向于在他人身上看到更多的这方面特点（Schimel et al.，2003）。还有，当我们试图压抑自身过失的想法时，就更容易在他人身上看到过失（Newman et al.，1997）。不过，其他与本能能量相关的防御机制，如替代则较少得到研究的支持。更多的证据集中在保护自尊的防御机制上，诸如反向形成。鲍迈斯特总结说，"防御机制较少是由弗洛伊德所认为的澎湃激情所引发，它更多是由我们保护自我意象的需要所引起"。

最后，近来的研究支持弗洛伊德关于自我防御以克服焦虑的观点。然而，同样地，现代这方面的观点和弗洛伊德的也不完全相同。杰夫·格林伯格等人（Greenberg, Solomon, & Pyszczynski, 1997）认为，焦虑的其中一个原因就在于"我们在意识到自身的脆弱和死亡之后产生了恐惧"。对这些研究者所提出的**恐惧管理理论**（terror-management theory）进行了验证性实验表明对死亡的思考——例如写一篇关于死亡及相关情绪的短文——所引发的焦虑足以使人的偏见加深。死亡的焦虑使得个体不顾及他人而只关注自己。

面对一个充满威胁的世界时，人们做出反应不仅是为了增强自尊，更是为了坚守自己关于生命意义的价值观。而且那时人们对亲密的关系也会更显忠诚（Mikulincer et al.，2003）。"9·11"事件，这场令人刻骨铭心的面对死亡的恐怖体验，使被困于世贸中心的人在生命最后关头打电话给自己最挚爱的人，它也使大部分美国人开始紧紧抓住亲情和友情不放。

弗洛伊德理论是一种科学理论

同时，心理学家们也批评弗洛伊德的理论缺乏科学性。回忆第 1 章中我们谈到：一个好的科学理论应该能解释所观察到的现象，并且能提出经得起考验的假设。弗洛伊德的理论所基于的客观观察比较少，也很少提出一些可供证实或推翻的假设。（对弗洛伊德来说，有他自己的回忆以及对病人自由联想、梦境和口误的解析，这已经足以能说明问题了。）

弗洛伊德的理论有什么最严重的问题呢？他的理论对人的行为特点做了事后解释（如某人吸烟，某人对马感到害怕，或者某人性取向有问题），却无法预测这些行为或特质。如果你对你母亲的去世感到愤怒，用弗洛伊德的理论来解释，这是因为"你童年期未得解决的依恋需要受到了威胁"。如果你不感到生气，用弗洛伊德的理论也可以解释，那是因为"你在压抑你的愤怒"。霍尔和林哲（Hall & Lindzey，1978，p. 68）说："这就好像马已经开始赛跑了，而你这时才开始押马。"一个好的理论是要能提出一些能经得起考验的假设的。

> "我们这样辩解，就如同一个人这样说：'如果椅子上有一只隐形的猫，这把椅子看上去就空空如也；而这把椅子的确是空的；因此椅子上有一只隐形的猫'。"
>
> ——C. S. 刘易斯，《四种爱》，1958

由于以上这些原因，弗洛伊德的一些批评者经常言辞激烈。他们看到建筑在儿童性欲、压抑、释梦和事后推断沼泽地上的弗洛伊德大厦正在不断受到侵蚀。"当我们站在弗洛伊德的肩膀上时，却发现我们在错误的方向上走得更远了。"凯尔斯特罗姆（Kihlstrom，1997）如是说。批评弗洛伊德最甚的人士弗雷德里克·克鲁斯（Crews，1998）把弗洛伊德，这位尽管有着让世人为之迷惑一个世纪的独特才华的人，比作彼得·塞勒斯笔下的那个装模作样的法国警探克劳索。弗洛伊德的观点中原创的那部分并不优秀，而优秀的那部分却又不是原创的（潜意识这个观点也应追溯到柏拉图）。

那么，心理学应该命令这个古老的理论"不得复兴"吗？弗洛伊德的支持者们对此都表示反对。他们说：批评弗洛伊德的理论没有可验证的假设，这就好比批评垒球运动为什么不是有氧健身操一样。批评一件事物为什么不是它本就不该成为的那样，这公平吗？与许多后来的精神分析师不同，弗洛伊德从不声称精神分析是具有预测力的科学。他只是说，精神分析师通过追溯能在人们的心理状态中发现有意味的东西（Rieff，1979）。

弗洛伊德的支持者们还指出弗洛伊德的一些观点是经久不衰的。正是弗洛伊德吸引我们去关注潜意识和非理性，去关注我们应对焦虑的防御机制，去关注我们人类性欲的重要性，去关注我们的生物冲动与社会约束之间所产生的紧张。正是弗洛伊德挑战了我们的自以为是，戳穿了我们的伪装，提醒我们存在恶的本性。

在科学里，达尔文的理论还富有生机，而弗洛伊德的则正走向死亡（Bornstein，2001）。在流行文化中，弗洛伊德的理论却一直生机勃勃。一些人们认为正确的观点——童年期的经历塑造了我们的人格，梦是有意义的，我们的许多行为都含有经过伪装的动机——就是这些存活的部分。弗洛伊德在20世纪初期所创造的概念进入到了我们21世纪的语言中。虽然不知道这些词出自何处，我们还是会提到自我、压抑、投射、情结（如自卑情结）、兄妹竞争、弗洛伊德式口误、固着。"弗洛伊德的影响多年来在学术界可能已有所衰落，"马丁·塞利格曼（Seligman，1994）指出，"但是好莱坞、脱口秀节目、治疗师和大众却依然对弗洛伊德的理论着迷不已"。

本节回顾

➤ **自问**

在读本章之前，你对弗洛伊德有何理解和印象？读完之后又有什么变化呢？

➤ **自测 2**

当今的心理科学如何评价弗洛伊德的理论？

自测问题的答案见书后的附录。

人本主义观

6. 人本主义心理学家如何看待人格？他们的研究目标是什么？

到了20世纪60年代，一些人格心理学家已经开始对弗洛伊德只关注人的消极面表示出不满。弗洛伊德对"病态"的人的基本动机进行了研究，而这些人本主义心理学家则关注"健康"的人是如何努力自我决定和自我实现的。

人本主义的两大先驱人物——亚伯拉罕·马斯洛（1908~1970）和卡尔·罗杰斯（1902~1987）强调人的潜能和以人的角度（而不是以研究者的角度）来看待世界。

马斯洛的自我实现者

马斯洛提出的观点是我们的需要层次构成我们的动机（见第11章）。如果我们满足了生理需要，我们就开始关心起个人的安全；如果我们获得了安全感，我们就开始寻求爱和被爱，并且爱自己；当我们爱的需要得到了满足，我们就开始寻求自尊。获得自尊之后，我们最终会寻求**自我实现**（self-actualization），发挥我们潜能的过程和自我超越（自我之外的意义、目的和共享）。

马斯洛（Maslaw，1970）通过研究健康而富有创造性的人，而非临床病人形成了这一观点。马斯洛对自我实现的描述是基于他对那些生活丰富而又成就卓著的人所做的研究——这些人中有亚伯拉罕·林肯、托马斯·杰菲逊以及埃莉诺·罗斯福。马斯洛报告说这些人具有一些共同点：有自知之明，能自我接纳，开放并主动，富有爱心，关爱他人，不受他人意见的左右；他们能清楚地认识自己，以问题为中心而不是以自我为中心；他们能集中精力于某个任务，这个任务通常是他们所谓的人生使命；他们中的大多数都只结交有几个至交好友而不是有很多的泛泛之交；他们中的很多人都经历过精神上的高峰体验，这种体验超越了一般意识的范畴。

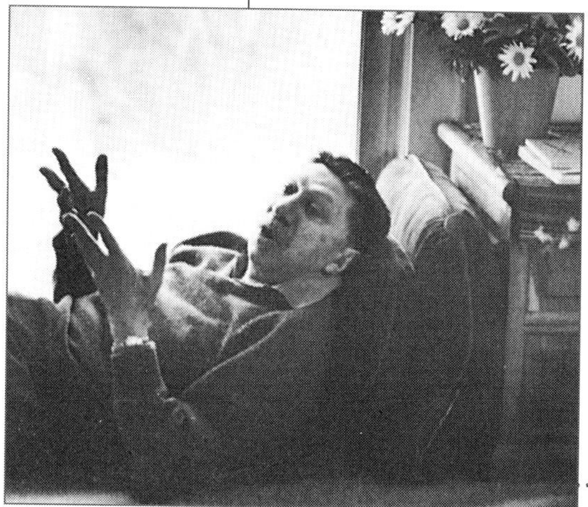

亚伯拉罕·马斯洛 “任何值得关注的动机理论都必须既涉及健壮者的最高能力，同时也涉及残障者的防御手段。”（《动机与人格》，1970）

马斯洛称这些品质是成熟的人的品质，是在那些充满生活阅历，懂得对生命充满激情，已经从对父母的复杂交织的情感中成长起来，已然发现自己的使命，由“有足够的勇气追求卓越，因坦荡正义而感到无所愧疚等”的人身上才能找到的品质。马斯洛对大学生进行了研究，他推测那些可能成为自我实现者的人是那些受人欢迎，关爱他人，“和那些值得尊敬的长辈关系融洽”以及“在内心深处对年轻人常见的残忍、吝啬和暴烈感到不安”的人。

罗杰斯以人为本的观点

人本主义心理学家卡尔·罗杰斯（Carl Rogers）认同马斯洛的很多想法。罗杰斯认为人性本善，人天生具有自我实现的潜能。如果不是受到环境的阻碍，抑制了个人的成长，我们每个人就像一颗橡子那样，都渴望成长和有所成就。罗杰斯（Rogers，1980）认为促进成长的环境必须具备三个条件——真诚、接纳和同理心。

根据罗杰斯的观点，他人的真诚（geniness）才能使我们获得成长，这种真诚就是表达内心的感受，抛却伪装的面具，变得透明，能自我袒露。

人们也因为接纳我们而使我们获得成长，接纳（acceptance）就是给予我们罗杰斯所说的**无条件积极关注**（unconditional positive regard）。这是一种仁爱的态度，一种即使知道我们的不足但仍然珍爱我们的态度，这是一种当我们卸下伪装，真实表露出内心最糟糕的感受后，发现我们依然被接纳的释然和宽慰。我们希望在美满幸福的婚姻中、和睦的家庭生活中以及亲密的友情中都能体会到这种令人满意的感觉，而无需任何解释。在这样良好的关系中，我们自由自主，不用担心我们会失去他人对我们的尊重。

“记住，儿子，输赢并不重要——但如果你想要得到爸爸的爱，这就很重要。”这是一位没有给予无条件积极关注的父亲。

最后，人们因为具有同理心（empathy）而成长，同理心就是分享和反映我们的感受以及表达出我们想要说明的意思。“我们几乎很少真正能抱以理解和同情的心去听别人诉说，”罗杰斯说，“而这种独特的倾听，是我所知道的能使他人改变的最重要力量之一。”

根据罗杰斯的说法，真诚、接纳和同理心就是使人们像橡树那样蓬勃生长的过程中所需要的水、阳光和养分。这是因为“当人们被接纳和获得奖赏时，他们就会以一种更关爱的态度对待自己”（Rogers，1980，p. 116）。当人们被抱以同理心倾听时，“他们就更有可能倾听他们内心的感受”。

作家特里林（Calvin Trillin，2006）回忆了体现父母的真诚和无条件接纳的一个例子，故事发生在面向重度障碍儿童的夏令营活动中，他的妻子爱丽斯是其中的一名员工。L是一个神奇的孩子，她患有先天性的疾病，只能靠插食管喂食，并且举步维艰。爱丽斯回忆：

> 有一天，我们正在玩丢手绢的游戏，我坐在L后面。当轮到她丢手绢的时候，她让我替她保管一封信。她环绕一圈需要一些时间，所以我有充分的时间来看看信上写了些什么，这是妈妈写给她的信。然后，我做了一件可怕的事……我只是想知道，她的父母做了些什么……

对马斯洛来说，尤其是对罗杰斯来说，人格的核心特征是个体所拥有的**自我概念**（self-concept），也就是针对“我是谁？”这一问题的所有回答，包括一切想法和感受。如果我们的自我概念是积极的，我们的行为以及对这个世界的看法也将是积极的。如果自我概念是消极的（在我们看来，自我和“理想自我”的差距太大），罗杰斯说，我们就会感到不满意和不开心。因此他认为，治疗师、家长、老师和朋友要努力的一个目标就是帮助他人了解和接纳自我，并使他做真实的自己。

评价自我

7. 人本主义心理学家如何评价自我？

人本主义心理学家测量人格，有时是通过让人们填写评价自我概念的问卷。一份受罗杰斯启发编制而成的问卷就是要求人们描述理想中的自我和现实的自我。罗杰斯说，当理想自我与现实自我非常相似时，自我概念就是正向的。当罗杰斯评估来访者在治疗中的个人成长时，他就是寻找来访者对现实自我和理想自我的评定中越来越接近的迹象。

一些人本主义心理学家认为任何标准化的人格测量都是非人性的，而且即使是问卷也会把心理学家与活生生的个体相隔离。他们认为访谈和亲切的交谈能更好地了解一个人独特经历，而不需要通过强迫个体回答有限的问卷项目来了解个体。

对人本主义观的评价

8. 人本主义对心理学产生了怎样的影响？它面临怎样的批判？

对弗洛伊德的评语，其中有一句也可用来评价人本主义心理学家。那就是他们的影响是很广泛的。他们的观点影响了心理咨询、教育、儿童养育以及管理等领域。

他们还对当今的大众心理学产生了不小的影响（有时并非是有意的）。许多人吸收了马斯洛和罗杰斯的观点，譬如积极的自我概念是快乐和成功的关键；接纳和同理心有助于形成积极的自我形象；人性本善，人能够自我完善吗？对此许多人都回答是。在 1992 年《新闻周刊》进行的盖洛普民意测验中，90% 的人认为自尊非常重要，因为它“激励一个人努力工作，并获取成功”。由此观之，人们接受了人本主义心理学的观点。

人本主义心理学之所以被广为接受，其中一个原因也许是因为它强调个人的自我，这反映和强化了西方的文化价值观。电影情节刻画了那些经历曲折的人，如何做真实的自己，抛却社会习俗，遵循自己的一套法规准则。流行歌曲也不断吟唱“我行我素”，告诫大家爱自己是“最伟大的爱”（Schoeneman，1994）。

人本主义的盛行也激起了对此的批评。批评家说，首先，人本主义的概念是模糊且带有主观性的。请考虑一下对自我实现者的描述。自我实现者是开放的、自主的、仁爱的、自我接纳的和成绩卓著的人。这是一个科学的描述吗？这是否只是马斯洛个人价值和理想的一种描述呢？布鲁斯特·史密斯（Smith，1978）指出，马斯洛提供的是他自己对英雄人物的印象。设想一下别的理论家可能会提出另一个不同的英雄形象——也许是拿破仑，亚历山大大帝，或老约翰·洛克菲勒。他可能会将自我实现者描述成“不受他人的需要所影响的”“有成就动机的”以及“专于权术的”人。

批评家们还反对罗杰斯提出的“惟一重要的问题是我活得很令我自己满意吗，以及我真实表达了我自己吗”（引自 Wallach & Wallach，1985）这一观点。人本主义心理学倡导的个人主义——相信自己的感受并付诸行动，做真实的自己，实现自我——会导致自我放纵、自私和道德约束力减弱（Campbell & Specht，1985；Wallach & Wallach，1983）。事实上，那些关注他人的个体更能体验到社会的支持，更能享受生命并有效应对压力（Crandall，1984）。

人本主义心理学家反驳说，安全而无防御的自我接纳实际上是爱他人的第一步。的确，那些喜欢自己并接纳自己的人——只因他们本身，而非他们已取得的成就——表现出较少的防御态度（Schimel et al.，2001）。

批评家的最后一项指责是人本主义心理学没有考虑到人性也恶这一现实。面对全球变暖，人口过剩，核武器扩散，我们可能对以下两种理论都不表示赞同。其中之一是否定威胁的存在而盲目乐观（“人性本善；一切都会好起来的”）；另一种则是彻底的绝望（“没有希望了，何必要尝试呢？”）。我们的行动不仅要求人们足够的现实，有所担忧，同时也要求足够乐观以充满希望。批评家说，人本主义心理学只给予了我们所需要的希望，但却没有给予我们同样需要的对邪恶的现实认识。

本节回顾

➤ 自问

你生命中有什么人无条件地接纳了你？你认为这个人让你更清楚地了解了自己或者形成了更良好的自我形象吗？

➤ 自测 3

同理心是指什么？自我实现是指什么？

自测问题的答案见书后的附录。

特质观

9. 心理学家如何用特质来描述人格?

请记住精神分析理论试图用行为背后的动力来解释人格。这一理论观察人表面之下的东西，寻找人隐含的动机。特质观的形成则部分可以追溯到1919年戈登·奥尔波特（Gordon Allport）和弗洛伊德的一次会面，当时的奥尔波特是一个22岁、充满了好奇心的心理学学生，他在维也纳拜访了弗洛伊德。奥尔波特很快就发现精神分析的创始人是多么执着于找到人们潜在的动机。那一连串的思考最终使奥尔波特做出了弗洛伊德未曾做出的贡献——用基本的**特质**（trait）来描绘人格，即人们典型的行为和意识动机（如奥尔波特拜见弗洛伊德的真实动机是出于专业上的好奇）。奥尔波特说，与弗洛伊德的会面，“使我明白精神分析心理学尽管存在诸多优点，但它容易落入过深的研究圈子里，不过心理学家们在探索潜意识世界以前如果能够把动机等事情说清楚那倒也是可以被充分认可的”。奥尔波特开始用可辨识的行为模式来定义人格。他更关注如何描述一个人的特质，而对如何解释这些特质兴趣不大。

像奥尔波特一样，伊莎贝尔·布里格斯·迈尔斯与其母亲凯瑟琳·布里格斯（Isabel & Katharine，1987）想要描述重要的人格差异，根据人们对126个问题的回答，他们尝试用荣格的人格类型来区分不同的人。迈尔斯－布里格斯类型指标被译为21种语言，每年有2万多人接受测试，大多用于咨询、领导力培训和团队发展（CPP，2008）。它采用的是选择题，如“你一般更看重情感还是逻辑？”然后计算出被测者的偏好，将其归到某个类别，如“情感型”或“思考型”，并给予被测试者积极的反馈。例如情感型，就会给出“在乎价值、富有同情心、有一颗感恩的心以及言行得体”的反馈；思考型的话，就会是“更喜欢真理的客观标准”且“长于分析”（每一类都有其优点，每个人都受到肯定）。

大多数人都认可他们所得到的类别说明。毕竟，这些类别反映出了他们自己所表达的偏好。他们可能还会将这样的分类结果作为选择与他们的品性相匹配的工作伙伴和任务的基础（尽管批评家们怀疑将人分类会导致自我预言的实现）。然而，来自美国国立研究委员会（National Research Council）的一份报告指出，这个测验最初应用时没有对其能预测绩效的价值进行过研究，这样“在未证实其科学价值前就广泛加以应用是一件麻烦的事”（Druckman & Bjork，1991，p. 101；也可参见Pittenger，1993）。自从有了这些谨慎的言辞之后，针对MBTI的研究也就越来越多了，但是，MBTI仍然主要是咨询和培训工具，而非研究工具。

探索特质

将人分成不同的人格类型就无法抓住人个性的全貌。那么，我们还有别的方法来描绘人格吗？回到我们苹果的类比。我们或许可以从几个特质维度来描绘苹果，比较是大还是小，是红还是黄，是甜还是酸。通过同时从几种特质维度上来衡量个体，心理学家就可以描述出难以计数的人格差异（记得在第6章中提到，只要颜色的三个维度——色调、饱和度和亮度上有差异，就能产生出成千上万种颜色）。

那么，什么样的特质维度能描绘人格呢？假设你将和一个你不认识的人会面，哪些人格特质能让你对这个人有准确的了解呢？奥尔波特及同事欧德伯特（Odbert，1936）从一本完整的字典中列数出了所有可以用来描述人的形容词。总共有多少个呢？大约有 18 000 个！那么，心理学家该如何才能把这么多的单词归纳成几个基本的特质呢？

因素分析

其中一种方法就是提出一些特质，如某些理论所认为的基本特质——焦虑。另一种更新的方法是因素分析，就是第 10 章中描述的统计过程，用来确定考察智力基本成分（空间能力、推理能力、言语技能）的测验项目能聚合成几类。假设有人描述自己是外向的，而且还说自己喜欢刺激和恶作剧，而不喜欢安静的阅读。这样一个统计上相关行为的聚类就反映了一个基本的特质或因素——在这个例子中，这个特质就是外倾性。

英国心理学家汉斯·艾森克（Hans Eysenck）及西比尔·艾森克（Sybil Eysenck）认为，我们可以将很多一般个体的差异减少到二至三个受基因影响的维度，包括外倾—内倾、情绪稳定性—情绪不稳定性（图 13.4）。他们所编制的《艾森克人格问卷》（*Eysenck Personality Questionnaire*）已经测查了世界上 35 个国家的人，从中国到乌干达，再到俄罗斯。分析这些人的回答之后发现，外倾性和情绪因素的确以两大基本人格维度出现（Eysenck，1990，1992）。艾森克认为这些因素受遗传影响，并且研究也支持了这一看法。

生物因素与人格

对外向者的大脑活动进行扫描发现了更多特质和心理状态。（它们包括聪明、冲动、成瘾、说谎、性吸引、同理心、心灵体验，以及种族观和政治观［Olson，2005］）。这些研究表明，外倾的人寻求刺激是因为他们正常的大脑唤起水平相对

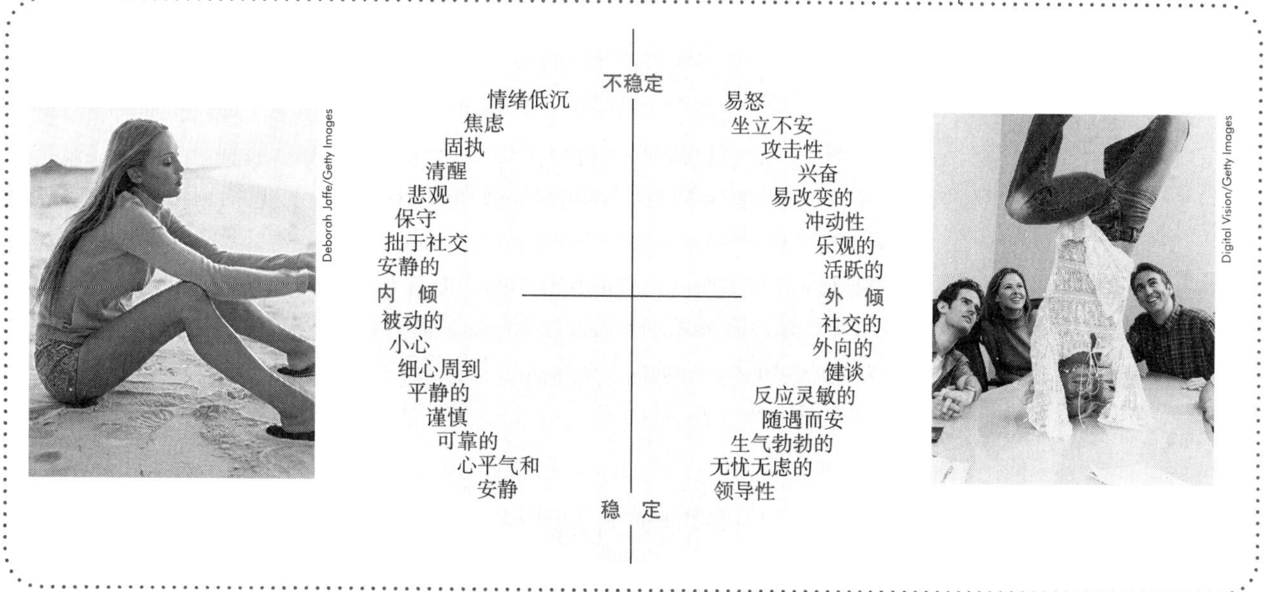

➤ 图 13.4
两种人格因素
制图者通过两轴（南北向和东西向）就能给予人们很多信息。汉斯·艾森克和西比尔·艾森克使用了两种主要的人格因素——外倾—内倾以及稳定—不稳定作为描述人格差异的轴。对两者加以不同组合就能确定其他一些更为具体的特质（Eysenck & Eysenck，1963）。

较低。正电子发射断层扫描技术（PET）扫描的结果表明，外倾者涉及行为抑制的额叶区不如内倾者的活跃（Johnson et al.，1999）。外向者的多巴胺水平和与多巴胺相关的神经活动通常很高（Wacker et al.，2006）。

生物因素还通过其他方式影响人格。或许你还记得第4章中的双生子和收养研究，基因影响构成人格的气质和行为类型。杰罗姆·卡根（Jerome Kagan）将儿童在害羞和抑制方面的个体差异归因于他们自主神经系统反应的不同。如果自主神经系统活跃，那么我们应对压力时就会表现得更为焦虑和抑制。大胆、好奇的儿童成人后可能会攀岩、开快车。人格的形成受基因的影响。

测量特质

10. 何为人格调查？作为人格测量工具，它们有何优点与不足？

如果说稳定的、持久的特质指导行为，那么我们是否可以设计可靠、有效的测验来测量它们呢？现有的几种特质测量方法中，一些方法比另一些更有效（见批判性思维：如何成为成功的占星师或算命师）。有些方法勾勒出了一个人的行为模式——通常是快速地测量某个单一特质，比如外倾、焦虑或自尊。**人格调查表**（personality inventories）是一份较长的问卷，要求对涵盖较广范围的感受和行为的项目做出反应。

经典的人格调查表是**明尼苏达多相人格调查表**（Minnesota Multiphasic Personality Inventory，MMPI）。尽管MMPI测量的是“异常”人格倾向而不是正常的人格特质，它还是能很好地说明如何编制一份人格调查表。其中一位编制者斯塔克·哈撒韦（Starke Hathaway，1960）将他的工作与艾尔弗雷德·比奈的成就相提并论。比奈通过挑选出能区分学校里那些不能正常发展的法国儿童的项目，编制了第一份智力测验量表。同样，MMPI的项目也是由**经验推知的**（empirically derived）。哈撒韦和同事们从许多项目中挑选那些能区分出某些特定群体的项目。他们最后组成了问卷的10个临床量表。

哈撒韦等人最初给几组心理障碍患者和“正常人”几百个“是否”判断的陈述（如“似乎没人能理解我”；“我得到了我应得的同情”；“我喜爱诗歌”）。他们保留了任何患者答案异于正常人的项目——不管这个项目有多荒谬。“报纸上的内容都吸引不了我，除了漫画”这话看上去没什么意思，但是抑郁患者的确很可能回答“是”。[尽管如此，人们还是用搞笑的题目来嘲弄MMPI，如“哭泣使我流泪”，“发疯似的尖叫使我紧张”，“我一直呆在浴缸里，直到看上去像一颗干瘪的葡萄干”（Frankel et al.，1983）]。如今的MMPI-2，还包括测量工作态度、家庭问题和愤怒等的量表。

精神分析师所偏好使用的投射测验带有主观性，而各种人格调查表则计分客观，以至于在计算机上都可以进行施测和计分。（计算机还能给出与之反应类似的先前那些人的描述。）但是，客观性并不能保证效度。例如，在招聘中接受MMPI测查的人为能赢得别人对自己的好印象会给出社会所称许的答案。但是一旦他们这样做，“测谎量表”上的得分也就会高。而且，计算机化的测试简单易操作也吸引了一些非专业人士——包括很多人事部门的人员、教育行政人员和医生——以非正规的方式使用测验（Matarazzo，1983）。然而，不管怎样，正是由于MMPI的客观性，才使得它被非常广泛地使用，且被翻译成100多种语言。

大五因素

11. 哪些特质看上去能提供最有用的人格信息？

如今的特质研究者认为早先的特质维度，如艾森克的内倾性—外倾性和情绪不稳定—稳定维度，虽然十分重要，但还不够全面。稍加扩展的一系列因素——所谓的大五（Big Five）因素——更能全面地描述人格（John & Srivastava，1999；McCrae & Costa，1999）。如果一个测验确定了你在如表 13.2 中五个维度上的位置，它就已经说明了你的大部分人格。全世界的人在描述他人时所用的字眼大致和大五人格的描述一致——宜人性如何，外倾性如何等。但大五也不是最终的结果，因为有一些理论家认为也许应该再增加一些别的维度，如自我觉知、男性化—女性化、积极—消极情绪等。但到目前为止，五是最佳的人格维度数。大五人格——如今"人格心理学里通用的货币"（Funder，2001）——是 20 世纪 90 年代最活跃的人格研究课题，也是目前对人的基本特质最理想的描述（Ender & Speer，1998）。

如今大五研究的浪潮探索的是以下各种问题：

- **这些特质的稳定性如何？** 对成人来说，大五特质是相当稳定的。大学毕业后几十年里，某些倾向性会有所衰弱（如情绪不稳定性、外倾性、开放性），而有一些倾向性则会上升（如宜人性和责任心）（McCrae et al.，1999；Vaidya et al.，2002）。
- **这些特质多大程度上是遗传的？** 个体差异的遗传性因所研究对象的不同而有不同，但一般在各维度上有 50% 或者更多一些是受遗传影响的（Loehlin et al.，1998；Yamagata et al.，2006）。

表 13.2 "大五"人格因素

（记忆术：想象成 **CANOE** 有助于你回忆）

特质维度	**维度的两极**
责任心（**C**onscientionness）	有组织的 ⟷ 无组织的 细心的 ⟷ 粗心的 守纪律的 ⟷ 冲动的
宜人性（**A**greeableness）	有同情心的 ⟷ 漠不关心的 信赖他人的 ⟷ 对他人疑心的 助人的 ⟷ 不合作的
神经质（**E**motional stability vs. instability）	平静 ⟷ 焦虑 安全 ⟷ 不安全 对自我满意的 ⟷ 对自我怜悯的
开放性（**O**penness）	幻想的 ⟷ 实际的 喜好变化的 ⟷ 喜欢常规的 独立自主的 ⟷ 遵从依赖的
外倾性（**E**xtraversion）	社交的 ⟷ 退缩的 爱玩闹的 ⟷ 冷静的 热情洋溢的 ⟷ 保守的

资料来源：A dapted from McCrae & Costa（1986，p. 1002）.

批判性思考

如何成为一名"成功的"占星家或看相大师

一个人出生之时，天上星宿的位置是否会影响他的人生呢？我们的字迹是否能揭示出些什么？我们的手相是否也预示着某些埋藏在深处的秘密呢？

宇航员总是嘲笑占星术的幼稚——自占星家提出他们的预测以来，星系在千年里已经发生了种种变化（Kelly，1997，1998）。幽默大师们对此进行了讽刺。戴夫·巴里（Dave Barry）这样写道："毫无冒犯之意，但如果你把占星术的卦辞看得很认真的话，那你就蠢到家了。"心理学家则提出这样一些问题：占星术真的管用吗？出生日期与性格特征真的相关吗？给出某个人的出生日期，要求占星家从一些不同的人格描述中挑出符合此人的描述，他们能不凭运气，做出正确的判定吗？人们能否从一些星象学的卦辞中找出自己的命相来呢？

这些问题的答案都是否定的（British Psychological Society，1993；Carlson，1985；Kelly，1997）。

我们发现那些能从字迹预测未来的笔迹学家，在仔细观察人们在几页纸上的笔迹，试图辨识出这些字迹作者的职业时，同样也是凭运气（Beyerstein & Beyerstein，1992；Dean et al.，1992）。然而尽管如此，笔迹学家——以及那些刚接触心理学的学生——通常会认为人格与笔迹存在事实上并不存在的相关（King & Koehler，2000）。

如果这些本以为存在的相关而在经过仔细推敲之后变得不存在的话，像占星家之类的人又如何说服数以千计的报刊读者和全世界数以万计的人听从他们的意见呢？雷·海曼（Ray Hyman，1981），这位先前从事看相，后转为心理学研究的人士，透露了占星家、看相师以及那些能看破水晶球秘密的人的高明骗术。

这些人的第一种伎俩就是"准备好套词"。他们基于这样一个论断：任何一个人在某些方面是与众不同的，而在另一些方面则是和所有其他的人都一样。这些对所有人都一样适用的东西就使得这些"能看相的人"能给出在表面上看来准确之极的话："我感觉你现在对某个人心怀怨恨，你必须发泄这种怨恨。""你很担心，都不愿跟人说起，即使是你最好的朋友。""你的社交能力很强，兴趣广泛。"这些笼统之词就能组合成一份人格的说明。假设你做一个人格测验之后得到如下对你性格的描述：

你很渴望他人喜欢并敬佩你。你对自我比较苛求……你为自己能独立思考且不人云亦云而感到骄傲。你已经意识到对他人太过坦率、自我暴露是不明智的。有时你很外向，谦恭有礼，乐于交往；而有时你则比较内向，小心谨慎，较为保守。你的有些理想有点不切实际（Davies，1997；Forer，1949）。

在实验中，大学生就会得到类似这样的事先准备好的评语。这些评语摘自报摊上出售的占星算命书中的话。面对这种实际上虚假的反馈，当他们相信是专为他们而做出的，且评语是正向的、相当笼统时，他们几乎总是将这些评语评定为"好"或"不错"（Davies，1997）。彼德·格利克及其同事（Glick et al.，1989）发现即使是那些不相信占星术算命的人，当给出一个出自占星家的表示赞扬性的描述时，他们也会开始认为"或许占星术算命这东西还是有点可信的。"据说，占星家就是那个"准备好告诉你你是如何看待你自己的"人（Jones，2000）。

法国心理学家迈克尔·果戈林（Michael Gauguelin）在巴黎一家报纸上刊登了一则广告，免费为个人提供占星算命服务。有 94% 的得到占星命卦的人称赞说算得准。实际上所有这些人得到的是谁的命卦呢？那就是法国的道戈图尔·彼辛欧特（Docteur Petiot）的命卦，一个臭名昭著滥杀无辜的杀人魔王（Kurtz，1983）。这种接纳现象被称为"巴纳姆效应"，如此命名是为了纪念表演大师 P. T. 巴纳姆（P. T. Barnum）的名言——"每一分钟都有人上当受骗"。

这些能看相的人所使用的第二种伎俩是从我们的衣着打扮、身体特征、非言语的姿态以及我们对他们所说的话的反应来了解我们。假设你自己就是一个看相人，有一位 30 岁左右的年轻女人前来见你。海曼这样描述这个女人："戴着昂贵的首饰和一枚婚戒，身着一袭黑色廉价的外衣。有着敏锐观察力的看相人注意到她脚上穿的是脚疾患者专用的鞋。"这些线索能说明什么呢？

利用这些观察，看相人就能让这位来访者折服于他的真知灼见。他先推测这个女人来找他就像其他女人一样，不是出于爱情问题，就是经济方面的问题。这一袭黑衣和婚戒使他得出她的丈夫刚离世不久的推论。那一身昂贵的首饰说明这个女人在婚姻期间经济上还算阔绰，但那一身廉价的外衣则表明自她丈夫离世后她就陷入了拮据。那双能缓解脚疾的鞋意味着这个女人比以往任何时候都更自食其力，这说明她丈夫离世后，她一直靠工作养活自己。

即使你不像这个看相人那样精明（他能正确猜测出这个女人正是为着她是否该再婚以结束拮据的生活状况而感到迷茫），海曼说这也不要紧。如果有人找你看相，一开始你就说些表示同情的、万无一失的保险的话："我感到你最近遇到了些问题。你好像不清楚该怎么办。我有一种感觉这个问题好像还牵涉到别人。"然后再说些他们想听的话。记住占星术或算命手册上的一些巴纳姆式的话，灵活加以运用。告诉人们他们有责任与你配合，将你所说的话与他们的具体经历相联系。之后他们回忆时就会认为是你预测到这些具体细节的。多采用问句，当你观察到对方做出积极回应时，就更坚定地将所说的话详细阐述一下。最后一种伎俩就是做一个好的听众，然后将对方原先跟你讲的内容换别的方式再表述出来给他们听。如果你能哄得住他们，他们就会再来找你。

然而，最好还是要明白：靠这些伎俩欺诈别人的人实乃骗钱者而非算命人。

- **大五人格特质能预测其他人格特征吗？**答案是肯定的。有几个例子可以说明：高度谨慎、负责的人在高中和大学的表现较好（Conard，2006；Noftle & Robins，2007），更可能属于早起型（有时我们称之为"百灵鸟型"）；夜猫子型（有时也称"猫头鹰型"）的人就特别的外向（Jackson & Gerard，1996）。当某人的配偶在宜人性、稳定性和开放性上得分较低时，这个人的婚姻满意度和性满意度就会大受影响（Botwin et al.，1997；Donnellan et al.，2004）。

通过对这些问题的探索，大五研究为特质心理学注入了活力，并重新赢得人们对人格研究的重视。

对特质观的评价

12. 研究支持人格特质跨时间和跨情境的一致性吗？

我们的人格特质是稳定持久的？还是我们的行为依赖于我们所处的情境以及所相处的对象？托尔金创作了一些人物，像忠诚的萨姆·甘姆齐，他的人格特质就是不管时间、地点如何变化仍能保持一致。而意大利剧作家勒维奇·潘安德拉（Luigi Pieandello）则持有不同意见。他认为，人格是不断变化的，随特定的角色和情境而变化。在潘安德拉创作的一个剧本中，兰伯托·劳狄赛（Lamberto Laudisi）向塞雷利夫人这样描述自己："我完全是你要我成为的那样，但亲爱的夫人，这并不妨碍我同时也做一个您丈夫、我姐姐、我侄女以及契尼夫人想要我成为的人——因为他们所说的也都是绝对正确的。"对这番话，塞雷利夫人的回应是："换句话说，你在每个人面前都表现出不同的样子。"

"我们与自身的差别犹如我们与他人之间那般大。"

——蒙田，《蒙田随笔集》，1588

人－情境之争

那么，究竟谁最能代表人类的人格，是托尔金笔下的那位始终不变的萨姆·甘姆齐，还是潘安德拉塑造的那个不一致的人物劳狄赛？答案是：两个都是，因为我们的行为是受我们内在特质和情境之间交互作用的影响的。不过，这样回答还是会存在一个问题：即哪一个更重要？我们是更像托尔金所描绘的那样呢，还是更像潘安德拉所想象的那样？

当我们探讨这个人—情境之争时，我们寻求的是真正跨时间且又跨情境存在的人格特质。如果我们认为友善是一种特质，那么友善的人就必须在各个时间和场合都表现得很友善。友善的人是这样的吗？

在第 5 章中，我们谈到一些追踪生命全程发展的研究。我们提到一些学者（尤其是研究婴儿的人）能感受到人格的变化；而另一些学者则惊讶于成年人人格的稳定。如图 13.5 所示，来自 152 项长期研究的数据表明七年前后所得的人格特质分数相关。人的兴趣会改变——原来热衷于喂养热带鱼的人后来可能热衷于搞园艺。人的职业会改变——原来一心一意做销售工作的人可能会成为一名社会工作者。人与人之间的关系会改变——原先敌对的夫妻可能后来又各自找到了新伴侣。但大部分人认为他们所具有的特质是他们自身的，迈克雷和考斯塔（McCrae & Costa，1994）指出，"而他们这样认为是很好的。一个人能意识到他 / 她的人格必然存在且是惟一的，这将是……其一生最巅峰的智慧。"

▸▸ 大致说来，社会心理学关注暂时性的、来自外部的对行为的影响，人格心理学关注的是持久的、来自内部的影响。而事实上，人的行为总是依赖于人与情境之间的交互作用。

在各个情境中一些具体的行为保持一致性则是另一回事。正如沃尔特·米歇尔（Mischel，1968，1984）所指出的那样，人们的行为没有可预测的一致性。米歇尔对大学生的责任心进行了研究，结果表明学生在一种情境下所表现出的责任心（如准时来上课）与另一情境下所表现出的责任心（如准时交作业）只有中等相关。对此，潘安德拉可能一点也不会感到吃惊。如果你发现自己在某些情境下非常外向，而在另一些情境下却比较保守，你也不必感到吃惊（然而，米歇尔指出，你可以准确地感到自己的某些特质更具有一致性）。

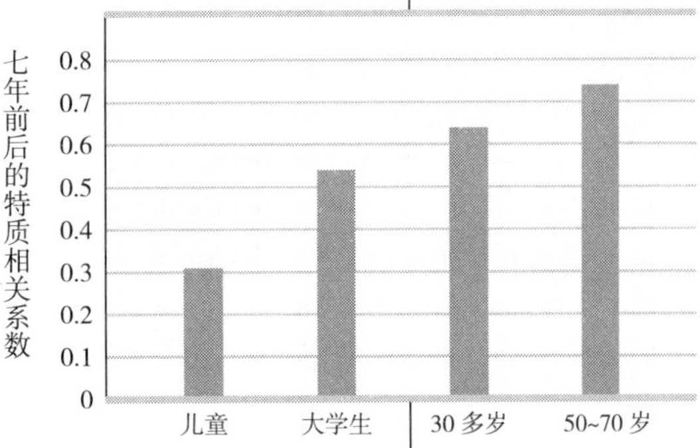

➤ 图 13.5
人格的稳定性
随年龄的增长，人格特质变得越发稳定，这点可以从七年前后所得的人格特质分数的相关中看出。（Data from Roberts & DelVecchio, 2000.）

人们在人格测验上的分数只能在一定程度上预测人的行为。例如，人们在外倾性测验上的分数不一定完全能预测人们在任何特定场合下的实际社交情况。米歇尔说如果我们能记住这些结果，那么我们在描述个体和将个体进行归类时就会倍加小心。当需要我们预测某人是否会违背诺言、是否会自杀或是否会是一个好员工时，我们就不会匆忙下定论了。自然科学能提前几年就告诉我们任何一天月亮可能的状态。气象学家能提前一天预测天气状况。而我们则还远远不能预测明天的你会有什么样的心情和行为。

爱泼斯坦说，同样地，人们在很多情境下的外倾性、快乐感或粗心的一般情况也是比较能预测到的（Epstein，1983a，b）。在评定某人的害羞或宜人性程度时，这种一致性能使那些十分了解这个人的评定者意见一致（Kenrick & Funder，1988）。正如我们那些最好的朋友所能证实的那样，我们的确存在人格特质——受基因影响的特质，这是我们现在所知道的。而且，我们的特质在我们的社会交往中显得尤为重要。它们影响着我们的健康、思维以及工作绩效（Deary & Matthews，1993；Hogan，1998）。总而言之，特质是存在的，人与人不一样，并且个体差异性很重要。

➧ 变化和一致性是可以共存的。如果所有人的害羞程度都随着年龄增长而减轻的话，人格就会发生变化，但这种变化了的人格却依然是相对稳定和可预测的。

在一些陌生而又正式的场合——比如在一个文化背景不同的主人家做客——由于我们对社交信息的处理比较谨慎，我们的一些特质会隐藏起来而不会表现。但在一些熟悉、非正式的场合——比如和朋友闲逛——我们不感到拘束，这样我们的特质就会表现出来（Buss，1989）。在这种情况下，我们的表达方式——散发的活力、说话的方式以及身体的姿势——和我们的特质相当一致。因此，我们通常在与某人见面的一瞬间就形成了持久的印象。安贝迪和罗森塔尔（Ambady & Rosenthal，1992，1993）用录像记录了 13 名哈佛研究生给本科生上课的情景。

一些人天生就很会表达（因此在演哑剧和用手势猜字谜方面很有天赋），另一些人则不善表达（因而打牌打得好）。为了评价人们对表达性的自主控制能力，贝拉·德·保罗及其同事（Bella De Paulo et al.，1992）要求人们尽可能地在陈述观点时假装是善于表达或有所克制的。他们获得了重大的发现：那些不善表达的人，即使假装很会表达也不如那些自然状态下就善于表达的人表达得好。同样，善于表达的人，即使努力克制，也比自然状态下不善表达的人表达得好。你不是这样的人，却硬要你成为这样的一个人，这很难做到。而你就是这样的一个人，却要你变成那样的一个人，这同样也很难。

表达的自然性能使我们在几秒钟内就能判断出某人是否外向。看一下莱韦斯克和肯尼（Levesque & Kenny，1993）的实验。这些研究者让每四位女大学生组成一组在桌边入座，要求每位女生简单报告一下自己的姓名、入学时间、家乡及学院所在地。然后让这些女生根据说话女生在这几秒钟内的言语和非言语行为判断她是否是一个健谈的人。（如果是你，你觉得你会根据什么去判断这个人是否健谈？）之后将录像的一系列一对一谈话中每个女生实际是否健谈的情况与之相对照，发现这种快速判断是相当准确的。当我们判断一个表达性方面的特质，如外向性时，简短的一些行为片断就能说明问题了。

总之，我们可以说任何时候，即时情境对一个人的行为是有重大影响的，尤其当情境有明确要求时。如果要预测司机在红绿灯前的行为，看红绿灯的颜色比看司机的人格在判断其行为时更为有效。因此，教授可能认为某些学生很听话（根据他们在课堂上的行为表现），而他们的朋友们则会认为他们相当的狂野（根据他们在聚会上的行为表现）。因而平均一下我们在各种情境下的行为，的确能说明我们有着不同的人格特质。特质是存在的，我们是不同的，并且这些不同很重要。

本节回顾

➤ 自问

你会怎样评定你在“大五”人格维度—责任心、宜人性、神经质（情绪稳定与不稳定、开放性和外倾性上的位置？你的家人和朋友呢？

➤ 自测 4

在描述人格时一般有几个特质维度，这些维度是什么？

自测问题的答案见书后的附录。

社会认知观

13. 在社会认知心理学家看来，哪些因素共同塑造了人格？

现代人格观——**社会认知观**（social-cognitive perspective）由艾伯特·班杜拉（Bandura，1986，2006，2008）最先提出，它强调人与情境之间的交互作用。

社会认知理论家认为我们的很多行为是条件习得的或者是由观察和模仿他人而习得的（这是“社会”的部分）。他们还强调心理过程的重要性，认为我们对环境的看法影响我们的行为（这是“认知”的部分）。不像行为主义那样仅仅关注环境对我们的控制，社会认知理论家还关注我们和环境之间的交互作用，即我们如何诠释外界事件并且做出反应？我们的图式、记忆和期望又如何影响我们的行为模式？

交互影响

班杜拉（Bandura，1986，2006）将我们与环境的交互作用过程称之为**交互决定论**（reciprocal determinism）。他说：“行为、内在的个人因素和环境因素相互影响，相互作用”（图 13.6）。例如，儿童看电视的习惯（过去的行为）影响他们的观看偏好（个人因素），这一个人因素又影响到电视（环境因素）对他们当前行为的影响。

➤ 图 13.6
交互决定论
社会认知观认为，我们的人格是由个体认知因素（感受和想法）、环境以及行为之间的交互作用塑造而成的。

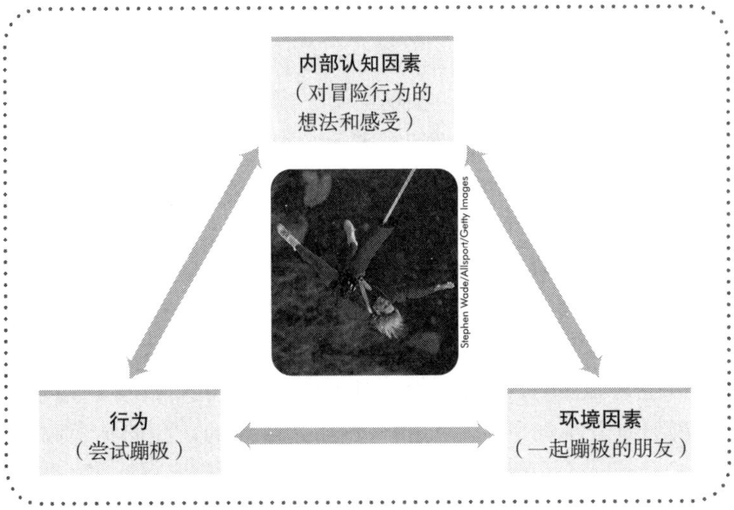

这些作用都是相互的。

请考虑个体和环境发生交互作用的三种具体方式：

1. **不同的人选择不同的环境**。你上学的学校、你阅读的书籍、你所看的电视节目、你所听的音乐以及你所交往的朋友——这些都是你所选择的环境的一部分，这些选择部分基于你的特质（Ickes et al.，1997）。你选择你所处的环境，之后这个环境又塑造了你。
2. **我们的人格特质决定我们如何诠释事件并做出反应**。例如，焦虑的人对可能的威胁事件非常敏感（Eysenck et al.，1987）。因此，他们会认为这个世界是具威胁的，并做出相应的反应。
3. **我们的人格特质有助于形成我们要应对的环境**。很多实验表明我们如何看待和对待他人决定了他人如何对待我们。如果我们感到某人对我们很生气，我们就会对他表示出冷淡，这样就真如我们所想象的那样激起了他的怒气。如果我们性情随和，我们就可能享受到亲密的友谊和支持（Donnellan et al.，2005；Kendler，1997）。

➤ 图 13.7
人格研究的生物心理社会取向
与其他心理现象一样，研究者从多个层面进行了大量研究。

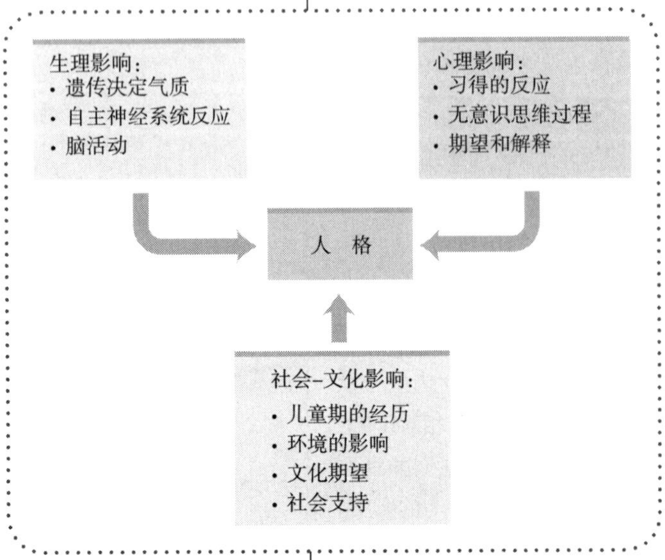

因此，我们既是环境的产物，同时也是环境的创造者。

如果说这一切听起来感觉很熟悉，那可能是由于这与心理学及本书普遍谈及的一个主题相似，并再一次得到了强调，那就是：行为产生于内外因素的共同作用。沸水能使鸡蛋变硬，却也能使土豆变软。一个具威胁性的环境可以使某个人成为英雄，却也可以使另一个人成为恶棍。在任何时候，我们的行为都受到我们的基因、经验及人格特质的影响（图 13.7）。

个人控制

14. 个人控制的原因和结果是什么？

在研究人们如何与环境交互作用时，社会认知心理学家强调**个人控制**（personal control）感——即我们认为自己对环境是有控制力的，还是受到环境的控制？心理学家有两种基本的方法来研究个人控制感（或任何人格因素）的作用。其中之一是计算控制感与行为成就之间的相关。其二是进行实验，提高或降低人们的控制感，并把结果记录下来。

内部控制点与外部控制点

请想想你自己的控制感。你是否认为你的生活不由你控制？你认为这个世界是由少数几个有权势的人掌控的吗？你是否认为获得一份好工作主要是取决于你是否在恰当的时机出现在恰当的地方吗？或者你更相信发生在你身上的一切事情都是你自己应得的？你认为普通人能影响政府的决策吗？你认为成功就是辛勤劳作的结果而不是碰运气吗？

有上百个研究对具有不同控制感的人进行了比较。其中一部分人具有心理学家朱利安·罗特（Julian Rotter）称之为**外部控制点**（external locus of control）的东西，即认为是机遇或外在的力量决定人的命运。另一部分人则具有**内部控制点**（internal locus of control），即相信自己在很大程度上能控制命运。一系列研究发现："内控者"比"外控者"在学校里的成绩更优秀，行动更独立，身体更健康，较少感到抑郁（Lefcourt，1982；Ng et al.，2006）。而且，他们更善于延迟满足及应对各种压力，包括各种婚姻问题等（Miller et al.，1986）。

耗尽自我控制与强化自我控制

琼·坦尼及其同事（Tangney et al.，2003）报告说，自我控制——即控制冲动、延迟满足的能力——反过来能预测良好的适应性、获得出色的成绩和社会成功。大学生中那些能计划好一天的活动、并按计划度过一天的人不容易患上抑郁症（Nezlek，2001）。

但是，我们当中任何一个人的自我控制能力都不是一成不变的。鲍迈斯特和埃克斯林（Baumeister & Exline，2000）报告说：自我控制就像人的肌肉，使用之后力量就会暂时减弱，休息一下就能恢复，经锻炼则将更显得强而有力。自我控制会消耗人的注意和能量。

习得性无助和个人控制

那些感到无助和压抑的人通常认为控制来自于外部。这种看法可能会加深他们想要放弃的念头。事实上，这就是马丁·塞利格曼（Seligman，1975，1991）和其他研究者在动物和人的实验中所发现的。被皮套捆住的狗，因为遭受多次电击而无法逃离，就习得一种无助感。之后将他们放到另一种情境中，在那里，他们只要越过隔栏，就能逃避这样的惩罚。但这些狗仍蜷缩着，似乎觉得很没有希望。

多次遭受创伤性事件从而丧失控制感的人也是这样，他们会产生无助感，觉

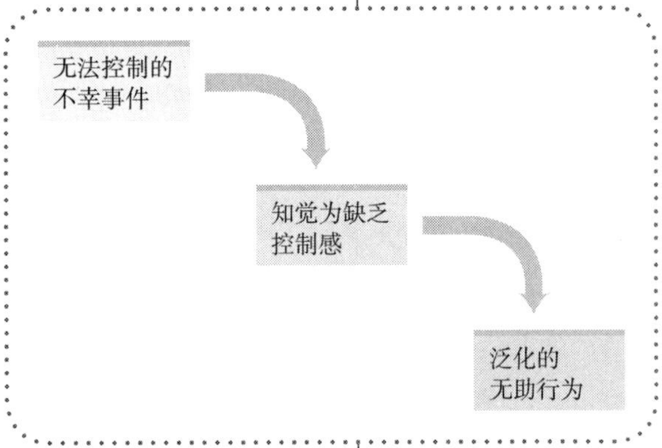

➤ 图 13.8
习得性无助
当动物和人对多次发生的不幸事件失去控制感时，他们就会习得无助感。

得没有希望，感到抑郁。心理学家称这种消极放弃为**习得性无助**（learned helplessness）（图 13.8）。

我们在一个不熟悉的文化中会体验到文化休克，部分原因是由于我们不能确定新环境下人们会作何反应，因而控制感降低（Triandis，1994）。同样，在监狱中，在工厂里，在大学或疗养院里，人们对自己的事情只有很少的控制权，因而情绪低落，压力增加。采取一些提高控制感的措施——如允许服刑人员移动椅子，控制屋里的灯光和电视，使工人们参与到决策中来，给予疗养院的病人以选择环境的权利——就能明显改善他们的健康状况和情绪（Humphrey et al.，2007；Ruback，1986；Wener et al.，1987）。

以下这些研究的结论也是非常令人信服的：在民主、自由和享有权利的条件下，人民就兴旺繁荣。难怪那些生活在稳定民主国家的国民所报告的幸福程度会更高些（Inglehart，1990，2009）。前东德进行民主革命前夕，心理学家加布里埃尔·奥廷根和马丁·塞利格曼（Oettingen & Seligman，1990）比较了东西柏林墙两边的男性工人的肢体语言。结果发现，与东柏林墙的工人相比，享有权利的西柏林工人笑得更多，坐得更笔直而不是软而无力，更精神抖擞而不垂头丧气。

乐观与悲观

如何测量你感到自己很无助或者很有能力的程度？一种办法就是确定你在乐观与悲观这一维度上的位置。你一般是如何诠释消极和积极事件的？或许你已经知道有些学生的归因风格是消极的——他们将成绩差归因于能力的不足（“我做不了”），或者归因于他们永远无法加以控制的外部环境（“我对此无能为力”）。与那些满怀希望，相信努力、良好的学习习惯及自律能产生效果的学生相比，这些学生更可能得低分（Noel et al.，1987；Deterson & Barrett，1987）。虽然只有幻想，不能激发动机，促成成功，但真正积极的期望却是能起到作用的（Oettingen & Mayer，2002）。

乐观与健康 健康，也得益于乐观。正如我们在第 12 章中所谈到的，抑郁的绝望感使人体抗疾病的免疫系统能力下降。多项研究发现，乐观者比悲观者更长寿、更健康。当恋爱双方发生争执时，乐观主义者及其伴侣倾向于认为双方都在积极地解决问题，他们对解决方式和双方关系都更满意，并且感受到更多的支持。（Srivastava et al.，2006）你对别人寄予好的希望，你通常会得偿所愿。这些研究都指向了赛利格曼的走向更为积极的心理学（见特写：走向更为积极的心理学）。

过度乐观 身处逆境时，如果能进行积极思维，将是有效果的，而采取现实的态度也同样是有用的（Schneider，2001）。对过去的失败作自我贬损的解释会使人意志消沉，而对将来失败的可能性感到一种现实的焦虑却能促使人努力去避免这种不幸的命运（Cantor & Norem，2001；Goodhart，1986；Shower，1992）。那些担心即将到来的考试，因而进行全面复习的学生通常比那些能力虽然相仿，但却过于自信的同学成绩要好。爱德华·常（Edward Chang，2001）报告说，与欧裔美国人相比，亚裔美国人表现得好像更悲观些——他怀疑这就是亚裔美国人学业成

特写

走向更为积极的心理学

马丁·塞利格曼（Martin E. P. Seligman）

“积极心理学的主要目的是测量、了解并加强人类的优势和公民的美德。”

在最初 100 年里，心理学对如何解释和缓解负向消极的状况投入了很大的关注。我们研究虐待与焦虑、抑郁与疾病、偏见与贫困。正如第 12 章所指出的那样，自 1887 年以来以负向情绪为内容的文章远远超过了以正向情绪为内容的文章，两者的比率达到 17:1。

曾于 1998 年担任美国心理学会（APA）主席的马丁·塞利格曼（2002）指出：在过去的岁月里，相对和平、繁荣的时期才能使各国致力于从修复贫弱和创伤中转向促进“最高品质的生活”。在繁荣的 5 世纪，雅典人民创造了哲学和民主。在兴盛的 15 世纪，佛罗伦萨产生了伟大的艺术。维多利亚时期的英国，随着国力的日益强盛，形成了荣誉、纪律和责任。塞利格曼认为在我们创造新纪元的时候，繁盛的西方国家都有机会去创造一种更为**积极的心理学**（positive psychology），它不仅关注人性弱点与创伤，同时还关注人性优点和美德的心理学，并将其作为一座“人文、科学的”丰碑。

积极心理学与人本主义心理学都对人类高层次的实现感兴趣，但积极心理学的源头及研究方法都显得更为科学。在此基础上积极心理学已经开始关于幸福和健康（第 12 章）的研究，并且研究重点也由习得性无助和抑郁转向对乐观主义和蓬勃向上的力量的研究。

总体来说，对过去感到满足，在当下感到快乐，对未来充满乐观是积极心理学这一运动的第一支柱——即积极情绪。

这一运动的第二支柱——即积极的性格，就是集中探讨和激发人的创造性、勇气、同情心、正直、自我控制、领导力、智慧以及精神素养之类的美德。目前的研究考察了这些美德的前因后果，并对在这些方面有突出表现的个体进行研究。

这一运动的第三支柱——即积极的团体、社区和文化，就是努力促进形成一种积极的社会生态，包括功能良好的家庭、共享式的社区、有效运作的学校、担当起社会责任的媒体及民间对话的开展。

心理学在本世纪是否能承担起更多积极的使命？那些不偏废创伤修复和疾病治疗的需要，同时也支持积极心理学的人士就抱有这样的希望。有《美国心理学家》和《英国心理学家》这样的期刊致力于积极心理学，许多新书出版，以及设立有最新的奖项、研究奖励以及推进积极心理学奖学金的夏季学院，这些心理学家有理由表现得如此乐观。

绩出色的原因之一。成功需要人们足够的乐观以拥有希望，同时也要求人们有一定的悲观以防止自满。

过度乐观会使我们对现实存在的风险茫然不觉。尼尔·温斯坦（Weinstein，1980，1982，1996）所做的研究已表明人们天生的积极思维偏好如何引起“对未来事件盲目乐观”。大部分大学生认为自己不太可能像其他同学那样酗酒、辍学，或 40 岁就得心脏病。

然而当我们做好准备面对反馈结果时，这些天生的积极思维偏好就消失不见了，例如考试结果（Carroll et al.，2006）。（你可曾注意到：当比赛临近结束，你所支持一方领先似乎比你所支持一方落后，结果更富悬念。）个体在经历一件创伤性事件后，积极的幻想也会破灭——加利福尼亚大地震中的受难者就是这样，这场灾难让他们不得不放弃以往所认为的自己可能不会像别人那样遭遇地震的错觉（Helweg-Larson，1999）。

“哦，上帝，让我们沐浴着你的恩典，从而得以平静地接受那些无法改变的，勇敢地去改变那些应该改变的，并能睿智地分辨出哪些是无法改变而哪些是应该改变的”。

——莱因霍尔德·尼布尔，《平静的祷告》，1943

无视自己的不足 可笑的是，人们通常是在最没有能力的时候却表现出最过分的

自信。克鲁格和邓宁（Kruger & Dunning，1999）指出，这是因为要意识到能力不足通常也需要一定的能力。这些研究者发现大部分语法和逻辑测验成绩差的学生都认为他们的成绩应该是名列前茅的。如果不清楚什么是好的语法，也就不可能意识到自己的语法有多差。这种“忽视自己不足”的现象就如同那些有听力困难的人无法意识到自己的听力缺陷一样。我们并非“否认”，只是因为我们没有意识到自己没听到的内容。如果我听不到朋友喊我的名字，朋友会注意到这一点。但对我而言就如同没有发生一样。我听我听到的信息，这是非常正常的事情。

“我以为这不可能发生在我身上。”
——美国篮球明星“魔术师”约翰逊，《我的生活》，1993（感染HIV病毒之后）

测量情境中的行为

15. 引导社会认知心理学家测量人们行为和信念的潜在原则是什么？

社会认知研究者考察了人们如何与环境互动。为了预测行为，他们经常观察现实情境中的行为。

此类研究中的一项宏伟且先于社会认知理论而出现的研究，就是二次世界大战中美国军队选拔间谍时所采用的测量策略。军事心理学家们没有采用纸笔测验，而是将候选人置于一个模拟的秘密情境中。他们考察候选人应对压力、解决问题、维持领导力以及忍受各种审讯而不透露机密的能力。尽管这项研究既耗时又耗费巨资，但在真实的情境下测量行为的确有助于预测今后实际承担间谍任务时是否会成功（OSS测评小组，1948）。

军事和教育机构以及很多财富500强企业每年都在使用这种策略测试成千上万的人（Bray et al.，1991，1997；Thornton & Rupp，2005）。美国电报电话公司（AT & T）会观察经理候选人如何进行模拟的管理工作。很多大学通过观察应聘教员的教学评估他们的教学能力，通过见习和教学考察毕业生的能力情况。军队通过观察军事演练中士兵的表现来评价士兵。大多数人口均在50 000及以上的美国城市都利用测评中心对警官和消防队员进行评估（Lowry，1997）。

这些测评过程说明了这样一个道理：预测一个人今后行为的最好途径不是人格测验，也不是访谈，而是让一个人在模拟情境中表现出自己一贯的行为模式（Mischel，1981；Ouellette & Wood，1998；Schmidt & Hunter，1998）。只要情境和人基本保持不变，最能预测今后工作表现的是一个人以往的工作表现；最能预测今后成绩的是一个人以往获得的成绩；最能预测一个人今后是否具有攻击性行为的是一个人以往的攻击性表现；最能预测青年期是否会发生吸毒行为的是过去这个人是否吸过毒。如果你不能查出一个人过去的行为表现，那么你最好创设一种评估的情境，模拟任务要求，这样你就能了解这个人会如何应对情境中的任务要求。

▸▸《纽约时报》对过去50年来的100位残暴的杀人犯所做的一项分析表明，时常动怒的凶手有55位，有危险暴力倾向的有63人（Goodstein & Glaberson，2000），其他凶手都不这样，他们心情不好时，“只是高声喊叫而已。”

对社会认知观的评价

16. 社会认知观对人格研究的贡献以及它所面临的批评是什么？

人格的社会认知观使得研究者非常关注情境如何影响个体，又如何被个体所影响。与其他任何人格观相比，社会认知观更基于学习和认知心理方面的研究。

但是批评人士还是指责社会认知观太偏重于情境，以至于不重视人内在的特质。这种人格观中人的情绪处于什么位置（Carlson，1984）？持不同意见者这样指出：的确，情境引导我们的行为，但在很多情况下，我们的潜意识动机、情绪以及无处不在的特质也都发挥重要的作用。已经证实人格特质能预测工作、爱情和游戏中的行为。我们受生物因素影响的特质的确在起作用。请看一下珀西·雷·普里琼和查尔斯·吉尔的例子吧。他们面对的情境一样：他们共同赢得 9000 万美元的彩票大奖（Harriston，1993）。当普里琼得知获奖金额时，就不由自主地颤抖不已，与正在浴室洗澡的朋友抱成一团以确信自己是否真的赢得了大奖，然后就喜极而泣。而吉尔得知这一获奖消息时，只是告诉了妻子一声就去睡觉了。

本节回顾

➤ **自问**

你是一个悲观的人吗？你总是对事件进行灾难化思维或抱有低预期，并且将不幸事件归因为能力缺乏或不受你控制的情境因素吗？或者你是一个乐观的人，甚至是一个经常表现出“盲目乐观”的人？这种倾向如何影响了你对学校和专业的选择？

➤ **自测 5**

习得性无助和乐观主义是如何影响行为的？

自测问题的答案见书后的附录。

探索自我

17. 高自尊的促进和阻碍效应是什么？

心理学对人自我感知的关注至少要追溯到威廉·詹姆斯，他在 1890 年出版的《心理学原理》一书中大约花了 100 页的篇幅阐述了这一主题。可是到了 1943 年，戈登·奥尔波特就不无惋惜地说：“自我已经消失不见了。”人本主义心理学尽管强调自我，但还是没能激起太多这方面的科学研究，不过人本主义心理学的确为自我概念的复苏重新做出了贡献。如今离詹姆斯的时代已经过去 100 多年了，现在自我也已经超出人本主义心理学研究的范畴，成为西方心理学中最活跃的研究主题之一。每年都有大量的关于自尊、自我表露、自我觉知、自我图式、自我监控等主题的新研究出现，该研究的假设**自我**（self）是我们思维、情感和行为的组织者，是人格的核心。

举例来说，最新对自我的思考是关于**可能自我**（possible selves）这一概念，这个概念由黑兹尔·马库斯及其同事提出来的（Inglehart et al.，1989；Markus & Nurius，1986）。可能自我包括一个人梦想将来可能成为的样子——富裕的我、成功的我、受人爱戴的我。可能自我还包括一个人所害怕成为的样子——失业的我、孤独的我、学业失败的我。这些可能自我为个体展示了具体且需要全力以赴去实现的目标，从而激发起个体的动机。在密歇根大学，参与本科和医学院联合项目的学生，如果明确自己将来要成为一名成功的医生，所取得的成绩就比较好。梦想的确经常孕育成功。

心想事成。

——中国福饼纸条上的话

自我研究所基于的假设是：作为我们思维、情感和行为的组织者，自我是我们人格的核心。从自我关注的观点来看，我们总是会设想别人都在注意和评价我们。托马斯·吉洛维奇（Gilovich，1996）展示了这种**聚光灯效应**（spotlight effect），他让康奈尔大学的一些学生穿上巴里·马尼洛牌的运动衫，和其他同学一起走进教室。由于自我关注，这些穿运动衫的同学猜想当他们走进教室时，会有一半的同学注意到他们身上的运动衫。事实上，只有 23% 的人注意到了。这种不被人注意的情况不仅在我们身着奇装异服或发型糟糕时会发生，在我们感到紧张、发脾气或充满魅力的时候也经常会出现——注意我们的人总比我们想象的要少得多（Gilovich & Savitsky，1999）。别人也不如我们所想象的那样会注意到我们心情及成绩变化的——起伏波动（Gilovich et al.，2002）。即使在犯错（在图书馆中响起了闹铃，出席晚宴衣着不合适）时，我们也没有预想的那样引人注目（Savitsky et al.，2001）。

自尊的益处

我们如何感觉自己也是很重要的。**高自尊**（high self-esteem）——一种自我价值感——是有益的。那些自我感觉良好的人（非常赞同自我肯定问卷中的陈述）较少失眠，不太容易屈服顺从，面对困难任务时更能坚持，不怎么害羞、孤独，能感受到纯粹的愉悦（Crocker & Wolfe，1999；Leary，1999；Murray et al.；Watson et al.，2002）。

高自尊真的是“保护儿童的盔甲”吗？使他们远离生活中的难题。某些心理学家对此表示怀疑（Baumeister，2006；Dawes，1994；Leary，1999；Seligman，1994，2002）。尽管儿童的学术自我概念（他们对自己能学好某门课的自信）可以预测学业成绩，但整体自我感念却不能（Marsh & Craven，2006；Swann et al.，2007；Trautwein et al.，2006）。或许自尊仅仅是现实的一种反映。或许自我感觉良好是因为表现出色。或许感到自尊是由于迎接了挑战且战胜了困难。或许自尊是一个显示仪，能说明我们与他人的关系状况。如果是这样的话，那么人为地拔高自尊这一显示仪不就类似于将原本显示汽车油量不足的显示仪强行拨到“满”吗？因此，增强儿童自尊的最好方法不应是对其出色表现的不断夸赞，而应更多地强调其自身的有效应和经努力而取得的成就。

“近来有很多关于自尊的讨论。在我看来，自尊是根本。如果你想要为自己而感到骄傲，你就得做能使你感到自豪的事。”

——奥莎拉·麦卡蒂，密西西比的一位洗衣女工，这是她在向南密西西比大学捐赠 15 万美元后所说的话

然而，在实验中低自尊的作用的确会显现出来。暂时降低被试的自我形象（如告诉他们在能力倾向测验上他们做得很糟糕或者贬损他们的人格），被试就会因此更多地表现出贬损他人的行为或者更强烈地表达出种族偏见（Ybarra，1999）。那些自我形象消极的人通常脸皮薄，爱挑剔（Baumgardner et al.，1989）。一些人“爱邻如己”；另一些人则厌恶自己，也厌恶邻人。在实验中，那些接受实验处理、感到不安全的人通常变得特别挑剔，这似乎是为了给他人留下他们很智慧的印象（Amabile，1983）。这些研究结果与马斯洛和罗杰斯所认为的良好的自我形象是有益的这一假设相吻合。接纳自我，你就会发现比较容易接纳他人。

自利偏差

罗杰斯（Rogers，1958）曾反对过这样的宗教信条：人性问题源于过度自恋

和骄傲。他指出，大多数他所了解的人“鄙视自己，认为自己毫无价值，不受人喜欢。”马克·吐温认为：“没有一个人，在他内心深处会真正地尊重他自己。”

事实上，我们大多数人对自己有不错的印象。自尊研究中，即便是那些自尊得低分的人也是在可能的分数范围内做出中间反应。（一个“低”自尊的人在作答诸如“我有好主意”之类的陈述时，所选择的形容词是“有点或有时”。）而且，近年来心理学领域最激动人心、并得到广泛研究支持的一个结论是我们都有强烈的**自利偏差**（self-serving bias）——即我们习惯于看到自己好的一面（Mezulis et al.，2004；Myers，2008）。请看下面的这些研究结果：

相对于不良行为，人们更愿意对好的行为负责，相对于失败，也更愿意对成功负责。运动员经常私下认为胜利归于自己的能力，而失败则是因为运气不佳，裁判不公或对手超常发挥。在六项研究中，大部分学生在考试成绩不好时抱怨的是考试而不是自己。司机也通常在保险单上用以下这些话来做解释：“一辆车不知从哪儿突然冒出来，撞上了我的车，逃走了”；“我开车到交叉路口，突然出现一个障碍物挡住了我的视线，我就没能看到另一辆车”；“一个行人撞上了我的车，滚到车轮下去了”。我们在遇上麻烦而非成功时经常会问自己这样一个问题：“我做了什么会得这样的报应？”——而在成功时，我们则觉得那是理所当然的。

大多数人觉得自己比一般人强。对任何一个主观的、社会称许的维度而言几乎都是如此。在全国性的调查中，大多数企业主管说他们比一般同行要更恪守商业道德。在几项研究中，90% 的企业经理人及 90% 以上的大学教授认为自己的业绩比一般同行要优秀。在澳大利亚，86% 的人评定自己的工作业绩在一般人之上，只有 1% 的人评定自己在一般人之下。这种高估自己而不是低估他人的现象在亚洲就不太明显（Epley & Dunning，2000），因为亚洲人崇尚谦虚（Heine & Hamamura，2007）。然而，自利偏差在世界范围内还是广泛存在的：在荷兰、澳大利亚、中国的学生中，在日本的司机中，在印度的印度教徒当中，在各种身份地位的法国人中。

可笑的是，人们甚至认为他们比其他人具有更强的对自利偏差的免疫力（Pronin et al.，2007）。这个世界仿佛就像是加里森·基勒笔下的忧愁湖（Lake Wobegon）一样——那里“女人们都很强壮，男人们都很美丽，而孩子们都高人一等”。对于宠物也是如此，四分之三的宠物主人认为自己的宠物比一般宠物聪明（Nier，2004）。

自利偏差在大众心理学里也非常流行。“我们都有自卑情结，”鲍威尔（Powell，1989，p. 15）这样写道：“那些看上去似乎没有这种情结的人其实是装出来的。”另一些研究则能消除任何对此的疑惑（Myers，2008）：

- 我们以自我增强的方式记住过去的行为并将这些行为合理化。
- 我们在信念和判断方面表现出过度自信。
- 我们在大多数人都表现不尽如人意时，高估我们的表现。
- 我们经常寻求那些对自己有利，能自我增强的信息。
- 我们更容易相信夸奖的话，而且对那些使我们感觉不错的心理测验印象深刻。
- 我们通过高估很多人会与我们意见一致或与我们有同样的弱点，并低估我们优点的普遍性，由此增强自己的形象。
- 我们表现出集体的自豪感——一种认为我们所在的集体（学校、国家或民族）具有优越性的倾向。

“一生的浪漫始于爱自己。”

——奥斯卡·王尔德，《理想丈夫》，1895

“我们所真正相信的自我画像，在用语言自由加以表达时，完全会比现实中所表现的自我要更积极。”

——谢利·泰勒，《积极的错觉》，1989

而且，骄傲的确常导致失败。冲突背后的自我服务想法包括很多，从责备配偶造成婚姻不和谐到傲慢地助长自己的民族优越感。当自尊受到威胁时，那些具有强大自我的人更可能贬低别人，他们可能反映强烈。“雅利安人的骄傲”助长了纳粹的暴行。丹尼尔·卡尼曼等人（Kahneman & Renshon，2007）指出：“这些偏见更可能引发战争，导致战争迟迟不结束。”

布拉德·布什曼和罗伊·鲍迈斯特（Bushman & Baumeister，1998）通过实验对“高自尊的不利面”进行了研究。他们要求540名志愿参加实验的大学生写一段文章，然后由假扮的学生给予他们反馈，或称赞他们（真是一篇好文章！）或恶意批评（这是我所读过的最烂的文章！）。然后，让写文章的学生和这些给予反馈的学生进行反应时的比赛。比赛获胜者可以用任何强度和持续时间的噪音来惩罚对方。

你能预测结果是怎样的吗？受批评之后，那些有着不切实际的高自尊的人表现得“相当具有攻击性”。他们所施加的声音惩罚是一般自尊水平的人的3倍。“受到威胁的自我”似乎比低自尊更能预测人们的攻击性。“当人们做得不好，却还这样鼓励他们自我感觉良好”时就会产生这样的问题，鲍迈斯特（Baumeister，2001）这样总结道。“自欺欺人、认为自己很重要的人对那些戳穿他们自恋气泡的人总是表现得很凶恶。”

> “对自尊运动热情高涨的宣扬，多半是胡思乱想和胡说八道。自尊的作用是微小而有限的，而且并非都是有利的。”
> ——罗伊·鲍迈斯特，1996

尽管骄傲表现出其危险的一面，很多人还是拒绝接受自利偏差这一观点，因为他们坚持认为自利偏差忽视了那些感到自己一无是处、不招人喜爱并鄙视自己的人。如果自利偏差很盛行的话，为什么还有那么多的人自我贬损呢？有三个理由：有时自我指向的否定是一种微妙的策略：这样的否定能使人感到宽慰。说“没人喜欢我”至少会想到“但还不是所有人都见过我了！”。有时，如比赛或考试前，自我贬损的评价使我们为可能的失败做好准备。教练夸奖对方的优势，就使得己方的失败变得可以谅解，而如果成功则更显得了不起。自我贬损通常也与一个人的原有自我相关。人们对原有自我常比对当前自我更挑剔——即使原有自我未发生任何改变（Wilson & Ross，2001）。“18岁时，我很傻；现在，我则聪明多了。”在这些人的眼里，过去是傻瓜一个，现在则如斗士一般。

> “如果你拿自己和他人比，结果可能是徒劳无功且令人失望的，因为总有一些人比你好，而另有一些人比你差。”
> ——马克斯·埃尔曼，《渴望》，1927

即便如此，我们每个人在某些时候或者有些人经常确实会感到自卑——尤其是当我们与那些社会地位、外貌、收入或能力比我们高出一截或更多的人相比时。这种自卑感越是强烈而频繁地出现，我们就越是不开心，甚至还会感到抑郁。但对大多数人来说，思维天然就有积极的偏见。

本节回顾

➤ 自问

你的可能自我是什么样的？这些想象的自我在多大程度上激励着你？

➤ 自测6

在1997年的一项盖洛普民意调查中，白种美国人估计有44%的白种美国人存在较高的偏见（在一个10点量表中给出5分或更高分）。那么又有多少人评定自己同样也具有较高的偏见呢？只有14%的比例。这一现象说明了什么？

自测问题的答案见书后的附录。

本章复习：人　格

精神分析观

1. **弗洛伊德的人格观是什么？它是如何发展的？**
   西格蒙德·弗洛伊德通过治疗情绪障碍的病人认为，情绪障碍产生于潜意识动力，他试图通过自由联想和梦对此进行分析。他将其理论和技术称为精神分析。弗洛伊德将人格看成是由追求快乐的心理冲动（本我）、现实取向的执行官（自我）和内化的理想（超我）组成。弗洛伊德相信儿童的发展经历性心理发展阶段，我们的人格受我们是否解决了这些阶段中的冲突还是固着在某一阶段的影响。
2. **弗洛伊德如何看待人们应对焦虑？**
   本我和超我之间的不同要求造成焦虑，自我通过防御机制加以应对，其中压抑是最基本的方式。
3. **弗洛伊德哪些观点是其追随者接受的，哪些是他们不接受的？**
   新弗洛伊德学派阿尔弗雷德·阿德勒、凯伦·霍尼和卡尔·荣格接受了弗洛伊德的很多观点，但是阿德勒和霍尼同时也认为除了性冲动和攻击性外，还存在别的动力，而且自我的意识控制作用也比弗洛伊德所认为的要大。荣格提出了集体潜意识。精神分析理论家普遍认同弗洛伊德的这一观点：潜意识心理过程、内在冲突和童年经历对人格有重要影响。
4. **何为投射测验？如何使用它们？**
   投射测验是通过呈现一些能透露人潜意识内容的模棱两可的刺激来测量人格，尽管投射测量，如罗夏墨迹测验的信度和效度值得质疑，但一些临床工作者还是在使用。
5. **现代的心理学家如何看待弗洛伊德和潜意识？**
   现在，研究型的心理学家们提出弗洛伊德的理论只做了事后的解释，压抑即使存在，也很少发生。现今信息加工的研究的确肯定我们对于大脑所进行的一切活动，所知极其有限，但它并不支持弗洛伊德的潜意识观。关于潜意识，现代的看法是：它包括控制我们知觉的图式；使我们进行特定理解的启动效应；不被意识察觉的平行加工，对习得技能的内隐记忆，即刻激发的情绪，对与自我和他人相关的信息进行过滤的自我概念和刻板印象。只有少量证据支持防御机制。心理学里的错误一致效应（高估他人与我们拥有一致信念和行为的倾向）等同于弗洛伊德的投射防御机制），反向形成也同样会发生。然而不管怎样，弗洛伊德吸引了心理学家去关注潜意识，应对焦虑和性欲以及生理冲动和社会约束之间的冲突。弗洛伊德对文化的影响也是巨大的。

人本主义观

6. **人本主义心理学家如何看待人格？他们的研究目标是什么？**
   人本主义心理学家将心理学对人的动机和环境的关注转到对健康人成长潜能的关注。马斯洛相信如果人的基本需要得到了满足，就会努力追求自我实现。为了使他人获得自我成长，罗杰斯建议要真诚、接纳并有同理心。在这样的无条件积极关注的环境下，人们才可以发展出更深层的自我意识以及更为现实和积极的自我概念。
7. **人本主义心理学家如何评价自我？**
   人本主义心理学家通过让人们在问卷上报告自我概念以及在心理治疗中努力去理解他人的主观个体经验来测量人格。
8. **人本主义对心理学产生了怎样的影响？它面临怎样的批判？**
   人本主义心理学使自我重新成为心理学关注的对象。而人本主义心理学的批评家则指责人本主义心理学理论概念模糊且带有主观性，所崇尚的价值观是个人主义的，且是以自我为中心的，所提出的理论假设是盲目乐观的。

特质观

9. **心理学家如何用特制来描述人格？**
   特质研究者描述人们持久、稳定的特质，而不是解释人格的隐含部分。通过因素分析，研究者已经分离出了一些重要的人格维度。遗传倾向影响任何特质。
10. **何为人格调查？作为人格测量工具，它们有何优点与不足？**
   人格调查（如 MMPI-2）是设计一些能广泛了解人们感受和行为的项目并让人们作答的问卷。测验中的项目是经验推知的，且计分客观。但是人们可能会伪造答案，企图给人留下好印象，并且电脑施测的便捷性可能会导致误用测验。
11. **哪些特质看上去能提供最有用的人格信息？**
   大五人格维度——稳定性、外倾性、开放性、宜人性和责任心——描绘了一幅相当完整的人格画卷。
12. **研究支持人格特质跨时间和跨情境的一致性吗？**
   尽管人们的特质一直存在，人们的行为还是会随情境的不同而发生很大的变化。但是，虽然有这些变化，一个人在各种情境下的一般行为还是相当一致的。

社会认知观

13. **在社会认知心理学家看来，哪些因素共同塑造了人格？**
   社会认知观将学习、认知和社会行为的原理应用到人格领域，特别强调人格影响环境，并受人与环境之间交互作用的影响。其理论假设是交互决定论——认为人、认知因素与环境因素相结合，共同影响人的行为。
14. **个人控制的原因和结果是什么？**
   通过研究人们知觉到的控制点的不同（外部或内部），

研究者发现个人控制感有助于人们应对生活。对习得性无助的研究进而发展为对乐观和悲观效应的研究，这样我们引向积极心理学运动。

15. **引导社会认知心理学家测量人们行为和信念的潜在原则是什么?**
社会认知研究者观察人们的行为和信念如何影响情境并受情境的影响。他们发现预测某人在特定情境下的行为，最好的办法是观察此人在类似情境下的行为模式。

16. **社会认知观对人格研究的贡献以及它所面临的批评是什么?**
尽管存在忽略潜意识动力，情绪及内在特质重要性的缺点，社会认知观所基于的学习和认知的概念还是有着广泛心理学文献的支持，而且它提醒我们社会情境具有重要作用。

探索自我

17. **高自尊的促进和阻碍效应是什么?**
在当代心理学中，自我被认为是人格的核心，思维、情感和行为的组织者。研究证实了高自尊的重要性，但也指出了不切实际的高自尊的危险性。自利偏差是我们自我感觉良好，者通常会导致我们高估自己的能力，低估自己的不足。

术语与概念

人　格
自由联想
精神分析
潜意识
本　我
自　我
超　我
心理性欲期
恋母情结
认　同
固　着
心理防御机制
压　抑
退　行
反向形成
投　射
合理化
替　代
否　认
集体潜意识
投射测验
主题统觉测验（TAT）
罗夏墨迹测验
恐惧管理理论
自我实现
无条件积极关注
自我概念
特　质
人格调查
明尼苏达多相人格调查表（MMPI）
经验推知测验
社会认知观
交互决定论
个人控制
外部控制点
内部控制点
习得性无助
积极心理学
自　我
聚光灯效应
自　尊
自利偏差

网站

自测的多项选择题和其他习题请访问：www.worthpublisher.com/myers。

第 14 章

心理障碍

心理障碍概述
心理障碍的定义
对心理障碍的理解
心理障碍的分类
心理障碍的标定
特写："unDSM"：个人优势评定手册
批判性思考：精神病与责任心
焦虑障碍
广泛性焦虑障碍和惊恐障碍
恐惧症
强迫障碍
创伤后应激障碍
对焦虑障碍的解释
心境障碍
重度抑郁障碍
双相障碍
对心境障碍的解释
特写：自杀
精神分裂症
精神分裂症的症状
精神分裂症的出现和发展
对精神分裂症的理解
人格障碍
反社会型人格障碍
对反社会型人格障碍的理解
心理障碍的发生率

我家在印第安纳波利斯，每个周日我都觉得有必要花上四五个小时来打扫房间。每次，我都会将所有的书从书柜里拿出来擦干净，然后再放回原处。那个时候，我非常喜欢做这些事情。后来，当我不想再这样做时，却无法让自己停下来。衣橱中，我衣服的间距均为两指宽，分毫不差……每次出门前，我都会习惯性地触碰几下卧室的墙壁，因为我觉得，如果不这样做就会有坏事发生。我就像担心自己的孩子一样，整天为这些事而焦虑，这让我第一次觉得自己简直要疯了。

——马克，被确诊为强迫症（摘自 Summers，1996）

每次我感到抑郁，都是因为我失去了自我感。我找不到任何喜欢自己的理由，我觉得自己很丑陋，我认为没有人会喜欢我……我变得脾气暴躁、性情乖戾。没有人愿意和我交往。我形单影只，孤立无援，而孤单也证明我很丑、不值得交往。我还认为我应该对所有的错事负责。

——格里塔，被确诊为抑郁症（摘自 Thorne，1993，p.21）

我总是听到一阵声音，像是一群人在怒吼。我觉得自己像耶稣一般经受着痛苦的煎熬。天色渐暗，我只有继续蜷缩在毯子里，在这个我永远无法理解的残酷世界中，感到虚弱，无处躲藏，没有防卫。

——斯图尔特，被确诊为精神分裂症（摘自 Emmons et al.，1997）

人们往往会痴迷于那些罕见、反常和异常的现象。“太阳照耀着我们，给我们以温暖和阳光，而我们却没有兴趣探寻其中的原因，”爱默生说，“但我们却关心邪恶、痛苦、饥饿和［异常］人为什么会出现。”为什么我们会对那些受心理问题困扰的人感兴趣呢？我们可以从他们身上找到自己的影子吗？其实很多时候，我们都会以他们惯用的方式去感受、思考和行事。我们也会感到焦虑、抑郁、退缩、怀疑、妄想、有反社会倾向，只是我们表现得更为平和，持续的时间也较为短暂。因此，研究心理障碍有时会引起可怕的自我认识就不足为奇了，这种自我认识也说明了人格的动力性（dynamics）。威廉·詹姆斯（William James，1842~1910）则提出：“研究异常是理解正常的最好方法。”

我们表现出这种好奇心的另一个原因就是，很多人通过亲身体验或朋友、家人的经历，感受到了心理障碍给人带来的痛苦和折磨。你自己或你关心的人都有可能因无法解释的身体症状导致功能丧失，因非理性的恐惧而深受打击，或感到生活没有意义而变得消沉。实际上，作为人类的一员，我们大多数人都会在某个时刻遇到一个有心理困扰的人。

世界卫生组织（WHO，2001）报告，全世界约有 45 000 万人经受着行为或心理障碍的折磨。在全世界范围内，每年因心理障碍而致死或伤残的人数占全部死亡或伤残总人数的 15.4%——仅稍低于心血管疾病，但略高于癌症（Murray & Lopez，1996）。文化不同，心理障碍的发生率和表现也不同，但任何社会都不能幸免于两种可怕的疾病：抑郁和精神分裂症（Baumeister & Härter，2007；

Draguns，1990a,b，1997）。然而，在我们深入考察障碍之前，先了解一些基本问题。

心理障碍概述

很多人可能都认为，一个在某些时候因极度抑郁而几周都卧床不起的人有心理障碍。但我们又该如何看待那些经历过打击但至今仍未恢复正常社会活动的人呢？我们应该如何区分悲伤和抑郁？怎样区分蹩脚的创造力和荒诞的非理性思维？如何区分正常和异常？让我们从以下问题开始：我们该怎样定义心理障碍？我们该怎样理解心理障碍——例如，是看做一种需要诊断并治疗的疾病，还是一种对困境的自然反应？我们该如何对心理障碍进行分类？我们能否想出一种分类方法，既帮助了那些受困扰的人，又不会因"贴标签"而对他们造成伤害？

"谁能在彩虹的紫色和橙色间划一道界限？很明显，我们可以看出两种颜色的差异，却难以精确地判定两种相邻颜色的界线？对正常心理和异常心理来说也是如此吗？"

——赫尔曼·梅尔维尔，比利·巴德，赛勒，1924

心理障碍的定义

1. 我们应该如何区分正常和异常？

许多心理健康工作者将**心理障碍**（psychological disorder）看做是异常、令人烦恼、适应不良或不合理的思维、情感和行为的持续模式（Comer，2004）。

心理障碍定义的一个方面就是与所在文化中的大多数人的表现不同。正如隐士诗人埃米莉·迪金森在 1862 年写的那样：

同意——你就是心智健全的——
反对——你马上就是危险的——
一切掌控在一"链"之中。

背景和文化不同，异常行为的标准也不同。在至少一种文化背景（例如战争）中，即使是大肆屠杀，也会被看做是英雄壮举。在某些背景下，那些听到虚幻声音的人被认为是精神错乱。然而，在某些实施祭祖的文化下，人们可能会声称与死人对话，但却不会被视作异常，因为其他人认为他们是理性的（Friedrich，1987）

异常的标准也随时间而变化，从 1952 年到 1973 年 12 月 9 日，同性恋还被看成是一种疾病。但从 12 月 10 日起，同性恋就不再是疾病了。美国精神卫生协会不再承认同性恋是一种障碍，因为越来越多的会员不再将同性恋和患有心理问题等同起来。（然而，后来的研究发现，与同性恋相关的污名和压力确实增加了心理问题的风险［Meyer，2003］）。

当一种异常和令人困扰的行为被诊断为有害时，人们更容易把它看做一种障碍（Wakefield，1992，2006）。依据这一标准，即使是普遍行为，如许多大学生偶尔出现的意志消沉——如果他们因此而丧失了能力，也可能被看做是一种心理障碍。因此，在定义一种障碍时，适应困难是一个关键要素：对蜘蛛强烈的恐惧感可能是不合理的，但如果它并不影响你的正常生活，那就不是一种障碍。

对心理障碍的理解

2. 哪些观点可以帮助我们理解心理障碍？

在古代，人们常常以一些神秘力量——星体的运行、神权或魔鬼的灵魂——在起作用来解释那些令人不解的行为。假如你生活在中世纪，你也许会说“魔鬼在驱使他这样做”。这样，治疗方法可能就是通过驱邪降魔、安抚强权来摆脱邪恶的力量。直到近两个世纪，人们有时还会把“疯子”关在动物园似的环境中，给他们施加近乎于祛邪的“治疗”：经常抽打、火烧、熏烤。有时，这些治疗还包括拔牙、切肠、灼烧阴蒂等。还有些人，一旦被认定是“疯子”，则会被抽掉自己的血液，而输入动物的血液（Farina，1982）。

医学模式

为了反对这些残忍的做法，一些改革者如法国的菲利普·皮内尔（Philippe Pinel，1745~1826）坚持认为，疯癫不是邪魔附体的结果，而是一种由沉重的压力和不人道的环境引起的心理疾病。对皮内尔和其他的一些改革者而言，“人道的治疗”（moral treatment）包括打开他们的枷锁，与他们交谈，用温和的方式代替残酷的方式，用各种活动改变他们的孤立状态，用新鲜的空气和阳光取代污秽的环境。

在 19 世纪，当内科医生们发现梅毒会影响大脑并扭曲心理时，为医院取代精神病院的进一步改革提供了动力。健康改革者和医疗工作者又开始关注障碍产生的生理原因，并认为通过医学治疗可以治愈这些病症。直到今天，**医学模式**（medical model）才被当作心理健康运动的术语学：心理疾病（或精神病理学）需要依据症状加以诊断，而且通过治疗（包括在精神病院的治疗）可以痊愈。

新近的一些发现为医学的观点提供了更多的证据。遗传导致的大脑结构和生物化学方面的异常可以导致很多种障碍的产生。但我们看到，如创伤压力之类的心理因素也扮演着重要的角色。

生物 – 心理 – 社会观

现代的心理学家普遍认为，所有行为（包括正常的和异常的）都是天性（遗传和生理因素）和教养（过去和现在经验）相互作用的结果。假定一个人的“心理疾病”可以被单纯地归结为内部问题——一种可以被发现并治愈的普通“疾病”，那也许意味着并没有什么严重的体内病变。相反，可能是个体生活的环境、对当前事件的解释或个体不良的生活习惯和糟糕的社交技能阻碍了个体的成长。

> “任何测量健康的方法都难以符合病态社会的要求。”
>
> ——克里希那穆提（1895~1986）

不同的文化有不同的压力源，并产生不同的应对方式。例如，神经性厌食症（anorexia nervosa）和狂食症（bulimia）主要发生在西方文化中。萨斯托（Susto，又称“惊恐症”）表现为严重的焦虑、不安和对黑巫术的恐惧，这是拉丁美洲特有的一种障碍。见人恐惧症（Taijin-kyofusho）表现为一见到某人就会脸红并且惧怕目光接触，这种障碍出现在日本。这些心理障碍可能具有相同的潜在动力（如焦虑），但却在特定的文化中表现出了不同的症状（进食问题或特定类型的恐惧）。

为了对心理障碍的成因有一个全面的认识，我们需要采用一种跨学科的**生物 –**

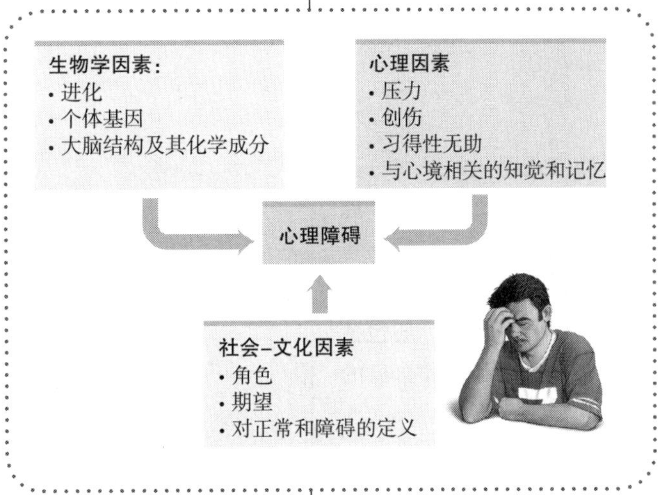

➤ 图 14.1
生物－心理－社会观
今天的心理学研究生物学、心理和社会因素如何通过相互作用导致特定心理障碍。

心理－社会观（bio psycho social perspective）（图 14.1）。这种观点认为，心理和生理是密不可分的。因此，负面情绪会导致生理疾病，生理的异常也可以导致消极情绪。

心理障碍的分类

3. 临床医师如何对心理障碍进行分类？为什么？

在生物学和其他学科中，分类会产生规则。例如，我们把具有恒定体温、有毛发或羽毛、用乳汁来养育后代等特征的动物划分为哺乳动物。在精神病学和心理学领域，分类同样也需制定规则和描述症状。如果某个人的障碍被划分为“精神分裂症”，这就意味着他语无伦次、出现了幻觉或妄想（荒诞的想法），表现出情感淡漠或情绪表达不当、社会退缩等。因此，“精神分裂症”为描述一种复杂的障碍提供了一种方便、易记的方式。

在精神病学和心理学中，诊断分类不仅是为了描述某种障碍，而且还为了预测它未来的发展进程，对其实施恰当的治疗，并促进对其成因的研究。的确，要研究某一障碍，我们必须首先对它进行命名和描述。目前，心理障碍最权威的分类方案是美国精神卫生协会的《美国心理障碍诊断和统计手册》（第 4 版），缩写为 DSM-IV-TR，这是 2000 年的“修订版”。目前更全面的修订工作仍在进行，到 2012 年，DSM-V-TR 将会面世。（DSM-IV-TR 附带的案例说明书是本章很多内容的参考依据。）DSM-IV-TR 的内容与世界卫生组织的《国际疾病分类》第 10 版（International Classification of Diseases，ICD-10）保持一致。

尽管一些实际操作者对这些医学术语并不感兴趣，却将 DSM-IV 看成是一种有用的实践工具。当然其中也涉及经济方面的原因：大多数北美心理健康保险公司在支付治疗费用前，都要求出示根据 DSM-IV 得出的诊断结果。

DSM-IV-TR 规定了 16 种主要的“心理障碍”，并描述了这些障碍，列出了它们的普遍性，但并没有对病因做出解释。为了保证自身的效用，DSM-IV-TR 的分类和诊断标准必须要有信度。如果一个精神病学者或心理学者把某一个体诊断为“紧张型精神分裂症”，那么另一个心理健康工作者独立地给出相同诊断的几率要很大。DSM-IV-TR 的诊断标准的作用主要通过向病人询问一系列有关可观察行为的客观问题而实现，例如，询问“这个人害怕离开家吗？”在一项研究中，16 名心理学者采用结构访谈法对 75 名心理疾病患者进行诊断，以确定他们是否患有抑郁症、广泛性焦虑障碍或其他障碍（Riskind et al.，1987）。在不知道第一位心理学者诊断结果的情况下，另一位心理学者通过观看访谈录像带进行再次诊断。结果表明，对于 83% 的病人，两位心理学者的诊断结果是一致的。

但也有一些批评者指出了这一手册的缺点，即覆盖面过宽，“几乎把所有行为都包括到精神病学的范围内”（Eysenck et al.，1983）。其他批评者指出，随着障碍类型的数目不断增加（如 20 世纪 60 年代的 DSM 只有 60 种，而现在却增加到了 400 种），至少符合一项精神失常标准的成年人的数目也不断增加。根据美国国家心理健康研究所的数据（2008），每年都有 26% 的人至少符合其中一项。46% 的人在其一生中的某些时间至少符合其中一项（Kessler et al.，2005）。作为对 DSM

特写

“unDSM”：个人优势评定手册

积极心理学家彼得森和塞利格曼（Peterson & Seligman，2004）指出，既然对有害的机能失调进行分类和定义的手册非常有用，那么，为什么没有一个相应的手册，可以对推动自己和他人朝美好生活方向发展的思维—情感—行为倾向进行类似的分类和定义呢？

与 DSM-IV-TR 类似，《个人优势分类评估标准》（The Values in Action Classification of Strengths）提出了一个常用词汇。该问卷已被约 100 万人使用，对以下 6 类 24 种个人优势进行评估：

智慧和知识
- 好奇心
- 热爱学习
- 敏锐的判断力和开放的思想
- 创造力
- 个人见解（智慧）

勇气（战胜相反的观点）
- 勇敢 / 英勇
- 勤奋和恒心
- 正直和诚实
- 富于活力（热情）

人性化
- 爱
- 友善
- 社会智力

正 义
- 公民意识和团队精神
- 公平和平等
- 领导能力

自 制
- 谦逊
- 自我控制
- 谨慎
- 宽容和仁慈

卓 越
- 审美能力
- 感恩的心
- 希望和乐观
- 风趣和幽默
- 灵性和意志

的补充，某些心理学家提供了有关人类优势和美德的手册（见特写：“unDSM：个人优势评定手册”）。

心理障碍的标定

4. 为什么一些心理学家批评诊断标签的使用？

其他的批评者对 DSM 提出了更一般的抱怨，这些标签非常独断，是科学伪装下的最糟糕的价值判断。一旦给某人贴上标签，我们就会以异样的眼光来看待他（Farina，1982）。贴标签会产生偏见，而偏见会误导我们的知觉和解释。

为证明诊断标签对偏见产生的作用，在一个最富于争议的实验中，戴维·罗森汉（Rosenhan，1973）与 7 个合作者一起来到精神病院的门诊室，抱怨自己听到“不存在的声音”“重击声”等。除了这些抱怨并隐瞒真实姓名和职业外，他们按照真实情况回答了其他所有问题。结果 8 个人都被诊断为患有心理疾病。

正常人被误诊为有病在生活中并不少见。正如一位精神病学家所说，如果一个人含着一口血走进急诊室，然后把血吐出来，我们会因医生将其诊断为胃出血而横加指责吗？但是，误诊所带来的后果是惊人的。在实验中，直到出院前（平均 19 天之后），“病人”都没有表现出进一步的症状。但是，临床医生在分析了“病

> “在许多人眼里，不可宽恕的罪行之一就是一个人身份不明而到处乱走。人们将这种人看成是警察没能适当控制而狂吠不止的疯狗。”
>
> ——赫胥黎，《道德与进化》，1893

人”的生活史（很正常的）后，却能够“发现”障碍出现的原因。他们认为，这一症状是对父母复杂情绪的反映。即使是“病人”做笔记之类的正常行为，也常被错误地当作病态的症状予以解释。

标签有重要的影响。兰格和她的同事（Langer et al.，1974，1980）让一部分被试评定一个被认为是正常的来访者（应聘者），让另一部分被试评定一个被认为是异常的来访者（精神病患者或癌症患者）。然后，让所有的被试看相同的录像带并做出评价。结果，那些观看过未被贴标签的来访者的被试认为录像带中的人是正常的；而那些观看过假定病人的被试认为他们“与众不同”。治疗者们（认为自己正在评价精神病人）经常会认为来访者“因自己的攻击冲动而感到害怕”，或是“被动依赖型个体”等等。标签可以服务于一个有用的目的，但正如罗森汉发现的那样，它也有“生命，并对自身产生影响”。

在欧洲和北美的一些调查表明，贴标签是对人的一种侮辱。心理学家斯图尔特·佩奇（Page，1977）的一位女助手打电话询问了多伦多 180 名登广告出租房屋的市民。当她只问是否仍然可以租赁房屋时，得到的回答几乎都是“是”。但当她说自己在精神病院即将出院时，四分之三的回答都是“否”（当她说她是为刑满即将释放的弟弟咨询时，结果基本一样）。后来，当另一个人只问那些回答“否”的人是否仍然可以出租房子时，回答几乎都是“是”。当我们更多地将心理障碍理解为大脑疾病而不是性格缺陷时，对患者的侮辱却似乎有增无减（Solomon，1996）。因此，公众人士越来越感觉到自己应自觉地“站出来”，坦陈他们正在与抑郁症之类的心理障碍进行不懈的斗争。而且，人们与心理障碍患者接触越多，就越容易接纳心理障碍患者（Kolodziej & Johnson，1996）。

如果人们因受大众媒体的影响而形成了对心理障碍的印象，那么这种刻板印象难以消除就不足为奇了。某些电影对心理障碍进行相当准确和富于人情味的描写，但通常心理障碍患者会被塑造成受嘲讽的对象［《尽善尽美》、杀人者《沉默的羔羊》中的汉尼拔或怪人（Naim，2007）］。在现实生活中，有障碍的人更可能是暴力行为的受害者，而非实施者（ Marley & Bulia，2001）。美国公共卫生部（1999，p.7）报告说：“偶尔与心理障碍患者接触几次，根本不会有受攻击或被伤害的危险”（尽管大多数心理障碍患者不具有攻击性，但他们确实给社会带来了困境。更多内容见“批判性思考：精神病与责任心”）。

> 格纳特说：“如果他们不作出回应，名字于他们而言有什么用处呢？”艾丽丝：“毫无用处，但我想对那些赋予他们名字的人来说是有用的。”
>
> ——刘易斯·卡罗尔，《爱丽丝漫游镜中世界》，1871

贴标签不仅会导致知觉偏差，而且可以改变现实。当老师被告知某些学生是“有天赋的”，或当学生认为某个人是“坏人”，或当治疗师想要核实某人是否“外向”时，这些人可能就会按照他人所期望的方式行事（Snyder，1984）。同样，如果某人觉得“你比较讨厌”，他可能会对你很冷淡，使得你也做出类似于卑鄙小人的反应。所以，贴标签起着自我实现预言的作用。

但是，我们也要意识到诊断标签的好处。心理健康专业人员能通过标签（a）相互交流他们所关心的主题内容；（b）理解精神疾病中的病理过程；（c）考察有效的治疗程序。

批判性思考

精神病与责任心

“我的大脑……我的基因……我不幸的成长经历促使我那样做。”这是莎士比亚笔下的哈姆雷特表现出的防御机制。“如果我错了，并不是我自己错了，而是我使某人做了错事，”哈姆雷特解释道，“哈姆雷特并没有做那件事，哈姆雷特拒绝承认这一事实。那么是谁做的呢？是我疯狂的灵魂。”这种法律认可的精神病防御机制，最早始于 1843 年，一名有妄想症状的苏格兰人试图暗杀前政府总理（他认为总理正在迫害他），结果却误杀了总理的助手。这个名叫丹尼尔·麦诺腾的苏格兰人——和一个半世纪后行刺当时的美国总统里根及其助手的约翰·欣克利一样——被送进了精神病院而不是监狱。

对于这两起案件，当时的公众倍感震怒。一条新闻标题写道“欣克利精神错乱，公众疯了”。1991 年，当疯狂的杰弗里·达莫杀害了 15 个年轻人并吃掉了部分受害者的肉体却没有被送进监狱而是送到精神病院时，人们又一次震怒不已。当具有退缩和偏执障碍的隐形炸弹人卡钦斯基杀害了 3 人并伤害了 23 人却没被送进监狱时，人们几乎发疯。同样，在 1998 年，一名叫基普·金克尔的 15 岁孩子由于“总感觉大脑中有一种声音”而把自己的父母和其他两人杀害，并对另外 25 人造成伤害，结果也被送进了精神病院。2002 年在得克萨斯州，一名叫安德烈娅·耶茨的妇女被公审，她因自己的抗精神病药物被人拿走而将自己的 5 个孩子杀害。所有这些人被送往监狱，而不是精神病院。

这样的案例并不罕见。在 1999 年，美国司法部研究发现，大约 16% 的监狱服刑者患有严重的心理障碍。许多已经被执行死刑的或即将被执行死刑的犯人心理发展迟滞或患有动机性声音妄想。阿肯色州强制精神病患者查尔斯·辛格尔顿服用抗精神病药物，目的是使他恢复心智，从而对他实施死刑。

监狱还是医院？在停止服用抗精神病药物两周后，安德里亚·雅茨将自己的 5 个孩子（分别 7 岁、5 岁、3 岁、2 岁和 6 个月大）淹死在了浴缸中。显然，她认为自己在帮助孩子脱离“地狱之火”。虽然雅茨有心理障碍，但她的陪审团认为她依然有识别对错的能力，所以驳回了精神病障碍辩护。在复审中，第二个陪审团则因其精神病障碍而认为她无罪。

哪个陪审团的判断是正确的？第一个还是第二个？第一个陪审团认为，做出如此罕见、残忍行为的人应该承担责任。第二个陪审团认为应该将责任归咎于蒙蔽了他们眼睛的“疯魔”。随着我们越来越理解人们行为的生理和环境基础，从慷慨行为到故意破坏行为，什么时候我们应该让人们为（或不为）他们的行为承担责任？

本节回顾

➤ 自问

把有心理障碍的罪犯送进监狱还是送到精神病院，你如何确定？个人的生活史（例如，儿童期受到了虐待）会影响你的决定吗？

➤ 自测 1

什么是生物 – 心理 – 社会观，为什么它非常重要？

自测问题的答案见书后的附录。

焦虑障碍

5. 什么是焦虑障碍？它们与正常的担心、害怕有何不同？

焦虑是生活的一部分。当面对全班同学发言、从高处向下看或等候参加一场大型表演时，任何人都可能会感到焦虑。大多数人都曾经极度焦虑而不敢正视他人或避免与人交流——我们将其称为“害羞”。值得庆幸的是，大多数人表现出的焦虑并不十分强烈和持久，否则就很可能患有某种焦虑障碍（anxiety disorders）——以苦恼、持久的焦虑或以不当的行为缓解焦虑为特征。我们将主要介绍其中的五种：

- 广泛性焦虑障碍：主要表现为个体有难以解释的持久紧张与不安。
- 惊恐障碍：表现为个体体验到突发的、强烈的恐惧感。
- 恐惧症：表现为个体对特定物体或环境的非理性惧怕。
- 强迫障碍：表现为个体因不断重复的思维或行为而烦恼。
- 创伤后应激障碍：人们经历严重的威胁、不可控事件数周后表现出的挥之不去的记忆、噩梦和其他症状。

广泛性焦虑障碍

▸▸ 性别和焦虑：在“9·11”事件后的 8 个月里，在盖洛普调查中（Gallup，2002）说自己在“9·11”事件后仍不愿意进入高楼大厦或坐飞机的美国女性（34%）比美国男性（19%）多。在 2003 年初，57% 的美国女性“有些担心”恐怖事件再次发生，而表示这种担心的男性只有 36%（Jones，2003）。

在过去的两年里，27 岁的机械师汤姆经常抱怨有头晕、手心出汗、心跳过快和耳鸣等症状。他感到自己很焦躁，甚至有时发现自己在颤抖。汤姆成功地向家人和同事隐瞒了这些症状。然而，从两年前出现这些症状后，他就几乎不参与任何社交活动。有时，他甚至无法继续工作。他的家庭医生和神经病学家都没能发现汤姆有任何器质性问题。

汤姆无法集中注意力、失去自我控制和有消极情绪都暗示了**广泛性焦虑障碍**（generalized anxiety disorder）的出现。这种障碍的症状非常普遍，而且持续时间不长。广泛性焦虑障碍患者中 2/3 为女性。他们长期处于紧张和不安中，对可能发生的坏事过度担心，深受肌肉紧张、激动和失眠的折磨。这种紧张和担心可能表现为皱眉、眨眼、发抖、冒汗或坐立不安等。对他们而言，集中注意力是非常困难的，因为他们的注意力不停地在各种忧虑间转换。

广泛性焦虑障碍最糟糕的特征之一是患者不能确定焦虑发生的原因，因此也无法应付和回避。用弗洛伊德的术语来说，焦虑就是“自由联想”。

惊恐障碍

惊恐障碍（panic disorder）与焦虑的关系，犹如飓风与有风天气的关系。惊恐障碍出现得突然，掀起一片混乱后，会马上消失。对于 1/75 患这种障碍的人而言，焦虑的程度会突然增强，形成可怕的惊恐发作（panic attack）——出现持续一分钟的高度恐惧，担心某种可怕的事情将在自己身上发生。伴随惊恐发生的是心跳加快、呼吸急促、颤抖或头晕等症状，因此常被误认为是心脏病发作或其他严重的身体疾病。

一名妇女回忆说，她突然感觉“很热，好像无法呼吸。心跳异常剧烈，我开始出汗和害怕，我确信我将昏倒。然后，我开始感觉到手指失去知觉，一切变得不真实。当时情况十分糟糕，我都怀疑我将会死去，并要求丈夫带我去看急诊。当我到达急诊室时（大约 10 分钟后），最难受的那段时间已经过去，我只觉得自己像是经历了一场浩劫，精疲力竭”（Greist et al.，1986）。

恐惧症

恐惧症（phobias）主要表现为对特定事物、行为或情境的焦虑。恐惧症是一种干扰个体正常行为的不合理惧怕，是一种许多人都能接受和容忍的常见心理障碍。但是，某些特定的恐惧症却让人无法正常生活。例如，一位 28 岁的家庭主妇玛丽莲非常害怕打雷，只要听到天气预报说未来一段时间里可能会有风暴，她就非常焦虑。如果丈夫不在家，又听到了风暴的预告，她有时就会和亲戚待在一起。在风暴出现时，她会关上所有的窗户，把头蒙起来，以免看到闪电。

还有一些人对特定的动物、某种高度、血或隧道表现出不合理的恐惧（见图 14.2）。当然，有时可以避免引起恐惧的刺激，在打雷时可以藏起来或不到高处去。并不是所有的恐惧都有具体的导火线。社交恐惧症是一种极度的害羞，个体害怕他人的注视，会逃避那些可能会造成难堪的社会情境。例如在公共场所发言、到外边去吃东西或参加聚会，否则，他们会紧张得出汗、颤抖或腹泻。

强迫障碍

和广泛性焦虑障碍及恐惧症一样，我们也可以在**强迫障碍**（obsessive-compulsive disorder）中看到自己某些方面的行为。一些无意义或讨厌的想法反复出现在我们的脑海中，挥之不去；或者不停地认真重复某一行为——如检查、整理、擦洗等。例如，我们多次检查已经锁好了的门，刻意跨过人行道的裂纹，或在学习之前一定将自己的书和笔整理成“这样”等。

当强迫思维和强迫行为持续很久，以至于影响到我们的生活方式或给我们带来痛苦时，这种思维和行为就会由正常变为异常。例如，检查门锁好没有是正常的，但假如检查 10 次就不正常了；洗手是正常行为，但如果过于频繁以至于把皮都洗破时就不正常了（表 14.1 给出了更多的例子）。在生命发展的某些阶段，特

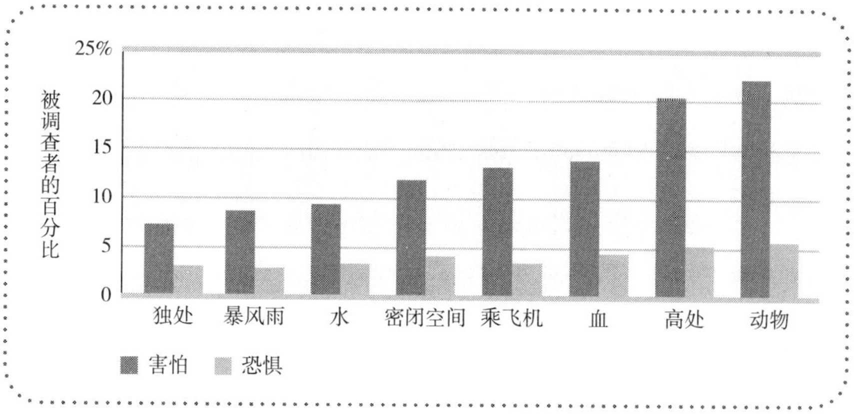

➤ 图 14.2
一些常见和不常见的恐惧
这一全国性的调查确认了各种常见的害怕，强烈的害怕会激进人们逃避可怕的事物和情境，就会发展为恐惧症。（From Curtis et al.，1998）。

表 14.1 患有强迫障碍的儿童和青少年常有的强迫思维和行为

思维或行为	报告症状的百分比
强迫（重复思维）	
对灰尘、细菌或病毒的关注	40%
可怕事情的发生（火灾、死亡、疾病）	24%
对称、顺序、精确	17%
强迫（重复行为）	
过度地洗手、洗澡、刷牙或修饰	85%
重复习惯行为（进 / 出门，从一把椅子上起来 / 坐下）	51%
检查门、锁、用具或汽车刹车、家庭作业	46%

资料来源：Rapoport，1989。

别是 20 岁左右，2/3 的人从正常的关注细节发展到令人痛苦的障碍（Karno et al.，1988）。强迫思维在头脑中频频浮现，强迫行为习惯在不知不觉中浪费大量的时间，使有效的机体功能难以正常发挥。

相比老年人，强迫症在青少年和壮年人中更常见（Samuels & Nestadt，1997）。一项对 144 名被诊断为强迫障碍的瑞典人进行的为期 40 年的跟踪研究发现，尽管只有 1/5 的患者随着年龄的增加强迫障碍被完全治愈，但对大多数人来说，强迫思维和行为随年龄增长而逐渐减少（Skoog & Skoog，1999）。

创伤后应激障碍

作为伊拉克战争期间的一名陆军侦察兵，杰西说："目睹对儿童和妇女的杀戮对任何一个人来说都是残酷的。"当呼叫一架装有弹药箱的飞机袭击一个房子之后，他听到里面传来孩子们的尖叫声。"我真不知道里面还有孩子，"杰西回忆道。回到德克萨斯州的家之后，杰西深受"糟糕的幻觉重现"的折磨。

许多意外事故和灾难中的幸存者、暴力和性犯罪的受害人以及近 2/3 的妓女都报告过**创伤后应激障碍**（post-traumatic stress disorder，PTSD）的症状（Berwin et al.，1999；Farley et al.，1988；Taylor et al.，1988）。在"9・11"事件发生后的一个月里，8.5% 接受调查的曼哈顿居民被诊断为正经受着 PTSD 的折磨，大多数是由恐怖分子的行为引发的（Galea et al.，2002）。20% 住在世贸中心附近的居民报告说出现了经常做噩梦、严重焦虑和惧怕公共场所等警示信号。哥伦比亚大学的研究人员说，总的来看，纽约大约有 40 万人被诊断患有创伤后应激障碍（Susser et al.，2002）。

为了降低创伤后应激障碍发生的频率，1998 年，美国疾病控制中心对 7 000 名参加过越南战争的老兵和 7 000 名当时未参加越战的老兵进行了比较研究。根据最近的分析结果，19% 的越南老兵报告了创伤后应激障碍的症状。从没有战争经历的人到那些经历过激烈战争的老兵，报告 PTSD 症状的人数比例从 10% 增加到了 32%（Dohrenwend et al.，2006）。在经历自然灾害的人群或有被绑架、俘虏、折磨和强奸经历的人群中也发现了类似的比例（Berwin et al.，2000；Brody，2000；Kessler，2000；Stone，2005）。

那么是什么决定了一个人经历创伤事件后是否会出现 PTSD？研究表明，在创伤事件中个体体验到的情绪压力越大，出现创伤后应激障碍的风险越高（Ozer et al.，2003）。目击“9・11”事件的纽约人出现 PTSD 的比例是世贸中心内部幸存者的 2 倍（Bonmanno et al.，2006）。越频繁地体验袭击事件，事件带来的长期后果越不利（Golding，1999）。

敏感的边缘系统似乎会增加人的脆弱性。随着创伤性事件的影像进入意识，敏感的边缘系统会导致应激激素在体内涌动（Kosslyn，2005；Ozer & Weiss，2004）。基因可能也有一定的作用。在某些同卵双生子中，其中一个经历过战争，另一个未经历过战争。但那些未经历过战争的人也会面临与哥哥一样的认知困境，比如不能集中注意力。这些发现表明，PTSD 可能具有一定的遗传性（Gilbertson et al.，2006）。

一些心理学家认为，在一定程度上由于创伤的定义过于宽泛[创伤最初是指直接受到严重的威胁，如战争或强奸等（McNally，2003）]，所以 PTSD 的诊断尺度可能过于宽松。批评者认为，PTSD 实际上很少发生，而且将正常的应激反应病理学化，并没有什么意义（Wakefiled & Spitzer，2002）。

其他一些研究者对那些未出现 PTSD 症状的幸存者的恢复力感兴趣（Bonanno，2004，2005）。在人的一生中，至少有一半的成年人体验过至少一次创伤性事件，但只有 1/10 的女性和 1/20 的男性出现了 PTSD（Oiff et al.，2007；Ozer & Weiss，2004；Tolin & Foa，2006）。在“9・11”事件后，至少九成的纽约人报告说，尽管因此而深感震惊和悲痛，但没有任何病理学的反应。而且到第 2 年的 1 月，其他人表现出的应激症状也基本上消失了。同样，许多在战争中有过应激经历的老兵和大部分因政治派别而受到迫害的人在后来的生活中也没有表现出 PTSD。（Mineka&Zinbarg，1996）。

实际上，灾难也可能会带来“好处”（Helgeson et al.，2006），有研究者称之为**创伤后成长**（post-traumatic growth）（Tedeschi & Calhoun，2004）。他们发现，经历过与诸如癌症等危机的抗争之后，人们通常会报告更多的生命体验、更有意义的人际关系、更多的个人力量、改变事情的优先级以及更丰富的精神生活。这一观点——化悲痛为力量——也体现在一些宗教教义中。“祸兮福之所倚”。正如身体一样，心灵也有着强大的恢复力。

对焦虑障碍的解释

6. 是什么导致了焦虑障碍的思维和感觉模式？

焦虑既是一种情感，也是一种认知，它负载着对个人安全和社会技能的双重评价。这些焦虑情感和认知是如何产生的？弗洛伊德的心理动力学观点认为，在童年时期，个体压抑了那些自己无法容忍的冲动、念头和情感，而这些被淹没在潜意识中的心理能量，有时会产生一些难以解释的症状，如焦虑。但是，很多现代心理学者已经从弗洛伊德的观点转向两种现代的观点——学习和生物学的观点。

学习观

恐惧的条件作用 当不利事情在无法预料和不能控制的情况下发生时，焦虑就会

出现（Field，2006；Mineka & Zinbarg，2006）。第 7 章讲到，狗会惧怕与电击相联的任何中性刺激，婴儿会惧怕与可怕的噪音相联的有毛物体，在实验室中，他们通过向老鼠施加不可预料的电刺激，使老鼠产生了习惯性焦虑和出现溃疡的倾向（Schwartz，1984）。就像被邻居强奸的妇女再次进入邻居家会感到焦虑一样，老鼠一处在实验情景下就开始不安。这种经历也许可以解释焦虑的个体为什么对可能的威胁过度关注，而具有恐惧倾向的个体又如何将焦虑和特定线索联系起来（Bar-Haim et al.，2007；Bouton et al.，2001）。在一项调查中，58% 有社交恐惧症的个体在经历创伤事件后都表现出社交恐惧障碍的症状（Ost & Hugdahl，1981）。

通过这种条件作用，一些令人痛苦和害怕的事件就累积起来形成了人类的恐惧。我的汽车曾经因对方司机没有看到停车标志而被撞，之后的几个月中，每当有其他的车从旁边道上向我开来时，我就会感到不安。玛丽莲对雷鸣的恐惧可能也有类似的条件作用，即令人害怕或痛苦的经历与雷鸣形成了联结。

两种特殊的学习过程可能会导致这类焦虑。第一是刺激泛化，例如，一个人被一只凶猛的狗咬过之后开始变得害怕所有的狗。

第二个学习过程是强化，恐惧症和强迫症一旦出现，强化作用就有助于这些症状的维持。回避或逃离可怕情境可以减轻焦虑，进而强化了恐惧行为。一个人因惊恐发作而感到焦虑或害怕时，他可能会回家或呆在家里（Anton et al.，1992）。同样，强迫行为降低了焦虑感。如果洗手能够缓解你的不安，当不安再次出现时，你可能又去洗手。

观察学习 我们还可以通过观察学习观察他人表现出的恐惧而学会害怕。正如苏姗·明纳卡（Mineka，1985）所发现的，野生的猴子将对蛇的恐惧传给自己的后代。同样，人们也可以将自己对特定对象的恐惧传递给自己的孩子。

生物学的观点

然而，焦虑绝不仅仅是简单的条件作用和观察学习的结果。生物学的观点有助于解释为什么极少数人经历创伤后会形成持久的恐惧，为什么我们更易于学会某些恐惧，一些人表现得更为脆弱。

自然选择 由于生物遗传的作用，我们会恐惧祖先所面临的威胁情境。恐惧症患者惧怕的对象大多是：蜘蛛、蛇和其他动物；封闭的空间和高度；风暴和黑暗等。（对那些偶然出现的威胁的恐惧则几乎很少保留下来遗传给后代。）研究表明，这些恐惧刺激非常易于形成条件反射，但形成后却难以消除（Davey，1995；Ohman，1986）。

现在许多人表现出的恐惧也可以用进化的观点来解释。例如，我们害怕坐飞机也可能有生物学的渊源，这使我们更倾向于害怕高度和被隔离。此外，我们还要考虑到人们有学会不去害怕某些事情的倾向。例如，第二次世界大战中的空袭很少给人带来持久的恐惧。随着空中闪电战的继续，英国人、日本人和德国人并没有感到更为严重的恐慌，而且对那些不是自己国家的飞机的态度非常冷漠（Mineka & Zinbarg，1996）。其中的原因可能是进化并没有将对从空中落下炸弹的恐惧遗传给我们。

正如我们的恐惧症多集中在祖先所面临的危险上一样，我们的强迫行为往往也会夸大那些有助于我们种族生存的行为。例如，检查领土的边界变成不停地检查自己已经锁好了的门（Rapoport，1989）。

基 因 一些人似乎有特定恐惧和高度焦虑的遗传倾向。创伤性事件再加上敏感、高度紧张的气质，结果可能会形成一种新的恐惧症。对猴子而言，恐惧反应似乎也是可以代代传承的。如果猴子近亲中的某些猴子有做出焦虑反应的倾向，那么它们本身也将做出较强烈的应激反应（Suomi，1986）。对人类而言，当同卵双生子中的一个出现了焦虑障碍时，另一个患焦虑障碍的可能性就会增加（Hettema et al.，2001；Kendler et al.，1992，1999，2002a,b）。研究表明，同卵双生子在某些案例中即使是分开抚养，也会表现出相同的恐惧症（Carey，1990；Eckert et al.，1981）。例如，有一对 35 岁的女性同卵双生子均患幽闭恐惧症。她们都表现出对水的惧怕，在海边玩时，她们会小心翼翼地走进海水，而且当海水达到膝盖时，她们就不敢再往深处走了。

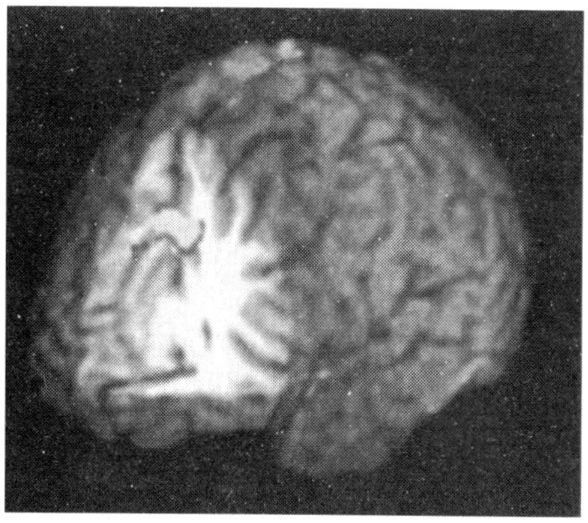

S. Ursu, V. A. Stenger, M. K. Shear, M. R. Jones, & C. S. Carter (2003). Overactive action monitoring in obsessive-compulsive disorder. Psychological Science, 14, 347–353.

➤ 图 14.3

一个强迫的大脑（见彩插）

神经科学家乌尔苏及其同事使用功能性磁共振成像技术比较了强迫症患者和正常人在完成挑战性认知任务时的大脑。结果显示，强迫症患者的前扣带回尤其活跃。

大 脑 广泛性焦虑、惊恐发作，PTSD 甚至是强迫思维和强迫行为，都可以通过大脑某区域对冲动控制和习惯行为等的过度唤醒水平进行生物学上的测量。当异常的大脑发现错误时，就会导致重复的思维或行为等异常的心理现象（Gehring et al.，2000）。对强迫症患者的脑扫描揭示出，反复洗手、检查、秩序性、收藏会增强大脑某些区域的活动（Mataix-Cols et al.，2004，2005）。如图 14.3 所示，强迫症患者的前扣带回（监控行为和筛查错误的脑区）似乎尤其活跃（Ursu et al.，2003）。恐惧—学习经历能够通过在大脑杏仁核内形成恐惧回路而对大脑造成损伤（Etkin & Wager，2007；Kolassa & Ellen，2007；Maren，1998）。一些抗抑郁的药物可以抑制恐惧回路的活动及其与强迫行为的联系。

本节回顾

➤ 自问

你能回想起你所体验到的一种恐惧吗？如果有，恐惧的条件作用和观察学习扮演了什么角色？

➤ 自测 2

你能够区分广泛性焦虑障碍、恐惧症和强迫障碍吗？

自测问题的答案见书后的附录。

心境障碍

7. 什么是心境障碍，它们有哪些表现形式？

心境障碍（mood disorders）的极端情绪状态有两种基本形式：（1）重度抑郁障碍，患者体验到持久的绝望和无助；（2）双相障碍（一般叫躁狂抑郁症），患者在抑郁

▸▸ 对一些人来说，在黯淡的冬季会出现抑郁而形成季节性情感障碍；而对另一些人来说，冬天的黯淡意味着有更为忧郁的心情。当问及“你今天哭了吗？”，美国人在冬天里更多回答“是”：

	回答“是”的人所占比例	
	男	女
8 月	4%	7%
12 月	8%	21%

资料来源：Time/CNN survey，1994.

“抑郁……是具有适应意义的，可以使生物保护自己免受任何巨大或突然灾祸的伤害。”
——达尔文，《达尔文的生活和信件》，1887

“我的生命突然停止了。我还能够呼吸、吃喝和睡觉。我的确是不由自主这样做，但是对我来说，并没有真正意义上的生活。”
——列夫·托尔斯泰，《我的忏悔》，1887

和躁狂状态（过度兴奋、活动过度状态）之间转换。

重度抑郁障碍

如果你和大多数大学生一样，在一年的一段时间里——更可能是阴沉的冬季，而不是明媚的夏日——你可能会体验到抑郁的某些症状。你可能对未来失去了信心，不满意现有的生活，或将自己孤立起来。你可能没有气力将事情做完，甚至不能将自己从床上拖起来；无法集中注意力，无法正常地吃饭、睡觉；甚至想知道死了是不是更好。也许在高中取得好成绩对你来说轻而易举，但现在你发现令人失望的成绩使你离自己的目标是那么遥远。也许有一些社会压力，例如你失恋了或结束了一段浪漫爱情，这会将你推向绝望的深渊。而且有时仅仅只是沉思也能加重你对自我的折磨。你并不孤单。对 9 万美国大学生进行的调查发现，44% 的人报告在过去的一年里，他们至少有一次感到“情绪低落，什么也干不了”（ACHA，2006）。

抑郁是心理障碍中的一种“流行感冒”——这一比喻非常形象地说明了它的普遍性，但是当然没能说明它的严重性。尽管恐惧症更常见，但是抑郁是人们寻求心理帮助的首要原因。而且，在世界范围内，抑郁是导致能力丧失的最重要的原因（WHO，2002）。

焦虑是对未来损失所可能造成威胁的反应，而抑郁则常是对过去和现在损失威胁的反应。因极度悲伤事件（如重大的损失）而感到难受的反应是和现实相联系的。在这些时候，抑郁就像汽车显示油量过低的指示灯——提醒我们要停下来采取保护措施。按照生物学的解释，生活的目标不是幸福，而是生存和繁衍。咳嗽、呕吐和各种形式的疼痛虽然是不愉快的体验，但可以保护身体免受危险性病毒的伤害。同样，抑郁是一种心理上的冬眠：它使我们慢下来，缓和攻击和阻止危险行为（Allen & Badcock，2003）。当抑郁的人暂时停下来并开始沉思时，才会感受到威胁，从而对自己的生活进行重新评估，并以更有作为的方式来分配能量（Watkins，2008）。从这个角度来看，经历痛苦是有意义的。

但是，什么时候这种反应会导致严重的适应不良呢？高兴、满意、悲伤和绝望是连续体上的不同点，可以在任何时候被任何人感受到。在听到坏消息后表现出的忧郁心境与心境障碍的区别，就像剧烈跑动后几分钟的呼吸困难与慢性呼吸困难的差异一样。

当抑郁的信号（包括缺乏活力、无意义感、对家庭和朋友及活动失去兴趣）没有缘由地连续持续两个星期或更长的时间时，就会出现**重度抑郁障碍**（major depressive disorder）。为了进一步明确抑郁的感受，研究者建议临床医生将悲伤的痛苦与跨时区飞行后生理节奏遭到破坏而表现出的懒惰状态相比较。

双相障碍

不管是否接受治疗，重度抑郁通常都会自行消失，人们会暂时或长期恢复到先前的行为模式。但是，一些人可能回弹到情绪的另一极端——精神亢奋、活动过度、过分乐观的**躁狂症**（mania）。如果抑郁是缓慢的运动，躁狂就是快速的前移。抑郁和躁狂间的转换就标志着**双相障碍**（bipolar disorder）。

创造性与双相障碍 历史上许多富于创造力的艺术家、作家都患有双相障碍，如惠特曼、伍尔夫、爱伦·坡、马克·吐温、海明威和玛格姬黛等。

在双相障碍的躁狂阶段，个体表现为说话滔滔不绝、过度活跃、极度亢奋（但是易于被激怒）；睡眠需要很少；性活动没有节制；谈话声音大、轻浮，难以被打断。

在适度的躁狂状态下，个体的精力和自由奔逸的思维可以激发创造力。例如，乔治·弗雷德里克·亨德尔（1685~1759）被认为患有具有轻度双相障碍。他在极富创造力和活力的 3 个星期里，写下了长达 4 个小时的《弥赛亚》（Messiah）（Keynes，1980）。罗伯特·舒曼在躁狂的两年内完成了 51 首音乐作品（1840 年和 1849 年），但在 1844 年严重抑郁的时期，却没有一篇作品（Slater & Meyer，1959）。路德维格（Ludwig，1995）说，与那些依靠情绪的表达和栩栩如生的想象来完成创造的人（诗人、小说家等）相比，依靠精确和逻辑来完成创造性活动（如建筑、设计和新闻）的专业人士患双相障碍的可能性更少。

“我最敬佩的所有历史名人：莫扎特、莎士比亚、荷马、埃尔·格雷科、圣·约翰、柴可夫斯基、尼撒的格雷戈里、陀思妥耶夫斯基、埃米莉·勃朗特都没有健康的心理。”

——马德琳·恩格尔，《安静的圈子》，1972

情绪和其他所有事情一样：在高涨之后会降低。兴奋的心境不久就会恢复到正常状态或者陷入抑郁状态。虽然双相障碍比重度抑郁更少见，但是双相障碍患者通常表现出更多的功能失调，每年无法正常工作的日子是重度抑郁患者的两倍（Kessler et al.，2006）。双相障碍在男女性别中发生的概率是相同的。

对心境障碍的解释

8. 心境障碍的原因是什么？为什么西方社会中越来越多的年轻人会现出抑郁？

在数以千计的研究中，心理学家累积了很多有助于解释心境障碍的证据，并提出了有效的治疗和预防方法。研究者卢因森和他的同事（Lewinsohn et al.，1985，1998，2003）认为，抑郁的任何相关理论都必须解释以下事实：

- **伴随着抑郁发生的认知和行为的巨大改变**。抑郁的人不活泼，感觉没有动力。他们对负面事情非常敏感，会预期负面的结果，而且更容易回忆负面的信息。在抑郁的状态下，我们会预期我们的球队将失利，我们的分数将下降，我们将失去爱等。当心情变好时，这些行为和认知附属物都会消失。几乎在一半的时间里，抑郁者都表现出了其他障碍的某些症状，例如焦虑、药物滥用或酒精滥用等。
- **抑郁非常普遍**。抑郁的普遍性暗示着病因的普遍性。
- **与男性相比，女性患重度抑郁的危险是男性的两倍，这一性别差异出现在青少年期**。青春期前，女孩并不比男孩更容易抑郁（Hyde et al.，2008）。将女性置于抑郁风险下的因素（先天的气质、童年期虐待、低自尊、婚姻问题等）同样会使男性面临风险（Kendler et al.，2006）（见图 14.4）。一般而言，女性患者更易于表现出被动性——主观化状态，如抑郁、焦虑和性欲望的抑制等；

➤ 图 14.4
性别与抑郁
对 10 个国家的 38 000 名成年人的访谈结果证明了许多小型研究得出的结论：女性患重度抑郁的危险性是男性的两倍。而且研究表明，一生中患抑郁的危险性具有文化差异，中国台湾为 1.5%，而贝鲁特为 19%（数据来源：Weissman et al., 1996）。

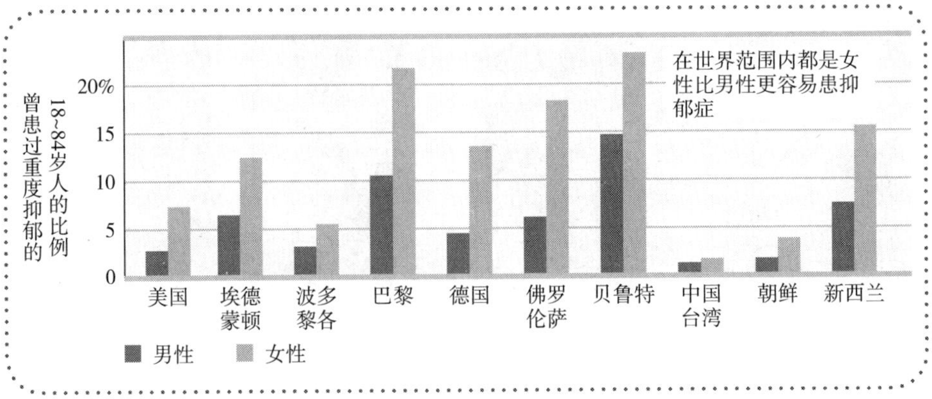

而男性患者表现出更多主动性——酒精滥用、反社会行为、对冲动的缺乏控制等。在悲伤时，女性比男性表现得更为悲伤；在疯狂时，男性比女性表现得更为疯狂。

- **大多数人的重度抑郁症会自行消失。**虽然治疗可以加速患者的康复，但是大多数重度抑郁患者在没有专门治疗的情况下也能恢复正常。陷入抑郁状态几个星期或几个月后，它会自行消除。但过后它有时会复发（Burcusa & Iacono, 2007。
- **在抑郁出现之前，经常发生一些与工作、婚姻、亲密关系相关的应激事件。**家庭成员的死亡、失业、婚姻危机或生理上的伤害等都会增加抑郁出现的风险。一项对 2 000 名被试的长期跟踪研究表明，在接下来的几个月中，抑郁在那些没有经历压力性生活事件的人的发病率不到 1%，而在那些经历过 3 次应激事件的人群中，发生率高达 24%（Kendler，1998）。

> "我把抑郁看成是现代社会的瘟疫。"
> ——刘易斯·贾德，前世界心理卫生组织主席，2000

在年青一代中，抑郁的比例在不断增加且障碍出现得更早（现在经常是在青少年后期出现）。这种现象不仅在加拿大、美国出现，而且在德国、意大利、法国、黎巴嫩、新西兰、中国台湾、波多黎各等地方也开始出现（Collishaw et al., 2000；跨国家及地区合作组，1992；Twenge et al., 2008）。在澳大利亚，12% 的青少年报告了抑郁症状，但大多数青少年不愿意将自己的抑郁状况告诉父母；几乎有 90% 的父母认为自己的孩子并未患抑郁症（Sauyer et al., 2000）。在北美，青年人经常报告说自己最近或曾经经受着抑郁的折磨，他们的报告比例是其祖父母的 3 倍（尽管祖辈有更多时候处在风险之中）。这种增加是有根据的，并不只是人们更愿意表露抑郁状态的结果。同样，加拿大的青年人也非常易于患抑郁症。

研究者并未就如何最好地解释这些事实达成共识。例如，弗洛伊德心理分析理论的支持者（或者说是现代的心理分析取向）认为：当面临诸如失恋等重大的伤害时，会唤起个体童年期的创伤经历（比如与母亲缺乏亲密关系），从而引发抑郁。或者儿童期未解决的对父母的不满可能转向现在对自己的不满。

大多数现代的研究者建议用生物和认知的观点来解释抑郁，通常整合为生理－心理－社会的视角。

生物学的观点

许多心理健康研究取向开始探讨生物因素在心境障碍形成中的作用。他们感

特写

自杀

"但是生命，如果厌倦了这个世界，是有权利自我了结的。"

——莎士比亚，《恺撒大帝》，1599

在世界范围内，每年大约有 100 万人因没能找到解决一个暂时性问题的有效方法而选择了放弃生命（WHO，2000）。

通过比较不同群体的自杀率，研究者发现：

- **民族差异** 研究发现，英格兰、意大利和西班牙人的自杀率是加拿大、澳大利亚和美国人的一半多；奥地利和芬兰人的自杀率是加拿大、澳大利亚和美国人的 2 倍（WHO，2008）。在欧洲，自杀率最高的国家立陶宛和最低的国家希腊相比，立陶宛人实施自杀行为的比率是希腊人的 14 倍。
- **种族差异** 在美国，白种人的自杀率几乎是黑种人的 2 倍（NIMH，2002）。
- **性别差异** 与男性相比，女性更可能试图自杀（WHO，2008）。但是在自杀成功的人中，男性是女性的 2~4 倍（有国别差异，见图 14.5）。男性更倾向于采用致命的方式，如对准头部开枪自杀。在美国，六成的自杀者都采用了这种方式。
- **年龄差异和变化趋势** 老年男性自杀率在急剧上升（见图 14.5）。在 20 世纪下半叶，全球每年的自杀率从 0.01% 上升到了 0.018%（WHO，2008）。
- **其他差异** 与穷人相比，富人的自杀率更高；那些没有宗教信仰的、独身的、寡妇或离过婚的人与其他人相比，自杀率也更高（Hoyer & Lund，1993；Stack，1992；Stengel，1981）。年轻的同性恋者比异性恋同龄人更有可能抑郁和试图自杀（Goldfried，2001）。

在深度抑郁时，由于没有气力和主动性，人们很少会自杀。而当他们开始从抑郁中恢复时，因具备了自杀的能力而危险性增大。与无障碍的人相比，酒精依赖患者自杀的可能性高出大约 100 倍；3% 的酒精依赖患者会自杀（Murphy & Wetzel，1990）。甚至在那些试图自杀的人中，酒精依赖患者的比率也是其他人的 5 倍（Beck & Steer，1989）。

社会暗示也可能引发某些个体的自杀行为。随着媒体对自杀现象的反复报道和电视节目中自杀画面的不断呈现，众所周知的自杀不断增多。严重的车祸和私人飞机坠毁等也具有类似的效果。

在老年人中，有些人选择自杀是为了改变目前正在或将来可能经受痛苦的状况。对所有年龄段的人来说，自杀都不完全是敌视或报复的行为，相反很可能是结束无法忍受的痛苦的一种方式（Shneidman，1987）。

通过事后回顾，家人和朋友可能会想起自杀者在自杀之前给予了一些警示信号——包括言语的暗示、把自己的财产转送给他人或停止服药而等待死亡的降临。那些谈论过自杀或有过自杀想法的人（基本包括 1/3 的青少年和大学生）实际上几乎不会去尝试自杀，那些试图自杀的人最终也很少自杀成功（Yip，1998）。例如，在美国每年大约有 30 000 人自杀，但有 50 万人曾试图自杀而未遂（Surgeon General，1999）。然而，许多自杀的人也谈论过自杀。任何一个以自杀作为威胁的人都至少表明他处于绝望和沮丧的状态。因此，如果一个朋友谈到自杀，我们应该认真倾听他的谈话，并指导他寻求专业帮助。

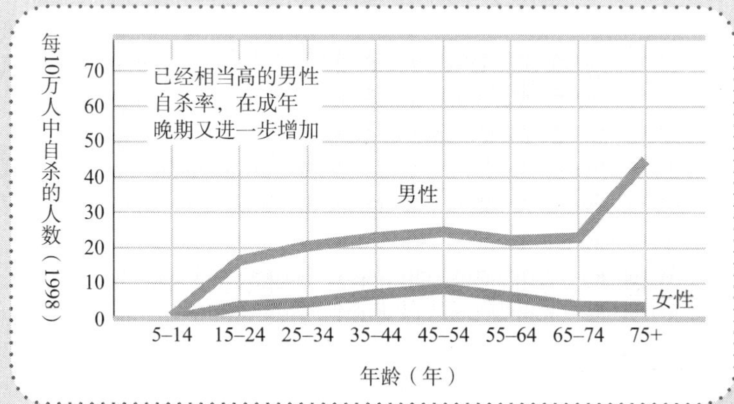

➤ **图 14.5**

不同性别和年龄人群的自杀率

在全世界范围内，男性的自杀率高于女性，而自杀率最高的是老年男性（WHO，2002a）。

兴趣的方面是遗传素质、大脑活动、生物化学失调。

遗传影响 我们已经知道，心境障碍具有家族遗传倾向。假如你有抑郁的父母或兄妹，那么你就更易患上重度抑郁（Sullivan et al.，2000）。研究表明，假如同卵双生子中的一个被诊断为患有重度抑郁症，那么另一个在某个时候患抑郁症的可能性是 50%；假如同卵双生子中的一个患有双相障碍，那么另一个在某个时候患双相障碍的可能性为 70%。而在非双生子之间，发生相应情况为概率在 20% 以下（Tsuang & Faraone，1990）。甚至在同卵双生子被分开抚养的情况下，他们中的一个患抑郁症后，另一个也可能患上抑郁症（DiLalla et al.，1996）。肯德勒（Kendler et al.，2006）及其合作者通过整合主要的双生子研究推测出，重度抑郁的遗传力在 35%~40% 之间。

此外，当那些被领养的个体患有心境障碍时，他的血缘近亲中也常有人患心境障碍、有酒精依赖或自杀（Wender et al.，1986）（见特写：自杀）。

为了找出哪种基因更易使人患上抑郁症，研究者们采用了连锁分析（linkage analysis）的方法。首先，研究者们找出在几代人中都出现障碍的家庭，然后分别从受影响和不受影响的家庭成员身上抽取血液进行 DNA 分析，以便找出差异。连锁研究的预期结果是一种非常复杂的图形——许多基因都对障碍的形成有一定的影响。当这些影响结合在一起时，就会使个体患抑郁的可能性增大。

抑郁的大脑 采用现代技术，研究者正致力于发现抑郁和躁狂状态下的大脑活动以及特定神经递质的影响。

许多研究发现，抑郁人群的大脑活动水平偏低，处于“怠工”状态（见图 14.6）。个体在抑郁状态时，大脑左额叶活动处于休止状态；而在心情很好时，大脑这一区域的活动是积极的（Davidson et al.，2002）。通过 MRI 扫描发现，严重抑郁患者的大脑额叶比正常人小 7%（Coffey et al.，1993）。海马回是与大脑的情绪回路相连的记忆加工中心，研究表明，海马回易受压力相关事件的影响。

至少有两种神经递质系统对心境障碍有影响。第一种是去甲肾上腺素，它是一种提高唤醒水平和改善心境的神经递质，即当个体处于躁狂状态下，体内的这种激素含量会超过正常水平；而在抑郁状态下，这种激素的含量明显不足。研究表明，大多数有抑郁病史的人是习惯性的吸烟者。抑郁症患者可能尝试通过吸烟进行自我调节，这样可以暂时提高体内的去甲肾上腺素，从而改善自己的心境（HML，2002）。

另一种神经递质叫 5- 羟色胺。个体在抑郁时，体内的 5- 羟色胺含量也会下降。

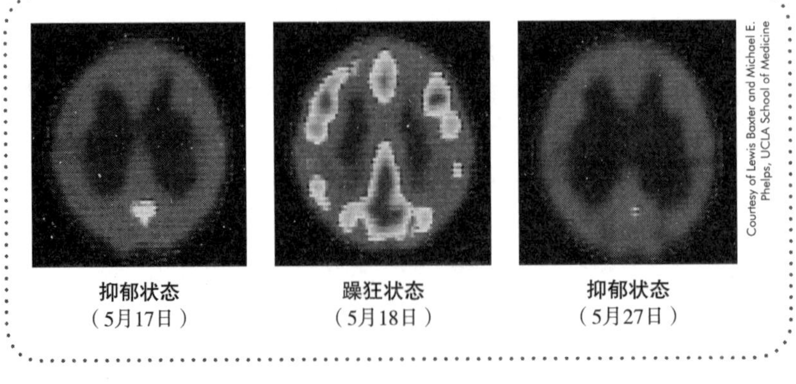

➤ 图 14.6
双相障碍的变化（见彩插）
PET 扫描显示，个体大脑能量的消耗随着个体情绪的变化而升高或降低。红色区域是大脑能量快速消耗的区域。

如果压力大的个体携带了 5- 羟色胺控制基因，那么就更有可能抑郁（Caspi et al.，2003；Moffitt et al.，2006）。该研究表明抑郁的产生是两种必要成分——巨大的压力和基因——的交互作用。正如我们在本书中经常会看到的，基因和环境、天性和教养共同塑造了我们。

缓解抑郁的药物往往会提高去甲肾上腺素和 5- 羟色胺的含量，这主要是通过抑制对它们的再吸收（就像氟西汀、舍曲林和帕罗西汀可以再吸收与羟色胺一样）或化学分解来实现。经常进行跑步等体育锻炼可以缓解抑郁，因为这样增加了 5- 羟色胺的含量（Jacobs，1994；Ilardi et al.，2007）。

社会认知的观点

抑郁是一种全身障碍。抑郁受生理因素的影响，但生理因素并不能解释全部。社会认知取向探索了思维和行为的作用。

抑郁人群透过黑色的眼镜看待生活。他们对自己、情境和未来的强烈负面假设导致他们夸大自己的消极经历，弱化自己的积极经历。听听加拿大的诺曼教授是如何回忆抑郁体验的：

> 我再次为自己是人类而感到［绝望］。我真切地感受到自己是低等动物，比最低等的害虫还低。而且，我自轻自贱，无论如何也不能理解为什么会有人愿意和我接触。就让我一个人自生自灭吧，不要管我……我觉得自己是一个十足的骗子和冒牌货，我的博士学位、教授身份名不副实……我不配做研究；我不理解自己怎么会著书和发表文章……我一定骗了很多人。（Endler，1982，pp.45–49）

研究揭示了会导致抑郁恶性循环的自挫信念和消极解释风格。

消极观念与消极心境的交互作用 自挫信念源于习得性无助。正如我们在第 13 章所看到的，狗和人在经历了不可控制的痛苦事件后，都会表现出抑郁、被动和退缩反应。不可控制的应激反应中的性别差异有助于解释为何女性患抑郁的可能性是男性的 2 倍。与男性相比，女性更容易感到无助，她们对应激的反应可能更强烈（Hankin & Abramson，2001；Mazure et al.，2002；Nolen-Hoeksema，2001，2003）。研究表明，美国大学的新生入校后，38% 的女性和 17% 的男性感觉到“自己经常被应该之事压倒”（Sax et al.，2006）。（男性报告说他们会把更多的时间花在运动、看电视、聚会等低焦虑的活动上，并尽可能回避那些自己无法应对的活动。）

为什么生活中不可避免的失败会使一些人患上抑郁，而对其他人影响不大呢？这一差异部分在于人们对失败的解释风格。对于自己的失败，我们可以选择不同的归因对象。如果考试失利并将之归咎于自己，我们就会认为自己很笨，并感到十分抑郁。如果我们进行外归因，例如将考试失败归因于考试的不公平，那么我们更可能感到生气。

抑郁的人更喜欢用稳定（这将永远持续下去）、普遍（这将对我所做的所有事情产生影响）和内化（都是我的错）之类的语言解释不幸（见图 14.7）。

塞利格曼（Seligman，1991，1995）认为，抑郁在西方国家的年轻人当中是相当普遍的，因为个人主义的上升和对宗教与家庭的承诺的降低导致了个体在面对

> “通过将它们看做是我无法改变的个人历史，我学会了接受我所犯的错误。”
>
> ——斯金纳，1983

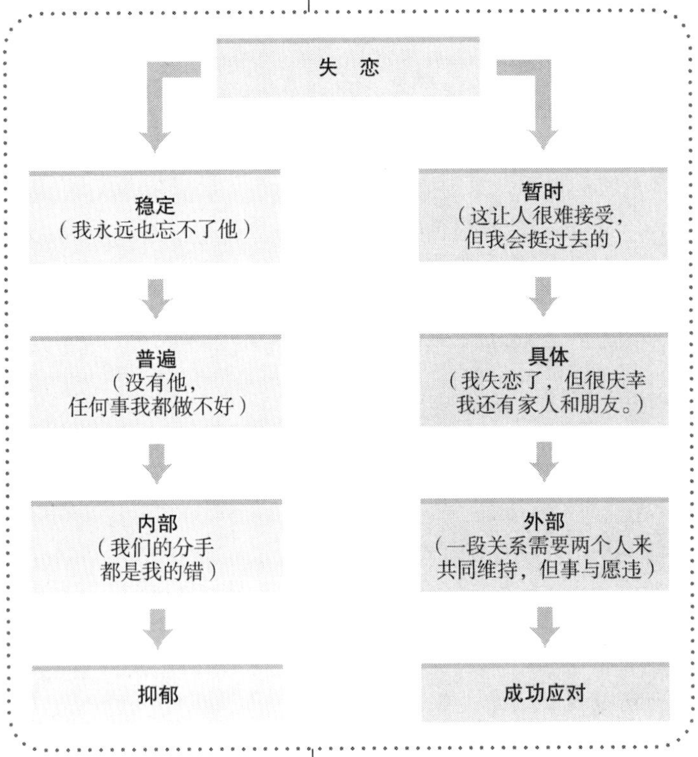

➤ 图 14.7
解释风格和抑郁

失败或被拒绝时自己承担问题的责任。而在非西方的国家里，亲密的连带关系和相互合作是很普遍的，因而重度抑郁并不常见，个体也不会因失败而过分自责（WHO，2004）。不过在日本，抑郁的人则会报告因为让他人失望而感到羞耻（Draguns，1990a）。

但是，社会认知取向对抑郁的解释也存在着鸡和蛋的关系问题。自挫信念、自责和消极归因确实导致了抑郁。巴尼特和戈特利布（Barnett & Gotlib，1988）认为，这类认知是抑郁的指示器。抑郁观念和抑郁心情是同时发生的，但是它们引发抑郁的速度，能比得上汽车计速器读出汽车从静止到时速为 70 英里的速度吗？在抑郁发生的前后，个体的观念很少是消极的。就像在讨论状态依赖性记忆（第 8 章）时所讲的，可能是抑郁的心境导致了消极想法的出现。如果你暂时使人们陷入悲伤的情绪状态，他们的判断、记忆和预期等就会突然变得更加悲观。

福加斯和他的助手们（Forgas et al.，1984）对心境的作用进行了一次有意义的论证。在实验过程中，那些通过催眠而进入一种好的或坏的心情的被试通过录像观看自己以前和别人的谈话。结果发现，那些心情愉悦的被试更多地看到自己的积极行为，而那些心情不好的被试更多地看到自己的消极行为。因此，即使是通过录像来观看自己，那些感到抑郁的人们也会更消极地看待自己。

抑郁的恶性循环 正如我们所看到的那样，抑郁通常是由应激体验——失业、离婚、遭到拒绝、受到身体创伤等任何扰乱你身份感和存在的价值感的事情引起的。受到扰乱的自我感和价值感反过来会导致沉思，从而放大了消极情绪。但是退缩、自我专注和抱怨又会引发拒绝（Furr & Funder，1998；Gotlib & Hammen，1992）。在一项研究中，研究者（Strack & Coyne，1983）指出“抑郁患者会诱发他人的敌意、抑郁和焦虑，并被他人拒绝。他们猜想抑郁患者的被拒绝并非是一种认知歪曲。”实际上，深受抑郁折磨的人更可能离婚、失业和遭遇其他压力事件。

现在我们可以将抑郁的各个环节连接起来（图 14.8）：（1）消极的应激事件通过（2）反思性的悲观主义归因得到解释，这种归因风格，导致（3）绝望、抑郁状态的产生，而这种状态又（4）影响着个体思维和行为方式，这反过来又产生了（1）更多的消极体验。

没有一个人能不受拒绝或失败所带来的沮丧、自尊感降低、消极观念的影响。正如赫特和他的助手（Hirt et al.，1992）通过实验所证实的那样，即使是很小的失误也能引起我们暂时的思虑。他们对美国印第安纳大学的一些狂热的篮球球迷进行了研究，这些球迷几乎把自己喜欢的球队看成是自己的一部分。在球迷们观看了自己喜欢球队的失败或者胜利后，研究者让他们对自己喜欢的球队的未来表现和自己的行为进行预测。结果发现，当球队失败后，那些郁闷的球迷不仅对自

“当男性经历痛苦时，他们从来不做过多的推理，因为他们在思考痛苦的原因时，会感到焦虑。”

——路易吉·皮兰德罗：《六个寻找作者的剧中人》，1992

己喜欢的球队的未来表现做出了暗淡的评价，而且估计自己可能会有掷飞镖、猜字谜或约会等之类的行为。当事情没有朝着自己预期的方向发展时，人们似乎觉得它将永远不会达到自己的预期。

这就是我们都知道的那个环路。坏心情是由其自身产生的：当我们感到自己表现得很糟糕时，我们就会消极地思考问题，并记住那些消极经历。从好的方面看，我们可以在任何一个环节采取措施——换个环境、减少自责和消极归因、向外转移注意力、参加更有趣的活动或更能胜任的事情等来打破抑郁过程的恶性循环。

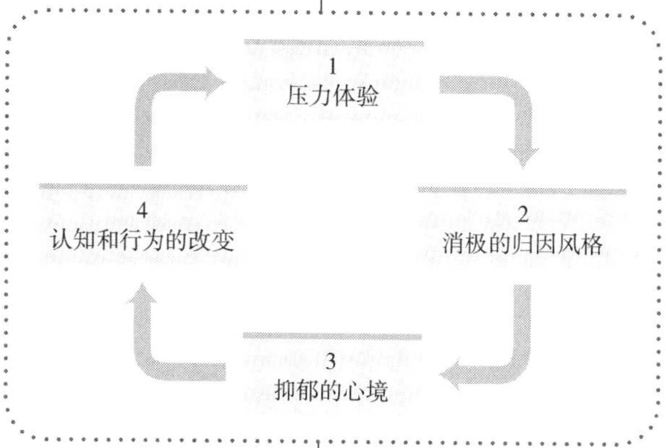

➤ 图 14.8
抑郁恶性循环图
这种循环可以通过改变任何一个环节而被切断。第 15 章叙述了一些治疗技术，精神病专家试图探寻抑郁心境的生物根源。

丘吉尔将抑郁称为周期性追逐他的“黑狗”（black dog）；诗人埃米莉·迪金森非常害怕在公共场合流泪，因此成年后的大部分时间都过着隐居的生活（Patterson，1951）；亚伯拉罕·林肯在年轻时表现得非常退缩和喜欢沉思，以致朋友们担心他会结束自己的生命（Kline，1974）。正如这些事实告诉我们的，人们是可以也的确能够战胜抑郁的。许多抑郁患者重新获得爱和工作的能力，甚至达到了事业的顶峰。

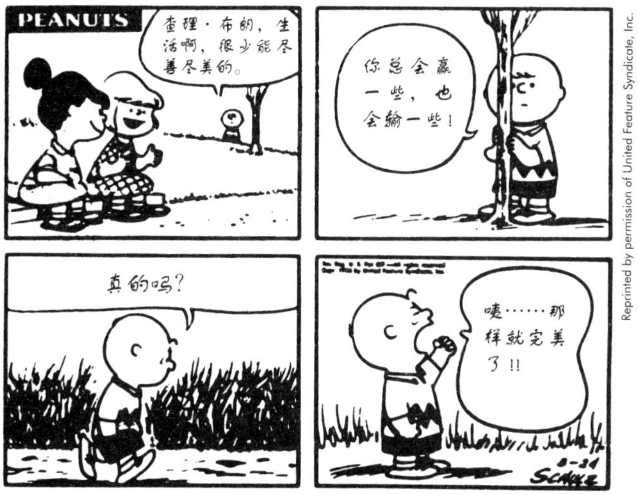

应该通过乐观训练方案来帮助布朗吗？

本节回顾

➤ 自问

刚进大学的那段时间对你来说是一种挑战吗？你能给大学新生提供哪些建议？

➤ 自测 3

“抑郁是心理障碍中的一种流行感冒”，这句话的含义是什么？

自测问题的答案见书后的附录。

精神分裂症

9. 精神分裂症患者的思维、知觉、情感和行为有何特征?

如果说抑郁是心理障碍中常见的感冒，那慢性精神分裂症就是癌症。将近 1% 的人会出现精神分裂症，而全世界大约有 2.4 亿人患有某种严重的心理障碍（WHO，2008）。

精神分裂症的症状

从字面意思来看，**精神分裂症**（schizophrenia）指的是“心理分裂”。这并不是指多重人格分裂，而是指与现实的分离，表现出思维混乱、知觉歪曲、情绪和行为不当等。

混乱的思维

试想一下与马克辛的交流。马克辛是一位思维表达没有逻辑的年轻妇女。她的传记作者希恩（Sheehan, 1982）专门观察了她大声自言自语的情形，“今天早上，我在赫尔塞德（医院）拍电影。我被电影明星们簇拥着。X 射线技术师是彼得·劳福德，保安是唐·诺茨。在 40 号楼中的印度医生叫卢·科斯特洛。我是玛丽·波平斯。这个刷成蓝色的房间会让我感到伤感吗？我的外祖母在我 18 岁生日后的第四个星期去世了。”

正如上面这段怪异独白所描述的，精神分裂症患者的思维不连贯、荒诞，并为虚幻的信念所歪曲，这被称为**妄想**（delusions）（如“我是玛丽·波平斯”），甚至在一句话中也可能出现思想的跳跃，给人以“语词沙拉”之感。一名患有精神分裂症的年轻男子在接受治疗时请求医生说：“在治疗中施加一点加速度”，并建议“使用自由落体运动以扩宽地平线”，将会“因此在演讲中摄取一些智慧”。那些具有被迫害倾向的患者尤其会出现妄想。

许多心理学者认为，混乱的思维源于选择性注意的中断。在第 3 章讲到，一般来说，我们都具有很强的选择注意能力。但精神分裂症患者做不到。他们难以排除工作记忆中的干扰信息，也不能有效抑制无关刺激的干扰。因此，无关刺激

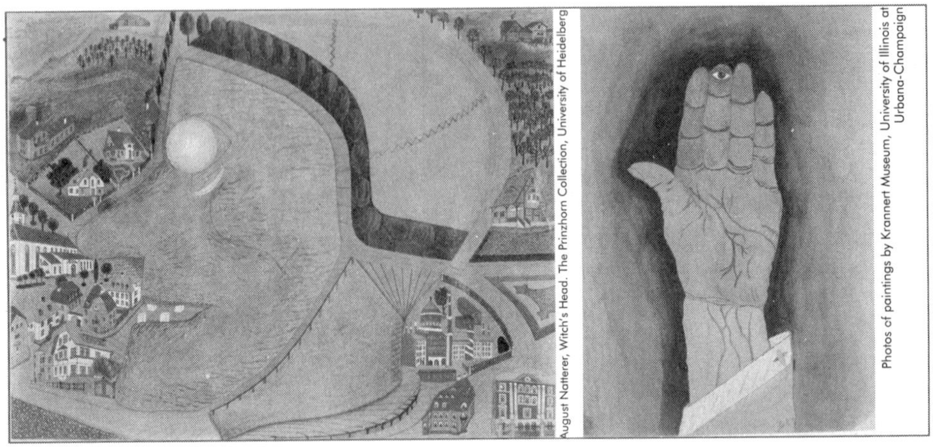

August Natterer, Witch's Head. The Prinzhorn Collection, University of Heidelberg

Photos of paintings by Krannert Museum, University of Illinois at Urbana-Champaign

精神分裂症患者的绘画作品
诗歌和艺术批评家约翰·阿什伯利对这些画评论道：“这些作品都蕴含着极强的表现欲，但可怕的也正是这种不可名状的主题。”

或先前思维的无关内容都会使他们的注意力分散。微小的刺激，如砖上的鹅毛或者声调的扬抑都能使他们的注意力从整个场景或说话者的意思中转移开来。正如以前的病人所回忆的那样，“我出现了什么问题……，毫不相关的刺激使我的注意力从本应注意的对象上移开”（MacDonald，1960）。

“当有人让我解释精神分裂时，我告诉他们，你通常知道你的梦是什么样的吗？有些梦感觉像真实的梦魇吗？我的精神分裂症就像我在梦中行走一样，但是我周围的一切都是真实的。有时看看如今的世界是如此让人感到厌倦，以至于我设想是否再回到精神分裂的梦中。但马上我又会想起所有惊慌和可怕的体验。”

——斯图尔特·埃蒙斯，克雷格·盖斯勒，卡尔曼·卡普兰和马丁·哈罗，《精神分裂患者的生活》，1997

歪曲的知觉

精神分裂症患者可能会知觉到并不存在的东西，即产生**幻觉**（hallucinations），这是一种没有感觉刺激但有感觉体验的现象，患者能够看见、感受到、闻到并不存在的东西。常见的幻觉是听觉，患者可能听到并不存在的侮辱或命令。这种幻觉与突然惊醒后意识到的梦类似。当非真实的事情看起来是现实的，产生的知觉最荒诞也最可怕。

不恰当的情绪和行为

精神分裂症患者的情绪表达经常是不恰当的，情绪表达与现实似乎是分离的。当马克辛想起她外祖母的死反而开怀大笑。有时，当其他人笑时，她会莫名其妙地生气或大哭。还有一些精神分裂症患者表现得情感淡漠，即一种明显冷漠的木僵状态。

动作行为也可能是不恰当的。精神分裂症患者可能表现出无意义的强迫行为，如不停地扭动自己的胳膊。那些紧张型精神分裂症患者可能几个小时保持不动，然后又变得非常愤怒。

正如你能想到的，这种混乱的思维、歪曲的知觉、不恰当的情绪和行为表达严重地影响患者的社会关系。在精神分裂症患者病情最严重的时期，他们完全生活在自己的内心世界里，大脑充斥着不合逻辑的信念和不现实的想象。如果能有一个支持性环境，一些患者最终能够康复，享受正常的生活，或病症只是偶尔再次发作。但是，一些患者可能一生中的大部分时间都处于孤立和社交退缩的状态。

精神分裂症的出现和发展

对有些人而言，精神分裂症会突然出现，貌似是对压力的反应。而对其他人而言，例如马克辛，精神分裂症是因长时间缺乏社交而逐渐形成的（这可以解释为什么那些具有精神分裂症倾向的个体往往社会经济水平低下，甚至无家可归）。到现在为止，我们似乎将精神分裂症描述成了一种单一的障碍。实际上，它是一类障碍。各种子类型有一些共同特征，但也有彼此不同的症状（见表 14.2）。具有阳性症状的精神分裂症患者可能会体验到幻觉，言语混乱并缺乏真实性，并表现出不合时宜的哭、笑或愤怒。而具有阴性症状的患者说话语调单一，表情麻木，身体僵硬。阳性症状是因为存在不适当的行为，而阴性症状则是因为缺乏适当的行为。由于精神分裂症的表现形式多样，因此这些多样化症状出

表 14.2 精神分裂症的类型

偏执型：	以妄想或幻觉为主要症状，经常出现被害妄想或夸大妄想
混乱型：	语言或行为混乱，淡漠或不适宜的情感
紧张型：	僵化（或过分、无目的的活动），极端的消极主义，鹦鹉学舌式地重复别人的话或行为
未分化型：	许多多样化的症状
残余型：	在幻觉和妄想消失之后表现出退缩

现的原因可能也是多方面的。

一个在世界范围内适用的规律表明（WHO，1979）：如果精神分裂症的形成是一种缓慢的过程［也叫慢性（chronic）或过程性（process）精神分裂症］，恢复的可能性就非常小；如果一个自我调适良好的个体对特定应激事件做出反应而迅速导致精神分裂［也叫急性（acute）或反应性（reactive）精神分裂症］，恢复的可能性就非常大。那些具有慢性精神分裂症的个体经常表现出退缩等阴性症状。一般来说，男性精神分裂症的平均发作年龄要比女性早四年，而且男性更多地表现为阴性症状和慢性精神分裂症（Räsänen et al.，2000）。相对而言，那些表现出阳性症状的患者有更好的治疗前景，因为他们更具备对药物治疗做出反应的条件（Fenton & McGlashan，1991，1994；Fowles，1992）。

对精神分裂症的理解

10. 什么因素引起了精神分裂症？

精神分裂症不仅是最可怕的心理障碍，而且是被研究得最为深入的一种心理障碍。新近的大多数研究都将精神分裂症与大脑异常及遗传素质联系起来。精神分裂症就是一种以心理症状的形式表现出来的大脑疾病。

大脑异常

大脑中化学成分含量的失调可能是精神分裂症出现的基础吗？谚语中的“疯得像个做帽的”是指英国制帽人的心理退化。后来发现，由于他们经常用嘴唇润湿含有水银的毛毡帽边儿，这些人的大脑逐渐受到毒素的侵害（Smith，1983）。正如我们在第 3 章中看到的，科学家们正在研究化学物质（如 LSD）致幻的作用机制。这些发现暗示，生物化学物质在精神分裂症的产生过程中可能起着重要作用。

多巴胺活动过度导致精神分裂症出现的一种重要的化学物质是神经递质多巴胺。当病人死后，研究者们解剖患者的大脑发现了过量的多巴胺受体，事实上，是所谓的 D4 多巴胺受体的 6 倍（Seeman et al.，1993；Wong et al.，1986）。研究者们推测，过量的受体可能增强了精神分裂症患者大脑中的信号，结果产生阳性症状，如幻想和偏执等。因此，我们可以推测，阻断多巴胺受体通路的药物可以减轻精神分裂症的症状；而增加多巴胺含量的药物，如安非他明和可卡因等，有时会导致症状的加强（Swerdlow & Koob，1987）。多巴胺的过分活动可能是病人对无关的外部和内部刺激做出过度反应的根源。

但多巴胺阻断药物对持久稳定的退缩等阴性症状的影响很小。目前，研究者们正在研究另一种神经递质，即指导神经元传递神经冲动的谷氨酸盐。研究表明，对谷氨酸盐受体有干扰作用的街头毒品（Street drugs，译者注：毒品的俗称）可能会产生精神分裂症样的阴性症状。同时，一些对街头毒品的效果有抑制作用的药物似乎可以缓解阴性症状。

大脑的异常活动与解剖学 通过现代大脑扫描技术，研究者们发现，那些慢性精神分裂症患者的大脑活动异常。一些患者大脑额叶活动异常低下（Pettegrew et al.，

1993；Resnick，1992）。

最近的一项研究在被试出现幻觉时对其脑活动进行 PET 扫描（Silbersweig et al.，1995）。当被试听到某种声音或看见某一事物时，他们大脑的若干中心区域活动水平过高，包括丘脑，而丘脑是脑的深层结构，它过滤传入的感觉信号并将它们传至大脑皮层。

许多研究发现，在精神分裂症患者的脑中，有一些膨胀的、充满液体的区域及相应收缩的脑组织（Wright et al.，2000）。精神分裂症患者的大脑皮层较小。此外，丘脑比正常人的小，这可以解释为什么精神分裂症患者难以过滤输入的感觉信息和集中注意力（Andreasen et al.，1994）。据安德烈亚森（Andreasen，1997，2001）报告，各种大脑研究表明，精神分裂症不是某一脑区异常的结果，而是若干脑区及其相互作用的结果。

很自然，科学家们想知道导致这些脑异常的原因。一种可能性是胎儿期的问题。出生时体重过轻和分娩并发症，如缺氧等，都是导致精神分裂症出现的重要风险因素（Buka et al.，1999；Zornberg et al.，2000）。饥荒也会加大风险。研究表明，在荷兰战争饥荒中怀孕的妇女的孩子后来患精神分裂症的比率是正常情况下的 2 倍（Susser et al.，1996）。

怀孕期间母体的病毒感染 另一种可能就是孕期的病毒感染阻碍了胎儿大脑的发展（Patterson，2007）。你能设计一些方法来检验这种胎儿期—病毒感染的观点吗？科学家为探讨这种可能性提出了以下问题：

- *在胎儿发展的中期，如果所在的国家出现了流行感冒，那么他们后来患精神分裂症的风险会增加吗？*结果都是“是”（Mednick et al.，1994；Murray et al.，1992；Wright et al.，1995）。
- *如果一个地区人口稠密，该地区内的病毒性疾病传播得很快，那么在这里出生的人患精神分裂症的危险性更大吗？*答案是肯定的，最近一项对 175 万丹麦人进行的研究证实了这一观点（Jablensky，1999；Mortensen et al.，1999）。
- *在秋冬流感季节之后的冬春季节出生的人患精神分裂症的危险性更大吗？*回答仍然是肯定的，危险性增加 5% 到 8%（Torrey et al.，1997，2002）。
- *在南半球，季节正好和北半球相反，那么有高于平均水平的精神分裂症患者出生的月份也同样相反吗？*虽然有一些不同，但结论还是肯定的。例如，在澳大利亚，出生在 8 月和 10 月的人患精神分裂症的危险性更大——除非他们是来自北半球的移民；而在北半球，如果他们出生在 1 月和 3 月，患精神分裂症的危险性更大（McGrath et al.，1995，1999）。
- *母亲在孕期患过流行性感冒，孩子更易于患精神分裂症吗？*对近 8 000 名妇女的研究表明是这样的。患精神分裂症的危险性从一般的 1% 增加到 2%，但前提是在怀孕后的 4~6 个月内母亲染上了流行性感冒（Brown et al.，2000）。
- *如果孩子患有精神分裂症，而从其怀孕的母亲体内抽取的血液中含有高于正常水平的抗体，那这意味着母亲曾患过病毒性感冒吗？*一项对 27 名妇女（她们的孩子后来患有精神分裂症）的研究证实了这一结论的正确性（Buka et al.，2001）。

这些研究证据说明了孕期病毒感染的重要作用。这也支持了美国疾病控制中心 2003 年的建议，“在流感季节里，怀孕超过 3 个月的妇女应该打流感预防针”。

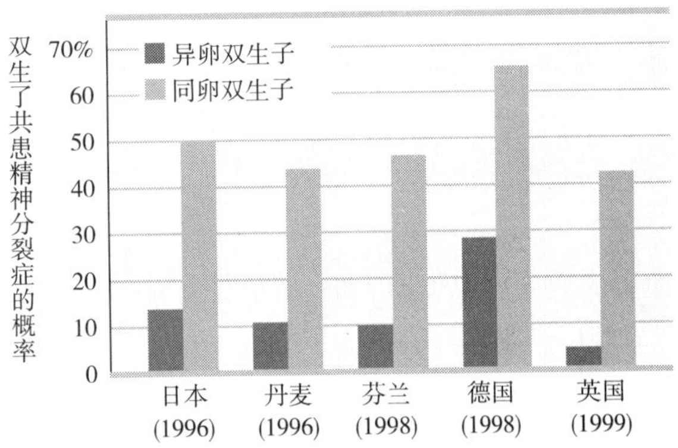

➤ 图 14.9

精神分裂症的发展风险

个体一生中患精神分裂症的概率与其亲属是否有这种障碍有关。跨文化研究表明，异卵双生子共患精神分裂症的可能性为 10%，但是同卵双生子高达 50%。（Adapted from Gottesman，2001.）

为什么怀孕后的 4~6 个月里母亲患流感会增加胎儿患精神分裂症的危险呢？是病毒本身的原因吗？是因为母亲对病毒的免疫反应吗？是因为服用的药物吗（Wyatt et al.，2001）？是感冒削弱了大脑胶质细胞的功能，导致突触连接的减少吗（Moises et al.，2002）？对于这些问题，答案尚不清楚。

遗传因素

人们也遗传了某些易造成大脑异常的体质吗？研究结果强烈表明是这样的。正常人被诊断为精神分裂症的比率是 1/100，如果其父母或兄妹患有精神分裂症，那他被诊断为精神分裂症的比率是 1/10；而在同卵双生子中，比率几乎是 1/2（见图 14.9）。虽然类似的案例仅有十多例，但无论是一起抚养还是分开抚养，同卵双生子中的一个患有精神分裂症，另一个患精神分裂症的总概率为 50%（Plomin et al.，1997）。

但奇怪的是，即使是同卵双生子，在母体内的产前环境也不尽相同。大约 2/3 的同卵双生子共享着相同的胎盘和血液。（通常，同卵双生子的利手［优势手］相反。）如果同卵双生子在母体内共用一个胎盘，那出生后一个患有精神分裂症，另一个患病的可能性为 60%；如果他们不共用胎盘，那么另一个患病的可能性仅为 10%（Davis et al.，1995a，b；Phelps et al.，1997）。共用一个胎盘的双生子在胎儿期更可能经历相同的病毒感染。因此，有可能相同的细菌和相同的基因一样，都能导致同卵双生子的相似性。

但是，领养研究证实了遗传因素的作用（Gottesman，1991）。被后来出现了精神分裂症的成人领养的儿童，几乎很少会“染上”这种障碍；而如果被领养儿童的亲生父母被诊断为精神分裂症，那么他们患精神分裂症的危险会大大增加。

随着遗传因素的确定，研究者们现在正在探究那些导致大脑异常，并易使个体染上精神分裂症的特定基因组合（Marx，2007；Millar et al.，2005；Williams et al.，2007）。是大脑而不是基因直接控制行为。其中一些基因影响了多巴胺和大脑中其他神经递质的作用。其他一些基因影响了髓鞘的产生，髓鞘是一种包裹在神经细胞轴突外面的一层脂肪物质，使得神经冲动在神经网络之间快速传递。

吉奈恩家四姐妹 随机挑选 4 个人，他们均患精神分裂症的可能性是十亿分之一。但是基因相同的四姐妹诺拉、艾里斯、迈拉、赫斯特都患有精神分裂症，其中两个症状比较严重。这一现象表明，不仅生物因素在起作用，环境因素也起着重要作用。

Courtesy of Genain family

遗传因素对精神分裂症的作用是毋庸置疑的，但其过程并不像眼睛颜色的遗传那么简单。像精神分裂症之类的复杂心理障碍，一定是“具有微小作用的多个基因”共同作用的结果。但是要确认这些基因是非常困难的（McClellan et al.，2007；Sanders et al.，2008；Walsh et al.，2008）。

科学家们能编制一套基因测验以确定哪些人有患病的危险吗？如果可以，未来的人能让自己的受精卵接受基因检验吗（如果发现受精卵患心理或生理疾病的可能性很大，是修复基因还是直接堕胎）？也许人们在受精之前可以将自己的精子或卵子拿到基因实验室里去拍片检查？或者儿童应该接受遗传风险检查以便我们采取适当的预防措施？在这个全新的二十一世纪，这些都有待解答。

心理因素

如果产前病毒和遗传基础不能单独导致精神分裂症的出现，那么家庭或社会因素也不能单独导致精神分裂症的出现。很早以前，心理学家们就不再指责父母，不再将孩子的精神分裂症归咎于他们冷酷、善变的“电冰箱母亲”。正如尼科尔和戈特斯曼 30 年前所说，“迄今尚无任何环境因素能使一个与精神分裂症患者毫无关系的个体必然出现精神分裂症，甚至连一般的中度可能性都没有。”

为了确定精神分裂症的环境影响因素，一些研究者目前正在对“高危”儿童——如父母患有精神分裂症或胎儿期有危险经历——的发展历程进行跟踪研究（Freedman et al.，1998；Olin & Mednick，1996；Susser，1999）。通过对高危儿童和低危儿童（他们都可能出现或不出现精神分裂症）的经历进行比较，研究者正在寻找一些预警信号。迄今为止，似乎包括以下几种：

- 母亲患有严重、持久的精神分裂症
- 产科并发症，多为缺氧和体重过轻
- 与父母分离
- 注意力难以集中和肌肉协调性差
- 破坏行为或退缩行为
- 情绪难以预测
- 同伴关系过差，独自玩耍

大多数人更容易想起心境障碍中情绪的波动，而不容易想到精神分裂症中各种怪异的想法、知觉和行为。有时我们的思维会飞快地跳跃，但我们不会毫无意义地说话；有时，我们会感到自己在不公正地怀疑别人，但我们不会担心全世界的人都密谋迫害我们；我们的知觉经常会出现错误，但我们很少会看见或听到不存在的事物或声音；我们在嘲笑某个人的不幸后会感到内疚，但我们听到坏消息时却很少会发笑；我们时常想独处，但我们不会生活在与世隔绝中。然而，全世界仍有千千万万的人表现得言语怪异，经受着妄想的折磨，听见并不存在的声音，看到并不存在的事物，在不恰当的时候哭笑，或者退缩到个人的虚幻世界中。因此，我们仍要继续探索并揭开精神分裂症之谜。

本节回顾

➤ 自问

你认为媒体正确地描述了精神分裂症患者的行为吗？为什么是或不是？

➤ 自测 4

精神分裂症的五种子类型是什么？

自测问题的答案见书后的附录。

人格障碍

11. 人格障碍的典型特征是什么？

人格障碍（personality disorders）是一种严重破坏个体的正常社会功能的稳定而持久的行为模式。一类人格障碍表现为焦虑，如有退缩倾向的回避型人格障碍对拒绝过分敏感。另一类人格障碍表现出怪癖行为，例如分裂性人格障碍中的社会分离。第三种人格障碍表现出戏剧性行为或冲动行为。表演型人格障碍患者的言语、行为内容浅薄，渴望引起他人的注意，迫切希望得到别人的赞赏和评价。自恋型人格障碍患者夸大自己的重要性，处于成功幻想中，不能接受他人的批评，对他人的批评会做出愤怒或害羞反应。然而，人格障碍的分类也不是那么界限分明，接下来 DSM 版本可能会对其进行修改（Clark，2007；Widiger & Trull，2007）。

反社会型人格障碍

在这些人格障碍中，**反社会型人格障碍**（antisocial personality disorder）是最为麻烦的。这类个体（以前被称为社会精神变态者）主要是男性，在 15 岁以前因缺乏良知而变得冷漠，并开始撒谎、偷窃、打架，或进行无节制的性行为（Cale & Lilienfeld，2002）。有大约一半这样的儿童在成年以后具有反社会性。他们不能正常工作，对配偶和父母不负责任，喜好攻击或出现犯罪行为（Farrington，1991）。当反社会型人格个体具有超常的智慧但不道德时，可能会成为一名具有魅力并聪明的行骗高手——甚至更坏。

尽管许多罪犯有反社会行为，但他们不符合反社会型人格障碍的特征。为什么？因为许多罪犯实际上对自己的朋友和家人是负责任的，而反社会型人格障碍个体则没有任何顾虑和惧怕。在极端情况下，他们造成的悲剧骇人听闻。患有反社会型人格障碍的亨利·李·卢卡斯在接受审讯时说，在他 13 岁时一名妇女因拒绝他的性要求而被他掐死。卢卡斯承认自己在 32 年的犯罪史上，曾用棒打、窒息、刺伤、枪击、断肢等方式，害了大约 360 名妇女、男子和儿童。在他犯罪的最后 6 年里，卢卡斯和另一名杀人犯埃尔伍德·图尔合伙谋杀。图尔说自己杀死了 50 名“他认为已失去了生存价值的人”。直到卢卡斯承认自己杀害并肢解自己的妻子即图尔的侄女后，两人的关系才结束。

反社会型人格障碍患者不会因妨害他人的权利而感到丝毫的内疚。卢卡斯说“每次犯罪后，我都会很快忘记”。图尔也是如此，“我认为杀人就像吸烟，就像另一种习惯”（Darrach & Norris，1984）。

对反社会型人格障碍的理解

反社会型人格障碍是生物和心理因素共同作用的结果。对于犯罪等复杂行为而言，单个基因的作用是不够的。但是，双生子研究和领养研究表明，个体的生物学因素增加了其反社会行为的可能性（Larsson et al.，2007；Lrvecley & Jang，2008）。反社会型人格个体所遗传的易感性导致个体对生活缺乏恐惧感。当遇到电击或噪音等令人厌恶的事情时，他们的自主神经系统的唤醒水平就很低（Hare，

1975；van Goozen et al.，2007）。即使是年轻时进行犯罪活动之前，他们的应激荷尔蒙水平也比同龄人低（见图 14.10）。

一些研究在 3 到 6 岁的儿童身上发现了反社会行为的端倪（Caspi et al.，1996；Tremblay et al.，1994）。在青少年期表现出攻击或反社会倾向的男孩，在儿童早期就表现得冲动、放荡不羁、不关心社会奖励、焦虑水平过低。如果他们得到了更多有价值的指导，这种无畏感就可能促使他成为勇敢的英雄、冒险家或体育明星（Poulton & Milne，2002）。但是，如果缺乏社会责任感，同样的遗传素质可能会使他成为一名冷酷的骗子或杀人犯（Kykken，1995）。

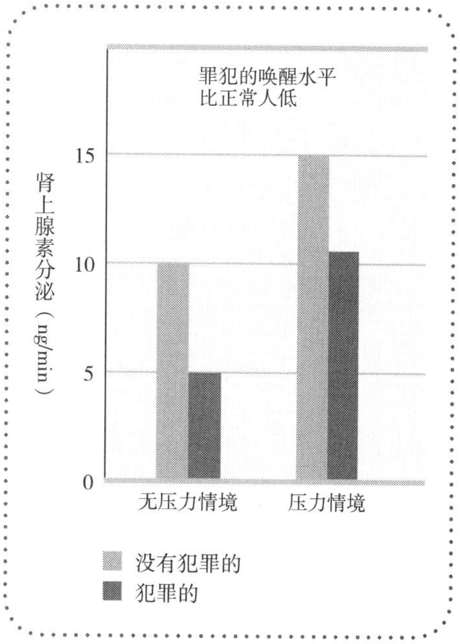

➤ 图 14.10

冷酷者的唤醒水平和犯罪的危险性

对瑞典的 2 组 13 岁男孩的肾上腺素水平进行测量。在应激条件下和非应激的条件下，那些后来（18 岁到 26 岁间）犯罪的儿童都表现出了相对较低的唤醒水平。（From Magnusson，1990.）

遗传因素影响着大脑的功能。雷恩（Raine，1999，2005）将 41 名杀人犯与同年龄和同性别的正常人进行比较，发现杀人犯的大脑额叶活动更少，而额叶活动有助于控制冲动（见图 14.11）。这一结果对那些冲动杀人的人来说尤其正确。在一项跟踪研究中，雷恩和他的同事们（Raine，2000）发现，与正常人相比，经常参与暴力犯罪的罪犯的额叶神经组织比正常人少 11%。这就有利于解释为什么反社会型人格障碍患者的额叶认知功能，如计划、组织和抑制等方面会表现出明显的缺陷（Morgan & Lilienfeld，2000）。

可能与个体的早期环境一样，个体生物遗传的无畏感也为以下案例提供了解释。27 岁的乔伊斯·洛特和 29 岁的玛丽·琼斯这对长期分离的姐妹因吸毒同时被送进南加利福尼亚州监狱而团聚。在报纸报道了这个新闻后，她们失散很久的同父异母的弟弟打来电话。他解释说他要过段时间才能见到她们，因为他因吸毒、盗窃等罪名也在监狱中服刑（Shepherd et al.，1990）。

但是，仅有遗传因素是无法完全解释反社会型犯罪的。与 1960 年相比，1995 年（在 20 世纪晚期犯罪活动下降之前）美国的平均被杀人数增加了 1 倍，报告被强奸的人数增加了 3 倍，被抢劫的人数增加了 3 倍，被攻击人数增加了 4 倍（FBI，Uniform Crime Reports）。在其他西方国家，暴力犯罪的数量也在急剧增加。但是人的基因库是难以改变的。想想 1787 年由英国开始的社会实验，将 16 万名罪犯流放到澳大利亚。但这些流放者的后代，虽然继承了祖先所谓的“犯罪基因”，却建立了一个民主的国度，其犯罪率和英国是相似的，并没有高于英国。遗传素质使一些个体比其他个体具有更高的反社会的可能性，生

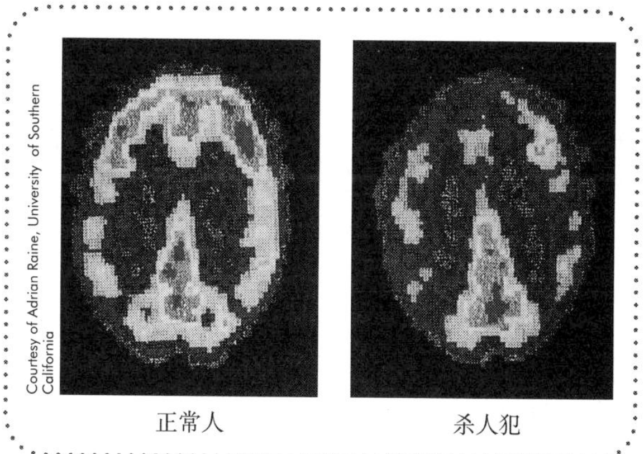

➤ 图 14.11

杀人犯的心理（见彩插）

PET 扫描结果表明，杀人犯大脑额叶区的活动减少，而这一脑区有助于阻止冲动和攻击性行为。（From Raine，1999.）

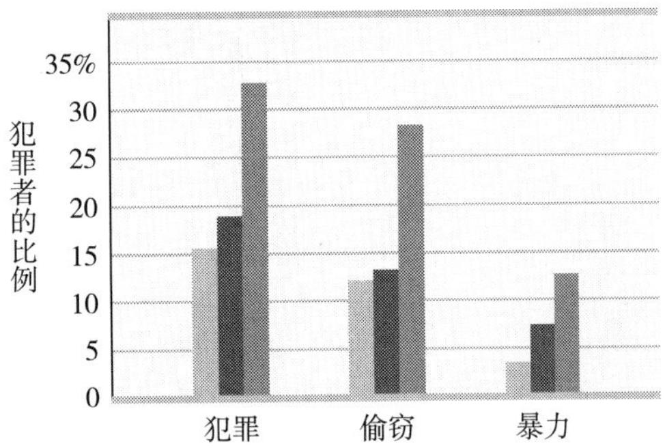

➤ 图 14.12

犯罪的生物心理社会根源

那些出生时继承了不良的生物因素、出生后还要面对贫穷等社会压力的丹麦男婴，在 20~22 岁时犯罪的可能性是那些只具有其中一个不良因素的婴儿的 2 倍。

物学因素和环境因素解释了为什么 5% 到 6% 的罪犯会犯有 50% 到 60% 罪行（Lyman，1996），但我们也必须看到社会文化因素对现代暴力事件盛行的解释力。

一项对丹麦男性青年的犯罪倾向研究表明，全面的生物—心理—社会的观点是非常有用的。由雷恩（Raine，1996）领导的研究小组核查了将近 400 名 20 到 22 岁男子的犯罪记录，发现所有罪犯都有着相似的不良经历，要么是分娩时存在早产等生物学危险因素，要么是来自贫困或单亲家庭。研究者将这些组的被试和既有生物危险因素又有社会危险因素的“生物社会”组被试作比较。结果表明，生物社会组被试的犯罪危险性是其他组的 2 倍（见图 14.12）。一项对 1 037 名儿童进行的长达 25 年的跟踪研究表明，儿童后来表现出的反社会行为与童年期受到虐待和使神经递质平衡发生改变的基因都有关系（Caspi et al.，2002）。总之，既不完全是“坏的基因”，也不完全是“坏的环境”使个体后来表现出反社会行为；而是基因使一些儿童对虐待更敏感。因此，无论是反社会行为还是其他行为，都是天性和教养相互作用的结果。

本节回顾

➤ 自问

你如何评价天性和教养在反社会型人格障碍形成过程中的相对作用？

➤ 自测 5

反社会型人格障碍具有遗传倾向吗？

自测问题的答案见书后的附录。

⏩ 满月会引发某些人的“疯狂行为”吗？罗顿和凯利（Rotton & Kelly，1985）对 37 项研究中与犯罪、杀人、接受心理治疗等活动的关系的数据进行了分析，结果并未发现“月亮式疯狂”的证据。自杀、攻击、入室抢劫、交通事故等也都与月相无关（Martin et al.，1992；Raison et al.，1999）。

心理障碍的发生率

12. 有多少人正在经历或经历过心理障碍？

什么人最容易患心理障碍？在人生的哪个时期最容易患心理障碍？为了回答这些问题，美国国家心理健康研究所（NIMH）在 20 世纪 80 年代对心理障碍进行了一次普查。研究者对本国 5 个不同地区将近 20 000 人的代表性样本进行了复杂的结构访谈，然后将结果推论到美国全体。在问了数百个有关症状的问题（“你曾有两个星期或更长的时间感觉想自杀吗？”）之后，研

表 14.3 过去一年里美国心理障碍患者的分布百分比

心理障碍	百分比
广泛性焦虑障碍	3.1%
社交恐惧	6.8%
具体的情境或客体恐惧	8.7%
心境障碍	9.5%
强迫障碍	1.0%
精神分裂症	1.1%
创伤后应激障碍（PTSD）	3.5%
注意力缺陷多动障碍（ADHD）	4.1%
其他心理障碍	26.2%

资料来源：National Institute of Mental Health, 2008.

究者们评估了各种障碍在当时和个体一生中的普遍性。

有多少人现在或曾经患有心理障碍？人数远远高于我们的想象：

- NIMH 估计（2008，基于 Kecsler et al.；2005）每年有 26% 的美国人可诊断为心理障碍（见表 14.3）。
- 国家人口调查发现不同国家的心理障碍发生率是不同的，澳大利亚为 16%，德国为 31%，荷兰为 23%（Baumeister & Harter，2007）。
- 世界卫生组织（WHO，2004）基于一项 90 分钟的访谈研究（考察了 60463 位个体）对 20 个国家和地区上一年度的心理障碍发生率进行了估计。如图 14.13 所示，心理障碍发生比率最低的是上海，最高的是美国。此外，与本土美国人相比，来自墨西哥、非洲和亚洲的移民的心理普遍更健康（Breslau et al.，2007）。例如，与刚刚移民到美国的墨西哥人相比，在美国出生的墨西哥裔美国人更可能出现心理障碍。

研究表明，贫困线以下的人群患各种心理障碍的几率是其他人的 2 倍（Centers for Disease Control，1992）。和其他很多相关一样，贫穷与心理障碍的关系也提出了一个鸡和蛋的问题：是贫困导致障碍还是障碍导

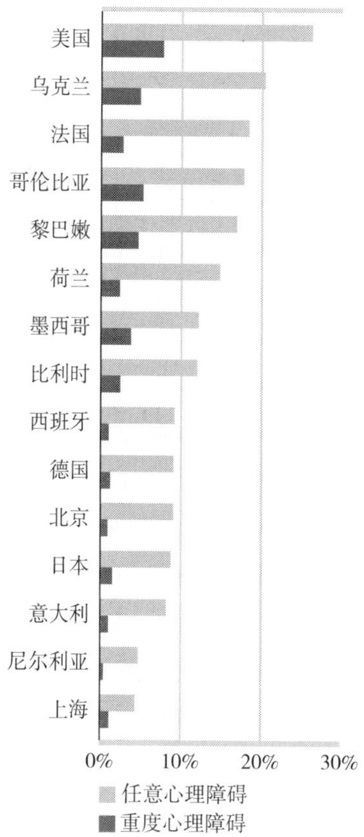

➤ 图 14.13

某些地区上一年度的心理障碍的发生率

来自世界卫生组织（2004 年）的一项访谈研究，涉及 20 个国家和地区。

表 14.4 心理障碍的危险因素和保护因素

危险因素	保护因素
学业失败	有氧锻炼
分娩并发症	社区提供的权利、机会和安全感
照顾长期患者或痴呆患者	经济独立
长期失眠	安全感
慢性疼痛	掌控感
家庭瓦解或冲突	有效的教养方式
低出生儿	有文化
低社会经济地位	积极的依恋关系
生理疾病	良好的亲子关系
神经化学物质失衡	问题解决技巧
父母患精神疾病	应对压力和困境的恢复力
父母物质滥用	自尊
失去亲人	社交和工作技能
低下的工作技能和不良工作习惯	来自家人和朋友的社会支持
阅读障碍	
感知障碍	
社交无能	
压力事件	
物质滥用	
创伤经历	

资料来源：World Health Organization (2004a,b).

致贫穷？虽然答案对不同障碍而言并不相同，但两者确实相互影响。精神分裂症导致贫困可以理解，但是贫困带来的压力和消沉状态也会导致心理障碍，特别是女性的抑郁和男性的药物滥用（Dohrenwend et al.，1992）。

表 14.4 表明，存在大量心理障碍的危险因素和保护因素。心理障碍一般在什么时候会表现出来呢？心理障碍一般在成年早期就表现出来。“在我们的样本中，75% 以上的人出现第一次心理障碍症状的时间是 24 岁之前，”罗宾斯和雷杰（Robins & Regier, 1991, p.331）说。反社会型人格障碍和恐惧症的症状出现得更早，平均到 8 岁和 10 岁时就表现出来。酒精滥用、强迫症、双相障碍和精神分裂症的症状则在 20 岁左右表现出来。重度抑郁症状的出现时间稍晚，一般在 25 岁左右。这些结果说明很有必要对心理障碍进行研究和治疗，以帮助那些经受着心理障碍的痛苦和折磨的人，特别是青少年和年轻人。

尽管心理障碍是痛苦的，但许多战胜障碍而取得成功的人们——达·芬奇、牛顿、托尔斯泰——都激励着我们。他们虽然经受着心理障碍的折磨，却在事业上取得了辉煌的成就。心理障碍会导致困惑、恐惧、悲哀，这是事实；但正如第 15 章所讲的，希望，也是事实。

本节回顾

➤ 自问

你有家庭成员或朋友经历过某种心理障碍吗？如果有，本章中的哪些知识会帮助你理解他们所面临的挑战？

➤ 自测 6

贫穷和心理障碍之间的关系是什么？

自测问题的答案见书后的附录。

本章复习：心理障碍

心理障碍概述

1. **我们应该如何区分正常和异常？**
心理学家和精神病专家将行为的异常、失调、适应不良视作行为障碍。判断行为异常的标准随情境、文化以及时间而变化。例如，几十年前被认为粗暴的儿童现在被诊断为注意缺陷多动障碍。

2. **哪些观点可以帮助我们理解心理障碍？**
医学模式认为，心理障碍是一种心理疾病，可以通过症状来进行诊断，是可以治愈的，有时需要住院治疗。生物－心理－社会的观点认为，和其他行为一样，障碍行为是遗传素质、心理状态、心理动力和社会环境共同影响的结果。

3. **临床医师如何对心理障碍进行分类？为什么？**
在治疗和研究过程中，许多精神病学者和心理学者采用美国精神卫生协会的《心理障碍诊断和统计手册》（DSM-IV-TR）来命名和描述心理障碍。心理障碍的诊断标签有助于心理健康专业人员的沟通和研究。而且北美的许多健康保险公司在支付治疗费用前，都要求出示根据 DSM-IV 得出的诊断结果。

4. **为什么一些心理学家批评诊断标签的使用？**
贴标签会导致一些偏见，不公平地侮辱了那些被标定的人们，并使我们对他们过去和现在行为的知觉发生了偏差。在某些法律辩护中使用的标签“精神病”引发了一些道德和伦理问题，即一个社会应该如何对待一个有心理障碍的罪犯。

焦虑障碍

5. **什么是焦虑障碍，它们与正常的担心、害怕有何不同？**
只有当焦虑给人带来持久的痛苦，或出现试图缓解它的不适应行为时，它才被看做是一种心理障碍。
广泛性焦虑障碍患者会无缘无故地感到持久的、不可控制的紧张和不安。惊恐障碍个体的焦虑会上升为周期性的高度紧张事件。恐惧症表现为个体对特定物体或环境的不合理害怕，不断重复出现的观念和行为是强迫障碍的主要特点。创伤后应激障碍的症状为，当时的情形不断地在患者的记忆和噩梦中浮现，以至于出现社交退缩、严重的焦虑和失眠等现象。

6. **是什么导致了焦虑障碍的思维和感觉模式？**
弗洛伊德将焦虑视为被压抑的冲动失去控制的结果，学习的观点将焦虑障碍视为恐惧的条件作用、刺激泛化、强化和观察学习的结果。生物学的观点将焦虑视为在自然选择和进化的过程中，威胁生命的动物、客体和情境所导致的害怕；是高水平情绪反应的遗传；是大脑恐惧回路的异常反应。

心境障碍

7. **什么是心境障碍，它们有哪些表现形式？**
心境障碍的主要特征是情绪的极端化。重度抑郁患者会在恢复正常前的几周或几个月内毫无缘由地陷入极度的不快和默然之中，并丧失了价值感。这些感觉并不是由药物或医学治疗引起的。在较为少见的双相障碍中，患者在绝望、漠然的抑郁状态和极度亢奋、过分乐观、冲动的躁狂状态之间不停地转换。

8. **心境障碍的原因是什么？为什么西方社会中有越来越多的年轻人表现出抑郁？**
生物学取向对抑郁的研究主要集中于遗传素质以及大脑结构和功能的异常（包括对一些神经递质的发现）。社会认知的观点考察了周期性的自我挫败信念、习得性无助和消极归因和压力体验。生理－心理－社会取向考察了多个层面的共同作用（见图 14.14）。西方社会中越来

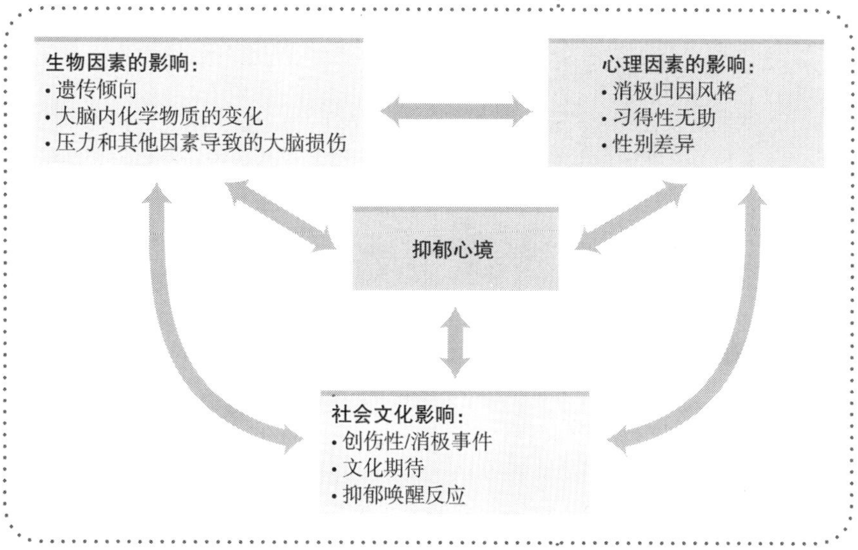

➤ 图 14.14
抑郁的生理－心理－社会取向
重度抑郁是多种因素共同作用的结果。改变其中的任何因素都会引起其他因素的变化。

越多的年轻人出现抑郁可能源于个体主义取向的增强以及对家庭和宗教承诺的减弱，但这只是一项相关研究发现，其中的因果关系还有待考察。

精神分裂症

9. **精神分裂症患者的思维、知觉、情感和行为有何特征？**
精神分裂症多发于青少年晚期，在男性和女性中的发作比例是相同的，而且似乎存在于所有文化中。精神分裂症的主要表现是思维混乱、知觉歪曲、情绪和行为不合时宜。幻想是一种错误信念，幻觉是在缺乏感觉刺激情况下的感觉体验。精神分裂症是由长期的社交缺乏而逐渐形成的（这种情况恢复的可能性较小）或由突然的应激反应而造成的（这种情况恢复的可能性很大）一组障碍。

10. **什么因素引起了精神分裂症？**
膨胀的、充满液体的皮质腔和神经递质多巴胺的受体过度增加都是导致精神分裂症出现的重要因素。脑部扫描研究发现了额叶、丘脑和杏仁核的异常活动。多个脑区的功能失调及其联系似乎共同导致了精神分裂症的症状。双生子研究和领养研究也表明，与环境因素共同作用的遗传素质可能导致精神分裂症的出现。

人格障碍

11. **人格障碍的典型特征是什么？**
人格障碍是一种破坏个体社会功能的持久稳定的、适应不良的行为模式。反社会型人格障碍的典型表现有：缺乏良知，有时会有攻击行为和毫无畏惧的行为。遗传和环境因素共同影响了与障碍相关的脑活动。

心理障碍的发生率

12. **有多少人正在经历或经历过心理障碍？**
对许多国家和地区进行的心理障碍调查表明，不同国家心理障碍的发生率不同。贫穷是心理障碍的一个预测因素。环境、经历和贫穷共同导致了心理障碍的形成。但是，某些心理障碍，比如精神分裂症会使人步入贫穷。在美国人中，最常见的三种心理障碍是恐惧症、酒精滥用和心境障碍。

术语与概念

心理障碍
医学模式
《美国心理障碍诊断与统计手册》（第 4 版）
焦虑障碍
广泛性焦虑障碍

惊恐障碍
恐惧症
强迫障碍
创伤后应激障碍
心境障碍
重度抑郁障碍

躁狂症
双相障碍
精神分裂症
妄　想
人格障碍
反社会型人格障碍

网站

自测的多项选择题和其他习题请访问：www.worthpublisher.com/myers.

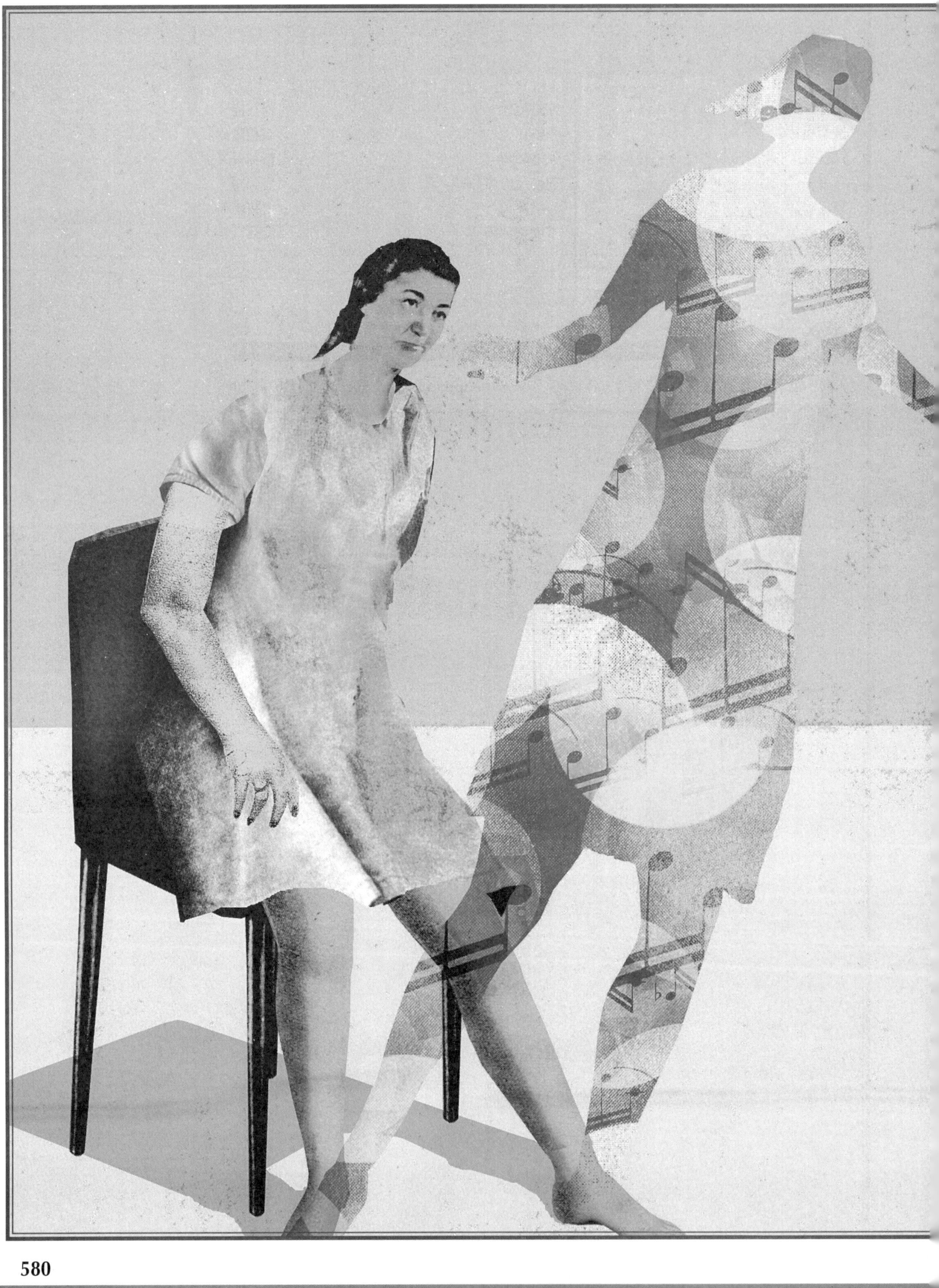

第 15 章

心理治疗

心理治疗
精神分析疗法
人本主义疗法
行为疗法
认知疗法
团体与家庭治疗
评估心理治疗
心理治疗有效吗
批判性思考：从不正常“复归”到正常
不同治疗的相对有效性
评价替代疗法
各种心理治疗的共同点
心理治疗的文化和价值观
特写：心理治疗的消费者指南
生物医学治疗
药物疗法
电痉挛疗法
精神外科疗法
生活风格的改变
心理障碍的预防

今天我们了解遥远浩瀚的宇宙，能够准确地说出包围木星的气体由哪些化学成分组成。但在理解与治疗内部世界的失调方面——第 16 章中描述的心理障碍——我们才刚刚取得一些实际的进展。想想看：自从 2 200 年以前埃拉托塞尼（Eratosthenes）正确描述了地球环境以来，我们已经描绘出了天空，探索了我们所在的太阳系，重建了地球生命的基本历史，破译了基因密码，消灭了各类疾病或是找到了治疗办法，同时，我们用各种匪夷所思的方法来治疗心理障碍，有的粗暴，有的柔和：在头上打洞、洗热水澡以及按摩；捆绑、放血或驱鬼；将患者安置在阳光充足、宁静的环境中；使用药物和电击；以及面对面地谈论童年经历、当前的情绪感受、不适宜的想法和行为。

在一些改革者的努力下，如法国的菲利普·皮内尔（Philippe Pinel）和活跃于美国、加拿大、苏格兰的多罗西娅·迪克斯（Dorothea Dix），心理治疗由粗暴变得更为人性化。两个人都倡导建立精神病院用以提供更人性化的治疗方法。然而正如我们所看到的，自 20 世纪 50 年代中期以来，由于出现了有效的治疗药物和以社区为基础的治疗计划，精神病院的患者大量减少。

当今的心理健康治疗可分为两大类，采用何种治疗方法依赖于障碍的类型和心理治疗师的观点。习得的障碍，比如恐惧症，很有可能成为心理治疗的对象，受过训练的治疗师通过心理治疗技术帮助个体克服困难，获得个人成长。受生物因素影响的障碍，比如精神分裂症，通常需要进行生物医学治疗——直接作用于病人的神经系统。

基于来访者及其问题，某些心理治疗师（尤其是生理 - 心理 - 社会取向）采用多种技术。许多病人同时接受药物治疗和心理治疗。有一半的心理治疗师承认自己是折衷取向，采用多种治疗（Beitman et al.，1989；Castonguay & Goldfried，1994）。心理治疗整合派是将各种方法整合成一个具有内在一致性的单一系统。

多罗西娅·迪克斯（1802–1887）“我……请你们关注在这个联邦国家中那些关在笼子里的精神病人的处境。”

心理治疗

心理治疗（psychotherapy）的方法有很多，我们将回顾最有影响的一些方法。每一种方法都以一种或多种心理学的主要理论为基础：精神分析、人本主义、行为主义和认知理论。我们也将介绍这些技术在团体治疗中的应用。

精神分析

1. 精神分析的目标和方法是什么？它们是如何被用于心理动力学治疗的？

尽管今天很少有治疗师严格遵循弗洛伊德的方法，但他的精神分析技术仍在广泛使用，**精神分析**（psychoanalysis）是我们现代词汇的一部分，其观点影响了其他很多治疗方法。为了理解受弗洛伊德影响的心理动力治疗方法，让我们先回顾一下弗洛伊德自己的经典精神分析。

目　标

因为弗洛伊德认为心理问题来源于儿童期对冲动和冲突的压抑（见第 13 章），所以他和他的学生试图将这些压抑的情感带到意识层面，从而使病人可以处理他们。通过对障碍来源的领悟——以深入的方式实现“认识自己”的古老命题——病人“疏通”了被埋藏的情感，该理论认为当病人释放了引起本我—自我—超我冲突的能量，他们就有可能减少焦虑，获得健康的生活。

方　法

精神分析是对过去经历的重构，它的目的是挖掘过去以揭示当前的问题，但是这一切应该如何进行呢？

弗洛伊德认为催眠不可信，转而采用自由联想，想象你自己是一个正在进行自由联想的病人。分析师可能会要求你放松地躺在一张沙发上。他或她坐在你视线以外的地方，帮助你把注意力放在你自己的思想和感情上。从一段童年记忆、一个梦或近期的一段经历开始，你大声说出每时每刻你脑中的任何想法。这听起来容易，但你很快就意识到，当你讲话的时候你会频繁地组织自己的想法，省略那些琐碎的、无关的、可耻的想法。即使分析师创设了安全的情境，你在说出一个令人尴尬的想法之前仍会有短暂的停顿。你或许会开个玩笑，或是转向更轻松的话题。有时，你的脑子变得一片空白，有时你发现自己不能回忆起重要的细节。

对分析师而言，你自由联想当中的断点表示**抗拒**（resistance）。这意味着焦虑就潜伏在这里，意味着你正在压抑敏感的内容。分析师将会探索这些敏感区，先让你意识到自己的抗拒，然后解释它们的深层含义。分析师的**解释**（interpretation）——对深层次的愿望、情感、冲突的解释——目的是让你领悟。如果解释的时机正确，分析师的解释——比如说，你不想谈论你的母亲——可以说明你正在逃避什么。这样你才可能明白自己的抗拒意味着什么，以及它们与你的其他困惑有什么关系。

弗洛伊德认为，能揭示被压抑的冲突的另一个线索是梦的隐性内容。因此，当你报告完梦后，分析师会分析梦的内容，并解释它的意义。

在大量类似这样的过程中，你在分析师面前暴露更多的自我，而这是你在其他人面前做不到的。因为精神分析强调童年经历所产生的决定性影响，你所暴露出来的许多问题与你的早期记忆有关。你或许会发现，你对你的治疗师有一种强烈的积极或消极的情感。这样的情感也许表现为一种依赖，也许表现为爱与恨的交织，这是你以前对家庭成员或生命中其他的重要他人所产生的情感。当你对分析师产生这种感情时，弗洛伊德会说，你实际上把其他关系中你对他人的强烈情感转移到分析师身上。分析师和其他治疗师相信这种**移情**（transference）能够揭示个体长期压抑的情感，在分析师的帮助下，你有了一个迟到的但可以解释它们的机会。但是，精神分析并不仅仅是挖掘你的童年，通过考察你对分析师的情感，也许你还可能对你目前的关系有所领悟。

精神分析理论家承认精神分析理论很难被证实或反驳。但分析师们坚持认为，解释对病人通常是有帮助的。精神分析是一种治疗，不是科学。

传统的精神分析耗时很长，即使每周做几次，都需耗费几年的时间来完成，并且价格昂贵（每小时 100 美元，一周三次，分析 2 年，共需要 30 000 美元）。这可以解释为什么除纽约城、魁北克、法国、德国之外，很少有治疗师使用它（Goode，2003）。

▸▸ 在电影《沉睡者》中，伍迪·艾伦从假死状态苏醒过来后，说“我在 200 年里都没有见到我的分析师，他是弗洛伊德的忠实信奉者。如果我一直接受他的治疗，我可能到现在才治愈。”

心理动力疗法

受弗洛伊德的影响，心理动力的治疗师总是通过探讨童年的经历来理解病人目前的症状。他们探讨那些被压抑的高度情绪化的信息，让来访者领悟问题的潜意识根源，并帮助他们处理新苏醒的情感。尽管这些治疗者还是面对面地与患者交谈（而不是在视线外），但一周一次，（而不是一周几次），以几个星期或是几个月为周期（而不是几年）。

心理动力疗法对过去的探讨，很难用简短的摘录来举例说明，但我们还是要演示这些治疗师是如何通过解释来达到使来访者领悟的效果的。在下面的交谈中，治疗师戴维·马伦（David Malan）对抑郁病人所有的话都做出反应，以促进她对自己问题的领悟。请注意马伦是如何向这位妇女解释她自己刚才所说的话的（即当她在讲话时他所听到的），并注意他是如何向病人暗示的：他与她的关系显示了一种特殊的行为模式（1978，pp.133-134）。

马伦：我有这样一种感觉，你是那种需要不断活动的人，如果你不活动，事情就会变糟，是这样吗?

病人：是的。

马伦：我对你的第二个感觉是你必须要忍受大量强烈的不安情感。虽然它们的确存在，但你并没有真正接触它们。不是这样吗? 我感觉你一直都喜欢这样的状态：你只要能记起它们。

病人：几年来，只要我一坐下开始想，我就会很沮丧，因此，我努力不想它。

马伦：你看，你已经建立起一种模式，不是吗? 你跟我在一起的时候也是这样，因为虽然你遇到一些麻烦，并且你感到正在超出你的承受底线，但你告诉我的方式却好像不存在任何问题。

注意马伦如何解释这位女性较早的言论并指出她与他的关系揭示了一种典型的行为模式。他正在建议她洞察自己的问题。

人际关系心理治疗是一个每疗程交替进行 12~16 次心理动力治疗的短程疗法，它在治疗抑郁症病人方面具有一定的疗效（Weissman，1999）。与心理动力治疗一样，人际关系心理治疗的目的是帮助人们领悟他们困境的根源。人际关系治疗的重点不是揭示过去的伤害和提供解释，而是让人们了解他们目前所处的关系，并帮助人们提高处理关系的技能。

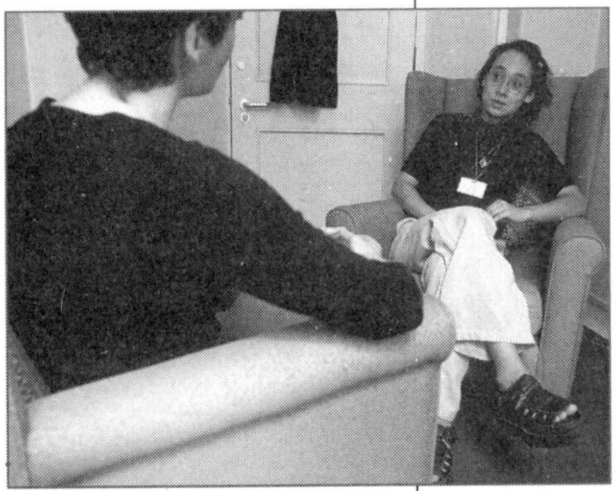

Culver Pictures

面对面的心理治疗 在这种治疗中，躺椅不见了，但精神分析理论的影响可能还会存在，特别是当治疗师从病人那里寻找童年时期的信息来探讨症状的起源时。

人际关系治疗的目标可以用安娜（不是她的真名）的例子来说明，她是一位 34 岁的已婚职业女性。在升职后的 5 个月中，随着责任的增加和工作时间的延长，安娜感到与丈夫的关系越来越紧张，因为丈夫想再要一个孩子。她感到沮丧，睡眠不好，易发火，并且体重增加。这时，一个心理动力治疗师可以帮助安娜领悟她愤怒冲动的根源以及对愤怒的防御机制；而一个人际关系治疗师也同样能让她获得这种领悟，而且还会鼓励安娜去思考这样的一个问题——如何平衡工作与家庭，如何解决与丈夫的争执，如何更有效地表达情绪（Markowitz et al.，1998）。

人本主义疗法

2. 人本主义治疗法的基本出发点是什么？比如罗杰斯的来访者中心疗法。

人本主义的观点（见第 13 章）强调个体自我实现的内在潜能。那么，毫无疑问：人本主义治疗是通过提高个体的自我觉知和自我接受能力来促进自我实现的。与精神分析治疗一样，人本主义治疗通过向来访者提供新的视角，试图减少阻碍自然成长的内在冲突。实际上，精神分析疗法和人本主义疗法通常被称为**顿悟疗法**（insight therapies）。但与精神分析治疗师不同的是，人本主义治疗师更关注的是：

- 现在和未来而不是过去。他们探讨正在发生的感情，而不是探讨导致这种情感的儿童期根源。
- 强调意识而不是无意识想法。
- 强调个人情感和行动的直接责任，而不是揭露隐藏的决定因素。
- 用促进成长代替治疗疾病。因此，将接受治疗的人当做来访者，而不是病人。

卡尔·罗杰斯（Rogers，1902~1987）的**来访者中心疗法**（client-centered therapy）是被广泛使用的人本主义治疗技术之一。来访者中心治疗师强调个体有意识的自我知觉，而不是治疗师自己的解释。治疗师在倾听过程中并不加评价和解释，避免指导来访者倾向于某一领悟。这种策略被称为：非指导性治疗。

Culver Pictures

积极倾听 在团体治疗过程中，罗杰斯（右，已故）与一个来访者体验移情作用。

罗杰斯坚信，大多数人已经具有成长的资源（1961，1980），他鼓励治疗师表现出真诚、接纳和共情。当治疗者放下自己的伪装，真诚地表达自己的真实情感时，当他们能够使来访者感到无条件地被接纳时，当他们以共情的方式感觉和反映来访者的情感时，来访者就可能加深自我理解和自我接受（Hill & Nakayama，2000）。正如罗杰斯（1980，p.10）所解释的：

> 倾听具有重要意义，当我真正地听一个人和在那一时刻对他很重要的话时，我所倾听的不仅仅是他的话，而是他的人。当我让他知道我已经听懂他个人的人格意义时，许多事情就会发生。首先我看到的是一种感谢的真情，他会感到解脱。他想告诉我更多他的世界。他在一种全新的自由感中心情激荡。他对这种变化过程会越来越开放。
>
> 我常常注意到，当我深入地倾听一个人时，以上情形就越可能发生。无一例外，当一个人意识到，他得到了别人极大的关注，他的眼睛常常会湿润。我想，在某种意义上，他是为快乐而流泪。那就如同他在说："感谢上帝，有人在听我说话，有人知道我是一个什么样的人。"

"我们有两只耳朵一张嘴，就是为了少说多听。"

——齐诺，公元前 335–263，第欧根尼·拉尔修

"倾听"是指罗杰斯技术中的**积极倾听**（active listening）——回应、重申和澄清一个人所表达的内容（言语的和非言语的）以及了解他所表达的情感。积极倾听现在已经被许多学派、学院和诊所的治疗与咨询实践所接受。咨询师神情贯注地倾听，只有在需要重申和肯定来访者的情感，或是表示已经理解了病人所表达的一切，或是需要进行解释的时候，才会打断他。在对一个男性来访者进行心理咨询时，罗杰斯对积极倾听作了说明：

来访者： 我对任何人都没有用，以前没有用，以后也不会有用。

罗杰斯： 这就是现在的感觉，嗯？你对你自己没有用，对任何人也没有用。将来对任何人也没有用。你完全没有价值，嗯？——这些就是糟糕的感觉。你感觉一点用处都没有，嗯？

来访者： 是的。（一种低的、没力的声音自语道）这就是那个跟我一起进城的家伙前两天告诉我的。

罗杰斯： 跟你一起进城的家伙真的告诉你，你一点用处都没有。这是不是你刚才说的？我没有听错吧？

来访者： 嗯。

罗杰斯： 如果我没有猜错的话，这件事的意思是有一个人对你很重要，而他对你产生了一系列的想法？为什么是这样，他告诉你，他认为你一点用处都没有，并且他的话给了你沉重的打击。（来访者默默地哭了）。这些让你流泪了。（20 秒的沉默。）

来访者：（明显反抗）然而我不在意。

罗杰斯： 你告诉自己你一点儿也不在意，然而我猜，你的某些部分却非常在意。因为你的某些部分在为此哭泣。（Meador & Rogers，1984，p.167）

这段摘录表明，采用来访者中心疗法的治疗师是如何努力提供一面心理镜子来帮助来访者更清楚地看待自己。但是一个治疗师可以成为一面完美的镜子吗？当他对病人的话做出反应时会不会带有主观的选择和解释？罗杰斯承认一个人不可能是完全非指导性的，因此，他相信治疗者最重要的贡献是接受和理解来访者。

假如给个体提供一种非评价性的、无条件的积极关注及爱的环境，那么人们能够内化无条件的、积极的自我关注。他们甚至可以接受那些不好的特性并且感受价值和完整。

如果你想更积极地倾听自己亲友的情感，下面三个提示或许对你有帮助：

1. **解义**（paraphrase）。用你自己的话来总结讲话者的意思，从而验证自己的理解是否正确。
2. **要求对方作更多的说明**（invite clarification）。如“你说的那个事的例子是什么？”这样可以鼓励讲话者讲更多信息。
3. **投射情感**（reflect feelings）。如“它听起来令人沮丧”，这样可以准确地映射出你对于讲话者的身体语言和情感强度有什么样的感觉。

行为疗法

3. 行为疗法的假设和治疗技术是什么？

目前为止，我们讨论的治疗方法都是假设当自我觉知成长时，（理性）个体的心理问题就会减轻。精神分析家预期，当人们领悟了自己以前无法消解的和从未意识到的紧张时，问题就会消失。人本主义治疗家则预期，当人们与自己的感觉相连时，问题就会减弱。然而，**行为治疗**（behavior therapy）师却怀疑自我觉知的治疗力量。他们认为行为本身就是问题。比如你明明知道考试是高度焦虑的原因，但你仍会焦虑。因此，行为疗法要利用学习原则来消除那些不想要的行为。为了治疗恐惧症或性障碍，行为治疗师不是去挖掘表面现象之下的内在原因，他们把不适应的症状看做是习得行为，并努力用建设性行为来替代。

经典条件作用技巧

一系列的行为治疗都是由巴甫洛夫的条件反射实验的原理发展而来的（见第 7 章）。正如巴甫洛夫和其他人的研究所示，通过经典条件反射，我们了解了各种各样的行为和情绪。那么，不适应的症状是条件反射的例子吗？假如是，那重建条件反射是解决问题的方式吗？学习论的学者莫勒（O.H.Mowrer）研究出了这样一个条件反射疗法来治疗慢性尿床症。孩子睡在对液体敏感的垫子上，这个垫子与一个报警器相连。垫子潮湿时就会引起警报，并弄醒孩子。经过多次反复作用，小便后放松与被叫醒建立联结，这样就消除了尿床习惯。此疗法中，3/4 的治疗是有效的，而且成功地推动了儿童自我意象的形成（Christophersen & Edwards，1992；Houts et al.，1994）。

▸▸ 对尿床的治疗，精神分析家会说什么呢？而行为治疗师又将如何回答呢？

另外一个例子：假如对电梯的幽闭恐惧症是对限制的空间刺激形成的习得性厌恶，那么个体是否有可能会对自己的恐惧反应产生拮抗条件作用，从而忘记恐惧呢？**拮抗条件作用**（counterconditioning）是将触发刺激与不能引起恐惧心理的新行为反应相匹配。例如：假如我们反复地把电梯的封闭空间和一个放松的反应联系在一起，那么这种恐惧感可能会被放松的感觉所代替。两个具体的拮抗条件作用的技术是暴露疗法和厌恶条件作用。

暴露疗法 玛丽·科弗·琼斯（Mary Cover Jones），行为主义的代表人物约翰·华生的助手，在 1924 年的报告中描述了这样的场景：三岁大的彼得对兔子和其他有毛的物体会产生恐惧反应。琼斯的目的是用与恐惧无关的条件作用来代替彼得对兔子的恐惧反应。她的策略是将引起恐惧的兔子和快乐而放松的吃东西行为相联。

当彼得开始吃午后的茶点时，琼斯把关在笼子里的兔子拿到大屋子的另一边，彼得正在兴奋地嚼东西，嘴巴不停地动，一边还喝着牛奶，几乎没有注意到兔子的存在。在接下来的几天，她逐渐让小白兔越来越靠近彼得。在不到两个月的时间里，彼得已经能够容忍小白兔在他膝盖上跑来跑去，他甚至都可以一边吃东西一边抚摸小白兔。此外，他对其他有毛动物的恐惧反应也在减退，恐惧已经被与其不能共存的放松状态“拮抗化”或是代替了（Fisher，1984；Jones，1924）。

琼斯关于彼得和小白兔的故事并没有很快得到心理学界的承认，这对那些本来有可能通过她的拮抗条件作用而获得帮助的人来讲是不幸的。直到 30 多年以后，心理学家沃尔普（Wolpe，1958；Wolpe & Plaud，1997）才改进了琼斯的技术，使其成为应用最广泛的行为主义疗法：暴露疗法（exposure therapy）。暴露疗法是将人们暴露在他们所逃避的事物或环境下。就如同人们能习惯火车穿过新公寓所发出的巨大响声一样，通过反复地将人们暴露在这种状态下，人们将会对他们曾经害怕的东西变得越来越不敏感（Deacom & Abramowitz，2004）。

系统脱敏（systematic desensitization）是一种广泛使用的暴露疗法。就像琼斯所做的那样，沃尔普假设，你不能同时体验害怕和放松。因此当你面对令人恐惧的刺激时，如果你不断地放松，那么你的焦虑就会逐渐地消除。这种方法的策略是逐步进行的。让我们来看一看这种治疗方法如何治疗常见的恐惧症。假设你害怕在公众面前演讲。行为主义治疗师可能首先要求你建立一个不同层级的演讲焦虑事件。你的焦虑事件层级将从微弱的焦虑刺激环境开始，例如：在一小群朋友中进行演讲，最后过渡到极度恐慌的刺激环境，如不得不在大量观众面前公开演讲。

采用*渐进松弛疗法*，治疗师训练你一组一组地放松肌肉，直到你进入一种完全放松和舒适的催眠状态。然后治疗师让你闭眼想象一个较弱的焦虑环境：你正和一群朋友喝咖啡，并且正在思虑是否讲话。如果想象这些场景使你感到有任何一点焦虑的话，你就举手指来表达你的紧张。然后治疗师指导你转换心理想象并恢复到深层的放松状态。这种想象的场景反复地与放松结合直到你感受不到一丝焦虑。

治疗师按焦虑事件层级不断上升，并用放松状态削弱你每次想象中的焦虑。在几个疗程以后，个体开始在实际环境下进行练习，从相对容易的环境逐渐过渡到充满焦虑的环境。在真实的环境中战胜自己的焦虑，而不只是在想象中，从而可以增强你的自信（Foa & Kozak，1986；Williams，1987）。最终，你可以成为一名自信的公众发言人。

对于那些不能形象地想象焦虑状态以及因为感到太恐惧、太难堪以致无法在现实生活中体验该情景的人，**虚拟现实的暴露治疗**（virtual reality exposccre therapy）可以为其提供一个有效的中间平台。给病人带上头盔，这种装置能够投影出三维空间的真实世界，让病人沉浸在一个逼真的生活场景中。例如，在治疗飞行恐惧症的病人时，可以让他们在模拟飞机上盯着窗外虚拟的景象，让他们感

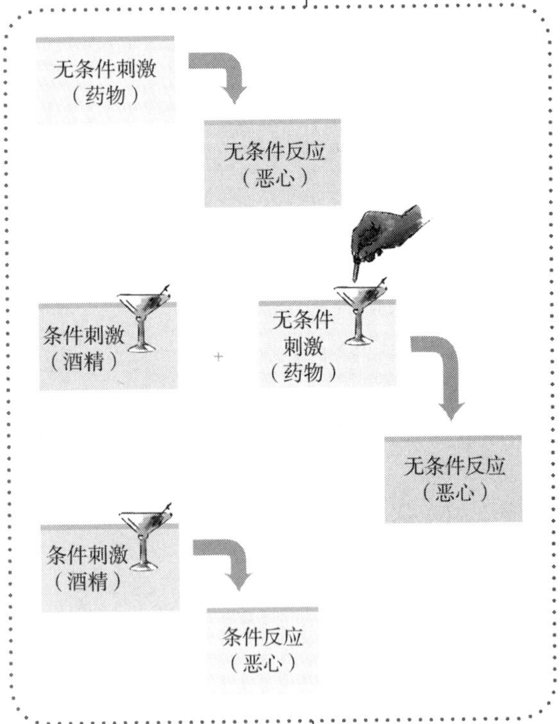

➤ 图 15.1
对酗酒者的厌恶治疗
如果在酒里放入会令人感到极端恶心反胃的药片，并反复地给那些有滥用酒精历史的人喝，他们至少能暂时产生对酒精的厌恶条件作用。

受颤动和引擎的轰轰呼啸声，就好像飞机正准备降落或者正在起飞。在起初的实验中，与控制组相比，接受了虚拟现实暴露治疗的人，在真实生活中更明显地体验到恐惧的减轻。

厌恶条件作用 在系统脱敏方法中，对于一个无害刺激物，治疗师帮助来访者用一个积极轻松的反应来代替消极害怕的反应。在**厌恶条件作用**（aversive conditioning）中：治疗医生试图用一种消极害怕（厌恶）的反应来代替对有害刺激（酒精）的积极反应。因此，厌恶条件反射是系统脱敏的反面。它试图寻求一种来访者会逃避的厌恶条件。

程序很简单：它将不想要的行为与不快或讨厌的感受相联系。为了治疗吃指甲行为，可在指甲上涂上一层难闻的指甲油（Baskind，1997）。为了治疗酗酒者，厌恶条件治疗师给来访者提供诱人的酒品，同时让他随酒吞下令人严重恶心反胃的药片。通过将酒精和强烈的恶心感联系起来，治疗师将酗酒者对酒精的积极反应转换成消极反应（参见图 15.1；回忆第 7 章用小鼠和山狗做的令人厌恶的味道实验）。

厌恶条件作用有效吗？从短期看是有效的。有研究者（Arthur Wiens&Carol Menustik，1983）研究了 685 位酒精成瘾的患者，他们俄在勒冈州波特兰市的一家医院参与了厌恶治疗。一年后，他们又接受了几项酒精依赖强化治疗，其中有 63% 的人成功戒断。但是三年之后，只有 33% 的人保持了戒断。

但是正如我们在第 7 章所看到的，问题在于认知影响条件反射。人们知道在治疗师的办公室之外，喝酒是不用担心恶心反胃的。个体有区分厌恶性条件环境和其他环境的能力，这无疑会限制治疗的效果。因此厌恶条件作用通常和其他治疗方法同时使用。

操作性条件作用

我们可以从第 7 章中获知，操作性条件作用的一个基本概念是，个体的自主行为会受到自身结果的强烈影响。因此，行为治疗师能进行行为矫正强化被期望的行为，停止强化或惩罚不想要的行为。我们用操作性条件作用来解决特殊行为问题，并从某些被认为是毫无意义的案例中看到了希望。智力迟滞的儿童已被教会如何照顾自己；表现为社交退缩的孤独症儿童学会了如何与人交往；精神分裂症患者在医院病房内的行为变得更加理性。在这些例子中，治疗者采用积极强化的方式一步一步来塑造个体的行为方式。

在极端的例子中，治疗力度是相当惊人的。在一个研究中，19 名表现为退缩寡言的 3 岁孤独症儿童参与了历时两年、每周 40 个小时的治疗方案，由父母来塑造他们的行为（Lovaas，1987）。积极强化期望的行为，忽略或惩罚好斗侵略、自我贬低的行为，两者结合达到了惊人的效果。通过第一阶段的治疗，19 个孩子中有 9 个能够成功地适应学校生活，还能表现出正常的智力。而在现实中没有参加这种实验的同类儿童，40 个当中只有 1 个取得类似的进步。

奖励过去常被用于修正行为的变化。对某些人来讲，关注或者赞赏就会产生明显的强化力量。而对另一些人来讲则要求具体的报酬，例如食物。在研究机构中，治疗师发明了一种**代币制**（token economy）。当病人表现出正确恰当的行为时，如:起床，洗漱、穿衣吃饭、连贯地谈话、整理房间或相互合作游戏，他们就会获得一种代币或是塑料币作为积极的强化物。然后他们能用自己积蓄的代币去交换其他的奖励，例如：糖果、看电视、到市中心逛街或者改善生活环境。代币制已经被成功地运用到各种不同的机构（家庭、教室、医院、违法者的教育机构）中和各种群体成员（包括违法青少年和精神分裂症患者以及其他心理障碍患者）中。

对于行为矫正，批评者表达了两方面的忧虑。其中之一是现实性：行为可以维持多久？当个体离开机构，这种强化因素停止作用时，会出现什么结果呢？由于个体如此依赖外部的强化，这种恰当的行为会不会迅速消失？假如答案是肯定的，那么行为治疗师怎样才能使这种正确的行为持续下去呢？行为矫正的支持者认为：他们可以让病人对其他的奖励方式产生兴趣和需要，例如，社会认可以及更典型的外部生活奖励等方式，从而让病人摆脱对代币的依赖。他们可以训练病人用内在奖励方式来鼓励自己的行动。例如，当退缩者越来越适应社会时，这种内在的社交满足可以帮助其保持这种行为。

第二种担心是伦理方面的：一个人是否可以控制另一个人的行为？代币制的使用者剥夺了别人想要的东西，擅自决定哪些行为应该受到强化。批评家们认为整个行为矫正过程就是独裁。而代币制的支持者反驳道：控制本就存在。奖励和惩罚者已经在维持这种破坏性行为模式。有什么理由不强化适应的行为呢？他们辩解说：用积极奖励比用制度和惩罚更人性；而且它的治疗效果及其对生活的有效改善证明了这只是对病人自主权的暂时剥夺。

"生活并非主要由大量的事实和事件所组成。生活主要是由来自大脑的源源不断的各种想法组成。"

——马克·吐温，1835–1910

认知疗法

4. 认知疗法的目的和治疗技术是什么？

我们已经了解了行为治疗师是如何治疗特殊的恐惧心理和行为问题的。但是他们怎样处理重度抑郁或一般性焦虑呢？当焦虑不明确时，描述焦虑事件层级是困难的。50 年来，认知革命不但深刻地改变了心理学，而且影响了治疗师对那些界定不明确的心理问题的治疗。

认知疗法（cognitive therapy）假设我们的思维会影响情绪情感（图 15.2）。在事件和反应之间的是思维。正如第 14 章所提到的，对不良事件的自责和过度概括性解释是导致抑郁恶性循环的原因之一。抑郁者把建议看做是批评，把不同意见看做是不喜欢，把表扬看做是拍马屁，把友好看做是同情。这种思维的不断出现维持了这种坏心情。假如抑郁的思维模式是可以习得的，那么它们肯定也可以被代替。所以认知治疗师试图用各种方法来教会人们运

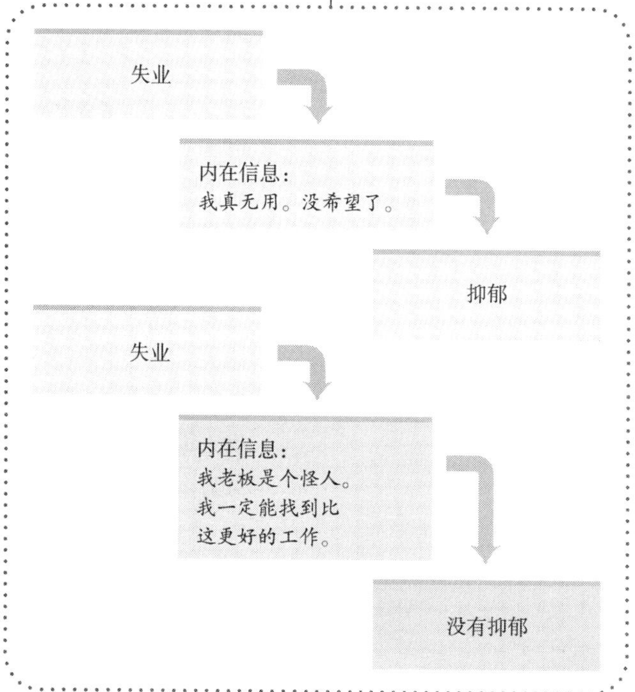

➤ 图 15.2
心理障碍的认知观
一个人的情绪产生并不是直接来源于某一事件，而是源于个体对这一事件的认识。

用新的、更具建设性的思维方式。当人们感觉痛苦时，他们能在新思维方式的帮助下改变自身的心情。

抑郁症的贝克疗法

认知治疗家贝克（Aaron Beck）最初运用弗洛伊德的方法进行治疗。当贝克分析抑郁者的梦境时，他发现，病人清醒时思维中的消极主题在梦中再次出现了，如丧失、拒绝和抛弃。当病人回忆和复述他们的失败和最糟的事件时，这种影响甚至在治疗中也表现了出来（Kelly，2000）。因此，在认知治疗中，贝克及其同事（1979）转而去探讨如何改变病人对自己、身边环境和未来的信念。他们试图说服这些悲观绝望者摘掉观察世界的黑色眼镜。他们的方法是温和地提问，意在帮助人们发现自身的不合理想法（Beck et al.，1979，pp.145-146）。

病人：我同意你对我的描述。但我想我并不认为这种思维方式让我沮丧。

贝克：那你是怎样理解它的呢？

病人：当做错事时我感到沮丧。例如：没有通过考试。

贝克：没有通过考试怎么使你沮丧呢？

病人：是这样的，假如我没有通过，我就不能进入法学院。

贝克：所以，没有通过考试对你来说非常糟糕。但是，假如考试失败可能会让人们有临床的抑郁表现，难道你希望每个不及格的人都是抑郁症患者吗？……每个不及格者都抑郁到需要治疗吗？

病人：不，但是这取决于考试对每个人的重要程度。

贝克：对，那么谁决定重要性呢？

病人：我。

贝克：所以，我们需要考察你看待考试的方式，以及它如何影响你进入法学院的可能性。你同意吗？

病人：同意。

贝克：你认为你解释考试结果的方式会影响你吗？你可能感到沮丧，你可能失眠，没胃口，甚至可能想是否应该放弃。

病人：我一直都在想我不打算这样做，是的，会影响。

贝克：现在，考试失败对你意味着什么呢？

病人：（眼泪汪汪）我将不能进入法学院。

贝克：那这对你意味着什么呢？

病人：那说明我不够聪明。

贝克：还有呢？

病人：我将永远不会快乐。

贝克：那这些想法会使你感觉怎样呢？

病人：非常不开心。

贝克：所以考试失败意味着让你非常不开心。事实上，认为你永远不会快乐是导致不开心的一个重要因素，所以，你把不能进入法学院等同于“我永远不会快乐”，通过这样的解释，你令自己陷入一个困境。

我们常常用言语思考。因此，要求人们改变自己的自言自语内容可以有效地改变他们的思维方式。也许你能一眼认出那些考试焦虑的学生，他们在考试前总是使用自我贬低思维把事情变得更糟，他们总是想，“这次考试可能不会通过，其他同学似乎很轻松自信。我希望我能准备得更好一点儿。总之我太紧张了，我会忘掉所有的内容。”为了改变这种消极的自言自语，唐纳德（1977，1985）提出了应激接种训练。他训练人们重建自己在压力环境下的思维。有时它可能简单到仅对自己说更多积极的话：“放松，这次考试可能很难，但它对其他人也一样难。我比其他大多数人都刻苦努力，此外我也并不需要得到一个极高的分数。”在实验中，有抑郁倾向的儿童和大学生经过训练与自身的消极思维争辩后，只剩一半比例的人对未来表示担忧（Seligman，2002）。

认知－行为疗法

这种被称为**认知行为疗法**（cognitive-behavior therapy）的整合治疗目的在于改变人们的行为方式（行为治疗）和思维方式（认知治疗）。这种方法试图使人们意识到自身不合理的想法，并用新的思维方式去代替它，而且在日常生活中更多地训练积极思维。

在一项研究中，强迫症患者学会重新定义他们的冲动（Schwartz et al.，1996）。当产生再一次洗手的冲动时，他们会告诉自己：“我正感受到一种强烈的冲动。”并将它归结为大脑的不正常活动，正如 PET 扫描所显示的一样。随后，他们参加 15 分钟替代性的娱乐活动，例如：练习乐器，散步或园艺，而不是服从于冲动。这有助于大脑转移注意力和活跃大脑的其他部分。病人在家庭中进行重新定义和重新设定注意力的练习，这种治疗每周进行一次，共持续 2~3 个月。在研究结束时，大多数患者症状消失，他们的 PET 扫描显示出正常的大脑活动。

团体与家庭治疗

5. 团体与家庭治疗的目标和优势是什么？

除经典的精神分析以外，我们所谈到的治疗方法还可以在团体治疗中使用。团体治疗不能给每个来访者提供相同程度的心理治疗，然而它却可以节省治疗师的时间和来访者的金钱，而且效果也不会比个体治疗差（Fuhriman & Burlingame，1994）。治疗师常常建议有家庭冲突或者因自己的行为给别人带来痛苦的人进行团体治疗。在每周累计 90 分钟的治疗中，治疗师让 6~10 个人讨论一个主题并相互回应，并指导他们彼此间的互动。

团体治疗程序有明显的优点：这种社会性联系让人们既能发现其他人也存在和自己相类似的问题，又可能尝试新的行为方式。它能使你获得反馈——也许能再次证实：当你感到焦虑和窘迫时，你仍表现得泰然自若。而且，当你了解到其他人尽管外表十分镇静，却跟你有同样的问题和令人烦恼的感受时，你会得到安慰，发现自己并不孤独。

一种特殊类型的团体互动小组是**家庭治疗**（family therapy），该方法假设没有人生来就是一座孤岛，我们在与他人的联系中生存、生长，尤其是我们的家庭。我们努力使自己区别于家人，而我们同样需要与家人有感情上的联系。我们的一些问题行为来自于这二者之间的冲突压力，而这可能导致家庭压力的产生。

多数心理治疗法关注人们的内心世界，家庭治疗与此不同，治疗师和家庭小组一起探讨缓解家庭关系和调动家庭成员积极性的办法。他们的目的是帮助家庭成员找到自己在家庭这个社会系统中的角色。例如：一个孩子的叛逆心理会影响家庭成员的紧张程度，同时他也被其他成员的紧张程度所影响。家庭治疗师也试图——常常根据一些成功的研究提出建议（Hazelrigg et al.，1987；Shadish et al.，1993）——让家庭成员相互交流，或帮助他们发现新的避免争吵或解决争吵的方法。

自我帮助和支持小组的成员的生活经历十分丰富（Yalom，1985）。对 1400 多个自助小组和在线支持小组的分析报告显示（Davison et al.,2000）：大多数的支持小组专注于一些受到指责、令人尴尬以及难以治愈的疾病上。艾滋病患者参加支持小组的可能性是高血压患者的 250 倍，那些努力摆脱厌食症和酗酒的人常常会参加支持小组，但偏头痛和溃疡患者就不这么做。

▸▸ 尽管据估计 AA 在全球有 180 万成员，但据说它是地球上最大的没有人愿意参加的组织（Finlay，2000）。

支持小组的先驱，酗酒者匿名会（AA）称，它有 60 000 个分支遍布 112 个国家。它最著名的 12 步策略，已被其他许多支持小组所模仿，即要求成员承认自己的无助，从更强的力量和他人那里寻求帮助，并且（第 12 步）把这种信息转告给需要它的人。 在一项历时 8 年，花费 2700 万美元的调查中我们发现，参加酗酒症治疗的人其饮酒量急剧降低，而且无论是随机安排的以 AA 原则为基础的治疗，还是认知行为治疗或目标治疗，效果都基本一致（Project Match，1997）。

在个人主义时代，随着越来越多的人离群索居，支持小组的盛行——对于丧失亲人者、离异者、吸毒者，以及那些仅仅寻找伙伴的人和成长者来说——反映了他们对团体和社会关系的渴望。超过 1 亿的美国人经常会参加一些宗教性的、兴趣性的或自助性的小组。有九成的报告涉及小组成员“相互之间的情感支持”（Callip，1994）。

我们简要概括了主要的心理治疗方式，见表 15.1。

表 15.1 主要心理治疗方法之间的比较

治疗	假定问题
心理动力学	潜意识的力量和童年经历
来访者中心	自我理解和自我接纳受阻
行为疗法	不良行为
认知疗法	消极的、自我挫败的思维
家庭治疗	紧张关系
治疗目标	方法
通过自我洞察缓解焦虑	分析和解释
通过自我洞察获得个人成长	积极倾听和无条件积极关注
消退和重新学习	拮抗条件作用、暴露、脱敏、厌恶条件作用和操作条件作用
更合理的思维和自我对话	揭露和逆转自我责备
修复关系	理解家庭社会系统，探索角色，改进沟通

本节回顾

➤ **自问**

你将怎样运用本章所讨论的方法去帮助一位患焦虑症的朋友？

➤ **自测 1**

精神分析疗法和行为疗法之间的最主要的区别是什么？

自测问题的答案见书后的附录。

评估心理治疗

专栏作家安·兰登斯（Ann Landers）经常建议被问题困扰的读者去寻求专业人士的帮助。她总是回信力劝读者："不要放弃。继续坚持，直到你找到一个适合的人（即心理治疗师）。这是值得付出努力的。"

治疗师确信许多美国人都对心理治疗充满信心。1950 年以前，提供心理健康帮助的主要是精神病医生，此后，仅靠精神病医生已经不能满足人们的要求了，于是现在大多数心理治疗已经由临床和咨询心理学家、临床社会工作者、牧师以及学校的咨询者、精神病机构的护士来承担。

心理治疗有效吗

6. 心理治疗有效吗？谁来决定其作用？

这个问题，看似简单但却很难回答：一方面衡量治疗效果不像你测量体温，只看是否退烧那样简单。假如你和我都曾接受过精神治疗，我们将怎样衡量它的效果呢？我们怎样觉察自己的进步呢？治疗师又是怎样觉察的呢？我们的朋友家人是怎样觉察的呢？我们的行为会有怎样的变化呢？

来访者的感觉

假如来访者的认可是判断疗效的惟一准绳，我们就能有力地肯定心理治疗的有效性。3/4 的来访者已经表示感到满意，1/2 的人说他们非常满意（Lebow，1982）。当 2 900 名《消费者报》的读者（1995；Kotkin et al.，1996；Seligman，1995）声称，在他们和健康专家的接触中，89% 的人"相当满意"。在那些回忆起刚开始治疗时感觉还不错或非常不好的人当中，九成的人现在感觉非常好、好或至少一般。我们听到了他们的评价，而谁可能知道更多呢？

我们不应该对这些评价有丝毫的轻视。但是这里有几个理由能说明为什么来访者的认可并不能说服心理治疗的怀疑者。

- *人们通常在危急时刻进行治疗。*伴随着正常的恢复和时间的流逝，当危机过去后，人们会将他们的好转归功于治疗。
- *来访者相信为治疗所付出的努力是值得的。*承认把时间和金钱投入在一件无效的事上就如同承认自己的轿车总是被不懂得维修技术的机械师维护一样。

自我合理化是人类强有力的行为动机。

- *来访者通常喜欢他们的治疗师并为他们说好话。*“即使来访者的问题仍然存在，”批评家说，“他们仍然会去寻找一些积极的话来说。治疗师具有非常高的理解力，来访者已获得新的看待事物的方法。他已学会如何更好地交流。他的心里感到非常放松。任何一点关于治疗无效的话都是不能说的”（Zilbergeld，1983，p.117）。

来访者对疗效的肯定和证实可能造成误解。正如在前面章节中提到的，我们倾向于做出有选择性的和带偏见的回忆，并做出有利于证实自己观点的评价。在一个大规模的实验中，马萨诸塞州的 500 多名年龄为 5~13 岁的男孩参加了实验，他们中的大多数似乎都有不良行为。通过投掷硬币决定，一半的男孩子被安排加入到一个 5 年治疗研究计划的实验小组。顾问每个月走访他们两次。这些男孩子也参加了诸如童子军这类的社区活动。在必要时，他们会得到学业的辅导、医疗的关心和家庭帮助。在研究结束 30 多年后，琼・麦科德（McCord，1978，1979）联系到了 485 位参加者。为了评价治疗的效果，她发给他们问卷并且调查了来自法庭、精神病医院和其他机构的公共记录。这一治疗成功了吗？

用来访者的认可来评价治疗计划的确产生了令人鼓舞的结果。一些人说，假如没有心理顾问的话，“我可能会进监狱”；“我可能走上另一条道路”；“我想我可能会因犯罪而结束一生”。司法记录明显地证实了这些评价。甚至在那些问题最严重的少年中，有 66% 都没有官方的青年期犯罪记录。

但是，在将实验组与控制组做了比较后，研究者不得不从沾沾自喜的幻想中回到现实。麦科德跟踪记录他们的成长过程并发现，控制组的这群曾有不良行为的孩子中，有 70% 并没有青年期犯罪记录。此外，就算是采用其他的测量指标，例如，二次犯罪记录、酗酒倾向、死亡率和工作满意度，这些未接受心理治疗的男孩出现的问题也更少。来访者的证言确实会起误导作用。

治疗师的观点

假如临床的感知能正确反映医疗效果，我们可能已经有更多的理由来庆祝成功。成功的个案研究非常多。另外，每位治疗师都很珍惜来访者在离开时向他们表达的感谢和赞扬之情。问题是，来访者在接受治疗时强调的是他们的苦恼，而离开时则是在强调他们的安宁，并只在对方感到满意的前提下保持接触。来访者在接受完治疗后，痛苦会有所减轻，但这是短暂的，他们会寻求新的治疗师来解决自己反复出现的问题。治疗师知道治疗很可能会失败，但失败却几乎都可以推给其他的治疗师。因此，同一个长期被体重问题、抑郁或婚姻问题折磨的人，可能会成为好几个治疗师的成功案例。

由于人们通常是在自己极度不高兴时来寻求治疗，而离开时这种不愉快之情则有所缓解。因此，大多数的治疗师和来访者一样，通常以此来证明治疗的成功，而不管治疗过程怎样。（见批判性思考：从不正常回归到“正常”）

结果研究

我们应该怎样客观地衡量心理治疗的效果呢？哪种类型的人和问题最有可能通过心理疗法治愈，而要治疗这类人和这类问题又该用哪种心理治疗方式呢？

批判性思考

从不正常“回归”到正常

来访者和治疗师对治疗效果的感知易通过两种现象而被夸大。一是因来访者对治疗的信赖而产生的力量，叫做安慰剂效应。假如你相信这种治疗将产生效果，那可能真的会有疗效（多亏你对治疗效果的积极期望）。

第二种现象是**趋均数回归**（regression toward the mean）这是从非正常的事件（感情）回归到平均状态的趋势。因此，异常（感情低潮）之后常常是更多的正常事件（常态的恢复）。因为我们返回到了常态，所以我们在这个过渡期中所做的任何努力都可能是有效的。实际上，当事情坏到极点时，无论我们做什么样的努力，去看心理医生、开始练习瑜伽或做有氧运动，都可能使情况有所改善而不会更糟。

科学方法的真正目的是为了让你确定：自然还没有误导你认为自己知道实际上你并不知道的事。

——罗伯特·皮尔西格，《父与子的对话》，1974

有一点似乎是显而易见的，然而我们却常常忽略它：我们有时把可能是正常的回归（预期的回归常态）归功为我们所付出的努力。请考虑下列情况：

- 在某一次考试中得分比平时更高或更低的学生，当再次测试时，他们又将回到其正常的水平。
- 在第一次测试中，那些否认其表现是由于偶然的不寻常的超感知觉被试表现不俗，再测时，却几乎失去了精神力量。（这种现象被心理学家称为“衰退效应”）。
- 经历了异常糟糕的上半场，教练对球员咆哮，但当球队在下半场的表现有所进步（回复到正常水平）时，他可能会感到所做的一切都很值得。

“一旦你对它变得比较敏感，你会发现回归无处不在。”

——心理学家丹尼尔·卡尼曼（1985）

在每一个案例中，原因和结果的联系可以是单纯的。然而更有可能的是每个案例都是行为者从非正常逐渐向正常回归的趋势。这明确了治疗效果研究的任务：要求我们辨别出在特殊治疗之后得到的效果，是否超出我们所预测的由安慰剂作用和正常回归所产生的那部分效果。

为了更好地评价心理治疗效果，心理学家开始进行对比研究。在十九世纪，人们就曾运用类似的研究，将还在使用混合治疗方法（放血、通便洁净、在植物和金属药物中浸泡）的医学转变为科学。这种转变出现时，对此持怀疑态度的医生开始意识到：很多病人能自动好转，而大多数流行的治疗方法并不见效，只有在紧随病情的变化决定使用或不使用某种治疗后，才能区分出何为迷信，何为真理。例如：伤寒症病人总是在被放血后有所好转，这使大多数医生相信这种方法是有效的。直到在一个实验中，控制组的病人仅仅是在床上休息，五周后，竟有70%的病人有所好转，震惊的医生们才意识到：自己的治疗方法是无效的（Thomas，1992）。

在心理学界，被公开挑战的是英国心理学家汉斯·艾森克（Eysenck，1952），他的研究引起了激烈的争论。他在总结了很多研究结果后发现，2/3 遭受精神病折磨的患者在接受心理治疗后都有显著好转。直到今天，也没有人怀疑这一乐观的估计。

幸运的是：精神分析不是解决内心冲突的惟一方法。生活本身就是非常有效的医生。

——卡伦·霍妮，《我们内心的冲突》，1945

但是，我们为何仍要为精神治疗是否有效而争论呢？因为艾森克也声称，在未经治疗的患者中类似的好转情况也出现过，例如那些仍列在等候名单中的人。他说，不管有没有接受心理治疗，都有大约 2/3 的人有显著的好转。时间是最好的医生。

大量对艾森克研究结论的批评显示出他的分析所存在的缺陷（在 1952 年，艾森克仅仅找到 24 例心理治疗的结果来进行研究分析）。而今天，这样的例子成百上千。其中最好的随机化临床实验是对随机安排在等候名单上的患者进行治疗或

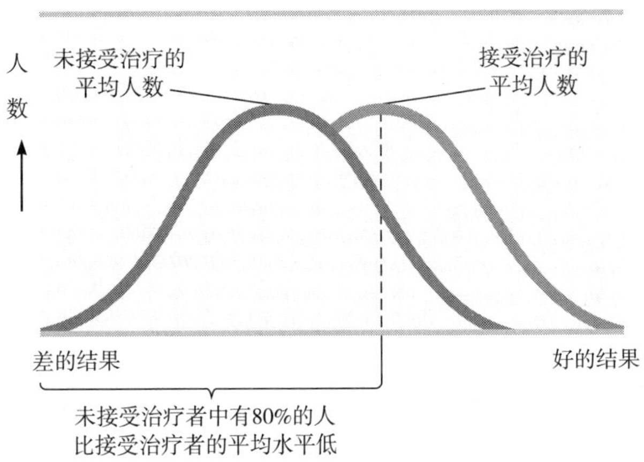

➤ 图 15.3
治疗与不治疗的对比
这里的两种正态分布曲线的数据来源于对 475 例接受过精神治疗的患者和未经治疗的患者好转情况的研究。接受过治疗的患者的平均好转水平超过了 80% 没有接受治疗的患者。(From Smith et al.，1980)

不治疗。此后，研究者检测患者目前的病情，然后让患者的朋友、家人或一些不知道患者是否接受过治疗的心理学家来评价每个患者，再将他们的评价与患者的实际状况相比。随后用一种被称为**元分析**（meta-analysis）的技术来对上述结果进行分析，元分析是一种把许多不同研究的结果按统计的原则进行综合分析的技术，它能达到跟那些使用了成千上万被试的大规模研究一样的效果。

第一批对近 475 个心理治疗结果进行的元分析研究（Smith et al.，1980）证明，接受治疗的来访者在治疗结束时的平均感觉比 80% 的在等候名单中未接受治疗的患者要好（见图 15.3）。这种说法比它在第一次被提出时更加保守——根据定义，大约 50% 的接受过治疗的患者的感觉好于未接受治疗的患者。不过，史密斯及其同事仍然很兴奋地提出，精神治疗让任何年龄段的人都受益，精神治疗的作用就跟学校教育、药物治疗、商业利润一样具有可靠性（p.183）。

60 多项后续的总结证实了这一问题（Kopta et al.，1999；Shadish et al.，2000）。它们证实了早期研究的结果：*没有接受治疗的患者通常能好转，但接受治疗的患者更有可能好转。*

心理治疗可以节省成本吗？在一份对 91 例研究进行的元分析报告中，我们看到，当人们寻求心理治疗时，他们对药物的需求下降到 16%（Chiles et al.，1999）。

每年心理疾病和药物滥用的费用是令人惊愕的，包括犯罪、事故、失业和治疗等。正像对孕期和婴幼儿期的精心照顾和投入将会降低长期成本一样，几乎任何一种对心理问题有效治疗的投入也能做到这一点。任何有利于员工心理健康的举措都将减少医药开支，提高工作效率和减少旷工。健康保险商所进行的研究显示，心理健康治疗通过降低药物治疗成本，能更多地回报于自身（美国心理学会，1991）。

但要注意：一般并不特指一种治疗。正如那些用来安慰肺癌患者的话"一般来说"针对健康问题的药物治疗是有效的。人们想要知道的不是治疗方法一般的效果，而是对于具体问题的具体治疗方法的效果。

不同治疗的相对有效性

7. 某些治疗方法比其他方法更有效吗？

"不管治疗功效存在怎样的差异，这种差异看起来还是非常微小的。"
——布鲁斯·万普尔德及其同事（1997b）

关于治疗，我们能告诉人们什么呢？哪种心理治疗对他们的问题最有效呢？尽管不同治疗方法的倡导者坚持强调自己的优势，但史密斯及其同事（1977，1980）的元分析结果表明，没有哪种治疗方法是特别出众的。同样，《消费者报道》的读者表示，无论接受哪种方式的治疗，无论是接受精神病专家、心理学家还是社会工作者的治疗，无论是团体治疗还是个体治疗，无论治疗师的经验丰富还是有限（Seligman，1995），他们都同样地满意。难道这就像《爱丽丝漫游仙境》里的渡渡鸟所唱的："每个人都能取胜，全部都应该有奖品。"？不完全是。某些治疗方法特别适用于某些特定的问题。例如，行为疗法在治疗尿床、恐惧症、强迫症、婚姻问题和性障碍上尤其受青睐（Bower & Clum，1988；Hunsley & Digiulio，2002；Shadish & Baldwin，2005）。有一些新研究证明了认知疗法在治疗抑郁和减少自杀风险方面的作用（Brown et al.，2005；DeRubeis et al.，2005；Hollon et al.，2005）。

对症下药。
——英格兰谚语

此外，问题越明确治疗越有效（Singer，1981；Westen & Morrison，2001）。那些经历恐惧症（恐慌）的人、顺从的人或因性表现而受挫的人有希望得到改善。那些问题不具体的人，比如抑郁和焦虑，通常会在短期内有所改善，但之后会反复。那些具有慢性精神分裂症症状或渴望改变自己人格的人，如果只接受心理治疗的话，效果可能不太好（Pfammatter et al.，2006；Zilbergeld，1983）。问题越具体，希望越大。

评价替代疗法

8. 在科学的检视下替代疗法如何存在？

个体在从异常心理状态恢复到正常状态的过程中，安慰剂效应起到了一定的作用，这就为伪心理治疗提供了肥沃的土壤。由于喜好奇闻逸事者的支持、媒体的宣传、互联网的鼓吹，一些五花八门的治疗法就像野火一样地蔓延。在一项全国调查中，57% 的有焦虑病史的患者和 54% 的有抑郁病史的患者曾经尝试过多种疗法的替代疗法，例如：草药、按摩和精神康复（Kessler et al.，2001）。

除了接受治疗者，替代疗法有何依据呢？这个问题很棘手，因为替代疗法的效果是无法证实的。但对他们来说，个体自身的感觉就是足够的证据。然而，其中一些替代疗法被作为了控制组，让我们来看其中两种。正如我们所提倡的，面对众多的治疗方法，我们需要用科学的态度去粗取精：成为一个怀疑论者而不是嘲讽者，开放地思考令人称奇的事情而不会受骗上当。

EMDR 疗法

一天在公园散步的弗朗辛 · 夏皮罗（Shapiro，1989）发现：当她的眼睛自发眨动时，焦虑的情绪就消失了。根据这一发现，她开发了一种新颖的焦虑疗法：眼动脱敏与再加工疗法（EMDR）。当人们想象创伤情境时，夏皮罗便在他们眼前晃动手指来引发其眼睛的活动。她邀请了 22 个经常出现创伤回忆的人来做这一实验，在仅一个疗程的治疗后，所有人都反映痛苦显著地减少了。这一特别的结果引起了心理健康专家们的强烈反应。截止到现在，来自 75 个国家的 7 万名专家已接受了这项训练（EMDR，2008）。两个多世纪以来，自从弗兰兹·安东·麦斯麦（Franz Anton Mesmer）发明具有轰动效应的“动物磁性”（催眠）疗法后，还没有哪种新的治疗方法能迅速吸引如此多的热衷者。

它能奏效吗？夏皮罗从参与了最近四项研究的单身创伤受害者的反映来看，认为答案是肯定的（Shapiro，1999，2000）。（她认为眼动疗法在其他测试中无效的原因在于治疗师没有得到很好的培训。）而且，治疗只需 3 个疗程，每次只需 90 分钟。临床心理治疗协会在成功案例的基础上证实了这种治疗对非战争造成的创伤后压力障碍“可能是奏效”的（Chambless et al.，1997；See also Bisson &

光照治疗 为预防冬日抑郁，人们每天早上都会在一个发出自然亮光的盒子前度过时间。

Aadrew，2007；Seilder & Wanger，2006）。在一连串成功的鼓励下，EMDR 治疗师们把这项技术运用到恐慌症之类的焦虑障碍上，并在夏皮罗（1995，2002）的鼓励下，又将其推广到治疗痛苦、偏执狂、精神分裂、恼怒、内疚等不良病症上。

EMDR 受到很多人的推崇，但也被更多人认为是欺诈行为。令怀疑论者感到不解的是，为什么在唤起痛苦的过程中，患者快速转动眼球会有治疗作用。实际上，眼睛的活动并不是治疗的组成部分。在试验中不让被试转动眼睛，而是让他们用手指敲击，或是当治疗师手指晃动时眼睛仍直视前方，其结果是一样的（Devilly，2003）。怀疑论者猜想：这种疗法可能是暴露疗法——在安全舒适的环境中不断回忆受伤经过——与强大的安慰剂效应相结合所起的作用。理查德·麦克纳利（McNally，1999）称，如果麦斯麦的伪治疗法不和其他治疗法相比，它也许是有效的（这是因患者积极期望而产生的疗效）。

光照治疗

在冬天的早上或寒冷阴霾的日子里，你是否发现自己睡得太多，体重增加，整天昏昏沉沉的？对一些人来说，尤其是妇女和那些生活在远离赤道地区的人，他们在冬季里会出现抑郁症，也就是通常所说的季节性情感障碍，简称 SAD。为了消除这种不良情绪，在 20 世纪 80 年代早期，美国国家心理健康研究所（NIMH）的研究人员提出的有效办法是：每天对 SAD 患者进行定时定量的光照刺激。当然，人们感觉变好了。

然而，这会不会是另一种由于期待而产生的安慰剂作用呢？最近的一些研究对这种疗法进行了考察。其中一项研究是查曼妮·伊斯门及其同事们（Eastman et al.，1998）做的，他们对一部分 SAD 病人进行每天 90 分钟的亮光照射；而对另一些病人进行安慰剂疗法——假装用负离子发生器治疗，当然，研究小组表现出与平时一样的热情，以使病人感觉不到负离子治疗仪其实并未开启。四周后，接受晨照治疗的病人中有 61% 感觉明显好转，接受傍晚光照射的病人中有 50% 好转，而接受心理安慰疗法的病人中有 32% 好转。而特曼等人（Terman & Terman，1998，2001）进行的另两项研究发现，人们接受 30 分钟亮光照射后，会有二分之一的人感到放松；而接受了 30 分钟傍晚光照射的人中有三分之一感到放松。20 多项严格控制的实验的结论是：清晨的亮光照射能对很多 SAD 病人起到缓解症状的作用。

> “元分析显示 EMDR 和凝视一样有效。如果结论是对的，那么对治疗（主要是行为脱敏）有用的东西不是新奇的，而所谓的新东西是多余的。”
>
> ——Harvard Mental Health Letter，2002

各种心理治疗的共同点

9. 各种心理治疗的三个共同点是什么？

优秀的心理治疗师可能有各自不同的观点，但其中有很多是相似的，比如说，同情、敏感、共情。杰尔姆·弗兰克等人（Frank，1982；Goldfried & Padawer，1982；Strupp，1986；Wampold，2001，2007）研究了各种疗法中存在的共同点，并指出，这些共同点的存在至少有三个作用：给受挫的人以希望；对自我和世界产生新的认识；建立共情、信任、关怀的良好关系。

受挫者的希望

寻求心理治疗的人的典型症状是：感到焦虑、抑郁、缺乏自信、缺乏处理事情的能力。而治疗所能做的就是让病人相信，通过自己的努力，一切会好起来的。除了专门的治疗技术外，信心本身就能使人振作精神，让人产生自我效能感，从而减缓症状（Prioleau et al.，1983）。统计分析表明，进行安慰剂治疗比没有治疗的效果要好得多（虽然不如接受真正治疗的效果），这说明治疗能产生作用的一个重要原因是它能使人萌生希望。精神病专家杰尔姆·弗兰克认为这可以帮助我们理解为什么所有的疗法——包括一些靠人们的信念才奏效的民间巫术——都可以在它们自己特定的时间和地方产生效果。

> "所有成功的治疗都有两个共同点：一是要向前看；二是要承担责任。对孩子多动症的治疗收效甚微。所有对抑郁症、焦虑症、性问题的治疗都应着重于弄清哪儿出了问题和怎样纠正。"
>
> ——马丁·塞利格曼，《你能改变的和你不能改变的》，1994

新的观念

每种治疗法都对患者的症状做出似是而非的解释，并让他们自由选择看待自己和世界的方法。同时也提供能够帮助人们改变自己行为和观念的经验。有了可信赖的新观念的支持，患者就能以新的态度投入生活。

共情、信任、关怀的关系

如果说所有疗法的有效性都差不多，那并不意味着所有的治疗师都同样的高明。抛开客观的治疗技术不说，优秀的治疗师本身都是精通共情的人，他们尽力去体会来访者的处境，关心来访者的感受，耐心倾听来访者的诉说，帮助来访者恢复，因此他们赢得了来访者的信任和尊敬。在马文·戈德弗里德及其同事（Goldfried et al.，1998）进行的另一项研究中，他们拍摄记录了 36 个著名治疗师的治疗过程。这 36 个治疗师中，有些是研究认知行为的，有些是研究心理动力的人际治疗的。但让人吃惊的是，这些治疗师各自所认为的在其治疗过程中最关键的环节竟如此相似。在关键时刻，两个派别的心理治疗师会帮助来访者评价自己，将其生活的某个方面与其他方面联系起来，并理解他们与他人的互动。

治疗师与来访者之间的情感联结——治疗联盟——是有效治疗的关键（Klein et al.，2003；Wampold，2001）。美国国家心理健康研究所对抑郁症治疗的研究表明，最好的治疗师都是最善于对来访者状况深切体会、感同身受的人，他们十分关心来访者，能够与之建立良好的关系（Blatt et al.，1996）。在所有的治疗方法中，一个富有同情心的人提出看问题的新视角，从而为来访者提供希望。这种新视角也可以帮助辅助人员（接受简单培训的照料者）有效地帮助众多有问题的人（Christensen & Jacobson，1994）。

总之，寻求心理帮助的人通常都能好转。对于那些未经心理治疗的人也是如此，这要归功于人类自身的智慧和照顾他人的能力。虽然治疗师的研究取向和经验看起来不是很要紧，但接受过心理治疗的人往往比未经治疗的人恢复得好。其中症状具体而明确的人恢复得最好。

特写

心理治疗的消费者指南

什么时候人们应该寻求心理健康专家的帮助呢？每个人的生活都充斥着平静和紧张，幸福和悲伤，好心情和坏情绪也会交替出现。当情绪困扰和痛苦的思绪影响了正常生活时，你就需要心理咨询了。美国心理学会列出了一些心理障碍的征兆：

- 感到绝望
- 长期而严重的抑郁情绪
- 自虐行为，比如酗酒、吸毒
- 莫名的恐惧
- 情绪极不稳定
- 自杀的念头
- 强迫症，如洗手
- 性障碍

如果你打算找一位心理治疗师，比较明智的做法是先去求助于两三位治疗师。你可以先描述一下自己的问题，获知每个治疗师的治疗方法。你可以问一些关于治疗师价值观、资历的问题（见表 15.2）以及收费情况。你可以评价一下对每个治疗师的感觉。

表 15.2 心理治疗师及他们所受的训练

类 型	描 述
心理顾问	婚姻和家庭顾问专长于由家庭关系引起的心理困扰。牧师也为无数人提供咨询。物质滥用顾问专门解决药物滥用者以及家庭暴力中的施虐者和受虐者的心理问题。
临床或精神病学的社会工作者	具有两年社会工作经验，具有本科或者针对心理治疗的社会工作的硕士学历，多数是专门治疗有日常家庭和个人问题的来访者的。其中多半是国家社会工作者协会指定的临床社会工作者。
临床心理学家	大多是心理学博士，是从事理论研究和治疗实践的专家，由上一级督导所支持。他们既在专门的研究院里工作，也独立从事临床实践。
精神病专家	擅长治疗精神错乱，他们通常治疗最严重的精神病。他们中并非所有人都精通心理疗法，但他们能对症下药。因此，他们通常治疗有严重问题的人。多数人都有私人诊所。

心理治疗的文化和价值观

10. 文化和价值观如何影响治疗师–来访者的关系？

所有的治疗都力求让来访者看到希望，几乎所有的治疗师都努力提高病人的敏感性、开放性、责任感和目标意识（Jensen & Bergin，1988）。但由于道德和文化的差异性，治疗师们也可能不尽相同，他们对不同的来访者也会采取不同的疗法（Kelly，1990）。

当治疗师和来访者的文化背景完全不同时，这些差异性就变得至关重要。比如，在北美、欧洲和澳大利亚，治疗师大多表现出文化影响下的个人主义倾向（重视个人的需求和同一性）。而来自亚洲国家的来访者所受的教育是要多为别人着想，因此当治疗师要求他们只考虑自己的利益时，常使他们为难。这种差异性可用来解释为什么少数民族的人不愿意接受心理健康治疗（Sue，2006）。由于许多心理治疗师认识到与病人间可能在价值观、沟通方式和语言方面存在差异，因此许多治疗训练项目开始着手进行文化敏感度方面的训练，并招聘一些来自没有代表性的文化群体中的成员。

著名的心理治疗师埃利斯和伯金（Ellis & Bergin）一起编写了《心理治疗与行为改变手册》，书中举例说明了各种价值观之间的天壤之别。埃利斯（1980）设想，"没有任何人是至高无上的"，应该鼓励"自我满意"，"明确的爱、承诺、奉献……对承诺的忠诚，特别是对婚姻的忠诚，将导致不良结果"。伯金（1980）设想的却相反——"上帝是至高无上的，因此谦卑、对神圣权威的信服都是美德"，"自我约束、对爱的承诺以及自我牺牲都应该得到鼓励"，"对承诺的不忠，尤其是对婚姻的不忠，将导致不良后果"。

可以看出，伯金和埃利斯的分歧很尖锐，并不是像其他治疗师所认为的只是哪个更健康的问题。尽管如此，他们也有共同的观念：心理治疗师的个人信仰和价值观会影响他们的实践。由于来访者有接受治疗师价值观影响的倾向（Worthington et al.，1996），所以伯金和埃利斯都认为治疗师应该更加开放地展示其价值观。（特写：心理治疗的消费者指南给出了一些技巧，让你了解什么时候寻求帮助，以及如何寻找与你具有共同观点和目标的治疗师。）

本节回顾

➤ **自问**

你曾有因强烈的期望和意念而使自己的病情减轻的经历吗？

➤ **自测 2**

什么是安慰剂效应？请举例说明。

自测问题的答案见书后的附录。

生物医学治疗

心理治疗是医治心理障碍的一种途径。**生物医学治疗**（biomedical therapy）经常被用于治疗严重障碍，用药物改变其化学反应从而改变大脑的功能，或通过电流冲击、磁脉冲、精神科外科手术影响大脑的神经环路。心理学家可以提供心理治疗。然而只有精神病医生（作为医生）才提供生物医学治疗。

药物疗法

11. 什么是药物疗法？它受到了哪些批评？

目前为止，应用最广泛的生物医学治疗法就是药物治疗。从 20 世纪 50 年代起，药物治疗开始普遍运用，这使寻求精神外科治疗或住院治疗的人数大为减少。**心理药物学**（psychopharmacology）（研究药物对心理和行为的作用）研究的突破性进展给重度精神病疗法带来了大革新。它将无数患者从不情愿的住院治疗中解脱了出来，也使社区心理健康活动的开展更为方便。目前，美国的城镇心理治疗医院中的住院患者只有 50 年前的 20%（图 15.4）。不过，对一些不能自理的患者

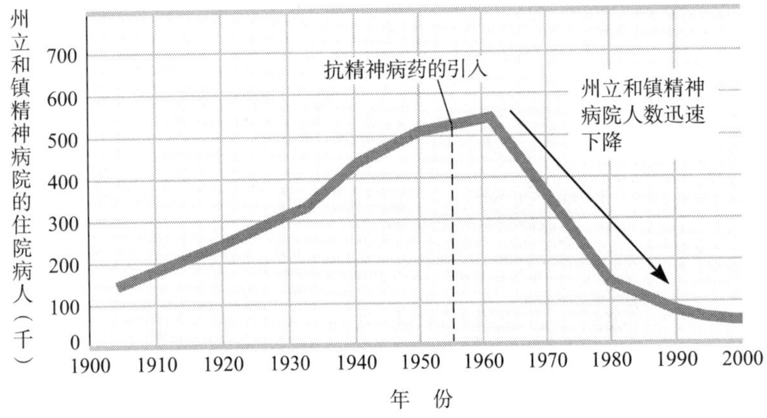

➤ **图 15.4**
美国精神病医院的萧条景象
从 1955 年，抗精神病药物开始广泛使用以后，美国各州的精神病医院中的住院病人数急剧下降。但很多病人离开医院后，感到无法自理，无家可归。（From National Institute of Mental Health and Bureau of the Census，2004）

来说，离开医院意味着无家可归，而不是解脱。

包括药物治疗在内的任何新疗法，刚面世时都会因其令许多人康复而受到热情欢迎。但在研究者将康复者中的（1）自然恢复的部分和（2）安慰剂效应，即由于病人与健康工作者的积极期望的作用而恢复的部分减去后，人们对新疗法的期望值就降低了。因此，研究者运用一种双盲技术来评估新药的功效，即让一半患者服药；而另一半的患者服用类似的药，而实际无任何药效。为保证实验有效，连医务人员都不被告知哪些人服的药是真的。值得庆幸的是，通过双盲研究，不少药物被证明是有效的。

抗精神病药物

精神病药物治疗的革命开始于一个偶然的发现，某种治疗其他病的药居然使精神错乱的病人镇静下来。这些**抗精神病药物**（antipsychotic drugs），像盐酸氯丙嗪（药名为 Thorazine），能抑制病人对无关刺激的反应。因此可以用它们来帮助表现出兴奋症状（如幻听和妄想狂等）的精神分裂症患者（Lehman et al.，1998；Lenzenweger et al.，1989）。

> “许多精神病人离开了医院。但有很多人流落街头，虽然病情减轻，但迷茫无助。他们仍无法自理，而且失去了别人的照顾。”
> ——刘易斯 · 托马斯，*Late Night Thoughts On Listening to Mahler's Ninth Symphony*，1983

抗精神病药的分子和神经递质多巴胺一样，会占据神经细胞感受器的位置，并抑制其活动，像氯丙嗪这样的抗精神病药物的副作用很大，可能引起诸如行动迟缓、颤抖、抽搐等跟帕金森病相同的症状，而帕金森病的特点是多巴胺太少（Kaplan & Saddock，1989）。

抗焦虑症药物

抗焦虑症的药，如黄原胶、安定药，都像酒精一样，会抑制中枢神经系统的活动（因此，这类药物不能与酒精混用）。结合其他治疗来使用抗焦虑药物，有助于缓解恐惧情绪状态，并减少病人因受刺激而恐惧的情况。

行为疗法常常被批判，因为它治标不治本，没有解决根本问题。抗焦虑症药物同样颇受非议。与行为疗法不同，药物治疗可以被看做是正在进行的治疗过程。黄原胶只能缓解一时的症状，而且会使人形成药物依赖性，停服会引起紧张不安的症状。重症患者停止服药后会出现更为严重的焦虑和失眠，这会迫使他们再次服药。

➧ 也许你能猜到 L– 多巴胺偶尔会出现的一个副作用：这种药物能增加帕金森综合症病人的多巴胺水平，即出现幻觉。

抗抑郁症药物

抗抑郁症的药物能缓解患者的抑郁症状，这是这类药物的主要用途。绝大多数抗抑郁药物的原理是增加神经递质和 5- 羟色胺的浓度，从而提高兴奋度、改善情绪、减缓抑郁症状。氟西汀，这种全世界数千万使用者所熟悉的药物部分地阻止突触处 5- 羟色胺的再吸收和转移（图 15.5）。这是因为氟西汀减缓了 5- 羟色胺在突触处的传递，跟氟西汀同属一个系列的药还有舍曲林、帕罗西汀，他们都被称作“5- 羟色胺回收抑制剂”（SSRI）。另一些抗抑郁症药物的作用原理是抑制去肾上腺激素和 5- 羟色胺的再吸收，或者对一种酶进行抑制，避免它分解多巴胺之类的神经递质。这类药虽然效果也不差，但却会产生更多的副作用，例如，服用后会出现口干、体重增加、高血压、间歇性昏迷（Anderson，2000；Mulrow，1999）。[这类药若以小片剂形式服用，并在体内避开肠和肝，则能够减少副作用（Bodkin & Amsterdam，2002）]。

随着 SSRI 药物的不断增多，服用此类药的患者也越来越多。2001 年在医师建议下服药的抑郁症患者有 89%，比 1987 年增加了 20%（Otfson et al.，2003；Stafford et al.，2001）。在美国，现在有 11% 的女性和 5% 的男性服用抗抑郁药（Barber，2008）。

需要提醒的是：病人不会在开始服药的第二天一醒来就唱“哦，多美丽的早晨！”虽然抗抑郁药物对精神递质的影响会在几小时内起作用，但其全部功效的发挥则需要四周时间。其中一个原因可能是，5- 羟色胺的增加会促进神经形成，即产生新的脑细胞，来对抗由紧张而导致的脑细胞的损失（Bocker & Wojtowez，2009；Jacobs et al.，2004）。

▸▸ SSRI 的一个副作用是减弱性欲，因此它偶尔也被用作控制性行为的药物（Slater，2000）。

抗抑郁症药物不是缓解症状的惟一方法，除了药物治疗外，认知疗法也可以通过帮助病人纠正习惯性的消极思维，来促进抑郁症的缓解，并减少复发（Hollon et al.，2002；Keller et al.，2000；Viteeng et al.，2007）。

每个人都承认，服用一个月的抗抑郁症药后抑郁者通常有所改变。但如果把自然恢复（向正常状态的回归称为“自然恢复”）和安慰剂效应考虑进去，那么这

➤ 图 15.5

抗抑郁药物的生物学过程

本图显示的是氟西汀部分地阻断 5- 羟色胺再吸收的过程。

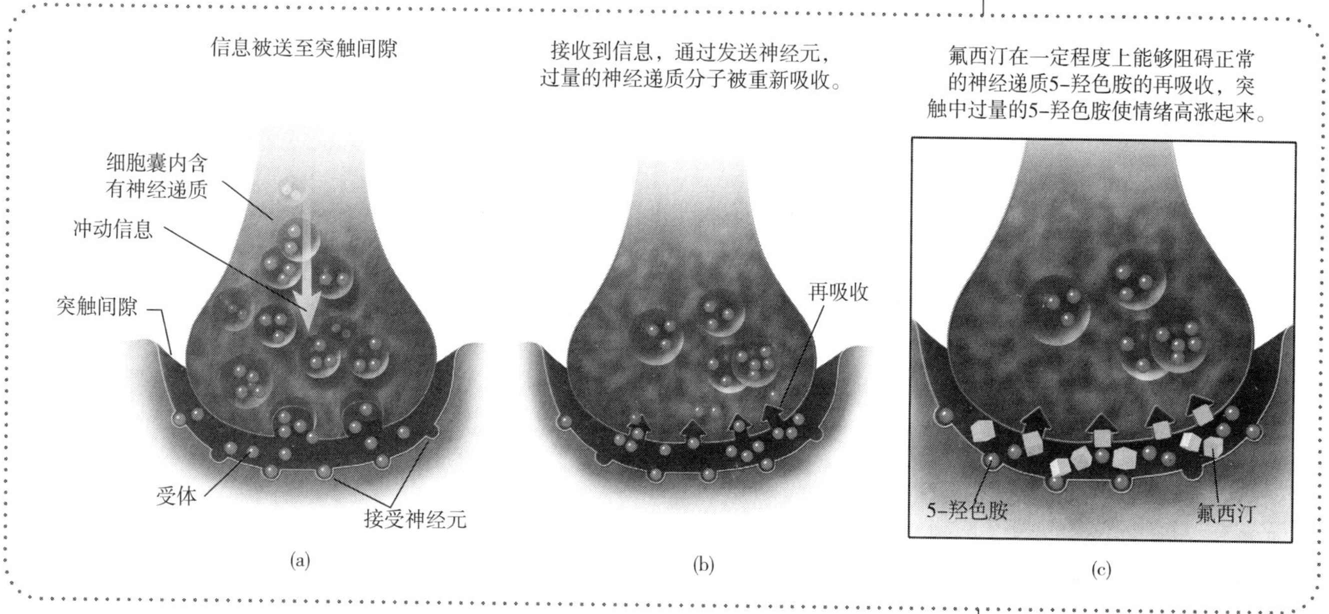

"没有任何一种扭曲的想法不是源于扭曲的心理细胞。"
——心理学家
拉尔夫·杰勒德

种药的作用到底有多大？基尔希及其同事（Kirsch et al.，1998，2002）所做的双盲临床实验表明，药效并不大。在实验中，有 75% 都是心理安慰在起作用。

虽然药物治疗的效果不像广告里吹得那样好，但也不像一些传说中的那样可怕。例如，一些服用氟西汀的人会自杀。但这些自杀人数比上万没有服药的抑郁症患者的自杀人数要小得多。服用氟西汀的人自杀的几率跟因使用手机而得脑癌的几率差不多，假如上万人吃氟西汀和使用手机，那么令人害怕的传闻并不能说明什么。

评论家质疑的是：使用手机和服用氟西汀的人中患脑癌和自杀的人数比率有没有上升？答案是否定的（Grunebaum et al.，2004；Paulos，1995；Tollefson et al.，1993，1994）。某些研究者推测，药物治疗一开始为那些内向的人提供了足够的能量来应对抑郁，而这可能会暂时增加自杀风险。但新近的三项研究一致表明，从长远来看，服用抗抑郁药物的病人较少自杀（Gibbons et al.，2007；Simon&Savarino，2007；Sønergård et al.，2006）。

镇静剂

除了抗精神病药物、抗焦虑药物和抗抑郁药物，精神病医生还使用镇静剂。锂盐是有效的情绪镇静剂，对双相情绪障碍的躁郁症有效。它的疗效是澳大利亚医师约翰·凯德（John Cade）在 1940 年发现的。当时他用锂盐治疗一个严重躁狂病患者，其实他当时采用这种药物的理由根本站不住脚——他在实验时以为此药使兴奋的几内亚猪镇静了下来，但实际上，是药使猪生病难受而安静下来的。但他发现病人在不到一周的时间内居然康复了（Snyder，1986）。继续使用锂盐，病人的情绪就会从两极型异常趋于稳定。在被两极型异常情绪困扰多年的人中，有七成的患者在长期使用这种便宜的药后有所好转（Solomon et al.，1995）。他们中的自杀率仅占没有服用此药的人中自杀率的 1/6（Tondo et al.，1997）。虽然我们还不了解它的原理，但它确实有效。

脑刺激

12. 电痉挛疗法有效吗？其他可减轻重度抑郁的脑刺激法是什么？

电痉挛疗法

更具有争议的针对大脑进行的疗法是**电痉挛疗法**（electroconvulsive therapy，ECT）。1938 年，ECT 首次开始运用，清醒的病人被固定在一张桌子上，用 100 伏的电流冲击其大脑，使整个人都摇晃起来，而后会出现痛苦的痉挛和短暂的无知觉。因此，ECT 给人的印象就是野蛮的，至今还是如此。现在，人们接受治疗前先注射麻药，失去知觉后，肌肉放松，这就防止了痉挛的伤害。紧接着，精神病医生电击病人的大脑。不到 30 分钟，病人就醒来，而且完全不记得治疗中或治疗前的情况（图 15.6）。

精神病医生一般只对重度的抑郁症患者采用 ECT 疗法（该疗法一般对其他精神失常都无效）。病人每周接受 3 次治疗，2~4 周后，80% 的病人明显好转，他们都不记得治疗的过程，而且没有发现大脑损伤（Bergsholm et al.，1989；Coffey，

▸▸ 电疗的历史很悠久，古罗马的医生把电鳗置于国王克劳多斯（公元前 10 ~ 公元 54）的太阳穴上来治疗他的头痛。

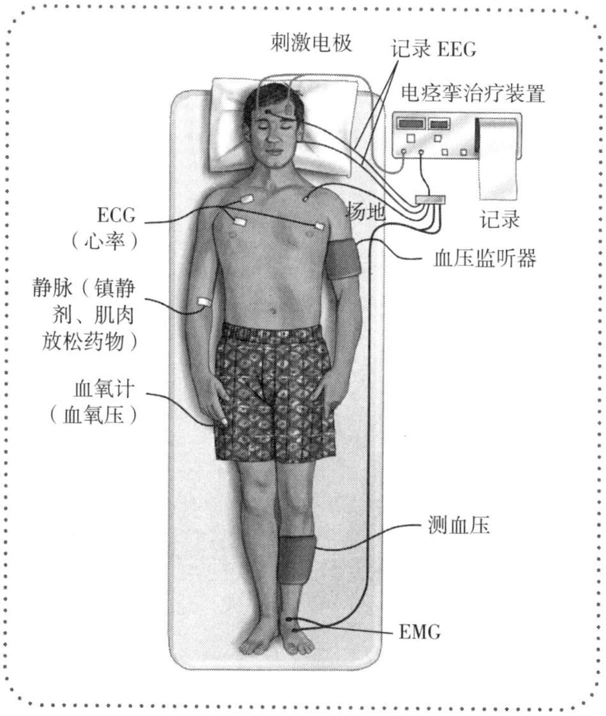

➤ 图 15.6

电痉挛疗法

虽然对 ECT 的争议颇多，但医师常用它来治疗一些对药物疗法无反应的抑郁症。

1993）。“奇迹在两周后发生了。”著名的心理学家诺曼・恩德勒（Endler，1982）在 ECT 缓解了他自己的重度抑郁症后宣布。美国国家健康研究所的一个 1985 研究小组的研究以及与一些更新的研究总结，都证实了 ECT 对那些用药物治疗无效的重度抑郁症患者具有疗效（Consensus Conference，1985；Paker et al.，1992）。2001 年 ECT 的信度再次提升，《美国医药学会杂志》称，“ECT 对重度抑郁症的疗效在所有的医药中都堪称一流”（Glass，2001）。

ECT 的原理是什么？在 50 多年后，仍然没有人能说清楚定，有人把 ECT 比作治天花的牛痘接种，它们都是在人们了解其原理之前就开始挽救生命了。也有可能是电击引起的痉挛导致抑郁症患者神经中枢产生平静的大脑反应，而神经中枢的过度活跃会引起抑郁。与抗抑郁药物和锻炼一样，ECT 也可能促进新的脑细胞的产生（Bolwig & Madsen，2007）。

ECT 挽救了许多想自杀的患者，因此颇有名气（Kellner et al.，2005），同时它突出的优点有：脉冲更短暂，对记忆的损伤更小（HMHL，2001）。不管治疗效果多么显著，许多人仍摆脱不了因强行电击产生痛苦痉挛的阴影，尤其是在大家都不知道 ECT 原理的情况下。而且，ECT 治疗的患者，像其他有抑郁病史的病人一样，很容易复发。但在许多精神病医师和病人看来，ECT 无论如何也不会像重度抑郁症造成的痛苦和自杀的危险那样糟糕。

其他的神经刺激疗法

一些慢性抑郁病患者在接受胸部植入对迷走神经的间歇刺激后，症状减轻。因为迷走神经会向大脑中与情绪相联系的边缘系统发信号（Fitzgerald & Daiskalakis，2008；George & Belmaker，2007；Marangell et al.，2007）。磁刺激为启动抑郁大脑的神经回路提供了较为温和的可选途径。

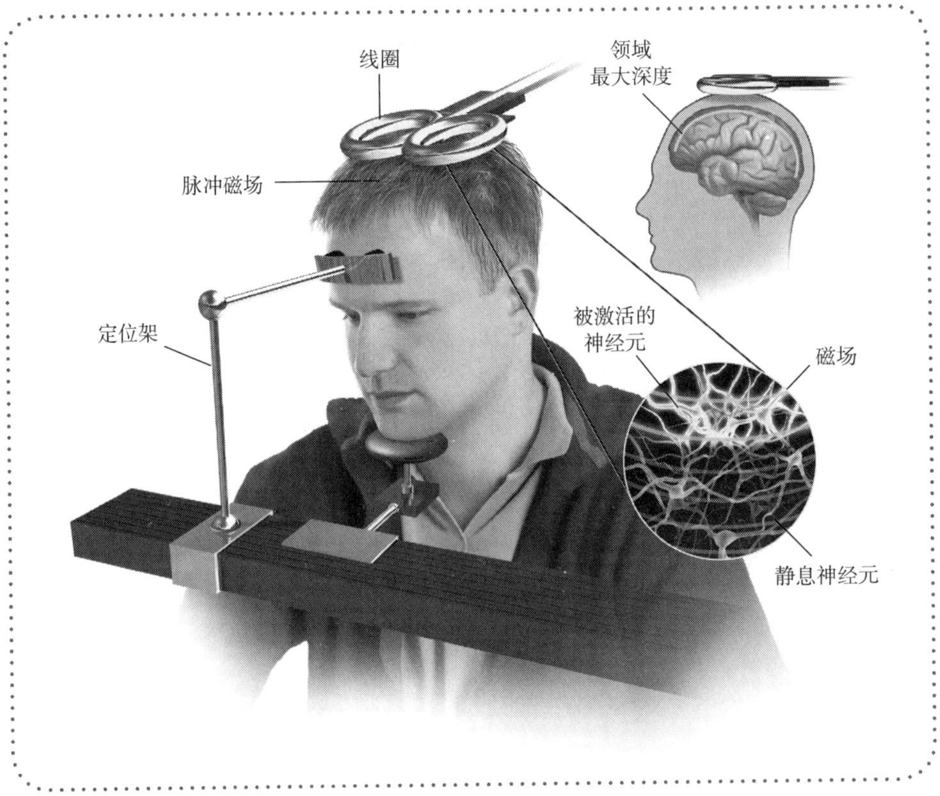

➤ 图 15.7
心灵的电磁
重复经颅磁刺激（rTMS）传送无痛的磁场到大脑皮层表面。脉冲波可用于刺激或抑制不同皮层区的活动（From George,2003.）

磁刺激 当不断有脉冲波穿过放置在个体颅骨的电磁圈时，抑郁情绪会得到缓解（见图 15.7）。与深部脑刺激不同，电磁波的能量只穿过大脑的表层。这种无痛疗法——即所谓的重复经颅磁刺激（rTMS）——在病人清醒时进行治疗，疗程为几周。与 ECT 不同的是，rTMS 治疗过程不会造成抽搐、记忆丧失或其他副作用。

在一个双盲实验中，67 个患抑郁症的以色列人被分成两个实验组（Klein et al.，1999）。对其中一组患者每天进行这种磁刺激治疗，持续两周时间；而对另一组则进行虚假疗法（即实际上并没使用真正的磁刺激）。在两周的治疗结束时，在接受真正磁刺激治疗的组中，有 50% 的患者的抑郁量表分数有 50% 的改善，而在接受安慰剂治疗的患者中只有四分之一的有所改善。近来的研究也证明了 rTMS 的疗效（Janicak et al.，2002；Schiffer et al.，2002；Wassermand & Lisanby，2001）。有一种观点认为这种刺激能使患者不活跃的左额叶兴奋起来（Helmuth，2001）。

精神外科疗法

13. 何为精神外科疗法？

由于手术结果的不可逆转性，精神外科疗法（psychosurgery）——摘除或损伤脑组织的外科手术——是在改变行为方面作用最巨大同时又使用得最少的医学干预。20 世纪 30 年代，葡萄牙医师埃加斯·莫尼兹（Egas Moniz）开创了一项非常有名的精神外科疗法：**额叶切除术**（lobotomy）。莫尼兹发现，将情绪失控型和疯狂攻击型患者脑中连接额叶和内脑情绪控制中心的神经切断，能使他们安静下来。让病人昏迷以后，医生便将冰凿一样的工具从眼窝钉进了大脑，然后摇动它以切断与前额叶的神经联结。整个手术很粗糙，但很简单和便宜，耗时只有 10 分钟。在 20 世纪四五十年代，上万的重度精神症患者都接受过这种手术。莫尼兹为此赢得了诺贝尔奖（Valenstein，1986）。

虽然手术的目的仅是将情绪和思维分离，但结果往往比这严重得多：手术会导致永久性的昏睡、不成熟、冲动型人格。20 世纪 50 年代，美国有 35 000 人接受该手术后，镇静类药物出现，因而采用精神外科疗法的人数也大大减少。现在，额叶切除术被禁用了，而其他的精神外科疗法也只在很严重的病例中才用，比如，病人发作不可控制的抽搐，医生可以破坏引起或传递冲动的特定的神经束。以磁共振为导向的精确手术也偶尔被用来治疗严重的强迫性障碍（Sachdev & Sachdev，1997）。因为手术的不可逆性，医生只在万不得已的情况下才用它。

生活方式的改变

14. 健康的生活方式可以强健体魄，它是如何减轻抑郁的呢？

生物医学疗法的功效告诉我们一个基本的道理：区分心理和生理的影响，说起来容易，但其实身心是紧密联系的（图 15.8）。每一个想法和感觉都必须依赖大脑的活动。每个灵感，每刻欢乐和恼怒，甚至每次抑郁的情绪都来源于大脑的电化学活动。影响总是双向的：当治疗减少了强迫性行为时，PET 图像就会显现出一个更平静的大脑（Schwartz et al.，1996）。

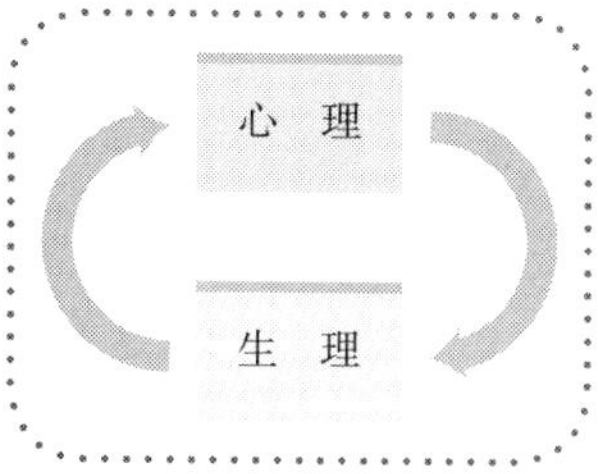

➤ 图 15.8
心—身交互作用
生物医学治疗假设心与身是一个整体：影响一个，另一个也会受到影响。

焦虑障碍、重度抑郁、双相障碍和精神分裂症都是生理性问题。本书的主题之一是：人本是生理 - 心理 - 社会的整合系统。多年以来，我们将自己的身体交给内科医生，将我们的心灵交给精神病医生和心理学家。这种简单化一的区分似乎是不合理的。压力会影响体内的化学物质和健康。化学物质失去平衡（不管是何种原因引起）可能会导致精神分裂症和抑郁。

伊拉德等人的研究发现，有规律的有氧运动的效果等同于抗抑郁药物的效果，睡眠可以提升情绪和能量。因此，他们邀请一小组抑郁症患者接受了一项为期 12 周的训练，目标在于：

- 有氧锻炼，每天 30 分，每周至少 3 次（促进健康和增加活力，刺激安多芬分泌）
- 充足的睡眠，每天晚上睡 7-8 小时（增加能量和保持清醒，增强免疫力）
- 接受光照，每天早上至少 30 分钟（强化唤醒，影响激素分泌）
- 社会接触，减少独处时间，每周至少参加两次有意义的社交活动（满足归属感的需要）
- 反复思考，识别并重新定位消极思维（提升积极思维）
- 营养补充品，包括每天服用鱼油以补充 ω-3 脂肪酸（维持健康大脑的功能）。

在一项研究中（74 个参与者），完成项目训练的人中有 77% 的抑郁患者的症状得到了缓解。相比之下，在接受常规治疗的控制组中，只有 19% 的抑郁患者的症状得到了缓解。未来的研究应该进一步验证生活方式改变带来的变化，并且确认哪种成分起到了治疗效果。但是，我们似乎没有理由来怀疑拉丁谚语“健全的心灵寓于健康的体魄中”。

本节回顾

➤ 自问

你现在对心理治疗的认识是否和刚接触这门学科时有所不同？你的观点发生了什么变化？

➤ 自测 3

心理学家如何评价众多治疗法的有效性？

自测问题的答案见书后的附录。

心理障碍的预防

15. 心理健康预防项目的基本原理是什么？

心理治疗和生物医学治疗法都把心理障碍看做是由患者自身引起的。我们假设行为残酷的人本身就是很残酷的，有疯狂行为的人一定是本来就有病。于是给这些病人贴上标签，并把他们同正常人区别开来。然后让这些人认识到自己是有问题的，用药物控制他们，或试图改变他们的思维。

> "预防重于治疗。"
> ——秘鲁民间格言

而另外一种观点认为：心理障碍往往是压力过重和混乱扭曲的社会的反映。那么需要治疗的就不仅是失常的人，还有整个社会环境。解决问题应从根本入手，改变不良的环境，增强人们应对社会的能力和心理素质，而不是等到问题出现后才去解决它。

从急流中救落水者的故事向我们启示了这样的道理：如果成功救起第一个人，救助者会游向第二个人，把她救起；如果连续救了六个后，救助者会掉头而去，即使他看到还有人在水中挣扎。旁边的人问他为什么不救了，他会说："我打算到上游看看到底是什么东西把他们推入水的。"

> "心理失常源于生理失调，同样，生理失调源于心理失调。"
> ——摩诃婆罗门，公元 200

心理保健和预防就是求根求源的工作。它会寻找并根治导致精神病的原因。乔治·阿尔比（Albee，1986）认为，贫困、工作的无意义、无休止的批评、失业、种族歧视和性别歧视等都会削弱人们对自己能力的认识、自控和自尊。这些压力会引起抑郁、嗜酒和自杀的增加。

阿尔比认为，如果要预防心理障碍，就应该设法减少贫困、歧视和其他令人灰心沮丧的状况。我们消灭天花并不只靠治疗已感染的人，更重要的是给没感染的人接种。我们战胜黄热病是针对蚊子进行控制。预防心理问题就意味着给无望的人打气，改善滋生孤寂情绪的环境，让破裂的家庭重生温暖；提高家长和教师的心理健康教育能力，让他们更好地培养孩子的进取精神和自信心。"改善人们的状况，让人们生活得更加充实、有意义，这是预防心理、情绪困扰所必需的"（Kessler & Albee，1975，p.557）。当然，也要训练孩子的认知能力，以使他们能够在面对有抑郁情绪困扰的危险时，作出正确的考虑和选择。

本节回顾

➤ 自问

你能否找到一个改善环境的具体方法来帮助你所处的社区中的人预防心理障碍？

➤ 自测 4

什么是生物－心理－社会三位一体观点，它与治疗有何联系？

自测问题的答案见书后的附录。

本章复习：心理治疗

心理治疗

心理治疗是指受过训练的咨询师与某个想要克服心理问题或获得个人成长的人之间的互动。最主要的精神治疗法起源于我们所熟知的精神分析、人本主义、行为主义和认知主义等心理学观点。当今，许多心理治疗师整合这些观点的不同方面，形成折衷取向或整合的心理治疗，并且有时在团体背景下进行治疗。

1. **精神分析的目标和方法是什么？它们是如何被用于心理动力学治疗的？**
通过精神分析，弗洛伊德及其学生的目标是帮助人们获得对自身障碍无意识起源的领悟，协调伴随而来的情绪情感，并对自身的成长负起责任。他们采用的技术有自由联想和释梦，分析抗拒行为和理解病人长期压抑的情感，并与病人产生共情。当代的精神分析治疗受传统精神分析的影响，但用时较短，也相对便宜。它通过寻找过去和当前重要人际关系中的一些共同主题，来聚焦病人当前的冲突和防御。人际关系治疗（心理动力治疗的一种形式，一般会有 12-16 次会面）主要处理当前的症状（比如抑郁）而不是潜意识冲突的根源。
2. **人本主义治疗法的基本出发点是什么？比如罗杰斯的来访者中心疗法。**
人本主义治疗师关注来访者目前有意识的感觉和他们对自己成长所承担的责任。卡尔·罗杰斯在他以来访者为中心的治疗中提出，心理治疗师最重要的作用是做一面镜子，进行积极倾听、无条件积极关注以提供促进成长的环境并表达真诚、接纳和共情。人本主义和精神分析都以自我觉察而著称。
3. **行为治疗的假设和治疗技术是什么？**
行为治疗并不试图解释问题行为的起源或者促进自我意识。相反，他们试图矫正问题行为本身。因此，他们通过系统脱敏或厌恶条件作用来建立对抗条件反射作用的行为，或者采用操作性条件作用的行为矫正技术。例如，代币制。
4. **认知疗法的目的和治疗技术是什么？**
认知疗法，例如贝克对抑郁症的认知治疗，目的在于通过训练人们用新的更积极的方式看待自己，从而改变他们自我贬低的思维。认知 - 行为疗法的广泛研究和实践也帮助来访者定期锻炼思考和谈话的新方式。
5. **团体和家庭治疗的目标和优势是什么？**
与个体治疗相比，团体治疗可降低每个人的成本，帮助更多的人。来访者从中了解到他人也有同样的问题、获得反馈并恢复信心。家庭治疗把家庭当作一个互动系统，试图帮助成员探索他们在家庭中的角色，并学习更开放、更直接的交流。

评估心理治疗

6. **心理治疗有效吗？谁来决定其作用？**
由于来访者和治疗师对治疗的肯定还不足以证明治疗确实有效，于是心理学家对心理治疗结果进行了几百项研究，元分析结果显示：没有接受治疗的患者往往也会康复，接受了治疗的患者更易康复；不管他们接受的是哪种治疗，不管治疗的时间有多长；症状具体而明确的患者接受治疗后康复得最好；安慰剂疗法以及助理医师的共情、友好辅导也往往比不进行治疗更有效。
7. **某些治疗方法比其他方法更有效吗？**
虽然没有任何一种治疗可以称得上是最有效的。对于那些明确、具体的问题，治疗是最有效的。某些疗法有其特别适用的病症，例如行为疗法在治疗恐惧症和强迫症方面特别有效。
8. **在科学的检视下，替代疗法如何存在？**
在触摸疗法、EMDR、光照疗法这三种疗法中，只有光照疗法得到了科学实验证实。
9. **各种心理治疗的三个共同点是什么？**
所有治疗法都有三个共同点：新希望、新观念以及共情、信任、关怀的良好关系。
10. **文化和价值观如何影响治疗师 – 来访者的关系？**
治疗师的价值观不同，他们的目标也不同。当治疗师与来访者的价值观或者宗教信仰不同时，他们在相处过程中就会遇到麻烦。一个寻求帮助的人可能会询问咨询师的治疗方法、价值观、资格证书和收费标准。

生物医学治疗

生物医学疗法采用直接作用于患者神经系统的药物或医疗手段来治疗心理障碍。

11. **什么是药物疗法，它受到了哪些批评？**
生物医学疗法中用得最多的是药物疗法。抗精神病药物用于治疗精神分裂症，阻断多巴胺的活动。某些药物有严重的副作用。抗焦虑药物被用于治疗焦虑，它们抑制中枢神经系统的活动，这些药物会使人形成药物依赖。抗抑郁药物用于治疗抑郁症，它们增加 5- 羟色胺和神经递质的浓度。锂盐用以治疗双相情绪障碍。
12. **电痉挛疗法有效吗？其他可减轻重度抑郁的脑刺激法是什么？**
ECT 是将重度抑郁症患者麻醉后，用电流通过其大脑，从而进行治疗的生物医学疗法。对那些其他治疗不起作用的重度抑郁症患者来说，ECT 是一种有效的治疗途径。研究者们也在不断寻求新的方法，包括重复经颅磁刺激（rTMS）。
13. **何为精神外科疗法？**
精神外科疗法是指通过摘除或损伤脑组织来矫正行为。

额叶切除术等激进的精神外科疗法曾一度流行，但现在精神外科医师已很少采用脑外科手术的方法来改变行为或情绪。脑外科手术是最后才会考虑采用的办法，因为其效果是无法逆转的。

14. 健康的生活方式可以强健体魄，它是如何减轻抑郁的？

健全的心灵寓于健康的体魄中。通过有氧锻炼、保证充足的睡眠、接受光照、社会接触、较少消极思维和更有营养的饮食，抑郁症患者的症状可以得到缓解。

心理障碍的预防

15. 心理健康预防项目的基本原理是什么？

心理健康预防项目的基本理念是，通过将令人压抑的、挫伤人们自信的环境变为有益的、能促进独立成长和自信心发展的环境，我们可以预防心理障碍。

术语与概念

心理治疗	行为疗法	元分析
折衷观点	拮抗条件作用	心理药物学
精神分析	暴露疗法	抗精神病药物
抗　拒	系统脱敏法	锂　盐
解　释	虚拟现实的暴露疗法	抗焦虑药物
移　情	厌恶条件作用	抗抑郁药物
心理动力治疗	代币制	电痉挛疗法
顿悟疗法	认知疗法	重复经颅磁刺激
来访者中心疗法	认知 - 行为疗法	精神外科疗法
积极倾听	家庭治疗	额叶切除术
无条件积极关注	趋均数回归	

网站

自测的多项选择题和其他习题请访问：www.worthpublisher.com/myers

第 16 章

社会心理学

社会思维

把行为归因于个人或情境

态度与行为

特写：阿布格莱布监狱："滋生暴行的情境"？

社会影响

从众与服从

群体影响

个体的力量

社会关系

偏　见

攻　击

特写：吸烟与媒体暴力影响的比较

吸　引

特写：在线配对与快速约会

利他主义

冲突与调停

虽然 21 世纪才刚刚开始，许多社会现象却有力地证明了我们是社会性动物，我们的生活和文化以我们彼此思考、影响和交往的方式为中心。

2001 年 9 月 11 日，19 名男子带着美工刀制造了灾难性的暴力事件，引发了恐惧、暴怒和复仇的欲望。但是灾难也激发了源源不断的同情与关爱，包括金钱、食物、衣服、玩具等馈赠，数量远远超出了纽约人民当时之所需。什么原因使那些人如此仇恨以致毁灭了这么多无辜的生命？又是什么激发了人们英雄般的利他行为，为了抢救他人的生命而牺牲自己，无私地伸出援手帮助失去亲人的应对创伤？

2003 年伊始苏丹达富尔地区发生了种族灭绝，而在伊拉克战争期间，根据调查从 2002 年至 2006 年估计的死亡人数在 151 000 至 100 多万（Iraq Family Study，2008；ORB，2008），面对血淋淋的现实，这些问题又重新回响在我们的耳边。哪些因素影响了世界领袖们的决策？我们怎样才能将国际冲突中紧握的双拳转变为拥抱和平与合作的开放双臂？

本世纪对美国人固有的种族、性别和年龄观念都提出了挑战。2008 年史无前例的美国总统大选就包括 60 岁的美国白人妇女（希拉里・克林顿），46 岁的美国黑人男子（巴拉克・奥巴马）和 71 岁的美国白人男子（约翰・麦凯恩）。深知细微的选票差异就会改变历史的进程，政治捐赠人贡献出数亿的美元，希望能影响人们的观点。我们怎样形成我们的态度，态度又如何影响我们的行为？

人际联系非常重要，有可能又非常危险。然而，"我们不能只为自己而活，"小说家赫尔曼・梅尔维尔评论道，"我们的生活存在着千丝万缕的联系。"社会心理学家（social psychologist）要科学地研究人们如何看待彼此、如何相互影响以及如何建立关系，从而考察人际联系。

社会思维

我们的社会行为来源于我们的社会认知。尤其发生意外时，我们会分析人们为什么那样行动。她的热情是否反映了爱恋的兴趣，抑或她对每个人都这样？他的旷工是否表示他生病了？"9・11"恐怖袭击是那些疯狂的邪恶之徒所为，还是平常生活中一些平凡的人们所为呢？

Alloy Photography/Veer

基本归因错误 假如我们的新朋友在发牢骚，我们可能会因此推断她是一个爱抱怨的人。而她更可能解释自己的行为是因为受家庭问题困扰而失眠，或者是因为在上班的路上汽车爆胎，或者是因为与男友争吵等等。

把行为归因于个人或情境

1. 我们一般会如何解释他人与自己的行为？

在研究了人们如何解释他人的行为之后，弗里茨·海德（Fritz Heider）于 1958 年提出了**归因理论**（attribution theory）。海德提出，人们总是把他人的行为归因于其内在的个性或是外在的情境。比如说，一位老师可能会想知道某个孩子的敌意到底反映出一种攻击性的人格（内部倾向归因），还是反映出他所受到的压力或侮辱（情境归因）。

在课堂上，我们注意到朱莉极少发言；喝咖啡时，杰克说个不停。如果把他们的行为归因于个性倾向，我们就会断定朱莉很内向，而杰克比较开朗。由于人们确实有稳定的人格特质，这种归因在某些时候是有效的，但是，我们往往会受到**基本归因错误**（fundamental attribution error）的影响，高估人格的影响而低估情境的作用。在课堂上，杰克可能和朱莉一样安静。假如在一次聚会上看到朱莉，你可能认不出这就是那个课堂上安静的同学。

纳波利坦和戈瑟尔斯（Napolitan & Goethals，1979）所做的一个实验体现了这一现象。他们让威廉姆斯大学的学生依次与一位年轻女性交谈，这位女士时而冷漠挑剔，时而热情友好。事先，他们告知其中一半学生，这位女士的行为是自然产生的。告知另一半学生真相，即这位女性是被安排表现出友好或不友好的。你猜测一下，这样的信息会有什么效果呢？

结果是什么效果都没有。学生们完全没有考虑这一信息。如果这位女士表现得很友好，他们则认定她的确是个热情的人。如果她表现得不友好，他们则认定她的确是个冷漠的人。换句话说，即使告诉他们这位妇女的行为是情境性的——也就是说她仅仅是为了实验目的而如此表现，他们仍然将她的行为归因为她的个性倾向。

你一定也犯过基本归因错误。在推断你的心理学老师是内向或是外向时，你也许迄今为止都认为他或她有着开朗的个性。但是你对老师的了解仅仅来源于课堂，这是个需要外向行为的场合。当你在另一个不同的场合碰到这位老师时也许会感到吃惊（就像我的一些学生在篮球赛中遇到我时所表现的那样）。在人们既定的角色之外，教授不再像教授，校长不再像校长，服务员也不再像服务员。

另一方面，老师会思考自己在许多不同场合——在课堂上、会议上、家庭中——的举动，然后可能会说："我很外向吗？这其实取决于具体的场合。在课堂上或者与好友在一起时肯定是这样的，但在开会时我就相当地害羞哟。"在解释我们自己或者我们非常了解的人的行为时，我们对行为如何随着情境产生变化非常敏感（Idson & Mischel，2001）。[重要的例外情形是，对于我们自己有意的高尚行为，我们更多地归因于对我们有利的原因而非情境原因（Malle，2006；Malle et al.，2007）。]

在解释他人的行为时，特别是仅仅观察了他们在一种情境中的表现时，我们往往会犯基本归因错误：忽视情境的作用，轻易地对他们的人格特质做出不合理的结论。比如原先我们认为纳粹集中营的头头们都有着格外恶劣的人格，而在日常生活中，他们中的许多人都是很平凡的，他们在实施了一天的暴行后回到家中，通常以读本好书或听听古典音乐来舒缓疲劳、放松自己。我们最初认定制造"9·11"事件的恐怖分子是非常疯狂的，而事实上他们在邻里之间、在健身房，或者在他们喜欢的餐馆中都是很不起眼的。

研究者让行动者与观察者看一部从对方角度来重新演绎具体场景的录像带，能转换行动者与观察者看问题的角度，从而改变他们的归因（Lassiter & Irvine，1986；Storms，1973）。从行动者的角度看事物，观察者能够更好地理解情境。（你行动时眼睛往外看，你看到了别人的面孔，而非你自己的。）而从观察者的角度看事物，行动者也将更好地理解他们的个人风格。反思 5 年或 10 年前的自己也能转换我们的视角。我们现在可以采取观察者的视角，将我们的行为主要归因于我们的特质（Proin & Ross，2006）。同样，在 5 年或 10 年之后，今天的自我或许看起来是另一个人。

“奥蒂斯，朝那个男人大喝几声，让他振作起来。”

归因的作用

在日常生活中，我们常常试图解释他人的行为。那么，我们应该将这些行为归因于什么呢？陪审团必须就一次枪击是出于故意还是出于自我防卫做出裁定；一对闹别扭的夫妻互相揣度为何对方表现得如此自私；面试官必须判断求职者的行为是否真诚。当我们做这些判断时，我们的归因——不管是归因于个人还是情境——都会产生重要的影响（Fincham & Bradbury，1993；Fletcher et al.，1990）。生活幸福的夫妻把配偶尖酸刻薄的举动归因于临时的情境（“她今天的工作一定很不顺心”）。而不幸福的夫妻则把同样的举动归因于对方恶劣的性情（“我怎么会和这样一个暴躁的人结婚呢？”）。

▸▸ 每 10 位女大学生中就有 7 位报告说，有男子将她们的友好行为错误地归因于性诱惑（Jacques-Tiural et al.，2007）。

或者来思考一下归因在政治上的作用：你如何解释贫穷与失业呢？英国、印度、澳大利亚和美国的研究人员（Furnham，1982；Pandey et al.，1982；Wagstaff，1982；Zucker & Weiner，1993）指出，保守派倾向于把这种社会问题归因于穷人和失业者本身：“人们通常会得到他们应该得到的，那些不工作的人就像是寄生虫，任何一个积极主动的人都能取得成功。”一位美国的总统候选人（Dole，1996）曾这么说：“犯罪不应该归咎于社会，受到指责的应当是那些犯罪的人”。而政治自由主义者（以及社会科学家们）更倾向于指责过去和当前的形势：“假如你我也不得不生活在缺少教育、缺乏机会和被人歧视的社会环境中，我们的情形会更好吗？”他们认为，为了弄清“9·11”恐怖袭击事件和在将来阻止类似的恐怖事件再次发生，我们应该对那些可以觉察到的不公平现象和滋生恐怖分子的环境进行思索。

归因问题 在 2005 年卡特里娜飓风预报后，有人责怪新奥尔良居民自己不撤离。也有人将之归因于他们所处的情境——没有汽车或者公共汽车服务。

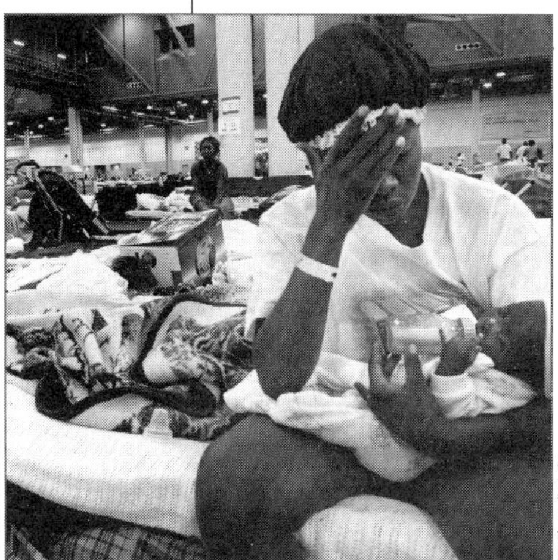

管理者们也必须做出归因。在评估雇员时，他们倾向于把雇员们拙劣的表现归因于他们的个人因素，比如能力低下或缺乏动机。但是，请记住“行动者”的观点：员工会将表现不佳归咎于情境的影响，比如说供给不足、工作条件恶劣、同事难以相处，或是要求过高等（Rice，1985）。

请牢记这点：归因——不管是指向个人的内在倾向或是他们所处的情境——会产生现实的影响。

态度与行为

2. 我们所想的影响我们所做的，还是我们所做的影响我们所想的？

态度（attitude）是指引我们对物体、人和事件做出反应的信念与情感倾向性。假如我们认为某人很卑鄙，我们会对这个人感到厌恶同时表现出不友好。

态度影响行为

我们的态度通常能预测我们的行为。美国前副总统戈尔主演的电影《难以忽视的真相》（An Inconvenient Truth）及其促生的气候保护联盟有一项简单的前提：大众对全球气候变化的事实和危险的看法会发生改变，从而影响个人行为和公共政策。的确，到 2007 年年底，由 WorldPublicOpinion.org 进行的一项国际民意调查分析表明，"民众对气候变化的关注越来越多，越来越普遍。绝大部分人都相信人类的活动导致气候变化，支持减少二氧化碳排放的政策。"由于这种大众说服运动，许多公司和大学现在都在"变绿"。

当人们关注科学证据和论证逻辑，产生有利的想法时，就会发生浪潮式的改变。这种**中心路径的说服**（central route persuasion）大多发生在人们喜欢分析或卷入议题时。如果议题没有涉及系统的思维，说服可能通过**快速的外周路径**（peripheral route）起作用，正如人们会对附带的线索（如自己尊敬的人支持）响应，从而快速地做出判断。由于中心路径的说服更为深思熟虑，不太肤浅，因而更持久，更可能影响行为。

其他因素，包括外部情境，也会影响行为。强大的社会压力会削弱态度与行为之间的关联（Wallace et al.，2005）。比如，美国公众压倒性地支持乔治·布什进攻伊拉克，促使民主党领导人投票支持布什的战争计划，尽管他们私底下都持保留意见（Nagourney，2002）。然而，当外部影响微弱时态度的确会影响行为，如果态度稳定、特异于行为、容易回忆，尤其如此（Glasman & Albarracin，2006）。有项实验用生动的、容易回忆的信息说服人们：持续地晒黑皮肤有可能患上皮肤癌。一个月之后，72% 的参与者的肤色都更浅，而候补名单上的控制组只有 16%（McClendon & Prentice-Dunn，2001）。

➤ **图 16.1**
态度服从于行为
合作行为（比如运动队员的互助）能培养彼此喜爱的情感。这种态度反过来会促进积极的行为。

行为影响态度

现在，来思考一个更加令人吃惊的原理：人们不仅会支持他们相信的内容，而且倾向于相信他们已经支持的观点。一系列的事实都印证了这一点，即态度服从于行为（图 16.1）。

登门槛现象 对人进行"思想控制"的一个关键因素就是有效利用**"登门槛"现象**（foot-in-the-door-phenomenon）——当人们先接受了一个小的要求后，就更有可能在后来接受一个更大的要求。

道理很简单，罗伯特·恰尔迪尼（Robert Cialdini）在 1993 年说：为了让人们同意大的要求，就要"从小的开始，然后逐步升级"。同时，要警惕那些想用此策略来利用你的人。

这种行为与态度相互推进的“鸡与蛋”式的螺旋会使人们的行为逐步升级。一个无关紧要的行为使得下一个行为变得更为容易。屈从于一个诱惑后，你会发现下一个诱惑更难抵制。

在许多模仿战犯经历的实验中，人们被劝诱实施与他们的态度或道德标准相悖的行为，其结果无非是：大部分被试都会使自己的行为合理化，说服自己去相信自己的言行都是正当合理的。假如人们被引导以一种令他们感到良心不安的立场来说话或写作，他们就会开始相信他们自己的话语。那些曾公开保证要保持婚前贞洁的青少年的性行为要远远少于没有做出相应保证的同龄人（Bearman & Brückner，2001）。话语会变成信念。同样，行为也会成为信念。当被试被引导通过谩骂或实施电击而伤害一个无辜者后，他们就开始蔑视那些受害者。

“假如一个君主杀了一个人，那么对君主而言，此人一定是个坏人。”

——克伦威尔 1960 年在博尔特的《不断变化的人》中这样说

幸运的是，“态度服从于行为”原理并不只是带来坏的结果。“登门槛”策略有助于慈善捐赠、献血和产品销售。在一个实验中，研究者装扮成安全驾驶志愿者，请求加州人同意在他们家前院竖立一个巨大但不美观的写有“小心驾驶”的标牌，结果仅有 17% 的人表示同意。而在其他地方，他们先提出一个小的要求：可以放置一个 3 英寸高的写有“安全驾驶”的标牌吗？结果几乎所有的被试都欣然同意。两周后他们再去询问是否可以在其前院竖立一块大而丑陋的标牌时，76% 的人表示同意（Freedman & Fraser，1966）。要想满足更大的要求，通常要让人们踏入门槛：先提小要求，一步一步来。

种族态度同样服从于行为。在废除学校种族隔离制度及 1964 年人权法案通过后的几年里，美国的白种人表现出的种族歧视减少了。同时，由于不同地区的美国人在这方面的表现日益接近——多亏全国性的反种族歧视有了更为统一的要求——美国人的想法也日益接近。一系列的实验证明了这一点：道德行为会强化道德信念。

角色扮演影响人们的态度 当你接受了一个新的角色——成为一名大学生、结婚或开始一项新的工作——你会努力使自己的行为符合社会规范。起初，你会觉得自己的行为有些做作，因为你在扮演这一角色。在部队里的头几周，你会觉得不自然——仿佛你是假装成一个士兵；结婚后的前几周可能像在“过家家”。但是不久之后，你就不会觉得你的行为是被迫的。在人生舞台上，起初像演戏一样的角色变成了真实的你。这一点有助于我们解释为什么从事管理或专门职业的女性会逐渐形成更加自信和果断的人格特点（Roberts，1997）。

“假装下去直到你真的变成这样。”

——匿名戒酒互助社格言

研究者通过评估实验室情境和日常生活情境中人们在接受一个新的角色前后的态度（如在获得一份新工作前后的态度），证实了这一效应。在一项实验室研究中，大学生志愿者在心理学家津巴多（Zimbardo，1972）所设计的模拟监狱中呆了一段时间。随机地任命一些人为看守，他给这些人配备了制服、警棍、哨子并指示他们按照一定的规则行使权力。剩下的人就扮演犯人，他们被锁在阴暗的房间里并被迫穿上破烂的囚服。在志愿者们有意识地“扮演”各自的角色一两天后，他们的模拟就像真的一样——非常真实。大部分“看守”对“囚犯”产生了蔑视的态度，一些人还设计了残忍卑劣的方法对待“囚犯”。“犯人”们一个接一个地崩溃、造反或是变得逆来顺受，这使得津巴多在仅仅 6 天后就取消了这一项研究。最近现实生活中上演了类似的一幕——在伊拉克的阿布格

情境的力量 在津巴多的斯坦福监狱模拟实验中，糟糕的情境使得分派担任狱警角色的志愿者表现出可耻的行为。

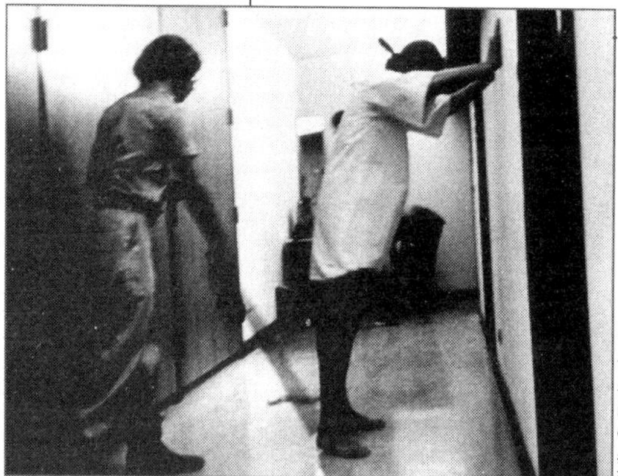

Philip G. Zimbardo, Inc.

就美国总统林登·约翰逊对越南战争的承诺而言："只对公众证明自己行为正当的总统，还可以诱导其改变行为。而只对自己证明行为正当的总统，认为自己掌握了真理，根本不可能进行自我修正。"

——塔夫里斯·阿伦森，《错不在我》，2007

莱布监狱虐俘事件（参见特写：阿布格莱布监狱："滋生暴行的情境"？）

在现实生活中，20 世纪 70 年代初期，希腊军政府把一批人训练成为拷问者（Staub，1989）。他们一步一步地引导受训者进入角色。首先，受训者站在审讯室外充当警卫——即利用"登门槛"效应。接下来，站在审讯室里面充当警卫，从那时起他们才开始积极参与对犯人的审讯与折磨。正如 19 世纪的霍桑（Nathaniel Hawthorne）所提出的："任何人长时间以一副面孔面对自己，而以另一副面孔面对其他多数人时，最终都会产生困惑，哪一副面孔才是真实的呢？"行为影响态度。我们做什么，态度就会逐渐变成什么。

心理学家特别提醒：在津巴多模拟的监狱，在阿布格莱布监狱，在其他引起暴行的情境中，有些人会屈从于情境，但也有人能坚持原则（Carnahan & McFarland，2007；Haslam & Reicher，2007；Mastroianni & Reed，2006；Zimbardo，2007）。人与环境会相互作用。约翰逊（John Johnson，2007）曾指出，水能溶解一些物质，但不能溶解所有的物质。在潮湿的情境中，盐会溶解但沙子不会。人也一样，置身于恶劣的环境有人会变坏，有人则不会。

认知失调：由紧张变轻松 毫无疑问，行为可以影响态度，有时可以把犯人变成合作者，把多疑者变成坚信者，或者是把不熟悉的人变成朋友。但这是为什么呢？一种解释就是我们倾向于使自己的行为合理化。当我们意识到自己的态度和行为不一致时，我们会感到紧张，这叫做认知失调。根据费斯廷格（Leon Festinger）

特写

阿布格莱布监狱："滋生暴行的情境"？

坏苹果还是坏士兵？社会心理学家菲利普·津巴多认为，正如 1971 年的斯坦福监狱实验，2004 年现实生活中发生的阿布格莱布监狱丑闻也表明了恶劣环境的强大力量。

随着 2004 年来自伊拉克阿布格莱布监狱的照片首次曝光，文明世界为之震惊。照片显示美国军警剥光犯人的衣服，给他们带上头罩，将他们成群地堆叠在一起，用电刺激他们，用警犬逗弄他们，剥夺他们的睡眠，进行羞辱，造成极大的压力。问题是否如大众最初所认为的，只是少数坏苹果——少数几个不负责或者残酷成性的狱警？这正是美国军方表面上的裁定，将一些狱警送交军事法庭审判并且关进了监狱，随后开除了 5 位负责阿布格莱布政务和运作的高级指挥官。某位指挥官的辩护律师认为，低级狱警都是变态的混蛋（Tarbert，2004）。

然而，许多社会心理学家提醒我们，恶劣的环境也会让好苹果变坏（Fiske et al.，2004）。菲利普·津巴多（Zimbardo，2004）指出，"普通人置身于新异、邪恶的地方，比如大部分监狱，情境会胜出，而人性落败。这是大多数人真实的一面，也为过去 40 多年相关的社会心理学研究所证实。"

津巴多解释道，请思考情境的力量。狱警都是标准的军人或预备役军人，没有犯罪前科和虐待史，他们一周 7 天，每天工作 12 小时，早已筋疲力尽。他们还要对付敌人，由于害怕危及生命的袭击，目睹许多战友的惨死，对敌人的偏见不断加深。他们又被安排在人手不足的看守位置，没有最起码的培训和监督。军方当时还鼓励他们削弱在押犯对审讯的抵抗力。"你把这些恶劣的工作条件与外部因素结合在一起时，邪恶的士兵就诞生了！实际上，你将任何人置于此种环境，都将看到此种邪恶行为"（Zimbardo，2005）。暴行往往脱胎于残酷的环境。

的**认知失调理论**（cognitive dissonance theory），为了消除紧张感，我们往往会让态度与行为保持一致，使行为合理化，“既然选择这样做（或说），就必须相信它”。对于一个令人焦虑的行为，我们感觉到的强迫越少，责任越多，就越感到不协调；感觉到的不协调越多，寻求一致的动机就越强。例如，改变我们的态度以使行为合理化。

许多实验已经证实，让人们感觉到对那些与自己态度不一致、可预见结果的行为负有责任，就会产生认知失调。作为其中一个实验的被试，你也许会因为两美元的酬金而同意给研究人员写一篇支持你所不相信的事情（也许是关于提高学费）的短文。由于感到自己对这种表述负有责任（这与你的态度是不一致的），尤其是想到管理者将会看到你的陈述时，你可能会感到不协调。你将如何减轻这令人不适的失调感呢？一种方法就是开始相信自己的假话。假话成了你的真实想法。

“瞧，我也有疑虑，不过除了跑到终点，还有什么选择？”

态度服从于行为的原理也有一些积极的意义。虽然我们不能直接控制所有的情感，但我们可以通过改变行为来影响它们。如果感到沮丧，我们可以按照认知治疗师所建议的那样，以积极的、自我接纳的方式而非自我贬低的方式来说话。假如我们不招人喜爱，我们可以通过表现得好像自己受人喜爱的样子，从而使自己变得招人喜爱——比如说做做体贴别人的事情、表达喜爱之情、给予他人肯定等。哈姆雷特曾这样对他的母亲说：“假设有一种美德你并不具备，而行动几乎可以改变人的天性。”

请牢记这点：残酷的行为会塑造邪恶的自己。善行也一样能造就好人。就像你崇拜的那个人一样行动，不久你就会变成那个人。改变我们的行为，也就可以改变我们对他人的思维和对自己的感受。

> “我们整天沉浸在一种闷闷不乐的心境之中，唉声叹气，对一切事情都没有兴趣，忧郁挥之不去……如果我们期望战胜这些令人不快的情绪，就必须……做一些相反情绪的外部动作，从而培养我们偏好的情绪。”
>
> ——威廉·詹姆斯，《心理学原理》，1890

本节回顾

➤ 自问

你想要改变某种态度或倾向吗？你会怎样利用态度服从于行为的原理，从而改变原有的态度呢？

➤ 自测 1

在一个寒冷的早上，马克开车去学校，路上险些碰到一辆闯红灯的车，“慢点！真是个糟糕的司机！”他心里想。过了一会儿，马克自己也在一个十字路口闯红灯，他喊道：“哇！这路况真是差劲啊！这里的积雪真该扫扫了。”马克刚才的举动表明了一个什么样的社会心理学原理，请予以解释。

自测问题的答案见书后的附录。

社会影响

社会心理学中重要的一课就是社会对我们的态度、信念、决策和行为的巨大影响。这种影响在我们的从众、服从和群体行为中都可以见到。自杀、炸弹威胁、劫机以及目击不明飞行物等事件都会因人们的好奇而引起聚众。在校园里，我们穿牛仔裤，在纽约的华尔街或伦敦的唐宁街，我们则穿西装打领带。我们只有知道如何行动，如何打扮，如何与人交谈，生活才能正常进行。利用社会影响的原理，广告商、基金募集人、销售人员，还有政治活动家旨在左右我们购买、捐赠、选举投票等决定。把那些有着相同苦难的人聚集起来，反对者可能会逐渐地成为造反者，而造反者可能会成为恐怖分子。让我们研究一下这些社会约束的力量吧。这些力量有多强呢？它们又是如何发挥作用的呢？

从众与服从

3. 从众与服从的实验揭示了社会影响的何种力量？

行为是可以相互感染的。请思考：

- 一群人站着不动，望着天空，行人便会停下脚步做出相似的举动。
- 酒吧侍者或街头的卖艺人懂得在他们的盘子里放入一些钱向行人暗示已经有其他人给了金钱。
- 一个人哈哈大笑、咳嗽或打呵欠，群体中的其他人会很快地做出相同的举动。大猩猩在看到其他大猩猩打哈欠之后也更可能打哈欠（Anderson et al.，2004）。
- 身体不适同样具有传染性。在“9·11”事件发生后的那段时间，20 多所小学及中学报告说孩子们感染了红皮疹，这使得家长们怀疑发生了生物性恐怖袭击（Talbot，2002）。健康专家们指出，其中一些情况可能与压力有关，但是大部分是由于人们之前在燥热的教室中目睹过粉刺、昆虫叮咬、湿疹与皮肤干燥等现象。

我们天生就会模仿，沙特朗与巴奇（Chartrand & Bargh，1999）把这一现象称为“变色龙效应”。无意识地模仿他人的表情、姿态和声调有助于我们体会他们的感受。这有助于解释为什么与快乐的人在一起比与沮丧的人在一起感到更加快乐。同时也有助于解释一项关于几组英国护士和会计的实验所反映出的情绪同起同落的“心境一致性”现象（Totterdell et al.，1998）。仅仅是倾听别人以愉快或伤感的语调来读一篇中性内容的文章亦会在听众身上产生“心境传染”（Neumann & Strack，2000）。

沙特朗与巴奇做了一项实验借以阐明变色龙效应。他们安排学生在一个房间里与他们的助手一起工作，这名助手摸自己的脸，而且在另一个实验情境中摆动自己的脚。不出所料，与摸脸的助手一起工作的被试也会摸自己的脸，与摆动脚

的助手一起工作的被试也会摆动自己的脚。这种自动模仿是移情的一部分。具有移情能力的人在看到其他人打哈欠后也更多地打哈欠（Morrison，2007）。具有移情力、善模仿的人更招人喜爱。那些最急于融入群体的人似乎直觉地知道这一点，因为他们尤其有无意识模仿他人的倾向（Lakin & Chartland，2003）。

有时，暗示的作用更加严重。在 1999 年科罗拉多州的科伦拜恩（Columbine）中学发生枪击暴乱后的 8 天时间里，除了佛蒙特州外，美国每一个州都受到盲目模仿暴力行为的威胁。宾夕法尼亚州就记录了 60 次这样的事件（Cooper，1999）。社会心理学家菲利普斯和他的同事（Phillips et al.）于 1985 年和 1989 年的研究中发现，有时候，在一起高度公开的自杀事件之后自杀事件会有所增加。在 1962 年 8 月 6 日玛丽莲·梦露自杀事件的影响下，8 月里美国的自杀人数比往常情况下要多 200 人。虽然并非所有的事件都可以确认为盲目模仿的现象，但自杀有时候确实会在某个区域频繁出现。在 18 天的时间内，一所有 1 500 名学生的高中发生 2 起自杀身亡，7 起自杀未遂事件，此外还有 23 名学生萌发自杀念头。而在一年的时间里，伦敦一家精神病医院共发生了 14 起病人自杀事件（Joiner，1999）。在公开播放萨达姆·侯赛因于伊拉克执行死刑之后的日子里，在土耳其、巴基斯坦、也门、沙特阿拉伯和美国都发现男孩上吊自杀的案例，显然巧合的是，自杀者都将套索捆住自己的头（AP，2007）。

是什么导致自杀行为连锁发生呢？是因为人们相互影响而做出相似的举动吗？还是因为他们同时面临相同的事件和环境？为了寻找答案，社会心理学家设计了一些关于群体压力与从众的实验。

群体压力与从众

受暗示性是**从众**（conformity）一种微妙形式。为了研究从众（将自己的行为或想法调整到与群体的标准一致），阿施（Solomon Asch，1955）设计了一个简易的测验。作为研究的被试，当你按时到达实验地点并坐下来时，其他 5 个人都已经就坐。研究人员问：比较这三条线段，看哪一条与标准的那条一样长（图 16.2）。你看得很清楚，答案是第二条，并等着轮到你时就说出答案。当第二组线段对比测试显得同样简单时，你开始对这个实验产生了厌烦感。

现在开始了第三组测试，正确的答案似乎非常明显，但是第一个人却给出了一个令人吃惊的错误回答："第三条"。当第二个、第三个和第四个人都给出了同一个错误的答案时，你直起身子斜着眼睛看着他们。当第五个人表示同意前几个人的答案时，你感到心跳加速。这时研究人员看着你要你给出答案。由于你亲眼

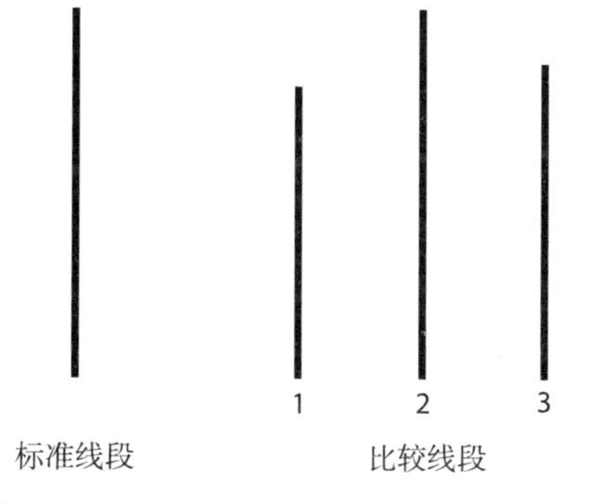

➤ 图 16.2
阿施的从众实验
比较三条线段哪一条与标准线段一样长呢？猜想一下，在听到其他 5 个人都说是"第 3 条"的情况下，大多数人会怎么回答？在上面的一幅来自阿施实验的照片中，坐在中间的被试由于无法同意其他人（本实验为实验者安排的助手）的答案而表现出严重的不适。

见到的事实与其他 5 位被试的答案不一致，你感到紧张，并且不像开头那么自信了。你在回答时犹豫了，思考着是否应该因为自己的意见与大家相悖而承受这种不舒服的感觉。在这样的情景下，你会给出什么回答呢?

在阿施及其之后的研究者所做的实验中，成千上万的大学生都曾经历过这种冲突，单独回答这种问题，他们犯错的几率小于 1%，而当有其他人（实验者的助手）在场并回答错误的情况下，几率就相当不同了。阿施指出，“聪明而理智”的大学生被试中，超过 1/3 的人为了与群体保持一致而愿意“颠倒黑白”。

> “你曾经注意过一个榜样——不论好坏——如何引起他人效仿？一辆非法停靠的车是怎么影响别的车也随之乱停的呢？一个有关种族的笑话是如何引发其他同样的笑话的？”
>
> ——玛丽安·怀特·艾德曼，《衡量成功》，1992

加强从众的条件 阿施的实验程序成了后来研究者的模本。虽然在实验中并不是总能发现这么多的从众现象，但是实验确实表明在下列情况下从众现象会增加：

- 个体感到力不从心或有不确定感。
- 群体成员至少有 3 个。
- 群体的意见是一致的（只要有一个人持不同意见，他的支持就会极大地增强其他人做出不从众行为的勇气。）
- 个体崇尚群体的地位和吸引力。
- 个体对任何回答都没有作出预先的承诺。
- 个体的举动可以被群体中的其他人看到。
- 个体所处的文化极力倡导人们对社会标准的尊崇。

因而，我们可以推测奥斯丁这位充满热情但又有着不确定感的新成员的行为：如果其他 40 个成员在一项基金增加计划上意见一致，奥斯丁不大可能表达他的反对意见。

从众的原因 为什么我们会在他人拍手时也拍手，别人吃东西时也吃东西，相信别人所相信的东西，别人看什么自己也看什么呢？通常，我们这样做是为了避免被拒绝或者说是为了获取社会认同。在诸如此类的例子中，我们是在对社会心理学家所说的**规范的社会影响**（normative social influence）做出反应。我们对社会规范是敏感的，懂得哪些是被社会接受的规则，哪些是符合社会期望的行为。如果我们表现得与众不同，付出的代价可能会相当惨重。

尊重规范并不是人们从众的惟一原因，人们从众还有可能因为群体可以提供有价值的信息，只有一个异常愚蠢的人才会永远都不听从他人的劝告。当我们接受他人关于现实问题的意见时，我们是在对**信息的社会影响**（informational social influence）做出反应。“那些永远都固执己见的人，爱自己胜于爱真理”，18 世纪法国散文家朱伯特（Joseph Joubert）如是说。

巴伦及其同事们（Baron et al.）在 1996 年很巧妙地阐明了我们在复杂而又重要的判断上对信息影响的遵从。他们用现代化手段改进了阿施实验，他们先向来自爱荷华州的大学生呈现印有一个人的幻灯片，然后是印有 4 个人的幻灯片（图 16.3）。实验中的任务分为比较简单的（被试有 5 秒钟的时间来观察这 4 个人），或者比较困难的（被试仅有半秒钟的时间进行观察）。被试的判断任务还分为不重要的（仅仅是初步测试目击者识别程序），或重要的（为一种真实的侦破程序建立常模，并给判断最准确的参与者 20 美元的奖励）。当任务不

“我喜欢你的一点是你与其他人都一样。”

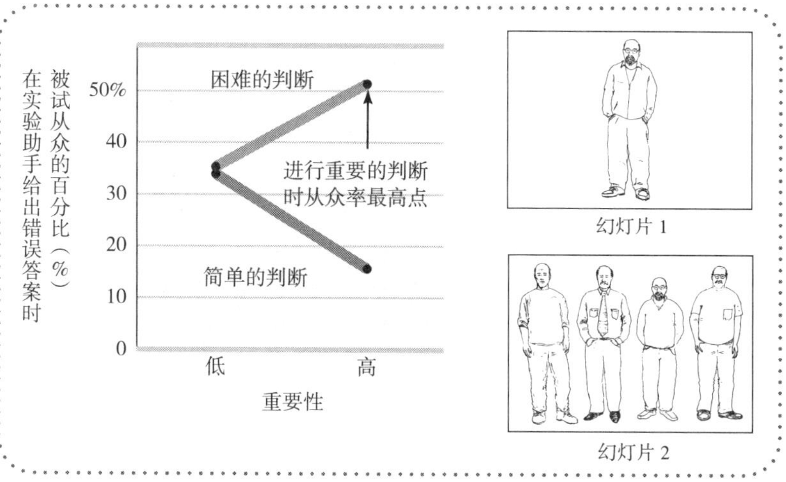

➤ 图 16.3
信息影响
任务样本：在看了幻灯片 1 和 2 后，被试要判断幻灯片 2 中的哪一个人与幻灯片 1 中的人相同。（From Baron et al., 1996）

重要时，人们在有 2 名实验助手给出错误回答的情况下，从众的可能性是 1/3。而在判断的准确性比较重要的时候，如果任务简单，人们很少会从众；而如果任务困难，则有一半的可能会从众。当难以确定哪个正确以及什么时候正确时，人们就变得易于接受他人的意见。

我们对社会影响的看法是好还是坏取决于自身的价值观。当这种影响支持我们所赞同的事物时，我们就会称赞那些“头脑开放的”和“敏感的”人是随机应变的。而当这种影响支持我们所不赞同的事物时，我们就会指责那些为了寻求与他人一致而“权宜从众”的行为。正如第 15 章所述，在不同的文化背景中，个人主义和集体主义被赋予的价值是不一样的。西欧以及大部分讲英语的国家推崇个人主义而不是从众与服从，通过在 17 个国家所进行的社会影响实验就可以看出这些价值观念：在提倡个人主义的文化氛围中，从众的发生率更低（Bond & Smith, 1996）。在个人主义盛行的美国，在很多领域从购买偏好到政治观点，大学生们都认为自己与其他人相比更不会从众（Pronin et al., 2007）。在我们自己的眼中，我们都是一群绵羊中的个体。故而，曾经象征特立独行、绝不从众的纹身，变得过于流行时就可能失去其吸引力。

服　从

社会心理学家斯坦利·米尔格拉姆（Milgram, 1963, 1974）通过研究了解到，人们经常会屈从于社会压力。但是，他们如何对无条件的命令做出反应呢？为了寻找答案，他进行了迄今为止社会心理学研究中最著名同时也是最有争议的实验。现在，请把自己想象成米尔格拉姆 20 项实验所用的近 1 000 名被试中的一员。

斯坦利·米尔格拉姆（1933~1984） 这位已故社会心理学家所做的服从实验如今“属于我们这个时代受过教育的人的自我认知”（Sabini, 1986）。

Courtesy of CUNY Graduate School and University Center

看到广告之后，你来到耶鲁大学的心理学实验室来参加一项实验。米尔格拉姆教授的助手解释说这项实验是对学习中惩罚的效果进行研究。你和另一个人在一个帽子里抽签来决定谁是“老师”（你抽到了），谁是“学生”。然后，“学生”被带到隔壁的一个房间里，手脚被皮带绑在一把椅子上，这把椅子连着的一条电线穿过墙与另一端的电击控制器相连。你坐在标有不同电压值的控制器前。你的任务是：教学生学习词语对，并对其学习效果进行检查。如果学生出错，你就对他实施短时电击以示惩罚，实施电击时，从最初的“15 伏——轻微电击”开始。以后学生每犯一次错误，你就把电压调高一档。每按一次电键，就会有灯闪亮，并发出电流的嗡嗡声。

如果你服从实验者的指令，你在按下第三、第四以及第五个电键时听到学生的呻吟声，当你按下第八个电键（上面标有“120 伏——中等电击”）时，学生会喊叫说电击很痛。当你按下第十个电键（上面标有“150 伏——强烈电击”）时，学生哭叫起来：“把我放出去！我不要再参加这个实验了！我拒绝继续进行下去！”当你听到这些恳求，你会犹豫，而这时实验者会指示你：“请继续，实验要求你继续！”假如你还是拒绝，他会坚持道：“你继续下去是非常重要的！”或者“你别无选择，你必须继续！”

如果你服从，并继续在学生每次犯错后实施更高水平的电击，你会听到学生痛苦的尖叫声越来越高以抗议你的行为。在实施电击的电压超过 330 伏后，学生便拒绝回答并很快地保持沉默。这时，实验者仍要你继续，直至最后——450 伏的电击，并要求你继续提问，假如学生不能给出正确答案，你便要实施更高水平的电击。

你认为你能在多大程度上听从实验者的命令？实验开始前，米尔格拉姆进行了调查，大部分人声称他们肯定会在学生第一次说疼痛之后很快停止扮演这一残忍的角色，决不会等到学生痛苦地发出尖叫时才停止。之前，米尔格拉姆曾请 40 位精神病学家分别对实验结果做出预测，他们的预测结果也是这样的。而当米尔格拉姆在 20~50 岁之间的男性身上进行实验时，他惊讶地发现，竟有 63% 的人坚持到了最后，直到按下最后一个电键。后来的 10 项研究有女性被试参与，结果发现，女性服从的比率和男性相近（Blass，1999）。

是“老师们”发现了真相（其实没有电击）吗？是他们猜到那些学生是实验者的同伙，他们只是假装自己受到了电击吗？还是他们意识到了这一实验事实上是在检测他们服从命令、实施惩罚的意愿？都不是。这些“老师”在实验过程中表现出真实的痛苦：他们流汗，发抖，神经质地发笑、咬嘴唇。最近有项模拟现实研究重现了这些实验，参与者的反应与米尔格拉姆实验中的参与者非常相似，在对屏幕前的虚拟女性实施电击时，会出汗，心跳加速（Slater et al.，2006）。

由于米尔格拉姆的实验使用了欺骗和压力，因此人们对其研究的伦理问题颇有争议。米尔格拉姆为自己辩护说，在参与者了解到骗局的真相及真正的实验目的后，事实上没有一个人对自己的参与表示后悔。那 40 位曾经承受最大痛苦的“老师”在事后接受一个精神病学家的访谈时表示，并没有遭受精神创伤的表现。米尔格拉姆说，总的来讲，大学生在这些实验中所承受的压力比其面临重要考试以及重要考试失败所承受的压力要小（Blass，1996）。

为了弄明白参与者的服从是不是因为学生的抗议不足以令人信服，米尔格拉姆重新找了 40 位新“老师”来进行这项实验。这次，他的助手表示自己被捆在椅子上时感到“轻微的心脏不适”。然后，随着惩罚性电击的电压越来越高，助手的抱怨和叫喊也越来越强烈。这种情况下仍然有 65% 的“老师”完全顺从（图 16.4）。

在后续实验中，米尔格拉姆发现情境中的微小细节会对人们造成有力的影响。当他变换社会条件时，完全顺从的被试的比例也在 0~93% 变化，在下列几种情况下服从率最高：

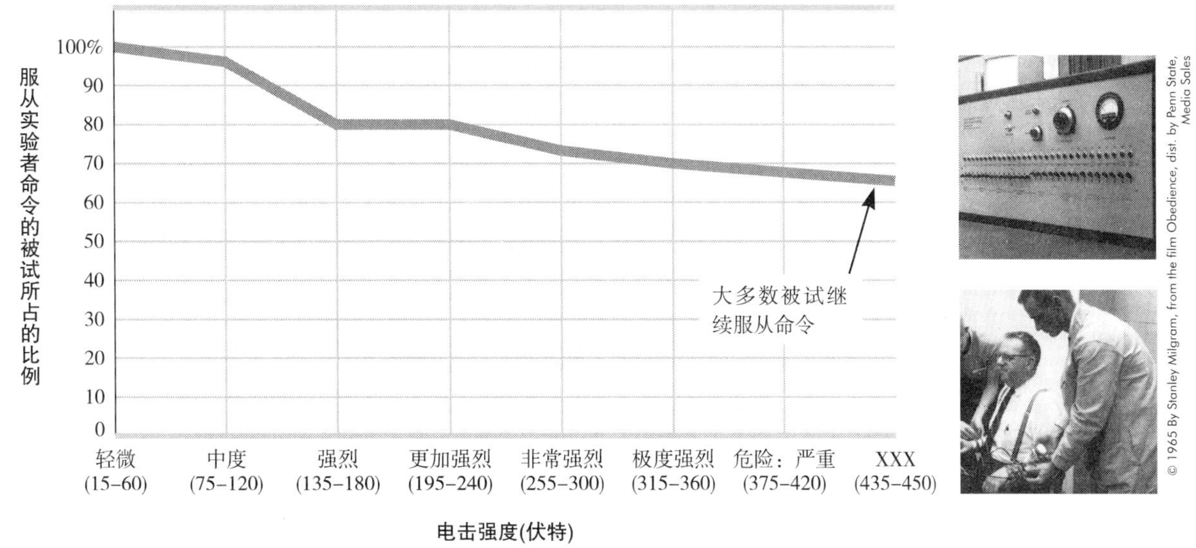

➤ 图 16.4

米尔格拉姆的后续服从实验

重复早期的实验，65% 的成年男性“老师”完全服从实验者要求继续的命令，尽管事前“学生们”曾表示自己心脏不适，尽管他们遭受 150 伏的电击后发出哭喊声，以及在电压增至 330 伏后发出痛苦挣扎的抗议声，这些“老师”仍然会服从命令。（From Milgram，1974）

- 发布命令的人就在旁边并且被认为是合法的权威人物。
- 权威人物受到一个有声望的机构的支持。当米尔格拉姆将实验地点从耶鲁大学转移到别的地方时，实验中的顺从率便有所降低。
- 受害者被隔离起来或者在一定距离之外，甚至在另一个房间里［同样，在与看得见的敌人战斗时，许多士兵要么不会开枪，要么不去瞄准他们。但是，那些操纵远程武器，比如导弹或战斗机的士兵却很少拒绝杀戮（Padgett，1989）］。
- 没有违抗命令的角色榜样；也就是说，没有见到其他被试违抗实验者的命令。

在那些服从命令进行大屠杀或拒绝服从的故事中，合法的、近在咫尺的权威的影响是很明显的。仅服从这一因素还很难对大屠杀进行解释；相互对立的意识形态同样会造就屠杀者（Mastroianni，2003）。但是，服从是其中的原因之一。1942 年的夏天，大约 500 名德国中年预备军官被派遣到波兰一个叫爵兹弗（Jozefow）的德国占领地。7 月 13 日，看上去心烦意乱的指挥官告诉他的部下（绝大多数是已成家的人），他们得到命令去围捕村里的犹太人，据说这些犹太人在支援敌人。有劳动能力的男性被送到劳动营中，剩下的就地枪决。当这些军官被告知有一次机会选择拒绝参与执行枪决时，当即只有大约 12 个人表示拒绝。剩下的 485 名军官在 17 个小时内枪杀了 1 500 名手无寸铁的妇女、儿童和老人。这些人被军官从脑袋后面开枪射杀，脸朝下倒在地上。听到受害者的哀求声，看到这可怕的结果，大约有 20% 的军官最终表示了拒绝，他们设法不瞄准受害者或者跑开并藏起来直到屠杀结束（Browning，1992）。但是，在现实生活中，正如米尔格拉姆的实验所示，拒绝服从的情况很少见。

“吉姆，从悬崖上开下去，我想自杀。”

另一个故事发生在一个叫夏邦（Le Chambon）的法国村庄里，这里的犹太人要被押送到德国，村里的居民公开反对与德国所谓的“新秩序”进行合作，把犹太人藏了起来。这里居民的祖辈们曾遭到迫害，他们的牧师教导他们“任何时候，当敌人提出与圣经教义相悖的命令时，我们一定要进行抵抗”（Rochat,1993）。当德军要求他们交出一份被藏匿的犹太人名单时，作为首领的牧师树立了违抗命令的榜样：“我不知道什么犹太人，我只知道人类！”尽管不知道战争将持续多久以及会变得多么恐怖，也不知道将承受多么严重的惩罚与贫穷，抵抗者们信守他们最初的承诺进行抵抗。他们自身的信念，他们的角色榜样，他们的相互影响以及他们最初的行为都支持着他们把反抗进行到战争结束。

从众与服从研究的启示

阿施与米尔格拉姆的实验教给我们什么启示呢？判断线条的长度与实施电击如何与我们日常的社会行为产生联系呢？我们在第 1 章就提到过，心理学实验的目的不是对原有的日常行为进行再创造，而是要抓住和探索形成日常行为的潜在过程。在阿施和米尔格拉姆的实验中，被试要选择是坚持自己的行为标准还是听从于他人，这也是我们经常会遇到的两难情境。

在米尔格拉姆的实验中，被试也会因为不知道该做出什么反应而为难，一边是受害者的恳求，一边是实验者的命令。他们的道德观念警告自己不能去伤害其他人，而同时也是道德观念推动他们服从于实验者以使自己成为一个合格的实验参与者。在善良与服从的冲突中，服从总是胜者。

这些实验表明，强大的社会压力可以使人们服从于错误，或屈服于残忍。米尔格拉姆指出：“我们的研究最基本的结论是，只是简单地从事自己的工作而没有任何特殊敌意的普通人可以成为一项恐怖破坏活动的参与者”（Milgram，1974，p. 6）。米尔格拉姆并没有要求被试直接把电压加大到足以伤害“学生们”的程度，而是利用了“登门槛”效应，让他们以轻微的电压开始，然后逐渐增强。被试的想法是，既然这个小的伤害是合理的，那么下一步的伤害也可以被接受。不论是在爵兹弗、夏邦还是在米尔格拉姆的实验中，那些拒绝服从的人一般在较早的时候就拒绝。等到做出服从或拒绝的行为之后，态度就会开始听从于行为，并使其合理化。

> “我只是服从命令。”
> ——阿道夫·艾希曼，把犹太人赶往集中营的纳粹头子

因此，人们总是一步步地屈从，逐渐走向罪恶。在任何社会，极大的罪恶均源自人们服从于较小的罪恶。纳粹头子曾担心大部分德国军人会拒绝直接枪杀犹太人或用毒气杀死他们，但是他们吃惊地发现这些人愿意处理有关大屠杀的文书工作（Silver & Geller，1978）。同样，当米尔格拉姆要求 40 位男性来实施学习测验但由其他人来实施电击时，93% 的人都同意了。与人们想象中凶狠的恶棍形象相对立的是，罪恶行为并不需要穷凶极恶的个性，它所需要的就是把普通人置于一个罪恶的情境之中——这样，普通的士兵会服从命令去杀人，普通的学生会听从命令去嘲弄群体中的新成员，普通的雇员会服从安排去生产和销售有害的产品。在领导“9·11”恐怖袭击之前，人们所知道的阿塔是一个正常而理性的人，他成长于一个和睦的家庭，曾经是“好孩子”和优秀学生——与我们想象中的恶魔形象并不符合。

> “针对异常情境的正常反应就是异常行为。”
> ——詹姆斯·沃勒，《走向邪恶：普通人如何变成种族灭绝和大屠杀的刽子手》，2007

群体影响

群体如何影响我们的行为？为了寻找答案，社会心理学家研究了各种各样的

影响，其中包括最简单的两人群体中一个人对另一个人的影响，以及更为复杂的群体中，如家庭、团队及社区中群体的影响力。

他人在场时的个人行为

4. 他人在场或者加入群体对我们的行为有何影响？

社会心理学最初的实验都恰如其分地集中于社会行为中最简单的问题：他人观看或参与我们的各种活动时，我们会受到什么样的影响？

社会助长 我们已经注意到自行车选手在与他人竞争时的速度要比一个人骑的时候快。诺曼·特里普利特（Triplett，1898）提出他人在场可以促进行为表现的假设。为了验证这一假设，他找来一些青年人，让他们尽可能快地缠绕钓鱼竿的滚轴。他发现当有其他人在场并做相同的事情时他们缠绕得更快。这种他人在场时表现更好的现象被称为**社会助长**（social facilitation）。比如说，十字路口交通指示灯变绿之后，与周围没有其他车的情况相比，有其他车的情况下，驾驶员开出前 100 码所用的时间要少 15%（Towler，1986）。

当然，事实并非如此简单。对于更为棘手的任务，比如说学习无意义音节或解决复杂的乘法问题时，他人在场或一起活动会使人们的表现变差。进一步的研究揭示了为什么他人在场有时会促进、有时却会妨碍人们的表现（Guerin，1986；Zajonc，1965）。当其他人注视着我们的时候，我们处于一种被唤醒的状态。这种唤醒强化了我们最可能的反应——完成简单的任务时会做得正确，而在复杂的任务上则会出现失误。因此，当我们被他人观察的时候，完成简单易行的任务会更迅速和精确，对付难以掌握的工作则会更慢，准确度也更低。

表 16.1 团队运动的主场优势

运动项目	被研究的比赛场数	主队获胜的比例（%）
棒球	23 034	53.5
橄榄球	2 592	57.3
冰球	4 322	61.1
篮球	13 596	64.4
足球	37 202	69.0

资料来源：Courneya & Carron，1992.

迈克尔斯和他的同事（Michaels et al.，1982）发现，专业的射击运动员独自射击时准确率为 71%，而有四个人观看的情况下准确率为 80%。而水平较差的射击者独自射击时准确率为 36%，有他人观看时仅为 25%。热情的观众所产生的鼓励效应可能促进主场优势，这是许多运动队所喜爱的。对加拿大、美国和英国的 80 000 多场大学及专业运动赛事的研究表明，主队会赢得 10 场比赛中的 6 场（对于棒球与橄榄球而言这个比例稍偏低，而篮球和足球比赛中该比例相对高些，如表 16.1）。

请牢记这点：对于你擅长的事情，有观众在场，尤其是友善的观众在场时，你往往会表现得更好；而对于你通常认为困难的事情，在这种情况下做好几乎是不可能的。

社会助长也可以帮助我们解释一个有趣的拥挤效应。在一个人员密集的屋子里看喜剧表演比在一个人员较少的屋子里看更加有趣（Aiello et al.，1983；Freedman & Perlick，1979）。戏剧表演者和演员们都知道，一个坐满观众的场地才是一个“好的表演场所”。拥挤也能增强其他反应。在实验中，当被试彼此坐得很近的时候，他们会更喜欢一个友善的人，更讨厌一个不友善的人（Schiffenbauer & Schiavo，1976；Storms & Thomas，1977）。实用的经验：如果你要为一堂课安排教室，或者为一场聚会安排座椅，记住座位刚刚够就好。

社会助长 娴熟的运动员在观众面前通常状态很好。如果有人旁观，运动员在自己所擅长的领域表现更好。

Reuters-Kai Pfaffenbach

社会懈怠 社会助长实验考察了他人在场对完成个人任务时行为表现的影响（比如说射击），而当人们在完成集体任务时又会如何表现呢？比如说，在一支拔河队中，你认为一个人所使的力气比他进行一对一拔河比赛时使的力气更大，更小，还是一样？为此，英厄姆和他的同事（Ingham et al.，1974）进行了一项实验，他们让马萨诸塞大学的学生蒙着眼睛"尽自己最大的力气"拉一根绳子。当英厄姆对学生们谎称同时还有 3 个人在他后面拉这根绳子的时候，他们使出的力气只相当于他们得知只有自己一个人在拉的时候的 82%。

完成群体任务时个人付出的努力更少，为了描述该现象，拉坦和他的同事（Latané et al.，1981；Jackson & Williams，1988）创造了社会懈怠（social loafing）这一术语。在美国、印度、泰国、日本、中国和中国台湾地区进行的 78 项实验中，社会懈怠表现在各种任务中，尽管这一现象在个人主义文化的男性身上表现得尤为普遍（Karau & Williams，1993）。在拉坦的一项实验中，他让那些蒙着眼睛的被试坐在一起，一边听耳机中传来的拍手或喊叫声，一边也尽可能大声地拍手或叫喊。当告知他们有其他人参与时，他们所发出的声音的音量只有他们认为没有他人参与时的 1/3。

为什么会会出现社会懈怠？首先，人作为群体的一员行动时会感到自己责任较少，因而也不大担心别人的看法。其次，他们可能把自己的努力看做是可有可无的（Harkins & Szymanski，1989；Kerr & Bruun，1983）。如同许多组织的领导者所了解的——如同你在观察学生完成群体任务时所见到的那样，如果不管贡献多少，群体成员都可以平均分享群体福利，一些人就会变得懒散。除非他们的内在动机被高度激发并且他们的努力可以为群体所承认，否则他们就会利用群体中其他成员的努力而偷懒。

去个性化 因此，他人在场可以对人们起到激发作用（如社会助长实验所示），或者可以减少人们的责任感（如社会懈怠实验所示）。但有时他人在场可以同时起到以上两种作用。结果可能会导致一些放肆的举动，比如在食堂里因为饭菜问题而打架，向一个篮球裁判尖叫，甚至发展到故意破坏或骚乱。放弃正常的约束而服从于群体力量的现象被称为**去个性化**（deindividuation）。处于去个性化状态是指在群体情境下，个体自我意识水平及自我控制能力降低的状态。

当群体的参与使个人感到被激发并处于匿名状态时，去个性化就可能会发生。津巴多做了一项实验（Zimbardo，1970），让纽约大学的女生戴着不能确认个人身份的三 K 党风格的头巾，这种情况下，她们对"受害者"所实施的电击量相当于她们的身份可以被确认的情况下的两倍（需要指出的是，所有类似的实验中，"受害者"事实上都没有遭受电击）。同样，那些在脸部涂抹颜料或戴面罩使自己无法被辨认的士兵们比那些露出面部的士兵更有可能对被俘的敌人进行杀戮、折磨和致残（Watson，1973）。不论是在聚众闹事的场合、摇滚音乐会、球赛或是在礼拜活动中，失去自我意识（即进入去个性化状态）使人们更加响应群体行为。

群体相互作用的影响

5. 什么是群体极化和群体思维？

我们已经考察了他人在场可以：

- 使简单的任务变得更容易，使困难的任务变得更困难。

- 使人们因群体中其他人的努力而偷懒，或者是激励人们更加努力。
- 增强幽默感或引发暴乱。

研究表明，群体的相互作用也可以产生好坏两方面的影响。

群体极化 教育研究者发现，大学生群体间最初的差异会随着时间的推移逐渐增大。如果某大学的一年级学生比另一所大学的同年级学生在智力上更适合学习，这种差异到高年级时可能变得更加明显。同理，如果参加互助会的学生的政治保守性比那些没参加的学生更强，那么两个群体间政治态度的差异会随其大学生活的发展而加剧（Wilson et al.，1975）。同样，麦科比（Maccoby，2002）曾经指出，通过自己对性别发展长达数十年的观察，女孩间的交流要比男孩间的交流更为亲密，她们在游戏与想象中攻击性较弱——而且由于他们大部分时间与同性交往，因此随着时间的迁移，这些性别差异更大。

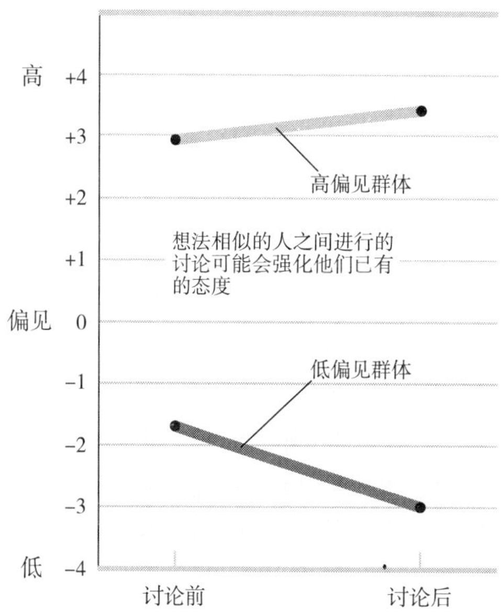

➤ 图 16.5

群体极化

如果一个群体由想法相似的人组成，讨论会强化群体内的主导意见。讨论种族问题会强化中学生中高偏见群体的偏见，而降低低偏见群体的偏见（From Myers & Bishop，1970）。

一个群体的主导倾向不断得到加强的现象被称为**群体极化**（group polarization）——当群体内的人对他们中大多数人都赞同或反对的意见进行讨论时，便会发生群体两极分化。群体两极分化可以产生有利的结果，它可以增强一种广受欢迎的高尚意识或强化自助群体中的成员的决心。但是，它同时也可能产生不好的结果。比如说，我和毕晓普（Bishop）的研究发现，当种族偏见强的中学生们讨论了种族问题后，他们就会变得更为偏见（如图 16.5）。（而偏见较弱的学生们则变得更为宽容。）想法接近的人之间的讨论可能会产生适得其反的结果。有不良行为倾向的青少年在进行这种讨论后，不良行为会增加（Dishion et al.，1999）。实验室中的意识形态分裂和极化现象似乎印证了美国日益增加的政治极化。越来越多的情形是，人们总是会居住在与自己看法相似的人附近，并听取他们的意见。因此，意见分歧＋集体商议＝群体间的极化。

想法类似的人之间的互动所导致的极化效应，同样适用于自杀的恐怖分子。在对全球恐怖组织进行了分析之后，心理学家麦考利和西格尔（McCauley & Segal，1987；McCauley，2002）指出，恐怖主义思想不是突然间产生的，而是有一个发展的过程，它产生于一群由于不平等感而聚集在一起的人当中，由于这群人没有接触到其他良性影响而只是在内部相互作用，因此他们的想法变得越来越极端。恐怖主义研究者梅诺里（Merari，2002）说："据我所知，没有一起自杀性恐怖袭击事件是由个人的突发奇想而产生的。"

网络为群体极化提供了新的媒介。成千上万的虚拟群体可以让失去双亲的人、和平人士以及教师们从相通的思想和精神里获得慰藉和支持。但网络也使那些对政府丑闻、外星人、白人优越论、千年虫病毒和公民卫队等问题有共同兴趣的人可以相互联络，并为他们共同的疑虑提供支持（McKenna & Bargh，1998）。未来的实验将会证明电子讨论是否也可以像面对面讨论那样造成极化效应，由于他们的观点相互回应，是否卑鄙的人越发卑鄙，粗野的人越发粗野，疯狂的阴谋越发疯狂？

“一个人对愚蠢举动叫停的冲动在讨论中很容易被抑制。”

——施莱辛格，《一千个日子》，1965

“真理源自友好的争论。”

——哲学家休谟，1711~1776

“如果你有一个苹果，我也有一个苹果，我们互相交换苹果后，你和我仍然各有一个苹果。但如果你有一个点子，我也有一个点子，我们互相交换点子后，我们每个人都会有两个点子。”

——剧作家萧伯纳，1856~1950

群体思维 群体内的相互作用会使重要决定发生失误吗？在阅读了历史学家施莱辛格关于肯尼迪总统和他的顾问如何做出错误决定、利用 1 400 名接受过中央情报局训练的古巴流犯入侵古巴的描述后，社会心理学家贾尼斯（Irving Janis）对这个问题进行了思考。当这些人被轻而易举地俘虏并很快牵连到美国政府后，肯尼迪事后纳闷，“我们怎么会如此愚蠢呢？”

为此，贾尼斯（1982）研究了导致惨败的决策程序。他发现，新当选的总统及其顾问高涨的斗志使他们对这个计划过度自信。为了保持良好的团队感，任何反对意见都被压制或接受自我审查，特别是在总统表达了自己对这一计划的热衷之后更是如此。因此没有人提出强烈反对，每个人都认为大家意见一致。为了描述这种表面一致却不切实际的群体性思维，贾尼斯把它命名为**群体思维**（groupthink）。

贾尼斯与其他人随后又对其他历史性错误进行了研究，其中包括 1941 年未料到日本袭击珍珠港、越南战争的节节败退、水门事件、切尔诺贝利核反应堆泄漏事件（Reason，1987），以及挑战者号航天飞机爆炸等（Esser & Lindoerfer，1989）。他们发现在这些事件中，过分自信、从众、自我合理化和群体极化助长了群体思维。联邦调查局和中央情报局的情报人员曾警告说在某飞行培训基地的中东人可能会密谋用飞机撞击诸如世界贸易中心等建筑，过分自信导致联邦调查局和中央情报局没有严肃对待这一警告。

尽管发生了这样的失误与悲剧，贾尼斯还是明白，对于某些问题，二人的智慧胜过一人，因此他也研究了美国总统及其顾问共同做出有效决策的情况，比如说杜鲁门政府出台的马歇尔计划（Marshall Plan）。该计划对二战后的欧洲进行援助，以及肯尼迪政府阻止苏联在古巴装备导弹等。贾尼斯认为，在这些事件中以及在企业活动中，假如领导人欢迎各种不同意见，邀请专家们对计划提出批评意见以及指定专人来检查可能出现的问题，群体思维就可以避免。压制不同意见常使群体做出错误的决策，而公开的争论常能形成有效的决策。没有一个人能与群体的智慧相媲美。

个体的力量

6. 我们作为个体的力量有多大？少数派能变成多数派吗？

在肯定社会影响的力量的同时，我们也不能忽视我们作为个体的力量。社会控制（情境的力量）与个人控制（个人的力量）是相互作用的。人并非桌球，任由摆布。当我们感到被压制时，我们可能会做出与社会期望相反的事情，以此来维护我们的自由感（Brehm & Brehm，1981）。

立场坚定的个体亦会显示出他们对群体的影响力。社会的历史往往是由那些能改变多数人看法的少数派所创造的。如果不是这样，共产主义可能还只是个模糊的理论，基督教也可能仅仅是中东的一个小教派，罗莎·帕克拒绝坐在公车后排的举动也不会引发一场人权运动。科技史同样也经常是由那些战胜多数派的少数创新者所创造。想当初，修铁路对于许多人而言简直是一个疯狂的想法，有些农民甚至担心火车的鸣叫声会妨碍母鸡下蛋。人们嘲笑富尔顿（Fulton）的汽船是个“富尔顿蠢行”，正如富尔顿后来所说的，“在我的道路上从未有过鼓励的话语、美好的期望和温暖的祝愿”。人们也是以同样的态度迎接印刷术、电报、白炽灯，以及打字机的到来的（Cantril & Bumstead，1960）。

欧洲的社会心理学家们试图更好地了解少数派的影响——即一两个人改变多数人的力量（Moscovici，1985）。他们考察了一些群体，这些群体中都有一两个人总是表达一种富有争议的态度或是不寻常的知觉判断。结果多次表明，立场坚定的少数派比含糊其辞的少数派更能成功地改变多数派的意见。与少数派意见保持一致并不能使你受大家欢迎，却可以让你具有影响力。当你的自信引起他人考虑你这样做的原因时这一点表现得尤为明显。虽然人们总是公开地与多数人的意见保持一致，而在私下里，他们却可能对少数派意见产生同情。即使少数派意见的影响力还不明显，它也有可能说服一部分多数派成员重新考虑他们的观点（Wood et al.，1994）。社会影响的力量是巨大的，而立场坚定的个体也有这样的影响力。

圣雄甘地 正如印度民族主义者及其精神领袖圣雄甘地的人生经历强有力地证明了，少数派坚定一致的呼声有时可以改变多数派。甘地的非暴力呼吁与禁食运动推动了印度于 1947 年从英国的统治下获得独立。

本节回顾

➤ **自问**

写出你本周所经历的社会影响的两个例子（注意：这种影响可以是信息性的）。

➤ **自测 2**

你要组织一次带有政治色彩的聚会，参与者中包括竞争激烈的政治候选人及其各自的支持者。为了增加趣味性，有朋友建议让支持者戴上有候选人脸谱的面具。你认为，这些面具会引发什么现象？

自测问题的答案见书后的附录。

社会关系

我们已经举例说明了我们是如何看待他人以及如何相互影响的。现在讨论社会心理学的第三个主题——我们如何与他人相处。我们将分别从偏见、攻击、冲突、吸引、利他主义、调停等方面来探讨人们之间联系的好与坏。

偏 见

7. 什么是偏见？

偏见意指“预先判断”。它是针对一个群体——通常是一个有不同文化、伦理的群体或性别不同的群体——的一种不合理的、常是负面的态度。就像所有的态度一样，**偏见**（prejudice）是信念［通常是高度概括的，也被称为**刻板**（stereotype）］，情感（敌意、嫉妒或恐惧），以及行为倾向性（比如说歧视）的混合体。例如，认为肥胖的人是贪吃的，对肥胖的人感到反感，不愿雇用一个肥胖的人或与其约会，这就是偏见。偏见是一种消极的态度，**歧视**（discrimination）是一种消极行为。

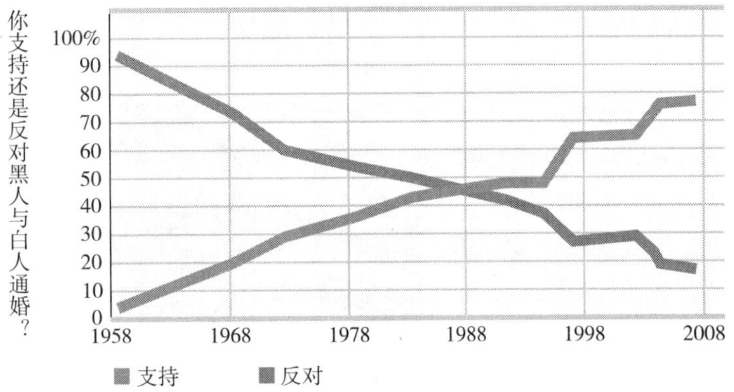

➤ **图 16.6**

偏见随着时间而改变

在过去的半个世纪，美国人支持种族通婚人数剧增（Carroll, 2007）。

人们偏见的程度如何？

为了找到答案，我们可以评估人们的言行。根据美国人的说法，种族与性别态度在 20 世纪后半叶已经发生了剧变。1937 年有三分之一的美国人告诉盖勒普，他们会投票支持合格的女候选人当总统，而 2007 年人数剧增到 89%。支持各种形式的种族接触，包括种族通婚，也迅速增长（图 16.6）。几乎所有的人都认为，任何种族的孩子都有权上同样的学校，从事同样工作的女性与男性应该获得一样的报酬。

公然的偏见开始消退，而微妙的偏见仍然存在。在亲密的社交场合（诸如约会、舞会、婚礼等），许多人承认他们与另一个种族的人待在一起会感到不舒服。这一事实有助于解释为什么在 390 名大学生参与的调查中，有 53% 的非裔美籍学生在学校活动中感到被排斥（Hurtado et al., 1994）。（据报道，24% 的亚洲裔美籍学生，16% 的墨西哥裔美籍学生，以及 6% 的欧洲裔美籍学生承认自己有过相似的体会。）在 NBA 篮球队中，由于近年来大部分的球员及所有顶尖选手都是非裔美籍人，一个相似的多数 – 少数效应会使占少数的白人球员感到孤单和受轻视（Schoenfeld, 1995）。

> "令人遗憾的是，这个世界还需要学习如何与多样性共处。"
> ——教皇约翰·保罗二世，《对美国的致辞》，1995

偏见有可能是公开的，也有可能是私下的。在美国的一些州，州际高速路上超速行驶的司机中只有少部分是黑人，而被州警署要求停车检查的司机中多数是黑人（Lamberth, 1998; Staples, 1999a, b）。在一项对新泽西州收费公路的研究中，非裔美籍人占汽车拥有者的 13.5%，违章超速驾车者的 15%，以及被勒令停车的驾车者的 35%。一个叫艾尔摩·兰道夫的新泽西州牙科医生对此深有体会，在 4 年里，他驾驶自己的宝马车上班，路上被勒令停车 100 多次，最后兰道夫医生卖掉了自己的车。

在世界上，对少数民族的公然仇视一直存在，性别偏见与歧视亦是如此。世界范围内，妇女更有可能生活在贫穷之中（Lipps, 1999）。世界范围内，2/3 没有接受基础教育的儿童是女孩，因此，全世界有大约 3.13 亿男性文盲以及 5.49 亿女性文盲（联合国教科文组织 2002 年公布的数据）。在西方国家中，人们付给那些清理街道的人（通常是男性）的报酬比付给那些照看孩子的人（通常是妇女）要多。同时，尽管在智力水平上男性和女性是相等的，人们却往往认为父亲比母亲更有智慧（Furnham & Rawles, 1995）。

如今，已经没有人像古希腊人那样，把女婴遗弃在山坡上让她死掉。但是即使在今天，人们仍然把男孩看得比他的姐妹更重要。在 20 世纪 70 年代的孟加拉国大饥荒中，学龄前的女孩比学龄前的男孩更多地患上营养不良，而且许多发展中国家女孩的死亡率比男孩高（Bairagi, 1987）。此外，产前性别检测使孕妇可以根据胎儿的性别选择流产。

在某些国家，无知的产前胎儿性别选择与流产已经使女性人数比应有数目少了 7.6 千万（Klasen, 1994）。就全球而言，女性人数比其应有数目少了 1 亿多（Sen, 2003）。假如你只能有一个孩子，你喜欢男孩还是女孩？当盖洛普问美国人这个问题时，有 2/3 的人表示自己有性别偏好，并且其中的 2/3——这个数字在 2000 年与 1941 年是一样的——想要个男孩（Simmons，2000）。

但是并不是所有的消息都不利于女性。一般来说，大部分人对“女性”的感觉比对“男性”的感觉更为积极（Eagly，1994；Haddock & Zanna，1994）。全世界的人都认为女性具有的一些特质为大多数人所喜欢，比如擅长养育下一代，敏感，以及攻击性较少等（Glick et al.，2004；Swim，1994）。这或许可以解释为什么女人喜欢女人往往甚于男人喜欢男人（Rudman & Goodwin，2004）。或许这也是人们更偏爱电脑设计出的略微女性化的男人和女人面孔，而不是略带男性化面孔的原因。研究者佩雷特及其同事（Perrett et al.，1998）推测，稍显女性化的男性面孔意味着一个好父亲所应具备的和善、协作及其他一些特质。BBC 曾邀请 18 000 位妇女猜测图 16.7 所示的哪一个男子在刊登征婚广告、要找一位“特别的女子相爱并永远珍惜”，你认为这些妇女更可能会选择哪张照片？

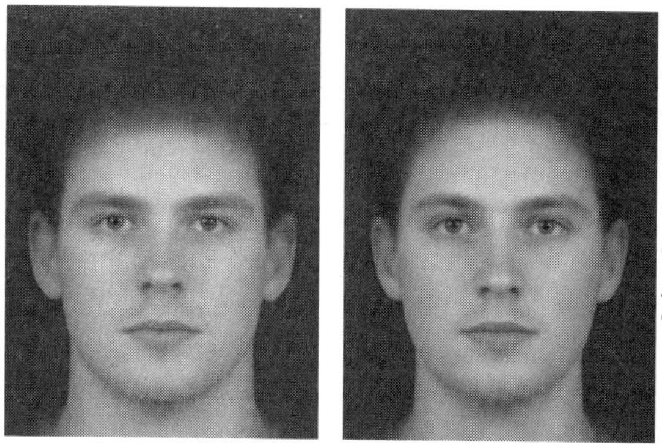

(a) (b)

Professor Dave Perrett, St. Andrews University

➤ 图 16.7
你最喜欢谁？
刊登了征婚广告、要找一位“特别的女子相爱并永远珍惜”的哪个男子更受欢迎？答案见下面颠倒的文字。

研究发现具有细微女性化特征的头像更招人喜爱，人们往往将之与忠贞的父亲而非花心的浪子联系在一起。故而针对这两个问题，66%的妇女会选择计算机生成的b面孔。

偏见的社会根源

8. 偏见的社会和情感根源是什么？

为什么会出现偏见？不平等、社会分配及情感上的“替罪羊”现象都是其原因。

社会的不平等 当一些人拥有金钱、权力、声誉而其他人没有的时候，那些拥有者在看待事物时，常常会形成符合自己标准的态度。在极端的情形下，奴隶主们会认为奴隶天生就是懒惰、无知及不负责任的。奴隶主们借此“正当地”奴役奴隶。更普遍的是，妇女被认为是敏感而欠果断的，因此她们更适合照看孩子这一传统工作（Hoffman & Hurst，1990）。简言之，偏见使不平等得以合理化。

歧视也可以通过激起受害者的反应使偏见加深，这是自我实现预言的又一个例子。奥尔波特（Allport，1954）在其经典著作《偏见的本质》一书中指出，受歧视的人会产生自我责备或愤怒。这两种反应都会通过典型的指责受害者效应而为偏见创造新的理由。假如贫困的环境使得犯罪率比较高，有些人便会将这种较高的犯罪率作为继续歧视穷人的理由，而这反过来又加深了对社区的偏见。

我们与他们：内群体与外群体 由于人类天生有归属的需要，因此我们是群体性的生物。我们为自己所属的群体而欢呼、战斗和牺牲。事实上，我们在对自己的身份进行确认时，要部分以我们的群体来定义。澳大利亚心理学家特纳与霍格（Turner，1987；Hogg，1996）指出，通过社会身份，我们总是把自己同一定的群体联系起来并把自己所属的群体同其他群体进行对比。当伊恩确认自己是一位男性，一个澳大利亚人，一名工党党员，一名悉尼大学的学生，一名天主教徒时，他就明白了自己到底是谁。

法国人的狂怒 2005 年法国被边缘化的民族群体达到容忍的临界点，开始爆发毁灭性的暴乱。

Eric Travers/EPA/Landov

“你是谁”的社会定义同时也暗含了“你不是谁”。在头脑中画一个圈来定义“我们”[**内群体**（ingroup）] 和“他们”[**外**

内群体 苏格兰著名的足球迷“格仔军团”，图片显示在一场与主要对手英格兰的比赛中，球迷共同拥有一种社会认同以定义“我们”（苏格兰的内群体）和“他们”（英格兰的外群体）。

群体（outgroup）]。这种群体身份通常会造成一种**内群体偏见**（ingroup bias）——一种对自己所属群体的偏爱。甚至任意创造一个“我们”与“他们”的区分——即使是通过掷硬币来区分——只要有利益分配，人们便会表现出对自己所属群体的偏爱（Tajfel，1982；Wilder，1981）

人们渴望区分敌友以及让自己的群体占据优势，这促使人们对陌生人施以偏见（Whitley，1999）。在古希腊时代，所有的非希腊人都是“野蛮人”。大多数儿童都认为他们的学校比城里其他的学校要好。在中学，学生们经常组成各种小帮派——如运动员、预科生、投石者、溜冰者、强盗、怪人、极客——并且看不起本群体之外的人员。有人发现，即使是黑猩猩，当它与其他群体的黑猩猩接触之后也会把身上被碰触的地方擦拭干净（Goodall，1986）。

“所有善良的人都会赞同，所有善良的人都会说，和我们一样的好人，就组成了我们；而所有其他人就是他们。但是你一旦跨越了排斥与偏见的海洋，你会看到，我们只是他们中的一种。”

——基普林，《我们与他们》，1926

偏见的情感根源

偏见不仅来源于社会的分裂，还来源于内心的激情。许多研究表明，面对死亡的恐惧时，人们的爱国主义情绪往往会增强，并且会对威胁自己世界观的人产生厌恶感和敌意（Pyszczynski et al.，2002）。在17世纪末，新英格兰的开拓者在与美洲土著人及其法国同盟的斗争中惨败后，把假想的女巫吊起来痛打一气（Norton，2001）。

人们还可以通过偏见发泄愤怒。根据偏见的**替罪羊理论**（scapegoat theory），当事情出错时，找一个人加以指责可以为愤怒找到一个发泄的目标。“9·11”事件之后，一些愤怒的人把气出在那些无辜的阿拉伯裔美国人身上，对他们产生了负面的刻板印象。消灭萨达姆的呼声也在高涨。菲利普·津巴（Zimbardo）曾指出，“恐惧和愤怒引发了敌意，而对于不同民族或种族的敌意引发了种族歧视，而这种歧视转而又会引起新的形式的恐怖主义”。

“假如台伯河淹到了围墙，假如尼罗河没有淹没田地，假如日月星辰不再移动或者地球不再日行万里，假如还有饥荒，假如还有瘟疫，人们就会马上高呼：“都是基督徒的错！”

——特图里斯，《为基督教辩护》，A.D 197

对外群体的鄙视不仅为人们提供了一个便利的宣泄愤怒的机会，而且可以提高本群体成员的自尊感。在实验中，遭受失败或缺乏安全感的学生将会通过诽谤竞争者所在的学校或另一个人来重建自信（Cialdini & Richardson，1980；Crocker et al.，1987）。诋毁他人有助于增强我们的身份感，这就是为什么对手的不幸有时会给我们带来快感。相反，那些感到被爱和被支持的人会对与他们不同的人更加开放和宽容（Mikulincer & S haver，2001）。

偏见的认知根源

9. 偏见的认知根源是什么？

偏见不仅来自于社会的差别、内心的愤怒，还来自于人们思维的自然运作方式。刻板的观念是我们在认知上简化世界时所产生的副产品。

▸▸ 表面看来，抵制偏见的良药就是智慧。在全英进行的一项大型研究中，具有高智力分数的 10 岁英国儿童，在 30 岁时表现出的偏见往往更低（Deary et al., 2008）。

归　类 我们在认知上简化世界的方式之一就是进行归类。化学家把分子划分为有机的与无机的，心理健康专家把心理障碍分为几种类型。然而，在对人进行群体划分时我们常常形成刻板印象。刻板印象中可能包含正确的成分，但是它同时也歪曲了我们的认识。

归类亦会使我们歪曲对差别的认识。我们把自己看做个体，但却高估我们之外的其他群体中人的相似性。“他们”——其他群体的成员——外表与行为看起来都很相似，而“我们”却各不相同（Bothwell et al., 1989）。我们对本群体成员之间的差异非常敏感，而对外群体成员之间的差异却不那么敏感。在某个少数民族群体看来，其他民族群体的成员在外表、性格与态度等方面看起来总是很相像，而事实上并非如此。但是随着经验的增加，人们越来越擅长于辨别来自另一群体的个体外表。例如，欧洲血统的人在电视上观看了大量篮球赛之后，他们能更准确地识别单个的非洲人的面容（Li et al., 1996）。

生动的个案 如第 9 章关于易得性直觉的讨论所示，我们总是依据容易被想起来的事件来判断这个事件的发生频率。罗斯巴特及其同事（Rothbart et al., 1978）进行的一项经典实验表明，我们如何根据生动的、难忘的事件进行过度概括。他们把来自俄勒冈大学自愿参加实验的学生分为两组，并向他们出示关于 50 位男性的信息。呈现给第一组的人员名单包括 10 个犯有伪造罪等非暴力罪行的人，而呈现给第二组的名单中包括 10 个犯有袭击等暴力罪行的人。后来，让两组都来回忆他们看过的名单上有多少人犯下某种罪行时，第二组的人高估了人数。印象深刻的（暴力的）事件容易出现在我们的记忆中，因而影响到我们对一个群体的判断。（图 16.8）。

公平世界现象 我们前面已经提到，人们常常通过指责偏见的受害者来使他们的偏见合理化。同样，旁观者也会假定世界是公平的，“人们都得到他们所应该得到的”，并因此去指责受害者。勒内（Lerner, 1980）的实验表明，许多人在仅仅观看某个人承受痛苦的电击时不会考虑受害者。这种**公平世界现象**（just-world phenomenon）反映了一个通常拿来教育孩子的观点——“善有善报、恶有恶报”。根据这个观点，我们简单地认为成功的人一定是好的，而失败的人则是坏的。这样的推理使得富人把自己的富有和穷人的不幸看做是理所应当的。据说，二战结束后不久，一名德国人在参观卑尔根—贝尔森（Bergen-Belsen）集中营时评论说：“接受这种待遇的一定是犯下恐怖罪行的人。”

事后聪明式偏见在这里也起作用（Carli & Leonard, 1989）。你曾经听到过人们说强奸受害者、受虐待的配偶或者感染 AIDS 的病人是罪有应得的吗？在一些国家里，被强奸的妇女被处以重罚，理由是她们犯了通奸罪（Mydans, 2002）。一项由布尔曼（Bulman）及

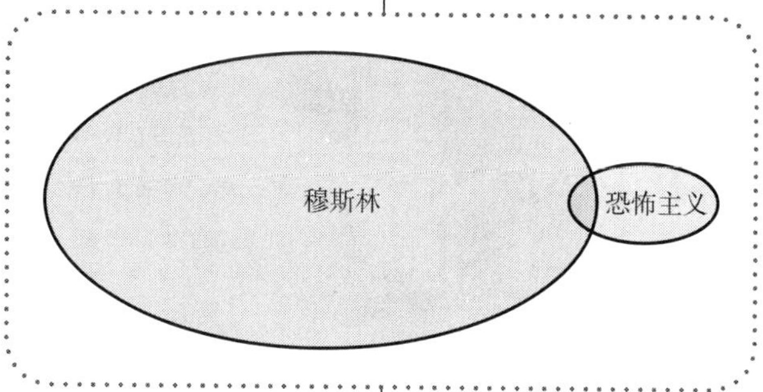

➤ 图 16.8
生动的个案会助长刻板印象
9·11 的穆斯林恐怖主义者在很多人的心里都制造了一种夸大的刻板印象，以为穆斯林都具有恐怖倾向。实际上，美国国家恐怖主义研究委员会的小组报告，如图所示，大部分恐怖分子并非穆斯林，绝大多数伊斯兰人与恐怖主义根本没有关系，也不好同情恐怖分子（Smelser & Mitchell, 2002）。

其合作者在 1985 年所进行的实验证明了这种指责受害人的现象。当向人们详细陈述一位妇女在约会中被强奸的事件时，人们认为这位妇女的行为至少在一定程度上应受指责。“她应该对情况有更好的了解”（指责受害者掉以轻心，使人们相信这种事不可能发生在自己身上）。而当给另外一些人同样的陈述，只是把关于强奸的结局删掉，这些人便不会认为妇女的行为诱发了强奸，也就是说，只有当她受害的时候，人们才认为她应对自己的行为负责。

攻 击

攻击是社会关系中最具破坏性的力量。攻击一词在心理学中的内涵比在日常用语中的内涵更为精确。坚持不懈的销售员是不具有攻击性的，让你痛苦不堪的牙科医生也不具有攻击性。但是，散布关于你的恶意谣言的人、口头上侵犯你的人以及对你实施暴力的人是具有攻击性的。在心理学中，**攻击**（aggression）是指任何有意进行伤害或破坏的身体或口头上的行为，这些行为有可能是对敌意的反应，也有可能是有目的有计划的。因此，怀有敌意的谋杀或袭击都属于攻击行为。20 世纪 1.1 亿人的死与战争有关，这也是攻击行为所致，其中大量的攻击事件冷酷无情且有预谋。

▸▸ 在过去的 40 年里，在没有爆发战争的情况下，有 100 多万人死于枪支（超过美国历史上所有战争的死亡人数）。与相同性别、种族、年龄和街区的人相比，那些家里拥有枪支的人（具有讽刺意味地是，这些枪通常是为了自我保护），在家里被家人或熟人杀害的可能性要高出将近 3 倍。每一支在家里用于自卫的枪支平均会引发 4 次意外走火、7 次犯罪性的袭击或行凶，11 次自杀行为（Kellermann et al.，1993，1997，1998）。

攻击的有关研究证实，攻击行为是生物因素与经验相互作用的产物。要开枪，必须先扣动扳机；某些人只要有一把一触即发的枪，就很容易扣动扳机伤害他人。让我们首先看一下影响攻击行为发生的生物性因素，然后再看“扣动扳机”的心理因素。

攻击的生物性因素

10. 哪些生物学因素使得我们更倾向于彼此伤害?

攻击会因文化、时代和个体的不同而不同，学界认为攻击是一种无需学习的本能。然而，生物性因素的确会影响攻击行为。引起攻击行为的刺激性因素要通过我们的生物系统发挥作用。我们可以从三个层面上探寻生物性的影响——遗传层面、神经系统层面及生物化学层面。我们个体的神经系统是由我们的基因所决定的，并以电化学的形式发挥作用。

“那是男人们的事情。”

遗传的影响 动物生来就具有攻击性——有时是为了运动，有时是为了觅食。对双胞胎的研究表明，基因对人类的攻击行为也有影响（Miles & Carey，1997；Rowe et al.，1999）。假如同卵双生子中的一个承认自己“有暴力倾向”，另一个在独立回答的情况下也常常表示自己“有暴力倾向”。异卵双生子做出相似反应的可能性要小得多。研究人员正在探寻那些对大部分暴力行为起决定作用的遗传标志（有一个是众所周知的，它是人类种群的一半所携带的 Y 染色体）。

神经系统的影响 动物和人类的大脑都有神经系统，它们受刺激时会抑制或引发攻击行为（Moyer，1983）。请考虑以下情形：

- 笼子里有一群猴子，实验者在那只专横的猴王大脑的某一部位植入由无线电控制的电极，猴脑中该部位受刺激时会抑制攻击行为。当研究人员在笼子里安置能激活电极的按钮时，一只小猴子学会了每次在猴王发火时按这个按钮。
- 神经外科医生为了诊断一种障碍，在一位举止温和的妇女的大脑边缘系统（杏仁核）中植入一个电极。因为大脑没有感觉接受器，所以她无法感觉到刺激，但是当电极通电时，她咆哮到："快测量我的血压，快！"说着就站起来并开始攻击医生。
- 对 15 位死囚进行的深入评估与研究发现，所有的 15 人都有过严重的头部创伤。虽然大部分神经受损的人并没有暴力倾向，但研究者刘易斯及其同事（Lewis，1986）推断，尚未被确认的神经障碍可能是影响暴力行为的一个因素。其他对暴力罪犯的研究表明，减少额叶的活动对于控制冲动有重要作用（Amen et al.，1996；Davidson et al.，2000；Raine，1999）。

这样看来，难道大脑有一个受刺激后产生攻击的"暴力中枢"吗？事实上，大脑中没有一个控制攻击行为发生的定点，因为攻击是在特定情况下发生的一种复杂行为。然而，大脑有促进攻击行为的神经系统，使人在被激怒以及缺乏控制时更可能产生攻击行为。并且大脑的额叶有抑制攻击的作用，如果该系统受损、没有活动或被切除，攻击行为更容易产生。

生物化学因素的影响 人体血液中的荷尔蒙、酒精及其他一些物质都会影响控制攻击的神经系统。一头性情暴烈的公牛在被阉割而导致雄性荷尔蒙水平降低之后就会变得温和；被阉割的公鼠也是如此。然而，一旦注射了雄性荷尔蒙，这些阉鼠就会恢复攻击性。

"只要让那些年龄在 12~28 岁身体强壮的年轻男性低温睡眠，我们就可以避免三分之二的犯罪行为。"

——戴维·莱肯，《反社会人格》，1995

尽管人类对荷尔蒙的变化不敏感，但是，那些智力低于平均水平、神经传送血清素水平较低并且睾丸激素水平高于常人的强壮的年轻男性更有可能实施暴力犯罪（Dabbs et al.，2001a；Pendick，1994）。能够急剧降低睾丸激素水平的药物也同样能够减弱他们的攻击倾向。急躁易怒的性情、对挫折的低忍耐度、武断以及冲动任性等都与高水平的睾丸激素有关，这些特性使人们在一些程度上会对刺激做出更具攻击性的反应（Dabbs et al.,2001;Harris,1999）。在少年及成年男性中，行为不良、大量吸食毒品以及对挫折的攻击性反应都与他们较高的睾丸激素水平有关（Berman et al.，1993；Dabbs & Morris，1990；Olweus et al.，1988）。随着年龄的增长，睾丸激素的水平及攻击性都会逐渐降低。

荷尔蒙与行为之间的作用是双向的。睾丸激素使支配性与攻击性提高。同时，

Karl Ammann/Getty Images

单薄而凶狠的战斗机器——打了雄性激素的母鬣狗 鬣狗独特的胚胎发育过程会将雄性激素注入雌性胎儿身体里。结果造就了杀气腾腾的年轻母鬣狗，它们天性好斗。

支配性行为也会使睾丸激素的水平提高（Mazur & Booth，1998）。一项研究对男性大学篮球迷在大赛前后唾液中的睾丸激素水平进行了测试，胜方球迷的睾丸激素水平会升高，败方球迷的睾丸激素水平会降低（Bernhardt et al.，1998）。

由于生物与心理方面的原因，酒精会使人对挫折产生攻击性的反应（Bushman，1993；Ito et al.，1996；Taylor & Chermack，1993）。（仅仅想象自己已经喝了酒便会有一些效果；同时，在你事先不知道的情况下摄入酒精也有同样的效果）。警察局提供的资料及监狱调查进一步证实了实验结论，有攻击倾向的人更有可能酗酒并会在酒醉后变得狂暴（White et al.，1993）。40% 的暴力犯罪以及 75% 的家庭暴力是酗酒的人干的（Greenfeld，1998）。

攻击的心理和社会文化因素

11. 哪些心理因素可能引发攻击行为？

生物性因素使得攻击行为容易被激发，但是，哪些心理因素会激发攻击行为呢？

令人厌恶的事件 虽然痛苦有时候可以塑造我们的性格，但也可能给人带来最糟糕的结果。关于动物或人经历不愉快事件的研究显示，那些遭受痛苦的动物或人也常常使其他动物或其他人感到痛苦（Berkowitz，1983，1989）。

目标的实现受阻后同样会增强人们的攻击性。这一现象被称为**挫折—攻击原理**（frustration-aggression principle）：挫折引发愤怒，而愤怒在有些人身上会导致攻击，特别是存在攻击暗示（比如一支枪）的情况下。对 1960 年至 2004 年期间美国棒球联赛 27 677 起重大棒球击人事故的分析发现，如果投手受到上轮击球全垒打、本轮击球全垒打，或者上半场队友被棒球击中的挫败，就非常有可能殴打对方击球手（Timmerson，2007）。

前面已经提到，有机体常会对压力做出战斗或逃避反应，在经受了由 9·11 事件所带来的挫折与压力后，美国人时刻准备着战斗。恐怖主义同样来源于复仇的欲望，有时发生在朋友或家人死伤之后。与人们通常的看法相反，并非贫穷催生了恐怖分子、自杀式人体炸弹，支持恐怖主义的人实际上往往既非文盲也非穷光蛋（Krueger，2007）。比如，9·11 事件中的暴徒大部分是来自富裕的沙特阿拉伯受过良好教育的人（McDermott，2005）。挫折感（和攻击）更多地源于现实和期望之间的鸿沟而非剥夺，这种鸿沟会随着教育和学识而加大。

其他与挫折类似的令人厌恶的刺激——身体疼痛、人身侮辱、恶臭、燥热的天气、香烟的烟雾、他人的不友好等都会引发我们的敌意。比如说，暴力犯罪与家庭暴力的比率在较燥热的年头、季节、月份及日子里都会比较高（图 16.9）。当人们感到躁热时，其思维、情感及行为均变得更具攻击性。安德森及其同事（Anderson et al.，2000）从已有数据中总结道，在其他条件不变的情况下，全球温度升高 4 华氏度（大约 2 摄氏度）就

➤ 图 16.9

令人难受的酷热天气与攻击反应

1980~1982 年，在超过 91 华氏度（33 摄氏度）的日子里，休斯敦发生的杀人案及强奸案更为普遍。这一发现与人们在实验室观察到的现象是一致的，即在高温的屋子里工作的人会对外界的挑衅行为表现出更强的敌意。（From Anderson & Anderson，1984）

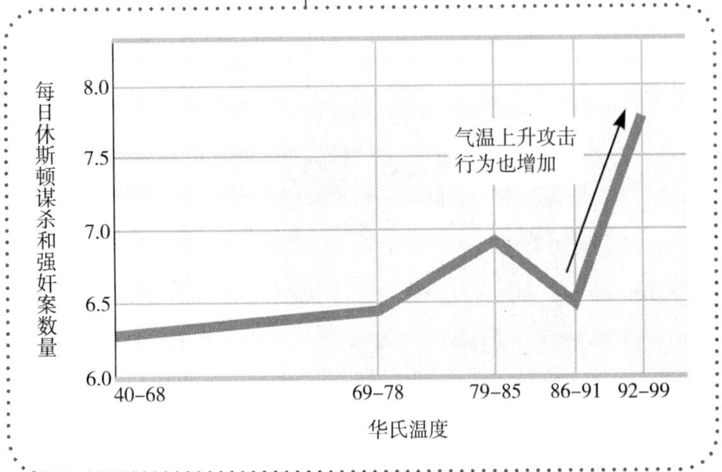

会使美国增加 5 万起攻击和谋杀事件。

社会与文化影响 攻击也许是对厌恶事件的自然反应，而学习则可以改变这种自然反应。动物饿了自然就会吃东西，但是假如对它们进行适当的奖励或惩罚，它们可以学会过量进食或者忍受饥饿。

如果经验告诉我们在某些情形下应该攻击，那么，遇到该情形时，我们就更有可能作出攻击反应。当孩子们的攻击行为成功地威胁到其他孩子时，他们会变得更具有攻击性。那些成功地利用打斗获得食物和配偶的动物会变得越来越凶残。攻击行为不仅可以通过直接的奖励习得，也可以通过观察习得。如果孩子在成长过程中总是看到具有攻击性的榜样，那么他们会经常模仿自己所看到的。父母经常靠打骂来惩罚行为不良的青少年，这等于向孩子示范，攻击是处理问题的一种手段（Patterson et al.，1982，1992）。孩子也经常会回报以泪水和坏脾气。

不同的文化会塑造、强化与唤起不同的暴力倾向。比如说，贫富分化严重的国家，其犯罪率高于其他国家（Triandis，1994）。尼斯比特和科恩（Nisbett & Cohen，1996）的研究表明了暴力行为在一个国家里是怎样随文化而变的。他们对美国南部城镇中美国白人的暴力行为进行了分析。这些城镇居住的是英格兰裔与爱尔兰裔的牧人，他们的传统强调“男子汉的荣誉”，主张用武力来保护自己的畜群，并且有压迫奴隶的历史。时至今日，与那些居住着清教徒，教友派信徒，以及荷兰农民、手艺人的新英格兰城镇中的白种人相比，这些牧人的后代的杀人率要高出两倍，并且对体罚儿童、主动挑起冲突以及不加控制地拥有枪支都更为支持。

> “我们为什么要杀死那些杀人者从而说明杀人是不对的呢？”
>
> ——废除死刑
>
> 美国国家联合会，1992

社会影响的作用还表现在缺乏父爱的文化与家庭中的人犯罪率较高（Triandis，1994）。例如，美国的司法统计局（U. S. Bureau of Justice Statistics）报告说，70%的在押少年犯来自单亲家庭（Beck et al.，1988）。（缺少的一方常常是父亲）。即使在控制了父母的受教育程度、种族、收入和少女妈妈之后，美国男青年由于父亲的缺失而遭拘捕的比例都翻倍（Harper & McLanahan，2004）。

但需要指出的是，有多少人在社会压力下仍过着舒适甚至英雄式的生活，这再次提醒我们人是有个体差异的。个人的因素是重要的，而人们所处的时间和地点的不同也提醒我们环境是不同的。情境是重要的。所有的行为，包括攻击行为都是由人与情境的相互作用引起的。

然而，攻击行为模式一旦建立就很难改变。为了形成一个更为友善和文明的世界，我们最好从早期开始就向孩子示范同情心与合作精神，并给予奖励，也许可以通过培训父母不要用暴力手段惩罚孩子来实现。暴力——斥责与打骂——是愤怒的家长常常使用的。“父母培训计划”给我们提供了一个更为积极有效的途径。这些计划鼓励父母强化适当的行为，同时使用积极的语言表达（比如，应该说“清洗完盘子后你就可以去玩了”，而不是“洗不完盘子，你就别想去玩”）。有一个叫做“攻击替代计划”的活动成功地降低了少年罪犯及帮派成员再次犯罪的几率，这一活动教给青少年及其父母互相沟通的技巧，训练他们怎样控制愤怒，以及鼓励他们进行更加全面的道德推理（Goldstein et al.，1998）。

观察攻击的榜样 父母并非攻击行为惟一的榜样。正如第 7 章所提到的，观看电视暴力会使人们漠视残忍的行为，并使人们一被激怒就做出攻击性反应。那么，大众媒体的影响会增加性暴力吗？我们的确知道，性胁迫的男性通常喜好性乱并且仇视女性（图 16.10）。根据对美国和澳大利亚少年和大学生的调查，我们还知

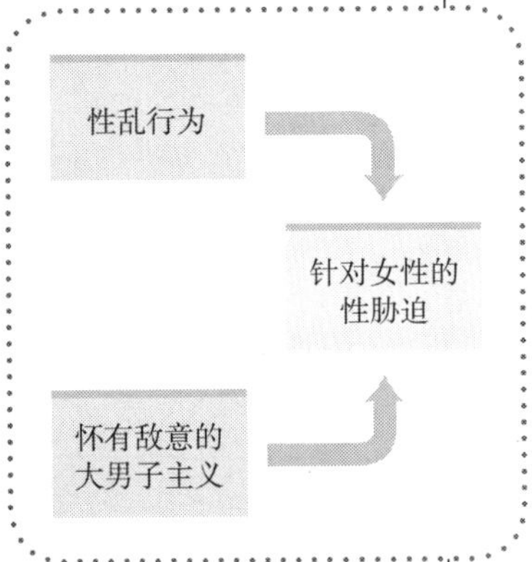

➤ 图 16.10

对女性进行性胁迫的男性

针对女性的行胁迫是没有感情的性乱交和怀有敌意的大男子主义两者的结合。（Adapted from Malamuth，1996）

道观看X级电影和网络色情的男性是女性的好几倍（Carroll et al.，2008；Flood，2007；Wolak et al.，2007）。媒体上露骨的性榜样是否会导致性攻击行为倾向？

妇女遭受强奸的危险随着文化和时代的变化而变化。不过，当今的这种危险性普遍比半个世纪前要高（Koss et al.，1994）。调查显示，约1/5的妇女报告说曾有男性强迫她们做一些与性有关的事，约一半的妇女报告说曾经遭受过某种形式的性强迫，大部分妇女报告说经历过语言上的性侵犯（Craig et al.，1989；Laumann et al.，1994；Sandberg et al.，1985）。加拿大、澳大利亚、新西兰的调查也显示出类似的情况（Koss et al.，1994；Patton & Mannison，1995）。

强奸的镜头通常是这样的：受害者首先试图逃离并抗拒侵害者，随后逐渐被唤起并最终陷入其中。在非图像的形式中，同样不现实的描写——她抵抗、他坚持、她软化——在电视或浪漫爱情小说中很常见。女人最初抗拒那个强迫她的男人，却在最后热烈地亲吻他。在《乱世佳人》中，斯佳丽被抱上床时还在尖叫，可第二天却是唱着歌起床的。大部分强奸犯接受了这种关于强奸的骗人鬼话——即一些女性欢迎或者喜欢被强奸并且可以从中得到享受（Brinson，1992）[事实上，强奸具有很大的伤害性，它常常会损害女性的生理及心理健康（Golding，1996）]。

采访加拿大与美国的性犯罪者（包括强奸犯、猥亵儿童者及连环杀人者）时，他们都报告说自己对色情资料与性暴力资料（特别是标记为“色情”的资料）有超乎寻常的兴趣（Marshall，1989；Ressler et al.，19 8 8；Oddone-Paolucci et al.，2000）。例如，洛杉矶警察局报告说，在20世纪80年代发生的62%的家庭外儿童性虐待事件中，色情作品的作用明显存在（Bennett，1991）。但是，正像性研究者莫尼（Money，1988）所怀疑的那样，性侵犯者是否只是利用色情作品，以此为借口向自己以及拘捕他们的人做出解释？

一系列实验室研究表明，反复地观看X级影片（即使是非暴力的），会使人觉得自己的伴侣吸引力降低，使人容易把女性的友好看做与性有关，并使人觉得性攻击行为没那么严重（Harris，1994）。在其中的一个实验中，齐尔曼和布赖恩特（Zillmann & Bryant，1984）在六个星期里每周让大学生观看六个直接表现性行为的短片。控制组在同样的六周时间里观看无色情内容的电影。三周以后，要求两组被试都读一份报纸，上面报道说一个男人因为强奸一个搭便车的女性而被定罪但还未最终判决。要求大学生给这个人建议一个适当的刑期，结果看过色情短片的人建议的刑期只有控制组所建议的一半。

▸▸ 在后续实验中，齐尔曼（Zillmann，1989）发现，大量观看X级色情影片后，男性和女性均对婚外性行为、女性对男性的性屈从，以及男性诱奸12岁的女孩等行为表现出更多的容忍和接受。人们过多地观看电视暴力后，会觉得这个世界更加危险了。同样道理，过多阅读色情作品的人会觉得这个世界更色情了。

实验不可能引发真实的性暴力，却可以对男性伤害女性的意愿进行评估。在实验中，我们经常考察暴力与非暴力电影如何影响男性对先前激怒他们的女性施加假想电击的意愿。这些实验表明，并非性欲而是关于性暴力的描述（不管在R级暴力影片或X级影片中）最直接地影响了男性对攻击女性行为的赞同与实施。关于这个问题，21位社会科学家，其中包括许多进行这些实验的研究人员，组织并召开了一次会议，会议中他们达成了共识（美国卫生总局，1986）：“色情作品把性攻击描述成受害者所喜欢的事情，这提高了人们对两性关系中强迫行为的接受和赞同”。与广为流行的观点相反，他们认为这些性描述并不能使压抑的冲动得到发泄。相反，“在测量短期影响的实验室研究中，经常观看暴力色情作品会增加对女性的惩罚行为”。

获取社会脚本 诸如暴力等严重的行为通常有许多决定因素，这就使任何单一的解释都显得过于简单。探寻导致暴力行为的原因，就像探寻导致癌症的原因一样困难。研究人员称，与石棉接触影响癌症发病率，这使我们认识到石棉确实是引发癌症的一个原因，但仅仅是众多原因中的一个。同样，马拉姆斯和他的同事（Malamuth et al., 1991, 1995）报告说，有几个因素可以导致性暴力倾向，不仅包括媒体，也包括主导动机、酒精造成的自控能力下降以及童年受虐史。如果媒体对暴力的描绘降低了人的控制能力，使人对暴力感到麻木，如果观看性暴力作品会引发敌对的、专横的态度和行为；如果观看色情作品会导致观看者把强奸当成小事一桩，降低对伴侣的评价，并做出不负责任的性行为，那么，媒体的影响便不是一件小事情了。

社会心理学家把媒体的影响部分地归结于它们所提供的社会脚本。当我们身处新的情境中不知所措时，我们会依赖于我们的文化所提供的社会脚本。由布鲁斯·威利斯和阿诺德·施瓦辛格主演的动作片中有很多的“硬汉”形象，年轻人可能会获得这样一个社会脚本——关于人们如何去做的“心理录像带”——当他们面临现实的冲突时便会“播放”。当面临挑战时，他们也许会“像一个男子汉一样行动”，消除所面临的威胁。同样，在电视播放的黄金时间观看大量的性暗示和性行为的镜头——通常包括冲动性的或短时间的性关系——年轻人也许会得到今后用以处理现实关系的性脚本（Kunkel et al., 2001；Sapolsky & Tabarlet, 1991）。

让人们了解到你正在阅读的这些信息（参见后面的“特写：吸烟与媒体暴力影响的比较”）会让公众的意识得以提高吗？20 世纪 40 年代，电影中经常把非洲裔美国人描绘成既孩子气又迷信的小丑形象，而今天我们是无法忍受这种形象的。20 世纪六七十年代，一些摇滚音乐和电影美化并鼓吹吸毒。而如今的娱乐业响应文化态度的变化，更多地描绘吸毒的阴暗面。在 20 世纪 90 年代的电影中，甚至连吸烟镜头都基本上消失了。后来，这些镜头又重新出现，随之而来的是青少年吸烟率的飙升。由于公众对媒体中的暴力描写表现出越来越多的关注，相应地电视暴力在 20 世纪 90 年代早期也有所下降（Gerbner et al., 1993）。对暴力的日益关注使人们更加希望电影有一天将不再用折磨、破坏、性强迫来为人们提供“消遣”，让这些东西成为表演者、制造商和观众对往事的尴尬追忆吧。

视频游戏与暴力 1999 年，在美国肯塔基州的帕迪尤卡、科罗拉多州的李特尔顿等地，青少年模仿他们经常玩的血腥游戏中的残杀镜头实施了几起谋杀案，于是，暴力视频游戏成了公众讨论的话题（Anderson, 2004a）。2002 年，密歇根大瀑布区域的两个少年和一个 20 多岁的成年人在一个夜晚边喝啤酒边玩“汽车大偷盗Ⅲ”（Grand Theft Auto III）游戏。在游戏中，他们用车撞倒模拟的步行者再用拳头打他们，留下一具流血的躯体（Kolker, 2002）。后来，他们出去开了一辆真车，对准一个骑自行车的 38 岁的成年人，把他撞倒，然后下车对他一阵拳打脚踢，最后又回到家中继续玩游戏。（被打的那个人是 3 个孩子的父亲，他在 6 天后死去。）

人们对暴力变得麻木

Mark C. Burnett/Stock, Boston

当年轻人玩这种游戏时，他们习得了社会脚本吗？互动游戏使玩者仿佛置身于现实生活中。如果在“生化危机Ⅱ”这个游戏中，玩者假定自己是其中的雷德菲尔德（Clare Redfield），他向僵尸警察们开枪扫射，警察们随之倒下、抽搐、流血，你说玩这样的游戏，玩家们会

特写

吸烟与媒体暴力影响的比较

研究人员布什曼与安德森 (2001) 指出，观看暴力场景与攻击行为之间的关系和吸烟与肺癌之间的关系大致相同，他们还进行了其他的比较：

1. 并非每个抽烟的人都会得肺癌。	1. 并非每个看了暴力场景的人都会变得具有攻击性。
2. 吸烟是导致肺癌的一个重要原因，但只是原因之一。	2. 观看暴力场景是导致攻击的一个重要原因，但只是原因之一。
3. 抽第一支烟时可能会感到很恶心，但是随着抽烟次数的增加，恶心的程度会逐步降低。	3. 第一次接触暴力行为会使人感到不适，但这种不适感随着次数的增加而逐渐降低。
4. 一支烟的短期效果是微弱的，会在 1 个小时左右的时间里消散掉。	4. 一个暴力电视节目可能会引发攻击性念头和行为，但是这种效果会在 1 个小时左右的时间里消散掉。
5. 长期吸烟所累积的效果可能是严重的。	5. 长期观看暴力场景累积下来的效果会增加习惯性攻击行为的可能性。
6. 商业利益否定了吸烟与肺癌之间的联系。	6. 商业利益否定了观看暴力场景与攻击之间的联系。

学到什么？

大部分被虐待的儿童不会成为有虐待倾向的成人，同样，大部分花费大量时间玩这些模拟杀人游戏的年轻人也不会成为少年杀人犯。但是，仍然不可忽视的是，吸烟与虐待儿童是高风险因素。我们想知道：假如被动观看暴力场景会增加人们对挑衅的攻击性反应，降低人们对残忍的敏感度，那么在游戏中积极地扮演攻击者又会带来什么影响呢？虽然很少有人会真的实施杀戮行为，那会不会有许多人变得对暴力无动于衷或更具暴力倾向呢？

最近，35 项 4 000 多人参加的研究为我们提供了一些答案（Anderson & Bushman，2001）。巴拉德与威斯特（Ballard & Wiest，1998）在研究中发现，大学生们玩了一种致命搏斗（Mortal Kombat）游戏后，唤起水平及敌对感都会增强。

其他的研究已经发现，视频游戏可以引发攻击性念头，增加攻击行为。安德森与迪尔（Anderson & Dill，2000）报告说：玩暴力视频游戏最多的大学生们一般最具身体上的攻击性（比如，他们承认曾经攻击过其他人）。在一项实验中，随机安排被试玩一个血腥谋杀的游戏，游戏中的受害人痛苦地呻吟，这些被试事后会变得比那些玩非暴力游戏的被试更具敌意。在一项后续任务中，他们更有可能对其他被试吼叫。安德森（2001）认为，一定程度上由于游戏参与更具重复性和主动性，暴力视频游戏所产生的影响甚至比“观看暴力电视或电影所产生的已被证实的影响”更大。

虽然有许多问题还有待进一步证实，这些研究再次对宣泄假说提出质疑——该假说认为我们通过发泄情绪来“宣泄被压抑的精力和情感”后感觉会更好（第 13 章）。安德森（2003）指出，玩暴力视频游戏会增加攻击性的想法、情感与行为。虽然这种行为影响不是很大，但它大于家务与学业成绩的影响。这些研究同时也对一家视频游戏厂家的首席执行官的理由提出了挑战，这位执行官认为，人“天生就是暴力的，需要进行发泄”。而这些研究表明，愤怒会催生更多的愤怒，实施暴力会引发更多的暴力。

总之，研究揭示了生物的、心理的和社会文化的因素对攻击行为的影响。如许多其他心理现象和行为一样，攻击也是一种生物 - 心理 - 社会现象。

“我们是习惯的产物。”
——亚里士多德

吸 引

请休息片刻，思考一下你与两个人的关系——一个是你亲密的朋友，一个是你爱的人。是什么心理化学物质引起了友谊和爱情呢？社会心理学家提出了一些答案。

人际吸引的心理因素

12. 为什么我们会结交或爱恋某些特定的人？

我们一直想知道我们怎样才能赢得他人的喜爱，以及是什么导致了我们感情高涨或消退呢？是亲不敬，熟生蔑，还是熟悉会强化我们的感情呢？是“物以类聚，人以群分”呢，还是“异性相吸”呢？请思考我们彼此喜欢的三个成分：接近性、外貌吸引力和相似性。

接近性 在友谊变得亲密之前，必须得有友谊。接近性——空间上的接近——也许是友谊最重要的推动因素。接近性为攻击提供了可能，但更多情况下它会引起喜欢。很多研究表明，人们最有可能去喜欢、甚至嫁给（娶）那些住在附近的人。班级里坐在旁边的同学，在同一个办公室里工作的人，或是共用一个停车场的人。看看周围我们就会明白。（新科技能将空间上不邻近的人联系在一起，参见下文的特写：在线配对与快速约会）

为什么接近性有助于产生相互喜欢呢？显然，部分原因是我们经常见到的人对我们而言有更大的好处和价值。但是，这并不是惟一的原因。首先，当一个新异的刺激反复地呈现——不管它们是无意义的音节、音乐片段、几何图形、汉字、人脸，还是组成我们名字的字母——都会增加我们对它们的喜爱（Moreland & Zajonc，1982；Zajonc，2001；Nuttin，1987）。人们甚至更可能与名字和自己名字相似的人结婚（Jones et al.，2004）。

这种现象经常被广告者所利用，我们将其称为**曝光效应**（mere exposure effect）。在一定的条件下（Bornstein，1989，1999），熟悉会引起喜爱。莫兰和比奇（Moreland & Beach，1992）通过研究阐明了这一点，他们找来四位吸引力大致相等的女性静静地参与一个有 200 名学生的班级会议，她们的参与次数分别是 0，5，10 和 15 次。最后，向同学们展示这四位女性的幻灯片并让他们对每位的吸引力划分等级。谁最具吸引力呢？是那位被看到次数最多的女性。这一现象对于那位台湾小伙子来说应该不是什么令人惊讶的事情，这位小伙子曾向他的女友写了 700 多封信，恳求她嫁给他，她最后确实结婚了——但新郎却是那位邮差（Steinberg，1993）。

没有谁的面孔比自己的面孔更熟悉了。这有助于解释一项有趣的研究结果（Debruine，2004）：当面孔照片加入了参与者自己的某些改变了的局部特征时，男性更喜欢其他男性面孔照片，女性更喜欢其他女性照片。研究者（Debruine，2002）让大学生与虚拟的玩家一起玩游戏，如果虚拟玩家的照片加入了大学生自己面孔的一些局部特征，大学生就会更信任虚拟玩家，更愿意合作。我当然信任我自己（亦可参见图 16.11）。

对于我们的祖先而言，曝光现象有助于适应环境。熟悉的事物通常是安全的和可接近的，而陌生的事物则可能是危险的和具有威胁性的。扎荣茨

熟悉孕育接纳 当这只稀有的白企鹅在澳大利亚悉尼动物园出生时，它身边身着无尾礼服的小伙伴们都排斥它。动物园管理员认为应该讲它染成黑色才能获得伙伴们的接纳。但是在三个星期的接触之后，其他的企鹅开始接纳它。

Rex USA

特写

在线配对与快速约会

如果你在自己的活动范围还没找到恋人，何不扩大你的交际网？在美国，已有 1 600 万人尝试过在线约会和配对服务，而估计中国的参与人数达 3 000 万，印度则为 10 000 万，其他国家的人数也成千上万（Cullen & Masters，2008）。

虽然关于网络配对服务效果的研究报告还很少，但有一点可以肯定：有些人虚报自己的年龄、魅力、职业或其他信息，尽量美化自己。尽管如此，研究者发现在互联网上形成的友谊和恋爱关系，比私底下形成的关系更长久，平均来看能持续两年以上（Bargh et al.，2002，2004；Mckenna & Bargh，1998，2000；Mckenna et al.，2002）。人们对网上结识的人倾诉更多，更少装腔作势。在网上与人交谈 20 分钟，当事人会觉得比面对面会谈更喜欢对方。甚至网上和真正见面的是同一个人（当事人不知道这一点）时也是如此！无怪乎网络友谊往往与现实生活中的人际关系感觉一样真实和重要。

快速约会人与人之间的配对。人们依序循环与可能的对象交谈 3~8 分钟，每次交谈结束后要决定是否希望与对方再次会面。研究者报告，通常 4 分钟就足以让参与者形成对交谈对方的感受，并登记对方是否喜欢他们（Eastwick & Finkel，2008a，b）。研究者还能利用快速约会考察影响恋爱对象第一印象的因素。

（Zajonc，1998）总结说，进化使我们天生有一种亲近熟悉之人警惕陌生之人的倾向。因此，对不同文化背景中的人的深层次的偏见可能是一种原始的、无意识的情感反应（Devine，1995）。研究者指出，我们下意识的偏见具有重要影响。我们能让这些情感控制我们的行为吗？抑或我们应该监控自己的情感，按照人类平等的有意识价值观行事？

外貌吸引力 一旦接近性提供了接触的机会，对方的哪方面对你的第一印象影响最大呢？对方的真诚？智慧？人格？众多的实验表明，是一个比这些都要肤浅得多的因素：外貌。有些人经常听到，“美貌是肤浅的”“外貌具有欺骗性”，外貌的巨大吸引力令他们不安。

在一项早期的研究中，哈特菲尔德和她的合作者（Hatfield & Walster，1966）对来自明尼苏达大学的新生进行随机搭配，让他们参加一个欢迎舞会。在舞会开始前，每一个人都要接受一组人格与能力测试。在舞会的当晚，每一组搭档跳舞和交谈的时间都超过了两个小时，然后让他们评价自己的约会，是什么决定他们是否相互喜欢呢？就研究者所能确定的因素中，只有一个因素产生关键作用，那就是外貌吸引力（研究人员事先已经对这一因素进行了评定）。男性和女性都最喜欢长相好的搭档。虽然女性比男性更有可能说对方的长相对她们没有影响（Lippa，2007），但男性的长相确实会影响到女性的行为（Feingold，1990；Sprecher，1989；Woll，1986）。最近的快速约会实验证实，外貌吸引力会影响男女两性对彼此的第一印象（Belot & Francesconi，2006；Finkel & Eastwick，2008）。

人们的外貌吸引力有着广泛的影响。它可以预测一个人约会的频率、受欢迎的程度、他人对其人格的最初印象等。我们认为具有吸引力的人更健康、更快乐、更为敏感、更成功和富于社会技能，尽管他们不是更诚实或更富有同情心（Eagly et al.，1991；Feingold，1992；Hatfield & Sprecher，1986）。具有吸引力且穿着得体的人更

曝光效应 曝光效应甚至能发生在我们自己身上。因为人类面孔并非完全对称，因此我们看到的镜中面孔与我们的朋友看到的面孔并不一样。大部分人都偏爱熟悉的镜子中的影像，而我们的朋友则喜欢反转的影像（Mita et al.，1977）。我们大家熟悉的是左边的比尔·盖茨。而他每天在镜子中看到的人则是右边的面孔，而右边的照片才可能是他偏爱的。

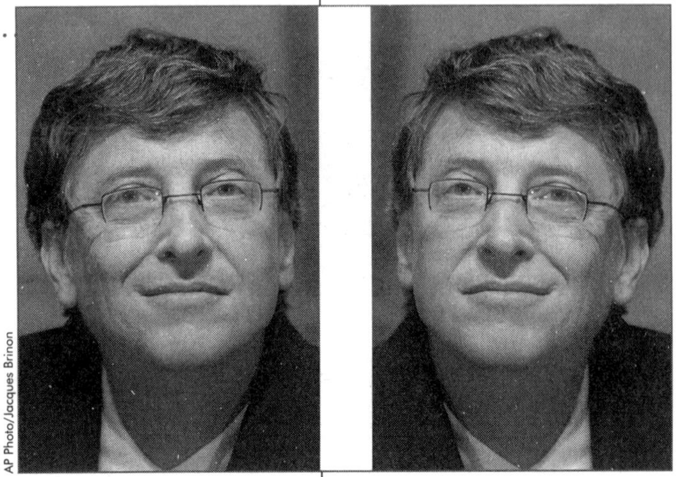

AP Photo/Jacques Brinon

➤ 图 16.11

我喜欢有点像我的候选人

研究者（Bailenson et al.，2005）将选民面孔的局部特征加入了 2004 年美国总统候选人乔治 · 布什和约翰 · 凯利的面孔里。参与者并没有意识到自己的局部面孔，却更可能支持融入了自己局部面孔的候选人。

有可能给将来的雇主留下好印象并求职成功（Cash & Janda，1984；Langlois et al.，2000；Solomon，1987）。对收入的分析表明相貌平庸或者肥胖都会减分，而美貌则能加分（Engemann & Owyang，2005）。

对 100 部 1940 年以来的电影大片进行分析后发现，在电影中，外貌富有吸引力的人物比那些外貌不富有吸引力的人物精神更高尚（Smith et al.，1999）。但是，好莱坞的角色模式并不能解释为什么从注视的时间来判断，即使是婴儿也更偏爱有吸引力的外表（Langlois et al.，1987）。伯明翰大学的教授赫尔（Hull，1990，p. 23）在双眼失明后发现，上述的情况在一些盲人中也会出现。同事对一位美貌女性的评述奇妙地影响了他的知觉。他感到这是“可悲的……但是我仍有这种感觉……眼睛正常的男性对女性的想法对我有什么意义呢……但是，我仍关心他们的想法，我似乎并不能摆脱掉这种偏见。”

穴居人堕入爱河时

外貌很重要，这似乎是不公平的，也是不明智的。2 000 年前罗马政治家西塞罗就有同样的体会：“智者的最终善行和最高职责就是抵抗外表”，其他两个关于吸引力的发现同样证实了西塞罗的观点。

首先，令人惊奇的是，人们的吸引力与他们的自尊和幸福无关（Diener et al.，1995；Major et al.，1984）。一个原因可能是，除非与那些极具吸引力的人作比较，否则很少有人认为自己是缺乏吸引力的（Thornton & Moore，1993）。（这也许多亏了曝光效应，我们大部分人都习惯了自己的长相）。另一个原因是，很有吸引力的人有时会怀疑人们对他们工作的赞赏其实是对他们外貌的一种反应。当不是很有吸引力的人被称赞时，他们更可能认为这种赞赏是真诚可信的（Berscheid，1981）。

“外貌的美丽比任何介绍信都更有效。”

——亚里士多德，

《格言录》，B.C. 330

得知对吸引力的判断是相对的，西塞罗也许感到欣慰。评选环球小姐的标准很难应用到整个地球。确切地说，美是存在于特定文化之中的——大部分审美标准都受到特定时空的影响和制约。为了看起来具有吸引力，不同文化中的人们穿鼻子、拉长脖子、缠脚、染发或给皮肤涂色、暴饮暴食以增肥或减肥以显得苗条、捆扎皮革外衣使胸部看起来更小，或利用外科手术往乳房里填充硅胶然后穿上丰胸内衣以显得更为丰满。在北美，20 世纪 20 年代轰轰烈烈的追求极瘦的观念被 20 世纪 50 年代温柔、性感的玛丽莲 · 梦露形象所代替，而这一形象又被 20 世纪 90 年代身材苗条但胸部丰满的形象所替代。

美国人现在花在美容上的钱要比用在教育和社会服务上的钱的总额还多，但仍不满足。2001 年美国人在美容医疗方面共花费了 850 万美元，其中包括整形手术、注射药物去除皱纹以及用激光去除体毛等（Wall，2002）。尽管如此，自 1970 年以来，

⏩ “经常考虑自己外表”的男性和女性的比例：

	男性	女性
加拿大	18%	20%
美　国	17	27
墨西哥	40	45
委内瑞拉	47	65

From Roper Stach survey，reported by McCool（1999）.

他人眼中的吸引力 吸引力的概念会因文化而不同。而且，摩洛哥、肯尼亚和斯堪的纳维亚当前的吸引力概念在将来也可能会发生变化。

对自己的外貌不满意的妇女数量仍大幅度地增加（Feingold & Mazella，1998）。

然而，吸引力的某些方面确实能够跨越时空（Langlois et al.，2000）。如第 3 章中所提到的，从澳大利亚到赞比亚，37 种文化中的男性认为那些有着年轻外表的女性更具有吸引力，女性则认为那些看起来健康的男性，特别是那些看起来成熟、有地位和富有的男性更加具有吸引力。

»《纽约时报》专栏作家莫琳·多德曾就“抽脂术”发表过如下评论(2000 年 1 月 19 日)：“上世纪 50 年代的女性是被抽空的，2000 年的女性也是抽空的。因为胡佛牌吸尘器接通了我们！”

鼻子、腿和体型等既不特别大也不特别小是每个地方的人似乎都偏爱的身体特征。一张“均和”的人脸是有吸引力的（图 16.12）。郎格卢瓦与罗格曼（Langlois & Roggman，1990）通过实验巧妙地阐明了这一点，他们把 32 位大学生的面容进行了数字化处理，并用计算机来对其进行平均化。学生们认为这个平均化的、合成的面容比 96% 的个人面容都更具有吸引力。其中一个原因是，平均化的面容是匀称的，而有着匀称的面容和身材的人显得更性感（Rhodes et al.，1999；Singh，1995；Thornhill & Gangestad，1994）。把你的其中半张脸与它的镜像组合起来，你匀称的新面容将会提高你的吸引力。

» 91% 的女性做过整形手术（ASAPS，2008）。妇女对他人外貌的记忆比男性更好（Mast & Hall，2006）。

除了文化的标准之外，吸引力还依赖于我们对此人的感情。在罗杰斯和海默斯坦（Rodgers & Hammerstein）的一部音乐剧中，王子对灰姑娘这样问道，“是因为你美丽我才爱你，还是因为我爱你你才美丽？”其实二者皆有可能。当我们经常见到某人，并开始对其产生好感时，他们外表的不完美变得不显眼而他们的吸引力却变得更为明显（Beaman & Klentz，1983；Gross & Crofton，1977）。正如莎士比亚在《仲夏夜之梦》中写道：“爱不是来自眼中，而是来自心中”。只有当你认识了外星人之后才会知道他比“星球大战”中的黑武士更丑陋。爱上某个人，你就会看到他（她）一天比一天美丽。

相似性 如果说接近性让你有机会接触到某个人，并且你的外貌给对方留下了很好的第一印象。那么现在影响你们能否由熟人转变为朋友的因素是什么呢？比如，

> **图 16.12**
> **均和的面孔是吸引人的**
> 圣安德鲁斯大学的心理学家佩雷特（Perrett, 2002）所提供的这些面孔中，哪一个最具吸引力呢？大部分人都认为是最右边的这个——并不存在的人，是将左边的 3 张面孔与其他 57 张真人面孔上的各个特征进行平均化，再组合而成的。

随着你对一个人了解的深入，你发现你们有很多不同之处，或者你们有很多相似之处，哪一种情况会使你们更加相互吸引呢？

《柳林中的风》一书中老鼠、田鼠和獾的故事，以及洛贝尔（Lobel）的著作中青蛙与癞蛤蟆的故事让我们看到，完全不同的人照样可以和谐地生活在一个家园中。这些故事通过我们很少经历的事情取悦我们，因为我们往往不喜欢与我们不同的人（Rosenbaum，1986）。在现实生活中，相对立的事物会彼此远离。聚在一起的鸟通常都有着同一种羽毛，朋友或夫妇比那些随意搭配的人更可能表现出相似的态度、信念和兴趣（还有年龄、宗教信仰、种族、教育水平、智力、吸烟行为及经济地位等）。虽然我们会无视这些差别，把自己看做是地球村人类家庭中的一员，但我们也不可能与地球上 60 亿人保持接触。而且，人们之间的相似点越多，他们之间的好感也就越持久（Byrne，1971）。记者李普曼（Lippmann）做出了一个正确的推测，即“当相爱的人有许多共同的爱好，而不仅仅是互相喜欢时，爱情可以很好地持续下去。相似性可以带来满意感。”

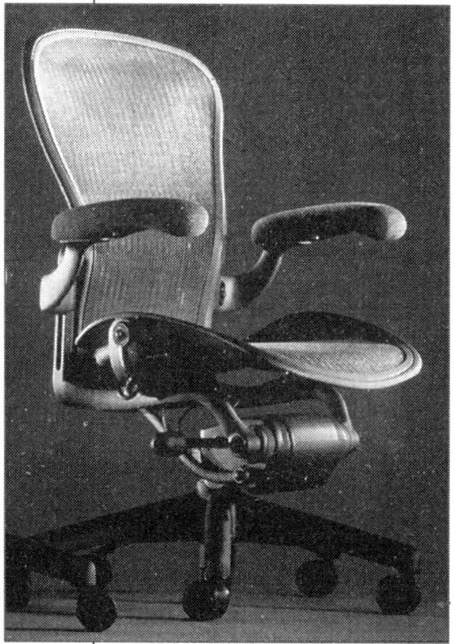

美感随着曝光次数而增加 米勒家具公司著名的亚伦办公椅（Aeron chair），最初在舒适度上的评分很高，但在美观评价上则糟透了。有人认为它看上去就像“草坪家具”或者“史前的巨型昆虫”（Gladwell，2005）。但之后，赢得了设计大奖，在媒体上不断曝光，模仿座椅也不断出现，“丑小鸭”最终成为该公司史上最畅销的座椅，在美观上重新获得了人们的好评。人也一样，美丽部分地存在于欣赏者的眼里，随着曝光度的增加而不断变美。

接近性、外貌吸引力和相似性并非吸引的全部决定因素。我们也会去喜欢那些喜欢我们的人，尤其是当我们的自我意象较低的时候。当我们认为某个人喜欢我们，就会更热情地回应他们，这就会使他们更加喜欢我们（Curtis & Miller，1986）。被人喜欢是一种很有效的奖赏。

的确，一个简单的吸引回报理论，即我们会喜欢那些行为对我们有益的人，并且我们会继续维持回报多于付出的关系——可以解释我们迄今所考虑的所有问题。当一个人与另一个人在邻近的空间里生活或工作时，与这个人发展友谊需要花费的时间和努力较少，同时又可以享受友谊所带来的好处。具有吸引力的人可以带给人们审美的愉悦，与他们交往可以获得社会性的奖赏；那些与我们有相似观点的人可以为我们提供支持。

浪漫爱情

13. 浪漫的爱情随着时间的推移通常会怎样变化？

有时候，人们很快地从初次印象发展到建立友谊，再到更为热烈、复杂和神秘的浪漫之爱的状态。哈特菲尔德（1988）区分了两种类型的爱：短暂的激情之爱和持久的同伴之爱。

> “情人眼里出西施。”
>
> ——耶茨，
>
> 《饮酒歌》，1909

激情之爱 哈特菲尔德强调唤起是**激情之爱**（passionate love）的一个关键因素，同时，他还提出，情绪的二因素理论可以帮助我们理解这种对另一个人的强烈而积极的爱意。这一理论假设包括：（1）情绪有两个因素，即身体的唤起和认知评价；（2）由某种原因导致的唤起状态既可以增强这一种情绪也可以增强另一种情绪，这取决于我们怎样对唤起状态进行解释。

在验证这一理论的研究中，男大学生们通过不同的方式被唤起，比如恐慌、奔跑、观看色情资料、听幽默的或令人厌恶的对话等。随后他们被介绍给一位富有吸引力的女性，并要求他们对这一女性（或他们自己的女朋友）进行评价。与那些未被唤起的男性相比，这些被唤起的人把唤起的部分原因归结于那位女性或他们的女朋友，并感到更大程度地被吸引（Carducci et al.，1978；Dermer & Pyszczynski，1978；White & Kight，1984）。

▸▸ 在意大利和美国，人们还喜欢与自己有相似人格特质的政治候选人。2004 年约翰·凯利被人视为开放，而乔治·布什则被人视为忠贞和诚实，他们都受到认为自己也有这些特质的选民支持（Caprara et al.，2007）。

比尔看着苏珊，苏珊望着比尔。突然间死亡并不可怕。这就是一见钟情。

达顿与阿伦（Dutton & Aron，1974，1989）进行了实验室之外的研究，他们来到横跨英国哥伦比亚险峻的卡皮拉诺河的两座桥上，一座是摇摇晃晃的吊桥，离下面岩石有 230 英尺；另一座则较矮而且稳固。让一位富有吸引力的年轻的女实验助手拦住从两座桥上经过的男性，让这些男性帮忙填写一份简短的问卷，随后给这些男性留了电话，以备他们对她的这一调查项目有更多的了解。那些刚刚走过那座高桥，心还怦怦直跳的男性中有更多的人接受了电话号码，并在后来给这位女性打了电话。当情绪被唤起，并把这种唤起的部分原因与一个合意的人联系起来的时候，便会感受到激情的推动。当情侣一起在波涛汹涌的海面上航行的时候，肾上腺素的增加会使两颗心贴得更近。

同伴之爱 虽然浪漫爱情的火花常常会经久不息，但对对方强烈的关注、浪漫的感觉以及心醉神迷的漂浮在云端的感觉会逐渐消退。认识到激情之爱的短暂性，一些社会把这种情感看做是不理性婚姻的原因。在这些文化中，人们认为应该选择具有一致的背景和兴趣的伴侣。在那些把婚姻看得比爱情重要的非西方文化中，离婚率的确要低一些（Levine et al.，1995）。

“我迫不及待地想看看你在网上是个什么样。”

哈特菲尔德指出，随着爱情的逐渐成熟，它就变成一种更为稳固的**同伴之爱**（companionate love）——一种深沉的、真挚的依恋。从激情到感情的转变是需要适应性的智慧的。激情的爱常会伴有孩子的出生，而抚养小孩又会使父母之间的迷恋逐渐消逝。社会心理学家伯奇德及其同事（Berscheid et al.，1984）强调，未认识到短暂的激情之爱的有限性最终会导致关系破裂。“假如对激情之爱的不可避免的结局有更好的认识的话，更多的人会选择较为平静的同伴之爱并对这种爱感到心满意足”。

要建立令人满意且持久的关系，关键的因素是**公平**（equity）：双方的获得与付出是相称的。当公平存在——当双方都自由地付出与获得时，当他们共同做出决定时——他们就有机会获得持久的和令人满意的同伴之爱（Gray-Little & Burks，1983；Van Yperen & Buunk，1990）。共同享有自我和财产，给予和获得感情的支持，提升和关注另一方的幸福是每一种爱情关系的核心和关键（Sternberg & Grajek，1984）。这一点不论对于相爱的人，父母与孩子，还是亲密的朋友都是适用的。

恋爱关系的另一个至关重要的因素是亲密感。一段牢固的友谊或婚姻使人可以**自我表露**（self-disclosure），即吐露内心细微的想法——我们喜欢什么、厌恶什么，我们的梦想与担忧，我们何时感到骄傲和何时感到羞愧等等。罗马政治家塞涅卡（Seneca）说：“当我和朋友在一起时，我不会感到孤单，我会自然而然地说出想到的任何事情”。自我表露促进好感，而好感又会促进自我表露（Collins & Miller，1994）。当一方表露了一点儿，另一方也会如此；假如一方表露更多，另一方也会一样。如此反复，朋友或爱人就会更加亲密。每一次亲密感的增加都会重新点燃激情（Baumeister & Bratslavsky，1999）。

有一项实验就是让成对的学生志愿者进行为时 45 分钟的逐渐增加自我表露的谈话，谈话内容很广泛，比如：“你上次为自己唱歌是在什么时候？”，“你上一次在别人面前哭泣是在什么时候？”，“你上一次自己单独一人哭泣又是在何时？”等等。到实验结束时，那些经历逐渐增强的亲密感的学生明显地感到与他们的谈

“当两个人处于最激烈、最疯狂、最令人迷惑和最短暂的激情之中时，他们发誓他们会一直维持那种兴奋的、不同寻常的和使人筋疲力尽的状态，直到生命的尽头。”

——萧伯纳，《结婚》，1908

话伙伴更为亲近，比那些只在这段时间里相互问了一些无关紧要问题（比如：“你们的高中生活怎么样呢？”等）的学生之间的关系要亲近得多（Aron et al., 1997）。自我表露的亲密感和相互支持的公平感会使持久的同伴之爱成为现实。

Courtship and Matrimony (From the collection of Werner Nekes)

激情之爱有时会变成持久的相伴之爱，有时则不会（颠倒看图片） 除了相似的态度和兴趣之外，还有什么能预测长期固守的爱情？

利他主义

14. 什么时候我们最愿意和最不愿意帮助他人？

古尔德（Gould, 2001）“9·11”事件发生后不久指出：“有一种事实我想把它称为伟大的不对称，即每一次惊人的灾难之后都会有 10 000 个善行来补偿，这些善行大多是不引人注意和不为人所知的，是大多数人的‘普通’的努力与付出。”“9·11”事件造成的巨大不幸确实引发了更为巨大的善行。

这类善举很好地印证了**利他主义**（altruism）——对他人利益的无私关注。在一起尤为卑鄙可耻的性暴力事件发生后，利他主义成了社会心理学家们一个主要的关注点。1964 年 3 月 13 日的纽约市，一个歹徒反复用刀刺杀基蒂·吉诺维斯，凌晨 3 点半歹徒还在她的公寓外强奸了严重受伤的她。“救命啊！救救我！”当吉诺维斯的喊叫声打破了清晨的沉寂时，有窗户打开了，灯也亮了，有 38 户邻居听到了她的喊叫声。歹徒逃之夭夭，而不一会儿又回来了，并又对吉诺维斯砍了 8 刀，然后再次强奸了她。直到歹徒逃得无影无踪之后才有人报警，这时已经是凌晨 3 点 50 分。

> “也许没有任何一起事件会像吉诺维斯被害事件那样，促使社会心理学家对社会行为投入如此多的关注。”
>
> ——兰斯·肖特兰德（1984）

旁观者的干扰

对于吉诺维斯被杀事件以及其他类似的悲剧，大部分的评论者都对旁观者的“冷漠”与“无动于衷”感到愤怒。社会心理学家达利和拉坦（Darley & Latané, 1968b）并没有指责旁观者，而是把他们的无动于衷归因于一个重要的情境性因素——他人的在场。他们推测，在特定的情形下，我们中的大多数人都会做出同样的表现。

在考察了各种情形下的紧急事件之后，达利和拉坦把他们的发现建构成了一个旁观者介入的决策图式：只有当情境使我们首先注意到事件的发生，然后将其解释为紧急事件并最终确信自己应承担救助的责任之后，我们才会提供帮助（图 16.13）。在每一个步骤中，其他旁观者的存在都会使人们偏离提供帮助的轨道。无

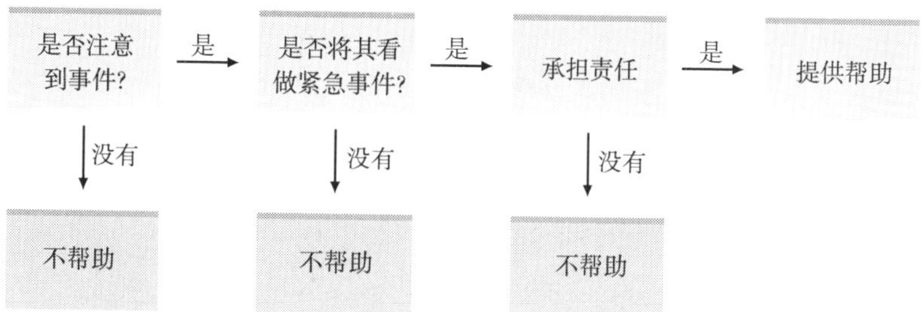

Akos Szilvasi/Stock, Boston

➤ **图 16.13**

旁观者介入的决策过程
在提供帮助之前，个体必须首先注意到紧急事件，然后对其进行正确的解释，并感到自己有提供帮助的责任。（From Darley & Latané, 1968b）

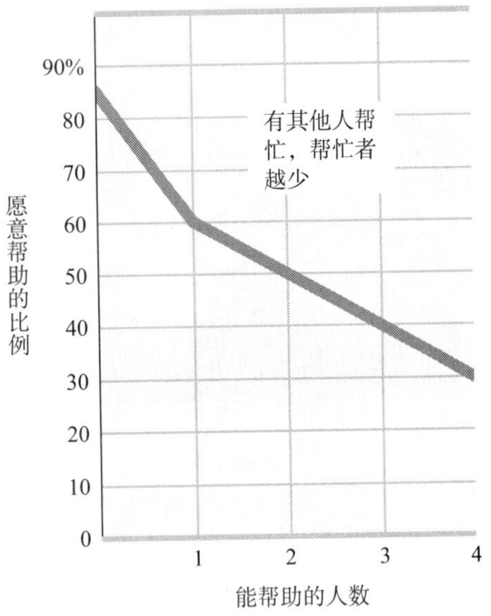

➤ 图 16.14

对模拟紧急事件的反应

当人们认为只有他一个人听到癫痫发作者的呼救声时，他们常常会提供帮助，但是当他们认为还有其他 4 个人也听到了呼救声时，只有少于 1/3 的人会采取行动。（From Darley & Latané，1968a）

论在实验室还是在大街上，身处一群陌生人之中比独自一人更有可能把目光集中在自己所做的事情或将要去的地方。即使他们注意到一个异常的情境，也有可能从其他旁观者无动于衷的反应中做出推论，认为该情形不是紧急事件，他们会以为“那个躺在人行道上的人肯定是喝醉了”，然后继续赶路。

但有些时候，比如吉诺维斯被杀明显属于紧急事件，人们还是没有提供帮助。虽然目击者从窗口看到了事件的发生并正确地解释为紧急事件，但是他们仍然没有承担起救助的责任。这是为什么呢？为了寻找答案，达利和拉坦（1968a）在他们的实验室中模拟了一个自然的紧急事件，他们让大学生们参加一个内部通话形式的讨论。每个学生单独呆在一个小房间里，只有麦克风被接通时自己的声音才能够被其他人听到，其中一个学生是实验助手，当轮到他时，他模仿癫痫发作的声音并请求帮助。

其他的学生是如何反应的呢？如图 16.14 所示，那些认为只有自己才能够听到受害人的呼救声的人——因此会认为自己承担着提供帮助的全部责任——通常会提供帮助。而那些认为其他人也能听到呼救声的人更有可能像吉诺维斯的邻居一样反应。能够承担救助责任的人越多，单个的人提供帮助的可能性就越小，这就是责任分散现象。

在许多后续实验中，心理学家研究了哪些因素会影响旁观者提供帮助的意愿，包括打急救电话以帮助被困的车手、献血、捡起掉落的书本、捐钱和贡献时间等。比如，拉坦、达布斯（Dabbs，1975）和 145 名合作者在三个城市中乘坐了 1 497 次电梯，并在其他 4 813 名乘客面前“不小心”掉落了硬币或铅笔。掉落硬币的女性比男性更有可能得到帮助——这样的性别差异也常见于其他的研究报告（Eagle & Crowley，1986）。但是，主要的发现是旁观者效应（bystander effect）——当有其他旁观者在场时，单个的旁观者提供帮助的可能性降低。当电梯中只有一个旁观者时，他提供帮助的可能性是 40%，而当有 6 名旁观者时，这一比率只有 20%。

根据成千上万次这类“紧急事件”中的行为观察，利他主义的研究者还确认了其他一些模式。在以下几种情况下，我们为他人提供帮助的几率最高：

- 我们刚刚目睹了其他人的助人行为。
- 我们没有急事。
- 受害人看上去需要帮助且值得我们帮助。
- 受害人在某些方面与我们相似。
- 我们在小镇或郊区。
- 当我们感到内疚时。
- 我们在关注他人而不是专注于自己的事情。
- 我们心情好的时候。

> “让我们快乐，你也就让我们变得善良。”
>
> ——罗伯特·布朗宁，《戒指与书》，1868

对于最后这一条，即“快乐的人是乐善好施的”，这一点是所有的心理学中最具有一致性的发现之一。不管人们是通过什么方式快乐起来的——觉得自己成功、聪明、想到高兴的事情、得到了钱，或者是接受了催眠的暗示——他们都会变得更为慷慨，更乐于助人（Carlson et al.，1988）。

助人的规范

我们为什么会帮助他人呢？一个被广泛接受的观点是，自我利益是所有的人相互作用的基础：我们永恒不变的目标是把收益最大化而把成本最小化，会计们称之为成本—收益分析。哲学家称之为实用主义，社会心理学家称之为**社会交换理论**（social exchange theory）。当你在考虑是否要献血的时候，你可能会这样权衡其成本（占用时间、不舒服和焦虑感）及收益（减少负罪感、获得社会赞同和良好的感觉）。假如你认为提供帮助的收益大于成本，你就会提供帮助。

对于大部分人而言，助人具有内在的奖赏意义。为慈善捐款能激活与奖赏有关的脑区（Harbaugh et al.,2007）。这有助于解释邓恩等人（Dunn et al.,2008）的研究结果。捐出金钱的人比那些几乎只为自己花钱的人更快乐。比如，获得意外奖金的员工如果能用奖金为他人做些事情,事后会更快乐。在一次实验中，研究者给人一封装着现金的信封，并告诉他们可以自己花光或者帮助他人。你认为最后哪一组更快乐？的确，那些为他人花钱的人更快乐。

但是，我们为什么会给那些以后再也见不到的人小费或是会为陌生人指路呢？这说明社会期望亦会影响到我们的助人行为。社会期望指引着我们应该怎么去做，通常是为了我们共同的利益。通过社会化，我们学到了**互惠性规范**（reciprocity norm），即我们应回报那些帮助我们的人而不是伤害他们。当我们处理自己与其他同等地位的人的关系时，互惠性规范迫使我们做到付出（给予帮助、赠送礼物或提出邀请等）与获得一样多。对于一些不能给予我们相应回报的儿童和他人，我们学到了**社会责任规范**（social-responsibility），即我们应该帮助那些需要帮助的人，即使这样做的成本大于收益。在盖洛普的多次调查中，每周都参加宗教服务的人经常显示出社会责任规范：他们主动为贫穷者和弱者提供帮助的时间比那些极少或从不参加宗教服务的人要多两倍（Hodgkinson & Weitzman，1992；Independent Sector，2002）。同时，前者捐款的数量是后者的 3 倍。

冲突与调停

15. 社会陷阱和镜像知觉怎样激起社会冲突？

我们生活在一个不可思议的时代里。为了在冷战之后建立一个新世界秩序，民主运动以令人惊奇的速度横扫了东欧国家的极权主义统治。但是另一方面，全世界每天要在武器与军队上花费 20 亿美元，而这些钱原本可以用于住房、营养、教育和健康。既然战争始于人们的思想，心理学家就想弄明白，人们思想中的什么东西导致了破坏性的冲突？我们感觉到的来自社会差异的威胁如何才能够被一种合作精神所取代？

对社会心理学家来说，**冲突**（conflict）是行为、目标或观念等方面的不相容。从国家间的战争到一个社会中的文化纷争，再到婚姻矛盾中的个人，冲突的因素在各个层面上都非常相似。在每一个情境中，人们都会陷入一个具有潜在破坏性的社会过程，而这个过程可能产生大家都不希望的结果。这些破坏性过程就包括社会陷阱和扭曲的知觉。

社会陷阱

在有些情况下，我们可以通过追求个人利益来促进集体的福利，就如资本论者亚当·斯密在他 1776 年出版的《国富论》中所写的，“我们所期望的正餐不是来自屠夫、酿酒者或是面包师的善行或捐款，而是来自于他们对自己利益的关注”。在另一些情况下，参与的各方在追求各自目标时可能会导致相互伤害。这样的情境就是**社会陷阱**（social trap）。

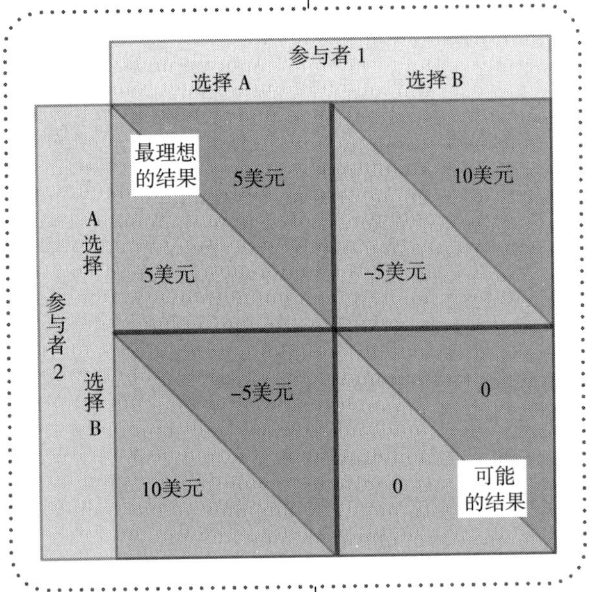

➤ 图 16.15

社会陷阱游戏矩阵

追求个人利益而不信任他人会使我们最终以失败告终。为了阐明这个道理，想象你自己正在玩这个游戏。每个方格深色部分显示了 1 号参与者的收获，而这取决于两个参与者的选择。假如你是 1 号参与者，你将选择 A 还是 B 呢？（这一游戏被称为一个“非零和博弈”，因为不要求最终结果的总和为零，两方可以共赢或者共输）。

思考图 16.15 中这个简单的游戏矩阵，这和那些已经无数人参与的实验中所用的方法相似。在这个游戏中，双方可能都赢或都输，这取决于参与者的个人选择。假如你是 1 号参与者，另一个人是 2 号参与者，你们俩被分开，单独选择 A 或 B 后你们将各自获得如图所示的奖励。（你也可以请某个人和你一起玩这个游戏，由他扮演 2 号参与者）。你会选择哪一个，A 还是 B？

当你思考这个游戏时，你会发现你和 2 号参与者处于一个两难境地。假如你们都选 A，你们都会受益，每个人获得 5 美元；假如你们都选择 B，你们中任何一个都不会受益，因为你们都没赢。然而，假如你每一次都选择 B，你将可以获益，你不会输，并且你可能获得 10 美元。但是，这种情况也同样可以发生在另一个人身上呀！于是，社会陷阱出现了：只要你们都追求自己最大的利益而选择 B，你们都将一无所获——这是最典型的结果——而你们本来都可以获得 5 美元。

相类似地，许多现实生活情境也会造成个人利益与共同利益的冲突。个体捕鲸者借口说他们捕杀少量的鲸不会对物种构成威胁，而且他们不捕的话，其他捕鲸者也会去捕。结果就是：某些种类的鲸面临着危险。私家车拥有者和房屋主人在想：“买更省油的车和炉子，会花费我的钱和精力。况且，我用的燃料并不会明显增加温室效应。”当这样想的人非常多的话，产生的共同结果就是灾难的降临——全球气温升高。

社会陷阱给我们提出了挑战，我们怎样寻找合适的方法来协调我们追求个人利益的权利与我们为世人造福的责任之间的关系呢？心理学家因而正在寻找合适的方法说服人们为了共同的发展和提高而相互合作——这些方法有：建立一致的规则，进行更有效的沟通以及提升人们对社区、国家乃至整个人类的责任意识（Dawes，1980；Linder，1982；Sato，1987）。这样，不管是在实验条件下还是在现实生活中，人们都更可能相互合作。

敌人知觉

心理学家已经指出，人们处在冲突中时倾向于丑化另一方的形象。具有讽刺意味的是，这些扭曲的形象是相似的。它们如此的相似，我们便把它们叫做镜像知觉。每一方都在丑化着另一方：我们把“他们”看做是不值得信任的和邪恶的，同样“他们”也这么看我们。

镜像知觉常常会造成敌对状态的恶性循环。假设苏珊认为玛丽讨厌自己，就可能冷落玛丽，这会导致玛丽相应的行为，从而证明苏珊知觉的正确性。个体如此，国家亦然。知觉会变成自我实现的预言，国家也会影响其他国家应对方式，从而证明自己的认知。

处于冲突中的人往往还会将他们自己的行为视为对挑衅的反应，而非后续事件的原因。要对已知觉为挑衅的行为回应，他们通常会更凶狠地回击，虽然认为自己不过是以眼还眼以牙还牙。在一个实验中，大学生志愿者在感觉到自己手指上的压力后，要利用一台机械设备按压另一位志愿者的手指。虽然他们的任务是回报以相同的压力，但他们通常比自己体验到的压力要多出约 40% 的力量。尽管要做出一样的响应，但他们的触碰马上就升级到强烈的压力，这种痛感就像打过一架一样，他们抱怨："我只是刺了他一下，他却狠狠地报复我"（Shergill et al., 2003）。

在 21 世纪初，许多美国人开始憎恶萨达姆·侯赛因。布什 2001 年宣称，就像"邪恶"的萨达姆一样，"今天的一些专制统治者被美国人民难以平息的憎恨所包围，他们痛恨我们的朋友、我们的价值观，痛恨民主、自由和人权，而很少关注自己人民的生活"。萨达姆在 2002 年以牙还牙，他把美国看做是"一个邪恶的专制统治者"，以撒旦为其保护者，贪婪地掠夺石油并对那些"保卫真理"的人们进行攻击。在侯赛因的外交部长看来，布什是当今世界邪恶的"法老"（Klinkenborg，2002）。

重点并不在于真理必须是这样两种观点的中间点（其中一个可能更确切），而是对敌人的知觉经常会形成镜像。此外，随着敌人的变化，知觉也会发生变化。在美国人的观念与媒体宣传中，"嗜杀的、残忍的、奸诈的"日本人在二战以后成为他们"聪明的、勤奋的、自律的、足智多谋的"盟友（Gallup，1972）。

应当如何调停呢？接触、合作、沟通和调解能否把偏见、冲突导致的敌对转化为有利于促进和平的态度？研究显示，某些情况下的确可以。

接 触

16. 我们怎样才能把偏见、攻击和冲突的感受转变为促进和平的态度？

接触能否让两个冲突的党派变得亲密？具体情况得具体分析。如果这种接触没有竞争性，双方地位平等，比如零售店员商议彼此的换班，接触往往有帮助作用。最初存有偏见的不同种族，在这种情况下通常会彼此接纳。

根据 500 多项与外群体（比如少数族裔、老年人、残疾人等）面对面接触的研究，统计分析证明了上述结论。在对 38 个国家 25 万人的研究中，发现接触与更积极的态度有关，或者说实验中的接触能导致积极态度（Pettigrew & Tropp, 2006）。举例如下：

- 在跨种族的接触中，南非白人和黑人的态度更倾向亲密、一致（Dixon et al., 2007）。
- 异性恋者与同性恋者的接触与接纳的态度有关。在一项全美调查中，家人或好友中有同性恋的人比没有的人多两倍的可能支持同性婚姻——分别为 55% 与 25%（Neidorf & Morin，2007）。
- 甚至与外群体成员的间接接触（通过读故事或者朋友间的转述）通常也能减少偏见（Cameron & Rutland，2006；Pettigrew et al.，2007）。

然而，仅有接触并不总足以保证融洽的人际关系。在大部分废除种族隔离

> “你无法与握紧的拳头握手。”
> ——英地拉·甘地，1971

的学校，种族群体重新在午餐厅和其他学校场所隔离自己（Clack et al.，2005；Schofield，1986）。每个群体的人通常都认为他们欢迎与别的群体进行更多的接触，但又假定别的群体不会回报己方的良好愿望（Richeson & Shelton，2007）。“我不会主动与他们接触，因为我不想遭到拒绝；他们也不会主动与我接触，因为他们对我根本不感兴趣。”如果这种镜像式的错误知觉能得以纠正，才能建立友谊，消融偏见。

合 作

为了弄清楚敌对双方能否克服他们的差异，研究者谢里夫（Sherif，1966）先故意激起群体的冲突。他把 22 名俄克拉荷马城（Oklahoma City）的男孩子分到一个男孩侦察营的两个独立区域。然后在两组之间进行了一系列的竞争性活动，并奖励获胜者。没过多久，每个男孩都对自己所在的小组有着强烈的自豪感，而对另一小组充满敌意并形容对方是“鬼鬼祟祟的”“卑鄙的”等。在用餐期间争夺食物而把餐厅洗劫一空，必须由营地职员来制止斗殴。当谢里夫再把两组人聚集在一起时，除了辱骂与威胁，他们互不搭理。

尽管如此，谢里夫在几天之内就把这些年轻的“敌人”转化成为友好的合作者。他给了他们**超级目标**（superordinate goal）——超越了他们之间的差别、需要共同承担的目标。这些目标只有通过双方的合作才能实现。事先安排好的营地水源供应中断，需要男孩子一起努力来恢复供水。在没有录像机的日子里租一场电影需要他们一起来想办法。所有的男孩子一起又推又拉才使抛锚的卡车重新发动。谢里夫用分离与竞争使陌生人变为了敌对者，又用共同的困境和目标使敌对者和解并成为朋友。简单的接触并不能降低冲突，合作性的接触才能降低冲突。

一个共同面对的困境——一种可怕的外部威胁和一种战胜它的强烈渴望——在“9·11”事件后的数周里也起着强大的团结作用。没有什么比面临共同的敌人更能促进团结，“9·11”事件使美国人民马上就感到是“我们”正在遭受袭击。盖洛普对“我们的总统”支持率的调查显示，在袭击前一周还是 51% 的支持率，到袭击后 10 天就提高到了历史最高点——90%，刚刚超过老布什在 1991 年海湾战争进入高潮时期所达到的 89% 的支持率这一记录（Newport，2002）。无论是在群体的闲聊中还是在日常对话中，“我们”（相对于“我”而言）这个词的使用频率在“9·11”事件之后急剧增加（Pennebaker，2002）。

> “我们大多数人都有多重身份，这些身份将我们与一些非常不同的群体联合起来。我们可以热爱自己，同时不反感和我们不同的人或事，我们可以在自己的传统中成长，同时也可以向其他的传统学习和借鉴。”
> ——摘自联合国秘书长科菲·安南在 2001 年获得诺贝尔奖时的演讲

多维迪欧和盖特纳（Dovidio & Gaertner，1999）报告称，当合作解散了人们原先所属的亚群体，使人们将自己看做一个新的、容纳性更强的群体的成员时，合作起到尤为积极的作用。让两个团体的成员围着桌子坐在一起，而不是相对而坐，给他们一个共同使用的新名字，让他们一起工作，这样的经历会使“我们和他们”转变为“我们”。那些曾被视为其他群体中一员的人现在被看做自己团体的一部分。一个年仅 18 岁的新泽西州青年这样解释自己社会身份的转换：“不久前我只是把自己看做是一个黑人，而现在我感觉我是一个美国人，这种感觉比以往任何时候都强烈”（Sengupta，2001）。在一项实验中，美国白人在读了报纸新闻（即恐怖分子威胁了所有美国人）之后，对黑人的偏见减少了（Dovidio et al.，2004）。

在 20 世纪 70 年代，一些教育研究小组想弄明白：假如互相竞争的群体的成员进行合作性的接触有助于形成积极的态度，我们是否可以把这一原理应用于多元文化的学校？我们能否用合作性的课堂情境来代替竞争性的课堂情境并以此来促进不同种族间的友谊？合作学习能否维持甚至提高学生的成绩？许多实验证实，在以上三种情形中，答案都是肯定的（Johnson & Johnson，1989，1994；Slavin，1989）。不同种族的团体成员为了一些项目一起工作或组成运动队一同比赛，在此之后，他们能明显感受到种族成员之间的友好。在教室里进行合作学习也能起到这样的作用。因此，25 000 多名教师已经把不同种族间的合作学习运用到他们的教学中（Kohn，1987），这一现象是鼓舞人心的。卡耐基青少年发展委员会（1989）宣称，不同种族的同学一起工作可以为以后成功的职业生涯和成为多元文化社会的合格公民打下基础。

合作性活动可以化敌为友，于是心理学家们呼吁增加国际交流与合作（Klineberg，1984）。当我们参与到互利互惠的贸易中时，当我们为了共同的命运，一起努力，来保护这个脆弱的星球时，当我们更加清醒地意识到我们的希望和恐惧是连在一起的时候，我们就可以将那些导致分裂与冲突的错误观念转化为一种建立在共同利益之上的团结一致。虽然我们永远不可能喜欢所有的差异或与每一个人成为朋友，但是，在向着共同的目标而努力的过程中我们可以逐步接受和尊重人类的多样性。

“这一天，我准备向世人宣布，我是一个世界公民，我希望每个地方的每一个人都具有广阔的视野，认识到我们的世界是相互依赖的，公平及最终实现地球的和平是我们共同的愿望。”

——赫斯伯格，《人类的使命》，1974

交　流

当现实生活中的冲突确实变得激烈时，一个处于第三方的调停者——婚姻顾问、劳工仲裁人、外交家、社区志愿者——可以促成非常必要的交流（Rubin et al.，1994）。调停者帮助每一方阐明自己的观点并帮助他们理解另一方的观点。通过引导每一方都去考虑另一方的基本需要和目标，调停者试图用一种互惠互利的合作性双赢取向来代替竞争性的非赢则输的取向，从而得到一个双方都受益的解决方案。关于这一点，有一个典型的例子：两个朋友为了一个橘子吵了一架，最后两人决定把橘子分为两半。其中一个人是把他分到的一半拿来榨了果汁，而另一个人只是用他那一半的果皮做了一个蛋糕。假如他们俩能事先了解彼此的动机的话，他们完全可以寻找到一个双赢的解决办法：即一个人得到所有的果汁，另一个人得到所有的果皮。

在愤怒或危机出现时，这种相互理解与合作的解决方法是最为需要的，而此时相互理解与合作的可能性也最小（Bodenhausen et al.，1994；Tetlock，1988）。

超级目标能克服差异 一起努力以实现共同的目标是打破社会壁垒的有效方法。

Syracuse Newspapers/ The Image Works

调　解

当紧张与怀疑达到顶点时，合作与交流也许会变得不可能。每一方都可能进行威胁、强迫或报复。在海湾战争开始前的几周里，布什总统公开威胁要“萨达姆尝尝厉害”，而萨达姆则同样威胁要让美国人“血流成河”。

在这种情况下，有什么办法可以替代战争或投降吗？社会心理学家奥斯古德（Osgood，1962，1980）提出了一个“降低紧张关系的分级互换动议”（Graduated and Reciprocated Initiatives in Tension-Reduction）策略，又称为 GRIT。在实施 GRIT 的过程中，一方首先声明自己对彼此利益的认识，并表达愿意缓和紧张的关系；然后开始进行一个或多个小的调解行动。就算不能降低对方进行报复的可能性，

“首先我要为有机会能与大家会晤，表达我诚挚的谢意和崇高的敬意。虽然我们之间还存有巨大的分歧，不过我认为，我现身于此就是重大的突破”

这种谦让的开端也会为对方做出回应敞开大门。即使对方回报以敌意，一方如果仍然友好地回应，那么，对方总会做出一些缓和性的反应。因此，肯尼迪总统停止大气层核试验的表态，开启了一系列相互回应的调解行动，这些行动最后以 1993 年签署了《禁止大气层核试验协定》而告终。

在实验室研究中，GRIT 是迄今为止人们所知道的对增加信任与合作最为有效的策略（Lindskold et al., 1978~1988）。甚至在强烈的私人冲突中，当相互间没有交流时，一个小小的愿意进行调解的表示——一个微笑、一次触摸、一句道歉的话语——也会起到很好的作用。调解行动让敌对双方从紧张对立的状态进入较为缓和的状态，而这时交流与相互理解才能开始。

这种情况能发生的话该有多好啊，因为文明的进步不是靠在各民族之间竖起围墙进行文化隔离，而是靠把每种文化遗产，包括知识、技能、艺术推广到整个人类。索厄尔（Sowell，1991）指出，多亏了文化共享，每一个现代社会因为文化融合而变得丰富。我们应该感谢中国的造纸术、印刷术，以及开启了伟大探索事业的磁性指南针；我们还应该感谢埃及的三角学，感谢伊斯兰世界和印度人为我们发明了阿拉伯数字。当我们承认这些文化遗产并为此庆贺时，我们同样也可以愉快地欢迎今天社会多样性带来的丰富。我们可以把自己看做是人类交响乐演奏中的一件件乐器。这样，我们就可以建立不同文化传统之间交流、理解与合作的桥梁，同时发扬我们自己的文化传统。

本节回顾

➤ 自问

你是否为没能与朋友或家人和睦相处而感到后悔？你将怎样调解这段关系？

➤ 自测 3

为什么没有人帮助吉诺维斯？这一事件说明了何种社会关系原理？

自测问题的答案见书后的附录。

本章复习：社会心理学

社会心理学研究人们如何思考、影响他人，彼此如何交往。

社会思维

1. **我们一般会如何解释他人与自己的行为？**
我们通常会把人们的行为归因于内部倾向或外部情境。在解释他人的行为时，我们常常低估了情境的影响，从而导致基本归因错误。但是，在解释我们自己的行为时，我们常常指向情境而不是自己。我们的归因会影响我们在人际、司法、政治和职场上的判断。

2. **我们所想的影响我们所做的，还是我们所做的影响我们所想的？**
当其他因素的影响最小时，当态度较为稳定时，当态度具体指向某种行为时，以及当很容易记起时，态度会影响行为。
　　对登门槛现象以及角色扮演的研究揭示出我们的行为也可以改变我们的态度，尤其是在我们感到要对这些行为负责的时候。认知失调理论认为，行为之所以能塑造态度是因为人们在行为与态度发生冲突时会感到不适。于是人们调整态度，使之与已经表现出来的行为保持更加一致，从而减轻不适感。

社会影响

3. **从众与服从的实验揭示了社会影响的何种力量？**
阿施的从众研究表明，在一定的条件下，人们即使知道群体的判断明显错误也仍然会从众。从众可能是为了获取社会认同（规范的社会影响）或是因为我们乐于接受他人提供的信息（信息的社会影响）。在米尔格拉姆著名的实验中，人们在犹豫，到底该服从于实验者还是答应他人停止电击的请求时，常常选择服从命令，即使事先知道服从可能会伤害他人。如果给出命令的人就在身边，被视为合法的权威人物，背后有富有盛誉的机构支持，或者受害人被去人格化或距离遥远，以及没有不遵守命令的反抗榜样，人们就通常更有可能服从命令。

4. **他人在场或者加入群体对我们的行为有何影响？**
社会助长实验表明，他人在一旁观看或参与活动会唤醒个体，促使个体在完成简单任务时表现更好，而在完成困难任务时受阻。当人们为了群体目标而努力时，一些人会因为其他人的努力而搭便车，就好发生社会懈怠。当人们在唤醒的同时变得匿名，就可能发生去个体化（自我意识和自我约束变弱）。

5. **什么是群体极化和群体思维？**
在群体中，想法相似的成员间的讨论经常导致群体极化现象，即群体内占优势的态度被强化。这是导致群体思维的原因之一，即追求一致性的群体在压制反对意见，做出不切实际的决策。为了防止群体思维，领导者可以鼓励不同的观点，邀请专家提出批评，并在制订计划时派人找出可能的问题。

6. **我们作为个体的力量有多大？少数派能变成多数派吗？**
群体的力量是巨大的，个体的力量亦是如此。甚至少数派都时能改变群体的观点，尤其是当少数派坚定一致地表达其观点时。

社会关系

7. **什么是偏见？**
偏见是信念（通常为刻板印象）、消极情绪和行为倾向的混合体。偏见可能是公开的（比如有意识地公然否定某个种族群体的选举权），也可能是隐含的（比如在电梯里与不同种族的陌生人单独相处时感到恐惧）。

8. **偏见的社会和情感根源是什么？**
如果掌握权力的人企图维护不公的现状或鼓动内群体偏见，社会和经济的不平等就会引起偏见。恐惧和愤怒会助长偏见，而如果遭受挫折，我们可能将愤怒发泄在替罪羊身上。

9. **偏见的认知根源是什么？**
在加工信息的过程中，当我们对人们归类时，我们往往会高估相同点，也会注意和记住生动的个案。这两种趋势都有助于刻板印象的形成。既得利益的社会群体通常会利用公平世界现象来为己方更高的社会地位辩解。

10. **哪些生物学因素使得我们更倾向于彼此伤害？**
攻击是复杂的行为，源自生物因素和后天经验的共同产物。比如，基因会影响我们的性情，从而使得我们在特定的情境下更（或更不）可能做出攻击反应。实验时刺激一定的脑区（如杏仁核和额叶）发现，大脑中存在促进和抑制攻击行为的神经系统。生物化学影响（如雄激素和其他激素）、酒精（能消除抑制）以及其他物质都与攻击有关。

11. **哪些心理因素可能引发攻击行为？**
挫折感和其他令人厌恶的事件（比如闷热、拥挤和挑衅）都会引起敌意，在攻击能获得奖励，有攻击的角色榜样可以学习，以及受到媒体暴力的影响条件下尤其如此。在视频游戏中实施暴力或者在媒体上经常目睹暴力，都会使人们对于暴行变得麻木，并且在受到挑衅时促使他们进行攻击，或者认为性侵犯更能接受。

12. **为什么我们会结交或爱恋某些特定的人？**
有三个因素影响到人们之间的互相喜爱。接近性——空间上的接近——有利于互相吸引，一定程度上是因为对新异刺激的反复接触可以增强喜爱之情。外貌吸引力影响到人们在社会中的机会及别人看待他的方式。在熟悉转变为友谊的过程中，态度与兴趣的相似性也会大大地增强喜爱之情。

13. 浪漫的爱情随着时间的推移通常会怎样变化?

激情之爱是一种唤醒状态，我们在认知上给它标上爱情的标签。同伴之爱的强烈情感（常常在激情之爱消退后出现）会因关系的平等和亲密的自我表露之后增强。

14. 什么时候我们最愿意和最不愿意帮助他人?

利他主义是对他人的幸福表现出的无私关照。如果有他人在场我们更不可能提供帮助。他人的出现会抑制我们对事件的注意，不太可能认为事件很紧迫，或者不愿承担提供帮助的责任，这些情况下，旁观者效应特别明显。对我们助人意愿的解释集中在社会交换理论（助人的成本和收益）；助人的内在奖励；社会责任规范（我们帮助那些需要我们帮助的人）。

15. 社会陷阱和镜像知觉怎样激起社会冲突?

社会冲突是指人们认为他们的行动、目标或观念互不相容的情境。在社会陷阱中，两个或多个个体在合理地追求自己的个人利益时，却损害了双方的共同利益。处于冲突中的人往往预期彼此最坏的结果，导致镜像知觉，并且成为自我实现的预言。

16. 我们怎样才能把偏见、攻击和冲突的感受转变为促进和平的态度?

敌人有时可以变为朋友，尤其是在双方赞成平等接触，需要合作以实现超级目标，通过沟通而相互理解，以及调解性表态得到良好回馈的情形下。

术语与概念

社会心理学
归因理论
基本归因错误
态　度
说服的中心路径
说服的外周路径
登门槛现象
角　色
认知失调理论
从　众
规范的社会影响
信息的社会影响
社会助长
社会懈怠

去个性化
群体极化
群体思维
偏　见
刻板化
内群体
外群体
替罪羊理论
公平世界现象
攻　击
挫折—攻击原理
曝光效应
激情之爱
同伴之爱

公　平
自我表露
利他主义
旁观者效应
社会交换理论
互惠性规范
社会责任规范
冲　突
社会陷阱
镜像知觉
超级目标
降低紧张关系的分级互换动议（GRIT）

网站

自测的多项选择题和其他习题请访问：www.worthpublisher.com/myers

附录

自测题答案

引言 心理学的故事

1. 什么事件标志着科学心理学的创立?

心理科学形成的最著名的事件是 1879 年威廉·冯特在莱比锡大学建立了心理实验室。这一新兴的科学很快发展出不同的学派，包括结构主义（由爱德华·铁钦纳创立，通过内省法来探索人类心理结构的要素）和机能主义（由威廉·詹姆斯创立，集中探讨心理和行为过程如何使有机体得以适应环境、获得生存和繁衍发展）。1890 年詹姆斯还写了第一本心理学的教科书。

2. 心理学的主要分析层面有哪些?

心理学三个主要分析层面分属于生物、心理和社会文化。心理学家会从神经科学、演化学、行为遗传学、心理动力学、认知和社会文化的视角来研究行为和心理过程。这些视角可以相互补充，加深对心理现象的理解，这通常比任何单一的视角更能从整体上理解心理与行为的丰富。

第 1 章 对心理科学的批判性思考

1. 什么是科学的态度，为什么它对批判性思维非常重要?

科学的态度包含对各种言论和观点的怀疑性检验，并对自己未经检验的假设怀有谦逊的态度。检验假设、寻求潜在价值、评价有关的证据和评鉴结论，都是批判性思维不可或缺的组成部分。

2. 如果要测量一种控制血压的新药，给一群 1000 人的参与者中的一半服用是否比给所有 1000 名参与者服用更能了解其效用? 为什么?

为了判定这种药品是否具有疗效（而不仅仅因为安慰剂效应），我们必须比较随机分配服用该药品的一组（实验组）和服用安慰剂的一组（控制组）。那么两组之间惟一的差异（疗效）就可以归结为是否服用了该药品。因此，如果实验组被试的血压低于控制组，我们就知道药物本身的确有疗效，而不仅仅是参与者知道自己得到了治疗而产生的作用（安慰剂效应）。

3. 请思考研究者（Jepson et al.，1983）向密歇根大学心理学导论课程学生提出的一个问题：

密歇根大学的教务处发现，在第一学期结束时通常有大约 100 名学生取得艺术和科学学科的满分。然而，在毕业时只有 10~15 名学生获得满分。你认为在一个学期之后比毕业时有更多的满分，最有可能的解释是什么?

针对学分的下降，参与这项研究的大部分学生都给出了似是而非的解释，比如，“新生刚入学比毕业时往往会更努力地学习。”还不到三分之一的学生认识到，显然有统计规律在起作用：基于较少学科的平均分变化更大，这就致使第一学期结束时会有更多极低和极高的学分。

4. 如何保护参与研究的人类和动物被试?

动物保护立法、实验室规章制度和检查以及各个机构内部的道德委员会都能确保人类和动物的利益。

第 2 章　心理的生理基础

1. 神经元之间如何进行信息交换？

当神经元的兴奋性输入超过抑制性输入并达到足够的阈限时，神经元会释放电冲动。当产生的冲动到达轴突末端时，就会引发化学神经递质的释放。当通过微小的突触间隙后，这些分子又激活邻近神经元的受体部位。因此，对于神经元之间如何相互联络的简单回答就是化学方式。

2. 当你拾起餐勺时，信息是如何在你的神经系统中传递的？

你的中枢神经系统中饥饿的大脑通过外周神经系统的运动神经元，来激活和指挥着你的手臂。当你拿起餐勺时，你的大脑会加工来自感觉神经系统的信息，使之能够继续指挥手把餐叉送到口中。这个功能性环路起始于感觉输入，经由中枢神经系统的中间神经元，结束于运动的输出。

3. 为什么垂体被称为"主控腺体"？

垂体对来自下丘脑的信号做出反应，释放具有触发作用激素。其他内分泌腺对此的响应是释放其激素，转而影响脑与行为。

4. 哪个脑区受损最有可能破坏你跳绳的能力？你的味觉和听觉位于什么部位？哪个脑区损伤可能让你陷入昏迷昏迷？若是没有心跳和呼吸，那又是什么区域受损？

这些区域分别是：小脑、丘脑、网状结构和延髓。知道这些问题说明你理解了低水平脑区的基本功能。

第 3 章　意识与心理的双通道

1. 什么是心理的双通道，正如"双重加工"研究所揭示的？

人脑具有分离的意识通道和无意识通道，它们同时加工信息。例如，对于视觉，视觉动作通道指导我们有意识的视觉加工，而视觉感知通道是无意识的，使得我们快速识别物体。

2. 你的睡眠充足吗？要回答这个问题你会问自己什么？

你应该从詹姆斯•马斯的睡眠剥夺问卷开始。而且，德门特（1999，p.73）建议你考虑这些问题："你经常想要打个盹吗？你在白天经常揉眼睛和打哈欠吗？你经常感觉自己真的需要喝杯咖啡吗？"德门特的结论是"这些问题中的每一个都警示你可能睡眠不足"。

3. 什么时候使用催眠可能会给我们带来危害？而什么时候使用催眠可能使我们获得帮助？

治疗者试图"催眠更新"记忆，当灌输错误记忆时催眠是具有潜在危害性的。但是催眠后的暗示能够帮助个体缓解某些疾病，并且催眠还能够帮助个体控制疼痛。

4. 美国一项对 27 616 名现在或者经常饮酒的人进行的政府调查表明，那些 15 岁以前就开始饮酒的人中有 40% 变成酒精依赖者。而在 21 或者 22 岁才第一次饮酒的人中这种比例大概是 10%（Grant & Dawson，1998）。对这种早期使用与日后滥用之间的相关，可能存在什么样的解释？

可能的解释包括（1）一种先天存在的关于早期使用和日后滥用的生理倾向，（2）早期使用所导致的大脑改变和味觉偏好，（3）持久的习惯、态度、行为或同伴关系等因素导致酒精使用。

5. **濒死体验在哪些方面与药物引发的幻觉相似?**

濒死体验和药物引发的幻觉的报告具有一些相似的体验：已有记忆的重放，灵魂出窍的感觉，以及看到隧道、漏斗和明亮的灯光。

第 4 章 天性、教养与人类的多样性

1. **什么是遗传力?**

归因于基因的个体差异比率。注：遗传力不是指个体特质受基因决定的程度，而是个体由于不同的基因而导致的相互间的差异程度。对于任何特质，遗传力都可以不同，取决于所研究的样本大小和环境。

2. **对于人类性行为的进化论解释的三点主要批评是什么?**

对于人类性行为的进化论解释的批评指出：(1)它从结果开始，以追溯的方式提出解释；(2)不道德的男性可以使用这样的解释来合理化其对于女性的行为；(3)这种解释忽略了文化期望和社会化的效应。

3. **想要预测一个青少年是否吸烟，问问他有多少朋友吸烟。这种相关的一种解释是同伴影响。另一种解释是什么?**

可能存在选择效应。青少年会寻找观点和兴趣与自己相似的人作为同伴，抽烟的人可能会选择也抽烟的人做朋友。

4. **个人主义文化和集体主义文化有何差异?**

个人主义文化认为个人目标比群体目标更重要；这种文化中的人们倾向于以他们自身的个人特质来定义其同一性。集体主义文化认为群体目标比个人目标更重要；集体主义文化中的人们倾向于以群体认同来定义其同一性。个人主义和集体主义的程度存在文化差异。

5. **什么是性别角色? 关于学习能力和适应能力，性别角色的变化向我们说明了什么?**

性别角色是男性或女性为人们所接受和期待的社会角色或行为准则。与包括性别角色在内的各种不同角色相关联的行为准则随着文化的不同会发生很大变化，这证明人们能够学习并适应不同社会环境的要求。

6. **生物心理社会方法如何解释我们的个人发展?**

生物心理化学方法考虑影响个体发展的所有因素：生物因素（包括进化、基因、激素和脑），心理因素（包括我们的经验、信仰、感受和期望），以及社会文化因素（包括父母和同伴影响、文化个人主义或集体主义、性别准则）。

第 5 章 人的发展

1. **你经常喝酒的朋友想怀孕，并且已经停止喝酒。为什么这样做比较好? 孕期饮酒对发展中的胎儿有何副作用?**

答案：在孕期，酒精会孕妇和胎儿产生潜在的危险影响，因此，你的朋友在怀孕前停止喝酒是很明智的。在得知怀孕前，酒精的危害可能就以产生。如果孕妇在怀孕期间持续严重酗酒，那么胎儿可能面临生理和认知受损的风险，如胎儿酒精综合症。

2. **运用皮亚杰认知发展的前三个阶段解释：为什么儿童不是他们原来认为的成人**

的缩小版。

感觉运动觉阶段的婴儿只关注自己对世界的知觉，他们意识不到当客体不在眼前时，客体依然存在。前运算阶段的儿童仍然是自我中心的，不能评价简单逻辑，不知道运算的可能性。处于具体运算阶段的青春期前的儿童开始有逻辑地思考具体事件，但不能操作抽象概念。

3. **上个世纪，西方社会从童年期向儿童期的转变是如何变化的？**

一个多世纪以来，青春期和成年期之间的转变期限拓宽了约 7~12 年。这种趋势，也就是众所周知的成人初显期，仅限于西方个人主义的国家。

4. **研究表明，婚前同居能够预测未来离婚率的增加。你能为这种相关找出两种可能的解释吗？**

阿克辛和桑顿（Axinn & Thornton, 1992）的数据支持了两种解释。（1）对结束不满意关系持开放态度的人来说，未婚同居更具有吸引力。正是未婚同居这一观点使人认定亲密关系并不需要长久：如果任一伴侣对这种亲密关系感到不满意，他或她可以去其他地方寻找幸福。所以，爱情是条件性的而非义务性的。未婚同居的人对婚姻持一种更为个人主义的伦理观，更可能把亲密关系视为暂时的，脆弱的，对离婚行为的接纳性高，并且婚后发生婚外情的可能性是其他人的 3 倍（Forste & Tanfer, 1996）。这是选择效应的另一个例子。（2）是归因效应。未婚同居的经验增加了人们对离婚行为的接纳性。随着时间的推移，未婚同居的人倾向于更赞成结束不尽人意的婚姻。这种接纳离婚的态度可能性。

5. **心理学中的哪些发现支持发展的阶段论和人格在毕生发展的过程中具有稳定性的观点？而哪些发现对这些观点提出了挑战？**

皮亚杰、科尔伯格和艾里克森的工作都支持发展的阶段理论。但是发展变化也是渐进的，并且不像这些理论家认为的那么具有文化普遍性，这都质疑了发展的阶段理论。一些特质，比如气质的确具有明显的稳定性。但是我们的其他方面，比如我们的态度会发生变化，这种变化在生命早期特别明显。

第 6 章 感觉与知觉

1. **感觉和知觉的主要区别是什么？**

感觉是通过物理感觉系统接收和呈现刺激的自下而上的加工。知觉是组织和解释感觉输入的心理过程。

2. **请你回顾一下你从看到一个熟悉的人到认出他所经历的一系列过程。**

从人的身体反射的光波进入你的眼睛，杆体细胞和锥体细胞把光波的能量转化为神经冲动发送到你的大脑。接下来你的大脑加工这个视觉输入的子维度——包括颜色、深度、运动和形状——然后分别但又同时地把这个信息（连同先前储存的信息一起）整合为对这个熟人的意识性知觉。

3. **将声波转化为知觉到的声音的基本步骤是什么？**

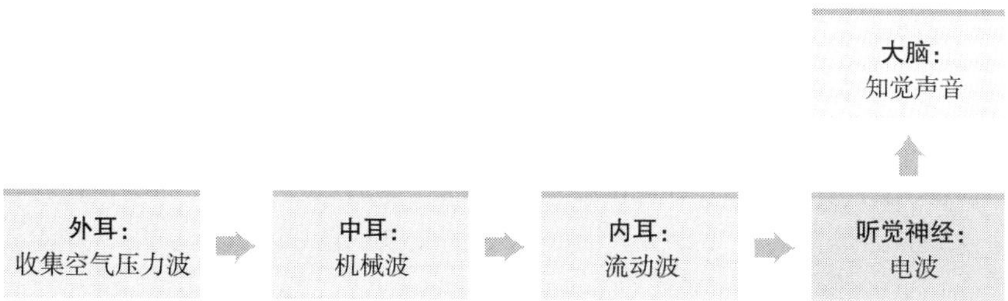

4. 我们的嗅觉系统与视觉、触觉和味觉系统有哪些不同？

我们有三种类型的颜色感受器，四种基本触觉，以及四种基本味觉。但是我们没有基本的嗅觉感受器。不过，我们有 1 000 种味觉感受器，我们可以单个地和结合起来辨别 10 000 种可辨别的气味。

5. 根据知觉理论，当我们说整体大于部分之和时，我们想表达的意思是什么？

格式塔心理学家用“整体大于部分之和”这句话来描述我们的知觉倾向，即将感觉线索组织为有意义的形式或关联群的倾向。

6. 什么类型的证据可以表明，“知觉确实不仅仅是各种感觉的简单相加”？

我们利用感觉输入和个体经验来构建知觉，这些经验包括假设、期望、图式以及知觉定势等，它们很容易受外界环境的影响。

7. 左面漫画中的育频道所表现的是哪一种超自然能力？

超自然体育频道所宣称的是预知能力，即能够预测未来的先知先觉能力。

第 7 章 学 习

1. 在杀人狂电影里，女性的性挑逗形象有时会与女性遭施暴镜头配对同时出现。根据经典条件作用原理，这种配对可能会产生怎样的效果？

如果一直盯着富有吸引力的裸体女人或半裸体女人（UCS）引发性唤起（UCR），然后，将 UCS 与一个新的刺激（暴力）成对出现，那么就能使这一暴力成为条件刺激（CS），即，这一暴力也会引发性唤起——条件反应（CR）。

2. 积极强化、消极强化和惩罚对许多学生而言都是很难掌握的概念。你能把正确的术语填在下表的 4 个格子内吗？

刺激类型	给予	剥夺
想要的（如称赞）：	积极强化	惩罚（例如，暂停）
不想要的 / 厌恶的（如辱骂）：	惩罚	负强化

3. 胡安的父母及其年长的朋友都吸烟，但他们建议胡安不要吸烟。杰森的父母和朋友都不吸烟，关于杰森是否应该吸烟这一问题，他们什么也没说。他们中的哪一个人更可能开始吸烟？

尽管说和做都会影响人们，但实验研究表明，儿童更可能做其他人所做的和说其他人所说的。概括关于吸烟的研究，我们可以预测胡安更有可能先学会吸烟。

第 8 章 记 忆

1. 记忆包括长时记忆、感觉记忆和短时记忆。请问这三种记忆的正确存储顺序是什么？

感觉记忆、短时记忆和长时记忆。

2. 要想将一串历史人物的名字记住一个星期，采用何种记忆策略效果最好？若要记住一年呢？

记住一周：使这些名字具有个人意义。记住一年：过度学习这份名单，每隔几周再复述一次。

3. 假如你朋友的父亲得了早期阿尔兹海默氏症。你的朋友希望你能运用所学的心理学知识来给她解释一下，为什么患病后的父亲仍能很好地玩国际象棋，但却

很难进行合理的日常对话。你会对她说些什么？

生活中，我们经常见到的是外显记忆，比如下棋时所用到的记忆，它在记忆技巧和程序上都不同于内隐记忆；对话时则主要涉及内隐记忆，它主要受原始脑区所支配，而早期阿尔兹海默症通常还没有感染到这个脑区。

4. **什么是启动？**

   启动就是联想的激活（发生时常常不被察觉）。比如，先让你看一支手枪，紧接着马上让你对一张模糊不清的面孔做出解释，你会把它看成是毛骨悚然的罪犯还是回想起了你那凶神恶煞般的老板。虽然，你不会有意识地记忆这只枪，但它很可能会"启动"你去解释或回忆随后的事件。

5. **你能举一个前摄干扰的例子吗？**

   前摄干扰是指先前学习对后来记忆的干扰。第一堂课上对某位同学名字的记忆会干扰在第二堂课上对另一位同学名字的记忆。

6. **如果我们罹患了源头遗忘症，但却能记起我们梦里和清醒时分的经历，那么生活会是怎样的？**

   真实经历会同梦中体验相混淆。比如，遇见某人时，我们可能无法确定自己的谈吐和应对，究竟是恰当地反映了过去的真实情况呢，还是荒唐地反映了我们梦里的事。德门特（Dement，1999，p.298）认为这"会是你心智健全的巨大阻力……我确实相信记忆这堵围墙是上天赐予我们的保护屏障。"

7. **你刚刚学习了哪些记忆策略？（建议之一是复述所要记忆的材料。其他的策略是什么呢？）**

   反复学习有利于长时记忆。尽量花更多的时间来重述或思考那些记忆材料，使材料具有个人意义。要想记住一些不熟悉的项目，必要时可采用相应的记忆术。通过激活提取线索来恢复记忆。在事件还清晰，尚未出现误导信息之前进行回忆。使干扰最小化。经常作自我测试，它既是复述，也有助于了解哪些知识自己还未掌握。

第 9 章　思维与语言

1. **易得性直觉快捷简易，但有时会在判断客观现实时产生误导。什么是易得性直觉呢？**

   易得性直觉就是我们依据记忆中随手捻来的相关事例去对一个事件的可能性做出判断时的一种心理趋向。和所有的启发法一样，这种方法是有效的；但是，它也会起误导作用，特别是我们在面对种种风险（比如：飞行旅途中的风险）并试图做出判断时，更是如此。

2. **如果儿童还不会开口说话，你认为父母或保姆读书给他们听，会帮助他们习得语言吗？为什么？给出理由。**

   的确如此。因为 1 岁以前的儿童正处于通过说话声音的语流来察觉和感知词语并识别语法规则的重要学习阶段。此时，他们也正在用他们自己语言的音素咿咿呀呀地说个不停。许许多多的父母认识到他们的宝贝孩子正处于吸收语言的重要阶段，正如研究者 Peter Jusczyk 提醒我们的那样："注意呀，小耳朵正在听啊！"

3. **"语言是观念之母"假定的是什么概念的真理？**

   这句话支持了语言相对论假说；它断言语言决定（或者更准确地说，影响）人的思维活动。

4. **如果你的狗在家门口朝陌生人狂吠，它的这种犬吠可以视为语言吗？要是你的狗缠着你汪汪地叫个不停，并示意它想要出去，这又该算做什么呢？**

可以肯定地说，这是狗与人的一种沟通和交流的方式。但是，如果语言是词语和将词语按语法规则意义组合起来彼此沟通和交流的某种形式，那么，几乎没有哪个科学家会给狗的狂吠和哼哼的叫声贴上“语言”的标签，没有人会认为那是语言。

第 10 章　智　力

1. **约瑟夫是哈佛大学法学院的一名学生。他的成绩极其优秀，他在《哈佛法学评论》开设了一个小专栏。他毕业后将在最高法院一名法官身边工作。约瑟夫的祖母朱迪丝非常自豪，说他比自己聪明多了。不过，约瑟夫也为自己的祖母而感到自豪：朱迪丝年轻时被纳粹关押，战争结束时，她离开了德国，与一个帮助难民的机构取得联系并来到了美国，在她亲戚的餐馆里帮厨，从而开始了新的生活。按照本章的智力定义，约瑟夫是这个故事中惟一的聪明人吗？为什么？**

在这个故事中，约瑟夫并不是惟一的聪明人。智力是学习、解决问题和适应新情境的能力。鉴于朱迪丝获释后所取得的那些成就，她当然符合这一描述。

2. **腿力可以预测奔跑的速度吗？为了找到答案，菲奥娜计算了她学校里 10 名跑得最快的学生的肌肉力量与其百米赛跑成绩之间的相关，发现二者之间只有微弱的相关。然而，即使强壮的肌肉的确能够提高奔跑速度，我们仍可能获得这一结果。为什么？**

因为菲奥娜所测验的速度范围非常狭窄。也许，如果她的测验包括更宽的范围——从最慢到最快——那么其相关将会更大。能力测验同样在多样性的学生样本中更有预测作用。

3. **史密斯夫妇认为他们两岁的儿子是个天才，于是，就给他报名参加一个特别方案，该方案的口号是“给您孩子一个优秀的头脑”。为什么我们会质疑这一方案的价值？**

对于预测将来的智力来说，2 岁是个过小的年龄。此外，提高年幼儿童智力的方案似乎没有任何实质性的长期效果。

4. **随着社会在创造平等机会方面的进步，能力的遗传力也将提高。智力分数的遗传力在机会平等的社会里要比在由农民和贵族构成的社会里更大。为什么？**

环境完全等同将会产生 100% 的遗传力——因为只有基因才能解释人类出现的任何差异。

第 11 章　动机与工作

1. **长途旅行中你突然感到非常饥饿。你看到路边的小饭店，非常荒凉，阴森恐怖，但你的确非常饥饿，所以你还是停了下来。哪种动机观点最能解释这种行为？为什么？**

驱力降低理论——生理需要会引发我们处于唤醒状态，并驱使我们去满足需要的观点——可以解释你的行为。

2. **你在旅途中连续 8 个小时没吃任何东西。当盼望已久的饭菜放在你面前时，你**

立刻垂涎欲滴；即使想象这种情景也会使你一个劲儿地咽口水。是什么原因导致了这一现象呢？

你就像巴甫洛夫的狗一样，已经通过经典条件反射学会了对线索（情景和香味）作出反应，线索预示着食物要进入你嘴里。生理线索（8 个小时的食物剥夺使你的血糖水平很低）和心理线索（对美味佳肴的预期）共同增强了你的饥饿感。

3. **演化论观点、驱力降低理论和唤醒理论如何解释我们的性动机？**

驱力降低理论暗示激素的影响力会使我们处于一种被驱使（生理唤醒）的状态下并迫使我们减少驱力。唤醒理论在此基础上，做了进一步补充：人们有时寻求唤醒的快乐和刺激。演化论心理学家则会提醒我们，那些被激起发生性行为的人要比那些缺乏性动机的人更有可能留下子孙后代——现代的我们。

4. **驱力降低理论、唤醒理论和演化论观点将如何解释我们的交往需要？**

驱力降低理论认为被恐吓和害怕的情绪状态驱使我们在别人的陪伴中寻求安全（因此降低了我们的唤起状态）。唤醒理论提醒我们：我们喜欢最佳的唤醒水平，他人的在场就是唤醒。演化论心理学家则指出，我们祖先以打猎为生，也正是由于这种群居生活，才使他们克服危险，得以存活。此外，群居生活还可以为其提供食物和安全的保障。作为他们的后代，我们也偏爱群体生活，相互联系，相互支持。

5. **人力资源主管向你解释："我不受测试和证明的困扰，我凭直觉来挑选雇员。"根据工业－组织心理学的研究，这种说法意味着什么？**

个体访谈者感到非常自信，认为他们有能力从非正式访谈中预测员工的长期工作绩效。不幸的是，这种能力常常犯错，以至于工业组织心理专家把访谈者的直觉和现场可靠性之间的差距称为"访谈者错觉"。这可归因于下述四个因素：（1）访谈表露的是员工规划自己美好前景的好意图，而非他们的习惯性行为；（2）访谈者倾向于追寻雇员成功的职业生涯，而非那些被自己拒之门外的人的成功的职业生涯；（3）访谈者假设个体的行为表现与访谈中的表现相一致；（4）访谈者的知觉和情绪会影响他们对受访者行为反应的知觉。

第 12 章 情绪、应激与健康

1. **克里斯汀正抱着她 8 个月大的孩子，一只呲牙咧嘴的恶狗出现了，它扑向孩子的脸。克里斯汀立即弯下腰去保护孩子，并冲着狗尖叫，然后她注意到她的心正怦怦直跳，并且出了一身冷汗。詹姆斯—兰格理论、坎农—巴德理论和双因素理论将如何解释克里斯汀的情绪反应呢？**

詹姆斯—兰格理论认为，克里斯汀的情绪反应是她对狗的攻击所导致的生理变化的觉知。坎农—巴德理论认为，她的恐惧体验是与她的生理唤醒同时发生的。沙克特的两因素理论则认为，她的情绪反应源于她对生理唤醒的解释和标签。

2. **自主神经系统的两个分系统怎样帮助你应对危机和从危机中恢复过来？这与情绪的研究为何有关联？**

自主神经系统的交感部分能唤醒我们，促使腺体分泌应激激素（肾上腺素和去甲肾上腺素），让身体做好战斗或逃离的准备。当危机过去时，副交感部分发挥作用，将我们的身体恢复到平静状态。

3. **谁倾向于表达更多的情绪——男人还是女人？我们是怎样知道的？**

女人对情绪的觉察和对情绪的表达都超过男人（尽管男人表达愤怒略胜于女人）。

研究者通过实验观察揭示了这一事实。他们先给被试呈现各种男人和女人的面部表情简图，然后观察哪种性别更善于解读和传达这些情绪。

4. 哪些因素能（或不能）预测你自我报告的快乐？

人们的年龄、性别和收入对他们快乐的影响不大。而人格特质、亲密的人际关系、专注于工作和休闲以及宗教信仰才能预示人们的快乐。

5. 描述一下我们的压力反应系统。

当受到威胁警示时（如发生消极的、无法控制的事件），我们的交感神经系统就会被唤醒，呼吸和心跳加快，血液从消化系统转向骨骼肌肉，机体释放糖和脂肪，准备战斗或逃走。同时大脑（以视丘脑下部和邻近的脑下垂体为媒介）发出指令，促进肾上腺分泌激素，应激反应系统会对这种情况适应良好，但如果压力是持续的，就可能会影响健康，导致精力衰竭。

6. 问题聚焦的应对与情绪聚焦的应对有何差异？

问题聚焦的应对要改变压力源或者我们与它互动的方式，从而直接地减轻压力。情绪聚焦的应对则要避开或者忽视压力源，处理我们压力反应过程中产生的情绪，从而间接地减轻压力。

第 13 章 人 格

1. 根据弗洛伊德的观点，哪些是重要的心理防御机制，它们在防御什么？

弗洛伊德认为，压抑是最基本的防御机制，其他还包括退行、反向形成、投射、合理化以及替代，所有这些防卫机制的目的都在于减轻焦虑。

2. 当今的心理学如何评价弗洛伊德的理论？

当前的研究并不支持弗洛伊德关于潜意识和压抑的观点。许多信息加工过程发生在意识之外，比如启动、不同视觉水平上的平行加工等，弗洛伊德的理论不能做出预测，只能进行事后解释。

3. 同理心是指什么？

具有同理心就是分享和反馈他人之所感，卡尔·罗杰斯认为：人们具有同理心能促进他人的成长。

4. 在描述人格时一般有几个特质维度，这些维度是什么？

“大五”人格的特质维度——情绪稳定性、外倾性、开放性、宜人性以及责任心——相当全面地刻画了一幅人格的画卷。

5. 习得性无助和乐观主义是如何影响行为的？

习得性无助容易使生物体在发现自己无法逃避不利事件时采取消极放弃的行为。在集中营、监狱以及专制独裁的企业和国家中，我们都可以见到习得性无助的例子。乐观主义的作用刚好相反，它能使人保持良好心境、更加坚持不懈，并促进身体健康。

6. 在 1997 年的一项盖洛普民意调查中，美国人估计有 44%的白种美国人存在较高的偏见（在一个 10 点量表中给出 5 分或更高分）。那么又有多少人评定自己同样也具有较高的偏见呢？只有 14%的比例。这一现象说明了什么？

这说明了人们具有认为自己比平均水平优越的倾向，是说明自利偏差的一个例子。

第 14 章 心理障碍

1. 什么是生物—心理—社会的观点，为什么它非常重要？

一种认为生物、心理和社会因素的相互作用会导致心理障碍的现代观点。遗传、大脑、内部思维和情感、社会以及文化影响因素均与之有关。生物—心理—社会的观点有助于我们对之形成一种整合的解释。

2. 你能够区分广泛性焦虑障碍、恐惧症和强迫障碍吗？

泛化性焦虑障碍表现为紧张但没有明确的对象，是弥散性的。恐惧症表现为对特定的可怕事物或环境的惧怕。强迫症则是通过无法控制的重复性思维或行为表达焦虑。

3. 当你把图 14.8 给你抑郁的朋友看时，他的反应是“你看见了吗？抑郁是一种恶性循环，是没有出口的！”你能给他提供什么帮助？

我们可以从如下几个环节阻断抑郁的恶性循环：（1）寻找一个没有压力的环境，（2）改变自责的解释，（3）把注意力从自我转移到其他任务上，（4）从事一种更积极的、有帮助的活动。

4. 精神分裂症的五种子类型是什么？

它们是偏执型（主要表现为妄想或幻想）、混乱型（语言混乱、情感淡漠）、紧张型（僵硬或重复无意义的活动）、未分化型（变化的症状）、残留型（在妄想和幻想消失后，表现出退缩）。

5. 是满月引发了某些人的“疯狂行为”吗？你如何验证这个问题？

罗特和凯利（Rotton & Kelly，1985）通过对 37 项研究月晕和犯罪、杀人、接受心理治疗之间关系的研究结果进行分析，结果表明没有证据来证明“满月会导致疯狂行为”的结论。月晕和自杀、攻击、交通事故之间没有任何联系（Byrnes & Kelly，1992;Kelly et al.，1990;Martin et al.，1992）。

6. 贫穷会导致心理障碍吗？请解释说明。

与贫穷相关的压力确实能导致障碍的出现。但是，导致能力丧失的障碍也会使个体变得贫穷。因此，贫穷和心理障碍之间的关系如同鸡和蛋之间的关系，两者之间的因果关系难以确定。

第 15 章 心理治疗

1. 精神分析疗法与行为疗法之间最主要的区别是什么？

精神分析努力去寻求心理问题的所谓的儿童期根源。行为主义疗法直接治疗问题行为，而很少注意问题行为的根源。

2. 什么是安慰剂效应？举例说明。

安慰剂是指一种不起作用的物质或是经验，被用于代替一种假定可以发生效用的作用物，如一种药物，以便发现安慰剂激发的治疗效果。因此安慰剂效应是治疗中信念的治疗力量。期待一种治疗会有效，结果它真的有效。

3. 心理学家如何评价众多治疗方法的有效性？

在其他条件相同的情况下，研究者将人们分配到治疗组与非治疗组中，用以观察接受治疗的人是否比那些没有接受治疗的人有更多的改善。在许多研究中，非治疗对照组都会产生安慰剂效应，所以需要加入双盲条件控制。如果治疗者与来访者都不明确知道是否来访者接受了实验治疗（如一种药物），那么治疗组与非治疗组的差异可能会反映出治疗的实际效果。

4. **什么是生物—心理—社会三位一体的观点，它与治疗有何联系？**

生物—心理—社会的观点假设生物的、心理的、社会的因素相互联系、相互作用，从而产生了心理障碍。身体的（如神经化学的）不平衡可能会影响心理状态，并且生物化学状态和心理状态都可能受到环境条件的影响。因此预防和治疗都要在生物、心理或社会水平上进行干预。

第 16 章　社会心理学

1. **在一个寒冷的早上，马克开车去学校，路上险些碰到一辆闯红灯的车，"慢点！真是个糟糕的司机！"他心里想。过了一会儿，马克自己也在一个十字路口闯红灯，他喊道："哇！这路况真是差劲啊！这里的积雪真该扫扫了。"马克刚才的举动表明了一个什么样的社会心理学原理，请予以解释。**

把他人的行为归因于他人本身（"他是一个糟糕的司机"）而把自己的行为归因于情境（"道路是糟糕的"），马克的行为显示了基本归因误差。

2. **你要组织一次带有政治色彩的聚会，参与者中包括竞争激烈的政治候选人及其各自的支持者。为了增加趣味性，有朋友建议让支持者戴上有候选人脸谱的面具。你认为，这些面具会引发什么现象？**

面具能给参加聚会的人带来匿名性，与争吵的背景相结合，就可能导致去个体化（自我意识水平和自我控制能力的降低）。

3. **为什么没有人帮助吉诺维斯？这一事件说明了何种社会关系原理？**

这一事件反映了旁观者效应。这种现象之所以发生，是因为其他人的在场会使个体注意到事件发生的情境，正确地把它当作紧急事件并承担救助责任的可能性会降低。

参考文献

Abbey, A. (1987). Misperceptions of friendly behavior as sexual interest: A survey of naturally occurring incidents. *Psychology of Women Quarterly, 11,* 173–194. (p. 147)

Abbey, A. (1991). Acquaintance rape and alcohol consumption on college campuses: How are they linked? *Journal of American College Health, 39,* 165–169. (p. 116)

Abbott, R. D., White, L. R., Ross, G. W., Masaki, K. H., Curb, J. D., & Petrovitch, H. (2004). Walking and dementia in physically capable elderly men. *Journal of the American Medical Association, 292,* 1447–1453. (p. 212)

Abrams, D. B. (1991). AIDS: What young people believe and what they do. Paper presented at the British Association for the Advancement of Science conference. (p. 582)

Abrams, D. B., & Wilson, G. T. (1983). Alcohol, sexual arousal, and self-control. *Journal of Personality and Social Psychology, 45,* 188–198. (p. 116)

Abrams, L. (2008). Tip-of-the-tongue states yield language insights. *American Scientist, 96,* 234–239. (p. 353)

Abrams, M. (2002, June). Sight unseen—Restoring a blind man s vision is now a real possibility through stem-cell surgery. But even perfect eyes cannot see unless the brain has been taught to use them. *Discover, 23,* 54–60. (p. 273)

Abramson, L. Y., Metalsky, G. I., & Alloy, L. B. (1989). Hopelessness depression: A theory-based subtype. *Psychological Review, 96,* 358–372. (p. 619)

ACHA (2006). American College Health Association National College Health Assessment. Baltimore, MD: American College Health Association (acha-ncha.org). (p. 612)

Ackerman, D. (2004). *An alchemy of mind: The marvel and mystery of the brain.* New York: Scribner. (pp. 51, 60)

Actkinson, T. R. (2000). Master s and myth. *Eye on Psi Chi, 4,* 19–25. (p. A-10)

Adelmann, P. K., Antonucci, T. C., Crohan, S. F., & Coleman, L. M. (1989). Empty nest, cohort, and employment in the well-being of midlife women. *Sex Roles, 20,* 173–189. (p. 219)

Adelson, R. (2004, August). Detecting deception. *APA Monitor,* pp. 70–73. (p. 505)

Adelson, R. (2005, September). Lessons from H. M. *Monitor on Psychology,* p. 59. (p. 343)

Ader, R., & Cohen, N. (1985). CNS-immune system interactions: Conditioning phenomena. *Behavioral and Brain Sciences, 8,* 379–394. (p. 303)

Adolphs, R. (2006). Perception and emotion: How we recognize facial expressions. *Current Directions in Psychological Science, 15,* 222–226. (p. 508)

Adolphs, R., Tranel, D., & Damasio, A. R. (1998). The human amygdala in social judgment. Nature, 393, 470–474. (p. 517)

Affleck, G., Tennen, H., Urrows, S., & Higgins, P. (1994). Person and contextual features of daily stress reactivity: Individual differences in relations of undesirable daily events with mood disturbance and chronic pain intensity. *Journal of Personality and Social Psychology, 66,* 329–340. (p. 520)

Ai, A. L., Park, C. L., Huang, B., Rodgers, W., & Tice, T. N. (2007). Psychosocial mediation of religious coping styles: A study of short-term psychological distress following cardiac surgery. *Personality and Social Psychology Bulletin, 33,* 867–882. (p. 548)

Aiello, J. R., Thompson, D. D., & Brodzinsky, D. M. (1983). How funny is crowding anyway? Effects of room size, group size, and the introduction of humor. *Basic and Applied Social Psychology, 4,* 193–207. (p. 687)

Ainsworth, M. D. S. (1973). The development of infant-mother attachment. In B. Caldwell & H. Ricciuti (Eds.), *Review of child development research (Vol. 3).* Chicago: University of Chicago Press. (p. 190)

Ainsworth, M. D. S. (1979). Infant-mother attachment. *American Psychologist, 34,* 932–937. (p. 190)

Ainsworth, M. D. S. (1989). Attachments beyond infancy. *American Psychologist, 44,* 709–716. (p. 190)

Airan, R. D., Meltzer, L. A., Roy, M., Gong, Y., Chen, H., & Deisseroth, K. (2007). High-speed imaging reveals neurophysiological links to behavior in an animal model of depression. *Science, 317,* 819–823. (p. 618)

Åkerstedt, T., Kecklund, G., & Axelsson, J. (2007). Impaired sleep after bedtime stress and worries. *Biological Psychology, 76,* 170–173. (p. 102)

Albee, G. W. (1986). Toward a just society: Lessons from observations on the primary prevention of psychopathology. *American Psychologist, 41,* 891–898. (p. 669)

Albert, B., Brown, S., & Flanigan, C. M. (Eds.) (2003). *14 and younger: The sexual behavior of young adolescents.* Washington, DC: National Campaign to Prevent Teen Pregnancy. (p. 470)

Alcock, J. E. (1981). *Parapsychology: Science or magic?* Oxford: Pergamon. (p. 348)

Aldrich, M. S. (1989). Automobile accidents in patients with sleep disorders. *Sleep, 12,* 487–494. (p. 102)

Aldridge-Morris, R. (1989). *Multiple personality: An exercise in deception.* Hillsdale, NJ: Erlbaum. (p. 610)

Aleman, A., Kahn, R. S., & Selten, J-P. (2003). Sex differences in the risk of schizophrenia: Evidence from meta-analysis. *Archives of General Psychiatry, 60,* 565–571. (p. 623)

Alexander, C. N., Langer, E. J., Newman, R. I., Chandler, H. M., & Davies, J. L. (1989). Transcendental meditation, mindfulness, and longevity: An experimental study with the elderly. *Journal of Personality and Social Psychology, 57,* 950–964. (p. 547)

Allard, F., & Burnett, N. (1985). Skill in sport. *Canadian Journal of Psychology, 39,* 294–312. (p. 336)

Allen, J. B., Repinski, D. J., Ballard, J. C., & Griffin, B. W. (1996). Beliefs about the etiology of homosexuality may influence attitudes toward homosexuals. Paper presented to the American Psychological Society convention. (p. 477)

Allen, K. (2003). Are pets a healthy pleasure? The influence of pets on blood pressure. *Current Directions in Psychological Science, 12,* 236–239. (p. 541)

Allen, N. B., & Badcock, P. B. T. (2003). The social risk hypothesis of depressed mood: Evolutionary, psychosocial, and neurobiological perspectives. *Psychological Bulletin, 129,* 887–913. (p. 612)

Alloy, L. B., Abramson, L. Y., Whitehouse, W. G., Hogan, M. E., Tashman, N. A., Steinberg, D. L., Rose, D. T., & Donovan, P. (1999). Depressogenic cognitive styles: Predictive validity, information processing and personality characteristics, and developmental origins. *Behaviour Research and Therapy, 37,* 503–531. (p. 620)

Allport, G. W. (1943). The ego in contemporary psychology. *Psychological Review, 50,* 451–478. (p. 584)

Allport, G. W. (1954). *The nature of prejudice.* New York: Addison-Wesley. (pp. 10, 694)

Allport, G. W., & Odbert, H. S. (1936). Trait-names: A psycho-lexical study. *Psychological Monographs, 47*(1). (p. 568)

Altman, L. K. (2004, November 24). Female cases of HIV found rising worldwide. *New York Times* (www.nytimes.com). (p. 536)

Alwin, D. F. (1990). Historical changes in parental orientations to children. In N. Mandell (Ed.), *Sociological studies of child development (Vol. 3).* Greenwich, CT: JAI Press. (p. 157)

Amabile, T. M. (1983). *The social psychology of creativity.* New York: Springer-Verlag. (p. 585)

Amabile, T. M., & Hennessey, B. A. (1992). The motivation for creativity in children. In A. K. Boggiano & T. S. Pittman (Eds.), *Achievement and motivation: A social-developmental perspective.* New York: Cambridge University Press. (p. 411)

Amabile, T. M., Barsade, S. G., Mueller, J. S., & Staw, B. M. (2005). Affect and creativity at work. *Administrative Science Quarterly, 50,* 367–403. (p. 520)

Amato, P. R., Booth, A., Johnson, D. R., & Rogers, S. J. (2007). *Alone together: How marriage in America is changing.* Cambridge, MA: Harvard University Press. (p. 164)

Ambady, N., & Rosenthal, R. (1992). Thin slices of expressive behavior as predictors of interpersonal consequences: A meta-analysis. *Psychological Bulletin, 111,* 256–274. (p. 575)

Ambady, N., & Rosenthal, R. (1993). Half a minute: Predicting teacher evaluations from thin slices of nonverbal behavior and physical attractiveness. *Journal of Personality and Social Psychology, 64,* 431–441. (p. 575)

Ambady, N., Hallahan, M., & Rosenthal, R. (1995). On judging and being judged accurately in zero-acquaintance situations. *Journal of Personality and Social Psychology, 69,* 518–529. (p. 509)

Amedi, A., Floel, A., Knect, S., Zohary, E., & Cohen, L. (2004). Transcranial magnetic stimulation of the occipital pole interferes with verbal processing in blind subjects. *Nature Neuroscience, 7,* 1266–1270. (p. 74)

Amedi, A., Merabet, L. B., Bermpohl, F., & Pascual-Leone, A. (2005). The occipital cortex in the blind: Lessons about plasticity and vision. *Current Directions in Psychological Science, 14,* 306–311. (p. 74)

Amen, D. G., Stubblefield, M., Carmichael, B., & Thisted, R. (1996). Brain SPECT findings and aggressiveness. *Annals of Clinical Psychiatry, 8,* 129–137. (p. 698)

American Enterprise. (1992, January/February). Women, men, marriages & ministers. p. 106. (p. 157)

American Psychiatric Association. (1994). *Diagnostic and statistical manual of mental disorders (Fourth Edition).* Washington, DC: American Psychiatric Press. (p. 425)

American Psychological Association (2006). Evidence-based practice in psychology (from APA Presidential Task Force on Evidence-Based Practice). *American Psychologist, 61,* 271–285. (p. 655)

American Psychological Association (2007). Answers to your questions about sexual orientation and homosexuality (www.apa.org. Accessed December 6, 2007). (p. 472)

American Psychological Association. (1992). Ethical principles of psychologists and code of conduct. *American Psychologist, 47,* 1597–1611. (p. 29)

American Psychological Association. (2002). *Ethical principles of psychologists and code of conduct.* Washington, DC: American Psychological Association. (p. 28)

American Psychological Association. (2003). *Careers for the twenty-first century.* Washington, DC. (p. A-10)

American Psychological Association. (2005). *Graduate study in psychology.* Washington, DC. (p. A-10)

Ames, D. R., & Flynn, F. J. (2007). What breaks a leader: The curvilinear relation between assertiveness and leadership. *Journal of Personality and Social Psychology, 92,* 307–324. (p. 492)

Andersen, R. A. (2005, October). Dialogue: A locksmith for the mind. *Discover* (www.discovermagazine.com). (p. 71)

Andersen, R. A., Burdick, J. W., Musallam, S., Pesaran, B., & Cham, J. G. (2004). Cognitive neural prosthetics. *Trends in Cognitive Sciences, 8,* 486–493. (p. 71)

Andersen, R. E., Crespo, C. J., Bartlett, S. J., Cheskin, L. J., & Pratt, M. (1998). Relationship of physical activity and television watching with body weight and level of fatness among children. *Journal of the American Medical Association, 279,* 938–942. (p. 463)

Andersen, S. M. (1998). *Service Learning: A National Strategy for Youth Development.* A position paper issued by the Task Force on Education Policy. Washington, DC: Institute for Communitarian Policy Studies, George Washington University. (p. 202)

Andersen, S. M., & Saribay, S. A. (2005). The relational self and transference: Evoking motives, self-regulation, and emotions through activation of mental representations of significant others. In M. W. Baldwin (Ed.), *Interpersonal cognition.* New York: Guilford. (p. 347)

Anderson, A. K., & Phelps, E. A. (2000). Expression without recognition: Contributions of the human amygdala to emotional communication. *Psychological Science, 11,* 106–111. (p. 65)

Anderson, B. L. (2002). Biobehavioral outcomes following psychological interventions for cancer patients. *Journal of Consulting and Clinical Psychology, 70,* 590–610. (p. 537)

Anderson, C. A. (2004a). An update on the effects of playing violent video games. Journal of *Adolescence, 27,* 113–122. (p. 703)

Anderson, C. A., & Anderson, D. C. (1984). Ambient temperature and violent crime: Tests of the linear and curvilinear hypotheses. *Journal of Personality and Social Psychology, 46,* 91–97. (p. 700)

Anderson, C. A., & Dill, K. E. (2000). Video games and aggressive thoughts, feelings, and behavior in the laboratory and in life. *Journal of Personality and Social Psychology, 78,* 772–790. (p. 704)

Anderson, C. A., & Gentile, D. A. (2008). Media violence, aggression, and public policy. In E. Borgida & S. Fiske (Eds.), *Beyond common sense: Psychological science in the courtroom.* Malden, MA: Blackwell. (p. 322)

Anderson, C. A., Anderson, K. B., Dorr, N., DeNeve, K. M., & Flanagan, M. (2000). Temperature and aggression. In M. P. Zanna (Ed.), *Advances in Experimental Social Psychology.* San Diego: Academic Press. (p. 700)

Anderson, C. A., Carnagey, N. L., Flanagan, M., Benjamin, A. J., Jr., Eubanks, J., & Valentine, J. C. (2004). Violent video games: Specific effects of violent content on aggressive thoughts and behavior. *Advances in Experimental Social Psychology, 36,* 199–249. (p. 704)

Anderson, C. A., Gentile, D. A., & Buckley, K. E. (2007). *Violent video game effects on children and adolescents: Theory, research, and public policy.* New York: Oxford University Press. (pp. 344, 704)

Anderson, C. A., Lindsay, J. J., & Bushman, B. J. (1999). Research in the psychological laboratory: Truth or triviality? *Current Directions in Psychological Science, 8,* 3–9. (p. 26)

Anderson, I. M. (2000). Selective serotonin reuptake inhibitors versus tricyclic antidepressants: A meta-analysis of efficacy and tolerability. *Journal of Affective Disorders, 58,* 19–36. (p. 662)

Anderson, J. R., Myowa-Yamakoshi, M., & Matsuzawa, T. (2004). Contagious yawning in chimpanzees. *Biology Letters, 271,* S468–S470. (p. 680)

Anderson, R. C., Pichert, J. W., Goetz, E. T., Schallert, D. L., Stevens, K. V., & Trollip, S. R. (1976). Instantiation of general terms. *Journal of Verbal Learning and Verbal Behavior, 15,* 667–679. (p. 346)

Anderson, S. (2008, July 6). The urge to end it. *New York Times* (www.nytimes.com). (p. 616)

Anderson, S. E., Dallal, G. E., & Must, A. (2003). Relative weight and race influence average age at menarche: Results from two nationally representative surveys of U.S. girls studied 25 years apart. *Pediatrics, 111,* 844–850. (p. 198)

Anderson, S. R. (2004). *Doctor Dolittle s delusion: Animals and the uniqueness of human language.* New Haven: Yale University Press. (p. 400)

Anderson, U. S., Stoinski, T. S., Bloomsmith, M. A., Marr, M. J., Anderson, D., & Maple, T. L. (2005). Relative numerous judgment and summation in young and old western lowland gorillas. *Journal of Comparative Psychology, 119,* 285–295. (p. 215)

Andreasen, N. C. (1997). Linking mind and brain in the study of mental illnesses: A project for a scientific psychopathology. *Science, 275,* 1586–1593. (p. 625)

Andreasen, N. C. (2001). *Brave new brain: Conquering mental illness in the era of the genome.* New York: Oxford University Press. (p. 625)

Andreasen, N. C., Arndt, S., Swayze, V., II, Cizadlo, T., & Flaum, M. (1994). Thalamic abnormalities in schizophrenia visualized through magnetic resonance image averaging. *Science, 266,* 294–298. (p. 625)

Angell, M., & Kassirer, J. P. (1998). Alternative medicine: The risks of untested and unregulated remedies. *New England Journal of Medicine, 17,* 839–841. (p. 546)

Angelsen, N. K., Vik, T., Jacobsen, G., & Bakketeig, L. S. (2001). Breast feeding and cognitive development at age 1 and 5 years. *Archives of Disease in Childhood, 85,* 183–188. (p. 17)

Angoff, W. H. (1988, Winter). A philosophical discussion: The issues of test and item bias. *ETS Developments,* pp. 10–11. (p. 423)

Annan, K. A. (2001). We can love what we are, without hating who—and what—we are not. Nobel Peace Prize lecture. (p. 718)

Antoni, M. H., & Lutgendorf, S. (2007). Psychosocial factors and disease progression in cancer. *Current Directions in Psychological Science, 16,* 42–46. (p. 537)

Antony, M. M., Brown, T. A., & Barlow, D. H. (1992). Current perspectives on panic and panic disorder. *Current Directions in Psychological Science, 1,* 79–82. (p. 606)

Antrobus, J. (1991). Dreaming: Cognitive processes during cortical activation and high afferent thresholds. *Psychological Review, 98,* 96–121. (p. 106)

AP (2007). AP-Ipsos poll of 1,013 U.S. adults taken October 16–18, 2007 and distributed via Associated Press. (p. 282)

AP (2007). Kids copying execution accidentally hang selves. Associated Press, January 15, 2007 (*Grand Rapids Press*, p. A3). (p. 681)

AP (2007, January 12). China facing major gender imbalance. Associated Press release. (p. 694)

APA. (2003, November). *Psychology careers for the twenty-first century*. Washington, DC: American Psychological Association. (p. 10)

Apostolova, L. G., Dutton, R. A., Dinov, I. D., Hayashi, K. M., Toga, A. W., Cummings, J. L., Thompson, P. M. (2006). Conversion of mild cognitive impairment to Alzheimer disease predicted by hippocampal atrophy maps. *Archives of Neurology, 63,* 693–699. (p. 212)

Appleby, D. (2006). Occupations of interest to psychology majors from the dictionary of occupational titles. *Eye on Psi Chi, 10,* 28–29. (pp. A-1, A-11)

Appleby, D. C. (2002). *The savvy psychology major*. Dubuque, IA: Kendall/Hunt. (p. A-10)

Archer, J. (2004). Sex differences in aggression in real-world settings: A meta-analytic review. Review of *General Psychology, 8,* 291–322. (p. 160)

Archer, J. (2006). Cross-cultural differences in physical aggression between partners: A social-role analysis. *Personality and Social Psychology Review, 10,* 133–153. (p. 160)

Arendt, H. (1963). *Eichmann in Jerusalem: A report on the banality of evil.* New York: Viking Press. (p. 201)

Arenson, K. W. (1997, May 4). Romanian woman breaks male grip on top math prize. *New York Times* News Service (in *Grand Rapids Press*, p. A7). (p. 432)

Aries, E. (1987). Gender and communication. In P. Shaver & C. Henrick (Eds.), *Review of Personality and Social Psychology, 7,* 149–176. (p. 160)

Arkowitz, H., & Lilienfeld, S. O. (2006, April/May). Psychotherapy on trial. *Scientific American: Mind,* pp. 42–49. (p. 654)

Armel, K. C., & Ramachandran, V. S. (2003). Projecting sensations to external objects: Evidence from skin conductance response. *Proceedings of the Royal Society of London. Series B. Biological Sciences, 270,* 1499–1506. (p. 257)

Arnett, J. J. (1999). Adolescent storm and stress, reconsidered. *American Psychologist, 54,* 317–326. (p. 197)

Arnett, J. J. (2006). Emerging adulthood: Understanding the new way of coming of age. In J. J. Arnett & J. L. Tanner (Eds.), *Emerging adults in America: Coming of age in the 21st century.* Washington, DC: American Psychological Association. (p. 206)

Arnett, J. J. (2007). Socialization in emerging adulthood: From the family to the wider world, from socialization to self-socialization. In J. E. Grusec & P. D. Hastings (Eds.), *Handbook of socialization: Theory and research.* New York: Guilford Press. (p. 206)

Arnold, K., & Horrigan, K. (2002). Gaining admission into the graduate program of your choice. *Eye on Psi Chi,* 30–33. (pp. A-9, A-10)

Aron, A., Melinat, E., Aron, E. N., Vallone, R. D., & Bator, R. J. (1997). The experimental generation of interpersonal closeness: A procedure and some preliminary findings. *Personality and Social Psychology Bulletin, 23,* 363–377. (p. 711)

Aronson, E. (2001, April 13). Newsworthy violence. E-mail to SPSP discussion list, drawing from *Nobody Left to Hate.* New York: Freeman, 2000. (p. 205)

Artiga, A. I., Viana, J. B., Maldonado, C. R., Chandler-Laney, P. C., Oswald, K. D., & Boggiano, M. M. (2007). Body composition and endocrine status of long-term stress-induced binge-eating rats. *Physiology and Behavior, 91,* 424–431. (p. 451)

ASAPS (2008). Cosmetic procedures in 2007. American Society for Aesthetic Plastic Surgery (www.surgery.org). (p. 708)

Asch, S. E. (1955). Opinions and social pressure. *Scientific American, 193,* 31–35. (p. 681)

Aserinsky, E. (1988, January 17). Personal communication. (p. 93)

ASHA (2003). STD statistics. American Social Health Association (www.ashastd.org/stdfaqs/statistics.html). (p. 470)

Ashtari, M., Kumra, S., Clarke, T., Ardekani, B., Bhaskar, S., & Rhinewine, J. (2004, November 29). Diffusion tensor imaging of children with attention deficit/hyperactivity disorder. Paper presented to the Radiological Society of North America convention. (p. 595)

Askay, S. W., & Patterson, D. R. (2007). Hypnotic analgesia. *Expert Review of Neurotherapeutics, 7,* 1675–1683. (p. 110)

Aspy, C. B., Vesely, S. K., Oman, R. F., Rodine, S., Marshall, L., & McLeroy, K. (2007). Parental communication and youth sexual behaviour. *Journal of Adolescence, 30,* 449–466. (p. 470)

Assanand, S., Pinel, J. P. J., & Lehman, D. R. (1998). Personal theories of hunger and eating. *Journal of Applied Social Psychology, 28,* 998–1015. (p. 451)

Associated Press. (1999, April 26). Airline passengers mistakenly told plane would crash. *Grand Rapids Press,* p. A3. (p. 529)

Associated Press. (2006, October 4). Man recites pi to 100,000 places. (p. 339)

Astin, A. W., Astin, H. S., & Lindholm, J. A. (2004). *Spirituality in higher education: A national study of college students search for meaning and purpose.* Los Angeles: Higher Education Research Institute, UCLA. (p. 203)

Atance, C. M., & Meltzoff, A. N. (2006). Preschoolers current desires warp their choices for the future. *Psychological Science, 17,* 583–7. (p. 448)

Atkinson, R. C., & Shiffrin, R. M. (1968). Human memory: A control system and its control processes. In K. Spence (Ed.), *The psychology of learning and motivation (Vol. 2).* New York: Academic Press. (p. 328)

Aubrecht, L. (2001). What can you do with a BA in psychology? *Eye on Psi Chi, 5,* 29–31. (p. A-10)

Austin, E. J., Deary, I. J., Whiteman, M. C., Fowkes, F. G. R., Pedersen, N. L., Rabbitt, P., Bent, N., & McInnes, L. (2002). Relationships between ability and personality: Does intelligence contribute positively to personal and social adjustment? *Personality and Individual Differences, 32,* 1391–1411. (p. 426)

Australian Bureau of Statistics (2007, July 8). Overweight and obesity (www.abs.gov.au). (p. 456)

Averill, J. R. (1983). Studies on anger and aggression: Implications for theories of emotion. *American Psychologist, 38,* 1145–1160. (pp. 518, 519)

Averill, J. R. (1993). William James s other theory of emotion. In M. E. Donnelly (Ed.), *Reinterpreting the legacy of William James.* Washington, DC: American Psychological Association. (p. 502)

Avery, R. D., & others. (1994, December 13). Mainstream science on intelligence. *Wall Street Journal,* p. A–18. (p. 434)

Ax, A. F. (1953). The physiological differentiation of fear and anger in humans. *Psychosomatic Medicine, 15,* 433–442. (p. 501)

Axinn, W. & Thornton, A. (1992). The relationship between cohabitation and divorce: Selectivity or causal influence? *Demography, 29,* 357–374. (p. B-4)

Axiss (2007). Immigration and foreign population as percentage of total population: 1992 and 2003. *Axiss Australia, Australian Government* (www.axiss.gov.au). (p. 154)

Azar, B. (1998, June). Why can t this man feel whether or not he s standing up? *APA Monitor* (www.apa.org/monitor/jun98/touch.html). (p. 254)

Babad, E., Bernieri, F., & Rosenthal, R. (1991). Students as judges of teachers verbal and nonverbal behavior. *American Educational Research Journal, 28,* 211–234. (p. 508)

Babyak, M., Blumenthal, J. A., Herman, S., Khatri, P., Doraiswamy, M., Moore, K., Craighead, W. W., Baldewics, T. T., & Krishnan, K. R. (2000). Exercise treatment for major depression: Maintenance of therapeutic benefit at ten months. *Psychosomatic Medicine, 62,* 633–638. (p. 543)

Bachman, J., O Malley, P. M., Schulenberg, J. E., Johnston, L. D., Freedman-Doan, P., & Messersmith, E. E. (2007). *The education-drug use connection: How successes and failures in school relate to adolescent smoking, drinking, drug use, and delinquency.* Mahwah, NJ: Erlbaum. (p. 125)

Bachman, J., Wadsworth, K., O Malley, P., Johnston, L., & Schulenberg, J. (1997). *Smoking, drinking, and drug use in young adulthood: The impact of new freedoms and new responsibilities.* Mahwah, NJ; Erlbaum. (p. 124)

Backman, L., & Dixon, R. A. (1992). Psychological compensation: A theoretical framework. *Psychological Bulletin, 112,* 259–283. (p. 252)

Backman, L., & MacDonald, S. W. S. (2006). Death and cognition: Synthesis and outlook. *European Psychologist, 11,* 224–235. (p. 216)

Baddeley, A. D. (1982). *Your memory: A user s guide.* New York: Macmillan. (p. 331)

Baddeley, A. D. (2001). Is working memory still working? *American Psychologist, 56,* 849–864. (p. 329)

Baddeley, A. D. (2002, June). Is working memory still working? *European Psychologist, 7,* 85–97. (p. 329)

Bagemihl, B. (1999). Biological exuberance: Animal homosexuality and natural diversity. New York: St. Martins. (p. 474)

Bahrick, H. P. (1984). Semantic memory content in permastore: 50 years of memory for Spanish learned in school. *Journal of Experimental Psychology: General, 111,* 1–29. (p. 351, 352)

Bahrick, H. P., Bahrick, L. E., Bahrick, A. S., & Bahrick, P. E. (1993). Maintenance of foreign language vocabulary and the spacing effect. *Psychological Science, 4,* 316–321. (p. 332)

Bahrick, H. P., Bahrick, P. O., & Wittlinger, R. P. (1975). Fifty years of memory for names and faces: A cross-sectional approach. *Journal of Experimental Psychology: General, 104,* 54–75. (p. 346)

Bailenson, J. N., Iyengar, S., & Yee, N. (2005). Facial identity capture and presidential candidate preference. Paper presented at the Annual Conference of the International Communication Association. (p. 707)

Bailey, J. M., & Zucker, K. J. (1995). Childhood sex-typed behavior and sexual orientation: A conceptual analysis and quantitative review. *Developmental Psychology, 31,* 43–55. (p. 471)

Bailey, J. M., Gaulin, S., Agyei, Y., & Gladue, B. A. (1994). Effects of gender and sexual orientation on evolutionary relevant aspects of human mating psychology. *Journal of Personality and Social Psychology, 66,* 1081–1093. (p. 146)

Bailey, J. M., Kirk, K. M., Zhu, G., Dunne, M. P., & Martin, N. G. (2000). Do individual differences in sociosexuality represent genetic or environmentally contingent strategies? Evidence from the Australian twin registry. *Journal of Personality and Social Psychology, 78,* 537–545. (p. 146)

Bailey, R. E., & Gillaspy, Jr., J. A. (2005). Operant psychology goes to the fair: Marian and Keller Breland in the popular press, 1947–1966. *The Behavior Analyst, 28,* 143–159. (p. 313)

Baillargeon, R. (1995). A model of physical reasoning in infancy. In C. Rovee-Collier & L. P. Lipsitt (Eds.), *Advances in infancy research (Vol. 9).* Stamford, CT: Ablex. (p. 182)

Baillargeon, R. (1998). Infants understanding of the physical world. In M. Sabourin, F. I. M. Craik, & M. Roberts (Eds.), *Advances in psychological science, Vol. 2: Biological and cognitive aspects.* Hove, England: Psychology Press. (p. 182)

Baird, G., Simonoff, E., Pickles, A., Chandler, S., Loucas, T., Meldrum, D., & Charman, T. (2006). Prevalence of disorders of the autism spectrum in a population cohort of children in South Thames: The special needs and autism project (SNAP). *The Lancet, 368,* 210–215. (p. 186)

Baker, E. L. (1987). The state of the art of clinical hypnosis. *International Journal of Clinical and Experimental Hypnosis, 35,* 203–214. (p. 109)

Baker, T. B., Piper, M. E., McCarthy, D. E., Majeskie, M. R., & Fiore, M. C. (2004). Addiction motivation reformulated: An affective processing model of negative reinforcement. *Psychological Review, 111,* 33–51. (p. 307)

Bakermans-Kranenburg, M. J., van IJzendoorn, M. H., & Juffer, F. (2003). Less is more: Meta-analyses of sensitivity and attachment interventions in early childhood. *Psychological Bulletin, 129,* 195–215. (p. 190)

Balcetis, E., & Dunning, D. (2006). See what you want to see: Motivational influences on visual perception. *Journal of Personality and Social Psychology, 91,* 612–625. (p. 279)

Ballard, M. E., & Wiest, J. R. (1998). Mortal Kombat: The effects of violent videogame play on males hostility and cardiovascular responding. *Journal of Applied Social Psychology, 26,* 717–730. (p. 704)

Balsam, K. F., Beauchaine, T. P., Mickey, R. M., & Rothblum, E. D. (2005). Mental health of lesbian, gay, bisexual, and heterosexual siblings: Effects of gender, sexual orientation, and family. *Journal of Abnormal Psychology, 114,* 471–476. (p. 472)

Balsam, K. F., Beauchaine, T. P., Rothblum, E. S., & Solomon, S. E. (2008). Three-year follow-up of same-sex couples who had civil unions in Vermont, same-sex couples not in civil unions, and heterosexual married couples. *Developmental Psychology, 44,* 102–116. (p. 218)

Baltes, P. B. (1993). The aging mind: Potential and limits. *The Gerontologist, 33,* 580–594. (p. 215)

Baltes, P. B. (1994). *Life-span developmental psychology: On the overall landscape of human development.* Invited address, American Psychological Association convention. (p. 215)

Baltes, P. B., & Baltes, M. M. (1999, September-October). Harvesting the fruits of age: Growing older, growing wise. *Science and the Spirit,* pp. 11–14. (p. 215)

Bancroft, J., Loftus, J., & Long, J. S. (2003). Distress about sex: A national survey of women in heterosexual relationships. *Archives of Sexual Behavior, 32,* 193–208. (p. 466)

Bandura, A. (1982). The psychology of chance encounters and life paths. *American Psychologist, 37,* 747–755. (p. 217)

Bandura, A. (1986). *Social foundations of thought and action: A social-cognitive theory.* Englewood Cliffs, NJ: Prentice-Hall. (pp. 576, 577)

Bandura, A. (2005) The evolution of social cognitive theory. In K. G. Smith & M. A. Hitt (Eds.), *Great minds in management: The process of theory development.* Oxford: Oxford University Press. (pp. 217, 320)

Bandura, A. (2006). Toward a psychology of human agency. *Perspectives on Psychological Science, 1,* 164–180. (p. 576, 577)

Bandura, A. (2008). An agentic perspective on positive psychology. In S. J. Lopez (Ed.), *The science of human flourishing.* Westport, CT: Praeger. (p. 576)

Bandura, A., Ross, D., & Ross, S. A. (1961). Transmission of aggression through imitation of aggressive models. *Journal of Abnormal and Social Psychology, 63,* 575–582. (p. 319)

Barash, D. P. (2006, July 14). I am, therefore I think. *Chronicle of Higher Education,* pp. B9, B10. (p. 86)

Barber, C. (2008, February/March). The medicated American. *Scientific American Mind,* pp. 45–51. (p. 662)

Barber, T. X. (2000). A deeper understanding of hypnosis: Its secrets, its nature, its essence. American *Journal of Clinical Hypnosis, 42,* 208–272. (p. 214. (p. 110)

Bargh, J. A., & Chartrand, T. L. (1999). The unbearable automaticity of being. *American Psychologist, 54,* 462–479. (p. 88)

Bargh, J. A., & McKenna, K. Y. A. (2004). The Internet and social life. *Annual Review of Psychology, 55,* 573–590. (p. 706)

Bargh, J. A., & Morsella, E. (2008). The unconscious mind. *Perspectives on Psychological Science, 3,* 73–79. (p. 562)

Bargh, J. A., McKenna, K. Y. A., & Fitzsimons, G. M. (2002). Can you see the real me? Activation and expression of the true self on the Internet. *Journal of Social Issues, 58,* 33–48. (p. 706)

Bar-Haim, Y., Lamy, D., Pergamin, L., Bakermans-Kranenburg, M. J., & van Ijzendoorn, M. H. (2007). Threat-related attentional bias in anxious and nonanxious individuals: A meta-analytic study. *Psychological Bulletin, 133,* 1–24. (p. 606)

Barinaga, M. (1991). How long is the human life-span? *Science, 254,* 936–938. (p. 209)

Barinaga, M. (1992b). How scary things get that way. *Science, 258,* 887–888. (p. 517)

Barinaga, M. (1999). Salmon follow watery odors home. *Science, 286,* 705–706. (p. 262)

Barinaga, M. B. (1992a). The brain remaps its own contours. *Science, 258,* 216–218. (p. 74)

Barinaga, M. B. (1997). How exercise works its magic. *Science, 276,* 1325. (p. 544)

Barkley, R. A., & 74 others. (2002). International consensus statement (January 2002). *Clinical Child and Family Psychology Review, 5,* 2. (p. 595)

Barnes, M. L., & Sternberg, R. J. (1989). Social intelligence and decoding of nonverbal cues. *Intelligence, 13,* 263–287. (p. 510)

Barnett, P. A., & Gotlib, I. H. (1988). Psychosocial functioning and depression: Distinguishing among antecedents, concomitants, and consequences. *Psychological Bulletin, 104,* 97–126. (p. 620)

Barnier, A. J., & McConkey, K. M. (2004). Defining and identifying the highly hypnotizable person. In M. Heap, R. J. Brown, & D. A. Oakley (Eds.), *High hypnotisability: Theoretical, experimental and clinical issues.* London; Brunner-Routledge. (p. 108)

Baron, R. A. (1988). Negative effects of destructive criticism: Impact on conflict, self-efficacy, and task performance. *Journal of Applied Psychology, 73,* 199–207. (p. 315)

Baron, R. S., Vandello, J. A., & Brunsman, B. (1996). The forgotten variable in conformity research: Impact of task importance on social influence. *Journal of Personality and Social Psychology, 71,* 915–927. (p. 683)

Baron-Cohen, S. (2008). Autism, hypersystemizing, and truth. *Quarterly Journal of Experimental Psychology, 61,* 64–75. (p. 186)

Baron-Cohen, S., Golan, O., Chapman, E., & Granader, Y. (2007). Transported to a world of emotion. *The Psychologist, 20,* 76–77. (p. 187)

Baron-Cohen, S., Leslie, A. M., & Frith, U. (1985). Does the autistic child have a theory of mind ? *Cognition, 21,* 37–46. (p. 184)

Barrett, L. F. (2006). Are emotions natural kinds? *Perspectives on Psychological Science, 1,* 28–58. (pp. 501, 502)

Barrett, L. F., Lane, R. D., Sechrest, L., & Schwartz, G. E. (2000). Sex differences in emotional awareness. *Personality and Social Psychology Bulletin, 26,* 1027–1035. (p. 510)

Barry, D. (1995, September 17). *Teen smokers, too, get cool, toxic, waste-blackened lungs.* Asbury Park Press, p. D3. (p. 118)

Bartholow, B. C., Bushman, B. J., & Sestir, M. A. (2006). Chronic violent video game exposure and desensitization to violence: Behavioral and event-related brain potential data. *Journal of Experimental Social Psychology, 42,* 532–539. (p. 704)

Bashore, T. R., Ridderinkhof, K. R., & van der Molen, M. W. (1997). The decline of cognitive processing speed in old age. *Current Directions in Psychological Science, 6,* 163–169. (p. 210)

Baskind, D. E. (1997, December 14). Personal communication, from Delta College. (p. 644)

Bassett, D. R., Schneider, P. L., & Huntington, G. E. (2004). Physical activity in an Old Order Amish community. *Medicine and Science in Sports and Exercise, 36,* 79–85. (p. 461)

Bat-Chava, Y. (1993). Antecedents of self-esteem in deaf people: A meta-analytic review. *Rehabilitation Psychology, 38*(4), 221–234. (p. 251)

Bat-Chava, Y. (1994). Group identification and self-esteem of deaf adults. *Personality and Social Psychology Bulletin, 20,* 494–502. (p. 251)

Bauer, P. J. (2002). Long-term recall memory: Behavioral and neurodevelopmental changes in the first 2 years of life. *Current Directions in Psychology, 11,* 137–141. (p. 178)

Bauer, P. J. (2007). Recall in infancy: A neurodevelopmental account. *Current Directions in Psychological Science, 16,* 142–146. (p. 178)

Bauer, P. J., Burch, M. M., Scholin, S. E., & G ler, O. E. (2007). Using cue words to investigate the distribution of autobiographical memories in childhood. *Psychological Science, 18,* 910–916. (p. 345)

Baum, A., & Posluszny, D. M. (1999). Health psychology: Mapping biobehavioral contributions to health and illness. *Annual Review of Psychology, 50,* 137–163. (p. 536)

Baumeister, H., & H rter, M. (2007). Prevalence of mental disorders based on general population surveys. *Social Psychiatry and Psychiatric Epidemiology, 42,* 537–546. (pp. 594, 631)

Baumeister, R. F. (1989). The optimal margin of illusion. *Journal of Social and Clinical Psychology, 8,* 176–189. (p. 377)

Baumeister, R. F. (1996). Should schools try to boost self-esteem? Beware the dark side. *American Educator, 20,* 14019, 43. (p. 588)

Baumeister, R. F. (2000). Gender differences in erotic plasticity: The female sex drive as socially flexible and responsive. *Psychological Bulletin, 126,* 347–374. (p. 472)

Baumeister, R. F. (2001, April). Violent pride: Do people turn violent because of self-hate, or self-love? *Scientific American,* pp. 96–101. (p. 588)

Baumeister, R. F. (2005). *The cultural animal: Human nature, meaning, and social life.* New York: Oxford University Press. (p. 153)

Baumeister, R. F. (2006, August/September). Violent pride. *Scientific American Mind,* pp. 54–59. (p. 585)

Baumeister, R. F., & Bratslavsky, E. (1999). Passion, intimacy, and time: Passionate love as a function of change in intimacy. *Personality and Social Psychology Review, 3,* 49–67. (p. 711)

Baumeister, R. F., & Exline, J. J. (2000). Self-control, morality, and human strength. *Journal of Social and Clinical Psychology, 19,* 29–42. (p. 579)

Baumeister, R. F., & Leary, M. R. (1995). The need to belong: Desire for interpersonal attachments as a fundamental human motivation. *Psychological Bulletin, 117,* 497–529. (p. 478)

Baumeister, R. F., & Tice, D. M. (1986). How adolescence became the struggle for self: A historical transformation of psychological development. In J. Suls & A. G. Greenwald (Eds.), *Psychological perspectives on the self* (Vol. 3). Hillsdale, NJ: Erlbaum. (p. 205)

Baumeister, R. F., Catanese, K. R., & Vohs, K. D. (2001). Is there a gender difference in strength of sex drive? Theoretical views, conceptual distinctions, and a review of relevant evidence. *Personality and Social Psychology Review, 5,* 242–273. (p. 146)

Baumeister, R. F., Dale, K., & Sommer, K. L. (1998). Freudian defense mechanisms and empirical findings in modern personality and social psychology: Reaction formation, projection, displacement, undoing, isolation, sublimation, and denial. *Journal of Personality, 66,* 1081–1125. (p. 562)

Baumeister, R. F., Twenge, J. M., & Nuss, C. K. (2002). Effects of social exclusion on cognitive processes: Anticipated aloneness reduces intelligent thought. *Journal of Personality and Social Psychology, 83,* 817–827. (p. 481)

Baumgardner, A. H., Kaufman, C. M., & Levy, P. E. (1989). Regulating affect interpersonally: When low esteem leads to greater enhancement. *Journal of Personality and Social Psychology, 56,* 907–921. (p. 585)

Baumrind, D. (1982). Adolescent sexuality: Comment on Williams and Silka s comments on Baumrind. *American Psychologist, 37,* 1402–1403. (p. 478)

Baumrind, D. (1996). The discipline controversy revisited. *Family Relations, 45,* 405–414. (p. 195)

Baumrind, D., Larzelere, R. E., & Cowan, P. A. (2002). Ordinary physical punishment: Is it harmful? Comment on Gershoff (2002). *Psychological Bulletin, 128,* 602–611. (p. 311)

Bavelier, D., Dye, M. W. G., & Hauser, P. C. (2006). Do deaf individuals see better? *Trends in Cognitive Sciences, 10,* 512–518. (p. 252)

Bavelier, D., Newport, E. L., & Supalla, T. (2003). Children need natural languages, signed or spoken. *Cerebrum, 5(1),* 19–32. (p. 387)

Bavelier, D., Tomann, A., Hutton, C., Mitchell, T., Corina, D., Liu, G., & Neville, H. (2000). Visual attention to the periphery is enhanced in congenitally deaf individuals. *Journal of Neuroscience, 20,* 1–6. (p. 73)

Bayley, N. (1949). Consistency and variability in the growth of intelligence from birth to eighteen years. *Journal of Genetic Psychology, 75,* 165–196. (p. 423)

BBC (2006, June 14). Crystal meth to be Class A drug. BBC News (www.news.bbc.co.uk). (p. 117)

BBC (2008, February 26). Anti-depressants of little use. *BBC News* (www.news.bbc.co.uk). (p. 663)

Beaman, A. L., & Klentz, B. (1983). The supposed physical attractiveness bias against supporters of the women s movement: A meta-analysis. *Personality and Social Psychology Bulletin, 9,* 544–550. (p. 709)

Beardsley, L. M. (1994). Medical diagnosis and treatment across cultures. In W. J. Lonner & R. Malpass (Eds.), *Psychology and culture.* Boston: Allyn & Bacon. (p. 596)

Beaton, A. A., & Mellor, G. (2007). Direction of hair whorl and handedness. *Laterality, 12,* 295–301. (p. 476)

Beauchamp, G. K. (1987). The human preference for excess salt. *American Scientist, 75,* 27–33. (p. 451)

Beaujean, A. A. (2005). Heritability of cognitive abilities as measured by mental chronometric tasks: A meta-analysis. *Intelligence, 33,* 187–201. (p. 428)

Beck, A. T., & Steer, R. A. (1989). Clinical predictors of eventual suicide: A 5– to 10–year prospective study of suicide attempters. *Journal of Affective Disorders, 17,* 203–209. (p. 616)

Beck, A. T., Rush, A. J., Shaw, B. F., & Emery, G. (1979). *Cognitive therapy of depression.* New York: Guilford Press. (p. 647)

Becker, D. V., Kenrick, D. T., Neuberg, S. L., Blackwell, K. C., & Smith, D. M. (2007). The confounded nature of angry men and happy women. *Journal of Personality and Social Psychology, 92,* 179–190. (p. 510)

Becker, S., & Wojtowicz, J. M. (2007). A model of hippocampal neurogenesis in memory and mood disorders. *Trends in Cognitive Sciences, 11,* 70–76. (p. 663)

Becklen, R., & Cervone, D. (1983). Selective looking and the noticing of unexpected events. *Memory and Cognition, 11,* 601–608. (p. 90)

Beckman, M. (2004). Crime, culpability, and the adolescent brain. *Science, 305,* 596–599. (p. 199)

Beeman, M. J., & Chiarello, C. (1998). Complementary right- and left-hemisphere language comprehension. *Current Directions in Psychological Science, 7,* 2–8. (p. 78)

Beilin, H. (1992) Piaget s enduring contribution to developmental psychology. *Developmental Psychology, 28,* 191-204. (p. 186)

Beitman, B. D., Goldfried, M. R., & Norcross, J. C. (1989). The movement toward integrating the psychotherapies: An overview. *American Journal of Psychiatry, 146,* 138–147. (p. 637)

Bell, A. P., Weinberg, M. S., & Hammersmith, S. K. (1981). *Sexual preference: Its development in men and women.* Bloomington: Indiana University Press. (p. 473)

Bell, R. Q., & Waldrop, M. F. (1989). Achievement and cognitive correlates of minor physical anomalies in early development. In M. G. Bornstein & N. A. Krasnegor (Eds.), *Stability and continuity in mental development: Behavioral and biological perspectives.* Hillsdale, NJ: Erlbaum. (p. 423)

Bellugi, U. (1994, August). Quoted in P. Radetsky, Silence, signs, and wonder. *Discover*, pp. 60–68. (p. 383)

Belot, M., & Francesconi, M. (2006, November). *Can anyone be the one ? Evidence on mate selection from speed dating.* London: Centre for Economic Policy Research (www.cepr.org). (p. 707)

Belsher, G., & Costello, C. G. (1988). Relapse after recovery from unipolar depression: A critical review. *Psychological Bulletin, 104,* 84–96. (p. 614)

Belsky, J. (2003). The politicized science of day care: A personal and professional odyssey. *Family Policy Review 1*(2), 23–40. (p. 194)

Belsky, J., Bakermans-Kranenburg, M. J., & van Ijzendoorn, M. H. (2007). For better *and* for worse: Differential susceptibility to environmental influences. *Current Directions in Psychological Science, 16,* 300–304. (p. 630)

Bem, D. J. (1984). Quoted in *The Skeptical Inquirer, 8,* 194. (p. 284)

Bem, D. J. (1996). Exotic becomes erotic: A developmental theory of sexual orientation. *Psychological Review, 103,* 320–335. (p. 477)

Bem, D. J. (1998). Is EBE theory supported by the evidence? Is it androcentric? A reply to Peplau et al. (1998). *Psychological Review, 105,* 395–398. (p. 477)

Bem, D. J. (2000). Exotic becomes erotic: Interpreting the biological correlates of sexual orientation. *Archives of Sexual Behavior, 29,* 531–548. (p. 477)

Bem, D. J., & Honorton, C. (1994). Does psi exist? Replicable evidence for an anomalous process of information transfer. *Psychological Bulletin, 115,* 4–18. (p. 284)

Bem, D. J., Palmer, J., & Broughton, R. S. (2001). Updating the Ganzfeld database: A victim of its own success? *Journal of Parapsychology, 65,* 207–218. (p. 284)

Bem, S. L. (1987). Masculinity and femininity exist only in the mind of the perceiver. In J. M. Reinisch, L. A. Rosenblum, & S. A. Sanders (Eds.), *Masculinity/femininity: Basic perspectives.* New York: Oxford University Press. (p. 165)

Bem, S. L. (1993). *The lenses of gender.* New Haven: Yale University Press. (p. 165)

Benbow, C. P., Lubinski, D., Shea, D. L., & Eftekhari-Sanjani, H. (2000). Sex differences in mathematical reasoning ability at age 13: Their status 20 years later. *Psychological Science, 11,* 474–2000. (p. 433)

Bennett, R. (1991, February). Pornography and extrafamilial child sexual abuse: Examining the relationship. Unpublished manuscript, Los Angeles Police Department Sexually Exploited Child Unit. (p. 702)

Bennett, W. I. (1995). Beyond overeating. *New England Journal of Medicine, 332,* 673–674. (p. 463)

Ben-Shakhar, G., & Elaad, E. (2003). The validity of psychophysiological detection of information with the guilt knowledge test: A meta-analytic review. *Journal of Applied Psychology, 88,* 131–151. (p. 504)

Benson, H. (1996). *Timeless healing: The power and biology of belief.* New York: Scribner. (p. 547)

Benson, K., & Feinberg, I. (1977). The beneficial effect of sleep in an extended Jenkins and Dallenbach paradigm. *Psychophysiology, 14,* 375–384. (p. 354)

Benson, P. L. (1992, Spring). Patterns of religious development in adolescence and adulthood. *PIRI Newsletter,* 2–9. (p. 162)

Berenbaum, S. A., & Bailey, J. M. (2003). Effects on gender identity of prenatal androgens and genital appearance: Evidence from girls with congenital adrenal hyperplasia. *Journal of Clinical Endocrinology and Metabolism, 88,* 1102–1106. (p. 163)

Berenbaum, S. A., & Hines, M. (1992). Early androgens are related to childhood sex-typed toy preferences. *Psychological Science, 3,* 203–206. (p. 163)

Berenbaum, S. A., Korman, K., & Leveroni, C. (1995). Early hormones and sex differences in cognitive abilities. *Learning and Individual Differences, 7,* 303–321. (p. 433)

Berenson, A. (2007, September 3). New schizophrenia drug shows promise in trials. *New York Times* (www.nytimes.com). (p. 661)

Berghuis, P. & 16 others (2007). Hardwiring the brain: Endocannabinoids shape neuronal connectivity. *Science, 316,* 1212–1216. (p. 122)

Bergin, A. E. (1980). Psychotherapy and religious values. *Journal of Consulting and Clinical Psychology, 48,* 95–105. (p. 659)

Berk, L. E. (1994, November). Why children talk to themselves. *Scientific American,* pp. 78–83. (p. 185)

Berk, L. S., Felten, D. L., Tan, S. A., Bittman, B. B., & Westengard, J. (2001). Modulation of neuroimmune parameters during the eustress of humor-associated mirthful laughter. *Alternative Therapies, 7,* 62–76. (p. 540)

Berkel, J., & de Waard, F. (1983). Mortality pattern and life expectancy of Seventh Day Adventists in the Netherlands. *International Journal of epidemiology, 12,* 455–459. (p. 548)

Berkowitz, L. (1983). Aversively stimulated aggression: Some parallels and differences in research with animals and humans. *American Psychologist, 38,* 1135–1144. (p. 700)

Berkowitz, L. (1989). Frustration-aggression hypothesis: Examination and reformulation. *Psychological Bulletin, 106,* 59–73. (p. 700)

Berkowitz, L. (1990). On the formation and regulation of anger and aggression: A cognitive-neoassociationistic analysis. *American Psychologist, 45,* 494–503. (p. 518)

Berman, M., Gladue, B., & Taylor, S. (1993). The effects of hormones, Type A behavior pattern, and provocation on aggression in men. *Motivation and Emotion, 17,* 125–138. (p. 699)

Berndt, T. J. (1992). Friendship and friends influence in adolescence. *Current Directions in Psychological Science, 1,* 156–159. (p. 162)

Bernhardt, P. C., Dabbs, J. M., Jr., Fielden, J. A., & Lutter, C. D. (1998). Testosterone changes during vicarious experiences of winning and losing among fans at sporting events. *Physiology and Behavior, 65,* 59–62. (p. 699)

Berridge, K. C., & Winkielman, P. (2003). What is an unconscious emotion? (The case of unconscious liking). *Cognition and Emotion, 17,* 181–211. (p. 504)

Berry, D. S., & McArthur, L. Z. (1986). Perceiving character in faces: The impact of age-related craniofacial changes on social perception. *Psychological Bulletin, 100,* 3–18. (p. 298)

Berscheid, E. (1981). An overview of the psychological effects of physical attractiveness and some comments upon the psychological effects of knowledge of the effects of physical attractiveness. In G. W. Lucker, K. Ribbens, & J. A. McNamara (Eds.), *Psychological aspects of facial form* (Craniofacial growth series). Ann Arbor: Center for Human Growth and Development, University of Michigan. (p. 707)

Berscheid, E. (1985). Interpersonal attraction. In G. Lindzey & E. Aronson (Eds.), *The handbook of social psychology.* New York: Random House. (p. 479)

Berscheid, E., Gangestad, S. W., & Kulakowski, D. (1984). Emotion in close relationships: Implications for relationship counseling. In S. D. Brown & R. W. Lent (Eds.), *Handbook of counseling psychology.* New York: Wiley. (p. 711)

Berti, A., Cottini, G., Gandola, M., Pia, L., Smania, N., Stracciari, A., Castiglioni, I., Vallar, G., & Paulesu, E. (2005). Shared cortical anatomy for motor awareness and motor control. *Science, 309,* 488–491. (p. 79)

Bertua, C., Anderson, N., & Salgado, J. F. (2005). The predictive validity of cognitive ability tests: A UK meta-analysis. *Journal of Occupational and Organizational Psychology, 78,* 387–409. (p. 408)

Bettencourt, B. A., & Kernahan, C. (1997). A meta-analysis of aggression in the presence of violent cues: Effects of gender differences and aversive provocation. *Aggressive Behavior, 23,* pp. 447–457. (p. 160)

Beyerstein, B., & Beyerstein, D. (Eds.) (1992). *The write stuff: Evaluations of graphology.* Buffalo, NY: Prometheus Books. (p. 572)

Bhatt, R. S., Wasserman, E. A., Reynolds, W. F., Jr., & Knauss, K. S. (1988). Conceptual behavior in pigeons: Categorization of both familiar and novel examples from four classes of natural and artificial stimuli. *Journal of Experimental Psychology: Animal Behavior Processes, 14,* 219–234. (p. 306)

Bialystok, E. (2001). *Bilingualism in development, language, literacy, and cognition.* New York: Cambridge University Press. (p. 393)

Biederman, I., & Vessel, E. A. (2006). Perceptual pleasure and the brain. *American Scientist, 94,* 247–253. (p. 446)

Biederman, J., Wilens, T., Mick, E., Spencer, T., & Faraone, S. V. (1999). Pharmacotherapy of Attention-Deficit/Hyperactivity Disorder reduces risk for substance use disorder. *Pediatrics, 104,* 1–5. (p. 595)

Biggs, V. (2001, April 13). Murder suspect captured in Grand Marais. *Cook County News-Herald.* (p. 510)

Bigler, E. D., Johnson, S. C., Jackson, C., & Blatter, D. D. (1995). Aging, brain size, and IQ. *Intelligence, 21,* 109–119. (p. 413)

Binet, A. (1909). *Les id es mordermes sur les enfants.* Paris: Flammarion (quoted by A. Clarke & A. Clarke, Born to be bright. *The Psychologist, 19,* 409). (p. 416)

Binitie, A. (1975) A factor-analytical study of depression across cultures (African and European). *British Journal of Psychiatry, 127,* 559–563.. (p. 608)

Birnbaum, G. E., Reis, H. T., Mikulincer, M., Gillath, O., & Orpaz, A. (2006). When sex is more than just sex: Attachment orientations, sexual experience, and relationship quality. *Journal of Personality and Social Psychology, 91,* 929–943. (p. 191)

Birnbaum, S. G., Yuan, P. X., Wang, M., Vijayraghavan, S., Bloom, A. K., Davis, D. J., Gobeski, K. T., Sweatt, J. D., Manhi, H. K., & Arnsten, A. F. T. (2004). Protein kinase C overactivity impairs prefrontal cortical regulation of working memory. *Science, 306,* 882–884. (p. 341)

Bishop, G. (2004, November 22). Personal correspondence, and earlier articles on The great divide in the *Austin Statesman.* (p. 689)

Bishop, G. D. (1991). Understanding the understanding of illness: Lay disease representations. In J. A. Skelton & R. T. Croyle (Eds.), *Mental representation in health and illness.* New York: Springer-Verlag. (p. 371)

Bisson, J., & Andrew, M. (2007). Psychological treatment of post-traumatic stress disorder (PTSD). *Cochrane Database of Systematic Reviews 2007,* Issue 3. Art. No: CD003388. (p. 656)

Bjork, R. A. (2000, July/August). Toward one world of psychological science. *APS Observer,* p. 3. (p. 6)

Bjorklund, D. F., & Green, B. L. (1992). The adaptive nature of cognitive immaturity. *American Psychologist, 47,* 46–54. (p. 188)

Blackburn, E. H., Greider, C. W., & Szostak, J. W. (2007). Telomeres and telomerase: The path from maize, *Tetrahymena* and yeast to human cancer and aging. *Nature Medicine, 12*(10), vii–xii. (p. 209)

Blackmore, S. (1991, Fall). Near-death experiences: In or out of the body? *Skeptical Inquirer,* pp. 34–45. (p. 127)

Blackmore, S. (1993). *Dying to live.* Amherst, NY: Prometheus Books. (p. 127)

Blakemore, S-J. (2008). Development of the social brain during adolescence. *Quarterly Journal of Experimental Psychology, 61,* 40–49. (p. 198)

Blakemore, S-J., Wolpert, D. M., & Frith, C. D. (1998). Central cancellation of self-produced tickle sensation. *Nature Neuroscience, 1,* 635–640. (p. 220), 253)

Blakeslee, S. (2006, January 10). Cells that read minds. *New York Times* (www.nytimes.com). (p. 318)

Blakeslee, S. (2005, February 8). Focus narrows in search for autism s cause. *New York Times* (www.nytimes.com). (p. 186)

Blanchard, R. (1997). Birth order and sibling sex ratio in homosexual versus heterosexual males and females. *Annual Review of Sex Research, 8,* 27–67. (p. 473)

Blanchard, R. (2008). Review and theory of handedness, birth order, and homosexuality in men. *Laterality, 13,* 51–70. (p. 473)

Blanchard-Fields, F. (2007). Everyday problem solving and emotion: An adult developmental perspective. *Current Directions in Psychological Science, 16,* 26–31. (p. 216)

Blanchflower, D. G., & Oswald, A. J. (2008). Hypertension and happiness across nations. *Journal of Health Economics, 27,* 218–233. (pp. 220, 531)

Blank, H., Musch, J., & Pohl, R. F. (2007) Hindsight bias: On being wise after the event. *Social Cognition, 25,* 1–9. (p. 3)

Blanke, O., Landis, T., & Spinelli, L. (2004). Out-of-body experience and autoscopy of neurological origin. *Brain: Journal of Neurology, 127,* 243–258. (p. 127)

Blanke, O., Ortigue, S., Landis, T., & Seeck, M. (2002). Stimulating illusory own-body perceptions. *Nature, 419,* 269–270. (p. 127)

Blankenburg, F., Taskin, B., Ruben, J., Moosmann, M., Ritter, P., Curio, G., & Villringer, A. (2003). Imperceptive stimuli and sensory processing impediment. *Science, 299,* 1864. (p. 233)

Blascovich, J., Seery, M. D., Mugridge, C. A., Norris, R. K., & Weisbuch, M. (2004). Predicting athletic performance from cardiovascular indexes of challenge and threat. *Journal of Experimental Social Psychology, 40,* 683–688. (p. 528)

Blass, T. (1996). Stanley Milgram: A life of inventiveness and controversy. In G. A. Kimble, C. A. Boneau, & M. Wertheimer (Eds.), *Portraits of pioneers in psychology (Vol. II).* Washington, DC and Mahwah, NJ: American Psychological Association and Lawrence Erlbaum Publishers. (p. 684)

Blass, T. (1999). The Milgram paradigm after 35 years: Some things we now know about obedience to authority. *Journal of Applied Social Psychology, 29,* 955–978. (p. 684)

Blatt, S. J., Sanislow, C. A., III, Zuroff, D. C., & Pilkonis, P. (1996). Characteristics of effective therapists: Further analyses of data from the National Institute of Mental Health Treatment of Depression Collaborative Research Program. *Journal of Consulting and Clinical Psychology, 64,* 1276–1284. (p. 658)

Bleustein, J. (2002, June 15). Quoted in Harley retooled, by S. S. Smith, *American Way Magazine.* (p. 492)

Bloom, B. C. (Ed.). (1985). *Developing talent in young people.* New York: Ballantine. (p. 488)

Bloom, B. J. (1964). *Stability and change in human characteristics.* New York: Wiley. (p. 423)

Bloom, F. E. (1993, January/February). What s new in neurotransmitters. *BrainWork,* pp. 7–9. (p. 51)

Bloom, P. (2000). *How children learn the meanings of words.* Cambridge, MA: MIT Press. (p. 384)

Blum, K., Cull, J. G., Braverman, E. R., & Comings, D. E. (1996). Reward deficiency syndrome. *American Scientist, 84,* 132–145. (p. 67)

Boag, S. (2006). Freudian repression, the common view, and pathological science. *Review of General Psychology, 10,* 74–86. (p. 561)

Boahen, K. (2005, May). Neuromorphic microchips. *Scientific American,* pp. 56–63. (p. 250)

Bocklandt, S., Horvath, S., Vilain, E., & Hamer, D. H. (2006). Extreme skewing of X chromosome inactivation in mothers of homosexual men. *Human Genetics, 118,* 691–694. (p. 475)

Bodenhausen, G. V., Sheppard, L. A., & Kramer, G. P. (1994). Negative affect and social judgment: The differential impact of anger and sadness. *European Journal of Social Psychology, 24,* 45–62. (p. 718)

Bodkin, J. A., & Amsterdam, J. D. (2002). Transdermal selegiline in major depression: A double-blind, placebo-controlled, parallel-group study in outpatients. *American Journal of Psychiatry, 159,* 1869–1875. (p. 662)

Boehm, K. E., Schondel, C. K., Marlowe, A. L., & Manke-Mitchell, L. (1999). Teens concerns: A national evaluation. *Adolescence, 34,* 523–528. (p. 205)

Boehm-Davis, D. A. (2006). Improving product safety and effectiveness in the home. In R. S. Nickerson (Ed.), *Reviews of human factors and ergonomics.* Volume 1 (pp. 219–253). Santa Monica, CA: Human Factors and Ergonomics Society, 219–253. (p. 280)

Boesch-Achermann, H., & Boesch, C. (1993). Tool use in wild chimpanzees: New light from dark forests. *Current Directions in Psychological Science, 2,* 18–21. (p. 396)

Bogaert, A. F. (2003). Number of older brothers and sexual orientation: New texts and the attraction/behavior distinction in two national probability samples. *Journal of Personality and Social Psychology, 84,* 644–652. (p. 473)

Bogaert, A. F. (2004). Asexuality: Prevalence and associated factors in a national probability sample. *Journal of Sex Research, 41,* 279–287. (p. 472)

Bogaert, A. F. (2006). Biological versus nonbiological older brothers and men s sexual orientation. *Proceedings of the National Academy of Sciences, 103,* 10771–10774. (p. 473)

Bogaert, A. F. (2006). Toward a conceptual understanding of asexuality. *Review of General Psychology, 10,* 241–250. (p. 472)

Bogaert, A. F., Friesen, C., & Klentrou, P. (2002). Age of puberty and sexual orientation in a national probability sample. *Archives of Sexual Behavior, 31,* 73–81. (p. 474)

Boggiano, A. K., Harackiewicz, J. M., Bessette, M. M., & Main, D. S. (1985). Increasing children s interest through performance-contingent reward. *Social Cognition, 3,* 400–411. (p. 313)

Boggiano, M. M., Chandler, P. C., Viana, J. B., Oswald, K. D., Maldonado, C. R., & Wauford, P. K. (2005). Combined dieting and stress evoke exaggerated responses to opioids in binge-eating rats. *Behavioral Neuroscience, 119,* 1207–1214. (p. 451)

Bohman, M., & Sigvardsson, S. (1990). Outcome in adoption: Lessons from longitudinal studies. In D. Brodzinsky & M. Schechter (Eds.), *The psychology of adoption.* New York: Oxford University Press. (p. 139)

Bolger, N., DeLongis, A., Kessler, R. C., & Schilling, E. A. (1989). Effects of daily stress on negative mood. *Journal of Personality and Social Psychology, 57,* 808–818. (p. 520)

Bolwig, T. G., Madsen, T. M. (2007). Electroconvulsive therapy in melancholia: The role of hippocampal neurogenesis. *Acta Psychiatrica Scandinavica, 115,* 130–135. (p. 664)

Bonanno, G. A. (2001). Grief and emotion: Experience, expression, and dissociation. In M. Stroebe, W. Stroebe, R. O. Hansson, & H. Schut (Eds.), *New handbook of bereavement: Consciousness, coping, and care.* Cambridge: Cambridge University Press. (p. 222)

Bonanno, G. A. (2004). Loss, trauma, and human resilience: Have we underestimated the human capacity to thrive after extremely aversive events? *American Psychologist, 59,* 20–28. (pp. 222, 605)

Bonanno, G. A. (2005). Adult resilience to potential trauma. *Current Directions in Psychological Science, 14,* 135–137. (p. 605)

Bonanno, G. A., & Kaltman, S. (1999). Toward an integrative perspective on bereavement. *Psychological Bulletin, 125,* 760–777. (p. 222)

Bonanno, G. A., Galea, S., Bucciarelli, A., & Vlahov, D. (2006). Psychological resilience after disaster. *Psychological Science, 17,* 181–186. (p. 605)

Bond, Jr., C. F. & the 89 others on The Global Deception Research Team (2006). A world of lies. *Journal of Cross-Cultural Psychology, 37,* 60–74. (p. 509)

Bond, Jr., C. F., & DePaulo, B. M. (2006). Accuracy of deception judgments. *Personality and Social Psychology Review, 10,* 214–234. (p. 509)

Bond, Jr., C. F., & DePaulo, B. M. (2008). Individual differences in detecting deception: Accuracy and bias. *Psychological Bulletin, 134,* 477–492. (p. 509)

Bond, M. H. (1988). Finding universal dimensions of individual variation in multi-cultural studies of values: The Rokeach and Chinese values surveys. *Journal of Personality and Social Psychology, 55,* 1009–1015. (p. 156)

Bond, R., & Smith, P. B. (1996). Culture and conformity: A meta-analysis of studies using Asch s (1952b, 1956) line judgment task. *Psychological Bulletin, 119,* 111–137. (p. 683)

Bonnie, K. E., Horner, V., Whiten, A., & de Waal, F. B. M. (2007). Spread of arbitrary conventions among chimpanzees: A controlled experiment. *Proceedings of the Royal Society, 274,* 367–372. (p. 397)

Bono, J. E., & Judge, T. A. (2004). Personality and transformational and transactional leadership: A meta-analysis. *Journal of Applied Psychology, 89,* 901–910. (p. 492)

Bookheimer, S. H., Strojwas, M. H., Cohen, M. S., Saunders, A. M., Pericak-Vance, M. A., Mazziotta, J. C., & Small, G. W. (2000). Patterns of brain activation in people at risk for Alzheimer s disease. *New England Journal of Medicine, 343,* 450–456. (p. 212)

Bookwala, J., & Boyar, J. (2008). Gender, excessive body weight, and psychological well-being in adulthood. *Psychology of Women Quarterly, 32,* 188–195. (p. 458)

Boos, H. B. M., Aleman, A., Cahn, W., Hulshoff, H., & Kahn, R. S. (2007). Brain volumes in relatives of patients with schizophrenia. *Archives of General Psychiatry, 64,* 297–304. (p. 625)

Booth, F. W., & Neufer, P. D. (2005). Exercise controls gene expression. *American Scientist, 93,* 28–35. (p. 544)

Boring, E. G. (1930). A new ambiguous figure. *American Journal of Psychology, 42,* 444–445. (p. 275)

Bornstein, M. H., Cote, L. R., Maital, S., Painter, K., Park, S-Y., Pascual, L., Pecheux, M-G., Ruel, J., Venute, P., & Vyt, A. (2004). Cross-linguistic analysis of vocabulary in young children: Spanish, Dutch, French, Hebrew, Italian, Korean, and American English. *Child Development, 75,* 1115–1139. (p. 387)

Bornstein, M. H., Tal, J., Rahn, C., Galperin, C. Z., Pecheux, M-G., Lamour, M., Toda, S., Azuma, H., Ogino, M., & Tamis-LeMonda, C. S. (1992a). Functional analysis of the contents of maternal speech to infants of 5 and 13 months in four cultures: Argentina, France, Japan, and the United States. *Developmental Psychology, 28,* 593–603. (p. 158)

Bornstein, M. H., Tamis-LeMonda, C. S., Tal, J., Ludemann, P., Toda, S., Rahn, C. W., Pecheux, M-G., Azuma, H., Vardi, D. (1992b). Maternal responsiveness to infants in three societies: The United States, France, and Japan. *Child Development, 63,* 808–821. (p. 158)

Bornstein, R. F. (1989). Exposure and affect: Overview and meta-analysis of research, 1968–1987. *Psychological Bulletin, 106,* 265–289. (pp. 189, 706)

Bornstein, R. F. (1999). Source amnesia, misattribution, and the power of unconscious perceptions and memories. *Psychoanalytic Psychology, 16,* 155–178. (p. 706)

Bornstein, R. F. (2001). The impending death of psychoanalysis. *Psychoanalytic Psychology, 18,* 3–20. (p. 564)

Bornstein, R. F., Galley, D. J., Leone, D. R., & Kale, A. R. (1991). The temporal stability of ratings of parents: Test-retest reliability and influence of parental contact. *Journal of Social Behavior and Personality, 6,* 641–649. (p. 349)

Boscarino, J. A. (1997). Diseases among men 20 years after exposure to severe stress: Implications for clinical research and medical care. *Psychosomatic Medicine, 59,* 605–614. (p. 528)

B sch, H., Steinkamp, F., & Boller, E. (2006a). Examining psychokinesis: The interaction of human intention with random number generators—A meta-analysis. *Psychological Bulletin, 132,* 497–523. (p. 284)

B sch, H., Steinkamp, F., & Boller, E. (2006b). In the eye of beholder: Reply to Wilson and Shadish (2006) and Radin, Nelson, Dobyns, and Houtkooper (2006). *Psychological Bulletin, 132,* 533–537. (p. 284)

Bosma, H., Marmot, M. G., Hemingway, H., Nicolson, A. C., Brunner, E., & Stansfeld, S. A. (1997). Low job control and risk of coronary heart disease in Whitehall II (prospective cohort) study. *British Medical Journal, 314,* 558–565. (p. 539)

Bosma, H., Peter, R., Siegrist, J., & Marmot, M. (1998). Two alternative job stress models and the risk of coronary heart disease. *American Journal of Public Health, 88,* 68–74. (p. 539(

Bostwick, J. M., & Pankratz, V. S. (2000). Affective disorders and suicide risk: A re-examination. *American Journal of Psychiatry, 157,* 1925–1932. (p. 616)

Bosworth, R. G., & Dobkins, K. R. (1999). Left-hemisphere dominance for motion processing in deaf signers. *Psychological Science, 10,* 256–262. (p. 74)

Bothwell, R. K., Brigham, J. C., & Malpass, R. S. (1989). Cross-racial identification. *Personality and Social Psychology Bulletin, 15,* 19–25. (p. 697)

Bothwell, R. K., Deffenbacher, K. A., & Brigham, J. C. (1987). Correlation of eyewitness accuracy and confidence: Optimality hypothesis revised. *Journal of Applied Psychology, 72,* 691–695. (p. 359)

Botwin, M. D., Buss, D. M., & Shackelford, T. K. (1997). Personality and mate preferences: Five factors in mate selection and marital satisfaction. *Journal of Personality, 65,* 107–136. (p. 572)

Bouchard, T. J., Jr. (1981, December 6). Interview on Nova: Twins [program broadcast by the Public Broadcasting Service]. (p. 138)

Bouchard, T. J., Jr. (1995). Longitudinal studies of personality and intelligence: A behavior genetic and evolutionary psychology perspective. In D. H. Saklofske & M. Zeidner (Eds.), *International handbook of personality and intelligence.* New York: Plenum. (p. 428)

Bouchard, T. J., Jr. (1996a). IQ similarity in twins reared apart: Finding and responses to critics. In R. Sternberg & C. Grigorenko (Eds.), *Intelligence: Heredity and environment.* New York: Cambridge University Press. (p. 427)

Bouchard, T. J., Jr. (1996b). Behavior genetic studies of intelligence, yesterday and today: The long journey from plausibility to proof. *Journal of Biosocial Science, 28,* 527–555. (p. 428)

Bouchard, T. J., Jr., & McGue, M. (1990). Genetic and rearing environmental influences on adult personality: An analysis of adopted twins reared apart. *Journal of Personality, 58,* 263. (p. 138)

Bouton, M. E., Mineka, S., & Barlow, D. H. (2001). A modern learning theory perspective on the etiology of panic disorder. *Psychological Review, 108,* 4–32. (p. 606)

Bowden, E. M., & Beeman, M. J. (1998). Getting the right idea: Semantic activation in the right hemisphere may help solve insight problems. *Psychological Science, 9,* 435–440. (p. 78)

Bower, B. (2003, November 22). Vision seekers. *Science News, 164,* pp. 331, 332. (p. 273)

Bower, G. H. (1983). Affect and cognition. *Philosophical Transaction: Royal Society of London, Series B, 302,* 387–402. (p. 348)

Bower, G. H. (1986). Prime time in cognitive psychology. In P. Eelen (Ed.), *Cognitive research and behavior therapy: Beyond the conditioning paradigm.* Amsterdam: North Holland Publishers. (p. 347)

Bower, G. H., & Morrow, D. G. (1990). Mental models in narrative comprehension. *Science, 247,* 44–48. (p. 333)

Bower, G. H., Clark, M. C., Lesgold, A. M., & Winzenz, D. (1969). Hierarchical retrieval schemes in recall of categorized word lists. *Journal of Verbal Learning and Verbal Behavior, 8,* 323–343. (p. 337)

Bower, J. E., Kemeny, M. E., Taylor, S. E., & Fahey, J. L. (1998). Cognitive processing, discovery of meaning, CD4 decline, and AIDS-related mortality among bereaved HIV-seropositive men. *Journal of Consulting and Clinical Psychology, 66,* 979–986. (p. 536)

Bower, J. M., & Parsons, L. M. (2003, August). Rethinking the lesser brain. *Scientific American,* pp. 50–57. (p. 64)

Bowers, K. S. (1984). Hypnosis. In N. Endler & J. M. Hunt (Eds.), *Personality and behavioral disorders (2nd ed.)*. New York: Wiley. (p. 108; Wiley. (pp. 211, 212. (p. 109)

Bowers, K. S. (1987, July). Personal communication. (p. 109)

Bowers, T. G., & Clum, G. A. (1988). Relative contribution of specific and nonspecific treatment effects: Meta-analysis of placebo-controlled behavior therapy research. *Psychological Bulletin, 103,* 315–323. (p. 654)

Bowlby, J. (1973). *Separation: Anxiety and anger.* New York: Basic Books. (p. 193)

Bowler, M. C., & Woehr, D. J. (2006). A meta-analytic evaluation of the impact of dimension and exercise factors on assessment center ratings. *Journal of Applied Psychology, 91,* 1114–1124. (p. 583)

Bowles, S., & Kasindorf, M. (2001, March 6). Friends tell of picked-on but normal kid. *USA Today,* p. 4A. (p. 480)

Bowling, N. A. (2007). Is the job satisfaction-job performance relationship spurious? A meta-analytic examination. *Journal of Vocational Behavior, 71,* 167–185. (p. 488)

Bowman, H. (2003, Fall). Interactions between chimpanzees and their human caregivers in captive settings: The effects of gestural communication on reciprocity. *Friends of Washoe, 25(1),* 7–16. (p. 398)

Boyatzis, C. J., Matillo, G. M., & Nesbitt, K. M. (1995). Effects of the Mighty Morphin Power Rangers on children s aggression with peers. *Child Study Journal, 25,* 45–55. (p. 323)

Boyer, J. L., Harrison, S., & Ro, T. (2005). Unconscious processing of orientation and color without primary visual cortex. *Proceedings of the National Academy of Sciences, 102,* 16875–16879 (www.pnas.org). (p. 242)

Boynton, R. M. (1979). *Human color vision.* New York: Holt, Rinehart & Winston. (p. 244)

Braden, J. P. (1994). *Deafness, deprivation, and IQ.* New York: Plenum. (pp. 251, 434)

Bradley, D. R., Dumais, S. T., & Petry, H. M. (1976). Reply to Cavonius. *Nature, 261,* 78. (p. 264)

Bradley, R. B. & 15 others (2008). Influence of child abuse on adult depression: Moderation by the corticotropin-releasing hormone receptor gene. *Archives of General Psychiatry, 65,* 190–200. (p. 192)

Braiker, B. (2005, October 18). A quiet revolt against the rules on SIDS. *New York Times* (www.nytimes.com). (p. 178)

Brainerd, C. J. (1996). Piaget: A centennial celebration. *Psychological Science, 7,* 191–195. (p. 179)

Brainerd, C. J., & Poole, D. A. (1997). Long-term survival of children s memories: A review. *Learning and Individual Differences, 9,* 125–151. (p. 359)

Brainerd, C. J., & Reyna, V. F. (1998). When things that were never experienced are easier to remember than things that were. *Psychological Science, 9,* 484–489. (p. 359)

Brainerd, C. J., & Reyna, V. F. (2002). Fuzzy-trace theory and false memory. *Current Directions in Psychological Science, 11,* 164–169. (p. 359)

Brainerd, C. J., Reyna, V. F., & Brandse, E. (1995). Are children s false memories more persistent than their true memories? *Psychological Science, 6,* 359–364. (p. 359)

Brandon, S., Boakes, J., Glaser, & Green, R. (1998). Recovered memories of childhood sexual abuse: Implications for clinical practice. *British Journal of Psychiatry, 172,* 294–307. (p. 362)

Brang, D., Edwards, L., Ramachandran, V. S., & Coulson, S. (2008). Is the sky 2? Contextual priming in grapheme-color synaesthesia. *Psychological Science, 19,* 421–428. (p. 260)

Brannon, L. A., & Brock, T. C. (1993). Comment on report of HIV infection in rural Florida: Failure of instructions to correct for gross underestimation of phantom sex partners in perception of AIDS risk. *New England Journal of Medicine, 328,* 1351–1352. (p. 470)

Bransford, J. D., & Johnson, M. K. (1972). Contextual prerequisites for understanding: Some investigations of comprehension and recall. *Journal of Verbal Learning and Verbal Behavior, 11,* 717–726. (p. 334)

Braun, S. (1996). New experiments underscore warnings on maternal drinking. *Science, 273,* 738–739. (p. 175)

Braun, S. (2001, Spring). Seeking insight by prescription. *Cerebrum,* pp. 10–21. (p. 120)

Braunstein, G. D., Sundwall, D. A., Katz, M., Shifren, J. L., Buster, J. E., Simon, J. A., Bachman, G., Aguirre, O. A., Lucas, J. D. Rodenberg, C., Buch, A., & Watts, N. B. (2005). Safety and efficacy of a testosterone patch for the treatment of hypoactive sexual desire disorder in surgically menopausal women: A randomized, placebo-controlled trial. *Archives of Internal Medicine, 165,* 1582–1589. (p. 467)

Bray, D. W., & Byham, W. C. (1991, Winter). Assessment centers and their derivatives. *Journal of Continuing Higher Education,* pp. 8–11. (p. 583)

Bray, D. W., Byham, W., interviewed by Mayes, B. T. (1997). Insights into the history and future of assessment centers: An interview with Dr. Douglas W. Bray and Dr. William Byham. *Journal of Social Behavior and Personality, 12,* 3–12. (p. 583)

Bray, G. A. (1969). Effect of caloric restriction on energy expenditure in obese patients. *Lancet, 2,* 397–398. (p. 459)

Brayne, C., Spiegelhalter, D. J., Dufouil, C., Chi, L-Y., Dening, T. R., Paykel, E. S., O Connor, D.W., Ahmed, A., McGee, M. A., & Huppert, F.A. (1999). Estimating the true extent of cognitive decline in the old old. *Journal of the American Geriatrics Society, 47,* 1283–1288. (p. 215)

Breedlove, S. M. (1997). Sex on the brain. *Nature, 389,* 801. (p. 474)

Brehm, S., & Brehm, J. W. (1981). *Psychological reactance: A theory of freedom and control.* New York: Academic Press. (p. 690)

Breland, K., & Breland, M. (1961). The misbehavior of organisms. *American Psychologist, 16,* 661–664. (p. 313)

Breslau, J., Aguilar-Gaxiola, S., Borges, G., Kendler, K. S., Su, M., & Kessler, R. C. (2007). Risk for psychiatric disorder among immigrants and their US-born descendants. *Journal of Nervous and Mental Disease, 195,* 189–195. (p. 631)

Bressan, P., & Dal Martello, M. F. (2002). Talis pater, talis filius: Perceived resemblance and the belief in genetic relatedness. *Psychological Science, 13,* 213–218. (p. 275)

Brewer, C. L. (1990). Personal correspondence. (p. 142)

Brewer, C. L. (1996). Personal communication. (p. 8)

Brewer, M. B., & Chen, Y-R. (2007). Where (who) are collectives in collectivism? Toward conceptual clarification of individualism and collectivism. *Psychological Review, 114,* 133–151. (p. 156)

Brewer, W. F. (1977). Memory for the pragmatic implications of sentences. *Memory & Cognition, 5,* 673–678. (p. 333)

Brewin, C. R., Andrews, B., & Valentine, J. D. (2000). Meta-analysis of risk factors for posttraumatic stress disorder in trauma-exposed adults. *Journal of Consulting and Clinical Psychology, 68,* 748–766. (p. 604)

Brewin, C. R., Andrews, B., Rose, S., & Kirk, M. (1999). Acute stress disorder and posttraumatic stress disorder in victims of violent crime. *American Journal of Psychiatry, 156,* 360–366. (p. 604)

Brewin, C. R., Kleiner, J. S., Vasterling J. J., & Field, A. P. (2007). Memory for emotionally neutral information in posttraumatic stress disorder: A meta-analytic investigation. *Journal of Abnormal Psychology, 116,* 448–463. (p. 341)

Bricker, J. B., Stallings, M. C., Corley, R. P., Wadsworth, S. J., Bryan, A., Timberlake, D. S., Hewitt, J. K., Caspi, A., Hofer, S. M., Rhea, S. A., & DeFries, J. C. (2006). Genetic and environmental influences on age at sexual initiation in the Colorado Adoption Project. *Behavior Genetics, 36,* 820–832. (p. 469)

Brief, A. P., & Weiss, H. M. (2002). Organizational behavior: Affect in the workplace. *Annual Review of Psychology, 53,* 279–307. (p. 488)

Briers, B., Pandelaere, M., Dewitte, S., & Warlop, L. (2006). Hungry for money: The desire for caloric resources increases the desire for financial resources and vice versa. *Psychological Science, 17,* 939–943. (p. 308)

Bri ol, P., Petty, R. E., & Barden, J. (2007). Happiness versus sadness as a determinant of thought confidence in persuasion: A self-validation analysis. *Journal of Personality and Social Psychology, 93,* 711–727. (p. 519)

Brinson, S. L. (1992). The use and opposition of rape myths in prime-time television dramas. *Sex Roles, 27,* 359–375. (p. 702)

Briscoe, D. (1997, February 16). Women lawmakers still not in charge. *Associated Press* (in *Grand Rapids Press,* p. A23). (p. 165)

Brislin, R. W. (1988). Increasing awareness of class, ethnicity, culture, and race by expanding on students own experiences. In I. Cohen (Ed.), *The G. Stanley Hall Lecture Series.* Washington, DC: American Psychological Association. (p. 153)

Brissette, I., & Cohen, S. (2002). The contribution of individual differences in hostility to the associations between daily interpersonal conflict, affect, and sleep. *Personality and Social Psychology Bulletin, 28,* 1265–1274. (p. 102)

Brissette, I., Scheier, M. F., & Carver, C. S. (2002). The role of optimism in social network development, coping, and psychological adjustment during a life transition. *Journal of Personality and Social Psychology, 82,* 102–111. (p. 620)

British Psychological Society. (1993). Ethical principles for conducting research with human participants. *The Psychologist: Bulletin of the British Psychological Society,* 6, 33–36. (pp. 29, 572)

Britton, W. B., & Bootzin, R. R. (2004). Near-death experiences and the temporal lobe. *Psychological Science, 15,* 254–258. (p. 128)

Brody, J. E. (1999, November 30). Yesterday s precocious puberty is norm today. *New York Times* (www.nytimes.com). (p. 198)

Brody, J. E. (2000, March 21). When post-traumatic stress grips youth. *New York Times* (www.nytimes.com). (p. 604)

Brody, J. E. (2002, November 26). When the eyelids snap shut at 65 miles an hour. *New York Times* (www.nytimes.com). (p. 99)

Brody, J. E. (2003, December 23). Stampede of diabetes as U.S. races to obesity. *New York Times* (www.nytimes.com). (p. 461)

Brody, J. E. (2003, September). Addiction: A brain ailment, not a moral lapse. *New York Times* (www.nytimes.com). (p. 113)

Brody, N. (1992). *Intelligence,* 2nd ed. San Diego: Academic Press. (p. 415)

Brody, N. (2001). Inspection time: Past, present, and future. *Intelligence, 29,* 537–541. (p. 415)

Brody, S., & Tillmann, H. C. (2006). The post-orgasmic prolactin increase following intercourse is greater than following masturbation and suggests greater satiety. *Biological Psychology, 71,* 312–315. (p. 478)

Broks, P. (2007, April). The mystery of consciousness. *Prospect* (www.prospect-magazine.co.uk). (p. 179)

Broman, S. H. (1989). Infant physical status and later cognitive development. In M. G. Bornstein & N. A. Krasnegor (Eds.), *Stability and continuity in mental development: Behavioral and biological perspectives.* Hillsdale, NJ: Erlbaum. (p. 423)

Bronner, E. (1998, February 25). U.S. high school seniors among worst in math and science. *New York Times* (www.nytimes.com). (p. 432)

Brookes, K. & 61 others (2006). The analysis of 51 genes in DSM-IV combined type attention deficit hyperactivity disorder: Association signals in DRD4, DAT1 and 16 other genes. *Molecular Psychiatry, 11,* 935–953. (p. 595)

Brooks, D. (2005, April 28). Mourning Mother Russia. *New York Times* (www.nytimes.com). (p. 209)

Brooks, D. J. (2002, October 8). Running down the road to happiness. *Gallup Tuesday Briefing* (www.gallup.com). (p. 543)

Brooks, R., & Meltzoff, A. N. (2005). The development of gaze following and its relation to language. *Developmental Science, 8,* 535–543. (p. 318)

Brown, A. S. (2003). A review of the d j vu experience. *Psychological Bulletin, 129,* 394–413. (p. 348)

Brown, A. S. (2004). *The d j vu experience.* East Sussex, England: Psychology Press. (p. 348)

Brown, A. S. (2004b). Getting to grips with d ja vu. *The Psychologist, 17,* 694–696. (p. 348)

Brown, A. S., Begg, M. D., Gravenstein, S., Schaefer, C. A., Wyatt, R. J., Bresnahan, M., Babulas, V. P., & Susser, E. S. (2004). Serologic evidence of prenatal influenza in the etiology of schizophrenia. *Archives of General Psychiatry, 61,* 774–780. (p. 626)

Brown, A. S., Bracken, E., Zoccoli, S., & Douglas, K. (2004). Generating and remembering passwords. *Applied Cognitive Psychology, 18,* 641–651. (p. 354)

Brown, A. S., Schaefer, C. A., Wyatt, R. J., Goetz, R., Begg, M. D., Gorman, J. M., & Susser, E. S. (2000). Maternal exposure to respiratory infections and adult schizophrenia spectrum disorders: A prospective birth cohort study. *Schizophrenia Bulletin, 26,* 287–295. (p. 625)

Brown, E. L., & Deffenbacher, K. (1979). *Perception and the senses.* New York: Oxford University Press. (p. 249)

Brown, G. K., Ten Have, T., Henriques, G. R., Xie, S. X., Hollander, J. E., & Beck, A. T. (2005). Cognitive therapy for the prevention of suicide attempts. *JAMA: Journal of the American Medical Association, 294,* 563–570. (p. 654)

Brown, J. A. (1958). Some tests of the decay theory of immediate memory. *Quarterly Journal of Experimental Psychology, 10,* 12–21. (p. 338)

Brown, J. D., Steele, J. R., & Walsh-Childers, K. (2002). *Sexual teens, sexual media: Investigating media s influence on adolescent sexuality. Mahwah,* NJ: Erlbaum. (p. 470)

Brown, J. L., & Pollitt, E. (1996, February). Malnutrition, poverty and intellectual development. *Scientific American,* pp. 38–43. (p. 430)

Brown, R. (1965). *Social psychology.* New York: Free Press. (p. 516)

Brown, R. (1986). Linguistic relativity. In S. H. Hulse & B. F. Green, Jr. (Eds.), *One hundred years of psychological research in America.* Baltimore: Johns Hopkins University Press. (p. 391)

Brown, S. L., Brown, R. M., House, J. S., & Smith, D. M. (2008). Coping with spousal loss: Potential buffering effects of self-reported helping behavior. *Personality and Social Psychology Bulletin, 34,* 849–861. (p. 222)

Brown, S. W., Garry, M., Loftus, E., Silver, B., DuBois, K., & DuBreuil, S. (1996). People s beliefs about memory: Why don t we have better memories? Paper presented at the American Psychological Society convention. (p. 355)

Brownell, K. D. (2002). Public policy and the prevention of obesity. In C. G. Fairburn & K. D. Brownell (Eds.), *Eating disorders and obesity: A comprehensive handbook* (2nd ed.). New York: Guilford. (p. 462)

Brownell, K., & Nestle, M. (2004, June 7). Are you responsible for your own weight? *Time,* p. 113. (p. 461)

Browning, C. (1992). *Ordinary men: Reserve police battalion 101 and the final solution in Poland.* New York: HarperCollins. (p. 685)

Brownmiller, S. (1975). *Against our will: Men, women, and rape.* New York: Simon and Schuster. (p. 469)

Bruce, D., Dolan, A., & Phillips-Grant, K. (2000). On the transition from childhood amnesia to the recall of personal memories. *Psychological Science, 11,* 360–364. (p. 178)

Bruck, M., & Ceci, S. (2004). Forensic developmental psychology: Unveiling four common misconceptions. *Current Directions in Psychological Science, 15,* 229–232. (p. 360)

Bruck, M., & Ceci, S. J. (1999). The suggestibility of children s memory. *Annual Review of Psychology, 50,* 419–439. (p. 360)

Bruder, C. E. G. & 22 others (2008). Phenotypically concordant and discordant monozygotic twins display different DNA copy-number-variation profiles. *American Journal of Human Genetics, 82,* 763–771. (p. 135)

Bruer, J. T. (1999). *The myth of the first three years: A new understanding of early brain development and lifelong learning.* New York: Free Press. (p. 430)

Brumberg, J. J. (2000). *Fasting girls: The history of anorexia nervosa.* New York: Vintage. (p. 453)

Bryant, A. N. & Astin, H. A. (2008). The correlates of spiritual struggle during the college years. *Journal of Higher Education, 79,* 1–27. (p. 203)

Bryant, R. A. (2001). Posttraumatic stress disorder and traumatic brain injury: Can they co-exist? *Clinical Psychology Review, 21,* 931–948. (p. 362)

Buchanan, T. W. (2007). Retrieval of emotional memories. *Psychological Bulletin, 133,* 761–779. (p. 341)

Buck, L., & Axel, R. (1991). A novel multigene family may encode odorant receptors: A molecular basis for odor recognition. *Cell, 65,* 175–187. (p. 261)

Buckingham, M. (2001, August). Quoted by P. LaBarre, Marcus Buckingham thinks your boss has an attitude problem. *The Magazine* (fastcompany.com/online/49/buckingham.html). (pp. 488, 490)

Buckingham, M. (2007). *Go put your strengths to work: 6 powerful steps to achieve outstanding performance.* New York: Free Press. (p. 484)

Buckingham, M., & Clifton, D. O. (2001). *Now, discover your strengths.* New York: Free Press. (p. 484)

Buckley, C. (2007, January 3). Man is rescued by stranger on subway tracks. *New York Times* (www.nytimes.com). (p. 714)

Buckley, K. E., & Leary, M. R. (2001). Perceived acceptance as a predictor of social, emotional, and academic outcomes. Paper presented at the Society of Personality and Social Psychology annual convention. (p. 480)

Buehler, R., Griffin, D., & Ross, M. (1994). Exploring the planning fallacy : Why people underestimate their task completion times. *Journal of Personality and Social Psychology, 67,* 366–381. (p. 377)

Bugelski, B. R., Kidd, E., & Segmen, J. (1968). Image as a mediator in one-trial paired-associate learning. *Journal of Experimental Psychology, 76,* 69–73. (p. 335)

Bugental, D. B. (1986). Unmasking the polite smile : Situational and personal determinants of managed affect in adult-child interaction. *Personality and Social Psychology Bulletin, 12,* 7–16. (p. 508)

Buka, S. L., Goldstein, J. M., Seidman, L. J., Zornberg, G., Donatelli, J-A. A., Denny, L. R., & Tsuang, M. T. (1999). Prenatal complications, genetic vulnerability, and schizophrenia: The New England longitudinal studies of schizophrenia. *Psychiatric Annals, 29,* 151–156. (p. 625)

Buka, S. L., Tsuang, M. T., Torrey, E. F., Klebanoff, M. A., Wagner, R. L., & Yolken, R. H. (2001). Maternal infections and subsequent psychosis among offspring. *Archives of General Psychiatry, 58,* 1032–1037. (p. 626)

Bullough, V. (1990). The Kinsey scale in historical perspective. In D. P. McWhirter, S. A. Sanders, & J. M. Reinisch (Eds.), *Homosexuality/heterosexuality: Concepts of sexual orientation.* New York: Oxford University Press. (p. 471)

Bunde, J., & Suls, J. (2006). A quantitative analysis of the relationship between the Cook-Medley Hostility Scale and traditional coronary artery disease risk factors. *Health Psychology, 25,* 493–500. (p. 532)

Buquet, R. (1988). Le reve et les deficients visuels (Dreams and the visually-impaired). *Psychanalyse-a-l Universite, 13,* 319–327. (p. 104)

Burcusa, S. L., & Iacono, W. G. (2007). Risk for recurrence in depression. *Clinical Psychology Review, 27,* 959–985. (p. 614)

Bureau of Labor Statistics. (2004, September 14). *American time-user survey summary.* Washington, DC: United States Department of Labor (www.bls.gov). (p. 164)

Bureau of Labor Statistics. (2008). *U.S. Department of Labor, Occupational Outlook Handbook, 2008-09 Edition, Psychologists.* Retrieved on September 4, 2008 from http: //www.bls.gov/oco/ocos056.htm. (pp. A-1, A-3)

Bureau of the Census. (2004). *Statistical abstract of the United States 2004.* Washington, DC: U.S. Government Printing Office. (pp. 576, 601)

Bureau of the Census. (2007). *Statistical abstract of the United States 2007.* Washington, DC: U.S. Government Printing Office. (p. 218)

Burgess, M., Enzle, M. E., & Schmaltz, R. (2004). Defeating the potentially deleterious effects of externally imposed deadlines: Practitioners rules-of-thumb. *Personality and Social Psychology Bulletin, 30,* 868–877. (p. 491)

Buri, J. R., Louiselle, P. A., Misukanis, T. M., & Mueller, R. A. (1988). Effects of parental authoritarianism and authoritativeness on self-esteem. *Personality and Social Psychology Bulletin, 14,* 271–282. (p. 195)

Burish, T. G., & Carey, M. P. (1986). Conditioned aversive responses in cancer chemotherapy patients: Theoretical and developmental analysis. *Journal of Counseling and Clinical Psychology, 54,* 593–600. (p. 302)

Burke, D. M., & Shafto, M. A. (2004). Aging and language production. *Current Directions in Psychological Science,* 13, 21–24. (p. 214)

Burkholder, R. (2005a, January 11). Chinese far wealthier than a decade ago—but are they happier? *Gallup Poll News Service* (www.gallup.com). (p. 525)

Burkholder, R. (2005b, January 18). China s citizens optimistic, yet not entirely satisfied. *Gallup Poll News Service* (www.gallup.com). (p. 525)

Burns, B. C. (2004). The effects of speed on skilled chess performance. *Psychological Science, 15,* 442–447. (p. 381)

Burns, J. F., & Filkins, D. (2006, June 14). Bush makes surprise visit to Iraq to press leadership. *New York Times* (www.nytimes.com). (p. 509)

Burrell, B. (2005). *Postcards from the brain museum: The improbable search for meaning in the matter of famous minds.* New York: Broadway Books. (p. 413)

Burris, C. T., & Branscombe, N. R. (2005). Distorted distance estimation induced by a self-relevant national boundary. *Journal of Experimental Social Psychology, 41,* 305–312. (p. 392)

Burton, C. M., & King, L. A. (2008). Effects of (very) brief writing on health: The two-minute miracle. *British Journal of Health Psychology, 13,* 9–14. (p. 542)

Bush, G. W. (1999). Quoted by M. Ivins, syndicated column, November 27, 1999. (p. 2)

Bush, G. W. (2001). Quoted in various places, including BBC News (bbc.co.uk), June 16, 2001. (p. 716)

Bushman, B. J. (1993). Human aggression while under the influence of alcohol and other drugs: An integrative research review. *Current Directions in Psychological Science, 2,* 148–152. (p. 699)

Bushman, B. J. (2002). Does venting anger feed or extinguish the flame? Catharsis, rumination, distraction, anger, and aggressive responding. *Personality and Social Psychology Bulletin, 28,* 724–731. (p. 519)

Bushman, B. J., & Anderson, C. A. (2001). Media violence and the American public: Scientific facts versus media misinformation. *American Psychologist, 56,* 477–489. (p. 704)

Bushman, B. J., & Baumeister, R. F. (1998). Threatened egotism, narcissism, self-esteem, and direct and displaced aggression: Does self-love or self-hate lead to violence? *Journal of Personality and Social Psychology, 75,* 219–229. (p. 588)

Bushman, B. J., & Bonacci, A. M. (2002). Violence and sex impair memory for television ads. *Journal of Applied Psychology, 87,* 557–564. (pp. 354, 468)

Bushman, B. J., Baumeister, R. F., & Stack, A. D. (1999). Catharsis, aggression, and persuasive influence: Self-fulfilling or self-defeating prophecies? *Journal of Personality and Social Psychology, 76, 367–376.* (p. 519)

Busnel, M. C., Granier-Deferre, C., & Lecanuet, J. P. (1992, October). Fetal audition. *New York Academy of Sciences, 662,* 118–134. (p. 175)

Buss, A. H. (1989). Personality as traits. *American Psychologist, 44,* 1378–1388. (p. 575)

Buss, D. (2008). Female sexual psychology. World Question Center 2008 (edge.org). (p. 467)

Buss, D. M. (1991). Evolutionary personality psychology. *Annual Review of Psychology, 42,* 459–491. (p. 141)

Buss, D. M. (1994). The strategies of human mating: People worldwide are attracted to the same qualities in the opposite sex. p 238–249. (p. 147)

Buss, D. M. (1995). Evolutionary psychology: A new paradigm for psychological science. *Psychological Inquiry, 6,* 1–30. (p. 147)

Buss, D. M. (1996). Sexual conflict: Evolutionary insights into feminism and the battle of the sexes. In D. M. Buss & N. M. Malamuth (Eds.), *Sex, power, conflict: Evolutionary and feminist perspectives.* New York: Oxford University Press. (p. 148)

Buss, D. M. (2000). The dangerous passion: Why jealousy is as necessary as love and sex. New York: Free Press. (p. 148)

Busseri, M. A., Willoughby, T., Chalmers, H., & Bogaert, A. R. (2006). Same-sex attraction and successful adolescent development. *Journal of Youth and Adolescence, 35,* 563–575. (p. 471)

Buster, J. E., Kingsberg, S. A., Aguirre, O., Brown, C., Breaux, J. G., Buch, A., Rodenberg, C. A., Wekselman, K., & Casson, P. (2005). Testosterone patch for low sexual desire in surgically menopausal women: A randomized trial. *Obstetrics and Gynecology, 105*(5), 944–952. (p. 467)

Butcher, L. M., Davis, O. S. P., Craig, I. W., & Plomin, R. (2008). Genome-wide quantitative trait locus association scan of general cognitive ability using pooled DNA and 500K single nucleotide polymorphism microarrays. *Genes, Brain and Behavior, 7,* 435–446. (p. 428)

Butler, A. C., Hokanson, J. E., & Flynn, H. A. (1994). A comparison of self-esteem lability and low trait self-esteem as vulnerability factors for depression. *Journal of Personality and Social Psychology, 66,* 166–177. (p. 619)

Butler, R. A. (1954, February). Curiosity in monkeys. *Scientific American,* pp. 70–75. (p. 445)

Butterfield, F. (1999, July 12). Experts say study confirms prison s new role as mental hospital. *New York Times* (www.nytimes.com). (p. 601)

Butterworth, G. (1992). Origins of self-perception in infancy. *Psychological Inquiry, 3,* 103–111. (p. 194)

Byne, W., & Parsons, B. (1993). Human sexual orientation: The biologic theories reappraised. *Archives of General Psychiatry, 50,* 228–239. (p. 477)

Bynum, R. (2004, November 1). Associated Press article. (p. 255)

Byrne, D. (1971). *The attraction paradigm.* New York: Academic Press. (p. 709)

Byrne, D. (1982). Predicting human sexual behavior. In A. G. Kraut (Ed.), *The G. Stanley Hall Lecture Series (Vol. 2).* Washington, DC: American Psychological Association. (p. 296)

Byrne, D. (1982). Predicting human sexual behavior. In A. G. Kraut (Ed.), *The G. Stanley Hall Lecture Series (Vol. 2).* Washington, DC: American Psychological Association. (p. 467)

Byrne, J. (2003, September 21). From correspondence reported by Michael Shermer, E-Skeptic for September 21, 2003, from The Skeptics Society. (p. 283)

Byrne, R. W. & Corp, N. (2004). Neocortex size predicts deception in primates. *Proceedings of the Royal Society B, 271,* 1693–1699. (p. 11)

Byrne, R. W. (1991, May/June). Brute intellect. *The Sciences,* pp. 42–47. (p. 398)

Byrne, R. W., & Russon, A. E. (1998). Learning by imitation: A hierarchical approach. *Behavioral and Brain Sciences, 21,* 667–721. (p. 318)

Cable, D. M., & Gilovich, T. (1998). Looked over or overlooked? Prescreening decisions and postinterview evaluations. *Journal of Personality and Social Psychology, 83,* 501–508. (p. 485)

Cacioppo, J. T. (2007). Better interdisciplinary research through psychological science. *APS Observer, 20,* 3, 48–49. (p. 10)

Cacioppo, J. T., Hawkley, L. C., Kalil, A., Hughes, M. E., Waite, L., &

Thisted, R. A. (2008). Happiness and the invisible threads of social connection: The Chicago Health, Aging, and Social Relations Study. In M. Eid & R. Larsen (Eds.), *The science of subjective well-being.* New York: Guilford. (p. 522)

Cahill, L. (1994). (Beta)-adrenergic activation and memory for emotional events. *Nature, 371,* 702–704. (p. 342)

Cahill, L. (2005, May). His brain, her brain. *Scientific American,* pp. 40–47. (p. 163)

Cahn, B. R., & Polich, J. (2006). Meditation states and traits: EEG, ERP, and neuroimaging studies. *Psychological Bulletin, 132,* 180–211. (p. 547)

Cale, E. M., Lilienfeld, S. O. (2002). Sex differences in psychopathy and antisocial personality disorder: A review and integration. *Clinical Psychology Review, 22,* 1179–1207. (p. 629)

Call, K. T., Riedel, A. A., Hein, K., McLoyd, V., Petersen, A., & Kipke, M. (2002). Adolescent health and well-being in the twenty-first century: A global perspective. *Journal of Research on Adolescence, 12,* 69–98. (p. 469)

Callaghan, T., Rochat, P., Lillard, A., Claux, M. L., Odden, H., Itakura, S., Tapanya, S., & Singh, S. (2005). Synchrony in the onset of mental-state reasoning. *Psychological Science, 16,* 378–384. (p. 184)

Calle, E. E., Thun, M. J., Petrelli, J. M., Rodriguez, C., & Health, C. W., Jr. (1999). Body-mass index and mortality in a prospective cohort of U.S. adults. *New England Journal of Medicine, 341,* 1097–1105. (p. 457)

Calvo-Merino, B., Glaser, D. E., Gr zes, J., Passingham, R. E., & Haggard, P. (2004). Action observation and acquired motor skills: An fMRI study with expert dancers. *Cerebral Cortex, 15,* 1243–1249. (p. 394)

Camerer, C. F., Loewenstein, G., & Weber, M. (1989). The curse of knowledge in economic settings: An experimental analysis. *Journal of Political Economy, 97,* 1232–1254. (p. 281)

Cameron, L., & Rutland, A. (2006). Extended contact through story reading in school: Reducing children s prejudice toward the disabled. *Journal of Social Issues, 62,* 469–488. (p. 717)

Campbell, D. T. (1975). On the conflicts between biological and social evolution and between psychology and moral tradition. *American Psychologist, 30,* 1103–1126. (p. 524)

Campbell, D. T., & Specht, J. C. (1985). Altruism: Biology, culture, and religion. *Journal of Social and Clinical Psychology, 3*(1), 33–42. (p. 567)

Campbell, S. (1986). *The Loch Ness Monster: The evidence.* Willingborough, Northamptonshire, U.K.: Acquarian Press. (p. 276)

Camper, J. (1990, February 7). Drop pompom squad, U. of I. rape study says. *Chicago Tribune,* p. 1. (p. 116)

Camperio-Ciani, A., Cermelli, P., & Zanzott, G. (2008). Sexually antagonistic selection in human male homosexuality. *PloS One, 3,* e2282, 1–8. (p. 475)

Camperio-Ciani, A., Corna, F., & Capiluppi, C. (2004). Evidence for maternally inherited factors favouring male homosexuality and promoting female fecundity. *Proceedings of the Royal Society of London B, 271,* 2217–2221. (p. 475)

Campos, J. J., Bertenthal, B. I., & Kermoian, R. (1992). Early experience and emotional development: The emergence of wariness and heights. *Psychological Science, 3,* 61–64. (pp. 266, 516)

Canli, T. (2008, February/March). The character code. *Scientific American Mind,* pp. 53–57. (p. 607)

Canli, T., Desmond, J. E., Zhao, Z., & Gabrieli, J. D. E. (2002). Sex differences in the neural basis of emotional memories. *Proceedings of the National Academy of Sciences, 99,* 10789–10794. (p. 511)

Cannon, J. (2005). Career planning and opportunities: The bachelor s degree in psychology, *Eye on Psi Chi, 9,* 26–28. (pp. A-1, A-2, A-10)

Cannon, W. B. (1929). *Bodily changes in pain, hunger, fear, and rage.* New York: Branford. (pp. 449, 528)

Cannon, W. B., & Washburn, A. (1912). An explanation of hunger. *American Journal of Physiology, 29,* 441–454. (p. 449)

Cantor, N., & Kihlstrom, J. F. (1987). *Personality and social intelligence.* Englewood Cliffs, NJ: Prentice-Hall. (p. 412)

Cantril, H., & Bumstead, C. H. (1960). *Reflections on the human venture.* New York: New York University Press. (p. 691)

Caplan, N., Choy, M. H., & Whitmore, J. K. (1992, February). Indochinese refugee families and academic achievement. *Scientific American,* pp. 36–42. (pp. 152, 436)

Caprara, G. V., Vecchione, M., Barbaranelli, C., & Fraley, R. C. (2007). When likeness goes with liking: The case of political preference. *Political Psychology, 28,* 609–632. (p. 709)

Caption —pg. A-7. (p. A-7)

Caputo, D., & Dunning, D. (2005). What you don t know: The role played by errors of omission in imperfect self-assessments. *Journal of Experimental Social Psychology,* 488–505. (p. 583)

Carducci, B. J., Cosby, P. C., & Ward, D. D. (1978). Sexual arousal and interpersonal evaluations. *Journal of Experimental Social Psychology, 14, 449–457.* (p. 710)

Carey, B. (2006, November 11). What s wrong with a child? Psychiatrists often disagree. *New York Times* (www.nytimes.com). (p. 598)

Carey, B. (2007, September 4). Bipolar illness soars as a diagnosis for the young. *New York Times* (www.nytimes.com). (p. 613)

Carey, D. P. (2007). Is bigger really better? The search for brain size and intelligence in the twenty-first century. In S. Della Sala (Ed.), *Tall tales about the mind and brain: Separating fact from fiction.* Oxford: Oxford University Press. (p. 413)

Carey, G. (1990). Genes, fears, phobias, and phobic disorders. *Journal of Counseling and Development, 68,* 628–632. (p. 607)

Carli, L. L., & Leonard, J. B. (1989). The effect of hindsight on victim derogation. *Journal of Social and Clinical Psychology, 8,* 331–343. (p. 697)

Carlson, C. L. (2000). ADHD is overdiagnosed. In R. L. Atkinson, R. C. Atkinson, E. E. Smith, D. J. Bem, & S. Nolen-Hoeksema (Eds.), *Hilgard s introduction to psychology, Thirteenth edition.* Fort Worth: Harcourt. (p. 595)

Carlson, M. (1995, August 29). Quoted by S. Blakeslee, In brain s early growth, timetable may be crucial. *New York Times,* pp. C1, C3. (p. 192)

Carlson, M., Charlin, V., & Miller, N. (1988). Positive mood and helping behavior: A test of six hypotheses. *Journal of Personality and Social Psychology, 55,* 211–229. (p. 713)

Carlson, S. (1985). A double-blind test of astrology. *Nature, 318,* 419–425. (p. 572)

Carlson, S. M., & Meltzoff, A. N. (2008). Bilingual experience and executive functioning in young children. *Developmental Science, 11,* 282–298. (p. 393)

Carnahan, T., & McFarland, S. (2007). Revisiting the Stanford Prison Experiment: Could participant self-selection have led to the cruelty? *Personality and Social Psychology Bulletin, 33,* 603–614. (p. 678)

Carnegie Council on Adolescent Development. (1989, June). *Turning points: Preparing American youth for the 21st century.* (The report of the Task Force on Education of Young Adolescents.) New York: Carnegie Corporation. (p. 426)

Carnelley, K. B., Wortman, C. B., Bolger, N., Burke, C. T. (2006). The time course of grief reactions to spousal loss: Evidence from a national probability sample. *Journal of Personality and Social Psychology, 91,* 476–492. (p. 221)

Carpusor, A., & Loges, W. E. (2006). Rental discrimination and ethnicity in names. *Journal of Applied Social Psychology, 36,* 934–952. (pp. 19, 692)

Carri re, G. (2003). Parent and child factors associated with youth obesity. *Statistics Canada, Catalogue 82–003,* Supplement to Health Reports, 2003. (p. 460)

Carroll, D., Davey Smith, G., & Bennett, P. (1994, March). Health and socioeconomic status. *The Psychologist, pp.* 122–125. (p. 539)

Carroll, J. (2005, January 14). Terrorism concerns fade. *The Gallup Organization* (www.gallup.com). (p. 379)

Carroll, J. (2007, August 16). Most Americans approve of interracial marriages. *Gallup News Service* (www.gallup.com). (p. 692)

Carroll, J. (2008, January 2). Time pressures, stress common for Americans. Gallup Poll (www.gallup.com). (p. 527)

Carroll, J. M., & Russell, J. A. (1996). Do facial expressions signal specific emotions? Judging emotion from the face in context. *Journal of Personality and Social Psychology, 70,* 205–218. (p. 512)

Carroll, J. S., Padilla-Walker, L. M., Nelson, L. J., Olson, C. D., Barry, C. M., & Madsen, S. D. (2008). Generation XXX: Pornography acceptance and use among emerging adults. *Journal of Adolescent Research, 23,* 6–30. (p. 702)

Carroll, P., Sweeny, K., & Shepperd, J. A. (2006). Forsaking optimism. *Review of General Psychology, 10,* 56–73. (p. 582)

Carskadon, M. (2002). *Adolescent sleep patterns: Biological, social, and psychological influences.* New York; Cambridge University Press. (p. 98)

Carstensen, L. I., & Mikels, J. A. (2005). At the intersection of emotion and cognition: Aging and the positivity effect. *Current Directions in Psychological Science, 14,* 117–121. (pp. 216, 220)

Carter, R. (1998). *Mapping the mind.* Berkeley, CA: University of California

Press. (p. 52)

Cartwright, R. D. (1978). *A primer on sleep and dreaming.* Reading, MA: Addison-Wesley. (p. 95)

Caryl, P. G. (1994). Early event-related potentials correlate with inspection time and intelligence. *Intelligence, 18,* 15–46. (p. 414)

CASA. (2003). *The formative years: Pathways to substance abuse among girls and young women ages 8–22.* New York, NY; National Center on Addiction and Substance Use, Columbia University. (p. 115, 124)

Casey, B. J., Getz, S., & Galvan, A. (2008). The adolescent brain. *Deveopmental Review, 28,* 62–77. (p. 199)

Cash, T. F., & Henry, P. E. (1995). Women s body images: The results of a national survey in the U.S.A. *Sex Roles, 33,* 19–28. (p. 454)

Cash, T., & Janda, L. H. (1984, December). The eye of the beholder. *Psychology Today,* pp. 46–52. (p. 707)

Caspi, A. (2000). The child is father of the man: Personality continuities from childhood to adulthood. *Journal of Personality and Social Psychology, 78,* 158–172. (p. 140)

Caspi, A., Harrington, H., Milne, B., Amell, J. W., Theodore, R. F., & Moffitt, T. E. (2003). Children s behavioral styles at age 3 are linked to their adult personality traits at age 26. *Journal of Personality, 71,* 496–513. (pp. 224, 618)

Caspi, A., McClay, J., Moffitt, T., Mill, J., Martin, J., Craig, I. W., Taylor, A., & Poulton, R. (2002). Role of genotype in the cycle of violence in maltreated children. *Science, 297,* 851–854. (p. 630)

Caspi, A., Moffitt, T. E., Newman, D. L., & Silva, P. A. (1996). Behavioral observations at age 3 years predict adult psychiatric disorders: Longitudinal evidence from a birth cohort. *Archives of General Psychiatry, 53,* 1033–1039. (p. 629)

Caspi, A., Williams, B., Kim-Cohen, J., Craig, I. W., Milne, B. J., Poulton, R., Schalkwyk, L. C., Taylor, A., Werts, H., & Moffitt, T. E. (2007). Moderation of breastfeeding effects on the IQ by genetic variation in fatty acid metabolism. *Proceedings of the National Academy of Sciences, 104,* 18860–18865. (p. 141)

Cassel, L., & Suedfeld, P. (2006). Salutogenesis and autobiographical disclosure among Holocaust survivors. *The Journal of Positive Psychology, 1,* 212–225. (p. 605)

Cassidy, J., & Shaver, P. R. (1999). *Handbook of attachment.* New York: Guilford. (p. 189)

Castillo, R. J. (1997). *Culture and mental illness: A client-centered approach.* Pacific Grove, CA: Brooks/Cole. (p. 596)

Castonguay, L. G., & Goldfried, M. R. (1994). Psychotherapy integration: An idea whose time has come. *Applied & Preventive Psychology, 3,* 159–172. (p. 637)

Catanese, K. R., & Tice, D. M. (2005). The effect of rejection on anti-social behaviors: Social exclusion produces aggressive behaviors. In K. D. Williams, J. P. Forgas, & W. Von Hippel (Eds.), *The social outcast: Ostracism, social exclusion, rejection, and bullying.* New York: Psychology Press. (p. 701)

Cattell, R. B. (1963). Theory of fluid and crystallized intelligence: A critical experiment. *Journal of Educational Psychology, 54,* 1–22. (p. 216)

Cavalli-Sforza, L., Menozzi, P., & Piazza, A. (1994). *The history and geography of human genes.* Princeton, NJ: Princeton University Press. (p. 435)

Cavigelli, S. A., & McClintock, M. K. (2003). Fear of novelty in infant rats predicts adult corticosterone dynamics and an early death. *Proceedings of the National Academy of Sciences, 100,* 16131–16136. (p. 530)

Cawley, B. D., Keeping, L. M., & Levy, P. E. (1998). Participation in the performance appraisal process and employee reactions: A meta-analytic review of field investigations. *Journal of Applied Psychology, 83,* 615–633. (p. 492)

CDC (2006, June 9). Youth risk behavior surveillance: United States, 2005. *Morbidity and Mortality Weekly Report, 55,* No. SS-5, Centers for Disease Control and Prevention. (p. 469)

CDC (2007, February 8). *CDC releases new data on Autism Spectrum Disorders (ASDs) from multiple communities in the United States.* Centers for Disease Control and Prevention (www.cdc.gov). (p. 186)

CDC (2007, November). Obesity among adults in the United States—No change since 2003–2004. NCHS Data Brief, Centers for Disease Control and Prevention (www.cdc.gov/nchs/data/databriefs/db01.pdf). (p. 456)

CDC (Centers for Disease Control). (2002, September 27). Trends in sexual risk behaviors among high school students—United States, 1991–2002. *MMWR, 51*(38): 856–859 (www.cdc.gov/mmwr). (p. 471)

CDC. (2003). Who should get a flu shot (influenza vaccine). National Center for Infectious Diseases (http: //www.cdc.gov/ncidod/diseases/flu/who.htm). (p. 626)

Ceci, S. J. (1993). Cognitive and social factors in children s testimony. Master Lecture, American Psychological Association convention. (p. 360, 361)

Ceci, S. J., & Bruck, M. (1993). Child witnesses: Translating research into policy. *Social Policy Report (Society for Research in Child Development), 7(3),* 1–30. (p. 360)

Ceci, S. J., & Bruck, M. (1995). *Jeopardy in the courtroom: A scientific analysis of children s testimony.* Washington, DC: American Psychological Association. (p. 360)

Ceci, S. J., & Williams, W. M. (1997). Schooling, intelligence, and income. *American Psychologist, 52,* 1051–1058. (p. 430)

Ceci, S. J., Huffman, M. L. C., Smith, E., & Loftus, E. F. (1994). Repeatedly thinking about a non-event: Source misattributions among preschoolers. *Consciousness and Cognition, 3,* 388–407. (p. 361)

Centers for Disease Control Vietnam Experience Study. (1988). Health status of Vietnam veterans. *Journal of the American Medical Association, 259,* 2701–2709. (p. 604)

Centers for Disease Control. (1992, September 16). Serious mental illness and disability in the adult household population: United States, 1989. *Advance Data* No. 218 from *Vital and Health Statistics,* National Center for Health Statistics. (p. 632)

Centerwall, B. S. (1989). Exposure to television as a risk factor for violence. *American Journal of Epidemiology, 129,* 643–652. (p. 322)

Cepeda, N. J., Pashler, H., Vul, E., Wixted, J. T., & Rohrer, D. (2006). Distributed practice in verbal recall tasks: A review and quantitative synthesis. *Psychological Bulletin, 132,* 354–380. (p. 332)

Cerella, J. (1985). Information processing rates in the elderly. *Psychological Bulletin, 98,* 67–83. (p. 210)

CFI. (2003, July). International developments. Report. Amherst, NY: Center for Inquiry International. (p. 284)

Chabris, C. F., & Glickman, M. E. (2006). Sex differences in intellectual performance: Analysis of a large cohort of competitive chess players. *Psychological Science, 17,* 1040–1046. (p. 433)

Chambless, D. L., Baker, M. J., Baucom, D. H., Beutler, L. E., Calhoun, K. S., Crits-Christoph, P., Daiuto, A., DeRubeis, R., Detweiler, J., Haaga, D. A. F., Johnson, S. B., McCurry, S., Mueser, K. T., Pope, K. S., Sanderson, W. C., Shoham, V., Stickle, T., Williams, D. A., & Woody, S. R. (1997). Update on empirically validated therapies, II. *The Clinical Psychologist, 51(1),* 3–16. (p. 656)

Chamove, A. S. (1980). Nongenetic induction of acquired levels of aggression. *Journal of Abnormal Psychology, 89,* 469–488. (p. 321)

Chang, E. C. (2001). Cultural influences on optimism and pessimism: Differences in Western and Eastern construals of the self. In E. C. Chang (Ed.), *Optimism and pessimism.* Washington, DC: APA Books. (p. 582)

Chang, P. P., Ford, D. E., Meoni, L. A., Wang, N-Y., & Klag, M. J. (2002). Anger in young men and subsequent premature cardiovascular disease: The precursors study. *Archives of Internal Medicine, 162,* 901–906. (p. 533)

Chaplin, W. F., Phillips, J. B., Brown, J. D., Clanton, N. R., & Stein, J. L. (2000). Handshaking, gender, personality, and first impressions. *Journal of Personality and Social Psychology, 79,* 110–117. (p. 508)

Charles, S. T., Reynolds, C. A., & Gatz, M. (2001). Age-related differences and change in positive and negative affect over 23 years. *Journal of Personality and Social Psychology, 80,* 136–151. (p. 220)

Charpak, G., & Broch, H. (2004). *Debunked! ESP, telekinesis, and other pseudoscience.* Baltimore, MD: Johns Hopkins University Press. (p. 283)

Chartrand,T. L., & Bargh, J. A. (1999). The chameleon effect: The perception-behavior link and social interaction. *Journal of Personality and Social Psychology, 76,* 893–910. (p. 680)

Chase, W. G., & Simon, H. A. (1973). Perception in chess. *Cognitive Psychology, 4,* 55–81. (p. 336)

Cheek, J. M., & Melchior, L. A. (1990). Shyness, self-esteem, and self-consciousness. In H. Leitenberg (Ed.), *Handbook of social and evaluation anxiety.* New York: Plenum. (p. 156)

Cheit, R. E. (1998). Consider this, skeptics of recovered memory. *Ethics & Behavior, 8,* 141–160. (p. 561)

Chen, E. (2004). Why socioeconomic status affects the health of children: A psychosocial perspective. *Current Directions in Psychological Science, 13,* 112–115.

(p. 539)

Chen, X., Beydoun, M. A., & Wang, Y. (2008). Is sleep duration associated with childhood obesity? A systematic review and meta-analysis. *Obesity, 16,* 265–274. (p. 98)

Cheng, M. (2006, November 16). Europeans OK anti-obesity charter. *Associated Press.* (p. 461)

Cherkas, L. F., Hunkin, J. L., Kato, B. S., Richards, J. B., Gardner, J. P., Surdulescu, G. L., Kimura, M., Lu, X., Spector, T. D., & Aviv, A. (2008). The association between physical activity in leisure time and leukocyte telomere length. *Archives of Internal Medicine, 168,* 154–158. (p. 211)

Chess, S., & Thomas, A. (1987). *Know your child: An authoritative guide for today s parents.* New York: Basic Books. (pp. 72, 139, 190)

Child Trends. (2001, August). Facts at a glance. (www.childtrends.org). (p. 469)

Chiles, J. A., Lambert, M. J., & Hatch, A. L. (1999). The impact of psychological interventions on medical cost offset: A meta-analytic review. *Clinical Psychology; Science and Practice, 6,* 204–220. (p. 654)

Chisholm, K. (1998). A three year follow-up of attachment and indiscriminate friendliness in children adopted from Romanian orphanages. *Child Development, 69,* 1092–1106. (p. 192)

Chisolm, T. H., Johnson, C. E., Danhauer, J. L., Portz, L. J. P., Abrams, H. B., Lesner, S., McCarthy, P. A., & Newman, C. W. (2007). A systematic review of health-related quality of life and hearing aids: Final report of the American Academy of Audiology Task Force on the Health-Related Quality of Life Benefits of Amplification in Adults. *Journal of the American Academy of Audiology, 18,* 151–183. (p. 251)

Chivers, M. L. (2005). A brief review and discussion of sex differences in the specificity of sexual arousal. *Sexual and Relationship Therapy, 20,* 377–390. (p. 472)

Chivers, M. L., Seto, M. C., & Blanchard, R. (2007). Gender and sexual orientation differences in sexual response to sexual activities versus gender of actors in sexual films. *Journal of Personality and Social Psychology, 93,* 1108–1121. (p. 473)

Choi, C. Q. (2008, March). Do you need only half your brain? *Scientific American,* p. 104. (p. 74)

Choi, I., & Choi, Y. (2002). Culture and self-concept flexibility. *Personality and Social Psychology Bulletin, 28,* 1508–1517. (p. 156)

Chomsky, N. (1959). Review of B. F. Skinner s Verbal behavior. *Language, 35,* 26–58. (p. 386)

Chomsky, N. (1972). *Language and mind.* New York: Harcourt Brace. (p. 382)

Chomsky, N. (1987). Language in a psychological setting. Sophia Linguistic Working Papers in Linguistics, No. 22, Sophia University, Tokyo. (p. 386)

Christakis, D. S., Zimmerman, F. J., DiGiuseppe, D. L., & McCarty, C. A. (2004). Early television exposure and subsequent attentional problems in children. *Pediatrics, 113,* 708–713. (p. 595)

Christakis, N. A., & Fowler, J. H. (2007). The spread of obesity in a large social network over 32 years. *New England Journal of Medicine, 357,* 370–379. (pp. 126, 460)

Christensen, A., & Jacobson, N. S. (1994). Who (or what) can do psychotherapy: The status and challenge of nonprofessional therapies. *Psychological Science, 5,* 8–14. (p. 658)

Christophersen, E. R., & Edwards, K. J. (1992). Treatment of elimination disorders: State of the art 1991. *Applied & Preventive Psychology, 1,* 15–22. (p. 643)

Chugani, H. T., & Phelps, M. E. (1986). Maturational changes in cerebral function in infants determined by 18FDG Positron Emission Tomography. *Science, 231,* 840–843. (p. 177)

Cialdini, R. B. (1993). *Influence: Science and practice (3rd ed.).* New York: HarperCollins. (p. 676)

Cialdini, R. B., & Richardson, K. D. (1980). Two indirect tactics of image management: Basking and blasting. *Journal of Personality and Social Psychology, 39,* 406–415. (p. 696)

Ciarrochi, J., Forgas, J. P., & Mayer, J. D. (2006). *Emotional intelligence in everyday life,* 2nd edition. New York: Psychology Press. (p. 412)

Cin, S. D., Gibson, B., Zanna, M. P., Shumate, R., & Fong, G. T. (2007). Smoking in movies, implicit associations of smoking with the self, and intentions to smoke. *Psychological Science, 18,* 559–563. (p. 118)

Clack, B., Dixon, J., & Tredoux, C. (2005). Eating together apart: Patterns of segregation in a multi-ethnic cafeteria. *Journal of Community and Applied Social Psychology, 15,* 1–16. (p. 717)

Clancy, S. A. (2005). Abducted: How people came to believe they were abducted by aliens. Boston; Harvard University Press. (pp. 95, 357)

Clancy, S. A., Schacter, D. L., McNally, R. J., & Pitman, R. K. (2000). False recognition in women reporting recovered memories of sexual abuse. *Psychological Science, 11,* 26–31. (p. 357)

Clark, A., Seidler, A., & Miller, M. (2001). Inverse association between sense of humor and coronary heart disease. *International Journal of Cardiology, 80,* 87–88. (p. 540)

Clark, K. B., & Clark, M. P. (1947). Racial identification and preference in Negro children. In T. M.. Newcomb and E. L. Hartley (Eds.), *Readings in social psychology.* New York: Holt. (p. 30)

Clark, L. A. (2007). Assessment and diagnosis of personality disorder: Perennial issues and an emerging reconceptualization. *Annual Review of Psychology, 58,* 227–257. (p. 628)

Clark, R. D. (1990, May). The impact of AIDS on gender differences in willingness to engage in casual sex. *Journal of Applied Social Psychology, 20,* 771–782. (p. 147)

Clark, R. D., III, & Hatfield, E. (2003). Love in the afternoon. *Psychological Inquiry, 14,* 227–231. (p. 146)

Clark, R. D., III, & Hatfield, E. (1989). Gender differences in willingness to engage in casual sex. *Journal of Psychology and Human Sexuality, 2,* 39–55. (p. 146)

Clark, R., Anderson, N. B., Clark, V. R., & Williams, D. R. (1999). Racism as a stressor for African Americans: A biopsychosocial model. *American Psychologist, 54,* 805–816. (p. 531)

Coan, J. A., Schaefer, H. S., & Davidson, R. J. (2006). Lending a hand: Social regulation of the neural response to threat. *Psychological Science, 17,* 1032–1039. (p. 540)

Coffey, C. E., Wilkinson, W. E., Weiner, R. D., Parashos, I. A., Djang, W. T., Webb, M. C., Figiel, G. S., & Spritzer, C. E. (1993). Quantitative cerebral anatomy in depression: A controlled magnetic resonance imaging study. *Archives of General Psychiatry, 50,* 7–16. (p. 617)

Cogan, J. C., & Ernsberger, P. (1999). Dieting, weight, and health: Reconceptualizing research and policy. *Journal of Social Issues, 55,* 187–205. (p. 464)

Cogan, J. C., Bhalla, S. K., Sefa-Dedeh, A., & Rothblum, E. D. (1996). A comparison study of United States and African students on perceptions of obesity and thinness. *Journal of Cross-Cultural Psychology, 27,* 98–113. (p. 456)

Cohen, D. (1995, June 17). Now we are one, or two, or three. *New Scientist,* pp. 14–15. (p. 610)

Cohen, K. M. (2002). Relationships among childhood sex-atypical behavior, spatial ability, handedness, and sexual orientation in men. *Archives of Sexual Behavior, 31,* 129–143. (p. 477)

Cohen, P. (2007, November 15). Freud is widely taught at universities, except in the psychology department. *New York Times* (www.nytimes.com). (p. 564)

Cohen, S. (1988). Psychosocial models of the role of social support in the etiology of physical disease. *Health Psychology, 7,* 269–297. (p. 541)

Cohen, S. (2004). Social relationships and health. *American Psychologist, 59,* 676–684. (p. 542)

Cohen, S., & Pressman, S. D. (2006). Positive affect and health. *Current Directions in Psychological Science, 15,* 122–125. (p. 438)

Cohen, S., Alper, C. M., Doyle, W. J., Treanor, J. J., & Turner, R. B. (2006). Positive emotional style predicts resistance to illness after experimental exposure to rhinovuros or influenza A virus. *Psychosomatic Medicine, 68,* 809–815. (p. 535)

Cohen, S., Doyle, W. J., Skoner, D. P., Rabin, B. S., & Gwaltney, J. M., Jr. (1997). Social ties and susceptibility to the common cold. *Journal of the American Medical Association, 277,* 1940–1944. (p. 542)

Cohen, S., Doyle, W. J., Turner, R., Alper, C. M., & Skoner, D. P. (2003). Sociability and susceptibility to the common cold. *Psychological Science, 14,* 389–395. (p. 535)

Cohen, S., Kaplan, J. R., Cunnick, J. E., Manuck, S. B., & Rabin, B. S. (1992). Chronic social stress, affiliation, and cellular immune response in nonhuman primates. *Psychological Science, 3,* 301–304. (p. 535)

Cohen, S., Line, S., Manuck, S. B., Rabin, B. S., Heise, E. R., & Kaplan, J. R. (1997). Chronic social stress, social status, and susceptibility to upper respiratory infections in nonhuman primates. *Psychosomatic Medicine, 59,* 213–221. (p. 539)

Cohen, S., Tyrrell, D. A. J., & Smith, A. P. (1991). Psychological stress and susceptibility to the common cold. *New England Journal of Medicine, 325,* 606–612. (p. 535)

Colangelo, N., Assouline, S. G., & Gross, M. U. M. (2004). *A nation deceived: How schools hold back America s brightest students, Volumes I and II. The Templeton National Report on Acceleration.* Iowa City, IA: College of Education, University of Iowa. (p. 427)

Colapinto, J. (2000). *As nature made him: The boy who was raised as a girl.* New York: HarperCollins. (p. 163)

Colarelli, S. M., & Dettman, J. R. (2003). Intuitive evolutionary perspectives in marketing. *Psychology and Marketing, 20,* 837–865. (p. 145)

Colarelli, S. M., Spranger, J. L., & Hechanova, M. R. (2006). Women, power, and sex composition in small groups: An evolutionary perspective. *Journal of Organizational Behavior, 27,* 163–184. (p. 160)

Colcombe, S. J., & Kramer, A. F. (2003). Fitness effects on the cognitive function of older adults: A meta-analytic study. *Psychological Science, 14,* 125–130. (p. 211)

Colcombe, S. J., Kramer, A. F., Erickson, K. I., Scalf, P., McAuley, E., Cohen, N. J., Webb, A., Jerome, G. J., Marquex, D. X., & Elavsky, S. (2004). Cardiovascular fitness, cortical plasticity, and aging. *Proceedings of the National Academy of Sciences,* 101, 3316–3321. (p. 211)

Cole, K. C. (1998). *The universe and the teacup: The mathematics of truth and beauty.* New York; Harcourt Brace. (p. 117)

Coleman, P. D., & Flood, D. G. (1986). Dendritic proliferation in the aging brain as a compensatory repair mechanism. In D. F. Swaab, E. Fliers, M. Mirmiram, W. A. Van Gool, & F. Van Haaren (Eds.), *Progress in brain research* (Vol. 20). New York: Elsevier. (p. 211)

Collins, D. W., & Kimura, D. (1997). A large sex difference on a two-dimensional mental rotation task. *Behavioral Neuroscience, 111,* 845–849. (p. 433)

Collins, F. (2006). *The language of God.* New York: Free Press. (p. 168)

Collins, N. L., & Miller, L. C. (1994). Self-disclosure and liking: A meta-analytic review. *Psychological Bulletin, 116,* 457–475. (p. 711)

Collins, R. L., Elliott, M. N., Berry, S. H., Danouse, D. E., Kunkel, D., Hunter, S. B., & Miu, A. (2004). Watching sex on television predicts adolescent initiation of sexual behavior. *Pediatrics, 114,* 280–289. (p. 13)

Collinson, S. L., MacKay, C. E., James, A. C., Quested, D. J., Phillips, T., Roberts, N., & Crow, T. J. (2003). Brain volume, asymmetry and intellectual impairment in relation to sex in early-onset schizophrenia. *British Journal of Psychiatry, 183,* 114–120. (p. 625)

Collishaw, S., Pickles, A., Natarajan, L., & Maughan, B. (2007, June). 20-year trends in depression and anxiety in England. Paper presented at the Thirteenth Scientific Meeting on The Brain and the Developing Child, London, UK. (p. 615)

Colom, R., Jung, R. E., & Haier, R. J. (2006). Distributed brain sites for the *g*-factor of intelligence. *NeuroImage, 31,* 1359–1365. (p. 414)

Colom, R., Lluis-Font, J. M., & Andr s-Pueyo, A. (2005). The generational intelligence gains are caused by decreasing variance in the lower half of the distribution: Supporting evidence for the nutrition hypothesis. *Intelligence, 33,* 83–91. (p. 421)

Colombo, J. (1982). The critical period concept: Research, methodology, and theoretical issues. *Psychological Bulletin, 91,* 260–275. (p. 190)

Comer, R. J. (2004). *Abnormal psychology.* New York: Worth Publishers. (p. 594)

Commission on Children at Risk (2003). *Hardwired to connect: The new scientific case for authoritative communities.* New York: Institute for American Values. (p. 195)

Comstock, G. (2008). A sociological perspective on television violence and aggression. *American Behavioral Scientist, 51,* 1184–1211. (p. 322)

Conard, M. A. (2006). Aptitude is not enough: How personality and behavior predict academic performance. *Journal of Research in Personality, 40,* 339–346. (p. 572)

Connor-Smith, J. K., & Flachsbart, C. (2007). Relations between personality and coping: A meta-analysis. *Journal of Personality and Social Psychology, 93,* 1080–1107. (p. 538)

Consumer Reports. (1995, November). Does therapy help? Pp. 734–739. (p. 651)

Conway, M. A., Wang, Q., Hanyu, K., & Haque, S. (2005). A cross-cultural investigation of autobiographical memory. On the universality and cultural variation of the reminiscence bump. *Journal of Cross-Cultural Psychology, 36,* 739–749. (p. 212)

Cook, M., & Mineka, S. (1991). Selective associations in the origins of phobic fears and their implications for behavior therapy. In P. Martin (Ed.), *Handbook of behavior therapy and psychological science: An integrative approach.* New York: Pergamon Press. (p. 516)

Cooke, L. J., Wardle, J., & Gibson, E. L. (2003). Relationship between parental report of food neophobia and everyday food consumption in 2–6-year-old children. *Appetite, 41,* 205–206. (p. 259)

Cooper, K. J. (1999, May 1). This time, copycat wave is broader. *Washington Post* (www.washingtonpost.com). (pp. 323, 681)

Cooper, M. L. (2006). Does drinking promote risky sexual behavior? A complex answer to a simple question. *Current Directions in Psychological Science, 15,* 19–23. (p. 116)

Coopersmith, S. (1967). *The antecedents of self-esteem.* San Francisco: Freeman. (p. 195)

Corballis, M. C. (1989). Laterality and human evolution. *Psychological Review, 96,* 492–505. (p. 80)

Corballis, M. C. (2002). *From hand to mouth: The origins of language.* Princeton: Princeton University Press. (p. 399)

Corballis, M. C. (2003). From mouth to hand: Gesture, speech, and the evolution of right-handedness. *Behavioral and Brain Sciences, 26,* 199–260. (p. 399)

Coren, S. (1996). *Sleep thieves: An eye-opening exploration into the science and mysteries of sleep.* New York; Free Press. (pp. 97, 100, 101)

Corey, D. P., & 15 others (2004). TRPA1 is a candidate for the mechanosensitive transduction channel of vertebrate hair cells. *Nature* (advance online publication, October 13, at www.nature.com). (p. 247)

Corina, D. P. (1998). The processing of sign language: Evidence from aphasia. In B. Stemmer & H. A. Whittaker (Eds.), *Handbook of neurolinguistics.* San Diego: Academic Press. (p. 78)

Corina, D. P., Vaid, J., & Bellugi, U. (1992). The linguistic basis of left hemisphere specialization. *Science, 255,* 1258–1260. (p. 78)

Corneille, O., Huart, J., Becquart, E., & Br dart, S. (2004). When memory shifts toward more typical category exemplars: Accentuation effects in the recollection of ethnically ambiguous faces. *Journal of Personality and Social Psychology, 86,* 236–250. (p. 370)

Correll, J., Park, B., Judd, C. M., & Wittenbrink, B. (2002). The police officer s dilemma: Using ethnicity to disambiguate potentially threatening individuals. *Journal of Personality and Social Psychology, 83,* 1314–1329. (p. 693)

Correll, J., Park, B., Judd, C. M., Wittenbrink, B., Sadler, M. S., & Keesee, T. (2007). Across the thin blue line: Police officers and racial bias in the decision to shoot. *Journal of Personality and Social Psychology, 92,* 1006–1023. (p. 693)

Costa, P. T., Jr., & McCrae, R. R. (2006). Trait and factor theories. In J. C. Thomas, D. L. Segal, & M. Hersen (Eds.), *Comprehensive handbook of personality and psychopathology, Vol. 1: Personality and everyday functioning.* Hoboken, NJ: Wiley. (p. 571)

Costa, P. T., Jr., Terracciano, A., & McCrae, R. R. (2001). Gender differences in personality traits across cultures: Robust and surprising findings. *Journal of Personality and Social Psychology, 81,* 322–331. (p. 510)

Costa, P. T., Jr., Zonderman, A. B., McCrae, R. R., Cornoni-Huntley, J., Locke, B. Z., & Barbano, H. E. (1987). Longitudinal analyses of psychological well-being in a national sample: Stability of mean levels. *Journal of Gerontology, 42,* 50–55. (p. 221)

Costello, E. J., Compton, S. N., Keeler, G., & Angold, A. (2003). Relationships between poverty and psychopathology: A natural experiment. *Journal of the American Medical Association, 290,* 2023–2029. (p. 632)

Coughlin, J. F., Mohyde, M., D Ambrosio, L. A., & Gilbert, J. (2004). *Who drives older driver decisions?* Cambridge, MA: MIT Age Lab. (p. 210)

Couli, J. T., Vidal, F., Nazarian, B., & Macar, F. (2004). Functional anatomy of the attentional modulation of time estimation. *Science, 303,* 1506–1508. (p. 482)

Courage, M. L., & Howe, M. L. (2002). From infant to child: The dynamics of cognitive change in the second year of life. *Psychological Bulletin, 128,* 250–277. (p. 194)

Courneya, K. S., & Carron, A. V. (1992). The home advantage in sports competitions: A literature review. *Journal of Sport and Exercise Psychology, 14,* 13–27. (p. 687)

Courtney, J. G., Longnecker, M. P., Theorell, T., & de Verdier, M. G. (1993). Stressful life events and the risk of colorectal cancer. *Epidemiology, 4,* 407–414. (p. 536)

Covin, R., Ouimet, A. J., Seeds, P. M., & Dozois, D. J. A. (2008). A meta-analysis of CBT for pathological worry among clients with GAD. *Journal of Anxiety Disorders, 22,* 108–116. (p. 649)

Cowan, G., Lee, C., Levy, D., & Snyder, D. (1988). Dominance and inequality in X-rated videocassettes. *Psychology of Women Quarterly, 12,* 299–311. (p. 702)

Cowan, N. (1988). Evolving conceptions of memory storage, selective attention, and their mutual constraints within the human information-processing system. *Psychological Bulletin, 104,* 163–191. (p. 338)

Cowan, N. (1994). Mechanisms of verbal short-term memory. *Current Directions in Psychological Science, 3,* 185–189. (p. 338)

Cowan, N. (2001). The magical number 4 in short-term memory: A reconsideration of mental storage capacity. *Behavioral and Brain Sciences, 24,* 87–185. (p. 339)

Cowart, B. J. (1981). Development of taste perception in humans: Sensitivity and preference throughout the life span. *Psychological Bulletin, 90,* 43–73. (p. 259)

Cowart, B. J. (2005). Taste, our body s gustatory gatekeeper. *Cerebrum, 7*(2), 7–22. (p. 259)

Cox, J. J. & 18 others (2006). An *SCN9A* channelopathy causes congenital inability to experience pain. *Nature, 444,* 894–898. (p. 256)

CPP (2008). Myers-Briggs Type Indicator assessment (MBTI). CPP, Inc. (www.cpp.com). (p. 568)

Crabbe, J. C. (2002). Genetic contributions to addiction. *Annual Review of Psychology, 53,* 435–462. (p. 123)

Crabtree, S. (2005, January 13). Engagement keeps the doctor away. *Gallup Management Journal* (gmj.gallup.com). (p. 490)

Craik, F. I. M. (1986). A functional account of age differences in memory. In F. Klix & H. Hagendorf (Eds.), *Human memory and cognitive capabilities.* Amsterdam: Elsevier. (p. 215)

Craik, F. I. M., & Tulving, E. (1975). Depth of processing and the retention of words in episodic memory. *Journal of Experimental Psychology: General, 104,* 268–294. (pp. 333, 334)

Craik, F. I. M., & Watkins, M. J. (1973). The role of rehearsal in short-term memory. *Journal of Verbal Learning and Verbal Behavior, 12,* 599–607. (pp. 332, 333)

Crain-Thoreson, C., & Dale, P. S. (1992). Do early talkers become early readers? Linguistic precocity, preschool language, and emergent literacy. *Developmental Psychology, 28,* 421–429. (p. 423)

Crandall, C. S. (1988). Social contagion of binge eating. *Journal of Personality and Social Psychology, 55,* 588–598. (p. 453)

Crandall, C. S. (1994). Prejudice against fat people: Ideology and self-interest. *Journal of Personality and Social Psychology, 66,* 882–894. (p. 457)

Crandall, C. S. (1995). Do parents discriminate against their heavyweight daughters? *Personality and Social Psychology Bulletin, 21,* 724–735. (p. 457)

Crandall, J. E. (1984). Social interest as a moderator of life stress. *Journal of Personality and Social Psychology, 47,* 164–174. (p. 567)

Crawford, M., Chaffin, R., & Fitton, L. (1995). Cognition in social context. *Learning and Individual Differences, Special Issue: Psychological and psychobiological perspectives on sex differences in cognition: 1. Theory and Research, 7,* 341–362. (p. 433)

Crawley, J. N. (2007). Testing hypotheses about autism. *Science, 318,* 56–57. (p. 187)

Crews, F. (Ed.) (1998). *Unauthorized Freud: Doubters confront a legend.* New York: Viking. (p. 564)

Crews, F. T., Mdzinarishvilli, A., Kim, D., He, J., & Nixon, K. (2006). Neurogenesis in adolescent brain is potently inhibited by ethanol. *Neuroscience, 137,* 437–445. (p. 115)

Crews, F., He, J., & Hodge, C. (2007). Adolescent cortical development: A critical period of vulnerability for addiction. *Pharmacology, Biochemistry and Behavior, 86,* 189–199. (p. 115)

Crews, F., He, J., & Hodge, C. (2007). Adolescent cortical development: A critical period of vulnerability for addiction. *Pharmacology, Biochemistry and Behavior, 86,* 189–199. (p. 199)

Crocker, J., & Park, L. E. (2004). The costly pursuit of self-esteem. *Psychological Bulletin, 130,* 392–414. (p. 589)

Crocker, J., Thompson, L. L., McGraw, K. M., & Ingerman, C. (1987). Downward comparison, prejudice, and evaluation of others: Effects of self-esteem and threat. *Journal of Personality and Social Psychology, 52,* 907–916. (p. 696)

Croft, R. J., Klugman, A., Baldeweg, T., & Gruzelier, J. H. (2001). Electrophysiological evidence of serotonergic impairment in long-term MDMA (Ecstasy) users. *American Journal of Psychiatry, 158,* 1687–1692. (p. 121)

Crombie, A. C. (1964, May). Early concepts of the senses and the mind. *Scientific American,* pp. 108–116. (p. 238)

Crook, T. H., & West, R. L. (1990). Name recall performance across the adult life-span. *British Journal of Psychology, 81,* 335–340. (p. 213)

Cross, S., & Markus, H. (1991). Possible selves across the life span. *Human Development, 34,* 230–255. (p. 584)

Cross-National Collaborative Group. (1992). The changing rate of major depression. *Journal of the American Medical Association, 268,* 3098–3105. (p. 615)

Crowell, J. A., & Waters, E. (1994). Bowlby s theory grown up: The role of attachment in adult love relationships. *Psychological Inquiry, 5,* 1–22. (p. 189)

Csikszentmihalyi, M. (1990). *Flow: The psychology of optimal experience.* New York: Harper & Row. (p. 482)

Csikszentmihalyi, M. (1999). If we are so rich, why aren t we happy? *American Psychologist, 54,* 821–827. (p. 482)

Csikszentmihalyi, M., & Hunter, J. (2003). Happiness in everyday life: The uses of experience sampling. *Journal of Happiness Studies, 4,* 185–199. (p. 204)

Csikszentmihalyi, M., & Larson, R. (1984). *Being adolescent: Conflict and growth in the teenage years.* New York: Basic Books. (p. 221)

Cullen, L. T., & Masters, C. (2008, January 28). We just clicked. *Time,* pp. 84–89. (p. 706)

Cullum, J., & Harton, H. C. (2007). Cultural evolution: Interpersonal influence, issue importance, and the development of shared attitudes in college residence halls. *Personality and Social Psychology Bulletin, 33,* 1327–1339. (p. 682)

Cummings, R. A. (2006, April 4). *Australian Unity Wellbeing Index: Survey 14.1.* Australian Centre on Quality of Life, Deakin University, Melbourne: Report 14.1. (p. 522)

Cunningham, M. R., & others. (2005). Their ideas of beauty are, on the whole, the same as ours : Consistency and variability in the cross-cultural perception of female physical attractiveness. *Journal of Personality and Social Psychology, 68, 261*–279. (p. 708)

Cunningham, W. A., Johnson, M. K., Raye, C. L., Gatenby, J. C., Gore, J. C., & Banaji, M. R. (2004). Separable neural components in the processing of Black and White faces. *Psychological Science, 15,* 806–813. (p. 693)

Curtis, G. C., Magee, W. J., Eaton, W. W., Wittchen, H-U., & Kessler, R. C. (1998). Specific fears and phobias: Epidemiology and classification. *British Journal of Psychiatry, 173,* 212–217. (p. 603)

Curtis, R. C., & Miller, K. (1986). Believing another likes or dislikes you: Behaviors making the beliefs come true. *Journal of Personality and Social Psychology, 51,* 284–290. (p. 709)

Cushman, F., Young, L., & Hauser, M. (2006). The role of conscious reasoning and intuition in moral judgment: Testing three principles of harm. *Psychological Science, 17,* 1082–1088. (p. 201)

Cutler, B. L., & Penrod, S. D. (1989). Forensically relevant moderators of the relation between eyewitness identification accuracy and confidence. *Journal of Applied Psychology, 74,* 650–652. (p. 359)

Cynkar, A. (2007, June). The changing gender composition of psychology. *Monitor on Psychology,* 46–47. (p. 165)

Czeisler, C. A., Allan, J. S., Strogatz, S. H., Ronda, J. M., Sanchez, R., Rios, C. D., Freitag, W. O., Richardson, G. S., & Kronauer, R. E. (1986). Bright light resets the human circadian pacemaker independent of the timing of the sleep-wake cycle. *Science, 233,* 667–671. (p. 93)

Czeisler, C. A., Duffy, J. F., Shanahan, T. L., Brown, E. N., Mitchell, J. F., Rimmer, D. W., Ronda, J. M., Silva, E. J., Allan, J. S., Emens, J. S., Dijk, D-J., & Kronauer, R. E. (1999). Stability, precision, and near-24-hour period of the human circadian pacemaker. *Science, 284,* 2177–2181. (p. 93)

Czeisler, C. A., Kronauer, R. E., Allan, J. S., & Duffy, J. F. (1989). Bright light induction of strong (type O) resetting of the human circadian pacemaker. *Science, 244,* 1328–1333. (p. 93)

Dabbs, J. M., Jr. (2000). *Heroes, rogues, and lovers: Testosterone and behavior.* New York: McGraw-Hill. (p. 467)

Dabbs, J. M., Jr., & Morris, R. (1990). Testosterone, social class, and antisocial behavior in a sample of 4,462 men. *Psychological Science, 1,* 209–211. (p. 699)

Dabbs, J. M., Jr., Bernieri, F. J., Strong, R. K., Campo, R., & Milun, R.

(2001b). Going on stage: Testosterone in greetings and meetings. *Journal of Research in Personality, 35,* 27–40. (p. 699)

Dabbs, J. M., Jr., Riad, J. K., & Chance, S. E. (2001a). Testosterone and ruthless homicide. *Personality and Individual Differences, 31,* 599–603. (p. 699)

Dabbs, J. M., Jr., Ruback, R. B., & Besch, N. F. (1987). Male saliva testosterone following conversations with male and female partners. Paper presented at the American Psychological Association convention. (p. 467)

Daley, T. C., Whaley, S. E., Sigman, M. D., Espinosa, M. P., & Neumann, C. (2003). IQ on the rise: The Flynn effect in rural Kenyan children. *Psychological Science, 14,* 215–219. (p. 420)

Damasio, A. (2003). *Looking for Spinoza: Joy, sorrow, and the feeling brain.* New York: Harcourt. (p. 502, 507)

Damasio, A. R. (1994). *Descartes error: Emotion, reason, and the human brain.* New York: Grossett/Putnam & Sons. (pp. 412, 507)

Damasio, H., Grabowski, T., Frank, R., Galaburda, A. M., & Damasio, A. R. (1994). The return of Phineas Gage: Clues about the brain from the skull of a famous patient. *Science, 264,* 1102–1105. (p. 73)

Damon, W., & Hart, D. (1982). The development of self-understanding from infancy through adolescence. *Child Development, 53,* 841–864. (p. 194)

Damon, W., & Hart, D. (1988). *Self-understanding in childhood and adolescence.* Cambridge: Cambridge University Press. (p. 194)

Damon, W., & Hart, D. (1992). Self-understanding and its role in social and moral development. In M. H. Bornstein & M. E. Lamb (Eds.), *Developmental psychology: An advanced textbook*, 3rd ed. Hillsdale, NJ: Lawrence Erlbaum. (p. 194)

Damon, W., Menon, J., & Bronk, K. (2003). The development of purpose during adolescence. *Applied Developmental Science, 7,* 119–128. (p. 203)

Danner, D. D., Snowdon, D. A., & Friesen, W. V. (2001). Positive emotions in early life and longevity: Findings from the Nun Study. *Journal of Personality and Social Psychology, 80,* 804–813. (p. 540)

Danso, H., & Esses, V. (2001). Black experimenters and the intellectual test performance of white participants: The tables are turned. *Journal of Experimental Social Psychology, 37,* 158–165. (p. 438)

Dapretto, M., Davies, M. S., Pfeifer, J. H., Scott, A. A., Sigman, M., Bookheimer, S. Y., & Iacoboni, M. (2006). Understanding emotions in others: Mirror neuron dysfunction in children with autism spectrum disorders. *Nature Neuroscience, 9,* 28–30. (p. 187)

Darley, J. M., & Latan , B. (1968a). Bystander intervention in emergencies: Diffusion of responsibility. *Journal of Personality and Social Psychology, 8,* 377–383. (p. 713)

Darley, J. M., & Latan , B. (1968b, December). When will people help in a crisis? *Psychology Today,* pp. 54–57, 70–71. (p. 712, 713)

Darley, J., & Alter, A. (in press). Behavioral issues of punishment and deterrence. In E. Shafir (Ed.), *The behavioral foundations of policy.* Princeton, NJ: Princeton University Press and the Russell Sage Foundation. (p. 310)

Darrach, B., & Norris, J. (1984, August). An American tragedy. *Life,* pp. 58–74. (p. 629)

Darwin, C. (1859). *On the origin of species by means of natural selection.* London: John Murray. (p. 145)

Daum, I., & Schugens, M. M. (1996). On the cerebellum and classical conditioning. *Psychological Science, 5,* 58–61. (p. 345)

Davey, G. C. L. (1992). Classical conditioning and the acquisition of human fears and phobias: A review and synthesis of the literature. *Advances in Behavior Research and Therapy, 14,* 29–66. (p. 302)

Davey, G. C. L. (1995). Preparedness and phobias: Specific evolved associations or a generalized expectancy bias? *Behavioral and Brain Sciences, 18,* 289–297. (p. 607)

Davidoff, J. (2004). Coloured thinking. *The Psychologist, 17,* 570–572. (p. 392)

Davidson, J. R. T., Connor, K. M., & Swartz, M. (2006). Mental illness in U.S. presidents between 1776 and 1974: A review of biographical sources. *Journal of Nervous and Mental Disease, 194,* 47–51. (p. 633)

Davidson, R. J. (2000). Affective style, psychopathology, and resilience: Brain mechanisms and plasticity. *American Psychologist, 55,* 1196–1209. (pp. 502, 698)

Davidson, R. J. (2003). Affective neuroscience and psychophysiology: Toward a synthesis. *Psychophysiology, 40,* 655–665. (p. 502)

Davidson, R. J., Kabat-Zinn, J., Schumacher, J., Rosenkranz, M., Muller, D., Santorelli, S. F., Urbanowski, F., Harrington, A., Bonus, K., & Sheridan, J. F. (2003). Alterations in brain and immune function produced by mindfulness meditation. *Psychosomatic Medicine, 65,* 564–570. (p. 547)

Davidson, R. J., Pizzagalli, D., Nitschke, J. B., & Putnam, K. (2002). Depression: Perspectives from affective neuroscience. *Annual Review of Psychology, 53,* 545–574. (p. 617)

Davies, D. R., Matthews, G., & Wong, C. S. K. (1991). Aging and work. *International Review of Industrial and Organizational Psychology, 6, 149–211.* (p. 217)

Davies, M. F. (1997). Positive test strategies and confirmatory retrieval processes in the evaluation of personality feedback. *Journal of Personality and Social Psychology, 73,* 574–583. (pp. 572, 573)

Davies, P. (2007). *Cosmic jackpot: Why our universe is just right for life.* Boston: Houghton-Mifflin. (p. 169)

Davis, B. E., Moon, R. Y., Sachs, H. C., & Ottolini, M. C. (1998). Effects of sleep position on infant motor development. *Pediatrics, 102,* 1135–1140. (p. 178)

Davis, H. IV, Liotti, M., Ngan, E. T., Woodward, T. S., Van Sellenberg, J. X., van Anders, S. M., Smith, A., & Mayberg, H. S. (2008). FMRI BOLD signal changes in elite swimmers while viewing videos of personal failures. *Brain Imaging and Behavior, 2,* 94–104. (p. 617)

Davis, J. O., & Phelps, J. A. (1995a). Twins with schizophrenia: Genes or germs? *Schizophrenia Bulletin, 21,* 13–18. (p. 626)

Davis, J. O., Phelps, J. A., & Bracha, H. S. (1995b). Prenatal development of monozygotic twins and concordance for schizophrenia. *Schizophrenia Bulletin, 21,* 357–366. (pp. 135, 626)

Davis, K. C., Norris, J., George, W. H., Martell, J., & Heiman, J. R. (2006). Men s likelihood of sexual aggression: The influence of alcohol, sexual arousal, and violent pornography. *Aggressive Behavior, 32,* 581–589. (p. 116)

Davis, M. (2005). Searching for a drug to extinguish fear. *Cerebrum, 7*(3), 47–58. (p. 661)

Davis, S., Rees, M., Ribot, J., Moufarege, A., Rodenberg, C., & Purdie, D. (2003). Efficacy and safety of testosterone patches for the treatment of low sexual desire in surgically menopausal women. Presented to the American Society for Reproductive Medicine, San Antonio, October 11–15. (p. 467)

Davison, K. P., Pennebaker, J. W., & Dickerson, S. S. (2000). Who talks? The social psychology of illness support groups. *American Psychologist, 55,* 205–217. (p. 649)

Dawes, R. M. (1980). Social dilemmas. *Annual Review of Psychology, 31,* 169–193. (p. 715)

Dawes, R. M. (1994). House of cards: Psychology and psychotherapy built on myth. New York: Free Press. (p. 585)

Dawkins, R. (1998). *Unweaving the rainbow.* Boston: Houghton Mifflin. (p. 168)

Dawkins, R. (1999, April 8). Is science killing the soul (a discussion with Richard Dawkins and Steven Pinker). www.edge.org. (p. 85)

Dawkins, R. (2007, July 1). Inferior design. *New York Times* (www.nytimes.com). (p. 143)

Dawood, K., Kirk, K. M., Bailey, J. M., Andrews, P. W., & Martin, N. G. (2005). Genetic and environmental influences on the frequency of orgasm in women. *Twin Research, 8,* 27–33. (p. 466)

de Boysson-Bardies, B., Halle, P., Sagart, L., & Durand, C. (1989). A cross linguistic investigation of vowel formats in babbling. *Journal of Child Language, 16,* 1–17. (p. 385)

de Courten-Myers, G. M. (2002, May 9). Personal correspondence. (p. 177)

de Courten-Myers, G. M. (2005, February 4). Personal correspondence (estimating total brain neurons, extrapolating from her carefully estimated 20 to 23 billion cortical neurons). (pp. 57, 68)

de Cuevas, J. (1990, September-October). No, she holded them loosely. *Harvard Magazine,* pp. 60–67. (p. 386)

de Hoogh, A. H. B., den Hartog, D. N., Koopman, P. L., Thierry, H., van den Berg, P. T., van der Weide, J. G., & Wilderom, C. P. M. (2004). Charismatic leadership, environmental dynamism, and performance. *European Journal of Work and Organisational Psychology, 13,* 447–471. (p. 492)

De Houwer, J., Baeyens, F., & Field, A. P. (2005a). Associative learning of likes and dislikes: Some current controversies and possible ways forward. *Cognition and Emotion, 19,* 161–174. (p. 297)

De Houwer, J., Thomas, S., & Baeyens, F. (2001). Associative learning of likes and dislikes: A review of 25 years of research on human evaluative conditioning. *Psychological Bulletin, 127,* 853–869. (p. 296)

De Houwer, J., Vandorpe, S., & Beckers, T. (2005b). On the role of controlled cognitive processes in human associative learning. In A. J. Wills (Ed.), *New directions in human associative learning.* Mahwah, NJ: Erlbaum. (p. 297)

De Koninck, J. (2000). Waking experiences and dreaming. In M. Kryger, T. Roth, & W. Dement (Eds.), *Principles and practice of sleep medicine, 3rd ed.* Philadelphia: Saunders. (p. 104)

de Quervain, D. J.-F., Roozendaal, B., & McGaugh, J. L. (1998). Stress and glucocorticoids impair retrieval of long-term spatial memory. *Nature, 394,* 787–790. (p. 342)

De Vogli, R., Chandola, T., & Marmot, M. G. (2007). Negative aspects of close relationships and heart disease. *Archives of Internal Medicine, 167,* 1951–1957. (p. 541)

de Waal, F. (2005, September 23). We re all Machiavellians. *Chronicle of Higher Education.* (p. 11)

de Waal, F. B. M. (1999, December). The end of nature versus nurture. *Scientific American,* pp. 94–99. (p. 163)

de Waal, F. B. M., & Johanowicz, D. L. (1993). Modification of reconciliation behavior through social experience: An experiment with two macaque species. *Child Development, 64,* 897–908. (p. 318)

De Wolff, M. S., & van IJzendoorn, M. H. (1997). Sensitivity and attachment: A meta-analysis on parental antecedents of infant attachment. *Child Development, 68,* 571–591. (p. 190)

Deacon, B. J., & Abramowitz, J. S. (2004). Cognitive and behavioral treatments for anxiety disorders: A review of meta-analytic findings. *Journal of Clinical Psychology, 60,* 429–441. (p. 643)

Dean, G. A., Kelly, I. W., Saklofske, D. H., & Furnham, A. (1992). Graphology and human judgment. In B. Beyerstein & D. Beyerstein (Eds.), *The write stuff: Evaluations of graphology.* Buffalo, NY: Prometheus Books. (p. 572)

DeAngelis, T. (2008, February). U.K. gives huge boost to psychologists. *Monitor on Psychology,* p. 51. (p. 655)

Deary, I. J., & Caryl, P. G. (1993). Intelligence, EEG and evoked potentials. In P. A. Vernon (Ed.), *Biological approaches to the study of human intelligence.* Norwood, NJ: Ablex. (p. 414)

Deary, I. J., & Der, G. (2005). Reaction time explains IQ s association with death. *Psychological Science, 16,* 64–69. (p. 414)

Deary, I. J., & Matthews, G. (1993). Personality traits are alive and well. *The Psychologist: Bulletin of the British Psychological Society, 6,* 299–311. (p. 574)

Deary, I. J., & Stough, C. (1996). Intelligence and inspection time: Achievements, prospects, and problems. *American Psychologist, 51,* 599–608. (p. 414)

Deary, I. J., Batty, G. D., & Gale, C. R. (2008). Bright children become enlightened adults. *Psychological Science, 19,* 1–6. (p. 696)

Deary, I. J., Strand, S., Smith, P., & Fernandes, C. (2007). Intelligence and educational achievement. *Intelligence, 35,* 13–21. (p. 421)

Deary, I. J., Thorpe, G., Wilson, V., Starr, J. M., & Whalley, L. J. (2003). Population sex differences in IQ at age 11: The Scottish mental survey 1932. *Intelligence, 31,* 533–541. (pp. 431, 434)

Deary, I. J., Whiteman, M. C., Starr, J. M., Whalley, L. J., & Fox, H. C. (2004). The impact of childhood intelligence on later life: Following up the Scottish mental surveys of 1932 and 1947. *Journal of Personality and Social Psychology, 86,* 130–147. (pp. 423, 424)

DeBruine, L. M. (2002). Facial resemblance enhances trust. *Proceedings of the Royal Society of London, 269,* 1307–1312. (p. 706)

DeBruine, L. M. (2004). Facial resemblance increases the attractiveness of same-sex faces more than other-sex faces. *Proceedings of the Royal Society of London B, 271,* 2085–2090. (p. 706)

Deci, E. L., & Ryan, R. M. (1985). *Intrinsic motivation and self-determination in human behavior.* New York: Plenum Press. (p. 313)

Deci, E. L., & Ryan, R. M. (1992). The initiation and regulation of intrinsically motivated learning and achievement. In A. K. Boggiano & T. S. Pittman (Eds.), *Achievement and motivation: A social-developmental perspective.* New York: Cambridge University Press. (p. 313)

Deci, E. L., & Ryan, R. M. (Eds.) (2002). *Handbook of self-determination research.* Rochester, NJ: University of Rochester Press. (pp. 313, 479)

Deci, E. L., Koestner, R., & Ryan, R. M. (1999, November). A meta-analytic review of experiments examining the effects of extrinsic rewards on intrinsic motivation. *Psychological Bulletin, 125(6),* 627–668. (p. 312)

Deeley, Q., Daly, E., Surguladze, S., Tunstall, N., Mezey, G., Beer, D., Ambikapathy, A., Robertson, D., Giampietro, V., Brammer, M. J., Clarke, A., Dowsett, J., Fahy, T., Phillips, M. L., & Murphy, D. G. (2006). Facial emotion processing in criminal psychopathy. *British Journal of Psychiatry, 189,* 533–539. (p. 630)

DeHart, T., Tennen, H., Armeli, S., Todd, M., & Affleck, G. (2008). Drinking to regulate negative romantic relationship interactions: The moderating role of self-esteem. *Journal of Experimental Social Psychology, 44,* 527–538. (p. 116)

Dehne, K. L., & Riedner, G. (2005). *Sexually transmitted infections among adolescents: The need for adequate health services.* Geneva: World Health Organization. (p. 470)

DeLamater, J. D., & Sill, M. (2005). Sexual desire in later life. *Journal of Sex Research, 42,* 138–149. (p. 208)

Delaney, H. D., Miller, W. R., & Bison , A. M. (2007). Religiosity and spirituality among psychologists: A survey of clinician members of the American Psychological Association. *Professional Psychology; Research and Practice, 38,* 538–546. (p. 658)

Delaney, P. F., Ericsson, K. A., Weaver, G. E., & Mahadevan, S. (1999). Accounts of the memorist Rajan s exceptional performance: Comparing three theoretical proposals. Paper presented to the American Psychological Society convention. (p. 339)

Delgado, J. M. R. (1969). *Physical control of the mind: Toward a psychocivilized society.* New York: Harper & Row. (p. 70)

DeLoache, J. S. (1987). Rapid change in the symbolic functioning of very young children. *Science, 238,* 1556–1557. (p. 183)

DeLoache, J. S. (1995). Early understanding and use of symbols: The model model. *Current Directions in Psychological Science, 4,* 109–113. (p. 183)

DeLoache, J. S., Uttal, D. H., & Rosengren, K. S. (2004). Scale errors offer evidence for a perception-action dissociation early in life. *Science, 304,* 1027–1029. (p. 180)

Dement, W. C. (1978). *Some must watch while some must sleep.* New York: Norton. (pp. 94, 102)

Dement, W. C. (1997, September). What all undergraduates should know about how their sleeping lives affect their waking lives. Stanford University: www.leland.stanford.edu/~dement/sleepless.html. (p. 98)

Dement, W. C. (1999). *The promise of sleep.* New York: Delacorte Press. (pp. 93, 94, 95, 97, 98, 99, 102, 103, B-2, B-7)

Dement, W. C., & Wolpert, E. A. (1958). The relation of eye movements, body mobility, and external stimuli to dream content. *Journal of Experimental Psychology, 55,* 543–553. (p. 104)

Demir, E., & Dickson, B. J. (2005). Fruitless splicing specifies male courtship behavior in Drosophila. *Cell, 121,* 785–794. (p. 475)

Denes-Raj, V., Epstein, S., & Cole, J. (1995). The generality of the ratio-bias phenomenon. *Personality and Social Psychology Bulletin, 21,* 1083–1092. (p. 381)

DeNeve, K. M., & Cooper, H. (1998). The happy personality: A meta-analysis of 137 personality traits and subjective well-being. *Psychological Bulletin, 124,* 197–229. (p. 526)

Dennett, D. (2005, December 26). Spiegel interview with evolution philosopher Danniel Dennett: Darwinism completely refutes intelligent design. *Der Spiegel* (www.service.spiegel.de). (p. 7)

Dennett, D. C. (1991). *Consciousness explained.* Boston: Little, Brown. (p. 299)

Denton, K., & Krebs, D. (1990). From the scene to the crime: The effect of alcohol and social context on moral judgment. *Journal of Personality and Social Psychology, 59,* 242–248. (p. 115)

DePaulo, B. M. (1994). Spotting lies: Can humans learn to do better? *Current Directions in Psychological Science 3,* 83–86. (p. 510)

DePaulo, B. M., Blank, A. L., Swaim, G. W., & Hairfield, J. G. (1992). Expressiveness and expressive control. *Personality and Social Psychology Bulletin, 18,* 276–285. (p. 576)

Der, G., Batty, G. D., & Deary, I. J. (2006). Effect of breast feeding on intelligence in children: Prospective study, sibling pairs analysis, and meta-analysis. *British Medical Journal, 333,* 945. (p. 17)

Dermer, M., & Pyszczynski, T. A. (1978). Effects of erotica upon men s loving and liking responses for women they love. *Journal of Personality and Social Psychology, 36,* 1302–1309. (p. 710)

Dermer, M., Cohen, S. J., Jacobsen, E., & Anderson, E. A. (1979). Evaluative judgments of aspects of life as a function of vicarious exposure to hedonic extremes. *Journal of Personality and Social Psychology, 37,* 247–260. (p. 525)

Deroche-Garmonet, V., Belin, D., & Piazza, P. V. (2004). Evidence for addiction-like behavior in the rat. *Science, 305,* 1014–1017. (p. 114)

DeRubeis, R. J., & 10 others. (2005). Cognitive therapy vs. medications in the treatment of moderate to severe depression. *Archives of General Psychiatry, 62,* 409–416. (p. 654)

DeSteno, D., Dasgupta, N., Bartlett, M. Y., & Cajdric, A. (2004). Prejudice from thin air: The effect of emotion on automatic intergroup attitudes. *Psychological Science, 15,* 319–324. (p. 519)

DeSteno, D., Petty, R. E., Wegener, D. T., & Rucker, D. D. (2000). Beyond valence in the perception of likelihood: The role of emotion specificity. *Journal of Personality and Social Psychology, 78,* 397–416. (p. 349)

Dettman, S. J., Pinder, D., Briggs, R. J. S., Dowell, R. C., & Leigh, J. R. (2007). Communication development in children who receive the cochlear implant younger than 12 months: Risk versus benefits. *Ear and Hearing, 28*(2), Supplement 11S-18S. (p. 250)

Deutsch, J. A. (1972, July). Brain reward: ESP and ecstasy. *Psychology Today,* 46–48. (p. 67)

DeValois, R. L., & DeValois, K. K. (1975). Neural coding of color. In E. C. Carterette & M. P. Friedman (Eds.), *Handbook of perception: Vol. V. Seeing.* New York: Academic Press. (p. 245)

Devilly, G. J. (2003). Eye movement desensitization and reprocessing: A chronology of its development and scientific standing. *Scientific Review of Mental Health Practice, 1,* 113–118. (p. 656)

Devilly, G. J., Gist, R., & Cotton, P. (2006). Ready! Fire! Aim! The status of psychological debriefing and therapeutic interventions: In the work place and after disasters. *Review of General Psychology, 10,* 318–345. (p. 605)

Devine, P. G. (1995). Prejudice and outgroup perception. In A. Tesser (Ed.), *Advanced social psychology.* New York: McGraw-Hill. (p. 706)

Devlin, B., Daniels, M., & Roeder, K. (1997). The heritability of IQ. *Nature, 388,* 468–471. (p. 427)

Dew, M. A., Hoch, C. C., Buysse, D. J., Monk, T. H., Begley, A. E., Houck, P. R., Hall, M., Kupfer, D. J., Reynolds, C. F., III (2003). Healthy older adults sleep predicts all-cause mortality at 4 to 19 years of follow-up. *Psychosomatic Medicine, 65,* 63–73. (p. 99)

DeWall, C. N., Baumeister, R. F., Stillman, T. F., & Gaillot, M. T. (2007). Violence restrained: Effects of self-regulation and its depletion on aggression. *Journal of Experimental Social Psychology, 43,* 62–76. (p. 579)

Diaconis, P. (2002, August 11). Quoted by L. Belkin, The odds of that. *New York Times* (www.nytimes.com). (p. 17)

Diaconis, P., & Mosteller, F. (1989). Methods for studying coincidences. *Journal of the American Statistical Association, 84,* 853–861. (p. 17)

Diamond, J. (2001, February). A tale of two reputations: Why we revere Darwin and give Freud a hard time. *Natural History,* pp. 20–24. (p. 145)

Diamond, L. M. (2007). A dynamical systems approach to the development and expression of female same-sex sexuality. *Perspectives on Psychological Science, 2,* 142–161. (p. 472)

Diamond, R. (1993). Genetics and male sexual orientation (letter). *Science, 261,* 1258. (p. 477)

Dick, D. M. & 14 others (2007). Association of *CHRM2* with IQ: Converging evidence for a gene influencing intelligence. *Behavior Genetics, 37,* 265–272. (p. 428)

Dick, D. M. (2007). Identification of genes influencing a spectrum of externalizing psychopathology. *Current Directions in Psychological Science, 16,* 331–335. (p. 629)

Dickens, W. T., & Flynn, J. R. (2006). Black Americans reduce the racial IQ gap: Evidence from standardization samples. *Psychological Science, 17,* 913–920. (p. 434)

Dickerson, S. S., & Kemeny, M. E. (2004). Acute stressors and cortisol responses: A theoretical integration and synthesis of laboratory research. *Psychological Bulletin, 130,* 355–391. (p. 538)

Dickinson, H. O., Parkinson, K. M., Ravens-Sieberer, U., Schirripa, G., Thyen, U., Arnaud, C., Beckung, E., Fauconnier, J., McManus, V., Michelsen, S. I., Parkes, J., & Colver, A. F. (2007). Self-reported quality of life of 8–12-year-old children with cerebral palsy: A cross-sectional European study. *Lancet, 369,* 2171–2178. (p. 521)

Dickson, B. J. (2005, June 3). Quoted in E. Rosenthal, For fruit flies, gene shift tilts sex orientation. *New York Times* (www.nytimes.com). (p. 475)

Diener, E. (2006). Guidelines of national indicators of subjective well-being and ill-being. *Journal of Happiness Studies, 7,* 397–404. (p. 523)

Diener, E., & Biswas-Diener, R. (2002). Will money increase subjective well-being? A literature review and guide to needed research. *Social Indicators Research, 57,* 119–169. (p. 523)

Diener, E., & Biswas-Diener, R. (2009). *Rethinking happiness: The science of psychological wealth.* Malden, MA: Wiley Blackwell. (pp. 521, 522, 523)

Diener, E., & Oishi, S. (2000). Money and happiness: Income and subjective well-being across nations. In E. Diener & E. M. Suh (Eds.), *Subjective well-being across cultures.* Cambridge, MA: MIT Press. (p. 522)

Diener, E., & Seligman, M. E. P. (2002). Very happy people. *Psychological Science, 13,* 81–84. (p. 479)

Diener, E., Emmons, R. A., & Sandvik, E. (1986). The dual nature of happiness: Independence of positive and negative moods. Unpublished manuscript, University of Illinois. (p. 221)

Diener, E., Lucas, R. E., & Scollon, C. N. (2006). Beyond the hedonic treadmill: Revising the adaptation theory of well-being. *American Psychologist, 61,* 305–314. (p. 524)

Diener, E., Nickerson, C., Lucas, R. E., & Sandvik, E. (2002). Dispositional affect and job outcomes. *Social Indicators Research, 59,* 229–259. (p. 520)

Diener, E., Oishi, S., & Lucas, R. E. (2003). Personality, culture, and subjective well-being: Emotional and cognitive evaluations of life. *Annual Review of Psychology, 54,* 403–425. (p. 526)

Diener, E., Wolsic, B., & Fujita, F. (1995). Physical attractiveness and subjective well-being. *Journal of Personality and Social Psychology, 69,* 120–129. (p. 707)

Dietz, W. H., Jr., & Gortmaker, S. L. (1985). Do we fatten our children at the television set? Obesity and television viewing in children and adolescents. *Pediatrics, 75,* 807–812. (p. 463)

DiFranza, J. R. (2008, May). Hooked from the first cigarette. *Scientific American,* pp. 82–87. (p. 119)

Dijksterhuis, A., & Aarts, H. (2003). On wildebeests and humans: The preferential detection of negative stimuli. *Psychological Science, 14,* 14–18. (p. 508)

Dijksterhuis, A., & Nordgren, L. F. (2006a). A theory of unconscious thought. *Perspectives on Psychological Science, 1,* 95–109. (p. 380)

Dijksterhuis, A., Bos, M. W., Nordgren, L. F., & van Baaren, R. B. (2006b). Complex choices better made unconsciously? *Science, 313,* 760–761. (p. 380)

DiLalla, D. L., Carey, G., Gottesman, I. I., & Bouchard, T. J., Jr. (1996). Heritability of MMPI personality indicators of psychopathology in twins reared apart. *Journal of Abnormal Psychology, 105,* 491–499. (pp. 138, 615)

Dimberg, U., Thunberg, M., & Elmehed, K. (2000). Unconscious facial reactions to emotional facial expressions. *Psychological Science, 11,* 86–89. (pp. 318, 505, 514)

Dimberg, U., Thunberg, M., & Grunedal, S. (2002). Facial reactions to emotional stimuli: Automatically controlled emotional responses. *Cognition and Emotion, 16,* 449–472. (p. 318)

Dindia, K., & Allen, M. (1992). Sex differences in self-disclosure: A meta-analysis. *Psychological Bulletin, 112,* 106–124. (p. 162)

Dindo, M., Thierry, B., & Whiten, A. (2008). Social diffusion of novel foraging methods in brown capuchin monkeys (*Cebus apella*). *Proceedings of the Royal Society. Series B. Biological Sciences, 275,* 187–193. (p. 397)

Dinges, N. G., & Hull, P. (1992). Personality, culture, and international studies. In D. Lieberman (Ed.), *Revealing the world: An interdisciplinary reader for international studies.* Dubuque, IA: Kendall-Hunt. (p. 392)

Dingfelder, S. (2007, December). $10 million project aims to integrate law and neuroscience. *Monitor on Psychology,* p. 11. (p. 505)

Dion, K. K., & Dion, K. L. (1993). Individualistic and collectivistic perspectives on gender and the cultural context of love and intimacy. *Journal of Social Issues, 49,* 53–69. (p. 157)

Dion, K. K., & Dion, K. L. (2001). Gender and cultural adaptation in immigrant families. *Journal of Social Issues, 57,* 511–521. (p. 165)

Discover (1996, May). A fistful of risks. Pp. 82–83. (p. 118)

Dixon, J., Durrheim, K., & Tredoux, C. (2007). Intergroup contact and attitudes toward the principle and practice of racial equality. *Psychological Science, 18,* 867–872. (p. 716)

Dobbs, D. (2006, August/September). Turning off depression. *Scientific American Mind,* pp. 26–31. (p. 666)

Dobel, C., Diesendruck, G., & B lte, J. (2007). How writing system and age influence spatial representations of actions: A developments, cross-linguistic study.

Psychological Science, 18, 487–491. (p. 392)

Doherty, E. W., & Doherty, W. J. (1998). Smoke gets in your eyes: Cigarette smoking and divorce in a national sample of American adults. *Families, Systems, and Health, 16,* 393–400. (p. 119)

Dohrenwend, B. P., Levav, I., Shrout, P. E., Schwartz, S., Naveh, G., Link, B. G., Skodol, A. E., & Stueve, A. (1992). Socioeconomic status and psychiatric disorders: The causation-selection issue. *Science, 255,* 946–952. (p. 632)

Dohrenwend, B. P., Turner, J. B., Turse, N. A., Adams, B. G., Koenen, K. C., & Marshall, R. (2006). The psychological risks of Vietnam for U.S. veterans: A revisit with new data and methods. *Science, 313,* 979-982. (p. 604)

Dohrenwend, B., Pearlin, L., Clayton, P., Hamburg, B., Dohrenwend, B. P., Riley, M., & Rose, R. (1982). Report on stress and life events. In G. R. Elliott & C. Eisdorfer (Eds.), *Stress and human health: Analysis and implications of research* (A study by the Institute of Medicine/National Academy of Academy of Sciences). New York: Springer. (p. 531)

Doidge, N. (2007). *The brain that changes itself.* New York: Viking. (p. 74)

Dolan, C. M., Kraemer, H., Browner, W., Ensrud, K., & Kelsey, J. L. (2007). Associations between body composition, anthropometry and mortality in women of age 65 and older. *American Journal of Public Health, 97,* 913–918. (p. 456)

Dole, R. (1996, April 20). Quoted by M. Duffy, Look who s talking. *Time,* p. 48. (p. 675)

Dolezal, H. (1982). *Living in a world transformed.* New York: Academic Press. (p. 274)

Domhoff, G. W. (1996). *Finding meaning in dreams: A quantitative approach.* New York; Plenum. (p. 104)

Domhoff, G. W. (2003). *The scientific study of dreams: Neural networks, cognitive development, and content analysis.* Washington, DC; APA Books. (p. 105, 106)

Domhoff, G. W. (2007). Realistic simulations and bizarreness in dream content: Past findings and suggestions for future research. In D. Barrett & P. McNamara (Eds.), *The new science of dreaming; Content, recall, and personality characteristics.* Westport, CT: Praeger. 104)

Domjan, M. (1992). Adult learning and mate choice: Possibilities and experimental evidence. *American Zoologist, 32,* 48–61. (p. 296)

Domjan, M. (1994). Formulation of a behavior system for sexual conditioning. *Psychonomic Bulletin & Review, 1,* 421–428. (p. 296)

Domjan, M. (2005). Pavlovian conditioning: A functional perspective. *Annual Review of Psychology, 56.* (pp. 296, 300)

Domjan, M., Cusato, B., & Krause, M. (2004). Learning with arbitrary versus ecological conditioned stimuli: Evidence from sexual conditioning. *Psychonomic Bulletin & Review, 11,* 232–246. (p. 300)

Donahoe, J. W., & Vegas, R. (2004). Pavlovian conditioning: The CS-UR relation. *Journal of Experimental Psychology: Animal Behavior, 30, 17–33.* (p. 316)

Donnellan, M. B., Conger, R. D., & Bryant, C. M. (2004). The Big Five and enduring marriages. *Journal of Research in Personality, 38,* 481–504. (p. 572)

Donnellan, M. B., Trzesniewski, K. H., Robins, R. W., Moffitt, T. E., & Caspi, A. (2005). Low self-esteem is related to aggression, antisocial behavior, and delinquency. *Psychological Science, 16,* 328–335. (pp. 577, 589)

Donnerstein, E. (1998). Why do we have those new ratings on television. Invited address to the National Institute on the Teaching of Psychology. (p. 322)

Donnerstein, E., Linz, D., & Penrod, S. (1987). *The question of pornography.* New York: Free Press. (p. 323)

Dorner, G. (1976). *Hormones and brain differentiation.* Amsterdam: Elsevier Scientific. (p. 475)

Dorner, G. (1988). Neuroendocrine response to estrogen and brain differentiation in heterosexuals, homosexuals, and transsexuals. *Archives of Sexual Behavior, 17,* 57–75. (p. 475)

Doty, R. L. (2001). Olfaction. *Annual Review of Psychology, 52,* 423–452. (p. 262)

Doty, R. L., Shaman, P., Applebaum, S. L., Giberson, R., Siksorski, L., & Rosenberg, L. (1984). Smell identification ability: Changes with age. *Science, 226,* 1441–1443. (p. 210)

Dovidio, J. F., & Gaertner, S. L. (1999). Reducing prejudice: Combating intergroup biases. *Current Directions in Psychological Science, 8,* 101–105. (p. 717)

Dovidio, J. F., ten Vergert, M., Stewart, T. L., Gaertner, S. L., Johnson, J. D., Esses, V. M., Riek, B. M., & Pearson, A. R. (2004). Perspective and prejudice: Antecedents and mediating mechanisms. *Personality and Social Psychology Bulletin, 30,* 1537–154. (p. 717)

Downing, P. E., Jiang, Y., & Shuman, M. (2001). A cortical area selective for visual processing of the human body. *Science, 293,* 2470–2473. (p. 241)

Doyle, R. (2005, March). Gay and lesbian census. *Scientific American,* p. 28. (p. 146)

Draguns, J. G. (1990a). Normal and abnormal behavior in cross-cultural perspective: Specifying the nature of their relationship. *Nebraska Symposium on Motivation 1989, 37,* 235–277. (pp. 594, 620)

Draguns, J. G. (1990b). Applications of cross-cultural psychology in the field of mental health. In R. W. Brislin (Ed.), *Applied cross-cultural psychology.* Newbury Park, CA: Sage. (p. 594)

Draguns, J. G. (1997). Abnormal behavior patterns across cultures: Implications for counseling and psychotherapy. *International Journal of Intercultural Relations, 21,* 213–248. (p. 594)

Drake, R. A. (1993). Processing persuasive arguments: II. Discounting of truth and relevance as a function of agreement and manipulated activation asymmetry. *Journal of Research in Personality, 27,* 184–196. (p. 78)

Drake, R. A., & Myers, L. R. (2006). Visual attention, emotion, and action tendency: Feeling active or passive. *Cognition and Emotion, 20,* 608–622. (p. 502)

Druckman, D., & Bjork, R. A. (1991). *In the mind s eye: Enhancing human performance.* National Academy Press: Washington, DC. (p. 568)

Druckman, D., & Bjork, R. A. (Eds.) (1994). *Learning, remembering, believing: Enhancing human performance.* Washington, DC; National Academy Press. (pp. 109, 110)

Duckworth, A. L., & Seligman, M. E. P. (2005). Discipline outdoes talent: Self-discipline predicts academic performance in adolescents. *Psychological Science, 12,* 939–944. (p. 488)

Duckworth, A. L., & Seligman, M. E. P. (2006). Self-discipline gives girls the edge: Gender in self-discipline, grades, and achievement tests. *Journal of Educational Psychology, 98,* 198–208. (p. 488)

Duclos, S. E., Laird, J. D., Sexter, M., Stern, L., & Van Lighten, O. (1989). Emotion-specific effects of facial expressions and postures on emotional experience. *Journal of Personality and Social Psychology, 57,* 100–108. (p. 513)

Duenwald, M. (2004, October 26). The dorms may be great, but how s the counseling? *New York Times* (www.nytimes.com). (p. 662)

Duffy, M. (2003, June 9). Weapons of mass disappearance. *Time,* pp. 28–33. (p. 679)

Dugatkin, L. A. (2002, Winter). Watching culture shape even guppy love. *Cerebrum,* pp. 51–66. (p. 318)

Duggan, J. P., & Booth, D. A. (1986). Obesity, overeating, and rapid gastric emptying in rats with ventromedial hypothalamic lesions. *Science, 231,* 609–611. (p. 450)

Dugger, C. W. (2005, January 18). U.N. proposes doubling of aid to cut poverty. *New York Times* (www.nytimes.com). (p. 379)

Dumont, K. A., Widom, C. S., Czaja, S. J. (2007). Predictors of resilience in abused and neglected children grown-up: The role of individual and neighborhood characteristics. *Child Abuse & Neglect, 31,* 255–274. (p. 192)

Duncan, J. (2000, July 21). Quoted by N. Angier, Study finds region of brain may be key problem solver. *New York Times* (www.ny times.com). (p. 414)

Duncan, J., Seitz, R. J., Kolodny, J., Bor, D., Herzog, H., Ahmed, A., Newell, F. N., & Emslie, H. (2000). A neural basis of general intelligence. *Science, 289,* 457–460. (p. 414)

Duncker, K. (1945). On problem solving. *Psychological Monographs, 58* (Whole no. 270). (pp. 373, 374)

Dunn, A. L., Trivedi, M. H., Kampert, J. B., Clark, C. G., & Chambliss, H. O. (2005). Exercise treatment for depression: Efficacy and dose response. *American Journal of Preventive Medicine, 28,* 1–8. (p. 543)

Dunn, E. W., Aknin, L. B., & Norton, M. I. (2008). Spending money on others promotes happiness. *Science, 319,* 1687–1688. (p. 714)

Dunning, D. (2006). Strangers to ourselves? *The Psychologist, 19,* 600–603. (p. 583)

Dunson, D. B., Colombo, B., & Baird, D. D. (2002). Changes with age in the level and duration of fertility in the menstrual cycle. *Human Reproduction, 17,* 1399–1403. (p. 207)

Durgin, F. H., Evans, L., Dunphy, N., Klostermann, S., & Simmons, K. (2007). Rubber hands feel the touch of light. *Psychological Science, 18,* 152–157. (p. 254)

Dush, C. M. K, Cohan, C. L., & Amato, P. R. (2003). The relationship between cohabitation and marital quality and stability: Change across cohorts? *Journal of Marriage and Family, 65,* 539–549. (p. 218)

Dutton, D. G., & Aron, A. (1989). Romantic attraction and generalized liking for others who are sources of conflict-based arousal. *Canadian Journal of Behavioural Sciences, 21,* 246–257. (p. 710)

Dutton, D. G., & Aron, A. P. (1974). Some evidence for heightened sexual attraction under conditions of high anxiety. *Journal of Personality and Social Psychology, 30,* 510–517. (p. 710)

Dweck, C. S. (2006). *Mindset: The new psychology of success.* New York: Random House. (p. 431)

Dweck, C. S. (2007, November 28). The secret to raising smart kids. *Scientific American Mind,* pp. 36–43 (http: //www.sciam.com). (p. 431)

Eagly, A. H. (1994). Are people prejudiced against women? Donald Campbell Award invited address, American Psychological Association convention. (p. 694)

Eagly, A. H. (2007). Female leadership advantage and disadvantage: Resolving the contradictions. *Psychology of Women Quarterly, 31,* 1–12. (p. 492)

Eagly, A. H., & Crowley, M. (1986). Gender and helping behavior: A meta-analytic review of the social psychological literature. *Psychological Bulletin, 100,* 283–308. (p. 713)

Eagly, A. H., & Wood, W. (1999). The origins of sex differences in human behavior: Evolved dispositions versus social roles. *American Psychologist, 54,* 408–423. (p. 148)

Eagly, A. H., Ashmore, R. D., Makhijani, M. G., & Kennedy, L. C. (1991). What is beautiful is good, but . . .: A meta-analytic review of research on the physical attractiveness stereotype. *Psychological Bulletin, 110,* 109–128. (p. 707)

Eagly, A., & Carli, L. (2007). *Through the labyrinth: The truth about how women become leaders.* Cambridge, MA: Harvard University Press. (p. 160)

Eastman, C. L., Boulos, Z., Terman, M., Campbell, S. S., Dijk, D-J., & Lewy, A. J. (1995). Light treatment for sleep disorders: Consensus report. VI. Shift work. *Journal of Biological Rhythms, 10,* 157–164. (p. 93)

Eastman, C. L., Young, M. A., Fogg, L. F., Liu, L., & Meaden, P. M. (1998). Bright light treatment of winter depression: A placebo-controlled trial. *Archives of General Psychiatry, 55,* 883–889. (p. 657)

Eastwick, P. W., & Finkel, E. J. (2008a). Speed-dating as a methodological innovation. *The Psychologist, 21,* 402–403. (p. 706)

Eastwick, P. W., & Finkel, E. J. (2008b). Sex differences in mate preferences revisited: Do people know what they initially desire in a romantic partner? *Journal of Personality and Social Psychology, 94,* 245–264. (p. 706)

Ebbesen, E. B., Duncan, B., & Konecni, V. J. (1975). Effects of content of verbal aggression on future verbal aggression: A field experiment. *Journal of Experimental Social Psychology, 11,* 192–204. (p. 518)

Ebbinghaus, H. (1885). ber das Gedachtnis. Leipzig: Duncker & Humblot. Cited in R. Klatzky (1980), *Human memory: Structures and processes.* San Francisco: Freeman. (p. 332)

Ebbinghaus, H. (1885/1964). *Memory: A contribution to experimental psychology* (tr. by H. A. Ruger & C. E. Bussenius). New York: Dover. (p. 351, 352)

Eberhardt, J. L. (2005). Imaging race. *American Psychologist, 60,* 181–190. (p. 693)

Eberhardt, J. L., Davies, P. G., Purdie-Vaughns, V. J., & Johnson, S. L. (2006). Looking deathworthy: Perceived stereotypicality of Black defendants predicts capital-sentencing outcomes. *Psychological Science, 17,* 383–386. (p. 693)

Eberhardt, J. L., Goff, P. A., Purdie, V. J., & Davies, P. G. (2004). Seeing Black: Race, crime, and visual processing. *Journal of Personality and Social Psychology, 87,* 876–893. (p. 693)

Eccles, J. S., Jacobs, J. E., & Harold, R. D. (1990). Gender role stereotypes, expectancy effects, and parents socialization of gender differences. *Journal of Social Issues, 46,* 183–201. (p. 433)

Eckensberger, L. H. (1994). Moral development and its measurement across cultures. In W. J. Lonner & R. Malpass (Eds.), *Psychology and culture.* Boston: Allyn and Bacon. (p. 201)

Eckert, E. D., Heston, L. L., & Bouchard, T. J., Jr. (1981). MZ twins reared apart: Preliminary findings of psychiatric disturbances and traits. In L. Gedda, P. Paris, & W. D. Nance (Eds.), *Twin research: Vol. 3. Pt. B. Intelligence, personality, and development.* New York, 607)

Ecklund-Flores, L. (1992). The infant as a model for the teaching of introductory psychology. Paper presented to the American Psychological Association annual convention. (p. 175)

Economist. (2001, December 20). An anthropology of happiness. *The Economist* (www.economist.com/world/asia). (p. 480)

Edelman, S., & Kidman, A. D. (1997). Mind and cancer: Is there a relationship? A review of the evidence. *Australian Psychologist, 32,* 1–7. (p. 536)

Edison, T. A. (1948). *The diary and sundry observations of Thomas Alva Edison,* edited by D. D. Runes. New York: Philosophical Library. Cited by S. Coren (1996). *Sleep Thieves.* New York; Free Press. (p. 97)

Eibl-Eibesfeldt, I. (1971). *Love and hate: The natural history of behavior patterns.* New York: Holt, Rinehart & Winston. (p. 512)

Eich, E. (1990). Learning during sleep. In R. B. Bootzin, J. F. Kihlstrom, & D. L. Schacter (Eds.), *Sleep and cognition.* Washington, DC: American Psychological Association. (p. 105)

Einstein, G. O., & McDaniel, M. A. (1990). Normal aging and prospective memory. *Journal of Experimental Psychology: Learning, Memory, and Cognition, 16,* 717–726. (p. 213)

Einstein, G. O., McDaniel, M. A., Richardson, S. L., Guynn, M. J., & Cunfer, A. R. (1995). Aging and prospective memory: Examining the influences of self-initiated retrieval processes. *Journal of Experimental Psychology: Learning, Memory, and Cognition, 21,* 996-1007. (p. 213)

Einstein, G. O., McDaniel, M. A., Smith, R. E., & Shaw, P. (1998). Habitual prospective memory and aging: Remembering intentions and forgetting actions. *Psychological Science, 9,* 284–288. (p. 213)

Eisenberg, N., & Lennon, R. (1983). Sex differences in empathy and related capacities. *Psychological Bulletin, 94,* 100–131. (p. 511)

Eisenberger, N. I., Lieberman, M. D., & Williams, K. D. (2003). Does rejection hurt? An fMRI study of social exclusion. *Science, 302,* 290–292. (p. 481)

Eisenberger, R., & Rhoades, L. (2001). Incremental effects of reward on creativity. *Journal of Personality and Social Psychology, 81,* 728–741. (p. 313)

Eiser, J. R. (1985). Smoking: The social learning of an addiction. *Journal of Social and Clinical Psychology, 3,* 446–457. (p. 118)

Ekman, P. (1994). Strong evidence for universals in facial expressions: A reply to Russell s mistaken critique. *Psychological Bulletin, 115,* 268–287. (p. 511)

Ekman, P. (2003). *Emotions revealed: Recognizing faces and feelings to improve communication and emotional life.* New York: Times Books. (p. 505)

Ekman, P., Friesen, W. V. (1975). *Unmasking the face.* Englewood Cliffs, NJ: Prentice-Hall. (p. 511)

Ekman, P., Friesen, W. V., O Sullivan, M., Chan, A., Diacoyanni-Tarlatzis, I., Heider, K., Krause, R., LeCompte, W. A., Pitcairn, T., Ricci-Bitti, P. E., Scherer, K., Tomita, M., & Tzavaras, A. (1987). Universals and cultural differences in the judgments of facial expressions of emotion. *Journal of Personality and Social Psychology, 53,* 712–717. (p. 511)

Elbert, T., Pantev, C., Wienbruch, C., Rockstroh, B., & Taub, E. (1995). Increased cortical representation of the fingers of the left hand in string players. *Science, 270,* 305–307. (p. 150)

Elfenbein, H. A., & Ambady, N. (1999). Does it take one to know one? A meta-analysis of the universality and cultural specificity of emotion recognition. Unpublished manuscript, Harvard University. (p. 511)

Elfenbein, H. A., & Ambady, N. (2002). On the universality and cultural specificity of emotion recognition: A meta-analysis. *Psychological Bulletin, 128,* 203–235. (p. 512)

Elfenbein, H. A., & Ambady, N. (2003a). When familiarity breeds accuracy: Cultural exposure and facial emotion recognition. *Journal of Personality and Social Psychology, 85,* 276–290. (p. 512)

Elfenbein, H. A., & Ambady, N. (2003b). Universals and cultural differences in recognizing emotions. *Current Directions in Psychological Science, 12,* 159–164. (p. 512)

Elkind, D. (1970). The origins of religion in the child. *Review of Religious Research, 12,* 35–42. (p. 199)

Elkind, D. (1978). *The child s reality: Three developmental themes.* Hillsdale, NJ: Erlbaum. (p. 199)

Ellenbogen, J. M., Hu, P. T., Payne, J. D., Titone, D., & Walker, M. P. (2007). Human relational memory requires time and sleep. *Proceedings of the National Academy of Sciences, 104,* 7723–7728. (p. 101)

Elliot, A. J., & McGregor, H. A. (2001). A 2x2 achievement goal framework. *Journal of Personality and Social Psychology, 80,* 501–519. (p. 491)

Elliot, A. J., & Niesta, D. (2008). Romantic red: Red enhances men s attraction to women. *Journal of Personality and Social Psychology, 95,* 1150–1164. (p. 300, 301)

Elliot, A. J., & Reis, H. T. (2003). Attachment and exploration in adulthood. *Journal of Personality and Social Psychology, 85,* 317–331. (p. 191)

Ellis, A. (1980). Psychotherapy and atheistic values: A response to A. E. Bergin s Psychotherapy and religious values. *Journal of Consulting and Clinical Psychology, 48,* 635–639. (p. 659)

Ellis, A., & Becker, I. M. (1982). *A guide to personal happiness.* North Hollywood, CA: Wilshire Book Co. (p. 303)

Ellis, B. J. (2004). Timing of pubertal maturation in girls: An integrated life history approach. *Psychological Bulletin, 130,* 920–958. (p. 206)

Ellis, B. J., Bates, J. E., Dodge, K. A., Fergusson, D. M., John, H. L., Pettit, G. S., & Woodward, L. (2003). Does father absence place daughters at special risk for early sexual activity and teenage pregnancy? *Child Development, 74,* 801–821. (p. 471)

Ellis, L., & Ames, M. A. (1987). Neurohormonal functioning and sexual orientation: A theory of homosexuality-heterosexuality. *Psychological Bulletin, 101,* 233–258. (p. 475)

Elzinga, B. M., Ardon, A. M., Heijnis, M. K., De Ruiter, M. B., Van Dyck, R., & Veltman, D. J. (2007). Neural correlates of enhanced working-memory performance in dissociative disorder: A functional MRI study. *Psychological Medicine, 37,* 235–245. (p. 611)

EMDR (2008). E-mail correspondence from Robbie Dunton, EMDR Institute (www.emdr.org). (p. 656)

Emerging Trends. (1997, September). *Teens turn more to parents than friends on whether to attend church.* Princeton, NJ: Princeton Religion Research Center, p. 5. (p. 205)

Emery, G. (2004). Psychic predictions 2004. Committee for the Scientific Investigation of Claims of the Paranormal (www.csicop.org). (p. 283)

Emmons, R. A. (2007). *Thanks! How the new science of gratitude can make you happier.* Boston: Houghton Mifflin. (p. 525)

Emmons, S., Geisler, C., Kaplan, K. J., & Harrow, M. (1997). *Living with schizophrenia.* Muncie, IN: Taylor and Francis (Accelerated Development). (pp. 593, 623)

Emmorey, K., Allen, J. S., Bruss, J., Schenker, N., & Damasio, H. (2003). A morphometric analysis of auditory brain regions in congenitally deaf adults. *Proceedings of the National Academy of Sciences, 100,* 10049–10054. (p. 252)

Empson, J. A. C., & Clarke, P. R. F. (1970). Rapid eye movements and remembering. *Nature, 227,* 287–288. (p. 105)

Emslie, C., Hunt, K., & Macintyre, S. (2001). Perceptions of body image among working men and women. *Journal of Epidemiology and Community Health, 55,* 406–407. (p. 454)

Endler, N. S. (1982). Holiday of darkness: *A psychologist s personal journey out of his depression.* New York: Wiley. (pp. 618 665)

Engemann, K. M., & Owyang, M. T. (2005, April). So much for that merit raise: The link between wages and appearance. *Regional Economist* (www.stlouisfed.org). (p. 707)

Engen, T. (1987). Remembering odors and their names. *American Scientist, 75,* 497–503. (p. 262)

Engle, R. W. (2002). Working memory capacity as executive attention. *Current Directions in Psychological Science, 11,* 19–23. (p. 329)

Epel, E. S., Blackburn, E. H., Lin, J., Dhabhar, F. S., Adler, N. E., Morrow, J. D., & Cawthon, R. M. (2004). Accelerated telomere shortening in response to life stress. *Proceedings of the National Academy of Sciences, 101,* 17312–17315. (p. 530)

Epley, N., & Dunning, D. (2000). Feeling holier than thou : Are self-serving assessments produced by errors in self- or social prediction? *Journal of Personality and Social Psychology, 79,* 861–875. (p. 587)

Epley, N., & Huff, C. (1998). Suspicion, affective response, and educational benefit as a result of deception in psychology research. *Personality and Social Psychology Bulletin, 24,* 759–768. (p. 29)

Epley, N., Keysar, B., Van Boven, L., & Gilovich, T. (2004). Perspective taking as egocentric anchoring and adjustment. *Journal of Personality and Social Psychology, 87,* 327–339. (p. 183)

EPOCH. (2000). Legal reforms: Corporal punishment of children in the family (www.stophitting.com/laws/legalReform.php). (p. 311)

Epstein, J., Stern, E., & Silbersweig, D. (1998). Mesolimbic activity associated with psychosis in schizophrenia: Symptom-specific PET studies. In J. F. McGinty (Ed.), *Advancing from the ventral striatum to the extended amygdala: Implications for neuropsychiatry and drug use: In honor of Lennart Heimer. Annals of New York Academy of Sciences, 877,* 562–574. (p. 625)

Epstein, S. (1983a). Aggregation and beyond: Some basic issues on the prediction of behavior. *Journal of Personality, 51,* 360–392. (p. 575)

Epstein, S. (1983b). The stability of behavior across time and situations. In R. Zucker, J. Aronoff, & A. I. Rabin (Eds.), *Personality and the prediction of behavior.* San Diego: Academic Press. (p. 575)

Epstein, S., & Meier, P. (1989). Constructive thinking: A broad coping variable with specific components. *Journal of Personality and Social Psychology, 57,* 332–350. (p. 412)

Erdberg, P. (1990). Rorschach assessment. In G. Goldstein & M. Hersen (Eds.), *Handbook of psychological assessment, 2nd ed.* New York: Pergamon. (p. 560)

Erdelyi, M. H. (1985). *Psychoanalysis: Freud s cognitive psychology.* New York: Freeman. (p. 562)

Erdelyi, M. H. (1988). Repression, reconstruction, and defense: History and integration of the psychoanalytic and experimental frameworks. In J. Singer (Ed.), *Repression: Defense mechanism and cognitive style.* Chicago: University of Chicago Press. (p. 562)

Erdelyi, M. H. (2006). The unified theory of repression. *Behavioral and Brain Sciences, 29,* 499–551. (p. 561, 562)

Erel, O., & Burman, B. (1995). Interrelatedness of marital relations and parent-child relations: A meta-analytic review. *Psychological Bulletin, 118,* 108–132. (p. 219)

Erel, O., Oberman, Y., & Yirmiya, N. (2000). Maternal versus nonmaternal care and seven domains of children s development. *Psychological Bulletin, 126,* 727–747. (p. 193)

Erickson, M. F., & Aird, E. G. (2005). *The motherhood study: Fresh insights on mothers attitudes and concerns.* New York: The Motherhood Project, Institute for American Values. (p. 219)

Ericsson, K. A. (2001). Attaining excellence through deliberate practice: Insights from the study of expert performance. In M. Ferrari (Ed.), *The pursuit of excellence in education.* Hillsdale, NJ: Erlbaum. (p. 488)

Ericsson, K. A. (2002). Attaining excellence through deliberate practice: Insights from the study of expert performance. In C. Desforges & R. Fox (Eds.), *Teaching and learning: The essential readings.* Malden, MA: Blackwell Publishers. (p. 409)

Ericsson, K. A. (2006). The influence of experience and deliberate practice on the development of superior expert performance. In K. A. Ericsson, N. Charness, P. J. Feltovich, & R. R. Hoffman (Eds.), *The Cambridge handbook of expertise and expert performance.* Cambridge: Cambridge University Press. (p. 488)

Ericsson, K. A. (2007). Deliberate practice and the modifiability of body and mind: Toward a science of the structure and acquisition of expert and elite performance. *International Journal of Sport Psychology, 38,* 4–34. (p. 409)

Ericsson, K. A., Roring, R. W., & Nandagopal, K. (2007). Giftedness and evidence for reproducibly superior performance: An account based on the expert performance framework. *High Ability Studies, 18,* 3–56. (pp. 409, 431, 488)

Erikson, E. H. (1963). *Childhood and society.* New York: Norton. (p. 202)

Erikson, E. H. (1983, June). A conversation with Erikson (by E. Hall). *Psychology Today,* pp. 22–30. (p. 191)

Ernsberger, P., & Koletsky, R. J. (1999). Biomedical rationale for a wellness approach to obesity: An alternative to a focus on weight loss. *Journal of Social Issues, 55,* 221–260. (p. 463)

Ertmer, D. J., Young, N. M., & Nathani, S. (2007). Profiles of focal development in young cochlear implant recipients. *Journal of Speech, Language, and Hearing Research, 50,* 393–407. (p. 386)

Escobar-Chaves, S. L., Tortolero, S., Markham, C., Low, B., Eitel, P., Thitckstun, P. (2005). Impact of the media on adolescents attitudes and behaviors. *Pediatrics, 116,* 303–326. (p. 470)

ESPAD. (2003). Summary of the 2003 findings. European School Survey Project on Alcohol and Other Drugs (www.espad.org). (p. 125)

Esser, J. K., & Lindoerfer, J. S. (1989). Groupthink and the space shuttle Challenger accident: Toward a quantitative case analysis. *Journal of Behavioral Decision Making, 2,* 167–177. (p. 690)

Esterson, A. (2001). The mythologizing of psychoanalytic history: Deception and self-deception in Freud s accounts of the seduction theory episode. *History of Psychiatry, 12,* 329–352. (p. 561)

Esty, A. (2004). The new wealth of nations. *American Scientist, 92,* 513. (p. 523)

Eszterhas, J. (2002, August 9). Hollywood s responsibility for smoking deaths. *New York Times* (www.nytimes.com). (p. 118)

Etkin, A., & Wager, T. D. (2007). Functional neuroimaging of anxiety: A meta-analysis of emotional processing in PTSD, social anxiety disorder, and specific phobia. *American Journal of Psychiatry, 164,* 1476–1488. (p. 608)

Etzioni, A. (1999). The monochrome society. *The Public Interest, 137* (Fall), 42–55. (p. 718)

Euston, D. R., Tatsuno, M., & McNaughton, B. L. (2007). Fast-forward playback of recent memory sequences in prefrontal cortex during sleep. *Science, 318,* 1147–1150. (p. 344)

Evans, C. R., & Dion, K. L. (1991). Group cohesion and performance: A meta-analysis. *Small Group Research, 22,* 175–186. (p. 492)

Evans, G. W. (2004). The environment of childhood poverty. *American Psychologist, 59,* 77–92. (p. 193)

Evans, G. W., & Kim, P. (2007). Childhood poverty and health: Cumulative risk exposure and stress dysregulation. *Psychological Science, 18,* 953–957. (p. 539)

Evans, G. W., Palsane, M. N., & Carrere, S. (1987). Type A behavior and occupational stress: A cross-cultural study of blue-collar workers. *Journal of Personality and Social Psychology, 52,* 1002–1007. (p. 532)

Evans, R. I., Dratt, L. M., Raines, B. E., & Rosenberg, S. S. (1988). Social influences on smoking initiation: Importance of distinguishing descriptive versus mediating process variables. *Journal of Applied Social Psychology, 18,* 925–943. (p. 118)

Everson, S. A., Goldberg, D. E., Kaplan, G. A., Cohen, R. D., Pukkala, E., Tuomilehto, J., & Salonen, J. T. (1996). Hopelessness and risk of mortality and incidence of myocardial infarction and cancer. *Psychosomatic Medicine, 58,* 113–121. (p. 540)

Ewing, R., Schmid, T., Killingsworth, R., Zlot, A., & Raudenbush, S. (2003). Relationship between urban sprawl and physical activity, obesity, and morbidity. *American Journal of Health Promotion, 18,* 47–57. (p. 461)

Exner, J. E. (2003). *The Rorschach: A comprehensive system, 4th edition.* Hoboken, NJ: Wiley. (p. 560)

Eysenck, H. J. (1952). The effects of psychotherapy: An evaluation. *Journal of Consulting Psychology, 16,* 319–324. (p. 653)

Eysenck, H. J. (1990, April 30). An improvement on personality inventory. *Current Contents: Social and Behavioral Sciences, 22*(18), 20. (p. 569)

Eysenck, H. J. (1992). Four ways five factors are *not* basic. *Personality and Individual Differences, 13,* 667–673. (p. 569)

Eysenck, H. J., & Grossarth-Maticek, R. (1991). Creative novation behaviour therapy as a prophylactic treatment for cancer and coronary heart disease: Part II—Effects of treatment. *Behaviour Research and Therapy, 29,* 17–31. (p. 547)

Eysenck, H. J., Wakefield, J. A., Jr., & Friedman, A. F. (1983). Diagnosis and clinical assessment: The DSM-III. *Annual Review of Psychology, 34,* 167–193. (p. 598)

Eysenck, M. W., MacLeod, C., & Mathews, A. (1987). Cognitive functioning and anxiety. *Psychological Research, 49,* 189–195. (p. 577)

Eysenck, S. B. G., & Eysenck, H. J. (1963). The validity of questionnaire and rating assessments of extraversion and neuroticism, and their factorial stability. *British Journal of Psychology, 54,* 51–62. (p. 569)

Faber, N. (1987, July). Personal glimpse. *Reader s Digest,* p. 34. (p. 410)

Fagan, J. F., & Holland, C. R. (2007). Racial equality in intelligence: Predictions from a theory of intelligence as processing. *Intelligence, 35,* 319–334. (p. 436)

Fagan, J. F., Holland, C. R., & Wheeler, K. (2007). The prediction, from infancy, of adult IQ and achievement. *Intelligence, 35,* 225–231. (p. 423)

Fagan, J. F., III. (1992). Intelligence: A theoretical viewpoint. *Current Directions in Psychological Science, 1,* 82–86. (p. 436)

Fairburn, C. G., Cowen, P. J., & Harrison, P. J. (1999). Twin studies and the etiology of eating disorders. *International Journal of Eating Disorders, 26,* 349–358. (p. 454)

Fantz, R. L. (1961, May). *The origin of form perception.* Scientific American, pp. 66-72. (p. 176)

Farah, M. J., Rabinowitz, C., Quinn, G. E., & Liu, G. T. (2000). Early commitment of neural substrates for face recognition. *Cognitive Neuropsychology, 17,* 117–124. (p. 73)

Farina, A. (1982). The stigma of mental disorders. In A. G. Miller (Ed.), *In the eye of the beholder.* New York: Praeger. (pp. 596, 599)

Farley, M., Baral, I., Kiremire, M., & Sezgin, U. (1998). Prostitution in five countries: Violence and post-traumatic stress disorder. *Feminism and Psychology, 8,* 405–426. (p. 604)

Farley, T., & Cohen, D. (2001, December). Fixing a fat nation. *Washington Monthly* (www.washingtonmonthly.com/features/2001/0112.farley.cohen.html). (p. 461)

Farooqi, I. S., Bullmore, E., Keogh, J., Gillard, J., O Rahilly, S., & Fletcher, P. C. (2007). Leptin regulates striatal regions and human eating behavior. *Science, 317,* 1355. (p. 450)

Farrington, D. P. (1991). Antisocial personality from childhood to adulthood. *The Psychologist: Bulletin of the British Psychological Society, 4,* 389–394. (p. 629)

Fast, L. A., & Funder, D. C. (2008). Personality as manifest in word use: Correlations with self-report, acquaintance report, and behavior. *Journal of Personality and Social Psychology, 94,* 334–346. (p. 576)

FBI, 2007. Crime in the United States, 2007. Murder Offenders by Age, Sex, and Race, 2006, Expanded Homicide Data, Table 3 (www.fbi.gov/ucr/cius2006/offenses/expanded_information/data/shrtable_03.html). (p. 160)

Feder, H. H. (1984). Hormones and sexual behavior. *Annual Review of Psychology, 35,* 165–200. (p. 466)

Feeney, D. M. (1987) Human rights and animal welfare. *American Psychologist, 42,* 593-599. (p. 28)

Feeney, J. A., & Noller, P. (1990). Attachment style as a predictor of adult romantic relationships. *Journal of Personality and Social Psychology, 58, 281*–291. (p. 191)

Feigenson, L., Carey, S., & Spelke, E. (2002). Infants discrimination of number vs. continuous extent. *Cognitive Psychology, 44,* 33–66. (p. 182)

Feinberg, T. E., & Keenan, J. P. (Eds.) (2005). *The lost self: Pathologies of the brain and identity.* New York: Oxford University Press. (p. 79)

Feingold, A. (1990). Gender differences in effects of physical attractiveness on romantic attraction: A comparison across five research paradigms. *Journal of Personality and Social Psychology, 59,* 981–993. (p. 707)

Feingold, A. (1992). Good-looking people are not what we think. *Psychological Bulletin, 111,* 304–341. (p. 707)

Feingold, A., & Mazzella, R. (1998). Gender differences in body image are increasing. *Psychological Science, 9,* 190–195. (pp. 454, 708)

Fellinger, J., Holzinger, D., Gerich, J., & Goldberg, D. (2007). Mental distress and quality of life in the hard of hearing. *Acta Psychiatrica Scandinavica,* 115, 243–245. (p. 251)

Fellowes, D., Barnes, K., & Wilkinson, S. (2004). Aromatherapy and massage for symptom relief in patients with cancer. *The Cochrane Library, 3,* Oxford, UK: Update Software. (p. 546)

Feminist Psychologist. (2002, Winter). *Justice for Mary Whiton Calkins,* p. 11. (p. 4)

Feng, J., Spence, I., & Pratt, J. (2007). Playing an action video game reduces gender differences in spatial cognition. *Psychological Science, 18,* 850–855. (p. 433)

Fenton, W. S., & McGlashan, T. H. (1991). Natural history of schizophrenia subtypes: II. Positive and negative symptoms and long-term course. *Archives of General Psychiatry, 48,* 978–986. (p. 624)

Fenton, W. S., & McGlashan, T. H. (1994). Antecedents, symptom progression, and long-term outcome of the deficit syndrome in schizophrenia. *American Journal of Psychiatry, 151,* 351–356. (p. 624)

Ferguson, E. D. (1989). Adler s motivational theory: An historical perspective on belonging and the fundamental human striving. *Individual Psychology, 45,* 354–361. (p. 478)

Ferguson, E. D. (2001). Adler and Dreikurs: Cognitive-social dynamic innovators. *Journal of Individual Psychology, 57,* 324–341. (p. 478)

Ferguson, E. D. (2003). Social processes, personal goals, and their intertwining: Their importance in Adlerian theory and practice. *Journal of Individual Psychology, 59,* 136–144. (p. 558)

Fergusson, D. M., & Woodward, L. G. (2002). Mental health, educational, and social role outcomes of adolescents with depression. *Archives of General Psychiatry, 59,* 225–231. (p. 614)

Fernandex-Dols, J-M., & Ruiz-Belda, M-A. (1995). Are smiles a sign of happiness? Gold medal winners at the Olympic Games. *Journal of Personality and Social Psychology, 69,* 1113–1119. (p. 512)

Fernandez, E., & Turk, D. C. (1989). The utility of cognitive coping strategies for altering pain perception: A meta-analysis. *Pain, 38,* 123–135. (p. 258)

Fern ndez-Ballesteros, R., & Caprara, M. (2003). Psychology of aging in Europe. *European Psychologist, 8,* 129–130. (p. 209)

Ferri, M., Amato, L., & Davoli, M. (2006). Alcoholics Anonymous and other 12-step programmes for alcohol dependence. *Cochrane Database of Systematic Reviews*, Issue 3. Art. No.: CD005032. (p. 650)

Ferris, C. F. (1996, March). The rage of innocents. *The Sciences,* pp. 22–26. (p. 192)

Feynman, R. (1997). Quoted by E. Hutchings (Ed.), *Surely you re joking, Mr. Feynman.* New York: Norton. (p. 3)

Fiedler, F. E. (1981). Leadership effectiveness. *American Behavioral Scientist, 24,* 619–632. (p. 491)

Fiedler, F. E. (1987, September). When to lead, when to stand back. *Psychology Today,* pp. 26–27. (p. 491)

Fiedler, K., Nickel, S., Muehlfriedel, T., & Unkelbach, C. (2001). Is mood congruency an effect of genuine memory or response bias? *Journal of Experimental Social Psychology, 37,* 201–214. (p. 349)

Field, A. P. (2006). I don t like it because it eats sprouts: Conditioning preferences in children. *Behaviour Research and Therapy, 44,* 439–455. (p. 296)

Field, A. P. (2006). Is conditioning a useful framework for understanding the development and treatment of phobias? *Clinical Psychology Review, 26,* 857–875. (p. 606)

Field, T. (1996). Attachment and separation in young children. *Annual Review of Psychology, 47,* 541–561. (p. 194)

Field, T., Diego, M., & Hernandez-Reif, M. (2007). Massage therapy research. *Developmental Review, 27,* 75–89. (p. 150)

Field, T., Hernandez-Reif, M., Feijo, L, & Freedman, J. (2006). Prenatal, perinatal and neonatal stimulation: A survey of neonatal nurseries. *Infant Behavior & Development, 29,* 24–31. (p. 150)

Fields, R. D. (2004, April). The other half of the brain. *Scientific American,* pp. 54–61. (p. 68)

Fields, R. D. (2008, March). White matter. *Scientific American,* pp. 54–61. (p. 49)

Fincham, F. D., & Bradbury, T. N. (1993). Marital satisfaction, depression, and attributions: A longitudinal analysis. *Journal of Personality and Social Psychology, 64,* 442–452. (p. 675)

Fink, G. R., Markowitsch, H. J., Reinkemeier, M., Bruckbauer, T., Kessler, J., & Heiss, W-D. (1996). Cerebral representation of one s own past: Neural networks involved in autobiographical memory. *Journal of Neuroscience, 16,* 4275–4282. (p. 344)

Finkel, E. J., & Eastwick, P. W. (2008). Speed-dating. *Current Directions in Psychological Science, 17,* 193–197. (p. 707)

Finlay, S. W. (2000). Influence of Carl Jung and William James on the origin of alcoholics anonymous. *Review of General Psychology, 4,* 3–12. (p. 650)

Finney, E. M., Fine, I., & Dobkins, K. R. (2001). Visual stimuli activate auditory cortex in the deaf. *Nature Neuroscience, 4,* 1171–1173. (p. 252)

Finzi, E., & Wasserman, E. (2006). Treatment of depression with botulinum toxin A: A case series. *Dermatological Surgery, 32,* 645–650. (p. 514)

Fischer, P., & Greitemeyer, T. (2006). Music and aggression: The impact of sexual-aggressive song lyrics on aggression-related thoughts, emotions, and behavior toward the same and the opposite sex. *Personality and Social Psychology Bulletin, 32,* 1165–1176. (p. 703)

Fischhoff, B. (1982). Debiasing. In D. Kahneman, P. Slovic, & A. Tversky (Eds.), *Judgment under uncertainty: Heuristics and biases.* New York: Cambridge University Press. (p. 377)

Fischhoff, B., Slovic, P., & Lichtenstein, S. (1977). Knowing with certainty: The appropriateness of extreme confidence. *Journal of Experimental Psychology: Human Perception and Performance, 3,* 552–564. (p. 376)

Fischtein, D. S., Herold, E. S., & Desmarais, S. (2007). How much does gender explain in sexual attitudes and behaviors? A survey of Canadian adults. *Archives of Sexual Behavior, 36,* 451–461. (p. 146)

Fishbach, A., Dhar, R., & Zhang, Y. (2006). Subgoals as substitutes or complements: The role of goal accessibility. *Journal of Personality and Social Psychology, 91,* 232–242. (p. 491)

Fisher, H. E. (1993, March/April). After all, maybe it s biology. *Psychology Today,* pp. 40–45. (p. 218)

Fisher, H. E., Aron, A., Mashek, D., Li, H., & Brown, L. L. (2002). Defining the brain systems of lust, romantic attraction, and attachment. *Archives of Sexual Behavior, 31,* 413–419. (p. 465)

Fisher, H. T. (1984). Little Albert and Little Peter. *Bulletin of the British Psychological Society, 37,* 269. (p. 643)

Fisher, K., Egerton, M., Gershuny, J. I., & Robinson, J. P. (2006). Gender convergence in the American Heritage Time Use Study (AHTUS). *Social Indicators Research, 82,* 1–33. (p. 164)

Fisher, R. P., & Geiselman, R. E. (1992). *Memory-enhancing techniques for investigative interviewing: The cognitive interview.* Springfield, IL: Charles C. Thomas. (p. 360)

Fisher, R. P., Geiselman, R. E., & Raymond, D. S. (1987). Critical analysis of police interview techniques. *Journal of Police Science and Administration, 15,* 177–185. (p. 360)

Fiske, S. T., Harris, L. T., & Cuddy, A. J. C. (2004). Why ordinary people torture enemy prisoners. *Science, 306,* 1482–1483. (p. 678)

Fitzgerald, P. B., & Daskalakis, Z. J. (2008). The use of repetitive transcranial magnetic stimulation and vagal nerve stimulation in the treatment of depression. *Current Opinion in Psychiatry, 21,* 25–29. (p. 665)

Fleming, I., Baum, A., & Weiss, L. (1987). Social density and perceived control as mediator of crowding stress in high-density residential neighborhoods. *Journal of Personality and Social Psychology, 52,* 899–906. (p. 539)

Fleming, J. H. (2001, Winter/Spring). Introduction to the special issue on linkage analysis. *The Gallup Research Journal,* pp. i-vi. (p. 490)

Fleming, J. H., & Scott, B. A. (1991). The costs of confession: The Persian Gulf War POW tapes in historical and theoretical perspective. *Contemporary Social Psychology, 15,* 127–138. (p. 511)

Fletcher, G. J. O., Fitness, J., & Blampied, N. M. (1990). The link between attributions and happiness in close relationships: The roles of depression and explanatory style. *Journal of Social and Clinical Psychology, 9,* 243–255. (p. 675)

Fletcher, P. C., Zafiris, O., Frith, C. D., Honey, R. A. E., Corlett, P. R., Zilles, K., & Fink, G. R. (2005). On the benefits of not trying: Brain activity and connectivity reflecting the interactions of explicit and implicit sequence learning. *Cerebral Cortex, 7,* 1002–1015. (p. 562)

Flier, J. S., & Maratos-Flier, E. (2007, September). What fuels fat. *Scientific American,* pp. 72–81. (p. 460)

Flood, M. (2007). Exposure to pornography among youth in Australia. *Journal of Sociology, 43,* 45–60. (p. 702)

Flora, S. R. (2004). *The power of reinforcement.* Albany, NJ: SUNY Press. (p. 314)

Flouri, E., & Buchanan, A. (2004). Early father s and mother s involvement and child s later educational outcomes. *British Journal of Educational Psychology, 74,* 141–153. (p. 191)

Flynn, J. R. (1987). Massive IQ gains in 14 nations: What IQ tests really measure. *Psychological Bulletin, 101,* 171–191. (p. 420)

Flynn, J. R. (2003). Movies about intelligence: The limitations of g. *Current Directions in Psychological Science, 12,* 95–99. (p. 429)

Flynn, J. R. (2007). *What is intelligence?* New York: Cambridge University Press. (pp. 420, 429)

Foa, E. B., & Kozak, M. J. (1986). Emotional processing of fear: Exposure to corrective information. *Psychological Bulletin, 99,* 20–35. (p. 644)

Fodor, J. D. (1999). Let your brain alone. *London Review of Books, 21* (www.lrb.co.uk). (p. 60)

Fogg, N. P., Harrington P. E., & Harrington T. F. (2004). *The college majors handbook.* Indianapolis, IN: JIST Works, Inc. (pp. A-2, A-4)

Ford, E. S. (2002). Does exercise reduce inflammation? Physical activity and B-reactive protein among U.S. adults. *Epidemiology, 13,* 561–569. (p. 544)

Foree, D. D., & LoLordo, V. M. (1973). Attention in the pigeon: Differential effects of food-getting versus shock-avoidance procedures. *Journal of Comparative and Physiological Psychology, 85,* 551–558. (p. 313)

Forer, B. R. (1949). The fallacy of personal validation: A classroom demonstration of gullibility. *Journal of Abnormal and Social Psychology, 44,* 118–123. (p. 572)

Forgas, J. P. (2008). Affect and cognition. *Perspectives on Psychological Science, 3,* 94–101. (p. 507)

Forgas, J. P., Bower, G. H., & Krantz, S. E. (1984). The influence of mood on perceptions of social interactions. *Journal of Experimental Social Psychology, 20,* 497–513. (pp. 349, 620)

Forhan, S. E., Gottlieb, S. L., Sternberg, M. R., Xu, F., Datta, D., Berman,

S., & Markowitz, L. (2008). Prevalence of sexually transmitted infections and bacterial vaginosis among female adolescents in the United States: Data from the National Health and Nutrition Examination Survey (NHANES) 2003–2004. Paper presented to the 2008 National STD Prevention Conference, Chicago, Illinois. (p. 470)

Forman, D. R., Aksan, N., & Kochanska, G. (2004). Toddlers responsive imitation predicts preschool-age conscience. *Psychological Science, 15,* 699–704. (p. 321)

Forste, R. & Tanfer, K. (1996). Sexual exclusivity among dating, cohabiting, and married women. *Journal of Marriage and the Family 58,* 33–47. (p. B-4)

Foss, D. J., & Hakes, D. T. (1978). *Psycholinguistics: An introduction to the psychology of language.* Englewood Cliffs, NJ: Prentice-Hall. (p. (p. 561)

Foster, R. G. (2004). Are we trying to banish biological time? *Cerebrum, 6(2),* 7–26. (p. 92)

Foulkes, D. (1999). *Children s dreaming and the development of consciousness.* Cambridge, MA: Harvard University Press. (p. 106)

Fouts, R. S. (1992). Transmission of a human gestural language in a chimpanzee mother-infant relationship. *Friends of Washoe, 12/13,* pp. 2–8. (p. 400)

Fouts, R. S. (1997). *Next of kin: What chimpanzees have taught me about who we are.* New York: Morrow. (p. 400)

Fouts, R. S., & Bodamer, M. (1987). Preliminary report to the National Geographic Society on: Chimpanzee intrapersonal signing. *Friends of Washoe, 7(1),* 4–12. (p. 400)

Fowler, M. J., Sullivan, M. J., & Ekstrand, B. R. (1973). Sleep and memory. *Science, 179,* 302–304. (p. 354)

Fowler, R. C., Rich, C. L., & Young, D. (1986). San Diego suicide study: II. Substance abuse in young cases. *Archives of General Psychiatry, 43,* 962–965. (p. 616)

Fowles, D. C. (1992). Schizophrenia: Diathesis-stress revisited. *Annual Review of Psychology, 43,* 303–336. (p. 624)

Fox, B. H. (1998). Psychosocial factors in cancer incidence and prognosis. In P. M. Cinciripini & others (Eds.), *Psychological and behavioral factors in cancer risk.* New York: Oxford University Press. (p. 536)

Fox, E., Lester, V., Russo, R., Bowles, R. J., Pichler, A., & Dutton, K. (2000). Facial expression of emotion: Are angry faces detected more efficiently? *Cognition and Emotion, 14,* 61–92. (p. 508)

Fozard, J. L., & Popkin, S. J. (1978). Optimizing adult development: Ends and means of an applied psychology of aging. *American Psychologist, 33,* 975–989. (p. 210)

Fracassini, C. (2000, August 27). Holidaymakers led by the nose in sales quest. *Scotland on Sunday.* (p. 262)

Fraley, R. C. (2002). Attachment stability from infancy to adulthood: Meta-analysis and dynamic modeling of developmental mechanisms. *Personality and Social Psychology Review, 6,* 123–151. (p. 191)

Frank, J. D. (1982). Therapeutic components shared by all psychotherapies. In J. H. Harvey & M. M. Parks (Eds.), *The Master Lecture Series: Vol. 1. Psychotherapy research and behavior change.* Washington, DC; American Psychological Association. (p. 657, 658)

Frank, R. (1999). *Luxury fever: Why money fails to satisfy in an era of excess.* New York: Free Press. (p. 155)

Frank, S. J. (1988). Young adults perceptions of their relationships with their parents: Individual differences in connectedness, competence, and emotional autonomy. *Developmental Psychology, 24,* 729–737. (p. 205)

Frankel, A., Strange, D. R., & Schoonover, R. (1983). CRAP: Consumer rated assessment procedure. In G. H. Scherr & R. Liebmann-Smith (Eds.), *The best of The Journal of Irreproducible Results.* New York: Workman Publishing. (p. 570)

Frankenburg, W., Dodds, J., Archer, P., Shapiro, H., & Bresnick, B. (1992). The Denver II: A major revision and restandardization of the Denver Developmental Screening Test. *Pediatrics, 89,* 91–97. (p. 178)

Franz, E. A., Waldie, K. E., & Smith, M. J. (2000). The effect of callosotomy on novel versus familiar bimanual actions: A neural dissociation between controlled and automatic processes? *Psychological Science, 11,* 82–85. (p. 76)

Frasure-Smith, N., & Lesp rance, F. (2005). Depression and coronary heart disease: Complex synergism of mind, body, and environment. *Current Directions in Psychological Science, 14,* 39–43. (p. 533)

Frattaroli, J. (2006). Experimental disclosure and its moderators: A meta-analysis. *Psychological Bulletin, 132,* 823–865. (p. 542)

Frayling, T. M. & 41 others (2007, April 12). A common variant in the *FTO* gene is associated with body mass index and predisposes to childhood and adult obesity. *Science, 316,* 889–894. (p. 460)

Frederick, D. A., Peplau, L. A., & Lever, J. (2006). The swimsuit issue: Correlates of body image in a sample of 52,667 heterosexual adults. *Body Image, 3,* 413–419. (p. 454)

Fredrickson, B. L. (2006). The broaden-and-build theory of positive emotions. In M. Csikszentmihalyi & I. S. Csikszentmihalyi (Eds.), *A life worth living: Contributions to positive psychology.* New York: Oxford University Press. (p. 520)

Fredrickson, B. L., & Kahneman, D. (1993). Duration neglect in retrospective evaluations of affective episodes. *Journal of Personality and Social Psychology, 65,* 45–55. (p. 335)

Fredrickson, B. L., Roberts, T-A., Noll, S. M., Quinn, D. M., & Twenge, J. M. (1998). That swimsuit becomes you: Sex differences in self-objectification, restrained eating, and math performance. *Journal of Personality and Social Psychology, 75,* 269–284. (p. 454)

Freedman, D. J., Riesenhuber, M., Poggio, T., & Miller, E. K. (2001). Categorical representation of visual stimuli in the primate prefrontal cortex. *Science, 291,* 312–316. (p. 396)

Freedman, J. L. (1988). Television violence and aggression: What the evidence shows. In S. Oskamp (Ed.), *Television as a social issue.* Newbury Park, CA: Sage. (p. 322)

Freedman, J. L., & Fraser, S. C. (1966). Compliance without pressure: The foot-in-the-door technique. *Journal of Personality and Social Psychology, 4,* 195–202. (p. 677)

Freedman, J. L., & Perlick, D. (1979). Crowding, contagion, and laughter. *Journal of Experimental Social Psychology, 15,* 295–303. (p. 687)

Freedman, L. R., Rock, D., Roberts, S. A., Cornblatt, B. A., & Erlenmeyer-Kimling, L. (1998). The New York high-risk project: Attention, anhedonia and social outcome. *Schizophrenia Research, 30,* 1–9. (p. 627)

Freeman, W. J. (1991, February). The physiology of perception. *Scientific American,* pp. 78–85. (p. 245)

Frensch, P. A., & R nger, D. (2003). Implicit learning. Current *Directions in Psychological Science, 12,* 13–18. (p. 562)

Freud, S. (1922/1975). *Group psychology and the analysis of the ego.* New York: Norton. (p. 695)

Freud, S. (1931: reprinted 1961). Female sexuality. In J. Strachey (Trans.), *The standard edition of the complete psychological works of Sigmund Freud.* London: Hogarth Press. (p. 558)

Freud, S. (1935; reprinted 1960). *A general introduction to psychoanalysis.* New York: Washington Square Press. (p. 217)

Frey, M. C., & Detterman, D. K. (2004). Scholastic assessment or g? The relationship between the Scholastic Assessment Test and general cognitive ability. *Psychological Science, 15,* 373–378. (p. 418)

Freyd, J. J., DePrince, A. P., & Gleaves, D. H. (2007). The state of betrayal trauma theory: Reply to McNally—Conceptual issues and future directions. *Memory, 15,* 295–311. (p. 362)

Freyd, J. J., Putnam, F. W., Lyon, T. D., Becker-Blease, K. A., Cheit, R. E., Siegel, N. B., & Pezdek, K. (2005). The science of child sexual abuse. *Science, 308,* 501. (p. 192)

Friedman, M., & Ulmer, D. (1984). *Treating Type A behavior—and your heart.* New York: Knopf. (pp. 532, 545)

Friedrich, O. (1987, December 7). New age harmonies. *Time,* pp. 62–72. (p. 594)

Friend, T. (2004). *Animal talk: Breaking the codes of animal language.* New York: Free Press. (p. 400)

Frijda, N. H. (1988). The laws of emotion. *American Psychologist, 43,* 349–358. (p. 524)

Frith, U., & Frith, C. (2001). The biological basis of social interaction. *Current Directions in Psychological Science, 10,* 151–155. (p. 186)

Fromkin, V., & Rodman, R. (1983). *An introduction to language* (3rd ed.). New York: Holt, Rinehart & Winston. (pp. 383, 386)

Fry, A. F., & Hale, S. (1996). Processing speed, working memory, and fluid intelligence: Evidence for a developmental cascade. *Psychological Science, 7,* 237–241. (p. 210)

Fryar, C., Hirsch, R., Porter, K. S., Kottiri, B., Brody, D. J., & Louis, T. (2007, June 28). Drug use and sexual behavior reported by adults: United States, 1999–2002. *Advance Data: From Vital and Health Statistics,* Number 384 (Centers for Disease Control and Prevention). (p. 466)

Fuhriman, A., & Burlingame, G. M. (1994). Group psychotherapy: Research and practice. In A. Fuhriman & G. M. Burlingame (Eds.), *Handbook of group psychotherapy.* New York; Wiley. (p. 649)

Fujiki, N., Yoshida, Y., Ripley, B., Mignot, E., & Nishino, S. (2003). Effects of IV and ICV hypocretin-1 (Orexin A) in hypocretin receptor-2 gene mutated narcoleptic dogs and IV hypocretin-1 replacement therapy in a hypocretin-ligand-deficient narcoleptic dog. *Sleep, 26,* 953–959. (p. 102)

Fuller, M. J., & Downs, A. C. (1990). Spermarche is a salient biological marker in men s development. Poster presented at the American Psychological Society convention. (p. 198)

Fulmer, I. S., Gerhart, B., & Scott, K. S. (2003). Are the 100 best better? An empirical investigation fo the relationship between being a great place to work and firm performance. *Personnel Psychology, 56,* 965–993. (p. 489)

Funder, D. C. (2001). Personality. *Annual Review of Psychology, 52,* 197–221. (p. 571)

Funder, D. C., & Block, J. (1989). The role of ego-control, ego-resiliency, and IQ in delay of gratification in adolescence. *Journal of Personality and Social Psychology, 57,* 1041–1050. (p. 202)

Furlow, F. B., & Thornhill, R. (1996, January/February). The orgasm wars. *Psychology Today,* pp. 42–46. (p. 465)

Furnham, A. (1982). Explanations for unemployment in Britain. *European Journal of Social Psychology, 12,* 335–352. (p. 675)

Furnham, A. (2001). Self-estimates of intelligence: Culture and gender difference in self and other estimates of both general (g) and multiple intelligences. *Personality and Individual Differences, 31,* 1381–1405. (p. 432)

Furnham, A., & Baguma, P. (1994). Cross-cultural differences in the evaluation of male and female body shapes. *International Journal of Eating Disorders, 15,* 81–89. (p. 456)

Furnham, A., & Mottabu, R. (2004b). Sex and culture differences in the estimates of general and multiple intelligence: A study comparing British and Egyptian students. *Individual Differences Research, 3,* 82–96. (p. 432)

Furnham, A., & Rawles, R. (1995). Sex differences in the estimation of intelligence. *Journal of Social Behavior and Personality, 10,* 741–748. (p. 692)

Furnham, A., & Thomas, C. (2004c). Parents gender and personality and estimates of their own and their children s intelligence. *Personality and Individual Differences, 37,* 887–903. (p. 432)

Furnham, A., Callahan, I., & Akande, D. (2004a). Self-estimates of intelligence: A study in two African countries. *Journal of Psychology, 138,* 265–285. (p. 432)

Furnham, A., Callahan, I., & Rawles, R. (2003). Adults knowledge of general psychology. *European Psychologist, 8,* 101–116. (p. 4)

Furnham, A., Hosoe, T., & Tang, T. L-P. (2002a). Male hubris and female humility? A cross-cultural study of ratings of self, parental, and sibling multiple intelligence in American, Britain, and Japan. *Intelligence, 30,* 101–115. (p. 432)

Furnham, A., Reeves, E., & Bughani, S. (2002b). Parents think their sons are brighter than their daughters: Sex differences in parental self-estimations and estimations of their children s multiple intelligences. *Journal of Genetic Psychology, 163,* 24–39. (p. 432)

Furr, R. M., & Funder, D. C. (1998). A multimodal analysis of personal negativity. *Journal of Personality and Social Psychology, 74,* 1580–1591. (p. 620)

Gable, S. L., Gonzaga, G. C., & Strachman, A. (2006). Will you be there for me when things go right? Supportive responses to positive event disclosures. *Journal of Personality and Social Psychology, 91,* 904–917. (p. 219)

Gabrieli, J. D. E., Desmond, J. E., Demb, J. E., Wagner, A. D., Stone, M. V., Vaidya, C. J., & Glover, G. H. (1996). Functional magnetic resonance imaging of semantic memory processes in the frontal lobes. *Psychological Science, 7,* 278–283. (p. 344)

Gaertner, L., & Iuzzini, J. (2005). Rejection and entitativity: A synergistic model of mass violence. In K. D. Williams, J. P. Forgas, & W. von Hippel (Eds.). *The social outcast: Ostracism, social exclusion, rejection, and bullying.* New York: Psychology Press. (p. 701)

Gage, F. H. (2003, September). Repair yourself. *Scientific American,* pp. 46–53. (p. 75)

Gaillot, M. T., & Baumeister, R. F. (2007). Self-regulation and sexual restraint: Dispositionally and temporarily poor self-regulatory abilities contribute to failures at restraining sexual behavior. *Personality and Social Psychology Bulletin, 33,* 173–186. (p. 579)

Gajendran, R. S., & Harrison, D. A. (2007). The good, the bad, and the unknown about telecommunity: Meta-analysis of psychological mediators and individual consequences. *Journal of Applied Psychology, 92,* 1524–1541. (p. 580)

Galambos, N. L. (1992). Parent-adolescent relations. *Current Directions in Psychological Science, 1,* 146–149. (p. 205)

Galambos, N. L., Barker, E. T., & Krahn, H. J. (2006). Depression, self-esteem, and anger in emerging adulthood: Seven-year trajectories. *Developmental Psychology, 42,* 350–365. (p. 206)

Galanter, E. (1962). Contemporary psychophysics. In R. Brown, E. Galanter, E. H. Hess, & G. Mandler (Eds.), *New directions in psychology.* New York: Holt Rinehart, & Winston. (p. 231)

Galati, D., Scherer, K. R., & Ricci-Bitti, P. E. (1997). Voluntary facial expression of emotion: Comparing congenitally blind with normally sighted encoders. *Journal of Personality and Social Psychology, 73,* 1363–1379. (p. 512)

Galea, S., Boscarino, J., Resnick, H., & Vlahov, D. (2002). Mental health in New York City after the September 11 terrorist attacks: Results from two population surveys. Chapter 7. *In Mental-Health, United States, 2001, R.* W. Manderscheid, & M. J. Henderson (Eds.). Washington, DC, 604, 605: Results from two population surveys. In R. W. Manderscheid & M. J. Henderson (Eds.), *Mental-Health, United States, 2001.* Washington, DC. (p. 615)

Gallup Organization. (2003, July 8). American public opinion about Iraq. *Gallup Poll News Service* (www.gallup.com). (p. 679)

Gallup Organization. (2004, August 16). 65% of Americans receive NO praise or recognition in the workplace. E-mail from Tom Rath: bucketbook Self-recognition. *Science, 167,* 86–87. (p. 195)

Gallup, G. G., Jr., & Suarez, S. D. (1986). Self-awareness and the emergence of mind in humans and other primates. In J. Suls & A. G. Greenwald (Eds.), *Psychological perspectives on the self* (Vol. 3.). Hillsdale, NJ: Erlbaum. (p. 194)

Gallup, G. H. (1972). *The Gallup poll: Public opinion 1935–1971 (Vol. 3).* New York: Random House. (p. 716)

Gallup, G. H., Jr. (1994, October). Millions finding care and support in small groups. *Emerging Trends,* pp. 2–5. (p. 650)

Gallup, G., Jr. (1982). *Adventures in immortality.* New York: McGraw-Hill. (p. 127)

Gallup. (2001). Reported in The gender gap: Sleeplessness. (www.gallup.com/poll/pollInsights), January 29, 2002. (p. 98)

Gallup. (2002, June 11). Poll insights: The gender gap—post Sept. 11th fear. *The Gallup Organization* (www.gallup.com/poll/pollInsights). (p. 602)

Gangestad, S. W., & Simpson, J. A. (2000). The evolution of human mating: Trade-offs and strategic pluralism. *Behavioral and Brain Sciences, 23,* 573–587. (p. 148)

Garber, K. (2007). Autism s cause may reside in abnormalities at the synapse. *Science, 317,* 190–191. (p. 187)

Garcia, J., & Gustavson, A. R. (1997, January). Carl R. Gustavson (1946–1996): Pioneering wildlife psychologist. *APS Observer,* pp. 34–35. (p. 301)

Garcia, J., & Koelling, R. A. (1966). Relation of cue to consequence in avoidance learning. *Psychonomic Science, 4,* 123–124. (p. 300)

Gardner, H. (1983). *Frames of mind: The theory of multiple intelligences.* New York: Basic Books. (p. 407)

Gardner, H. (1998, March 19). An intelligent way to progress. *The Independent* (London), p. E4. (p. 408)

Gardner, H. (1998, November 5). Do parents count? *New York Review of Books* (www.nybooks.com). (p. 152)

Gardner, H. (1999). *Multiple views of multiple intelligence.* New York: Basic Books. (p. 413)

Gardner, H. (1999, February). Who owns intelligence? *Atlantic Monthly,* pp. 67–76. (p. 418)

Gardner, H. (2006). *The development and education of the mind: The selected works of Howard Gardner.* New York: Routledge/Taylor & Francis. (p. 407)

Gardner, J. W. (1984). *Excellence: Can we be equal and excellent too?* New York: Norton. (p. 492)

Gardner, J., & Oswald, A. J. (2007). Money and mental well-being: A longitudinal study of medium–sized lottery wins. *Journal of Health Economics, 6,* 49–60. (p. 522)

Gardner, M. (2006, January/February). The memory wars, Part One. *Skeptical Inquirer, 30,* 28–31. (p. 362)

Gardner, R. A., & Gardner, B. I. (1969). Teaching sign language to a chimpanzee. *Science, 165,* 664–672. (p. 398)

Gardner, R. M., & Tockerman, Y. R. (1994). A computer-TV video methodology for investigating the influence of somatotype on perceived personality traits. *Journal of Social Behavior and Personality, 9,* 555–563. (p. 457)

Garfield, C. (1986). Peak performers: The new heroes of American business. New York: Morrow. (p. 214), 393)

Garlick, D. (2002). Understanding the nature of the general factor of intelligence: The role of individual differences in neural plasticity as an explanatory mechanism. *Psychological Review, 109,* 116–136. (p. 413)

Garlick, D. (2003). Integrating brain science research with intelligence research. *Current Directions in Psychological Science, 12,* 185–189. (p. 413)

Garnets, L., & Kimmel, D. (1990). Lesbian and gay dimensions in the psychological study of human diversity. Master lecture, American Psychological Association convention. (p. 471)

Garon, N., Bryson, S. E., & Smith, I. M. (2008). Executive function in preschoolers: A review using an integrative framework. *Psychological Bulletin, 134,* 31–60. (p. 177)

Garrett, B. L. (2008). Judging innocence. *Columbia Law Review, 108,* 55–142. (p. 359)

Garry, M., & Loftus, E. F., & Brown, S. W. (1994). Memory: A river runs through it. *Consciousness and Cognition, 3,* 438–451. (p. 561)

Garry, M., Manning, C. G., Loftus, E. F., & Sherman, S. J. (1996). Imagination inflation: Imagining a childhood event inflates confidence that it occurred. *Psychonomic Bulletin & Review, 3,* 208–214. (p. 357)

Gatchel, R. J., Peng, Y. B., Peters, M. L., Fuchs, P. N., & Turk, D. C. (2007). The biopsychosocial approach to chronic pain: Scientific advances and future directions. *Psychological Bulletin, 133,* 581–624. (p. 255)

Gates, G. A., & Miyamoto, R. T. (2003). Cochlear implants. *New England Journal of Medicine, 349,* 421–423. (p. 250)

Gates, W. (1998, July 20). Charity begins when I m ready (inter-view). *Fortune* (www.pathfinder.com/fortune/1998/980720/bil7.html). (p. 409)

Gatz, M. (2007). Genetics, dementia, and the elderly. *Current Directions in Psychological Science, 16,* 123–127. (p. 212)

Gawande, A. (1998, September 21). The pain perplex. *The New Yorker,* pp. 86–94. (p. 257)

Gawin, F. H. (1991). Cocaine addiction: Psychology and neurophysiology. *Science, 251,* 1580–1586. (p. 120)

Gazzaniga, M. S. (1967, August). The split brain in man. *Scientific American,* pp. 24–29. (pp. 75, 76)

Gazzaniga, M. S. (1983). Right hemisphere language following brain bisection: A 20–year perspective. *American Psychologist, 38,* 525–537. (p. 77)

Gazzaniga, M. S. (1988). Organization of the human brain. *Science, 245,* 947–952. (p. 77)

Gazzaniga, M. S. (1997). Brain, drugs, and society. *Science, 275,* 459. (p. 114)

Geary, D. C. (1995). Sexual selection and sex differences in spatial cognition. *Learning and Individual Differences, 7,* 289–301. (p. 433)

Geary, D. C. (1996). Sexual selection and sex differences in mathematical abilities. *Behavioral and Brain Sciences, 19,* 229–247. (p. 433)

Geary, D. C. (1998). *Male, female: The evolution of human sex differences.* Washington, DC: American Psychological Association. (p. 148)

Geary, D. C., Salthouse, T. A., Chen, G-P., & Fan, L. (1996). Are East Asian versus American differences in arithmetical ability a recent phenomenon? *Developmental Psychology, 32,* 254–262. (p. 436)

Geen, R. G., & Quanty, M. B. (1977). The catharsis of aggression: An evaluation of a hypothesis. In L. Berkowitz (Ed.), *Advances in experimental social psychology (Vol. 10).* New York: Academic Press. (p. 518)

Geen, R. G., & Thomas, S. L. (1986). The immediate effects of media violence on behavior. *Journal of Social Issues, 42*(3), 7–28. (p. 323)

Gehring, W. J., Wimke, J., & Nisenson, L. G. (2000). Action monitoring dysfunction in obsessive-compulsive disorder. *Psychological Science, 11(1),* 1–6. (p. 607)

Geier, A. B., Rozin, P., & Doros, G. (2006). Unit bias: A new heuristic that helps explain the effects of portion size on food intake. *Psychological Science, 17,* 521–525. (p. 452)

Geldard, F. A. (1972). *The human senses* (2nd ed.). New York: Wiley. (p. 243)

Gelman, D. (1989, May 15). Voyages to the unknown. *Newsweek,* pp. 66–69. (p. 512)

Genesee, F., & G ndara, P. (1999). Bilingual education programs: A cross-national perspective. *Journal of Social Issues, 55,* 665–685. (p. 393)

Genevro, J. L. (2003). *Report on bereavement and grief research.* Washington, DC: Center for the Advancement of Health. (p. 222)

Gentile, D. A., Lynch, P. J., Linder, J. R., & Walsh, D. A. (2004). The effects of violent video game habits on adolescent hostility, aggressive behaviors, and school performance. *Journal of Adolescence, 27,* 5–22. (pp. 322, 704)

Gentile, D. A., Saleem, M., & Anderson, C. A. (2007). Public policy and the effects of media violence on children. *Social Issues and Policy Review, 1,* 15–61. (p. 704)

George, L. K., Ellison, C. G., & Larson, D. B. (2002). Explaining the relationships between religious involvement and health. *Psychological Inquiry, 13,* 190–200. (p. 549)

George, L. K., Larson, D. B., Koenig, H. G., & McCullough, M. E. (2000). Spirituality and health: What we know, what we need to know. *Journal of Social and Clinical Psychology, 19,* 102–116. (p. 549)

George, M. S. (2003, September). Stimulating the brain. *Scientific American,* pp. 67–73. (p. 666)

George, M. S., & Belmaker, R. H. (Eds.). (2007). *Transcranial magnetic stimulation in clinical psychiatry.* Washington, DC: American Psychiatric Publishing. (pp. 665, 666)

Geraerts, E., Schooler, J. W., Merckelbach, H., Jelicic, M., Hauer, B. J. A., & Ambadar, Z. (2007). The reality of recovered memories: Corroborating continuous and discontinuous memories of childhood sexual abuse. *Psychological Science, 18,* 564–568. (p. 362)

Gerbner, G. (1990). Stories that hurt: Tobacco, alcohol, and other drugs in the mass media. In H. Resnik (Ed.), *Youth and drugs; Society s mixed messages.* Rockville, MD; Office for Substance Abuse Prevention, U.S. Department of Health and Human Services. (p. 125)

Gerbner, G., Morgan, M., & Signorielli, N. (1993). *Television violence profile No. 16: The turning point from research to action.* Annenberg School for Communication, University of Pennsylvania. (p. 703)

Gernsbacher, M. A., Dawson, M., & Goldsmith, H. H. (2005). Three reasons not to believe in an autism epidemic. *Current Directions in Psychological Science, 14,* 55–58. (p. 186)

Gerrard, M., & Luus, C. A. E. (1995). Judgments of vulnerability to pregnancy: The role of risk factors and individual differences. *Personality and Social Psychology Bulletin, 21,* 160–171. (p. 470)

Gershoff, E. T. (2002). Parental corporal punishment and associated child behaviors and experiences: A meta-analytic and theoretical review. *Psychological Bulletin, 128,* 539–579. (p. 310)

Gerstorf, D., Ram, N., R cke, C., Lindenberger, U., & Smith, J. (2008). Decline in life satisfaction in old age: Longitudinal evidence for links to distance-to-death. *Psychology and Aging, 23,* 154–168. (p. 221)

Geschwind, N. (1979, September). Specializations of the human brain. *Scientific American, 241,* 180–199. (p. 389)

Geschwind, N., & Behan, P. O. (1984). Laterality, hormones, and immunity. In N. Geschwind & A. M. Galaburda (Eds.), *Cerebral dominance: The biological foundations.* Cambridge, MA: Harvard University Press. (p. 80)

Gfeller, J. D., Lynn, S. J., & Pribble, W. E. (1987). Enhancing hypnotic susceptibility: Interpersonal and rapport factors. *Journal of Personality and Social Psychology, 52,* 586–595. (p. 110)

Giancola, P. R., & Corman, M. D. (2007). Alcohol and aggression: A test of the attention-allocation model. *Psychological Science, 18,* 649–655. (p. 699)

Gibbons, F. X. (1986). Social comparison and depression: Company s effect on misery. *Journal of Personality and Social Psychology, 51,* 140–148. (p. 526)

Gibbons, R. D., Brown, C. H., Hur, K., Marcus, S. M., Bhaumik, D. K., & Mann, J. J. (2007). Relationship between antidepressants and suicide attempts: An analysis of the Veterans Health Administration data sets. *American Journal of Psychiatry, 164,* 1044–1049. (p. 663)

Gibbs, J. C., Basinger, K. S., Grime, R. L., & Snarey, J. R. (2007). Moral judgment development across cultures: Revisiting Kohlberg s universality claims. *Developmental Review, 27,* 443–500. (p. 201)

Gibbs, W. W. (1996, June). Mind readings. *Scientific American,* pp. 34–36. (p. 70)

Gibbs, W. W. (2002, August). Saving dying languages. *Scientific American, 287,* 79–85. (p. 384)

Gibbs, W. W. (2005, June). Obesity: An overblown epidemic? *Scientific American,* pp. 70–77. (p. 456)

Gibson, E. J., & Walk, R. D. (1960, April). The visual cliff. *Scientific American,* pp. 64–71. (p. 266)

Gibson, H. B. (1995, April). Recovered memories. *The Psychologist,* pp. 153–154. (p. 109)

Gigerenzer, G. (2004). Dread risk, September 11, and fatal traffic accidents. *Psychological Science, 15,* 286–287. (p. 378)

Gigerenzer, G. (2004). Fast and frugal heuristics: The tools of bounded rationality. In D. Koehler & N. Harvey (Eds.), *Handbook of judgment and decision making.* Oxford, UK: Blackwell. (pp. 378, 380)

Gigerenzer, G. (2007). *Gut feelings: The intelligence of the unconscious.* New York: Viking. (p. 380)

Gilbert, D. T. (2006). *Stumbling on happiness.* New York: Knopf. (pp. 219, 356, 369, 503)

Gilbert, D. T., Pelham, B. W., & Krull, D. S. (2003). The psychology of good ideas. *Psychological Inquiry, 14,* 258–260. (p. 4)

Gilbert, D. T., Pinel, E. C., Wilson, T. D., Blumberg, S. J., & Wheatley, T. P. (1998). Immune neglect: A source of durability bias in affective forecasting. *Journal of Personality and Social Psychology, 75,* 617–638. (p. 521)

Gilbertson, M. W., Paulus, L. A., Williston, S. K., Gurvits, T. V., Lasko, N. B., Pitman, R. K., & Orr, S. P. (2006). Neurocognitive function in monozygotic twins discordant for combat exposure: Relationship to posttraumatic stress disorder. *Journal of Abnormal Psychology, 115,* 484–495. (p. 605)

Giles, D. E., Dahl, R. E., & Coble, P. A. (1994). Childbearing, developmental, and familial aspects of sleep. In J. M. Oldham & M. B. Riba (Eds.), *Review of psychiatry* (Vol. 13). Washington, DC: American Psychiatric Press. (p. 95)

Gill, A. J., Oberlander, J., & Austin, E. (2006). Rating e-mail personality at zero acquaintance. *Personality and Individual Differences, 40,* 497–507. (p. 575)

Gillham, J.E., Hamilton, J., Freres, D.R., Patton, K. & Gallop, R. (2006). Preventing depression among early adolescents in the primary care setting: A randomized controlled study of the Penn Resiliency Program. *Journal of Abnormal Child Psychology, 34,* 195-211. (p. 669)

Gilligan, C. (1982). *In a different voice: Psychological theory and women s development.* Cambridge, MA: Harvard University Press. (p. 160)

Gilligan, C., Lyons, N. P., & Hanmer, T. J. (Eds.). (1990). *Making connections: The relational worlds of adolescent girls at Emma Willard School.* Cambridge, MA: Harvard University Press. (p. 160)

Gilovich, T. (1991). *How we know what isn t so: The fallibility of human reason in everyday life.* New York: Free Press. (pp. 15, 16)

Gilovich, T. D. (1996). The spotlight effect: Exaggerated impressions of the self as a social stimulus. Unpublished manuscript, Cornell University. (p. 585)

Gilovich, T., & Medvec, V. H. (1995). The experience of regret: What, when, and why. *Psychological Review, 102,* 379–395. (p. 220)

Gilovich, T., & Savitsky, K. (1999). The spotlight effect and the illusion of transparency: Egocentric assessments of how we are seen by others. *Current Directions in Psychological Science, 8,* 165–168. (p. 585)

Gilovich, T., Kruger, J., & Medvec, V. H. (2002). The spotlight effect revisted: Overestimating the manifest variability of our actions and appearance. *Journal of Experimental Social Psychology, 38,* 93–99. (p. 585)

Gilovich, T., Vallone, R., & Tversky, A. (1985). The hot hand in basketball: On the misperception of random sequences. *Cognitive Psychology, 17,* 295–314. (p. 17)

Giltay, E. J., Geleijnse, J. M., Zitman, F. G., Buijsse, B., & Kromhout, D. (2007). Lifestyle and dietary correlates of dispositional optimism in men: The Zutphen Elderly Study. *Journal of Psychosomatic Research, 63,* 483–490. (p. 540)

Giltay, E. J., Geleijnse, J. M., Zitman, F. G., Hoekstra, T., & Schouten, E. G. (2004). Dispositional optimism and all-cause and cardiovascular mortality in a prospective cohort of elderly Dutch men and women. *Archives of General Psychiatry, 61,* 1126–1135. (p. 540)

Gingerich, O. (1999, February 6). Is there a role for natural theology today? *The Real Issue* (www.origins.org/real/n9501/natural.html). (p. 169)

Gingerich, O. (2006). *God s universe.* Cambridge, MA: Belknap Press of Harvard University Press. (p. 1)

Giuliano, T. A., Barnes, L. C., Fiala, S. E., & Davis, D. M. (1998a). An empirical investigation of male answer syndrome. Paper presented at the Southwestern Psychological Association convention. (p. 161)

Gladue, B. A. (1990). Hormones and neuroendocrine factors in atypical human sexual behavior. In J. R. Feierman (Ed.), *Pedophilia: Biosocial dimensions.* New York: Springer-Verlag. (p. 475)

Gladue, B. A. (1994). The biopsychology of sexual orientation. *Current Directions in Psychological Science, 3,* 150–154. (p. 477)

Gladwell, M. (2000, May 9). The new-boy network: What do job interviews really tell us? *New Yorker,* pp. 68–86. (p. 486)

Gladwell, M. (2005). *Blink: The power of thinking without thinking.* New York: Little Brown. (p. 709)

Glasman, L. R., & Albarracin, D. (2006). Forming attitudes that predict future behavior: A meta-analysis of the attitude-behavior relation. *Psychological Bulletin, 132,* 778–822. (p. 676)

Glass, R. I. (2004). Perceived threats and real killers. *Science, 304,* 927. (p. 379)

Glass, R. M. (2001). Electroconvulsive therapy: Time to bring it out of the shadows. *Journal of the American Medical Association, 285,* 1346–1348. (p. 664)

Gleaves, D. H. (1996). The sociocognitive model of dissociative identity disorder: A reexamination of the evidence. *Psychological Bulletin, 120,* 42–59. (p. 611)

Glenn, N. D. (1975). Psychological well-being in the postparental stage: Some evidence from national surveys. *Journal of Marriage and the Family, 37,* 105–110. (p. 219)

Glick, P., & 15 others. (2004). Bad but bold: Ambivalent attitudes toward men predict gender inequality in 16 nations. *Journal of Personality and Social Psychology, 86,* 713–728. (p. 694)

Glick, P., Gottesman, D., & Jolton, J. (1989). The fault is not in the stars: Susceptibility of skeptics and believers in astrology to the Barnum effect. *Personality and Social Psychology Bulletin, 15,* 572–583. (p. 573)

Gluhoski, V. L., & Wortman, C. B. (1996). The impact of trauma on world views. *Journal of Social and Clinical Psychology, 15,* 417–429. (p. 304)

Godden, D. R., & Baddeley, A. D. (1975). Context-dependent memory in two natural environments: On land and underwater. *British Journal of Psychology, 66,* 325–331. (p. 347)

Goel, V., & Dolan, R. J. (2001). The functional anatomy of humor: Segregating cognitive and affective components. *Nature Neuroscience, 4,* 237–238. (p. 390)

Goff, D. C. (1993). Reply to Dr. Armstrong. *Journal of Nervous and Mental Disease, 181,* 604–605. (p. 610)

Goff, D. C., & Simms, C. A. (1993). Has multiple personality disorder remained consistent over time? *Journal of Nervous and Mental Disease, 181,* 595–600. (p. 610)

Goff, L. M., & Roediger, H. L., III. (1998). Imagination inflation for action events: Repeated imaginings lead to illusory recollections. *Memory and Cognition, 26,* 20–33. (p. 357)

Gold, M., & Yanof, D. S. (1985). Mothers, daughters, and girlfriends. *Journal of Personality and Social Psychology, 49,* 654–659. (p. 205)

Goldapple, K., Segal, Z., Garson, C., Lau, M., Bieling, P., Kennedy, S., & Mayberg, H. (2004). Modulation of cortical-limbic pathways in major depression. *Archives of General Psychiatry, 61,* 34–41. (p. 663)

Golden, R. N., Gaynes, B. N., Ekstrom, R. D., Hamer, R. M., Jacobsen, F. M., Suppes, T., Wisner, K. L., & Nemeroff, C. B. (2005). The efficacy of light therapy in the treatment of mood disorders: A review and meta-analysis of the evidence. *American Journal of Psychiatry, 162,* 656–662. (p. 657)

Goldfried, M. R. (2001). Integrating gay, lesbian, and bisexual issues into mainstream psychology. *American Psychologist, 56,* 977–988. (p. 616)

Goldfried, M. R., & Padawer, W. (1982). Current status and future directions in psychotherapy. In M. R. Goldfried (Ed.), *Converging themes in psychotherapy: Trends in psychodynamic, humanistic, and behavioral practice.* New York; Springer. (p. 657)

Goldfried, M. R., Raue, P. J., & Castonguay, L. G. (1998). The therapeutic focus in significant sessions of master therapists: A comparison of cognitive-behavioral and psychodynamic-interpersonal interventions. *Journal of Consulting and Clinical Psychology, 66,* 803–810. (p. 658)

Golding, J. M. (1996). Sexual assault history and women s reproductive and sexual health. *Psychology of Women Quarterly, 20,* 101–121. (p. 702)

Golding, J. M. (1999). Sexual-assault history and the long-term physical health problems: Evidence from clinical and population epidemiology. *Current Directions in Psychological Science, 8,* 191–194. (p. 605)

Goldin-Meadow, S. (2006). Talking and thinking with our hands. *Current Directions in Psychological Science, 15,* 34–39. (p. 399)

Goldstein, A. P., Glick, B., & Gibbs, J. C. (1998). *Aggression replacement training: A comprehensive intervention for aggressive youth* (Rev. ed.). Champaign, IL: Research Press. (p. 701)

Goldstein, I. (2000, August). Male sexual circuitry. *Scientific American,* pp. 70–75. (p. 57)

Goldstein, I., Lue, T. F., Padma-Nathan, H., Rosen, R. C., Steers, W. D., & Wicker, P. A. (1998). Oral sildenafil in the treatment of erectile dysfunction. *New England Journal of Medicine, 338,* 1397–1404. (p. 19)

Goleman, D. (1980, February). 1,528 little geniuses and how they grew. *Psychology Today,* pp. 28–53. (p. 487)

Goleman, D. (1995). *Emotional intelligence.* New York: Bantam. (p. 502)

Goleman, D. (2006). *Social intelligence.* New York: Bantam Books. (p. 412)

G mez, R. L., Bootzin, R. R., & Nadel, L. (2006). Naps promote abstraction in language-learning infants. *Psychological Science, 17,* 670–674. (p. 101)

Gonsalkorale, K., & Williams, K. D. (2006). The KKK would not let me play: Ostracism even by a despised outgroup hurts. *European Journal of Social Psychology, 36,* 1–11. (p. 481)

Gonsalves, B., Reber, P. J., Gitelman, D. R., Parrish, T. B., Mesulam, M-M., & Paller, K. A. (2004). Neural evidence that vivid imagining can lead to false remembering. *Psychological Science, 15,* 655–659. (p. 357)

Goodale, M. A., & Milner, D. A. (2004). *Sight unseen: An exploration of conscious and unconscious vision.* Oxford; Oxford University Press. (p. 87)

Goodale, M. A., & Milner, D. A. (2006). One brain—two visual systems. *The Psychologist, 19,* 660–663. (p. 87)

Goodall, J. (1968). The behaviour of free-living chimpanzees in the Gombe Stream Reserve. *Animal Behaviour Monographs, 1,* 161–311. (p. 151)

Goodall, J. (1986). *The chimpanzees of Gombe: Patterns of behavior.* Cambridge, MA: Harvard University Press. (p. 696)

Goodall, J. (1998). Learning from the chimpanzees: A message humans can understand. *Science, 282,* 2184–2185. (p. 11)

Goodchilds, J. (1987). Quoted by Carol Tavris, Old age is not what it used to be. *The New York Times Magazine: Good Health Magazine,* September 27, pp. 24–25, 91–92. (p. 207)

Goode, E. (1999, April 13). If things taste bad, phantoms may be at work. *New York Times* (www.nytimes.com). (p. 257)

Goode, E. (2003, January 28). Even in the age of Prozac, some still prefer the couch. *New York Times* (www.nytimes.com). (p. 639)

Goodhart, D. E. (1986). The effects of positive and negative thinking on performance in an achievement situation. *Journal of Personality and Social Psychology, 51,* 117–124. (p. 581)

Goodman, G. S. (2006). Children s eyewitness memory: A modern history and contemporary commentary. *Journal of Social Issues, 62,* 811–832. (p. 361)

Goodman, G. S., Ghetti, S., Quas, J. A., Edelstein, R. S., Alexander, K. W., Redlich, A. D., Cordon, I. M., & Jones, D. P. H. (2003). A prospective study of memory for child sexual abuse: New findings relevant to the repressed-memory controversy. *Psychological Science, 14,* 113–118. (p. 362)

Goodstein, L., & Glaberson, W. (2000, April 9). The well-marked roads to homicidal rage. *New York Times* (www.nytimes.com). (p. 583)

Goodwin, F. K., & Morrison, A. R. (1999). Scientists in bunkers: How appeasement of animal rights activism has failed. *Cerebrum, 1(2),* 50–62. (p. 27)

Gopnik, A., & Meltzoff, A. N. (1986). Relations between semantic and cognitive development in the one-word stage: The specificity hypothesis. *Child Development, 57,* 1040–1053. (p. 393)

Goranson, R. E. (1978). The hindsight effect in problem solving. Unpublished manuscript, cited by G. Wood (1984), Research methodology: A decision-making perspective. In A. M. Rogers & C. J. Scheirer (Eds.), *The G. Stanley Hall Lecture Series (Vol. 4).* Washington, DC. (p. 5)

Gordon, P. (2004). Numerical cognition without words: Evidence from Amazonia. *Science, 306,* 496–499. (p. 392)

Gore, A. (2007, July 1). Moving beyond Kyoto. *New York Times* (www.nytimes.com). (p. 718)

Gore-Felton, C., Koopman, C., Thoresen, C., Arnow, B., Bridges, E., & Spiegel, D. (2000). Psychologists beliefs and clinical characteristics: Judging the veracity of childhood sexual abuse memories. *Professional Psychology: Research and Practice, 31,* 372–377. (p. 362)

Gorini, A. (2007). Virtual worlds, real healing. *Science, 318,* 1549. (p. 644)

Gortmaker, S. L., Must, A., Perrin, J. M., Sobol, A. M., & Dietz, W. H. (1993). Social and economic consequences of overweight in adolescence and young adulthood. *New England Journal of Medicine, 329,* 1008–1012. (p. 457)

Gosling, S. D., Gladdis, S., & Vazire, S. (2007). Personality impressions based on Facebook profiles. Paper presented to the Society for Personality and Social Psychology meeting. (p. 575)

Gosling, S. D., Ko, S. J., Mannarelli, T., & Morris, M. E. (2002). A room with a cue: Personality judgments based on offices and bedrooms. *Journal of Personality and Social Psychology, 82,* 379–398. (p. 575)

Gosling, S. D., Kwan, V. S. Y., & John, O. P. (2003). A dog s got personality: A cross-species comparative approach to personality judgments in dogs and humans. *Journal of Personality and Social Psychology, 85,* 1161–1169. (p. 570)

Gotlib, I. H., & Hammen, C. L. (1992). *Psychological aspects of depression: Toward a cognitive-interpersonal integration.* New York: Wiley. (p. 620)

Gottesman, I. I. (1991). *Schizophrenia genesis: The origins of madness.* New York: Freeman. (p. 626)

Gottesman, I. I. (2001). Psychopathology through a life span—genetic prism. *American Psychologist, 56,* 867–881. (p. 626)

Gottfredson, L. S. (2002a). Where and why g matters: Not a mystery. *Human Performance, 15,* 25–46. (p. 408)

Gottfredson, L. S. (2002b). g: Highly general and highly practical. In R. J. Sternberg & E. L. Grigorenko (Eds.), *The general factor of intelligence: How general is it?* Mahwah, NJ: Erlbaum. (p. 408)

Gottfredson, L. S. (2003a). Dissecting practical intelligence theory: Its claims and evidence. *Intelligence, 31,* 343–397. (p. 408)

Gottfredson, L. S. (2003b). On Sternberg s Reply to Gottfredson. *Intelligence, 31,* 415–424. (p. 408)

Gottfried, J. A., O Doherty, J., & Dolan, R. J. (2003). Encoding predictive reward value in human amygdala and orbitofrontal cortex. *Science, 301,* 1104–1108. (p. 295)

Gottman, J., with Silver N. (1994). *Why marriages succeed or fail.* New York: Simon & Schuster. (p. 219)

Gougoux, F., Zatorre, R., Lassonde, M., Voss, P., & Lepore, F. (2005). A functional neuroimaging study of sound localization: Visual cortex activity predicts performance in early-blind individuals. *PloS Biology,* 3(2), e27. (p. 252)

Gould, E. (2007). How widespread is adult neurogenesis in mammals? *Nature Neuroscience, 8,* 481–488. (p. 74)

Gould, S. J. (1981). *The mismeasure of man.* New York: Norton. (p. 417)

Gould, S. J. (1997, June 12). Darwinian fundamentalism. *The New York Review of Books, XLIV(10),* 34–37. (p. 148)

Grabe, S., Ward, L. M., & Hyde, J. S. (2008). The role of the media in body image concerns among women: A meta-analysis of experimental and correlational studies. *Psychological Bulletin, 134,* 460–476. (p. 454)

Grady, C. L., & McIntosh, A. R., Horwitz, B., Maisog, J. M., Ungeleider, L. G., Mentis, M. J., Pietrini, P., Schapiro, M. B., & Haxby, J. V. (1995). Age-related reductions in human recognition memory due to impaired encoding. *Science, 269,* 218–221. (p. 350)

Grady, D. (2007, December 26). Finding Alzheimer s before a mind fails. *New York Times* (www.nytimes.com). (p. 212)

Graf, P. (1990). Life-span changes in implicit and explicit memory. *Bulletin of the Psychonomic Society, 28,* 353–358. (p. 214)

Graham, J. E., Christian, L. M., & Kiecolt-Glaser, J. K. (2006). Marriage, health, and immune function. In S. R. H. Beach & others (Eds.), *Relational processes and DSM-V: Neuroscience, assessment, prevention, and treatment.* Washington, DC: American Psychiatric Association. (p. 542)

Grant, B. F., & Dawson, D. A. (1998). Age of onset of drug use and its association with DSM-IV drug abuse and dependence: Results from the national Longitudinal Alcohol Epidemiologic Survey. *Journal of Substance Abuse, 10,* 163–173. (p. 126)

Gray, P. B., Yang, C-F. J., & Pope, Jr., H. G. (2006). Fathers have lower salivary testosterone levels than unmarried men and married non-fathers in Beijing, China. *Proceedings of the Royal Society, 273,* 333–339. (p. 467)

Gray-Little, B., & Burks, N. (1983). Power and satisfaction in marriage: A review and critique. *Psychological Bulletin, 93,* 513–538. (p. 711)

Green, B. (2002). Listening to leaders: Feedback on 360-degree feedback one year later. *Organizational Development Journal, 20,* 8–16. (p. 487)

Green, C. S., & Bavelier, D. (2003). Action video game modifies visual selective attention. *Nature, 423,* 534–537. (p. 232)

Green, J. D., Sedikides, C., & Gregg, A. P. (2008). Forgotten but not gone: The recall and recognition of self-threatening memories. *Journal of Experimental Social Psychology, 44,* 547–561. (p. 561)

Green, J. T., & Woodruff-Pak, D. S. (2000). Eyeblink classical conditioning: Hippocampal formation is for neutral stimulus associations as cerebellum is for association-response. *Psychological Bulletin, 126,* 138–158. (p. 345)

Greenberg, J. (2008). Understanding the vital human quest for self-esteem. *Perspectives on Psychological Science, 3,* 48–55. (p. 585)

Greenberg, J., Solomon, S., & Pyszczynski, T. (1997). Terror management theory of self-esteem and cultural worldviews: Empirical assessments and conceptual refinements. *Advances in Social Psychology, 29,* 61–142. (p. 563)

Greene, J., Sommerville, R. B., Nystrom, L. E., Darley, J. M., & Cohen, J. D. (2001). An fMRI investigation of emotional engagement in moral judgment. *Science, 293,* 2105. (p. 201)

Greene, R. L. (1987). Effects of maintenance rehearsal on human memory. *Psychological Bulletin, 102,* 403–413. (p. 333)

Greenfeld, L. A. (1998). *Alcohol and crime: An analysis of national data on the prevalence of alcohol involvement in crime.* Washington, DC: Document NCJ–168632, Bureau of Justice Statistics (www.ojp.usdoj.gov/bjs). (p. 699)

Greenwald, A. G. (1992). Subliminal semantic activation and subliminal snake oil. Paper presented to the American Psychological Association Convention, Washington, DC. (pp. 233, 234, 562)

Greenwald, A. G., McGhee, D. E., & Schwartz, J. L. K. (1998). Measuring individual differences in implicit cognition: The implicit association test. *Journal of Personality and Social Psychology, 74,* 1464–1480. (p. 693)

Greenwald, A. G., Oakes, M. A., & Hoffman, H. (2003). Targets of discrimination: Effects of race on responses to weapons holders. *Journal of Experimental Social Psychology, 39,* 399. (p. 693)

Greenwald, A. G., Spangenberg, E. R., Pratkanis, A. R., & Eskenazi, J. (1991). Double-blind tests of subliminal self-help audiotapes. *Psychological Science, 2,* 119–122. (p. 233)

Greenwood, M. R. C. (1989). Sexual dimorphism and obesity. In A. J. Stunkard & A. Baum (Eds.). *Perspectives in behavioral medicine: Eating, sleeping, and sex.* Hillsdale, NJ: Erlbaum. (p. 456)

Greer, G. (1984, April). The uses of chastity and other paths to sexual pleasures. *MS,* pp. 53–60, 96. (p. 467)

Greers, A. E. (2004). Speech, language, and reading skills after early cochlear implantation. *Archives of Otolaryngology—Head & Neck Surgery, 130,* 634–638. (p. 387)

Gregg, L., & Tarrier, N. (2007). Virtual reality in mental health: A review of the literature. *Social Psychiatry and Psychiatric Epidemiology, 42,* 343–354. (p. 644)

Gregory, R. L. (1978). *Eye and brain: The psychology of seeing (3rd ed.).* New York: McGraw-Hill. (p. 273)

Gregory, R. L., & Gombrich, E. H. (Eds.). (1973). *Illusion in nature and art.* New York: Charles Scribner s Sons. (p. 278)

Greif, E. B., & Ulman, K. J. (1982). The psychological impact of menarche on early adolescent females: A review of the literature. *Child Development, 53,* 1413–1430. (p. 198)

Greist, J. H., Jefferson, J. W., & Marks, I. M. (1986). *Anxiety and its treatment: Help is available.* Washington, DC: American Psychiatric Press. (p. 602)

Grello, C. M., Welsh, D. P., & Harper, M. S. (2006). No strings attached: The nature of casual sex in college students. *Journal of Sex Research, 43,* 255–267. (p. 116)

Gr zes, J., & Decety, J. (2001). Function anatomy of execution, mental simulation, observation, and verb generation of actions: A meta-analysis. *Human Brain Mapping, 12,* 1–19. (p. 394)

Griffiths, M. (2001). Sex on the Internet: Observations and implications for Internet sex addiction. *Journal of Sex Research, 38,* 333–342. (p. 114)

Grill-Spector, K., & Kanwisher, N. (2005). Visual recognition: As soon as you know it is there, you know what it is. *Psychological Science, 16,* 152–160. (p. 370)

Grilo, C. M., & Pogue-Geile, M. F. (1991). The nature of environmental influences on weight and obesity: A behavior genetic analysis. *Psychological Bulletin, 110,* 520–537. (p. 460)

Grinker, R. R. (2007). *Unstrange minds: Remapping the world of autism.* New York: Basic Books. (p. 186)

Grobstein, C. (1979, June). External human fertilization. *Scientific American,* pp. 57-67. (p. 174)

Groothuis, T. G. G., & Carere, C. (2005). Avian personalities: Characterization and epigenesis. *Neuroscience and Biobehavioral Reviews, 29,* 137–150. (p. 570)

Gross, A. E., & Crofton, C. (1977). What is good is beautiful. *Sociometry, 40,* 85–90. (p. 709)

Gross, M., Nakamura, L., Pascual-Leone, A., & Fregni, F. (2007). Has repetitive transcranial magnetic stimulation (rTMS) treatment for depression improved? A systematic review and meta-analysis comparing the recent vs. the earlier rTMS studies. *Acta Psychiatrica Scandinavica, 116,* 165–173. (p. 666)

Grossberg, S. (1995). The attentive brain. *American Scientist, 83,* 438–449. (p. 277)

Grossman, M., & Wood, W. (1993). Sex differences in intensity of emotional experience: A social role interpretation. *Journal of Personality and Social Psychology, 65,* 1010–1022. (p. 510)

Gruder, C. L. (1977). Choice of comparison persons in evaluating oneself. In J. M. Suls & R. L. Miller (Eds.), *Social comparison processes.* New York: Hemisphere. (p. 525)

Grunebaum, M. F., Ellis, S. P., Li, S., Oquendo, M. A., Mann, J. J. (2004). Antidepressants and suicide risk in the United States, 1985–1999. *Journal of Clinical Psychiatry, 65,* 1456–1462. (p. 663)

Guerin, B. (1986). Mere presence effects in humans: A review. *Journal of Personality and Social Psychology, 22,* 38–77. (p. 687)

Guerin, B. (2003). Language use as social strategy: A review and an analytic framework for the social sciences. *Review of General Psychology, 7,* 251–298. (p. 383)

Guiso, L, Monte, F., Sapienza, P., & Zingales, L. (2008). Culture, gender, and math. *Science, 320,* 1164–1165. (p. 433)

Gundersen, E. (2001, August 1). MTV is a many splintered thing. *USA Today,* pp. D1, D2. (p. 321)

G nt rk n, O. (2003). Adult persistence of head-turning asymmetry. *Nature, 421,* 711. (p. 79)

Gura, T. (2000). Enzyme blocker prompts mice to shed weight. *Science, 288,* 2299–2300. (p. 450)

Gustafson, D., Lissner, L., Bengtsson, C., Bj rkelund, C., & Skoog, I. (2004). A 24-year follow-up of body mass index and cerebral atrophy. *Neurology, 63,* 1876–1881. (p. 456)

Gustafson, D., Rothenberg, E., Blennow, K., Steen, B., & Skoog, I. (2003). An 18-year follow-up of overweight and risk of Alzheimer disease. *Archives of Internal Medicine, 163,* 1524–1528. (pp. 212, 456)

Gustavson, C. R., Garcia, J., Hankins, W. G., & Rusiniak, K. W. (1974). Coyote predation control by aversive conditioning. *Science, 184,* 581–583. (p. 300)

Gustavson, C. R., Kelly, D. J., & Sweeney, M. (1976). Prey-lithium aversions I: Coyotes and wolves. *Behavioral Biology, 17,* 61–72. (p. 300)

Guttentag, M., & Secord, P. F. (1983). *Too many women? The sex ratio question.* Thousand Oaks, CA: Sage. (p. 694)

Guttmacher Institute. (1994). *Sex and America s teenagers.* New York: Alan Guttmacher Institute. (pp. 206, 470)

Guttmacher Institute. (2000). *Fulfilling the promise: Public policy and U.S. family planning clinics.* New York: Alan Guttmacher Institute. (p. 206)

H., Sally. (1979, August). Videotape recording number T–3, Fortunoff Video Archive of Holocaust Testimonies. New Haven, CT: Yale University Library. (p. 562)

Haber, R. N. (1970, May). How we remember what we see. *Scientific American,* pp. 104–112. (p. 328)

Haddock, G., & Zanna, M. P. (1994). Preferring housewives to feminists. *Psychology of Women Quarterly, 18,* 25–52. (p. 694)

Haesler, S. (2007, June/July). Programmed for speech. *Scientific American Mind,* pp. 67–71. (p. 386)

Haidt, J. (2000). The positive emotion of elevation. *Prevention and Treatment, 3,* article 3 (journals.apa.org/prevention/volume3). (p. 201)

Haidt, J. (2002). The moral emotions. In R. J. Davidson, K. Scherer, & H. H. Goldsmith (Eds.), *Handbook of Affective Sciences.* New York: Oxford University Press. (p. 201)

Haidt, J. (2006). *The happiness hypothesis: Finding modern truth in ancient wis-*

dom. New York: Basic Books. (p. 200)

Haidt, J. (2007). The new synthesis in moral psychology. *Science, 316,* 998–1001. (p. 201)

Haidt, J. (2008). Morality. *Perspectives on Psychological Science, 3,* 65–72. (p. 201)

Haier, R. J., Jung, R. E., Yeo, R. A., Head, K., & Alkire, M. T. (2004). Structural brain variation and general intelligence. *NeuroImage, 23,* 425–433. (p. 414)

Hakuta, K., Bialystok, E., & Wiley, E. (2003). Critical evidence: A test of the critical-period hypothesis for second-language acquisition. *Psychological Science, 14,* 31–38. (p. 388)

Halberstadt, J. B., & Niedenthal, P. M. (2001). Effects of emotion concepts on perceptual memory for emotional expressions. *Journal of Personality and Social Psychology, 81,* 587–598. (p. 358)

Halberstadt, J. B., Niedenthal, P. M., & Kushner, J. (1995). Resolution of lexical ambiguity by emotional state. *Psychological Science, 6,* 278–281. (p. 277)

Halberstadt, J., O Shea, R. P., & Forgas, J. (2006). Outgroup fanship in Australia and New Zealand. *Australian Journal of Psychology, 58,* 159–165. (p. 695)

Haldeman, D. C. (1994). The practice and ethics of sexual orientation conversion therapy. *Journal of Consulting and Clinical Psychology, 62,* 221–227. (p. 472)

Haldeman, D. C. (2002). Gay rights, patient rights: The implications of sexual orientation conversion therapy. *Professional Psychology: Research and Practice, 33,* 260–264. (p. 472)

Hall, C. S., & Lindzey, G. (1978). *Theories of personality* (2nd ed.). New York: Wiley. (p. 563)

Hall, C. S., Dornhoff, W., Blick, K. A., & Weesner, K. E. (1982). The dreams of college men and women in 1950 and 1980: A comparison of dream contents and sex differences. *Sleep, 5,* 188–194. (p. 104)

Hall, G. (1997). Context aversion, Pavlovian conditioning, and the psychological side effects of chemotherapy. *European Psychologist, 2,* 118–124. (p. 302)

Hall, G. S. (1904). *Adolescence: Its psychology and its relations to physiology, anthropology, sex, crime, religion and education* (Vol. I). New York: Appleton-Century-Crofts. (p. 197)

Hall, J. A. (1984). *Nonverbal sex differences: Communication accuracy and expressive style.* Baltimore: Johns Hopkins University Press. (p. 510)

Hall, J. A. (1987). On explaining gender differences: The case of nonverbal communication. In P. Shaver & C. Hendrick (Eds.), *Review of Personality and Social Psychology, 7,* 177–200. (pp. 160, 510)

Hall, J. A. Y., & Kimura, D. (1994). Dermatoglyphic assymetry and sexual orientation in men. *Behavioral Neuroscience, 108,* 1203–1206. (p. 476)

Hall, J. G. (2003). Twinning. *Lancet, 362,* 735–743. (p. 136)

Hall, S. S. (2004, May). The good egg. *Discover,* pp. 30-39. (p. 174)

Hall, W. (2006). The mental health risks of adolescent cannabis use. *PloS Medicine, 3*(2): e39. (p. 122)

Halpern, D. F. (1991). Cognitive sex differences: Why diversity is a critical research issue. Paper presented to the American Psychological Association convention. (p. 432)

Halpern, D. F. (2000). *Sex-related ability differences: Changing perspectives, changing minds.* Mahwah, NJ: Erlbaum. (pp. 433, 471)

Halpern, D. F. (2005, May 20). Response to Drs. Pinker and Spelke. www.edge.org. (p. 433)

Halpern, D. F., & Coren, S. (1990). Laterality and longevity: Is left-handedness associated with a younger age at death? In S. Coren (Ed.), *Left-handedness: Behavioral implications and anomalies.* Amsterdam: North-Holland. (p. 80)

Halpern, D. F., Benbow, C. P., Geary, D. C., Gur, R. C., Hyde, J. S., & Gernsbacher, M. A. (2007). The science of sex differences in science and mathematics. *Psychological Science in the Public Interest, 8,* 1–51. (pp. 432, 433, 434)

Hamann, S., Herman, R. A., Nolan, C. L., & Wallen, K. (2004). Men and women differ in amygdala response to visual sexual stimuli. *Nature Neuroscience, 7,* 411–416. (p. 468)

Hamilton, R. H. (2000, November). Increased prevalence of absolute pitch in blind musicians (Abstract 739.13). Society for Neuroscience meeting, New Orleans. (p. 252)

Hammack, P. L., (2005). The life course development of human sexual orientation: An integrative paradigm. *Human Development, 48,* 267–290. (pp. 471, 474)

Hammersmith, S. K. (1982, August). Sexual preference: An empirical study from the Alfred C. Kinsey Institute for Sex Research. Paper presented at the meeting of the American Psychological Association, Washington, DC. (p. 473)

Hampson, R. (2000, April 10). In the end, people just need more room. *USA Today,* p. 19A. (p. 461)

Hampson, S. E., & Goldberg, L. R. (2006). A first large cohort study of personality trait stability over the years between elementary school and midlife. *Journal of Personality and Social Psychology, 91,* 763–779. (p. 224)

Hancock, K. J., & Rhodes, G. (2008). Contact, configural coding and the other-race effect in face recognition. *British Journal of Psychology, 99,* 45–56. (p. 697)

Hankin, B. L., & Abramson, L. Y. (2001). Development of gender differences in depression: An elaborated cognitive vulnerability-transactional stress theory. *Psychological Bulletin, 127,* 773–796. (p. 619)

Hansen, C. H., & Hansen, R. D. (1988). Finding the face-in-the-crowd: An anger superiority effect. *Journal of Personality and Social Psychology, 54,* 917–924. (p. 508)

Harbaugh, W. T., Mayr, U., & Burghart, D. R. (2007). Neural responses to taxation and voluntary giving reveal motives for charitable donations. *Science, 316,* 1622–1625. (p. 714)

Harber, K. D. (1998), Feedback to minorities: Evidence of a positive bias. *Journal of Personality and Social Psychology, 74,* 622–628. (p. 693)

Hardin, C., & Banaji, M. R. (1993). The influence of language on thought. *Social Cognition, 11,* 277–308. (p. 392)

Hare, R. D. (1975). Psychophysiological studies of psychopathy. In D. C. Fowles (Ed.), *Clinical applications of psychophysiology.* New York: Columbia University Press. (p. 629)

Hariri, A. R., Mattay, V. S., Tessitore, A., Kolachana, B., Fera, F., Goldman, D., Egan, M. F., & Weinberger, D. R. (2002). Serotonin transporter genetic variation and the response of the human amygdala. *Science, 297,* 400–403. (p. 517)

Harker, L. A., & Keltner, D. (2001). Expressions of positive emotion in women s college yearbook pictures and their relationship to personality and life outcomes across adulthood. *Journal of Personality and Social Psychology, 80,* 112–124. (p. 520)

Harkins, S. G., & Szymanski, K. (1989). Social loafing and group evaluation. *Journal of Personality and Social Psychology, 56,* 934–941. (p. 688)

Harlow, H. F., Harlow, M. K., & Suomi, S. J. (1971). From thought to therapy: Lessons from a primate laboratory. *American Scientist, 59,* 538–549. (p. 188)

Harlow, R. E., & Cantor, N. (1996). Still participating after all these years: A study of life task participation in later life. *Journal of Personality and Social Psychology, 71,* 1235–1249. (p. 221)

Harmon-Jones, E., Abramson, L. Y., Sigelman, J., Bohlig, A., Hogan, M. E., & Harmon-Jones, C. (2002). Proneness to hypomania/mania symptoms or depression symptoms and asymmetrical frontal cortical responses to an anger-evoking event. *Journal of Personality and Social Psychology, 82,* 610–618. (p. 502)

Harper, C., & McLanahan, S. (2004). Father absence and youth incarceration. *Journal of Research on Adolescence, 14,* 369–397. (p. 701)

Harris, A., & Lurigio, A. J. (2007). Mental illness and violence: A brief review of research and assessment strategies. *Aggression and Violent Behavior, 12,* 542–551. (p. 600)

Harris, B. (1979). Whatever happened to Little Albert? *American Psychologist, 34,* 151–160. (p. 303)

Harris, J. A. (1999). Review and methodological considerations in research on testosterone and aggression. *Aggression and Violent Behavior, 4,* 273–291. (p. 699)

Harris, J. R. (1998). *The nurture assumption.* New York: Free Press. (pp. 152, 190)

Harris, J. R. (2000). Beyond the nurture assumption: Testing hypotheses about the child s environment. In J. G. Borkowski & S. L. Ramey (Eds.), *Parenting and the child s world: Influences on academic, intellectual, and social-emotional development.* Washington, DC. (p. 152)

Harris, J. R. (2006). *No two are alike: Human nature and human individuality.* New York: Norton. (p. 138)

Harris, J. R. (2007, August 8). Do pals matter more than parents? *The Times* (www.timesonline.co.uk). (p. 152)

Harris, R. J. (1994). The impact of sexually explicit media. In J. Brant & D. Zillmann (Eds.), *Media effects: Advances in theory and research.* Hillsdale, NJ: Erlbaum. (p. 702)

Harrison, Y., & Horne, J. A. (2000). The impact of sleep deprivation on decision making: A review. *Journal of Experimental Psychology: Applied, 6,* 236–249. (p. 99)

Harriston, K. A. (1993, December 24). 1 shakes, 1 snoozes: both win $45 million.

Washington Post release (in *Tacoma News Tribune*, pp. A1, A2). (p. 584)

Hart, D. (1988). The development of personal identity in adolescence: A philosophical dilemma approach. *Merrill-Palmer Quarterly, 34,* 105–114. (p. 204)

Harter, J. K., Schmidt, F. L., & Hayes, T. L. (2002). Business-unit-level relationship between employee satisfaction, employee engagement, and business outcomes: A meta-analysis. *Journal of Applied Psychology, 87,* 268–279. (p. 489)

Hartmann, E. (1981, April). The strangest sleep disorder. *Psychology Today,* pp. 14, 16, 18. (p. 103)

Harvard Mental Health Letter. (2002, February). EMDR (Eye movement and reprocessing). *Harvard Mental Health Letter, 18,* 4–5. (p. 656)

Harvey, F. (2002, February). Surrounded by sound. *Scientific American,* pp. 94–95. (p. 249)

Haselton, M. G., Mortezaie, M., Pillsworth, E. G., Bleske-Rechek, A., & Frederick, D. A. (2006). Ovulatory shifts in human female ornamentation: Near ovulation, women dress to impress. *Hormones and Behavior, 51,* 40–45. (p. 466)

Hasin, D. S., Goodwin, R. D., Stinson, F. S., & Grant, B. F. (2005). Epidemiology of major depressive disorder: Results from the National Epidemiologic Survey on Alcoholism and Related Conditions. *Archives of General Psychiatry, 62,* 1097–1106. (p. 612)

Haslam, N., & Levy, S. R. (2006). Essentialist beliefs about homosexuality: Structure and implications for prejudice. *Personality and Social Psychology Bulletin, 32,* 471–485. (p. 477)

Haslam, S. A., & Reicher, S. (2007). Beyond the banality of evil: Three dynamics of an interactionist social psychology of tyranny. *Personality and Social Psychology Bulletin, 33,* 615–622. (p. 678)

Hassan, B., & Rahman, Q. (2007). Selective sexual orientation-related differences in object location memory. *Behavioral Neuroscience, 121,* 625–633. (p. 477)

Hatfield, E. (1988). Passionate and companionate love. In R. J. Sternberg & M. L. Barnes (Eds.), *The psychology of love.* New Haven: Yale University Press. (p. 710)

Hatfield, E., & Sprecher, S. (1986). *Mirror, mirror . . . The importance of looks in everyday life.* Albany: State University of New York Press. (p. 707)

Hatfield, J., Faunce, G. J., & Job, R. F. S. (2006). Avoiding confusion surrounding the phrase correlation does not imply causation. *Teaching of Psychology, 33,* 49–51. (p. 15)

Hathaway, S. R. (1960). *An MMPI Handbook* (Vol. 1, Foreword). Minneapolis: University of Minnesota Press. (Revised edition, 1972). (p. 570)

Hauser, M. (2006). *Moral minds: How nature designed our universal sense of right and wrong.* New York: Ecco. (pp. 201, 387)

Hauser, M. D., Chomsky, N., & Fitch, W. T. (2002). The faculty of language: What is it, who has it, and how did it evolve? *Science, 298,* 1569–1579. (p. 384)

Havas, D. A., Glenberg, A. M., & Rink, M. (2007). Emotion simulation during language comprehension. *Psychonomic Bulletin & Review, 14,* 436–441. (p. 514)

Haxby, J. V. (2001, July 7). Quoted by B. Bower, Faces of perception. *Science News,* pp. 10–12. See also J. V. Haxby, M. I. Gobbini, M. L. Furey, A. Ishai, J. L. Schouten & P. Pietrini, Distributed and overlapping representations of faces and objects in ventral temporal cortex. *Science, 293,* 2425–2430. (p. 241)

Haynes, J-D., & Rees, G. (2005). Predicting the orientation of invisible stimuli from activity in human primary visual cortex. *Nature Neuroscience, 8,* 686–691. (p. 233)

Haynes, J-D., & Rees, G. (2006). Decoding mental states from brain activity in humans. *Nature Reviews Neuroscience, 7,* 523–534. (p. 233)

Hazan, C., & Shaver, P. R. (1994). Attachment as an organizational framework for research on close relationships. *Psychological Inquiry, 5,* 1–22. (p. 193)

Hazelrigg, M. D., Cooper, H. M., & Borduin, C. M. (1987). Evaluating the effectiveness of family therapies: An integrative review and analysis. *Psychological Bulletin, 101,* 428–442. (p. 649)

Head Start. (2005). Head Start program fact sheet. www.acf.hhs.gov/. (p. 430)

Health Canada (2007). *Canadian addiction survey: Substance use by Canadian youth.* Health Canada Publication 4946 (www.hc-sc.gc.ca). (p. 123)

Heaps, C. M., & Nash, M. (2001). Comparing recollective experience in true and false autobiographical memories. *Journal of Experimental Psychology: Learning, Memory, and Cognition, 27,* 920–930. (p. 363)

Hebb, D. O. (1980). *Essay on mind.* Hillsdale, NJ: Erlbaum. 9–16. (pp. 302, 497)

Hebl, M. R., & Mannix, L. M. (2003). The weight of obesity in evaluating others: A mere proximity effect. *Personality and Social Psychology Bulletin, 29,* 28–38. (p. 458)

Hedges, L. V., & Nowell, A. (1995). Sex differences in mental test scores, variability, and numbers of high-scoring individuals. *Science, 269,* 41–45. (p. 432)

Hedstr m, P., Liu, K-Y., & Nordvik, M. K. (2008). Interaction domains and suicides: A population-based panel study of suicides in the Stockholm metropolitan area, 1991–1999. *Social Forces,* in press. (p. 617)

Heider, F. (1958). *The psychology of interpersonal relations.* New York: Wiley. (p. 673)

Heiman, J. R. (1975, April). The physiology of erotica: Women s sexual arousal. *Psychology Today,* 90–94. (p. 468)

Heine, S. J., & Hamamura, T. (2007). In search of East Asian self-enhancement. *Personality and Social Psychology Review, 11,* 4–27. (p. 587)

Heins, M. (2004, December 14). Quoted by B. Kloza, Violent Christmas games. *ScienCentralNews* (www.sciencecentral.com). (p. 705)

Hejmadi, A., Davidson, R. J., & Rozin, P. (2000). Exploring Hindu Indian emotion expressions: Evidence for accurate recognition by Americans and Indians. *Psychological Science, 11,* 183–187. (p. 508)

Helgeson, V. S., Cohen, S., & Fritz, H. L. (1998). Social ties and cancer. In P. M. Cinciripini & others (Eds.), *Psychological and behavioral factors in cancer risk.* New York: Oxford University Press. (p. 541)

Helgeson, V. S., Reynolds, K. A., & Tomich, P. L. (2006). A meta-analytic review of benefit finding and growth. *Journal of Consulting and Clinical Psychology, 74,* 797–816. (p. 605)

Heller, W. (1990, May/June). Of one mind: Second thoughts about the brain s dual nature. *The Sciences,* pp. 38–44. (p. 79)

Helmreich, W. B. (1992). *Against all odds: Holocaust survivors and the successful lives they made in America.* New York: Simon & Schuster. (pp. 192, 561)

Helmreich, W. B. (1994). Personal correspondence. Department of Sociology, City University of New York. (p. 561)

Helms, J. E., Jernigan, M., & Mascher, J. (2005). The meaning of race in psychology and how to change it: A methodological perspective. *American Psychologist, 60,* 27–36. (p. 436)

Helmuth, L. (2001). Boosting brain activity from the outside in. *Science, 292,* 1284–1286. (p. 666)

Helweg-Larsen, M. (1999). (The lack of) optimistic biases in response to the 1994 Northridge earthquake: The role of personal experience. *Basic and Applied Social Psychology, 21,* 119–129. (p. 582)

Hembree, R. (1988). Correlates, causes, effects, and treatment of test anxiety. *Review of Educational Research, 58,* 47–77. (p. 501)

Hemenover, S. H. (2003). The good, the bad, and the healthy: Impacts of emotional disclosure of trauma on resilient self-concept and psychological distress. *Personality and Social Psychology Bulletin, 29,* 1236–1244. (p. 542)

Henderlong, J., & Lepper, M. R. (2002). The effects of praise on children s intrinsic motivation: A review and synthesis. *Psychological Bulletin, 128,* 774–795. (p. 313)

Henderson, J. M. (2007). Regarding scenes. *Current Directions in Psychological Science, 16,* 219–222. (p. 235)

Henkel, L. A., Franklin, N., & Johnson, M. K. (2000, March). Cross-modal source monitoring confusions between perceived and imagined events. *Journal of Experimental Psychology: Learning, Memory, & Cognition, 26,* 321–335. (p. 358)

Henley, N. M. (1989). Molehill or mountain? What we know and don t know about sex bias in language. In M. Crawford & M. Gentry (Eds.), *Gender and thought: Psychological perspectives.* New York: Springer-Verlag. (p. 393)

Henninger, P. (1992). Conditional handedness: Handedness changes in multiple personality disordered subject reflect shift in hemispheric dominance. *Consciousness and Cognition, 1,* 265–287. (p. 611)

Henry, J. D., MacLeod, M. S., Phillips, L. H., & Crawford, J. R. (2004). A meta-analytic review of prospective memory and aging. *Psychology and Aging, 19,* 27–39. (p. 213)

Hepper, P. (2005). Unravelling our beginnings. *The Psychologist, 18,* 474–477. (p. 174)

Hepper, P. G., Shahidullah, S., & White, R. (1990). Origins of fetal handedness. *Nature, 347,* 431. (p. 80)

Hepper, P. G., Wells, D. L., & Lynch, C. (2004). Prenatal thumb sucking is related to postnatal handedness. *Neuropsychologia, 43,* 313–315. (p. 80)

Herbert, B. (2001, July 23). Economics 202 at Big Tobacco U. *New York Times* (www.nytimes.com). (p. 118)

Herbert, J. D., Lilienfeld, S. O., Lohr, J. M., Montgomery, R. W., O Donohue, W. T., Rosen, G. M., & Tolin, D. F. (2000). Science and psudoscience in the development of eye movement desensitization and reprocessing: Implications for clinical psychology. *Clinical Psychology Review, 20,* 945–971. (p. 656)

Herek, G. M. (2006). Legal recognition of same-sex relationships in the United States: A social science perspective. *American Psychologist, 61,* 607–621. (p. 472)

Herman, C. P., & Polivy, J. (1980). Restrained eating. In A. J. Stunkard (Ed.), *Obesity.* Philadelphia: Saunders. (p. 463)

Herman, C. P., Roth, D. A., & Polivy, J. (2003). Effects of the presence of others on food intake: A normative interpretation. *Psychological Bulletin, 129,* 873–886. (p. 452)

Herman-Giddens, M. E., Wang, L., & Koch, G. (2001). Secondary sexual characteristics in boys: Estimates from the National Health and Nutrition Examination Survey III, 1988–1994. *Archives of Pediatrics and Adolescent Medicine, 155,* 1022–1028. (p. 197)

Hernandez, A. E., & Li, P. (2007). Age of acquisition: Its neural and computational mechanisms. *Psychological Bulletin, 133,* 638–650. (p. 387)

Herrmann, D. (1982). Know thy memory: The use of questionnaires to assess and study memory. *Psychological Bulletin, 92,* 434–452. (p. 364)

Herrmann, E., Call, J., Hern ndez-Lloreda, M. V., Hare, B., & Tomasello, M. (2007). Humans have evolved specialized skills of social cognition: The cultural intelligence hypothesis. *Science, 317,* 1360–1365. (p. 318)

Herrnstein, R. J., & Loveland, D. H. (1964). Complex visual concept in the pigeon. *Science, 146,* 549–551. (p. 306)

Herrnstein, R. J., & Murray, C. A. (1994). *The bell curve: Intelligence and class structure in American life.* NY: Free Press. (p. 434)

Hershenson, M. (1989). *The moon illusion.* Hillsdale, NJ: Erlbaum. (p. 270)

Hertenstein, M. J., Keltner, D., App, B. Bulleit, B. & Jaskolka, A. (2006). Touch communicates distinct emotions. *Emotion, 6,* 528–533. (p. 189)

Hertenstein, M. J., Verkamp, J. M., Kerestes, A. M., & Holmes, R. M. (2006). The communicative functions of touch in humans, nonhumans primates, and rats: A review and synthesis of the empirical research. *Genetic, Social, and General Psychology Monographs, 132,* 5–94. (p. 253)

Herz, R. S. (2001). Ah sweet skunk! Why we like or dislike what we smell. *Cerebrum, 3*(4), 31–47. (p. 262)

Herz, R.S., Beland, S.L. & Hellerstein, M. (2004). Changing odor hedonic perception through emotional associations in humans. *International Journal of Comparative Psychology, 17,* 315–339. (p. 262)

Hess, E. H. (1956, July). Space perception in the chick. *Scientific American,* pp. 71–80. (p. 274)

Hetherington, M. M., Anderson, A. S., Norton, G. N. M., & Newson, L. (2006). Situational effects on meal intake: A comparison of eating alone and eating with others. *Physiology and Behavior, 88,* 498–505. (p. 452)

Hettema, J. M., Neale, M. C., & Kendler, K. S. (2001). A review and meta-analysis of the genetic epidemiology of anxiety disorders. *American Journal of Psychiatry, 158,* 1568–1578. (p. 607)

Hewlett, B. S. (1991). *Intimate fathers: The nature and context of Aka Pygmy.* Ann Arbor: University of Michigan Press. (p. 191)

Hickok, G., Bellugi, U., & Klima, E. S. (2001, June). Sign language in the brain. *Scientific American,* pp. 58–65. (p. 78)

Hilgard, E. R. (1986). *Divided consciousness: Multiple controls in human thought and action.* New York; Wiley. (p. 111)

Hilgard, E. R. (1992). Dissociation and theories of hypnosis. In E. Fromm & M. R. Nash (Eds.), *Contemporary hypnosis research.* New York: Guilford. (p. 111)

Hill, C. E., & Nakayama, E. Y. (2000). Client-centered therapy: Where has it been and where is it going? A comment on Hathaway. *Journal of Clinical Psychology, 56,* 961–875. (p. 641)

Hill, H., & Johnston, A. (2001). Categorizing sex and identity from the biological motion of faces. *Current Biology, 11,* 880–885. (p. 511)

Hines, M. (2004). *Brain gender.* New York: Oxford University Press. (p. 163)

Hines, M., & Green, R. (1991). Human hormonal and neural correlates of sex-typed behaviors. *Review of Psychiatry, 10,* 536–555. (p. 163)

Hingson, R. W., Heeren, T., & Winter, M. R. (2006). Age at drinking onset and alcohol dependence. *Archives of Pediatrics & Adolescent Medicine, 160,* 739–746. (p. 125)

Hintzman, D. L. (1978). *The psychology of learning and memory.* San Francisco: Freeman. (p. 336)

Hinz, L. D., & Williamson, D. A. (1987). Bulimia and depression: A review of the affective variant hypothesis. *Psychological Bulletin, 102,* 150–158. (p. 453)

Hirsch, J. (2003). Obesity: Matter over mind? *Cerebrum, 5(1),* 7–18. (p. 458)

Hirt, E. R., Zillmann, D., Erickson, G. A., & Kennedy, C. (1992). Costs and benefits of allegiance: Changes in fans self-ascribed competencies after team victory versus defeat. *Journal of Personality and Social Psychology, 63,* 724–738. (p. 621)

HMHL (2007, February). Electroconvulsive therapy. *Harvard Mental Health Letter,* Harvard Medical School, pp. 1–4. (p. 665)

HMHL. (2002, August). Smoking and depression. *Harvard Mental Health Letter,* pp. 6–7. (p. 618)

HMHL. (2002, January). Disaster and trauma. *Harvard Mental Health Letter,* pp. 1–5. (p. 530)

Hobson, J. A. (1995, September). Quoted by C. H. Colt, The power of dreams. *Life,* pp. 36–49. (p. 105)

Hobson, J. A. (2003). *Dreaming: An introduction to the science of sleep.* New York; Oxford. (p. 106)

Hobson, J. A. (2004). *13 dreams Freud never had: The new mind science.* New York; Pi Press. (p. 106)

Hochberg, L. R., Serruya, M. D., Friehs, G. M., Mukand, J. A., Saleh, M., Caplan, A. H., Branner, A., Chen, D., Penn, R. D. & Donoghue, J. P. (2006). Neuronal ensemble control of prosthetic devices by a human with tetraplegia. *Nature, 442,* 164–171. (p. 71)

Hodgkinson, V. A., & Weitzman, M. S. (1992). *Giving and volunteering in the United States.* Washington, DC: Independent Sector. (p. 714)

Hoebel, B. G., & Teitelbaum, P. (1966). Effects of forcefeeding and starvation on food intake and body weight in a rat with ventromedial hypothalamic lesions. *Journal of Comparative and Physiological Psychology, 61,* 189–193. (p. 450)

Hoeft, F., Watson, C. L., Kesler, S. R., Bettinger, K. E., & Reiss, A. L. (2008). Gender differences in the mesocorticolimbic system during computer game-play. *Journal of Psychiatric Research, 42,* 253–258. (p. 114)

Hoffman, C., & Hurst, N. (1990). Gender stereotypes: Perception or rationalization? *Journal of Personality and Social Psychology, 58,* 197–208. (p. 694)

Hoffman, D. D. (1998). *Visual intelligence: How we create what we see.* New York: Norton. (p. 242)

Hoffman, H. G. (2004, August). Virtual-reality therapy. *Scientific American,* pp. 58–65. (p. 258)

Hogan, J. (1995, November). Get smart, take a test. *Scientific American,* pp. 12, 14. (p. 420)

Hogan, R. (1998). Reinventing personality. *Journal of Social and Clinical Psychology, 17,* 1–10. (p. 574)

Hoge, C. W., & Castro, C. A. (2006). Post-traumatic stress disorder in UK and U.S. forces deployed to Iraq. *Lancet, 368,* 837. (p. 604)

Hoge, C. W., Castro, C. A., Messer, S. C., McGurk, D., Cotting, D. I., & Koffman, R. L. (2004). Combat duty in Iraq and Afghanistan, mental health problems, and barriers to care. *New England Journal of Medicine, 351,* 13–22. (p. 604)

Hoge, C. W., Terhakopian, A., Castro, C. A., Messer, S. C., & Engel, C. C. (2007). Association of posttraumatic stress disorder with somatic symptoms, health care visits, and absenteeism among Iraq War veterans. *American Journal of Psychiatry, 164,* 150–153. (p. 604)

Hogg, M. A. (1996). Intragroup processes, group structure and social identity. In W. P. Robinson (Ed.), *Social groups and identities: Developing the legacy of Henri Tajfel.* Oxford: Butterworth Heinemann. (p. 695)

Hogg, M. A. (2006). Social identity theory. In P. J. Burke (Ed.), *Contemporary social psychological theories.* Stanford, CA: Stanford University Press. (p. 695)

Hohmann, G. W. (1966). Some effects of spinal cord lesions on experienced emotional feelings. *Psychophysiology, 3,* 143–156. (p. 502)

Hokanson, J. E., & Edelman, R. (1966). Effects of three social responses on vascular processes. *Journal of Personality and Social Psychology, 3,* 442–447. (p. 518)

Holahan, C. K., & Sears, R. R. (1995). *The gifted group in later maturity.* Stanford, CA: Stanford University Press. (p. 426)

Holden, C. (1980a). Identical twins reared apart. *Science, 207,* 1323–1325. (p. 138)

Holden, C. (1980b, November). Twins reunited. *Science, 80,* 55–59. (p. 138)

Holden, C. (1993). Wake-up call for sleep research. *Science, 259,* 305. (p. 98)

Holden, C. (2007). Mental illness: The next frontier. *Science, 317,* 23. (p. 627)

Holden, G. W., & Miller, P. C. (1999). Enduring and different: A metaanalysis of the similarity in parents child rearing. *Psychological Bulletin, 125,* 223–254. (p. 196)

Holliday, R. E., & Albon, A. J. (2004). Minimizing misinformation effects in young children with cognitive interview mnemonics. *Applied Cognitive Psychology, 18,* 263–281. (p. 361)

Hollis, K. L. (1997). Contemporary research on Pavlovian conditioning: A new functional analysis. *American Psychologist, 52,* 956–965. (p. 296)

Hollon, S. D., & 10 others. (2005). Prevention of relapse following cognitive therapy vs. medications in moderate to severe depression. *Archives of General Psychiatry, 62,* 417–422. (p. 654)

Hollon, S. D., Thase, M. E., & Markowitz, J. C. (2002). Treatment and prevention of depression. *Psychological Science in the Public Interest, 3,* 39–77. (p. 663)

Holm-Denoma, J., Joiner, T., Vohs, K., & Heatherton, T. (2008). The freshman fifteen (the freshman five actually): Predictors and possible explanations. *Health Psychology, 27,* S3–S9. (p. 461)

Holstege, G., Georgiadis, J. R., Paans, A. M. J., Meiners, L. C., van der Graaf, F. H. C. E., & Reinders, A. A. T. S. (2003a). Brain activation during male ejaculation. *Journal of Neuroscience, 23,* 9185–9193. (p. 465)

Holstege, G., Reinders, A. A. T., Paans, A. M. J., Meiners, L. C., Pruim, J., & Georgiadis, J. R. (2003b). *Brain activation during female sexual orgasm. Program No. 727.7.* Washington, DC: Society for Neuroscience. (p. 465)

Holt, L. (2002, August). Reported in Sounds of speech, p. 26, and in personal correspondence, July 18, 2002. (p. 383)

Holzman, P. S., & Matthysse, S. (1990). The genetics of schizophrenia: A review. *Psychological Science, 1,* 279–286. (p. 234)

Home Office. (2003). *Prevalence of drug use: Key findings from the 2002/2003 British Crime Survey.* London; Research, Development and Statistics Directorate, Home Office. (p. 120)

Homer, B. D., Solomon, T. M., Moeller, R. W., Mascia, A., DeRaleau, L., & Halkitis, P. N. (2008). Methamphetamine abuse and impairment of social functioning: A review of the underlying neurophysiological causes and behavioral implications. *Psychological Bulletin, 134,* 301–310. (p. 117)

Hooper, J., & Teresi, D. (1986). *The three-pound universe.* New York: Macmillan. (p. 67)

Hooykaas, R. (1972). *Religion and the rise of modern science.* Grand Rapids, MI: Eerdmans. (p. 6)

Hopkins, W. D. (2006). Comparative and familial analysis of handedness in great apes. *Psychological Bulletin, 132,* 538–559. (pp. 79, 80)

Hopper, L. M., Lambeth, S. P., Schapiro, S. J., & Whiten, A. (2008). Observational learning in chimpanzees and children studied through ghost conditions. *Proceedings of the Royal Society, 275,* 835–840. (p. 318)

Horn, J. L. (1982). The aging of human abilities. In J. Wolman (Ed.), *Handbook of developmental psychology.* Englewood Cliffs, NJ: Prentice-Hall. (p. 216)

Horner, V., Whiten, A., Flynn, E., & de Waal, F. B. M. (2006). Faithful replication of foraging techniques along cultural transmission chains by chimpanzees and children. *Proceedings of the National Academy of Sciences, 103,* 13878–13883. (p. 397)

Horowitz, T. S., Cade, B. E., Wolfe, J. M., & Czeisler, C. A. (2003). Searching night and day: A dissociation of effects of circadian phase and time awake on visual selective attention and vigilance. *Psychological Science, 14,* 549–557. (p. 99)

Horwood, L. J., & Fergusson, D. M. (1998). Breastfeeding and later cognitive and academic outcomes. *Pediatrics, 101(1).* (p. 13)

House, J. S., Landis, K. R., & Umberson, D. (1988). *Social relationships and health. Science, 241,* 540–545. (p. 541)

House, R. J., & Singh, J. V. (1987). Organizational behavior: Some new directions for I/O psychology. *Annual Review of Psychology, 38,* 669–718. (p. 492)

Houts, A. C., Berman, J. S., & Abramson, H. (1994). Effectiveness of psychological and pharmacological treatments for nocturnal enuresis. *Journal of Consulting and Clinical Psychology, 62,* 737–745. (p. 643)

Hovatta, I., Tennant, R. S., Helton, R., Marr, R. A., Singer, O., Redwine, J. M., Ellison, J. A., Schadt, E. E., Verma, I. M., Lockhart, D. J., & Barlow, C. (2005). Glyoxalase 1 and glutathione reductase 1 regulate anxiety in mice. *Nature, 438,* 662–666. (p. 607)

Howard Hughes Medication Institute (2008). The quivering bundles that let us hear (www.hhmi.org/senses/c120.html). (p. 247)

Howe, M. L. (1997). Children s memory for traumatic experiences. *Learning and Individual Differences, 9,* 153–174. (p. 361)

Howell, R. T., & Howell, C. J. (2008). The relation of economic status to subjective well-being in developing countries: A meta-analysis. *Psychological Bulletin, 134,* 536–560. (p. 522)

Hoyer, G., & Lund, E. (1993). Suicide among women related to number of children in marriage. *Archives of General Psychiatry, 50,* 134–137. (p. 616)

Hu, F. B., Li, T. Y., Colditz, G. A., Willett, W. C., & Manson, J. E. (2003). Television watching and other sedentary behaviors in relation to risk of obesity and type 2 diabetes mellitus in women. *Journal of the American Medical Association, 289,* 1785–1791. (p. 461)

Hu, X-Z. & 13 others (2007). Association between a functional serotonin transporter promoter polymorphism and citalopram treatment in adult outpatients with major depression. *Archives of General Psychiatry, 64,* 783–792. (p. 616)

Hu, X-Z., Lipsky, R. H., Zhu, G., Akhtar, L. A., Taubman, J., Greenberg, B. D., Xu, K., Arnold, P. D., Richter, M. A., Kennedy, J. L., Murphy, D. L., & Goldman, D. (2006). Serotonin transporter promoter gain-of-function genotypes are linked to obsessive-compulsive disorder. *American Journal of Human Genetics, 78,* 815–826. (p. 607)

Huart, J., Corneille, O., & Becquart, E. (2005). Face-based categorization, context-based categorization, and distortions in the recollection of gender ambiguous faces. *Journal of Experimental Social Psychology, 41,* 598–608. (p. 370)

Hubbard, E. M., Arman, A. C., Ramachandran, V. S., & Boynton, G. M. (2005). Individual differences among grapheme-color synesthetes: Brain-behavior correlations. *Neuron, 45,* 975–985. (p. 260)

Hubel, D. H. (1979, September). The brain. *Scientific American,* pp. 45–53. (p. 234)

Hubel, D. H., & Wiesel, T. N. (1979, September). Brian mechanisms of vision. *Scientific American,* pp. 150–162. (p. 241)

Hublin, C., Kaprio, J., Partinen, M., & Koskenvuo, M. (1998). Sleeptalking in twins: Epidemiology and psychiatric comorbidity. *Behavior Genetics, 28,* 289–298. (p. 103)

Hublin, C., Kaprio, J., Partinen, M., Heikkila, K., & Koskenvuo, M. (1997). Prevalence and genetics of sleepwalking—A population-based twin study. *Neurology, 48,* 177–181. (p. 103)

Hucker, S. J., & Bain, J. (1990). Androgenic hormones and sexual assault. In W. Marshall, R. Law, & H. Barbaree (Eds.), *The handbook on sexual assault.* New York: Plenum. (p. 467)

Hudson, J. I., Hiripi, E., Pope, H. G., & Kessler, R. C. (2007). The prevalence and correlates of eating disorders in the National Comorbidity Survey Replication. *Biological Psychiatry, 61,* 348–358. (p. 453)

Huey, E. D., Krueger, F., & Grafman, J. (2006). Representations in the human prefrontal cortex. *Current Directions in Psychological Science, 15,* 167–171. (p. 72)

Huffcutt, A. I., Conway, J. M., Roth, P. L., & Stone, N. J. (2001). Identification and meta-analytic assessment of psychological constructs measured in employment interviews. *Journal of Applied Psychology, 86,* 897–913. (p. 486)

Hugenberg, K., & Bodenhausen, G. V. (2003). Facing prejudice: Implicit prejudice and the perception of facial threat. *Psychological Science, 14,* 640–643. (p. 693)

Hughes, H. C. (1999). *Sensory exotica: A world beyond human experience.* Cambridge, MA: MIT Press. (p. 231)

Hugick, L. (1989, July). Women play the leading role in keeping modern families close. *Gallup Report, No. 286,* p. 27–34. (p. 161)

Huizink, A. C., & Mulder, E. J. (2006). Maternal smoking, drinking or cannabis use during pregnancy and neurobehavioral and cognitive functioning in human offspring. *Neuroscience and Biobehavioral Reviews, 30,* 24–41. (p. 122)

Hulbert, A. (2005, November 20). The prodigy puzzle. *New York Times Magazine* (www.nytimes.com). (p. 426)

Hull, H. R., Morrow, M. L., Dinger, M. K., Han, J. L., & Fields, D. A. (2007, November 20). Characterization of body weight and composition changes during the sophomore year of college. *BMC Women s Health, 7*: 21 (biomedcentral.com). (p. 98)

Hull, J. G., & Bond, C. F., Jr. (1986). Social and behavioral consequences of alcohol consumption and expectancy: A meta-analysis. *Psychological Bulletin, 99,* 347–360. (p. 116)

Hull, J. M. (1990). *Touching the rock: An experience of blindness.* New York: Vintage Books. (pp. 346 707)

Hulme, C., & Tordoff, V. (1989). Working memory development: The effects of speech rate, word length, and acoustic similarity on serial recall. *Journal of Experimental Child Psychology, 47,* 72–87. (p. 338)

Hummer, R. A., Rogers, R. G., Nam, C. B., & Ellison, C. G. (1999). Religious involvement and U.S. adult mortality. *Demography, 36,* 273–285. (pp. 548, 549)

Humphrey, S. E., Nahrgang, J. D., & Morgeson, F. P. (2007). Integrating motivational, social, and contextual work design features: A meta-analytic summary and theoretical extension of the work design literature. *Journal of Applied Psychology, 92,* 1332-1356. (p. 580)

Humphreys, L. G., & Davey, T. C. (1988). Continuity in intellectual growth from 12 months to 9 years. *Intelligence, 12,* 183–197. (p. 423)

Hunsberger, J. G., Newton, S. S., Bennett, A. H., Duman, C. H., Russell, D. S., Salton, S. R., & Duman, R. S. (2007). Antidepressant actions of the exercise-regulated gene VGF. *Nature Medicine, 13,* 1476–1482. (p. 544)

Hunsley, J., & Di Giulio, G. (2002). Dodo bird, phoenix, or urban legend? The question of psychotherapy equivalence. *Scientific Review of Mental Health Practice, 1,* 11–22. (p. 654)

Hunt, C., Slade, T., & Andrews, G. (2004). Generalized anxiety disorder and major depressive disorder comorbidity in the *National Survey of Mental Health and Well-Being. Depression and Anxiety, 20,* 23–31. (p. 602)

Hunt, E. (1983). On the nature of intelligence. *Science, 219,* 141–146. (p. 414)

Hunt, E., & Carlson, J. (2007). Considerations relating to the study of group differences in intelligence. *Perspectives on Psychological Science, 2,* 194–213. (p. 437)

Hunt, J. M. (1982). Toward equalizing the developmental opportunities of infants and preschool children. *Journal of Social Issues, 38(4),* 163–191. (p. 430)

Hunt, M. (1974). *Sexual behavior in the 1970s.* Chicago: Playboy Press. (p. 469)

Hunt, M. (1990). *The compassionate beast: What science is discovering about the humane side of humankind.* New York: William Morrow. (p. 11)

Hunt, M. (1993). *The story of psychology.* New York: Doubleday. (pp. 2, 4, 5, 47, 203, 303, 426)

Hunter, J. E. (1997). Needed: A ban on the significance test. *Psychological Science, 8,* 3–7. (p. 25)

Hunter, S., & Sundel, M. (Eds.). (1989). *Midlife myths: Issues, findings, and practice implications.* Newbury Park, CA: Sage. (p. 216)

Hurst, M. (2008, April 22). Who gets any sleep these days? Sleep patterns of Canadians. *Canadian Social Trends.* Statistics Canada Catalogue No. 11–008. (p. 97)

Huss, M. (1996). Secrets to standing out from the pile: Getting into graduate school. *Psi Chi Newsletter,* 6–7. (p. A-10)

Hussein, S. (2002, July 17 and August 28). Speeches to the Iraqi people as reported by various media. (p. 716)

Huston, A. C., Donnerstein, E., Fairchild, H., Feshbach, N. D., Katz, P. A., & Murray, J. P. (1992). *Big world, small screen: The role of television in American society.* Lincoln, NE: University of Nebraska Press. (p. 321)

Hvistendahl, M. (2008, July 9). No country for young men. *New Republic* (www.tnr.com). (p. 694)

Hyde, J. (2005). The gender similarities hypothesis. *American Psychologist, 60,* 581–592. (p. 159)

Hyde, J. S. (1983, November). Bem s gender schema theory. Paper presented at GLCA Women s Studies Conference, Rochester, IN. (p. 356)

Hyde, J. S., Fennema, E., & Lamon, S. J. (1990). Gender differences in mathematics performance: A meta-analysis. *Psychological Bulletin, 107,* 139–155. (p. 432)

Hyde, J. S., Mezulis, A. H., & Abramson, L. Y. (2008). The ABCs of depression: Integrating affective, biological, and cognitive models to explain the emergence of the gender difference in depression. *Psychological Review, 115,* 291–313. (pp. 432, 614)

Hyman, R. (1981). Cold reading: How to convince strangers that you know all about them. In K. Frazier (Ed.), *Paranormal borderlands of science.* Buffalo, NY: Prometheus. (p. 572)

Iacoboni, M. (2008). *Mirroring people: The new science of how we connect with others.* New York: Farrar, Straus & Giroux. (p. 318)

IAP (2006, June 21). IAP statement on the teaching of evolution. *The Interacademy Panel on International Issues* (www.interacademies.net/iap). (p. 168)

Ickes, W., Snyder, M., & Garcia, S. (1997). Personality influences on the choice of situations. In R. Hogan, J. Johnson, & S. Briggs (Eds.). *Handbook of Personality Psychology.* San Diego, CA: Academic Press. (p. 577)

Idson, L. C., & Mischel, W. (2001). The personality of familiar and significant people: The lay perceiver as a social-cognitive theorist. *Journal of Personality and Social Psychology, 80,* 585–596. (p. 674)

Ikonomidou, C., Bittigau, P., Ishimaru, M. J., Wozniak, D. F., Koch, C., Genz, K., Price, M. T., Stefovska, V., Hoerster, F., Tenkova, T., Dikranian, K., & Olney, J. W. (2000). Ethanol-induced apoptotic neurodegeneration and fetal alcohol syndrome. *Science, 287,* 1056–1060. (p. 175)

Ilardi, S. S., Karwoski, L., Lehman, K. A., Stites, B. A., & Steidtmann, D. (2007). We were never designed for this: The depression epidemic and the promise of therapeutic lifestyle change. Unpublished manuscript, University of Kansas, in press. (pp. 544, 618, 667)

Independent Sector. (2002). *Faith and philanthropy: The connection between charitable giving behavior and giving to religion.* Washington, DC: Independent Sector. (p. 714)

Ingham, A. G., Levinger, G., Graves, J., & Peckham, V. (1974). The Ringelmann effect: Studies of group size and group performance. *Journal of Experimental Social Psychology, 10,* 371–384. (p. 688)

Inglehart, R. (1990). *Culture shift in advanced industrial society.* Princeton, NJ: Princeton University Press. (pp. 220, 480, 482, 580)

Inglehart, R. (2008, June 30). Subjective well-being in 97 countries based on reported happiness and life satisfaction, equally weighted. World Values Survey distributed by University of Michigan News Service: umich.edu/news/happy_08/HappyChart.pdf. (p. 522)

Inglehart, R. (2009). Cultural change and democracy in Latin America, in F. Hagopian (Ed.), *Contemporary Catholicism, religious pluralism and democracy in Latin America.* South Bend: Notre Dame University Press, in press. (pp. 522, 580)

Inman, M. L., & Baron, R. S. (1996). Influence of prototypes on perceptions of prejudice. *Journal of Personality and Social Psychology, 70,* 727–739. (p. 371)

Insana, R. (2005, February 21). Coach says honey gets better results than vinegar (interview with Larry Brown). *USA Today,* p. 4B. (p. 491)

Inzlicht, M., & Ben-Zeev, T. (2000). A threatening intellectual environment: Why females are susceptible to experiencing problem-solving deficits in the presence of males. *Psychological Science, 11,* 365–371. (p. 438)

Inzlicht, M., & Gutsell, J. N. (2007). Running on empty: Neural signals for self-control failure. *Psychological Science, 18,* 933–937. (p. 579)

Ipsos (2006, February 21). Sexual behaviour and lack of knowledge threaten health of Canadian teens. Ipsos Reid (www.ipsos-na.com). (p. 469)

IPU (2008). Women in national parliaments: Situation as of 30 April 2008. International Parliamentary Union (www.ipu.org). (p. 160)

Iraq Family Health Survey Study Group (2008). Violence-related mortality in Iraq from 2002 to 2006. *New England Journal of Medicine, 358,* 484–493. (p. 673)

Ironson, G., Solomon, G. F., Balbin, E. G., O Cleirigh, C., George, A., Kumar, M., Larson, D., & Woods, T. E. (2002). The Ironson-Woods spiritual/religiousness index is associated with long survival, health behaviors, less distress, and low cortisol in people with HIV/AIDS. *Annals of Behavioral Medicine, 24,* 34–48. (p. 549)

Irwin, M. R., Cole, J. C., & Nicassio, P. M. (2006). Comparative meta-analysis of behavioral interventions for insomnia and their efficacy in middle-aged adults and in older adults 55+ years of age. *Health Psychology, 25,* 3-14.. (p. 101)

Ishida, A., Mutoh, T., Ueyama, T., Brando, H., Masubuchi, S., Nakahara, D., Tsujimoto, G., & Okamura, H. (2005). Light activates the adrenal gland: Timing of gene expression and glucocorticoid release. *Cell Metabolism, 2,* 297–307. (p. 657)

Iso, H., Simoda, S., & Matsuyama, T. (2007). Environmental change during postnatal development alters behaviour. *Behavioural Brain Research, 179,* 90–98. (p. 75)

Ito, T. A., Chiao, K. W., Devine P. G., Lorig, T. S., & Cacioppo, J. T. (2006). The influence of facial feedback on race bias. *Psychological Science, 17,* 256–261. (p. 514)

Ito, T. A., Miller, N., & Pollock, V. E. (1996). Alcohol and aggression: A meta-analysis on the moderating effects of inhibitory cues, triggering events, and self-focused attention. *Psychological Bulletin, 120,* 60–82. (p. 699)

Iversen, L. L. (2000). *The science of marijuana.* New York: Oxford. (p. 122)

Iverson, J. M., & Goldin-Meadow, S. (1998). Why people gesture when they speak. *Nature, 396,* 228. (p. 399)

Iverson, J. M., & Goldin-Meadow, S. (2005). Gesture paves the way for language development. *Psychological Science, 16,* 367–371. (p. 399)

Iyengar, S. S., & Lepper, M. R. (2000). When choice is demotivating: Can one desire too much of a good thing? *Journal of Personality and Social Psychology, 79,* 995–1006. (p. 580)

Izard, C. E. (1977). *Human emotions.* New York: Plenum Press. (pp. 511, 514)

Izard, C. E. (1994). Innate and universal facial expressions: Evidence from developmental and cross-cultural research. *Psychological Bulletin, 114,* 288–299. (p. 511)

Jablensky, A. (1999). Schizophrenia: Epidemiology. *Current Opinion in Psychiatry, 12,* 19–28. (p. 625)

Jackson, J. M., & Williams, K. D. (1988). Social loafing: A review and theoretical analysis. Unpublished manuscript, Fordham University. (p. 688)

Jackson, J. S., Brown, K. T., Brown, T. N., & Marks, B. (2001). Contemporary immigration policy orientations among dominant-group members in western Europe. *Journal of Social Issues, 57,* 431–456. (p. 692)

Jackson, L. A., & Gerard, D. A. (1996). Diurnal types, the Big Five personality factors and other personal characteristics. *Journal of Social Behavior and Personality, 11,* 273–283. (p. 572)

Jackson, S. W. (1992). The listening healer in the history of psychological healing. *American Journal Psychiatry, 149,* 1623–1632. (p. 658)

Jacobi, C., Hayward, C., deZwaan, M., Kraemer, H. C., & Agras, W. S. (2004). Coming to terms with risk factors for eating disorders: Application of risk terminology and suggestions for a general taxonomy. *Psychological Bulletin, 130,* 19–65. (p. 453)

Jacobs, B. L. (1987). How hallucinogenic drugs work. *American Scientist, 75,* 386–392. (p. 121)

Jacobs, B. L. (1994). Serotonin, motor activity, and depression-related disorders. *American Scientist, 82,* 456–463. (p. 544)

Jacobs, B. L. (1994). Serotonin, motor activity, and depression-related disorders. *American Scientist, 82,* 456–463. (p. 618)

Jacobs, B. L. (2004). Depression: The brain finally gets into the act. *Current Directions in Psychological Science, 13,* 103–106. (p. 663)

Jacobs, B., van Praag, H., & Gage, F. H. (2000). Adult brain neurogenesis and psychiatry: A novel theory of depression. *Molecular Psychiatry, 5,* 262–269. (p. 618)

Jacoby, L. L., & Rhodes, M. G. (2006). False remembering in the aged. *Current Directions in Psychological Science, 15,* 49–53. (p. 361)

Jacoby, L. L., Bishara, A. J., Hessels, S., & Toth, J. P. (2005). Aging, subjective experience, and cognitive control: Dramatic false remembering by older adults. *Journal of Experimental Psychology: General, 154,* 131–148. (p. 361)

Jacques, C., & Rossion, B. (2006). The speed of individual face categorization. *Psychological Science, 17,* 485–492. (p. 229)

Jacques-Tiura, A. J., Abbey, A., Parkhill, M. R., & Zawacki, T. (2007). Why do some men misperceive women s sexual intentions more frequently than others do? An application of the confluence model. *Personality and Social Psychology Bulletin, 33,* 1467–1480. (p. 675)

Jaffe, E. (2004, October). Peace in the Middle East may be impossible: Lee D. Ross on naive realism and conflict resolution. *APS Observer,* pp. 9–11. (p. 279)

James, K. (1986). Priming and social categorizational factors: Impact on awareness of emergency situations. *Personality and Social Psychology Bulletin, 12,* 462–467. (p. 347)

James, W. (1890). *The principles of psychology (Vol. 2).* New York: Holt. (pp. 57, 111, 252, 349, 364, 498, 514, 679)

James, W. (1902: reprinted 1958). *Varieties of religious experience.* New York: Mentor Books.. (p. 519)

Jameson, D. (1985). Opponent-colors theory in light of physiological findings. In D. Ottoson & S. Zeki (Eds.), *Central and peripheral mechanisms of color vision.* New York: Macmillan. (p. 271)

Jamison, K. R. (1993). *Touched with fire: Manic-depressive illness and the artistic temperament.* New York: Free Press. (p. 613)

Jamison, K. R. (1995). *An unquiet mind.* New York: Knopf. (pp. 613, 664)

Janis, I. L. (1982). *Groupthink: Psychological studies of policy decisions and fiascoes.* Boston: Houghton Mifflin. (p. 690)

Janis, I. L. (1986). Problems of international crisis management in the nuclear age. *Journal of Social Issues, 42*(2), 201–220. (p. 373)

Janoff-Bulman, R., Timko, C., & Carli, L. L. (1985). Cognitive biases in blaming the victim. *Journal of Experimental Social Psychology, 21,* 161–177. (p. 697)

Javitt, D. C., & Coyle, J. T. (2004, January). Decoding schizophrenia. *Scientific American,* pp. 48–55. (p. 624)

Jeffery, R. W., Drewnowski, A., Epstein, L. H., Stunkard, A. J., Wilson, G. T., Wing, R. R., & Hill, D. R. (2000). Long-term maintenance of weight loss: Current status. *Health Psychology, 19,* No. 1 (Supplement), 5–16. (p. 463)

Jenkins, J. G., & Dallenbach, K. M. (1924). Obliviscence during sleep and waking. *American Journal of Psychology, 35,* 605–612. (pp. 353, 354)

Jenkins, J. M., & Astington, J. W. (1996). Cognitive factors and family structure associated with theory of mind development in young children. *Developmental Psychology, 32,* 70–78. (p. 184)

Jensen, A. R. (1980). *Bias in mental testing.* New York: The Free Press. (p. 421)

Jensen, A. R. (1983, August). The nature of the black-white difference on various psychometric tests: Spearman s hypothesis. Paper presented at the meeting of the American Psychological Association, Anaheim, CA. (p. 437)

Jensen, A. R. (1989). New findings on the intellectually gifted. *New Horizons, 30,* 73–80. (p. 414)

Jensen, A. R. (1998). *The g factor: The science of mental ability.* Westport, CT: Praeger/Greenwood. (p. 437)

Jensen, J. P., & Bergin, A. E. (1988). Mental health values of professional therapists: A national interdisciplinary survey. *Professional Psychology; Research and Practice, 19,* 290–297. (p. 658)

Jensen, P.S. & 20 others (2007). 3-year follow-up of the NIMH MTA study. *Journal of the American Academy of Child and Adolescent Psychiatry, 46,* 989–1002. (p. 595)

Jepson, C., Krantz, D. H., & Nisbett, R. E. (1983). Inductive reasoning: Competence or skill. *The Behavioral and Brain Sciences, 3,* 494–501. (pp. 25, B-1)

Jessberger, S., Aimone, J. B., & Gage, F. H. (2008). Neurogenesis. In *Learning and memory: A comprehensive reference.* Oxford: Elsevier. (p. 74)

Job, D. E., Whalley, H. C., McIntosh, A. M., Owens, D. G. C., Johnstone, E. C., & Lawrie, S. M. (2006). Grey matter changes can improve the prediction of schizophrenia in subjects at high risk. *BMC Medicine, 4,* 29. (p. 625)

Johansson, P., Hall, L., Sikstr m, S., & Olsson, A. (2005). Failure to detect mismatches between intention and outcome in a simple decision task. *Science, 310,* 116–119. (p. 90)

John, O. P., & Srivastava, S. (1999). The Big Five trait taxonomy: History, measurement, and theoretical perspectives. In L. A. Pervin & O. P. John (Eds.), *Handbook of personality: Theory and research.* New York: Guilford. (p. 571)

Johnson, C. B., Stockdale, M. S., & Saal, F. E. (1991). Persistence of men s misperceptions of friendly cues across a variety of interpersonal encounters. *Psychology of Women Quarterly, 15,* 463–475. (p. 147)

Johnson, D. F. (1997). Margaret Floy Washburn. *Psychology of Women Newsletter,* pp. 17, 22. (p. 4)

Johnson, D. L., Wiebe, J. S., Gold, S. M., Andreasen, N. C., Hichwa, R. D., Watkins, G. L., & Ponto, L. L. B. (1999). Cerebral blood flow and personality: A Positron Emission Tomography study. *American Journal of Psychiatry, 156,* 252–257. (p. 569)

Johnson, E. J., & Goldstein, D. (2003). Do defaults save lives? *Science, 302,* 1338–1339. (p. 382)

Johnson, J. A. (2007, June 26). Not so situational. Commentary on the SPSP listserv (spsp-discuss The status of subjacency in the acquisition of a second language. *Cognition, 39,* 215–258. (p. 388)

Johnson, K. (2008, January 29). For many of USA s inmates, crime runs in the family. *USA Today,* pp. 1A, 2A. (p. 630)

Johnson, L. C. (2001, July 10). The declining terrorist threat. *New York Times* (www.nytimes.com). (p. 378)

Johnson, M. E., & Hauck, C. (1999). Beliefs and opinions about hypnosis held by the general public: A systematic evaluation. *American Journal of Clinical Hypnosis, 42,* 10–20. (p. 109)

Johnson, M. H. (1992). Imprinting and the development of face recognition: From chick to man. *Current Directions in Psychological Science, 1,* 52–55. (p. 190)

Johnson, M. H., & Morton, J. (1991). *Biology and cognitive development: The case of face recognition.* Oxford: Blackwell Publishing. (p. 176)

Johnson, R. E., Chang, C-H., & Lord, R. G. (2006). Moving from cognition to behavior: What the research says. *Psychological Bulletin, 132,* 381–415. (p. 491)

Johnson, S. C. & 13 others (2006). Activation of brain regions vulnerable to

Alzheimer s disease: The effect of mild cognitive impairment. *Neurobiology of Aging, 27,* 1604–1612. (p. 212)

Johnson, S. K. (2008). *Medically unexplained illness: Gender and biopsychosocial implications.* Washington, DC: American Psychological Association. (p. 608)

Johnson, W., McGue, M., & Krueger, R. F. (2005). Personality stability in late adulthood: A behavioral genetic analysis. *Journal of Personality, 73,* 523–552. (p. 224)

Johnston, L. D., O Malley, P. M., Bachman, J. G., & Schulenberg, J. E. (2007). *Monitoring the Future national results on adolescent drug use: Overview of key findings, 2006.* Bethesda, MD; National Institute on Drug Abuse. (p. 125)

Johnston, L. D., O Malley, P. M., Bachman, J. G., & Schulenberg, J. E. (2008). *Monitoring the Future national results on adolescent drug use: Overview of key findings, 2007.* Bethesda, MD; National Institute on Drug Abuse. (p. 120, 123, 124)

Johnstone, E. C., Ebmeier, K. P., Miller, P., Owens, D. G. C., & Lawrie, S. M. (2005). Predicting schizophrenia: Findings from the Edinburgh High-Risk Study. *British Journal of Psychiatry, 186,* 18–25, 627)

Joiner, T. (2006). *Why people die by suicide.* Boston, MA: Harvard University Press. (p. 617)

Joiner, T. E., Jr. (1999). The clustering and contagion of suicide. *Current Directions in Psychological Science, 8,* 89–92. (p. 681)

Jolly, A. (2007). The social origin of mind. *Science, 317,* 1326. (p. 396)

Jonas, E., & Fischer, P. (2006). Terror management and religion: Evidence that intrinsic religiousness mitigates worldview defense following mortality salience. *Journal of Personality and Social Psychology, 91,* 553–567. (p. 563)

Jones, A. C., & Gosling, S. D. (2005). Temperament and personality in dogs (*Canis familiaris*): A review and evaluation of past research. *Applied Animal Behaviour Science, 95,* 1–53. (p. 570)

Jones, J. M. (2003, February 12). Fear of terrorism increases amidst latest warning. *Gallup News Service* (www.gallup.com/releases/pr030212.asp). (p. 602)

Jones, J. M. (2007, July 25). Latest Gallup update shows cigarette smoking near historical lows. Gallup Poll News Service (poll.gallup.com). (p. 119)

Jones, J. T., Pelham, B. W., Carvallo, M., & Mirenberg, M. C. (2004). How do I love thee? Let me count the Js: Implicit egotism and interpersonal attraction. *Journal of Personality and Social Psychology, 87,* 665–683. (p. 705)

Jones, L. (2000, December). Skeptics New Year quiz. *Skeptical Briefs,* p. 11. (p. 573)

Jones, M. C. (1924). A laboratory study of fear: The case of Peter. *Journal of Genetic Psychology, 31,* 308–315. (p. 643)

Jones, M. V., Paull, G. C., & Erskine, J. (2002). The impact of a team s aggressive reputation on the decisions of association football referees. *Journal of Sports Sciences, 20,* 991–1000. (p. 279)

Jones, S. S. (2007). Imitation in infancy: The development of mimicry. *Psychological Science, 18,* 593–599. (p. 318)

Jones, S. S., Collins, K., & Hong, H-W. (1991). An audience effect on smile production in 10–month-old infants. *Psychological Science, 2,* 45–49. (p. 512)

Jones, W. H., Carpenter, B. N., & Quintana, D. (1985). Personality and interpersonal predictors of loneliness in two cultures. *Journal of Personality and Social Psychology, 48,* 1503–1511. (p. 26)

Jonides, J., Lewis, R. L., Nee, D. E., Lustig, C. A., Berman, M. G., & Moore, K. S. (2008). The mind and brain of short-term memory. *Annual Review of Psychology, 59,* 193–224. (p. 339)

Jorm, A. F., Korten, A. E., & Henderson, A. S. (1987). The prevalence of dementia: A quantitative integration of the literature. *Acta Psychiatrica Scandinavica, 76,* 465–479. (p. 211)

Joseph, J. (2001). Separated twins and the genetics of personality differences: A critique. *American Journal of Psychology, 114,* 1–30. (p. 138)

Judge, T. A., Thoresen, C. J., Bono, J. E., & Patton, G. K. (2001). The job satisfaction/job performance relationship: A qualitative and quantitative review. *Psychological Bulletin, 127,* 376–407. (p. 488)

Juffer, F., & van Ijzendoorn, M. H. (2007). Adoptees do not lack self-esteem: A meta-analysis of studies on self-esteem of transracial, international, and domestic adoptees. *Psychological Bulletin, 133,* 1067–1083. (p. 195)

Jung, R. E., & Haier, R. J. (2007). The Parieto-Frontal Integration Theory (P-FIT) of intelligence: Converging neuroimaging evidence. *Behavioral and Brain Sciences, 30,* 135–187. (p. 413)

Jung-Beeman, M., Bowden, E. M., Haberman, J., Frymiare, J. L., Arambel-Liu, S., Greenblatt, R., Reber, P. J., & Kounios, J. (2004). Neural activity when people solve verbal problems with insight. *PloS Biology 2(4)*: e111. (pp. 371, 372)

Kagan, J. (1976). Emergent themes in human development. *American Scientist, 64,* 186–196. (p. 191)

Kagan, J. (1984). *The nature of the child.* New York: Basic Books. (p. 188)

Kagan, J. (1995). On attachment. *Harvard Review of Psychiatry, 3,* 104–106. (p. 190)

Kagan, J. (1998). *Three seductive ideas.* Cambridge, MA: Harvard University Press. (pp. 81, 224)

Kagan, J., Arcus, D., Snidman, N., Feng, W. Y., Hendler, J., & Greene, S. (1994). Reactivity in infants: A cross-national comparison. *Developmental Psychology, 30,* 342–345. (p. 140)

Kagan, J., Lapidus, D. R., & Moore, M. (December, 1978). Infant antecedents of cognitive functioning: A longitudinal study. *Child Development, 49*(4), 1005–1023. (p. 224)

Kagan, J., Snidman, N., & Arcus, D. M. (1992). Initial reactions to unfamiliarity. *Current Directions in Psychological Science, 1,* 171–174. (p. 140)

Kahlor, L., & Morrison, D. (2007). Television viewing and rape myth acceptance among college women. *Sex Roles, 56,* 729–739. (p. 702)

Kahneman, D. (1985, June). Quoted by K. McKean, Decisions, decisions. *Discover,* pp. 22–31. (p. 652)

Kahneman, D. (1999). Assessments of objective happiness: A bottom-up approach. In D. Kahneman, E. Diener, & N. Schwartz (Eds.), *Understanding well-being: Scientific perspectives on enjoyment and suffering.* New York: Russell Sage Foundation. (p. 257)

Kahneman, D. (2005, February 10). Are you happy now? *Gallup Management Journal* interview (www.gmj.gallup.com). (pp. 521, 524)

Kahneman, D. (2005, January 13). What were they thinking? Q&A with Daniel Kahneman. *Gallup Management Journal* (gmj.gallup.com). (p. 375)

Kahneman, D., & Renshon, J. (2007, January/February). Why hawks win. *Foreign Policy* (www.foreignpolicy.com). (p. 588)

Kahneman, D., & Tversky, A. (1972). Subjective probability: A judgment of representativeness. *Cognitive Psychology, 3,* 430–454. (p. 16)

Kahneman, D., Fredrickson, B. L., Schreiber, C. A., & Redelmeier, D. A. (1993). When more pain is preferred to less: Adding a better end. *Psychological Science, 4,* 401–405. (p. 257)

Kahneman, D., Krueger, A. B., Schkade, D. A., Schwarz, N., & Stone, A. A. (2004). A survey method for characterizing daily life experience: The day reconstruction method. *Science, 306,* 1776–1780. (pp. 98, 520)

Kail, R. (1991). Developmental change in speed of processing during childhood and adolescence. *Psychological Bulletin, 109,* 490–501. (p. 210)

Kaiser Family Foundation. (2003, October 28). New study finds children age zero to six spend as much time with TV, computers and video games as playing outside. www.kff.org/entmedia/entmedia102803nr.cfm. (p. 13)

Kaiser. (2001). Inside-out: A report on the experiences of lesbians, gays and bisexuals in America and the public s views on issues and policies related to sexual orientation. The Henry J. Kaiser Foundation (www.kff.org). (p. 477)

Kamarck, T., & Jennings, J. R. (1991). Biobehavioral factors in sudden cardiac death. *Psychological Bulletin, 109,* 42–75. (p. 532)

Kamena, M. (1998). Repressed/false childhood sexual abuse memories: A survey of therapists. Paper presented to the Sexual Abuse memories Symposium at the American Psychological Association convention. (p. 361)

Kamil, A. C., & Cheng, K. (2001). Way-finding and landmarks: The multiple-bearings hypothesis. *Journal of Experimental Biology, 204,* 103–113. (p. 344)

Kaminski, J., Cali, J., & Fischer, J. (2004). Word learning in a domestic dog: Evidence for fast mapping. *Science, 304,* 1682–1683. (p. 398)

Kanaya, T., Scullin, M. H., & Ceci, S. J. (2003). The Flynn effect and U.S. policies: The impact of rising IQ scores on American society via mental retardation diagnoses. *American Psychologist, 58,* 778–790. (p. 425)

Kanazawa, S. (2004). General intelligence as a domain-specific adaptation. *Psychological Review, 111,* 512–523. (p. 406)

Kanazawa, S. (2006). Mind the gap . . . in intelligence: Re-examining the relationship between inequality and health. *British Journal of Health Psychology, 11,* 623–642. (p. 539)

Kandel, D. B., & Raveis, V. H. (1989). Cessation of illicit drug use in young adulthood. *Archives of General Psychiatry, 46,* 109–116. (p. 126)

Kandel, E. R., & Schwartz, J. H. (1982). Molecular biology of learning: Modulation of transmitter release. *Science, 218,* 433–443. (p. 340)

Kane, M. J., Brown, L. H., McVay, J. C., Silvia, P. J., Myin-Germeys, I., & Kwapil, T. R. (2007). For whom the mind wanders, and when: An experience-sampling study of working memory and executive control in daily life. *Psychological Science, 18,* 614–621. (p. 329)

Kaplan, A. (2004). Exploring the gene-environment nexus in anorexia, bulimia. *Psychiatric Times, 21* (www.psychiatrictimes.com/p040801b.html). (p. 454)

Kaplan, H. I., & Saddock, B. J. (Eds.). (1989). *Comprehensive textbook of psychiatry, V.* Baltimore, MD: Williams and Wilkins. (p. 661)

Kaplan, R. M., & Kronick, R. G. (2006). Marital status and longevity in the United States population. *Journal of Epidemiology and Community Health, 60,* 760–765. (p. 541)

Kaprio, J., Koskenvuo, M., & Rita, H. (1987). Mortality after bereavement: A prospective study of 95,647 widowed persons. *American Journal of Public Health, 77,* 283–287. (p. 531)

Kaptchuk, T. J., Stason, W. B., Davis, R. B., Legedza, A. R. T., Schnyer, R. N., Kerr, C. E., Stone, D. A., Nam, B. H., Kirsch, I., & Goldman, R. H. (2006). Sham device v inert pill: Randomised controlled trial of two placebo treatments. *British Medical Journal, 332,* 391–397. (p. 258)

Karacan, I., Aslan, C., & Hirshkowitz, M. (1983). Erectile mechanisms in man. *Science, 220,* 1080–1082. (p. 96)

Karacan, I., Goodenough, D. R., Shapiro, A., & Starker, S. (1966). Erection cycle during sleep in relation to dream anxiety. *Archives of General Psychiatry, 15,* 183–189. (p. 96)

Karau, S. J., & Williams, K. D. (1993). Social loafing: A meta-analytic review and theoretical integration. *Journal of Personality and Social Psychology, 65,* 681–706. (p. 688)

Kark, J. D., Shemi, G., Friedlander, Y., Martin, O., Manor, O., & Blondheim, S. H. (1996). Does religious observance promote health? Mortality in secular vs. religious kibbutzim in Israel. *American Journal of Public Health, 86,* 341–346. (p. 548)

Karni, A., & Sagi, D. (1994). Dependence on REM sleep for overnight improvement of perceptual skills. *Science, 265,* 679–682. (p. 105)

Karni, A., Meyer, G., Rey-Hipolito, C., Jezzard, P., Adams, M. M., Turner, R., & Ungerleider, L. G. (1998). The acquisition of skilled motor performance: Fast and slow experience-driven changes in primary motor cortex. *Proceedings of the National Academy of Sciences, 95,* 861–868. (p. 151)

Karno, M., Golding, J. M., Sorenson, S. B., & Burnam, A. (1988). The epidemiology of obsessive-compulsive disorder in five US communities. *Archives of General Psychiatry, 45,* 1094–1099. (p. 603)

Karpicke, J. D., & Roediger, H. L. III, (2008). The critical importance of retrieval for learning. *Science, 319,* 966–968. (p. 332)

Karremans, J. C., Stroebe, W., & Claus, J. (2006). Beyond Vicary s fantasies: The impact of subliminal priming and brand choice. *Journal of Experimental Social Psychology, 42,* 792–798. (p. 233)

Kasen, S., Chen, H., Sneed, J., Crawford, T., & Cohen, P. (2006). Social role and birth cohort influences on gender-linked personality traits in women: A 20-year longitudinal analysis. *Journal of Personality and Social Psychology, 91,* 944–958. (p. 162)

Kashdan, T. B., & Steger, M. F. (2006). Expanding the topography of social anxiety: An experience-sampling assessment of positive emotions, positive events, and emotion suppression. *Psychologial Science, 17,* 120–128. (p. 602)

Kashima, Y., Siegal, M., Tanaka, K., & Kashima, E. S. (1992). Do people believe behaviours are consistent with attitudes? Towards a cultural psychology of attribution processes. *British Journal of Social Psychology, 31,* 111–124. (p. 156)

Kasser, T. (2000). Two version of the American dream: Which goals and values make for a high quality of life? In E. Diener (Ed.), *Advances in quality of life theory and research.* Dordrecth, Netherlands: Kluwer. (p. 523)

Kasser, T. (2002). *The high price of materialism.* Cambridge, MA: MIT Press. (p. 523)

Kaufman, A. S., Reynolds, C. R., & McLean, J. E. (1989). Age and WAIS-R intelligence in a national sample of adults in the 20- to 74-year age range: A cross-sectional analysis with educational level controlled. *Intelligence, 13,* 235–253. (p. 216)

Kaufman, J. C., & Baer, J. (2002). I bask in dreams of suicide: Mental illness, poetry, and women. *Review of General Psychology, 6,* 271–286. (p. 613)

Kaufman, J., & Zigler, E. (1987). Do abused children become abusive parents? *American Journal of Orthopsychiatry, 57,* 186–192. (p. 192)

Kaufman, L., & Kaufman, J. H. (2000). Explaining the moon illusion. *Proceedings of the National Academy of Sciences, 97,* 500–505. (p. 270)

Kavsek, M. (2004). Predicting later IQ from infant visual habituation and dishabituation: A meta-analysis. *Journal of Applied Developmental Psychology, 25,* 369–393. (p. 423)

Kayser, C. (2007, April/May). Listening with your eyes. *Scientific American Mind,* pp. 24–29. (p. 260)

Kazdin, A. E., & Benjet, C. (2003). Spanking children: Evidence and issues. *Current Directions in Psychological Science, 12,* 99–103. (p. 310)

Keesey, R. E., & Corbett, S. W. (1983). Metabolic defense of the body weight set-point. In A. J. Stunkard & E. Stellar (Eds.), *Eating and its disorders.* New York: Raven Press. (p. 451)

Keith, S. W. & 19 others (2006). Putative contributors to the secular increase in obesity: Exploring the roads less traveled. *International Journal of Obesity, 30,* 1585–1594. (p. 460)

Kellehear, A. (1996). *Experiences near death: Beyond medicine and religion.* New York; Oxford University Press. (p. 127)

Keller, J. (2007, March 9). As football players get bigger, more of them risk a dangerous sleep disorder. *Chronicle of Higher Education,* pp. A43–44. (p. 103)

Keller, M. B., McCullough, J. P., Klein, D. N., Arnow, B., Dunner, D. L., Gelenberg, A. J., Markowitz, J. C., Nemeroff, C. B., Russell, J. M., Thase, M. E., Trivedi, M. H., & Zajecka J. (2000), A comparison of nefazodone, the cognitive behavioral-analysis system of psychotherapy, and their combination for the treatment of chronic depression. *New England Journal of Medicine, 342,* 1462–1470. (p. 663)

Keller, M. C., Neale, M. C., & Kendler, K. S. (2007). Association of different adverse life events with distinct patterns of depressive symptoms. *American Journal of Psychiatry, 164,* 1521–1529. (p. 615)

Kellerman, J., Lewis, J., & Laird, J. D. (1989). Looking and loving: The effects of mutual gaze on feelings of romantic love. *Journal of Research in Personality, 23,* 145–161. (p. 508)

Kellermann, A. L. (1997). Comment: Gunsmoke—changing public attitudes toward smoking and firearms. *American Journal of Public Health, 87,* 910–913. (p. 698)

Kellermann, A. L., Rivara, F. P., Rushforth, N. B., Banton, H. G., Feay, D. T., Francisco, J. T., Locci, A. B., Prodzinski, J., Hackman, B. B., & Somes, G. (1993). Gun ownership as a risk factor for homicide in the home. *New England Journal of Medicine, 329,* 1084–1091. (p. 698)

Kellermann, A. L., Somes, G. Rivara, F. P., Lee, R. K., & Banton, J. G. (1998). Injuries and deaths due to firearms in the home. *Journal of Trauma, 45,* 263-267. (p. 698)

Kelley, J., & De Graaf, N. D. (1997). National context, parental socialization, and religious belief: Results from 15 nations. *American Sociological Review, 62,* 639–659. (p. 139)

Kelling, S. T., & Halpern, B. P. (1983). Taste flashes: Reaction times, intensity, and quality. *Science, 219,* 412–414. (p. 259)

Kellner, C. H. & 16 others (2006). Continuation electroconvulsive therapy vs. pharmacotherapy for relapse prevention in major depression: A multisite study from the Consortium for Research in Electroconvulsive Therapy (CORE). *Archives of Gneeral Psychiatry, 63,* 1337–1344. (p. 665)

Kellner, C. H., & 15 others. (2005). Relief of expressed suicidal intent by ECT: A consortium for research in ECT study. *American Journal of Psychiatry, 162,* 977–982. (p. 665)

Kelly, A. E. (2000). Helping construct desirable identities: A self-presentational view of psychotherapy. *Psychological Bulletin, 126,* 475–494. (p. 647)

Kelly, D. J., Quinn, P. C., Slater, A. M., Lee, K., Ge, L., & Pascalis, O. (2007). The other-race effect develops during infancy: Evidence of perceptual narrowing. *Psychological Science, 18,* 1084–1089. (p. 697)

Kelly, I. W. (1997). Modern astrology: A critique. *Psychological Reports, 81,* 1035–1066. (p. 572)

Kelly, I. W. (1998). Why astrology doesn t work. *Psychological Reports, 82,* 527–546. (p. 572)

Kelly, T. A. (1990). The role of values in psychotherapy: A critical review of process and outcome effects. *Clinical Psychology Review, 10,* 171–186. (p. 658)

Kempe, R. S., & Kempe, C. C. (1978). *Child abuse.* Cambridge, MA: Harvard

University Press. (p. 192)

Kempermann, G., Kuhn, H. G., & Gage, F. H. (May, 1998). Experience-induced neurogenesis in the senescent dentate gyrus. *Journal of Neuroscience, 18*(9), 3206–3212. (p. 211)

Kendall-Tackett, K. A. (Ed.) (2004). *Health consequences of abuse in the family: A clinical guide for evidence-based practice.* Washington, DC: American Psychological Association. (p. 192)

Kendall-Tackett, K. A., Williams, L. M., & Finkelhor, D. (1993). Impact of sexual abuse on children: A review and synthesis of recent empirical studies. *Psychological Bulletin, 113,* 164–180. (pp. 192, 362)

Kendler, K. S. (1996). Parenting: A genetic-epidemiologic perspective. *The American Journal of Psychiatry, 153,* 11–20. (p. 196)

Kendler, K. S. (1997). Social support: A genetic-epidemiologic analysis. *American Journal of Psychiatry, 154,* 1398–1404. (p. 577)

Kendler, K. S. (1998, January). Major depression and the environment: A psychiatric genetic perspective. *Pharmacopsychiatry, 31(1),* 5–9. (p. 615)

Kendler, K. S., Gardner, C. O., & Prescott, C. A. (2006). Toward a comprehensive developmental model for major depression in men. *American Journal of Psychiatry, 163,*115–124. (p. 614)

Kendler, K. S., Gatz, M., Gardner, C. O., & Pedersen, N. L. (2006). A Swedish national twin study of lifetime major depression. *American Journal of Psychiatry, 163,* 109–114. (p. 615)

Kendler, K. S., Jacobson, K. C., Myers, J., & Prescott, C. A. (2002a). Sex differences in genetic and environmental risk factors for irrational fears and phobias. *Psychological Medicine, 32,* 209–217. (p. 607)

Kendler, K. S., Karkowski, L. M., & Prescott, C. A. (1999). Fears and phobias: Reliability and heritability. *Psychological Medicine, 29,* 539–553. (p. 607)

Kendler, K. S., Myers, J., & Prescott, C. A. (2002b). The etiology of phobias: An evaluation of the stress-diathesis model. *Archives of General Psychiatry, 59,* 242–248. (p. 607)

Kendler, K. S., Neale, M. C., Kessler, R. C., Heath, A. C., & Eaves, L. J. (1992). Generalized anxiety disorder in women: A population-based twin study. *Archives of General Psychiatry, 49,* 267–272. (p. 607)

Kendler, K. S., Neale, M. C., Thornton, L. M., Aggen, S. H., Gilman, S. E., & Kessler, R. C. (2002). Cannabis use in the last year in a U.S. national sample of twin and sibling pairs. *Psychological Medicine, 32,* 551–554. (p. 123)

Kendler, K. S., Thornton, L. M., & Gardner, C. O. (2001). Genetic risk, number of previous depressive episodes, and stressful life events in predicting onset of major depression. *American Journal of Psychiatry, 158,* 582–586. (p. 614)

Kennedy, S., & Over, R. (1990). Psychophysiological assessment of male sexual arousal following spinal cord injury. *Archives of Sexual Behavior, 19,* 15–27. (p. 58)

Kenrick, D. T., & Funder, D. C. (1988). Profiting from controversy: Lessons from the person-situation debate. *American Psychologist, 43,* 23–34. (p. 575)

Kenrick, D. T., & Gutierres, S. E. (1980). Contrast effects and judgments of physical attractiveness: When beauty becomes a social problem. *Journal of Personality and Social Psychology, 38,* 131–140. (p. 468)

Kenrick, D. T., Gutierres, S. E., & Goldberg, L. L. (1989). Influence of popular erotica on judgments of strangers and mates. *Journal of Experimental Social Psychology, 25,* 159–167. (p. 468)

Kenrick, D. T., Nieuweboer, S., & Bunnk, A. P. (in press). Universal mechanisms and cultural diversity: Replacing the blank slate with a coloring book. In M. Schaller, S. Heine, A. Norenzayan, T. Yamagishi, & T. Kameda (Eds.), *Evolution, culture, and the human mind.* Mahway, NJ. (pp. 148, 149)

Kensinger, E. A. (2007). Negative emotion enhances memory accuracy: Behavioral and neuroimaging evidence. *Current Directions in Psychological Science, 16,* 213–218. (p. 341)

Keough, K. A., Zimbardo, P. G., & Boyd, J. N. (1999). Who s smoking, drinking, and using drugs? Time perspective as a predictor of substance use. *Basic and Applied Social Psychology, 2,* 149–164. (p. 555)

Kernis, M. H. (2003). Toward a conceptualization of optimal self-esteem. *Psychological Inquiry, 14,* 1–26. (p. 589)

Kerr, N. L., & Bruun, S. E. (1983). Dispensability of member effort and group motivation losses: Free-rider effects. *Journal of Personality and Social Psychology, 44,* 78–94. (p. 688)

Kessler, M., & Albee, G. (1975). Primary prevention. *Annual Review of Psychology, 26,* 557–591. (p. 669)

Kessler, R. C. (2000). Posttraumatic stress disorder: The burden to the individual and to society. *Journal of Clinical Psychiatry, 61*(suppl. 5), 4–12. (p. 604)

Kessler, R. C. (2001). Epidemiology of women and depression. *Journal of Affective Disorders, 74,* 5–1. (p. 619)

Kessler, R. C., Akiskal, H. S., Ames, M., Birnbaum, H., Greenberg, P., Hirschfeld, R. M. A., Jin, R., Merikangas, K. R., Simon, G. E., & Wang, P. S. (2006). Prevalence and effects of mood disorders on work performance in a nationally representative sample of U.S. workers. *American Journal of Psychiatry, 163,* 1561–1568. (p. 613)

Kessler, R. C., Berglund, P., Demler, O., Jin, R., Merikangos, K. R. & Walters, E. E. (2005). Lifetime prevalence and age-of-onset distributions of DSM-IV disorders in the National Comorbidity Survey Replication. *Archives of General Psychiatry, 62,* 593–602. (p. 598, 631)

Kessler, R. C., Foster, C., Joseph, J., Ostrow, D., Wortman, C., Phair, J., & Chmiel, J. (1991). Stressful life events and symptom onset in HIV infection. *American Journal of Psychiatry, 148,* 733–738. (p. 537)

Kessler, R. C., Soukup, J., Davis, R. B., Foster, D. F., Wilkey, S. A., Van Rompay, M. I., & Eisenberg, D. M. (2001). The use of complementary and alternative therapies to treat anxiety and depression in the United States. *American Journal of Psychiatry, 158,* 289–294. (p. 655)

Keynes, M. (1980, December 20/27). Handel s illnesses. *The Lancet,* pp. 1354–1355. (p. 613)

Keys, A., Brozek, J., Henschel, A., Mickelsen, O., & Taylor, H. L. (1950). *The biology of human starvation.* Minneapolis: University of Minnesota Press. (p. 448)

Kiecolt-Glaser, J. K., & Glaser, R. (1995). Psychoneuroimmunology and health consequences: Data and shared mechanisms. *Psychosomatic Medicine, 57,* 269–274. (p. 536)

Kiecolt-Glaser, J. K., & Newton, T. L. (2001). Marriage and health: His and hers. *Psychological Bulletin, 127,* 472–503. (p. 541)

Kiecolt-Glaser, J. K., Loving, T. J., Stowell, J. R., Malarkey, W. B., Lemeshow, S., Dickinson, S. L., & Glaser, R. (2005). Hostile marital interactions, proinflammatory cytokine production, and wound healing. *Archives of General Psychiatry, 62,* 1377–1384. (p. 535)

Kiecolt-Glaser, J. K., Page, G. G., Marucha, P. T., MacCallum, R. C., & Glaser, R. (1998). Psychological influences on surgical recovery: Perspectives from psychoneuroimmunology. *American Psychologist, 53,* 1209–1218. (p. 535)

Kihlstrom, J. F. (1990). The psychological unconscious. In L. A. Pervin (Ed.), *Handbook of personality: Theory and research.* New York: Guilford Press. (pp. 355, 562)

Kihlstrom, J. F. (1994). The social construction of memory. Paper presented at the American Psychological Society convention. (p. 356)

Kihlstrom, J. F. (1997, November 11). Freud as giant pioneer on whose shoulders we should stand. Social Psychology listserv posting (spsp A unified theory of a will-o -the-wisp. *Behavioral and Brain Sciences, 29,* 523. (p. 562)

Kihlstrom, J. F., & McConkey, K. M. (1990). William James and hypnosis: A centennial reflection. *Psychological Science, 1,* 174–177. (p. 112)

Killeen, P. R., & Nash, M. R. (2003). The four causes of hypnosis. *Internal Journal of Clinical and Experimental Hypnosis, 51,* 195–231. (p. 112)

Kim, B. S. K., Ng, G. F., & Ahn, A. J. (2005). Effects of client expectation for counseling success, client-counselor worldview match, and client adherence to Asian and European American cultural values on counseling process with Asian Americans. *Journal of Counseling Psychology, 52,* 67–76. (p. 658)

Kim, H., & Markus, H. R. (1999). Deviance or uniqueness, harmony or conformity? A cultural analysis. *Journal of Personality and Social Psychology, 77,* 785–800. (p. 156)

Kim, K. H. S., Relkin, N. R., Lee, K-M., & Hirsch, J. (1997). Distinct cortical areas associated with native and second languages. *Nature, 388,* 171–174. (p. 390)

Kimata, H. (2001). Effect of humor on allergen-induced wheal reactions. *Journal of the American Medical Association, 285,* 737. (p. 540)

Kimble, G. A. (1956). *Principles of general psychology.* New York: Ronald. (p. 299)

Kimble, G. A. (1981). *Biological and cognitive constraints on learning.* Washington, DC: American Psychological Association. (p. 299)

Kimmel, A. J. (1998). In defense of deception. *American Psychologist, 53,* 803–805. (p. 29)

King, L. A., Hicks, J. A., Krull, J. L., & Del Gaiso, A. K. (2006). Positive affect and the experience of meaning in life. *Journal of Personality and Social Psy-*

chology, 90, 179–196. (p. 520)

King, M., & Bartlett, A. (2006). What same sex civil partnerships may mean for health. *Journal of Epidemiology and Community Health, 60,* 188–191. (p. 472)

King, R. N., & Koehler, D. J. (2000). Illusory correlations in graphological interference. *Journal of Experimental Psychology: Applied, 6,* 336–348. (p. 572)

Kinnier, R. T., & Metha, A. T. (1989). Regrets and priorities at three stages of life. *Counseling and Values, 33,* 182–193. (p. 220)

Kirby, D. (2002). Effective approaches to reducing adolescent unprotected sex, pregnancy, and childbearing. *Journal of Sex Research, 39,* 51–57. (p. 471)

Kirkpatrick, B., Fenton, W. S., Carpenter, Jr., W. T., & Marder, S. R. (2006). The NIMH-MATRICS consensus statement on negative symptoms. *Schizophrenia Bulletin, 32,* 214–219. (p. 624)

Kirkpatrick, L. (1999). Attachment and religious representations and behavior. In J. Cassidy & P. R. Shaver (Eds.), *Handbook of attachment.* New York: Guilford. (p. 189)

Kirmayer, L. J., & Sartorius, N. (2007). Cultural models and somatic syndromes. *Psychosomatic Medicine, 69,* 832–840. (p. 608)

Kirsch, I. (1996). Hypnotic enhancement of cognitive-behavioral weight loss treatments: Another meta-reanalysis. *Journal of Consulting and Clinical Psychology, 64,* 517–519. (p. 110)

Kirsch, I., & Braffman, W. (2001). Imaginative suggestibility and hypnotizability. *Current Directions in Psychological Science, 10,* 57–61. (p. 108)

Kirsch, I., & Lynn, S. J. (1995). The altered state of hypnosis. *American Psychologist, 50,* 846–858. (p. 110)

Kirsch, I., & Sapirstein, G. (1998). Listening to Prozac but hearing placebo: A meta-analysis of antidepressant medication. *Prevention and Treatment, 1,* posted June 26 at (journals.apa.org/prevention/volume1). (pp. 18, 663)

Kirsch, I., Deacon, B. J., Huedo-Medina, T. B., Scoboria, A., Moore, T. J., & Johnson, B. T. (2008) Initial severity and antidepressant benefits: A meta-analysis of data submitted to the Food and Drug Administration. *Public Library of Science Medicine, 5,* e45. (p. 663)

Kirsch, I., Moore, T. J., Scoboria, A., & Nicholls, S. S. (2002, July 15). New study finds little difference between effects of antidepressants and placebo. *Prevention and Treatment* (journals.apa.org/prevention). (p. 663)

Kisley, M. A., Wood, S., & Burrows, C. L. (2007). Looking at the sunny side of life: Age-related change in an event-related potential measure of the negativity bias. *Psychological Science, 18,* 838–843. (p. 220)

Kisor, H. (1990). *What s that pig outdoors.* New York: Hill and Wang. (p. 251)

Kitayama, S., Ishii, K., Imada, T., Takemura, K., & Ramaswamy, J. (2006). Voluntary settlement and the spirit of independence: Evidence from Japan s northern frontier. *Journal of Personality and Social Psychology, 91,* 369–384. (p. 156)

Kitts, R. L. (2005). Gay adolescents and suicide: Understanding the association. *Adolescence, 40,* 621–628. (p. 472)

Kivimaki, M., Leino-Arjas, P., Luukkonen, R., Rihimaki, H., & Kirjonen, J. (2002). Work stress and risk of cardiovascular mortality: Prospective cohort study of industrial employees. *British Medical Journal, 325,* 857. (p. 539)

Klar, A. J. S. (2003). Human handedness and scalp hair-whorl direction develop from a common mechanism. *Genetics, 165,* 269–276. (p. 476)

Klar, A. J. S. (2004). Excess of counter-clockwise scalp hair-whorl rotation in homosexual men. *Journal of Genetics, 83,* 251–255. (p. 476)

Klar, A. J. S. (2005). A 1927 study supports a current genetic model for inheritance of human scalp hair-whorl orientation and hand-use preference traits. *Genetics, 170,* 2027–2030. (p. 476)

Klayman, J., & Ha, Y-W. (1987). Confirmation, disconfirmation, and information in hypothesis testing. *Psychological Review, 94,* 211–228. (p. 372)

Klein, D. N., & 16 others. (2003). Therapeutic alliance in depression treatment: Controlling for prior change and patient characteristics. *Journal of Consulting and Clinical Psychology, 71,* 997–1006. (p. 658)

Klein, E., Kreinin, I., Chistyakov, A., Koren, D., Mecz, L., Marmur, S., Ben-Shachar, D., & Feinsod, M. (1999). Therapeutic efficacy of right prefrontal slow repetitive transcranial magnetic stimulation in major depression. *Archives of General psychiatry, 56,* 315–320. (p. 666)

Kleinfeld, J. (1998). *The myth that schools shortchange girls: Social science in the service of deception.* Washington, DC: Women s Freedom Network. Available from ERIC, Document ED423210, and via www.uaf.edu/northern/schools/myth.html. (p. 434)

Kleinke, C. L. (1986). Gaze and eye contact: A research review. *Psychological Bulletin, 1000,* 78–100. (p. 508)

Kleinmuntz, B., & Szucko, J. J. (1984). A field study of the fallibility of polygraph lie detection. *Nature, 308,* 449–450. (p. 505)

Kleitman, N. (1960, November). Patterns of dreaming. *Scientific American,* pp. 82–88. (p. 93)

Klemm, W. R. (1990). Historical and introductory perspectives on brainstem-mediated behaviors. In W. R. Klemm & R. P. Vertes (Eds.), *Brainstem mechanisms of behavior.* New York: Wiley. (p. 63)

Kline, D., & Schieber, F. (1985). Vision and aging. In J. E. Birren & K. W. Schaie (Eds.), *Handbook of the psychology of aging.* New York: Van Nostrand Reinhold. (p. 210)

Kline, G. H., Stanley, S. M., Markman, J. H., Olmos-Gallo, P. A., St. Peters, M., Whitton, S. W., & Prado, L. M. (2004). Timing is everything: Pre-engagement cohabitation and increased risk for poor marital outcomes. *Journal of Family Psychology, 18,* 311–318. (p. 218)

Klineberg, O. (1938). Emotional expression in Chinese literature. *Journal of Abnormal and Social Psychology, 33,* 517–520. (p. 511)

Klineberg, O. (1984). Public opinion and nuclear war. *American Psychologist, 39,* 1245–1253. (p. 718)

Klinesmith, J., Kasser, T., & McAndrew, F. T. (2006). Guns, testosterone, and aggression: An experimental test of a mediational hypothesis. *Psychological Science, 17,* 568–576. (p. 699)

Klinke, R., Kral, A., Heid, S., Tillein, J., & Hartmann, R. (1999). Recruitment of the auditory cortex in congenitally deaf cats by long-term cochlear electrostimulation. *Science, 285,* 1729–1733. (p. 274)

Kluft, R. P. (1991). Multiple personality disorder. In A. Tasman & S. M. Goldfinger (Eds.), *Review of Psychiatry, (Vol. 10).* Washington, DC: American Psychiatric Press. (p. 610)

Klump, K. L., & Culbert, K. M. (2007). Molecular genetic studies of eating disorders: Current status and future directions. *Current Directions in Psychological Science, 16,* 37–41. (p. 454)

Kl ver, H., & Bucy, P. C. (1939). Preliminary analysis of functions of the temporal lobes in monkeys. *Archives of Neurology and Psychiatry, 42,* 979–1000. (p. 65)

Knapp, S., & VandeCreek, L. (2000, August). Recovered memories of childhood abuse: Is there an underlying professional consensus? *Professional Psychology: Research and Practice, 31,* 365–371. (p. 362)

Kn uper, B., Kornik, R., Atkinson, K., Guberman, C., & Aydin, C. (2005). Motivation influences the underestimation of cumulative risk. *Personality and Social Psychology Bulletin, 31,* 1511–1523. (p. 470)

Knickmeyer, E. (2001, August 7). In Africa, big is definitely better. *Associated Press* (Seattle Times, p. A7). (p. 454)

Knight, R. T. (2007). Neural networks debunk phrenology. *Science, 316,* 1578–1579. (p. 73)

Knight, W. (2004, August 2). Animated face helps deaf with phone chat. New-Scientist.com. (p. 260)

Knoblich, G., & Oellinger, M. (2006, October/November). The Eureka moment. *Scientific American Mind,* pp. 38–43. (p. 372)

Knutson, K. L., Spiegel, K., Penev, P., & Van Cauter, E. (2007). The metabolic consequences of sleep deprivation. *Sleep Medicine Reviews, 11,* 163–178. (p. 98)

Ko, C-K., Yen, J-Y., Chen, C-C., Chen, S-H., & Yen, C-F. (2005). Proposed diagnostic criteria of Internet addiction for adolescents. *Journal of Nervous and Mental Disease, 193,* 728–733. (p. 114)

Koch, C., & Greenfield, S. (2007, October). How does consciousness happen? *Scientific American,* pp. 76–83. (p. 87)

Koch, G. (2001). Utilizing Psi Chi s Programs to Maximize Learning and Success. *Eye on Psi Chi, 10,* 22. (p. A-10)

Koenig, H. G. (2002, October 9). Personal communication, from Director of Center for the Study of Religion/Spirituality and Health, Duke University. (p. 548)

Koenig, H. G., & Larson, D. B. (1998). Use of hospital services, religious attendance, and religious affiliation. *Southern Medical Journal, 91,* 925–932. (p. 549)

Koenig, L. B., McGue, M., Krueger, R. F., & Bouchard, T. J., Jr. (2005). Genetic and environmental influences on religiousness: Findings for retrospective and current religiousness ratings. *Journal of Personality, 73,* 471–488. (p. 139)

Koenigs, M., Young, L., Adolphs, R., Tranel, D., Cushman, F., Hauser, M., & Damasio, A. (2007). Damage to the prefrontal cortex increases utilitarian moral judgements. *Nature, 446,* 908–911. (pp. 73, 201)

Koestner, R., Lekes, N., Powers, T. A., & Chicoine, E. (2002). Attaining personal goals: Self-concordance plus implementation intentions equals success. *Journal of Personality and Social Psychology, 83,* 231–244. (p. 491)

Kohlberg, L. (1981). *The philosophy of moral development: Essays on moral development* (Vol. I). San Francisco: Harper & Row. (p. 200)

Kohlberg, L. (1984). *The psychology of moral development: Essays on moral development* (Vol. II). San Francisco: Harper & Row. (p. 200)

K hler, W. (1925: reprinted 1957). *The mentality of apes.* London: Pelican. (p. 396)

Kohler, I. (1962, May). Experiments with goggles. *Scientific American,* pp. 62–72. (p. 274)

Kohn, P. M., & Macdonald, J. E. (1992). The survey of recent life experiences: A decontaminated hassles scale for adults. *Journal of Behavioral Medicine, 15,* 221–236. (p. 531)

Kohout, J., & Wicherski, M. (2004). 2001 *Doctorate employment survey,*Washington, DC: American Psychological Association. (p. A-4)

Kolassa, I-T., & Elbert, T. (2007). Structural and functional neuroplasticity in relation to traumatic stress. *Current Directions in Psychological Science, 16,* 321–325. (p. 608)

Kolata, G. (1986). Youth suicide: New research focuses on a growing social problem. *Science, 233,* 839–841. (p. 616)

Kolata, G. (1987). Metabolic catch-22 of exercise regimens. *Science, 236,* 146–147. (p. 463)

Kolb, B. (1989). Brain development, plasticity, and behavior. *American Psychologist, 44,* 1203–1212. (p. 74)

Kolb, B., & Whishaw, I. Q. (1998). Brain plasticity and behavior. *Annual Review of Psychology, 49,* 43–64. (p. 150)

Kolb, B., & Whishaw, I. Q. (2006). *An introduction to brain and behavior, 2nd edition.* New York: Worth Publishers. (p. 411)

Kolivas, E. D., & Gross, A. M. (2007). Assessing sexual aggression: Addressing the gap between rape victimization and perpetration prevalence rates. *Aggression and Violent Behavior, 12,* 315–328. (p. 147)

Kolker, K. (2002, December 8). *Video violence disturbs some: others scoff at influence.* Grand Rapids Press, pp. A1, A12. (p. 703)

Kolodziej, M. E., & Johnson, B. T. (1996). Interpersonal contact and acceptance of persons with psychiatric disorders: A research synthesis. *Journal of Consulting and Clinical Psychology, 64,* 1387–1396. (p. 600)

Koltko-Rivera, M. E. (2006). Rediscovering the later version of Maslow s hierarchy of needs: Self-transcendence and opportunities for theory, research, and unification. *Review of General Psychology, 10,* 302–317. (p. 446)

Koole, S. L., Greenberg, J., & Pyszczynski, T. (2006). Introducing science to the psychology of the soul. *Current Directions in Psychological Science, 15,* 212–216. (p. 563)

Kopta, S. M., Lueger, R. J., Saunders, S. M., & Howard, K. I. (1999). Individual psychotherapy outcome and process research: Challenges leading to greater turmoil or a positive transition? *Annual Review of Psychology, 30,* 441–469. (p. 654)

Koriat, A., Goldsmith, M., & Pansky, A. (2000). Toward a psychology of memory accuracy. *Annual Review of Psychology, 51,* pp. 481–537. (p. 358)

Kosslyn, S. (2007). *Human intelligence can be increased, and can be increased dramatically.* World Question Center, The Edge (www.edge.org). (p. 430)

Kosslyn, S. M. (2005). Reflective thinking and mental imagery: A perspective on the development of posttraumatic stress disorder. *Development and Psychopathology, 17,* 851–863. (p. 605)

Kosslyn, S. M., & Koenig, O. (1992). *Wet mind: The new cognitive neuroscience.* New York: Free Press. (p. 57)

Kosslyn, S. M., Thompson, W. L., Costantini-Ferrando, M. F., Alpert, N. M., & Spiegel, D. (2000). Hypnotic visual illusion alters color processing in the brain. *American Journal of Psychiatry, 157,* 1279–1284. (p. 111)

Kotchick, B. A., Shaffer, A., & Forehand, R. (2001). Adolescent sexual risk behavior: A multi-system perspective. *Clinical Psychology Review, 21,* 493–519. (p. 470)

Kotkin, M., Daviet, C., & Gurin, J. (1996). The Consumer Reports mental health survey. *American Psychologist, 51,* 1080–1082. (p. 651)

Kracen, A. C., & Wallace, I. J. (Eds.) (2008). *Applying to graduate school in psychology: Advice from successful students and prominent psychologists.* Washington, DC, US; American Psychological Association. (p. A-11)

Kraft, C. (1978). A psychophysical approach to air safety: Simulator studies of visual illusions in night approaches. In H. L. Pick, H. W. Leibowitz, J. E. Singer, A. Steinschneider, & H. W. Stevenson (Eds.), *Psychology: From research to practice.* New York: Plenum Press. (p. 280)

Kraft, R. N. (2002). *Memory perceived: Recalling the Holocaust.* Westport, CT: Praeger. (p. 363)

Kramer, A. F., & Erickson, K. I. (2007). Capitalizing on cortical plasticity: Influence of physical activity on cognition and brain function. *Trends in Cognitive Sciences, 11,* 342–348. (p. 544)

Kranz, F., & Ishai, A. (2006). Face perception is modulated by sexual preference. *Current Biology, 16,* 63–68. (p. 475)

Kraus, N., Malmfors, T., & Slovic, P. (1992). Intuitive toxicology: Expert and lay judgments of chemical risks. *Risk Analysis, 12,* 215–232. (p. 381)

Krauss, R. M. (1998). Why do we gesture when we speak. *Current Directions in Psychology, 7,* 54–60. (p. 399)

Kraut, R. E., & Johnston, R. E. (1979). Social and emotional messages of smiling: An ethological approach. *Journal of Personality and Social Psychology, 37,* 1539–1553. (p. 512)

KRC Research & Consulting. (2001, August 7). Memory isn t quite what it used to be (survey for General Nutrition Centers). *USA Today,* p. D1. (p. 213)

Krebs, D. L., & Denton, K. (2005). Toward a more pragmatic approach to morality: A critical evaluation of Kohlberg s model. *Psychological Review, 112,* 629–649. (p. 201)

Kring, A. M., & Gordon, A. H. (1998). Sex differences in emotion: Expression, experience, and physiology. *Journal of Personality and Social Psychology, 74,* 686–703. (p. 511)

Kristensen, P., & Bjerkedal, T. (2007). Explaining the relation between birth order and intelligence. *Science, 316,* 1717. (p. 25)

Kristof, N. D. (2004, July 21). Saying no to killers. *New York Times* (www.nytimes.com). (p. 712)

Kroll, R., Danis, S., Moreau, M., Waldbaum, A., Shifren, J., & Wekselman, K. (2004). Testosterone transdermal patch (TPP) significantly improved sexual function in naturally menopausal women in a large Phase III study. Presented to the American Society of Reproductive Medicine annual meeting, Philadelphia, October. (p. 467)

Krosnick, J. A., Betz, A. L., Jussim, L. J., & Lynn, A. R. (1992). Subliminal conditioning of attitudes. *Personality and Social Psychology Bulletin, 18,* 152–162. (p. 233)

Krueger, A. (2007, November/December). What makes a terrorist. *The American* (www.american.com). (p. 700)

Krueger, J., & Killham, E. (2005, December 8). At work, feeling good matters. *Gallup Management Journal* (www.gmj.gallup.com). (p. 491)

Krueger, J., & Killham, E. (2006, March 9). Why Dilbert is right. Uncomfortable work environments make for disgruntled employees—just like the cartoon says. *Gallup Management Journal* (www.gmj.gallup.com). (p. 580)

Kruger J., Epley, N., Parker, J., & Ng, Z-W. (2005). Egocentrism over e-mail: Can we communicate as well as we think? *Journal of Personality and Social Psychology, 89,* 925–936. (pp. 183, 509)

Kruger, J., & Dunning, D. (1999). Unskilled and unaware of it: How difficulties in recognizing one s own incompetence lead to inflated self-assessments. *Journal of Personality and Social Psychology, 77,* 1121–1134. (p. 582)

Krupa, D. J., Thompson, J. K., & Thompson, R. F. (1993). Localization of a memory trace in the mammalian brain. *Science, 260,* 989–991. (p. 345)

Kr tzen, M., Mann, J., Heithaus, M. R., Connor, R. C., Bejder, L., & Sherwin, W. B. (2005). Cultural transmission of tool use in bottlenose dolphins. *Proceedings of the National Academy of Sciences, 102,* 8939–8943. (p. 397)

Kubey, R., & Csikszentmihalyi, M. (2002, February). Television addiction is no mere metaphor. *Scientific American,* pp. 74–80. (p. 321)

K bler, A., Winter, S., Ludolph, A. C., Hautzinger, M., & Birbaumer, N. (2005). Severity of depressive symptoms and quality of life in patients with amyotrophic lateral sclerosis. *Neurorehabilitation and Neural Repair, 19(3),* 182–193. (p. 521)

Kubzansky, L. D., Sparrow, D., Vokanas, P., Kawachi, I. (2001). Is the glass half empty or half full? A prospective study of optimism and coronary heart disease in the normative aging study. *Psychosomatic Medicine, 63,* 910–916. (p. 533)

Kuhl, B. A., Dudukovic, N. M., Kahn, I., & Wagner, A. D. (2007). Decreased demands on cognitive control reveal the neural processing benefits of forgetting. *Nature Neuroscience, 10,* 908–914. (p. 353)

Kuhl, P. K., & Meltzoff, A. N. (1982). The bimodal perception of speech in infancy. *Science, 218,* 1138–1141. (p. 385)

Kuhn, D. (2006). Do cognitive changes accompany developments in the adolescent brain? *Perspectives on Psychological Science, 1,* 59–67. (p. 199)

Kujala, U. M., Kaprio, J., Sarna, S., & Koskenvuo, M. (1998). Relationship of leisure-time physical activity and mortality: The Finnish twin cohort. *Journal of the American Medical Association, 279,* 440–444. (p. 544)

Kuncel, N. R., & Hezlett, S. A. (2007). Standardized tests predict graduate students success. *Science, 315,* 1080–1081. (p. 421)

Kuncel, N. R., Nezlett, S. A., & Ones, D. S. (2004). Academic performance, career potential, creativity, and job performance: Can one construct predict them all? *Journal of Personality and Social Psychology, 86,* 148–161. (p. 408)

Kunkel, D. (2001, February 4). *Sex on TV.* Menlo Park, CA: Henry J. Kaiser Family Foundation (www.kff.org). (p. 470)

Kunkel, D., Cope-Farrar, K., Biely, E., Farinola, W. J. M., & Donnerstein, E. (2001). *Sex on TV (2): A biennial report to the Kaiser Family Foundation.* Menlo Park, CA: Kaiser Family Foundation. (p. 703)

Kuntsche, E., Knibbe, R., Gmel, G., & Engels, R. (2005). Why do young people drink? A review of drinking motives. *Clinical Psychology Review, 25,* 841–861. (p. 125)

Kupper, N., & Denollet, J. (2007). Type D personality as a prognostic factor in heart disease: Assessment and mediating mechanisms. *Journal of Personality Assessment, 89,* 265–276. (p. 533)

Kurdek, L. A. (2005). What do we know about gay and lesbian couples? *Current Directions in Psychological Science, 14,* 251–254. (p. 472)

Kurtz, P. (1983, Spring). Stars, planets, and people. *The Skeptical Inquirer,* pp. 65–68. (p. 573)

Kushner, M. G., Kim, S. W., Conahue, C., Thuras, P., Adson, D., Kotlyar, M., McCabe, J., Peterson, J., & Foa, E. B. (2007). D-cycloserine augmented exposure therapy for obsessive-compulsive disorder. *Biological Psychiatry, 62,* 835–838. (p. 661)

Kutas, M. (1990). Event-related brain potential (ERP) studies of cognition during sleep: Is it more than a dream? In R. R. Bootzin, J. F. Kihlstrom, & D. Schacter (Eds.), *Sleep and cognition.* Washington, DC; American Psychological Association. (p. 92)

Kutcher, E. J., & Bragger, J. D. (2004). Selection interviews of overweight job applicants: Can structure reduce the bias? *Journal of Applied Social Psychology, 34,* 1993–2022. (p. 486)

L Engle, M. (1973). *A Wind in the Door.* New York: Farrar, Straus and Giroux. (p. 16)

Labouvie-Vief, G., & Schell, D. A. (1982). Learning and memory in later life. In B. B. Wolman (Ed.), *Handbook of developmental psychology.* Englewood Cliffs, NJ: Prentice-Hall. (p. 214)

Lacayo, R. (1995, June 12). Violent reaction. *Time Magazine,* pp. 25–39. (p. 10)

Lacey, H. P., Smith, D. M., & Ubel, P. A. (2006). Hope I die before I get old: Mispredicting happiness across the lifespan. *Journal of Happiness Studies, 7,* 167–182. (p. 220)

Lacey, M. (2004. April 9). A decade after massacres, Rwanda outlaws ethnicity. *New York Times* (www.nytimes.com). (p. 718)

Lachman, M. E. (2004). Development in midlife. *Annual Review of Psychology, 55,* 305–331. (p. 216)

Ladd, E. C. (1998, August/September). The tobacco bill and American public opinion. *The Public Perspective,* pp. 5–19. (p. 126)

Ladd, G. T. (1887). *Elements of physiological psychology.* New York: Scribner s. (p. 85)

Laird, J. D. (1974). Self-attribution of emotion: The effects of expressive behavior on the quality of emotional experience. *Journal of Personality and Social Psychology, 29,* 475–486. (p. 513)

Laird, J. D. (1984). The real role of facial response in the experience of emotion: A reply to Tourangeau and Ellsworth, and others. *Journal of Personality and Social Psychology, 47,* 909–917. (p. 513)

Laird, J. D., Cuniff, M., Sheehan, K., Shulman, D., & Strum, G. (1989). Emotion specific effects of facial expressions on memory for life events. *Journal of Social Behavior and Personality, 4,* 87–98. (p. 513)

Lakin, J. L., & Chartrand, T. L. (2003). Using nonconscious behavioral mimicry to create affiliation and rapport. *Psychological Science, 14,* 334–339. (p. 681)

Lalumi re, M. L., Blanchard, R., & Zucker, K. J. (2000). Sexual orientation and handedness in men and women: A meta-analysis. *Psychological Bulletin, 126,* 575–592. (p. 476)

Lam, R. W., Levitt, A. J., Levitan, R. D., Enns, M. W., Morehouse, R., Michalak, E. E., & Tam, E. M. (2006). The Can-SAD study: A randomized controlled trial of the effectiveness of light therapy and fluoxetine in patients with winter seasonal affective disorder. *American Journal of Psychiatry, 163,* 805–812. (p. 657)

Lambert, K. (2008, August/September). Depressingly easy. *Scientific American Mind,* pp. 31–37. (p. 544)

Lambert, K. G. (2005). Rising rates of depression in today s society: Consideration of the roles of effort-based rewards and enhanced resilience in day-to-day functioning. *Neuroscience and Biobehavioral Reviews, 30,* 497–510. (p. 544)

Lambert, W. E. (1992). Challenging established views on social issues: The power and limitations of research. *American Psychologist, 47,* 533–542. (p. 393)

Lambert, W. E., Genesee, F., Holobow, N., & Chartrand, L. (1993). Bilingual education for majority English-speaking children. *European Journal of Psychology of Education, 8,* 3–22. (p. 393)

Lamberth, J. (1998, August 6). Driving while black: A statistician proves that prejudice still rules the road. *Washington Post,* p. C1. (p. 692)

Lambird, K. H., & Mann, T. (2006). When do ego threats lead to self-regulation failure? Negative consequences of defensive high self-esteem. *Personality and Social Psychology Bulletin, 32,* 1177–1187. (p. 589)

Lammers, B. (2000). Quick tips for applying to graduate school in psychology. *Eye onPsi Chi, 4,* 40–42. (p. A-11)

Lampinen, J. M. (2002). What exactly is d j vu? *Scientific American* (scieam.com/askexpert/biology/biology63). (p. 348)

Landau, M. J., Solomon, S., Greenberg, J., Cohen, F., Pyszczynski, T., Arndt, J., Miller, C. H., Ogilvie, D. M., & Cook, A. (2004). Deliver us from evil: The effects of mortality salience and reminders of 9/11 on support for President George W. Bush. *Personality and Social Psychology Bulletin, 30,* 1136–1150. (p. 696)

Landauer, T. (2001, September). Quoted by R. Herbert, You must remember this. *APS Observer,* p. 11. (p. 364)

Landauer, T. K., & Whiting, J. W. M. (1979). Correlates and consequences of stress in infancy. In R. Munroe, B. Munroe & B. Whiting (Eds.), *Handbook of Cross-Cultural Human Development.* New York: Garland. (p. 528)

Landrum, E. (2001). I m getting my bachelor s degree in psychology. What can I do with it? *Eye on Psi Chi,* 22–24. (pp. A-2, A-11)

Landry, M. J. (2002). MDMA: A review of epidemiologic data. *Journal of Psychoactive Drugs, 34,* 163–169. (p. 121)

Langer, E. J. (1983). *The psychology of control.* Beverly Hills, CA: Sage. (p. 580)

Langer, E. J., & Abelson, R. P. (1974). A patient by any other name . . .: Clinician group differences in labeling bias. *Journal of Consulting and Clinical Psychology, 42,* 4–9. (p. 600)

Langer, E. J., & Imber, L. (1980). The role of mindlessness in the perception of deviance. *Journal of Personality and Social Psychology, 39,* 360–367. (p. 600)

Langleben, D. D., Dattilio, F. M., & Gutheil, T. G. (2006). True lies: Delusions and lie-detection technology. *Journal of Psychiatry and Law, 34,* 351–370. (p. 505)

Langleben, D. D., Loughead, J. W., Bilker, W. B., & others. (2005). Telling truth from lie in individual subjects with fast event-related fMRI. *Human Brain Mapping, 26,* 262–273. (p. 505)

Langleben, D. D., Schroeder, L., Maldjian, J. A., Gur, R. C., McDonald, S., Ragland, J. D., O Brien, C. P., & Childress, A. R. (2002). Brain activity during simulated deception: An event-related functional magnetic resonance study. *NeuroImage, 15,* 727–732. (p. 505)

Langlois, J. H., & Roggman, L. A. (1990). Attractive faces are only average. *Psychological Science, 1,* 115–121. (p. 708)

Langlois, J. H., Kalakanis, L., Rubenstein, A. J., Larson, A., Hallam, M., & Smoot, M. (2000). Maxims or myths of beauty? A meta-analytic and theoretical review. *Psychological Bulletin, 126,* 390–423. (pp. 707, 708)

Langlois, J. H., Roggman, L. A., Casey, R. J., Ritter, J. M., Rieser-Danner, L. A., & Jenkins, V. Y. (1987). Infant preferences for attractive faces: Rudiments of a stereotype? *Developmental Psychology, 23,* 363–369. (p. 707)

L ngstr m, N., Rahman, Q., Carlstr m, E., & Lichtenstein, P. (2008). Genetic and environmental effects on same-sex sexual behavior: A population study of twins in Sweden. *Archives of Sexual Behavior.* (p. 475)

Larkin, K., Resko, J. A., Stormshak, F., Stellflug, J. N., & Roselli, C. E. (2002). Neuroanatomical correlates of sex and sexual partner preference in sheep. Society for Neuroscience convention. (p. 474)

LaRoche, K. (2004). Advantages of Undergraduate Research: A Student s Perspective. *Eye on Psi Chi, 8,* 20–21. (p. A-11)

Larsen, R. J., & Diener, E. (1987). Affect intensity as an individual difference characteristic: A review. *Journal of Research in Personality, 21,* 1–39. (pp. 140, 507)

Larsen, R. J., Kasimatis, M., & Frey, K. (1992). Facilitating the furrowed brow: An unobtrusive test of the facial feedback hypothesis applied to unpleasant affect. *Cognition and Emotion, 6,* 321–338. (p. 513)

Larson, R. W., & Verma, S. (1999). How children and adolescents spend time across the world: Work, play, and developmental opportunities. *Psychological Bulletin, 125,* 701–736. (p. 436)

Larsson, H., Tuvblad, C., Rijsdijk, F. V., Andershed, H., Grann, M., & Lichetenstein, P. (2007). A common genetic factor explains the association between psychopathic personality and antisocial behavior. *Psychological Medicine, 37,* 15–26. (p. 629)

Larzelere, R. E. (2000). Child outcomes of non-abusive and customary physical punishment by parents: An updated literature review. *Clinical Child and Family Psychology Review, 3,* 199–221. (p. 311)

Larzelere, R. E., & Kuhn, B. R. (2005). Comparing child outcomes of physical punishment and alternative disciplinary tactics: A meta-analysis. *Clinical Child and Family Psychology Review, 8,* 1–37. (p. 311)

Larzelere, R. E., Kuhn, B. R., & Johnson, B. (2004). The intervention selection bias: An underrecognized confound in intervention research. *Psychological Bulletin, 130,* 289–303. (p. 311)

Lashley, K. S. (1950). In search of the engram. In *Symposium of the Society for Experimental Biology (Vol. 4).* New York: Cambridge University Press. (p. 340)

Lassiter, G. D., & Irvine, A. A. (1986). Video-taped confessions: The impact of camera point of view on judgments of coercion. *Journal of Personality and Social Psychology, 16,* 268–276. (p. 674)

Latan , B. (1981). The psychology of social impact. *American Psychologist, 36,* 343–356. (p. 688)

Latan , B., & Dabbs, J. M., Jr. (1975). Sex, group size and helping in three cities. *Sociometry, 38,* 180–194. (p. 713)

Latham, G. P., & Locke, E. A. (2007). New developments in and directions for goal-setting research. *European Psychologist, 12,* 290–300. (p. 491)

Laudenslager, M. L., & Reite, M. L. (1984). Losses and separations: Immunological consequences and health implications. *Review of Personality and Social Psychology, 5,* 285–312. (p. 538)

Laumann, E. O., Gagnon, J. H., Michael, R. T., & Michaels, S. (1994). *The social organization of sexuality: Sexual practices in the United States.* Chicago: University of Chicago Press. (pp. 146, 472)

Laws, K. R., & Kokkalis, J. (2007). Ecstasy (MDMA) and memory function: A meta-analytic update. *Human Psychopharmacology; Clinical and Experimental, 22,* 381–388. (p. 121)

Lazaruk, W. (2007). Linguistic, academic, and cognitive benefits of French immersion. *Canadian Modern Language Review, 63,* 605–628. (p. 393)

Lazarus, R. S. (1991). Progress on a cognitive-motivational-relational theory of emotion. *American Psychologist, 46,* 352–367. (p. 506)

Lazarus. R. S. (1998). Fifty years of the research and theory of R. S. Lazarus: An analysis of historical and perennial issues. Mahwah, NJ: Erlbaum. (pp. 506, 528)

Le Grand, R., Mondloch, C. J., Maurer, D., & Brent, H. P. (2004). Impairment in holistic face processing following early visual deprivation. *Psychological Science, 15,* 762–768. (p. 273)

Lea, S. E. G. (2000). Towards an ethical use of animals. *The Psychologist, 13,* 556–557. (p. 28)

Leach, P. (1993). Should parents hit their children? *The Psychologist: Bulletin of the British Psychological Society, 6,* 216–220. (p. 311)

Leach, P. (1994). *Children first.* New York: Knopf. (p. 311)

Leaper, C., & Ayres, M. M. (2007). A meta-analytic review of gender variations in adults language use: Talkativeness, affiliative speech, and assertive speech. *Personality and Social Psychology Review, 11,* 328–363. (p. 160)

Leary, M. R. (1999). The social and psychological importance of self-esteem. In R. M. Kowalski & M. R. Leary (Eds.), *The social psychology of emotional and behavioral problems.* Washington, DC: APA Books. (p. 585)

Leary, M. R., Haupt, A. L., Strausser, K. S., & Chokel, J. T. (1998). Calibrating the sociometer: The relationship between interpersonal appraisals and state self-esteem. *Journal of Personality and Social Psychology, 74,* 1290–1299. (p. 479)

Leary, W. E. (1998, September 28). Older people enjoy sex, survey says. *New York Times* (www.nytimes.com). (p. 208)

Leask, S. J., & Beaton, A. A. (2007). Handedness in Great Britain. *Laterality, 12,* 559–572. (p. 79)

LeDoux, J. E. (2002). *The synaptic self.* London: Macmillan. (p. 505)

LeDoux, J. (1996). The emotional brain: The mysterious underpinnings of emotional life. New York: Simon & Schuster. (p. 345)

LeDoux, J. E., & Armony, J. (1999). Can neurobiology tell us anything about human feelings? In D. Kahneman, E. Diener, & N. Schwartz (Eds.), *Well-being: The foundations of hedonic psychology.* New York: Sage. (p. 505)

Lee, K., Byatt, G., & Rhodes, G. (2000). Caricature effects, distinctiveness, and identification: Testing the face-space framework. *Psychological Science, 11,* 379–385. (p. 276)

Lee, L., Frederick, S., & Ariely, D. (2006). Try it, you ll like it: The influence of expectation, consumption, and revelation on preferences for beer. *Psychological Science, 17,* 1054–1058. (p. 276)

Lefcourt, H. M. (1982). *Locus of control: Current trends in theory and research.* Hillsdale, NJ: Erlbaum. (p. 578)

Lefleur, D. L., Pittenger, C., Kelmendi, B., Gardner, T., Wasylink, S., Malison, R. T., Sanacora, G., Krystal, J. H., & Coric, V. (2006). *N-acetylcysteine* augmentation in serotonin reuptake inhibitor refractory obsessive-compulsive disorder. *Psychopharmacology, 184,* 254–256. (p. 607)

Legrand, L. N., Iacono, W. G., & McGue, M. (2005). Predicting addiction. *American Scientist, 93,* 140–147. (p. 125)

Lehavot, K., & Lambert, A. J. (2007). Toward a greater understanding of antigay prejudice: On the role of sexual orientation and gender role violation. *Basic and Applied Social Psychology, 29,* 279–292. (p. 709)

Lehman, A. F., Steinwachs, D. M., Dixon, L. B., Goldman, H. H., Osher, F., Postrado, L., Scott, J. E., Thompson, J. W., Fahey, M., Fischer, P., Kasper, J. A., Lyles, A., Skinner, E. A., Buchanan, R., Carpenter, W. T., Jr., Levine, J., McGlynn, E. A., Rosenheck, R., & Zito, J. (1998). Translating research into practice: The schizophrenia patient outcomes research team (PORT) treatment recommendations. *Schizophrenia Bulletin, 24,* 1–10. (p. 661)

Lehman, D. R., Wortman, C. B., & Williams, A. F. (1987). Long-term effects of losing a spouse or child in a motor vehicle crash. *Journal of Personality and Social Psychology, 52,* 218–231. (p. 222)

Leigh, B. C. (1989). In search of the seven dwarves: Issues of measurement and meaning in alcohol expectancy research. *Psychological Bulletin, 105,* 361–373. (p. 116)

Leitenberg, H., & Henning, K. (1995). Sexual fantasy. *Psychological Bulletin, 117,* 469–496. (pp. 467, 469)

Lemonick, M. D. (2002, June 3). Lean and hungrier. *Time,* p. 54. (p. 450)

Lennox, B. R., Bert, S., Park, G., Jones, P. B., & Morris, P. G. (1999). Spatial and temporal mapping of neural activity associated with auditory hallucinations. *Lancet, 353,* 644. (p. 72)

Lenzenweger, M. F., Dworkin, R. H., & Wethington, E. (1989). Models of positive and negative symptoms in schizophrenia: An empirical evaluation of latent structures. *Journal of Abnormal Psychology, 98,* 62–70. (p. 661)

Lerner, M. J. (1980). *The belief in a just world: A fundamental delusion.* New York: Plenum Press. (p. 697)

Leserman, J., Jackson, E. D., Petitto, J. M., Golden, R. N., Silva, S. G., Perkins, D. O., Cai, J., Folds, J. D., & Evans, D. L. (1999). Progression to AIDS: The effects of stress, depressive symptoms, and social support. *Psychosomatic Medicine, 61,* 397–406. (p. 536)

Lessard, N., Pare, M., Lepore, F., & Lassonde, M. (1998). Early-blind human subjects localize sound sources better than sighted subjects. *Nature, 395,* 278–280. (p. 252)

Lester, W. (2004, May 26). AP polls: Nations value immigrant workers. *Associated Press* release. (p. 692)

Leucht, S., Barnes, T. R. E., Kissling, W., Engel, R. R., Correll, C., & Kane, J. M. (2003). Relapse prevention in schizophrenia with new-generation antipsychotics: A systematic review and exploratory meta-analysis of randomized, controlled trials. *American Journal of Psychiatry, 160,* 1209–1222. (p. 661)

Leung, A. K-Y., Maddux, W. W., Galinsky, A. D., & Chiu, C-Y. (2008). Multicultural experience enhances creativity: The when and how. *American Psychologist, 63,* 169–181. (p. 411)

LeVay, S. (1991). A difference in hypothalamic structure between heterosexual and homosexual men. *Science, 253,* 1034–1037. (p. 474)

LeVay, S. (1994, March). Quoted in D. Nimmons, Sex and the brain. *Discover,* p. 64–71. (p. 474)

Levenson, R. W. (1992). Autonomic nervous system differences among emotions. *Psychological Science, 3,* 23–27. (p. 501)

Lever, J. (2003, November 11). Personal correspondence reporting data responses volunteered to *Elle/MSNBC.com* survey of weight perceptions. (p. 454)

Levesque, M. J., & Kenny, D. A. (1993). Accuracy of behavioral predictions at zero acquaintance: A social relations analysis. *Journal of Personality and Social Psychology, 65,* 1178–1187. (p. 576)

Levin, I. P., & Gaeth, G. J. (1988). How consumers are affected by the framing of attribute information before and after consuming the product. *Journal of Consumer Research, 15,* 374–378. (p. 382)

Levin, R., & Nielsen, T. A. (2007). Disturbed dreaming, posttraumatic stress disorder, and affect distress: A review and neurocognitive model. *Psychological Bulletin, 133,* 482–528. (p. 104)

Levine, J. A., Eberhardt, N. L., & Jensen, M. D. (1999). Role of nonexercise activity thermogenesis in resistance to fat gain in humans. *Science, 283,* 212–214. (p. 459)

Levine, J. A., Lanningham-Foster, L. M., McCrady, S. K., Krizan, A. C., Olson, L. R., Kane, P. H., Jensen, M. D., & Clark, M. M. (2005). Interindividual variation in posture allocation: Possible role in human obesity. *Science, 307,* 584–586. (p. 460)

Levine, R. V., & Norenzayan, A. (1999). The pace of life in 31 countries. *Journal of Cross-Cultural Psychology, 30,* 178–205. (pp. 12, 154)

Levine, R., Sato, S., Hashimoto, T., & Verma, J. (1995). Love and marriage in eleven cultures. *Journal of Cross-Cultural Psychology, 26,* 554–571. (p. 711)

Levy, B., & Langer, E. (1992). Avoidance of the memory loss stereotype: Enhanced memory among the elderly deaf. American Psychological Association convention, Washington, DC. (p. 252)

Levy, P. E. (2003). *Industrial/organizational psychology: Understanding the workplace.* Boston: Houghton Mifflin. (p. 487)

Lewald, J. (2007). More accurate sound localisation induced by short-term light deprivation. *Neuropsychologia, 45,* 1215–1222. (p. 252)

Lewandowski, Jr., G. W., Aron, A., & Gee, J. (2007). Personality goes a long way: The malleability of opposite-sex physical attractiveness. *Personality Relationships, 14,* 571–585. (p. 709)

Lewicki, P. (1985). Nonconscious biasing effects of single instances on subsequent judgments. *Journal of Personality and Social Psychology, 48,* 563–574. (p. 347)

Lewicki, P., Hill, T., & Czyzewska, M. (1992). Nonconscious acquisition of information. *American Psychologist, 47,* 796–801. (p. 562)

Lewicki, P., Hill, T., & Czyzewska, M. (1997). Hidden covariation detection: A fundamental and ubiquitous phenomenon. *Journal of Experimental Psychology: Learning, Memory, and Cognition, 23,* 221–228. (p. 562)

Lewinsohn, P. M., & Rosenbaum, M. (1987). Recall of parental behavior by acute depressives, remitted depressives, and nondepressives. *Journal of Personality and Social Psychology, 52,* 611–619. (p. 349)

Lewinsohn, P. M., Hoberman, H., Teri, L., & Hautziner, M. (1985). An integrative theory of depression. In S. Reiss & R. Bootzin (Eds.), *Theoretical issues in behavior therapy.* Orlando, FL: Academic Press. (p. 614)

Lewinsohn, P. M., Petit, J., Joiner, T. E., Jr., & Seeley, J. R. (2003). The symptomatic expression of major depressive disorder in adolescents and young adults. *Journal of Abnormal Psychology, 112,* 244–252. (p. 614)

Lewinsohn, P. M., Rohde, P., & Seeley, J. R. (1998). Major depressive disorder in older adolescents: Prevalence, risk factors, and clinical implications. *Clinical Psychology Review, 18,* 765–794. (p. 614)

Lewis, C. S. (1960). *Mere Christianity.* New York: Macmillan. (p. 3)

Lewis, C. S. (1967). *Christian reflections.* Grand Rapids, MI: Eerdmans. (p. 351)

Lewis, D. O., Pincus, J. H., Bard, B., Richardson, E., Prichep, L. S., Feldman, M., & Yeager, C. (1988). Neuropsychiatric, psychoeducational, and family characteristics of 14 juveniles condemned to death in the United States. *American Journal of Psychiatry, 145,* 584–589. (p. 192)

Lewis, D. O., Pincus, J. H., Feldman, M., Jackson, L., & Bard, B. (1986). Psychiatric, neurological, and psychoeducational characteristics of 15 death row inmates in the United States. *American Journal of Psychiatry, 143,* 838–845. (p. 698)

Lewis, D. O., Yeager, C. A., Swica, Y., Pincus, J. H., & Lewis, M. (1997). Objective documentation of child abuse and dissociation in 12 murderers with dissociative identity disorder. *American Journal of Psychiatry, 154,* 1703–1710. (p. 611)

Lewis, M. (1992). Commentary. *Human Development, 35,* 44–51. (p. 349)

Lewontin, R. (1976). Race and intelligence. In N. J. Block & G. Dworkin (Eds.), *The IQ controversy: Critical readings.* New York: Pantheon. (p. 435)

Lewontin, R. (1982). *Human diversity.* New York: Scientific American Library. (pp. 145, 435)

Li, J. C., Dunning, D., & Malpass, R. L. (1996). Cross-racial identification among European-Americans Basketball fandom and the contact hypothesis. Unpublished manuscript, Cornell University. (p. 697)

Li, J., Laursen, T. M., Precht, D. H., Olsen, J., & Mortensen, P. B. (2005). Hospitalization for mental illness among parents after the death of a child. *New England Journal of Medicine, 352,* 1190–1196. (p. 222)

Li, W., Moallem, I., Paller, K. A., & Gottfried, J. A. (2007). Subliminal smells can guide social preferences. *Psychological Science, 18,* 1044–1049. (p. 233)

Libet, B. (1985). Unconscious cerebral initiative and the role of conscious will in voluntary action. *Behavioral and Brain Sciences, 12,* 181–187. (p. 88)

Libet, B. (2004). *Mind time: The temporal factor in consciousness.* Cambridge, MA; Harvard University Press. (p. 88)

Licata, A., Taylor, S., Berman, M., & Cranston, J. (1993). Effects of cocaine on human aggression. *Pharmacology Biochemistry and Behavior, 45,* 549–552. (p. 120)

Lieberman, J. A. (2006). Comparative effectiveness of antipsychotic drugs. *Archives of General Psychiatry, 63,* 1069–1072. (p. 661)

Lieberman, J. A., & 11 others. (2005). Effectiveness of antipsychotic drugs in patients with chronic schizophrenia. *New England Journal of Medicine, 353,* 1209–1223. (p. 661)

Lieberman, M. D., Eisenberger, N. L., Crockett, M. J., Tom, S. M., Pfeifer, J. H., & Way, B. M. (2007). Putting feelings into words: Affect labeling disrupts amygdala activity in response to affective stimuli. *Psychological Science, 18,* 421–428. (p. 542)

Lilienfeld, S. O., & Arkowitz, H. (2007, April/May). Autism: An epidemic. *Scientific American Mind,* pp. 82–83. (p. 186)

Lilienfeld, S. O., & Arkowitz, H. (2007, December, 2006/January, 2007). Taking a closer look: Can moving your eyes back and forth help to ease anxiety? *Scientific American Mind,* pp. 80–81. (p. 656)

Lilienfeld, S. O., Lynn, S. J., Kirsch, I., Chaves, J. F., Sarbin, T. R., Ganaway, G. K., & Powell, R. A. (1999). Dissociative identity disorder and the sociocognitive model: Recalling the lessons of the past. *Psychological Bulletin, 125,* 507–523. (p. 611)

Lilienfeld, S. O., Wood, J. M., & Garb, H. N. (2001, May). What s wrong with this picture? *Scientific American,* pp. 81–87. (p. 560)

Lin, L., Faraco, J., Li, R., Kadotani, H., Rogers, W., Lin, X., Qiu, X., de Jong, P. J., Nishino, S., & Mignot E. (1999). The sleep disorder canine narcolepsy is caused by a mutation in the hypocretin (orexin) receptor 2 gene. *Cell, 98,* 365–376. (p. 102)

Linde, K., & 10 others. (2005). Acupuncture for patients with migraine: A randomized controlled trial. *Journal of the American Medical Association, 293,* 2118–2125. (p. 546)

Linder, D. (1982). Social trap analogs: The tragedy of the commons in the laboratory. In V. J. Derlega & J. Grzelak (Eds.), *Cooperative and helping behavior: Theories and research.* New York: Academic Press. (p. 715)

Lindskold, S. (1978). Trust development, the GRIT proposal, and the effects of conciliatory acts on conflict and cooperation. *Psychological Bulletin, 85,* 772–793. (p. 719)

Lindskold, S., & Han, G. (1988). GRIT as a foundation for integrative bargaining. *Personality and Social Psychology Bulletin, 14,* 335–345. (p. 719)

Linville, P. W., Fischer, G. W., & Fischhoff, B. (1992). AIDS risk perceptions and decision biases. In J. B. Pryor & G. D. Reeder (Eds.), *The social psychology of HIV infection.* Hillsdale, NJ: Erlbaum. (p. 381)

Lippa, R. A. (2002). Gender-related traits of heterosexual and homosexual men and women. *Archives of Sexual Behavior, 31,* 83–98. (p. 473)

Lippa, R. A. (2005). *Gender, nature, and nurture* (2nd ed.). Mahwah, NJ: Erlbaum. (p. 161)

Lippa, R. A. (2005). Sexual orientation and personality. *Annual Review of Sex Research, 16,* 119–153. (p. 472)

Lippa, R. A. (2006). Is high sex drive associated with increased sexual attraction to both sexes? It depends on whether you are male or female. *Psychological Science, 17,* 46–52. (p. 472)

Lippa, R. A. (2006). The gender reality hypothesis. *American Psychologist, 61,* 639–640. (p. 161)

Lippa, R. A. (2007a). The relation between sex drive and sexual attraction to men and women: A cross-national study of heterosexual, bisexual, and homosexual men and women. *Archives of Sexual Behavior, 36,* 209–222. (p. 477)

Lippa, R. A. (2007b). The preferred traits of mates in a cross-national study of heterosexual and homosexual men and women: An examination of biological and cultural influences. *Archives of Sexual Behavior, 36,* 193–208. (pp. 472, 477, 707)

Lippa, R. A. (2008). Sex differences and sexual orientation differences in personality: Findings from the BBC Internet survey. *Archives of Sexual Behavior, Special Issue: Biological research on sex-dimorphic behavior and sexual orientation, 37*(1), 173–187. (pp. 146, 161, 477)

Lippa, R. A., Newton, S., Rego, A., & Fernandez, L. (2008). Hair whorl patterns and men s sexual orientation. Paper presented at the Western Psychological Association convention. (p. 476)

Lippman, J. (1992, October 25). Global village is characterized by a television in every home. *Los Angeles Times Syndicate* (in *Grand Rapids Press*, p. F9). (p. 321)

Lipps, H. M. (1999). *A new psychology of women: Gender, culture, and ethnicity.* Mountain View, CA: Mayfield Publishing. (p. 694)

Lipsey, M. W., & Wilson, D. B. (1993). The efficacy of psychological, educational, and behavioral treatment: Confirmation from meta-analyses. *American Psychologist, 48,* 1181–1209. (p. 426)

Lipsitt, L. P. (2003). Crib death: A biobehavioral phenomenon? *Current Directions in Psychological Science, 12,* 164–170. (p. 178)

Livesley, W. J., & Jang, K. L. (2008). The behavioral genetics of personality disorder. *Annual Review of Clinical Psychology, 4,* 247–274. (p. 629)

Livingstone, M., & Hubel, D. (1988). Segregation of form, color, movement, and depth: Anatomy, physiology, and perception. *Science, 240,* 740–749. (p. 242)

LoBue, V., & DeLoache, J. S. (2008). Detecting the snake in the grass: Attention to fear-relevant stimuli by adults and young children. *Psychological Science, 19,* 284–289. (p. 607)

Loehlin, J. C., & Nichols, R. C. (1976). *Heredity, environment, and personality.* Austin: University of Texas Press. (p. 137)

Loehlin, J. C., Horn, J. M., Ernst, J. L. (2007). Genetic and environmental influences on adult life outcomes: Evidence from the Texas adoption project. *Behavior Genetics, 37,* 463–476. (p. 139)

Loehlin, J. C., McCrae, R. R., & Costa, P. T., Jr. (1998). Heritabilities of common and measure-specific components of the Big Five personality factors. *Journal of Research in Personality, 32,* 431–453. (p. 572)

Loewenstein, G., & Furstenberg, F. (1991). Is teenage sexual behavior rational? *Journal of Applied Social Psychology, 21,* 957–986. (p. 308)

Loftus, E. (1995, March/April). Remembering dangerously. *Skeptical Inquirer,* pp. 20–29. (p. 561)

Loftus, E. F. (1979). The malleability of human memory. *American Scientist, 67,* 313–320. (p. 357)

Loftus, E. F. (1980). Memory: Surprising new insights into how we remember and why we forget. Reading, MA; Addison-Wesley. (p. 109)

Loftus, E. F. (1993). The reality of repressed memories. *American Psychologist, 48,* 518–537. (p. 363)

Loftus, E. F. (2001, November). Imagining the past. *The Psychologist, 14,* 584–587. (p. 357)

Loftus, E. F., & Ketcham, K. (1994). *The myth of repressed memory.* New York: St. Martin s Press. (pp. 104, 363)

Loftus, E. F., & Loftus, G. R. (1980). On the permanence of stored information in the human brain. *American Psychologist, 35,* 409–420. (p. 340)

Loftus, E. F., & Palmer, J. C. (October, 1974). Reconstruction of automobile destruction: An example of the interaction between language and memory. *Journal of Verbal Learning & Verbal Behavior, 13(5),* 585–589. (p. 356)

Loftus, E. F., Coan, J., & Pickrell, J. E. (1996). Manufacturing false memories using bits of reality. In L. Reder (Ed.), *Implicit memory and metacognition.* Mahway, NJ: Erlbaum. (p. 362)

Loftus, E. F., Levidow, B., & Duensing, S. (1992). Who remembers best? Individual differences in memory for events that occurred in a science museum. *Applied Cognitive Psychology, 6,* 93–107. (p. 357)

Loftus, E. F., Milo, E. M., & Paddock, J. R. (1995). The accidental executioner: Why psychotherapy must be informed by science. *The Counseling Psychologist, 23,* 300–309. (p. 362)

Logan, T. K., Walker, R., Cole, J., & Leukefeld, C. (2002). Victimization and substance abuse among women: Contributing factors, interventions, and implications. *Review of General Psychology, 6,* 325–397. (p. 124)

Logue, A. W. (1998a). Laboratory research on self-control: Applications to administration. *Review of General Psychology, 2,* 221–238. (p. 308)

Logue, A. W. (1998b). Self-control. In W. T. O Donohue, (Ed.), *Learning and behavior therapy.* Boston, MA: Allyn & Bacon. (p. 308)

London, P. (1970). The rescuers: Motivational hypotheses about Christians who saved Jews from the Nazis. In J. Macaulay & L. Berkowitz (Eds.), *Altruism and helping behavior.* New York: Academic Press. (p. 321)

Looy, H. (2001). Sex differences: Evolved, constructed, and designed. *Journal of Psychology and Theology, 29,* 301–313. (p. 148)

Lopes, P. N., Brackett, M. A., Nezlek, J. B., Schutz, A., Sellin, II, & Salovey, P. (2004). Emotional intelligence and social interaction. *Personality and Social Psychology Bulletin, 30,* 1018–1034. (p. 412)

Lopez, D. J. (2002, January/February). Snaring the fowler: Mark Twain debunks phrenology. *Skeptical Inquirer* (www.csicop.org). (p. 48)

Lord, C. G., Lepper, M. R., & Preston, E. (1984). Considering the opposite: A corrective strategy for social judgment. *Journal of Personality and Social Psychology, 47,* 1231–1247. (p. 377)

Lord, C. G., Ross, L., & Lepper, M. (1979). Biased assimilation and attitude polarization: The effects of prior theories on subsequently considered evidence. *Journal of Personality and Social Psychology, 37,* 2098–2109. (p. 377)

Lorenz, K. (1937). The companion in the bird s world. *Auk, 54,* 245–273. (p. 189)

Louie, K., & Wilson, M. A. (2001). Temporally structured replay of awake hippocampal ensemble activity during rapid eye movement sleep. *Neuron, 29,* 145–156. (p. 105)

Lourenco, O., & Machado, A. (1996). In defense of Piaget s theory: A reply to 10 common criticisms. *Psychological Review, 103,* 143–164. (p. 187)

Lovaas, O. I. (1987). Behavioral treatment and normal educational and intellectual functioning in young autistic children. *Journal of Consulting and Clinical Psychology, 55,* 3–9. (p. 645)

Love, J. M., & 13 others (2003). Child care quality matters: How conclusions may vary with context. *Child Development, 74,* 1021–1033. (p. 193)

Lowry, P. E. (1997). The assessment center process: New directions. *Journal of Social Behavior and Personality, 12,* 53–62. (p. 583)

Lu, Z-L., Williamson, S. J., & Kaufman, L. (1992). Behavioral lifetime of human auditory sensory memory predicted by physiological measures. *Science, 258,* 1668–1670. (p. 338)

Lubinski, D., & Benbow, C. P. (1992). Gender differences in abilities and preferences among the gifted: Implications for the math-science pipeline. *Current Directions in Psychological Science, 1,* 61–66. (p. 432)

Lubinski, D., & Benbow, C. P. (2000). States of excellence. *American Psychologist,* 137–150. (p. 427)

Lubinski, D., & Benbow, C. P. (2006). Study of mathematically precocious youth after 35 years: Uncovering antecedents for the development of math-science expertise. *Perspectives on Psychological Science, 1,* 316–345. (p. 426)

Luborsky, L., Rosenthal, R., Diguer, L., Andrusyna, T. P., Berman, J. S., Levitt, J. T., Seligman, D. A., & Krause, E. D. (2002). The dodo bird verdict is alive and well—mostly. *Clinical Psychology: Science and Practice, 9,* 2–34. (p. 654)

Lucas, A., Morley, R., Cole, T. J., Lister, G., & Leeson-Payne, C. (1992). Breast milk and subsequent intelligence quotient in children born preterm. *Lancet, 339,* 261–264. (p. 18)

Lucas, R. E. (2007a). Adaptation and the set-point model of subjective well-being. *Current Directions in Psychological Science, 16,* 75–79. (p. 521)

Lucas, R. E. (2007b). Long-term disability is associated with lasting changes in subjective well-being: Evidence from two nationally representative longitudinal studies. *Journal of Personality and Social Psychology, 92,* 717–730. (p. 521)

Lucas, R. E. (2008). Personality and subjective well-being. In M. Eid & R. Larsen (Eds.), *The science of subjective well-being.* New York: Guilford. (p. 526)

Lucas, R. E., & Donnellan, M. B. (2007). How stable is happiness? Using the STARTS model to estimate the stability of life satisfaction. *Journal of Research in Personality, 41,* 1091–1098. (p. 526)

Lucas, R. E., Clark, A. E., Georgellis, Y., & Diener, E. (2003). Re-examining adaptation and the setpoint model of happiness: Reactions to changes in marital status. *Journal of Personality and Social Psychology, 84,* 527–539. (p. 222)

Lucas, R. E., Clark, A. E., Georgellis, Y., & Diener, E. (2004). Unemployment alters the set point for life satisfaction. *Psychological Science, 15,* 8–13. (p. 526)

Luciano, M., Posthuma, D., Wright, M. J., de Geus, E. J. C., Smith, G. A., Geffen, G. M., Boomsma, D. I., & Martin, N. G. (2005). Perceptual speed does not cause intelligence, and intelligence does not cause perceptual speed. *Biological Psychology, 70,* 1–8. (p. 415)

Ludwig, A. M. (1995). *The price of greatness: Resolving the creativity and madness controversy.* New York: Guilford Press. (pp. 473, 613)

Luntz, F. (2003, June 10). Quoted by T. Raum, Bush insists banned weapons will be found. *Associated Press* (story.news.yahoo.com). (p. 679)

Luria, A. M. (1968). In L. Solotaroff (Trans.), *The mind of a mnemonist.* New York: Basic Books. (p. 327)

Lustig, C., & Buckner, R. L. (2004). Preserved neural correlates of priming in old age and dementia. *Neuron, 42,* 865–875. (p. 344)

Lutgendorf, S. K., Russell, D., Ullrich, P., Harris, T. B., & Wallace, R. (2004). Religious participation, Interleukin-6, and mortality in older adults. *Health Psychology, 23,* 465–475. (p. 549)

Lyall, S. (2005, November 29). What s the buzz? Rowdy teenagers don t want to hear it. *New York Times* (www.nytimes.com). (p. 210)

Lykins, A. D., Meana, M., & Strauss, G. P. (2008). Sex differences in visual attention to erotic and non-erotic stimuli. *Archives of Sexual Behavior, 37,* 219–228. (p. 472)

Lykken, D. T. (1982, September). Fearlessness: Its carefree charm and deadly risks. *Psychology Today,* pp. 20–28. (p. 517)

Lykken, D. T. (1991). Science, lies, and controversy: An epitaph for the polygraph. Invited address upon receipt of the Senior Career Award for Distinguished Contribution to Psychology in the Public Interest, American Psychological Association convention. (p. 504)

Lykken, D. T. (1995). *The antisocial personalities.* Hillsdale, NJ: Erlbaum. (pp. 629, 699)

Lykken, D. T. (1999). *Happiness.* New York: Golden Books. (pp. 215, 427)

Lykken, D. T. (2001). Happiness—stuck with what you ve got? *The Psychologist, 14,* 470–473. (p. 139)

Lykken, D. T., & Tellegen, A. (1993) Is human mating adventitious or the result of lawful choice? A twin study of mate selection. *Journal of Personality and Social Psychology, 65,* 56–68. (p. 217)

Lykken, D. T., & Tellegen, A. (1996). Happiness is a stochastic phenomenon. *Psychological Science, 7,* 186–189. (p. 526)

Lyman, D. R. (1996). Early identification of chronic offenders: Who is the fledgling psychopath? *Psychological Bulletin, 120,* 209–234. (p. 630)

Lynch, G. (2002). Memory enhancement: The search for mechanism-based drugs. *Nature Neuroscience, 5* (suppl.), 1035–1038. (p. 340)

Lynch, G., & Staubli, U. (1991), Possible contributions of long-term potentiation to the encoding and organization of memory. *Brain Research Reviews, 16,* 204–206. (p. 340)

Lynn, M. (1988). The effects of alcohol consumption on restaurant tipping. *Personality and Social Psychology Bulletin, 14,* 87–91. (p. 115)

Lynn, R. (1991, Fall/Winter). The evolution of racial differences in intelligence. *The Mankind Quarterly, 32,* 99–145. (p. 434)

Lynn, R. (2001). *Eugenics: A reassessment.* Westport, CT: Praeger/Greenwood. (p. 434)

Lynn, R., & Harvey, J. (2008). The decline of the world s intelligence. *Intelligence, 36,* 112–120. (p. 421)

Lynn, S. J., Rhue, J. W., & Weekes, J. R. (1990). Hypnotic involuntariness: A social cognitive analysis. *Psychological Review, 97,* 169–184. (p. 110)

Lynne, S. D., Graber, J. A., Nichols, T. R., Brooks-Gunn, J., & Botvin, G. J. (2007). Links between pubertal timing, peer influences, and externalizing behaviors among urban students followed through middle school. *Journal of Adolescent Health, 40,* 181.e7–181.e13. (p. 198)

Lyons, L. (2002, June 25). Are spiritual teens healthier? *Gallup Tuesday Briefing,* Gallup Organization (www.gallup.com/poll/tb/religValue/20020625b.asp). (p. 548)

Lyons, L. (2003, September 23). Oh, boy: Americans still prefer sons. *Gallup Poll Tuesday Briefing* (www.gallup.com). (p. 694)

Lyons, L. (2004, February 3). Growing up lonely: Examining teen alienation. *Gallup Poll Tuesday Briefing* (www.gallup.com). (p. 203)

Lyons, L. (2005, January 4). Teens stay true to parents political perspectives. *Gallup Poll News Service* (www.gallup.com). (p. 205)

Lytton, H., & Romney, D. M. (1991). Parents differential socialization of boys and girls: A meta-analysis. *Psychological Bulletin, 109,* 267–296. (p. 165)

Lyubomirsky, S. (2001). Why are some people happier than others? The role of cognitive and motivational processes in well-being. *American Psychologist, 56,* 239–249. (p. 524)

Lyubomirsky, S., King, L., & Diener, E. (2005). The benefits of frequent positive affect: Does happiness lead to success? *Psychological Bulletin, 131,* 803–855. (p. 519)

Lyubomirsky, S., Sousa, L., & Dickerhoof, R. (2006). The costs and benefits of writing, talking, and thinking about life s triumphs and defeats. *Journal of Personality and Social Psychology, 90,* 692–708. (p. 542)

Ma, L. (1997, September). On the origin of Darwin s ills. *Discover,* p. 27. (p. 603)

Maas, J. B. (1999). *Power sleep. The revolutionary program that prepares your mind for peak performance.* New York: HarperCollins. (pp. 98, 99, 102)

Maass, A., & Russo, A. (2003). Directional bias in the mental representation of spatial events: Nature or culture? *Psychological Science, 14,* 296–301. (p. 392)

Maass, A., D Ettole, C., & Cadinu, M. (2008). Checkmate? The role of gender stereotypes in the ultimate intellectual sport. *European Journal of Social Psychology, 38,* 231–245. (p. 438)

Maass, A., Karasawa, M., Politi, F., & Suga, S. (2006). Do verbs and adjectives play different roles in different cultures? A cross-linguistic analysis of person representation. *Journal of Personality and Social Psychology, 90,* 734–750. (p. 156)

Macaluso, E., Frith, C. D., & Driver, J. (2000). Modulation of human visual cortex by crossmodal spatial attention. *Science, 289,* 1206–1208. (p. 260)

Macan, T. H., & Dipboye, R. L. (1994). The effects of the application on processing of information from the employment interview. *Journal of Applied Social Psychology, 24,* 1291. (p. 485)

Maccoby, E. (1980). *Social development: Psychological growth and the parent-child relationship.* New York: Harcourt Brace Jovanovich. (p. 195)

Maccoby, E. E. (1990). Gender and relationships: A developmental account. *American Psychologist, 45,* 513–520. (p. 161)

Maccoby, E. E. (1995). Divorce and custody: The rights, needs, and obligations of mothers, fathers, and children. *Nebraska Symposium on Motivation, 42,* 135–172. (p. 164)

Maccoby, E. E. (1998). *The paradox of gender.* Cambridge, MA: Harvard University Press. (p. 162)

Maccoby, E. E. (2002). Gender and group process: A developmental perspective. *Current Directions in Psychological Science, 11,* 54–58. (p. 689)

MacDonald, G., & Leary, M. R. (2005). Why does social exclusion hurt? The relationship between social and physical pain. *Psychological Bulletin, 131,* 202–223. (p. 481)

MacDonald, N. (1960). Living with schizophrenia. *Canadian Medical Association Journal, 82,* 218–221. (p. 622)

MacDonald, T. K., & Hynie, M. (2008). Ambivalence and unprotected sex: Failure to predict sexual activity and decreased condom use. *Journal of Applied Social Psychology, 38,* 1092–1107. (p. 470)

MacDonald, T. K., Zanna, M. P., & Fong, G. T. (1995). Decision making in altered states: Effects of alcohol on attitudes toward drinking and driving. *Journal of Personality and Social Psychology, 68,* 973–985. (p. 115)

MacFarlane, A. (1978, February). What a baby knows. *Human Nature,* pp. 74–81. (p. 176)

Macfarlane, J. W. (1964). Perspectives on personality consistency and change from the guidance study. *Vita Humana, 7,* 115–126. (p. 197)

Maciejewski, P. K., Zhang, B., Block, S. D., & Prigerson, H. G. (2007). An empirical examination of the stage theory of grief. *JAMA* (Journal of the American Medical Association), *297,* 722–723. (p. 222)

Mack, A., & Rock, I. (2000). *Inattentional blindness.* Cambridge, MA: MIT Press. (p. 90)

MacKinnon, D. W., & Hall, W. B. (1972). Intelligence and creativity. In *Proceedings, XVIIth International Congress of Applied Psychology (Vol. 2).* Brussels: Editest. (p. 410)

MacNeilage, P. F., & Davis, B. L. (2000). On the origin of internal structure of word forms. *Science, 288,* 527–531. (p. 385)

Maddieson, I. (1984). *Patterns of sounds.* Cambridge: Cambridge University Press. (p. 383)

Maddox, K. B. (2004). Perspectives on racial phenotypicality bias. *Personality and Social Psychology Review, 8,* 383–401. (p. 693)

Madrian, B. C., & Shea, D. F. (2001). The power of suggestion: Inertia in 401(k) participation and savings behavior. *Quarterly Journal of Economics, 116,* 1149–1187. (p. 382)

Maes, H. H. M., Neale, M. C., & Eaves, L. J. (1997). Genetic and environmental factors in relative body weight and human adiposity. *Behavior Genetics, 27,* 325–351. (p. 460)

Maestripieri, D. (2003). Similarities in affiliation and aggression between cross-fostered rhesus macaque females and their biological mothers. *Developmental Psychobiology, 43,* 321–327. (p. 139)

Maestripieri, D. (2005). Early experience affects the intergenerational transmission of infant abuse in rhesus monkeys. *Proceedings of the National Academy of Sciences, 102,* 9726–9729. (p. 192)

Magnusson, D. (1990). Personality research—challenges for the future. *European Journal of Personality, 4,* 1–17. (p. 629)

Magnusson, P. E. E., Rasmussen, F., Lawlor, D. A., Tynelius, P., & Gunnell, D. (2006). Association of body mass index with suicide mortality: A prospective cohort study of more than one million men. *American Journal of Epidemiology, 163,* 1–8. (p. 616)

Maguire, E. A., Spiers, H. J., Good, C. D., Hartley, T., Frackowiak, R. S. J., & Burgess, N. (2003a). Navigation expertise and the human hippocampus: A structural brain imaging analysis. *Hippocampus, 13,* 250–259. (p. 344)

Maguire, E. A., Valentine, E. R., Wilding, J. M., & Kapur, N. (2003b). Routes to remembering: The brains behind superior memory. *Nature Neuroscience, 6,* 90–95. (pp. 335, 344)

Mahowald, M. W., & Ettinger, M. G. (1990). Things that go bump in the night: The parsomias revisted. *Journal of Clinical Neurophysiology, 7,* 119–143. (p. 95)

Maier, S. F., Watkins, L. R., & Fleshner, M. (1994). Psychoneuroimmunology: The interface between behavior, brain, and immunity. *American Psychologist, 49,* 1004–1017. (p. 535)

Major, B., Carrington, P. I., & Carnevale, P. J. D. (1984). Physical attractiveness and self-esteem: Attribution for praise from an other-sex evaluator. *Personality and Social Psychology Bulletin, 10,* 43–50. (p. 707)

Major, B., Schmidlin, A. M., & Williams, L. (1990). Gender patterns in social touch: The impact of setting and age. *Journal of Personality and Social Psychology, 58,* 634–643. (p. 160)

Malamuth, N. M. (1996). Sexually explicit media, gender differences, and evolutionary theory. *Journal of Communication, 46,* 8–31. (p. 702)

Malamuth, N. M., & Check, J. V. P. (1981). The effects of media exposure on acceptance of violence against women: A field experiment. *Journal of Research in Personality, 15,* 436–446. (p. 468)

Malamuth, N. M., Linz, D., Heavey, C. L., Barnes, G., & Acker, M. (1995). Using the confluence model of sexual aggression to predict men s conflict with women: A 10-year follow-up study. *Journal of Personality and Social Psychology, 69,* 353–369. (p. 703)

Malamuth, N. M., Sockloskie, R. J., Koss, M. P., & Tanaka, J. S. (1991). Characteristics of aggressors against women: Testing a model using a national sample of college students. *Journal of Consulting and Clinical Psychology, 59,* 670–681. (p. 703)

Malan, D. H. (1978). The case of the secretary with the violent father. In H. Davanloo (Ed.), *Basic principles and techniques in short-term dynamic psychotherapy.* New York: Spectrum. (p. 640)

Malinosky-Rummell, R., & Hansen, D. J. (1993). Long-term consequences of childhood physical abuse. *Psychological Bulletin, 114,* 68–79. (p. 192)

Malkiel, B. (2004). *A random walk down Wall Street (8th ed.).* New York: Norton. (p. 377)

Malkiel, B. G. (1989). Is the stock market efficient? *Science, 243,* 1313–1318. (p. 17)

Malkiel, B. G. (1995, June). Returns from investing in equity mutual funds 1971 to 1991. *Journal of Finance,* pp. 549–572. (p. 17)

Malle, B. F. (2006). The actor-observer asymmetry in attribution: A (surprising) meta-analysis. *Psychological Bulletin, 132,* 895–919. (p. 674)

Malle, B. F., Knobe, J. M., & Nelson, S. E. (2007). Actor-observe asymmetries in explanations of behavior: New answers to an old question. *Journal of Personality and Social Psychology, 93,* 491–514. (p. 674)

Malmquist, C. P. (1986). Children who witness parental murder: Post-traumatic aspects. *Journal of the American Academy of Child Psychiatry, 25,* 320–325. (p. 562)

Malnic, B., Hirono, J., Sato, T., & Buck, L. B. (1999). Combinatorial receptor codes for odors. *Cell, 96,* 713–723. (p. 261)

Manber, R., Bootzin, R. R., Acebo, C., & Carskadon, M. A. (1996). The effects of regularizing sleep-wake schedules on daytime sleepiness. *Sleep, 19,* 432–441. (p. 102)

Mandel, D. (1983, March 13). One man s holocaust: Part II. The story of David Mandel s journey through hell as told to David Kagan. *Wonderland Magazine* (*Grand Rapids Press*), pp. 2–7. (p. 447)

Maner, J. K., DeWall, C. N, Baumeister, R. F., & Schaller, M. (2007). Does social exclusion motivate interpersonal reconnection? Resolving the porcupine problem. *Journal of Personality and Social Psychology, 92,* 42–55. (p. 481)

Mann, T., Tomiyama, A. J., Westling, E., Lew, A-M., Samuels, B., & Chatman, J. (2007). Medicare s search for effective obesity treatments: Diets are not the answer. *American Psychologist, 62,* 220–233. (p. 463)

Manson, J. E. (2002). Walking compared with vigorous exercise for the prevention of cardiovascular events in women. *New England Journal of Medicine, 347,* 716–725. (p. 544)

Maquet, P. (2001). The role of sleep in learning and memory. *Science, 294,* 1048–1052. (p. 105)

Maquet, P., Peters, J-M., Aerts, J., Delfiore, G., Degueldre, C., Luxen, A., & Franck, G. (1996). Functional neuroanatomy of human rapid-eye-movement sleep and dreaming. *Nature, 383,* 163–166. (p. 106)

Mar, R. A., & Oatley, K. (2008). The function of fiction is the abstraction and simulation of social experience. *Perspectives on Psychological Science, 3,* 173–192. (p. 319)

Marangell, L. B., Martinez, M., Jurdi, R. A., & Zboyan, H. (2007). Neurostimulation therapies in depression: A review of new modalities. *Acta Psychiatrica Scandinavica, 116,* 174–181. (p. 665)

Marcus, B., Machilek, F., & Sch tz, A. (2006). Personality in cyberspace: Personal web sites as media for personality expressions and impressions. *Journal of Personality and Social Psychology, 90,* 1014–1031. (p. 575)

Marcus, G. F., Vijayan, S., Rao, S. B., & Vishton, P. M. (1999). Rule learning by seven-month-old infants. *Science, 283,* 77–80. (p. 387)

Maren, S. (2007). The threatened brain. *Science, 317,* 1043–1044. (p. 608)

Margolis, M. L. (2000). Brahms lullaby revisited: Did the composer have obstructive sleep apnea? *Chest, 118,* 210–213. (p. 103)

Markowitsch, H. J. (1995). Which brain regions are critically involved in the retrieval of old episodic memory? *Brain Research Reviews, 21,* 117–127. (p. 344)

Markowitz, J. C., Svartberg, M., & Swartz, H. A. (1998). Is IPT time-limited psychodynamic psychotherapy? *Journal of Psychotherapy Practice and Research, 7,* 185–195. (p. 640)

Markus, G. B. (1986). Stability and change in political attitudes: Observe, recall, and explain. *Political Behavior, 8,* 21–44. (p. 360)

Markus, H. R., Uchida, Y., Omoregie, H., Townsend, S. S. M., & Kitayama, S. (2006). Going for the gold: Models of agency in Japanese and American contexts. *Psychological Science, 17,* 103–112. (p. 156)

Markus, H., & Kitayama, S. (1991). Culture and the self: Implications for cognition, emotion, and motivation. *Psychological Review, 98,* 224–253. (pp. 156, 391, 518)

Markus, H., & Nurius, P. (1986). Possible selves. *American Psychologist, 41,* 954–969. (p. 584)

Marley, J., & Bulia, S. (2001). Crimes against people with mental illness: Types, perpetrators and influencing factors. *Social Work, 46,* 115–124. (p. 600)

Marmot, M. G., Bosma, H., Hemingway, H., Brunner, E., & Stansfeld, S. (1997). Contribution to job control and other risk factors to social variations in coronary heart disease incidents. *Lancet, 350,* 235–239. (p. 539)

Marschark, M., Richman, C. L., Yuille, J. C., & Hunt, R. R. (1987). The role of imagery in memory: On shared and distinctive information. *Psychological Bulletin, 102,* 28–41. (p. 335)

Marsh, A. A., Elfenbein, H. A., & Ambady, N. (2003). Nonverbal accents : Cultural differences in facial expressions of emotion. *Psychological Science, 14,* 373–376. (p. 512)

Marsh, H. W., & Craven, R. G. (2006). Reciprocal effects of self-concept and performance from a multidimensional perspective: Beyond seductive pleasure and unidimensional perspectives. *Perspectives on Psychological Science, 1,* 133–163. (p. 585)

Marsh, H. W., & Parker, J. W. (1984). Determinants of student self-concept: Is it better to be a relatively large fish in a small pond even if you don t learn to swim as well? *Journal of Personality and Social Psychology, 47,* 213–231. (p. 525)

Marshall, M. J. (2002). *Why spanking doesn t work.* Springville, UT: Bonneville Books. (p. 310)

Marshall, R. D., Bryant, R. A., Amsel, L., Suh, E. J., Cook, J. M., & Neria, Y. (2007). The psychology of ongoing threat: Relative risk appraisal, the September 11 attacks, and terrorism-related fears. *American Psychologist, 62,* 304–316. (p. 376)

Marshall, W. L. (1989). Pornography and sex offenders. In D. Zillmann & J. Bryant (Eds.), *Pornography: Research advances and policy considerations.* Hillsdale, NJ: Erlbaum. (p. 702)

Marteau, T. M. (1989). Framing of information: Its influences upon decisions of doctors and patients. *British Journal of Social Psychology, 28,* 89–94. (p. 381)

Marti, M. W., Robier, D. M., & Baron, R. S. (2000). Right before our eyes: The failure to recognize non-prototypical forms of prejudice. *Group Processes and Intergroup Relations, 3,* 403–418. 409–416. (p. 371)

Martin, C. K., Anton, S. D., Walden, H., Arnett, C., Greenway, F. L., & Williamson, D. A. (2007). Slower eating rate reduces the food intake of men, but not women: Implications for behavioural weight control. *Behaviour Research and Therapy, 45,* 2349–2359. (p. 463)

Martin, C. L., & Ruble, D. (2004). Children s search for gender cues. *Current Directions in Psychological Science, 13,* 67–70. (p. 166)

Martin, C. L., Ruble, D. N., & Szkrybalo, J. (2002). Cognitive theories of early gender development. *Psychological Bulletin, 128,* 903–933. (p. 166)

Martin, R. A. (2001). Humor, laughter, and physical health: Methodological issues and research findings. *Psychological Bulletin, 127,* 504–519. (p. 540)

Martin, R. A. (2002). Is laughter the best medicine? Humor, laughter, and physical health. *Current Directions in Psychological Science, 11,* 216–220. (p. 540)

Martin, R. J., White, B. D., & Hulsey, M. G. (1991). The regulation of body weight. *American Scientist, 79,* 528–541. (p. 451)

Martin, R. M., Goodall, S. H., Gunnell, D., & Smith, G. D. (2007). Breast feeding in infancy and social mobility: 60-year follow-up of the Boyd Orr cohort. *Archives of Disease in Childhood, 92,* 317–321. (p. 17)

Martin, S. J., Kelly, I. W., & Saklofske, D. H. (1992). Suicide and lunar cycles: A critical review over 28 years. *Psychological Reports, 71,* 787–795. (p. 631)

Martino, S. C., Collins, R. L., Kanouse, D. E., Elliott, M., & Berry, S. H. (2005). Social cognitive processes mediating the relationship between exposure to television s sexual content and adolescents sexual behavior. *Journal of Personality and Social Psychology, 89,* 914–924. (p. 470)

Martins, Y., Preti, G., Crabtree, C. R., & Wysocki, C. J. (2005). Preference for human body odors is influenced by gender and sexual orientation. *Psychological Science, 16,* 694–701. (p. 475)

Marx, J. (2005). Preventing Alzheimer s: A lifelong commitment? *Science, 309,* 864–866. (p. 212)

Marx, J. (2007). Evidence linking *DISC1* gene to mental illness builds. *Science, 318,* 1062–1063. (p. 627)

Masicampo, E. J., & Baumeister, R. F. (2008). Toward a physiology of dual-process reasoning and judgment: Lemonade, willpower, and the expensive rule-based analysis. *Psychological Science, 19,* 255–260. (p. 579)

Maslow, A. H. (1970). *Motivation and personality (2nd ed.).* New York: Harper & Row. (pp. 446, 447, 565)

Maslow, A. H. (1971). *The farther reaches of human nature.* New York: Viking Press. (p. 446)

Mason, C., & Kandel, E. R. (1991). Central visual pathways. In E. R. Kandel, J. H. Schwartz, & T. M. Jessell (Eds.), *Principles of neural science (3rd ed.).* New York: Elsevier. (p. 55)

Mason, H. (2003, March 25). Wake up, sleepy teen. *Gallup Poll Tuesday Briefing* (www.gallup.com). (p. 98)

Mason, H. (2003, September 2). Americans, Britons at odds on animal testing. *Gallup Poll News Service* (www.gallup.com). (p. 27)

Mason, H. (2005, February 22). How many teens are on mood medication? The Gallup Organization (www.gallup.com). (p. 595)

Mason, H. (2005, January 25). Who dreams, perchance to sleep? *Gallup Poll News Service* (www.gallup.com). (p. 98)

Mason, R. A., & Just, M. A. (2004). How the brain processes causal inferences in text. *Psychological Science, 15,* 1–7. (p. 78)

Masse, L. C., & Tremblay, R. E. (1997). Behavior of boys in kindergarten and the onset of substance use during adolescence. *Archives of General Psychiatry, 54,* 62–68. (p. 124)

Massimini, M., Ferrarelli, F., Huber, R., Esser, S. K., Singh, H., & Tononi, G. (2005). Breakdown of cortical effective connectivity during sleep. *Science, 309,* 2228–2232. (p. 93)

Mast, M. S., & Hall, J. A. (2006). Women s advantage at remembering others appearance: A systematic look at the why and when of a gender difference. *Personality and Social Psychology Bulletin, 32,* 353–364. (p. 708)

Masten, A. S. (2001). Ordinary magic: Resilience processes in development. *American Psychologist, 56,* 227–238. (p. 192)

Masters, W. H., & Johnson, V. E. (1966). *Human sexual response.* Boston: Little, Brown. (p. 465)

Mastroianni, G. R. (2002). Milgram and the Holocaust: A reexamination. *Journal of Theoretical and Philosophical Psychology, 22,* 158–173. (p. 685)

Mastroianni, G. R., & Reed, G. (2006). Apples, barrels, and Abu Ghraib. *Sociological Focus, 39,* 239–250. (p. 678)

Masuda, T., & Kitayama, S. (2004). Perceiver-induced constraint and attitude attribution in Japan and the US: A case for the cultural dependence of the correspondence bias. *Journal of Experimental Social Psychology, 40,* 409–416. (p. 674)

Masuda, T., Ellsworth, P. C., Mesquita, B., Leu, J., Tanida, S., & Van de Veerdonk, E. (2008). Placing the face in context: Cultural differences in the perception of facial emotion. *Journal of Personality and Social Psychology, 94,* 365–381. (p. 513)

Mataix-Cols, D., Rosario-Campos, M. C., & Leckman, J. F. (2005). A multidimensional model of obsessive-compulsive disorder. *American Journal of Psychiatry, 162,* 228–238. (p. 607)

Mataix-Cols, D., Wooderson, S., Lawrence, N., Brammer, M. J., Speckens, A., & Phillips, M. L. (2004). Distinct neural correlates of washing, checking, and hoarding symptom dimensions in obsessive-compulsive disorder. *Archives of General Psychiatry, 61,* 564–576. (p. 607)

Mather, M., Canli, T., English, T., Whitfield, S., Wais, P., Ochsner, K., Gabrieli, J. D. E., & Carstensen, L. L. (2004). Amygdala responses to emotionally valenced stimuli in older and younger adults. *Psychological Science, 15,* 259–263. (p. 220)

Matsumoto, D. & 60 others (2008). Mapping expressive differences around the world: The relationship between emotional display rules and individualism versus collectivism. *Journal of Cross-Cultural Psychology, 39,* 55–74. (p. 512)

Matsumoto, D. (1994). *People: Psychology from a cultural perspective.* Pacific Grove, CA: Brooks/Cole. (p. 392)

Matsumoto, D., & Ekman, P. (1989). American-Japanese cultural differences in intensity ratings of facial expressions of emotion. *Motivation and Emotion, 13,* 143–157. (p. 512)

Matsumoto, D., & Willingham, B. (2006). The thrill of victory and the agony of defeat: Spontaneous expressions of medal winners of the 2004 Athens Olympic Games. *Journal of Personality and Social Psychology, 91,* 568–581. (p. 511)

Matsuzawa, T. (2007). Comparative cognitive development. *Developmental Science, 10,* 97–103. (p. 396)

Matthews, K. A. (2005). Psychological perspectives on the development of coronary heart disease. *American Psychologist, 60,* 783–796. (p. 533)

Matthews, R. N., Domjan, M., Ramsey, M., & Crews, D. (2007). Learning effects on sperm competition and reproductive fitness. *Psychological Science, 18,*

758–762. (p. 296)

Maurer, D., & Maurer, C. (1988). *The world of the newborn.* New York: Basic Books. (p. 176)

May, C., & Hasher, L. (1998). Synchrony effects in inhibitory control over thought and action. *Journal of Experimental Psychology: Human Perception and Performance, 24,* 363–380. (p. 92)

May, P.A., & Gossage, J.P. (2001). Estimating the prevalence of fetal alcohol syndrome: A summary. *Alcohol Research and Health, 25,* 159–167. (p. 175)

Mayberg, H. S. (2006). Defining neurocircuits in depression: Strategies toward treatment selection based on neuroimaging phenotypes. *Psychiatric Annals, 36,* 259–268. (p. 666)

Mayberg, H. S. (2007). Defining the neural circuitry of depression: Toward a new nosology with therapeutic implications. *Biological Psychiatry, 61,* 729–730. (p. 666)

Mayberg, H. S., Lozano, A. M., Voon, V., McNeely, H. E., Seminowicz, D., Hamani, C., Schwalb, J. M., & Kennedy, S. H. (2005). Deep brain stimulation for treatment-resistant depression. *Neuron, 45,* 651–660. (p. 666)

Mayberry, R. I., Lock, E., & Kazmi, H. (2002). Linguistic ability and early language exposure. *Nature, 417,* 38. (p. 388)

Mayer, J. D. Salovey, P., & Caruso, D. (2002). *The Mayer-Salovey-Caruso emotional intelligence test (MSCEIT).* Toronto: Multi-Health Systems, Inc. (p. 412)

Mayer, J. D., Salovey, P., & Caruso, D. R. (2008). Emotional intelligence: New ability or eclectic traits? *American Psychologist, 63,* 503–517. (p. 412)

Mays, V. M., Cochran, S. D., & Barnes, N. W. (2007). Race, race-based discrimination, and health outcomes among African Americans. *Annual Review of Psychology, 58,* 201–225. (p. 531)

Mazur, A., & Booth, A. (1998). Testosterone and dominance in men. *Behavioral and Brain Sciences, 21,* 353–363. (p. 699)

Mazure, C., Keita, G., & Blehar, M. (2002). *Summit on women and depression: Proceedings and recommendations.* Washington, DC: American Psychological Association (www.apa.org/pi/wpo/women&depression.pdf). (p. 619)

Mazzoni, G., & Memon, A. (2003). Imagination can create false autobiographical memories. *Psychological Science, 14,* 186–188. (p. 357)

Mazzoni, G., & Vannucci, M. (2007). Hindsight bias, the misinformation effect, and false autobiographical memories. *Social Cognition, 25,* 203–220. (p. 360)

Mazzuca, J. (2002, August 20). Teens shrug off movie sex and violence. *Gallup Tuesday Briefing* (www.gallup.com/poll/tb/educayouth/20020820b.asp). (p. 322)

McAdams, D. P., & Pals, J. L. (2006). A new Big Five: Fundamental principles for an integrative science of personality. *American Psychologist, 61,* 204–217. (p. 553)

McAneny, L. (1996, September). Large majority think government conceals information about UFO s. *Gallup Poll Monthly,* pp. 23–26. (p. 348)

McBeath, M. K., Shaffer, D. M., & Kaiser, M. K. (1995). How baseball outfielders determine where to run to catch fly balls. *Science, 268,* 569–572. (p. 269)

McBurney, D. H. (1996). *How to think like a psychologist: Critical thinking in psychology.* Upper Saddle River, NJ: Prentice-Hall. (p. 72)

McBurney, D. H., & Collings, V. B. (1984). *Introduction to sensation and perception* (2nd ed.). Englewood Cliffs, NJ: Prentice-Hall. (pp. 271, 272)

McBurney, D. H., & Gent, J. F. (1979). On the nature of taste qualities. *Psychological Bulletin, 86,* 151–167. (p. 258)

McCain, N. L., Gray, D. P., Elswick, Jr., R. K., Robins, J. W., Tuck, I., Walter, J. M., Rausch, S. M., & Ketchum, J. M. (2008). A randomized clinical trial of alternative stress management interventions in persons with HIV infection. *Journal of Consulting and Clinical Psychology, 76,* 431–441. (p. 536)

McCann, I. L., & Holmes, D. S. (1984). Influence of aerobic exercise on depression. *Journal of Personality and Social Psychology, 46,* 1142–1147. (p. 543)

McCann, U. D., Eligulashvili, V., & Ricaurte, G. A. (2001). (+-)3,4-Methylenedioxymethamphetamine (Ecstasy)-induced serotonin neurotoxicity: Clinical studies. *Neuropsychobiology, 42,* 11–16. (p. 121)

McCarthy, A., Lee, K., Itakura, S., & Muir, D. W. (2006). Cultural display rules drive eye gaze during thinking. *Journal of Cross-Cultural Psychology, 37,* 717–722. (p. 513)

McCarthy, P. (1986, July). Scent: The tie that binds? *Psychology Today,* pp. 6, 10. (p. 261)

McCaul, K. D., & Malott, J. M. (1984). Distraction and coping with pain. *Psychological Bulletin, 95,* 516–533. (p. 258)

McCauley, C. R. (2002). Psychological issues in understanding terrorism and the response to terrorism. In C. E. Stout (Ed.), *The psychology of terrorism, Vol. 3.* Westport, CT: Praeger/Greenwood. (p. 689)

McCauley, C. R., & Segal, M. E. (1987). Social psychology of terrorist groups. In C. Hendrick (Ed.), *Group processes and intergroup relations.* Beverly Hills, CA: Sage. (p. 689)

McClearn, G. E., Johansson, B., Berg, S., Pedersen, N. L., Ahern, F., Petrill, S. A., & Plomin, R. (1997). Substantial genetic influence on cognitive abilities in twins 80 or more years old. *Science, 276,* 1560–1563. (p. 428)

McClellan, J. M., Susser, E., & King, M-C. (2007). Schizophrenia: A common disease caused by multiple rare alleles. *British Journal of Psychiatry, 190,* 194–199. (p. 627)

McClendon, B. T., & Prentice-Dunn, S. (2001). Reducing skin cancer risk: An intervention based on protection motivation theory. *Journal of Health Psychology, 6,* 321–328. (p. 676)

McClintock, M. K., & Herdt, G. (December, 1996). Rethinking puberty: The development of sexual attraction. *Current Directions in Psychological Science, 5*(6), 178–183. (p. 198)

McClure, E. B. (2000). A meta-analytic review of sex differences in facial expression processing and their development in infants, children, and adolescents. *Psychological Bulletin, 126,* 424–453. (p. 432)

McConkey, K. M. (1995). Hypnosis, memory, and the ethics of uncertainty. *Australian Psychologist, 30,* 1–10. (p. 109)

McConnell, R. A. (1991). National Academy of Sciences opinion on parapsychology. *Journal of the American Society for Psychical Research, 85,* 333–365. (p. 282)

McCool, G. (1999, October 26). Mirror-gazing Venezuelans top of vanity stakes. *Toronto Star* (via web.lexis-nexis.com). (p. 707)

McCord, J. (1978). A thirty-year follow-up on treatment effects. *American Psychologist, 33,* 284–289. (p. 651)

McCord, J. (1979). Following up on Cambridge-Somerville. *American Psychologist, 34,* 727. (p. 651)

McCormick, C. M., & Witelson, S. F. (1991). A cognitive profile of homosexual men compared to heterosexual men and women. *Psychoneuroendocrinology, 16,* 459–473. (p. 477)

McCrae, R. R., & Costa, P. T., Jr. (1986). Clinical assessment can benefit from recent advances in personality psychology. *American Psychologist, 41,* 1001–1003. (p. 571)

McCrae, R. R., & Costa, P. T., Jr. (1990). *Personality in adulthood.* New York: Guilford. (p. 217)

McCrae, R. R., & Costa, P. T., Jr. (1994). The stability of personality: Observations and evaluations. *Current Directions in Psychological Science, 3,* 173–175. (pp. 225, 574)

McCrae, R. R., Costa, P. T., Jr., de Lirna, M. P., Simoes, A., Ostendorf, F., Angleitner, A., Marusic, I., Bratko, D., Caprara, G. V., Barbaranelli, C., Chae, J-H., & Piedmont, R. L. (1999). Age differences in personality across the adult life span: Parallels in five cultures. *Developmental Psychology, 35,* 466–477. (p. 571)

McCrink, K., & Wynn, K. (2004). Large-number addition and subtraction by 9-month-old infants. *Psychological Science, 15,* 776–781. (p. 182)

McCullough, M. E., & Laurenceau, J-P. (2005). Religiousness and the trajectory of self-rated health across adulthood. *Personality and Social Psychology Bulletin, 31,* 560–573. (p. 548)

McCullough, M. E., Hoyt, W. T., Larson, D. B., Koenig, H. G., & Thoresen, C. (2000). Religious involvement and mortality: A meta-analytic review. *Health Psychology, 19,* 211–222. (p. 548)

McDaniel, M. A. (2005). Big-brained people are smarter: A meta-analysis of the relationship between in vivo brain volume and intelligence. *Intelligence, 33,* 337–346. (p. 413)

McDermott, T. (2005). *Perfect soldiers: The 9/11 hijackers: Who they were, why they did it.* New York: HarperCollins. (p. 700)

McEvoy, S. P., Stevenson, M. R., & Woodward, M. (2007). The contribution of passengers versus mobile phone use to motor vehicle crashes resulting in hospital attendance by the driver. *Accident Analysis and Prevention, 39,* 1170–1176. (p. 89)

McEvoy, S. P., Stevenson, M. R., McCartt, A. T., Woodward, M., Hawroth, C., Palamara, P., & Ceracelli, R. (2005). Role of mobile phones in motor vehicle crashes resulting in hospital attendance: A case-crossover study. *British Medical Journal 33,* 428. (p. 89)

McFadden, D. (2002). Masculinization effects in the auditory system. *Archives of Sexual Behavior, 31*, 99–111. (p. 476)

McFarland, C., & Ross, M. (1987). The relation between current impressions and memories of self and dating partners. *Psychological Bulletin, 13,* 228–238. (p. 359)

McGarry-Roberts, P. A., Stelmack, R. M., & Campbell, K. B. (1992). Intelligence, reaction time, and event-related potentials. *Intelligence, 16,* 289–313. (p. 414)

McGaugh, J. I. (2003). *Memory and emotion: The making of lasting memories.* New York: Columbia University Press. (pp. 327, 341)

McGaugh, J. L. (1994). Quoted by B. Bower, Stress hormones hike emotional memories. *Science News, 146,* 262. (p. 341)

McGhee, P. E. (June, 1976). Children s appreciation of humor: A test of the cognitive congruency principle. *Child Development, 47(2),* 420–426. (p. 185)

McGlone, M. S., & Tofighbakhsh, J. (2000). Birds of a feather flock conjointly (?): Rhyme as reason in aphorisms. *Psychological Science, 11,* 424–428. (p. 333)

McGrath, J. J., & Welham, J. L. (1999). Season of birth and schizophrenia: A systematic review and meta-analysis of data from the Southern hemisphere. *Schizophrenia Research, 35,* 237–242. (p. 625)

McGrath, J., Welham, J., & Pemberton, M. (1995). Month of birth, hemisphere of birth and schizophrenia. *British Journal of Psychiatry, 167,* 783–785. (p. 625)

McGue, M., & Bouchard, T. J., Jr. (1998). Genetic and environmental influences on human behavioral differences. *Annual Review of Neuroscience, 21,* 1–24. (p. 139)

McGue, M., & Lykken, D. T. (1992). Genetic influence on risk of divorce. *Psychological Science, 3,* 368–373. (p. 136)

McGue, M., Bouchard, T. J., Jr., Iacono, W. G., & Lykken, D. T. (1993). Behavioral genetics of cognitive ability: A life-span perspective. In R. Plomin & G. E. McClearn (Eds.), *Nature, nurture and psychology.* Washington, DC: American Psychological Association. (p. 428)

McGuire, M. T., Wing, R. R., Klem, M. L., Lang, W., & Hill, J. O. (1999). What predicts weight regain in a group of successful weight losers? *Journal of Consulting and Clinical Psychology, 67,* 177–185. (p. 463)

McGuire, W. J. (1986). The myth of massive media impact: Savings and salvagings. In G. Comstock (Ed.), *Public communication and behavior.* Orlando, FL: Academic Press. (p. 322)

McGurk, H., & MacDonald, J. (1976). Hearing lips and seeing voices. *Nature, 264,* 746–748. (p. 260)

McHugh, P. R. (1995a). Witches, multiple personalities, and other psychiatric artifacts. *Nature Medicine, 1(2),* 110–114. (p. 610)

McHugh, P. R. (1995b). Resolved: Multiple personality disorder is an individually and socially created artifact. *Journal of the American Academy of Child and Adolescent Psychiatry, 34,* 957–959. (p. 611)

McKellar, J., Stewart, E., & Humphreys, K. (2003). Alcoholics Anonymous involvement and positive alcohol-related outcomes: Cause, consequence, or just a correlate? A prospective 2-year study of 2,319 alcohol-dependent men. *Journal of Consulting and Clinical Psychology, 71,* 302–308. (p. 650)

McKenna, K. Y. A., & Bargh, J. A. (1998). Coming out in the age of the Internet: Identity demarginalization through virtual group participation. *Journal of Personality and Social Psychology, 75,* 681–694. (p. 689: Identity demarginalization through virtual group participation. *Journal of Personality and Social Psychology, 75,* 681–694. (p. 706)

McKenna, K. Y. A., & Bargh, J. A. (2000). Plan 9 from cyberspace: The implications of the Internet for personality and social psychology. *Personality and Social Psychology Review, 4,* 57–75. (p. 706)

McKenna, K. Y. A., Green, A. S., & Gleason, M. E. J. (2002). What s the big attraction? Relationship formation on the Internet. *Journal of Social Issues, 58,* 9–31. (p. 706)

McKone, E., Kanwisher, N., & Duchaine, B. C. (2007). Can generic expertise explain special processing for faces? *Trends in Cognitive Sciences, 11,* 8–15. (p. 242)

McLaughlin, C. S., Chen, C., Greenberger, E., & Biermeier, C. (1997). Family, peer, and individual correlates of sexual experience among Caucasian and Asian American late adolescents. *Journal of Personality and Social Psychology: Journal of Research on Adolescence, 7,* 33–53. (p. 469)

McMahon, F. J. & 12 others (2006). Variation in the gene encoding the serotonin 2A receptor is associated with outcome of antidepressant treatment. *American Journal of Human Genetics, 78,* 804–814. (p. 616)

McMurray, B. (2007). Defusing the childhood vocabulary explosion. *Science, 317,* 631. (p. 384)

McMurray, C. (2004, January 13). U.S., Canada, Britain: Who s getting in shape? *Gallup Poll Tuesday Briefing* (www.gallup.com). (p. 543)

McMurray, J. (2006, August 28). Cause of deadly Comair crash probed. Associated Press release. (p. 378)

McNally, R. J. (1999). EMDR and Mesmerism: A comparative historical analysis. *Journal of Anxiety Disorders, 13,* 225–236. (p. 656)

McNally, R. J. (2003). *Remembering trauma.* Cambridge, MA: Harvard University Press. (pp. 357, 362, 605)

McNally, R. J. (2007). Betrayal trauma theory: A critical appraisal. *Memory, 15,* 280–294. (p. 362)

McNally, R. J., Bryant, R. A., & Ehlers, A. (2003). Does early psychological intervention promote recovery from posttraumatic stress? *Psychological Science in the Public Interest, 4,* 45–79. (p. 605)

McNeil, B. J., Pauker, S. G., & Tversky, A. (1988). On the framing of medical decisions. In D. E. Bell, H. Raiffa, & A. Tversky (Eds.), *Decision making: Descriptive, normative, and prescriptive interactions.* New York: Cambridge, 1988. (p. 381)

McPherson, J. M., Smith-Lovin, L., & Brashears, M. E. (2006). Social isolation in America: Changes in core discussion networks over two decades. *American Sociological Review, 71,* 353–375. (p. 620)

Meador, B. D., & Rogers, C. R. (1984). Person-centered therapy. In R. J. Corsini (Ed.), *Current psychotherapies (3rd ed.).* Itasca, IL: Peacock. (p. 642)

Medical Institute for Sexual Health. (1994, April). Condoms ineffective against human papilloma virus. *Sexual Health Update,* 2. (p. 470)

Medland, S. E., Perelle, I., De Monte, V., & Ehrman, L. (2004). Effects of culture, sex, and age on the distribution of handedness: An evaluation of the sensitivity of three measures of handedness. *Laterality: Asymmetries of Body, Brain, and Cognition, 9,* 287–297. (p. 79)

Mednick, S. A., Huttunen, M. O., & Machon, R. A. (1994). Prenatal influenza infections and adult schizophrenia. *Schizophrenia Bulletin, 20,* 263–267. (p. 625)

Mehl, M. R., & Pennebaker, J. W. (2003). The sounds of social life: A psychometric analysis of students daily social environments and natural conversations. *Journal of Personality and Social Psychology, 84,* 857–870. (p. 12)

Mehl, M. R., Gosling, S. D., & Pennebaker, J. W. (2006). Personality in its natural habitat: Manifestations and implicit folk theories of personality in daily life. *Journal of Personality and Social Psychology, 90,* 862–877. (p. 575)

Mehl, M. R., Vazire, S., Ramirez-Esparza, N., Slatcher, R. B., & Pennebaker, J. W. (2007). Are women really more talkative than men? *Science, 317,* 82. (p. 161)

Mehta, M. R. (2007). Cortico-hippocampal interaction during up-down states and memory consolidation. *Nature Neuroscience, 10,* 13–15. (p. 344)

Meichenbaum, D. (1977). *Cognitive-behavior modification: An integrative approach.* New York; Plenum Press. (p. 648)

Meichenbaum, D. (1985). *Stress inoculation training.* New York: Pergamon. (p. 648)

Meltzoff, A. N. (1988). Infant imitation after a 1-week delay: Long-term memory for novel acts and multiple stimuli. *Developmental Psychology, 24,* 470–476. (p. 318)

Meltzoff, A. N., & Moore, M. K. (1989). Imitation in newborn infants: Exploring the range of gestures imitated and the underlying mechanisms. *Developmental Psychology, 25,* 954–962. (p. 318)

Meltzoff, A. N., & Moore, M. K. (1997). Explaining facial imitation: A theoretical model. *Early Development and Parenting, 6,* 179–192. (p. 318)

Melzack, R. (1990, February). The tragedy of needless pain. *Scientific American,* pp. 27–33. (p. 113)

Melzack, R. (1992, April). Phantom limbs. *Scientific American,* pp. 120–126. (p. 256)

Melzack, R. (1998, February). Quoted in Phantom limbs. *Discover,* p. 20. (p. 256)

Melzack, R. (1999). Pain and Stress: A new perspective. In R. J. Gatchel, & D. C. Turk (Eds.), *Psychosocial factors in pain: Critical perspectives.* New York: Guilford Press. (p. 257)

Melzack, R. (2005). Evolution of the neuromatrix theory of pain. *Pain Practice, 5,* 85–94. (pp. 256, 257)

Melzack, R., & Wall, P. D. (1965). Pain mechanisms: A new theory. *Science, 150,* 971–979. (p. 255)

Melzack, R., & Wall, P. D. (1983). *The challenge of pain.* New York: Basic Books. (p. 255)

Mendle, J., Turkheimer, E., & Emery, R. E. (2007). Detrimental psychological outcomes associated with early pubertal timing in adolescent girls. *Developmental Review, 27,* 151–171. (p. 198)

Mendolia, M., & Kleck, R. E. (1993). Effects of talking about a stressful event on arousal: Does what we talk about make a difference? *Journal of Personality and Social Psychology, 64,* 283–292. (p. 542)

Merari, A. (2002). Explaining suicidal terrorism: Theories versus empirical evidence. Invited address to the American Psychological Association. (p. 689)

Merker, B. (2007). Consciousness without a cerebral cortex: A challenge for neuroscience and medicine. *Behavioral and Brain Sciences, 30,* 63–134. (p. 87)

Merskey, H. (1992). The manufacture of personalities: The production of multiple personality disorder. *British Journal of Psychiatry, 160,* 327–340. (p. 610)

Merton, R. K. (1938; reprinted 1970). *Science, technology and society in seventeenth-century England.* New York: Fertig. (p. 6)

Merton, R. K., & Kitt, A. S. (1950). Contributions to the theory of reference group behavior. In R. K. Merton & P. F. Lazarsfeld (Eds.), *Continuities in social research: Studies in the scope and method of the American soldier.* Glencoe, IL: Free Press. (p. 524)

Messinis, L., Kyprianidou, A., Malefaki, S., & Papathanasopoulos, P. (2006). Neuropsychological deficits in long-term frequent cannabis users. *Neurology, 66,* 737–739. (p. 122)

Mestel, R. (1997, April 26). Get real, Siggi. *New Scientist* (www.newscientist.com/ns/970426/siggi.html). (p. 104)

Meston, C. M., & Buss, D. M. (2007). Why humans have sex. *Archives of Sexual Behavior, 36,* 477–507. (p. 467)

Meston, C. M., & Frohlich, P. F. (2000). The neurobiology of sexual function. *Archives of General Psychiatry, 57,* 1012–1030. (p. 466)

Metcalfe, J. (1986). Premonitions of *insight* predict impending error. *Journal of Experimental Psychology: Learning, Memory, and Cognition, 12,* 623–634. (p. 372)

Metcalfe, J. (1998). Cognitive optimism: Self-deception or memory-based processing heuristics. *Personality and Social Psychology Review, 2,* 100–110. (p. 376)

Meyer, I. H. (2003). Prejudice, social stress, and mental health in lesbian, gay, and bisexual populations: Conceptual issues and research evidence. *Psychological Bulletin, 129,* 674–697. (p. 594)

Meyer-Bahlburg, H. F. L. (1995). Psychoneuroendocrinology and sexual pleasure: The aspect of sexual orientation. In P. R. Abramson & S. D. Pinkerton (Eds.), *Sexual nature/sexual culture.* Chicago: University of Chicago Press. (p. 475)

Mezulis, A. M., Abramson, L. Y., Hyde, J. S., & Hankin, B. L. (2004). Is there a universal positivity bias in attributions? A meta-analytic review of individual, developmental, and cultural differences in the self-serving attributional bias. *Psychological Bulletin, 130,* 711–747. (p. 586)

Michaels, J. W., Bloomel, J. M., Brocato, R. M., Linkous, R. A., & Rowe, J. S. (1982). Social facilitation and inhibition in a natural setting. *Replications in Social Psychology, 2,* 21–24. (p. 687)

Michel, G. F. (1981). Right-handedness: A consequence of infant supine head-orientation preference? *Science, 212,* 685–687. (p. 80)

Middlebrooks, J. C., & Green, D. M. (1991). Sound localization by human listeners. *Annual Review of Psychology, 42,* 135–159. (p. 249)

Mikhail, J. (2007). Universal moral grammar: Theory, evidence and the future. *Trends in Cognitive Sciences, 11,* 143–152. (p. 387)

Mikkelsen, T. S., & 66 others (2005). Initial sequence of the chimpanzee genome and comparison with the human genome. *Nature, 437,* 69–87. (p. 135)

Mikulincer, M., & Shaver, P. R. (2001). Attachment theory and intergroup bias: Evidence that priming the secure base schema attenuates negative reactions to our-groups. *Journal of Personality and Social Psychology, 81,* 97–115. (p. 696)

Mikulincer, M., Babkoff, H., Caspy, T., & Sing, H. (1989). The effects of 72 hours of sleep loss on psychological variables. *British Journal of Psychology, 80,* 145–162. (p. 98)

Mikulincer, M., Florian, V., & Hirschberger, G. (2003). The existential function of close relationships: Introducing death into the science of love. *Personality and Social Psychology Review, 7,* 20–40. (p. 563)

Milan, R. J., Jr., & Kilmann, P. R. (1987). Interpersonal factors in premarital contraception. *Journal of Sex Research, 23,* 289–321. (p. 470)

Miles, D. R., & Carey, G. (1997). Genetic and environmental architecture of human aggression. *Journal of Personality and Social Psychology, 72,* 207–217. (p. 698)

Milgram, S. (1963). Behavioral study of obedience. *Journal of Abnormal & Social Psychology, 67(4),* 371–378. (p. 683)

Milgram, S. (1974). *Obedience to authority.* New York: Harper & Row. (pp. 683, 685, 686)

Millar, J. K. & 19 others (2005). DISC1 and PDE4B are interacting genetic factors in schizophrenia that regulate cAMP signaling. *Science, 310,* 1187–1191. (p. 627)

Miller, E. J., Smith, J. E., & Trembath, D. L. (2000). The skinny on body size requests in personal ads. *Sex Roles, 43,* 129–141. (p. 457)

Miller, E., & Halberstadt, J. (2005). Media consumption, body image and thin ideals in New Zealand men and women. *New Zealand Journal of Psychology, 34,* 189–195. (p. 454)

Miller, G. (2004). Axel, Buck share award for deciphering how the nose knows. *Science, 306,* 207. (p. 261)

Miller, G. (2005). The dark side of glia. *Science, 308,* 778–781. (p. 68)

Miller, G. (2008). Tackling alcoholism with drugs. *Science, 320,* 168–170. (p. 124)

Miller, G. A. (1956). The magical number seven, plus or minus two: Some limits on our capacity for processing information. *Psychological Review, 63,* 81–97. (p. 338)

Miller, G. E., & Blackwell, E. (2006). Turning up the heat: Inflammation as a mechanism linking chronic stress, depression, and heart disease. *Current Directions in Psychological Science, 15,* 269–272. (p. 533)

Miller, G. E., & Wrosch, C. (2007). You ve gotta know when to fold em. *Psychological Science, 18,* 773–777. (p. 531)

Miller, G., Tybur, J. M., & Jordan, B. D. (2007). Ovulatory cycle effects on tip earnings by lap dancers: Economic evidence for human estrus? *Evolution and Human Behavior, 28,* 375–381. (p. 466)

Miller, J. G., & Bersoff, D. M. (1995). Development in the context of everyday family relationships: Culture, interpersonal morality and adaptation. In M. Killen and D. Hart (Eds.), *Morality in everyday life: A developmental perspective.* New York: Cambridge University Press. (p. 201)

Miller, K. I., & Monge, P. R. (1986). Participation, satisfaction, and productivity: A meta-analytic review. *Academy of Management Journal, 29,* 727–753. (p. 578)

Miller, L. (2005, January 4). U.S. airlines have 34 deaths in 3 years. *Associated Press.* (p. 378)

Miller, L. K. (1999). The Savant Syndrome: Intellectual impairment and exceptional skill. *Psychological Bulletin, 125,* 31–46. (p. 407)

Miller, M. (2005, March 7). Effects of laughter and mental stress on endothelial function: Potential impact of entertainment. Paper presented to the Scientific Session of the American College of Cardiology, Orlando. (p. 540)

Miller, N. E. (1983). Understanding the use of animals in behavioral research: Some critical issues. *Annals of the New York Academy of Sciences, 406,* 113–118. (p. 27)

Miller, N. E. (1985, February). Rx: biofeedback. *Psychology Today,* pp. 54–59. (p. 545)

Miller, N. E. (1995). Clinical-experimental interactions in the development of neuroscience: A primer for nonspecialists and lessons for young scientists. *American Psychologist, 50,* 901–911. (p. 450)

Miller, N. E., & Brucker, B. S. (1979). A learned visceral response apparently independent of skeletal ones in patients paralyzed by spinal lesions. In N. Birbaumer & H. D. Kimmel (Eds.), *Biofeedback and self-regulation.* Hillsdale, NJ: Erlbaum. (p. 544)

Miller, P. A., Eisenberg, N., Fabes, R. A., & Shell, R. (1996). Relations of moral reasoning and vicarious emotion to young children s prosocial behavior toward peers and adults. *Developmental Psychology, 32,* 210–219. (p. 202)

Miller, P. J. O., Aoki, K., Rendell, L. E., & Amano, M. (2008). Stereotypical resting behavior of the sperm whale. *Current Biology, 18,* R21–R23. (p. 92)

Miller, S. D., Blackburn, T., Scholes, G., White, G. L., & Mamalis, N. (1991). Optical differences in multiple personality disorder: A second look. *Journal of Nervous and Mental Disease, 179,* 132–135. (p. 611)

Mills, M., & Melhuish, E. (1974). Recognition of mother s voice in early infancy. *Nature, 252,* 123–124. (p. 176)

Milton, J., & Wiseman, R. (2002). A response to Storm and Ertel (2002). *Jour-*

nal of Parapsychology, 66, 183–185. (p. 284)

Mineka, S. (1985). The frightful complexity of the origins of fears. In F. R. Brush & J. B. Overmier (Eds.), *Affect, conditioning and cognition: Essays on the determinants of behavior.* Hillsdale, NJ: Erlbaum. (p. 516)

Mineka, S. (1985). The frightful complexity of the origins of fears. In F. R. Brush & J. B. Overmier (Eds.), *Affect, conditioning and cognition: Essays on the determinants of behavior.* Hillsdale, NJ: Erlbaum. (p. 606)

Mineka, S. (2002). Animal models of clinical psychology. In N. Smelser & P. Baltes (Eds.), *International encyclopedia of the social and behavioral sciences.* Oxford, England: Elsevier Science. (p. 516)

Mineka, S., & Suomi, S. J. (1978). Social separation in monkeys. *Psychological Bulletin, 85,* 1376–1400. (p. 193)

Mineka, S., & Zinbarg, R. (1996). Conditioning and ethological models of anxiety disorders: Stress-in-dynamic-context anxiety models. In D. Hope (Ed.), *Perspectives on anxiety, panic, and fear.* Nebraska symposium on motivation. Lincoln, NE: University of Nebraska Press. (pp. 605, 607)

Mineka, S., Zinbarg, R. (2006). A contemporary learning theory perspective on the etiology of anxiety disorders: It s not what you thought it was. *American Psychologist, 61,* 10–26. (p. 606)

Miner-Rubino, K., & Winter, D. G., & Stewart, A. J. (2004). Gender, social class, and the subjective experience of aging: Self-perceived personality change from early adulthood to late midlife. *Personality and Social Psychology Bulletin, 30,* 1599–1610. (p. 220)

Mingroni, M. A. (2004). The secular rise in IQ: Giving heterosis a closer look. *Intelligence, 32,* 65–83. (p. 421)

Mingroni, M. A. (2007). Resolving the IQ paradox: Heterosis as a cause of the Flynn effect and other trends. *Psychological Review, 114,* 806–829. (p. 421)

Minsky, M. (1986). *The society of mind.* New York: Simon & Schuster. (p. 86)

Mirescu, C., & Gould, E. (2006). Stress and adult neurogenesis. *Hippocampus, 16,* 233–238. (p. 530)

Mischel, W. (1968). *Personality and assessment.* New York: Wiley. (p. 574)

Mischel, W. (1981). Current issues and challenges in personality. In L. T. Benjamin, Jr. (Ed.), *The G. Stanley Hall Lecture Series* (Vol. 1). Washington, DC: American Psychological Association. (p. 583)

Mischel, W. (1984). Convergences and challenges in the search for consistency. *American Psychologist, 39,* 351–364. (p. 574)

Mischel, W. (2004). Toward an integrative science of the person. *Annual Review of Psychology, 55,* 1–22. (p. 574)

Mischel, W., Shoda, Y., & Peake, P. K. (1988). The nature of adolescent competencies predicted by preschool delay of gratification. *Journal of Personality and Social Psychology, 54,* 687–696. (p. 202)

Mischel, W., Shoda, Y., & Rodriguez, M. L. (1989). Delay of gratification in children. *Science, 244,* 933–938. (pp. 202, 308)

Miserandino, M. (1991). Memory and the seven dwarfs. *Teaching of Psychology, 18,* 169–171. (p. 346)

Mita, T. H., Dermer, M., & Knight, J. (1977). Reversed facial images and the mere-exposure hypothesis. *Journal of Personality and Social Psychology, 35,* 597–601. (p. 706)

Mitchell, D. B. (2006). Nonconscious priming after 17 years: Invulnerable implicit memory? *Psychological Science, 17,* 925–929. (p. 328)

Mitchell, T. M., Shinkareva, S. V., Carlson, A., Chang, K-M., Malave, V. L., Mason, R. A., & Just, M. A. (2008). Predicting human brain activity associated with the meanings of nouns. *Science, 320,* 1191–1195. (p. 390)

Mitchell, T. R., Thompson, L., Peterson, E., & Cronk, R. (1997). Temporal adjustments in the evaluation of events: The rosy view. *Journal of Experimental Social Psychology, 33,* 421–448. (p. 335)

Mitte, K. (2005). Meta-analysis of cognitive-behavioral treatments for generalized anxiety disorder: A comparison with pharmacotherapy. *Psychological Bulletin, 131,* 785–795. (p. 649)

Moffitt, T. E. (2005). The new look of behavioral genetics in developmental psychopathology: Gene-environment interplay in antisocial behaviors. *Psychological Bulletin, 131,* 533–554. (p. 630)

Moffitt, T. E., Caspi, A., & Rutter, M. (2006). Measured gene-environment interactions in psychopathology: Concepts, research strategies, and implications for research, intervention, and public understanding of genetics. *Perspectives on Psychological Science, 1,* 5–27. (p. 618)

Moffitt, T. E., Caspi, A., Harrington, H., & Milne, B. J. (2002). Males on the life-course-persistent and adolescence-limited antisocial pathways: Follow-up at age 26 years. *Development and Psychopathology, 14,* 179–207. (p. 224)

Moffitt, T. E., Caspi, A., Harrington, H., Milne, B. J., Melchior, M., Goldberg, D., & Poulton, R. (2007a). Generalized anxiety disorder and depression: Childhood risk factors in a birth cohort followed to age 32. *Psychological Medicine, 37,* 441–452. (p. 602)

Moffitt, T. E., Harrington, H., Caspi, A., Kim-Cohen, J., Goldberg, D., Gregory, A. M., & Poulton, R. (2007b). Depression and generalized anxiety disorder: Cumulative and sequential comorbidity in a birth cohort followed prospectively to age 32 years. *Archives of General Psychiatry, 64,* 651–660. (p. 602)

Moghaddam, F. M. (2005). The staircase to terrorism: A psychological exploration. *American Psychologist, 60,* 161–169. (p. 689)

Moises, H. W., Zoega, T., & Gottesman, I. I. (2002, 3 July). The glial growth factors deficiency and synaptic destabilization hypothesis of schizophrenia. *BMC Psychiatry, 2(8)* (www.biomedcentral.com/1471–244X/2/8). (p. 626)

Monaghan, P. (1992, September 23). Professor of psychology stokes a controversy on the reliability and repression of memory. *Chronicle of Higher Education,* pp. A9–A10. (p. 363)

Mondloch, C. J., Lewis, T. L., Budreau, D. R., Maurer, D., Dannemiller, J. L., Stephens, B. R., & Kleiner-Gathercoal, K. A. (1999). Face perception during early infancy. *Psychological Science, 10,* 419–422. (p. 176)

Money, J. (1987). Sin, sickness, or status? Homosexual gender identity and psychoneuroendocrinology. *American Psychologist, 42,* 384–399. (pp. 474, 475)

Money, J. (1988). *Gay, straight, and in-between.* New York: Oxford University Press. (p. 702)

Money, J., Berlin, F. S., Falck, A., & Stein, M. (1983). *Antiandrogenic and counseling treatment of sex offenders.* Baltimore: Department of Psychiatry and Behavioral Sciences, The Johns Hopkins University School of Medicine. (p. 467)

Moody, R. (1976). *Life after life.* Harrisburg, PA: Stackpole Books. (p. 127)

Mook, D. G. (1983). In defense of external invalidity. *American Psychologist, 38,* 379–387. (p. 26)

Moorcroft, W. H. (2003). *Understanding sleep and dreaming.* New York: Kluwer/Plenum. (pp. 93, 100, 106)

Moore, D. W. (2004, December 17). Sweet dreams go with a good night s sleep. *Gallup News Service* (www.gallup.com). (p. 96)

Moore, D. W. (2005, June 16). Three in four Americans believe in paranormal. *Gallup News Service* (www.gallup.com). (p. 282)

Moore, D. W. (2006, February 6). Britons outdrink Canadians, Americans. *Gallup News Service* (poll.gallup.com). (p. 125)

Moore, D. W. (2006, March 10). Close to 6 in 10 Americans want to lose weight. *Gallup News Service* (poll.gallup.com). (p. 462)

Moos, R. H., & Moos, B. S. (2005). Sixteen-year changes and stable remission among treated and untreated individuals with alcohol use disorders. *Drug and Alcohol Dependence, 80,* 337–347. (p. 650)

Moos, R. H., & Moos, B. S. (2006). Participation in treatment and alcoholics anonymous: A 16-year follow-up of initially untreated individuals. *Journal of Clinical Psychology, 62,* 735–750. (p. 650)

Mor, N., & Winquist, J. (2002). Self-focused attention and negative affect: A meta-analysis. *Psychological Bulletin, 128,* 638–662. (p. 619)

Moreland, R. L., & Beach, S. R. (1992). Exposure effects in the classroom: The development of affinity among students. *Journal of Experimental Social Psychology, 28,* 255–276. (p. 706)

Moreland, R. L., & Zajonc, R. B. (1982). Exposure effects in person perception: Familiarity, similarity, and attraction. *Journal of Experimental Social Psychology, 18,* 395–415. (p. 705)

Morell, V. (1995). Zeroing in on how hormones affect the immune system. *Science, 269,* 773–775. (p. 534)

Morell, V. (2008, March). Minds of their own: Animals are smarter than you think. *National Geographic,* pp. 37–61. (p. 396)

Morelli, G. A., Rogoff, B., Oppenheim, D., & Goldsmith, D. (1992). Cultural variation in infants sleeping arrangements: Questions of independence. *Developmental Psychology, 26,* 604–613. (p. 157)

Moreno C., Laje, G., Blanco, C., Jiang, H., Schmidt, A. B., & Olfson, M. (2007). National trends in the outpatient diagnosis and treatment of bipolar disorder in youth. *Archives of General Psychiatry, 64,* 1032–1039. (p. 613)

Morey, R. A., Inan, S., Mitchell, T. V., Perkins, D. O., Lieberman, J. A., & Belger, A. (2005). Imaging frontostriatal function in ultra-high-risk, early, and chronic schizophrenia during executive processing. *Archives of General Psychiatry, 62,* 254–262. (p. 624)

Morgan, A. B., & Lilienfeld, S. O. (2000). A meta-analytic review of the relation between antisocial behavior and neuropsychological measures of executive function. *Clinical Psychology Review, 20,* 113–136. (p. 630)

Morgan, B., & Korschgen, A. (2001). Psychology career exploration made easy. *Eye on Psi Chi,* 35–36. (pp. A-2, A-11)

Morin, R., & Brossard, M. A. (1997, March 4). Communication breakdown on drugs. *Washington Post,* pp. A1, A6. (p. 205)

Morrison, A. R. (2003). The brain on night shift. *Cerebrum, 5(3),* 23–36. (p. 96)

Morrison, C. (2007). What does contagious yawning tell us about the mind? Unpublished manuscript, University of Leeds. (p. 680)

Morse, M. L. (1994). Near death experiences and death-related visions in children: Implications for the clinician. *Current Problems in Pediatrics, 24,* 55–83. (p. 127)

Mortensen, E. L., Michaelsen, K. F., Sanders, S. A., & Reinisch, J. M. (2002). The association between duration of breastfeeding and adult intelligence. *Journal of the American Medical Association, 287,* 2365–2371. (p. 17)

Mortensen, P. B. (1999). Effects of family history and place and season of birth on the risk of schizophrenia. *New England Journal of Medicine, 340,* 603–608. (p. 625)

Moscovici, S. (1985). Social influence and conformity. In G. Lindzey & E. Aronson (Eds.), *The handbook of social psychology (3rd ed).* Hillsdale, N.J.: Erlbaum. (p. 691)

Moses, E. B., & Barlow, D. H. (2006). A new unified treatment approach for emotional disorders based on emotion science. *Current Directions in Psychological Science, 15,* 146–150. (p. 648)

Mosher, D. L., & Anderson, R. D. (1986). Macho personality, sexual aggression, and reactions to guided imagery of realistic rape. *Journal of Research in Personality, 20,* 77–94. (p. 116)

Mosher, W. D., Chandra, A., & Jones, J. (2005, September 15). Sexual behavior and selected health measures: Men and women 15–44 years of age, United States, 2002. *Advance Data from Vital and Health Statistics,* No. 362, National Center for Health Statistics, Centers for Disease Control and Prevention, U.S. Department of Health and Human Services., 472: Men and women 15–44 years of age, United States, 2002. *Advance Data from Vital and Health Statistics,* No. 362. (p. 472)

Moss, A. J., Allen, K. F., Giovino, G. A., & Mills, S. L. (1992, December 2). Recent trends in adolescent smoking, smoking-update correlates, and expectations about the future. *Advance Data No. 221* (from Vital and Health Statistics of the Centers for Disease Control and Prevention). (p. 118)

Moss, H. A., & Susman, E. J. (1980). Longitudinal study of personality development. In O. G. Brim, Jr., & J. Kagan (Eds.), *Constancy and change in human development.* Cambridge, MA: Harvard University Press. (p. 224)

Motivala, S. J., & Irwin, M. R. (2007). Sleep and immunity: Cytokine pathways linking sleep and health outcomes. *Current Directions in Psychological Science, 16,* 21–25. (p. 99)

Moulton, S. T., & Kosslyn, S. M. (2008). Using neuroimaging to resolve the psi debate. *Journal of Cognitive Neuroscience, 20,* 182–192. (p. 284)

Moyer, K. E. (1983). The physiology of motivation: Aggression as a model. In C. J. Scheier & A. M. Rogers (Eds.), *G. Stanley Hall Lecture Series (Vol. 3).* Washington, DC: American Psychological Association. (p. 698)

Mroczek, D. K. (2001). Age and emotion in adulthood. *Current Directions in Psychological Science, 10,* 87–90. (p. 220)

Mroczek, D. K., & Kolarz, D. M. (1998). The effect of age on positive and negative affect: A developmental perspective on happiness. *Journal of Personality and Social Psychology, 75,* 1333–1349. (p. 216)

Muhlnickel, W. (1998). Reorganization of auditory cortex in tinnitus. *Proceedings of the National Academy of Sciences, 95,* 10340–10343. (p. 72)

Mulcahy, N. J., & Call, J. (2006). Apes save tools for future use. *Science, 312,* 1038–1040. (p. 396)

Muller, J. E., & Verrier, R. L. (1996). Triggering of sudden death—Lessons from an earthquake. *New England Journal of Medicine, 334,* 461. (p. 530)

Muller, J. E., Mittleman, M. A., Maclure, M., Sherwood, J. B., & Tofler, G. H. (1996). Triggering myocardial infarction by sexual activity. *Journal of the American Medical Association, 275,* 1405–1409. (p. 465)

Mullin, C. R., & Linz, D. (1995). Desensitization and resensitization to violence against women: Effects of exposure to sexually violent films on judgments of domestic violence victims. *Journal of Personality and Social Psychology, 69,* 449–459. (p. 323)

Mulrow, C. D. (1999, March). Treatment of depression—newer pharmacotherapies, summary. *Evidence Report/Technology Assessment, 7.* Agency for Health Care Policy and Research, Rockville, MD. (http: //www.ahrq.gov/clinic/deprsumm.htm). (p. 662)

Munro, D. A., McCaul, M. E., Wong, D. F., Oswald, L. M., Zhou, Y., Brasic, J., Kuwabara, H., Kumar, A., Alexander, M., Ye, W., & Wand, G. S. (2006). Sex differences in striatal dopamine release in health adults. *Biological Psychiatry, 59,* 966–974. (p. 117)

Murphy, G. E., & Wetzel, R. D. (1990). The lifetime risk of suicide in alcoholism. *Archives of General Psychiatry, 47,* 383–392. (p. 616)

Murphy, K. R., & Cleveland, J. N. (1995). *Understanding performance appraisal: Social, organizational, and goal-based perspectives.* Thousand Oaks, CA: Sage. (p. 487)

Murphy, S. T., Monahan, J. L., & Miller, L. C. (1998). Inference under the influence: The impact of alcohol and inhibition conflict on women s sexual decision making. *Personality and Social Psychology Bulletin, 24,* 517–528. (p. 116)

Murphy, S. T., Monahan, J. L., & Zajonc, R. B. (1995). Additivity of nonconscious affect: Combined effects of priming and exposure. *Journal of Personality and Social Psychology, 69,* 589–602. (p. 504)

Murray, B. (1998, May). Psychology is key to airline safety at Boeing. *The APA Monitor,* p. 36. (p. 281)

Murray, C. (2006). Changes over time in the black-white difference on mental tests: Evidence from the children of the 1979 cohort of the National Longitudinal Survey of Youth. *Intelligence, 34,* 527–540. (p. 434)

Murray, C. (2007). The magnitude and components of change in the black-white IQ difference from 1920 to 1991: A birth cohort analysis of the Woodcock-Johnson standardizations. *Intelligence, 35,* 305–318. (p. 434)

Murray, C. A., & Herrnstein, R. J. (1994, October 31). Race, genes and I.Q.—An apologia. *New Republic,* pp. 27–37. (p. 434)

Murray, C. J., & Lopez, A. D. (Eds.) (1996). *The global burden of disease: A comprehensive assessment of mortality and disability from diseases, injuries, and risk factors in 1990 and projected to 2020.* Cambridge, MA: Harvard University Press. (p. 594)

Murray, H. (1938). *Explorations in personality.* New York: Oxford University Press. (p. 487)

Murray, H. A., & Wheeler, D. R. (1937). A note on the possible clairvoyance of dreams. *Journal of Psychology, 3,* 309–313. (pp. 10, 283)

Murray, J. P. (2008). Media violence: The effects are both real and strong. *American Behavioral Scientist, 51,* 1212–1230. (p. 322)

Murray, R. M., Morrison, P. D., Henquet, C., & Di Forti, M. (2007). Cannabis, the mind and society: The hash realities. *Nature Reviews; Neuroscience, 8,* 885–895. (p. 122)

Murray, R., Jones, P., O Callaghan, E., Takei, N., & Sham, P. (1992). Genes, viruses, and neurodevelopmental schizophrenia. *Journal of Psychiatric Research, 26,* 225–235. (p. 625)

Murray, S. L., Bellavia, G. M., Rose, P., & Griffin, D. W. (2003). Once hurt, twice hurtful: How perceived regard regulates daily marital interactions. *Journal of Personality and Social Psychology, 84,* 126–147. (p. 279)

Murray, S. L., Rose, P., Bellavia, G. M., Holmes, J. G., & Kusche, A. G. (2002). When rejection stings: How self-esteem constrains relationship-enhancement processes. *Journal of Personality and Social Psychology, 83,* 556–573. (p. 585)

Musallam, S., Corneil, B. D., Greger, B., Scherberger, H., & Andersen, R. A. (2004). Cognitive control signals for neural prosthetics. *Science, 305,* 258–262. (p. 70)

Musick, M. A., Herzog, A. R., & House, J. S. (1999). Volunteering and mortality among older adults: Findings from a national sample. *Journals of Gerontology, 54B,* 173–180. (p. 548)

Mustanski, B. S., & Bailey, J. M. (2003). A therapist s guide to the genetics of human sexual orientation, *Sexual and Relationship Therapy, 18,* 1468–1479. (p. 475)

Mustanski, B. S., Bailey, J. M., & Kaspar, S. (2002). Dermatoglyphics, handedness, sex, and sexual orientation. *Archives of Sexual Behavior, 31,* 113–122. (p. 476)

Mydans, S. (2002, May 17). In Pakistan, rape victims are the criminals. *New York Times* (www.nytimes.com). (p. 697)

Myers, D. G. (1993). *The pursuit of happiness.* New York: Avon Books. (p. 526)

Myers, D. G. (2000). *The American paradox: Spiritual hunger in an age of plenty.* New Haven: Yale University Press. (p. 526)

Myers, D. G. (2001, December). Do we fear the right things? *American Psychological Society Observer,* p. 3. (p. 378)

Myers, D. G. (2002). *Intuition: Its powers and perils.* New Haven: Yale University Press. (pp. 3, 17)

Myers, D. G. (2008). *Social Psychology,* 9th edition. New York: McGraw-Hill. (pp. 586, 587)

Myers, D. G., & Bishop, G. D. (1970). Discussion effects on racial attitudes. *Science, 169,* 78–779. (p. 689)

Myers, D. G., & Diener, E. (1995). Who is happy? *Psychological Science, 6,* 10–19. (p. 526)

Myers, D. G., & Diener, E. (1996, May). The pursuit of happiness. *Scientific American.* (p. 526)

Myers, D. G., & Scanzoni, L. D. (2005). *What God has joined together?* San Francisco: HarperSanFrancisco. (pp. 219, 472)

Myers, I. B. (1987). *Introduction to type: A description of the theory and applications of the Myers-Briggs Type Indicator.* Palo Alto, CA: Consulting Psychologists Press. (p. 568)

Myerson, J., Rank, M. R., Raines, F. Q., & Schnitzler, M. A. (1998). Race and general cognitive ability: The myth of diminishing returns to education. *Psychological Science, 9,* 139–142. (p. 437)

Nagourney, A. (2002, September 25). For remarks on Iraq, Gore gets praise and scorn. *New York Times* (www.nytimes.com). (p. 676)

Nairn, R. G. (2007). Media portrayals of mental illness, or is it madness? A review. *Australian Psychologist, 42,* 138–146. (p. 600)

Napolitan, D. A., & Goethals, G. R. (1979). The attribution of friendliness. *Journal of Experimental Social Psychology, 15,* 105–113. (p. 674)

Naqvi, N. H., Rudrauf, D., Damasio, H., & Bechara, A. (2007). Damage to the insula disrupts addiction to cigarette smoking. *Science, 315,* 531–534. (p. 119)

Nasar, J., Hecht, P., & Wener, R. (2008). Mobile telephones, distracted attention, and pedestrian safety. *Accident Analysis and Prevention, 40,* 69–75. (p. 90)

Nash, M. R. (2001, July). The truth and the hype of hypnosis. *Scientific American,* pp. 47–55. (p. 110)

National Academy of Sciences, Institute of Medicine. (1982). *Marijuana and health.* Washington, DC: National Academic Press. (p. 122)

National Academy of Sciences. (1999). *Marijuana and medicine: Assessing the science base* (by J. A. Benson, Jr. & S. J. Watson, Jr.). Washington, DC; National Academy Press. (p. 122)

National Academy of Sciences. (2001). *Exploring the biological contributions to human health: Does sex matter?* Washington, DC: Institute of Medicine, National Academy Press. (p. 163)

National Center for Complementary and Alternative Medicine. (2006). What is complementary and alternative medicine. nccam.nih.gov/health/whatiscam. (p. 546)

National Center for Health Statistics. (1990). *Health, United States, 1989.* Washington, DC: U.S. Department of Health and Human Services. (p. 210)

National Center for Health Statistics. (2004, December 15). Marital status and health: United States, 1999–2002 (by Charlotte A. Schoenborn). *Advance Data from Vital and Human Statistics, number 351.* Centers for Disease Control and Prevention. (p. 541)

National Council on Aging (1999). *The consequences of untreated hearing loss in older persons.* Washington, DC: National Council on Aging (www.ncoa.org). (p. 251)

National Institute of Mental Health. (1982). *Television and behavior: Ten years of scientific progress and implications for the eighties.* Washington, DC: U. S. Government Printing Office. (p. 322)

National Institute of Mental Health. (1999). *ADHD: Attention deficity hyperactivity disorder.* Bethesda, MD: National Institute of Health Publication No. 96–3572, 1994, update July 1, 1999. (p. 595)

National Institute of Mental Health. (2003). *Attention deficit hyperactivity disorder.* Bethesda, MD: National Institute of Mental Health. (p. 595)

National Institute of Mental Health (2008). The numbers count: Mental disorders in America (nimh.nih.gov). (p. 598: Mental disorders in America (www.nimh.nih.gov). (p. 631)

National Institute on Drug Abuse. (2004). NIDA InfoFacts: Marijuana. www.nida.nih.gov/Infofax/marijuana.html. (p. 122)

National Institutes of Health. (1998). Clinical guidelines on the identification evaluation and treatment of overweight and obesity in adults. Executive summary, Obesity Education Initiative, National Heart, Lung, and Blood Institute. (p. 463)

National Research Council. (1990). *Human factors research needs for an aging population.* Washington, DC: National Academy Press. (p. 210)

National Safety Council (2008). Transportation mode comparisons, from *Injury Facts* (via correspondence with Kevin T. Fearn, Research & Statistical Services Department). (p. 378)

Naylor, T. H. (1990). Redefining corporate motivation, Swedish style. *Christian Century, 107,* 566–570. (p. 492)

NCASA (2007). *Wasting the best and the brightest: Substance abuse at America s colleges and universities.* New York; National Center on Addiction and Drug Abuse, Columbia University. (p. 125)

NCHS (2007). *Health, United States, 2007.* Hyattsville, MD: National Center for Health Statistics. (p. 456)

NCTV News. (1987, July-August). More research links harmful effects to non-violent porn, p. 12. (p. 702)

Neese, R. M. (1991, November/December). What good is feeling bad? The evolutionary benefits of psychic pain. *The Sciences,* pp. 30–37. (pp. 255, 301)

Neidorf, S., & Morin, R. (2007, May 23). Four-in-ten Americans have close friends or relatives who are gay. Pew Research Center Publications (pewresearch.org). (p. 717)

Neisser, U. (1979). The control of information pickup in selective looking. In A. D. Pick (Ed.), *Perception and its development: A tribute to Eleanor J. Gibson.* Hillsdale, NJ; Erlbaum. (p. 90)

Neisser, U. (1997a). The ecological study of memory. *Philosophical Transactions of the Royal Society of London, 352,* 1697–1701. (p. 420)

Neisser, U. (1998). *The rising curve: Long-term gains in IQ and related measures.* Washington, DC: American Psychological Association. (p. 420)

Neisser, U., Boodoo, G., Bouchard, T. J., Jr., Boykin, A. W., Brody, N., Ceci, S. J., Halpern, D. F., Loehlin, J. C., Perloff, R., Sternberg, R. J., & Urbina, S. (1996). Intelligence: Knowns and unknowns. *American Psychologist, 51,* 77–101. (pp. 427, 437)

Neisser, U., Winograd, E., & Weldon, M. S. (1991). Remembering the earthquake: What I experienced vs. How I heard the news. Paper presented to the Psychonomic Society convention. (p. 342)

Neitz, J., Geist, T., & Jacobs, G. H. (1989). Color vision in the dog. *Visual Neuroscience, 3,* 119–125. (p. 244)

Nelson, C. A., III, Zeanah, C. H., Fox, N. A., Marshall, P. J., Smyke, A. T., & Guthrie, D. (2007). Cognitive recovery in socially deprived young children: The Bucharest Early Intervention Project. *Science, 318,* 1937–1940. (p. 430)

Nelson, M. D., Saykin, A. J., Flashman, L. A., & Riordan, H. J. (1998). Hippocampal volume reduction in schizophrenia as assessed by magnetic resonance imaging. *Archives of General Psychiatry, 55,* 433–440. (p. 625)

Nelson, N. (1988). *A meta-analysis of the life-event/health paradigm: The influence of social support.* Philadelphia: Temple University Ph.D. dissertation. (p. 541)

Nemeth, C. J., & Ormiston, M. (2007). Creative idea generation: Harmony versus stimulation. *European Journal of Social Psychology, 37,* 524–535. (p. 690)

Nesca, M., & Koulack, D. (1994). Recognition memory, sleep and circadian rhythms. *Canadian Journal of Experimental Psychology, 48,* 359–379. (p. 354)

Nestoriuc, Y., Rief, W., & Martin, A. (2008). Meta-analysis of biofeedback for tension-type headache: Efficacy, specificity, and treatment moderators. *Journal of Consulting and Clinical Psychology, 76,* 379–396. (p. 545)

Neubauer, P. B., & Neubauer, A. 1990). *Nature s thumbprint: The new genetics of personality.* Reading, MA: Addison-Wesley. (p. 151)

Neumann, R., & Strack, F. (2000). Mood contagion : The automatic transfer of mood between persons. *Journal of Personality and Social Psychology, 79,* 211–223. (p. 514)

Neumann, R., & Strack, F. (2000). Mood contagion : The automatic transfer of mood between persons. *Journal of Personality and Social Psychology, 79,* 211–223. (p. 680)

Newberg, A., & D Aquili, E. (2001). *Why God won t go away: Brain science and the biology of belief.* New York: Simon and Schuster. (p. 547)

Newcomb, M. D., & Harlow, L. L. (1986). Life events and substance use among adolescents: Mediating effects of perceived loss of control and meaninglessness in life. *Journal of Personality and Social Psychology, 51,* 564–577. (p. 124)

Newcombe, N. S., Drummey, A. B., Fox, N. A., Lie, E., & Ottinger-Alberts, W. (2000). Remembering early childhood: How much, how, and why (or why not). *Current Directions in Psychological Science, 9,* 55–58. (p. 179)

Newman, A. J., Bavelier, D., Corina, D., Jezzard, P., & Neville, H. J. (2002). A critical period for right hemisphere recruitment in American Sign Language processing. *Nature Neuroscience, 5,* 76–80. (p. 388)

Newman, L. S., & Baumeister, R. F. (1996). Toward an explanation of the UFO abduction phenomenon: Hypnotic, elaboration, extraterrestrial sadomasochism, and spurious memories. *Psychological Inquiry, 7,* 99–126. (p. 109)

Newman, L. S., & Ruble, D. N. (1988). Stability and change in self-understanding: The early elementary school years. *Early Child Development and Care, 40,* 77–99. (p. 195)

Newman, M. L., Pennebaker, J. W., Berry, D. S., & Richards, J. M. (2003). Lying words: Predicting deception from linguistic style. *Personality and Social Psychology Bulletin, 29,* 665–675. (p. 505)

Newman, R., Ratner, N. B., Jusczyk, A. M., Jusczyk, P. W., & Dow, K. A. (2006). Infants early ability to segment the conversational speech signal predicts later language development: A retrospective analysis. *Developmental Psychology, 42,* 643–655. (p. 385)

Newport, E. L. (1990). Maturational constraints on language learning. *Cognitive Science, 14,* 11–28. (p. 388)

Newport, F. (2001, February). Americans see women as emotional and affectionate, men as more aggressive. *The Gallup Poll Monthly,* pp. 34–38. (p. 510)

Newport, F. (2002, July 29). Bush job approval update. *Gallup News Service* (www.gallup.com/poll/releases/pr020729.asp). (p. 717)

Newport, F. (2007, June 11). Majority of Republicans doubt theory of evolution. *Gallup Poll* (www.galluppoll.com). (p. 168)

Newport, F., Jones, J. M., Saad, L, & Carroll, J. (2007, April 27). Gallup poll review: 10 key points about public opinion on Iraq. *The Gallup Poll* (www.galluppoll.com). (p. 160)

Newport, F., Moore, D. W., Jones, J. M., & Saad, L. (2003, March 21). Special release: American opinion on the war. *Gallup Poll Tuesday Briefing* (www.gallup.com). (p. 679)

Newton, E. L. (1991). The rocky road from actions to intentions. *Dissertation Abstracts International, 51*(8–B), 4105. (p. 281)

Neylan, T. C., Metzler, T. J., Best, S. R., Weiss, D. S., Fagan, J. A., Liberman, A., Rogers, C., Vedantham, K., Brunet, A., Lipsey, T. L., & Marmar, C. R. (2002). Critical incident exposure and sleep quality in police officers. *Psychosomatic Medicine, 64,* 345–352. (p. 102)

Nezlek, J. B. (2001). Daily psychological adjustment and the planfulness of day-to-day behavior. *Journal of Social and Clinical Psychology, 20,* 452–475. (p. 579)

Ng, S. H. (1990). Androcentric coding of *man* and *his* in memory by language users. *Journal of Experimental Social Psychology, 26,* 455–464. (p. 393)

Ng, W. W. H., Sorensen, K. L., & Eby, L. T. (2006). Locus of control at work: A meta-analysis. *Journal of Organizational Behavior, 27,* 1057–1087. (p. 578)

Nguyen, D. (2005, September 22). JetBlue passengers watched news of drama. Associated Press release. (p. 529)

NHTSA. (2000). Traffic safety facts 1999: Older population. Washington, DC: National Highway Traffic Safety Administration (National Transportation Library: www.ntl.bts.gov). (p. 211)

NHTSA (2006, April). The 100-car naturalistic driving study phase II: Results of the 100-car field experiment. U.S. Department of Transportation, National Highway Safety Administration (www.nhtsa.gov). (p. 89)

NICHD (2006). Child-care effect sizes for the NICHD study of early child care and youth development. *American Psychologist, 61,* 99–116. (p. 193)

NICHD Early Child Care Research Network. (2002). Structure/process/outcome: Direct and indirect effects of caregiving quality on young children s development. *Psychological Science, 13,* 199–206. (p. 193)

NICHD Early Child Care Research Network. (2003). Does amount of time spent in child care predict socioemotional adjustment during the transition to kindergarten? *Child Development, 74,* 976–1005. (p. 193)

Nickell, J. (1996, May/June). A study of fantasy proneness in the thirteen cases of alleged encounters in John Mack s Abduction. *Skeptical Inquirer,* pp. 18–20, 54. (p. 109)

Nickerson, R. S. (1998). Applied experimental psychology. *Applied Psychology: An International Review, 47,* 155–173. (p. 280)

Nickerson, R. S. (1999). How we know—and sometimes misjudge—what others know: Imputing one s own knowledge to others. *Psychological Bulletin, 125,* 737–759. (p. 281)

Nickerson, R. S., & Adams, M. J. (1979). Long-term memory for a common object. *Cognitive Psychology, 11,* 287–307. (p. 351)

Nicol, S. E., & Gottesman, I. I. (1983). Clues to the genetics and neurobiology of schizophrenia. *American Scientist, 71,* 398–404. (p. 627)

Nicolaus, L. K., Cassel, J. F., Carlson, R. B., & Gustavson, C. R. (1983). Taste-aversion conditioning of crows to control predation on eggs. *Science, 220,* 212–214. (p. 300)

Nicolelis, M. A. L., & Chapin, J. K. (2002, October). Controlling robots with the mind. *Scientific American,* pp. 46–53. (p. 70)

NIDA. (2002). Methamphetamine abuse and addiction. *Research Report Series.* National Institute on Drug Abuse, NIH Publication Number 02–4210. (p. 117)

NIDA. (2005, May). Methamphetamine. *NIDA Info Facts.* National Institute on Drug Abuse. (p. 117)

Nielsen, K. M., Faergeman, O., Larsen, M. L., & Foldspang, A. (2006). Danish singles have a twofold risk of acute coronary syndrome: Data from a cohort of 138,290 persons. *Journal of Epidemiology and Community Health, 60,* 721–728. (p. 541)

Nier, J. A. (2004). Why does the above average effect exist? Demonstrating idiosyncratic trait definition. *Teaching of Psychology, 31,* 53–54. (p. 587)

Nightingale, F. (1860/1969). *Notes on nursing.* Mineola, NY: Dover. (p. 541)

NIH. (2001, July 20). Workshop summary: Scientific evidence on condom effectiveness for sexually transmitted disease (STD) prevention. Bethesda: National Institute of Allergy and Infectious Diseases, National Institutes of Health. (p. 470)

NIH (2006, December 4). NIDA researchers complete unprecedented scan of human genome that may help unlock the genetic contribution to tobacco addiction. *NIH News,* National Institutes of Health (www.nih.gov). (p. 124)

NIMH. (2002, April 26). U.S. suicide rates by age, gender, and racial group. National Institute of Mental Health (www.nimh.nih.gov/research/suichart.cfm). (p. 616)

NIMH. (2003). *Attention deficit hyperactivity disorder.* Bethesda, MD: National Institute of Mental Health. (p. 595)

Nisbett, R. E. (1987). Lay personality theory: Its nature, origin, and utility. In N. E. Grunberg, R. E. Nisbett, & others, *A distinctive approach to psychological research: The influence of Stanley Schachter.* Hillsdale, NJ: Erlbaum. (p. 485)

Nisbett, R. E., & Cohen, D. (1996). *Culture of honor: The psychology of violence in the South.* Boulder, CO: Westview Press. (p. 701)

Nisbett, R. E., & Ross, L. (1980). *Human inference: Strategies and shortcomings of social judgment.* Englewood Cliffs, NJ: Prentice-Hall. (p. 374)

Nitschke, J. B., Dixon, G. E., Sarinopoulos, I., Short, S. J., Cohen, J. D., Smith, E. E., Kosslyn, S. M., Rose, R. M., & Davidson, R. J. (2006). Altering expectancy dampens neural response to aversive taste in primary taste cortex. *Nature Neuroscience 9,* 435–442. (p. 259)

Nixon, G., M., Thompson, J. M. D., Han, D. Y., Becroft, D. M., Clark, P. M., Robinson, E., Waldie, K E., Wild, C. J., Black, P. N., & Mitchell, E. A. (2008). Short sleep duration in middle childhood: Risk factors and consequences. *Sleep, 31,* 71–78. (p. 98)

Noel, J. G., Forsyth, D. R., & Kelley, K. N. (1987). Improving the performance of failing students by overcoming their self-serving attributional biases. *Basic and Applied Social Psychology, 8,* 151–162. (p. 580)

Noftle, E. E., & Robins, R. W. (2007). Personality predictors of academic outcomes: Big Five correlates of GPA and SAT scores. *Journal of Personality and Social Psychology, 93,* 116–130. (p. 572)

Noice, H., & Noice, T. (2006). What studies of actors and acting can tell us about memory and cognitive functioning. *Current Directions in Psychological Science, 15,* 14–18. (p. 334)

Nolen-Hoeksema, S. (2001). Gender differences in depression. *Current Directions in Psychological Science, 10,* 173–176. (p. 619)

Nolen-Hoeksema, S. (2003). *Women who think too much: How to break free of overthinking and reclaim your life.* New York: Holt. (p. 619)

Nolen-Hoeksema, S., & Larson, J. (1999). *Coping with loss.* Mahwah, NJ: Erlbaum. (p. 222)

NORC (2007). National Opinion Research Center (University of Chicago) General

Social Survey data, 1972 through 2004, accessed via sda.berkeley.edu. (p. 480)

Nordgren, L. F., van der Pligt, J., & van Harreveld, F. (2006). Visceral drives in retrospect: Explanations about the inaccessible past. *Psychological Science, 17,* 635–640. (p. 448)

Nordgren, L. F., van der Pligt, J., & van Harreveld, F. (2007). Evaluating Eve: Visceral states influence the evaluation of impulsive behavior. *Journal of Personality and Social Psychology, 93,* 75–84. (p. 448)

Norem, J. K. (2001). The positive power of negative thinking: Using defensive pessimism to harness anxiety and perform at your peak. New York: Basic Books. (p. 581)

Norenzayan, A., & Hansen, I. G. (2006). Belief in supernatural agents in the face of death. *Personality and Social Psychology Bulletin, 32,* 174–187. (p. 563)

Norman, D. A. (2001). The perils of home theater (www.jnd.org/dn.mss/ProblemsOfHomeTheater.html). (p. 280)

Normand, M. P., & Dallery, J. (2007, June 20). Mercury rising: Exposing the vaccine-autism myth. *eSkeptic: The email newsletter of the Skeptics Society* (www.skeptic.com/eskep. (p. 186)

Noroozian, M., Lofti, J., Gassemzadeh, H., Emami, H., & Mehrabi, Y. (2003). Academic achievement and learning abilities in left-handers: Guilt or gift? *Cortex, 38,* 779–785. (p. 80)

Norton, K. I., Olds, T. S., Olive, S., & Dank, S. (1996). Ken and Barbie at life size. *Sex Roles, 34,* 287–294. (p. 454)

Norton, M. B. (2002, October 31). *They called it witchcraft. New York Times* (www.nytimes.com). (p. 696)

Norton, P. J., & Price, E. C. (2007). A meta-analytic review of adult cognitive-behavioral treatment outcome across the anxiety disorders. *Journal of Nervous and Mental Disease, 195,* 521–531. (p. 649)

Nowak, R. (1994). Nicotine scrutinized as FDA seeks to regulate cigarettes. *Science, 263,* 1555–1556. (p. 119)

Nowell, A., & Hedges, L. V. (1998). Trends in gender differences in academic achievement from 1960 to 1994: An analysis of differences in mean, variance, and extreme scores. *Sex Roles, 39,* 21–43. (p. 433)

NSF (2008). *2008 sleep in America poll.* National Sleep Foundation (sleepfoundation.org). (p. 97)

NSF. (2001, October 24). Public bounces back after Sept. 11 attacks, national study shows. *NSF News,* National Science Foundation (www.nsf.gov/od/lpa/news/press/ol/pr0185.htm). (p. 530)

Nurnberger, Jr., J. I., & Bierut, L. J. (2007, April). Seeking the connections: Alcoholism and our genes. *Scientific American,* pp. 46–53. (p. 124)

Nuttin, J. M., Jr. (1987). Affective consequences of mere ownership: The name letter effect in twelve European languages. *European Journal of Social Psychology, 17,* 381–402. (p. 705)

O Connor, A. (2004, February 6). Study details 30-year increase in calorie consumption. *New York Times* (www.nytimes.com). (p. 461)

O Connor, A. (2004, May 14). Pressure to go along with abuse is strong, but some soldiers find strength to refuse. *New York Times* (www.nytimes.com). (p. 690)

O Connor, P., & Brown, G. W. (1984). Supportive relationships: Fact or fancy? *Journal of Social and Personal Relationships, 1,* 159–175. (p. 658)

O Donnell, L., Stueve, A., O Donnell, C., Duran, R., San Doval, A., Wilson, R. F., Haber, D., Perry, E., & Pleck, J. H. (2002). Long-term reduction in sexual initiation and sexual activity among urban middle schoolers in the reach for health service learning program. *Journal of Adolescent Health, 31,* 93–100. (p. 471)

O Keeffe, C., & Wiseman, R. (2005). Testing alleged mediumship: Methods and results. *British Journal of Psychology, 96,* 165–179. (p. 573)

O Neil, J. (2002, September 3). Vital Signs: Behavior: Parent smoking and teenage sex. *New York Times.* (p. 15)

O Neill, M. J. (1993). The relationship between privacy, control, and stress responses in office workers. Paper presented to the Human Factors and Ergonomics Society convention. (p. 538)

O Reardon, J. P. & 12 others (2007). Efficacy and safety of transcranial magnetic stimulation in the acute treatment of major depression: A multisite randomized controlled trial. *Biological Psychiatry, 62,* 1208–1216. (p. 666)

Oaten, M., & Cheng, K. (2006a). Longitudinal gains in self-regulation from regular physical exercise. *British Journal of Health Psychology, 11,* 717–733. (p. 579)

Oaten, M., & Cheng, K. (2006b). Improved self-control: The benefits of a regular program of academic study. *Basic and Applied Social Psychology, 28,* 1–16. (p. 579)

Oberlander, J., & Gill, A. J. (2006). Language with character: A stratified corpus comparison of individual differences in e-mail communication. *Discourse Processes, 42,* 239–270. (p. 575)

Oberman, L. M., & Ramachandran, V. S. (2007). The simulating social mind: The role of the mirror neuron system and simulation in the social and communicative deficits of autism spectrum disorders. *Psychological Bulletin, 133,* 310–327. (p. 187)

Oberman, L. M., Winkielman, P., & Ramachandran. V. S. (2007). Face to face: Blocking facial mimicry can selectively impair recognition of emotional expressions. *Social Neuroscience, 2,* 167–178. (p. 514)

Oddone-Paolucci, E., Genuis, M., & Violato, C. (2000). A meta-analysis of the published research on the effects of pornography. In C. Violato, E. Oddone-Paolucci, & M. Genuis (Eds.), *The changing family and child development.* Aldershot, England: Ashgate. (p. 702)

Oetting, E. R., & Beauvais, F. (1987). Peer cluster theory, socialization characteristics, and adolescent drug use: A path analysis. *Journal of Counseling Psychology, 34,* 205–213. (p. 125)

Oetting, E. R., & Beauvais, F. (1990). Adolescent drug use: Findings of national and local surveys. *Journal of Social and Personal Relationships, 1,* 159–175. (p. 125)

Oettingen, G., & Mayer, D. (2002). The motivating function of thinking about the future: Expectations versus fantasies. *Journal of Personality and Social Psychology, 83,* 1198–1212. (p. 580)

Oettingen, G., & Seligman, M. E. P. (1990). Pessimism and behavioural signs of depression in East versus West Berlin. *European Journal of Social Psychology, 20,* 207–220. (p. 580)

Offer, D., Kaiz, M., Howard, K. I., & Bennett, E. S. (2000). The altering of reported experiences. *Journal of the American Academy of Child and Adolescent Psychiatry, 39,* 735–742. (p. 360)

Offer, D., Ostrov, E., Howard, K. I., & Atkinson, R. (1988). *The teenage world: Adolescents self-image in ten countries.* New York: Plenum. (p. 205)

Ogden, C. L., Fryar, C. D., Carroll, M. D., & Flegal, K. M. (2004, October 27). Mean body weight, heights, and body mass index, Unites States 1960–2002. *Advance Data from Vital and Health Statistics, No. 347.* (p. 461)

hman, A. (1986). Face the beast and fear the face: Animal and social fears as prototypes for evolutionary analyses of emotion. *Psychophysiology, 23,* 123–145. (p. 607)

hman, A., & Mineka, S. (2003). The malicious serpent: Snakes as a prototypical stimulus for an evolved module of fear. *Current Directions in Psychological Science, 12,* 5–9. (p. 517)

hman, A., Lundqvist, D., & Esteves, F. (2001). The face in the crowd revisited: A threat advantage with schematic stimuli. *Journal of Personality and Social Psychology, 80,* 381–396. (p. 508)

Oishi, S., Diener, E. F., Lucas, R. E., & Suh, E. M. (1999). Cross-cultural variations in predictors of life satisfaction: Perspectives from needs and values. *Personality and Social Psychology Bulletin, 25,* 980–990. (p. 446)

Oishi, S., Diener, E., & Lucas, R. E. (2007). The optimum level of well-being: Can people be too happy? *Perspectives on Psychological Science, 2,* 346–360. (p. 520)

Okun, M. S., & 12 others (2004). What s in a smile? Intra-operative observations of contralateral smiles induced by deep brain stimulation. *Neurocase, 10,* 271–279. (p. 502)

Olatunji, B. O., Cisler, J. M., & Tolin, D. F. (2007). Quality of life in the anxiety disorders: A meta-analytic review. *Clinical Psychology Review, 27,* 572–581. (p. 602)

Olds, J. (1958). Self-stimulation of the brain. *Science, 127,* 315–324. (p. 66)

Olds, J. (1975). Mapping the mind onto the brain. In F. G. Worden, J. P. Swazey, & G. Adelman (Eds.), *The neurosciences: Paths of discovery.* Cambridge, MA: MIT Press. (p. 66)

Olds, J., & Milner, P. (1954). Positive reinforcement produced by electrical stimulation of the septal area and other regions of rat brain. *Journal of Comparative and Physiological Psychology, 47,* 419–427. (p. 66)

Olff, M., Langeland, W., Draijer, N., & Gersons, B. P. R. (2007). Gender differences in posttraumatic stress disorder. *Psychological Bulletin, 135,* 183–204. (p. 605)

Olfson, M., Gameroff, M. J., Marcus, S. C., & Jensen, P. S. (2003). National trends in the treatment of attention deficit hyperactivity disorder. *American Journal of Psychiatry, 160,* 1071–1077. (p. 595)

Olfson, M., Marcus, S. C., Wan, G. J., & Geissler, E. C. (2004). National trends in the outpatient treatment of anxiety disorders. *Journal of Clinical Psychiatry, 65,* 1166–1173. (p. 662)

Olfson, M., Shaffer, D., Marcus, S. C., & Greenberg, T. (2003). Relationship between antidepressant medication treatment and suicide in adolescents. *Archives of General Psychiatry, 60,* 978–982. (p. 662)

Olin, S. S., & Mednick, S. A. (1996). Risk factors of psychosis: Identifying vulnerable populations premorbidly. *Schizophrenia Bulletin, 22,* 223–240. (p. 627)

Oliner, S. P., & Oliner, P. M. (1988). *The altruistic personality: Rescuers of Jews in Nazi Europe.* New York: Free Press. (p. 321)

Olshansky, S. J., Carnes, B. A., & Cassel, C. K. (1993, April). The aging of the human species. *Scientific American,* pp. 46–52. (p. 209)

Olshansky, S. J., Passaro, D. J., Hershow, R. C., Layden, J., Carnes, B. A., Brody, J., Hayflick, L., Butler, R. N., Allison, D. B., & Ludwig, D. S. (2005). A potential decline in life expectancy in the United States in the 21st century. *New England Journal of Medicine, 352,* 1138–1145. (p. 456)

Olson, M. A., & Fazio, R. H. (2001). Implicit attitude formation through classical conditioning. *Psychological Science, 12,* 413–417. (p. 296)

Olson, S. (2005). Brain scans raise privacy concerns. *Science, 307,* 1548–1550. (p. 569)

Olsson, A., & Phelps, E. A. (2004). Learned fear of unseen faces after Pavlovian, observational, and instructed fear. *Psychological Science, 15,* 822–828. (p. 606)

Olsson, A., Nearing, K. I., & Phelps, E. A. (2007). Learning fears by observing others: The neural systems of social fear transmission. *Social Cognitive and Affective Neuroscience, 2,* 3–11. (p. 516)

Olweus, D., Mattsson, A., Schalling, D., & Low, H. (1988). Circulating testosterone levels and aggression in adolescent males: A causal analysis. *Psychosomatic Medicine, 50,* 261–272. (p. 699)

Oman, D., Kurata, J. H., Strawbridge, W. J., & Cohen, R. D. (2002). Religious attendance and cause of death over 31 years. *International Journal of Psychiatry in Medicine, 32,* 69–89. (p. 548)

Onishi, N. (2008, June 13). Japan, seeking trim waists, measures millions. *New York Times* (www.nytimes.com). (p. 457)

ORB (2008, January). Update on Iraqi casualty data. Opinion Research Business (London) (www.opinion.co.uk). (p. 673)

Oren, D. A., & Terman, M. (1998). Tweaking the human circadian clock with light. *Science, 279,* 333–334. (p. 92)

Orlovskaya, D. D., Uranova, N. A., Zimina, I. S., Kolomeets, N. S., Vikhreva, O. V., Rachmanova, V. I., Black, J. E., Klintsova, A. Y., & Greenough, W. T. (1999). Effect of professional status on the number of synapses per neuron in the prefrontal cortex of normal human and schizophrenic brain. *Society for Neuroscience Abstracts,* 329.11, *25,* 818. (p. 413)

Orne, M. T., & Evans, F. J. (1965). Social control in the psychological experiment: Antisocial behavior and hypnosis. *Journal of Personality and Social Psychology, 1,* 189–200. (p. 109)

Osborne, C., Manning, W. D., & Smock, P. J. (2007). Married and cohabiting parents relationship stability: A focus on race and ethnicity. *Journal of Marriage and Family, 69,* 1345–1366. (p. 218)

Osborne, J. W. (1997). Race and academic disidentification. *Journal of Educational Psychology, 89,* 728–735. (p. 438)

Osborne, L. (1999, October 27). A linguistic big bang. *New York Times Magazine* (www.nytimes.com). (p. 387)

Osgood, C. E. (1962). *An alternative to war or surrender.* Urbana: University of Illinois Press. (p. 719)

Osgood, C. E. (1980). *GRIT: A strategy for survival in mankind s nuclear age?* Paper presented at the Pugwash Conference on New Directions in Disarmament. (p. 719)

OSS Assessment Staff. (1948). *The assessment of men.* New York: Rinehart. (p. 583)

Ost, L. G., & Hugdahl, K. (1981). Acquisition of phobias and anxiety response patterns in clinical patients. *Behaviour Research and Therapy, 16,* 439–447. (p. 606)

Ostfeld, A. M., Kasl, S. V., D Atri, D. A., & Fitzgerald, E. F. (1987). *Stress, crowding, and blood pressure in prison.* Hillsdale, NJ: Erlbaum. (p. 539)

Oswald, A. J., & Powdthavee, N. (2006). Does happiness adapt? A longitudinal study of disability with implications for economists and judges. Bonn: Institute for the Study of Labor, Discussion Paper No. 2208. (p. 521)

Oswald, A. J., & Powdthavee, N. (2007). Obesity, unhappiness, and *The Challenge of Affluence*: Theory and evidence. *Economic Journal.* (p. 458)

Ott, B. (2007, June 14). Investors, take note: Engagement boosts earnings. *Gallup Management Journal* (gmj.gallup.com). (p. 490)

Ott, C. H., Lueger, R. J., Kelber, S. T., & Prigerson, H. G. (2007). Spousal bereavement in older adults: Common, resilient, and chronic grief with defining characteristics. *Journal of Nervous and Mental Disease, 195,* 332–341. (p. 222)

Ouellette, J. A., & Wood, W. (1998). Habit and intention in everyday life: The multiple processes by which past behavior predicts future behavior. *Psychological Bulletin, 124,* 54–74. (pp. 485, 583)

Overmier, J. B., & Murison, R. (1997). Animal models reveal the psych in the psychosomatics of peptic ulcers. *Current Directions in Psychological Science, 6,* 180–184. (p. 538)

Owen, A. M., Coleman, M. R., Boly, M., Davis, M. H., Laureys, S., & Pickard, J. D. (2006). Detecting awareness in the vegetative state. *Science, 313,* 1402. (p. 87)

Owen, R. (1814). First essay in *New view of society or the formation of character.* Quoted in *The story of New Lamark.* New Lamark Mills, Lamark, Scotland: New Lamark Conservation Trust, 1993. (p. 489)

Oxfam (2005, March 26). Three months on: New figures show tsunami may have killed up to four times as many women as men. *Oxfam Press Release* (www.oxfam.org.uk). (p. 164)

Ozer, E. J., & Weiss, D. S. (2004). Who develops posttraumatic stress disorder. *Current Directions in Psychological Science, 13,* 169–172. (p. 605)

Ozer, E. J., Best, S. R., Lipsey, T. L., & Weiss, D. S. (2003). Predictors of posttraumatic stress disorder and symptoms in adults: A meta-analysis. *Psychological Bulletin, 129,* 52–73. (p. 605)

zgen, E. (2004). Language, learning, and color perception. *Current Directions in Psychological Science, 13,* 95–98. (p. 392)

Pacifici, R., Zuccaro, P., Farre, M., Pichini, S., Di Carlo, S., Roset, P. N., Ortuno, J., Pujadus, M., Bacosi, A., Menoyo, E., Segura, J., & de la Torre, R. (2001). Effects of repeated doses of MDMA (Ecstasy) on cell-mediated immune response in humans. *Life Sciences, 69,* 2931–2941. (p. 121)

Paddock, S., Laje, G., Charney, D., Rush, A. J., Wilson, A. F., Sorant, A. J. M., Lipsky, R., Wisniewski, S. R., Manji, H., & McMahon, F. J. (2007). Association of GRIK4 with outcome of antidepressant treatment in the STAR*D cohort. *American Journal of Psychiatry, 164,* 1181–1188. (p. 616)

Padgett, V. R. (1989). Predicting organizational violence: An application of 11 powerful principles of obedience. Paper presented to the American Psychological Association convention. (p. 685)

Page, S. (1977). Effects of the mental illness label in attempts to obtain accommodation. *Canadian Journal of Behavioral Science, 9,* 84–90. (p. 600)

Page, S. E. (2007). *The difference: How the power of diversity creates better groups, firms, schools, and societies.* Princeton: Princeton University Press. (p. 690)

Pagnin, D., de Queiroz, V., Pini, S., & Cassano, G. B. (2004). Efficacy of ECT in depression: A meta-analytic review. *Journal of ECT, 20,* 13–20. (p. 664)

Paivio, A. (1986). *Mental representations: A dual coding approach.* New York: Oxford University Press. (p. 335)

Palace, E. M. (1995). Modification of dysfunctional patterns of sexual response through autonomic arousal and false physiological feedback. *Journal of Consulting and Clinical Psychology, 63,* 604–615. (p. 503)

Palladino, J. J., & Carducci, B. J. (1983). Things that go bump in the night : Students knowledge of sleep and dreams. Paper presented at the meeting of the Southeastern Psychological Association. (p. 92)

Pallier, C., Colom , A., & Sebasti n-Gall s, N. (2001). The influence of native-language phonology on lexical access: Exemplar-based versus abstract lexical entries. *Psychological Science, 12,* 445–448. (p. 385)

Palmer, S., Schreiber, C., & Box, C. (1991). Remembering the earthquake: Flashbulb memory for experienced vs. reported events. Paper presented to the Psychonomic Society convention. (p. 342)

Pandelaere, M., & Dewitte, S. (2006). Is this a question? Not for long. The statement bias. *Journal of Experimental Social Psychology, 42,* 525–531. (p. 361)

Pandey, J., Sinha, Y., Prakash, A., & Tripathi, R. C. (1982). Right-left political ideologies and attribution of the causes of poverty. *European Journal of Social Psychology, 12,* 327–331. (p. 675)

Panskepp, J. (2007). Neurologizing the psychology of affects: How appraisal-based constructivism and basic emotion theory can coexist. *Perspectives on Psycho-*

logical Science, 2, 281–295. (p. 501)

Pantev, C., Oostenveld, R., Engelien, A., Ross, B., Roberts, L. R., & Hoke, M. (1998). Increased auditory cortical representation in musicians. *Nature, 392,* 811–814. (p. 73)

Panzarella, C., Alloy, L. B., & Whitehouse, W. G. (2006). Expanded hopelessness theory of depression: On the mechanisms by which social support protects against depression. *Cognitive Theory and Research, 30,* 307–333. (p. 619)

Park, C. L. (2007). Religiousness/spirituality and health: A meaning systems perspective. *Journal of Behavioral Medicine, 30,* 319–328. (p. 548)

Park, D. C., Lautenschlager, G., Hedden, T., Davidson, N. S., Smith, A. D., & Smith, P. K. (2002). Models of visuospatial and verbal memory across the adult life span. *Psychology and Aging, 17,* 299–320. (p. 216)

Park, G., Lubinski, D., & Benbow, C. P. (2007). Contrasting intellectual patterns predict creativity in the arts and sciences. *Psychological Science, 18,* 948–952. (p. 426)

Park, J., Felix, K., & Lee, G. (2007). Implicit attitudes toward Arab-Muslims and the moderating effects of social information. *Basic and Applied Social Psychology, 29,* 35–45. (p. 296)

Park, R. L. (1999). Liars never break a sweat. *New York Times,* July 12, 1999 (www.nytimes.com). (p. 504)

Parker, C. P., Baltes, B. B., Young, S. A., Huff, J. W., Altmann, R. A., LaCost, H. A., & Roberts, J. E. (2003). Relationships between psychological climate perceptions and work outcomes: A meta-analytic review. *Journal of Organizational Behavior, 24,* 389-416. (p. 488)

Parker, E. S., Cahill, L., & McGaugh, J. L. (2006). A case of unusual autobiographical remembering. *Neurocase, 12,* 35–49. (p. 350)

Parker, S., Nichter, M., Nichter, M., & Vuckovic, N. (1995). Body image and weight concerns among African American and white adolescent females: Differences that make a difference. *Human Organization, 54,* 103–114. (p. 456)

Passell, P. (1993, March 9). Like a new drug, social programs are put to the test. *New York Times,* pp. C1, C10. (p. 19)

Pastalkova, E., Serrano, P., Pinkhasova, D., Wallace, E., Fenton, A. A., & Sacktor, T. C. (2006). Storage of spatial information by the maintenance mechanism of LTP. *Science, 313,* 1141–1144. (p. 340)

Patall, E. A., Cooper, H., & Robinson, J. C. (2008). The effects of choice on intrinsic motivation and related outcomes: A meta-analysis of research findings. *Psychological Bulletin, 134,* 270–300. (p. 313)

Pate, J. E., Pumariega, A. J., Hester, C., & Garner, D. M. (1992). Cross-cultural patterns in eating disorders: A review. *Journal of the American Academy of Child and Adolescent Psychiatry, 31,* 802–809. (p. 453)

Patel, S. R., Malhotra, A., White, D. P., Gottlieb, D. J., & Hu, F. B. (2006). Association between reduced sleep and weight gain in women. *American Journal of Epidemiology, 164,* 947–954. (p. 98)

Patrick, H., Knee, C. R., Canevello, A., Lonsbary, C. (2007). The role of need fulfillment in relationship functioning and well-being: A self-determination theory perspective. *Journal of Personality and Social Psychology, 92,* 434–457. (p. 479)

Patten, S. B., Wang, J. L., Williams, J. V. A., Currie, S., Beck, C. A., Maxwell, C. J., & el-Guebaly, N. (2006). Descriptive epidemiology of major depression in Canada. *Canadian Journal of Psychiatry, 51,* 84–90. (p. 612)

Patterson, D. R. (2004). Treating pain with hypnosis. *Current Directions in Psychological Science, 13,* 252–255. (p. 110)

Patterson, F. (1978, October). Conversations with a gorilla. *National Geographic,* pp. 438–465. (p. 398)

Patterson, G. R., Chamberlain, P., & Reid, J. B. (1982). A comparative evaluation of parent training procedures. *Behavior Therapy, 13,* 638–650. (pp. 311, 701)

Patterson, G. R., Reid, J. B., & Dishion, T. J. (1992). *Antisocial boys.* Eugene, OR: Castalia. (p. 701)

Patterson, M., Warr, P., & West, M. (2004). Organizational climate and company productivity: The role of employee affect and employee level. *Journal of Occupational and Organizational Psychology, 77,* 193–216. (p. 488)

Patterson, P. H. (2007). Maternal effects on schizophrenia risk. *Science, 318,* 576–577. (p. 625)

Patterson, R. (1951). *The riddle of Emily Dickinson.* Boston: Houghton Mifflin. (p. 621)

Patton, G. C., Coffey, C., Carlin, J. B., Degenhardt, L., Lynskey, M., & Hall, W. (2002). Cannabis use and mental health of young people: Cohort study. *British Medical Journal, 325,* 1195–1198. (p. 122)

Paulesu, E., Demonet, J-F., Fazio, F., McCrory, E., Chanoine, V., Brunswick, N., Cappa, S. F., Cossu, G., Habib, M., Frith, C. D., & Frith, U. (2001). Dyslexia: Cultural diversity and biological unity. *Science, 291,* 2165–2167. (p. 26)

Paulos, J. A. (1995). *A mathematician reads the newspaper.* New York: Basic Books. (p. 663)

Paulos, J. A. (2006, August 6). Who s counting: It s mean to ignore the median (www.ABCNews.com). (p. 22)

Paus, T., Zijdenbos, A., Worsley, K., Collins, D. L., Blumenthal, J., Giedd, J. N., Rapoport, J. L., & Evans, A. C. (1999) Structural maturation of neural pathways in children and adolescents: In vivo study. *Science, 283,* 1908–1911. (p. 177)

Pavlidis, G. T. (2005, January 17). Eye movements can diagnose preschoolers at high risk for attention deficit/hyperactivity disorder (ADHD). Press release, Brunel University (www.brunel.ac.uk). (p. 595)

Pavlov, I. (1927). *Conditioned reflexes: An investigation of the physiological activity of the cerebral cortex.* Oxford: Oxford University Press. (pp. 294, 298)

Payne, B. K. (2006). Weapon bias: Split-second decisions and unintended stereotyping. *Current Directions in Psychological Science, 15,* 287–291. (p. 693)

Payne, B. K., & Corrigan, E. (2007). Emotional constraints on intentional forgetting. *Journal of Experimental Social Psychology, 43,* 780–786. (p. 355)

Pedersen, N. L., Plomin, R., McClearn, G. E., & Friberg, L. (1988). Neuroticism, extraversion, and related traits in adult twins reared apart and reared together. *Journal of Personality and Social Psychology, 55,* 950–957. (p. 138)

Peeters, A., Barendregt, J. J., Willekens, F., Mackenbach, J. P., & Mamum, A. A. (2003). Obesity in adulthood and its consequences for life expectancy: A life-table analysis. *Annals of Internal Medicine, 138,* 24–32. (p. 457)

Peigneux, P., Laureys, S., Fuchs, S., Collette, F., Perrin, F., Reggers, J., Phillips, C., Degueldre, C., Del Fiore, G., Aerts, J., Luxen, A., & Maquet, P. (2004). Are spatial memories strengthened in the human hippocampus during slow wave sleep? *Neuron, 44,* 535–545. (pp. 100, 344)

Pekkanen, J. (1982, June). Why do we sleep? *Science, 82,* p. 86. (p. 101)

Pelham, B. W. (1993). On the highly positive thoughts of the highly depressed. In R. F. Baumeister (Ed.), *Self-esteem: The puzzle of low self-regard.* New York: Plenum. (p. 585)

Pendick, D. (1994, January/February). The mind of violence. *Brain Work: The Neuroscience Newsletter,* pp. 1–3, 5. (p. 699)

Penhune, V. B., Cismaru, R., Dorsaint-Pierre, R., Petitto, L-A., & Zatorre, R. J. (2003). The morphometry of auditory cortex in the congenitally deaf measured using MRI. *NeuroImage, 20,* 1215–1225. (p. 252)

Pennebaker, J. (1990). *Opening up: The healing power of confiding in others.* New York: William Morrow. (pp. 542, 562)

Pennebaker, J. W. (2002, January 28). Personal communication. (p. 717)

Pennebaker, J. W., & O Heeron, R. C. (1984). Confiding in others and illness rate among spouses of suicide and accidental death victims. *Journal of Abnormal Psychology, 93,* 473–476. (p. 542)

Pennebaker, J. W., & Stone, L. D. (2003). Words of wisdom: Language use over the life span. *Journal of Personality and Social Psychology, 85,* 291–301. (p. 220)

Pennebaker, J. W., Barger, S. D., & Tiebout, J. (1989). Disclosure of traumas and health among Holocaust survivors. *Psychosomatic Medicine, 51,* 577–589. (p. 542)

Penny, H., & Haddock, G. (2007). Anti-fat prejudice among children: The mere proximity effect in 5-10 year olds. *Journal of Experimental Social Psychology, 43,* 678–683. (p. 458)

Peplau, L. A., & Fingerhut, A. W. (2007). The close relationships of lesbians and gay men. *Annual Review of Psychology, 58,* 405–424. (pp. 146, 218, 471)

Peplau, L. A., & Garnets, L. D. (2000). A new paradigm for understanding women s sexuality and sexual orientation. *Journal of Social Issues, 56,* 329–350. (p. 472)

Peppard, P. E., Szklo-Coxe, M., Hia, K. M., & Young, T. (2006). Longitudinal association of sleep-related breathing disorder and depression. *Archives of Internal Medicine, 166,* 1709–1715. (p. 103)

Pepperberg, I. M. (2006). Grey parrot numerical competence: A review. *Animal Cognition, 9,* 377–391. (p. 397)

Perani, D., & Abutalebi, J. (2005). The neural basis of first and second language processing. *Current Opinion in Neurobiology, 15,* 202–206. (p. 390)

Pereira, A. C., Huddleston, D. E., Brickman, A. M., Sosunov, A. A., Hen, R., McKhann, G. M., Sloan, R., Gage, F. H., Brown, T. R., & Small, S. A. (2007). An *in vivo* correlate of exercise-induced neurogenesis in the adult dentate gyrus. *Proceedings of the National Academic of Sciences, 104,* 5638–5643. (pp. 75, 211)

Pereira, G. M., & Osburn, H. G. (2007). Effects of participation in decision making on performance and employee attitudes: A quality circles meta-analysis. *Journal of Business Psychology, 22,* 145–153. (pp. 211, 492)

Perkins, A., & Fitzgerald, J. A. (1997). Sexual orientation in domestic rams: Some biological and social correlates. In L. Ellis and L. Ebertz (Eds.), *Sexual orientation: Toward biological understanding.* Westport, CT: Praeger Publishers. (p. 474)

Perlmutter, M. (1983). Learning and memory through adulthood. In M. W. Riley, B. B. Hess, & K. Bond (Eds.), *Aging in society: Selected reviews of recent research.* Hillsdale, NJ: Erlbaum. (p. 214)

Perls, T., & Silver, M. H., with Lauerman, J. F. (1999). *Living to 100: Lessons in living to your maximum potential.* Thorndike, ME: Thorndike Press. (p. 535)

Perra, O., Williams, J. H. G., Whiten, A., Fraser, L., Benzie, H., & Perrett, D. I. (2008). Imitation and theory of mind competencies in discrimination of autism from other neurodevelopmental disorders. *Research in Autism Spectrum Disorders, 2,* 456–468. (p. 187)

Perrett, D. (2002, October 1). Perception laboratory, Department of Psychology, University of St. Andrews, Scotland (www.perception.st-and.ac.uk). (p. 708)

Perrett, D. I., Harries, M., Misflin, A. J., & Chitty, A. J. (1988). Three stages in the classification of body movements by visual neurons. In H. B. Barlow, C. Blakemore, & M. Weston Smith (Eds.), *Images and understanding.* Cambridge: Cambridge University Press. (p. 241)

Perrett, D. I., Hietanen, J. K., Oram, M. W., & Benson, P. J. (1992). Organization and functions of cells responsive to faces in the temporal cortex. *Philosophical Transactions of the Royal Society of London: Series B,* 335, 23–30. (p. 241)

Perrett, D. I., Lee, K. J., Penton-Voak, I., Rowland, D., Yoshikawa, S., Burt, D. M., Henzi, S. P., Castles, D. L., Akamatsu, S. (1998, August). Effects of sexual dimorphism on facial attractiveness. *Nature, 394,* 884–887. (p. 694)

Perrett, D. I., May, K. A., & Yoshikawa, S. (1994). Facial shape and judgments of female attractiveness. *Nature, 368,* 239–242. (p. 241)

Persky, S., & Blascovich, J. (2005). Consequences of playing violent video games in immersive virtual environments, In A. Axelsson & Ralph Schroeder (Eds.). *Work and Play in Shared Virtual Environments.* New York: Springer. (p. 705)

Person, C., Tracy, M., & Galea, S. (2006). Risk factors for depression after a disaster. *Journal of Nervous and Mental Disease, 194,* 659–666. (p. 615)

Pert, C. (1986). Quoted in J. Hooper & D. Teresi, *The three-pound universe.* New York: Macmillan. (p. 66)

Pert, C. B., & Snyder, S. H. (1973). Opiate receptor: Demonstration in nervous tissue. *Science, 179,* 1011–1014. (p. 53)

Perugini, E. M., Kirsch, I., Allen, S. T., Coldwell, E., Meredith, J., Montgomery, G. H., & Sheehan, J. (1998). Surreptitious observation of responses to hypnotically suggested hallucinations: A test of the compliance hypothesis. *International Journal of Clinical and Experimental Hypnosis, 46,* 191–203. (p. 111)

Peschel, E. R., & Peschel, R. E. (1987). Medical insights into the castrati in opera. *American Scientist, 75,* 578–583. (p. 467)

Peters, M., Reimers, S., & Manning, J. T. (2006). Hand preference for writing and associations with selected demographic and behavioral variables in 255,100 subjects: The BBC internet study. *Brain and Cognition, 62,* 177–189. (p. 79)

Peters, T. J., & Waterman, R. H., Jr. (1982). *In search of excellence: Lessons from America s best-run companies.* New York: Harper & Row. (p. 315)

Peterson, C. C., & Siegal, M. (1999). Representing inner worlds: Theory of mind in autistic, deaf, and normal hearing children. *Psychological Science, 10,* 126–129. (p. 185)

Peterson, C., & Barrett, L. C. (1987). Explanatory style and academic performance among university freshmen. *Journal of Personality and Social Psychology, 53,* 603–607. (p. 580)

Peterson, C., & Seligman, M. E. P. (2004). *Character strengths and virtues: A handbook and classification.* New York: Oxford. (p. 599)

Peterson, C., Peterson, J., & Skevington, S. (1986). Heated argument and adolescent development. *Journal of Social and Personal Relationships, 3,* 229–240. (p. 199)

Peterson, L. R., & Peterson, M. J. (1959). Short-term retention of individual verbal items. *Journal of Experimental Psychology, 58,* 193–198. (p. 338)

Petitto, L. A., & Marentette, P. F. (1991). Babbling in the manual mode: Evidence for the ontogeny of language. *Science, 251,* 1493–1496. (p. 385)

Petry, N. M., Barry, D., Pietrzak, R. H., & Wagner, J. A. (2008). Overweight and obesity are associated with psychiatric disorders: Results from the National Epidemiologic Survey on Alcohol and Related Conditions. *Psychosomatic Medicine, 70,* 288–297. (p. 458)

Pettegrew, J. W., Keshavan, M. S., & Minshew, N. J. (1993). 31P nuclear magnetic resonance spectroscopy: Neurodevelopment and schizophrenia. *Schizophrenia Bulletin, 19,* 35–53. (p. 624)

Petticrew, C., Bell, R., & Hunter, D. (2002). Influence of psychological coping on survival and recurrence in people with cancer: Systematic review. *British Medical Journal, 325,* 1066. (p. 536)

Petticrew, M., Fraser, J. M., & Regan, M. F. (1999). Adverse life events and risk of breast cancer: A meta-analysis. *British Journal of Health Psychology, 4,* 1–17. (p. 536)

Pettifor, J. P. (2004). Professional ethics across national boundaries. *European Psychologist, 9,* 264–272. (p. 29)

Pettigrew, T. F. (1998). Reactions toward the new minorities of western Europe. *Annual Review of Sociology, 24,* 77–103. (p. 692)

Pettigrew, T. F. (2006). A two-level approach to anti-immigrant prejudice and discrimination. In R. Mahalingam (Ed.), *Cultural psychology of immigrants.* Mahwah, NJ: Erlbaum. (p. 692)

Pettigrew, T. F., & Tropp, L. R. (2006). A meta-analytic test of intergroup contact theory. *Journal of Personality and Social Psychology, 90,* 751–783. (p. 716)

Pettigrew, T. F., Christ, O., Wagner, U., & Stellmacher, J. (2007). Direct and indirect intergroup contact effects on prejudice: A normative interpretation. *International Journal of Intercultural Relations, 31,* 411–425. (p. 717)

Pettus, A. (2008, January-February). A cultural symptom? Repressed memory. *Harvard Magazine* (www.harvardmagazine.com). (p. 562)

Pew (2006, September 21). Publics of Asian powers hold negative views of one another. Pew Global Attitudes Project Report, Pew Research Center (pewresearch.org). (p. 695)

Pew (2007, January 24). Global warming: A divide on causes and solutions. Pew Research Center for the People and the Press. (p. 376)

Pew Research Center (2006, November 14). Attitudes toward homosexuality in African countries (pewresearch.org). (p. 471)

Pew Research Center (2007, July 18). Modern marriage: I like hugs. I like kisses. But what I really love is help with the dishes. Pew Research Center (www.pewresearch.org). (p. 711)

Pew. (2003). Views of a changing world 2003. The Pew Global Attitudes Project. Washington, DC: Pew Research Center for the People and the Press (http: // people-press.org/reports/pdf/185.pdf). (p. 165)

Pfammatter, M., Junghan, U. M., Brenner, H. D. (2006). Efficacy of psychological therapy in schizophrenia: Conclusions from meta-analyses. *Schizophrenia Bulletin, 32,* S64–S80. (p. 654)

Phelps, J. A., Davis J. O., & Schartz, K. M. (1997). Nature, nurture, and twin research strategies. *Current Directions in Psychological Science, 6,* 117–120. (pp. 135, 626)

Philip Morris Companies, Inc. (1999, Oct. 13). Referenced in Myron Levin, Philip Morris new campaign echoes medical experts, *Los Angeles Times.* (p. 118)

Philip Morris. (2003). Philip Morris USA youth smoking prevention. Teenage attitudes and behavior study, 2002. In Raising kids who don t smoke, vol. 1(2). (p. 118)

Phillips, D. P. (1985). Natural experiments on the effects of mass media violence on fatal aggression: Strengths and weaknesses of a new approach. In L. Berkowitz (Ed.), *Advances in experimental social psychology* (Vol. 19). Orlando, FL: Academic Press. (p. 681)

Phillips, D. P., Carstensen, L. L., & Paight, D. J. (1989). Effects of mass media news stories on suicide, with new evidence on the role of story content. In D. R. Pfeffer (Ed.), *Suicide among youth: Perspectives on risk and prevention.* Washington, DC: American Psychiatric Press. (p. 681)

Phillips, J. L. (1969). *Origins of intellect: Piaget s theory.* San Francisco: Freeman. (p. 183)

Phillips, T. (2004, April 3). Quoted by T. Baldwin & G. Rozenberg, Britain must scrap multiculturalism. *The Times,* p. 1. (p. 718)

Phonak (2007). Hear the world (www.hear-the-world.com). (p. 251)

Piaget, J. (1930). *The child s conception of physical causality.* London: Routledge & Kegan Paul. (p. 179)

Piaget, J. (1932). *The moral judgment of the child.* New York: Harcourt, Brace & World. (p. 200)

Picchioni, M. M., & Murray, R. M. (2007). Schizophrenia. *British Medical Journal, 335,* 91–95. (p. 623)

Pieters, G. L. M., de Bruijn, E. R. A., Maas, Y., Hultijn, W., Vandereycken, W., Peuskens, J., & Sabbe, B. G. (2007). Action monitoring and perfectionism in anorexia nervosa. *Brain and Cognition, 63,* 42–50. (p. 454)

Pike, K. M., & Rodin, J. (1991). Mothers, daughters, and disordered eating. *Journal of Abnormal Psychology, 100,* 198–204. (p. 453)

Piliavin, J. A. (2003). Doing well by doing good: Benefits for the benefactor. In C. L. M. Keyes & J. Haidt (Eds.), *Flourishing: Positive psychology and the life well-lived.* Washington, DC: American Psychological Association. (p. 202)

Pillemer, D. (1998). *Momentous events, vivid memories.* Cambridge: Harvard University Press, 1998. (p. 213)

Pillemer, D. B., Ivcevic, Z., Gooze, R. A., & Collins, K. A. (2007). Self-esteem memories: Feeling good about achievement success, feeling bad about relationship distress. *Personality and Social Psychology Bulletin, 33,* 1292–1305. (p. 480)

Pillemer, D. G. (1995). *What is remembered about early childhood events?* Invited paper presentation to the American Psychological Society convention. (p. 178)

Pillsworth, E. G., & Haselton, M. G. (2006). Male sexual attractiveness predicts differential ovulatory shifts in female extra-pair attraction and male mate retention. *Evolution and Human Behavior, 27,* 247–258. (p. 466)

Pillsworth, M. G., Haselton, M. G., & Buss, D. M. (2004). Ovulatory shifts in female desire. *Journal of Sex Research, 41,* 55–65. (p. 466)

Pinel, J. P. J. (1993). *Biopsychology (2nd ed).* Boston: Allyn & Bacon. (p. 450)

Pingitore, R., Dugoni, B. L., Tindale, R. S., & Spring, B. (1994). Bias against overweight job applicants in a simulated employment interview. *Journal of Applied Psychology, 79,* 909–917. (pp. 457, 458)

Pinker, S. (1990, September-October). Quoted by J. de Cuevas, No, she holded them loosely. *Harvard Magazine,* pp. 60–67. (p. 382)

Pinker, S. (1995). The language instinct. *The General Psychologist, 31,* 63–65. (pp. 384, 400, 401)

Pinker, S. (1998). Words and rules. *Lingua, 106,* 219–242. (p. 383)

Pinker, S. (1999, June 24). His brain measured up. *New York Times* (www.nytimes.com). (p. 41)

Pinker, S. (2002, September 9). A biological understanding of human nature: A talk with Steven Pinker. *The Edge Third Culture Mail List* (www.edge.org). (po. 139, 145)

Pinker, S. (2005, April 22). The science of gender and science: A conversation with Elizabeth Spelke. *Harvard University* (www.edge.org). (p. 43)

Pinker, S. (2006, January 1). Groups of people may differ genetically in their average talents and temperaments. *The Edge* (www.edge.org). (p. 43)

Pinker, S. (2007). *The stuff of thought.* New York: Viking. (p. 393)

Pinker, S. (2007, March 19). A history of violence. *New Republic* (available at www.edge.org). (p. 375)

Pinker, S. (2008). *The sexual paradox: Men, women, and the real gender gap.* New York: Scribner. (p. 161)

Pinstrup-Andersen, P. & Cheng, F. (2007). Still hungry. *Scientific American, 297,* 96–103. (p. 461)

Pipe, M-E. (1996). Children s eyewitness memory. *New Zealand Journal of Psychology, 25,* 36–43. (p. 361)

Pipe, M-E., Lamb, M. E., Orbach, Y., & Esplin, P. W. (2004). Recent research on children s testimony about experienced and witnessed events. *Developmental Review, 24,* 440–468. (p. 361)

Piper, A., Jr. (1998, Winter). Multiple personality disorder: Witchcraft survives in the twentieth century. *Skeptical Inquirer,* pp. 44–50. (p. 610)

Pipher, M. (2002). *The middle of everywhere: The world s refugees come to our town.* New York: Harcourt Brace. (pp. 480, 530)

Pitcher, D., Walsh, V., Yovel, G., & Duchaine, B. (2007). TMS evidence for the involvement of the right occipital face area in early face processing. *Current Biology, 17,* 1568–1573. (p. 242)

Pitman, R. K., & Delahanty, D. L. (2005). Conceptually driven pharmacologic approaches to acute trauma. *CNS Spectrums, 10*(2), 99–106. (p. 342)

Pitman, R. K., Sanders, K. M., Zusman, R. M., Healy, A. R., Cheema, F., Lasko, N. B., Cahill, L., & Orr, S. P. (2002). Pilot study of secondary prevention of posttraumatic stress disorder with propranolol. *Biological Psychiatry, 51,* 189–192. (p. 342)

Pittenger, D. J. (1993). The utility of the Myers-Briggs Type Indicator. *Review of Eduational Research, 63,* 467–488. (p. 568)

Plassmann, H., O Doherty, J., Shiv, B., & Rangel, A. (2008). Marketing actions can modulate neural representations of experienced pleasantness. *Proceedings of the National Academy of Sciences, 105,* 1050–1054. (p. 259)

Pleck, J. H., Sonenstein, F. L., & Ku, L. C. (1993). Masculinity ideology: Its impact on adolescent males heterosexual relationships. *Journal of Social Issues, 49,* 11–29. (p. 146)

Pleyers, G., Corneille, O., Luminet, O., & Yzerbyt, V. (2007). Aware and (dis) liking: Item-based analyses reveal that valence acquisition via evaluative conditioning emerges only when there is contingency awareness. *Journal of Experimental Psychology: Learning, Memory, and Cognition, 33,* 130–144. (p. 297)

Pliner, P. (1982). The effects of mere exposure on liking for edible substances. *Appetite: Journal for Intake Research, 3,* 283–290. (p. 452)

Pliner, P., Pelchat, M., & Grabski, M. (1993). Reduction of neophobia in humans by exposure to novel foods. *Appetite, 20,* 111–123. (p. 452)

Pl derl, M., & Fartacek, R. (2005). Suicidality and associated risk factors among lesbian, gay, and bisexual compared to heterosexual Austrian adults. *Suicide and Life-Threatening Behavior, 35,* 661–670. (p. 472)

Plomin, R. (1999). Genetics and general cognitive ability. *Nature, 402* (Suppl), C25–C29. (pp. 406, 42)

Plomin, R. (2001). Genetics and behaviour. *The Psychologist, 14,* 134–139. (p. 42)

Plomin, R. (2003). General cognitive ability. In R. Plomin, J. C. DeFries, I. W. Craig, & P. McGuffin (Eds.), *Behavioral genetics in a postgenomic world.* Washington, DC: APA Books. (p. 42)

Plomin, R., & Bergeman, C. S. (1991). The nature of nurture: Genetic influence on environmental measures. *Behavioral and Brain Sciences, 14,* 373–427. (p. 142)

Plomin, R., & Crabbe, J. (2000). DNA. *Psychological Bulletin, 126,* 806–828. (p. 143)

Plomin, R., & Daniels, D. (1987). Why are children in the same family so different from one another? *Behavioral and Brain Sciences, 10,* 1–60. (p. 152)

Plomin, R., & DeFries, J. C. (1998, May). The genetics of cognitive abilities and disabilities. *Scientific American,* pp. 62–69. (p. 42)

Plomin, R., & Kovas, Y. (2005). Generalist genes and learning disabilities. *Psychological Bulletin, 131,* 592–617. (p. 42)

Plomin, R., & McGuffin, P. (2003). Psychopathology in the postgenomic era. *Annual Review of Psychology, 54,* 205–228. (pp. 616, 618)

Plomin, R., Corley, R., Caspi, A., Fulker, D. W., & DeFries, J. (1998). Adoption results for self-reported personality: Evidence for nonadditive genetic effects? *Journal of Personality and Social Psychology, 75,* 211–219. (p. 139)

Plomin, R., DeFries, J. C., McClearn, G. E., & Rutter, M. (1997). *Behavioral genetics.* New York: Freeman. (pp. 136, 144, 428, 475, 626)

Plomin, R., Fulker, D. W., Corley, R., & DeFries, J. C. (1997). Nature, nurture and cognitive development from 1 to 16 years: A parent-offspring adoption study. *Psychological Science, 8,* 442–447. (p. 460)

Plomin, R., McClearn, G. E., Pedersen, N. L., Nesselroade, J. R., & Bergeman, C. S. (1988). Genetic influence on childhood family environment perceived retrospectively from the last half of the life span. *Developmental Psychology, 24,* 37–45. (p. 142)

Plomin, R., Reiss, D., Hetherington, E. M., & Howe, G. W. (January, 1994). Nature and nurture: Genetic contributions to measures of the family environment. *Developmental Psychology, 30(1),* 32–43. (p. 142)

Plotkin, H. (1994). *Darwin machines and the nature of knowledge.* Cambridge, MA: Harvard University Press. (p. 615)

Plotnik, J. M., de Waal, F. B. M., & Reiss, D. (2006). Self-recognition in an Asian elephant. *Proceedings of the National Academy of Sciences, 103,* 17053–17057. (p. 195)

Plous, S. (1993). Psychological mechanisms in the human use of animals. *Journal of Social Issues, 49*(1), 11–52. (p. 28)

Plous, S., & Herzog, H. A. (2000). Poll shows researchers favor lab animal protection. *Science, 290,* 711. (p. 28)

Poldrack, R. A., & Wagner, A. D. (2004). What can neuroimaging tell us about the mind? *Current Directions in Psychological Science, 13,* 177–181. (p. 333)

Polivy, J., & Herman, C. P. (1985). Dieting and binging: A causal analysis. *American Psychologist, 40,* 193–201. (p. 463)

Polivy, J., & Herman, C. P. (1987). Diagnosis and treatment of normal eating. *Journal of Personality and Social Psychology, 55,* 635–644. (p. 463)

Polivy, J., & Herman, C. P. (2002). Causes of eating disorders. *Annual Review of Psychology, 53,* 187–213. (p. 454)

Pollack, A. (2004, April 13). With tiny brain implants, just thinking may make it so. *New York Times* (www.nytimes.com). (p. 71)

Pollack, A. (2006, July 13). Paralyzed man uses thoughts to move a cursor. *New York Times* (www.nytimes.com). (p. 71)

Pollak, S. D., & Kistler, D. J. (2002). Early experience is associated with the development of categorical representations for facial expressions of emotion. *Proceedings of the National Academy of Sciences, 99,* 9072–9076. (p. 508)

Pollak, S. D., & Tolley-Schell, S. A. (2003). Selective attention to facial emotion in physically abused children. *Journal of Abnormal Psychology, 112,* 323–328. (p. 508)

Pollak, S., Cicchetti, D., & Klorman, R. (1998). Stress, memory, and emotion: Developmental considerations from the study of child maltreatment. *Developmental Psychopathology, 10,* 811–828. (p. 298)

Pollard, R. (1992). 100 years in psychology and deafness: A centennial retrospective. Invited address to the American Psychological Association convention, Washington, DC. (p. 393)

Pollick, A. S., & de Waal, F. B. M. (2007). Ape gestures and language evolution. *Proceedings of the National Academic of Sciences, 104,* 8184–8189. (p. 399)

Polusny, M. A., & Follette, V. M. (1995). Long-term correlates of child sexual abuse: Theory and review of the empirical literature. *Applied & Preventive Psychology, 4,* 143–166. (p. 192)

Poole, D. A., & Lindsay, D. S. (1995). Interviewing preschoolers: Effects of nonsuggestive techniques, parental coaching and leading questions on reports of nonexperienced events. *Journal of Experimental Child Psychology, 60,* 129–154. (p. 358)

Poole, D. A., & Lindsay, D. S. (2001). Children s eyewitness reports after exposure to misinformation from parents. *Journal of Experimental Psychology: Applied, 7,* 27–50. (p. 358)

Poole, D. A., & Lindsay, D. S. (2002). Reducing child witnesses false reports of misinformation from parents. *Journal of Experimental Child Psychology, 81,* 117–140. (p. 358)

Poole, D. A., Lindsay, D. S., Memon, A., & Bull, R. (1995). Psychotherapy and the recovery of memories of childhood sexual abuse: U.S. and British practitioners opinions, practices, and experiences. *Journal of Consulting and Clinical Psychology, 63,* 426–437. (p. 361)

Poon, L. W. (1987). Myths and truisms: Beyond extant analyses of speed of behavior and age. Address to the Eastern Psychological Association convention. (p. 210)

Pope, H. G., Poliakoff, M. B., Parker, M. P., Boynes, M., & Hudson, J. I. (2007). Is dissociative amnesia a culture-bound syndrome? Findings from a survey of historical literature. *Psychological Medicine, 37,* 225–233. (p. 562)

Popenoe, D. (1993). *The evolution of marriage and the problem of stepfamilies: A biosocial perspective.* Paper presented at the National Symposium on Stepfamilies, Pennsylvania State University. (p. 157)

Popenoe, D., & Whitehead, B. D. (2002). *Should We Live Together?,* 2nd Ed. New Brunswick, NJ: The National Marriage Project, Rutgers University. (p. 218)

Popkin, B. M. (2007, September). The world is fat. *Scientific American,* pp. 88–95. (pp. 460, 461)

Poremba, A., & Gabriel, M. (2001). Amygdalar efferents initiate auditory thalamic discriminative training-induced neuronal activity. *Journal of Neuroscience, 21,* 270–278. (p. 65)

Porter, D., & Neuringer, A. (1984). Music discriminations by pigeons. *Journal of Experimental Psychology: Animal Behavior Processes, 10,* 138–148. (p. 306)

Porter, S., & Peace, K. A. (2007). The scars of memory: A prospective, longitudinal investigation fo the consistency of traumatic and positive emotional memories in adulthood. *Psychological Science, 18,* 435–441. (p. 364)

Porter, S., & ten Brinke, L. (2008). Reading between the lies: Identifying concealed and falsified emotions in universal facial expressions. *Psychological Science, 19,* 508–514. (p. 509)

Porter, S., Birt, A. R., Yuille, J. C., & Lehman, D. R. (2000, Nov.). Negotiating false memories: Interviewer and rememberer characteristics relate to memory distortion. *Psychological Science, 11,* 507–510. (p. 357)

Porter, S., Yuille, J. C., & Lehman, D. R. (1999). The nature of real, implanted, and fabricated memories for childhood events: Implications for the recovered memory debate. *Law and Human Behavior, 23,* 517–537. (p. 363)

Posner, M. I., & Carr, T. H. (1992). Lexical access and the brain: Anatomical constraints on cognitive models of word recognition. *American Journal of Psychology, 105,* 1–26. (p. 390)

Posthuma, D., & de Geus, E. J. C. (2006). Progress in the molecular-genetic study of intelligence. *Current Directions in Psychological Science, 15,* 151–155. (p. 42)

Poulton, R., & Milne, B. J. (2002). Low fear in childhood is associated with sporting prowess in adolescence and young adulthood. *Behaviour Research and Therapy, 40,* 1191–1197. (p. 629)

Powell, J. (1989). *Happiness is an inside job.* Valencia, CA: Tabor. (p. 587)

Powell, K. E., Thompson, P. D., Caspersen, C. J., & Kendrick, J. S. (1987). Physical activity and the incidence of coronary heart disease. *Annual Review of Public Health, 8,* 253–287. (p. 544)

Powell, L. H., Schahabi, L., & Thoresen, C. E. (2003). Religion and spirituality: Linkages to physical health. *American Psychologist, 58,* 36–52. (p. 549)

Powell, R. A., & Boer, D. P. (1994). Did Freud mislead patients to confabulate memories of abuse? *Psychological Reports, 74,* 1283–1298. (p. 561)

Powers, M. B., & Emmelkamp, P. M. G. (2008). Virtual reality exposure therapy for anxiety disorders: A meta-analysis. *Journal of Anxiety Disorders, 22,* 561–569. (p. 644)

Prairie Home Companion. (1999). *The Prairie Home Companion s Pretty Good Joke Book* (Vol. 4). St. Paul, MN: Prairie Home Companion. (p. 527)

Pratkanis, A. R., & Greenwald, A. G. (1988). Recent perspectives on unconscious processing: Still no marketing applications. *Psychology and Marketing, 5,* 337–353. (p. 234)

PRB. (2002). *2002 Women of our world.* Population Reference Bureau (www.prb.org). (p. 694)

PRB. (2004). *2004 world population data sheet.* Washington, DC: Population Reference Bureau. (p. 208)

Prentice, D. A., & Miller, D. T. (1993). Pluralistic ignorance and alcohol use on campus: Some consequences of misperceiving the social norm. *Journal of Personality and Social Psychology, 64,* 243–256. (p. 125)

Presley, C. A., Meilman, P. W., & Lyerla, R. (1997). *Alcohol and drugs on American college campuses: Issues of violence and harrassment.* Carbondale, IL; Core Institute, Southern Illinois University. (p. 116)

Pressman, S. D., & Cohen, S. (2005). Does positive affect influence health? *Psychological Bulletin, 131,* 925–971. (p. 519)

Price, G. M., Uauq, R., Breeze, E., Bulpitt, C. J., & Fletcher, A. E. (2006). Weight, shape, and mortality risk in older persons: Elevated waist-hip ratio, not high body mass index, is associated with a greater risk of death. *American Journal of Clinical Nutrition, 84,* 449–460. (p. 456)

Prince Charles. (2000). BBC Reith Lecture. (p. 2)

Princeton Review. (2005) Guide to college majors, 2005 edition. Princeton, NJ: Author. (p. A-1)

Principe, G. F., Kanaya, T., Ceci, S. J., & Singh, M. (2006). Believing is seeing: How rumors can engender false memories in preschoolers. *Psychological Science, 17,* 243–248. (p. 360)

Pringle, P. J., Geary, M. P., Rodeck, C. H., Kingdom, J. C., Kayamba-Kay s, S., & Hindmarsh, P. C. (2005). The influence of cigarette smoking on antenatal growth, birth size, and the insulin-like growth factor axis. *Journal of Clinical Endocrinology and Metabolism, 90,* 2556–2562. (p. 175)

Prioleau, L., Murdock, M., & Brody, N. (1983). An analysis of psychotherapy versus placebo studies. *The Behavioral and Brain Sciences, 6,* 275–310. (p. 657)

Prior, H., Schwarz, A., & G nt rk n, O. (2008). Mirror-induced behavior in the magpie (*Pica pica*): Evidence of self-recognition. *PloS Biology, 6,* 1642–1650. (p. 195)

Proffitt, D. R. (2006a). Embodied perception and the economy of action. *Perspectives on Psychological Science, 1,* 110–122. (p. 278)

Proffitt, D.R. (2006b). Distance perception. *Current Directions in Psychological Research, 15,* 131–135. (p. 278)

Project Match Research Group. (1997). Matching alcoholism treatments to client heterogeneity: Project MATCH posttreatment drinking outcomes. *Journal of Studies on Alcohol, 58*, 7–29. (p. 650)

Pronin, E. (2007). Perception and misperception of bias in human judgment. *Trends in Cognitive Sciences, 11*, 37–43. (pp. 587, 683)

Pronin, E., & Ross, L. (2006). Temporal differences in trait self-ascription: When the self is seen as an other. *Journal of Personality and Social Psychology, 90*, 197–209. (p. 675)

Pronin, E., & Wegner, D. M. (2006). Manic thinking: Independent effects of thought speed and thought content on mood. *Psychological Science, 17*, 807–813. (p. 613)

Propper, R. E., Stickgold, R., Keeley, R., & Christman, S. D. (2007). Is television traumatic? Dreams, stress, and media exposure in the aftermath of September 11, 2001. *Psychological Science, 18*, 334–340. (p. 104)

Provine, R. R. (2001). *Laughter: A scientific investigation.* New York: Penguin. (p. 12)

Pryor, J. H., Hurtado, S., Saenz, V. B., Korn, J. S., Santos, J. L., & Korn, W. S. (2006). *The American Freshman: National norms for Fall 2006.* Los Angeles, UCLA Higher Education Research Institute. (pp. 433, 619)

Pryor, J. H., Hurtado, S., Saenz, V. B., Lindholm, J. A., Korn, W. S., & Mahoney, K. M. (2005). *The American freshman: National norms for Fall 2005.* Los Angeles: Higher Education Research Institute, UCLA. (p. 146)

Pryor, J. H., Hurtado, S., Sharkness, J., & Korn, W. S. (2007). *The American freshman: National norms for Fall 2007.* Los Angeles, UCLA Higher Education Research Institute. (pp. 161, 479)

***Psychologist.** (2003, April). Who s the greatest?* The Psychologist, 16, *17. (*p. 186)

Puchalski, C. (2005, March 12). Personal correspondence from Director, George Washington Institute for Spirituality and Health. (p. 548)

Puhl, R. M., & Latner, J. D. (2007). Stigma, obesity, and the health of the nation s children. *Psychological Bulletin, 133*, 557–580. (p. 458)

Pulkkinen, L. (2004). A longitudinal study on social development as an impetus for school reform toward an integrated school day. *European Psychologist, 9*, 125–141. (p. 194)

Pulkkinen, L. (2006). The Jyv skyl longitudinal study of personality and social development (JYLS). In L. Pulkkinen, J. Kaprio, & R. J. Rose (Eds.), *Socioemotional development and health from adolescence to adulthood.* Cambridge studies on child and adolescent health. New York: Cambridge University Press. (p. 194)

Putnam, F. W. (1991). Recent research on multiple personality disorder. *Psychiatric Clinics of North America, 14*, 489–502, 611)

Putnam, F. W. (1995). Rebuttal of Paul McHugh. *Journal of the American Academy of Child and Adolescent Psychiatry, 34*, 963. (p. 611)

Putnam, R. (2000). *Bowling alone.* New York: Simon and Schuster. (p. 155)

Pyszczynski, T. A., Solomon, S., & Greenberg, J. (2002). *In the wake of 9/11: The psychology of terror.* Washington, DC: American Psychological Association. (p. 696)

Pyszczynski, T., Hamilton, J. C., Greenberg, J., & Becker, S. E. (1991). Self-awareness and psychological dysfunction. In C. R. Snyder & D. O. Forsyth (Eds.), *Handbook of social and clinical psychology: The health perspective.* New York: Pergamon. (p. 619)

Qirko, H. N. (2004). Fictive kin and suicide terrorism. *Science, 304*, 49–50. (p. 689)

Quasha, S. (1980). *Albert Einstein: An intimate portrait.* New York: Forest. (p. 42)

Quinn, P. C. (2002). Category representation in young infants. *Current Directions in Psychological Science, 11*, 66–70. (p. 176)

Quinn, P. C., Bhatt, R. S., Brush, D., Grimes, A., & Sharpnack, H. (2002). Development of form similarity as a Gestalt grouping principle in infancy. *Psychological Science, 13*, 320–328. (p. 265)

Quinn, P. J., Williams, G. M., Najman, J. M., Andersen, M. J., & Bor, W. (2001). The effect of breastfeeding on child development at 5 years: A cohort study. *Journal of Pediatrics & Child Health, 3*, 465–469. (p. 17)

Rabbitt, P. (2006). Tales of the unexpected: 25 years of cognitive gerontology. *The Psychologist, 19*, 674–676. (p. 214)

Rabinowicz, T., deCourten-Myers, G. M., Petetot, J. M., Xi, G., & de los Reyes, E. (1996). Human cortex development: Estimates of neuronal numbers indicate major loss late during gestation. *Journal of Neuropathology and Experimental Neurology, 55*, 320–328. (p. 177)

Radin, D., Nelson, R., Dobyns, Y., & Houtkooper, J. (2006). Reexamining psychokinesis: Comment on B sch, Steinkamp, and Boller (2006). *Psychological Bulletin, 132*, 529–532. (p. 284)

Rahman, Q., & Wilson, G. D. (2003). Born gay? The psychobiology of human sexual orientation. *Personality and Individual Differences, 34*, 1337–1382. (pp. 474, 477)

Rahman, Q., Wilson, G. D., & Abrahams, S. (2003). Biosocial factors, sexual orientation and neurocognitive functioning. *Psychoneuroendocrinology, 29*, 867–881. (p. 477)

Raine, A. (1999). Murderous minds: Can we see the mark of Cain? *Cerebrum: The Dana Forum on Brain Science 1(1)*, 15–29. (pp. 630, 698)

Raine, A. (2005). The interaction of biological and social measures in the explanation of antisocial and violent behavior. In D. M. Stoff & E. J. Susman (Eds.) *Developmental psychobiology of aggression.* New York: Cambridge University Press. (pp. 630, 698)

Raine, A., Brennan, P., Mednick, B., & Mednick, S. A. (1996). High rates of violence, crime, academic problems, and behavioral problems in males with both early neuromotor deficits and unstable family environments. *Archives of General Psychiatry, 53*, 544–549. (p. 630)

Raine, A., Lencz, T., Bihrle, S., LaCasse, L., & Colletti, P. (2000). Reduced prefrontal gray matter volume and reduced autonomic activity in antisocial personality disorder. *Archives of General Psychiatry, 57*, 119–127. (p. 630)

Rainville, P., Duncan, G. H., Price, D. D., Carrier, B., & Bushnell, M. C. (1997). Pain affect encoded in human anterior cingulate but not somatosensory cortex. *Science, 277*, 968–971. (p. 111)

Raison, C. L., Klein, H. M., & Steckler, M. (1999). The mood and madness reconsidered. *Journal of Affective Disorders, 53*, 99–106. (p. 631)

Rajendran, G., & Mitchell, P. (2007). Cognitive theories of autism. *Developmental Review, 27*, 224–260. (p. 186)

Ralston, A. (2004). Enough rope. Interview for ABC TV, Australia, by Andrew Denton (www.abc.net.au/enoughrope/stories/s1227885.htm). (p. 444)

Ramachandran, V. S., & Blakeslee, S. (1998). *Phantoms in the brain: Probing the mysteries of the human mind.* New York: Morrow. (pp. 57, 74, 257)

Ramachandran, V. S., & Oberman, L. M. (2006, November). Broken mirrors: A theory of autism. *Scientific American*, pp. 63–69. (pp. 187, 318)

Ramirez-Esparza, N., Gosling, S. D., Benet-Mart nez, V., Potter, J. P., & Pennebaker, J. W. (2006). Do bilinguals have two personalities? A special case of cultural frame switching. *Journal of Research in Personality, 40*, 99–120. (p. 392)

Rand, C. S. W., & Macgregor, A. M. C. (1990). Morbidly obese patients perceptions of social discrimination before and after surgery for obesity. *Southern Medical Journal, 83*, 1390–1395. (p. 458)

Rand, C. S. W., & Macgregor, A. M. C. (1991). Successful weight loss following obesity surgery and perceived liability or morbid obesity. *Internal Journal of Obesity, 15*, 577–579. (p. 458)

Randi, J. (1999, February 4). 2000 Club mailing list e-mail letter. (p. 284)

Randi, J. (2008). Twas Brillig . . . . Last chance to win the million-dollar challenge. *Skeptic, 14*(1), p. 6. (p. 284)

Rapoport, J. L. (1989, March). The biology of obsessions and compulsions. *Scientific American*, pp. 83–89. (pp. 604, 607)

R s nen, S., Pakaslahti, A., Syvalahti, E., Jones, P. B., & Isohanni, M. (2000). Sex differences in schizophrenia: A review. *Nordic Journal of Psychiatry, 54*, 37–45. (p. 624)

Rasch, B., B chel, C., Gais, S., & Born, J. (2007). Odor cues during slow-wave sleep prompt declarative memory consolidation. *Science, 315*, 1426–1429. (p. 101)

Ray, J. (2005, April 12). U.S. teens walk away from anger: Boys and girls manage anger differently. *The Gallup Organization* (www.gallup.com). (p. 518)

Ray, O., & Ksir, C. (1990). *Drugs, society, and human behavior* (5th ed.). St. Louis: Times Mirror/Mosby. (p. 120)

Raynor, H. A., & Epstein, L. H. (2001). Dietary variety, energy regulation, and obesity. *Psychological Bulletin, 127*, 325–341. (p. 451)

Raz, A., Fan, J., & Posner, M. I. (2005). Hypnotic suggestion reduces conflict in the human brain. *PNAS, 102*, 9978–9983. (p. 111)

Reason, J. (1987). The Chernobyl errors. *Bulletin of the British Psychological Society, 40*, 201–206. (p. 690)

Reason, J., & Mycielska, K. (1982). *Absent-minded? The psychology of mental lapses and everyday errors.* Englewood Cliffs, NJ: Prentice-Hall. (p. 276)

Reed, P. (2000). Serial position effects in recognition memory for odors. *Jour-*

nal of Experimental Psychology: Learning, Memory, and Cognition, 26, 411–422. (p. 332)

Reed, T. E., & Jensen, A. R. (1992). Conduction velocity in a brain nerve pathway of normal adults correlates with intelligence level. *Intelligence, 16,* 259–272. (p. 41)

Rees, Martin (1999). *Just six numbers: The deep forces that shape the universe.* New York: Basic Books. (p. 169)

Regan, P. C., & Atkins, L. (2007). Sex differences and similarities in frequency and intensity of sexual desire. *Social Behavior and Personality, 34,* 95–102. (p. 146)

Reichenberg, A., & Harvey, P. D. (2007). Neuropsychological impairments in schizophrenia: Integration of performance-based and brain imaging findings. *Psychological Bulletin, 133,* 833–858. (p. 622)

Reichenberg, A., Gross, R., Weiser, M., Bresnahan, M., Silverman, J., Harlap, S., Rabinoqitz, J., Shulman, C., Malaspina, D., Lubin, G., Knobler, H Y., Davidson, M., & Susser, E. (2007). Advancing paternal age and autism. *Archives of General Psychiatry, 63,* 1026–1032. (p. 186)

Reichman, J. (1998). *I m not in the mood: What every woman should know about improving her libido.* New York: Morrow. (p. 466)

Reifman, A., & Cleveland, H. H. (2007). Shared environment: A quantitative review. Paper presented to the Society for Research in Child Development, Boston, MA. (p. 139)

Reijmers, L. G., Perkins, B. L., Matsuo, N., & Mayford, M. (2007). Localization of a stable neural correlate of associative memory. *Science, 317,* 1230–1233. (p. 517)

Reiner, W. G., & Gearhart, J. P. (2004). Discordant sexual identity in some genetic males with cloacal exstrophy assigned to female sex at birth. *New England Journal of Medicine, 350,* 333–341. (p. 163)

Reis, D., & Marino, L. (2001). Mirror self-recognition in the bottlenose dolphin: A case of cognitive convergence. *PNAS, 98,* 5937–5942. (p. 195)

Reis, H. T., & Aron, A. (2008). Love: What is it, why does it matter, and how does it operate? *Perspectives on Psychological Science, 3,* 80–86. (p. 711)

Reisenzein, R. (1983). The Schachter theory of emotion: Two decades later. *Psychological Bulletin, 94,* 239–264. (p. 503)

Reiser, M. (1982). *Police psychology.* Los Angeles: LEHI. (p. 283)

Reitzle, M. (2006). The connections between adulthood transitions and the self-perception of being adult in the changing contexts of East and West Germany. *European Psychologist, 11,* 25–38. (p. 206)

Remley, A. (1988, October). From obedience to independence. *Psychology Today,* pp. 56–59. (p. 157)

Renner, M. J., & Renner, C. H. (1993). Expert and novice intuitive judgments about animal behavior. *Bulletin of the Psychonomic Society, 31,* 551–552. (p. 150)

Renner, M. J., & Rosenzweig, M. R. (1987). *Enriched and impoverished environments: Effects on brain and behavior.* New York: Springer-Verlag. (p. 150)

Renninger, K. A., & Granott, N. (2005). The process of scaffolding in learning and development. *New Ideas in Psychology, 23*(3), 111–114. (p. 188)

Rentfrow, P. J., & Gosling, S. D. (2003). The Do Re Mi s of everyday life: The structure and personality correlates of music preferences. *Journal of Personality and Social Psychology, 84,* 1236–1256. (p. 575)

Rentfrow, P. J., & Gosling, S. D. (2006). Message in a ballad: The role of music preferences in interpersonal perception. *Psychological Science, 17,* 236–242. (p. 575)

Repetti, R. L., Taylor, S. E., & Seeman, T. E. (2002). Risky families: Family social environments and the mental and physical health of offspring. *Psychological Bulletin, 128,* 330–366. (p. 528)

Rescorla, R. A., & Wagner, A. R. (1972). A theory of Pavlovian condition-ing: Variations in the effectiveness of reinforcement and nonreinforcement. In A. H. Black & W. F. Perokasy (Eds.), *Classical conditioning II: Current theory.* New York: Appleton-Century-Crofts. (p. 299)

Resnick, M. D., Bearman, P. S., Blum, R. W., Bauman, K. E., Harris, K. M., Jones, J., Tabor, J., Beuhring, T., Sieving, R., Shew, M., Bearinger, L. H., & Udry, J. R. (1997). Protecting adolescents from harm: Findings from the National Longitudinal Study on Adolescent Health. *Journal of the American Medical Association, 278,* 823–832. (pp. 15, 205)

Resnick, R. A., O Regan, J. K., & Clark, J. J. (1997). To see or not to see: The need for attention to perceive changes in scenes. *Psychological Science, 8,* 368–373. (p. 90)

Resnick, S. M. (1992). Positron emission tomography in psychiatric illness. *Current Directions in Psychological Science, 1,* 92–98. (p. 624)

Responsive Community. (1996, Fall). Age vs. weight. Page 83 (reported from a *Wall Street Journal* survey). (p. 462)

Ressler, R. K., Burgess, A. W., & Douglas, J. E. (1988). *Sexual homicide patterns.* Boston: Lexington Books. (p. 702)

Reuters. (2000, July 5). Many teens regret decision to have sex (National Campaign to Prevent Teen Pregnancy survey). www.washingtonpost.com. (p. 470)

Reyna, V. F., & Farley, F. (2006). Risk and rationality in adolescent decision making: Implications for theory, practice, and public policy. *Psychological Science in the Public Interest, 7*(1), 1–44. (p. 199)

Reynolds, A. J., Temple, J. A., Robertson, D. L., & Manri, E. A. (2001). Long-term effects of an early childhood intervention on educational achievement and juvenile arrest. *Journal of the American Medical Association, 285,* 2339–2346. (p. 43)

Rhodes, G., Sumich, A., & Byatt, G. (1999). Are average facial configurations attractive only because of their symmetry? *Psychological Science, 10,* 52–58. (p. 709)

Rhodes, S. R. (1983). Age-related differences in work attitudes and behavior: A review and conceptual analysis. *Psychological Bulletin, 93,* 328–367. (p. 210)

Rholes, W. S., & Simpson, J. A. (Eds.) (2004). *Adult attachment: Theory, research, and clinical implications.* New York: Guilford. (p. 191)

Rholes, W. S., Simpson, J. A., & Friedman, M. (2006). Avoidant attachment and the experience of parenting. *Personality and Social Psychology Bulletin, 32,* 275–285. (p. 191)

Ribeiro, R., Gervasoni, D., Soares, E. S., Zhou, Y., & Lin S-C., Pantoja, J., Lavine, M., & Nicolelis, M. A. L. (2004). Long-lasting novelty-induced neuronal reverberation during slow-wave sleep in multiple forebrain areas. *PloS Biology, 2(1),* e37 (www.plosbiology.org). (p. 101)

Ricciardelli, L. A., & McCabe, M. P. (2004). A biopsychosocial model of disordered eating and the pursuit of muscularity in adolescent boys. *Psychological Bulletin, 130,* 179–205. (p. 454)

Rice, B. (1985, September). Performance review: The job nobody likes. *Psychology Today,* pp. 30–36. (p. 675)

Rice, M. E., & Grusec, J. E. (1975). Saying and doing: Effects on observer performance. *Journal of Personality and Social Psychology, 32,* 584–593. (p. 321)

Richardson, J. (1993). The curious case of coins: Remembering the appearance of familiar objects. *The Psychologist: Bulletin of the British Psychological Society, 6,* 360–366. (p. 351)

Richardson, J. T. E., & Zucco, G. M. (1989). Cognition and olfaction: A review. *Psychological Bulletin, 105,* 352–360. (p. 262)

Richeson, J. A., & Shelton, J. N. (2007). Negotiating interracial interactions. *Current Directions in Psychological Science, 16,* 316–320. (p. 717)

Rieff, P. (1979). *Freud: The mind of a moralist* (3rd ed.). Chicago: University of Chicago Press. (p. 564)

Rieger, G., Chivers, M. L., & Bailey, J. M. (2005). Sexual arousal patterns of bisexual men. *Psychological Science, 16,* 579–584. (p. 472)

Riis, J., Loewenstein, G., Baron, J., Jepson, C., Fagerlin, A., & Ubel, P. A. (2005). Ignorance of hedonic adaptation to hemodialysis: A study using ecological momentary assessment. *Journal of Experimental Psychology: General, 134,* 3–9. (p. 521)

Rindermann, H. (2007). The *g*-factor of international cognitive ability comparisons: The homogeneity of results in PISA, TIMSS, PIRLS and IQ-tests across nations. *European Journal of Personality, 21,* 667–7006. (p. 40)

Ring, K. (1980). *Life at death: A scientific investigation of the near-death experience.* New York; Coward, McCann & Geoghegan. (p. 127)

Ripple, C. H., & Zigler, E. F. (2003). Research, policy, and the federal role in prevention initiatives for children. *American Psychologist, 58,* 482–490. (p. 43)

Riskind, J. H., Beck, A. T., Berchick, R. J., Brown, G., & Steer, R. A. (1987). Reliability of DSM-III diagnoses for major depression and generalized anxiety disorder using the structured clinical interview for DSM-III. *Archives of General Psychiatry, 44,* 817–820. (p. 598)

Rizzolatti, G., Fadiga, L., Fogassi, L., & Gallese, V. (2002). From mirror neurons to imitation: Facts and speculations. In A. N. Meltzoff & W. Prinz (Eds.), *The imitative mind: Development, evolution, and brain bases.* Cambridge: Cambridge University Press. (p. 318)

Rizzolatti, G., Fogassi, L., & Gallese, V. (2006, November). Mirrors in the mind. *Scientific American,* pp. 54–61. (p. 318)

Roberson, D., Davidoff, J., Davies, I. R. L., & Shapiro, L. R. (2004). The development of color categories in two languages: A longitudinal study. *Journal of Experimental Psychology: General, 133,* 554–571. (p. 392)

Roberson, D., Davies, I. R. L., Corbett, G. G., & Vandervyver, M. (2005). Free-sorting of colors across cultures: Are there universal grounds for grouping? *Journal of Cognition and Culture, 5,* 349–386. (p. 392)

Roberts, B. W., & DelVecchio, W. F. (2000). The rank-order consistency of personality traits from childhood to old age: A quantitative review of longitudinal studies. *Psychological Bulletin, 126,* 3–25. (p. 574)

Roberts, B. W., & Mroczek, D. (2008). Personality trait change in adulthood. *Current Directions in Psychological Science, 17,* 31–35. (p. 225)

Roberts, B. W., Caspi, A., & Moffitt, T. E. (2001). The kids are alright: Growth and stability in personality development from adolescence to adulthood. *Journal of Personality and Social Psychology, 81,* 670–683. (p. 224)

Roberts, B. W., Caspi, A., & Moffitt, T. E. (2003). Work experiences and personality development in young adulthood. *Journal of Personality and Social Psychology, 84,* 582–593. (p. 225)

Roberts, B. W., Kuncel, N. R., Shiner, R., Caspi, A., & Goldberg, L. R. (2007). The power of personality: The comparative validity of personality traits, socioeconomic status, and cognitive ability for predicting important life outcomes. *Perspectives on Psychological Science, 2,* 313–345. (p. 574)

Roberts, B. W., Walton, K. E., & Viechtbauer, W. (2006). Patterns of mean-level change in personality traits across the life course: A meta-analysis of longitudinal studies. *Psychological Bulletin, 132,* 1-25. (p. 225)

Roberts, L. (1988). Beyond Noah s ark: What do we need to know? *Science, 242,* 1247. (p. 539)

Roberts, T-A. (1991). Determinants of gender differences in responsiveness to others evaluations. *Dissertation Abstracts International, 51*(8–B). (p. 161)

Robins, L. N., Davis, D. H., & Goodwin, D. W. (1974). Drug use by U.S. Army enlisted men in Vietnam: A follow-up on their return home. *American Journal of Epidemiology, 99,* 235–249. (p. 126)

Robins, L., & Regier, D. (Eds.). (1991). *Psychiatric disorders in America.* New York: Free Press. (p. 633)

Robins, R. W., & Trzesniewski, K. H. (2005). Self-esteem development across the lifespan. *Current Directions in Psychological Science, 14*(3), 158–162. (p. 220)

Robins, R. W., Trzesniewski, K. H., Tracy, J. L., Gosling, S. D., & Potter, J. (2002). Global self-esteem across the lifespan. *Psychology and Aging, 17,* 423–434. (p. 204)

Robinson, F. P. (1970). *Effective study.* New York: Harper & Row. (p. 12)

Robinson, J. (2002, October 8). What percentage of the population is gay? *Gallup Tuesday Briefing* (www.gallup.com/poll/tb/religValue/20021008b.asp). (p. 472)

Robinson, J. P., & Martin, S. P. (2007, October). Not so deprived: Sleep in America, 1965–2005. *Public Opinion Pros* (www.publicopinionpros.com). (p. 97)

Robinson, T. E., & Berridge, K. C. (2003). Addiction. *Annual Review of Psychology, 54,* 25–53. (p. 114)

Robinson, T. N. (1999). Reducing children s television viewing to prevent obesity. *Journal of the American Medical Association, 282,* 1561–1567. (p. 463)

Robinson, T. N., Borzekowski, D. L. G., Matheson, D. M., & Kraemer, H. C. (2007). Effects of fast food branding on young children s taste preferences. *Archives of Pediatric and Adolescent Medicine, 161,* 792–797. (p. 276)

Robinson, V. M. (1983). Humor and health. In P. E. McGhee & J. H. Goldstein (Eds.), *Handbook of humor research: Vol. II. Applied studies.* New York: Springer-Verlag. (p. 540)

Rochat, F. (1993). How did they resist authority? Protecting refugees in Le Chambon during World War II. Paper presented at the American Psychological Association convention. (p. 686)

Rock, I., & Palmer, S. (1990, December). The legacy of Gestalt psychology. *Scientific American,* pp. 84–90. (pp. 264, 265)

Rodin, J. (1986). Aging and health: Effects of the sense of control. *Science, 233,* 1271–1276. (pp. 538, 539)

Rodin, J. (1986). Aging and health: Effects of the sense of control. *Science, 233,* 1271–1276. (p. 580)

Roediger, H. (2001, September). Quoted by R. Herbert, Doing a number on memory. *APS Observer,* pp. 1, 7–11. (p. 354)

Roediger, H. L., & Karpicke, J. D. (2006). Test-enhanced learning: Taking memory tests improves long-term retention. *Psychological Science, 17,* 249–255. (p. 332)

Roediger, H. L., III, & Geraci, L. (2007). Aging and the misinformation effect: A neuropsychological analysis. *Journal of Experimental Psychology, 33,* 321–334. (p. 361)

Roediger, H. L., III, & McDaniel, M. A. (2007). Illusory recollection in older adults: Testing Mark Twain s conjecture. In M. Garry H. Hayne (Ed.), *Do justice and let the sky fall: Elizabeth F. Loftus and her contributions to science, law, and academic freedom.* Mahwah, NJ, 361)

Roediger, H. L., III, & McDermott, K. B. (1995). Creating false memories: Remembering words not presented in lists. *Journal of Experimental Psychology: Learning, Memory, and Cognition, 21,* 803–814. (p. 359)

Roediger, H. L., III, Wheeler, M. A., & Rajaram, S. (1993). Remembering, knowing, and reconstructing the past. In D. L. Medin (Ed.), *The psychology of learning and motivation: Advances in research and theory (Vol. 30).* Orlando, FL: Academic Press. (p. 357)

Roehling, M. V. (1999). Weight-based discrimination in employment: Psychological and legal aspects. *Personnel Psychology, 52,* 969–1016. (p. 457)

Roehling, M. V., Roehling, P. V., & Pichler, S. (2007). The relationship between body weight and perceived weight-related employment discrimination: The role of sex and race. *Journal of Vocational Behavior, 71,* 300–318. (p. 457)

Roehling, P. V., Roehling, M. V., & Moen, P. (2001). The relationship between work-life policies and practices and employee loyalty: A life course perspective. *Journal of Family and Economic Issues, 22,* 141–170. (p. 492)

Roenneberg, T., Kuehnle, T., Pramstaller, P. P., Ricken, J., Havel, M., Guth, A., Merrow, M. (2004). A marker for the end of adolescence. *Current Biology, 14,* R1038–9. (p. 92)

Roese, N. J., & Summerville, A. (2005). What we regret most . . . and why. *Personality and Social Psychology Bulletin, 31,* 1273-1285. (p. 220)

Roesser, R. (1998). What you should know about hearing conservation. *Better Hearing Institute* (www.betterhearing.org). (p. 248)

Rof , Y. (2008). Does repression exist? Memory, pathogenic, unconscious and clinical evidence. *Review of General Psychology, 12,* 63–85. (p. 562)

Rogaeva, E. & 40 others (2007). The neuronal sortilin-related receptor SORL1 is genetically associated with Alzehimer disease. *Nature Genetics, 39,* 168–177. (p. 212)

Rogers, C. R. (1958). Reinhold Niebuhr s The self and the dramas of history: A criticism. *Pastoral Psychology, 9,* 15–17. (p. 586)

Rogers, C. R. (1961). *On becoming a person: A therapist s view of psychotherapy.* Boston; Houghton Mifflin. (p. 641)

Rogers, C. R. (1980). *A way of being.* Boston: Houghton Mifflin. (pp. 565, 566, 641)

Rogers, L. J. (2003, Fall). Seeking the right answers about right brain-left brain. *Cerebrum, 5*(4), 55–68. (p. 78)

Rohan, K. J., Roecklein, K. A., Lindsey, K. T., Johnson, L. G., Lippy, R. D., Lacy, T. J., & Barton, F. B. (2007). A randomized controlled trial of cognitive-behavioral therapy, light therapy, and their combination for seasonal affective disorder. *Journal of Consulting and Clinical Psychology, 75,* 489–500. (p. 657)

Rohan, M. J., & Zanna, M. P. (1996). Value transmission in families, in C. Seligman, J. M. Olson, & M. P. Zanna (Eds.), *The psychology of values: The Ontario Symposium (Vol. 8).* Malwah, NJ: Erlbaum. (p. 139)

Rohner, R. P. (1986). The warmth dimension: Foundations of parental acceptance-rejection theory. Newbury Park, CA: Sage. (p. 158)

Rohner, R. P., & Veneziano, R. A. (2001). The importance of father love: History and contemporary evidence. *Review of General Psychology, 5,* 382–405. (pp. 191, 195)

Rohrer, D., & Pashler, H. (2007). Increasing retention without increasing study time. *Current Directions in Psychological Science, 16,* 183–186. (p. 332)

Roiser, J. P., Cook, L. J., Cooper, J. D., Rubinsztein, D. C., & Sahakian, B. J. (2005). Association of a functional polymorphism in the serotonin transporter gene with abnormal emotional processing in ecstasy users. *American Journal of Psychiatry, 162,* 609–612. (p. 121)

Rokach, A., Orzeck, T., Moya, M., & Exposito, F. (2002). Causes of loneliness in North America and Spain. *European Psychologist, 7,* 70–79. (p. 26)

Roney, J. R., Hanson, K. N., Durante, K. M., & Maestripieri, D. (2006). Reading men s faces: Women s mate attractiveness judgments track men s testosterone and interest in infants. *Proceedings of the Royal Society B, 273,* 2169–2175. (p. 148)

Rosch, E. (1978). Principles of categorization. In E. Rosch & B. L. Lloyd (Eds.),

Cognition and categorization. Hillsdale, NJ: Erlbaum. (p. 370)

Rose, A. J., & Rudolph, K. D. (2006). A review of sex differences in peer relationship processes: Potential trade-offs for the emotional and behavioral development of girls and boys. *Psychological Bulletin, 132,* 98–131. (p. 160)

Rose, J. S., Chassin, L., Presson, C. C., & Sherman, S. J. (1999). Peer influences on adolescent cigarette smoking: A prospective sibling analysis. *Merrill-Palmer Quarterly, 45,* 62–84. (pp. 11, 152)

Rose, R. J. (2004). Developmental research as impetus for school reform. *European Psychologist, 9,* 142–144. (p. 194)

Rose, R. J., Kaprio, J., Winter, T., Dick, D. M., Viken, R. J., Pulkkinen, L., & Koskenvuo, M. (2002). Femininity and fertility in sisters with twin brothers: Prenatal androgenization? Cross-sex socialization? *Psychological Science, 13,* 263–266. (p. 473)

Rose, R. J., Viken, R. J., Dick, D. M., Bates, J. E., Pulkkinen, L., & Kaprio, J. (2003). It *does* take a village: Nonfamiliar environments and children s behavior. *Psychological Science, 14,* 273–277. (p. 152)

Rose, S. (1999). Precis of Lifelines: Biology, freedom, determinism. *Behavioral and Brain Sciences, 22,* 871–921. (p. 148)

Rose, S., Bisson, J., & Wessely, S. (2003). A systematic review of single-session psychological interventions (debriefing) following trauma. *Psychotherapy and Psychosomatics, 72,* 176–184. (p. 605)

Roselli, C. E., Larkin, K., Schrunk, J. M., & Stormshak, F. (2004). Sexual partner preference, hypothalamic morphology and aromatase in rams. *Physiology and Behavior, 83,* 233–245. (p. 474)

Roselli, C. E., Resko, J. A., & Stormshak, F. (2002). Hormonal influences on sexual partner preference in rams. *Archives of Sexual Behavior, 31,* 43–49. (p. 474)

Rosenbaum, M. (1986). The repulsion hypothesis: On the nondevelopment of relationships. *Journal of Personality and Social Psychology, 51,* 1156–1166. (p. 709)

Rosenberg, N. A., Pritchard, J. K., Weber, J. L., Cann, H. M., Kidd, K. K., Zhivotosky, L. A., & Feldman, M. W. (2002). Genetic structure of human populations. *Science, 298,* 2381–2385. (p. 145)

Rosenhan, D. L. (1973). On being sane in insane places. *Science, 179,* 250–258. (p. 599)

Rosenthal, R., Hall, J. A., Archer, D., DiMatteo, M. R., & Rogers, P. L. (1979). The PONS test: Measuring sensitivity to nonverbal cues. In S. Weitz (Ed.), *Nonverbal communication* (2nd ed.). New York: Oxford University Press. (pp. 432, 509)

Rosenzweig, M. R. (1984). Experience, memory, and the brain. *American Psychologist, 39,* 365–376. (p. 150)

Roseth, C. J., Johnson, D. W., & Johnson, R. T. (2008). Promoting early adolescents achievement and peer relationships: The effects of cooperative, competitive, and individualistic goal structures. *Psychological Bulletin, 134,* 223–246. (p. 718)

Ross, J. (2006, December). Sleep on a problem . . . it works like a dream. *The Psychologist, 19,* 738–740. (p. 101)

Ross, M., McFarland, C., & Fletcher, G. J. O. (1981). The effect of attitude on the recall of personal histories. *Journal of Personality and Social Psychology, 40,* 627–634. (p. 355)

Ross, M., Xun, W. Q. E., & Wilson, A. E. (2002). Language and the bicultural self. *Personality and Social Psychology Bulletin, 28,* 1040–1050. (p. 392)

Rossi, A. S., & Rossi, P. H. (1993). *Of human bonding: Parent-child relations across the life course.* Hawthorne, NY: Aldine de Gruyter. (p. 162)

Rossi, P. J. (1968). Adaptation and negative aftereffect to lateral optical displacement in newly hatched chicks. *Science, 160,* 430–432. (p. 274)

Rostosky, S. S., Wilcox, B. L., Wright, M. L. C., & Randall, B. A. (2004). The impact of religiosity on adolescent sexual behavior: A review of the evidence. *Journal of Adolescent Research, 19,* 677–697. (p. 471)

Roth, T., Roehrs, T., Zwyghuizen-Doorenbos, A., Stpeanski, E., & Witting, R. (1988). Sleep and memory. In I. Hindmarch & H. Ott (Eds.), *Benzodiazepine receptor ligans, memory and information processing.* New York: Springer-Verlag. (p. 105)

Rothbart, M. K., Ahadi, S. A., & Evans, D. E. (2000). Temperament and personality: Origins and outcomes. *Journal of Personality and Social Psychology, 78,* 122–135. (p. 140)

Rothbart, M., Fulero, S., Jensen, C., Howard, J., & Birrell, P. (1978). From individual to group impressions: Availability heuristics in stereotype formation. *Journal of Experimental Social Psychology, 14,* 237–255. (p. 697)

Rothbaum, B. O. (2006). Virtual reality exposure therapy. In B. O. Rothbaum (Ed.), *Pathological anxiety: Emotional processing in etiology and treatment.* New York; Guilford. (p. 644)

Rothbaum, F., & Tsang, B. Y-P. (1998). Lovesongs in the United States and China: On the nature of romantic love. *Journal of Cross-Cultural Psychology, 29,* 306–319. (p. 157)

Rothblum, E. D. (2007). Same-sex couples in legalized relationships: I do, or do I? Unpublished manuscript, Women s Studies Department, San Diego State University. (p. 146)

Rothman, A. J., & Salovey, P. (1997). Shaping perceptions to motivate healthy behavior: The role of message framing. *Psychological Bulletin, 121,* 3–19. (p. 381)

Rothstein, W. G. (1980). The significance of occupations in work careers: An empirical and theoretical review. *Journal of Vocational Behavior, 17,* 328–343. (p. 219)

Rotton, J., & Kelly, I. W. (1985). Much ado about the full moon: A meta-analysis of lunar-lunacy research. *Psychological Bulletin, 97,* 286–306. (p. 631)

Rovee-Collier, C. (1989). The joy of kicking: Memories, motives, and mobiles. In P. R. Solomon, G. R. Goethals, C. M. Kelley, & B. R. Stephens (Eds.), *Memory: Interdisciplinary approaches.* New York: Springer-Verlag. (p. 179)

Rovee-Collier, C. (1993). The capacity for long-term memory in infancy. *Current Directions in Psychological Science, 2,* 130–135. (p. 347)

Rovee-Collier, C. (1997). Dissociations in infant memory: Rethinking the development of implicit and explicit memory. *Psychological Review, 104,* 467–498. (p. 179)

Rovee-Collier, C. (1999). The development of infant memory. *Current Directions in Psychological Science, 8,* 80–85. (p. 179)

Rowe, D. C. (1990). As the twig is bent? The myth of child-rearing influences on personality development. *Journal of Counseling and Development, 68,* 606–611. (p. 139)

Rowe, D. C. (2005). Under the skin: On the impartial treatment of genetic and environmental hypotheses of racial differences. *American Psychologist, 60,* 60–70. (p. 43)

Rowe, D. C., Almeida, D. M., & Jacobson, K. C. (1999). School context and genetic influences on aggression in adolescence. *Psychological Science, 10,* 277–280. (p. 698)

Rowe, D. C., Jacobson, K. C., & Van den Oord, E. J. C. G. (1999). Genetic and environmental influences on vocabulary IQ: Parental education level as moderator. *Child Development, 70(5),* 1151–1162. (p. 42)

Rowe, D. C., Vazsonyi, A. T., & Flannery, D. J. (1994). No more than skin deep: Ethnic and racial similarity in developmental process. *Psychological Review, 101(3),* 396. (p. 158)

Rozin, P., Dow, S., Mosovitch, M., & Rajaram, S. (1998). What causes humans to begin and end a meal? A role for memory for what has been eaten, as evidenced by a study of multiple meal eating in amnesic patients. *Psychological Science, 9,* 392–396. (p. 451)

Rozin, P., Millman, L., & Nemeroff, C. (1986). Operation of the laws of sympathetic magic in disgust and other domains. *Journal of Personality and Social Psychology, 50,* 703–712. (p. 298)

Ruback, R. B., Carr, T. S., & Hopper, C. H. (1986). Perceived control in prison: Its relation to reported crowding, stress, and symptoms. *Journal of Applied Social Psychology, 16,* 375–386. (p. 580)

Rubenstein, J. S., Meyer, D. E., & Evans, J. E. (2001). Executive control of cognitive processes in task switching. *Journal of Experimental Psychology: Human Perception and Performance, 27,* 763–797. (p. 89)

Rubin, D. C., Rahhal, T. A., & Poon, L. W. (1998). Things learned in early adulthood are remembered best. *Memory and Cognition, 26,* 3–19. (p. 212)

Rubin, J. Z., Pruitt, D. G., & Kim, S. H. (1994). *Social conflict: Escalation, stalemate, and settlement.* New York: McGraw-Hill. (p. 718)

Rubin, L. B. (1985). *Just friends: The role of friendship in our lives.* New York: Harper & Row. (p. 161)

Rubin, Z. (1970). Measurement of romantic love. *Journal of Personality and Social Psychology, 16,* 265–273. (p. 508)

Rubio, G., & L pez-Ibor, J. J. (2007). Generalized anxiety disorder: A 40-year follow-up study. *Acta Psychiatrica Scandinavica, 115,* 372–379. (p. 602)

Rubonis, A. V., & Bickman, L. (1991). Psychological impairment in the wake of disaster: The disaster-psychopathology relationship. *Psychological Bulletin, 109,* 384–399. (p. 530)

Ruchlis, H. (1990). *Clear thinking: A practical introduction.* Buffalo, NY: Prometheus Books. (p. 371)

Rudman, L. A., & Goodwin, S. A. (2004). Gender differences in automatic in-group bias: Why do women like women more than men like men? *Journal of Personality and Social Psychology, 87,* 494–509. (p. 694)

Ruffin, C. L. (1993). Stress and health—little hassles vs. major life events. *Australian Psychologist, 28,* 201–208. (p. 531)

Rule, B. G., & Ferguson, T. J. (1986). The effects of media violence on attitudes, emotions, and cognitions. *Journal of Social Issues, 42*(3), 29–50. (p. 323)

Rumbaugh, D. M. (1977). *Language learning by a chimpanzee: The Lana project.* New York: Academic Press. (p. 398)

Rumbaugh, D. M., & Savage-Rumbaugh, S. (1978). Chimpanzee language research: Status and potential. *Behavior Research Methods & Instrumentation, 10,* 119–131. (p. 400)

Rumbaugh, D. M., & Savage-Rumbaugh, S. (1994, January/February). Language and apes. *Psychology Teacher Network,* pp. 2–5, 9. (p. 400)

Rumbaugh, D. M., & Washburn, D. A. (2003). *Intelligence of apes and other rational beings.* New Haven, CT: Yale University Press. (p. 400)

Rush, A. J. & 12 others from the STAR*D Study team (2006). Bupropion-SR, Sertaline, or Venlafaxine-XR after failure of SSRIs for depression. *New England Journal of Medicine, 354,* 1231–1242. (p. 663)

Rushton, J. P. (1975). Generosity in children: Immediate and long-term effects of modeling, preaching, and moral judgment. *Journal of Personality and Social Psychology, 31,* 459–466. (p. 321)

Rushton, J. P., & Jensen, A. R. (2005). Thirty years of research on race differences in cognitive ability. *Psychology, Public Policy, and Law, 11,* 235–294. (p. 43)

Rushton, J. P., & Jensen, A. R. (2006). The totality of available evidence shows the race IQ gap still remains. *Psychological Science, 17,* 921–922. (p. 43)

Russell, B. (1930/1985). *The conquest of happiness.* London: Unwin Paperbacks. (p. 525)

Russell, J. A., & Carroll, J. M. (1999b). The phoenix of bipolarity: Reply to Watson and Tellegan (1999). *Psychological Bulletin, 125,* 611–614. (p. 515)

Russell, J. A., & Carroll, J. M. (January, 1999a). On the bipolarity of positive and negative affect. *Psychological Bulletin, 125,* 3–30. (p. 515)

Russell, J. A., Lewicka, M., & Niit, T. (1989). A cross-cultural study of a circumplex model of affect. *Journal of Personality and Social Psychology, 57,* 848–856. (p. 515)

Rusting, C. L., & Nolen-Hoeksema, S. (1998). Regulating responses to anger: Effects of rumination and distraction on angry mood. *Journal of Personality and Social Psychology, 74,* 790–803. (p. 519)

Rutter, M., and the English and Romanian Adoptees (ERA) study team. (1998). Developmental catch-up, and deficit, following adoption after severe global early privation. *Journal of Child Psychology and Psychiatry, 39,* 465–476. (p. 192)

Ruys, K. I., & Stapel, D. A. (2008). The secret life of emotions. *Psychological Science, 19,* 385–391. (p. 504)

Ryan, R. (1999, February 2). Quoted by Alfie Kohn, In pursuit of affluence, at a high price. *New York Times* (www.nytimes.com). (pp. 523, 524)

Ryan, R. M., & Deci, E. L. (2004). Avoiding death or engaging life as accounts of meaning and culture: Comment on Pyszczynski et al. (2004). *Psychological Bulletin, 130,* 473–477. (p. 589)

Ryckman, R. M., Robbins, M. A., Kaczor, L. M., & Gold J. A. (1989). Male and female raters stereotyping of male and female physiques. *Personality and Social Psychology Bulletin, 15,* 244–251. (p. 457)

Ryder, A. G., Yang, J., Zhu, X., Yao, S., Yi, J., Heine, S. J., & Bagby, R. M. (2008). The cultural shaping of depression: Somatic symptoms in China, psychological symptoms in North America? *Journal of Abnormal Psychology, 117,* 300–313. (p. 608)

Saad, L. (2001, December 17). Americans mood: Has Sept. 11 made a difference? *Gallup Poll News* Service (www.gallup.com/poll/releases/pr011217.asp). (p. 531)

Saad, L. (2002, November 21). Most smokers wish they could quit. *Gallup News Service* (www.gallup.com). (p. 119)

Saad, L. (2006, August 10). Anti-Muslim sentiments fairly commonplace. Gallup News Service (poll.gallup.com). (p. 692)

Sabbagh, M. A., Xu, F., Carlson, S. M., Moses, L. J., & Lee, K. (2006). The development of executive functioning and theory of mind: A comparison of Chinese and U.S. preschoolers. *Psychological Science, 17,* 74–81. (p. 184)

Sabini, J. (1986). Stanley Milgram (1933–1984). *American Psychologist, 41,* 1378–1379. (p. 684)

Sachdev, P., & Sachdev, J. (1997). Sixty years of psychosurgery: Its present status and its future. *Australian and New Zealand Journal of Psychiatry, 31,* 457–464. (p. 667)

Sackett, P. R., & Lievens, F. (2008). Personnel selection. *Annual Review of Psychology, 59,* 419–450. (p. 484)

Sackett, P. R., Borneman, M. J., & Connelly, B. S. (2008). High-stakes testing in higher education and employment: Appraising the evidence for validity and fairness. *American Psychologist, 63,* 215–227. (p. 438)

Sackett, P. R., Hardison, C. M., & Cullen, M. J. (2004). On interpreting stereotype threat as accounting for African American-White differences on cognitive tests. *American Psychologist, 59,* 7–13. (p. 438)

Sacks, O. (1985). *The man who mistook his wife for a hat.* New York: Summit Books. (pp. 254, 343)

Sadato, N., Pascual-Leone, A., Grafman, J., Ibanez, V., Deiber, M-P., Dold, G., & Hallett, M. (1996). Activation of the primary visual cortex by Braille reading in blind subjects. *Nature, 380,* 526–528. (p. 74)

Saffran, J. R., Aslin, R. N., & Newport, E. L. (1996). Statistical learning by 8-month-old infants. *Science, 274,* 1926–1928. (p. 387)

Sagan, C. (1987, February 1). The fine art of baloney detection. *Parade. (p. 283)*

Sakurai, T., Amemiya, A., Ishii, M., Matsuzaki, I., Chemelli, R. M., Tanaka, H., Williams, S. C., Richardson, J. A., Kozlowski, G. P., Wilson, S., Arch, J. R. S., Buckingham, R. E., Haynes, A. C., Carr, S. A., Annan, R. S., McNulty, D. E., Liu, W-S., Terrett, J. A., Elshourbagy, N. A., Bergsma, D. J., Yanagisawa, M. (1998). Orexins and orexin receptors: A family of hypothalamic neuropeptides and G protein-coupled receptors that regulate feeding behavior. *Cell, 92,* 573–585. (p. 449)

Salib, E., & Cortina-Borja, M. (2006). Effect of month of birth on the risk of suicide. *British Journal of Psychiatry, 188,* 416–422. (p. 616)

Salmela-Aro, K., & Nurmi, J-E. (2007). Self-esteem during university studies predicts career characteristics 10 years later. *Journal of Vocational Behavior, 70,* 463–477. (p. 585)

Salmon, P. (2001). Effects of physical exercise on anxiety, depression, and sensitivity to stress: A unifying theory. *Clinical Psychology Review, 21,* 33–61. (pp. 543, 544)

Salovey, P. (1990, January/February). Interview. *American Scientist,* pp. 25–29. (p. 520)

Salthouse, T. A. (2004). What and when of cognitive aging. *Current Directions in Psychological Science, 13,* 140–144. (p. 215)

Sampson, E. E. (2000). Reinterpreting individualism and collectivism: Their religious roots and monologic versus dialogic person–other relationship. *American Psychologist, 55,* 1425–1432. (p. 156)

Samuels, J., & Nestadt, G. (1997). Epidemiology and genetics of obsessive-compulsive disorder. *International Review of Psychiatry, 9,* 61–71. (p. 603)

Samuels, S., & McCabe, G. (1989). Quoted by P. Diaconis & F. Mosteller, Methods for studying coincidences. *Journal of the American Statistical Association, 84,* 853–861. (p. 17)

Sanders, A. R. & 22 others (2008). No significant association of 14 candidate genes with schizophrenia in a large European ancestry sample: Implications for psychiatric genetics. *American Journal of Psychiatry, 165,* 497–506. (p. 627)

Sanders, G., & Wright, M. (1997). Sexual orientation differences in cerebral asymmetry and in the performance of sexually dimorphic cognitive and motor tasks. *Archives of Sexual Behavior, 26,* 463–479. (p. 477)

Sanders, G., Sjodin, M., & de Chastelaine, M. (2002). On the elusive nature of sex differences in cognition hormonal influences contributing to within-sex variation. *Archives of Sexual Behavior, 31,* 145–152. (p. 476)

Sandfort, T. G. M., de Graaf, R., Bijl, R., & Schnabel, P. (2001). Same-sex sexual behavior and psychiatric disorders. *Archives of General Psychiatry, 58,* 85–91. (p. 472)

Sandk hler, S., & Bhattacharya, J. (2008). Deconstructing insight: EEG correlates of insightful problem solving. *PloS ONE, 3,* e1459 (www.plosone.org). (p. 371)

Sandler, W., Meir, I., Padden, C., & Aronoff, M. (2005). The emergence of grammar: Systematic structure in a new language. *Proceedings of the National Academy of Sciences, 102,* 2261–2265. (p. 387)

Sanford, A. J., Fray, N., Stewart, A., & Moxey, L. (2002). Perspective in statements of quantity, with implications for consumer psychology. *Psychological Science, 13,* 130–134. (p. 382)

Sanz, C., Blicher, A., Dalke, K., Gratton-Fabri, L., McClure-Richards, T., & Fouts, R. (1998, Winter-Spring). Enrichment object use: Five chimpanzees use of temporary and semi-permanent enrichment objects. *Friends of Washoe, 19(1,2),* 9–14. (p. 398)

Sanz, C., Morgan, D., Gulick, S. (2004). New insights into chimpanzees, tools, and termites from the Congo Basin. *American Naturalist, 164,* 567–581. (p. 396)

Sapadin, L. A. (1988). Friendship and gender: Perspectives of professional men and women. *Journal of Social and Personal Relationships, 5,* 387–403. (p. 161)

Sapolsky, B. S., & Tabarlet, J. O. (1991). Sex in primetime television: 1979 versus 1989. *Journal of Broadcasting and Electronic Media, 35,* 505–516. (pp. 470, 703)

Sapolsky, R. (2003, September). Taming stress. *Scientific American,* pp. 87–95. (pp. 529, 615)

Sapolsky, R. (2005). The influence of social hierarchy on primate health. *Science, 308,* 648–652. (p. 539)

Sapolsky, R. M., & Finch, C. E. (1991, March/April). On growing old. *The Sciences,* pp. 30–38. (p. 209)

Satel, S. (2006, March 1). For some, the war won t end. *New York Times* (www.nytimes.com). (p. 605)

Sato, K. (1987). Distribution of the cost of maintaining common resources. *Journal of Experimental Social Psychology, 23,* 19–31. (p. 715)

Saul, S. (2007, March 15). F.D.A. warns of sleeping pills strange effects. *New York Times* (www.nytimes.com). (p. 101)

Saulny, S. (2006, June 21). A legacy of the storm: Depression and suicide. *New York Times* (www.nytimes.com). (p. 530)

Savage-Rumbaugh, E. S., Murphy, J., Sevcik, R. A., Brakke, K. E., Williams, S. L., & Rumbaugh, D. M., with commentary by Bates, E. (1993). Language comprehension in ape and child. *Monographs of the Society for Research in Child Development, 58* (no. 233), 1–254. (p. 400)

Savic, I., & Lindstr m, P. (2008). PET and MRI show differences in cerebral asymmetry and functional connectivity between homo- and heterosexual subjects. *Proceedings of the National Academy of Sciences, 105,* 9403–9408. (p. 474)

Savic, I., Berglund, H., & Lindstrom, P. (2005). Brain response to putative pheromones in homosexual men. *Proceedings of the National Academy of Sciences, 102,* 7356–7361. (p. 475)

Savitsky, K., & Gilovich, T. (2003). The illusion of transparency and the alleviation of speech anxiety. Journal *of Experimental Social Psychology, 39,* 618–625. (p. 585)

Savitsky, K., Epley, N., & Gilovich, T. (2001). Do others judge us as harshly as we think? Overestimating the impact of our failures, shortcomings, and mishaps. *Journal of Personality and Social Psychology, 81,* 44–56. (p. 585)

Savoy, C., & Beitel, P. (1996). Mental imagery for basketball. *International Journal of Sport Psychology, 27,* 454–462. (p. 394)

Sawyer, M. G., Arney, F. M., Baghurst, P. A., Clark, J. J., Graetz, B. W., Kosky, R. J., Nurcombe, B., Patton, G. C., Prior, M. R., Raphael, B., Rey, J., Whaites, L. C., & Zubrick, S. R. (2000). *The mental health of young people in Australia.* Canberra: Mental Health and Special Programs Branch, Commonwealth Department of Health and Aged Care. (p. 615)

Saxe, R., & Powell, L. J. (2006). It s the thought that counts. *Psychological Science, 17,* 692–699. (p. 185)

Sayre, R. F. (1979). The parents last lessons. In D. D. Van Tassel (Ed.), *Aging, death, and the completion of being.* Philadelphia: University of Pennsylvania Press. (p. 212)

Scarborough, E., & Furumoto, L. (1987). *Untold lives: The first generation of American women psychologists.* New York: Columbia University Press. (p. 4)

Scarr, S. (1984, May). What s a parent to do? A conversation with E. Hall. *Psychology Today,* pp. 58–63. (p. 430)

Scarr, S. (1986). *Mother care/other care.* New York: Basic Books. (p. 193)

Scarr, S. (1989). Protecting general intelligence: Constructs and consequences for interventions. In R. J. Linn (Ed.), *Intelligence: Measurement, theory, and public policy.* Champaign: University of Illinois Press. (p. 408)

Scarr, S. (1990). Back cover comments on J. Dunn & R. Plomin (1990). *Separate lives: Why siblings are so different.* New York: Basic Books. (p. 142)

Scarr, S. (1993, May/June). Quoted by *Psychology Today,* Nature s thumbprint: So long, superparents, p. 16. (p. 152)

Scarr, S. (1997). Why child care has little impact on most children s development. *Current Directions in Psychological Science, 6,* 143–148. (p. 193)

Schab, F. R. (1991). Odor memory: Taking stock. *Psychological Bulletin, 109,* 242–251. (p. 262)

Schachter, S. (1982). Recidivism and self-cure of smoking and obesity. *American Psychologist, 37,* 436–444. (p. 464)

Schachter, S., & Singer, J. E. (1962). Cognitive, social and physiological determinants of emotional state. *Psychological Review, 69,* 379–399. (pp. 498, 503)

Schacter, D. L. (1992). Understanding implicit memory: A cognitive neuroscience approach. *American Psychologist, 47,* 559–569. (p. 343)

Schacter, D. L. (1996). *Searching for memory: The brain, the mind, and the past.* New York: Basic Books. (pp. 210, 343, 344, 360, 517, 562)

Schacter, D. L. (1999). The seven sins of memory: Insights from psychology and cognitive neuroscience. *American Psychologist, 54,* 182–201. (p. 350)

Schafer, G. (2005). Infants can learn decontextualized words before their first birthday. *Child Development, 76,* 87–96. (p. 385)

Schaie, K. W. (1994). The life course of adult intellectual abilities. *American Psychologist, 49,* 304–313. (p. 214)

Schaie, K. W., & Geiwitz, J. (1982). *Adult development and aging.* Boston: Little, Brown. (p. 214)

Schall, T., & Smith, G. (2000, Fall). Career trajectories in baseball. *Chance,* pp. 35–38. (p. 208)

Schechter, R., & Grether, J. K. (2008). Continuing increases in autism reported to California s developmental services system. *Archives of General Psychiatry, 65,* 19–24. (p. 186)

Scheier, M. F., & Carver, C. S. (1992). Effects of optimism on psychological and physical well-being: Theoretical overview and empirical update. *Cognitive Therapy and Research, 16,* 201–228. (p. 539)

Schein, E. H. (1956). The Chinese indoctrination program for prisoners of war: A study of attempted brainwashing. *Psychiatry, 19,* 149–172. (p. 676)

Schellenberg, E. G. (2006). Long-term positive associations between music lessons and IQ. *Journal of Educational Psychology, 98,* 457–468. (p. 430)

Schellengherg, E. G. (2005). Music and cognitive abilities. *Current Directions in Psychological Science, 14,* 317–320. (p. 430)

Scherer, K. R., Banse, R., & Wallbott, H. G. (2001). Emotion inferences from vocal expression correlate across languages and cultures. *Journal of Cross-Cultural Psychology, 32,* 76–92. (p. 508)

Schiavi, R. C., & Schreiner-Engel, P. (1988). Nocturnal penile tumescence in healthy aging men. *Journal of Gerontology: Medical Sciences, 43,* M146–150. (p. 96)

Schiffenbauer, A., & Schiavo, R. S. (1976). Physical distance and attraction: An intensification effect. *Journal of Experimental Social Psychology, 12,* 274–282. (p. 687)

Schilt, T., de Win, M. M. L, Koeter, M., Jager, G., Korf, D. J., van den Brink, W., & Schmand, B. (2007). Cognition in novice ecstasy users with minimal exposure to other drugs. *Archives of General Psychiatry, 64,* 728–736. (p. 121)

Schimel, J., Arndt, J., Pyszczynski, T., & Greenberg, J. (2001). Being accepted for who we are: Evidence that social validation of the intrinsic self reduces general defensiveness. *Journal of Personality and Social Psychology, 80,* 35–52. (p. 567)

Schimmack, U., & Lucas, R. (2007). Marriage matters: Spousal similarity in life satisfaction. *Schmollers Jahrbuch, 127,* 1–7. (p. 526)

Schimmack, U., Oishi, S., & Diener, E. (2005). Individualism: A valid and important dimension of cultural differences between nations. *Personality and Social Psychology Review, 9,* 17–31. (p. 156)

Schkade, D., Sunstein, C. R., & Hastie, R. (2006). What happened on deliberation day? University of Chicago Law and Economics, Olin Working Paper No. 298. (p. 689)

Schlaug, G., Jancke, L., Huang, Y., & Steinmetz, H. (1995). In vivo evidence of structural brain asymmetry in musicians. *Science, 267,* 699–701. (p. 62)

Schlesinger, A. M., Jr. (1965). *A thousand days.* Boston: Houghton Mifflin. (p. 690)

Schmidt, F. L. (2002). The role of general cognitive ability and job performance: Why there cannot be a debate. *Human Performance, 15,* 187–210. (p. 485)

Schmidt, F. L., & Hunter, J. E. (1998). The validity and utility of selection methods in personnel psychology: Practical and theoretical implications of 85 years of research findings. *Psychological Bulletin, 124,* 262–274. (pp. 485, 486,

583)

Schmidt, F. L., & Zimmerman, R. D. (2004). A counterintuitive hypothesis about employment interview validity and some supporting evidence. *Journal of Applied Psychology, 89,* 553–561. (p. 486)

Schmitt, D. P. (2005). Sociosexuality from Argentina to Zimbabwe: A 48-nation study of sex, culture, and strategies of human mating. *Behavioral and Brain Sciences, 28,* 247–311. (p. 147)

Schmitt, D. P. (2007). Sexual strategies across sexual orientations: How personality traits and culture relate to sociosexuality among gays, lesbians, bisexuals, and heterosexuals. *Journal of Psychology and Human Sexuality, 18,* 183–214. (pp. 146, 147)

Schmitt, D. P., & Allik, J. (2005). Simultaneous administration of the Rosenberg Self-esteem Scale in 53 nations: Exploring the universal and culture-specific features of global self-esteem. *Journal of Personality and Social Psychology, 89,* 623–642. (p. 587)

Schmitt, D. P., & Pilcher, J. J. (2004). Evaluating evidence of psychological adaptation: How do we know one when we see one? *Psychological Science, 15,* 643–649. (p. 145)

Schmitt, D. P., Allik, J., McCrae, R. R., & Benet-Mart nez, V., with many others (2007). The geographic distribution of Big Five personality traits: Patterns and profiles of human self-description across 56 nations. *Journal of Cross-Cultural Psychology, 38,* 173–212. (p. 571)

Schnaper, N. (1980). Comments germane to the paper entitled The reality of death experiences by Ernst Rodin. *Journal of Nervous and Mental Disease, 168,* 268–270. (p. 127)

Schneider, R. H., Alexander, C. N., Staggers, F., Rainforth, M., Salerno, J. W., Hartz, A., Arndt, S., Barnes, V. A., & Nidich, S. (2005). Long-term effects of stress reduction on mortality in persons > or = 55 years of age with systemic hypertension. *American Journal of Cardiology, 95,* 1060–1064. (p. 547)

Schneider, S. L. (2001). In search of realistic optimism: Meaning, knowledge, and warm fuzziness. *American Psychologist, 56,* 250–263. (p. 581)

Schneiderman, N. (1999). Behavioral medicine and the management of HIV/AIDS. *International Journal of Behavioral Medicine, 6,* 3–12. (p. 536)

Schoenborn, C. A., & Adams, P. F. (2008). Sleep duration as a correlate of smoking, alcohol use, leisure-time physical inactivity, and obesity among adults: United States, 2004–2006. Centers for Disease Control and Prevention (www.cdc.gov/nchs). (p. 98)

Schoeneman, T. J. (1994). Individualism. In V. S. Ramachandran (Ed.), *Encyclopedia of human behavior.* San Diego: Academic Press. (p. 157)

Schofield, J. W. (1986). Black-White contact in desegregated schools. In M. Hewstone & R. Brown (Eds.), *Contact and conflict in intergroup encounters.* Oxford: Basil Blackwell. (p. 717)

Schonfield, D., & Robertson, B. A. (1966). Memory storage and aging. *Canadian Journal of Psychology, 20,* 228–236. (p. 213)

Schooler, J. W., Gerhard, D., & Loftus, E. F. (1986). Qualities of the unreal. *Journal of Experimental Psychology: Learning, Memory, and Cognition, 12,* 171–181. (p. 357)

Schorr, E. A., Fox, N.A., van Wassenhove, V., & Knudsen, E.I. (2005). Auditory-visual fusion in speech perception in children with cochlear implants. *Proceedings of the National Academy of Sciences, 102,*18748–18750. (p. 250)

Schultheiss, D. E. P. (2008). *Psychology as a major: Is it right for me and what can I do with my degree?* Washington, DC, US; American Psychological Association. (p. A-11)

Schuman, H., & Scott, J. (June, 1989). Generations and collective memories. *American Sociological Review, 54*(3), 359–381. (p. 213)

Schwartz, B. (1984). *Psychology of learning and behavior (2nd ed.).* New York: Norton. (pp. 302, 606)

Schwartz, B. (2000). Self-determination: The tyranny of freedom. *American Psychologist, 55,* 79–88. (p. 580)

Schwartz, B. (2004). *The paradox of choice: Why more is less.* New York: Ecco/HarperCollins. (p. 580)

Schwartz, B. (2007, April 12). Unnatural selections. *New York Times* (www.nytimes.com). (p. 382)

Schwartz, J. M., Stoessel, P. W., Baxter, L. R., Jr., Martin, K. M., & Phelps, M. E. (1996). Systematic changes in cerebral glucose metabolic rate after successful behavior modification treatment of obsessive-compulsive disorder. *Archives of General Psychiatry, 53,* 109–113. (pp. 648, 667)

Schwartz, J., & Estrin, J. (2004, November 7). *Living for today, locked in a paralyzed body.* New York Times (www.nytimes.com). (p. 521)

Schwartz, S. H., & Rubel, T. (2005). Sex differences in value priorities: Cross-cultural and multimethod studies. *Journal of Personality and Social Psychology, 89,* 1010–1028. (p. 160)

Schwarz, A. (2007, April 6). Throwing batters curves before throwing a pitch. *New York Times* (www.nytimes.com). (p. 79)

Schwarz, N., Strack, F., Kommer, D., & Wagner, D. (1987). Soccer, rooms, and the quality of your life: Mood effects on judgments of satisfaction with life in general and with specific domains. *European Journal of Social Psychology, 17,* 69–79. (p. 349)

Sclafani, A. (1995). How food preferences are learned: Laboratory animal models. *Proceedings of the Nutrition Society, 54,* 419–427. (p. 452)

Scott, D. J., & others. (2004, November 9). U-M team reports evidence that smoking affects human brain s natural feel good chemical system (press release by Kara Gavin). University of Michigan Medical School (www.med.umich.edu). (p. 119)

Scott, D. J., Stohler, C. S., Egnatuk, C. M., Wang, H., Koeppe, R. A., & Zubieta, J-K. (2007). Individual differences in reward responding explain placebo-induced expectations and effects. *Neuron, 55,* 325–336. (p. 258)

Scott, W. A., Scott, R., & McCabe, M. (1991). Family relationships and children s personality: A cross-cultural, cross-source comparison. *British Journal of Social Psychology, 30,* 1–20. (p. 158)

Sdorow, L. M. (2005). The people behind psychology. In B. Perlman, L. McCann, & W. Buskist (Eds.), *Voices of experience: Memorable talks from the National Institute on the Teaching of Psychology.* Washington, DC: American Psychological Society. (p. 560)

Seal, K. H., Bertenthal, D., Miner, C. R., Sen, S., & Marmar, C. (2007). Bringing the war back home: Mental health disorders among 103,788 U.S. veterans returning from Iraq and Afghanistan seen at Department of Veterans Affairs facilities. *Archives of Internal Medicine, 167,* 467–482. (p. 604)

Seamon, J. G., Philbin, M. M., & Harrison, L. G. (2006). Do you remember proposing marriage to the Pepsi machine? False recollections from a campus walk. *Psychonomic Bulletin and Review, 13,* 752–756. (p. 357)

Sebat, J. & 31 others (2007). Strong association of de novo copy number mutations with autism. *Science, 316,* 445–449. (p. 186)

Sechrest, L., Stickle, T. R., & Stewart, M. (1998). The role of assessment in clinical psychology. In A. Bellack, M. Hersen (Series eds.) & C. R. Reynolds (Vol. ed.), *Comprehensive clinical psychology: Vol 4: Assessment.* New York: Pergamon. (p. 560)

Seeman, P., Guan, H-C., & Van Tol, H. H. M. (1993). Dopamine D4 receptors elevated in schizophrenia. *Nature, 365,* 441–445. (p. 624)

Segal, N. L. (1999). Entwined lives: Twins and what they tell us about human behavior. New York: Dutton. (p. 138)

Segal, N. L. (2000). Virtual twins: New findings on within-family environmental influences on intelligence. *Journal of Educational Psychology, 92,* 442–448. (p. 138)

Segal, N. L., McGuire, S. A., Havlena, J., Gill, P., & Hershberger, S. L. (2007). Intellectual similarity of virtual twin pairs: Developmental trends. *Personality and Individual Differences, 42,* 1209–1219. (p. 428)

Segall, M. H., Dasen, P. R., Berry, J. W., & Poortinga, Y. H. (1990). *Human behavior in global perspective: An introduction to cross-cultural psychology.* New York: Pergamon. (pp. 146, 164, 187)

Segerstrom, S. C. (2007). Stress, energy, and immunity. *Current Directions in Psychological Science, 16,* 326–330. (p. 528)

Segerstrom, S. C., Taylor, S. E., Kemeny, M. E., & Fahey, J. L. (1998). Optimism is associated with mood, coping, and immune change in response to stress. *Journal of Personality and Social Psychology, 74,* 1646–1655. (p. 540)

Seidler, G. H., & Wagner, F. E. (2006). Comparing the efficacy of EMDR and trauma-focused cognitive-behavioral therapy in the treatment of PTSD: A meta-analytic study. *Psychological Medicine, 36,* 1515–1522. (p. 656)

Seidlitz, L., & Diener, E. (1998). Sex differences in the recall of affective experiences. *Journal of Personality and Social Psychology, 74,* 262–271. (p. 619)

Self, C. E. (1994). *Moral culture and victimization in residence halls.* Dissertation: Thesis (M.A.). Bowling Green University. (p. 125)

Seligman, M. E. P. (1974, May). Submissive death: Giving up on life. *Psychology Today,* pp. 80–85. (p. 516)

Seligman, M. E. P. (1975). Helplessness: On depression, development and death. San Francisco: Freeman. (p. 579)

Seligman, M. E. P. (1991). *Learned optimism.* New York: Knopf. (pp. 85, 579, 620)

Seligman, M. E. P. (1994). *What you can change and what you can t.* New York: Knopf. (pp. 152, 544, 564, 585)

Seligman, M. E. P. (1995). The effectiveness of psychotherapy: The Consumer Reports study. *American Psychologist, 50,* 965–974. (pp. 620, 651, 654)

Seligman, M. E. P. (2002). *Authentic happiness: Using the new positive psychology to realize your potential for lasting fulfillment.* New York: Free Press. (pp. 581, 585, 648)

Seligman, M. E. P. (2004). Eudaemonia, the good life. A talk with Martin Seligman. www.edge.org. (p. 581)

Seligman, M. E. P., & Yellen, A. (1987). What is a dream? Behavior Research and Therapy, 25, 1–24. (p. 93)

Seligman, M. E. P., Steen, T. A., Park, N., & Peterson, C. (2005). Positive psychology progress: Empirical validation of interventions. *American Psychologist, 60,* 410–421. (pp. 525, 581)

Sellers, H. (2010). *Face first.* New York: Riverhead Books. (p. 229)

Selye, H. (1936). A syndrome produced by diverse nocuous agents. *Nature, 138,* 32. (p. 529)

Selye, H. (1976). *The stress of life.* New York: McGraw-Hill. (p. 529)

Sen, A. (2003). Missing women—revisited. *British Medical Journal, 327,* 1297–1298. (p. 694)

Senate Intelligence Committee (2004, July 9). *Report of the select committee on intelligence on the U.S. intelligence community s prewar intelligence assessments on Iraq.* Washington, DC: Author. (p. 690)

Senghas, A., & Coppola, M. (2001). Children creating language: How Nicaraguan Sign Language acquired a spatial grammar. *Psychological Science, 12,* 323–328. (p. 387)

Sengupta, S. (2001, October 10). Sept. 11 attack narrows the racial divide. *New York Times* (www.nytimes.com). (p. 717)

Senju, A., Maeda, M., Kikuchi, Y., Hasegawa, T., Tojo, Y., & Osanai, H. (2007). Absence of contagious yawning in children with autism spectrum disorder. *Biology Letters, 3,* 706–708. (pp. 187, 318)

Sensenbrenner, F. J. (2004). Quoted by C. Hulse, Vote in house offers a shield in obesity suits. *New York Times,* March 11, 2004 (www.nytimes.com). (p. 457)

Serruya, M. D., Hatsopoulos, N. G., Paninski, L., Fellow, M. R., & Donoghue, J. P. (2002). Instant neural control of a movement signal. *Nature, 416,* 141–142. (p. 70)

Service, R. F. (1994). Will a new type of drug make memory-making easier? Science, 266, 218–219. (p. 340)

Seto, M. C., & Barbaree, H. E. (1995). The role of alcohol in sexual aggression. *Clinical Psychology Review, 15,* 545–566. (p. 116)

Shadish, W. R., & Baldwin, S. A. (2005). Effects of behavioral marital therapy: A meta-analysis of randomized controlled trials. *Journal of Consulting and Clinical Psychology, 73,* 6–14. (p. 654)

Shadish, W. R., Matt, G. E., Navarro, A. M., & Phillips, G. (2000). The effects of psychological therapies under clinically representative conditions: A meta-analysis. *Psychological Bulletin, 126,* 512–529. (p. 654)

Shadish, W. R., Montgomery, L. M., Wilson, P., Wilson, M. R., Bright, I., & Okwumabua, T. (1993). Effects of family and marital psychotherapies: A meta-analysis. *Journal of Consulting and Clinical Psychology, 61,* 992–1002. (p. 649)

Shaffer, D. M., Krauchunas, S. M., Eddy, M., & McBeath, M. K. (2004). How dogs navigate to catch Frisbees, *Psychological Science, 15,* 437–441. (p. 269)

Shafir, E., & LeBoeuf, R. A. (2002). Rationality. *Annual Review of Psychology, 53,* 491–517. Times, p. B1. (p. 379)

Shamir, B., House, R. J., & Arthur, M. B. (1993). The motivational effects of charismatic leadership: A self-concept based theory. *Organizational Science, 4(4),* 577–594. (p. 492)

Shanahan, L., McHale, S. M., Osgood, D. W., & Crouter, A. C. (2007). Conflict frequency with mothers and fathers from middle childhood to late adolescence: Within- and between-families comparisons. *Developmental Psychology, 43,* 539–550. (p. 204)

Shanley, D. P., Sear, R., Mace, R., & Kirkwood, T. B. L. (2007). Testing evolutionary theories of menopause. *Proceedings of the Royal Society, 274,* 2943–2949. (p. 208)

Shapiro, F. (1989). Efficacy of the eye movement desensitization procedure in the treatment of traumatic memories. *Journal of Traumatic Stress, 2,* 199–223. (p. 656)

Shapiro, F. (1995). *Eye movement desensitization and reprocessing: Basic principles, protocols, and procedures.* New York; Guilford. (p. 656)

Shapiro, F. (1999). Eye movement desensitization and reprocessing (EMDR) and the anxiety disorders: Clinical and research implications of an integrated psychotherapy treatment. *Journal of Anxiety Disorders, 13,* 35–67. (p. 656)

Shapiro, F. (Ed.) (2002). *EMDR as an integrative psychotherapy approach: Experts of diverse orientations explore the paradigm prism.* Washington, DC; APA Books, 656; APA Books. (p. 656)

Shapiro, K. A., Moo, L. R., & Caramazza, A. (2006). Cortical signatures of noun and verb production. *Proceedings of the National Academic of Sciences, 103,* 1644–1649. (p. 390)

Shaprio, F. (2007). EMDR and case conceptualization from an adaptive information processing perspective. In F. Shapiro, F. W. Kaslow, & L. Maxfield (Eds.), *Handbook of EMDR and family therapy processes.* Hoboken, NJ: Wiley. (p. 656)

Sharma, A. R., McGue, M. K., & Benson, P. L. (1998). The psychological adjustment of United States adopted adolescents and their nonadopted siblings. *Child Development, 69,* 791–802. (p. 139)

Shattuck, P. T. (2006). The contribution of diagnostic substitution to the growing administrative prevalence of autism in US special education. *Pediatrics, 117,* 1028–1037. (p. 186)

Shaver, P. R., & Mikulincer, M. (2007). Adult attachment strategies and the regulation of emotion. In J. J. Gross (Ed.), *Handbook of emotion regulation.* New York: Guilford Press. (p. 191)

Shaver, P. R., Morgan, H. J., & Wu, S. (1996). Is love a basic emotion? *Personal Relationships, 3,* 81–96. (p. 514)

Shaw, H. L. (1989–90). Comprehension of the spoken word and ASL translation by chimpanzees (Pan troglodytes). *Friends of Washoe, 9*(1/2), 8–19. (p. 400)

Shaw, P., Eckstrand, K., Sharp, W., Blumenthal, J., Lerch, J. P., Greenstein, D., Clasen, L., Evans, A., Giedd, J., & Rapoport, J. L. (2007). Attention-deficity/hyperactivity disorder is characterized by a delay in cortical maturation. *Proceedings of the National Academy of Sciences, 104,* 19649–19654. (p. 595)

Shaw, P., Greenstein, D., Lerch, J., Clasen, L., Lenroot, R., Gogtay, N., Evans, A., Rapoport, J., & Giedd, J. (2006). Intellectual ability and cortical development in children and adolescents. *Nature, 440,* 676–679. (p. 414)

Sheehan, S. (1982). *Is there no place on earth for me?* Boston: Houghton Mifflin. (p. 622)

Sheldon, K. M., & Niemiec, C. P. (2006). It s not just the amount that counts: Balanced need satisfaction also affects well-being. *Journal of Personality and Social Psychology, 91,* 331–341. (p. 479)

Sheldon, K. M., Elliot, A. J., Kim, Y., & Kasser, T. (2001). What is satisfying about satisfying events? Testing 10 candidate psychological needs. *Journal of Personality and Social Psychology, 80,* 325–339. (p. 479)

Sheldon, M. S., Cooper, M. L., Geary, D. C., Hoard, M., & DeSoto, M. C. (2006). Fertility cycle patterns in motives for sexual behavior. *Personality and Social Psychology Bulletin, 32,* 1659–1673. (p. 466)

Shenton, M. E. (1992). Abnormalities of the left temporal lobe and thought disorder in schizophrenia: A quantitative magnetic resonance imaging study. *New England Journal of Medicine, 327,* 604–612. (p. 625)

Shepard, R. N. (1990). *Mind sights.* New York: Freeman. (pp. 20, 277)

Shepherd, C. (1997, April). News of the weird. *Funny Times,* p. 15. (p. 137)

Shepherd, C. (1999, June). News of the weird. *Funny Times,* p. 21. (p. 461)

Shepherd, C., Kohut, J. J., & Sweet, R. (1990). *More news of the weird.* New York: Penguin/Plume Books. (p. 630)

Sheppard, L. D., & Vernon, P. A. (2008). Intelligence and speed of information-processing: A review of 50 years of research. *Personality and Individual Differences, 44,* 535–551. (p. 414)

Shergill, S. S., Bays, P. M., Frith, C. D., & Wolpert, D. M. (2003). Two eyes for an eye: The neuroscience of force escalation. *Science, 301,* 187. (p. 716)

Sherif, M. (1966). *In common predicament: Social psychology of intergroup conflict and cooperation.* Boston: Houghton Mifflin. (p. 717)

Sherman, P. W., & Flaxman, S. M. (2001). Protecting ourselves from food. *American Scientist, 89,* 142–151. (p. 452)

Shermer, M. (1999). *How we believe: The search for God in an age of science.* New

York: Freeman. (p. 282)

Shermer, M. (1999). If that s true, what else would be true? *Skeptic, 7* (4), 192–193. (p. 162)

Sherry, D., & Vaccarino, A. L. (1989). Hippocampus and memory for food caches in black-capped chickadees. *Behavioral Neuroscience, 103*, 308–318. (p. 344)

Shettleworth, S. J. (1973). Food reinforcement and the organization of behavior in golden hamsters. In R. A. Hinde & J. Stevenson-Hinde (Eds.), *Constraints on learning.* London: Academic Press. (p. 313)

Shettleworth, S. J. (1993). Where is the comparison in comparative cognition? Alternative research programs. *Psychological Science, 4,* 179–184. (p. 339)

Shimizu, M., & Pelham, B. W. (2008). Postponing a date with the grim reaper. *Basic and Applied Social Psychology, 30,* 36–45. (p. 209)

Shinkareva, S. V., Mason, R. A., Malave, V. L., Wang, W., Mitchell, T. M., Just, M. A. (2008, January 2). Using fMRI brain activation to identify cognitive states associated with perceptions of tools and dwellings. *PloS One 3*(1): 31394. (p. 87)

Shotland, R. L. (1984, March 12). Quoted in Maureen Dowd, 20 years after the murder of Kitty Genovese, the question remains: Why? *The New York Times,* p. B1. (p. 712)

Showers, C. (1992). The motivational and emotional consequences of considering positive or negative possibilities for an upcoming event. *Journal of Personality and Social Psychology, 63,* 474–484. (p. 581)

Shulman, P. (2000, June). The girl who loved math. *Discover*, pp. 67–70. (p. 432)

Shuwairi, S. M., Albert, M. K., & Johnson, S. P. (2007). Discrimination of possible and impossible objects in infancy. *Psychological Science, 18,* 303–307. (p. 182)

Sieff, E. M., Dawes, R. M., & Loewenstein, G. (1999). Anticipated versus actual reaction to HIV test results. *The American Journal of Psychology, 112,* 297–313. (p. 521)

Siegel, J. (2000, Winter). Recent developments in narcolepsy research: An explanation for patients and the general public. *Narcolepsy Network Newsletter,* pp. 1–2. (p. 102)

Siegel, J. (2001). The REM sleep-memory consolidation hypothesis. *Science, 294,* 1058–1063. (p. 105)

Siegel, J. M. (1990). Stressful life events and use of physician services among the elderly: The moderating role of pet ownership. *Journal of Personality and Social Psychology, 58,* 1081–1086. (p. 541)

Siegel, J. M. (2003, November). Why we sleep. *Scientific American,* pp. 92–97. (p. 100)

Siegel, R. K. (1977, October). Hallucinations. *Scientific American,* pp. 132–140. (p. 127)

Siegel, R. K. (1980). The psychology of life after death. *American Psychologist, 35,* 911–931. (p. 127)

Siegel, R. K. (1982, October). Quoted by J. Hooper, Mind tripping. *Omni,* pp. 72–82, 159–160. (p. 121)

Siegel, R. K. (1984, March 15). Personal communication. (p. 121)

Siegel, R. K. (1990). Intoxication. New York: Pocket Books. (pp. 113, 120, 122)

Siegel, S. (2005). Drug tolerance, drug addiction, and drug anticipation. *Current Directions in Psychological Science, 14,* 296–300. (pp. 292, 303)

Siegler, R. S., & Ellis, S. (1996). Piaget XE Piaget, J. on childhood. *Psychological Science, 7,* 211–215. (p. 180)

Silbersweig, D. A., Stern, E., Frith, C., Cahill, C., Holmes, A., Grootoonk, S., Seaward, J., McKenna, P., Chua, S. E., Schnorr, L., Jones, T., & Frackowiak, R. S. J. (1995). A functional neuroanatomy of hallucinations in schizophrenia. *Nature, 378,* 176–179. (p. 625)

Silva, A. J., Stevens, C. F., Tonegawa, S., & Wang, Y. (1992). Deficient hippocampal long-term potentiation in alpha-calcium-calmodulin kinase II mutant mice. *Science, 257,* 201–206. (p. 340)

Silva, C. E., & Kirsch, I. (1992). Interpretive sets, expectancy, fantasy proneness, and dissociation as predictors of hypnotic response. *Journal of Personality and Social Psychology, 63,* 847–856. (p. 108)

Silver, M., & Geller, D. (1978). On the irrelevance of evil: The organization and individual action. *Journal of Social Issues, 34,* 125–136. (p. 686)

Silveri, M. M., Rohan, M. L., Pimental, P. J., Gruber, S. A., Rosso, I. M., & Yurgelun-Todd, D. A. (2006). Sex differences in the relationship between white matter microstructure and impulsivity in adolescents. *Magnetic Resonance Imaging, 24,* 833–841. (p. 199)

Silverman, K., Evans, S. M., Strain, E. C., & Griffiths, R. R. (1992). Withdrawal syndrome after the double-blind cessation of caffeine consumption. *New England Journal of Medicine, 327,* 1109–1114. (p. 117)

Silverman, P. S., & Retzlaff, P. D. (1986). Cognitive stage regression through hypnosis: Are earlier cognitive stages retrievable? *International Journal of Clinical and Experimental Hypnosis, 34,* 192–204. (p. 109)

Simek, T. C., & O Brien, R. M. (1981). *Total golf: A behavioral approach to lowering your score and getting more out of your game.* Huntington, NY: B-MOD Associates. (p. 314)

Simek, T. C., & O Brien, R. M. (1988). A chaining-mastery, discrimination training program to teach Little Leaguers to hit a baseball. *Human Performance, 1,* 73–84. (p. 314)

Simon, G. E., & Savarino, J. (2007). Suicide attempts among patients starting depression treatment with medications or psychotherapy. *American Journal of Psychiatry, 164,* 1029–1034. (p. 663)

Simon, G. E., Von Korff, M., Saunders, K., Miglioretti, D. L., Crane, P. K., van Belle, G., & Kessler, R. C. (2006). Association between obesity and psychiatric disorders in the U.S. population. *Archives of General Psychiatry, 63,* 824–830. (p. 458)

Simon, H. (1998, November 16). Flash of genius (interview with P. E. Ross). *Forbes*, pp. 98–104. (p. 492), 488)

Simon, H. (2001, February). Quoted by A. M. Hayashi, When to trust your gut. *Harvard Business Review,* pp. 59–65. (p. 381)

Simons, D. J. (1996). In sight, out of mind: When object representations fail. *Psychological Science, 7,* 301–305. (p. 90)

Simons, D. J., & Ambinder, M. S. (2005). Change blindness: Theory and consequences. *Current Directions in Psychological Science, 14,* 44–48. (p. 90)

Simons, D. J., & Chabris, C. F. (1999). Gorillas in our midst: Sustained inattentional blindness for dynamic events. *Perception, 28,* 1059–1074. (p. 90)

Simonton, D. K. (1988). Age and outstanding achievement: What do we know after a century of research? *Psychological Bulletin, 104,* 251–267. (p. 216)

Simonton, D. K. (1990). Creativity in the later years: Optimistic prospects for achievement. *The Gerontologist, 30,* 626–631. (p. 216)

Simonton, D. K. (1992). The social context of career success and course for 2,026 scientists and inventors. *Personality and Social Psychology Bulletin,* 18, 452–463. (p. 411)

Simonton, D. K. (2000). Creativity: Cognitive, personal, developmental, and social aspects. *American Psychologist, 55,* 151–158. (p. 410)

Simonton, D. K. (2000). Methodological and theoretical orientation and the long-term disciplinary impact of 54 eminent psychologists. *Review of General Psychology, 4,* 13–24. (p. 323)

Sinclair, R. C., Hoffman, C., Mark, M. M., Martin, L. L., & Pickering, T. L. (1994). Construct accessibility and the misattribution of arousal: Schachter and Singer revisited. *Psychological Science, 5,* 15–18. (p. 503)

Singelis, T. M., & Sharkey, W. F. (1995). Culture, self-construal, and embarrassability. *Cross-Cultural Psychology, 26,* 622–644. (p. 156)

Singelis, T. M., Bond, M. H., Sharkey, W. F., & Lai, C. S. Y. (1999). Unpackaging culture s influence on self-esteem and embarrassability: The role of self-construals. *Journal of Cross-Cultural Psychology, 30,* 315–341. (p. 156)

Singer, J. L. (1981). Clinical intervention: New developments in methods and evaluation. In L. T. Benjamin, Jr. (Ed.), *The G. Stanley Hall Lecture Series (Vol. 1).* Washington, DC; American Psychological Association. (p. 654)

Singer, T., Seymour, B., O Doherty, J., Kaube, H., Dolan, R. J., & Frith, C. (2004). Empathy for pain involves the affective but not sensory components of pain. *Science, 303,* 1157–1162. (pp. 257, 319)

Singh, D. (1993). Adaptive significance of female physical attractiveness: Role of waist-to-hip ratio. *Journal of Personality and Social Psychology, 65,* 293–307. (p. 148)

Singh, D. (1995). Female health, attractiveness, and desirability for relationships: Role of breast asymmetry and waist-to-hip ratio. *Ethology and Sociobiology, 16,* 465–481. (pp. 148, 709)

Singh, D., & Randall, P. K. (2007). Beauty is in the eye of the plastic surgeon: Waist-hip ration (WHR) and women s attractiveness. *Personality and Individual Differences, 43,* 329–340. (p. 148)

Singh, S. (1997). *Fermat s enigma: The epic quest to solve the world s greatest mathematical problem.* New York: Bantam Books. (p. 410)

Singh, S., & Riber, K. A. (1997, November). Fermat s last stand. *Scientific American,* pp. 68–73. (p. 411)

Singleton, D.,Tate, A., & Kohout, J. (2003). *2002 Master s, specialist s, and related degrees employment survey.*Washington, DC: American Psychological Association. (p. A-4)

Sipski, M. L., & Alexander, C. J. (1999). Sexual response in women with spinal cord injuries: Implications for our understanding of the able bodied. *Journal of Sex and Marital Therapy, 25,* 11–22. (p. 58)

Sireteanu, R. (1999). Switching on the infant brain. *Science, 286,* 59, 61. (p. 274)

Sivard, R. L. (1996). *World military and social expenditures 1996,* 16th edition. Washington, DC: World Priorities. (p. 208)

Sj strum, L. (1980). Fat cells and body weight. In A. J. Stunkard (Ed.), *Obesity.* Philadelphia: Saunders. (p. 458)

Skinner, B. F. (1953). *Science and human behavior.* New York: Macmillan. (p. 309)

Skinner, B. F. (1956). A case history in scientific method. *American Psychologist, 11,* 221–233. (p. 309)

Skinner, B. F. (1957). *Verbal behavior.* Englewood Cliffs, NJ: Prentice-Hall. (p. 386)

Skinner, B. F. (1961, November). Teaching machines. *Scientific American,* pp. 91–102. (p. 309)

Skinner, B. F. (1983, September). Origins of a behaviorist. *Psychology Today,* pp. 22–33. (p. 314)

Skinner, B. F. (1985). *Cognitive science and behaviorism.* Unpublished manuscript, Harvard University. (p. 386)

Skinner, B. F. (1986). What is wrong with daily life in the western world? *American Psychologist, 41,* 568–574. (p. 314)

Skinner, B. F. (1988). The school of the future. Address to the American Psychological Association convention. (p. 314)

Skinner, B. F. (1989). Teaching machines. *Science, 243,* 1535. (p. 314)

Skinner, B. F. (1990). Address to the American Psychological Association convention. (p. 311)

Skitka, L. J., Bauman, C. W., & Mullen, E. (2004). Political tolerance and coming to psychological closure following the September 11, 2001, terrorist attacks: An integrative approach. *Personality and Social Psychology Bulletin, 30,* 743–756. (p. 519)

Sklar, L. S., & Anisman, H. (1981). Stress and cancer. *Psychological Bulletin, 89,* 369–406. (p. 536)

Skoog, G., & Skoog, I. (1999). A 40-year follow-up of patients with obsessive-compulsive disorder. *Archives of General Psychiatry, 56,* 121–127. (p. 603)

Skov, R. B., & Sherman, S. J. (1986). Information-gathering processes: Diagnosticity, hypothesis-confirmatory strategies, and perceived hypothesis confirmation. *Journal of Experimental Social Psychology, 22,* 93–121. (p. 372)

Slater, E., & Meyer, A. (1959). *Confinia Psychiatra.* Basel: S. Karger AG. (p. 613)

Slater, L. (2000, November 19). How do you cure a sex addict? *New York Times Magazine* (www.nytimes.com). (p. 663)

Slater, M., Antley, A., Davison, A., Swapp, D., Guger, C., Barker, C., Pistrang, N., & Sanchez-Vives, M. V. (2006). A virtual reprise of the Stanley Milgram obedience experiments. *PloS One, 1*(1): e39. Doi: 10.1371/journal.pone.0000039. (p. 684)

Slatcher, R.B. & Pennebaker, J. W. (2006) How do I love thee? Let me count the words: The social effects of expressive writing, *Psychological Science, 17,* 660–664. (p. 711)

Slavin, R. E., & Braddock, J. H., III (1993, Summer). Ability grouping: On the wrong track. *The College Board Review,* pp. 11–18. (p. 426)

Sleep Foundation (2006). The ABC s of back-to-school sleep schedules: The consequences of insufficient sleep. National Sleep Foundation (press release) (www.sleepfoundation.org). (p. 98)

Sloan, R. P. (2005). Field analysis of the literature on religion, spirituality, and health. Columbia University (available at www.metanexus.net/tarp). (p. 548)

Sloan, R. P., & Bagiella, E. (2002). Claims about religious involvement and health outcomes. *Annals of Behavioral Medicine, 24,* 14–21. (p. 548)

Sloan, R. P., Bagiella, E., & Powell, T. (1999). Religion, spirituality, and medicine. *Lancet, 353,* 664–667. (p. 548)

Sloan, R. P., Bagiella, E., VandeCreek, L., & Poulos, P. (2000). Should physicians prescribe religious activities? *New England Journal of Medicine, 342,* 1913–1917. (p. 548)

Slovic, P. (2007). If I look at the mass I will never act : Psychic numbing and genocide. *Judgment and Decision Making, 2,* 79–95. (p. 376)

Slovic, P., Finucane, M., Peters, E., & MacGregor, D. G. (2002). The affect heuristic. In T. Gilovich, D. Griffin, & D. Kahneman (Eds.), *Intuitive judgment: Heuristics and biases.* New York; Cambridge University Press. (p. 119)

Small, D. A., Loewenstein, G., & Slovic, P. (2007). Sympathy and callousness: The impact of deliberative thought on donations to identifiable and statistical victims. *Organizational Behavior and Human Decision Processes, 102,* 143–153. (p. 376)

Small, M. F. (1997). Making connections. *American Scientist, 85,* 502–504. (p. 158)

Small, M. F. (2002, July). What you can learn from drunk monkeys. *Discover,* pp. 40–45. (p. 124)

Smedley, A., & Smedley, B. D. (2005). Race as biology is fiction, racism as a social problem is real: Anthropological and historical perspectives on the social construction of race. *American Psychologist, 60,* 16–26. (p. 436)

Smelser, N. J., & Mitchell, F. (Eds.) (2002). *Terrorism: Perspectives from the behavioral and social sciences.* Washington, DC: National Research Council, National Academies Press. (p. 697)

Smith, A. (1983). Personal correspondence. (p. 624)

Smith, C. (2006, January 7). Nearly 100, LSD s father ponders his problem child. *New York Times* (www.nytimes.com). (pp. 121, 532)

Smith, E., & Delargy, M. (2005). Locked-in syndrome. *British Medical Journal, 330,* 406–409. (p. 521)

Smith, J. E., Waldorf, V. A., & Trembath, D. L. (1990). Single white male looking for thin, very attractive . . . *Sex Roles, 23,* 675–685. (p. 457)

Smith, M. B. (1978). Psychology and values. *Journal of Social Issues, 34,* 181–199. (p. 567)

Smith, M. L., & Glass, G. V. (1977). Meta-analysis of psychotherapy outcome studies. *American Psychologist, 32,* 752–760. (p. 654)

Smith, M. L., Cottrell, G. W., Gosselin, F., & Schyns, P. G. (2005). Transmitting and decoding facial expressions. *Psychological Science, 16,* 184–189. (p. 508)

Smith, M. L., Glass, G. V., & Miller, R. L. (1980). *The benefits of psychotherapy.* Baltimore: Johns Hopkins Press. (pp. 653, 654)

Smith, M., Franz, E. A., Joy, S. M., & Whitehead, K. (2005). Superior performance of blind compared with sighted individuals on bimanual estimations of object size. *Psychological Science, 16,* 11–14. (p. 252)

Smith, P. B., & Tayeb, M. (1989). Organizational structure and processes. In M. Bond (Ed.), *The cross-cultural challenge to social psychology.* Newbury Park, CA: Sage. (p. 492)

Smith, S. M., McIntosh, W. D., & Bazzini, D. G. (1999). Are the beautiful good in Hollywood? An investigation of the beauty-and-goodness stereotype on film. *Basic and Applied Social Psychology, 21,* 69–80. (p. 707)

Smith, T. B., Bartz, J., & Richards, P. S. (2007). Outcomes of religious and spiritual adaptations to psychotherapy: A meta-analytic review. *Psychotherapy Research, 17,* 643–655. (p. 658)

Smith, T. W. (1998, December). American sexual behavior: Trends, socio-demographic differences, and risk behavior. National Opinion Research Center GSS Topical Report No. 25. (pp. 469, 471, 472)

Smith, T. W. (2005). Troubles in America: A study of negative life events across time and sub-groups. GSS Topical Report No 40., National Opinion Research Center, University of Chicago. (p. 651)

Smolak, L., & Murnen, S. K. (2002). A meta-analytic examination of the relationship between child sexual abuse and eating disorders. *International Journal of Eating Disorders, 31,* 136–150. (p. 453)

Smoreda, Z., & Licoppe, C. (2000). Gender-specific use of the domestic telephone. *Social Psychology Quarterly, 63,* 238–252. (p. 161)

Snedeker, J., Geren, J., & Shafto, C. L. (2007). Starting over: International adoption as a natural experiment in language development. *Psychological Science, 18,* 79–86. (p. 386)

Snodgrass, S. E., Higgins, J. G., & Todisco, L. (1986). The effects of walking behavior on mood. Paper presented at the American Psychological Association convention. (p. 514)

Snowdon, D. A., Kemper, S. J., Mortimer, J. A., Greiner, L. H.,

Wekstein, D. R., & Markesbery, W. R. (1996). Linguistic ability in early life and cognitive function and Alzheimer s disease in late life: Finds from the Nun Study. *Journal of the American Medical Association, 275,* 528–532. (p. 424)

Snyder, F., & Scott, J. (1972). The psychophysiology of sleep. In N. S. Greenfield & R. A. Sterbach (Eds.), *Handbook of psychophysiology.* New York: Holt, Rinehart & Winston. (p. 106)

Snyder, M. (1984). When belief creates reality. In L. Berkowitz (Ed.), *Advances in experimental social psychology (Vol. 18).* New York: Academic Press. (p. 600)

Snyder, S. H. (1984). Neurosciences: An integrative discipline. *Science,* 225, 1255–1257. (p. 51)

Snyder, S. H. (1986). *Drugs and the brain.* New York: Scientific American Library. (p. 664)

Social Watch (2006, March 8). No country in the world treats its women as well as its men (www.socialwatch.org). (p. 165)

Society for Personality Assessment (2005). The status of the Rorschach in clinical and forensic practice: An official statement by the Board of Trustees of the Society for Personality Assessment. *Journal of Personality Assessment, 85,* 219–237. (p. 560)

Sokol, D. K., Moore, C. A., Rose, R. J., Williams, C. J., Reed, T., & Christian, J. C. (1995). Intrapair differences in personality and cognitive ability among young monozygotic twins distinguished by chorion type. *Behavior Genetics, 25,* 457–466. (p. 135)

Solomon, D. A., Keitner, G. I., Miller, I. W., Shea, M. T., & Keller, M. B. (1995). Course of illness and maintenance treatments for patients with bipolar disorder. *Journal of Clinical Psychiatry, 56,* 5–13. (p. 664)

Solomon, J. (1996, May 20). Breaking the silence. *Newsweek,* pp. 20–22. (p. 600)

Solomon, M. (1987, December). Standard issue. *Psychology Today,* pp. 30–31. (p. 707)

Sommer, R. (1969). *Personal space.* Englewood Cliffs, NJ: Prentice-Hall. (p. 154)

S ndergard, L., Kvist, K., Andersen, P. K., & Kessing, L. V. (2006). Do antidepressants prevent suicide? *International Clinical Psychopharmacology, 21,* 211–218. (p. 663)

Song, S. (2006, March 27). Mind over medicine. *Time,* p. 47. (p. 110)

Sontag, S. (1978). *Illness as metaphor.* New York: Farrar, Straus, & Giroux. (p. 537)

Soon, C. S., Brass, M., Heinze, H., & Haynes, J. (2008). Unconscious determinants of free decisions in the human brain. *Nature Neuroscience, 11,* 543–545. (p. 88)

S rensen, H. J., Mortensen, E. L., Reinisch, J. M., & Mednick, S. A. (2005). Breastfeeding and risk of schizophrenia in the Copenhagen Perinatal Cohort. *Acta Psychiatrica Scandinavica, 112,* 26–29. (p. 623)

S rensen, H. J., Mortensen, E. L., Reinisch, J. M., & Mednick, S. A. (2006). Height, weight, and body mass index in early adulthood and risk of schizophrenia. *Acta Psychiatrica Scandinavica, 114,* 49–54. (p. 623)

Sorkhabi, N. (2005). Applicability of Baumrind s parent typology to collective cultures: Analysis of cultural explanations of parent socialization effects. *International Journal of Behavioral Development, 29,* 552–563. (p. 195)

Soussignan, R. (2001). Duchenne smile, emotional experience, and autonomic reactivity: A test of the facial feedback hypothesis. *Emotion, 2,* 52–74. (p. 514)

South, S. C., Krueger, R. F., Johnson, W., Iacono, W. G. (2008). Adolescent personality moderates genetic and environmental influences on relationships with parents. *Journal of Personality and Social Psychology, 94,* 899–912. (p. 196)

Sowell, T. (1991, May/June). Cultural diversity: A world view. *American Enterprise,* pp. 44–55. (p. 719)

Spalding, K. L. & 14 others (2008). Dynamics of fat cell turnover in humans. *Nature, 453,* 783–787. (p. 458)

Spanos, N. P. (1982). A social psychological approach to hypnotic behavior. In G. Weary & H. L. Mirels (Eds.), *Integrations of clinical and social psychology.* New York: Oxford. (p. 109)

Spanos, N. P. (1986). Hypnosis, nonvolitional responding, and multiple personality: A social psychological perspective. *Progress in Experimental Personality Research, 14,* 1–62. (p. 610)

Spanos, N. P. (1991). Hypnosis, hypnotizability, and hypnotherapy. In C. R. Snyder & D. R. Forsyth (Eds.), *Handbook of social and clinical psychology: The health perspective.* New York; Pergamon Press. (p. 110)

Spanos, N. P. (1994). Multiple identity enactments and multiple personality disorder: A sociocognitive perspective. *Psychological Bulletin, 116,* 143–165. (pp. 110, 610)

Spanos, N. P. (1996). *Multiple identities and false memories: A sociocognitive perspective.* Washington, DC; American Psychological Association Books. (pp. 110, 610)

Spanos, N. P., & Coe, W. C. (1992). A Social-psychological approach to hypnosis. In E. Fromm & M. R. Nash (Eds.), *Contemporary hypnosis research.* New York: Guilford. (p. 110)

Spelke, E. (2005). Sex differences in intrinsic aptitude for mathematics and science? A critical review. *American Psychologist, 60,* 950–958. (p. 433)

Spelke, E. S., & Kinzler, K. D. (2007). Core knowledge. *Developmental Science, 10,* 89–96. (p. 182)

Spencer, J., Quinn, P. C., Johnson, M. H., & Karmiloff-Smith, A. (1997). Heads you win, tails you lose: Evidence for young infants categorizing mammals by head and facial attributes. *Early Development & Parenting, 6,* 113–126. (p. 176)

Spencer, K. M., Nestor, P. G., Perlmutter, R., Niznikiewicz, M. A., Klump, M. C., Frumin, M., Shenton, M. E., & McCarley, R. W. (2004). Neural synchrony indexes disordered perception and cognition in schizophrenia. *Proceedings of the National Academy of Sciences, 101,* 17288–17293. (p. 624)

Spencer, S. J., Steele, C. M., & Quinn, D. M. (1997). Stereotype threat and women s math performance. Unpublished manuscript, Hope College. (p. 438)

Sperling, G. (1960). The information available in brief visual presentations. *Psychological Monographs, 74* (Whole No. 498). (p. 337)

Sperry, R. W. (1964). Problems outstanding in the evolution of brain function. James Arthur Lecture, American Museum of Natural History, New York. Cited by R. Ornstein (1977), *The psychology of consciousness (2nd ed.).* New York: Harcourt Brace Jovanovich. (p. 76)

Sperry, R. W. (1985). Changed concepts of brain and consciousness: Some value implications. *Zygon, 20,* 41–57. (p. 242)

Sperry, R. W. (1992, Summer). Turnabout on consciousness: A mentalist view. *Journal of Mind & Behavior, 13*(3), 259–280. (p. 81)

Speth, J. G. (2008). *Bridge at the edge of the world: Capitalism, the environment, and crossing from crisis to sustainability.* New Haven: Yale University Press. (p. 523)

Spiegel, D. (2007). The mind prepared: Hypnosis in surgery. *Journal of the National Cancer Institute, 99,* 1280–1281. (p. 110)

Spiegel, D. (2008, January 31). Coming apart: Trauma and the fragmentation of the self. Dana Foundation (www.dana.org). (p. 611)

Spiegel, K., Leproult, R., & Van Cauter, E. (1999). Impact of sleep debt on metabolic and endrocrine function. *Lancet, 354,* 1435–1439. (p. 99)

Spiegel, K., Leproult, R., L Hermite-Bal riaux, M., Copinschi, G., Penev, P. D., & Van Cauter, E. (2004). Leptin levels are dependent on sleep duration: Relationships with sympathovagal balance, carbohydrate regulation, cortisol, and thyrotropin. *Journal of Clinical Endocrinology and Metabolism, 89,* 5762–5771. (p. 98)

Spielberger, C., & London, P. (1982). Rage boomerangs. *American Health, 1,* 52–56. (p. 533)

Spitzer, R. L., & Skodol, A. E. (2000). *DSM-IV-TR casebook: A learning companion to the Diagnostic and Statistical Manual of Mental Disorders, Fourth Edition, Text Revision.* Washington, DC: American Psychiatric Publications. (p. 608)

Spitzer, R. L., Skodol, A. E., & Gibbon, M. (1982). Reply. *Archives of General Psychiatry, 39,* 623–624. (p. 615)

Spradley, J. P., & Phillips, M. (1972). Culture and stress: A quantitative analysis. *American Anthropologist, 74,* 518–529. (p. 154)

Sprecher, S. (1989). The importance to males and females of physical attractiveness, earning potential, and expressiveness in initial attraction. *Sex Roles, 21,* 591–607. (p. 707)

Sprecher, S., & Sedikides, C. (1993). Gender differences in perceptions of emotionality: The case of close heterosexual relationships. *Sex Roles, 28,* 511–530. (p. 510)

Spring, B. (2007). Evidence-based practice in clinical psychology: Why it is, why it matters; what you need to know. *Journal of Clinical Psychology, 63,* 611–631. (p. 655)

Spring, B., Pingitore, R., Bourgeois, M., Kessler, K. H., & Bruckner, E. (1992). The effects and non-effects of skipping breakfast: Results of three studies. Paper presented at the American Psychological Association convention. (p. 463)

Squire, L. R. (1992). Memory and the hippocampus: A synthesis from findings with rats, monkeys, and humans. *Psychological Review, 99,* 195–231. (p. 344)

Srivastava, A., Locke, E. A., & Bartol, K. M. (2001). Money and subject well-being: It s not the money, it s the motives. *Journal of Personality and Social Psychology, 80,* 959–971. (p. 523)

Srivastava, S., John, O. P., Gosling, S. D., & Potter, J. (2003). Development of personality in early and middle adulthood: Set like plaster or persistent change? *Journal of Personality & Social Psychology, 84,* 1041–1053. (p. 571)

Srivastava, S., McGonigal, K. M., Richards, J. M., Butler, E. A., & Gross, J. J. (2006). Optimism in close relationships: How seeing things in a positive light makes them so. *Journal of Personality and Social Psychology, 91,* 143–153. (p. 581)

St. Clair, D., Xu, M., Wang, P., Yu, Y., Fang, Y., Zhang, F., Zheng, X., Gu, N., Feng, G., Sham, P., & He, L. (2005). Rates of adult schizophrenia following prenatal exposure to the Chinese famine of 1959–1961. *Journal of the American Medical Association, 294,* 557–562. (p. 625)

Stack, S. (1992). Marriage, family, religion, and suicide. In R. Maris, A. Berman, J. Maltsberger, & R. Yufit (Eds.), *Assessment and prediction of suicide.* New York: Guilford Press. (p. 616)

Stafford, R. S., MacDonald, E. A., & Finkelstein, S. N. (2001). National patterns of medication treatment for depression, 1987 to 2001. *Primary Care Companion Journal of Clinical Psychiatry, 3,* 232–235. (p. 662)

Stager, C. L., & Werker, J. F. (1997). Infants listen for more phonetic detail in speech perception than in word-learning tasks. *Nature, 388,* 381–382. (p. 385)

Stanford University Center for Narcolepsy. (2002). Narcolepsy is a serious medical disorder and a key to understanding other sleep disorders (www.med.stanford.edu/school/Psychiatry/narcolepsy). (p. 102)

Stanley, J. C. (1997). Varieties of intellectual talent. *Journal of Creative Behavior, 31,* 93–119. (p. 426)

Stanovich, K. (1996). *How to think straight about psychology.* New York: HarperCollins. (p. 554)

Staples, B. (1999a, May 2). When the paranoids turn out to be right. *New York Times* (www.nytimes.com). (p. 692)

Staples, B. (1999b, May 24). Why racial profiling will be tough to fight. *New York Times* (www.nytimes.com). (p. 692)

Stark, R. (2002). Physiology and faith: Addressing the universal gender difference in religious commitment. *Journal for the Scientific Study of Religion, 41,* 495–507. (p. 162)

Stark, R. (2003a). *For the glory of God: How monotheism led to reformations, science, witch-hunts, and the end of slavery.* Princeton, NJ: Princeton University Press. (p. 6)

Stark, R. (2003b, October-November). False conflict: Christianity is not only compatible with science—it created it. *American Enterprise,* pp. 27–33. (p. 6)

Starr, J. M., Deary, I. J., Lemmon, H., & Whalley, L. J. (2000). Mental ability age 11 years and health status age 77 years. *Age and Ageing, 29,* 523–528. (p. 424)

Stathopoulou, G., Powers, M. B., Berry, A. C., Smiths, J. A. J., & Otto, M. W. (2006). Exercise interventions for mental health: A quantitative and qualitative review. *Clinical Psychology: Science and Practice, 13,* 179–193. (p. 543)

Statistics Canada (2007). Languages in Canada: 2001 Census (www.statcan.ca). (p. 393)

Statistics Canada (2007). Overweight and obesity, by province and territory, 2003 and 2005 (www.statcan.ca/english/freepub/16–253–XIE/2006000/t446_en.htm). (p. 456)

Statistics Canada. (1999). *Statistical report on the health of Canadians.* Prepared by the Federal, Provincial and Territorial Advisory Committee on Population Health for the Meeting of Ministers of Health, Charlottetown, PEI, September 16–17, 1999. (p. 204)

Statistics Canada. (2002). (www.statcan.ca). (p. 154)

Staub, E. (1989). *The roots of evil: The psychological and cultural sources of genocide.* New York: Cambridge University Press. (p. 677)

Staub, E., & Vollhardt, J. (2008). Altruism born of suffering: The roots of caring and helping after experiences of personal and political victimization. *American Journal of Orthopsychiatry,* in press. (p. 605)

Steel, P., Schmidt, J., & Schultz, J. (2008). Refining the relationship between personality and subject well-being. *Psychological Bulletin, 134,* 138–161. (p. 526)

Steele, C. (1990, May). A conversation with Claude Steele. *APS Observer,* pp. 11–17. (p. 434)

Steele, C. M. (1995, August 31). Black students live down to expectations. *New York Times.* (p. 438)

Steele, C. M. (1997). A threat in the air: How stereotypes shape intellectual identity and performance. *American Psychologist, 52,* 613–629. (p. 438)

Steele, C. M., & Josephs, R. A. (1990). Alcohol myopia: Its prized and dangerous effects. *American Psychologist, 45,* 921–933. (p. 116)

Steele, C. M., Spencer, S. J., & Aronson, J. (2002). Contending with group image: The psychology of stereotype and social identity threat. *Advances in Experimental Social Psychology, 34,* 379–440. (p. 438)

Steele, J. (2000). Handedness in past human population: Skeletal markers. *Laterality, 5,* 193–220. (p. 80)

Steenhuysen, J. (2002, May 8). Bionic retina gives six patients partial sight. *Reuters News Service.* (See also www.optobionics.com/artificialretina.htm). (p. 250)

Steinberg, L. (1987, September). Bound to bicker. *Psychology Today,* pp. 36–39. (p. 205)

Steinberg, L. (2007). Risk taking in adolescence: New perspectives from brain and behavioral science. *Current Directions in Psychological Science, 16,* 55–59. (p. 199)

Steinberg, L., & Morris, A. S. (2001). Adolescent development. *Annual Review of Psychology, 52,* 83–110. (pp. 195, 198, 205)

Steinberg, L., & Scott, E. S. (2003). Less guilty by reason of adolescence: Developmental immaturity, diminished responsibility, and the juvenile death penalty. *American Psychologist, 58,* 1009–1018. (p. 199)

Steinberg, N. (1993, February). Astonishing love stories (from an earlier United Press International report). *Games,* p. 47. (p. 706)

Steinhauer, J. (1999, November 29). Number of twins rises; so does parental stress. *New York Times* (www.nytimes.com). (p. 136)

Steinmetz, J. E. (1999). The localization of a simple type of learning and memory: The cerebellum and classical eyeblink conditioning. *Contemporary Psychology, 7,* 72–77. (p. 345)

Stengel, E. (1981). Suicide. In *The new encyclopaedia britannica, macropaedia* (Vol. 17, pp. 777–782). Chicago: Encyclopaedia Britannica. (p. 616)

Stern, M., & Karraker, K. H. (1989). Sex stereotyping of infants: A review of gender labeling studies. *Sex Roles, 20,* 501–522. (p. 278)

Stern, S. L., Dhanda, R., & Hazuda, H. P. (2001). Hopelessness predicts mortality in older Mexican and European Americans. *Psychosomatic Medicine, 63,* 344–351. (p. 540)

Sternberg, E. (2006). A compassionate universe? *Science, 311,* 611–612. (p. 412)

Sternberg, E. M. (2001). *The balance within: The science connecting health and emotions.* New York: Freeman. (p. 534)

Sternberg, R. J. (1985). *Beyond IQ: A triarchic theory of human intelligence.* New York: Cambridge University Press. (p. 409)

Sternberg, R. J. (1988). Applying cognitive theory to the testing and teaching of intelligence. *Applied Cognitive Psychology, 2,* 231–255. (p. 411)

Sternberg, R. J. (1999). The theory of successful intelligence. *Review of General Psychology, 3,* 292–316. (p. 409)

Sternberg, R. J. (2000). Presidential aptitude in Science. (p. 409)

Sternberg, R. J. (2003). Our research program validating the triarchic theory of successful intelligence: Reply to Gottfredson. *Intelligence, 31,* 399–413. (pp. 409, 411)

Sternberg, R. J. (2006). The Rainbow Project: Enhance the SAT through assessments of analytical, practical, and creative skills. *Intelligence, 34,* 321–350. (p. 409)

Sternberg, R. J. (2007, July 6). Finding students who are wise, practical, and creative. *The Chronicle Review* (www.chronicle.com). (p. 409)

Sternberg, R. J. (Ed.) (2002). *Career paths in psychology: Where your degree can take you.* Washington, DC; APA. (p. A-11)

Sternberg, R. J., & Grajek, S. (1984). The nature of love. *Journal of Personality and Social Psychology, 47,* 312–329. (p. 711)

Sternberg, R. J., & Grigorenko, E. L. (2000). Theme-park psychology: A case study regarding human intelligence and its implications for education. *Educational Psychology Review, 12,* 247–268. (p. 427)

Sternberg, R. J., & Kaufman, J. C. (1998). Human abilities. *Annual Review of Psychology, 49,* 479–502. (p. 406)

Sternberg, R. J., & Lubart, T. I. (1991). An investment theory of creativity and its development. *Human Development,* 1–31. (p. 411)

Sternberg, R. J., & Lubart, T. I. (1992). Buy low and sell high: An investment approach to creativity. *Psychological Science, 1,* 1–5. (p. 411)

Sternberg, R. J., & Wagner, R. K. (1993). The g-ocentric view of intelligence and job performance is wrong. *Current Directions in Psychological Science, 2,* 1–5. (p. 409)

Sternberg, R. J., Grigorenko, E. L., & Kidd, K. K. (2005). Intelligence, race, and genetics. *American Psychologist, 60,* 46–59. (p. 436)

Sternberg, R. J., Wagner, R. K., Williams, W. M., & Horvath, J. A. (1995). Testing common sense. *American Psychologist, 50,* 912–927. (p. 409)

Stetter, F., & Kupper, S. (2002). Autogenic training: A meta-analysis of clinical outcome studies. *Applied Psychophysiology and Biofeedback, 27,* 45–98. (p. 545)

Stevenson, H. W. (1992, December). Learning from Asian schools. *Scientific American,* pp. 70–76. (p. 436)

Stevenson, H. W., & Lee, S-Y. (1990). Contexts of achievement: A study of American, Chinese, and Japanese children. *Monographs of the Society for Research in Child Development, 55* (Serial No. 221, Nos. 1–2). (p. 426)

Stevenson, R. J., & Tomiczek, C. (2007). Olfactory-induced synesthesias: A review and model. *Psychological Bulletin, 133,* 294–309. (p. 260)

Stewart, B. (2002, April 6). Recall of the wild. *New York Times* (www.nytimes.com). (p. 29)

Stice, E. (2002). Risk and maintenance factors for eating pathology: A meta-analytic review. *Psychological Bulletin, 128,* 825–848. (p. 453)

Stice, E., Shaw, H., & Marti, C. N. (2007). A meta-analytic review of eating disorder prevention programs: Encouraging findings. *Annual Review of Clinical Psychology, 3,* 233–257. (p. 455)

Stice, E., Spangler, D., & Agras, W. S. (2001). Exposure to media-portrayed thin-ideal images adversely affects vulnerable girls: A longitudinal experiment. *Journal of Social and Clinical Psychology, 20,* 270–288. (p. 454)

Stickgold, R. (2000, March 7). Quoted by S. Blakeslee, For better learning, researchers endorse sleep on it adage. *New York Times,* p. F2. (p. 105)

Stickgold, R., Hobson, J. A., Fosse, R., & Fosse, M. (2001). Sleep, learning, and dreams: Off-line memory processing. *Science, 294,* 1052–1057. (p. 105)

Stickgold, R., Malia, A., Maquire, D., Roddenberry, D., & O Connor, M. (2000, October 13). Replaying the game: Hypnagogic images in normals and amnesics. *Science, 290,* 350–353. (p. 104)

Stinson, D. A., Logel, C, Zanna, M. P., Holmes, J. G., Camerson, J. J., Wood, J. V., & Spencer, S. J. (2008). The cost of lower self-esteem: Testing a self- and social-bonds model of health. *Journal of Personality and Social Psychology, 94,* 412–428. (p. 542)

Stipek, D. (1992). The child at school. In M. H. Bornstein & M. E. Lamb (Eds.), *Developmental psychology: An advanced textbook.* Hillsdale, NJ: Erlbaum. (p. 195)

Stith, S. M., Rosen, K. H., Middleton, K. A., Busch, A. L., Lunderberg, K., & Carlton, R. P. (2000). The intergenerational transmission of spouse abuse: A meta-analysis. *Journal of Marriage and the Family, 62,* 640–654. (p. 321)

Stockton, M. C., & Murnen, S. K. (1992). Gender and sexual arousal in response to sexual stimuli: A meta-analytic review. Presented at the American Psychological Society convention. (p. 468)

Stone, A. A., & Neale, J. M. (1984). Effects of severe daily events on mood. *Journal of Personality and Social Psychology, 46,* 137–144. (p. 520)

Stone, A. A., Schwartz, J. E., Broderick, J. E., & Shiffman, S. S. (2005). Variability of momentary pain predicts recall of weekly pain: A consequences of the peak (or salience) memory heuristic. *Personality and Social Psychology Bulletin, 31,* 1340–1346. (p. 257)

Stone, G. (2006, February 17). Homeless man discovered to be lawyer with amnesia. *ABC News* (abcnews.go.com). (p. 609)

Stone, R. (2005). In the wake: Looking for keys to posttraumatic stress. *Science, 310,* 1605. (p. 604)

Stoolmiller, M. (1999). Implications of the restricted range of family environments for estimates of heritability and nonshared environment in behavior-genetic adoption studies. *Psychological Bulletin, 125,* 392–409. (p. 139)

Stoppard, J. M., & Gruchy, C. D. G. (1993). Gender, context, and expression of positive emotion. *Personality and Social Psychology Bulletin, 19,* 143–150. (p. 510)

Storbeck, J., Robinson, M. D., & McCourt, M. E. (2006). Semantic processing precedes affect retrieval: The neurological case for cognitive primary in visual processing. *Review of General Psychology, 10,* 41–55. (p. 506)

Storm, L. (2000). Research note: Replicable evidence of psi: A revision of Milton s (1999) meta-analysis of the ganzfeld data bases. *Journal of Parapsychology, 64,* 411–416. (p. 284)

Storm, L. (2003). Remote viewing by committee: RV using a multiple agent/multiple percipient design. *Journal of Parapsychology, 67,* 325–342. (p. 284)

Storms, M. D. (1973). Videotape and the attribution process: Reversing actors and observers points of view. *Journal of Personality and Social Psychology, 27,* 165–175. (p. 675)

Storms, M. D. (1981). A theory of erotic orientation development. *Psychological Review, 88,* 340–353. (p. 474)

Storms, M. D. (1983). *Development of sexual orientation.* Washington, DC: Office of Social and Ethical Responsibility, American Psychological Association. (p. 473)

Storms, M. D., & Thomas, G. C. (1977). Reactions to physical closeness. *Journal of Personality and Social Psychology, 35,* 412–418. (p. 687)

Strack, F., Martin, L., & Stepper, S. (1988). Inhibiting and facilitating conditions of the human smile: A nonobtrusive test of the facial feedback hypothesis. *Journal of Personality and Social Psychology, 54,* 768–777. (p. 514)

Strack, S., & Coyne, J. C. (1983). Social confirmation of dysphoria: Shared and private reactions to depression. *Journal of Personality and Social Behavior, 44,* 798–806. (p. 620)

Strahan, E. J., Spencer, S. J., & Zanna, M. P. (2002). Subliminal priming and persuasion: Striking while the iron is hot. *Journal of Experimental Social Psychology, 38,* 556–568. (p. 233)

Stranahan, A. M., Khalil, D., & Gould, E. (2006). Social isolation delays the positive effects of running on adult neurogenesis. *Nature Neuroscience, 9,* 526–533. (p. 75)

Strand, S., Deary, I. J., & Smith, P. (2006). Sex differences in cognitive abilities test scores: A UK national picture. *Brisith Journal of Educational Psychology, 76,* 463–480. (p. 434)

Stratton, G. M. (1896). Some preliminary experiments on vision without inversion of the retinal image. *Psychological Review, 3,* 611–617. (p. 274)

Straub, R. O., Seidenberg, M. S., Bever, T. G., & Terrace, H. S. (1979). Serial learning in the pigeon. *Journal of the Experimental Analysis of Behavior, 32,* 137–148. (p. 399)

Straus, M. A. (2008). Dominance and symmetry in partner violence by male and female university students in 32 nations. *Children and Youth Services Review, 30,* 252–275. (p. 160)

Straus, M. A., & Gelles, R. J. (1980). *Behind closed doors: Violence in the American family.* New York: Anchor/Doubleday. (p. 311)

Straus, M. A., Sugarman, D. B., & Giles-Sims, J. (1997). Spanking by parents and subsequent antisocial behavior of children. *Archives of Pediatric Adolescent Medicine, 151,* 761–767. (p. 311)

Strawbridge, W. J. (1999). Mortality and religious involvement: A review and critique of the results, the methods, and the measures. Paper presented at a Harvard University conference on religion and health, sponsored by the National Institute for Health Research and the John Templeton Foundation. (p. 548)

Strawbridge, W. J., Cohen, R. D., & Shema, S. J. (1997). Frequent attendance at religious services and mortality over 28 years. *American Journal of Public Health, 87,* 957–961. (p. 548)

Strawbridge, W. J., Shema, S. J., Cohen, R. D., & Kaplan, G. A. (2001). Religious attendance increases survival by improving and maintaining good health behaviors, mental health, and social relationships. *Annals of Behavioral Medicine, 23,* 68–74. (p. 548)

Strayer, D. L., & Drews, F A. (2007). Cell-phone-induced driver distraction. *Current Directions in Psychological Science, 16,* 128–131. (p. 89)

Strayer, D. L., & Johnston, W. A. (2001). Driven to distraction: Dual-task studies of simulated driving and conversing on a cellular telephone. *Psychological Science, 12,* 462–466. (p. 89)

Strayer, D. L., Drews, F. A., & Johnston, W. A. (2003). Cell phone-induced failures of visual attention during simulated driving. *Journal of Experimental Psychology: Applied, 9,* 23–32. (p. 89)

Strenze, T. (2007). Intelligence and socioeconomic success: A meta-analytic review of longitudinal research. *Intelligence, 35,* 401–426. (p. 408)

Strickland, B. (1992, February 20). Gender differences in health and illness. Sigma Xi national lecture delivered at Hope College. (p. 209)

Striegel-Moore, R. H., Silberstein, L. R., & Rodin, J. (1993). The social self in bulimia nervosa: Public self-consciousness, social anxiety, and perceived fraudulence. *Journal of Abnormal Psychology, 102,* 297–303. (p. 454)

Striegel-Moore, R. M., & Bulik, C. M. (2007). Risk factors for eating disorders. *American Psychologist, 62,* 181–198. (p. 454)

Stroebe, M., Stroebe, W., & Schut, H. (2001). Gender differences in adjustment to bereavement: An empirical and theoretical review. *Review of General Psychology, 5,* 62–83. (p. 222)

Stroebe, M., Stroebe, W., Schut, H., Zech, E., & van den Bout, J. (2002). Does disclosure of emotions facilitate recovery from bereavement? Evidence from two prospective studies. *Journal of Consulting and Clinical Psychology, 70,* 169–178. (p. 222)

Stroebe, W., Schut, H., & Stroebe, M. S. (2005). Grief work, disclosure and counseling: Do they help the bereaved? *Clinical Psychology Review, 25,* 395–414. (p. 222)

Strupp, H. H. (1986). Psychotherapy: Research, practice, and public policy (How to avoid dead ends). *American Psychologist, 41,* 120–130. (p. 657)

Stumpf, H., & Jackson, D. N. (1994). Gender-related differences in cognitive abilities: Evidence from a medical school admissions testing program. *Personality and Individual Differences, 17,* 335–344. (p. 432)

Stumpf, H., & Stanley, J. C. (1998). Stability and change in gender-related differences on the college board advanced placement and achievement tests. *Current Directions in Psychology, 7,* 192–196. (p. 433)

Stunkard, A. J., Harris, J. R., Pedersen, N. L., & McClearn, G. E. (1990). A separated twin study of the body mass index. *New England Journal of Medicine, 322,* 1483–1487. (p. 460)

Subiaul, F., Cantlon, J. F., Holloway, R. L., & Terrace, H. S. (2004). Cognitive imitation in rhesus macaques. *Science, 305,* 407–410. (p. 317)

Suddath, R. L., Christison, G. W., Torrey, E. F., Casanova, M. F., & Weinberger, D. R. (1990). Anatomical abnormalities in the brains of monozygotic twins discordant for schizophrenia. *New England Journal of Medicine, 322,* 789–794. (p. 627)

Sue, S. (2006). Research to address racial and ethnic disparities in mental health: Some lessons learned. In S. I. Donaldson, D. E. Berger, & K. Pezdek (Eds.), *Applied psychology; New frontiers and rewarding careers.* Mahwah, NJ; Erlbaum. (p. 658)

Suedfeld, P. (1998). Homo invictus: The indomitable species. *Canadian Psychology, 38,* 164–173. (p. 605)

Suedfeld, P. (2000). Reverberations of the Holocaust fifty years later: Psychology s contributions to understanding persecution and genocide. *Canadian Psychology, 41,* 1–9. (p. 605)

Suedfeld, P., & Mocellin, J. S. P. (1987). The sensed presence in unusual environments. *Environment and Behavior, 19,* 33–52. (p. 127)

Sugita, Y. (2004). Experience in early infancy is indispensable for color perception. *Current Biology. 14,* 1267–1271. (p. 271)

Suinn, R. M. (1997). Mental practice in sports psychology: Where have we been, Where do we go? *Clinical Psychology: Science and Practice, 4,* 189–207. (p. 394)

Sullivan, P. F., Neale, M. C., & Kendler, K. S. (2000). Genetic epidemiology of major depression: Review and meta-analysis. *American Journal of Psychiatry, 157,* 1552–1562. (2000). Genetic epidemiology of major depression: Review and meta-analysis. *American Journal of Psychiatry, 157,* 1552–1562. (p. 615)

Suls, J. M., & Tesch, F. (1978). Students preferences for information about their test performance: A social comparison study. *Journal of Experimental Social Psychology, 8,* 189–197. (p. 525)

Summers, M. (1996, December 9). Mister clean. *People Weekly,* pp. 139–142. (p. 593)

Sundet, J. M., Barlaug, D. G., & Torjussen, T. M. (2004). The end of the Flynn effect? A study of secular trends in mean intelligence test scores of Norwegian conscripts during half a century. *Intelligence, 32,* 349–362. (p. 420)

Sundstrom, E., De Meuse, K. P., & Futrell, D. (1990). Work teams: Applications and effectiveness. *American Psychologist, 45,* 120–133. (p. 492)

Sunstein, C. R. (2007). On the divergent American reactions to terrorism and climate change. *Columbia Law Review, 107,* 503–557. (p. 376)

Suomi, S. J. (1986). Anxiety-like disorders in young nonhuman primates. In R. Gettleman (Ed.), *Anxiety disorders of childhood.* New York: Guilford Press. (p. 607)

Suomi, S. J. (1987). Genetic and maternal contributions to individual differences in rhesus monkey biobehavioral development. In N. A. Krasnegor & others (Eds.), *Perinatal development: A psychobiological perspective.* Orlando, FL: Academic Press. (p. 557)

Super, C., & Super, D. (2001). *Education and Training. Opportunities in psychology careers,* pp. 68–80. Chicago, IL: VGM Career Books. (p. A-3)

Suppes, P. Quoted by R. H. Ennis. (1982). Children s ability to handle Piaget XE Piaget, J. s propositional logic: A conceptual critique. In S. Modgil & C. Modgil (Eds.), *Jean Piaget: Consensus and controversy.* New York: Praeger. (p. 185)

Surgeon General (2001). *The Surgeon General s Call to Action to Promote Sexual Health and Responsible Sexual Behavior 2001.* Office of the Surgeon General (www.surgeongeneral.gov/library). (p. 469)

Surgeon General. (1986). *The Surgeon General s workshop on pornography and public health,* June 22–24. Report prepared by E. P. Mulvey & J. L. Haugaard and released by Office of the Surgeon General on August 4, 1986. (p. 702)

Surgeon General. (1999). *Mental health: A report of the Surgeon General.* Rockville, MD: U.S. Department of Health and Human Services. (pp. 600, 617)

Susser, E. (1999). Life course cohort studies of schizophrenia. *Psychiatric Annals, 29,* 161–165. (p. 627)

Susser, E. S., Herman, D. B., & Aaron, B. (2002, August). Combating the terror of terrorism. *Scientific American,* pp. 70–77. (p. 604)

Susser, E., Neugenbauer, R., Hoek, H. W., Brown, A. S., Lin, S., Labovitz, D., & Gorman, J. M. (1996). Schizophrenia after prenatal famine. *Archives of General Psychiatry, 53(1),* 25–31. (p. 625)

Susskind, J. M., Lee, D. H., Cusi, A., Feiman, R., Grabski, W., & Anderson, A. K. (2008). Expressing fear enhances sensory acquisition. *Nature Neuroscience, 11,* 843–850. (p. 516)

Sutcliffe, J. S. (2008). Insights into the pathogenesis of autism. *Science, 321,* 208–209. (p. 186)

Sutherland, A. (2006). *Bitten and scratched: Life and lessons at the premier school for exotic animal trainers.* New York: Viking. (p. 316)

Svebak, S., Romundstad, S., & Holmen, J. (2007). Sense of humor and mortality: A seven-year prospective study of an unselected adult county population and a sub-population diagnosed with cancer. The Hunt study. American Psychomatic Society 65th Annual Meeting, Budapest, Hungary. (p. 540)

Swann, Jr., W. B., Chang-Schneider, C., & McClarty, K. L. (2007). Do people s self-views matter: Self-concept and self-esteem in everyday life. *American Psychologist, 62,* 84–94. (p. 585)

Sweat, J. A., & Durm, M. W. (1993). Psychics: Do police departments really use them? *Skeptical Inquirer, 17,* 148–158. (p. 283)

Swerdlow, N. R., & Koob, G. F. (1987). Dopamine, schizophrenia, mania, and depression: Toward a unified hypothesis of cortico-stiato-pallido-thalamic function (with commentary). *Behavioral and Brain Sciences, 10,* 197–246. (p. 624)

Swim, J. K. (1994). Perceived versus meta-analytic effect sizes: An assessment of the accuracy of gender stereotypes. *Journal of Personality and Social Psychology, 66,* 21–36. (p. 694)

Symbaluk, D. G., Heth, C. D., Cameron, J., & Pierce, W. D. (1997). Social modeling, monetary incentives, and pain endurance: The role of self-efficacy and pain perception. *Personality and Social Psychology Bulletin, 23,* 258–269. (p. 257)

Symond, M. B., Harris, A. W. F., Gordon, E., & Williams, L. M. (2005). Gamma synchrony in first-episode schizophrenia: A disorder of temporal connectivity? *American Journal of Psychiatry, 162,* 459–465. (p. 624)

Symons, C. S., & Johnson, B. T. (1997). The self-reference effect in memory: A meta-analysis. *Psychological Bulletin, 121*(3), 371–394. (p. 335)

TADS (Treatment for Adolescents with Depression Study Team). (2004). Fluoxetine, cognitive-behavioral therapy, and their combination for adolescents with depression: Treatment for adolescents with depression study (TADS) randomized controlled trial. *Journal of the American Medical Association, 292,* 807–820. (p. 663)

Taha, F. A. (1972). A comparative study of how sighted and blind perceive the manifest content of dreams. *National Review of Social Sciences, 9(3),* 28. (p. 104)

Taheri, S. (2004a, 20 December). Does the lack of sleep make you fat? *University of Bristol Research News* (www.bristol.ac.uk). (p. 460)

Taheri, S. (2004b). The genetics of sleep disorders. *Minerva Medica, 95,* 203–212. (pp. 99, 102)

Taheri, S., Lin, L., Austin, D., Young, T., & Mignot, E. (2004). Short sleep duration is associated with reduced leptin, elevated ghrelin, and increased body mass index. *PloS Medicine, 1*(3): e62. (p. 460)

Taheri, S., Zeitzer, J. M., & Mignot, E. (2002). The role of hypocretins (orexins) in sleep regulation and narcolepsy. *Annual Review of Neuroscience, 25,* 283–313. (p. 102)

Tajfel, H. (Ed.). (1982). *Social identity and intergroup relations.* New York: Cambridge University Press. (p. 696)

Talal, N. (1995). Quoted by V. Morell, Zeroing in on how hormones affect the immune system. *Science, 269,* 773–775. (p. 534)

Talarico, J. M., & Rubin, D. C. (2003). Confidence, not consistency, characterizes flashbulb memories. *Psychological Science, 14,* 455–461. (p. 342)

Talarico, J. M., & Rubin, D. C. (2007). Flashbulb memories are special after all; in phenomenology, not accuracy. *Applied Cognitive Psychology, 21,* 557–578. (p. 342)

Talbot, M. (2002, June 2). Hysteria hysteria. *New York Times* (www.nytimes.com). (p. 680)

Talwar, S. K., Xu, S., Hawley, E. S., Weiss, S. A., Moxon, K. A., & Chapin, J. K. (2002). Rat navigation guided by remote control. *Nature, 417,* 37–38. (p. 66)

Tamres, L. K., Janicki, D., & Helgeson, V. S. (2002). Sex differences in coping behavior: A meta-analytic review and an examination of relative coping. *Personality and Social Psychology Review, 6,* 2–30. (p. 162)

Tang, S-H., & Hall, V. C. (1995). The overjustification effect: A meta-analysis. *Applied Cognitive Psychology, 9,* 365–404. (p. 312)

Tangney, J. P., Baumeister, R. F., & Boone, A. L. (2004). High self-control predicts good adjustment, less pathology, better grades, and interpersonal success. *Journal of Personality, 72,* 271–324. (p. 579)

Tannen, D. (1990). *You just don t understand: Women and men in conversation.* New York: Morrow. (p. 27)

Tannen, D. (1990). *You just don t understand: Women and men in conversation.* New York: Morrow. (p. 161)

Tannenbaum, P. (2002, February). Quoted by R. Kubey & M. Csikszentmihalyi, Television addiction is no mere metaphor. *Scientific American,* pp. 74–80. (p. 235)

Tanner, J. M. (1978). *Fetus into man: Physical growth from conception to maturity.* Cambridge, MA: Harvard University Press. (p. 197)

Tarbert, J. (2004, May 14). Bad apples, bad command, or both? *Dart Center for Journalism and Trauma* (www.dartcenter.org). (p. 678)

Tarmann, A. (2002, May/June). Out of the closet and onto the Census long form. *Population Today, 30,* pp. 1, 6. (p. 472)

Tasbihsazan, R., Nettelbeck, T., & Kirby, N. (2003). Predictive validity of the Fagan test of infant intelligence. *British Journal of Developmental Psychology, 21,* 585–597. (p. 423)

Taub, E. (2004). Harnessing brain plasticity through behavioral techniques to produce new treatments in neurorehabilitation. *American Psychologist, 59,* 692–698. (p. 74)

Taubes, G. (2001). The soft science of dietary fat. *Science, 291,* 2536–2545. (p. 463)

Taubes, G. (2002, July 7). What if it s all been a big fat lie? *New York Times* (www.nytimes.com). (p. 463)

Tavris, C. (1982, November). Anger defused. *Psychology Today,* pp. 25–35. (p. 519)

Tavris, C., & Aronson, E. (2007). *Mistakes were made (but not by me).* Orlando, FL: Harcourt. (pp. 355, 678)

Taylor, P. J., Russ-Eft, D. F., & Chan, D. W. L. (2005). A meta-analytic review of behavior modeling training. *Journal of Applied Psychology, 90,* 692–709. (p. 320)

Taylor, S. E. (1989). Positive illusions. New York: Basic Books. (pp. 377, 587)

Taylor, S. E. (2002). The tending instinct: How nurturing is essential to who we are and how we live. New York: Times Books. (p. 162)

Taylor, S. E. (2006). Tend and befriend: Biobehavioral bases of affiliation under stress. *Current Directions in Psychological Science, 15,* 273–277. (p. 529)

Taylor, S. E., Cousino, L. K., Lewis, B. P., Gruenewald, T. L., Gurung, R. A. R., & Updegraff, J. A. (2000). Biobehavioral responses to stress in females: Tend-and-befriend, not fight-or-flight. *Psychological Review, 107,* 411–430. (p. 529)

Taylor, S. E., Pham, L. B., Rivkin, I. D., & Armor, D. A. (1998). Harnessing the imagination: Mental simulation, self-regulation, and coping. *American Psychologist, 53,* 429–439. (p. 394)

Taylor, S. P., & Chermack, S. T. (1993). Alcohol, drugs and human physical aggression. *Journal of Studies on Alcohol, Supplement No. 11,* 78–88. (p. 699)

Taylor, S., Kuch, K., Koch, W. J., Crockett, D. J., & Passey, G. (1998). The structure of posttraumatic stress symptoms. *Journal of Abnormal Psychology, 107,* 154–160. (p. 604)

Teasdale, T. W., & Owen, D. R. (2005). A long-term rise and recent decline in intelligence test performance: The Flynn Effect in reverse. *Personality and Individual Differences, 39,* 837–843. (p. 420)

Teasdale, T., & Owen, D. (2008). Secular declines in cognitive test scores: A reversal of the Flynn Effect. *Intelligence, 36,* 121–126. (p. 420)

Tedeschi, R. G., & Calhoun, L. G. (2004). Posttraumatic growth: Conceptual foundations and empirical evidence. *Psychological Inquiry, 15,* 1–18. (p. 605)

Teerlink, R., & Ozley, L. (2000). *More than a motorcycle: The leadership journey at Harley-Davidson.* Cambridge, MA: Harvard Business School Press. (p. 492)

Teghtsoonian, R. (1971). On the exponents in Stevens law and the constant in Ekinan s law. *Psychological Review, 78,* 71–80. (p. 234)

Teicher, M. (2002). McLean motion and attention test (M-MAT): A new test to diagnose a troubling disorder. *McLean Hospital Annual Report* (www.mclean.harvard.edu). (p. 595)

Teicher, M. H. (2002, March). The neurobiology of child abuse. *Scientific American,* pp. 68–75. (p. 192)

Tenopyr, M. L. (1997). Improving the workplace: Industrial/organizational psychology as a career. In R. J. Sternberg (Ed.), *Career paths in psychology: Where your degree can take you.* Washington, DC: American Psychological Association. (p. 483)

Teran-Santos, J., Jimenez-Gomez, A., & Cordero-Guevara, J. (1999). The association between sleep apnea and the risk of traffic accidents. *New England Journal of Medicine, 340,* 847–851. (p. 102)

Terman, J. S., Terman, M., Lo, E-S., & Cooper, T. B. (2001). Circadian time of morning light administration and therapeutic response in winter depression. *Archives of General Psychiatry, 58,* 69–73. (p. 657)

Terman, L. M. (1916). *The measurement of intelligence.* Boston: Houghton Mifflin. (p. 417)

Terman, M., Terman, J. S., & Ross, D. C. (1998). A controlled trial of timed bright light and negative air ionization for treatment of winter depression. *Archives of General Psychiatry, 55,* 875–882. (p. 657)

Terracciano, A., Costa, Jr., P. T., & McCrae, R. R. (2006). Personality plasticity after age 30. *Personality and Social Psychology Bulletin, 32,* 999–1009. (pp. 158, 224)

Terrace, H. S. (1979, November). How Nim Chimpsky changed my mind. *Psychology Today,* pp. 65–76. (p. 399)

Terre, L., & Stoddart, R. (2000). Cutting edge specialties for graduate study in psychology. *Eye on Psi Chi,* 23–26. (p. A-5)

Tesser, A., Forehand, R., Brody, G., & Long, N. (1989). Conflict: The role of calm and angry parent-child discussion in adolescent development. *Journal of Social and Clinical Psychology, 8,* 317–330. (p. 204)

Tetlock, P. E. (1988). Monitoring the integrative complexity of American and Soviet policy rhetoric: What can be learned? *Journal of Social Issues, 44,* 101–131. (p. 718)

Tetlock, P. E. (1998). Close-call counterfactuals and belief-system defenses: I was not almost wrong but I was almost right. *Journal of Personality and Social Psychology, 75,* 639–652. (p. 5)

Tetlock, P. E. (2005). *Expert political judgement: How good is it? How can we know?* Princeton, NJ: Princeton University Press. (p. 5)

Thaler, R. H., & Sunstein, C. R. (2008). *Nudge: Improving decisions about health, wealth, and happiness.* New Haven, CT: Yale University Press. (p. 382)

Thannickal, T. C., Moore, R. Y., Nienhuis, R., Ramanathan, L., Gulyani, S., Aldrich, M., Cornford, M., & Siegel, J. M. (2000). Reduced number of hypocretin neurons in human narcolepsy. *Neuron, 27,* 469–474. (p. 102)

Thatcher, R. W., Walker, R. A., & Giudice, S. (1987). Human cerebral hemispheres develop at different rates and ages. *Science, 236,* 1110–1113. (p. 177, 224)

Thayer, R. E. (1987). Energy, tiredness, and tension effects of a sugar snack versus moderate exercise. *Journal of Personality and Social Psychology, 52,* 119–125. (p. 543)

Thayer, R. E. (1993). Mood and behavior (smoking and sugar snacking) following moderate exercise: A partial test of self-regulation theory. *Personality and Individual Differences, 14,* 97–104. (p. 543)

Th oret, H., Halligan, H., Kobayashi, M., Fregni, F., Tager-Flusberg, H., & Pascual-Leone, A. (2005). Impaired motor facilitation during action observation in individuals with autism spectrum disorder. *Current Biology, 15,* R84–R85.

(p. 187)

Thernstrom, M. (2006, May 14). My pain, my brain. *New York Times* (www.nytimes.com). (p. 258)

Thiel, A., Hadedank, B., Herholz, K., Kessler, J., Winhuisen, L., Haupt, W. F., & Heiss, W-D. (2006). From the left to the right: How the brain compensates progressive loss of language function. *Brain and Language, 98,* 57–65. (p. 74)

Thiele, T. E., Marsh, D. J., Ste. Marie, L., Bernstein, I. L., & Palmiter, R. D. (1998). Ethanol consumption and resistance are inversely related to neuropeptide Y levels. *Nature, 396,* 366–369. (p. 124)

Thomas, A., & Chess, S. (1977). *Temperament and development.* New York: Brunner/Mazel. (p. 139)

Thomas, A., & Chess, S. (1986). The New York Longitudinal Study: From infancy to early adult life. In R. Plomin & J. Dunn (Eds.), *The study of temperament: Changes, continuities, and challenges.* Hillsdale, NJ: Erlbaum. (p. 224)

Thomas, L. (1974). *The lives of a cell.* New York: Viking Press. (p. 262)

Thomas, L. (1983). *The youngest science: Notes of a medicine watcher.* New York: Viking Press. (p. 53)

Thomas, L. (1992). *The fragile species.* New York: Scribner s. (pp. 169, 387, 653)

Thompson, C. P., Frieman, J., & Cowan, T. (1993). Rajan s memory. Paper presented to the American Psychological Society convention. (p. 339)

Thompson, J. K., Jarvie, G. J., Lahey, B. B., & Cureton, K. J. (1982). Exercise and obesity: Etiology, physiology, and intervention. *Psychological Bulletin, 91,* 55–79. (p. 463)

Thompson, P. M., Cannon, T. D., Narr, K. L., van Erp, T., Poutanen, V-P., Huttunen, M., L nnqvist, J., Standerskj ld-Nordenstam, C-G., Kaprio, J., Khaledy, M., Dail, R., Zoumalan, C. I., & Toga, A. W. (2001). Genetic influences on brain structure. *Nature Neuroscience, 4,* 1253–1258. (p. 428)

Thompson, P. M., Giedd, J. N., Woods, R. P., MacDonald, D., Evans, A. C., & Toga, A. W. (2000). Growth patterns in the developing brain detected by using continuum mechanical tensor maps. *Nature, 404,* 190–193. (p. 177)

Thompson, R., Emmorey, K., & Gollan, T. H. (2005). Tip of the fingers experiences by Deaf signers. *Psychological Science, 16,* 856–860. (p. 353)

Thomson, R., & Murachver, T. (2001). Predicting gender from electronic discourse. *British Journal of Social Psychology, 40,* 193–208 (and personal correspondence from T. Murachver, May 23, 2002). (p. 161)

Thorndike, A. L., & Hagen, E. P. (1977). *Measurement and evaluation in psychology and education.* New York: Macmillan. (p. 419)

Thorne, J., with Larry Rothstein. (1993). You are not alone: Words of experience and hope for the journey through depression. New York: HarperPerennial. (p. 593)

Thornhill, R., & Gangestad, S. W. (1994). Human fluctuating asymmetry and sexual behavior. *Psychological Science, 5,* 297–302. (p. 709)

Thornton, B., & Moore, S. (1993). Physical attractiveness contrast effect: Implications for self-esteem and evaluations of the social self. *Personality and Social Psychology Bulletin, 19,* 474–480. (p. 707)

Thornton, G. C. III, & Rupp, D. E. (2005). *Assessment centers in human resource management: Strategies for prediction, diagnosis, and development.* Mahwah, NJ: Erlbaum. (p. 583)

Thorpe, W. H. (1974). *Animal nature and human nature.* London: Metheun. (p. 400)

Tickle, J. J., Hull, J. G., Sargent, J. D., Dalton, M. A., & Heatherton, T. F. (2006). A structural equation model of social influences and exposure to media smoking on adolescent smoking. *Basic and Applied Social Psychology, 28,* 117–129. (p. 118)

Tiedens, L. Z. (2001). Anger and advancement versus sadness and subjugation: The effect of negative emotion expressions on social status conferral. *Journal of Personality and Social Psychology, 80,* 86–94. (p. 519)

Tikkanen, T. (2001). Psychology in Europe: A growing profession with high standards and a bright future. *European Psychologist, 6,* 144–146. (p. 6)

Time. (1997, December 22). Greeting card association data, p. 19. (p. 161)

Time/CNN Survey. (1994). Vox pop: Happy holidays, *Time,* Dec. 19, 1994. (p. 612)

Timlin, M. T., Pereira, M. A., Story, M., & Neumark-Sztainer, D. (2008). Breakfast eating and weight change in a 5-year prospective analysis of adolescents: Project EAT (Eating Among Teens). *Pediatrics, 121,* e638–e645. (p. 13)

Timmerman, T. A. (2007). It was a thought pitch : Personal, situational, and target influences on hit-by-pitch events across time. *Journal of Applied Psychology, 92,* 876–884. (p. 700)

Tinbergen, N. (1951). *The study of instinct.* Oxford: Clarendon. (p. 444)

Tirrell, M. E. (1990). Personal communication. (p. 296)

Tolin, D. F., & Foa, E. B. (2006). Sex differences in trauma and posttraumatic stress disorder: A quantitative review of 25 years of research. *Psychological Bulletin, 132,* 959–992. (p. 605)

Tollefson, G. D., Fawcett, J., Winokur, G., Beasley, C. M., et al. (1993). Evaluation of suicidality during pharmacologic treatment of mood and nonmood disorders. *Annals of Clinical Psychiatry, 5(4),* 209–224. (p. 663)

Tollefson, G. D., Rampey, A. H., Beasley, C. M., & Enas, G. G. (1994). Absence of a relationship between adverse events and suicidality during pharmacotherapy for depression. *Journal of Clinical Psychopharmacology, 14,* 163–169. (p. 663)

Tolman, E. C., & Honzik, C. H. (1930). Introduction and removal of reward, and maze performance in rats. *University of California Publications in Psychology, 4,* 257–275. (p. 312)

Tolstoy, L. (1904). *My confessions.* Boston: Dana Estes. (p. 9)

Tondo, L., Jamison, K. R., & Baldessarini, R. J. (1997). Effect of lithium maintenance on suicidal behavior in major mood disorders. In D. M. Stoff & J. J. Mann (Eds.), *The neurobiology of suicide: From the bench to the clinic.* New York; New York Academy of Sciences. (p. 664)

Toni, N., Buchs, P.-A., Nikonenko, I., Bron, C. R., & Muller, D. (1999). LTP promotes formation of multiple spine synapses between a single axon terminal and a dendrite. *Nature, 402,* 421–42. (p. 341)

Torrey, E. F. (1986). *Witchdoctors and psychiatrists.* New York: Harper & Row. (p. 658)

Torrey, E. F., & Miller, J. (2002). *The invisible plague: The rise of mental illness from 1750 to the present.* New Brunswick, NJ: London: Rutgers University Press. (p. 625)

Torrey, E. F., Miller, J., Rawlings, R., & Yolken, R. H. (1997). Seasonality of births in schizophrenia and bipolar disorder: A review of the literature. *Schizophrenia Research, 28,* 1–38. (p. 625)

Totterdell, P., Kellett, S., Briner, R. B., & Teuchmann, K. (1998). Evidence of mood linkage in work groups. *Journal of Personality and Social Psychology, 74,* 1504–1515. (p. 680)

Towler, G. (1986). From zero to one hundred: Coaction in a natural setting. *Perceptual and Motor Skills, 62,* 377–378. (p. 687)

Tracey, J. L., & Robins, R. W. (2004). Show your pride: Evidence for a discrete emotion expression. *Psychological Science, 15,* 194–197. (p. 514)

Tramontana, M. G., Hooper, S. R., & Selzer, S. C. (1988). Research on the preschool prediction of later academic achievement: A review. *Developmental Review, 8,* 89–146. (p. 423)

Tranel, D., Bechara, A., & Denburg, N. L. (2002). Asymmetric functional roles of right and left ventromedial prefrontal cortices in social conduct, decision-making and emotional processing. *Cortex, 38,* pp. 589–613. (p. 78)

Trautwein, U., L dtke, O., K ller, O., & Baumert, J. (2006). Self-esteem, academic self-concept, and achievement: How the learning environment moderates the dynamics of self-concept. *Journal of Personality and Social Psychology, 90,* 334–349. (p. 585)

Treffert, D. A., & Christensen, D. D. (2005, December). Inside the mind of a savant. *Scientific American,,* 407)

Treffert, D. A., & Wallace, G. L. (2002). Island of genius—The artistic brilliance and dazzling memory that sometimes accompany autism and other disorders hint at how all brains work. *Scientific American, 286,* 76–86. (p. 407)

Treisman, A. (1987). Properties, parts, and objects. In K. R. Boff, L. Kaufman, & J. P. Thomas (Eds.), *Handbook of perception and human performance.* New York: Wiley. (p. 265)

Tremblay, R. E., Pihl, R. O., Vitaro, F., & Dobkin, P. L. (1994). Predicting early onset of male antisocial behavior from preschool behavior. *Archives of General Psychiatry, 51,* 732–739. (p. 629)

Trewin, D. (2001). *Australian social trends 2001.* Canberra: Australian Bureau of Statistics. (pp. 164, 481)

Triandis, H. C. (1981). *Some dimensions of intercultural variation and their implications for interpersonal behavior.* Paper presented at the American Psychological Association convention. (p. 154)

Triandis, H. C. (1994). *Culture and social behavior.* New York: McGraw-Hill. (pp. 156, 157, 580, 701)

Triandis, H. C., Bontempo, R., Villareal, M. J., Asai, M., & Lucca, N. (1988). Individualism and collectivism: Cross-cultural perspectives on self-ingroup relationships. *Journal of Personality and Social Psychology, 54,* 323–338. (p. 157)

Trickett, P. K., & McBride-Chang, C. (1995). The developmental impact of different forms of child abuse and neglect. *Developmental Review, 15,* 311–337. (p. 192)

Trillin, C. (2006, March 27). Alice off the page. *The New Yorker, 44.* (p. 566)

Trimble, J. E. (1994). Cultural variations in the use of alcohol and drugs. In W. J. Lonner & R. Malpass (Eds.), *Psychology and culture.* Boston: Allyn & Bacon. (p. 125)

Triplett, N. (1898). The dynamogenic factors in pacemaking and competition. *American Journal of Psychology, 9,* 507–533. (p. 687)

Trolier, T. K., & Hamilton, D. L. (1986). Variables influencing judgments of correlational relations. *Journal of Personality and Social Psychology, 50,* 879–888. (p. 15)

Troller, J. N., Anderson, T. M., Sachdev, P. S., Brodaty, H., & Andrews, G. (2007). Age shall not weary them: Mental health in the middle-aged and the elderly. *Australian and New Zealand Journal of Psychiatry, 41,* 581–589. (p. 220)

Trut, L. N. (1999). Early canid domestication: The farm-fox experiment. *American Scientist, 87,* 160–169. (p. 144)

Tsai, J. L., & Chentsova-Dutton, Y. (2003). Variation among European Americans in emotional facial expression. *Journal of Cross-Cultural Psychology, 34,* 650–657. (p. 513)

Tsai, J. L., Miao, F. F., Seppala, E., Fung, H. H., & Yeung, D. Y. (2007). Influence and adjustment goals: Sources of cultural differences in ideal affect. *Journal of Personality and Social Psychology, 92,* 1102–1117. (p. 513)

Tsang, Y. C. (1938). Hunger motivation in gastrectomized rats. *Journal of Comparative Psychology, 26,* 1–17. (p. 449)

Tsankova, N., Renthal, W., Kumar, A., & Nestler, E. J. (2007). Epigenetic regulation in psychiatric disorders. *Nature Reviews Neuroscience, 8,* 355–367. (p. 143)

Tse, D., Langston, R. F., Kakeyama, M., Bethus, I., Spooner P. A., Wood, E. R., Witter, M. P., & Morris, R. G. M. (2007). Schemas and memory consolidation. *Science, 316,* 76–82. (p. 344)

Tsien, J. Z. (2007, July). The memory code. *Scientific American,* pp. 52–59. (p. 340)

Tsuang, M. T., & Faraone, S. V. (1990). *The genetics of mood disorders.* Baltimore, MD: Johns Hopkins University Press. (p. 615)

Tuber, D. S., Miller, D. D., Caris, K. A., Halter, R., Linden, F., & Hennessy, M. B. (1999). Dogs in animal shelters: Problems, suggestions, and needed expertise. *Psychological Science, 10,* 379–386. (p. 28)

Tucker, K. A. (2002). I believe you can fly. *Gallup Management Journal* (www.gallupjournal.com/CA/st/20020520.asp). (p. 491)

Tuerk, P. W. (2005). Research in the high-stakes era: Achievement, resources, and no child left behind. *Psychological Science, 16,* 419–425. (p. 430)

Tully, T. (2003). Reply: The myth of a myth. *Current Biology, 13,* R426, 295)

Tulving, E. (1996, August 18). Quoted in J. Gatehouse, Technology revealing brain s secrets. *Montreal Gazette,* p. A3. (p. 344)

Tumulty, K. (2006, March 27). The politics of fat. *Time,* pp. 40–43. (p. 461)

Turkheimer, E., Haley, A., Waldron, M., D Onofrio, B., & Gottesman, I. I. (2003). Socioeconomic status modifies heritability of IQ in young children. *Psychological Science, 14,* 623–628. (pp. 429, 430)

Turner, J. C. (1987). *Rediscovering the social group: A self-categorization theory.* New York: Basil Blackwell. (p. 695)

Turner, J. C. (2007) Self-categorization theory. In R. Baumeister & K. Vohs (Eds.), *Encyclopedia of Social Psychology.* Thousand Oaks, CA: Sage. (p. 695)

Turner, N., Barling, J., & Zacharatos, A. (2002). Positive psychology at work. In C. R. Snyder & S. J. Lopez (Eds.), *The handbook of positive psychology.* New York: Oxford University Press. (p. 492)

Turpin, A. (2005, April 3). The science of psi. *FT Weekend,* pp. W1, W2. (p. 282)

Tutu, D. (1999). *No future without forgiveness.* New York: Doubleday. (p. 479)

Tversky, A. (1985, June). Quoted in K. McKean, Decisions, decisions. *Discover,* pp. 22–31. (p. 375)

Tversky, A., & Kahneman, D. (1974). Judgment under uncertainty: Heuristics and biases. *Science, 185,* 1124–1131, 374)

Tversky, B. (2008, June/July). Glimpses of Chinese psychology: Reflections on the APS trip to China. *Observer,* pp. 13–14 (also at psychologicalscience.org/observer). (p. 6)

Twenge, J. M., Gentile, B., DeWall, C. D., Ma, D., & Lacefield, K. (2008). A growing disturbance: Increasing psychopathology in young people 1938-2007 in a meta-analysis of the MMPI. Unpublished manuscript, San Diego State University. (p. 615)

Twenge, J. (2006). *Generation me.* New York: Free Press. (pp. 588, 608)

Twenge, J. M. (1997). Changes in masculine and feminine traits over time: A meta-analysis. *Sex Roles 36(5–6),* 305–325. (p. 167)

Twenge, J. M., & Campbell, W. K. (2001). Age and birth cohort differences in self-esteem: A cross-temporal meta-analysis. *Personality and Social Psychology Review, 5,* 321–344. (p. 204)

Twenge, J. M., & Nolen-Hoeksema, S. (2002). Age, gender, race, socioeconomic status, and birth cohort differences on the children s depression inventory: A meta-analysis. *Journal of Abnormal Psychology, 111,* 578–588. (p. 204)

Twenge, J. M., Baumeister, R. F., DeWall, C. N., Ciarocco, N. J., & Bartels, J. M. (2007). Social exclusion decreases prosocial behavior. *Journal of Personality and Social Psychology, 92,* 56–66. (p. 481)

Twenge, J. M., Baumeister, R. F., Tice, D. M., & Stucke, T. S. (2001). If you can t join them, beat them: Effects of social exclusion on aggressive behavior. *Journal of Personality and Social Psychology, 81,* 1058–1069. (pp. 481, 701)

Twenge, J. M., Catanese, K. R., & Baumeister, R. F. (2002). Social exclusion causes self-defeating behavior. *Journal of Personality and Social Psychology, 83,* 606–615. (pp. 481, 701)

Twenge, J. M., Catanese, K. R., & Baumeister, R. F. (2003). Social exclusion and the deconstructed state: Time perception, meaninglessness, lethargy, lack of emotion, and self-awareness. *Journal of Personality and Social Psychology, 85,* 409–423. (p. 701)

Twenge, J. M., Konrath, S., Foster, J. D., Campbell, W. K., & Bushman, B. J. (2008). Egos inflating over time: A cross-temporary meta-analysis of the Narcissistic Personality Inventory. *Journal of Personality, 76,* 875–902. (p. 588)

Twiss, C., Tabb, S., & Crosby, F. (1989). Affirmative action and aggregate data: The importance of patterns in the perception of discrimination. In F. Blanchard & F. Crosby (Eds.), *Affirmative action: Social psychological perspectives.* New York: Springer-Verlag. (p. 14)

Tyler, K. A. (2002). Social and emotional outcomes of childhood sexual abuse: A review of recent research. *Aggression and Violent Behavior, 7,* 567–589. (p. 192)

U. S. Department of State (2004, April). *Patterns of global terrorism 2003: Appendix G.* (www.state.gov). (p. 375)

U.S. National Center for Education Statistics (U. S. Department of Education, NCES). (2007a). *Digest of Education Statistics* (NCES 2008-022), table 261, data from U.S. Department of Education, NCES, 1990–91, 1995–96, and 2005–06 Integrated Postsecondary Education Data System, Completions Survey (IPEDS–C:91 and 96), and Fall 2006. (p. A-3)

U.S. National Center for Education Statistics (U. S. Department of Education, NCES). (2007b). *Digest of Education Statistics* (NCES 2008-022), tables 262, 263 and 270, data from U.S. Department of Education, NCES, 1990–91, 1995–96, and 2005–06 Integrated Postsecondary Education Data System, Completions Survey (IPEDS–C:91 and 96), and Fall 2006. (p. A-3)

U.S. Senate Select Committee on Intelligence (2004, July 9). *Report of the U.S. Intelligence Community s prewar intelligence assessments on Iraq.* www.gpoaccess.gov/serialset/creports/iraq.html. (pp. 8, 373)

Uchino, B. N., Cacioppo, J. T., & Kiecolt-Glaser, J. K. (1996). The relationship between social support and physiological processes: A review with emphasis on underlying mechanisms and implications for health. *Psychological Bulletin, 119,* 488–531. (p. 542)

Uchino, B. N., Uno, D., & Holt-Lunstad, J. (1999). Social support, physiological processes, and health. *Current Directions in Psychological Science, 8,* 145–148. (p. 542)

Uddin, L. Q., Kaplan, J. T., Molnar-Szakacs, I., Zaidel, E., & Iacoboni, M. (2005). Self-face recognition activates a frontoparietal mirror network in the right hemisphere: An event-related fMRI study. *NeuroImage, 25,* 926–935. (p. 79)

Uddin, L. Q., Molnar-Szakacs, II., Zaidel, E., & Iacoboni, M. (2006). rTMS to the right inferior parietal lobule disrupts self-other discrimination. *Social Cognitive Affective Neuroscience, 1,* 65–71. (p. 79)

Udry, J. R. (2000). Biological limits of gender construction. *American Sociological Review, 65,* 443–457. (p. 163)

Uga, V., Lemut, M. C., Zampi, C., Zilli, I., & Salzarulo, P. (2006). Music in dreams. *Consciousness and Cognition, 15,* 351–357. (p. 104)

UK ECT Review Group. (2003). Efficacy and safety of electroconvulsive therapy in depressive disorders: A systematic review and meta-analysis. *Lancet, 361,* 799–808. (p. 664)

Ullman, E. (2005, October 19). The boss in the machine. *New York Times* (www.nytimes.com). (p. 482)

Ulrich, R. E. (1991). Animal rights, animal wrongs and the question of balance. *Psychological Science, 2,* 197–201. (p. 27)

UNAIDS. (2005). *AIDS epidemic update, December 2005.* United Nations (www.unaids.org). (p. 536)

UNAIDS. (2008). *Report on the global AIDS epidemic.* United Nations (www.unaids.org). (p. 536)

UNICEF (2006). *The state of the world s children 2007.* New York: UNICEF. (p. 164)

Unsworth, N., & Engle, R. W. (2007). The nature of individual differences in working memory capacity: Active maintenance in primary memory and controlled search from secondary memory. *Psychological Review, 114,* 104–132. (p. 329)

Urbany, J. E., Bearden, W. O., & Weilbaker, D. C. (1988). The effect of plausible and exaggerated reference prices on consumer perceptions and price search. *Journal of Consumer Research, 15,* 95–110. (p. 381)

Urry, H. L., Nitschke, J. B., Dolski, I., Jackson, D. C., Dalton, K. M., Mueller, C. J., Rosenkranz, M. A., Ryff, C. D., Singer, B. H., & Davidson, R. J. (2004). Making a life worth living: Neural correlates of well-being. *Psychological Science, 15,* 367–372. (p. 502)

Ursu, S., Stenger, V. A., Shear, M. K., Jones, M. R., & Carter, C. S. (2003). Overactive action monitoring in obsessive-compulsive disorder: Evidence from functional magnetic resonance imaging. *Psychological Science, 14,* 347–353. (p. 607)

USAID. (2004, January). *The ABCs of HIV prevention.* www.usaid.gov. (p. 536)

Uttal, W. R. (2001). *The new phrenology: The limits of localizing cognitive processes in the brain.* Cambridge, MA: MIT Press. (p. 73)

Vaidya, J. G., Gray, E. K., Haig, J., & Watson, D. (2002). On the temporal stability of personality: Evidence for differential stability and the role of life experiences. *Journal of Personality and Social Psychology, 83,* 1469–1484. (p. 571)

Vaillant, G. E. (1977). *Adaptation to life.* New York: Little, Brown. (p. 360)

Vaillant, G. E. (2002). *Aging well: Surprising guideposts to a happier life from the landmark Harvard study of adult development.* Boston: Little, Brown. (p. 541)

Valdes, A. M., Andrew, T., Gardner, J. P., Kimura, M., Oelsner, E., Cherkas, L. F., Aviv, A., & Spector, T. D. (2005). Obesity, cigarette smoking, and telomere length in women. *Lancet, 366,* 662–664. (p. 209)

Valenstein, E. S. (1986). *Great and desperate cures: The rise and decline of psychosurgery.* New York; Basic Books. (p. 667)

Vallone, R. P., Griffin, D. W., Lin, S., & Ross, L. (1990). Overconfident prediction of future actions and outcomes by self and others. *Journal of Personality and Social Psychology, 58,* 582–592. (p. 5)

van Boxtel, H. W., Orobio de Castro, B., & Goossens, F. A. (2004). High self-perceived social competence in rejected children is related to frequent fighting. *European Journal of Developmental Psychology, 1,* 205–214. (p. 588)

Van Cauter, E., Holmback, U., Knutson, K., Leproult, R., Miller, A., Nedeltcheva, A., Pannain, S., Penev, P., Tasali, E., & Spiegel, K. (2007). Impact of sleep and sleep loss on neuroendocrine and metabolic function. *Hormone Research, 67,* Supp. 1: 2–9. (p. 98)

van den Boom, D. (1990). Preventive intervention and the quality of mother-infant interaction and infant exploration in irritable infants. In W. Koops, H. J. G. Soppe, J. L. van der Linden, P. C. M. Molenaar, & J. J. F. Schroots (Eds.), *Developmental psychology research in The Netherlands.* The Netherlands: Uitgeverij Eburon. Cited by C. Hazan & P. R. Shaver (1994). Deeper into attachment theory. *Psychological Inquiry, 5,* 68–79. (p. 190)

van den Boom, D. C. (1995). Do first-year intervention effects endure? Follow-up during toddlerhood of a sample of Dutch irritable infants. *Child Development, 66,* 1798–1816. (p. 190)

van den Bos, K., & Spruijt, N. (2002). Appropriateness of decisions as a moderator of the psychology of voice. *European Journal of Social Psychology, 32,* 57–72. (p. 492)

Van der Maas, H. L. J., Dolan, C. V., Raoul, P. P. P., Grasman, R. P. P. P., Wicherts, J. M., Huizenga, H. M., & Raijmakers, M. E. J. (2006). A dynamical model of general intelligence: The positive manifold of intelligence by mutualism. *Psychological Review, 113,* 842–861. (p. 407)

Van der Werf, S. Y., Kaptein, K. I., de Jonge, P. , Spijker, J., de Graaf, R., & Korf, J. (2006). Major depressive episodes and random mood. *Archives of General Psychiatry, 63,* 509–518. (p. 615)

Van Dyke, C., & Byck, R. (1982, March). Cocaine. *Scientific American,* pp. 128–141. (p. 120)

van Engen, M. L., & Willemsen, T. M. (2004). Sex and leadership styles: A meta-analysis of research published in the 1990s. *Psychological Reports, 94,* 3–18. (p. 160)

Van Goozen, S. H. M., Fairchild, G., Snoek, H., & Harold, G. T. (2007). The evidence for a neurobiological model of childhood antisocial behavior. *Psychological Bulletin, 133,* 149–182. (p. 629)

van Hemert, D. A., Poortinga, Y. H., & van de Vijver, F. J. R. (2007). Emotion and culture: A meta-analysis. *Cognition and Emotion, 21,* 913–943. (p. 513)

Van Ijzendoorn, M. H., & Juffer, F. (2005). Adoption is a successful natural intervention enhancing adopted children s IQ and school performance. *Current Directions in Psychological Science, 14,* 326-330. (p. 428)

Van IJzendoorn, M. H., & Juffer, F. (2006). The Emanual Miller Memorial Lecture 2006: Adoption as intervention. Meta-analytic evidence for massive catch-up and plasticity in physical, socio-emotional, and cognitive development. *Journal of Child Psychology and Psychiatry, 47,* 1228–1245. (pp. 139, 428)

van IJzendoorn, M. H., & Kroonenberg, P. M. (1988). Cross-cultural patterns of attachment: A meta-analysis of the strange situation. *Child Development, 59,* 147–156. (p. 190)

Van Leeuwen, M. S. (1978). A cross-cultural examination of psychological differentiation in males and females. *International Journal of Psychology, 13,* 87–122. (p. 164)

Van Lommel, P., van Wees, R., Meyers, V., & Elfferich, I. (2001). Near-death experience in survivors of cardiac arrest: A prospective study in the Netherlands. *Lancet, 358,* 2039–2045. (p. 127)

Van Rooy, D. L., & Viswesvaran, C. (2004). Emotional intelligence: A meta-analytic investigation of predictive validity and nomological net. *Journal of Vocational Behavior, 65,* 71–95. (p. 412)

van Schaik, C. P., Ancrenaz, M., Borgen, G., Galdikas, B., Knott, C. D., Singleton, I., Suzuki, A., Utami, S. S., & Merrill, M. (2003). Orangutan cultures and the evolution of material culture. *Science, 299,* 102–105. (p. 397)

Van Tassel-Baska, J. (1983). Profiles of precocity: The 1982 Midwest Talent Search finalists. *Gifted Child Quarterly, 27,* 139–145. (p. 423)

Van Yperen, N. W., & Buunk, B. P. (1990). A longitudinal study of equity and satisfaction in intimate relationships. *European Journal of Social Psychology, 20,* 287–309. (p. 711)

Van Zeijl, J., Mesman, J., Van Ijzendoorn, M. H., Bakermans-Kranenburg, M. J., Juffer, F., Stolk, M. N., Koot, H. M., & Alink, L. R. A. (2006). Attachment-based intervention for enhancing sensitive discipline in mothers of 1- to 3-year-old children at risk for externalizing behavior problems: A randomized controlled trial. *Journal of Consulting and Clinical Psychology, 74,* 994–1005. (p. 190)

Vance, E. B., & Wagner, N. N. (1976). Written descriptions of orgasm: A study of sex differences. *Archives of Sexual Behavior, 5,* 87–98. (p. 465)

Vandenberg, S. G., & Kuse, A. R. (1978). Mental rotations: A group test of three-dimensional spatial visualization. *Perceptual and Motor Skills, 47,* 599–604. (p. 433)

Vanman, E. J., Saltz, J. L., Nathan, L. R., & Warren, J. A. (2004). Racial discrimination by low-prejudiced Whites. *Psychological Science, 15,* 711–714. (p. 693)

Vaughn, K. B., & Lanzetta, J. T. (1981). The effect of modification of expressive displays on vicarious emotional arousal. *Journal of Experimental Social Psychology, 17,* 16–30. (p. 514)

Vazire, S., & Gosling, S. D. (2004). e-Perceptions: Personality impressions based on personal websites. *Journal of Personality and Social Psychology, 87,* 123–132. (p. 575)

Vecera, S. P., Vogel, E. K., & Woodman, G. F. (2002). Lower region: A new cue for figure-ground assignment. *Journal of Experimental Psychology: General, 13,* 194–205. (p. 268)

Vega, V., & Malamuth, N. M. (2007). Predicting sexaul aggression: The role of pornography in the context of general and specific risk factors. *Aggressive Behavior, 33,* 104–117. (p. 702)

Vekassy, L. (1977). Dreams of the blind. *Magyar Pszichologiai Szemle, 34,* 478–491. (p. 104)

Velliste, M., Perel, S., Spalding, M. C., Whitford, A. S., & Schwartz, A. B. (2008). Cortical control of a prosthetic arm for self-feeding. *Nature, 453,* 1098–1101. (p. 70)

Verbeek, M. E. M., Drent, P. J., & Wiepkema, P. R. (1994). Consistent individual differences in early exploratory behaviour of male great tits. *Animal Behaviour, 48,* 1113–1121. (p. 570)

Verhaeghen, P., & Salthouse, T. A. (1997). Meta-analyses of age-cognition relations in adulthood: Estimates of linear and nonlinear age effects and structural models. *Psychological Bulletin, 122,* 231–249. (p. 210)

Vernon, P. A. (1983). Speed of information processing and general intelligence. *Intelligence, 7,* 53–70. (p. 415)

Vertes, R., & Siegel, J. (2005). Time for the sleep community to take a critical look at the purported role of sleep in memory processing. *Sleep, 28,* 1228–1229. (p. 105)

Vigil, J. M., Geary, D. C., & Byrd-Craven, J. (2005). A life history assessment of early childhood sexual abuse in women. *Developmental Psychology, 41,* 553–561. (p. 198)

Vigliocco, G., & Hartsuiker, R. J. (2002). The interplay of meaning, sound, and syntax in sentence production. *Psychological Bulletin, 128,* 442–472. (p. 385)

Vining, E. P. G., Freeman, J. M., Pillas, D. J., Uematsu, S., Carson, B. S., Brandt, J., Boatman, D., Pulsifer, M. B., & Zukerberg, A. (1997). Why would you remove half a brain? The outcome of 58 children after hemispherectomy—The Johns Hopkins Experience: 1968 to 1996. *Pediatrics, 100,* 163–171. (p. 74)

Vita, A. J., Terry, R. B., Hubert, H. B., & Fries, J. F. (1998). Aging, health risks, and cumulative disability. *New England Journal of Medicine, 338,* 1035–1041. (p. 119)

Vitello, P. (2006, June 12). A ring tone meant to fall on deaf ears. *New York Times* (www.nytimes.com). (pp. 210, 231)

Vitevitch, M. S. (2003). Change deafness: The inability to detect changes between two voices. *Journal of Experimental Psychology; Human Perception and Performance, 29,* 333–342. (p. 90)

Vittengl, J. R., Clark, L. A., Dunn, T. W., & Jarrett, R. B. (2007). Reducing relapse and recurrence in unipolar depression: A comparative meta-analysis of cognitive-behavioral therapy s effects. *Journal of Consulting and Clinical Psychology, 75,* 475–488. (p. 663)

Voas, D. (2008, March/April). Ten million marriages: An astrological detective story. *Skeptical Inquirer,* pp. 52–55. (p. 572)

Vogel, S. (1999). *The skinny on fat: Our obsession with weight control.* New York: W. H. Freeman. (p. 142)

von B k sy, G. (1957, August). The ear. *Scientific American,* pp. 66–78. (p. 249)

von Hippel, W. (2007). Aging, executive functioning, and social control. *Current Directions in Psychological Science, 16,* 240–244. (p. 211)

von Senden, M. (1932: *The perception of space and shape in the congenitally blind before and after operation.* Glencoe, IL: Free Press. (p. 273)

Voyer, D., Postma, A., Brake, B., & Imperato-McGinley, J. (2007). Gender differences in object location memory: A meta-analysis. *Psychonomic Bulletin & Review, 14,* 23–38. (p. 432)

Vroom, V. H., & Jago, A. G. (2007). The role of the situation in leadership. *American Psychologist, 62,* 17–24. (p. 492)

Vyazovskiy, V. V., Cirelli, C., Pfister-Genskow, M., Faraguna, U., & Tononi, G. (2008). Molecular and electrophysiological evidence for net synaptic potentiation in wake and depression in sleep. *Nature Neuroscience, 11,* 200–208. (p. 100)

Waber, R. L., Shiv, B., Carmon, & Ariely, D. (2008). Commercial features of placebo and therapeutic efficacy. *JAMA, 299,* 1016–1017. (p. 18)

Wacker, J., Chavanon, M-L., & Stemmler, G. (2006). Investigating the dopaminergic basis of extraversion in humans: A multilevel approach. *Journal of Personality and Social Psychology, 91,* 177–187. (p. 569)

Wadden, T. A., Vogt, R. A., Foster, G. D., & Anderson, D. A. (1998). Exercise and the maintenance of weight loss: 1-year follow-up of a controlled clinical trial. *Journal of Consulting and Clinical Psychology, 66,* 429–433. (p. 463)

Wade, K. A., Garry, M., Read, J. D., & Lindsay, D. S. (2002). A picture is worth a thousand lies: Using false photographs to create false childhood memories. *Psychonomic Bulletin & Review, 9,* 597–603. (p. 357)

Wade, N. G., Worthington, Jr., E. L., & Vogel, D. L. (2006). Effectiveness of religiously tailored interventions in Christian therapy. *Psychotherapy Research, 17,* 91–105. (pp. 658, 659)

Wagar, B. M., & Cohen, D. (2003). Culture, memory, and the self: An analysis of the personal and collective self in long-term memory. *Journal of Experimental Social Psychology, 39,* 458–475. (p. 335)

Wager, T. D. (2005). The neural bases of placebo effects in pain. *Current Directions in Psychological Science, 14,* 175–179. (p. 258)

Wagner, U., Gais, S., Haider, H., Verleger, R., & Born, J. (2004). Sleep inspires insight. *Nature, 427,* 352–355. (p. 101)

Wagstaff, G. (1982). Attitudes to rape: The just world strikes again? *Bulletin of the British Psychological Society, 13,* 275–283. (p. 675)

Wahlberg, D. (2001, October 11). *We re more depressed, patriotic, poll finds.* Grand Rapids Press, p. A15. (p. 530)

Wai, J., Lubinski, D., & Benbow, C. P. (2005). Creativity and occupational accomplishments among intellectually precocious youths: An age 13 to age 33 longitudinal study. *Journal of Educational Psychology, 97,* 484–492. (p. 426)

Wakefield, J. C. (1992). Disorder as a harmful dysfunction: A conceptual critique of DSM-III-R s definition of mental disorder. *Psychological Review, 99,* 232–247. (p. 595)

Wakefield, J. C. (2006). What makes a mental disorder mental? *Philosophy, Psychiatry, and Psychology, 13,* 123–131. (p. 595)

Wakefield, J. C., & Spitzer, R. L. (2002). Lowered estimates—but of what? *Archives of General Psychiatry, 59,* 129–130. (p. 605)

Wakefield, J. C., Schmitz, M.F., First, M. B., & Horwitz, A. V. (2007). Extending the bereavement exclusion for major depression to other losses: Evidence from the National Comorbidity Survey. *Archives of General Psychiatry, 64,* 433–440. (p. 612)

Walker, M. P., & Stickgold, R. (2006). Sleep, memory, and plasticity. *Annual Review of Psychology, 57,* 139–166. (p. 100)

Walker, W. R., Skowronski, J. J., & Thompson, C. P. (2003). Life is pleasant—and memory helps to keep it that way! *Review of General Psychology, 7,* 203–210. (p. 221)

Wall, P. D. (2000). *Pain: The science of suffering.* New York: Columbia University Press. (p. 255)

Wallace, D. S., Paulson, R. M., Lord, C. G., & Bond, C. F., Jr. (2005). Which behaviors do attitudes predict? Meta-analyzing the effects of social pressure and perceived difficulty. *Review of General Psychology, 9(3),* 214–227. (p. 676)

Wallach, M. A., & Wallach, L. (1983). *Psychology s sanction for selfishness: The error of egoism in theory and therapy.* New York: Freeman. (p. 567)

Wallach, M. A., & Wallach, L. (1985, February). How psychology sanctions the cult of the self. *Washington Monthly,* pp. 46–56. (p. 567)

Walsh, T. & 35 others (2008). Rare structural variants disrupt multiple genes in neurodevelopmental pathways in schizophrenia. *Science, 320,* 539–543. (p. 627)

Walster (Hatfield), E., Aronson, V., Abrahams, D., & Rottman, L. (1966). Importance of physical attractiveness in dating behavior. *Journal of Personality and Social Psychology, 4,* 508–516. (p. 706)

Wampold, B. E. (2001). *The great psychotherapy debate: Models, methods, and findings.* Mahwah, NJ: Erlbaum. (pp. 657, 658)

Wampold, B. E. (2007). Psychotherapy: *The* humanistic (and effective) treatment. *American Psychologist, 62,* 857–873. (p. 654, 657)

Wampold, B. E., Mondin, G. W., Moody, M., & Ahn, H. (1997). The flat earth as a metaphor for the evidence for uniform efficacy of bona fide psychotherapies: Reply to Crits-Christoph (1997) and Howard et al. (1997). *Psychological Bulletin, 122,* 226–230. (p. 654)

Wang, S-H., Baillargeon, R., & Brueckner, L. (2004). Young infants reasoning about hidden objects: Evidence from violation-of-expectation tasks with test trials only. *Cognition, 93,* 167–198. (p. 182)

Wansink, B., & van Ittersum, K. (2003). Bottoms up! The influence of elongation on pouring and consumption volume. *Journal of Consumer Research, 30,* 455–464. (p. 267)

Wansink, B., & van Ittersum, K. (2005). Shape of glass and amount of alcohol poured: Comparative study of effect of practice and concentration. *British Medical Journal, 331,* 1512–1514. (p. 267)

Wansink, B., van Ittersum, K., & Painter, J. E. (2006). Ice cream illusions:

Bowls, spoons, and self-served portion sizes. *American Journal of Preventive Medicine, 31,* 240–243. (p. 452)

Ward, A., & Mann, T. (2000). Don t mind if I do: Disinhibited eating under cognitive load. *Journal of Personality and Social Psychology, 78,* 753–763. (p. 463)

Ward, C. (1994). Culture and altered states of consciousness. In W. J. Lonner & R. Malpass (Eds.), *Psychology and culture.* Boston: Allyn & Bacon. (p. 114)

Ward, J. (2003). State of the art synaesthesia. *The Psychologist, 16,* 196–199. (p. 260)

Ward, K. D., Klesges, R. C., & Halpern, M. T. (1997). Predictors of smoking cessation and state-of-the-art smoking interventions. *Journal of Socies Issues, 53,* 129–145. (p. 119)

Ward, L. M., & Friedman, K. (2006). Using TV as a guide: Associations between television viewing and adolescents sexual attitudes and behavior. *Journal of Research on Adolescence, 16,* 133–156. (p. 470)

Wardle, J., Cooke, L. J., Gibson, L., Sapochnik, M., Sheiham, A., Lawson, M. (2003). Increasing children s acceptance of vegetables; a randomized trial of parent-led exposure. *Appetite, 40,* 155–162. (p. 259)

Wargo, E. (2007, December). Understanding the have-knots. *APS Observer,* pp. 18–21. (p. 547)

Warm, J. S., & Dember, W. N. (1986, April). Awake at the switch. *Psychology Today,* pp. 46–53. (p. 232)

Warr, P., & Payne, R. (1982). Experiences of strain and pleasure among British adults. *Social Science and Medicine, 16,* 1691–1697. (p. 540)

Wason, P. C. (1960). On the failure to eliminate hypotheses in a conceptual task. *Quarterly Journal of Experimental Psychology, 12,* 129–140. (p. 372)

Wason, P. C. (1981). The importance of cognitive illusions. *The Behavioral and Brain Sciences, 4,* 356. (p. 373)

Wasserman, E. A. (1993). Comparative cognition: Toward a general understanding of cognition in behavior. *Psychological Science, 4,* 156–161. (p. 306)

Wasserman, E. A. (1995). The conceptual abilities of pigeons. *American Scientist, 83,* 246–255. (p. 396)

Wastell, C. A. (2002). Exposure to trauma: The long-term effects of suppressing emotional reactions. *Journal of Nervous and Mental Disorders, 190,* 839–845. (p. 542)

Waterman, A. S. (1988). Identity status theory and Erikson s theory: Commonalities and differences. *Developmental Review, 8,* 185–208. (p. 204)

Watkins, E. R. (2008). Constructive and unconstructive repetitive thought. *Psychological Bulletin, 134,* 163–206. (p. 612)

Watkins, J. G. (1984). The Bianchi (L. A. Hillside Strangler) case: Sociopath or multiple personality? *International Journal of Clinical and Experimental Hypnosis, 32,* 67–101. (p. 610)

Watson, D. (2000). *Mood and temperament.* New York: Guilford Press. (pp. 520, 543)

Watson, D., Suls, J., & Haig, J. (2002). Global self-esteem in relation to structural models of personality and affectivity. *Journal of Personality and Social Psychology, 83,* 185–197. (p. 585)

Watson, D., Wiese, D., Vaidya, J., & Tellegen, A. (1999). The two general activation systems of affect: Structured findings, evolutionary considerations, and psychobiological evidence. *Journal of Personality and Social Psychology, 76,* 820–838. (p. 515)

Watson, J. B. (1913). Psychology as the behaviorist views it. *Psychological Review, 20,* 158–177. (pp. 85, 294, 303)

Watson, J. B. (1924). The unverbalized in human behavior. *Psychological Review, 31,* 339–347. (p. 303)

Watson, J. B., & Rayner, R. (1920). Conditioned emotional reactions. *Journal of Experimental Psychology, 3,* 1–14. (p. 303)

Watson, R. I., Jr. (1973). Investigation into deindividuation using a cross-cultural survey technique. *Journal of Personality and Social Psychology, 25,* 342–345. (p. 688)

Watson, S. J., Benson, J. A., Jr., & Joy, J. E. (2000). NEWS AND VIEWS—Marijuana and medicine: Assessing the science base; A summary of the 1999 Institute of Medicine report. *Archives of General Psychiatry, 57,* 547–553. (p. 122)

Wayment, H. A., & Peplau, L. A. (1995). Social support and well-being among lesbian and heterosexual women: A structural modeling approach. *Personality and Social Psychology Bulletin, 21,* 1189–1199. (p. 218)

Weaver, J. B., Masland, J. L., & Zillmann, D. (1984). Effect of erotica on young men s aesthetic perception of their female sexual partners. *Perceptual and Motor Skills, 58,* 929–930. (p. 468)

Webb, W. B. (1992). *Sleep: The gentle tyrant.* Bolton, MA, 101; *The gentle tyrant.* Bolton, MA; Anker. (p. 95)

Webb, W. B., & Campbell, S. S. (1983). Relationships in sleep characteristics of identical and fraternal twins. *Archives of General Psychiatry, 40,* 1093–1095. (p. 97)

Wechsler, D. (1972). Hold and Don t Hold tests. In S. M. Chown (Ed.), *Human aging.* New York: Penguin. (p. 214)

Weed, W. S. (2001, May). Can we go to Mars without going crazy? *Discover,* pp. 31–43. (p. 281)

Wegner, D. M. (2002). *The illusion of conscious will.* Cambridge, MA: MIT Press. (pp. 85, 88)

Weigel, G. (2005, March-April). Is Europe dying? Notes on a crisis of civilizational morale. *New Atlantic Initiative,* American Enterprise Institute for Public Policy Research (www.aei.org/nai). (p. 209)

Weinberger, D. R., (2001, March 10). A brain too young for good judgment. *New York Times.* (p. 199)

Weingarten, G. (2002, March 10). Below the beltway. *Washington Post,* p. WO3. (p. 482)

Weinstein, N. D. (1980). Unrealistic optimism about future life events. *Journal of Personality and Social Psychology, 39,* 806–820. (p. 582)

Weinstein, N. D. (1982). Unrealistic optimism about susceptibility to health problems. *Journal of Behavioral Medicine, 5,* 441–460. (p. 582)

Weinstein, N. D. (1996, October 4). 1996 optimistic bias bibliography. Distributed via internet (weinstein@aesop.rutgers.edu). (p. 582)

Weis, S., & Süβ, H-M. (2007) Reviving the search for social intelligence: A multitrait-multimethod study of its structure and construct validity. *Personality and Individual Differences, 42,* 3–14. (p. 412)

Weiskrantz, L. (1986). *Blindsight: A case study and implications.* Oxford, UK: Oxford University Press. (p. 242)

Weiss, A., Bates, T. C., & Luciano, M. (2008). Happiness is a personal(ity) thing. *Psychological Science, 19,* 205–210. (p. 526)

Weiss, A., King, J. E., & Enns, R. M. (2002). Subjective well-being is heritable and genetically correlated with dominance in chimpanzees (Pan troglodytes*). Journal of Personality and Social Psychology, 83,* 1141–1149. (p. 526)

Weiss, A., King, J. E., & Figueredo, A. J. (2000). The heritability of personality factors in chimpanzees (Pan troglodytes). *Behavior Genetics, 30,* 213–221. (p. 526)

Weiss, A., King, J. E., & Perkins, L. (2006). Personality and subjective well-being in orangutans *(Pongo pygmaeus* and *Pongo abelii). Journal of Personality and Social Psychology, 90,* 501–511. (p. 570)

Weiss, J. M. (1977). Psychological and behavioral influences on gastrointestinal lesions in animal models. In J. D. Maser & M. E. P. Seligman (Eds.), *Psychopathology: Experimental models.* San Francisco: Freeman. (p. 539)

Weissman, M. M. (1999). Interpersonal psychotherapy and the health care scene. In D. S. Janowsky (Ed.), *Psychotherapy indications and outcomes.* Washington, DC: American Psychiatric Press. (p. 640)

Weissman, M. M., Bland, R. C., Canino, G. J., Faravelli, C., Greenwald, S., Hwu, H-G., Joyce, P. R., Karam, E. G., Lee, C-K., Lellouch, J., Lepine, J-P., Newman, S. C., Rubio-Stepic, M., Wells, J. E., Wickramaratne, P. J., Wittchen, H-U., & Yeh, E-K. (1996). Cross-national epidemiology of major depression and bipolar disorder. *Journal of the American Medical Association, 276,* 293–299. (p. 614)

Weisz, J. R., Rothbaum, F. M., & Blackburn, T. C. (1984). Standing out and standing in: The psychology of control in America and Japan. *American Psychologist, 39,* 955–969. (p. 155)

Welch, J. M., Lu, J., Rodriquiz, R. M., Trotta, N. C., Peca, J., Ding, J-D., Feliciano, C., Chen, M., Adams, J. P., Luo, J., Dudek, S. M., Weinberg, R. J., Calakos, N., Wetsel, W. C., & Feng, G. (2007). Cortico-striatal synaptic defects and OCD-like behaviours in *Sapap3*-mutant mice. *Nature, 448,* 894–900. (p. 607)

Welch, W. W. (2005, February 28). Trauma of Iraq war haunting thousands returning home. *USA Today* (www.usatoday.com). (p. 604)

Weller, S., & Davis-Beaty, K. (2002). The effectiveness of male condoms in prevention of sexually transmitted diseases (Protocol). *Cochrane Database of Systematic Reviews,* Issue 4, Art. No. CD004090. (p. 470)

Wellings, K., Collumbien, M., Slaymaker, E., Singh, S., Hodges, Z., Patel, D., & Bajos, N. (2006). Sexual behaviour in context: A global perspective. *Lancet,*

368, 1706–1728. (p. 469)

Wellman, H. M., & Gelman, S. A. (1992). Cognitive development: Foundational theories of core domains. *Annual Review of Psychology, 43,* 337–375. (p. 182)

Wellman, H. M., Cross, D., & Watson, J. (2001). Meta-analysis of theory-of-mind development: The truth about false belief. *Child Development, 72,* 655–684. (p. 185)

Wells, B. L. (1986). Predictors of female nocturnal orgasms: A multivariate analysis. *Journal of Sex Research, 22,* 421–437. (p. 469)

Wells, G. L. (1981). Lay analyses of causal forces on behavior. In J. Harvey (Ed.), *Cognition, social behavior and the environment.* Hillsdale, NJ: Erlbaum. (p. 292)

Wells, G. L., Memon, A., & Penrod, S. D. (2006). Eyewitness evidence: Improving its probative value. *Psychological Science in the Public Interest, 7,* 45–75. (p. 360)

Wells, G., & Murray, D. M. (1984). Eyewitness confidence. In G. L. Wells & E. F. Loftus (Eds.), *Eyewitness testimony: Psychological perspectives.* New York: Cambridge University Press. (p. 359)

Wender, P. H., Kety, S. S., Rosenthal, D., Schulsinger, F., Ortmann, J., & Lunde, I. (1986). Psychiatric disorders in the biological and adoptive families of adopted individuals with affective disorders. *Archives of General Psychiatry, 43,* 923–929. (p. 616)

Wener, R., Frazier, W., & Farbstein, J. (1987, June). Building better jails. *Psychology Today,* pp. 40–49. (p. 580)

Westen, D. (1996). Is Freud really dead? Teaching psychodynamic theory to introductory psychology. Presentation to the Annual Institute on the Teaching of Psychology, St. Petersburg Beach, Florida. (p. 559)

Westen, D. (1998). The scientific legacy of Sigmund Freud: Toward a psychodynamically informed psychological science. *Psychological Bulletin, 124,* 333–371. (p. 561)

Westen, D. (2007). *The political brain: The role of emotion in deciding the fate of the nation.* New York: PublicAffairs. (p. 507)

Westen, D., & Morrison, K. (2001). A multidimensional meta-analysis of treatments for depression, panic, and generalized anxiety disorder: An empirical examination of the status of empirically supported therapies. *Journal of Consulting and Clinical Psychology, 69,* 875–899. (p. 654)

Weuve, J., Kang, J. H., Manson, J. E., Breteler, M. M. B., Ware, J. H., & Grodstein, F. (2004). Physical activity, including walking, and cognitive function in older women. *Journal of the American Medical Association, 292,* 1454–1460. (p. 211)

Whalen, P. J., Kagan, J., Cook, R. G., Davis, F. C., Kim, H., Polis, S., McLaren, D. G., Somerville, L. H., McLean, A. A., Maxwell, J. S., & Johnstone, T. (2004). Human amygdala responsibility to masked fearful eye whites. *Science, 302,* 2061. (pp. 505, 506)

Whalen, P. J., Shin, L. M., McInerney, S. C., Fisher, H., Wright, C. I., & Rauch, S. L. (2001). A functional MRI study of human amygdala responses to facial expressions of fear versus anger. *Emotion, 1,* 70–83. (p. 501)

Whaley, S. E., Sigman, M., Beckwith, L., Cohen, S. E., & Espinosa, M. P. (2002). Infant-caregiver interaction in Kenya and the United States: The importance of multiple caregivers and adequate comparison samples. *Journal of Cross-Cultural Psychology, 33,* 236–247. (p. 194)

Whalley, L. J., & Deary, I. J. (2001). Longitudinal cohort study of childhood IQ and survival up to age 76. *British Medical Journal, 322,* 1–5. (pp. 424, 539)

Whalley, L., Starr, J. M. Athawes, R., Hunter, D., Pattie, A., & Deary, I. J. (2000). Childhood mental ability and dementia. *Neurology, 55,* 1455–1459. (p. 424)

Wheeler, B. W., Gunnell, D., Metcalfe, C., Stephens, P., & Martin, R. M. (2008). The population impact on incidence of suicide and non-fatal self harm of regulatory action against the use of selective serotonin reuptake inhibitors in under 18s in the United Kingdom: ecological study. *British Medical Journal, 336,* 542–545. (p. 663)

Wheelwright, J. (2004, August). Study the clones first. *Discover,* pp. 44–50. (p. 137)

White, G. L., & Kight, T. D. (1984). Misattribution of arousal and attraction: Effects of salience of explanations for arousal. *Journal of Experimental Social Psychology, 20,* 55–64. (p. 710)

White, H. R., Brick, J., & Hansell, S. (1993). A longitudinal investigation of alcohol use and aggression in adolescence. *Journal of Studies on Alcohol, Supplement No. 11,* 62–77. (p. 699)

White, K. M. (1983). Young adults and their parents: Individuation to mutuality. *New Directions for Child Development, 22,* 61–76. (p. 205)

White, L., & Edwards, J. (1990). Emptying the nest and parental well-being: An analysis of national panel data. *American Sociological Review, 55,* 235–242. (p. 219)

White, R. A. (1998). Intuition, heart knowledge, and parapsychology. *Journal of the American Society for Psychical Research, 92,* 158–171. (p. 284)

Whitehead, B. D., & Popenoe, D. (2001). *The state of our unions 2001: The social health of marriage in America.* Rutgers University: The National Marriage Project. (p. 218)

Whiten, A., & Boesch, C. (2001, January). Cultures of chimpanzees. *Scientific American,* pp. 60–67. (p. 397)

Whiten, A., & Byrne, R. W. (1988). Tactical deception in primates. *Behavioral and Brain Sciences, 11,* 233–244, 267–273. (p. 11)

Whiten, A., & van Schaik, C. P. (2007). The evolution of animal cultures and social intelligence. *Philosophical Trnasactions of the Royal Society, 362,* 603–620. (p. 397)

Whiten, A., Spiteri, A., Horner, V., Bonnie, K. E., Lambeth, S. P., Schapiro, S. J., & de Waal, F. B. M. (2007). Transmission of multiple traditions within and between chimpanzee groups. *Current Biology, 17,* 1038–1043. (p. 318)

Whiting, B. B., & Edwards, C. P. (1988). *Children of different worlds: The formation of social behavior.* Cambridge, MA: Harvard University Press. (p. 157)

Whitley, B. E., Jr. (1990). The relationships of heterosexuals attributions for the causes of homosexuality to attitudes toward lesbians and gay men. *Personality and Social Psychology Bulletin, 16,* 369–377. (p. 477)

Whitley, B. E., Jr. (1999). Right-wing authoritarianism, social dominance orientation, and prejudice. *Journal of Personality and Social Psychology, 77,* 126–134. (p. 696)

Whitlock, J. R., Heynen, A. L., Shuler, M. G., & Bear, M. F. (2006). Learning induces long-term potentiation in the hippocampus. *Science, 313,* 1093–1097. (p. 340)

WHO (1979). *Schizophrenia: An international followup study.* Chicester, England: Wiley. (p. 624)

WHO (2000). Effectiveness of male latex condoms in protecting against pregnancy and sexually transmitted infections. World Health Organization (www.who.int). (p. 470)

WHO (2003). The male latex condom: Specification and guidelines for condom procurement. Department of Reproductive Health and Research, Family and Community Health, World Health Organization. (p. 470)

WHO. (2002). The global burden of disease. Geneva: World Health Organization (www.who.int/msa/mnh/ems/dalys/intro.htm). (p. 612)

WHO. (2002a, September 4). Suicide rates. World Health Organization (www5.who.int/mental_health). (p. 617)

WHO. (2004b). Prevalence, severity, and unmet need for treatment of mental disorders in the World Health Organization World Mental Health Surveys. *Journal of the American Medical Association, 291,* 2581–2590. (pp. 620, 631))

WHO (2008). Mental health (nearly 1 million annual suicide deaths). Geneva: World Health Organization (www.who.int/mental_health/en). (p. 616)

WHO (2008). Mental health and substance abuse: Facts and figures. Geneva; World Health Organization (www.who.int). (p. 113)

WHO (2008). Schizophrenia. Geneva: World Health Organization (www.who.int). (p. 621)

WHO (2008). Suicide rates per 100,000 by country, year and sex. Geneva: World Health Organization (www.who.int). (p. 616)

WHO (2008). *WHO report on the global tobacco epidemic, 2008.* Geneva: World Health Organization (www.who.int). (p. 118)

WHO (2008b). Mental health and substance abuse: Facts and figures. Geneva: World Health Organization (www.who.int). (p. 593)

Whooley, M. A., & Browner, W. S. (1998). Association between depressive symptoms and mortality in older women. *Archives of Internal Medicine, 158,* 2129–2135. (p. 533)

Whorf, B. L. (1956). Science and linguistics. In J. B. Carroll (Ed.), *Language, thought, and reality: Selected writings of Benjamin Lee Whorf.* Cambridge, MA: MIT Press. (p. 391)

Wichman, H. (1992). *Human factors in the design of spacecraft.* Stony Brook, NY: State University of New York. (p. 281)

Wickelgren, I. (2005). Autistic brains out of sync? *Science, 308,* 1856–1858. (p. 186)

Wickelgren, W. A. (1977). *Learning and memory.* Englewood Cliffs, NJ: Prentice-Hall. (p. 334)

Widiger, T. A., & Trull, T. J. (2007). Plate tectonics in the classification of personality disorder: Shifting to a dimensional model. *American Psychologist, 62,* 71–83. (p. 628)

Widom, C. S. (1989a). Does violence beget violence? A critical examination of the literature. *Psychological Bulletin, 106,* 3–28. (p. 192)

Widom, C. S. (1989b). The cycle of violence. *Science, 244,* 160–166. (p. 192)

Wielkiewicz, R. M., & Stelzner, S. P. (2005). An ecological perspective on leadership theory, research, and practice. *Review of General Psychology, 9,* 326–341. (p. 492)

Wiens, A. N., & Menustik, C. E. (1983). Treatment outcome and patient characteristics in an aversion therapy program for alcoholism. *American Psychologist, 38,* 1089–1096. (p. 645)

Wierson, M., & Forehand, R. (1994). Parent behavioral training for child noncompliance: Rationale, concepts, and effectiveness. *Current Directions in Psychological Science, 3,* 146–149. (p. 315)

Wierzbicki, M. (1993). Psychological adjustment of adoptees: A meta-analysis. *Journal of Clinical Child Psychology, 22,* 447–454. (p. 139)

Wiesel, T. N. (1982). Postnatal development of the visual cortex and the influence of environment. *Nature, 299,* 583–591. (p. 274)

Wiesner, W. H., & Cronshow, S. P. (1988). A meta-analytic investigation of the impact of interview format and degree of structure on the validity of the employment interview. *Journal of Occupational Psychology, 61,* 275–290. (p. 486)

Wigdor, A. K., & Garner, W. R. (1982). *Ability testing: Uses, consequences, and controversies.* Washington, DC, 437)

Wike, R., & Grim, B. J. (2007, October 30). Widespread negativity: Muslims distrust Westerners more than vice versa. *Pew Research Center* (www.pewresearch.org). (p. 692)

Wilcox, A. J., Baird, D. D., Dunson, D. B., McConnaughey, D. R., Kesner, J. S., & Weinberg, C. R. (2004). On the frequency of intercourse around ovulation: Evidence for biological influences. *Human Reproduction, 19,* 1539–1543. (p. 466)

Wilder, D. A. (1981). Perceiving persons as a group: Categorization and intergroup relations. In D. L. Hamilton (Ed.), *Cognitive processes in stereotyping and intergroup behavior.* Hillsdale, NJ: Erlbaum. (p. 696)

Wildman, D. E., Uddin, M., Liu, G., Grossman, L. I., & Goodman, M. (2003). Implications of natural selection in shaping 99.4% nonsynonymous DNA identity between humans and chimpanzees: Enlarging genus Homo. *Proceedings of the National Academy of Sciences, 100,* 7181–7188. cal work. American Psychologist, 52, 941–946. (p. 135)

Wilford, J. N. (1999, February 9). New findings help balance the cosmological books. *New York Times* (www.nytimes.com). (p. 168)

Williams, C. L., & Berry, J. W. (1991). Primary prevention of acculturative stress among refugees. *American Psychologist, 46,* 632–641. (p. 530)

Williams, H. J., Owen, M. J., & O Donovan, M. C. (2007). Is COMT a susceptibility gene for schizophrenia? *Schizophrenia Bulletin, 33,* 635–641. (p. 627)

Williams, J. E., & Best, D. L. (1990). *Measuring sex stereotypes: A multination study.* Newbury Park, CA: Sage. (p. 160)

Williams, J. E., Paton, C. C., Siegler, I. C., Eigenbrodt, M. L., Nieto, F. J., & Tyroler, H. A. (2000). Anger proneness predicts coronary heart disease risk: Prospective analysis from the artherosclerosis risk in communities (ARIC) study. *Circulation, 101,* 17, 2034–2040. (p. 533)

Williams, J. H. G., Waister, G. D., Gilchrist, A., Perrett, D. I., Murray, A. D., & Whiten, A. (2006). Neural mechanisms of imitation and mirror neuron functioning in autistic spectrum disorder. *Neuropsychogia, 44,* 610–621. (p. 220)

Williams, J. H. G., Waister, G. D., Gilchrist, A., Perrett, D. I., Murray, A. D., & Whiten, A. (2006). Neural mechanisms of imitation and mirror neuron functioning in autistic spectrum disorder. *Neuropsychogia, 44,* 610–621. (p. 318)

Williams, K. D. (2007). Ostracism. *Annual Review of Psychology, 58,* 425–452. (pp. 480, 481)

Williams, K. D., & Zadro, L. (2001). Ostracism: On being ignored, excluded and rejected. In M. Leary (Ed.), *Rejection.* New York: Oxford University Press. (p. 480)

Williams, R. (1993). *Anger kills.* New York: Times Books. (p. 532)

Williams, S. L. (1987). Self-efficacy and mastery-oriented treatment for severe phobias. Paper presented to the American Psychological Association convention. (p. 644)

Willingham, W. W., Lewis, C., Morgan, R., & Ramist, L. (1990). *Predicting college grades: An analysis of institutional trends over two decades.* Princeton: Educational Testing Service. (p. 421)

Willis, J., & Todorov, A. (2006). First impressions: Making up your mind after a 100-ms. exposure to a face. *Psychological Science, 17,* 592–598. (p. 508)

Willmuth, M. E. (1987). Sexuality after spinal cord injury: A critical review. *Clinical Psychology Review, 7,* 389–412. (p. 468)

Wilson, A. E., & Ross, M. (2001). From chump to champ: People s appraisals of their earlier and present selves. *Journal of Personality and Social Psychology, 80,* 572–584. (p. 588)

Wilson, C. M., & Oswald, A. J. (2002). How does marriage affect physical and psychological health? A survey of the longitudinal evidence. Working paper, University of York and Warwick University. (p. 541)

Wilson, D. B., & Shadish, W. R. (2006). On blowing trumpets to the tulips: To prove or not to prove the null hypothesis—Comment on B sch, Steinkamp, and Boller (2006). *Psychological Bulletin, 132,* 524–528. (p. 284)

Wilson, J. Q. (1993). *The moral sense.* New York: Free Press. (p. 201)

Wilson, M., & Emmorey, K. (2006). Comparing sign language and speech reveals a universal limit on short-term memory capacity. *Psychological Science, 17,* 682–683. (p. 339)

Wilson, R. C., Gaft, J. G., Dienst, E. R., Wood, L., & Bavry, J. L. (1975). *College professors and their impact on students.* New York: Wiley. (p. 689)

Wilson, R. S. (1979). Analysis of longitudinal twin data: Basic model and applications to physical growth measures. *Acta Geneticae medicae et Gemellologiae, 28,* 93–105. (p. 178)

Wilson, R. S., & Bennett, D. A. (2003). Cognitive activity and risk of Alzheimer s disease. *Current Directions in Psychological Science, 12,* 87–91. (p. 212)

Wilson, R. S., & Matheny, A. P., Jr. (1986). Behavior-genetics research in infant temperament: The Louisville twin study. In R. Plomin & J. Dunn (Eds.), *The study of temperament: Changes, continuities, and challenges.* Hillsdale, NJ: Erlbaum. (p. 140)

Wilson, R. S., Arnold, S. E., Schneider, J. A., Tang, Y., & Bennett, D. A. (2007). The relationship between cerebral Alzheimer s disease pathology and odour identification in old age. *Journal of Neurology, Neurosurgery, and Psychiatry, 78,* 30–35. (p. 212)

Wilson, R. S., Beck, T. L., Bienias, J. L., & Bennett, D. A. (2007). Terminal cognitive decline: Accelerated loss of cognition in the last years of life. *Psychosomatic Medicine, 69,* 131–137. (p. 216)

Wilson, T. D. (2002). *Strangers to ourselves: Discovering the adaptive unconscious.* Cambridge; Harvard University Press. (p. 89)

Wilson, T. D. (2006). The power of social psychological interventions. *Science, 313,* 1251–1252. (p. 438)

Wilson, W. A., & Kuhn, C. M. (2005). How addiction hijacks our reward system. *Cerebrum, 7*(2), 53–66. (p. 124)

Windholz, G. (1989, April-June). The discovery of the principles of reinforcement, extinction, generalization, and differentiation of conditional reflexes in Pavlov s laboratories. *Pavlovian Journal of Biological Science, 26,* 64–74. (p. 298)

Windholz, G. (1997). Ivan P. Pavlov: An overview of his life and psychological work. *American Psychologist, 52,* 941–946. (p. 296)

Winerman, L. (2006, January). Screening surveyed. *Monitor on Psychology,* pp. 28–29. (p. 232)

Wingfield, A., McCoy, S. L., Peelle, J. E., Tun, P.A., & Cox, L. C. (2005). Effects of adult aging and hearing loss on comprehension of rapid speech varying in syntactic complexity. *Journal of the American Academy of Audiology, 17,* 487–497. (p. 251)

Wink, P., & Dillon, M. (2002). Spiritual development across the adult life course: Findings from a longitudinal study. *Journal of Adult Development, 9,* 79–94. (p. 221)

Winner, E. (2000). The origins and ends of giftedness. *American Psychologist, 55,* 159–169. (p. 426)

Wiseman, R. (2002). *Laugh Lab—final results.* University of Hertfordshire (www.laughlab.co.uk). (p. 372)

Wiseman, R., Jeffreys, C., Smith, M., & Nyman, A. (1999). The psychology of the seance. *The Skeptical Inquirer, 23*(2), 30–33. (p. 357)

Wisman, A., & Goldenberg, J. L. (2005). From the grave to the cradle: Evidence that mortality salience engenders a desire for offspring. *Journal of Personality and Social Psychology, 89,* 46–61. (p. 196)

Witelson, S. F., Kigar, D. L., & Harvey, T. (1999). The exceptional brain of Albert Einstein. *The Lancet, 353,* 2149–2153. (pp. 73, 413)

Witt, J. K., & Proffitt, D. R. (2005). See the ball, hit the ball: Apparent ball size is correlated with batting average. *Psychological Science, 16,* 937–938. (p. 278)

Witvliet, C. V. O., & Vrana, S. R. (1995). Psychophysiological responses as indices of affective dimensions. *Psychophysiology, 32,* 436–443. (p. 501)

Witvliet, C. V. O., Ludwig, T., & Vander Laan, K. (2001). Granting forgiveness or harboring grudges: Implications for emotions, physiology, and health. *Psychological Science, 12,* 117–123. (p. 519)

Wixted, J. T., & Ebbesen, E. B. (1991). On the form of forgetting. *Psychological Science, 2,* 409–415. (p. 351)

Woerlee, G. M. (2004, May/June). Darkness, tunnels, and light. *Skeptical Inquirer,* pp. 28–32. (p. 127)

Woerlee, G. M. (2005). *Mortal minds: The biology of near-death experiences.* Buffalo, NY; Prometheus Books. (p. 127)

Wolak, J., Mitchell, K., & Finkelhor, D. (2007). Unwanted and wanted exposure to online pornography in a national sample of youth Internet users. *Pediatrics, 119,* 247–257. (p. 702)

Wolfe, M. S. (2006, May). Shutting down Alzheimer s. *Scientific American,* pp. 73–79. (p. 212)

Wolfson, A. R., & Carskadon, M. A. (1998). Sleep schedules and daytime functioning in adolescents. *Child Development, 69,* 875–887. (p. 106)

Woll, S. (1986). So many to choose from: Decision strategies in videodating. *Journal of Social and Personal Relationships, 3,* 43–52. (p. 707)

Wolpe, J. (1958). *Psychotherapy by reciprocal inhibition.* Stanford, CA: Stanford University Press. (p. 643)

Wolpe, J., & Plaud, J. J. (1997). Pavlov s contributions to behavior therapy: The obvious and the not so obvious. *American Psychologist, 52,* 966–972. (p. 643)

Wonderlich, S. A., Joiner, Jr., T. E., Keel, P. K., Williamson, D. A., & Crosby, R. D. (2007). Eating disorder diagnoses: Empirical approaches to classification. *American Psychologist, 62,* 167–180. (p. 453)

Wong, D. F., Wagner, H. N., Tune, L. E., Dannals, R. F., et al. (1986). Positron emission tomography reveals elevated D_2 dopamine receptors in drug-naive schizophrenics. *Science, 234,* 1588–1593. (p. 624)

Wong, M. M., & Csikszentmihalyi, M. (1991). Affiliation motivation and daily experience: Some issues on gender differences. *Journal of Personality and Social Psychology, 60,* 154–164. (p. 161)

Wood, C. J, & Aggleton, J. P. (1989). Handedness in fast ball sports: Do left-handers have an innate advantage? *British Journal of Psychology, 80,* 227–240. (p. 80)

Wood, J. M. (2003, May 19). Quoted by R. Mestel, Rorschach tested: Blot out the famous method? Some experts say it has no place in psychiatry. *Los Angeles Times* (www.latimes.com). (p. 560)

Wood, J. M. (2006, Spring). The controversy over Exner s Comprehensive System for the Rorschach: The critics speak. *Independent Practitioner* (works.bepress.com/james_wood/7). (p. 560)

Wood, J. M., Bootzin, R. R., Kihlstrom, J. F., & Schacter, D. L. (1992). Implicit and explicit memory for verbal information presented during sleep. *Psychological Science, 3,* 236–239. (p. 354)

Wood, J. M., Nezworski, M. T., Garb, H. N., & Lilienfeld, S. O. (2006). The controversy over the Exner Comprehensive System and the Society for Personality Assessment s white paper on the Rorschach. *Independent Practitioner, 26.*. (p. 560)

Wood, J. N., Glynn, D. D., Phillips, B. C., & Hauser, M. C. (2007). The perception of rational, goal-directed action in nonhuman primates. *Science, 317,* 1402–1405. (p. 397)

Wood, J. V., Saltzberg, J. A., & Goldsamt, L. A. (1990a). Does affect induce self-focused attention? *Journal of Personality and Social Psychology, 58,* 899–908. (p. 619)

Wood, J. V., Saltzberg, J. A., Neale, J. M., Stone, A. A., & Rachmiel, T. B. (1990b). Self-focused attention, coping responses, and distressed mood in everyday life. *Journal of Personality and Social Psychology, 58,* 1027–1036. (p. 619)

Wood, W. (1987). Meta-analytic review of sex differences in group performance. *Psychological Bulletin, 102,* 53–71. (p. 160)

Wood, W., & Eagly, A. (2002). A cross-cultural analysis of the behavior of women and men: Implications for the origins of sex differences. *Psychological Bulletin, 128,* 699–727. (pp. 148, 160, 162, 167)

Wood, W., & Eagly, A. H. (2007). Social structural origins of sex differences in human mating. In S. W. Gagestad & J. A. Simpson (Eds.), *The evolution of mind: Fundamental questions and controversies.* New York: Guilford Press. (pp. 148, 160, 162)

Wood, W., & Neal, D. T. (2007, October). A new look at habits and the habit-goal interface. *Psychological Review, 114,* 843–863. (p. 292)

Wood, W., Lundgren, S., Ouellette, J. A., Busceme, S., & Blackstone, T. (1994). Minority influence: A meta-analytic review of social influence processes. *Psychological Bulletin, 115,* 323–345. (p. 691)

Woods, N. F., Dery, G. K., & Most, A. (1983). Recollections of menarche, current menstrual attitudes, and premenstrual symptoms. In S. Golub (Ed.), *Menarche: The transition from girl to woman.* Lexington, MA: Lexington Books. (p. 198)

Woodward, B. (2002). *Bush at war.* New York: Simon & Schuster. (p. 2)

Woody, E. Z., & McConkey, K. M. (2003). What we don t know about the brain and hypnosis, but need to: A view from the Buckhorn Inn. *International Journal of Clinical and Experimental Hypnosis, 51,* 309–338. (p. 112)

Woolcock, N. (2004, September 3). Driver thought everyone else was on wrong side. *The Times,* p. 22. (p. 682)

World Federation for Mental Health. (2005). ADHD: The hope behind the hype. www.wfmh.org. (p. 595)

World Health Organization. (2004a). *Prevention of mental disorders: Effective interventions and policy options. Summary report.* Geneva: World Health Organization, Department of Mental Health and Substance Abuse. (p. 632)

World Health Organization. (2004b). Prevalence, severity, and unmet need for treatment of mental disorders in the World Health Organization World Mental Health Surveys. *Journal of the American Medical Association, 291,* 2581–2590. (p. 632)

World Health Organization (2007, accessed December 11). Obesity and overweight. http: //www.who.int/dietphysicalactivity/publications/facts/obesity/en/. (p. 456)

Worobey, J., & Blajda, V. M. (1989). Temperament ratings at 2 weeks, 2 months, and 1 year: Differential stability of activity and emotionality. *Developmental Psychology, 25,* 257–263. (p. 140)

Worthington, E. L., Jr. (1989). Religious faith across the life span: Implications for counseling and research. *The Counseling Psychologist, 17,* 555–612. (p. 199)

Worthington, E. L., Jr., Kurusu, T. A., McCullogh, M. E., & Sandage, S. J. (1996). Empirical research on religion and psychotherapeutic processes and outcomes: A 10-year review and research prospectus. *Psychological Bulletin, 119,* 448–487. (p. 659)

Wortman, C. B., & Silver, R. C. (1989). The myths of coping with loss. *Journal of Consulting and Clinical Psychology, 57,* 349–357. (p. 222)

Wren, C. S. (1999, April 8). Drug survey of children finds middle school a pivotal time. *New York Times* (www.nytimes.com). (p. 125)

Wright, I. C., Rabe-Hesketh, S., Woodruff, P. W. R., David, A. S., Murray, R. M., & Bullmore, E. T. (2000). Meta-analysis of regional brain volumes in schizophrenia. *American Journal of Psychiatry, 157,* 16–25. (p. 625)

Wright, J. (2006, March 16). Boomers in the bedroom: Sexual attitudes and behaviours in the boomer generation. Ipsos Reid survey (www.ipsos-na.com). (p. 208)

Wright, P. H. (1989). Gender differences in adults same- and cross-gender friendships. In R. G. Adams & R. Blieszner (Eds.), *Older adult friendships: Structure and process.* Newbury Park, CA: Sage. (p. 161)

Wright, P., Takei, N., Rifkin, L., & Murray, R. M. (1995). Maternal influenza, obstetric complications, and schizophrenia. *American Journal of Psychiatry, 152,* 1714–1720. (p. 625)

Wright, W. (1998). *Born that way: Genes, behavior, personality.* New York: Knopf. (p. 138)

Wrzesniewski, A., & Dutton, J. E. (2001). Crafting a job: Revisioning employees as active crafters of their work. *Academy of Management Review, 26,* 179–201. (p. 482)

Wrzesniewski, A., McCauley, C. R., Rozin, P., & Schwartz, B. (1997). Jobs, careers, and callings: People s relations to their work. *Journal of Research in Per-*

sonality, 31, 21–33. (p. 482)

Wu, W., & Small, S. A. (2006). Imaging the earliest stages of Alzheimer s disease. *Current Alzheimer Research, 3,* 529–539. (p. 212)

Wuethrich, B. (2001, March). Features—GETTING STUPID—Surprising new neurological behavioral research reveals that teenagers who drink too much may permanently damage their brains and seriously compromise their ability to learn. *Discover, 56, 56*–64. (p. 115)

Wulsin, L. R., Vaillant, G. E., & Wells, V. E. (1999). A systematic review of the mortality of depression. *Psychosomatic Medicine, 61,* 6–17. (p. 533)

Wyatt, J. K., & Bootzin, R. R. (1994). Cognitive processing and sleep: Implications for enhancing job performance. *Human Performance, 7,* 119–139. (pp. 105, 354)

Wyatt, R. J., Henter, I., & Sherman-Elvy, E. (2001). Tantalizing clues to preventing schizophrenia. Cerebrum: *The Dana Forum on Brain Science, 3,* pp. 15–30. (p. 626)

Wynn, K. (1992). Addition and subtraction by human infants. *Nature, 358,* 749–759. (p. 182)

Wynn, K. (2000). Findings of addition and subtraction in infants are robust and consistent: reply to Wakeley, Rivera, and Langer. *Child Development, 71,* 1535–1536. (p. 182)

Wynn, K., Bloom, P., & Chiang, W-C. (2002). Enumeration of collective entities by 5-month-old infants. *Cognition, 83,* B55-B62. (p. 182)

Wynne, C. (2008). Aping language: A skeptical analysis of the evidence for non-human primate language. *Skeptic, 13*(4), 10–13. (p. 399)

Wynne, C. D. L. (2004). *Do animals think?* Princeton, NJ: Princeton University Press. (p. 399)

Wysocki, C. J., & Gilbert, A. N. (1989). *National Geographic* Survey: Effects of age are heterogeneous. *Annals of the New York Academy of Sciences, 561,* 12–28. (p. 262)

Xu, Y., & Corkin, S. (2001). H.M. revisits the Tower of Hanoi puzzle. *Neuropsychology, 15,* 69–79. (p. 343)

Yach, D., Struckler, D., & Brownell, K. D. (2006). Epidemiologic and economic consequences of the global epidemics of obesity and diabetes. *Nature Medicine, 12,* 62–66. (p. 456)

Yalom, I. D. (1985). *The theory and practice of group psychotherapy* (3rd ed.). New York: Basic Books. (p. 649)

Yamagata, S. & 11 others (2006). Is the genetic structure of human personality universal? A cross-cultural twin study from North America, Europe, and Asia. *Journal of Personality and Social Psychology, 90,* 987–998. (p. 572)

Yang, N., & Linz, D. (1990). Movie ratings and the content of adult videos: The sex-violence ratio. *Journal of Communication, 40(2),* 28–42. (p. 702)

Yang, S., Markoczy, L., & Qi, M. (2006). Unrealistic optimism in consumer credit card adoption. *Journal of Economic Psychology, 28,* 170–185. (p. 582)

Yankelovich Partners. (1995, May/June). Growing old. *American Enterprise,* p. 108. (p. 207)

Yarnell, P. R., & Lynch, S. (1970, April 25). Retrograde memory immediately after concussion. *Lancet,* pp. 863–865. (p. 341)

Yarrow, L. J., Goodwin, M. S., Manheimer, H., & Milowe, I. D. (1973). Infancy experience and cognitive and personality development at ten years. In L. J. Stone, H. T. Smith, & L. B. Murphy (Eds.), *The competent infant.* New York: Basic Books. (p. 193)

Yates, A. (1989). Current perspectives on the eating disorders: I. History, psychological and biological aspects. *Journal of the American Academy of Child and Adolescent Psychiatry, 28,* 813–828. (p. 453)

Yates, A. (1990). Current perspectives on the eating disorders: II. Treatment, outcome, and research directions. *Journal of the American Academy of Child and Adolescent Psychiatry, 29,* 1–9. (p. 453)

Yates, W. R. (2000). Testosterone in psychiatry. *Archives of General Psychiatry, 57,* 155–156. (p. 467)

Ybarra, O. (1999). Misanthropic person memory when the need to self-enhance is absent. *Personality and Social Psychology Bulletin, 25,* 261–269. (p. 585)

Yip, P. S. F. (1998). Age, sex, marital status and suicide: An empirical study of east and west. *Psychological Reports, 82,* 311–322. (p. 617)

Yonas, A., & Granrud, C. E. (2006). Infants perception of depth from cast shadows. *Perception and Psychophysics, 68,* 154–160. (p. 266)

Young, R., Sweeting, H., & West, P. (2006). Prevalence of deliberate self harm and attempted suicide within contemporary Goth youth subculture: Longitudinal cohort study. *British Medical Journal, 332,* 1058–1061. (p. 15)

Youngentob, S. L., Kent, P. F., Scheehe, P. R., Molina, J. C., Spear, N. E., & Youngentob, L. M. (2007). Experience-induced fetal plasticity: The effect of gestational ethanol exposure on the behavioral and neurophysiologic olfactory response to ethanol odor in early postnatal and adult rats. *Behavioral Neuroscience, 121,* 1293–1305. (p. 175)

Y cel, M., Solowij, N., Respondek, C., Whittle, S., Fornito, A., Pantelis, C., & Lubman, D. I. (2008). Regional brain abnormalities associated with long-term cannabis use. *Archives of General Psychiatry, 65,* 694–701. (p. 122)

Yuki, M., Maddux, W. W., & Masuda. T. (2007). Are the windows to the soul the same in the East and West? Cultural differences in using the eyes and mouth as cues to recognize emotions in Japan and the United States. *Journal of Experimental Social Psychology, 43,* 303–311. (p. 513)

Zabin, L. S., Emerson, M. R., & Rowland, D. L. (2005). Child sexual abuse and early *menarche*: The direction of their relationship and its implications. *Journal of Adolescent Health, 36,* 393–400. (p. 198)

Zaccaro, S. J. (2007). Triat-based perspectives of leadership. *American Psychologist, 62,* 6–16. (p. 492)

Zadra, A., Pilon, M., & Montplairsir, J. (2008). Polysomnographic diagnosis of sleepwalking: Effects of sleep deprivation. *Annals of Neurology, 63,* 513–519. (p. 103)

Zagorsky, J. L. (2007). Do you have to be smart to be rich? The impact of IQ on wealth, income and financial distress. *Intelligence, 35,* 489–501. (p. 408)

Zajonc, R. B. (1965). Social facilitation. *Science, 149,* 269–274. (p. 687)

Zajonc, R. B. (1980). Feeling and thinking: Preferences need no inferences. *American Psychologist, 35,* 151–175. (p. 503)

Zajonc, R. B. (1984a). On the primacy of affect. *American Psychologist, 39,* 117–123. (p. 503)

Zajonc, R. B. (1984b, July 22). Quoted by D. Goleman, Rethinking IQ tests and their value. *The New York Times,* p. D22. (p. 417)

Zajonc, R. B. (1998). Emotions. In D. Gilbert, S. T. Fiske, & G. Lindzey (Eds.), *Handbook of social psychology, 4th ed.* New York: McGraw-Hill. (p. 706)

Zajonc, R. B. (2001). Mere exposure: A gateway to the subliminal. *Current Directions in Psychological Science, 10,* 224–228. (p. 705)

Zajonc, R. B., & Markus, G. B. (1975). Birth order and intellectual development. *Psychological Review, 82,* 74–88. (p. 25)

Zammit, S., Rasmussen, F., Farahmand, B., Gunnell, D., Lewis, G., Tynelius, P., & Brobert, G. P. (2007). Height and body mass index in young adulthood and risk of schizophrenia: A longitudinal study of 1,347,520 Swedish men. *Acta Psychiatrica Scandinavica, 116,* 378–385. (p. 623)

Zauberman, G., & Lynch, J. G., Jr. (2005). Resource slack and propensity to discount delayed investments of time versus money. *Journal of Experimental Psychology: General, 134,* 23–37. (p. 377)

Zeelenberg, R., Wagenmakers, E-J., & Rotteveel, M. (2006). The impact of emotion on perception. *Psychological Science, 17,* 287–291. (p. 504)

Zeidner, M. (1990). Perceptions of ethnic group modal intelligence: Reflections of cultural stereotypes or intelligence test scores? *Journal of Cross-Cultural Psychology, 21,* 214–231. (p. 434)

Zeidner, M., Roberts, R. D., & Matthews, G. (2008). The science of emotional intelligence: Current consensus and controversies. *European Psychologist, 13,* 64–78. (p. 412)

Zeineh, M. M., Engel, S. A., Thompson, P. M., & Bookheimer, S. Y. (2003). Dynamics of the hippocampus during encoding and retrieval of face-name pairs. *Science, 299,* 577–580. (p. 344)

Zhang, J. V., Ren, P-G., Avsian-Kretchmer, O, Luo, C-W., Rauch, R., Klein, C., & Hsueh, A. J. W. (2005). Obestatin, a peptide encoded by the ghrelin gene, opposes ghrelin s effect on food intake. *Science, 310,* 996–999. (p. 450)

Zhang, P., Dilley, C., & Mattson, M. P. (2007). DNA damage responses in neural cells: Focus on the telomere. *Neuroscience, 145,* 1439–1448. (p. 209)

Zigler, E. F. (1987). Formal schooling for four-year-olds? No. *American Psychologist, 42,* 254–260. (p. 430)

Zigler, E. F., & Styfco, S. J. (2001). Extended childhood intervention prepared children for school and beyond. *Journal of the American Medical Association, 285,* 2378–2380. (p. 431)

Zilbergeld, B. (1983). *The shrinking of America: Myths of psychological change.* Boston: Little, Brown. (pp. 651, 654)

Zillmann, D. (1986). Effects of prolonged consumption of pornography. Background paper for *The Surgeon General s workshop on pornography and public health,* June 22–24. Report prepared by E. P. Mulvey & J. L. Haugaard and released by Office of the Surgeon General on August 4, 1986. (p. 503)

Zillmann, D. (1989). Effects of prolonged consumption of pornography. In D. Zillmann & J. Bryant (Eds.), *Pornography: Research advances and policy considerations.* Hillsdale, NJ: Erlbaum. (pp. 468, 702)

Zillmann, D., & Bryant, J. (1984). Effects of massive exposure to pornography. In N. Malamuth & E. Donnerstein (Eds.), *Pornography and sexual aggression.* Orlando, FL: Academic Press. (p. 702)

Zimbardo, P. (2007, September). Person x situation x system dynamics. *The Observer* (Association for Psychological Science), p. 43. (p. 678)

Zimbardo, P. G. (1970). The human choice: Individuation, reason, and order versus deindividuation, impulse, and chaos. In W. J. Arnold & D. Levine (Eds.), *Nebraska Symposium on Motivation, 1969.* Lincoln, NE: University of Nebraska Press. (p. 688)

Zimbardo, P. G. (1972, April). Pathology of imprisonment. *Transaction/ Society,* pp. 4–8. (p. 677)

Zimbardo, P. G. (2001, September 16). Fighting terrorism by understanding man s capacity for evil. Op Ed Essay distributed by spsp-discuss@stolaf.edu. (p. 696)

Zimbardo, P. G. (2005, May 25) Journalist interview re: Abu Ghraib prison abuses: Eleven answers to eleven questions. Unpublished manuscript, Stanford University. (p. 678)

Zimbardo, P. G. (2005, January 18). You can t be a sweet cucumber in a vinegar barrel. *The Edge* (www.edge.org). (p. 678)

Zimmermann, T. D., & Meier, B. (2006). The rise and decline of prospective memory performance across the lifespan. *Quarterly Journal of Experimental Psychology, 59,* 2040–2046. (p. 213)

Zogby, J. (2006, March). Survey of teens and adults about the use of personal electronic devices and head phones. *Zogby International.* (p. 248)

Zornberg, G. L., Buka, S. L., & Tsuang, M. T. (2000). At issue: The problem of obstetrical complications and schizophrenia. *Schizophrenia Bulletin, 26,* 249–256. (p. 625)

Zou, Z., Li, F., & Buck, L. B. (2005). From the cover: Odor maps in the olfactory cortex. *Proceedings of the National Academy of Sciences, 102,* 7724-7729. (p. 261)

Zubieta, J-K., Bueller, J. A., Jackson, L. R., Scott, D. J., Xu, Y., Koeppe, R. A., Nichols, T. E., & Stohler, C. S. (2005). Placebo effects mediated by endogenous opioid activity on μ -opioid receptors. *Journal of Neuroscience, 25,* 7754–7762. (p. 258)

Zubieta, J-K., Heitzeg, M. M., Smith, Y. R., Bueller, J. A., Xu, K., Xu, Y., Koeppe, R. A., Stohler, C. S., & Goldman, D. (2003). COMT val158met genotype affects -opioid neurotransmitter responses to a pain stressor. *Science, 299,* 1240–1243. (p. 256)

Zucco, G. M. (2003). Anomalies in cognition: Olfactory memory. *European Psychologist, 8,* 77–86. (p. 262)

Zucker, G. S., & Weiner, B. (1993). Conservatism and perceptions of poverty: An attributional analysis. *Journal of Applied Social Psychology, 23,* 925–943. (p. 675)

Zuckerman, M. (1979). *Sensation seeking: Beyond the optimal level of arousal.* Hillsdale, NJ: Erlbaum. (p. 446)

Zvolensky, M. J., & Bernstein, A. (2005). Cigarette smoking and panic psychopathology. *Current Directions in Psychological Science, 14,* 301–305. (p. 602)